리비우스 로마사 III

티투스 리비우스

AB URBE CONDITA LIBRI

리비우스 로마사 III

한니발 전쟁기

티투스 리비우스

이종인 옮김

현대
지성

차례

제 21 권

한니발의 등장, 알프스 횡단

1. 대다수 역사가가 서문을 통해 자신이 다루고자 하는 시기의 중요성을 강조한다. 나 역시 이 시점에서 그들의 전례를 따라 내가 이제 앞으로 하고자 하는 이야기가 로마 역사에서 가장 기억에 남을 만한 전쟁을 다룬 것임을 언명하고자 한다. 그것은 한니발이 지휘한 카르타고 군이 로마를 상대로 벌인 전쟁이었다. 다음과 같은 점들이 이 전쟁에 고유한 특성을 부여하고 있다.

첫째, 이 전쟁은 역사적으로 물적 자원에서 타의 추종을 불허하는 두 민족 간에 발발한 것이었고, 두 나라는 각자 번영과 영향력 측면에서 절정기에 있었다.

둘째, 이 전쟁은 오랜 적수들 사이의 투쟁이었다. 두 나라는 제1차 포에니 전쟁을 통해 상대의 군사적 능력을 이미 정확하게 파악하고 있었다.

셋째, 전쟁의 최종 판세는 너무나 불투명하여 최종 승자가 패자 못지않게 파멸에 가까운 상태로 내몰렸다.

게다가 전쟁 내내 상대방을 죽이고 말겠다는 격정이 두 나라를 휘몰아쳤으며, 서로에게 품고 있는 증오심은 칼날만큼 예리한 무기였다. 로마 인들은 전에 이미 패배한 카르타고가 정당한 이유 없이 또다시 공격에 나섰다는 사실에 격노했고, 카르타고 인들은 정복자 로마의 탐욕스럽고 압제적인 태도에 지독한 적개심을 품고 있었다.

　이런 격렬한 정서는 한니발의 어린 시절 일화에서 잘 나타난다. 그의 아버지 하밀카르는 아프리카에서 전투를 벌인 뒤 막 스페인으로 부대를 이끌고 넘어가려고 준비 중이었는데, 이때 한니발은 9살이었다. 그는 아이가 동원할 수 있는 온갖 떼를 부려 전장에 따라갈 수 있게 해달라고 아버지에게 애원했다. 당시 전쟁에서 성공적인 결과를 얻고자 제물을 준비하던 하밀카르는 제단으로 아들을 데리고 가서 제물 위에다 아들의 손을 올리게 하고, 장성하면 로마 인을 철천지원수로 여기겠다고 엄숙히 맹세하게 했다. 하밀카르는 자부심이 강한 장군이었고, 로마에게 시칠리아와 사르데냐를 잃은 건 그야말로 장군의 자부심에 치명타였다. 게다가 그는 시칠리아가 상황이 정말로 절박해지지 않았는데도 신속하게 로마에 항복하고, 또 로마가 아프리카의 내부 문제를 이용하여 카르타고를 속여 사르데냐를 빼앗아 갔으며, 이어 공물까지 부담하게 하여 상처에 모욕까지 더했음을 잊지 않고 있었다.

　2. 하밀카르는 이 모든 것이 마음속에서 깊은 원한으로 사무쳤다. 이후 그는 로마와 평화 협정에 서명한 뒤 바로 시작된 5년 간의 아프리카 전쟁에 종사했으며, 이후 9년 동안은 스페인에서 카르타고의 영향력을 늘리는 데 전념했다. 이는 그의 궁극적인 목표가 더 큰 정복 사업이라는 걸 분명하게 보여주는 움직임으로서, 만약 그가 이탈리아 침공 당시까지 살아 있었다면 전쟁의 지휘관은 한니발이 아닌 아버지 하밀카르였을 것이다. 하지만 그가 계획한 전쟁은 하밀카르의 이른 죽음과, 너무 어려 아직 지휘관이 될 수 없었던 한니발의 나

이로 인해 연기되었다.

아버지와 아들 사이의 이런 시간 차이는 사위 하스드루발이 8년 정도 카르타고 군을 지휘하면서 메워주었다. 소문에 의하면, 하밀카르는 어린 시절부터 하스드루발을 몹시 아꼈는데, 시간이 지나며 그의 남다른 자질까지 알아보고 자신의 딸을 주어 결혼시켰다. 사위 하스드루발은 이렇게 쌓아온 강력한 인척 관계를 바탕으로 군을 지휘하게 되었다. 카르타고 지도층은 그것을 별로 바라지 않았지만, 군과 시민에게 영향력이 무척 강한 바르카 파벌[1]의 강력한 지지 덕분에 하스드루발은 지휘권을 계속 유지할 수 있었다. 하스드루발의 방침은 정복보다는 평화로운 세력 확장이었다. 직접 무력을 사용하는 걸 피하는 대신에, 스페인의 지역 군주들과 우호적인 관계를 수립했고, 그렇게 유화적인 통제 정책을 펴서 다양한 부족들로부터 지지를 얻었다. 하지만 그런 식으로 평화로운 방침을 적극 시행했음에도 불구하고 비참한 최후는 피할 수 없었다. 하스드루발은 그에게 살해당한 주인의 복수를 하겠다고 나선 어떤 스페인 사람에게 살해당했다. 살인자는 현장에 있던 사람들에게 붙잡혔지만, 두려워하거나 후회하는 모습을 전혀 보이지 않았다. 고문을 당할 때도 그는 낯빛 하나 변하지 않았다. 사람들은 그가 실제로 미소짓는 걸 보고서 성취감이 고통을 압도한 것이라고 생각하기도 했다.

스페인 부족들에게 영향력을 행사하고, 그들을 카르타고의 지배하에 두는 능력이 탁월했던 하스드루발 덕분에 로마 인들은 평화 협정을 갱신하여 에브로 강을 로마와 카르타고 사이의 영토 구분선으로

---

1   하밀카르 지지 세력을 가리키는 말로서 바르카는 '천둥을 울리는 사람'이라는 뜻.

삼아, 사군툼의 중립성을 확보함으로써 일종의 완충국 역할을 그 도시에 맡겼다.

3. 하스드루발의 후계자가 누군지에 관한 문제는 빠르게 결론이 났다. 투표 결과 병사들은 젊은 한니발을 선호했고, 그는 즉시 호위를 받으며 군 사령부로 갔다. 그곳에서 모든 병사들은 그를 열정적으로 환영했고, 스페인 주둔 카르타고 군대의 선택이 카르타고 민회의 지지를 받지 못할 것으로 생각하는 사람은 거의 없었다. 몇 년 전, 한니발이 아직 소년이었을 때 하스드루발은 본국에 서신을 보내 한니발이 스페인 주둔 부대에 입대해야 한다고 요청했고, 그 요청의 타당성에 관한 논의가 카르타고 원로원에서 이루어진 적이 있었다. 당시 바르카 파벌은 그 요청에 적극 찬성하면서, 한니발이 일찍부터 군에 복무하며 용병의 지혜를 익혀야 한다고 주장했다. 이들은 한니발이 궁극적으로 아버지의 자리를 이어 군 사령관이 되기를 바랐다. 하지만 반대파는 이들과 대립되는 견해를 보였다. 반(反) 바르카 파벌의 지도자인 한노는 이렇게 말했다.

"하스드루발의 요청은 타당하다고 생각하지만 동시에 그것을 승인해서는 안 된다고 봅니다."

한노의 애매모호한 주장에 의원 전원이 의아해하며 그를 바라봤다. 그러자 한노는 자기 입장을 해명했다. "하스드루발은 이 문제를 마땅히 갚아야 할 빚으로 생각하는 것 같습니다. 그 역시 무공(武功)을 세워 한니발의 아버지를 기쁘게 할 목적으로 청춘을 다 보냈지요. 이제 그는 그를 발탁한 하밀카르의 아들에게 자신이 출세한 길을 따라가기를 요청하고 있는 것입니다. 그에겐 그것만큼 떳떳한 일도 없죠. 하지만 군사 훈련이라는 구실로 우리나라의 청년을 장군의 욕심을 실현하는 대상으로 쓴다니, 가당치 않은 일입니다. 게다가 우리는 하밀카르의 아들이 과거에 아버지가 행사했던 과도한 권력을 곧 행사하는 것을 허용하려 하면서도 별 두려움을 느끼지 않는 것 같습니다. 사실 하밀카르의 권력은 왕이 행사하는 것과 다를 바가 없을 정도로 막강한 것이었습니다. 이제 군 지휘권을 상속받은 부마가 왕자에게 이토록 빠르게 충성을 맹세하려고 하는데 여러분은 전혀 염려도 안 되십니까? 그래선 안 됩니다. 저는 이 젊은 청년이 고향에 머무르며 법률과 행정관들에게 적절하게 복종하고, 동년배와 같은 조건에서 인생을 살아나가는 법을 가르쳐야 한다고 생각합니다. 그래서 하스드루발의 요청을 거부하자고 제안하는 것입니다. 그렇게 하지 않으면 우리는 이 작은 불똥이 장래 어느 날에는 어마어마한 화톳불로 타오르는 걸 보게 될 겁니다."

4. 귀족 대다수는 한노를 지지했다. 하지만 그들은 소수였고, 늘 그렇듯 지혜는 숫자에 굴복할 수밖에 없었다. 한니발은 스페인으로 떠났고, 병사들은 하나도 빠짐없이 그를 열광적으로 맞아들였다. 노병들은 젊은 하밀카르가 그들 앞에 나타났다고 생각했다. 한니발의 얼굴에서 드러나는 특징이나 표정을 보고 생전의 아버지를 다시 한번 보는 것 같다고 말했다. 한니발의 모습엔 하밀카르와 같은 박력이 있었고, 눈에선 아버지와 같은 열정이 불타올랐다. 병사들의 애정과 복종을 얻는 과정에서 그가 아버지의 기억에 의존하는 기간은 무척 짧았다. 그 자신의 자질만으로도 충분히 병사들의 존경을 받을 만했기 때문이다. 상급자의 지휘권과 병사들의 자발적 복종 상태는 서로 결부되는 일이 드물다. 하지만 한니발의 경우에는 그 두 가지가 완벽히 통합되었고, 그런 통합을 몸소 실천한 한니발은 사령관에게나 병사들에게나 귀중한 존재였다. 하스드루발은 활력과 용기가 필요한 작전을 해야 할 때면 다른 모든 휘하 장교보다도 한니발을 선호했다.

한니발이 통솔하면 병사들은 언제나 전투태세와 대담함의 측면에서 최고의 상태를 보여주었다.

한니발은 아주 위험스러운 상황에도 전혀 위축되지 않았고, 그런 일이 벌어지면 오히려 전보다 더 탁월한 전술 능력을 선보이며 돌파했다. 그는 육체적으로나 정신적으로나 지칠 줄 몰랐고, 무더위나 혹한이나 똑같이 쉽게 견뎌냈다. 그가 잠 깨어 있는 시간은 여느 수면 시간처럼 햇빛이나 어둠으로 결정되는 법이 없었다. 그는 일을 끝내면 그제서야 비로소 쉬었고, 쉽게 잠들기 위해 푹신한 침대나 주위의 조용함을 필요로 하지도 않았다. 보초를 서거나 경계 업무 중인 일반 병사들 사이에서 그가 맨땅에다 망토를 깔고 자는 모습은 흔한 일이었다. 그의 장비는 그가 탄 말처럼 늘 이목을 끌었지만, 입고 있는 군복은 그렇지 않아서, 같은 지위나 계급을 지닌 다른 장교들의 옷과 조금도 다르지 않았다. 말에 탈 때나 내릴 때나 그는 타의 추종을 불허하는 용맹한 전사였다. 늘 가장 먼저 공격하고, 가장 나중에 전장을 떠났다.

그의 미덕에 관해서는 이쯤 해두기로 하자. 그가 보인 여러 미덕들은 정말 대단한 것이다. 하지만 그의 결점 역시 그에 못지않게 대단했다. 그는 비인간적이라고 할 정도로 잔혹했고, 일반적인 카르타고인보다 더 신의가 없었고, 진실, 명예, 종교, 맹세의 신성함, 다른 사람이 신성하게 여기는 모든 것을 철저하게 무시했다. 이런 미덕과 악덕의 특징을 갖춘 채, 그는 하스드루발의 지휘 아래 3년을 복무하면서, 장차 위대한 사령관 후보로서 반드시 보아야 하고 또 반드시 해야 하는 일은 단 하나도 빠트리지 않고 학습하며 실천했다.

5. 병사들을 지휘하게 된 첫날부터 한니발은 마치 이탈리아를 전쟁터로 여기고 로마와 전쟁하라는 명확한 지시라도 받은 장군처럼

행동했다. 그의 계획에서 가장 핵심적 사항은 신속함이었다. 하밀카르와 하스드루발의 때이른 죽음은 그에게 로마 침공 계획을 미루었다간 자신도 불의의 사건에 휘말려 그 계획이 물거품이 될 수도 있다는 생각을 갖게 했다. 따라서 한니발은 더 이상 주저하지 말고 사군툼을 공격하기로 했다. 그 도시를 직접 공격하면 로마가 행동에 나설 것이 확실했으므로 그는 먼저 올카데스 부족 영토를 침공했다. 이 부족은 에브로 강 남쪽에 자리 잡고 있었는데, 카르타고의 영향력이 미치는 영역 안에 있었지만, 실제로는 카르타고의 통제를 받지 않고 있었다.

한니발은 이런 양동 작전을 써서 자신의 진짜 목적이 간파되는 일을 피하고, 인근 부족을 계속 정복함으로써 생겨난 불가피한 일련의 사건으로 어쩔 수 없이 사군툼과 전쟁을 벌인다는 인상을 주려고 했다. 올카데스 부족의 부유한 수도 카르테이아는 한니발의 공격을 받아 약탈당했고, 그보다 못한 인근 정착지들은 겁을 먹고 항복한 결과 한니발의 요구대로 공물을 바칠 수밖에 없었다. 한니발의 승전군은 전리품과 함께 뉴카르타고(카르타고 노바)로 물러나 겨울을 보냈다. 그곳에서 한니발은 빼앗은 물자를 병사들에게 후하게 나눠주고 즉시 미지급된 급여를 치르며, 동포와 외국인을 가리지 않고 휘하 병력과의 유대 관계를 더욱 돈독히 하고 또 강화했다.

다음 해(기원전 219년) 봄이 되자 한니발은 바카에이 부족을 상대로 전쟁을 벌였고, 그들의 도시 헤르만디카와 아르보칼라를 공격하여 함락했다. 후자의 도시는 단호한 의지로 많은 주민이 오랜 시간 동안 방어했지만, 결국 한니발의 공격을 막아내지 못했다. 헤르만디카에서 도망친 사람들은 지난 여름 패배하여 고향을 잃은 올카데스 부족과 힘을 합쳤고, 카르페타니는 그들에게 자극받아 적극적인 반격에 나섰다. 그들이 이동 중인 한니발의 군대를 습격했을 때 한니발은 바카에이 원정에서 돌아와 타구스 강 근처를 지나고 있었다. 한니발 부대는 전리품의 무게로 행군에 지장을 받고 있어서 적의 갑작스러운 공격을 받자 혼란에 빠졌다. 적의 직접적인 보복 공격을 피하기 위해 한니발은 강기슭에 자리 잡고 어두워질 때까지 기다렸다. 모든 움직임이 멈추고 적의 진지에서 아무런 소리도 들리지 않자 한니발 부대는 강을 걸어서 건너 새로운 위치로 진지를 옮겼다. 그곳에서 한니발은 엉성하게 방어 시설을 구축하여, 적이 강을 건너 자신을 추격해 오도록 유도했다. 그는 자만에 빠진 적이 강을 건널 때 공격할 생각이었다. 그는 적이 그렇게 할 것으로 예상하여 기병대에게 강을 건너는 적군을 발견하면 곧장 공격하라고 지시했다. 그의 보병대와 코끼리 40마리는 강기슭에 배치되었다.

적군은 다른 도시에서 도망쳐온 사람들을 받아들이면서 그 숫자가 10만에 달했는데, 탁 트인 곳에서 전면전을 벌인다면 자신들이 무적일 것이라고 생각했다. 그들은 자긍심 강하고 호전적인 사람들이었는데, 수적 우세마저 확실해 승리를 자신하게 되자 한니발이 패배를 두려워하여 물러났을 뿐만 아니라 강만 건너가면 승리는 떼놓은 당상이라고 확신했다. 그리하여 적의 병사들은 사령관의 명령을 기다리지도 않은 채 함성을 내지르며 무질서하게 강으로 뛰어들었다. 강인한 병사들로 구성된 카르타고 기병 파견대는 즉시 그들을 맞이하여 교전에 나섰고. 전투는 강물 한가운데에서 시작되었다.

말을 타지 않은 스페인 병사들에게 그것은 불공평한 싸움이었다. 위험한 강물에서 그들은 단단히 발을 디딜 곳이 없었고, 따라서 설사 무장하지 않은 기병대가 공격해 왔어도 손쉬운 먹잇감이 되었을 것이다. 실제로는 단단한 무장을 갖춘 카르타고 기병대는 자유자재로 움직이며 마음껏 무기를 휘둘렀다. 그들은 강의 흐름이 가장 거센 곳에서조차 말 위에 확실하게 앉아서 창과 칼로 효율적으로 공격할 수 있었다.

그리하여 많은 스페인 병사들이 익사했다. 어떤 자들은 격하게 흐르는 강물에 하류로 쓸려가 코끼리에 짓밟혀 죽었다. 나머지는 스페인 군대가 있는 강기슭으로 돌아가 목숨을 부지하려고 했지만, 그들은 여전히 뒤죽박죽 일대 혼란의 상태였고, 또 흩어진 부대를 모으는 데 정신이 팔려 있어서 제대로 응전하지 못했다. 한니발은 밀집 전투 대형으로 강을 건넜는데, 이는 적이 숨을 돌리기 전에 반대편 강기슭에서 그들을 대혼잡의 상태로 몰아넣고 격파하기 위해서였다. 이후 한니발은 그 일대의 전원 지역을 파괴했고, 며칠 뒤엔 카르페타니의 항복을 받아 정복한 민족의 명단을 더 늘렸다. 에브로 강 남부의 스페인 지역은 이제 사군툼을 제외하고 모두 카르타고의 수중에 들어왔다.

6. 한니발은 아직 실제로 **사군툼**과 전쟁을 벌이지 않았지만, 그 예비 단계로서 인근 부족들 사이에 불만의 씨앗을 뿌리면서, 특히 투르데타니(Turdetani) 부족의 분열에 집중했다. 그는 곧 자신이 그런 식으로 싸움을 붙여놓고서는 시치미를 뚝 떼고 그들의 지지자를 자처하고 나섰다. 그러나 사군툼 인들은 한니발이 협상이 아닌 무력을 써서 정복하려는 의도를 명백히 알게 되었다. 그리하여 그들은 로마로 사절단을 보내 이제 전쟁을 피할 수 없게 되었으니 중립도시인 사군툼을 지원해 달라고 요청했다. 그해의 두 집정관은[2] 푸블리우스 코르넬

---

2   이 해는 기원전 218년으로, 사군툼 포위 공격은 그 전인 기원전 219년에 시작되었을 것으로 짐작된다.

리우스 스키피오와 티베리우스 셈프로니우스 롱구스였는데, 그들은 사군툼 사절단을 원로원에 데려와 토의를 진행했다. 그 결과 원로원은 로마 사절단을 스페인으로 파견해 동맹 도시의 상황을 알아보고, 사군툼 사절단이 말한 바가 정당하다면 한니발에게 사군툼에서 물러나라고 정중히 요구하고, 그런 다음 아프리카로 건너가 카르타고 정부에다가 스페인에 있는 로마 동맹들의 항의를 전달하도록 했다. 하지만 로마 사절단이 스페인에서 임무를 시작하기도 전에 카르타고 군대가 사군툼과 전투를 벌이기 시작했다는 소식이 들려왔다. 아무도 이런 단호한 행동이 그처럼 빨리 전개되리라고 예상하지 못했다.

원로원은 스페인 상황을 재고하기로 했으나 의원들은 의견이 나뉘었다. 몇몇 의원은 스페인과 아프리카에 각각 집정관을 보내 그곳을 전쟁터로 삼고 육지와 바다 양면으로 총력전을 벌여야 한다고 주장했다. 다른 의원들은 스페인에 있는 한니발에게만 전력을 집중해야 한다고 주장했다. 또 다른 의원들은 스페인에서 사절단이 돌아올 때까지 기다리는 게 현명하다고 제안했다. 카르타고와 전쟁을 벌이는 건 심각한 사안이므로 충분히 숙고하지 않고 성급히 결정을 내려서는 안 된다는 게 그들의 주장이었다. 실제로 채택된 건 세 번째 것, 가장 신중한 제안이었고 원로원은 서둘러 푸블리우스 발레리우스 플라쿠스와 퀸투스 바이비우스 탐필루스를 사군툼으로 보내게 되었다. 그들은 먼저 한니발에게 접근할 예정이었고, 만약 그가 도시를 공격하는 걸 멈추지 않는다면 카르타고로 가서 협정을 위반한 죄로 한니발의 신병을 로마로 넘기라고 요구할 계획이었다.

7. 로마가 이런 논의를 하고 준비하는 사이에, 카르타고 군의 사군툼 포위 공격은 한니발의 지휘 아래 모든 수단을 동원해 가며 착착

진행되고 있었다. 바다에서 약 2km 정도 떨어진 사군툼은 그때까지 에브로 강 남쪽 정착지 중에서도 가장 번영한 도시였다. 전하는 말로 이곳 주민들은 원래 자킨토스 섬에서 살다 이곳으로 이주했는데, 아르데아의 루툴리 인과 피가 섞인 사람들이라고 했다. 하지만 사군툼이 빠르게 현재의 중요한 도시로 성장하게 된 건 주민들의 자질 덕분이었다. 그들은 바다와 육지에서 나는 생산물로, 늘어나는 주민 수로, 또 그들이 가장 중요하게 여기는 원칙의 존중으로 도시의 번영을 일궜다. 그들은 이렇게 원칙을 존중했기 때문에 로마에 충성하면 파멸을 불러올지도 모른다는 점을 알면서도 로마의 충실한 동맹으로 남았던 것이다.

사군툼 영토에 침공하여 막 자라나는 곡식을 대대적으로 망쳐놓은 한니발은 도시에 3중 공격을 가했다. 사군툼이 수비하는 한 부분엔 비교적 넓고 평평한 땅으로 이어지는 경사면이 있었는데, 한니발은 이곳에 '방탄 장비'를 가져와 그것으로 파성퇴(破城槌)를 보호하면서 성벽을 공격하고자 했다. 성벽에서 살짝 떨어진 땅은 실제로 방탄 장비를 제자리에 갖출 수 있을 만큼 평평했다. 하지만 이런 작전 계획은 막상 실천에 돌입하자 성공을 거두지 못했다.

실패에는 다음 세 가지 이유가 있었다. 첫째, 사군툼 인들은 엄청난 높이와 강도를 갖춘 요새화한 탑에서 카르타고 군을 위협했다. 둘째, 공격을 받기 쉬운 곳의 성벽은 다른 곳보다 훨씬 더 높게 축성되어 있었다. 셋째, 수비에서 가장 어렵고 위험한 임무를 수행하도록 특파된 사군툼의 정예 부대가 격렬하게 저항했다. 사군툼 인들은 한동안 투척 무기를 써서 적의 접근을 막았고, 적의 공병들이 안전하게 작업할 곳을 남겨두지 않았다. 하지만 곧 탑과 성벽의 방어에 창을 휘두르는 것만으로는 만족하지 못한 사군툼 부대는 여러 차례 출격하여 적의 초소와 공사 중인 적을 공격했다. 이런 소규모 접전에서 양군의 피해는 거의 똑같았지만, 무분별하게 성벽의 공격 범위 안으로 들어간 한니발이 창에 맞아 넓적다리를 심각하게 다치자 전투의 상황은 급속하게 바뀌었다. 사령관이 부상을 당하는 일이 벌어지자 그의 인근에 있던 모든 카르타고 부대가 혼란에 빠져 흩어졌다. 다양한 공성 무기는 전부 버려졌다고 해도 좋을 정도였다.

8. 이후 며칠 동안 작전은 중지되어 포위 공성전이 소강 상태로 빠져들었고 그동안 한니발은 상처를 치료했다. 비록 백병전은 중단되었지만, 어느 쪽도 공성이나 수비를 위한 수단을 준비하는 데 게으름을 부리지 않았다. 전투가 재개되자 양군은 곧 전보다 더욱 맹렬한 기세로 싸움에 나섰다. 카르타고 군의 파성퇴는 방탄 장비의 보호를 받으며 성벽 여러 부분 중에서 공성 보루를 건설하지 못하는 곳만 골라서 그곳으로 움직였다. 수적으로 카르타고 군은 대단히 우세했고, 증거에 따르면 15만 정도의 병력이었다.

그와 대조적으로 사군툼 수비군은 모든 구역을 방어하느라고 병력을 여러 갈래로 분산해 놓았기 때문에, 이제 맡은 바 임무를 제대로 수행할 힘이 거의 없었다. 이미 파성퇴가 작동하여 성벽의 많은 부분을 심각하게 파괴했다. 어떤 부분은 석조 부분이 계속 무너져 구멍이 나 버리는 바람에 도시로 들어가는 길이 열렸다. 곧 구멍이 뚫린 부분과 거기에 연결된 성벽 부분과 세 개의 탑이 땅으로 떨어져 박살났다. 그 순간 카르타고 인들은 도시가 그들의 것이 된 거나 다름없다고 생각했고, 양군은 그 뚫린 구멍 쪽으로 돌진했다. 그들은 사라진 성벽이 수비하는 쪽뿐만 아니라 공격하는 쪽마저도 보호해 준다고 생각하는 모양이었다. 뒤따른 전투는 길어진 포위 작전 동안 어느 한쪽이 유발하고자 하는 그런 치고 빠지는 전투와 전혀 다른 것이었다.

　오히려 그 전투는 탁 트인 들판에서 치르는 회전(會戰:준비된 위치에 병력을 집결하여 벌이는 전투)의 양상을 띠었다. 다만 병사들은 성벽의 떨어진 석조 부분과 그 근처에 있는 도시 건물들 사이에서만 전투를 벌였다. 한쪽은 도시 함락의 희망을 품었고, 다른 한쪽은 공포에서 나오는 필사적인 용기를 냈다. 희망이든 공포든 양군의 감정이 최고조에 도달한 가운데 전투가 전개되었다. 한니발의 병사들은 마지막으로 한 번 더 힘을 내면 도시를 함락할 수 있다고 확신했고, 사군툼 인들은 이제 무방비가 된 조국에 가해지는 위협에 결사 항전으로 맞섰다. 그들은 카르타고 병사가 자신이 서 있던 곳으로 들어오지 못하도록 한발자국도 물러서지 않았다. 전투가 격화되면서 사상자는 늘어났다. 양군은 날아가는 무기가 도저히 빗나갈 수 없을 정도로 무척 가까이 붙어서 싸웠다.

　사군툼 인들이 쓰는 무기 중엔 팔라리카로 불리는 창이 있었는데, 전나무로 만든 둥근 자루에 쇠로 된 날이 붙어 있었다. 날 바로 밑의 부분은 로마 인들이 쓰는 필룸(투창)처럼 정사각형으로 되어 있었다. 전나무로 된 자루 주위로 사군툼 인들은 삼 부스러기를 묶고 역청을 잔뜩 발랐다. 이 무기 앞부분에 있는 쇠로 된 날은 90cm 길이어서 방어구와 몸을 전부 뚫고 나갈 수 있었다.

　하지만 이 무기가 가장 무서운 점은 살을 뚫지 못하고 방패에만 꽂히더라도 상대방에게 타격을 가한다는 것이었다. 던지기 전 불을 붙여 세게 던지면 타오르는 삼과 역청은 공중을 뚫고 나아가는 움직임으로 더욱 거세게 불타오르게 되고, 이 창을 맞은 적군은 방패를 내려놓을 수밖에 없었다. 그렇게 되면 적군은 공격에 무방비한 상태로 노출되었다.

9. 양군은 오랫동안 전투를 벌였지만, 결말이 나지 않았다. 사군툼 인들은 기대했던 것보다 훨씬 성공적으로 도시를 지켜냈다는 사실에서 용기를 얻었지만, 카르타고 군은 기대한 승리를 얻지 못했다는 생각이 앞서서 패배감을 느꼈다. 이런 상황에서 수비군은 갑자기 함성을 높이고 침입자를 무너진 성벽 사이로 밀어냈고, 여기서 카르타고 군은 형세의 고단함을 느끼고 결속력을 잃게 되었다. 마침내 그들은 방어 부대에 완전히 압도당한 채 격퇴되었고, 목숨을 부지하고자 어쩔 수 없이 진지로 물러났다.

그러는 사이 로마에서 사절단이 도착했다는 소식이 들려왔다. 사절단은 해안에서 한니발이 보낸 부하들을 만났는데 그 부하들은 더 내륙으로 들어가는 건 위험하다고 경고했다. 내륙에 있는 다수의 부족들이 격분하여 무장 봉기한 상태라는 것이었다. 그러면서 한니발은 당면한 어려운 상황을 처리하느라 시간적 여유가 없어서 로마 사절단을 만나볼 수 없다는 말도 전했다. 사군툼에서 한니발을 만날 수 없다는 게 확실해지자 로마 사절단은 카르타고로 넘어가기로 했다. 한니발은 본국의 바르카 파벌 지도자들에게 서신을 보내 지지자들을 결집하라고 촉구하면서 반대 파벌이 로마 사절단에게 유화적인 태도를 보이는 걸 허용해서는 절대로 안 된다고 신신당부했다. 한니발은 이렇게 하여 사절단의 견제 시도를 사전에 차단했다.

10. 그 결과 비록 사절단이 로마의 뜻을 전달할 기회를 얻긴 했지만, 스페인에서처럼 아무런 성과가 없었다. 카르타고 원로원 의원들 중 기존의 강화 조약을 옹호한 자는 한노뿐이었다. 다른 의원들은 확고하게 한노에게 반대했으며, 그가 발언할 때에는 좌중에 무거운 정적이 감돌 뿐이었다. 그것은 동의의 침묵이 아니라 한노의 개인적 입장과 중요성 때문에 마지못해 입 다물고 있는 침묵이었다. 한노는 강

화 조약의 신성함을 보호하는 신들의 이름으로, 사군툼 전쟁뿐만 아니라 로마에게 도발적인 행위를 해서는 안 된다고 호소했다. 그는 또한 자신은 예전에 하밀카르의 아들이 카르타고 군에 입대하는 걸 허용해선 안 된다고 엄숙하게 경고한 적이 있었다고 말했다. 그는 자신이 예전에 한니발은 물론이고 하밀카르의 영혼도 평화 속에서는 살 수 없으며, 바르카의 혈통과 이름을 이은 계승자가 살아 있는 한 로마와의 조약은 언제나 깨질 위험을 각오해야 한다고 말하지 않았느냐고 다그쳤다. 그는 계속 말했다.

"그런데도 여러분은 이 위험하고 야심이 가득한 남자를 우리 군에 입대시켰습니다. 권력욕에 불타서 다른 건 쳐다보지도 않고 내달리는 그 남자를요. 그 남자가 권력을 얻는 방법은 군대에서 무장한 채 평생을 살며, 끊임없이 전쟁을 일으키는 데 전력하는 것입니다. 여러분은 타오르는 불에 기름을 끼얹었었고 그 불은 지금 여러분을 불태우고 있습니다. 우리가 로마와 맺은 조약에 의해 사군툼은 중립 도시로 인정되었습니다. 그런데 우리 군은 그곳을 포위하고 있습니다. 곧 로마 군단이 카르타고를 포위할 것이고, 이전 전쟁에서 로마를 도운 바 있는 바로 그 신들이 조약 위반을 복수하러 온 로마 군을 인도하고 축복할 것입니다.

로마와 우리 카르타고를 왜 이렇게 모르십니까? 로마와 우리에게 내려진 운명의 몫을 왜 이리들 모르십니까? 우리 동맹국은 자신의 동맹을 믿고서 사절단을 보냈지만, 여러분의 잘난 총사령관은 국제법도 무시하고 그들을 만나보는 것조차 거부했습니다. 로마의 사절단은 스페인에서 당연한 접견 권리를 거부당하자, 이제 이곳으로 건너와서 우리 두 나라가 맺은 조약에 따라 배상할 것을 요청하고 있습니다. 그들은 범죄 행위를 저지른 책임자의 신병을 넘겨 달라고 요구했습니다. 이런 로마의 요구는 온건한 것입니다. 그들의 첫 움직임은 더디고 신중합니다. 하지만 바로 그 이유로 저는 로마가 한 번 복수를 시작하면 우리를 향한 적의가 전보다 더 지독하고 장기적으로 불타오르지나 않을까 염려됩니다.

하밀카르가 아이가테스 제도에서 패배하고, 이후 에릭스에서 패배한 것을 기억하십시오.[3] 24년의 전쟁 동안 육지와 바다 양면으로 겪었던 고통을 상기하십시오. 당시 우리의 지휘관은 이 청년이 아니었습니다. 그의 아버지인 하밀카르였지요. 그의 지지자들은[4] 그를 제2의 마르스(軍神)라고 생각했습니다. 아무튼 로마와의 협정 조건에 따라 우리는 이탈리아에 개입하면 안 되는데도, 이탈리아의 땅 타렌툼에 간섭하여 전쟁을 일으켰던 것입니다. 지금 그 역사가 바로 사군툼에서 반복되는 중입니다. 신들의 행동은 승리와 함께하기에, 누가 협정을 어겼는지를 따지는 전문적인 문제는 전쟁의 승패로 결정됩니다. 마치 공정한 판사의 판결처럼 정당한 쪽이 승자가 됩니다. 한니발이 지금 군대를 움직이고 있는 건 로마가 아니라 카르타고를 향해 움직이는 것이며, 그가 파성퇴로 두드리는 건 결국에는 우리 도시의 성벽이 될 겁니다. 아아, 내가 예견하는 바가 틀렸으면 좋으련만! 사군툼의 폐허는 우리 머리 위로 떨어질 것이고, 우리가 시작한 사군툼과의 전쟁 때문에 우리는 결국 로마와도 싸워야 할 것입니다.

그렇다면 우리는 한니발을 로마에 넘길 수 있을까요? 물론 저는

---

3   이 두 곳에서 C. 루타티우스 카툴루스가 기원전 241년에 카르타고를 상대로 벌어진 해전에서 승리를 거두어 제1차 포에니 전쟁이 로마의 승리로 끝났다.

4   한노는 자신의 연설을 듣고 있는 사람들이 자신의 의견에 반대한다는 것을 알고 있었다. 그래서 그의 지지자들, 혹은 당신의 의견을 지도하는 사람들이라고 했는데 좀더 구체적으로는 한니발의 지지 세력을 가리킨다.

이런 의견이 별로 영향력이 없다는 걸 잘 알고 있습니다. 왜냐하면 그의 아버지와 저는 늘 지독하게 대립했었기 때문입니다. 나는 하밀 카르가 사망했을 때 기뻤습니다. 왜인지 아십니까? 그가 살아 있었 더라면 로마와의 전쟁은 피할 수 없기 때문이었습니다. 그의 아들은 이제 악의를 품고 손에 든 횃불의 불길을 더 키우려고 하는데, 이는 제가 진정으로 싫어하는 것입니다. 실제로 저는 조약 위반에 대해 속 죄하고자 그를 당연히 로마에 넘겨야 한다고 생각합니다. 그를 넘기 는 데 아무런 이의가 없다면 저는 그를 세상의 가장 먼 구석으로 보 내야 한다고 요구합니다. 그에 관한 어떤 소식도, 심지어 그의 이름 조차 우리에게 들리지 않을 어떤 곳으로 추방해야 한다고 주장합니 다. 그가 다시는 우리의 평화를 망칠 수 없게 말입니다.

이제 저는 제안합니다. 사절단을 즉시 로마로 보내 로마 원로원의 요구에 따르겠다고 합시다. 그런 다음 다시 사절단을 한니발에게 보 내 사군툼에서 우리 군대를 철수시키고, 조약에 따라 그를 로마 인들 에게 보냅시다. 마지막으로 사군툼 인들에게 사절단을 보내 배상을 논의하게 합시다."

11. 한노가 말을 마쳤지만, 아무도 그의 주장을 반박할 필요가 없 었다. 이미 원로원은 거의 만장일치로 한니발의 편을 들고 있었다. 원로원은 한노가 로마 사절인 발레리우스 플라쿠스보다 더 조국의 적인 것처럼 말한다고 생각했다. 따라서 카르타고 원로원은 로마 사 절단에 전쟁의 책임을 한니발에게 묻지 말고 사군툼 인들에게 물으 라고 했으며, 로마가 카르타고와의 오랜 우호 조약보다 사군툼을 우 선시하면 그야말로 부적절한 처신이 될 것이라고 경고했다.

이런 외교 활동을 벌이면서 로마 인들은 아까운 시간만 흘려보내 고 있었다. 이에 비하여 한니발은 절대 나태한 모습을 보이지 않았다. 그의 병사들은 최근 벌어진 전투와 전장에서의 공병 업무 때문에 심신이 지친 상태였다. 그러자 한니발은 다양한 전투 장비를 잘 지키게 하면서 며칠 동안 병사들에게 휴식을 주었다. 한니발은 휴식 기간 내내 병사들의 사기를 올리는 데 힘썼다. 한니발은 적에 대한 분노를 부채질했고, 풍족한 보상을 얻을 수 있다는 기대를 심어주어 그들의 탐욕을 일깨웠다. 그는 도시를 함락하면 병사들이 찾아낸 값진 모든 물건들을 병사들에게 하사하겠다는 뜻을 밝히며 그들의 사기를 진작시켰다. 이 선언의 효과는 강렬했다. 그 순간 공격 신호가 떨어졌다면 아무도 그들을 막을 수 없었을 것이다. 그러는 사이 사군툼인들은 이 잠깐의 휴전을 최대한 활용하고 있었다. 양군이 아무런 활동이 없던 며칠 동안 사군툼 인들은 밤낮을 가리지 않고 적의 공격에 노출된 허물어진 성벽 부분을 보수했다.

하지만 일시적인 소강상태는 곧 끝났고, 카르타고 군의 다음 공격은 전보다 더 맹렬한 것이었다. 이번에는 전투의 소음이 한 번에 사방에서 울려 퍼지는 것 같았고, 따라서 수비군은 어느 곳을 먼저, 혹은 최대한 수비하고 집중해야 할지 난감했다. 카르타고 군엔 도시의 성채 어느 부분보다도 높은 이동 탑이 있었는데, 한니발은 이것을 이동시킨 곳으로 가서 병사들에게 분발하라고 격려했다. 여러 층으로 된 이 기계는, 층마다 투석기가 배치되어 그 덕분에 성벽의 방어 병사들을 공격하여 물리칠 수가 있었다. 성벽의 수비군이 정리되자 한니발은 때가 되었다고 판단하고 500명 정도 되는 아프리카 부대의 병사들에게 곡괭이를 손에 들려 성벽을 파괴하라고 명령했다. 성벽 파괴는 그리 힘든 일이 아니었다. 성벽은 오래전의 건축 방식으로 지은 것이었고 그래서 성벽에 들어간 돌들이 회반죽이 아니라 진흙으로 고정되어 있었던 것이다.

이런 이유로 성벽은 실제로 타격을 받은 부분은 물론이고 그 주위로 넓게 허물어졌고, 그래서 병사들은 떨어진 돌 더미 위로 종대를 이뤄 진군하며 도시로 들어섰다. 그들은 성벽 안의 높은 지점을 점령했고, 투석기 등의 발사 무기를 가져와 배치했으며, 장악한 곳 주변에 방어 시설을 설치했다. 그것은 도시 중심에다 일종의 요새를 지어 주민들을 위협하려는 목적이었다. 이에 사군툼 인들은 아직 점령되지 않은 도시 지역을 보호하고자 더 안쪽에 새로운 벽을 세우는 것으로 대응했다. 양군 모두 공격하고 방어하는 작전을 아주 용맹하게 수행했지만, 사군툼 인들이 겪는 곤란함은 점점 더 커졌다. 적의 진군으로부터 도시의 중심 지역을 지키려는 노력은 점차 쇠약해졌고, 그들이 차지하는 도시 내의 구역도 점점 줄어들었다. 동시에 보급품은 고갈되고 있었으며, 유일한 의지처인 로마 인의 구원은 여전히 먼 곳에 있었고, 모든 인근 지역은 적의 손에 떨어진 상태였다.

그러나 이런 우울한 예감은 한니발이 갑자기 오레타니와 카르페타니 원정을 떠나며 잠시 사라졌다. 이 두 부족은 한니발이 요구한 징병 규모가 너무 가혹하여 분노한 나머지 카르타고의 징병관들을 붙잡아 억류했다. 따라서 한니발은 그들이 반란을 고려하고 있다고 판단하면서 그들보다 더 빨리 움직여 기습 공격을 감행했다. 이런 느닷없는 공격에 그들은 아예 저항하려는 생각을 포기하고 항복했다.

12. 하지만 사군툼에 대한 압박은 조금도 느슨해지지 않았다. 한니발이 부재중 지휘를 맡긴 히밀코의 아들 마하르발이 아군이나 적군을 막론하고 한니발의 부재를 알아채지 못할 정도로 왕성하게 공격 작전을 수행했기 때문이다. 이 장교는 여러 차례 공격을 성공시켰고, 세 개의 파성퇴를 활용하여 성벽을 더 넓게 파괴했다. 기습 공격에서 돌아온 한니발은 도시 방어 시설이 광범위하게 황폐해지고 더

많은 석조 부분이 붕괴된 걸 확인하게 되었다. 한니발은 더 지체하지 않고 중앙 요새까지 밀고 나아갔다. 곧 맹렬한 전투가 벌어졌고, 양군 모두 심각한 피해를 입었다. 그러나 한니발은 요새 일부분을 장악했다.

바로 이때 사군툼의 주민 알코와 스페인 사람 알로르쿠스는 어떻게든 전쟁을 끝내보려는 절박한 희망을 품었다. 알코는 카르타고 군에 자비를 호소하면 효과가 있을 것으로 생각하고서, 동포에게 알리지 않은 채 몰래 어둠을 틈타 도시를 빠져나와 한니발을 만나러 갔다. 한니발 앞에서 그는 눈물을 흘리며 호소했지만 아무런 소용이 없었다. 승리를 목전에 둔 장군은 완고했고 게다가 항복 조건마저 몹시 가혹했다. 그러나 알코는 작전을 바꿔 더는 애원하지 않고 탈영병으로서 카르타고 군에 남았다. 그는 한니발이 말한 조건으로 평화 협정을 맺으려고 시도하는 자는 사군툼 사람들에게 맞아 죽을 수밖에 없다고 단언했다.

그 조건은 이러했다. 사군툼 인들이 투르데타니 부족에 완전한 보상을 할 것. 한니발에게 도시 내의 모든 금과 은을 바칠 것. 현재 입은 옷만 걸친 채 도시를 떠나 한니발이 지정하는 곳으로 이주할 것.

알코는 사군툼 인들이 이런 조건을 받아들이는 일은 결코 없을 것이라고 말했고, 당시 한니발의 군에 복무하던 알로르쿠스는 사군툼 인들의 '친구이자 손님'[5]으로서 공직에 준하는 위치에 있었고, 따라서 다른 모든 것을 잃으면 저항의 의지도 필연적으로 잃게 된다는 생

---

5 고대 도시의 타관 사람은 상업적·법적 지위는 없었고 그 도시의 주민들이 호의에 의존해야 되었다. 친구이자 손님 관계는 다른 국가 소속의 두 시민 사이에 맺어진 항구적(혹은 대물림의) 동맹이었다. 이것은 상업이나 기타 교류를 위하여 상호간의 편리와 보호를 증진하려는 목적을 갖고 있었다.

각으로 사군툼과 협상을 하러 나섰다. 공개적으로 자신의 무기를 사군툼 수비병들에게 건넨 그는 도시의 요새를 통과했고, 스스로 요청해 사군툼의 지휘관을 만나게 되었다. 즉시 잡다한 군중이 모여들었으나 그들은 방해되지 않게 뒤로 물러섰고, 그렇게 하여 알로르쿠스는 발언 기회를 얻게 되었다.

13. 그는 이렇게 말했다. "강화 조건을 듣고자 한니발을 찾아간 여러분의 동포 알코가 이곳으로 돌아와 제시된 조건을 그대로 전했다면 내가 여기 방문할 필요도 없었을 것입니다. 나는 이곳에 탈영병으로서 온 것도 아니고, 한니발을 대신해서 그의 말을 전하려고 온 것도 아닙니다. 하지만 알코는 여러분을 저버렸습니다. 그가 탈주한 것은 그의 잘못일 수도 있고, 여러분의 잘못일 수도 있습니다. 그가 말하는 두려움이 날조된 것이라면 그건 그의 잘못이고, 진실을 전달하는 자가 여기 사군툼에서 위험을 느낀다면 그런 환경을 만든 건 여러분의 잘못입니다. 이런 이유로 나는 여러분의 손님이자 친구라는 오랜 유대 관계를 활용하여 이곳에 왔고, 또 여러분에게 실제로 제시된 강화 조건을 받아들이라고 설득하러 왔습니다. 최소한 여러분은 목숨을 보장받았습니다. 내가 하는 말은 다른 누구도 아닌 여러분을 위해 하는 말이며, 이는 여러분의 군사력이 저항을 유지할 수 있을 정도로 충분하거나, 혹은 여러분이 로마의 원군을 바랄 수 있는 상태일 때 제가 여러분에게 강화 이야기는 단 한 마디도 하지 않았다는 사실로 증명됩니다.

이제 시간이 없습니다. 여러분은 로마의 구원을 더는 바랄 수 없고, 무기와 성벽도 더는 여러분을 지켜주지 못합니다. 따라서 나는 여러분에게 강화를 제안하고자 합니다. 사실 그 조건은 공정하지 않습니다. 그래도 이 상황에선 가장 훌륭한 조건입니다. 적절한 태도로 귀를 기울인다면 여러분은 전적으로 절망만 하고 있을 필요가 없습니다. 그건 승자가 패자에게 하는 행동이라고 보면 됩니다. 즉, 여러분이 지금 소유하고 있는 건 전부 한니발의 것입니다. 여러분이 빼앗기는 것을 손실이라고 생각하지 마시고, 차라리 여러분에게 남은 것을 순수한 이득이라고 생각하십시오. 거의 폐허가 된 여러분의 도시는 거의 전부 한니발의 수중에 있습니다. 사정이 이렇기 때문에 여러분은 항복해야 합니다. 그는 여러분을 이 땅에 남게 할 것이고, 새로운 도시를 지을 장소를 지정해줄 겁니다. 여러분의 금과 은은 공적이든 사적이든 가리지 않고 전부 한니발에게 넘겨야 합니다. 여러분은 물론 여러분의 아내와 아이들도 목숨을 구할 수 있을 것입니다. 각자 옷만 두 벌이 넘지 않게 챙겨서 비무장으로 도시를 떠난다면.

이것이 바로 여러분의 승리한 적이 요구한 조건입니다. 가혹하다곤 하지만, 여러분은 거절할 처지가 아닙니다. 나는 개인적으로 이런 희망을 가지고 있습니다. 한니발은 모든 저항이 사라진 걸 발견하게 되면 어느 정도 양보를 할지도 모릅니다. 아무튼 나는 전쟁의 관습대로 여러분의 아내와 아이들이 여러분의 눈 앞에서 노예로 끌려가고, 또 여러분이 참수되는 것보다는 이런 가혹한 처사라도 견디는 게 더 낫다고 생각합니다."

14. 군중의 수는 점차 늘어나는 중이었고, 사군툼 원로원은 민회(民會)와 다를 바 없는 상황이 되었다. 그러다 갑자기 원로원 지도자들은 대답을 하지 않고 자리를 떠났고, 공공건물과 민가에서 찾아낸 모든 귀금속을 모아 와서 포룸에 서둘러 조성한 커다란 화톳불 속으로 내던져버렸다. 이어 그들은 그 거센 불길 속으로 몸을 내던져 스스로 목숨을 끊었다. 이들의 행동에 사군툼 인들은 대경실색했고, 요새 쪽에서 들리는 갑작스럽고 무시무시한 소리에 놀라움은 더욱 증

폭되었다. 여러 파성퇴의 공격을 오래 견뎌낸 탑이 마침내 무너졌고, 그 잔해 위로 카르타고 군이 물밀듯 밀고 들어왔다.

길 위에는 아무런 저항이 없었고, 더는 초소와 경계병들이 평소 보여주던 저항을 하지 않는다는 신호를 받자 한니발은 때가 왔다고 생각했다. 그는 총공격을 명령하여 도시를 제압했고, 군에 복무할 나이의 사군툼 남자는 하나도 살려두지 말고 몰살하라고 명령했다. 야만적인 명령이었지만, 이미 벌어진 일이 그런 명령의 불가피성을 증명했다. 필사적으로 죽을 때까지 싸우거나 아니면 집에 불을 붙이고 아내와 아이들과 함께 산 채로 불에 타죽는 자들에게 어떻게 자비를 베풀 수 있겠는가?

15. 점령한 도시에서 취한 약탈품은 어마어마했다. 많은 값진 물건이 소유주에 의해 고의로 파괴되었고, 카르타고 병사들은 나이를 가리지 않고 전면적인 학살을 자행하면서 전투의 분노를 풀었다. 모든 포로들은 그들을 붙잡은 병사의 재산이 되었다. 이런 학살에도 불구하고 권위 있는 역사가들은 카르타고 군이 귀중품 판매로 상당한 자금을 모았고, 많은 값비싼 가구와 호화로운 옷감을 카르타고로 보냈다는 점에 동의한다.

몇몇 역사가들[6]은 전쟁을 시작하고 여덟 달 뒤에 사군툼이 함락되었다고 한다. 그들은 이후 한니발이 뉴카르타고로 물러나 겨울을 보내고, 그곳을 떠난 지 다섯 달 만에 이탈리아에 도착했다고 했다. 만약 그렇다고 한다면 푸블리우스 코르넬리우스와 티베리우스 셈프로니우스는 전쟁이 시작되었을 때 로마로 파견된 사군툼 사절단을 만

---

6   그 중에서도 특히 폴리비오스를 가리킨다.

난 집정관일 수가 없다. 왜냐하면 그들은 집정관 직무를 수행하던 해에 한 사람은 티키누스 강에서, 다른 한 사람은 그보다 조금 뒤 트레비아 강에서 한니발과 전투를 벌였기 때문이다.

이렇게 하면 시기가 맞지 않는다. 따라서 관련 사건들이 해당 역사가들이 생각했던 것보다 더 짧은 기간으로 압축되거나, 아니면 코르넬리우스와 셈프로니우스가 집정관을 맡던 해가 시작될 때 사군툼이 공격받은 게 아니라 함락되었다고 결론을 내려야 한다. 트레비아 전투는 그나이우스 세르빌리우스와 가이우스 플라미니우스가 집정관을 하던 때로 시기가 늦춰질 수 없다. 왜냐하면 플라미니우스는 아리미눔에서 집정관이 되었고, 셈프로니우스의 후원을 받아 집정관에 선출되었기 때문이다. 셈프로니우스는 트레비아 전투 이후 선거를 주재하러 로마로 갔다가 이어서 월동하는 자신의 부대로 되돌아간 바 있었다.[7]

16. 카르타고로 파견된 로마 사절단은 로마로 돌아와 카르타고 정부가 협상을 거부했다는 보고를 했고, 이와 거의 동시에 사군툼 함락 소식이 로마에 전해졌다. 원로원은 이에 큰 충격을 받았다. 그들은 우호적인 민족(사군툼 인)이 지독하고 부당한 운명을 맞이한 것에 크게 슬퍼하고 딱하게 여겼다. 또한 로마가 그들을 구원하지 못한 것을 수치스럽게 느꼈고, 카르타고에 분노했으며, 적이 이미 로마의 성

---

7 이 문단은 일종의 각주 역할을 한다. 리비우스는 여기서 자신이 일으킨 연대의 혼란을 정리하려고 애쓰고 있다. 그가 그런 혼란에 빠진 것은 폴리비오스의 명백한 진술을 무시하고 그보다 열등한 저자의 의견을 따라갔기 때문이다. 폴리비오스에 의하면, 한니발은 기원전 221년에 총사령관이 되어 올카데스 족을 공격했다. 220년에는 바카에이와 카르페타니와 전쟁을 했다. 219년(M. 리비우스 살리나토르와 L. 아이밀리우스 파울루스가 집정관)에는 사군툼 포위 공격을 했고, 그 다음에 한니발은 뉴카르타고에서 겨울 숙영지를 설치했고 이어 218년에 이탈리아 공격에 나섰다(폴리비오스, 3권 13장, 17장, 33장).

문에 도달해 로마를 파괴하겠다고 위협하기라도 하는 것처럼 두려움을 느꼈다. 이 모든 감정이 뒤엉켜 그들은 차분하게 사태를 숙고할 겨를이 없었다. 그들은 카르타고보다 더 맹렬하고 호전적인 적은 없으며 이제 그 적에 맞서서 응전해야 한다는 걸 잘 알았다.

당시 로마는 엄청난 군사 작전을 벌일 준비가 잘 되어 있지 않았다. 예를 들면, 로마가 최근에 벌인 전쟁은 사르데냐, 코르시카, 이스트리아, 일리리아 전투 같은 것이었는데 전부 미미한 전쟁이라 성가신 일 정도였고, 로마의 무력을 진정으로 시험하는 무대가 아니었다. 갈리아 인들과의 전쟁은 통상적인 전쟁이라기보다 형편 돌아가는 대로 소규모 접전을 벌이는 것에 불과했다.

하지만 카르타고와의 전쟁은 완전히 다른 얘기였다. 카르타고는 로마와 오랜 기간 적으로 지냈으며, 그들의 군대는 23년 동안 스페인에서 격렬하고 지속적인 전쟁을 성공적으로 치르며 잘 훈련된 데다 탁월한 진취성과 군사적 능력을 가진 사령관에게 철저하게 복종했다. 그 군대가 이제 강력하고 부유한 도시 사군툼을 파괴하고 새롭게 전열을 정비하여 에브로 강을 건너는 중이었다. 그들은 전투에 굶주린 무수한 스페인 인들과 함께 진군하며, 곧 피 보기를 끝없이 갈망하는 갈리아 인들을 봉기하도록 부추길 것이었다. 무시무시한 전쟁이 다가오는 중이었고, 그것도 이탈리아에서 벌어질 것이었다. 로마인들은 이제 로마의 성벽을 지켜내기 위해 온 세상을 상대로 필사적인 싸움을 벌여야 했다.

17. 두 집정관이 군사 작전을 벌일 지역은 이미 정해졌다. 한 사람은 스페인, 다른 사람은 아프리카와 시칠리아를 맡을 것이었다. 추첨 결과 코르넬리우스는 전자(스페인)를, 셈프로니우스는 후자를 맡게 되었다. 원로원의 포고에 따라 그해엔 6개 군단을 모집했고, 각 집정

관은 적당하다고 생각하는 동맹 부대를 모집함과 동시에 최대한 강력한 함대를 동원하라는 지시를 받았다. 2만 4천의 로마 보병과 1천 8백의 로마 기병이 모였고, 동맹 부대는 4만 명의 보병과 4천 4백 명의 기병으로 구성되었다. 함대에는 5단 노의 갤리선 220척과 소형 선박 20척이 편성되었다.

이어 선전 포고에 관한 문제가 로마의 군중(민회)에게 제시되었다. 투표 결과 공공 기도의 기간 동안에 도시에서 업무는 중단되었고, 시민들은 신들에게 복되고 성공적인 전쟁 결과를 기원했다.

두 집정관은 병력을 다음과 같이 나눴다. 보통 로마의 야전군 군단은 4천의 보병과 3백의 기병으로 구성되었는데, 셈프로니우스는 2개 군단을 이끌게 되었고, 더불어 1만 6천의 동맹군 보병, 1천 8백의 동맹군 기병, 160척의 전함, 12척의 소형 선박을 맡게 되었다. 이상과 같은 부대를 지휘하게 된 그는 곧 시칠리아로 향했는데, 동료 집정관 코르넬리우스가 한니발의 이탈리아 침입을 막아내면서 로마 군의 강성함을 입증하면, 원로원 지시에 따라 셈프로니우스는 아프리카로 건너갈 예정이었다.

코르넬리우스는 셈프로니우스보다는 적은 병력을 배정받았는데, 왜냐하면 법무관 루키우스 만리우스 역시 적지 않은 병력을 배정받고 갈리아로 파견되었기 때문이었다. 코르넬리우스의 해군 병력은 심하게 감소되었는데, 적이 해상 침공을 하거나 해전을 고려하지 않을 것으로 예상되었기 때문이다. 그의 함대는 이런 예상에 따라 60척으로 줄어들었다. 그의 병력은 정규 기병대가 포함된 두 로마 군단과 1만 4천의 동맹군 보병, 1천 6백의 동맹군 기병으로 구성되었다. 갈리아 치살피나(알프스 이남의 갈리아)엔 두 로마 군단이 주둔했다. 여기에 1만의 동맹군 보병, 1천의 동맹군 기병, 6백의 로마 기병이 더해져

카르타고와의 전쟁을 대비했다.

18. 이렇게 준비를 마치고 전쟁 발발에 대비해 모든 것을 정비한 원로원은 다른 사절단을 카르타고로 보냈다. 이번 사절단은 전부 나이가 많았다. 퀸투스 파비우스, 마르쿠스 리비우스, 루키우스 아이밀리우스, 가이우스 리키니우스, 퀸투스 바이비우스가 그 사절단에 포함되었다.[8] 사절단은 카르타고 원로원을 상대로 한니발의 사군툼 공격이 정부 방침에 따른 것인지 물을 생각이었다. 카르타고 인들이 사군툼 공격을 지시한 걸 인정하고 그것을 공식적인 국가 방침의 결과라고 옹호하면 사절단은 전쟁을 선포하기로 되었다.

사절단은 때에 맞게 카르타고에 도착했다. 그들은 카르타고 원로원 의원들을 만나게 되었고, 파비우스는 지시 받은 것 이외엔 아무것도 묻지 않았다. 한 카르타고 의원은 이렇게 대답했다.

"사절단 여러분, 이전 사절단이 사군툼을 자발적으로 공격한 일로 한니발의 신병을 넘기라고 요구한 건 다소 무분별한 행동이었습니다. 지금 말로는 온화하게 표현했지만, 사절단 여러분의 목적은 사실 더 심각한 문제입니다. 이전엔 한니발을 비난하고 그를 넘겨달라고 하더니, 이젠 부당하게 우리에게 죄의 자백을 요구하고 있습니다. 동시에 이미 우리가 자백하기라도 한 것처럼 즉각적인 보상을 해달라고 하고 있고요. 내 생각에 사군툼 공격이 국가 방침이냐 아니면 개인의 변덕이냐를 따지는 건 적절한 질문이 아닙니다. 현재의 상황에서 공격이 합법인지 불법인지를 따져야죠. 우리 시민이 독단적으로

---

8   M.리비우스와 L.아이밀리우스는 기원전 219년의 두 집정관이었다. 이 두 사람이 사절단에 포함된 것으로 보아, 사절단은 3월 이후에 출발했다고 보는 것이 타당한 추정이다. 왜냐하면 집정관의 임기가 시작되는 달은 3월이기 때문이다.

행동했는지 아닌지, 또 그에 따라 처벌은 어떻게 해야 하는지에 관한 질문은 우리 카르타고가 따져서 결정할 문제입니다. 로마와는 논쟁할 문제가 딱 하나뿐입니다. 우리 사이의 협정 조건에 따라 행동의 적법성을 따지는 일이 바로 그것입니다."

"좋습니다. 정부의 지시에 따라 사령관이 한 일과 그가 자발적으로 한 일을 그토록 구별하고 싶어 하시니 사실을 잘 살펴봅시다. 여러분의 집정관 가이우스 루타티우스는 상대방의 동맹에 개입하지 않는다는 조항을 둔 협정에 우리와 함께 서명했습니다. 하지만 거기에 사군툼에 관한 언급은 없었습니다. 당시 로마의 동맹이 아니었으니까요. 여러분은 하스드루발과 맺은 협정에 따라, 우리가 사군툼 공격을 하는 건 금지되어있다고 하겠지요. 여기에 저는 여러분이 했던 말을 그대로 돌려주는 것 외에 다른 대답을 할 수 없을 것 같습니다. 여러분은 원로원 승인이나 시민의 찬성이 없었다며 집정관이 우리와 체결한 협정은 인정하지 않고 그 협정에 따르길 거부하셨지요. 그래서 국가의 허가를 받은 새로운 협정을 체결하지 않았습니까? 그렇다면 여러분은 국가의 승인도 없이 서명한 협정에 구속력이 없다고 보는 게 당연한 것 아니겠습니까. 따라서 우리는 국가가 알지도 못하고 동의도 하지 않은 하스드루발과 로마 사이의 협정은 인정할 수 없습니다. 따라서 사군툼이나 에브로 강에 관하여 더 이상 얘기를 꺼내지 않았으면 좋겠습니다. 차라리 그보다는 오랫동안 참느라 고통스러웠던 진짜 생각을 이제 말하는 게 낫지 않겠습니까?"

파비우스는 이에 토가의 주름에 손을 옮겼고, 그것을 모아 가슴 쪽으로 가져가며 이렇게 말했다. "여기에 우리는 평화와 전쟁을 가져왔소이다. 어느 쪽이든 선택하시오." 그가 말을 마치자마자 당당하고 큰 목소리의 답변이 들려왔다. "당신들이 선택하시오. 우리는 상관없소." 파비우스는 모아쥔 주름을 떨어뜨리고 크게 외쳤다. "우린 카르타고에 전쟁을 선포하겠소." 이에 카르타고 원로원은 한 목소리로 대답했다. "그 전쟁, 받아들이겠소. 우리는 한결같은 사기로 최후까지 싸우겠소."

19. 법적인 문제로 시시콜콜 논쟁을 벌이기보다 이런 직접적인 요구에 뒤이어 전쟁을 선포하는 모습은 로마의 위엄에 잘 어울리는 것이다. 특히 사군툼이 막 함락된 그 시기엔 더더욱 위엄을 내보일 필요가 있었다. 카르타고에서 제기한 문제의 옳고 그름에 관해 말해 보자면, 하스드루발이 맺은 협정과 나중에 변경된 루타티우스가 맺은 협정은 서로 비교조차 할 수 없는 것이다. 후자는 시민의 동의를 얻을 때만 유효하다는 취지의 추가 조항이 포함되어 있지만, 전자는 그런 조건이 없었다. 게다가 하스드루발 생전에 그 협정은 암묵적으로 받아들여졌고, 심지어 그가 죽고 난 뒤에도 변경되는 일이 없었다. 설혹 루타티우스가 맺은 협정 조건이 계속 준수되었다고 하더라도 '양국의 동맹을 제외하고'라는 조항으로 사군툼도 충분히 보호 대상이 되었다.

이 조항은 '현재 동맹'이나 '앞으로 동맹이 될 수 있는 국가' 같은 구절로 한정되지도 않았다. 이 협정은 새롭게 동맹 관계를 맺는 걸 막지도 않았기 때문에 어떤 나라가 동맹이 될 만한 가치가 있는 데도 로마 동맹으로 들어오지 못하거나 혹은 그렇게 하여 로마 동맹으로 들어온 나라가 공격받는데, 로마가 지켜주어서는 안 된다는 건 명백히 카르타고 쪽의 부당한 주장이었다. 그 협정에서 동맹과 관련하여 명시적으로 양해된 조건은, 카르타고 동맹국이 반란을 일으키도록 조장하는 일을 해서는 안 된다는 것과, 자발적으로 카르타고 동맹국이 반란을 일으켰을 때 로마는 그 나라를 동맹으로 받아주면 안 된다는 것이었다.

미리 받은 원로원의 지시에 따라 로마 사절단은 이어 스페인으로 가서 여러 스페인 공동체를 설득해 로마와 우호 관계를 맺게 하거나, 그게 안 되면 그들이 카르타고 쪽에 붙지 못하게 선무 공작을 하려 했다. 사절단이 처음으로 만난 바르구시이 인[9]들은 이미 카르타고의 통제를 질리게 받고 있었기에 로마 사절단을 우호적으로 맞이했다. 이 성공에 힘입어 사절단은 에브로 강 남쪽 많은 부족들에게 태도의 변화를 일으킬 수 있겠다고 희망했다.

하지만 사절단이 다음으로 만난 볼키아니 인들은 그런 희망을 산산조각 냈다. 그들이 로마 사절단에게 내놓은 대답은 곧 스페인 전역에 널리 알려져서, 다른 공동체들은 로마와 동맹을 맺으려는 생각을 포기하게 되었다. 스페인 공동체의 민회가 로마 사절단을 만났을 때 그중 나이가 가장 많은 자가 이렇게 말했다.

"로마 인들이여, 카르타고 대신 로마와 우호 협정을 맺으라고 우리한테 요구하는 건 온당치 못한 것 같소. 경솔하게 그대들과 협정을 맺은 자들의 선례를 생각하면 어쩔 수가 없소이다. 그대들은 우방인 사군툼을 배신하지 않았소? 그런 배신은 애초에 적군인 카르타고 인들이 저지른 파괴 행위보다 훨씬 더 잔인한 일 아니오? 나는 그대들에게 사군툼의 소식이 아직 알려지지 않은 곳으로 가서 동맹을 찾아보라고 말하고 싶소. 사군툼의 몰락은 스페인 사람들에게 로마와의 친선에 절대 기대지 말고, 로마의 말을 절대 믿지 말라는 신호이자

---

9   바르구시이 인들은 에브로 강 북쪽에 자리 잡은 부족이었는데 아직 카르타고의 세력권에 들어가지 않은 사람들이었다. 하지만 그들은 자신들이 카르타고에 합병될지 모른다는 전망 때문에 불안을 느끼고 있었다.

우울한 경고요."

　로마 사절단은 당장 그들의 지역에서 물러가라는 말을 들었고, 이후로 그 어떤 스페인 도시의 민회에서도 더는 호의적인 대접을 받지 못했다. 사절단은 스페인에서 성과 없는 여행을 마치고 갈리아로 건너갔다.

　20. 갈리아에서 로마 사절단은 그곳 사람들이 완전 무장하고(그것이 관습이었다) 민회에 참석하는 기이하고 놀라운 광경을 목격했다.[10] 로마의 대변인은 조국의 영광과 미덕, 그리고 영토의 크기를 자랑하는 것으로 말을 시작했고, 이어 카르타고 군이 그들의 영토를 거쳐 이탈리아를 침공하려고 할 경우에 그 통행을 허락하지 말 것을 요청했다. 그러자 갈리아 인들은 분노하여 고함을 치기도 했지만, 회의장에 참석한 젊은 전사들은 폭소를 터뜨리기도 했다. 그들의 행정관들과 원로들은 이에 질서를 회복하느라 무척 애썼다. 갈리아 인들의 생각으로 그런 요청은 무례하고 터무니없는 것이었다. 이탈리아를 전쟁에서 구해내자고 자기 땅에서 전쟁을 벌이고, 남의 농지 대신에 자신의 옥수수 농지가 적대적인 군대에 짓밟히고 파괴되도록 내버려둔다는 건 말도 안 되는 소리였기 때문이다.

　마침내 회의장이 다시 잠잠해졌다.

　갈리아 인들은 로마의 요청에 대하여, 로마가 갈리아를 도와준 적이 단 한 번도 없고, 카르타고 인들이 갈리아에 피해를 입힌 적이 단 한 번도 없으니 갈리아가 로마든 카르타고든 어느 쪽을 위해서 싸울 이유가 없다고 대답했다. 그들은 추가로, 갈리아 인들이 이탈리아 국

10　로마 인들도 초창기에는 무장을 하고서 민회에 참석했다(리비우스 로마사 1권 44장).

경 영토에서 추방당하고 있으며, 로마에 강제로 공물을 바치는 등 온 갖 모욕을 당하고 있다는 이야기를 들었다고도 했다. 그 후 로마 사절단은 다른 갈리아 공동체들과 협상을 시도했지만, 결과는 별반 다를 것이 없었다. 그들은 마실리아[11]에 도착할 때까지 우호적이거나 평화적인 말을 일절 듣지 못했다. 로마 사절단은 마실리아에서 동맹인 마실리아 인들이 충실하게 조사한 이야기를 듣게 되었는데, 그것은 한니발이 미리 갈리아 부족들에게 공을 들여 성공적으로 그들의 태도를 카르타고에 우호적인 것으로 굳혀놓았다는 얘기였다. 하지만 마실리아 인들은 여기에 더하여 이런 얘기도 했다. 갈리아 인들이 워낙 호전적이고 독립적이라 한니발조차 다루기 어려워 그들을 무마하려는 차원에서 한니발이 때때로 족장들에게 황금을 보내 달랜다는 이야기도 전했다(황금을 탐내지 않는 갈리아 인은 없었다).

로마 사절단은 스페인과 갈리아에서 임무를 마치자 로마로 귀국했다. 그 얼마 전에 집정관들은 각각 맡은 지역으로 떠났고, 로마 세계는 흥분하면서 긴장하고 있었다. 전쟁이 다가오는 중이었고, 카르타고 인들이 이미 에브로 강을 건넜다는 소문이 들려왔다.

21. 사군툼을 점령한 뒤 한니발은 월동하기 위해 뉴카르타고로 철수했다. 한니발은 그곳에 있을 때 로마와 카르타고에서 벌어지는 다양한 활동, 그리고 두 나라에서 내려진 결정에 대하여 소식을 듣게 되었다. 그는 자신이 임박한 전쟁의 원인을 제공했고 또 카르타고 군의 총사령관으로 사군툼을 함락시킨 것이 문제되었다는 사실을 알게 되자 재빨리 행동에 나섰다. 한니발은 포획한 물자 나머지를 병사

---

11   오늘날의 마르세유. 이 도시는 기원전 600년 경에 포카이아 인들이 건설한 도시로, 로마의 왕정 시대부터 로마의 충실한 동맹이었다.

들에게 배분하고 판매하자마자 스페인 부대들을 불러 모아 이렇게 연설했다.

"우방 여러분, 내가 아는 것처럼 여러분도 명확히 알 겁니다. 모든 스페인 부족이 우리의 영향력 아래에 있으니,[12] 이제 둘 중 하나를 선택해야 합니다. 전쟁을 그만두고 군을 해산하든지, 아니면 다른 어디서 정복을 계속해야 합니다. 선택은 이제 우리 손에 달렸습니다. 후자를 선택하여 다른 나라들을 정복, 약탈하고 명성을 쌓음으로써 스페인 인들은 평화뿐만 아니라 승리도 얻게 될 것입니다. 따라서 우리는 곧 먼 곳에서 전쟁하게 될 것이고, 언제 고향으로 돌아와 다시 사랑하는 사람들을 보게 될지 모릅니다. 그러니 가족을 보고자 하는 사람은 누구라도 일시 휴가를 주겠습니다. 여러분은 봄이 시작될 때 다시 부대로 돌아오십시오. 그러면 여러분의 주머니를 황금으로 가득 채우고, 여러분의 명성을 세상의 끝까지 알리게 될 전쟁을 신의 도움으로 시작하게 될 것입니다."

스페인 병사 대다수는 이미 가족을 그리워했고, 앞으로 오랜 기간 헤어져 있을 수밖에 없다는 사실을 슬프게 받아들이고 있었다. 따라서 이런 뜻밖의 휴가는 무척 고마운 것이었다. 그해 겨울은 두 힘든 복무 기간 사이에 끼여 있는 일종의 휴지기였다. 한 기간(사군툼 함락)은 이미 종료되었고, 다른 기간(로마의 침략)은 이제 다가올 것이었다. 이런 휴식 기간은 병사들에게 육체적으로나 사기의 측면으로나 새

---

12 리비우스는 여기서 한니발로 하여금 수사적 과장을 하게 하고 있다. 그가 여기서 연설하고 있는 스페인 군대는 '모든 스페인 부족'을 정복한 것은 아니다. 이 군대는 벌써 여러 해 동안 카르타고에 우호적이고 복종하는 스페인 부족들 출신이다. 한니발은 실제로는 모든 호전적인 스페인 부족을 점령한 것은 아니고, 에브로 강 남쪽에 있는 부족들만 정복했다.

로운 힘을 불어넣었다. 이런 힘을 바탕으로 병사들은 그들에게 요구되는 모든 것을 다시 견뎌낼 것이었다. 봄이 돌아오자 그들은 명령에 따라 다시 부대로 복귀했다.

한니발은 외인부대를 사열한 뒤 가데스[13]로 가서 헤라클레스 신전에서 예식을 올리면서, 새로운 전쟁을 성공으로 이끌겠다고 새롭게 맹세했다. 그가 그 다음에 신경 쓴 것은 공격과 수비의 작전을 완벽하게 가다듬는 일이었다. 자신이 스페인과 갈리아를 거쳐 이탈리아로 진군하는 동안에, 로마가 시칠리아를 통해 아프리카를 침공하는 위험을 사전 차단해야 할 필요가 있었으므로, 그는 그 섬(시칠리아)에 강력한 주둔군을 배치시켜 철저하게 경계하라고 했다. 이렇게 하기 위해선 증원 부대가 필요했으므로 그는 카르타고 정부에 아프리카 부대를 새롭게 파견해 달라고 요청했다. 이렇게 해서 받게 된 부대는 대다수가 가볍게 무장한 창병이었다. 그는 아프리카 부대를 스페인에, 스페인 부대를 아프리카에 배치하면서 서로 외국에서 복무하는 상황을 만들어 각자 올바른 처신을 하도록 유도했다. 그는 칼과 둥근 방패로 무장한 병사 13,850명과 870명의 투석병을 발레아레스 제도[14]에서 아프리카로 보내고, 다양한 국적의 1천 2백 기병 중 일부는 아프리카의 다른 지역에 배치하고, 다른 일부는 카르타고에 주둔시켰다. 동시에 부하 장교들을 그에게 복속해온 국가들로 파견해 징병을

---

13 오늘날의 카디스. 가데스는 티리아의 식민지인데 이 도시에는 유명한 말카르트(로마 인들이 헤라클레스와 동일시하는 인물)의 신전이 있었다. 말카르트는 모도시 티리아의 수호신.

14 발레아레스 제도(오늘날의 마요르카와 미노르카)는 세상에서 가장 뛰어난 투석 병사를 배출했다. 리비우스는 그 어떤 고장 사람도 발레아레스 제도 사람처럼 돌을 잘 날리지 못한다고 적었다(28권 37장). 발레아레스라는 이름은 "던지다"를 뜻하는 그리스어 "발레인"에서 나온 것이다.

하되 그 중 4천 명의 정예병을 카르타고로 보내 그곳의 주둔군을 강화하는 동시에 각 국가들의 인질로 붙잡아 두게 했다.

22. 스페인 역시 등한시해서는 안 되는 지역이었다. 특히 로마가 사절단을 파견하여, 카르타고와 동맹 관계인 다양한 스페인 부족의 지도자들을 회유하려 했던 점을 생각하면 더욱 예방 조치가 필요했다. 스페인 방위는 한니발의 동생인 유능한 하스드루발에게 돌아갔다. 그의 지휘를 받는 부대는 주로 아프리카 인이었다. 11,850명의 아프리카 보병, 300명의 리구리아 인, 500명의 발레아레스 제도인으로 구성되었으며, 여기에 더해 450명의 리피포에니아 기병(카르타고 인과 아프리카 인의 혼혈이었다), 대서양 연안에서 온 약 1천 8백의 누미디아와 무어 인 기병, 그보다는 적은 200명의 스페인 일레르게테스 부족 기병이 추가되었다. 마지막으로 21마리의 코끼리까지 해서 하스드루발 휘하의 지상군이 완성되었다. 로마 인들이 해전으로 과거의 승리를 반복할 가능성이 있었으므로 하스드루발은 50척의 5단 노선(櫓船), 2척의 4단 노선, 5척의 3단 노선으로 구성된 함대를 이끌고 연안 방위도 맡았다. 하지만 이 중에서 제대로 군사 장비를 갖추고 수병을 태운 전함은 32척의 5단 노선과 5척의 3단 노선뿐이었다.[15]

한니발은 가데스에서 뉴카르타고의 막사로 돌아왔고, 이어 에토비사를 통해 에브로 강과 해안 지역으로 나아갔다. 그는 여기서 이런 꿈을 꾸었다는 얘기가 전해진다.

신과 같은 모습의 젊은 남자가 한니발에게 나타나 자신은 신이 보

---

15 리비우스는 이러한 군대 규모에 대해서는 폴리비오스(3-333)을 따르고 있다. 폴리비오스는 이러한 숫자가 라키니아 곶(크로토나 근처)에 세워진 동판에 한니발 자신이 직접 새긴 것인데 폴리비오스는 그 동판을 직접 보았다고 기술했다.

낸 사자이며 그를 이탈리아로 인도하겠다고 했다. 그는 한니발에게 자신을 따라오라고 명령하고 어딜 가든 자신에게서 눈을 떼지 말라고 했다. 두려움을 느낀 한니발은 신이 보낸 사자를 따르며 좌우는 물론 뒤도 돌아보지 않았다. 하지만 인간의 자연스러운 호기심이 발동했다. 그는 왜 뒤를 보지 말라고 하는 건지, 도대체 뒤에 있는 게 무엇인지 너무 알고 싶어서 더 이상 눈을 통제할 수가 없었다. 뒤를 돌아보니 거기에 거대한 뱀이 미끄러지듯 움직이고 있었다. 뱀이 지나온 자리엔 나무와 덤불이 폭삭 무너져 끔찍한 폐허를 이루고 있었고, 그 뒤로는 먹구름이 엄청난 천둥소리를 내며 뒤따라왔다. 한니발은 꿈속에서 저 두려운 소동이 무엇이며 저런 징후는 무슨 의미냐고 물었다. 공중에서 들려온 목소리는 이렇게 말했다. 저것은 황폐해진 이탈리아를 뜻하며, 더는 묻지 말고 앞으로 나아가야 한다고 하면서 앞으로 반드시 벌어질 일(운명)은 어둠 속에 남겨두라는 것이었다.

23. 뱀 꿈으로 고무된 한니발은 에브로 강의 도강을 서둘렀으며, 자신의 병력을 세 부대로 나눴다. 그는 파견대를 미리 갈리아 지역으로 보내 알프스 산길을 정찰하고, 아군이 나아가야 할 경로의 영토를 다스리는 갈리아 부족장들에게 뇌물을 주어 그들의 호의를 얻도록 했다. 그와 함께 강을 건넌 병력은 9만 명의 보병과 1만 2천 명의 기병이었다. 그의 다음 목표는 일레르게테스, 바르구시이, 아우세타니, 그리고 피레네 산맥 산기슭 언덕에 있는 라케타니아 지역까지 행군하는 것이었다. 한니발은 이 해안 지역 전부를 한노(Hanno)에게 맡겼다. 그리고 스페인과 갈리아 지역 사이에 있는 길을 통제할 목적으로 한노에게 1만 보병이 배정되었다. 이어 한니발은 피레네 산길을 따라 진군하기 시작했다.

이때 즈음 한니발의 외인부대는 행군의 궁극적인 목적이 이탈리아 침공이라는 것을 확실히 알게 되었다. 그 결과 카르페타니에서 파견 온 3천 명의 정예병은 진군을 거부했다. 그들은 예상했던 전투는 하지 않고 통과 불가능한 것으로 알려진 알프스 산길을 경유하여 오래 진군해야 한다는 사실에 경악했다. 행군을 거부하는 병사들을 회유하거나 강제로 억류하는 건 사납고 규율 없는 다른 외인부대의 사기에 악영향을 미칠 수 있었다. 따라서 한니발은 장차 벌어질 전쟁을 못마땅하게 생각하는 7천 명 이상의 병사를 고향으로 돌려보냈고 또 같은 이유로 카르페타니 병사들도 귀향 조치했다.

24. 한니발은 나태함과 지연으로 병사들의 규율이 약해지는 걸 방지하기 위해 즉시 나머지 부대를 이끌고 피레네 산맥으로 나아갔고, 일리베리스 도시 근처에 진을 쳤다.

갈리아 인들은 한니발의 목적이 이탈리아라는 걸 알고 있었다. 그렇다고 해도 피레네 산맥 너머의 스페인 부족들이 정복되고, 그들의 나라가 무력으로 점령되었다는 소식을 들은 갈리아 인들은 무척 놀라며 자신들도 한니발의 노예가 되는 것이 아닐까 두려워했다. 따라서 여러 갈리아 부족이 서둘러 무장하여 루스키노에 모였다. 한니발은 이 상황에서 행군의 지연이야말로 가장 큰 위험으로 생각하여 사절단을 갈리아 부족장들에게 보냈다.

사절단은 부족장들에게 한니발이 회담을 바라며, 그가 루스키노로 찾아갈 수도 있고, 원한다면 부족장들이 일리베리스로 와도 좋으니 한 번 만나고 싶어 한다고 말했다. 사절단은 한니발이 흔쾌히 부족장들을 진지에서 맞이할 것이며, 그게 아니면 한니발 자신이 기꺼이 부족장들을 찾아갈 것이라는 말도 했다. 한니발이 갈리아에 적이 아닌 친구로서 들어왔고, 이탈리아에 들어서기 전에는 강요당하지 않는 한 갈리아 인들에게 칼을 빼들 의도가 전혀 없다는 말도 했다. 한니발의 이러한 뜻은 정식으로 부족장들에게 전달되었고, 그들은 한니발을 만나기 위해 즉시 수행원들과 함께 일리베리스로 갔다. 한니발을 만난 그들은 쉽게 설득당했다. 또 한니발의 선물을 받고서 기분이 좋아져서 곧 카르타고 군이 루스키노와 그 밖의 영토를 아무런 방해를 받지 않고 통과할 수 있게 해주었다.

25. 로마 인들이 마실리아 사절단의 보고로 한니발이 에브로 강을 건넜다는 소식을 들은 직후에 보이 인들이 이웃인 이수브리아 갈리아 인들을 선동하여 함께 반란을 일으켰다.[16] 마치 한니발이 이미 알프스를 넘어와서 그에 호응하듯이 벌어진 행동 같았다. 이들이 배신한 이유는 로마에 대한 오랜 적개심이라기보다 포 강 근처의 갈리아 땅에 최근에 세운 플라켄티아와 크레모나라는 두 식민지를 못마땅하게 생각했기 때문이다.[17] 그들은 서둘러 병력을 동원하여 그 지역을 침공했고, 그러자 그 식민지의 주민들뿐만 아니라 새 식민지에서 땅을 할당하는 업무를 관리하던 세 명의 로마 관리들까지도 무척 놀라고 당혹스러워하며 무티나로 도망쳤다. 플라켄티아의 성벽이 방어를 해내기에 충분하지 못했기 때문이다.

도망친 세 명의 관리는 가이우스 루타티우스, 가이우스 세르빌리우스, 티투스 안니우스였을 것이다. 몇몇 기록에선 퀸투스 아킬리우스와 가이우스 헤렌니우스가 마지막 두 사람을 대체하고, 다른 기록

16　리비우스는 한니발과 보이 족 사이에 벌어진 협상은 언급하지 않는다. 그는 극적인 서술 효과를 중시하기 때문에 갈리아의 반란이 당시의 로마 사람에게 보였던 것(청천벽력)을 우리에게 그대로 보여주려 한다.

17　이것은 라틴 식민지라고 불렸던 정착지들이다. 각 식민지에는 6천명의 식민지 개척자들이 배정되었다. 하지만 갈리아에서 반란이 터졌을 때 이 두 식민지는 아직 제대로 정착이 되지 않은 상태였다(폴리비오스, 3권 11장).

들에선 푸블리우스 코르넬리우스 아시나와 가이우스 파피리우스 마소가 마지막 두 사람을 대체한다. 루타티우스에 관해선 차이를 보이는 기록은 없다. 보이 인들에게 배상을 요구하러 보낸 로마 사절단이 폭력을 당했는지, 아니면 농지 분할에 관계된 세 명의 관리가 공격당했는지도 의문이 남아 있는 부분이다.

갈리아 인들은 군사 전술에 능숙하지 못했고, 또 포위전의 경험도 없었다. 무티나에서 성문을 걸어 잠근 사람들에 대하여 아무런 조치도 취하지 않았고, 방어 시설을 공격하려고 하지도 않았다. 이런 상황에서 휴전 협상이 열렸는데, 사실 협상을 가장한 납치극이었다. 갈리아 부족장들은 로마 사절단을 회담에 초청하고서 그들을 체포했다. 이는 국제 법으로 허용된 관습을 어긴 것일 뿐만 아니라 회담과 관련하여 분명하게 약속한 사항을 어긴 것이기도 했다. 갈리아 인들은 갈리아 인질을 풀어주지 않으면 그들을 풀어주지 않겠다고 했다.[18]

사절단이 곤경에 빠지고 무티나와 그곳의 주둔군이 위험에 처했다는 소식을 듣자 법무관 루키우스 만리우스는 원군을 이끌고 무티나로 떠났다.[19] 하지만 그는 분노 때문에 적절한 대책을 세우지 못했다. 무티나 인근 대부분 지역은 개간되지 않은 곳이었고, 가는 길은 숲을 통과해야 하는 길이었다. 그는 정찰대를 먼저 보내지도 않았고, 그 결과 함정에 빠져서 탁 트인 지역으로 힘겹게 나오기 전까지 심

---

18 갈리아 인들은 로마 사절단을 불러서 갈리아 캠프에서 협상을 하자고 제안했을 때, 로마 인들에게 인질을 미리 제공했을 것으로 보인다.

19 만리우스가 무티나로 떠나기 전에 어디에 있었는지는 리비우스도 폴리비오스도 언급하지 않는다. 아마도 플라켄티아에 있으면서 허물어진 성채를 보수하는 작업을 했을 것이다.

각한 피해를 입었다. 평지로 나오자 비로소 그는 진군을 멈추고 진지를 제대로 강화했다. 500명 정도가 전사하는 피해를 입었지만, 로마 병사들은 총공격에 나설 의지가 없는 것 같은 적을 발견했을 때 단숨에 사기를 회복했다. 그들은 계속 진군했는데, 길이 탁 트인 지역으로 행군할 때에는 적이 나타나지 않았다. 하지만 삼림 지대로 다시 들어서는 순간 적이 후위를 공격했다. 로마 군의 규율은 완전히 사라졌고, 극심한 공포가 병사들 중에서 퍼져 나갔다. 로마 군은 6개의 군기를 잃고 700명이 전사했다. 로마 군은 길도 없고 대처하기 어려운 수목이 우거진 지역에서 간신히 빠져나왔고, 그리하여 갈리아 인들이 놀라운 공격 전술을 멈추자 그제서야 비로소 한숨 돌릴 수 있었다. 이후 탁 트인 지역을 통해 진군한 로마 군은 방어에 어려움을 느끼지 않았고, 포 강 근처의 마을인 탄네툼에 도착하여 일시적으로 진지를 치고 전열을 재정비했다. 이와 더불어 강을 따라 식량을 가져오고, 브릭시아 갈리아 인들의 도움을 받으면서 로마 군은 비교적 안전한 상태에서, 날로 병력수가 증가하는 적과 상대할 수 있었다.

26. 이런 뜻밖의 문제가 발생했다는 보고가 로마에 도착하여 카르타고뿐만 아니라 갈리아를 상대로 양면 전쟁을 치러야 할 상황이 되었음을 알게 된 로마 정부는 즉시 행동에 나섰다. 원로원은 새로운 병력을 모집하라고 지시하고 법무관 가이우스 아틸리우스에게 로마 군 1개 군단과 5천의 동맹군 부대를 맡겨 만리우스를 구원하러 보냈다. 적은 이에 놀라서 흩어졌고, 아틸리우스가 통솔하는 병력은 아무런 방해를 받지 않고 탄네툼에 도착했다.

동시에 코르넬리우스 스키피오는 법무관과 함께 떠나간 군단을 대체하는 새로운 군단을 모집한 다음에 60척의 전함을 이끌고 로마를 떠났다. 에트루리아와 리구리아를 거쳐 연안을 항해한 그는 살리에스 산맥을 지나 마실리아에 도착했다. 그곳에서 그는 론 강의 여러 어귀 중 가장 동쪽에 있는 어귀에 자리를 잡았다. 그는 한니발이 피레네 산맥을 건넜다고 확신하지 못했지만, 곧 한니발이 이미 론 강을 건널 준비에 착수했다는 걸 알게 되었다. 그는 어디서 한니발과 접전할 가능성이 있는지 알지 못한 데다 휘하 병사들이 고된 여행의 피로에서 아직 회복하지 못했기에 300명의 기병을 정찰대로 꾸려 지역 안내인들을 붙이고 갈리아 파견대의 지원을 받게 하여 현장에 파견했다. 정찰대는 적과 조우하는 위험 없이 적의 움직임을 주시하고, 철저하게 주변 지역을 정찰하는 임무만 맡았다. 한편 한니발은 이 무렵 다른 부족들을 위협하거나 매수하여 굴복시키면서 볼카이 영토에 도착해 있었다.

볼카이(Volcae)는 론 강의 양쪽 강기슭에 거주하는 강력한 부족이었지만, 카르타고 인들을 강에서 물리칠 수 있는 자신의 능력을 확신하지 못했기에 아예 서쪽 둑에서 동쪽 둑으로 건너가 강을 카르타고 군의 진군을 막는 장애물로 활용하고자 했다. 이런 생각으로 그들은 거의 모든 부족민들이 강을 건너가 이젠 동쪽 기슭만 지키는 중이었다. 한니발은 론 강 인근 다른 부족들과 집을 버리지 못한 볼카이 인들에게 뇌물을 주어 배와 뗏목을 새로 만들고 또 찾아낼 수 있는 곳을 모두 찾아 배와 뗏목을 모아오게 했다. 원주민들은 그저 한니발이 안전하게 강을 건너 그들의 땅에서 최대한 빨리 사라져서 대군의 주둔에서 오는 부담감을 떨쳐버리길 갈망했다. 그렇게 하여 곧 크고 작은 것을 막론하고 엄청난 숫자의 배가 모였다. 작은 배는 현지에서 사용할 목적으로 대충 만들어진 것이었고, 동시에 갈리아 인들은 나무 한 그루의 몸통을 완전히 속을 파내어 카누를 만들었다. 카르타고 병사들도 곧 그들의 방식을 따라 카누를 만들었다. 일은 쉬웠고 목재는 풍부했다. 배가 물에 뜨고 짐을 나를 수 있으면 충분했으므로 그 결과 거칠고 다소 짜임새 없는 배들이 빠르게 많이 건조되었다. 카르타고 군과 그들의 장비는 이런 배로도 얼마든지 강을 건널 수 있었다.

27. 준비가 완료되었지만, 카르타고 군은 도강이 지연되었다. 강건너편에 적의 보병과 기병이 떼를 지어 모여 있었기 때문이다. 이런 직접적인 위협을 피하기 위하여 한니발은 보밀카르의 아들 한노에게 대다수가 스페인 인으로 구성된 일부 병력을 주어 하루 동안 강의 상류로 올라가게 했다. 한니발의 지시는 어두워지면 곧 움직여 기회가 생기는 대로 최대한 적의 주의를 끌지 않는 상태로 도강하여, 이어 적 후방으로 멀리 돌아가서 기다리고 있다가 때가 되면 적을 후방에서 공격하라는 것이었다. 갈리아 안내인들은 40km 정도 상류로 가면 강을 건너기 편리한 곳이 있다는 정보를 주었다. 그곳엔 강 가운데 하나의 작은 섬이 있는데, 그 때문에 물길이 둘로 갈라져 강폭이 넓어지기는 하지만 수심은 얕다는 것이었다. 병사들은 재빨리 나무를 잘라 자신들과 말, 장비를 수송할 뗏목을 만들었다. 스페인 병사들은 몸 아래에 방패를 두고 옷은 가죽 가방에 넣은 채로 수영해 강을 건너는 것에 주저함이 없었다.[20] 나머지 병력은 뗏목을 타고 강을 건넜는데, 뗏목은 한데 묶여 하나의 다리를 형성했다.

이어 한노는 강기슭에 진을 쳤고, 병사들은 야간 행군과 이후의 도강으로 소모된 체력을 하루 동안 휴식하며 회복했다. 한노는 작전에 실패하지 않으려고 무척 신경 썼다. 다음날이 되자 그의 병력은 다시 움직였고, 연기로 신호를 보내 강을 건넜으며 얼마 멀지 않은 곳에

---

20 스페인 병사들은 강에서 수영하는데 익숙했기 때문에 이런 임무를 수행하게 되었다.

매복하고 있음을 알렸다.

한니발은 그 신호를 보고서 즉시 휘하 부대에 명령을 내려 도강을 명령했다. 보병들을 태울 배들은 이미 준비되었다. 기병 대다수는 자신의 말 옆에서 헤엄을 쳐 강을 건넜고, 그들 바로 위의 상류에서 커다란 배들이 열을 이뤄 떠 있어서 물살을 약하게 함으로써 하류의 뗏목과 배가 쉽게 도강할 수 있도록 했다. 많은 말들이 배의 후미에 달린 줄에 묶여 움직였는데, 나머지 말들은 안장을 얹고 굴레를 씌운 채 배를 타고 있었다. 이는 반대편에 내리면 바로 기병을 태워 기동전에 나서기 위한 것이었다.

28. (동쪽 둑의) 갈리아 전사들은 강기슭으로 몰려들었고, 관습에 따라 울부짖고, 노래 부르고, 머리 위로 방패를 흔들고, 창을 휘둘렀다. 그들은 수많은 적의 배들과 마주하며 위협을 느끼고, 물살이 포효하는 소리와 카르타고의 병사들과 선원들이 격류를 극복하려고 애를 쓰면서 내는 소리, 강을 건널 차례를 기다리는 그들의 전우가 크게 격려하는 소리를 들으며 더욱 불안했음에도 꿋꿋이 그런 모습을 유지했다. 이 모든 게 그들에게 이미 나쁘게 작용했지만, 갑자기 뒤에서 나는 더 끔찍한 소리가 그들의 귀를 괴롭혔다. 한노의 병사들이 의기양양하게 큰 소리를 내면서 공격해 오고 있던 것이다.

갈리아 인들의 진지는 이미 점령당했고, 한노가 이제 직접 갈리아 인들의 후위를 공격해 왔다. 갈리아 인들은 두 방향에서 오는 치명적인 위협에 끼여서 거기를 빠져나오지 못했다. 강기슭에선 카르타고의 무장한 병사 수천 명이 공격해 왔고, 뒤에선 또 다른 카르타고 병력이 예기치 못하게 나타나 압박을 가했다. 갈리아 인들은 적극적으로 저항했지만 아무런 소용이 없었고, 결국 최선을 다해 가까스로 함정을 뚫고 나와 혼란에 빠진 채로 흩어져 그들의 마을로 도망쳤다.

한니발은 이제 갈리아의 저항이 별것 아니라고 확신하고 휘하 병력에게 느긋하게 강을 건너게 한 뒤 천천히 진지를 구축했다.

코끼리가 강을 건너가는 데에는 다양한 방법이 사용되었을 것으로 생각된다. 그리하여 코끼리의 도강에 관해 여러 다른 설명이 존재한다. 한 설명에 따르면, 코끼리들은 강기슭 가까이 무리를 지어 이동했는데, 특히 사나운 한 마리를 그 위에 탄 마하우트(mahout: 코끼리 부리는 사람)가 못살게 군 다음에 그 사람이 곧바로 물로 뛰어들어간다. 그 사람이 살려고 헤엄을 치는 동안에, 괴롭힘을 당한 코끼리가 그 사람을 뒤쫓아 물속으로 들어가면, 나머지 코끼리들도 그 뒤를 이어 물속으로 뛰어든다는 것이다. 이렇게 코끼리들은 깊은 물에 들어가는 것을 두려워함에도 불구하고 막상 물에 들어가면 물살의 힘으로 몸이 떠올라 전부 건너편 강기슭에 안전하게 도착했다.

더욱 일반적인 생각은 코끼리들이 뗏목을 타고 강을 건넜다는 것이다. 이것은 앞의 방법보다 분명 더 안전한 것이고, 결과적으로 판단했을 때 더 채택되었을 가능성이 높은 방법이다. 이 방법은 먼저 60미터 길이에 15미터 너비인 커다란 뗏목을 준비하는 것이다. 그 다음에 상류 강기슭에 매어둔 여러 개의 튼튼하고 굵은 밧줄로 이 뗏목을 묶어서 물살에도 제자리를 지키게 한다. 이어 뗏목을 흙으로 살짝 덮어서 마치 다리처럼 보이게 만들어 놓으면, 코끼리들은 여전히 땅을 밟고 있는 것처럼 겁내지 않고 그 다리 위로 오르게 된다.

이 뗏목에 두 번째 뗏목이 붙었는데, 첫 번째와 너비는 같지만 길이는 절반에 불과해 견인하여 강을 건너기에 알맞은 것이었다. 암컷들이 인도하는 코끼리들은 첫 번째 뗏목을 견고한 길(道)이라고 생각하고 타게 되었다. 이어 코끼리들이 두 번째 뗏목으로 나아갔을 때 그것과 첫 번째 뗏목을 약하게 묶어 놓았던 밧줄이 즉시 풀렸고, 노를 젓는 배들이 그 두 번째 뗏목을 건너편 강기슭으로 견인했다. 이렇게 첫 무리가 상륙을 마쳤고, 다른 무리도 같은 방식으로 연이어 상륙했다. 튼튼한 다리처럼 보이는 첫 번째 뗏목에 탔을 때 코끼리들은 전혀 놀라지 않았지만, 두 번째 뗏목이 밧줄을 풀어놓아 움직이기 시작하면서 깊은 물속으로 끌려들어 간다고 생각하고 공황에 빠지기 시작했다. 코끼리들은 놀랐고, 이에 가장자리에 가까이 있던 놈들은 안쪽으로 불안하게 움직이며 뗏목을 혼잡하게 만들었고, 같은 무리에 혼란을 가져왔다. 마침내 주위가 전부 물인 걸 보게 되자 코끼리들은 극심한 공포를 느끼고 얼어붙어 조용하게 되었다. 몇몇 코끼리는 완전히 흥분하여 물속으로 떨어졌고, 그들의 등에 앉아 있던 마하우트들도 이에 물속으로 내동댕이쳐졌지만, 코끼리들은 자신의 체중으로 곧 안정감을 찾았다.[21] 코끼리들은 서서히 몸부림치는 가운데 얕은 물에 다다랐고, 그런 식으로 해서 강가로 건너왔다.

29. 이런 도강 작전이 진행 중일 때 한니발은 500명의 누미디아 기병을 보내 로마 군의 위치, 병력, 의도를 알아보게 했다. 이 누미디아 인들은 앞서 언급한 론 강 하구에서 정찰을 위해 파견된 300명의 로마 기병대와 조우하게 되었다. 이어진 싸움은 소규모 접전이긴 해도 놀라울 정도로 맹렬한 전투였다. 많은 병사들이 다쳤고, 양군은 거의 똑같은 전사자를 냈다. 누미디아 인들의 전열이 무너져 도망칠

---

21 폴리비오스는 코끼리가 헤엄을 치지 못한다고 생각한 듯하며, 그래서 뗏목에서 떨어진 코끼리들이 수면 위로 기다란 코를 내밀어서 숨을 쉬고, 코끼리의 동체는 물 속에 있으면서 대부분의 수중 거리를 두 발로 딛고서 걸어갔다고 말한다(폴리비오스 3.47). 그러나 리비우스는 코끼리가 헤엄을 칠 수 있다고 생각한 듯하다. 코끼리의 몸집이 무거워 수영을 못할 것으로 생각하기 쉬우나 코끼리는 본능적으로 헤엄을 칠 줄 알며 긴 코는 일종의 스노클이 되어 물 속에 깊숙이 잠수할 때 도움이 된다.

때 로마 인들도 이미 거의 힘을 소진한 상태였지만, 그렇게 승리는 그들의 것이 되었다.

로마 인들은 갈리아 외인부대까지 포함하면 160명의 전사자를 냈고, 누미디아 인들은 200명이 넘는 전사자를 냈다. 사전 준비 같았던 이 소규모 접전은 앞으로 어떤 일이 닥칠지를 알리는 징조로 받아들일 수 있을 것이었다. 최종적으로 로마가 승리하지만, 동시에 승리를 위해선 수많은 피를 흘려야 하며, 오랫동안 승패가 결판나지 않는 상태로 오랜 투쟁을 거쳐야만 비로소 로마가 승리를 얻을 수 있음을 알려주는 징조였던 것이다.

각 부대는 이 교전을 마치고 지휘관에게 돌아갔고, 스키피오는 한 가지를 확실히 깨달았다. 그것은 바로 아군의 행동을 적의 행동과 전략에 맞게 조정해야 한다는 것이었다. 한니발은 이탈리아로 진군하는 걸 계속할 것인지, 아니면 막아서는 로마 군과 전투를 벌일 것인지 여전히 결정하지 못하고 있었다. 하지만 한니발은 그 후 스키피오와 힘겨루기를 하는 걸 단념하게 되는데, 보이족의 부족장 마갈루스가 보낸 사절단이 도착했기 때문이었다. 마갈루스는 한니발의 안내인으로서 위험을 같이 부담하겠다고 약속했고, 동시에 이탈리아 침공이 자신의 유일한 목적이며 힘을 다른 데 낭비하지 않고 그것을 수행하고 싶다는 의견을 피력했다.

카르타고 군의 일반 병사들은 로마 군을 두려워했다. 이전의 전쟁을 여전히 잊지 못하고 있었기 때문이었다. 하지만 그들은 긴 행군을 해야 한다는 것에 훨씬 더 불안함을 느꼈고, 특히 알프스 산 고개를 넘어가야 한다는 건 거의 공포에 가까웠다. 알프스 산에 관한 이야기는 누구나 두려워할 만큼 끔찍한 것이었고, 실제 경험이 없는 병사들은 상상력까지 보태어져 그런 공포의 감정이 더욱 막심했다.

30. 이런 점을 고려한 한니발은 이탈리아로 직행할 것을 결심하게 되었다. 이어 그는 열병식을 하면서 병사들을 상대로 책망과 격려를 적절하게 섞은 연설을 함으로써 그들의 사기를 높이려 했다. 그의 연설은 이러했다.

"병사들이여, 그대들이 갑자기 이렇게 허둥지둥한다니, 도대체 어찌 된 일인가? 겁이라곤 느껴본 적도 없던 제군의 마음속에 대체 무엇이 들어갔는가? 제군은 여러 해를 나와 함께 싸워왔고, 승리를 거뒀다. 제군은 두 바다 사이의 모든 땅과 민족이 우리의 힘에 복종할 때까지 스페인을 떠나지 않았다. 누구를 말하는지 모르겠지만, 로마인들이 사군툼을 포위한 '범죄자'의 신병을 넘기라고 요구했을 때, 제군은 정당한 분노를 터뜨리며 에브로 강을 건넜고, 로마의 이름을 지워버리고 세상을 해방하는 데 전력을 다하겠다고 맹세했다. 해가 지는 곳에서 뜨는 곳까지 나아가야 하는 긴 여정이었지만, 당시 제군은 아무도 그 여정이 길다고 생각하지 않았다. 이제 제군은 여정의 대부분을 뒤에 남겨둘 정도로 멀리 떠나온 상황이다. 제군은 사나운 부족들을 거쳐 피레네 산길을 넘었고, 무수한 갈리아 전사들이 기를 쓰며 제군을 막아내려고 했을 때도 그들이 보는 앞에서 론 강의 거센 물살을 길들이며 거뜬히 도강했다.

마침내 제군은 알프스를 눈앞에 두고 있고, 그 너머는 이탈리아라는 걸 알고 있다. 적국의 문 앞까지 왔는데 제군은 걸음을 멈추고 탈진한 모습을 보이다니 이 얼마나 안타까운 일인가. 제군에게 알프스란 대체 무엇인가? 여태까지 겪은 높은 산맥보다 더 나쁠 게 있다고 보는가? 피레네 산맥보다 더 높지만, 그게 어떻다는 건가? 땅의 어느 곳도 하늘만큼 높지 못하다. 산의 높이가 어떻든 사람이 극복하지 못할 것은 없다. 게다가 알프스는 불모지가 아니다. 그곳엔 사람이 거주하며 그들은 땅을 갈고 살고 있다. 동물도 그곳에 살고 있다. 소수 인원이 알프스를 건널 수 있다면, 군대가 못 건널 이유가 무엇인가? 제군이 보고 있는 사절단은 날개로 하늘을 날아 산맥을 넘어온 것이 아니다. 게다가 그들의 선조는 이주민이었다. 원래 이탈리아 사람이 아닌, 이 지역 사람이었다는 뜻이다. 그들은 자주 알프스 산맥을 안전하게 건너다녔다. 여자와 아이까지 데리고 모든 민족이 움직였다.

그렇다면 군용 장비만 갖춘 병사들로 이루어진 군대가 지나가지 못할 정도로 거친 황무지가 어디에 있으며, 오르지 못할 높은 산이 어디에 있단 말인가? 사군툼을 기억하라. 고되고 위험한 8개월 동안 우리는 끝까지 버텨냈다. 이젠 사군툼이 아니라 세상의 수도[22]인 로마가 바로 제군이 정복할 대상이다. 목적이 이미 명확한데 대체 얼마나 힘들고 위험하다고 제군들이 그토록 망설인단 말인가? 갈리아 인들마저 과거 한때에 로마를 점령한 적이 있었다. 그런데 그보다 한결 덜 위험한, 로마에 가까이 가려는 것조차 체념하려고 하는가? 그렇다면 제군은 이미 최근에 여러 차례 물리친 자들보다 기백도 없고 용기도 없다고 스스로 인정하는 꼴이 된다. 제군들은 그렇지 않다. 그러니 마음을 굳게 먹고 진군하라. 우리는 오로지 티베르 강과 로마의 성벽 사이에 있는 마르스의 들판에 가서야 걸음을 멈출 것이다."

31. 한니발의 연설은 소기의 효과를 거두었고 병사들은 사기가 진작되었다. 그는 말을 마치고 병사들에게 휴식을 지시하고 진군 준비

---

22 한니발 당시에 로마는 세상의 수도가 아니었다. 리비우스는 자신의 생존 시대의 로마를 말하고 있는 것이다. 따라서 한니발의 이런 발언은 시대착오적인 것이다. 리비우스는 한니발이 그런 연설을 하는 지금 다가오는 전쟁이야말로 세상의 주인이 로마냐 카르타고냐를 결정짓는 중대한 싸움이라고 생각했으리라 상상하고 있다. 실제로 한니발은 그런 생각을 했을 수도 있다.

를 명령했다.

그의 군대는 다음날이 되자 다시 행군에 나섰다. 한니발이 선택한 길은 론 계곡을 따라 중앙 갈리아로 나아가는 것이었다. 이 길은 알프스로 가는 직진 노선은 아니었지만, 한니발은 해안에서 멀어질수록 로마 군의 저항을 피할 수 있다고 생각하여 그 노선을 선호했다. 그는 이탈리아에 도착할 때까지 가능한 한 로마 군을 상대하지 않으려고 했다. 나흘 뒤 그는 이사라스 강과 론 강이 합류하는 지점에 도착했다. 두 강은 모두 알프스 산맥에서 흘러 내려오는 것이었고, 섬이라는 명칭으로 알려진 지역을 둘러쌌다. 이 인근은 알로브로게스(Allobroges) 부족의 영토였는데, 이들은 심지어 그 당시에도 권력과 명성의 두 측면에서 갈리아의 다른 어떤 부족에게도 뒤지지 않는 강성한 부족이었다. 한니발이 도착했을 때 그 지역은 내부 불화로 갈라져 있었고, 두 형제가 왕좌를 놓고 다투는 중이었다. 형인 브란쿠스는 왕이었지만, 그의 동생은 젊은 귀족들의 지지를 받아 왕위 계승의 문제에선 힘이 곧 정의라고 주장하며 형을 폐위했다. 두 형제는 마침 한니발이 현지에 나타나자 그에게 분쟁의 결론을 내려달라고 요청해 왔다. 그는 중재자로서 부족 민회와 지도층의 의견을 지지하여 브란쿠스에게 다시 왕권을 돌려주었다. 브란쿠스는 이에 한니발에게 식량과 온갖 보급품을 제공함으로써 답례했다. 특히 그가 제공한 옷은 알프스 고산 지대의 악명 높은 추위를 버티는 데 필수적인 물품이었다.

알로브로게스 부족의 문제가 정리되자 이제 한니발의 목적은 알프스 산맥 그 자체가 되었다. 그는 여전히 직선 노선은 피하면서 왼쪽으로 돌아 트리카스티니 부족의 영토로 향했고, 거기서 보콘티이 부족의 경계를 지나 트리코리이 부족의 영토로 들어갔다. 드루엔티아 강에 도착할 때까지 한니발은 행군을 멈추지 않았다. 이 알프스 개울은 갈리아의 어떤 강보다도 건너기가 불편했다. 개울의 풍부한 수량에도 불구하고 아무것도 그 개울 위로 띄울 수 없었는데, 개울이 양 둑으로 억제되지도 않았고, 계속 바뀌는 여러 물길로 나뉘었기 때문이다. 이 물길에는 물이 얕고 깊게 팬 구렁텅이가 있었는데, 걸어서 건너기엔 위험했고, 날마다 그 지점이 바뀌었다. 돌과 자갈을 놓으면 급류에 쓸려갔고, 사람이 들어가더라도 견고하거나 안전하게 발 디딜 곳이 전혀 없었다. 이때 비가 내려 개울의 수량은 불어난 상태였고, 그 결과 병사들이 그곳을 건널 때 큰 혼란이 발생했다. 일반 병사들은 무질서하게 소란을 피우며 절박하고 다급하게 그 상황을 극복하려고 함으로써 개울을 건너는 일을 더욱 위험하게 만들었다.

32. 집정관 푸블리우스 코르넬리우스는 한니발이 진지를 구축했던 론 강 지역에 사흘 늦게 도착했다. 그의 부대는 전투 대형을 갖춘 채, 적과 곧바로 교전에 돌입할 생각이었다. 하지만 그가 본 것은 텅 빈 진지뿐이었다. 따라잡기엔 한니발이 너무 오래전에 떠났다는 게 분명해지자 그는 함대와 합류했다. 한니발이 알프스 산맥을 내려와 북부 이탈리아에 도착했을 때 상대하는 게 더 낫고 안전한 방법이라고 생각했기 때문이다.

동시에 스페인을 보호할 로마 군을 남겨두고자 했던 그는 동생 그나이우스 스키피오에게 휘하 병력 중 상당한 부분을 떼어주고 스페인 지역의 지휘 업무를 맡겼다. 동생 스키피오는 로마에 이미 우호적인 스페인 부족들이 하스드루발에 대항하는 일을 지원하고, 다른 부족들을 로마 동맹으로 끌어들이는 일을 할 뿐만 아니라, 가능하다면 하스드루발을 스페인에서 완전히 몰아내는 일도 함께 수행하게 되었다. 형 푸블리우스 스키피오 자신은 그러는 동안 소규모 병력으로 제노바[23]로 돌아와 이미 포 강 근처에 주둔하고 있는 부대와 함께 이탈리아를 지켜낼 생각이었다.

드루엔티아 강에서 한니발은 주로 탁 트인 지역을 통해 알프스 산맥으로 나아갔고, 지역 부족들의 저항 없이 산기슭의 작은 언덕에 도착했다. 산맥의 특성은 소문과 보고로 그의 병사들도 당연히 알고 있었다. 소문은 보통 진실을 과장하지만, 이번만은 모든 소문이 현실에게 압도당했다. 우뚝 솟은 봉우리들과 눈 덮인 정상들은 하늘로 치솟았고, 대충 만든 오두막들은 바위에 간신히 달라붙어 있었으며, 짐승과 가축은 추위로 위축되어 바싹 말랐다. 주민들의 머리카락은 거칠고 아무렇게나 자라났고, 움직이든 움직이지 않든 모든 자연의 사물들이 서리 내리는 추위로 뻣뻣한 모습이었다. 이 모든 살벌한 점과, 말로는 표현할 수 없는 다른 끔찍한 광경에 카르타고 군은 또다시 우려를 금할 수 없었다. 카르타고 군의 종대가 첫 비탈로 올라가자 그들의 머리 바로 위에 지역 부족민, 난폭한 산악 부락민들이 불쑥 나타났다. 그들은 고지에 있는 산의 틈새에 숨어서 기다리다 진군하는 카르타고 군을 기습했고, 막대한 피해를 입혔다.

한니발은 곧 명령을 내려 진군을 중단하고, 갈리아 안내인들을 보내 현지 지형을 정찰하게 했다. 그들이 돌아와 앞은 지나갈 수 없는 곳이라고 보고했고, 이에 그는 찾아본 곳 중 가장 덜 험한 땅에 진을 쳤다. 그곳은 무자비하게 부서진 바위들과 가파른 절벽들로 둘러싸인 곳이었다. 나중에 한니발은 같은 안내인들을 통해 새로운 정보를 듣게 되었다. 이 안내인들은 지역 부족민들과 생활 방식 및 언어

---

23 21권 39장에서 리비우스는 폴리비오스의 견해를 좇아서 스키피오가 돌아가서 하선한 항구를 피사이라고 하고 있다. 여기서 제노바라고 한 것과 일치되지 않는다.

가 크게 다르지 않아서, 부족민들이 하는 말을 알아들을 수 있었다. 안내인들에 의하면 길은 낮에만 부족민들에게 장악되고, 밤엔 그곳을 떠나 집으로 돌아간다는 것이었다. 이런 정보를 고려한 한니발은 다음날 동이 틀 무렵에 부족민들이 어제 감시했던 고지(언덕)에 접근했다. 마치 공공연하게 낮 동안 좁은 산길을 밀고 나아가려는 의도가 있는 것처럼 보이게 양동 작전을 펼쳤다. 나머지 낮 동안 그는 자신의 실제 목적을 숨겼다. 카르타고 병사들은 처음 진군을 멈춘 곳에서 방어 공사를 했다. 한니발은 부족민들이 고지에서 물러가서, 자신의 진짜 목적(고지 점령)을 경계하지 않는다는 게 확실해지자 진지에 모든 짐은 물론이고 기병대 전원과 보병대 대다수를 남기고, 눈가림 목적으로 진지에 남은 실제 병력보다 더 많은 불을 피우게 한 다음 투지와 담력이 남다른 정예 보병을 추려 가볍게 무장시켰다. 그들은 빠르게 좁은 산길을 장악했고, 한니발은 부족민들이 장악했던 고지를 점령했다.

33. 다음날 동이 틀 무렵이 되자 진지에 남은 카르타고 군은 진지를 해산하고 진군했다.

부족민들은 평소대로 고지의 초소로 올라오기 시작했는데, 카르타고 군이 머리 위에서 이미 그곳을 장악한 것을 발견하고서 소스라치게 놀랐다. 그러는 사이 나머지 카르타고 군은 길을 따라 진군하고 있었다. 이런 두 가지 일이 한꺼번에 일어나자 그들은 충격을 받아 잠시 얼어붙어서 몸을 제대로 움직이지 못했다. 하지만 곧 적이 곤경을 겪는 모습에 그들은 자신감을 되찾았다.

비좁은 산길에서 진군하는 카르타고 군 종대는 빠르게 결속력을 잃어갔다. 병사들 사이에선 큰 혼란과 동요가 일어났고, 겁먹은 말들은 더욱 심하게 요동쳤다. 그러자 부족민들은 그 틈을 이용하여 공격하면 충분히 적을 궤멸시킬 수 있을 것으로 기대하고 바위투성이의 가파른 비탈을 따라 무리를 지어 내려왔다. 그들은 거칠고 길도 없는 지역에 오랜 시간 익숙해져 있어서 발걸음에 흔들림이 없었다.

따라서 카르타고 인들은 두 부류의 적을 상대해야 되었다. 하나는 적대적인 부족민들이었고, 다른 하나는 자리를 잡기가 아주 힘든 비좁은 산길이었다. 위험에서 벗어나고자 애를 쓰던 카르타고 군은 부족민보다는 아군과 서로 더 싸우게 되었다. 대열에 큰 혼란을 불러일으킨 건 말들이었다. 움푹 꺼진 절벽과 숲에서 소음이 계속 들려오자 겁을 먹은 말들은 곧 통제할 수 없는 상태가 되었고, 뭔가에 맞거나 상처를 입으면 고통스러운 두려움을 이겨내지 못하고 마구 뛰어다녀 병사들과 온갖 장비에 심각한 피해를 입혔다. 이런 혼란 속에서 많은 비전투원과 적지 않은 병사들이 산길 양옆의 깎아지른 절벽 아래 천 미터 지점으로 떨어져 사망했다. 하지만 최악의 피해는 짐을 나르는 동물들이 입었다. 짐과 함께 동물들은 가장자리 너머로 굴러떨어졌는데, 마치 떨어지는 거대한 돌 같았다.

이 모든 건 그야말로 충격적인 광경이었다. 그럼에도 위에서 지켜보던 한니발은 잠시 대기하면서 공격의 때를 기다렸다. 진군하는 아군의 대열에 한니발 군이 합류하면 혼란만 일으킬 것으로 판단했기 때문이다. 하지만 대열이 무너지는 걸 지켜본 그는 병사들이 안전하게 산길을 통과하더라도 장비를 전부 잃으면 아무 소용없다는 생각에 지금이 움직일 때라고 판단했다.

한니발은 고지에서 서둘러 내려와서 적대적인 부족민들을 단 한 번의 돌격으로 흩어지게 만들었다. 그의 합류는 실제로 병사들의 혼란을 가중했지만, 잠시일 뿐이었다. 적이 도망치고 길이 정리되자 규율이 회복되었고, 얼마 지나지 않아 전군이 평온하고 정숙하게 안전히 산길을 통과했다. 이어 방어 시설을 갖춘 해당 지역의 주된 마을과 인근 작은 마을들이 점령되었고, 이들에게서 빼앗은 가축과 곡식으로 카르타고 군은 사흘 동안 충분히 배를 채웠다. 부족민들은 그 전투로부터 뼈저린 교훈을 배웠고, 이후 카르타고 군은 비교적 쉽게 진군하게 되어 사흘 동안 상당한 행군의 진척이 있었다.

34. 한니발은 다른 산악민 부족의 영토로 들어섰는데, 이런 열악한 환경치고는 부족민 수가 많은 부족이었다. 그는 공개적인 저항을 받지 않았지만, 그들이 교활하게 쳐놓은 함정에 빠졌다. 실제로 그는 자신이 탁월하게 구사하는 바로 그 전술에 거의 당할 뻔했다. 방어 시설을 갖춘 여러 마을의 장로들은 사절단을 가장하여 그의 앞에 나타나, 다른 부족들이 겪은 수난을 살펴보니 카르타고 인과 우호 관계를 맺어 직접 그들의 무력을 상대하는 위험을 피하고자 한다고 말했다. 그들은, 이런 방침에 따라 기꺼이 한니발의 지시에 따르고, 안내인과 식량을 제공하고 동시에 인질도 제공하여 선의를 보이겠다고 했다. 한니발은 무척 신중했기에 그들이 하는 말을 액면 그대로 받아들이지 않았지만, 그 제안을 즉각 거절하지도 않았다. 거절했다간 그들이 공공연히 적대적으로 나올 것이기 때문이었다. 따라서 그는 우호적인 답변을 하고 인질을 받아들임과 동시에 원주민들이 제공한 물자를 이용했다. 한니발은 이어 그들의 안내인을 따라 움직였다. 하지만 그는 적절한 대책을 마련했고, 휘하 병력을 우호적인 지역에 들어설 때처럼 산개 대형으로 움직이는 것은 하지 못하게 했다.

대열의 앞엔 기병대와 코끼리가 있었고, 한니발은 정예 보병과 함께 후위를 맡으며 주의 깊게 사주경계를 하면서 만일의 사태를 대비했다. 얼마 뒤 대열은 한쪽이 깎아지른 듯한 바위 절벽으로 돌출된 비좁은 길에 다다랐는데, 여기서 부락민의 기습을 당하게 되었다. 몸을 숨겼던 원주민들은 전위와 후위에서 맹렬하게 공격했다. 난투전이 벌어졌고, 원주민들은 무기를 던지고, 위의 고지에서 바위를 굴렸다. 압박을 가장 심하게 받은 건 한니발이 있던 후위였다. 이에 대응하고자 그의 보병대는 뒤쪽으로 돌아갔다. 대열의 후위가 적절하게 보호받지 않았더라면 카르타고 군의 피해는 막대했을 게 분명했다. 그렇다고 해도 상황은 위태로웠고, 카르타고 군은 가까스로 재앙을 피했을 뿐이었다. 한니발이 산길로 병력을 나눠 보내는 걸 망설였기 때문이다. 그는 이미 기병대를 보호하고 있었는데 그렇게 하면 후위의 보병대를 보호할 수가 없었다. 그가 망설였기에 부족민들은 측면 공격을 가했고, 카르타고 군 대열은 둘로 나뉘었다. 부족민들은 그렇게 산길에 자리 잡았다. 이 결과 한니발은 하룻밤 동안 기병대와 짐수레로부터 차단당했다.

35. 하지만 다음날 적의 움직임이 약해졌고, 둘로 나뉜 카르타고의 대열은 다시 합쳐져 성공적으로 산길을 통과했다. 하지만 피해가 없던 건 아니었고, 특히 짐을 나르는 동물들을 많이 잃었다.

그 이후로 카르타고 군은 부족민의 단결된 저항을 받는 일이 없었다. 원주민들은 소규모 부대로 습격만 했는데, 지세가 유리할 때 전위나 후위를 산발적으로 공격했다. 그게 아니면 때에 따라 대열의 앞이나 뒤에 낙오자들이 생길 때 만만한 상대를 만났다며 공격해왔다. 코끼리들은 축복이자 저주였다. 비좁고 가파른 길을 따라갈 땐 심각하게 지체되었지만, 그럼에도 불구하고 그들은 카르타고 군을 보호했다. 왜냐하면 이런 거대한 동물을 생전에 본 적이 없던 원주민들이 겁을 집어먹고 코끼리 근처로는 아예 오지 않았기 때문이었다.

아흐렛날에 한니발의 군대는 정상에 도달했다. 산행은 대부분 길이 없는 산비탈을 오르는 것이었다. 잘못된 길을 가는 일도 빈번했다. 때로는 안내인들이 고의로 속이는 일도 있었고, 짐작으로 맞는 길이라고 생각하여 어디로 이어지는지도 모르고 계곡으로 들어서는 일도 있었다. 카르타고 군은 정상에서 이틀 동안 행군을 멈췄다. 등산과 전투로 병사들의 체력이 소진되었기 때문이다. 몇몇 짐을 나르는 동물은 병력이 지나간 길을 뒤따라 어떻게든 진지로 나아가려고 하다 바위 사이로 떨어졌다. 카르타고 군은 실제로 큰 어려움을 겪고 있었지만, 더 나쁜 상황은 아직 닥치지도 않았다.

때는 10월 말이었고, 겨울이 다가오는 중이었으며 눈도 내리기 시작했다. 동이 틀 무렵 다시 행군에 나선 군대는 힘겹고 느릿느릿하게 눈 덮인 땅 위로 나아갔고, 모두의 얼굴엔 극도의 피로감으로 절망의 빛이 역력했다. 이런 상황을 보고 한니발은 말을 몰고 앞으로 나아가 광대한 지역을 바라볼 수 있는 유리한 지점으로 가서 진군을 멈출 것을 지시했다. 이어 그는 한참 아래에 있는 이탈리아와, 알프스 산기슭 너머에 있는 포(Po) 계곡을 가리키며 일장 연설을 했다.

"제군, 지금 이 순간 우리는 이탈리아의 방어 장벽을 넘는 중이다. 그뿐만 아니라 로마의 성벽을 넘고 있기도 하다. 이후 모든 것이 순조로울 것이다. 더는 올라야 할 산도 없다. 한두 번 싸우고 나면 제군은 이탈리아의 수도를 차지하게 될 것이고, 로마의 성채는 제군에게 완전히 장악될 것이다."

진군은 계속되었고, 원주민들의 방해도 거의 없었고 그저 뭔가 훔칠 수 있다고 생각하면 하찮은 습격만 할 뿐이었다. 하지만 불운하게도 이탈리아 쪽으로 내려가는 알프스 산맥 대부분이 비교적 더 가팔랐고, 내려가는 건 올라가는 것보다 훨씬 더 어려웠다. 거의 모든 길이 급경사였던 데다 비좁고 미끄럽기까지 했다. 그곳을 지나는 병사들은 제대로 발을 디디고 서 있는 게 불가능했다. 조금만 비틀거려도 넘어졌고, 넘어져서 미끄러지면 형언할 수 없는 혼란이 일어났다. 사람이나 짐승이나 비틀거리며 서로의 몸 위로 엎어졌다.

36. 카르타고 군은 곧 그들이 낭떠러지 가장자리에 있다는 걸 알게 되었다. 너무도 가팔라 거의 수직으로 떨어지는 비좁은 절벽이었고, 심지어 아주 가볍게 무장한 병사라도 손으로 더듬어 기존에 있던 관목이나 그루터기에 매달려 간신히 내려갈까 말까한 정도였다. 이곳은 기존에도 틀림없이 가장 위험한 장소였을 테지만, 산사태가 벌어진 지 얼마 되지 않아 거의 300미터 아래로 수직 낙하하는 형태로 바뀌어 있었다. 낭떠러지 가장자리에 도달하기 직전에 기병대는 말고삐를 당겼다. 그들이 앞으로 나아가는 여정은 끝난 것처럼 보였다. 후위의 한니발은 무엇이 진군을 멈추게 했는지 아직 알지 못했다. 하지만 더 나아갈 수 없다는 보고가 전달되자 그는 직접 지세를 정찰하러 나섰다. 당면 상황을 잘 살펴본 그는 인근의 길이 없으므로 시간이 얼마가 걸리든 전인미답인 비탈들로 우회할 수밖에 없다는 걸 분명히 깨달았다.

하지만 그에겐 운이 따르지 않았다. 우회는 불가능했다. 오래전에 쌓인 눈 위로 새로 눈이 내려앉아 형성된 푹신하고 얕은 층은 발을 디디기엔 좋았지만, 병사들과 동물들의 발로 짓밟히고 흩어져 없어지다 보니 밟을 곳은 이제 그 아래에 있던 얼음 층과 녹아내린 눈이 만든 진창밖에 없었던 것이다. 그 결과 카르타고 군은 악전고투할 수밖에 없었다. 얼음 층엔 도저히 발판이 될 만한 곳이 없었고, 특히 가파른 비탈에선 더욱 그러했다. 손이나 무릎을 써서 다시 발을 딛고 일어서려고 해도 헛되이 다시 미끄러지기가 일쑤였다. 손으로 잡거나 발을 디딜 그루터기나 뿌리 같은 건 어디에도 없었다. 간단히 말하면, 미끄러운 얼음이나 녹은 눈 위에서 구르고 주르르 미끄러지는 수밖에 없었다. 때로는 노새의 무게가 너무 무거워 발굽이 오래전에 쌓인 눈의 층 밑 부분에 빠지기도 했다. 그렇게 빠져 쓰러지면 노새는 맹렬하게 일어서려고 몸부림을 쳤지만, 오히려 그것이 역효과를 일으켜 더욱 밑으로 뚫고 내려가 종종 집게에 물린 것처럼 단단하고 두꺼운 얼음 층에 빠져 버렸다.

37. 사람이나 짐승이나 헛되이 지치기만 한다는 게 분명해지자 카르타고 군은 산등성이 높은 곳에 진을 치기 위해 엄청난 작업을 한 끝에 진지를 마련했다. 그렇게 하기 위해 엄청난 양의 눈을 퍼내서 수레로 옮겨야 했다. 다음 일은 낭떠러지를 따라 통행할 수 있는 길을 만드는 것이었다. 다른 경로로 군이 나아갈 수 없었기 때문이다. 바위 사이로 길을 내야 하는 게 문제였는데, 그들은 열과 습기를 영리하게 바위에 가하는 것으로 문제를 해결했다. 그들은 커다란 나무들을 쓰러뜨리고 잘라 거대한 목재 무더기를 세웠다. 강한 바람의 적절한 도움을 받아 이 무더기를 불태워 바위에 충분히 열기를 가하고 맛이 상한 포도주를 바위 위로 던져 부서지기 쉽게 만들었다. 이어 그들은 곡괭이를 들고 열을 가하여 덥힌 바위의 발파 작업을 시작했고, 일종의 지그재그로 된 길을 텄다. 이는 내려갈 때 바위 길의 가파름을 최소화하려고 한 것으로, 이렇게 한 결과 짐을 나르는 동물은 물론 코끼리조차 그 바위 길을 내려올 수 있었다.[24]

---

24 나무 불과 쉰 포도주로 암벽 표면을 지그재그로 발파하여 길을 만들었다는 이 이야기는 비현실적인 신화라는 비판과 조롱을 많이 받았다. 리비우스를 옹호하는 설명으로는 다음과 같은 것이 있다. 바위에 불을 가하고 이어 찬물을 끼얹으면 바위가 갈라진다. 고대에는 식초가 바위를 부순다고 믿었으며 이 믿음은 16세기까지 전해 내려왔다. 한니발은 치중차(예전에, 군수품을 실어 나르던 차)에 맛이 상한 포도주를 많이 가지고 있었을 것이다. 식초로 바위를 부순다는 얘기를 신화라고 생각하는 독자는 리비우스가 이런 픽션을 만들어냈다고 생각하면 안 된다. 리비우스 이전의 학자로서 기원전 23년에 사망한 바로

나흘 동안 낭떠러지 인근에서 보냈기에 동물들은 거의 굶어죽을 뻔했는데, 정상 지역 대부분에서 아무것도 자라지 않는 데다 초원이 있다고 해도 눈이 덮여 있었기 때문이었다. 산 아래로 내려오니 해가 드는 산과 계곡, 그리고 숲이 있었고, 개울도 흘렀다. 그 지역은 실제로 사람들이 살기에도 훨씬 나은 곳이었다. 짐승들은 목초지로 풀려났고, 병사들은 길을 만드느라 소모한 체력을 사흘에 걸쳐 회복했다. 이후 그들은 평원으로 진군했다. 그곳은 온화한 지역이었고 주민들도 카르타고 군에게 친절하게 대했다.

38. 이탈리아로의 진군은 지금껏 이야기해온 바와 같다. 몇몇 기록에서 언급한 것처럼 카르타고 군은 뉴카르타고를 떠난 지 다섯 달 만에 이탈리아 국경에 도착했다. 알프스 산맥을 넘는 데는 보름이 걸렸다. 이탈리아에 도착했을 때 한니발이 갖춘 병력에 관해선 학자들 사이에 의견 차이가 크다. 가장 많이 기록한 역사서엔 10만 명의 보병과 2만 명의 기병이라고 되어 있었고, 가장 적게 기록한 역사서엔 2만 명의 보병과 6천 명의 기병으로 되어 있었다.

나는 루키우스 킨키우스 알리멘투스[25]의 주장이 가장 그럴듯하다고 생각한다(그는 남긴 기록에서 루키우스 자신이 한니발의 포로로 붙잡혔다고 언급한 바도 있다). 나는 루키우스가 갈리아 인과 리구리아 인이 추가로 한니발의 부대에 합류한 숫자를 혼동하지 않았다는 것을 전제로 루키우스의 숫자를 받아들인 것이다. 이들을 포함하여 그는 한니발이 이탈리아로 데려온 병력을 총 8만 명의 보병과 1만 명의 기병으로 기

도 식초가 바위를 깨트린다고 말했고, 또 바로 이전에는 그것을 믿는 사람들이 많았다.
25 기원전 210년의 시칠리아의 법무관. 루키우스와 파비우스 픽토르는 리비우스가 사용한 가장 오래된 사료이다.

록했다. 하지만 나는 갈리아 인과 리구리아 인은 나중에 자발적으로 합류했을 가능성이 크다고 생각하는데, 실제로 몇몇 역사가들이 이러한 나의 견해를 뒷받침한다. 알리멘투스는 더 나아가 한니발로부터 직접 론 강을 건넌 이후 3만 6천의 병사와 수많은 말과, 짐을 나르는 동물을 잃었다는 말을 들었다고 했다.[26]

이후 한니발은 이탈리아로 내려와 갈리아 영토 경계에 있는 리구리안 타우리니를 만났다. 나는 이런 사실이 보편적으로 수용되는 상황에서 왜 한니발이 알프스를 넘을 때 따라간 경로에 관해 의문이 있는지, 혹은 왜 그가 훨씬 북쪽에 있는 펜니네 알프스(한니발이 건넜다는 사실 때문에 붙은 명칭이다)를 건넜다고 종종 추정되는지 이해할 수 없다. 역사가 코일리우스 안티파테르는 그가 크레모 산을 건넜다고 하는데, 펜니네 알프스나 크레모 산을 한니발이 건넜다고 한다면 그는 타우리니 부족을 만날 수가 없다. 그렇게 되었다면 한니발은 산에 거주하는 살라시 부족을 거쳐 리부안 갈리아 인들을 만나게 되었을 것이다. 갈리아 인들을 만나게 되는 그런 더 북쪽의 산길이 당시 열려 있었을 가능성도 없다. 특히 펜니네 알프스로 나아가는 길 절반은 게르만 혈통인 부족들이 봉쇄해버렸을 것이다.

한니발이 펜니네 알프스를 따라갔다는 주장을 믿는 사람은 고려해야 할 것이 한 가지 더 있다. 그것은 바로 그 부근에 사는 베라그리 부족이 '포에니 인(카르타고 인)'이 지나갔다는 데서 나온 '펜니네'라는 명칭의 유래에 관해 아는 바가 전혀 없다는 사실이다. 오히려 그 명칭은 펜니누스라는 신의 이름에서 나온 것이다. 그들은 그 신을 위해

---

26 폴리비오스(3.55)는 한니발은 3만 8천의 보병과 8천의 기병을 데리고 론 강 지역을 떠났는데 알프스 고개를 넘어가면서 병력의 절반 이상을 잃었다고 기술했다.

산 정상에 신전을 세워 봉헌하기도 했다.

39. 한니발이 군사 작전을 시작하기에 편리하게도 타우리니 인과 인수브리아 갈리아 인들 사이엔 막 전쟁이 발발한 상태였다. 그러나 한니발은 어느 쪽에든 자신의 병사를 투입하는 무력 지원을 할 생각이 없었다. 병사들은 지금까지 겪었던 고난에서 아직 완전히 회복하지 못하고 있었다. 병사들의 피로 회복 초기엔 종종 병에 걸린 것보다 더 안 좋은 모습이 나타나곤 했다. 병사들은 야만인처럼 불결하고 너저분한 모습이었다. 노동에서 여가로, 굶주림에서 풍족함으로, 진흙과 절망이 범벅된 삶에서 훌륭한 삶으로 갑작스러운 변화를 거친 병사들은 그런 변화에 다양하게 영향을 받았다.

한편 집정관 코르넬리우스 스키피오는 적이 다시 전투에 알맞은 신체 상태로 돌아가기 전에 그들과 맞붙고자 했고, 그런 이유로 피사이에 도착한 뒤 최근 갈리아 인들에게 패배하여 아직도 다소 당황하고 있는 미숙한 로마 군 부대를 만리우스와 아틸리우스에게서 인계받고 서둘러 북상하여 포 강으로 나아갔다. 하지만 그가 플라켄티아에 도착했을 때 한니발은 이미 다른 곳으로 움직여서, 동맹을 맺기를 거절한 타우리니 부족의 수도를 습격하여 점령한 상태였다. 더욱이 한니발은 무력의 위협을 가하면서 포 강 인근의 갈리아 인들의 지지(혹은 더 나아가 자발적인 지지)를 확보했을 수도 있었다.

집정관 스키피오가 갑자기 나타나 깜짝 놀라지만 않았더라면 그 부족들은 로마로부터 빠져나올 최적의 순간을 여전히 노리고 있었을지도 몰랐다. 동시에 한니발은 타우리니 인들에게서 떠나 갈리아 인들에게로 갔다. 아직 결정을 내리지 못한 갈리아 인들 앞에 나타나면 자신을 따를 것으로 생각했기 때문이다.

이제 로마 군과 카르타고 군의 사이엔 거의 서로를 알아볼 수 있을 정도의 지근거리만 남아 있었다. 여태까지 양군 지휘관은 상대방의 자질에 대해 완벽하게 알지 못했지만, 그들은 서로를 존중하는 마음으로 교전에 임했다. 한니발이라는 이름은 사군툼 파괴 이전에도 로마에서 유명했으며, 한니발의 입장에서도 스키피오의 재능을 인정해 줄 수밖에 없었다. 자신에게 대적하기 위해 모든 로마 인 중에서 골라 뽑은 사람이기 때문이었다. 게다가 최근 서로가 보여준 군사적 재주로 상대방에 대한 존경심이 더욱 높아져 있기도 했다. 한니발은 대담하게 알프스 산맥 횡단에 성공했고, 스키피오는 적수를 갈리아에서 놓쳤음에도 불구하고 이탈리아에서 한니발을 상대하고자 빠른 속도로 행군해와 그를 따라잡았기 때문이다.

먼저 포 강을 건넌 건 스키피오 부대였다. 그는 전투를 치르기 전 티키누스 강에 진지를 세웠고, 휘하 병사들에게 다음과 같은 격려의 연설을 했다.

40. "제군, 갈리아에서 내가 지휘하던 군대로 전투를 치른다고 한다면 굳이 내가 연설할 필요는 없었을 것이다. 론 강에서 기병대는 무척 훌륭하게 적 기병대를 완패시켰으며, 그들에겐 훈계할 필요조차 없었다. 나와 함께 한니발을 추격하여 그에게서 승리나 다름없는 훌륭한 결과를 얻어낸 군단들도 훈계가 필요 없기는 마찬가지였다. 우리의 추격에 한니발은 도망치며 전투를 회피한다는 걸 스스로 인정했기 때문이다. 하지만 지금 상황에서 스페인 복무를 위해 모집된 그 병사들은 원로원과 로마 인들이 복무하길 바라는 지역에서 내 대리인이자 동생인 그나이우스의 지휘를 받아 의무를 다하고 있다. 나는 자발적 의지로 여기서 복무하기로 했으며, 제군은 이제 집정관의 지휘를 받아 한니발과 카르타고 인들에 대항하는 싸움을 하게 될 것이다. 제군과 나는 아직 서로에게 익숙하지 않다. 따라서 몇 마디 하

지 않을 수 없다.

제군, 이제 그대들이 기다리는 전투가 어떤 것인지 말해보도록 하겠다. 제군이 그 전투에서 상대할 적은 지난 전쟁에서 육상과 해상 양면에서 우리에게 패배한 자들이다. 그들은 지난 20년 동안 우리에게 조공을 바쳤던 자들이며, 우리는 그들에게서 훌륭하게 전쟁을 치러낸 포상으로 시칠리아와 사르데냐를 빼앗아내기도 했다. 따라서 제군은 승자로서 위세 좋게 전투에 임하지만, 적은 패자로서 의기소침한 채로 전투에 들어오게 될 것이다. 더욱이 그들이 기꺼이 싸움을 벌이려고 하는 건 그들이 용맹해서가 아니다. 그것이 불가피하기 때문이다. 전력이 온전할 때도 전투를 거부했던 적이 알프스를 넘어오며 병력의 3분의 2를 잃은 지금, 전투에서 이길 수 있다고 기대하는 게 이상한 것 아니겠는가? 그래도 제군 중엔 그들이 수는 적어도 용맹하고 강력하며, 위압적인 전사라고 생각하는 사람이 있을지도 모르겠다. 하지만 그건 터무니없는 생각이다! 그들은 이제 피골이 상접한 앙상한 상태이다. 이미 절반은 굶주림, 추위, 진흙, 보급품 부족으로 죽은 자들이나 마찬가지이다. 알프스의 험준한 바위로 저들의 힘은 뭉개져 전부 소진되었다. 추위로 저들은 완전히 고갈되었다. 눈보라로 저들의 힘줄은 딱딱하게 얼어붙었고, 손과 발은 동상을 입었으며, 저들이 타는 말은 절뚝거릴 만큼 쇠약해졌다. 손상되거나 부서지지 않은 무기가 없을 정도이다. 대체 이게 군대인가! 제군의 상대는 적이라고 할 수도 없다. 그저 한때 병사였던 보잘것없는 쓰레기들이라고 생각하면 된다. 내가 가장 두려워하는 건 한니발을 쓰러뜨린 게 제군이 아닌 알프스라는 점을 인정해야만 한다는 점이다. 어떻게 보면 이것이 옳은 지적일지도 모른다. 신들께서 인간의 도움 없이, 무도하게 협정을 내팽개친 자들을 상대로 먼저 전쟁에 나서주신 것이니까. 저들의 신의 없는 행동으로 고통받고 있는 우리는 신들을 따라가며 이 전쟁을 끝내는 의무를 다하기만 하면 된다.

41. 제군은 내가 진짜 느끼는 감정을 감추고 단순히 격려하기 위해 사실을 과장하며 허풍을 떤다고 생각할지 모른다. 그래도 나는 상관없다. 나는 자유롭게 선택할 수 있었다. 바랐다면 나는 스페인에서 전에 지휘했던 군대와 함께 있을 수 있었고, 이미 그곳에서 내 임무를 시작했을 것이다. 내게 작전 영역으로서 배정된 스페인에서 나는 동생의 조언을 받고 위험도 나눌 수 있었을 것이다. 나의 전투 상대로 한니발 대신 하스드루발을 선택함으로써 훨씬 더 쉽게 전쟁을 수행할 수도 있었을 것이다. 그럼에도 불구하고 나는 한니발의 소식을 듣고 갈리아 해안을 따라 항해하여 상륙했다. 나는 기병대에 지시하여 앞으로 적극 나서라고 했고, 론 강까지 나아갔다. 기병대가 싸울 기회를 잡았고, 나는 그것을 놓치지 않고 전투에서 승리했다. 한니발의 보병대는 내가 따라잡을 수 없었다. 마치 패주하는 군대처럼 무척 빠르게 움직여서 사라졌기 때문이다. 그러나 나는 함대로 돌아와 최대한 빠르게 장거리 항해를 마쳤고, 긴 행군 끝에 여기 알프스 산기슭에서 한니발과 만나게 되었다.

이 모든 게 제군에겐 끔찍한 적과의 싸움을 피하다가 우연히 지금 마주친 것이라고 생각되는가? 내가 의도적으로 한니발의 행군을 막고 결투를 신청하는 중이라고 보는 게 더 타당하지 않은가? 제군, 나는 지난 20년 동안 갑자기 새로운 카르타고 병사가 땅에서 솟아났는지,[27] 아니면 저들이 에릭스에서 두당 18데나리우스를 내고 석방된

---

27 제1차 포에니 전쟁은 기원전 241년에 끝났다.

그 카르타고 인인지 확인하고자 한다. 나는 또한 이 한니발이란 자가 무용을 갖추고 세상을 여행한 용사 헤라클레스[28]에 자신이 필적한다고 주장한 게 입증될 수 있는지, 아니면 단순히 로마에 조공을 바치는 아랫사람, 혹은 더 나아가 노예로서 아버지의 뒤를 이었는지 곧 알아내고자 한다. 자신이 사군툼을 함락시킨 죄악을 깊이 생각하는 자라면, 한니발은 정복당한 조국, 혹은 적어도 자신의 아버지와 가족에 관해 당연히 숙고했을 것이다. 그는 아버지인 하밀카르가 직접 서명한 협정도 생각했을 것이다. 하밀카르는 로마 집정관의 뜻대로 에릭스 산에 있는 요새에서 주둔군을 끌고 내려와 비탄과 분노에 빠진 채로 가혹한 항복의 조건을 받아들였다. 그의 완패한 동포들에게 부과된 조건은 시칠리아에서 철수하고 로마에 조공을 바치겠다는 것이었다.

이런 이유로 나는 제군이 평소의 무용뿐만 아니라, 분노가 만들어내는 힘까지 더해 전투에 임해주길 바란다. 지금 이 상황은 제군의 노예들이 갑자기 무장봉기를 일으킨 것과 다를 바 없기 때문이다. 우리는 적을 에릭스 산에서 굶겨 죽일 수도 있었다. 하지만 그건 너무 끔찍한 처벌이어서 우리는 그렇게 하지 않았다. 우리는 승리한 함대를 아프리카로 보내 며칠 동안 힘들이지 않고 그들의 나라를 지도에서 지워버릴 수도 있었다. 하지만 그렇게 하는 대신에 자비를 청하는 그들의 목소리에 귀를 기울였고 그들을 용서했다. 우리는 봉쇄를 풀고 그들과 화해했다. 하지만 이마저도 충분하지 않다는 듯, 우리는 그들이 아프리카 전쟁을 벌이는 동안에 보호해주기까지 했다.

---

28 헤라클레스는 게리온의 소떼를 거느리고 에리테아 땅에서 돌아올 때 알프스 산을 넘었다는 전설이 있다. 리비우스는 이 이야기를 좋아하여 두 번 언급한 바 있다(1.7; 5.34).

우리는 이렇게 관용을 베풀었지만, 그들은 야심에 취한 젊은 사령관을 따라 우리 조국을 침략하는 것으로 보복해 왔다. 다가올 전투는 제군의 영광뿐만 아니라 목숨을 위해서도 철저하게 임해야 한다! 하지만 제군은 시칠리아와 사르데냐를 얻고자 싸우는 것이 아니라 이탈리아를 지키고자 싸운다는 점을 명심해야 한다. 우리가 실패하면 우리 뒤로는 한니발을 막을 군대가 없다. 새로운 방어 군을 동원할 시간을 벌어준 알프스 산맥도 더 이상 없다. 제군, 우리는 로마 성벽 앞에서 싸우는 것처럼 여기서 반드시 적을 막아내야 한다. 나는 제군 모두가 이 점을 기억해주길 바란다. 제군이 지키려고 하는 건 제군의 몸이 전부가 아니다. 제군의 아내, 그리고 어린 자식의 목숨을 지키고자 싸우는 것이다. 개인적인 관심사 이외에, 원로원과 로마 동포들이 지금 우리를 주목하고 있다는 점도 확실하게 깨달아야 한다. 이제 우리의 손과 마음이 위대한 도시와 로마 제국의 미래를 지켜낼 것이다."

42. 스키피오와 달리 한니발은 연설보다는 행동이 병사들에게 더 나은 격려가 된다고 생각했다. 그는 병사들을 원형으로 빙 둘러서게 하고 알프스 산맥에서 붙잡은 포로 몇 사람을 데려오게 하여 사슬에 묶은 채로 그 중앙에 서게 했다. 갈리아 인의 무기들이 그들 앞에 놓였고, 한니발은 통역을 통해, 누구든 기꺼이 개인의 결투에서 싸우고자 하는 자가 있다면 당장 사슬을 풀어줄 것이며, 승리한다면 상으로 말과 무기를 내리겠다고 포로들에게 말했다. 모두가 싸우길 갈망했고, 추첨이 시작되자 행운이 자신의 것이 되길 바랐다. 당첨된 자는 크게 기뻐하며 칼과 방패에 달려들었고, 그들 부족의 스타일로 소란스러운 춤을 췄다. 하지만 실제로 결투하는 동안, 포로들과 이 광경을 구경했던 카르타고 인들은 승자의 운명이 패배하여 장렬히 전사

한 자의 것보다 더 칭찬받을 가치가 있다고는 거의 생각하지 않는 것 같았다.

43. 열병식에서 여러 사람이 싸우는 건 충분히 자극적인 광경이었다. 한니발은 그 행사가 끝나자 곧 병사들을 해산시켰다. 이후 그는 다시 휘하 병력 전원을 소집하여 이렇게 연설했다.

"제군, 이제 우리가 정복한 다른 자들의 운명이 어떻게 되었는지를 보았는데도 마음에 감동되는 바가 있었다. 제군에게 저런 운명이 닥칠지도 모르니 열심히 싸워야 한다는 생각이 든다면 승리는 이미 우리의 것이다. 제군이 본 건 단순히 제군을 즐겁게 하기 위한 구경거리가 아니다. 그 이상으로 의미가 있다. 그건 제군이 당할지도 모르는 조건을 보여주는 일종의 상징인 셈이다. 실제로 제군에게 지워진 운명은 앞서 본 포로들의 것 이상이다. 제군은 그들보다 더 무거운 사슬에 매여 있고, 더 냉혹하고 긴급하며 불가피한 일을 맞이하려고 하고 있다. 제군은 북쪽과 남쪽으로 바다에 둘러싸여 있으며, 목숨을 구해줄 탈출할 수 있는 배도 하나 없다. 제군이 마주하고 있는 포 강은 론 강보다 더 크고 사나운 강이다. 제군의 뒤엔 알프스라는 장벽이 있다. 제군이 한창 힘이 넘치고 생기가 있었음에도 그 산을 넘어오는 데 거의 실패할 뻔했다.

그리고 이제 여기서 제군은 처음으로 적과 마주하게 되었는데, 그들을 정복하지 못하면 우리는 죽는 수밖에 없다. 하지만 용기를 내라! 상황이 제군을 싸울 수밖에 없게 할 것이다. 하지만 그런 상황에서 승리하게 되면 제군은 사람이 간절히 바라는 것 이상으로, 불멸하는 신들에게서 받는 것 이상으로 고귀한 보상을 얻게 된다. 우리 선조들이 잃어버린 시칠리아와 사르데냐만 우리 힘으로 회복하더라도 그 보상은 충분히 대단할 것이지만, 로마가 오랜 시간 정복하여 쌓은

부가 제군의 것이 된다고 생각해보라. 그 풍부한 부는 물론 그 소유 자들 역시 제군의 것이 된다. 그렇다면 용감하게 전진하여 이런 근사한 포상을 차지해야 하지 않겠나! 신들의 은혜가 함께할 것이니 제군은 칼을 뽑아라! 제군은 오랜 시간 루시타니아와 켈티베리아의 척박한 산맥에서 소 떼를 추격했지만, 그 오랜 노고와 위험에도 불구하고 아무런 보상도 받지 못했다. 그 이후로 제군은 산맥을 넘고, 강을 건너고, 무장한 부족들 사이를 헤치며 여행했다.

이젠 부와 모든 훌륭한 것을 얻기 위한 전쟁을 벌여 제군의 노력을 풍요롭게 보상받을 때가 되었다. 여기서 운명의 여신께서는 제군이 땀과 눈물을 그만 흘려도 되도록 배려하셨다. 여신께서는 여기서 전장에서 오래 복무한 제군에게 훌륭한 보상을 내려주실 것이다. 제군은 적의 명성을 떠올리고 승리하기 어렵다고 생각할 필요가 없다. 운명은 변덕스럽다. 종종 얕본 적이 죽을 힘을 다해 싸우기도 하고, 명성을 떨치는 국가와 그곳의 왕이 별것도 아닌 일로 패배를 당하기도 한다. 로마라는 이름이 지닌 눈부신 광채만 제거하면 어떻게 로마 인을 제군과 비교할 수 있겠는가? 제군들이 전장에서 용맹하게 성공적으로 20년 동안 복무한 것은 말할 필요도 없다. 제군은 헤라클레스의 기둥(스페인 지브롤터)에서, 또 대서양과 세상의 훨씬 더 먼 곳에서 사납고 호전적인 스페인과 갈리아 부족들을 격파하고 나아가며 이곳에 도달했다. 이제 제군은 급조된 신병으로 구성된 군대와 마주하게 될 것이다.

그런데 이 로마 인이란 자들은 누구인가? 갈리아 인들에게 지난여름 패배하여 무릎을 꿇고 감금된 바로 그자들이다. 지휘관과 병사는 여전히 서로에게 낯설다. 저들의 지휘관을 보라! 내가 그와 비교되어야 하겠는가? 나는 걸출한 아버님의 막사에서 나고 자랐으며,

스페인과 갈리아를 정복하고 사나운 알프스 부족들뿐만 아니라 그보다 더 제압하기 어려운 알프스 산맥 그 자체도 극복했다. 그런 내가 자기 군대를 버리고 떠나온 지 여섯 달밖에 안 된 장군과 비교가 되겠는가? 스키피오에게 군기를 가린 채로 로마 병사와 카르타고 병사를 보여주면 나는 그가 로마 병사를 제대로 알아보지 못할 거라고 확신한다. 제군, 그대들 중에 내가 전투에서 일격을 가하는 모습을 보지 못한 자는 아무도 없을 것이다. 나 역시 제군의 무용을 전장에서 목격하고 지켜봤다. 나는 제군의 용맹스러운 행동을 잘 기억하고 있으며, 언제, 어디서 그런 행동을 했는지 세세한 내용까지 전부 기억한다. 나는 제군의 지휘관이 되기 전 제군의 제자로 있으면서 전쟁의 기술을 배웠다. 내가 무수히 칭송하고 보답한 제군과 함께 이제 전선으로 친히 나아갈 것이다. 우리가 맞이할 적은 서로를 잘 알지도 못하는 신병과 풋내기 지휘관이다.

44. 내게는 눈을 돌리는 곳마다 의기충천한 모습과 강한 무기가 보인다. 베테랑 보병대, 모두 귀족 혈통인 스페인 인과 누미디아 인으로 구성된 기병대가 보인다. 용맹하고 충성스러운 동맹군 병사들도 보인다. 마지막으로, 카르타고 동포들이여, 그대들이 애국심뿐만 아니라 적개심을 누를 수 없어 전쟁에 나섰다는 걸 난 잘 알고 있다. 우리는 공격을 감행하는 자이며, 지금 선수를 치는 자는 확신이 있어야 한다는 걸 잘 아는 상태로 이탈리아를 침공 중이다. 그것이 바로 우리의 소원에 상응하는 대담함과 용기를 보이며 싸워야 할 이유이다. 분노, 즉 부당한 손해를 입었다는 의식은 제군을 채찍질할 것이고, 그 분노는 제군에게 활력을 줄 것이다. 로마 인들이 나의 신병을 넘기라는 요구를 어떻게 했는지를 기억하라. 제군의 지휘관은 범죄자 취급 받았고, 나중엔 사군툼에서 싸운 제군 모두가 그런 죄인 취

급을 당했다. 제군이 그들에게 넘어갔다면 그들은 분명 제군을 가장 잔인하게 고문하며 죽였을 것이다. 로마 인들은 오만하고 자비가 없는 자들이다. 그들은 세상을 자기 것으로 만들어 뜻대로 하겠다고 했다. 그들은 우리의 우방과 적을 지정할 권리까지 요구하고 있다. 그들은 우리의 자유를 억제하고, 강이나 산을 장벽으로 설정하여 우리가 그곳을 넘지 못하게 막고 있다. 하지만 그들은 스스로 설정한 행동의 한계를 준수하지 않는다. 그들은 에브로 강을 건너지 말고 사군툼에서 손을 떼라고 했다. 사군툼이 에브로 강 남쪽에 있지 않는가, 하는 우리의 항의에 그들은 어디로도 가지 말고 있던 곳에 그대로 머무르라고 했다.

이에 우리는 로마가 시칠리아와 사르데냐를 빼앗은 것으로도 모자라 스페인마저도 손에 넣으려고 하냐고 따졌고, 스페인을 포기하면 아프리카로 건너올 것 아니냐고 물었다. 그리고 실제로도 그렇게 되었다. 올해 선출된 로마 집정관 중 하나는 이미 아프리카로 건너갔고, 다른 하나는 스페인으로 갔다. 우리에겐 이제 칼 이외의 것으로 세상에서 얻을 수 있는 건 아무것도 없다. 비겁하고 소심한 모습은 의지할 것이 있는 자들이나 보이는 태도이다. 편한 길을 따라 방해받지 않고 퇴각할 수 있고, 고향 땅의 익숙한 들판에서 피난처를 찾을 수 있는 자들이나 그런 모습을 보이는 것이다. 하지만 제군은 그렇지 않다. 제군은 반드시 용맹해야 한다. 제군에게는 승리 아니면 죽음뿐이다. 중간노선은 없다고 생각하며 로마를 정복하라. 혹여 운명이 제군을 선호하길 주저한다면 전투에서 도망치기보다 죽음을 맞이하라.

이런 점을 반드시 가슴 깊이 새기도록 하라. 다시 반복해서 말하지만, 성공은 이미 제군의 것이다. 죽음에 대한 경멸이야말로 신들께서 인간에게 부여한 승리를 위한 최고의 자극이다."

45. 이것이 바로 경쟁하는 두 지휘관이 휘하 병사들의 사기를 북돋우고자 열변을 토한 연설이었다.

스키피오가 처음으로 한 일은 티키누스 강에 다리를 놓고 그것을 보호할 통나무 방책을 세우는 것이었다. 한니발은 공사가 진행 중일 때 마하르발에게 500명의 정예 누미디아 기병대를 주어 로마에 우호적인 지역 부족민들의 땅을 초토화하게 했다. 그는 마하르발에게 최대한 갈리아 재산은 내버려 두어 갈리아 부족장들의 로마 배신을 재촉하라는 특별한 지시도 함께 내렸다. 다리 공사가 완료되자 로마 군은 강을 건너 인수브리아 갈리아 인들의 영토인 비크투물라이에서 8km 떨어진 곳에 진영을 세웠다. 한니발의 군대는 그 근처에 있었는데, 전투가 임박한 것을 깨닫자 한니발은 서둘러 마하르발의 부대를 불러들이고 휘하 병력을 불러 모았다. 이전의 경고와 격려가 병사들의 최선을 이끌어내는 데 부족하다고 생각했던 그는 구체적인 보상을 약속하며 병사들의 투지를 더욱 일깨웠다. 그의 약속은 다음과 같았다.

첫째, 이탈리아, 아프리카, 스페인 중 선택하는 곳에 땅을 주겠으며, 수령자와 그 자식들을 위해 나눠준 땅에서 세금을 거두지 않겠다.

둘째, 돈으로 받길 원한다면 땅과 같은 가치의 돈을 주겠다.

셋째, 카르타고 시민이 되고자 하는 동맹국 병사들에게 기꺼이 시민권을 부여하겠다.

넷째, 동맹국 병사들이 고향으로 돌아가고자 한다면 최대한 노력하여 해당 병사의 자리를 메워 그의 다른 동포가 대신 징집되는 상황을 만들지 않겠다.

다섯째, 모시고 있는 주인과 함께 온 노예들에게도 자유를 주겠으며, 대신 주인에겐 잃은 노예 하나당 노예 둘을 주어 보상하겠다.

이러한 약속의 진정성을 증명하고자 그는 왼손에 어린 양을, 오른손에 부싯돌[29]을 들고 유피테르와 다른 신들에게 기도를 올렸다. 그는 자신이 약속을 어긴다면 곧 양에게 닥칠 일이 자신에게도 일어나게 해달라고 하며 돌로 양의 머리를 박살냈다. 이런 과격한 행위는 즉각 효과가 있었다. 전 병력은 신들이 이제 자신의 소원 성취를 보증해줄 것으로 확신했고, 아직 싸우지 않고 있어 그들의 소원이 성취되지 않고 있다는 걸 깨닫고는 한목소리로 즉시 전투에 나서자고 요구했다.

46. 이에 반하여 로마 인들은 기꺼이 교전할 생각이 없었다. 우선 최근에 발생한 불길한 일들로 로마 인들은 불안을 느꼈다. 늑대가 진지로 들어와서 병사들에게 상처를 입히고 무사히 빠져나가거나, 지휘관의 막사 위로 쑥 나온 나무에 벌들이 몰려들기도 했다. 스키피오는 이런 불길한 징조를 제압하는 적절한 조치[30]를 하고서 이어 군을 움직였다.

그는 기병대와 가볍게 무장한 창병을 대동하고 적의 위치를 확인하고자 정찰에 나섰는데, 최대한 가까운 곳에서 적의 특징과 군사력을 알아내려다 예기치 못하게 기병대를 대동한 한니발과 조우하게 되었다. 한니발 역시 정찰에 나섰던 것이었다. 처음에는 어느 쪽도 상대를 알아보지 못했다. 그러다 그들은 마른 땅에서 말과 사람이 움

---

29 이 의식에서 부싯돌은 유피테르의 천둥을 의미한다. 이 의식은 로마 사제들의 특징이기도 한데(리비우스 로마사 1.24), 리비우스는 이 장면의 극적인 효과를 높이기 위하여 한니발이 그런 의식을 거행했다고 서술한다.
30 신들에게 희생제물을 바쳐서 이런 징조가 예고하는 사악한 결과를 물리쳤다는 뜻.

직이며 일어난 흙먼지로 적의 접근을 인지하게 되었다. 양군은 곧바로 움직임을 멈추고 교전을 준비했다.

스키피오는 최전선에 창병과 갈리아 기병대를 배치하고, 로마 부대와 동맹군 정예병은 뒤에서 지원하게 했다. 스페인 기병대는 한니발의 전선 중심에 섰고, 누미디아 기병대는 양익에 섰다. 함성이 울리자마자 스키피오의 창병들은 무너져 도망쳤고, 후위의 지원 병력들 틈으로 들어가 목숨을 구하고자 했다. 잠시 양군 기병대 대형은 서로 밀리지 않는 팽팽한 싸움을 벌였지만, 스키피오의 부대는 창병들과 뒤섞이면서 엄청나게 불리한 상황에 빠지게 되었다. 많은 기병이 말에서 떨어지거나, 혹은 강한 압박을 받는 전우를 돕고자 말에서 내렸다.

상황이 보병전 양상을 띠어가는 중에 갑자기 적의 양익을 형성했던 누미디아 기병대가 우회하여 로마 군의 후위에 나타났다. 이는 로마 군의 사기에 치명타가 되었으며, 게다가 지휘관 스키피오마저 부상을 당하여 젊은 아들이 개입하여 간신히 목숨을 구하는 일이 벌어지자, 로마 군의 상황은 걷잡을 수 없이 악화되었다. 이 스키피오의 아들은 훗날 한니발이 지휘하는 카르타고 군대와의 결전에서 훌륭하게 승리하여 전쟁을 성공적으로 종결짓는 영광을 얻게 되며, 그 공로로 아프리카누스라는 칭호를 받게 된다.

누미디아 기병대가 우선 공격해 온 로마 군 창병들은 완전히 패주했지만, 로마 기병대는 결집된 상태를 유지했다. 그들은 부상당한 집정관 주위로 장벽을 형성했고, 칼뿐만 아니라 몸으로도 적의 공격을 막으며 혼란 없이 완벽하게 규율을 유지하며 집정관을 안전하게 진지로 옮겼다. 코일리우스 안티파테르는 스키피오의 목숨을 구한 명예를 리구리아 노예에게 돌렸다. 하지만 나는 많은 역사가가 증언하는 것에 기대어[31] 그의 아들 아프리카누스가 그 일을 해냈다고 믿는다. 또 그런 내용을 담은 전설이 사람들 사이에서 높은 인기를 누리고 있다.

47. 이것이 포에니 전쟁의 첫 번째 전투였고, 카르타고 군이 기병대에서 우위를 차지하고 있음을 분명하게 보여줬다. 이런 이유로 탁트인 지역, 즉 포 강과 알프스 산맥 사이의 지역 같은 개활지(開豁地)에선 로마 군이 효율적으로 적을 상대하기가 어려웠다. 그에 따라 다음날 집정관은 최대한 조용히 짐을 챙겨 진지를 해체하라고 명령했다. 로마 군은 포 강으로 최대한 빠르게 나아갔다. 스키피오는 적의 추격을 받아 혼란이 생기는 일 없이 아직 무너지지 않은 다리를 휘하 병력이 건너야 한다고 생각했다. 한니발이 눈치 채기 전에 로마 군은 티키누스 강 지역을 떠나 플라켄티아에 도착했다. 그러나 한니발은 아직 이쪽 강기슭에 남은 600명 정도 되는 로마 낙오병들을 붙잡았다. 그들은 다리 해체 작업을 위해 뒤에 남았는데, 늦장을 부리다 결국 포로가 되고 말았다.

그렇지만 한니발은 다리를 건너지 못했다. 이미 강 양쪽의 부교가 절단되었고, 그리하여 다리의 몸통이 하류로 떠내려가는 중이었기 때문이다. 코일리우스 안티파테르는, 마고[32]가 기병대와 스페인 보병대를 데리고 곧장 강을 헤엄쳐 건넜으며, 코끼리들을 줄 세워 강의 흐름을 억제하여 한니발과 나머지 병력이 상류 쪽에 있는 여울을 건넜다고 기술했다. 하지만 포 강을 아는 사람이라면 이런 설명을 믿어

---

31 폴리비오스는 소 아프리카누스의 단짝 친구인 라일리우스로부터 이 얘기를 들었다고 기술했다. 라일리우스는 대 스키피오(아프리카누스)를 이 에피소드의 주인공으로 보는 사람들 중 하나였다(폴리비오스 『역사』 10.3).
32 한니발의 동생.

주기 힘들다.[33] 설혹 스페인 병사 전원이 바람을 채운 가죽 주머니에 의지하면서 헤엄을 쳐서 강을 건넜더라도, 기병대가 말과 장비를 잃지 않고 그토록 거센 강의 흐름을 버티고 건너는 일은 있을 수 없다. 게다가 엄청난 짐을 지닌 군대가 건너기 적합한 여울을 찾으려면 오랜 시간이 걸리는 불편함이 있었다.

마침내 카르타고 군이 이틀 만에 뗏목으로 다리를 세우기 적합한 장소를 찾아내 곧 다리가 건설되고, 마고가 가볍게 무장한 스페인 기병대를 이끌고 도강한 다음에 주력 부대가 건넜다는 여러 권위자의 설명이 있는데, 나는 이 주장이 더 합당하다고 생각한다. 한니발은 갈리아 인들이 보낸 사절단을 맞이하느라 포 강 인근에서 기다렸고, 이후 중무장한 보병들과 함께 강을 건넜다. 마고는 그러는 사이 포 강에서 하루 동안 진군하여 플라켄티아의 로마 군을 향해 나아갔다. 며칠 뒤 한니발은 플라켄티아에서 10km 떨어진 곳에 진지를 세워 방어 시설을 강화했고, 바로 다음날 로마 군이 보이는 지점에다 병력을 배치하고 로마 군에게 싸움을 걸었다.

48. 다음날 로마 군 진지에 불유쾌한 일이 벌어졌는데 심각하기도 하고 충격적이기도 한 사건이었다. 그것은 2천 명 병력의 갈리아 외인부대가 2백 명의 기병대를 함께 데리고 진지 정문을 지키던 로마 군 초병들을 죽이고 배신하여 한니발에게로 넘어간 사건이었다. 한니발은 이들을 친근하게 맞이하며 후한 보상을 약속한 뒤 그들을 다양한 공동체로 보내 로마에 반대하는 여론 몰이를 하라고 지시했다. 스키피오는 초병 살해가 갈리아 인들의 전반적인 봉기로 이어질 것

---

33 리비우스가 그 자신이 몸소 사건 현장을 보았다고 주장한 희귀한 경우.

을 우려했다. 모든 갈리아 인이 이런 반(反) 로마 정서에 휩쓸려 무기를 들면 그야말로 큰일이었다. 따라서 그는 부상으로 여전히 운신이 곤란한데도 일이 벌어진 다음날 밤늦게 조용히 진지를 해체하고 트레비아 강으로 나아갔다. 그는 이곳에서 언덕이 많은 지역의 고지에 새롭게 진을 쳤는데, 적이 기병을 통한 전술을 활용하는 걸 제약하기 위해서였다. 이번에 스키피오는 적의 감시를 저번처럼 성공적으로 벗어나지 못했다.

한니발은 누미디아 기병대를 보내 스키피오를 뒤쫓게 하고, 그 뒤를 한니발 휘하의 기병대 전원이 따라갔다. 누미디아 인들이 탐욕에 사로잡혀 약탈품을 노리고 로마 군 진지로 가지 않았더라면 스키피오의 후위는 분명 큰 피해를 보았을 것이다. 누미디아 인들은 진지를 샅샅이 뒤졌지만, 추격 지연을 보상해줄 만한 귀중품은 아무것도 찾지 못했다. 귀중한 시간이 흘렀고, 로마 군은 그 사이에 추격을 따돌렸다. 로마 인들이 이미 트레비아 강을 건너 새로 진지를 세우고 있는 걸 보게 된 카르타고 군은 아직 강을 건너지 못한 소수의 로마 군 낙오자들을 살해하면서 분풀이를 했다.

부상당한 스키피오는 진군 중의 거친 요동을 잘 참을 수가 없어서 아주 고통스러웠다. 이처럼 부상을 당한 데다가 동료가 도착하는 걸 기다려야 했으므로 강 근처에서 찾을 수 있는 가장 안전한 장소에 영구적인 방어 시설을 갖춰 강화하고 버티기로 했다. 그는 동료 집정관이 시칠리아에서 로마로 되돌아오고 있다는 걸 알고 있었기에 이런 버티기 작전을 쓰게 된 것이었다. 한니발은 로마 군 근처에 진지를 세웠다. 그는 휘하 기병대가 거둔 성공으로 고무되었지만, 동시에 보급 문제로 근심했다. 실제로 보급 문제는 날이 갈수록 심각해졌다. 그는 미리 준비한 게 전혀 없었고, 그대로 계속 적의 영토를 진군 중이었다. 이런 상황에서 그는 로마 인들이 다량의 곡식을 축적한 클라스티디움의 소규모 정착지에 곡식을 보내라고 요구했다.

한니발은 그곳을 공격할 준비를 하던 차에 마침 그 도시를 접수할 수 있는 좋은 기회가 생겼다. 그는 금화 400개라는 미미한 금액으로 브룬디시움 출신의 다시우스라는 주둔군 지휘관을 매수했고, 그리하여 도시는 그의 손에 넘어왔다. 한니발의 병력이 트레비아에 머무는 동안 클라스티디움은 카르타고 군의 군량을 제공하는 곡창이 되었다. 전쟁 초기여서 관대하다는 평판을 쌓길 바랐던 한니발은 항복하여 포로가 된 주둔군에게 가혹한 처분을 하지 않았다.

49. 트레비아에서 지상 전투는 잠시 중단되었다. 그러는 사이 집정관 셈프로니우스가 현지(시칠리아)에 부임하기 전후로 시칠리아와 이탈리아 해안에서 떨어진 섬들 주위에서 활발한 움직임이 있었다. 카르타고는 해안 지역을 습격하고자 5단 노 갤리선 20척에 1천 명의 병사를 실어 보냈다. 이 중 아홉 척은 리파라이 섬으로, 여덟 척은 불칸 섬으로 갔으나, 나머지 세 척은 항로를 이탈하여 해협으로 가게 되었다. 이들의 움직임은 메사나에서 포착되었고, 로마 집정관을 기다리던 시라쿠사의 왕 히에로는 이 배들에 맞서기 위하여 열두 척의 전함을 파견했다. 해협으로 가게 된 세 척의 카르타고 전함은 저항하지 않았고, 순순히 메사나의 항구로 붙잡혀 왔다. 붙잡힌 선원들은 이번에 보낸 20척의 함대 외에 25척의 5단 노선이 시칠리아로 향하는 중이라면서, 카르타고의 이전 우방인 시칠리아를 곤경에 빠뜨릴 것이라고 말했다.

이 두 번째로 파견된 함대의 주된 목표는 릴리바이움(Lilybaeum)이었는데, 첫 함대를 산개시킨 악천후 때문에 아이가테스 제도에서 난파당한 것으로 추정되었다. 히에로는 이 정보를 서신에 담아 시칠리아 문제의 책임자인 법무관 마르쿠스 아이밀리우스에게 보고하면서, 강력한 주둔군을 배치하여 릴리바이움을 지켜달라고 호소했다. 이에 법무관은 즉시 인근 여러 공동체에 장교들을 파견하여 상황을 주의 깊게 살펴보라고 지시했다. 특히 릴리바이움은 전투를 철저히 대비했는데, 지시에 따라 전함에 열흘 치 조리된 식량이 선적되었고, 신호가 주어지면 즉시 출항할 예정이었다. 게다가 적 함대의 접근을 확인하고자 해안을 따라 세워진 모든 초소를 초병들이 지키기로 되었다.

카르타고 인들은 동이 트기 직전에 릴리바이움에 도착할 생각이었고, 그런 이유로 오는 중에 의도적으로 꾸물거렸다. 곧 그들은 돛을 올리고 접근해 왔고, 달이 여전히 떠 있었기에 얼마 떨어지지 않은 해안에서 그들의 움직임이 포착되었다. 이에 즉시 신호가 초소들에서 전달되었고, 동시에 도시에서 군이 동원되어 전함에 인원이 배치되었다. 릴리바이움의 병력 일부는 성벽과 성문에 주둔했고, 다른 일부는 함대와 함께 싸우게 되었다. 카르타고 인들은 곧 기습의 이점을 잃었다는 걸 깨달았고, 그러자 해가 뜰 때까지 항구와 일정한 거리를 두면서 그 시간 동안 돛을 집어넣고 전투 준비를 했다. 이어 해가 뜨자마자 그들은 해안에서 더 먼 곳으로 물러났다. 탁 트인 바다에서 해전을 벌일 생각이었기에 로마 함대가 무난히 항구를 나오도록 유도하려는 것이었다. 로마 인들 역시 기꺼이 교전에 나섰다. 병사의 숫자와 자질도 우월했고, 같은 해역에서 과거에 승리했던 기억까지 있어서 승리를 확신했기에 그 싸움을 피할 이유가 없었다.

50. 탁 트인 난바다(육지에서 멀리 떨어진 바다)로 나오게 되었을 때 로마 함대의 목표는 최대한 적선 가까이 붙어 백병전을 벌이는 것이었다. 하지만 그들의 적은 회피 전술을 활용했다. 그들은 힘보다는 선

박 조종술에 의지하려 했고, 사람 대 사람보다는 전함 대 전함으로 겨루는 걸 선호했다. 카르타고 함대는 배를 조종할 인원은 잘 배치되었지만, 병사들은 별로 데리고 있지 않아 전함이 적에게 붙잡히면 전투력 측면에서 아주 불리했다. 이런 점이 명확해지자 전투원의 병력 차이는 로마 인들에겐 엄청난 힘이 되었고, 그들의 적에겐 엄청난 좌절이 되었다. 적함 일곱 척이 빠르게 포위되었고, 나머지는 급히 도망쳤다. 1,700명의 카르타고 병사와 선원이 포로로 붙잡혔으며, 그 중엔 세 명의 카르타고 귀족도 있었다. 로마 함대는 전함 한 척에 구멍이 뚫린 걸 제외하곤 아무런 피해도 입지 않았고, 구멍 뚫린 배도 그럭저럭 항구로 돌아왔다.

이 전투 소식이 메사나 현지에 알려지기 전에 집정관 셈프로니우스가 메사나에 도착했다. 해협 입구에서 히에로는 전투 대형을 구축한 함대를 이끌고 그를 영접했으며, 집정관의 배로 넘어가 군대와 함대가 무사히 도착한 걸 축하하고, 시칠리아 원정의 성공을 기원했다. 이어 히에로는 시칠리아의 상황과 카르타고가 꾸민 음모의 전말을 집정관에게 들려주었으며, 지난 포에니 전쟁 때 청년이었던 자신이 충실하게 로마에 봉사했던 것과 다를 바 없이, 이번에도 로마 인을 지원하겠다고 약속했다. 그는 집정관이 이끄는 군단과 해군에 무상으로 식량과 의복을 제공하겠다고 말했다. 동시에 릴리바이움과 다른 바다에 접한 공동체들이 큰 위험에 처했으며, 그 중 몇몇 공동체는 그런 변화를 달갑게 여기지 않을 것이라고 보고했다. 셈프로니우스는 이를 고려하여 잠시도 지체하지 않고 릴리바이움으로 배를 타고 나아갔다. 히에로와 그의 함대는 집정관과 동행했고, 그리로 가는 길에 릴리바이움에서 전투가 있었으며 적을 물리치고 적함을 나포했다는 소식이 들려왔다.

51. 릴리바이움에 도착한 셈프로니우스는 히에로와 그의 함대를 돌려보내고 법무관에게 시칠리아 해안을 지키라고 지시한 뒤에 카르타고 인들이 장악한 몰타로 항해했다. 기스고의 아들 하밀카르는 몰타 섬 주둔군의 지휘관이었는데, 거의 2천 명에 이르는 부하들을 데리고 항복했다. 이렇게 몰타 섬과 도시는 로마에 의해 장악되었다. 며칠 뒤 셈프로니우스는 릴리바이움으로 돌아와 자신이 붙잡은 전쟁 포로와 법무관이 붙잡은 포로를 모두 합쳐서 귀족만 제외하고 전부 공공 경매에 붙였다.

시칠리아 동부를 보호하는 작전은 충분히 완수했다고 생각한 셈프로니우스는 카르타고 군이 주둔하고 있다는 불칸 섬으로 건너갔다. 하지만 거기에 적은 없었다. 이미 그들이 이탈리아로 넘어갔기 때문이다. 이때 비보 시(市)는 영토를 파괴적으로 습격당한 뒤 도시 자체도 위협받는 중이었는데, 이 소식을 들은 셈프로니우스는 다시 시칠리아로 돌아왔다. 하지만 그와 동시에 원로원이 보낸 서신이 시칠리아에 도착했다. 원로원은 한니발이 이탈리아로 넘어왔다는 사실을 알리고 최대한 빨리 스키피오가 있는 곳으로 가서 그를 지원할 것을 지시했다.

셈프로니우스는 이제 많은 일을 처리해야 하는 상황이었기에 즉각 행동에 나서야 했다. 바다로 보낸 그의 군대는 아드리아 해를 통해 아리미눔으로 갈 계획이었다. 그의 부사령관인 폼포니우스는 25척의 전함을 받고 비보와 이탈리아 해안을 지키게 되었다. 인원을 갖춘 50척의 전함은 법무관 아이밀리우스가 지휘를 맡았다. 시칠리아 문제가 이런 식으로 정리되자 셈프로니우스는 10척의 전함과 함께 이탈리아 해안을 따라 아리미눔으로 갔고, 그곳에서 군대를 이끌고 나아가 트레비아에 있는 스키피오와 합류했다.

52. 로마의 모든 야전군과 두 집정관이 이제 한니발을 마주하고 있었다. 따라서 이러한 전투력으로도 적을 막아내지 못한다면 로마의 영토를 구해낼 희망은 없는 것이었다. 하지만 그처럼 절체절명의 중대한 상황인데도 두 집정관은 서로 의견이 달랐다. 한 사람은 자신의 부상과 최근에 치른 기병 교전의 실패에 영향을 받은 나머지 아주 조심하면서 전투의 지연을 촉구했지만, 다른 한 사람은 체력도 생생하고 무엇이든 기꺼이 처리할 준비가 되었기에 즉시 전투를 벌이자고 요구했다. 트레비아 강과 포 강 사이에 있는 갈리아 부족들은 중립적인 입장을 취했다. 두 강국 간에 전투가 임박한 상황에서 곧바로 어느 한쪽과 동맹을 선언했다가 피해볼 생각이 없었던 것이다. 그들은 전투의 승자와 동맹을 체결하고 싶어 했다. 로마 인들은 이런 태도를 기꺼이 받아들였다. 실질적으로 적대적인 행동만 취하지 않는다면 그들은 개의치 않았다.

그러나 한니발은 대조적으로 그런 애매모호한 태도에 분노했다. 그는 자신을 이탈리아로 초청하여 로마의 굴레로부터 해방시켜달라고 한 건 바로 갈리아 인들이라는 점을 역설했다. 그는 엄청난 분노에 더하여, 병사들의 식량을 확보할 필요도 있었기에, 대다수가 누미디아 인과 갈리아 인으로 구성된 2천 명의 보병과 1천 명의 기병을 파견하여 포 강까지의 모든 지역을 습격하게 했다. 저항이 어려웠던 갈리아 인들은 한니발의 이런 공격적인 행위에 어느 쪽으로 붙을지 마음을 정했다. 그들은 즉시 자신을 보호해줄 쪽을 지지하기로 했고, 곧바로 로마 사령부에 사절단을 보내 로마에 과잉 충성했다는 이유만으로 불운하게 고통을 겪는 자신들을 도와달라고 간청했다. 하지만 스키피오는 이런 요청이 시의적절하지 않다고 보았고, 갈리아 인들이 로마 군을 찾아와서 그런 문제를 거론하는 것도 못마땅했다. 그는 갈리아 인들의 진정성을 믿어줄 이유가 없었다. 그는 갈리아 인들이 저지른 많은 배신행위를 기억했다. 다른 여러 배신은 시간이 흘러 잊어버렸을지 모르지만, 최근에 보이족이 저지른 배신은 결코 잊을 수 없는 것이었다.

하지만 셈프로니우스는 먼저 도움을 요청한 자들을 도우면 갈리아 부족들을 로마에 충실하도록 하는 강력한 유대 관계를 구축할 수 있을 것이라는 의견이었다. 스키피오가 여전히 주저하자 셈프로니우스는 자기 휘하의 기병대에 창을 든 1천 명의 보병을 붙여 파견하며 트레비아 강 다른 편의 갈리아 영토를 보호하라고 지시했다. 이 병력은 한니발의 습격 부대를 놀라게 했다. 그들은 시골 지역 이리저리로 퍼진 데다 약탈한 물건을 한가득 쌓아두고 규율도 문란하여 당장 전투하기엔 무척 곤란했다. 로마 군의 등장에 그들은 완전히 혼란에 빠졌고, 많은 병사가 로마 군에게 살해당했다. 생존자들은 카르타고 진지의 전초 기지까지 간신히 도망쳐 갔고, 그러자 진지에서 카르타고 군이 대거 몰려 나왔다. 셈프로니우스의 병사들은 그런 반격을 받자 물러날 수밖에 없었지만, 지원군이 합류하자 다시 공세를 취했다. 이후 쌍방 간에 격전이 벌어졌고, 로마 군은 일진일퇴했다. 전투는 승패를 결정짓지 못하고 끝났지만, 보고에 따르면 대체로 피해를 덜 당한 쪽은 로마 군이어서 그 싸움은 로마 군의 승리라고 볼 수 있었다.

53. 셈프로니우스는 그 승리에 대하여 조금도 의문을 품지 않았다. 그는 너무 기뻐서 제정신이 아닐 정도였다. 정말로 멋진 승리를 거둔 것이었다. 자신의 기병대로 스키피오에게 패배를 안긴 바로 그 기병대를 상대하여 승리를 거두었으니까 말이다. 그는 병사들의 사기가 이제 완전히 회복되었다고 확신했다. 동료 집정관 스키피오를 제외하면 아무도 결전을 미루고 싶어 하지 않는다고 확신했다. 스키

피오는 몸보다 마음이 더 아팠다. 부상을 당한 기억이 너무 생생하여 피와 전투에 관한 생각을 피하고 싶어 했다. 하지만 한 사람이 아프다고 나머지 사람이 전부 노망난 늙은이처럼 행동할 이유가 있는가? 그렇지 않았다. 더 이상 우유부단한 태도로 전투를 미루는 것은 있을 수 없는 일이었다. 그들이 세 번째 집정관과 그가 지휘하는 군대를 기다리는 중인가? 적의 진지는 이탈리아의 땅 위에 이미 세워졌다. 그리고 그곳은 로마 시가 거의 보일 정도의 거리였다.

적의 목적은 시칠리아와 사르데냐, 에브로 강의 북쪽 스페인 지역을 회복하는 게 아니었다. 적은 로마 인들이 나고 자란 땅에서 로마 인들을 추방하고자 했다. 셈프로니우스는 이렇게 소리쳤다.

"제군은 카르타고의 성벽 주위에서 싸웠던 우리 선조들의 신음 소리가 들리지 않는가? 두 집정관이 모두 모여 각자 지휘하는 군대가 전장에 모였는데도 그 후손들이 다른 곳도 아닌 이탈리아에서 방어 시설 뒤에 숨어 위축된 모습을 보인다면 그걸 보고 선조들께서 무슨 생각을 하시겠는가? 알프스와 아펜니노 산맥 사이의 모든 지역이 한니발에 의해 통제되는 걸 보고 용맹한 자들이 무슨 생각을 하겠는가?"

셈프로니우스는 그런 식을 말을 이어갔고, 동료의 병상 옆에서 자신의 관점을 강조하며 사령부의 장교들에게 마치 부대 연설을 하는 것처럼 열변을 토했다. 이렇게 그가 서둘렀던 이유는 집정관 선거가 얼마 남지 않았기 때문이다. 그는 새로운 집정관이 전투 상황을 떠맡게 될 때까지 전투를 미룰 생각은 전혀 없었다. 그는 동료가 병상에 누워 있는 바람에 무공을 세울 기회를 놓치고 있다고 생각했다. 스키피오는 계속 항의했지만 아무런 소용이 없었다. 그리하여 지체없이 전투를 준비하라는 명령이 내려졌다.

한니발은 로마 군이 어떤 전략으로 나올지 잘 알고 있었고, 또 로마 집정관들이 경솔하거나 신중하지 못한 행동을 할 것이라고 거의 기대하지 않았다. 그런데 예상과는 다르게 로마 집정관 중 한 사람이 오만하고 성마른 사람이며, 최근 습격 부대를 상대로 거둔 승리로 그런 오만함이 더욱 심해졌다는 사실이 보고로 확인되자 한니발은 전투가 임박했으며 행운이 자신을 따른다고 확신했다. 그는 기회를 놓치지 않기 위해 모든 조치를 취했다. 로마 군이 여전히 미숙하고, 둘 중 더 뛰어난 지휘관이 여전히 부상으로 힘을 쓸 수 없는 이때가 바로 전투의 적기였다. 갈리아 인들은 여전히 투지가 넘쳤지만, 한니발은 그들 수천 명이 고향에서 멀리 떨어질수록 그에 비례하여 자신의 대의를 지지하는 열의가 떨어질 것이라는 점을 잘 알았다. 이런 이유와 또 그와 비슷한 이유들로 인해 한니발은 전투가 임박했다고 예상했고, 만약 로마 군이 망설인다면 자신이 나서서 전투를 유발할 생각이었다. 그에 따라 갈리아 첩자들로부터(이런 자리에는 갈리아 인을 쓰는 게 안전했는데, 그들은 카르타고 군과 로마 군 모두에 복무했기 때문이다), 로마 인들이 전투에 나설 준비가 되었다는 보고를 받자 그는 함정을 놓을 적합한 장소를 둘러보기 시작했다.

54. 양군 사이에 있는 개울은 양쪽의 높은 둑 사이로 흘렀고, 그 가장자리에는 어느 정도 습생 생물, 가시나무, 관목이 빽빽하게 자라나 있었다. 이 식물들은 보통 경작되지 않는 땅을 뒤덮었다. 한니발은 말을 타고 그 일대를 돌며 상세하게 지형을 관찰했고, 기병대를 숨길 적당한 곳을 찾아내자 동생 마고를 불렀다. 한니발은 동생에게 말했다.

"마고, 여기가 바로 네가 반드시 점령해야 할 곳이다. 보병 중에 1백 명, 기병 중에 1백 명을 뽑아 이른 밤에 내게 데려오도록 해라. 그 사이에 나머지 병력은 쉬게 할 것이다."

장교 회의가 해산되었고, 곧 마고가 자신이 선발한 병사들을 데리고 한니발에게 보고하러 왔다. 이에 한니발은 말했다.

"강인한 자들을 데려온 게 한눈에 보이는군. 하지만 질만큼 중요한 게 양이지. 나는 너희들에게 너희와 같은 기병과 보병을 한 사람당 아홉 명씩 데려올 것을 명령한다. 마고가 너희들에게 함정을 놓을 곳이 어딘지 알려줄 것이다. 너희는 적이 이런 책략을 간파할 능력이 없다는 걸 알게 될 것이다."

마고가 이끄는 1천 명의 기병과 1천 명의 보병은 이와 같은 절차를 거쳐 파견되었고, 한니발은 누미디아 기병대에게 동이 트면 트레비아 강을 건너 적이 있는 곳으로 나아가고, 초소에 화살로 사격을 가해 교전을 유도하라고 지시했다. 싸움이 시작되면 그들은 점차 물러나면서 로마 군으로 하여금 강을 건너게 할 것이었다. 보병과 기병 부대의 지휘를 맡은 각 장교는 휘하 병사들을 충분히 먹이고 무장하고 안장을 얹게 한 뒤 신호를 대기시키라는 명령을 받았다.

셈프로니우스는 전투를 갈망하고 있었다. 누미디아 기병대가 초소를 습격하자 그는 즉시 자신이 가장 신임하는 기병대 전원을 이끌고 전투에 나섰다. 처음엔 그 뒤를 6천 명의 보병이 따르다 마침내 전군이 따라왔다. 로마 군은 이전에 봐둔 곳에 주둔했다.

당시 알프스와 아펜니노 산맥 사이에 있던 이 지역은 눈이 내리는 겨울날이었다. 강과 습지에 가까워 추위는 더욱 심했다. 로마 군은 사람이나 말이나 이런 추위를 피할 수 있는 진지를 느닷없이 떠나게 되었다. 사람이나 말이나 아무것도 먹지 못했고, 추위를 대비하려는 조처도 전혀 하지 않았다. 그들의 몸엔 온기라곤 전혀 없었다. 강이 내뿜는 한기에 가까워질수록 그들은 더욱 뼈저린 추위를 느꼈다. 하지만 아직 더 나쁜 일이 벌어지기도 전이었다. 도망치는 누미디아 인들을 쫓으러 들어간 강은 지난밤에 내린 비로 물이 가슴까지 올라올 정도로 불어났는데, 그걸 감당해야 되었기 때문이다. 로마 군은 추위로 무감각해졌고, 힘들게 강을 건넌 뒤엔 무기를 제대로 들기도 어려울 정도로 상황이 악화되었다. 그들은 탈진하여 기진맥진했고, 시간이 흐를수록 이런 피로에 굶주림까지 더해졌다.

55. 그러는 사이 한니발의 병력은 막사 앞에 커다란 불을 피워놓고 몸을 덥히고 있었다. 더욱이 기름이 배급되어 병사들은 그것을 몸에 발라 피부를 더욱 부드럽게 유지할 수 있었다. 그들은 느긋하게 아침을 먹었고, 활력 넘치고 열의가 가득한 채로 전투 대형을 이뤄 주둔지로 나아갔다.

한니발은 발레아레스 투창병과 가볍게 무장한 보병으로 구성된 약 8천 명의 강병을 전열의 선두에 배치했고, 정예병인 중무장 보병대에게 그들을 지원하게 했다. 1만 명의 기병이 양익을 형성했고, 코끼리들은 절반을 나눠 좌우 양익에 기병과 함께 배치되었다. 셈프로니우스는 그럴 만한 이유가 있어서 보병대 양쪽 옆에 기병대를 배치했다. 누미디아 습격대를 쫓던 그들은 무질서한 모습이었고, 갑작스러운 적의 결집으로 예기치 못한 제지를 당했기 때문이다. 전투가 시작될 때 로마 군은 1만 8천의 군단병과 라틴 동맹군 2만 명, 그리고 유일하게 로마에게 충성했던 갈리아 부족인 케노마니 족이 보낸 파견대를 예하에 두고 있었다.

전투는 한니발의 투창병들이 먼저 개시했다. 그들은 로마 군단병의 뛰어난 공격에 빠르게 좌우 양익 쪽으로 물러났고, 이미 불리하게 싸우는 중인 로마 기병대가 느끼는 압박을 더욱 가중시켰다. 지친 그들은, 체력도 온전하고 병력 수도 두 배나 많은 카르타고의 기병대와 맞서 싸우는 중이라 이미 무척 힘든 상황이었다. 하지만 이제 투창병들은 무수한 창을 던지며 그들을 거의 압도해 왔고, 양익의 끝에 있는 코끼리들 역시 로마 군에게 큰 혼란을 일으켰다. 말들은 전에 본 적이 없는 이 기이한 짐승의 모습과 냄새에 겁을 집어먹었다. 로마 보병대에 관해 말해 보자면, 그들은 투지가 부족한 건 아니었다. 하지만 그들은, 충분히 먹고 쉬어 활력이 넘친 채로 전투에 돌입한 적에 비하면 체력적으로 허약했다. 몸이 절반쯤 얼어붙었고, 굶주림으로 어질어질했다. 그럼에도 로마 기병대가 카르타고 보병대만 상대할 수 있었더라면 그들의 용맹으로 위기를 헤쳐 나갈 수 있었을 것이다.

하지만 로마 기병대를 격퇴한 투창병들이 측면에서 창을 던지며 공격해오는 중이었고, 코끼리들도 이제 그들을 향해 달려들고 있었다. 마침내 마고와 휘하 누미디아 인들은, 로마 군 전선이 그들을 눈치 채지 못한 채 매복 지역 쪽으로 움직이자 갑작스럽게 로마 군 후위에 나타났고, 그 부대에 상당한 파괴력을 발휘했다. 하지만 이런 지독한 상황에서도 로마 군은 어느 정도 굳건히 자리를 지켰다. 심지어 그들은 전혀 예상과는 다르게 코끼리를 상대했을 때에도 뒤로 밀리지 않았다. 특히 가볍게 무장한 로마 군 보병들이 코끼리들을 맡아 상대했는데, 그들은 창으로 코끼리들을 물리치는 건 물론 쫓아가 꼬리 아래의 약한 피부를 찌르기도 했다.

56. 로마 군이 이렇게 대응해 오자, 코끼리들은 통제할 수 없는 상태가 되었고, 공황 상태에 빠져 오히려 자기편을 공격하려는 듯한 자세를 보였다. 이에 한니발은 중앙에서 코끼리들을 빼내서 좌익으로 배치해 로마 군의 갈리아 외인부대를 맡게 했다. 그러자 로마 군 외인부대는 즉시 무너져 도망쳤으며, 이로 인해 거센 압박을 받는 로마

군의 불안이 더욱 가중되었다.

이런 상황에서 이제 완벽하게 둘러싸인 약 1만의 로마 군은 탈출할 유일한 방법을 선택했다. 그것은 바로 동맹 갈리아 파견대의 도움을 받아 적의 아프리카 군 중앙부를 칼로 베며 길을 만들어 나아가는 것이었다. 하지만 강은 진지로 돌아가는 길을 막았다. 게다가 비가 거세게 내리고 있어 혼전 중에 어떤 곳의 전우를 도와야 할지 파악할 수 없었다. 따라서 그들은 플라켄티아로 향하는 가장 빠른 길을 선택했다. 이후 몇몇 무리가 다양한 곳에서 포위를 뚫는 데 성공했다. 강으로 간 병사들은 익사하거나 강 앞에서 머뭇거릴 때 적의 공격을 당해 전사했다. 다른 병사들은 흩어져 시골 지역으로 도망쳤으며, 퇴각한 대열을 추적하여 플라켄티아로 나아갔다. 소수의 병사는 적의 칼에 맞아 죽을지도 모른다는 공포에 휩싸여 대담하게 강으로 뛰어들었고, 온 힘을 다해 도강하여 진지에 도착했다.

비, 진눈깨비, 견딜 수 없는 추위로 짐을 나르는 동물과 거의 모든 코끼리가 죽었다. 강기슭에서 카르타고 인들은 추격을 멈췄다. 진지로 돌아왔을 때 그들은 추위로 감각을 잃어 승리의 기쁨을 거의 느낄 수 없었다. 그런 이유로 그들은 다음날 밤 스키피오의 진지에 있는 주둔군과 전투에서 생존한 병력이 뗏목을 타고 트레비아 강을 무사히 건너도록 내버려 두었다. 아니면 그들은 로마 군의 움직임을 알아채지 못했을지도 모른다. 앞이 보이지 않을 정도로 비가 내려 엄청난 소음이 발생했고, 많은 병사들이 다쳐서 힘든 데다 더 뭔가를 할 수 없을 정도로 기진맥진한 상태였기에 아예 아무것도 모르는 척했을 수도 있었다. 스키피오는 휘하 병력을 이끌고 조용히 플라켄티아로 갔다. 그들의 행군을 막아서는 세력은 없었다. 그는 이어 플라켄티아에서 포 강을 건너 크레모나로 나아갔다. 한 도시에 두 부대가 월동하면 그곳에 지나친 부담을 주기 때문이었다.

57. 로마는 처참한 패배 소식을 듣고 공황에 빠졌고, 시민들은 어느 때라도 한니발이 도시 성문 앞에 나타날 것 같아 너무나 불안했다. 시민들은 절망했고, 한니발이 성문과 성벽을 공격하면 아무도 지켜내지 못할 것 같았다.[34] 한 집정관은 티키누스에서 패배했고, 다른 집정관은 시칠리아에서 돌아와 패배한 집정관과 힘을 합쳐 공격했지만 역시 패배하고 말았다. 다른 어떤 지휘관과 부대를 불러야 한니발의 공격을 막아낼 수 있을 것인가? 그것이 바로 셈프로니우스가 적진을 뚫고서 가까스로 로마에 도착했을 때 로마 시민들이 느낀 감정이었다. 그의 여정은 극도로 위험했다. 카르타고 기병으로 구성된 습격대가 시골 지역 어디에나 퍼져 있었기 때문이다. 만약 발각된다면 저항할 계획 같은 건 아예 없었고 순전히 대담한 용기 하나만으로 적진을 뚫고 간신히 로마에 도착한 것이었다.

로마로 돌아온 그는 집정관 선거를 주재했다. 그것은 이런 상황에서도 반드시 끝마쳐야 하는 필수적인 국사였다. 선거가 끝난 뒤 그는 플라켄티아로 돌아갔다. 새로운 집정관은 그나이우스 세르빌리우스와 가이우스 플라미니우스였다.

월동하면서도 로마 군은 계속 적군으로부터 시달림을 받았다. 누미디아 습격대가 황량한 지역에서 끊임없이 싸움을 걸어왔던 것이다. 켈티베리아 인과 루시타니아 인도 로마 군에게 도전해 오기는 마찬가지였다. 그 결과 포 강을 따라 배로 운송하는 방법을 제외하면

---

34 패전 소식과 셈프로니우스가 가까스로 귀환한 소식을 받아들고 로마 시민들이 이처럼 경악했다는 얘기는 폴리비오스 책에 나오지 않는다. 리비우스는 다른 사료에서 이 정보를 취해온 듯하다.

로마 군에게 군량이나 물자를 보급할 모든 방법이 차단되었다.

플라켄티아 근처엔 중요한 교역소가 있었는데 방어 시설을 잘 갖추고 경계도 철저한 곳이었다. 이곳을 기습할 생각이던 한니발은 자신의 계획을 숨겨야 성공할 수 있다는 걸 알았고, 기병대와 가볍게 무장한 보병대로 구성된 병력을 어둠을 틈타 그곳 근처로 이동시켰다. 하지만 경계 중이던 초병이 적군의 병력을 보았고, 요새 내부에서 즉시 울려 퍼진 소음은 어찌나 컸는지 플라켄티아에서도 들릴 정도였다. 동이 트기 직전 집정관은 기병대를 이끌고 현장에 도착했고, 군단병들은 미리 내려진 지시에 따라 전투 대형으로 그 뒤를 따랐다. 양군 기병대는 교전에 돌입했고, 소규모 접전이 펼쳐지는 동안 한니발은 부상을 당해 전장을 떠날 수밖에 없었다. 그것은 카르타고 군에 치명타였으며, 로마 군이 요새를 성공적으로 방어하는 데 크게 기여했다.

며칠 휴식을 취한 한니발은 상처도 온전히 회복하지 못했지만 비크투물라이를 공격하러 나섰는데, 이곳은 로마 인들이 갈리아 인들과 전쟁을 벌일 때 방어를 강화한 또 다른 교역소였다. 그곳은 그 뒤로 번영했고, 이웃 부족들에서 온갖 사람들이 모여들었다. 동시에 습격을 당할지도 모른다는 두려움 때문에 거의 모두가 자기가 살던 땅을 떠나 그곳의 성벽 안으로 대피했다. 한니발이 접근하자 이 온갖 곳에서 모인 대규모 무리는 플라켄티아 근처의 다른 교역소가 용맹하게 카르타고 군을 막아냈다는 보고에 용기백배하여 무장하고 한니발을 상대하러 나섰다. 그들의 구불구불 제멋대로 뻗은 대형은 가도에서 카르타고 군을 만났다. 그들은 전투 대형을 형성하려는 시도조차 없었다. 그들은 규율이 없는 오합지졸이었지만, 반면에 그들의 적은 노련한 지휘관이 인솔하는 훈련된 군인이었다. 양측은 서로 확신에 차서 전투에 돌입했고, 카르타고 군은 쉽게 완승을 거뒀다. 3만 5천에 이르는 비크투물라이 군대는 소수에 불과한 한니발의 병력을 이기지 못하고 압도당했다.

다음날 요새는 항복했고, 그곳엔 카르타고 군이 주둔했다. 주민들은 하나도 빠짐없이 무기를 내려놓으라는 명령을 받았고, 그들이 명령에 따르자 신호를 받은 승자들은 마치 도시가 공격으로 점령된 것처럼 전방위 약탈을 시작했다. 역사가들이 이런 상황에서 기록할 만하다고 생각하는 참상 중 그 어느 것도 빠트리지 않고 악랄하게 자행했다. 이 도시의 불행한 주민들은 모든 형태의 욕망, 잔혹함, 비인간적인 추악함에 희생되었다. 이상이 한니발이 겨울 동안 벌인 활동이었다.

58. 날씨가 견딜 수 없이 추운 시기라 카르타고 군은 비크투물라이를 점령한 뒤로 휴식을 취했다. 하지만 그 기간은 그리 길지 않았다. 봄이 왔다는 어렴풋한 징후가 보이자마자 한니발은 에트루리아를 향해 나섰다. 그는 무력을 사용하든 설득을 하든 에트루리아 인들도 갈리아 인이나 리구리아 인처럼 자신의 편으로 끌어들이겠다고 결심했다.

아펜니노 산맥을 횡단할 때 그는 알프스 산맥에서 만난 것보다 더 나쁜 날씨를 만났다. 폭우와 얼굴을 향해 부는 맹렬한 바람이 더 이상의 진군을 불가능하게 만들었다. 그들은 무기를 제대로 들을 수가 없었고, 어떻게든 버텨보려고 하면 바람이 얼굴에 정면으로 날아와 그들을 땅바닥에 내동댕이쳤다. 바람이 너무 거세 그들은 숨을 쉴 수가 없었고, 이런 상황에서 그들이 할 수 있는 일은 바람이 불어오는 방향으로 등을 돌리고 땅 위에 몸을 쭈그리는 것밖에 없었다. 이어 하늘에선 포효하듯 크게 울리는 소리가 났고, 무시무시한 천둥소리

사이엔 벼락이 떨어지면서 번뜩였다. 병사들은 눈도 부시고 귀도 먹먹한 채로 겁에 질려 마비되었다.

마침내 비가 그쳤을 때 바람은 그 어느 때보다도 강하게 불었고, 그들은 그 자리에 일종의 피난처를 마련하는 게 급선무라고 생각했다. 하지만 그것은 앞으로 닥쳐올 문제들의 시작에 지나지 않았다. 왜냐하면 그들은 천막용 캔버스 천을 펴보지 못했거나 그 어느 것도 제대로 세우지 못했기 때문이다. 혹여 그렇게 한다고 해도 물건은 바람이 불어 금세 날아갔고, 모든 게 바람 때문에 너덜너덜해졌다. 곧 바람에 실려 날아온 습기가 봉우리 위의 얼음같이 찬 공기로 얼어붙었고, 우박과 눈이 어마어마하게 떨어져 병사들은 모든 장비를 땅에 떨어뜨리고 얼굴을 땅에 대고 납작 엎드렸다.

그들은 자신을 보호할 만한 것으로 보호를 받기는커녕 오히려 숨도 제대로 쉬지 못하고 엎드려 있었다. 이어 다가온 추위가 너무 극심한 나머지 비참할 정도로 기진맥진한 병사나 짐승은 무수히 많았고, 누워 있는 곳에서 몸을 일으키려면 얼마나 간절히 바라든 간에 오랜 시간이 걸렸다. 왜냐하면 실제로 관절을 거의 구부릴 수 없었고, 근육이나 사지나 얼어붙은 것처럼 뻣뻣했기 때문이다. 한참 시간이 흐르고서야 그들은 간신히 생기를 되찾아 몸을 움직일 수 있었고, 조금이나마 기력을 회복할 수 있었다. 몇 안 되는 모닥불이 이곳저곳에서 피워졌지만, 다들 너무나 허약하여 동료를 돕는다는 생각은 전혀 하지 못했다. 이틀 동안 그들은 그 끔찍한 곳에 머물렀고, 꼼짝도 하지 못했다. 많은 사람과 짐승이 죽었고, 거기엔 트레비아 전투에서 살아남은 코끼리 일곱 마리도 포함되었다.

59. 아펜니노 산맥에서 내려온 뒤 한니발은 플라켄티아를 향해 되돌아갔고, 16km 정도 진군한 다음 행군을 멈췄다. 다음날 그는 1만

2천의 보병과 5천의 기병을 데리고 셈프로니우스에게 전투를 걸었다. 셈프로니우스는 이제 로마에서 돌아와 다시 한 번 자신의 무운을 기꺼이 시험해 보고자 했다. 하지만 그날 교전은 없었고, 양군은 서로 5km 떨어진 곳에 자리 잡았다.

그리고 다음날 양군은 결국 격돌했다. 전투는 맹렬했고 전투의 운명은 꾸준히 변했다. 맨 처음 우위를 점한 건 로마 군이었다. 그들은 적을 쫓아 진지까지 갔고, 곧 실제로 진지 그 자체를 공격했다. 한니발은 소수의 병사를 배치하여 요새와 입구를 지키게 하고, 나머지 병력을 요새화한 지역의 중앙부에 집중하고는 그들에게 주의 깊게 출격 신호를 기다리라고 지시했다.

상황은 오후 세 시경이 될 때까지 이러했다.

이때 셈프로니우스는 병사들이 아무 성과도 없이 지치기만 한데다 진지 점령의 가능성이 별로 없었기에 철군을 지시했다. 이때 한니발은 적의 나팔 소리를 들었고, 그와 동시에 적의 공세가 느슨해지고 퇴각하는 것까지 보게 되자 양익의 기병대에 출격을 지시했고, 자신도 빠르게 정예 보병대를 이끌고 출진했다. 이어진 교전은 해가 좀 더 오래 떠서 시간만 충분했다면 여태까지의 교전 중 가장 유혈 낭자하고 격렬한 전투가 되었을 것이다.

양군은 실제로 격정에 휩싸인 채로 싸웠지만, 밤이 되자 전투를 끝낼 수밖에 없었다. 격렬했던 전투에 비하면 이후 양군이 입은 손실은 그다지 크지 않았다. 전투는 무승부로 끝났기에 양군은 거의 같은 해를 입었다. 어느 쪽도 600명 이상의 보병을 잃지 않았으며, 기병대의 피해는 그 절반에 그쳤다. 하지만 로마 군은 실제 잃은 숫자에 비해 더 많은 것을 잃었다. 왜냐하면 전사자 중 일부는 기사였고, 다섯 명의 천인대장과 세 명의 동맹군 군단장(프라이펙투스)이 들어 있었기 때

문이다.[35]

이 전투를 치른 이후 한니발은 리구리아로 갔고, 셈프로니우스는 루카로 이동했다. 리구리아 인들은 두 명의 로마 재무관인 가이우스 풀비우스와 루키우스 루크레티우스, 그리고 두 명의 천인대장과 다섯 명의 기사(대부분 원로원 의원의 아들들)를 습격하여 붙잡아 둔 상태였다. 이들은 한니발이 도착하자 기존의 친선 관계를 더욱 굳건히 하고자 붙잡은 로마 인들을 그에게 넘겼다.

60. 이탈리아에서 이런 일이 벌어지는 동안 그나이우스 스키피오는 육군과 해군을 인솔하여 스페인으로 갔다. 론 강의 어귀에서 출발한 그는 서쪽으로 항해하여 피레네 산맥을 지나쳐 엠포리아이로 들어갔다. 그곳에서 병력을 상륙시킨 그는 라이이타니부터 시작하여 에브로 강까지 진군하여 해안 지역의 모든 부족들에게 로마의 영향력을 넓혔고, 기존의 우호 협정을 갱신하거나 아니면 새로이 우호 협정을 맺었다. 이런 방침을 따른 결과 그는 관대하다는 명성을 얻었다. 그런 명성은 그가 해안 부족들과 작전을 논의할 때뿐만 아니라 내륙과 산지의 덜 문명화된 부족과 접촉할 때도 유리하게 작용했다. 그는 이 부족들과 공격적이거나 수비적인 동맹을 체결하는 데 성공했고, 그들로부터 강인한 외인부대를 많이 데려오기도 했다.

에브로 강 북쪽 스페인 지역 방어는 한니발의 지시에 따라 한노가 맡고 있었다. 로마 인들이 이런 움직임을 보이자 한노는 스페인 전역이 로마의 편으로 넘어가기 전에 움직이기로 했고, 스키피오의 병력이 빤히 보이는 곳에 진을 치고 전투를 준비했다.

---

35 이 이야기는 후대의 자료로부터 나온 것임에 틀림없다고 생각되고 있으며 그리하여 허구일 것으로 추정된다.

스키피오 역시 격돌을 미룰 생각이 없었다. 그는 언젠가 한노와 하스드루발을 상대해야 한다는 걸 잘 알고 있었고, 두 명의 적군 장군을 동시에 상대하는 것보다 한 번에 하나씩 상대하는 게 더 낫다고 생각했다. 전투는 전혀 필사적으로 전개되지 않았다. 한노의 군대는 6천 명이 죽고, 2천 명이 포로로 붙잡혔는데 이는 진지의 주둔군까지 합친 숫자였다. 진지는 전투가 결론이 난 뒤 바로 공격당했으며, 지휘관과 많은 간부가 붙잡혔다.

인근 도시인 키시스 역시 함락되었다. 하지만 이곳은 작은 도시인데다 점령군에게 쓸 만한 물건은 거의 없었다. 그저 싸구려 가재도구와 저질 노예만 있었을 뿐이었다. 하지만 카르타고 군의 진지는 스키피오의 병사들에게 훌륭한 보상이 되었다. 왜냐하면 패배한 한노의 병력은 물론 이탈리아로 떠난 한니발 병력의 귀중품도 그들의 손에 들어왔기 때문이다. 한니발의 군대는 가벼운 몸으로 행군하고자 피레네 산맥 남쪽에 귀중품을 두고 갔었다.

61. 하스드루발은 에브로 강을 건넌 후에 동료의 패배 소식을 들었다. 그는 8천 명의 보병과 1천 명의 기병을 지휘했는데, 로마 군이 발견되면 즉시 맞붙어 싸울 생각이었다. 하지만 키시스에서 참사가 벌어져 한노가 진지를 잃었다는 소식을 듣자 그는 경로를 바꿔 해안을 향해 나아갔다.

타라코에서 그리 멀지 않은 곳에서 그는 스키피오의 함대에 배속된 많은 선원과 병사를 만나게 되었다. 성공은 보통 사람을 경솔하게 만들고, 그렇게 하여 함대 소속인 이들은 전부 시골 지역을 비무장으로 느긋하게 거닐고 있었다. 그들은 곧 그런 부주의한 태도에 대하여 대가를 치렀는데, 하스드루발이 사방으로 기병대를 보내 그들을 소탕하게 했기 때문이었다. 학살당한 그들은 큰 혼란을 느끼며 배로 돌아갔다. 하지만 스키피오가 기습할지도 모른다고 판단한 하스드루발은 인근에서 더 오래 머무르는 대담한 선택을 할 수 없었고, 그에 따라 에브로 강의 건너편으로 물러났다.

스키피오는 새로운 적이 나타났다는 보고를 받고서 곧장 움직였다. 그는 직무를 태만히 한 몇몇 선장을 처벌하고 타라코에 상당한 숫자의 주둔군을 남긴 뒤 함대와 함께 엠포리아이로 돌아왔다. 스키피오가 떠나자마자 하스드루발은 다시 모습을 드러냈다. 그는 이미 스키피오에게 인질을 보낸 일레르게테스 부족에게 접근해 반란을 일으키라고 부추겼다. 또한 그는 일레르게테스 부족 젊은 전사들의 도움을 받아 로마에게 충실한 부족의 밭과 농작물을 약탈하기도 했다. 그러자 스키피오는 월동 진지에서 움직였고, 하스드루발은 이에 다시 한 번 에브로 강 남쪽으로 물러났다.

스키피오는 일레르게테스 부족을 공격했고, 그들에게 변절을 부추긴 자(하스드루발)는 이미 그들을 버리고 달아난 상태였다. 그들은 그 지역의 수도인 아타나그룸의 방어 시설 안으로 대피할 수밖에 없었고, 그곳은 곧 로마 군에게 포위당했다. 며칠 뒤 그들은 항복했고, 스키피오는 더 많은 인질을 보낼 것을 요구함과 동시에 벌금을 부과했다. 이렇게 하여 그는 다시 그들을 로마 영향권 아래에 두었다.

이어 그는 카르타고와 동맹 관계인 다른 부족을 공격하러 나섰는데, 이번 대상은 에브로 강 근처의 아우세타니 부족이었다. 스키피오가 그들의 도시를 봉쇄하는 중에 그들의 이웃인 라이이타니 부족은 어둠을 틈타 아우세타니 부족을 도우러 왔다. 하지만 거의 도시에 접근하여 막 들어가려고 할 때 그들은 로마 군에게 기습당했고, 1만 2천 명이 전사했다. 생존자들은 거의 전부 무장도 없이 흩어져 도망쳐 겨우 고향으로 돌아갔다. 성벽 안에 갇힌 아우세타니 부족에 관해 말해 보자면, 그들의 목숨을 구한 건 날씨였다. 로마 군은 날씨 때문에 공격을 도저히 할 수가 없었다. 도시를 포위한 30일 동안 눈은 언제나 1미터 이상 쌓였고, 로마 군의 방탄 장비와 방탄 방패는 눈에 파묻혔다. 하지만 그 장비들은 그 자체로 수비군이 던지는 횃불을 충분히 막아낼 수 있었다. 결국 족장인 아무시쿠스가 하스드루발에게 도망치자 도시는 항복했고, 아우세타니 부족은 20 은(銀) 탈렌트를 배상하기로 했다. 스키피오는 이후 타라코에 있는 월동 진지로 돌아갔다.

62. 겨울 동안 많은 기이한 일이 로마와 그 주변 지역에서 발생했다. 혹은 그런 일이 발생했다는 말이 사람들 사이에 전해지거나, 아니면 희박한 증거에 근거하여 그런 일이 벌어졌다고 믿었다. 사람들이 미신적인 두려움에 정신이 동요되면 흔히 그렇게 되는 것이다. 훌륭한 가문의 여섯 달 난 아기가 채소 시장에서 "승리!"라고 소리치기도 했고, 가축 시장에선 황소 한 마리가 어떤 집의 계단을 3층이나 걸어 올랐고, 주민이 깜짝 놀라 소리를 지르자 겁을 먹고 창문 밖으로 뛰어내렸다.

하늘에 빛나는 배[船]의 형상들이 나타났으며, 채소 시장 안에 있는 희망의 신전이 벼락에 맞기도 했다. 라누비움에선 창 한 자루가 저절로 움직였으며, 까마귀 한 마리가 유노 신전에 갑자기 내려와 성스러운 침상 위에 앉기도 했다. 아미테르눔 근처에선 흰옷을 입은 사람 비슷한 형상들이 자주 목격되었다. 그들은 사람들에게 일정한 거리를 둔 채로 아무에게도 접근하지 않았다. 피케눔에선 돌비가 내렸다. 카이레에선 점을 치는 명판이 불길하게도 줄어들었고, 갈리아에선 늑대 한 마리가 초병의 칼을 칼집에서 빼내 그것을 물고 도망쳐버리는 일도 있었다.

피케눔에 돌비가 내린 걸 제외하고 이런 기이한 현상을 처리하고자 10인 위원회는 시빌의 예언서[36]를 찾아보라는 지시를 받았다. 로마는 이 문제를 해결하고자 아흐레의 탄원 기간을 선포했다. 거의 모든 공동체가 정화 작업에 몰두했다. 우선 로마는 의식을 통해 죄를 보상했다. 시빌의 예언서에서 규정한 바에 따라 커다란 제물이 신들에게 바쳐졌다. 무게가 40파운드(18kg)에 이르는 황금이 라누비움의 유노 신전에 바쳐졌고, 아벤티노 언덕의 유노 신전에는 결혼한 여자들이 청동상을 봉헌했다. 점을 보는 명판이 줄어든 카이레는 지시에 따라 렉티스테르니움 의식[37]을 치렀으며, 알기두스 산에서 공적으로 운명의 여신에게 기원을 올렸다. 로마에서도 역시 유벤타스 여신에게 경의를 표하는 렉티스테르니움 의식이 열렸다. 처음엔 지명된 개인이, 이어 모든 시민이 헤라클레스의 신전에서 신들이 비스듬히 기댈 수 있도록 마련해놓은 모든 침상 앞에서 기원했다. 다섯 마리의 커다란 희생 제물이 게니우스 신에게 바쳐졌으며, 법무관 가이우스 아틸리우스 세라누스는 향후 10년 동안 로마가 더는 통탄할 변화를 겪지 않게 하겠다고 엄숙하게 맹세하라는 명령을 원로원으로부터 받았다. 시빌의 예언서에 따라 승인된 이런 맹세와 속죄 의식으로 시민들이 느끼는 미신적인 두려움은 상당히 해소되었다.

63. 집정관 당선인 중 한 사람인 플라미니우스는 추첨을 통해 플라켄티아에서 월동하는 군단들을 지휘하게 되었고, 그는 셈프로니우스

---

36 시빌의 예언서는 원로원의 명시적인 지시가 있어야만 참조하는데 어떤 특별한 조짐의 의미와 속죄 방법이 적혀 있었다.
37 렉티스테르니움은 신들에게 바쳐진 잔치인데, 그 의식에서 신들의 조각상을 기다란 침상 위에 올려놓았다. 뒤에서는 신들의 침상을 내놓고 기도를 올리다, 라는 표현이 나오는데 바로 이 렉티스테르니움을 가리키는 것이다.

에게 서신을 보내 3월 15일에 아리미눔에 군단을 대기시키라고 지시했다. 그는 로마에서 멀리 떨어진 전장에서 휘하 부대와 함께 집정관으로서 임무를 시작할 계획을 세웠다. 그가 이렇게 관례를 어기는 행동을 한 것은 그가 호민관을 지낼 때[38]와 이전에 집정관으로 지낼 때 원로원과 불화를 겪었기 때문이다. 이전 집정관 임기에서 그는 원로원이 자신의 집정관직을 취소했음에도 이를 무시하고 갈리아와 계속 전쟁을 벌여 승리했고, 이후 공적으로 개선식을 받을 권리가 있느냐 없느냐를 놓고 원로원과 싸웠다.[39] 그는 또한 호민관 클라우디우스가 제안한 정책을 도입하여 원로원을 격분하게 만들었다. 원로원 당에서 유일하게 플라미니우스만 지지한 클라우디우스의 정책은 원로원 의원이나 의원의 아들이 암포라[40] 300개를 넘는 용적(약 7톤)의 외항선을 소유하는 걸 불법으로 여겼다. 이 정도 크기의 배는 사유지의 생산물을 싣기에 충분했는데, 어떤 형태로든 장사를 하는 건 원로원의 위엄을 떨어트리는 일로 생각되었다. 클라우디우스가 제안한 정책은 원로원의 격렬한 반대에 봉착했고, 그것을 지지하는 플라미니우스는 원로원당에서 크게 인망을 잃었다. 하지만 대중의 반응은 정반대였고, 플라미니우스는 그들 덕분에 집정관직에 재선되었다.

---

38 기원전 232년 그는 트리부스 민회에서 가난한 시민들에게 피켄티나와 갈리아의 땅 일부를 제공하는 법을 통과시켰다.

39 기원전 223년 원로원은 두 집정관 푸리우스와 플라미니우스에게 로마로 돌아와 집정관직에서 사임하라는 명령을 내렸다. 당시 두 사람은 인수브리아 갈리아 인을 상대로 정벌전에 나선 상태였다. 원로원이 소환을 지시한 것은 상서롭지 못한 복점이 보고되었기 때문이다. 그러나 플라미니우스는 귀국을 거부했고 갈리아 인들과 싸워서 승리했고, 원로원의 반대에도 불구하고 개선식을 거행했다. 민회가 개선식을 거행해도 좋다고 선포했기 때문이다.

40 암포라는 귀가 두 개 달린 와인 항아리인데 약 6갤런이 들어가는 표준 액체 용기였다.

이 모든 걸 고려한 플라미니우스는 원로원이 복점을 조작하든지 혹은 라틴 축제 주재를 비롯한 집정관으로서 처리하기 성가신 다른 임무를 맡기든지 하여 어떻게든 자신을 로마에 억류하려 들 것이라는 점을 잘 알았다. 따라서 그는 시골 지역에 용무가 있다고 꾸미고서 공식 임명식 전에 '부임지'로 빠져나갔다. 그가 저지른 일이 밝혀지자 이미 분노한 상태였던 원로원은 격분했다. 그들은 이렇게 소리쳤다.

"플라미니우스는 원로원뿐만 아니라 신들에게도 전쟁을 선포한 겁니다. 전에도 집정관 취임 의식을 제대로 지키지 않아 신이나 사람이나 그를 전장에서 불러들였지만, 그는 부름에 불복했습니다. 이제 전의 경멸적인 행동에 자극받기라도 했는지 그는 카피톨리움에서 해야 할 엄숙한 맹세를 감히 수행하지 않으려고 합니다. 그는 임기 첫날 지고의 유피테르 신전에 방문하는 의무를 회피하고 있습니다. 그는 자신이 싫어하는 원로원의 적대적인 눈을 피하고 있으며, 원로원에게 조언을 구하는 일도 피하고 있습니다. 라틴 축제를 선포하고, 알반 산에서 축제를 축하하고, 매년 유피테르에게 제물을 바치는 일도 꺼리고 있습니다. 관습에 따라 복점의 결과를 받고 카피톨리움에 가서 기원하고, 이어 길나장이(릭토르)들을 대동한 로마 집정관처럼, 장군 망토를 걸친 로마 지휘관처럼 도시 밖으로 의무를 수행하러 나가는 것도 내켜하지 않고 있습니다. 응당 이처럼 행동해야 마땅함에도 그는 추방형을 받은 죄인처럼 몰래 도시를 빠져나갔습니다. 집정관의 표시도 없이 길나장이들을 대동하지도 않고 나갔다는 말입니다. 로마 대신 아리미눔에서 집정관에 취임하는 게, 또 도시를 수호하는 신들의 신전보다 저속한 여관에서 집정관 예복을 받는 게 자신의 위엄에 더 부합한다고 진정으로 생각하는 건 아니겠지요?"

원로원은 만장일치로 그를 다시 불러들이는 데 동의했다. 그는 필요하다면 강제로 끌려올 것이었고, 전장의 군단과 합류하러 떠나기 전에 신과 시민들에게 집정관으로서 해야 할 모든 임무를 직접 수행해야 할 것이었다. 테렌티우스와 안티스티우스는 지시를 받고 원로원의 뜻을 그에게 전달하러 갔지만, 그들은 플라미니우스가 예전 집정관 시절에 받았던 원로원의 편지만큼이나 그의 마음을 움직이지 못했다. 며칠 뒤 그는 집정관에 취임했다. 그가 송아지를 제물로 바치려고 하는 중에 칼에 찔린 송아지가 제관의 손에서 도망쳤고, 이를 구경하던 사람들에게 피를 튀겼다.[41] 모두가 이에 깜짝 놀랐고, 특히 제단에서 멀리 떨어져 정확히 무슨 일로 다들 놀랐는지 모르는 사람들의 놀라움은 더욱 컸다. 대다수가 이 사건을 다가올 재앙의 전조라고 여겼다.

플라미니우스는 자리에서 물러난 셈프로니우스에게서 두 군단을 인수하고 법무관 아틸리우스에게서도 두 군단을 인수했으며, 인수가 마무리되자 아펜니노 산길을 통해 에트루리아로 진군을 시작했다.

---

41 이 끔찍한 조짐은 폴리비오스의 책에서는 언급이 되어 있지 않다. 플라미니우스를 반대하는 귀족들이 지어낸 이야기인 것으로 짐작된다.

제 22 권

트라시메네 패배, 칸나이 대참패

1. 봄이 가까이 다가오자 한니발은 월동 진지에서 움직였다. 아펜니노 산맥을 넘으려다 견딜 수 없는 날씨로 좌절할 수밖에 없었던 그에게 지금 있는 곳에 머무르는 건 갈리아 인들의 비우호적 태도 때문에라도 무척 위험한 일이었다. 그들은 약탈로 부를 쌓을 기대를 품고 있었지만, 타국을 약탈한다는 희망은 사라지고 말았다. 게다가 설상가상으로 자신의 영토가 전장이 된 데다 로마와 카르타고의 양군이 월동 진지마저 그곳에 잡아 부담이 늘어나게 되었고, 이에 그들은 로마에 대한 증오는 잊어버리고 한니발에게 분노하는 감정을 잔뜩 품게 되었다. 갈리아 족장들은 빈번히 음모를 꾸며 한니발의 목숨을 빼앗으려고 했지만, 정작 한니발은 그들이 서로 배신하도록 이간질을 붙여서 무사할 수 있었다. 그들은 음모를 꾸밀 때와 마찬가지로 경박한 태도를 취하며 서로를 밀고했던 것이다. 그럼에도 불구하고 한니발은 옷을 바꿔 입거나 모자를 바꿔 쓰는 등 다양한 변장으로 자신의 안전을 지켜야 했다. 이런 일로 그는 불안감을 느꼈으므로 예상보다도 더 이르게 월동 진지를 떠나게 되었다.

비슷한 시기인 3월 15일에 그나이우스 세르빌리우스는 로마에서 집정관에 취임했다. 그가 원로원에 국정 보고를 하러 오자 플라미니우스에 대한 의원들의 분노는 새롭게 불타올랐다. 그들은 이렇게 말했다.

"우리는 두 명의 집정관을 선출했지만, 실제로는 한 사람뿐입니다. 관습과 종교를 모두 업신여긴 플라미니우스가 어떻게 법적인 권한을 가지고 있다고 할 수 있겠습니까? 로마 관리들은 오로지 가정과 조국의 수호신들이 허락했을 때만 국외로 나갈 수 있습니다. 라틴 축제를 거행하고, 알반 산에서 희생 제물을 바치고, 카피톨리움에서 맹세를 온전히 수행한 뒤에야 이 도시를 나갈 수 있는 것입니다. 공직도 없는 자가 어떻게 복점을 칠 수 있겠습니까? 허락도 없이 도시를 빠져나가 놓고선 어떻게 타국의 땅에서 복점을 쳤다고 둘러댈 수 있단 말입니까? 이는 전례가 없는 일입니다."

이 모든 건 불안을 가중시키는 요소였다. 괴이한 일들이 여러 독립 지역에서 폭넓으면서도 동시다발적으로 벌어지자 그 불안은 더욱 커지기만 했다. 시칠리아에선 몇몇 병사의 창이 저절로 불길에 휩싸였고, 같은 일이 사르데냐에서도 벌어졌다. 기병 장교가 도시 방어 시설에 배치된 수비병들을 순찰하는 동안 그의 지휘봉에 저절로 불이 붙었다. 많은 해안 지역에서 불이 활활 타오르는 게 목격되었고, 두 개의 방패가 피를 흘렸으며, 여러 군인이 벼락에 맞기도 했다. 하늘에는 태양이 줄어든 것처럼 보이기도 했다. 프라이네스테에선 시뻘겋게 달아오른 뜨거운 돌멩이들이 비처럼 쏟아졌고, 아르피에선 하늘에 방패들이 보였으며, 태양이 달과 싸웠다. 카페나에선 낮에 두 개의 달이 떠올랐고, 카이레에선 시냇물이 피와 섞인 채로 흘렀다. 심지어 헤라클레스의 샘에서도 드문드문 피가 보였다. 안티움 근처에선 밀을 수확한 농부들의 바구니에서 혈흔이 발견되었다. 팔레리이에선 하늘이 둘로 갈라져 떡 벌어졌고, 그런 균열을 통해 커다란 빛이 비쳤으며, 복점을 치는 명판들의 크기가 줄어들었고, 그중 하나엔 '마르스가 창을 흔들었다'는 글씨가 나타났다. 거의 동시에 로마에서도 아피아 가도의 마르스 동상과 늑대의 조각상들이 갑자기 땀을 흘렸다. 카푸아에선 하늘이 마치 불타는 것처럼 보였고, 달이 거센 빗줄기 속에서 마치 땅으로 떨어지고 있는 것처럼 보였다.

이런 불길한 조짐 이외에도 미미하지만 기이한 현상들이 벌어져서 사람들의 마음을 흔들어 놓았다. 어떤 염소들에게선 양털이 자랐고, 암탉이 갑자기 수탉으로 변했으며, 수탉은 암탉으로 변했다. 이런 모든 현상이 세세히 원로원으로 보고되었고, 의원들은 각 현상마다 목격자를 불러 관련된 이야기를 들었다. 집정관은 원로원에 어떤 종교의식을 거행해야 하는 게 좋을지 문의했다. 이에 원로원은 죄악의 정화를 위해 어린 짐승과 다 자란 짐승을 희생 제물로 바치고 모든 신전에서 사흘간 공적으로 기원을 올린다는 포고를 내렸다. 10인 성직 위원회는 시빌의 예언서를 찾아봤고, 책에 서술되어 있는 신들을 기쁘게 하는 방법에 따라 관련 사무를 처리했다.

원로원은 10인 성직 위원회의 조언에 따라 유피테르에게 50파운드(22.5kg) 무게의 황금으로 만든 벼락을 내리는 지팡이를 봉헌하고, 유노와 미네르바에게 은을 봉헌하고, 완전히 성장한 짐승을 아벤티노 언덕의 유노와 라누비움의 유노에게 희생제사로 바치기로 했다. 또한 원로원은 모든 결혼한 여자들에게 각자 기부할 돈을 모아 아벤티노 언덕의 유노 여신에게 봉헌하라고 지시함과 동시에 렉티스테르니움 의식을 열기로 했다. 여기에 더해 여자 자유민들은 각자 부담할 수 있는 한도 내에서 돈을 모아 페로니아 여신에게 봉헌하라는 지시가 내려갔다. 이 모든 일이 끝나자 10인 성직 위원회는 아르데아의 포룸에서 어마어마한 숫자의 제물을 바치는 희생 의식을 주재했다. 마지막으로 로마에 있는 사투르누스의 신전에서 12월에 희생 의식이 치러졌다. 더불어 렉티스테르니움 의식이 선포되었고, 원로원 의원들이 이 의식을 집행했다. 공적인 연회가 열렸으며, 하루 내내 로마에선 사투르누스의 이름을 기쁜 목소리로 외치며 그를 높이 예우했다. 시민들은 그날을 당시는 물론 이후로도 공휴일로서 지킬 것을 지시받았다.

2. 집정관 세르빌리우스가 로마에 머무르며 이런 신들을 달래는 의식들을 치르며 병사들을 모집하는 동안에, 한니발은 월동 진지에서 빠져나와 이동했다. 플라미니우스가 아레티움에 도착했다는 소식을 들은 한니발은 행군하기에는 좋지만 시간이 더 걸리는 길이 있다는 정보를 접수했으나 그 길로 가지 않기로 결정했다. 그는 대신 시간이 덜 걸리는 길을 선택했다. 그 길은 평년보다 더 크게 범람한 아르노 강 때문에 행군하기가 쉽지 않은 지역을 통과하는 것이었다. 한니발의 진군 대형은 베테랑 병력의 중추인 스페인 인들과 아프리카 인들을 선두에 배치하고서 나아갔다. 그 선두의 병사들은 바로 뒤에 치중차(輜重車, 예전에 군수품을 실어 나르던 차)가 따라오고 있었으므로 지형에 따라서는 때때로 멈추어 서야 했다. 갈리아 인들은 중앙에 배치되었고, 기병대는 그 뒤를 따랐다. 마고와 가볍게 무장한 누미디아 기병대는 대열의 간격을 일정하게 유지하는 특별한 임무를 받았는데, 특히 평소 배신을 잘 하는 갈리아 인들이 장시간 행군의 고난에 질려 탈주하거나 진군을 거부하지 않는지 감시하는 임무를 맡았다. 선두의 병력은 안내인들을 앞세우고 힘들게 나아갔다. 그들은 강의 깊게 패인 구멍과 구렁, 그리고 그 주위에 생긴 소용돌이를 헤치며 나아갔는데, 때로는 몸의 절반이 연한 진흙 속에 잠겼고, 때로는

머리와 귀까지 물에 잠겼지만 그에 굴하지 않고 부대의 깃발을 따라 움직였다.

하지만 갈리아 인들은 똑바로 서지도 못했고, 소용돌이의 빨아들이는 힘으로부터 제대로 빠져나오지도 못했다. 애써 고난을 극복하려는 투지도 없고 용기를 안겨주는 희망도 없던 그들 중 일부는 끔찍한 탈진 상태로 발을 질질 끌며 간신히 움직였고, 다른 일부는 절망하여 무기력하게 드러누워 죽었다. 그들이 쓰러진 곳엔 익사자의 시체와 익사한 동물의 사체가 언덕처럼 쌓였다. 병사들이 탈진하여 쓰러지는 가장 큰 원인은 수면 부족이었다. 그들은 사흘 밤과 나흘 낮 동안 눈을 붙이지 못했다. 병력 전부가 물에 잠겼고, 지친 몸을 쉬게 할 마른 땅이 없는 경우에, 그들은 장비를 겹겹이 쌓아올려서 그 위에 누웠다. 그들이 바라는 건 그저 물에 젖지 않은 땅이나 물건 위에서 휴식을 취하는 것이었고, 행군 도중에 죽어 나자빠진 역축(役畜)의 사체는 그들이 몇 분 정도 쉴 수 있는 일종의 침대가 되었다.

한니발은 더위와 추위가 위험하게 번갈아 찾아오는 초봄 날씨 때문에 눈병에 걸렸다. 그는 최대한 물 위에 떠 있으려고 생존한 코끼리 한 마리를 타고 있었다. 하지만 잠도 부족한 데다 늪의 장기(瘴氣: 기후)와 야간에 심해지는 습기 때문에 안면 부위에 영향을 받았고, 치유할 장소를 제대로 찾지도 못하고 그럴 시간적 여유도 없어서 마침내 한쪽 눈을 실명하고 말았다.

3. 많은 사람과 짐승이 습지에서 비참한 죽음을 맞이했지만, 병력이 습지를 빠져나오자마자 한니발은 마른 곳을 찾을 수 있었고, 거기에 멈춰 그의 군대는 진지를 쳤다. 그는 대열의 행군에 앞서서 정찰대를 파견했고, 이미 그들의 보고를 통해 로마 군이 아레티움 근처에 있다는 걸 알고 있었다. 그에 따라 한니발은 아주 부지런하게 반드시

알아야 할 일들에 관한 정보를 수집했다. 예를 들면, 플라미니우스의 계획과 전쟁관, 지형, 접근 수단, 획득할 수 있는 보급원 등을 소상히 파악했다. 이 지역(파이술라이와 아레티움 사이의 에트루리아 평야)은 이탈리아에서 생산성이 아주 높은 곳 중 하나였고, 가축, 곡식, 그 외에 모든 것이 풍부했다. 여전히 자신의 과거 집정관 임기를 기억하는 플라미니우스는 무척 오만했고, 조국의 법률이나 원로원의 위엄을 존중해야 한다는 마음은 고사하고 신들을 존경하는 마음도 거의 없었다. 그의 선천적인 무모함은 과거에 그가 전쟁과 정치에서 이룩한 성공으로 더욱 심해졌다. 따라서 이번 일에서도 그는 성급하게 행동할 것이며, 신(神)이나 사람 때문에 자제한다는 생각은 전혀 하지 않았다.

한니발은 이런 플라미니우스의 성격상 결함을 이용하여 그의 화를 북돋우면서 곧바로 전투에 나서게 만들었다. 로마 군 진지를 왼쪽에 남겨두고 파이술라이로 떠난 한니발은 플라미니우스에게 불[火]과 칼로 얼마나 피해를 입힐 수 있는지 보여줄 목적으로 에트루리아 지역을 약탈하고 철저하게 파괴했다. 플라미니우스는 설사 적이 움직이지 않더라도 절대로 가만히 있을 사람이 아니었다. 그러니 우방의 모든 소유물이 자신의 목전에서 노략질당하고 파괴되는 이런 상황을 더더욱 참아줄 사람이 아니었다.

그는 카르타고 군이 제멋대로 이탈리아 중부 지역을 헤집고 돌아다니고, 아무런 저항도 받지 않고 로마의 성벽을 공격하기 위해 진군하는 걸 자신에 대한 극도의 모욕으로 여겼다. 참모 회의에서 그의 휘하 장교들은 모두 신중한 방침에 따라 움직여야 한다고 주장했다. 그들은 거창한 움직임은 무엇이든 위험하니 플라미니우스가 다른 집정관이 올 때를 기다려 힘을 합쳐 다가올 전투에 임해야 한다고 주장했다. 두 머리와 두 마음은 하나의 머리와 마음보다는 낫다는 뜻이었다. 그들은 또한 그동안에 기병대와 가볍게 무장한 외인부대를 파견하여 적의 광범위한 약탈을 막아야 한다고 제안했다.

그러자 플라미니우스는 격분했다. 그는 갑자기 회의장을 박차고 일어나 밖으로 나오더니 진군 명령을 내리면서 당면한 전투를 준비하라고 지시했다. 그는 미친 듯 소리치고 지독히 비꼬는 말을 하기 시작했다.

"도대체 무슨 소리야? 여기 이 아레티움 성벽 앞에 그대로 머무르자고? 여기가 우리 도시이자 조국의 수호신들이 있는 곳이 아닌가! 한니발은 제마음대로 우리에게서 도망쳐서 이탈리아를 불모지로 바꿔놓겠지. 그자가 로마로 진군해서 도시를 폐허 투성이 불바다로 만들도록 내버려 두자고! 원로원이 카밀루스를 베이이에서 불러들였던 것처럼 이 플라미니우스를 아레티움에서 소환하기 전까지는 절대로 이곳에서 움직여서는 안 될 것이야!"

플라미니우스가 군기를 들어 올리라는 명령을 내리고 말안장에 뛰어올랐을 때 그의 말이 갑자기 비틀거리더니 곧바로 그를 땅으로 내동댕이쳤다. 모든 병사들이 그것을 보고서 좋지 못한 조짐이라며 무척 놀랐다. 하지만 이것만으로 끝이 아니었다. 당시 군기 중 하나가 기수가 아무리 뽑으려고 노력을 해도 땅에서 조금도 움직이지 않는다는 보고가 들려왔던 것이다. 플라미니우스는 보고하러 온 병사를 돌아보며 이렇게 말했다. "자네도 혹시 교전하지 말라는 원로원의 서신을 주머니 안에 가지고 있는 건가? 썩 꺼지지 못해! 겁에 질려서 군기 하나 뽑지 못하다니! 안 뽑히면 땅을 파서라도 뽑아내라고 해!"

그리하여 로마 군의 대열은 움직이기 시작했다. 플라미니우스의 방침에 찬성하지 않은 장교들은 두 가지 좋지 못한 징조에 크게 낙담했다. 하지만 대조적으로 사병들은 지휘관의 독립적이고 대담한 면

모를 높이 평가하고 희망에 차서 기세가 올랐다. 물론 그 희망이 근거가 없다는 걸 그들은 알지 못했다.

　4. 플라미니우스를 자극하여 동맹국의 피해를 복수하게 만들 작정이었던 한니발은 코르토나와 트라시메네 호수 사이의 모든 지역을 하나도 남김없이 짓밟았다. 그의 군대는 이제 무모한 자가 빠지기 딱 좋은, 자연적 함정을 이루는 지역에 도착했다. 코르토나 산맥 사이 비탈 아래엔 호수가 있었고, 이 호수엔 무척 비좁은 길이 딱 하나 있었다. 길의 입구는 겨우 통과할 정도의 넓이였는데, 마치 의도적으로 누군가를 함정으로 끌어들이려는 사악한 목적을 위해 만들어진 것 같았다. 그 비좁은 길에서 좀 더 나아가면 다소 넓은 평지 지역이 있었고, 동쪽 끝엔 산맥이 장벽처럼 서 있었다. 한니발은 이곳 동쪽 끝 산기슭에 아프리카 인과 스페인 인 베테랑을 데리고 와서 진지를 세웠다. 발레아레스 투창병을 포함한 가볍게 무장한 병력은 그의 지시에 따라 호수 북쪽 산맥 사이에 숨었고, 기병대 역시 서쪽의 비좁은 호수 입구 근처 산에 몸을 숨겨 매복했다. 그들은 로마 군이 비좁은 길의 입구 안쪽으로 들어가는 즉시 입구를 봉쇄할 예정이었다. 그렇게 되면 한쪽은 호수, 다른 한쪽은 산이 가로막고 있었기에 모든 출구가 차단되는 것이었다.

　플라미니우스는 해가 질 때 호수에 도착했고, 다음날 막 동이 틀 때 제대로 비추지도 않는 희미한 햇빛을 받으며 비좁은 길로 들어왔다. 그는 길을 들어오기 전에 그 일대 지역을 정찰도 하지 않았다. 그의 병력은 호수 북쪽 넓은 평지에 도착하자 넓게 산개하기 시작했고, 그는 이때 바로 앞에 있는 적의 병력만 쳐다볼 뿐, 뒤와 그의 위에 있는 산에 숨은 적의 병력은 전혀 짐작조차 하지 못했다. 한니발은 적을 함정으로 유인하는 목표를 달성했다. 그는 적을 전면, 후면, 측면에서 포위하여 호수와 산맥에 가두자마자 전군에게 동시에 로마 군을 공격하라는 명령을 내렸다. 가장 빠른 길을 통해 산에서 내려온 한니발의 병사들은 전혀 대처를 못하고 우왕좌왕하는 로마 군을 공격했다. 산보다는 저지대에서 호수의 아침 안개가 더욱 짙게 퍼져 있었으므로 이런 기습 공격의 효과는 더욱 컸다. 산 위에 있던 부대는 서로를 잘 볼 수 있었고, 그에 따라 더욱 잘 협력하여 공격을 가할 수 있었다.

사방에서 울려 퍼진 함성에 로마 군은 함정에 빠졌다는 걸 깨닫기도 전에 포위당했다는 사실을 알게 되었다. 로마 군이 전투 대형을 형성하고 무기를 준비하거나 칼을 뽑기도 전에 싸움은 정면과 측면에서 이미 시작되었다.

5. 전반적인 충격과 혼돈스러움의 상태에서, 플라미니우스는 긴급 사태임에도 냉정한 자세를 유지했다.[1] 그는 시간과 장소가 허락할 때마다 혼란을 줄이고 대열에 규율을 회복하고자 애썼다. 로마 군 병사들은 적이 외치는 승리의 함성과 아군이 외치는 도움을 요청하는 소리에 우왕좌왕하고 있었다. 플라미니우스는 자신의 목소리가 들리는 곳마다, 또 적의 압박을 헤치고 나아갈 수 있는 곳마다 큰 목소리로 병사들을 격려하고 굳세게 버틸 것을 촉구했다. 그는, 지금 목숨을 구하려면 기도가 아닌 자신의 힘과 용기에 의지해야 한다고 소리쳤다. 이어 반드시 칼로 혈로를 열어야 하며, 용기를 낼수록 위험한 상황은 줄어들게 된다고 말했다. 그러나 혼전으로 발생하는 소음이 너무 커서 집정관의 격려나 명령은 단 한 마디도 병사들에게 들리지

---

1 폴리비오스(3.84)는 플라미니우스가 불안과 낙담에 빠졌다고 기술하고 있다. 리비우스는 다른 사료를 인용한 듯하다.

않았다. 혼란이 가득한 이런 상황에서 어떤 병사도 자신의 군기를 알아볼 수 없었고, 또 대열 속 자신의 자리도 옳게 알 수 없었다. 실제로 그들은 거의 멍한 상태에 빠져들어 칼이나 방패를 제대로 쓰지도 못했고, 몇몇 병사에겐 몸에 걸친 갑옷과 손에 든 무기가 방어물이 아닌 치명적인 짐으로 바뀌었다.

안개가 사방에 뒤덮여 병사들은 눈보다 귀를 더 믿어야 했다. 그들은 시각이 아닌 청각에 의지하고 반응했다. 그들은 다친 자들이 내는 신음, 그들의 몸이나 방패에 가해지는 쿵 하는 타격, 적들이 맹공격을 가하며 내는 함성, 아군이 두려움에 외치는 소리를 들었다. 필사적으로 도망친 일부는 여전히 자리를 지키고 선 아군들 사이로 달아나서 그 사이에 끼이기도 했다. 다른 일부는 전투에 복귀하려고 애를 썼지만, 도망치는 무리에 다시 밀려나기도 했다. 모든 곳에서 혈로를 여는 일은 실패했다. 한쪽엔 산이, 다른 한쪽엔 호수가 그들을 가로막았다. 그들의 앞과 뒤엔 적의 전투 대형이 버티고 서 있었다.

마침내 목숨을 구할 희망이 자신의 칼뿐이라는 게 명확해지자 전투의 본질이 변했다. 이젠 아무도 명령이나 격려를 기다리지 않았다. 모두가 지휘관이었으며, 각자도생의 길로 가는 수밖에 없었다. 익숙한 전술이나 널리 알려진 병력 배치는 이제 부질없는 일이었다. 군단, 보병대, 중대라는 대형은 더 이상 중요하지 않았다. 설사 대형이라는 것이 있다고 해도 우연히 형성된 것이었을 뿐이다. 이제 대형의 앞이나 뒤에서 싸우는 건 각자가 생각한 대로 알아서 할 일이었다. 전투가 워낙 맹렬했고, 모두가 그 긴박함에 철저하게 몰두했기에 아무도 지진이 일어났다는 걸 눈치 채지 못했다. 그 지진은 이탈리아 도시의 많은 부분을 무너뜨렸으며, 빠르게 흐르는 강의 경로를 바꿨고, 강어귀로 바다가 범람하게 했으며, 산맥에서 산사태를 일으키기도 했다.

6. 유혈 낭자하고 길었던 세 시간 동안 전투가 전개되었고, 플라미니우스 주위에서 벌어지는 전투는 가장 맹렬했다. 최정예 병사들이 그의 곁을 꾸준히 지켰고, 그는 곤경에 빠지거나 적에게 압도당할 가능성이 큰 곳을 보면 언제라도 지원하려고 그곳으로 빠르게 이동했다. 그의 복장과 장비는 사람들 눈에 잘 띄는 것이었고, 적의 공격은 그를 구하려는 움직임만큼이나 단호했다. 이런 상황은 두카리우스라는 인수브리아 갈리아 인 기병이 집정관의 얼굴을 알아보기 전까지 계속되었다. 그는 동포 부족민들을 불러 이렇게 소리쳤다.

"저기 집정관이 있다. 우리 군단을 몰살시키고, 도시를 쓰러뜨리고, 밭을 망쳐놓은 자가 바로 저자다! 나는 잔혹하게 살해당한 우리 동포의 넋에 저자를 제물로 바칠 것이다!"

그 갈리아 기병은 말에 박차를 가하고 로마 군의 두꺼운 압박을 뚫고 들어갔다. 그 기병이 집정관을 죽이려고 하는 걸 알고 집정관의 시종이 그를 막으려고 했지만 상대방에게 제압되어 살해당했다. 두카리우스는 이어 플라미니우스의 몸을 긴 창으로 꿰뚫었다. 그는 집정관의 시체에서 갑옷을 벗기려고 했지만, 보조 부대의 병사였던 몇몇 베테랑이 그를 방패로 막아냈다.

로마 군 대다수에게 집정관의 전사는 종말의 시작이었다. 그들은 공황에 빠졌고, 이제 산이든 호수든 개의치 않고 목숨을 구하고자 맹렬하게 도망쳤다. 산이 아무리 가팔라도, 길이 아무리 비좁아도 그들은 탈출해야 한다는 생각에 맹목적으로 달려갔다. 그들은 무기를 던져 버렸다. 쓰러지는 자들은 쓰러졌던 자들 위로 계속 쓰러졌다. 위기를 모면할 곳이 어디에도 없다고 본 많은 로마 병사들이 호수 속으로 뛰어들었고, 물이 목에 올라올 때까지 앞으로 나아갔다. 소수의 병사가 절박하게 헤엄쳐 호수를 벗어나려고 했지만, 헛된 희망이었다. 실제로 호수는 무척 넓었던 것이다. 그들은 익사하거나, 지친 채로 간신히 호반으로 돌아왔다가 그들을 기다리던 적 기병에게 대대적으로 학살당했다.

선두에 있던 대열 약 6천 명은 후위에서 벌어진 일은 전혀 알지도 못한 채 격렬하게 싸워 적을 돌파했고 비좁은 길을 벗어나는데 성공했다. 그들은 언덕에서 멈췄고, 그곳에서 함성과 무기가 부딪치는 소리를 들을 수 있었다. 하지만 안개가 너무 자욱하여 전투 진행 상황이나 어떤 일이 벌어졌는지는 알 수 없었다. 마침내 태양의 열기가 안개를 흩어 없애자 거의 모든 상황이 끝나버린 상태였다. 맑은 아침 햇빛 속에서 산과 평지가 명확하게 드러났고, 언덕 위의 로마 군은 비좁은 길 위의 로마 군이 거의 전멸했다는 끔찍한 사실을 확인하게 되었다. 적의 기병대가 그들을 보고서 추격해오지 못하도록 그들은 서둘러 군기를 땅에서 뽑고 온 힘을 짜내어 최대한 빠르게 그 자리를 떠났다. 다음날 그들은 항복했다. 동이 트기 전에 마하르발이 이끈 카르타고 기병대가 그들을 추월하여 앞을 가로막았기 때문이다. 굶주린 기색이 역력했던 그들은 무기를 버리는 조건으로 옷 한 벌만 챙겨 떠날 수 있게 해주겠다는 마하르발의 약속에 속아 넘어갔다. 하지만 한니발은 약속의 신성함을 무시하는 카르타고 인답게 항복한 로마 군을 모두 포로로 잡아 사슬로 묶었다.

7. 이것이 트라시메네 호수에서의 유명한 전투이자 로마 군에게 닥친 몇 안 되는 잊히지 않을 재앙 중 하나였다. 로마 군 전사자는 1만 5천에 달했고, 1만 명이 흩어져 도망쳐 에트루리아를 통과하여 다양한 방법으로 로마로 돌아왔다. 카르타고 군의 전사자는 2천 5백 명이었다. 양군 전사자 중 다수가 부상 때문에 죽었다. 몇몇 역사가는 우

리와 적 사상자의 수를 부풀려 추정했다. 역사가들이 저지르는 흔한 악덕이 바로 이런 식으로 불충분한 증거로 수치를 과장하는 것이다. 하지만 내가 그런 걸 달가워하지 않는다는 것과 별개로 나는 이 일에 관한 한, 동시대인으로 사건을 목격한 파비우스의 서술을 따르기로 하겠다. 한니발은 라틴 동맹에 속한 모든 포로를 몸값도 받지 않고 풀어줬다. 하지만 로마의 포로는 전부 사슬로 묶어두었다. 그는 이어 명령을 내려 적의 시체 더미에서 아군의 시체를 골라내 매장하라고 지시했다. 그는 또한 예를 갖춰 플라미니우스에게 장사를 지내주고자 했지만, 그의 시체는 아무리 노력을 기울여도 발견되지 않았다.

참사 소식이 로마에 전해지자 공포와 혼란이 도시를 휩쓸었다. 시민들은 포룸으로 우르르 몰려들었고, 여자들은 거리를 배회하며 만나는 사람마다 갑자기 닥친 끔찍한 소식의 의미를 물었고, 또 군대에 무슨 일이 벌어졌는지를 물었다. 군중은 대중 집회를 하는 수준으로 늘어났고, 그들은 민회를 개최하는 곳과 원로원 회의장으로 몰려가 도시 행정관들을 큰 소리로 부르기 시작했다. 그러자 해가 지기 전에 법무관 마르쿠스 폼포니우스가 답변을 하러 나왔다.

"우리는 큰 전투에서 패배했습니다."

그는 이 말만 하고 물러났고, 더 상세한 정보는 전혀 말하지 않았다. 하지만 풍문이 널리 퍼졌고, 여러 사람에게서 들은 이야기를 종합한 시민들은 집으로 돌아가, 집정관과 군인 대다수가 전사했고, 소수의 생존자가 적에게 붙잡히지 않고 에트루리아로 흩어졌으며, 포로들은 여전히 적의 손에 있다는 이야기를 전했다. 패배한 로마 군이 온갖 재앙을 겪었기에, 친인척이 플라미니우스 휘하의 병사로 있었던 모든 시민들은 온갖 가능성에 대한 두려움으로 고통 받았다. 그들은 사랑하는 사람의 운명이 어찌 되었는지 알지 못했다. 희망을 품어야 할지, 두려워해야 할지 아무도 알지 못했다.

　이후 며칠 동안 성문에 몰린 군중은 남자보다는 여자가 더 많았다. 그들은 사랑하는 사람의 얼굴을 보지 못한다면 적어도 소식이라도 들으려고 기다렸고, 또 그걸 기대했다. 그들은 성문으로 들어오는 사람 주위에 몰렸고, 새로운 소식이 없냐고 애가 타서 물었다. 만약 들어온 사람이 친구나 지인이라면 그들은 떼어낼 수 없을 정도로 끈질기게 달라붙어 처음부터 끝까지 모든 이야기를 자세하게 해달라고 호소했다. 소식을 듣고 떠나는 사람들의 얼굴에 드러난 표정은 들은 소식이 어떤 부류의 것인지 곧바로 알 수 있을 정도로 명확했고, 그런 사람이 집으로 돌아오면 사람들은 그의 주위에 모여 축하하거나 위로했다. 기쁨이나 슬픔에 가장 많은 영향을 받은 건 여자들이었다. 전하는 이야기에 따르면, 어떤 여자는 살아서 집으로 돌아온 아들을 집의 현관에서 갑자기 만나게 되자 그 충격으로 아들이 보는 앞에서 절명했다. 또 다른 어떤 여자는 아들이 죽었다는 잘못된 소식을 듣고 슬픔에 잠겨 집에 앉아 있었는데, 아들이 갑자기 들어오자 너무나 기쁜 나머지 충격으로 사망했다.

　법무관들은 며칠 동안 해가 뜨고 질 때까지 원로원에 앉아 어떤 지도자를 발굴해야 하는지, 승리한 적에 대항하여 전투를 계속할 병력을 어떻게 모집해야 하는지, 쉬지 않고 논의했다.

　8. 법무관들이 계획을 완성하기도 전에 새로운 참사 소식이 들려왔다. 집정관 세르빌리우스가 동료를 돕고자, 총독 가이우스 켄텐니우스의 4천 기병을 트라시메네 패전 소식을 듣고 다른 곳으로 움직이다 움브리아에서 한니발의 공격을 받아 전멸한 것이었다. 새롭게 전달된 이 패배 소식은 다양하게 사람들의 심리에 작용했다. 어떤 사람들은 더 큰 원인으로 마음의 병을 앓고 있었으므로 전에 벌어진 일

과 비교하면 이번에 벌어진 일은 사소한 것에 지나지 않는다고 생각했다. 하지만 다른 어떤 사람들은 이번에 벌어진 일을 개별 사건으로 취급하지 말고 전반적 상황의 맥락을 봐야 한다고 말다. 그들은 병든 몸은 건강한 몸과 달리 미미한 고통에도 훨씬 예민하다면서, 지금 로마에 고통과 괴로움을 주는 심각한 좌절은, 예전의 강했던 로마가 아니라, 더는 부담을 견딜 수 없는 약해진 지금의 로마를 기준으로 대처해야 한다고 주장했다. 그에 따라 정부는 오랜 세월 동안 누구도 원하지 않고, 누구도 지원하지 않은 독재관을 지명하여 문제를 해결하고자 했다. 독재관을 임명할 수 있는 단 한 사람인 집정관은 현재 로마에 없었고, 적이 점령한 지역을 통해 서신이나 전령을 보내기도 쉽지 않은 일이었으므로, 시민들은 독재관을 현재 상황에서는 선출할 수 없었다. 이에 그들은 전례가 없던 결정을 내렸다. 그들은 퀸투스 파비우스 막시무스를 독재관 대행으로 임명하고 마르쿠스 미누키우스 루푸스를 그의 사마관으로 임명했다. 두 사람은 원로원의 지시에 따라 로마 성벽의 방어 시설을 강화하고 적합한 곳에는 모두 주둔군을 배치하며 더 나아가 다리를 파괴하는 임무를 맡았다. 이탈리아 방위는 실패했다. 차후 전쟁은 로마 본토에서 벌어질 것이며, 로마를 구해내는 전쟁이 될 것이었다.

9. 한니발은 움브리아를 통해 곧장 스폴레티움으로 진군했다. 주변 지역을 완전히 파괴한 그는 이어 그 도시를 공격했으나 격퇴당하고 큰 피해를 봤다. 이런 좌절을 겪은 그는 점령에 실패한 소규모 정착지의 힘을 기준으로 로마가 어떤 힘과 자원을 지니고 있을지 짐작했고, 그에 따라 피케눔 영토로 말을 돌렸다. 그곳은 무척 부유한 농업 지역이었고, 가축도 많았으며, 온갖 잠재적인 약탈품이 가득한 곳이었다. 따라서 그의 탐욕스럽고 궁핍한 병사들은 그 지역을 점령하

길 갈망했다. 여기서 한니발은 며칠 동안 진지를 세우고 머물렀다. 병사들이 겨울에 진군하느라 쌓인 피로와 아르노 강의 늪지대를 통과하며 얻은 병을 회복할 시간을 주기 위해서였다. 또한 전투 결과는 만족스러웠지만, 전투 그 자체가 가볍거나 쉬운 일은 아니었던 이유도 있었다.

휘하 병사들은 충분히 휴식을 취한 데다, 아무런 행동도 하지 않고 한가히 있는 것보다 적의 영토를 습격하고 약탈하는 게 더 낫다고 제안해 왔다. 이에 한니발은 프라이투티아와 하드리아의 영토를 약탈하러 움직였고, 그곳에서 마르시, 마르루키니, 펠리니를 거쳐 아르피와 루케리아 주위의 아풀리아 경계 지역으로 나아갔다. 집정관 세르빌리우스는 갈리아 인들과 소규모 접전 몇 차례를 벌이고 미미한 도시 하나를 점령한 뒤 플라미니우스의 대패 소식을 듣고서 로마로 떠났다. 수도의 성벽이 위험에 처했으니 로마의 운명이 걸린 위기에 집정관이 없을 수는 없는 일이었기 때문이다.

파비우스(Fabius)는 위에서 말한 것처럼 비상 상황에서 두 번째로 독재관을 맡게 되었다.[2] 독재관이 된 날 그는 원로원을 불러 모았다. 그는 종교적인 문제부터 언급하면서, 플라미니우스의 잘못은 그의 만용과 경험 부족보다는 종교적인 의례, 특히 점을 보는 것을 등한시한 것이라는 점을 원로원 의원들에게 지적했다. 그는 신들의 분노를 달랠 적절한 의식 형태를 반드시 찾아봐야 한다고 강력하게 주장했다. 이에 원로원 결의에 따라 10인 성직 위원회가 시빌의 예언서를 찾아

---

2 파비우스는 기원전 221년에서 219년 사이의 어느 해에 집정관 선거를 주재하기 위해 독재관으로 임명되었다. 그러나 기원전 249년의 아울루스 아틸리우스 칼라티누스 이래 군대를 지휘하는 독재관은 임명된 바가 없었다.

보게 되었다. 그것은 가장 끔찍한 부류의 괴이한 현상이 벌어져 원로원에 보고될 때만 행하는 절차로, 무척 예외적인 결정이었다. 예언서를 찾아본 위원회의 보고는 이러했다.

첫째, 현재의 전쟁은 온당치 못하게 수행되었으며, 그에 따라 마르스에게 새롭고 더욱 큰 규모로 제물을 바치는 의식을 수행해야 한다.

둘째, 대게임 개최를 유피테르, 그리고 베누스 신전과 정신[3]의 신전에 맹세해야 한다.

셋째, 공적으로 기원을 올리고 렉티스테르니움 의식을 치러야 한다.

넷째, 전쟁이 성공적으로 수행되어 전쟁이 시작되기 전과 똑같은 '나라의 상황이 회복된다면' 성스러운 봄 의식을 치르겠다는 맹세를 해야 한다.

파비우스는 군무를 관장해야 했으므로 원로원은 법무관 마르쿠스 아이밀리우스에게 즉시 이런 조치를 대사제단의 지시에 따라 수행하고 그것이 잘 되어나가는지 감독하라고 지시했다.

10. 이런 포고가 내려지자 대사제인 루키우스 코르넬리우스 렌툴루스가 자기 생각을 말했고, 법무관들은 그 의견을 지지했다. 대사제는 필수적인 첫 절차는 성스러운 봄을 맹세하는 문제를 시민들에게 물어보는 것이라고 했다. 그들이 직접 동의하지도 않았는데 그 일을 처리할 수 없기 때문이었다. 시민들은 다음과 같은 고풍스러운 방식으로 질문을 받을 것이었다.

---

3 정신의 라틴어 원어는 mens 로서, 정신 혹은 목적을 의미한다. 정신, 경건, 용기, 신의는 키케로가 거론한 5대 덕목으로서, 이것들을 철저히 함양하면 인간은 신의 경지에 오를 수 있다고 생각했다. 따라서 정신은 경배의 대상이 되는 것이다.

"이 의식이 수행되는 것이 여러분의 뜻이자 희망입니까? 로마 시민들이 내가 바라는 바와 같이 현재의 전쟁, 즉 카르타고 인 및 알프스 이쪽의 갈리아 인들과 싸우는 전쟁에서 향후 5년 동안 건강하고 안전하게 지내게 된다면, 로마 인들은 다른 신에게 봉헌하기로 한 것을 제외하고 봄에 돼지, 양, 염소, 소에서 난 모든 것을 원로원과 시민이 지정한 날로부터 유피테르께 바쳐야 할 것입니다. 희생 의식을 치르는 자는 시기와 방식은 자신이 뜻하는 대로 할 수 있습니다. 어떤 형태로 의식을 치르든 그것은 올바로 수행된 것으로 간주될 것입니다. 제물로 바쳐야 할 동물이 죽더라도 그것은 의식과는 무관한 것이 될 것이며, 어떤 비난도 가해지지 않을 것입니다. 어떤 사람이 모르고 제물이 될 동물을 다치게 하거나 죽여도 비난을 받지 않을 것입니다. 제물이 될 동물이 도난당하더라도 사람들에게 죄를 묻지 않을 것이며, 이는 도난당한 사람 역시 마찬가지입니다. 모르고 금지된 날에 제물을 바치더라도 그것은 정당한 의식으로 간주될 것이며, 노예나 자유민이 의식을 치르든, 낮이나 밤에 치르든 의식은 정당한 것으로 여겨질 것입니다. 희생 의식이 원로원 앞에서 수행되고 그것을 시민들이 명령했다면, 시민들은 무죄이며 비난을 받지 않을 것입니다."

같은 이유로 로마 인들은 333,333과 1/3 아스로 대게임을 치르기로 맹세했고, 3백 마리의 황소가 유피테르에게 바쳐졌고, 흰 소와 다른 제물들이 많은 다른 신에게 바쳐졌다. 맹세를 하고 공적 기원 기간이 포고되었을 때 가족과 함께 참여한 도시 주민들뿐만 아니라 자기 재산을 가진 시골 주민들까지도 그에 따라 전반적인 나라의 안정에 관심을 보이며 봉헌했다. 10인 성직 위원회의 통제에 따라 렉티스테르니움 의식이 열렸고, 여섯 개의 침상이 전시되었다. 하나는 유피테르와 유노, 하나는 넵투누스와 미네르바, 하나는 마르스와 베누스,

하나는 아폴로와 디아나, 하나는 불카누스와 베스타, 하나는 메르쿠리우스와 케레스를 위한 것이었다. 마지막 의식은 신전들을 봉헌하는 것이었다. 독재관 퀸투스 파비우스 막시무스는 베누스에게 신전을 봉헌했는데, 이는 시빌의 예언서에서 해당 의식을 국가 최고위 권력자가 수행해야 한다고 지시했기 때문이다. 법무관 오타킬리우스는 또 다른 정신(Mens)의 신전을 봉헌했다.

11. 이런 종교적인 의무가 완료된 이후에 실질적인 조치들이 즉시 단행되었다. 독재관은 원로원과 함께, 승리한 적에 맞서는 데 필요한 병력의 수와 특성을 논의했다. 이에 원로원의 포고를 통해 독재관은 집정관 세르빌리우스의 군대를 인수하고, 기병이든 보병이든 적당하다고 생각하는 병력을 로마 시민과 동맹 도시에서 징집하고, 국가의 안전에 필요하다고 판단되는 모든 대책을 수행할 권리를 얻었다. 파비우스는 그에 따라 기존 세르빌리우스의 군대에다 새롭게 두 군단을 징집하여 편입하기로 했다. 징집 업무는 사마관이 담당할 것이고, 독재관은 자신이 지정한 날짜에 티부르에서 그들을 만나기로 되었다. 추가로 내려진 명령에 따라, 방어 시설을 갖추지 못한 도시의 거주민은 안전한 장소로 이동하고, 한니발이 가로질러 올 수 있는 지역에 땅을 가지고 있는 모든 사람은 땅을 내버려 두되 모든 건물을 불태우고 적의 식량이 되는 일이 없도록 모든 작물을 없애기로 되었다.

이어 파비우스는 집정관과 그의 병력을 맞이하고자 플라미니아 가도로 나아갔다. 티베르 강에 있는 오크리쿨룸 근처에서 집정관의 군대, 그리고 집정관이 기병대와 함께 자신에게 달려오는 모습을 보자마자 독재관은 전령을 보내 집정관에게 길나장이 없이 독재관 앞에 나타나야 한다는 점을 상기시켰다. 이 명령은 그대로 준수되었다. 시간의 흐름에 따라 독재관의 의미에 관한 시민과 로마 동맹의 기억이 거의 사라진 상황에서, 두 사람의 이런 만남은 독재관의 위엄을 인상적으로 드러내 주었다. 그런데 거의 동시에 오스티아에서 스페인에 파견된 로마 군에 보낼 보급품을 실은 상선들이 코사의 항구 근처에서 카르타고 군에 붙잡혔다는 소식이 들려왔고, 집정관은 명령을 받아 즉시 전투 부대와 동맹국 선원들을 데리고 그곳이나 로마 근처 강 상류에 있는 모든 배를 동원하여 적의 함대를 뒤쫓으며 이탈리아 해안을 지키러 나섰다. 로마에선 대규모 병력이 징집되었다. 자유민도 아이들이 있고 군에 복무할 나이라면 복무 서약을 해야 되었다. 수도에 모인 이 병력 중에 35세 미만 모든 군인은 함대에 파견되어 복무할 예정이었다. 나머지는 로마에 남아 도시를 지키기로 되었다.

12. 독재관은 부사령관 풀비우스 플라쿠스에게서 집정관의 군대를 인수한 뒤 사비니 영토를 통과하여, 징집 명령에 따라 신병들이 결집한 티부르로 진군했다. 그곳에서 독재관은 프라이네스테로 향했고, 이어 샛길을 통해 마침내 라티나 가도로 나와 적을 향해 나아갔다. 모든 길은 아주 철저하게 정찰되었으며, 꼭 필요한 상황이 아니라면 어느 곳에서든 절대로 위험을 무릅쓰려고 하지 않았다. 어느 날 독재관은 아르피에서 그리 멀지 않지만 적이 보이는 곳에다 먼저 진을 쳤다. 한니발은 즉시 출진하여 싸움을 걸었지만, 로마 군 진지에서 부산하게 움직이는 모습이 전혀 없자 실망을 금치 못했다. 그들의 진지는 그야말로 고요했고, 이에 한니발은 로마의 군인 정신이 마침내 무너졌으며, 로마 군이야말로 용맹과 영광에 대한 권리를 공공연하게 포기한 패배자들이라고 조롱한 뒤 진지로 돌아갔다.

하지만 그렇게 한바탕 비웃었다고 해도 형언하기 어려운 불안감이 그를 괴롭히기 시작했다. 셈프로니우스와 플라미니우스와는 무척 다른 이 지휘관을 장차 어떻게 상대할 것인지, 또 마침내 상황의 심각성을 깨달은 로마 인들이 자신과 상대할 만한 자질을 갖춘 지휘관을 보낸 것 같은데, 그를 물리치지 못하면 어떻게 될 것인지, 등을 한니발은 고민했다. 이런 초기 단계에서도 파비우스의 신중함은 한니발의 존경을 샀다. 하지만 그는 아직 파비우스의 확고부동한 인내심에 관한 증거를 얻지 못했다. 그리하여 한니발은 로마 군이 보복에 나서게 만드는 전술을 의도적으로 쓰기 시작했다. 그는 계속 진지의 위치를 옮기고 적이 보는 앞에서 적과 우호적인 민족의 밭과 작물을 철저하게 파괴했다. 한니발은 아주 급하게 휘하 병력을 적의 시야에서 사라지게 하고, 파비우스가 평지로 내려왔을 때 기습하고자 파견대를 보내 길의 굽어진 곳에 몸을 숨기고 매복하도록 했다.

파비우스는 고지에서만 움직였고, 절대 적으로부터 멀리 떨어지지 않았다. 적과의 접촉은 유지하지만, 충돌은 피하려는 생각이었다. 상황이 허락하는 한 그는 휘하 병사들을 방어 시설 안에 머무르게 했다. 그는 소규모로라도 병사들을 나무와 사료를 모으러 밖으로 내보내지 않았으며, 늘 제한된 지역에서만 움직이게 했다. 갑작스러운 비상사태를 처리하기 위해 기병대와 가볍게 무장한 보병대가 소규모로 준비되었고, 이들은 아군을 보호하고 비정기적으로 나타나는 적 습격대를 요격했다. 파비우스는 전면전에 모든 역량을 집중시키는 행동을 확고하게 거부했다. 하지만 동시에 그리 중요하지 않은 때에 유리한 지형에서 안전한 대피처를 가까이 확보하고서 소규모 접전을 벌이는 건 조금도 주저하지 않았다. 이런 전략에 따라 이전에 연달아 패배하여 동요하던 로마 병사들은 점차 전투의 상황에 익숙해졌고, 마침내 자신의 투쟁심이나 무운에 대하여 쓸데없는 의심을 하지 않게 되었다.

이 모든 건 훌륭한 전략이었다.

그러나 한니발보다도 더 지독하게 이 전략에 반대한 건 사마관이었다. 그가 독재관보다 지위가 낮았기에 망정이지 아니면 나라를 일거에 폐허로 만들었을 것이다. 건방지고 무모하며 입단속도 제대로 하지 못하는 사마관은 처음에는 은밀하게, 이어 공공연하게 상급자를 모욕하기 시작했다. 그는 잔뜩 편견을 가지고 실제로는 미덕인데도 그것을 결점이라고 비난했다. 독재관의 지연 전술은 주눅이 들어 전투를 피하는 것으로 여겨졌고, 독재관의 신중함은 소심함으로 판단했다. 요약하면, 그는 상급자를 폄하하며 자신을 칭송하고자 했다. 이런 하극상의 태도는 자주 성공을 거둬 아주 빈번하게 벌어지는 나쁜 태도였다.

13. 한니발은 히르피니 영토를 가로질러 삼니움으로 가서 베네벤툼 주변 지역을 초토화하고 텔레시아를 점령했다. 이를 포함한 다른 여러 군사적 행동은 한니발의 방침에 따라 의도적으로 수행된 것이었다. 그는 파비우스가 동맹국 시민들의 이러한 고통에 분개한 나머지 전면전에 나서기를 은근히 기대하고 있었다.

한니발이 트라시메네 전투 이후 자유롭게 풀어준 엄청난 숫자의 이탈리아 포로 중엔 훌륭한 신분을 가진 세 명의 캄파니아 인이 있었고, 그들은 이미 여러 차례 선물과 약속을 통해 동포를 카르타고의 편에 서게 하라는 사주를 받은 적이 있었다. 이 세 사람은 이제 한니발에게 캄파니아로 움직이면 카푸아를 손에 넣을 수 있다고 장담했다. 한니발은 그런 제안을 받아들고 불신과 확신 사이에서 감정이 오가면서 망설였다. 카푸아를 손에 넣는다면 그야말로 대단한 성과이겠지만, 정보를 알린 자들은 완전히 믿을 만한 부류의 사람들은 아니었다. 그럼에도 불구하고 결국 그들은 한니발을 설득하여 삼니움을 떠나 캄파니아로 가게 했다. 그 세 사람에 대하여, 한니발은 그들의 말을 최대한 행동으로 증명해 보이라고 말하고서, 캄파니아의 지도층을 포함한 동포를 더 많이 그에게 데려오라고 지시한 뒤 물러가게 했다. 그는 이어 길잡이에게 카시눔 영토로 안내하라고 지시했다. 그 지역에 친숙한 자들에게 받은 정보로는 그곳의 길을 점령하면 동맹을 도우러 올 로마 군의 경로가 끊기게 된다는 것이었다.

그러나 한니발은 라틴 명칭을 제대로 발음하지 못했기에 길잡이는 그가 '카실리눔'으로 말했다고 잘못 생각했다. 그에 따라 한니발은 잘못된 방향으로 나아가게 되었다. 그는 알리파이, 칼라티아, 칼레스를 통해 스텔라 평원으로 내려오게 되었는데, 그곳에서 사방에 산과 강으로 된 장벽이 펼쳐진 것을 보고 길잡이를 불러 도대체 여기가 어디냐고 물었다. 이에 그는 오늘은 카실리눔에서 묵게 될 것이라고 대답했고, 한니발은 의사소통에 어떤 착오가 있었는지 깨닫게 되었다. 카시눔은 다른 방향으로 몇 km 떨어진 곳에 있었다. 그는 길잡이를 매질하고 십자가에 매달아 죽여 일벌백계의 본보기를 보이고 진지를 세워 방비를 강화했다.

이어 그는 마하르발에게 기병대를 주어 팔레르눔 영토를 습격하게 했다. 이 습격은 파괴적이었고, 시누에사까지 진군하며 주민의 재산에 엄청난 손해를 입혔다. 공포와 혼란은 그보다 더 넓은 지역으로 퍼졌다. 그런데 이렇게 약탈로 공황이 발생하고, 전화(戰火)가 사방에서 치솟아도 로마의 동맹국은 동맹을 이탈할 기미가 보이지 않았다. 이유는 분명했다. 그들은 공정하고 온건한 통치를 받고 있었고, 자신보다 더 나은 사람을 기꺼이 따르고자 했기 때문이다. 바로 그것(더 나은 사람)이 충성심의 유일한 보증이 되는 것이었다.

14. 한니발은 볼투르누스에 진을 쳤고, 이탈리아 전역에서 가장 매력적인 그 지역을 마구 휘젓고 돌아다니며 사방의 농장에 불을 질

렀다. 연기가 자욱하게 올라오고 있는데도 파비우스가 마시쿠스 산의 산등성이를 따라 움직이기만 하자 로마 군에선 거의 반란이 일어날 뻔했다. 이전 며칠 동안 계속되던 병사들의 불만은 대열이 평소보다 빠르게 진군하자 잦아들었다. 병사들은 당연히 캄파니아가 황폐해지는 걸 막고자 이렇게 서둘러 움직이는 것으로 생각했다. 하지만 멀리 떨어진 산등성이에 도착해 실제로 적이 팔레르눔 영토에 있는 집들과 시누에사 주변 정착민들의 농장들을 불태우는 걸 확인했음에도 불구하고 전투 개시의 이야기는 전혀 나오지 않았다. 사마관 미누키우스는 더 이상 자제할 수가 없었다. 그는 이렇게 소리쳤다.

 "우리가 단순히 우리 우방이 도륙당하고 그들의 집이 불타는 즐거운 광경을 관람하려고 여기에 왔는가? 무엇을 봐도 부끄러움을 못 느끼겠다면, 적어도 우리 로마 선조들이 삼니움 인들의 침략을 막고자 이곳 국경을 지키라고 정착민으로 보낸 우리 시민들을 보고서는 부끄러움을 느껴야 하는 것 아닌가? 이곳을 지금 불태우는 건 인근의 삼니움 인들이 아니라 우리가 굼뜨고 무력하여 세상의 끝에서 이곳까지 오도록 놔둔 카르타고의 외국인들이다! 우리 선조들은 카르타고 함대가 우리 해안을 돌아다니는 것도 로마의 권력에 대한 모욕이라고 생각했다. 우리 해안이 누미디아 인들과 무어 인들로 가득하고 우리를 말살하려고 하는 데도 전혀 움직일 생각을 하지 않으니 우리는 그야말로 타락한 군대가 아니고 무엇인가? 한때 우리는 사군툼 공격에 분개하여 사람뿐만 아니라 조약의 신성함을 수호하는 신들에게도 호소했었다. 하지만 이제 우리는 한니발이 로마 식민지에서 여러 도시의 성벽을 기어오르는 걸 보고 있는 데도 아무런 행동도 하지 않고 있다! 불타는 농장과 타들어 가는 작물들의 연기가 우리의 얼굴로 날아와 눈앞을 가리고 있다. 우방이 외치는 측은한 비명이 우리의 귀에서 울리고 있다. 그들은 신보다 우리에게 더 구원해 달라고 간청하고 있다.

이에 우리 군은 어떻게 응답하고 있나? 산과 우회로에서 가축처럼 한가히 여름 초지를 따라 어슬렁거리고 있고, 숲속에 숨어서 절반은 구름에 가린 채 적의 눈을 피하고 있다. 과거의 카밀루스가 이 현대의 카밀루스(위급할 때 우리를 한니발의 공격에서 구원하고자 하는 위대한 독재관)가 하고 있는 것처럼 산꼭대기와 산길을 돌아다니는 것으로 로마를 갈리아 인들에게서 회복할 수 있다고 생각했더라면 로마는 어떻게 되었을까? 로마는 오늘 당장 갈리아 인들에게 점령당하고 말았을 것이다. 우리 선조들은 무수히 로마를 구해냈지만, 우리가 이렇게 계속 우물쭈물한다면 선조들은 한니발과 카르타고 인을 위해 좋은 일을 한 것밖에 되지 않는다. 하지만 진정한 로마 인인 카밀루스가 베이이에서 원로원의 권위와 시민들의 뜻으로 독재관에 임명되었다는 소식을 접하고 그 높은 야니쿨룸 언덕에 앉아 의자에서 적을 바라보기만 했었는가? 당연히 아니었다. 그는 평지로 진군하여 들어갔고, 바로 그날 로마 성벽 안으로 나아갔으며, 지금 갈리아 무덤[4]이 있는 자리에서 갈리아 인들을 박살냈다. 다음날 그는 가비이 근처로 향해 다시 한 번 갈리아 인들을 괴멸시켰다.

한참 뒤 우리가 카우디움 산길에서 삼니움 인들에 의해 이우굼 아래를 지나게 되었을 때[5] 루키우스 파피리우스 쿠르소르가 어떻게 우리를 자유롭게 하고 거만한 삼니움 인들을 이우굼 아래로 지나게 했

---

4 전승에 의하면 갈리아 인들이 카피톨리움을 포위 공격하고 있을 때 그들 사이에 전염병이 돌아 죽어버린 갈리아 인들의 시체를 쌓아놓고 불태운, 로마 시내의 한 장소(리비우스 로마사 5.48 참조).

5 이 유명한 에피소드는 리비우스 로마사 9.15.

는가? 이런 식으로 삼니움의 산등성이를 따라 진군하여 그 일을 해 냈는가? 전혀 그렇지 않다! 그는 무력으로 루케리아를 포위하여 한 번 승리한 적에게 쉴 틈을 주지 않았기 때문에 그런 업적을 달성했 다. 얼마 전의 예를 들자면, 가이우스 루타티우스가 승리를 얻은 건 신속한 행동 때문이 아니었던가? 그가 보급품으로 가득하고 장비와 모든 전쟁 기구로 방해를 받은 적의 함대를 본 바로 다음날 그가 어 떻게 적을 기습하고 압도했는지 기억하라. 기원하는 것 외에 아무것 도 하지 않고 전쟁에서 이길 수 있다고 생각하는 건 어리석은 짓이 다. 군인은 반드시 무장하고 전장으로 나서야 한다. 제군은 반드시 적과 만나 남자답게 싸워야 한다. 로마의 권력은 행동과 대담성으로 성장했지, 심약한 자들이 신중함이라 부르는 아무것도 하지 않는 전 술로 성장한 것이 아니다."

미누키우스가 이런 주제넘은 장광설을 펼칠 때 그의 주변에는 많 은 장교와 기병이 모였고, 장광설의 내용은 일반 사병들의 귀에도 들 어가게 되었다. 로마 군에서 이 문제를 투표하기로 했다면 파비우스 보다 미누키우스의 지휘를 받는 것이 낫다는 결론이 났을 것이라는 점은 거의 의심할 여지가 없었다.

15. 파비우스는 적을 경계하는 것 못지않게 휘하 병력도 빈틈없이 살피고 있었다. 그가 처음으로 한 일은 휘하 병사들의 호전적 태도가 자신의 결심을 약화시키지 못했다는 걸 보여주는 것이었다. 그는 자 신의 지연 전술이 이제 로마 시내에서는 물론이고 휘하 병사들 사이 에서도 평판이 나쁘다는 걸 무척 잘 알고 있었다. 그럼에도 불구하고 그는 완고하게 남은 여름 내내 같은 지연 전략을 고수했다. 그의 목 적은 한니발이 그토록 바라는 전투 기회를 박탈하는 것이었고, 이에 한니발은 겨울을 보낼 다른 곳을 찾아보게 되었다. 지금 있는 곳은

과수와 포도밭, 그리고 생필품보다는 사치품 농작물이 자라는 곳이라 보급할 수 있는 계절이 한정적인 데다 영구적으로 보급을 할 수도 없었기 때문이다. 이 정보는 로마 군 정찰대에 의해 파비우스에게 보고되었다.

한니발이 팔레르눔 영토에서 물러날 때도 전과 같은 길을 따라 이동할 것이라는 확신이 들자 파비우스는 칼리쿨라 산과 카실리눔에 정예 병력을 배치했다. 카실리눔은 팔레르눔과 캄파니아 사이 경계에 있었고, 볼투르누스 강이 도시를 가로지르며 흘렀다. 카실리눔에 주둔군을 배치한 파비우스는 나머지 병력을 이끌고 같은 고지대를 따라 돌아왔는데, 그러기 전에 400명의 동맹군 기병을 루키우스 호스틸리우스 만키누스에게 주어 그 지역 일대를 정찰하게 했다. 만키누스는 미누키우스의 주제넘게 격분하는 장광설에 자주 귀를 기울이던 많은 젊은 장교 중 하나였는데, 그런 만큼 미누키우스의 장광설에 영향을 받은 건 당연한 일이었다. 잠시 그는 정찰대의 본령에 맞게 조심하고 경계하며 앞으로 나아갔고, 휘하 병사들이 위험에 처하지 않게 하면서 적의 움직임을 지켜봤다. 하지만 그는 흩어진 누미디아 인 무리를 봤을 때 운이 좋게도 기습에 성공하여 몇몇 누미디아 인을 죽일 수 있었고, 그때부터 그는 진짜로 싸움을 하고자 하는 욕망에 사로잡혔다. 독재관은 그에게 최대한 안전하게 나아가되 늘 적에게 발각되기 전에 물러나라고 지시했지만, 그런 훈계는 이제 까맣게 잊어버린 상태였다.

누미디아 기병대 무리는 만키누스와 만날 때마다 싸우는 척하고 빠르게 뒤로 물러나 그를 거의 카르타고 군 진지로 끌어들였다. 만키누스의 병사들과 말은 그런 추격 과정 중에 이미 기진맥진한 상태로 떨어졌다. 그 순간 카르타고 기병대를 지휘하는 카르탈로가 전속력으로 돌격했고, 이에 만키누스의 병사들은 투창에 맞을 거리가 되지 않았는데도 불구하고 겁을 먹고서 등을 돌려 달아났다. 카르탈로는 쉼 없이 로마 군을 거의 8km 정도 쫓았다. 만키누스는 적이 추격을 단념할 것 같지도 않은 데다 자신도 확실히 도망칠 수 없다는 생각이 들자 휘하 병사들을 결집하여 추격자와 맞서게 했다. 하지만 그의 병력은 적보다 모든 면에서 열등했다. 그와 정예병들은 포위되어 전사했고, 나머지는 뿔뿔이 흩어져 칼레스로 갔고, 그곳에서 거의 통과할 수 없는 길을 따라 파비우스 진지로 겨우 돌아왔다.

그날 미누키우스는 파비우스와 다시 합류했다. 그는 타라키나 위의 바다로 돌출된 비좁은 협곡에 주둔하고 있었고, 휘하 병력은 아피아 가도로 적이 로마 영토로 들어오는 걸 막기 위해 배치된 것이었다. 이제 독재관과 사마관은 병력을 합쳐 한니발이 틀림없이 진군해올 길 위에다 진지를 세웠다.

16. 로마 군은 카르타고 군으로부터 3km 떨어진 곳에 있었다. 다음날 카르타고 군은 두 진지 사이의 모든 길을 점령했다. 로마 군은 바로 뒤에 요새화한 진지를 두고 적과 대치할 태세를 취했고, 분명 적보다 더 유리한 위치에 있었다.[6] 그럼에도 불구하고 한니발은 가볍게 무장한 기병대를 보냈고, 진군과 후퇴를 번갈아 하는 평상시의 전술로 로마 군이 대대적으로 출병하도록 유도했다. 하지만 로마 군은 움직이지 않았다. 전투는 느리게 진행되었는데, 그러한 상황은 한니발보다는 파비우스의 전략에 따른 것이었다. 로마 군은 2백 명, 카르타고 군은 8백 명의 전사자를 냈다.

---

6 폴리비오스에 의하면 파비우스 진지는 언덕 위에 있었고 그 앞에 고갯길이 있었는데 진지에서 훤히 내려다 보였다(3.92).

카실리눔으로 향하는 길이 봉쇄되자 이제 한니발이 가두어진 것처럼 보이기 시작했다. 로마 군은 카푸아와 삼니움, 그리고 후방에 있는 많은 다른 우호적인 민족의 풍요로운 땅에서 보급품을 가져올 수 있었지만, 한니발은 포르미아이의 암벽과 리테르눔의 황량한 모래땅과 습지 사이에서 겨울을 보낼 수밖에 없었다. 그는 자기 꾀(함정으로 유인)에 자기가 넘어갔다(한니발이 함정에 빠짐)는 걸 아주 명쾌하게 알게 되었다. 그는 카실리눔을 통해 빠져나가지 못하고 칼리쿨라 산으로 가면서 그곳을 건너는 수밖에 없었는데, 그렇다고 하더라도 계곡에서 로마 군에게 둘러싸여 공격당할 위험이 늘 존재했다. 그리하여 한니발은 한 가지 책략을 생각해냈는데, 무서운 환각을 일으켜 상대를 당황하게 만들려는 것이었다.

한니발은 해가 지고 바로 산기슭으로 움직이기로 했다. 그가 만들어 낸 정교한 속임수는 다음과 같았다. 그는 나무, 잔가지 다발, 그리고 찾아낼 수 있는 온갖 마른 물건을 모아 소의 뿔에 묶었다. 이렇게 뿔에 물건을 매단 소는 가축과 야생 소를 가리지 않고 어마어마한 숫자였는데, 전부 시골 지역에서 여러 차례 약탈을 통해 붙잡은 것이었다. 이런 식으로 거의 2천 마리 소의 뿔에다 나뭇단을 묶은 뒤 한니발은 하스드루발에게 해가 지자마자 뿔에 매어둔 땔감에 불을 붙이고 소들을 일제히 몰아 산으로 올라가게 하되 특히 가능하다면 적이 점거하고 있는 길 위의 산으로 나아가게 하라고 지시했다.

17. 어둠이 내린 직후 한니발은 휘하 병사들을 움직였으며, 절대 침묵을 유지하라고 엄명을 내렸다. 소들은 카르타고 군 대열보다 조금 앞에서 나아갔다. 카르타고 군이 산기슭에 도착하고 비좁은 산길에 진입하자, 점화(點火)의 신호가 떨어졌고, 소들은 뿔에 묶인 땔감에 불이 붙은 채로 앞에 있는 산비탈로 올라가게 되었다. 이 불쌍한

짐승들은 불꽃으로 인한 섬광에 겁을 먹고 미친 듯이 달렸다. 곧 뿔의 뿌리와 생살이 타들어 가는 고통을 느끼면서 더욱 광분하며 내달렸다. 소들은 이리저리로 돌진했고, 머지않아 숲과 산에 들불이 발생한 것처럼 모든 덤불이 불타올랐다. 소들은 고통을 떨쳐내고자 머리를 치켜들었지만, 헛된 일이었고 오히려 불길만 더 걷잡을 수 없이 커지게 했다. 그리하여 멀리서 보면 그 상황은 병사들이 이리저리로 빠르게 뛰는 것처럼 보였다. 길목을 지키던 로마 주둔군은 머리 위의 산 높은 곳에서 불길이 보이자 포위되었다고 생각했다. 그들은 주둔지를 버리고 불길이 가장 적은 곳을 가장 안전한 방향으로 판단하고 산 정상으로 올라갔지만, 무리에서 떨어져 나온 소 몇 마리와 만났을 뿐이었다. 소들과는 어느 정도 떨어진 상태였지만, 그들은 짐승들이 명백하게 불길을 뿜어내는 놀라운 광경을 보고 얼어붙어 꼼짝도 하지 못했다.

하지만 그것은 불가사의한 일이 아니라 인간이 꾸민 책략일 뿐이었다. 함정에 빠져들고 있다는 판단이 선 로마 병사들은 그 어느 때보다도 크게 놀라며 도망쳤는데, 결국 가볍게 무장한 한니발의 병사들을 만나게 되었다. 그러나 어느 쪽도 어둠 속에서 교전을 벌이는 건 피하고자 했으며, 따라서 양군은 해가 뜰 때까지 어떤 움직임도 보이지 않았다. 그러는 사이 한니발은 전군을 이끌고 길을 지키던 소수의 로마 군을 기습한 뒤 안전하게 언덕을 통과했다. 이어 그는 알리파이 근처에 새롭게 진지를 세웠다.

18. 파비우스는 이런 소동을 인지했지만, 그럼에도 불구하고 휘하 병사들을 방어 시설 안에 그대로 머무르게 했다. 왜냐하면 함정에 빠지는 것도 문제지만, 밤에 싸우는 것도 피하고 싶었기 때문이다. 날이 밝자 산 정상 부근에서 교전이 벌어졌다. 숫자에서 우월한 로마

군은 한니발이 지원 차 파견한 스페인 부대가 현장에 도착하지 않았더라면 쉽게 적을 괴멸시킬 수 있었을 것이다. 스페인 인들은 산악전에 무척 익숙했고, 훈련을 받고 적합한 장비를 갖춘 덕에 바위가 많고 울퉁불퉁한 땅에서 빠른 공격을 가하는 데 잘 적응되어 있었다. 따라서 그들은 자신의 빠른 발과 소유한 무기의 특성을 고려하여 기동성 높은 전술을 채택했고, 이에 게릴라전에 익숙하지 않고 평지에서의 싸움만 익숙한 중무장 로마 군을 저지하는 데 별 어려움이 없었다. 이런 상황에서 로마 군은 절대 평등한 상태로 싸우지 못했다. 스페인 인들은 거의 전사자가 없었으나 로마 군은 다수의 전사자를 냈다. 양군은 이렇게 교전을 끝내고 각자 진지로 돌아갔다.

파비우스도 군대를 움직였고, 고갯길을 넘어간 후에 알리파이 위의 고지에 방어 시설을 잘 갖춘 진지를 세웠다. 이에 한니발은 삼니움을 통해 로마로 진군하는 척하고 방향을 돌려 펠리니 영토로 진입해 그 길 주위에 있는 지역을 전부 초토화했다. 파비우스는 로마와 적군 사이의 고지에 부대를 두고 꾸준히 적과 일정한 거리를 유지하되 접전은 피했다. 한니발은 다음엔 방향을 바꿔 아풀리아로 돌아가 게레오니움에 도착했다. 그곳은 주민들이 안전하지 않다고 생각해 버린 도시였고, 성벽 일부분은 무너진 상태였다. 독재관 역시 라리눔 근처에 강력한 방어 시설을 갖춘 진지를 세웠다.

이런 일련의 군사적 행동을 벌인 뒤 파비우스는 특정 종교 문제를 처리하고자 로마로 소환되어 갔다. 떠나기 전에 그는 사마관과 이야기를 나눴는데, 그의 당부는 명령일 뿐만 아니라 무척 진심 어린 조언이기도 했다. 그는 사마관에게 기도하는 것처럼 거의 애원하는 모습으로 행운을 믿지 말고 신중하게 행동해 달라고 부탁했다. 그는 셈프로니우스나 플라미니우스보다는 자신의 지연 전략을 따라 달라고 요청하면서 여름 내내 적을 회피하며 그들의 의도를 좌절시킨 걸 아무런 성과도 없다고 생각하지 말아 달라고 설득했다. 그는 의사도 때로는 활발한 운동보다 휴식을 처방함으로써 더 큰 성과를 거둔다고 하면서 장기간 지속된 연이은 패배를 멈추고 끊임없이 이어진 참사의 연속에 숨 돌릴 틈을 확보한 건 그 자체로 훌륭한 작전이라고 말했다. 이것이 그가 로마로 떠나기 전에 사마관에게 간곡히 해준 조언이었다. 하지만 그건 아무 소용이 없었다.

19. 이해(기원전 217년) 여름의 초입에, 스페인에서도 수륙 양면으로 전쟁이 시작되었다. 하스드루발은 형 한니발에게서 인수한 함대에 전함 10척을 더해 바다로 나아갈 준비를 마쳤고, 40척의 전함으로 편성된 함대 전부를 히밀코에게 맡겼다. 뉴카르타고에서 출발한 하스드루발의 병력은 계속 해안과 가까운 곳으로 나아갔고, 함대도 연안에서 별로 떨어지지 않은 거리를 계속 유지했다. 그렇게 하스드루발은 적을 만나게 되면 누구와도 교전할 수 있는 만반의 준비를 갖추었다. 그나이우스 스키피오는 적이 월동 진지에서 움직였다는 소식을 듣고 같은 생각(교전에 대한 만반의 준비)을 했다. 하지만 적에게 대규모로 증원 부대가 파견될 거라는 소문에 그는 육지에서의 교전에 확신하지 못했고, 따라서 그는 전함 35척에 정예 해병들을 태우고 적을 상대하러 나섰다. 둘째 날 타라코에서 나온 그는 에브로 강어귀에서 16km 떨어진 곳에 적합한 정박지를 찾았는데, 마실리아에서 돌아온 정찰선 두 척의 보고에 의하면 카르타고 함대가 강에 있으며, 그들의 진지가 근처 강기슭에 있다는 것이었다.

스키피오는 즉시 닻을 올리고 에브로 강으로 항해했고, 방심을 틈타 기습 공격을 가하기로 했다. 스페인엔 여러 개의 탑이 산에 세워져 있었다. 원주민들은 그 탑들을 산적에 대항하기 위한 초소이자 방어 시설로 사용했다. 로마 함대를 처음으로 본 건 바로 이 탑들의 초병이었고, 신호가 하스드루발에게 전달되었다. 강어귀에 있는 카르타고 함대가 무슨 일이 벌어졌는지 알기도 전에 해안의 카르타고 군은 맹렬하게 움직이기 시작했다. 노를 치는 소리나 움직이면서 전함이 내는 다른 소리는 들리지 않았고, 양군 사이에 있는 곳은 다가오는 로마 군을 가리고 있었다. 카르타고 함대의 선원들은 물가를 한가히 거닐거나 막사 안에서 쉬고 있었고, 그날 싸워야 한다는 생각조차 하고 있지 않았는데, 갑자기 잇따라 기병들이 전속력으로 나타나 로마 함대가 이미 항구에서 멀지 않은 곳에 있으니 즉시 출항하여 전투를 준비하라는 하스드루발의 지시를 전했다.

하스드루발은 곧 전군을 이끌고 그곳에 나타났고, 보기 드물 정도로 혼란한 상황이 벌어졌다. 선원과 병사는 서로 밀치면서 승선했는데, 교전을 준비하는 질서정연한 군대라기보다 목숨을 건지기 위해 달려 나가는 사람들처럼 보였다. 모두가 배에 오르자마자 강가에 묶은 밧줄을 풀어 던지기 전에 힘겹게 닻을 끌어올리는 작업이 시작되었다. 몇몇 전함에선 작업을 빨리 처리하고자 닻을 맨 줄을 끊기도 했다. 다들 서두르고 규율도 없는 상황이었다. 그래서 군인들과 그들의 장비가 선원들을 방해했고, 선원들 또한 동요되어 혼란한 상태에서 움직이면서 병사들이 다가올 전투에 대비하여 무기와 장비를 준비하는 일을 방해했다.

로마 함대는 이제 가까운 곳에 접근해 있었을 뿐만 아니라 실제로 공격하기 위해 맹렬히 나아가는 중이었다. 적과 전투를 해야 한다는 전망보다 배 위에서 일어난 끔찍한 혼돈으로 평정심을 잃은 카르타고 군은 실제로 저항하려는 시도조차 하지 못하고 도망쳤다. 그들의 함대는 넓게 펼쳐져 있어 한 번에 강어귀로 들어가기엔 배가 너무 많았다. 따라서 선원들은 배를 댈 수 있는 물가로 배를 움직였다. 그리하여 배는 물이 얕은 곳이나 강가로 나아갔다. 배 위에 있던 카르타고 군은 무장이든 비무장이든 목숨을 부지하고자 물가에 전투 대형으로 있던 전우들 사이로 뛰어들었다. 하지만 로마 군의 첫 맹습에 두 척의 전함이 포획되었고, 네 척이 가라앉았다.

20. 적이 육지를 이미 차지하고 물가 모든 곳에 병력을 전개했다는 사실에도 불구하고, 로마 군은 무너진 적의 함대를 추격하는 데 주저하지 않았다. 그들은 물가로 갔을 때 부서진 배나 움직일 수 없을 정도로 끼인 배를 제외하고 모든 적선을 물이 깊은 곳으로 견인했고, 그렇게 하여 40척 중 25척을 포획했다. 단 한 번의 사소한 전투로 모든 해안에 이르는 바다의 정복자가 되었다는 사실이 바로 이 전투에서 거둔 가장 훌륭한 성과였다.

로마 군은 이제 오누사를 향해 나아갔고, 그곳에 상륙해서 도시를 공격하여 약탈한 뒤 뉴카르타고로 나아갔다. 그들은 인근 시골 지역을 모조리 초토화하고, 성벽과 성문에 인접한 건물들을 모조리 불태웠다. 로마 군은 약탈품을 가득 실은 채 롱군티카로 나아갔는데, 그곳에서 그들은 하스드루발이 함대에서 쓰려고 모아놓은 대량의 아프리카 수염새 풀을 찾아냈다. 이 중에 로마 군은 쓸 수 있는 만큼만 가져가고 나머지는 불태워 없애버렸다. 로마 군은 다양한 곳을 지나 연안을 항해하는 일에 더하여 에부수스 섬으로 건너가 그 수도를 함락하려고 시도했다. 하지만 그 일은 힘에 부치는 것이었고, 이틀 동안 공격했지만 실패하고 말았다. 로마 군은 이에 헛되이 시간만 낭비하고 있다고 판단하여 그 주위의 작물을 불태우고, 여러 마을을 약탈하고 방화하는 쪽으로 작전을 바꾸었다. 이어 그들은 본토에서 얻은 것보다 더 많은 약탈품을 챙겨서 배로 돌아왔다. 이즈음에 발레아레스에서 온 사절단이 스키피오를 찾아와 강화를 요청했다.

에부수스 섬에서 돌아온 로마 함대는 스페인 해안의 북부 지역으로 향했고, 에브로 강 북쪽의 모든 부족과 스페인의 가장 외딴 지역에 있는 많은 부족이 보낸 사절단들이 그곳에 모였다. 120곳이 넘는 스페인 부족이 정식으로 로마의 권위를 인정하고 기꺼이 지배를 받겠다고 말했고, 그에 따라 인질을 보냈다. 이에 스키피오는 해군을 포함한 자신의 군사적 위력에 확신을 가지게 되었고, 이에 카스툴로의 고갯길까지 진군했다. 하스드루발은 서쪽으로 루시타니아까지 물러났다.

21. 남은 여름날들은 평온한 것처럼 보였는데, 카르타고 인들의 경우에는 맞는 말이었다. 하지만 로마 군에겐 두 가지 다른 요소가 작용했다. 하나는 스페인 인들이 만족하지 못하는 기질을 지녀 늘 모험과 변화를 갈구한다는 것이었고, 다른 하나는 만도니우스와 일레르게테스의 이전 족장인 인디빌리스가 주동자가 되어 봉기를 일으켰다는 것이었다. 이 두 사람은 로마 인들이 카스툴로를 떠나 해안으로 나아갔을 때 동포들을 부추겨 로마와 동맹인 부족들의 평온한 영토를 습격했다. 스키피오는 이에 가볍게 무장한 지원군을 한 장교에게 맡겨 파견했고, 그는 어렵지 않게 엉망으로 조직된 군중보다 조금 나은 수준인 오합지졸의 적을 격파했다. 적의 일부는 전사하거나 붙잡혔고, 대다수가 무장을 해제당했다. 그럼에도 불구하고 이런 미미한 행동은 하스드루발이 대서양으로 나아가는 걸 그만두고 에브로 강 북쪽의 우방을 보호하기 위해 스페인으로 다시 돌아오게 했다.

예기치 못한 소식이 전쟁의 방향을 다른 쪽으로 돌려놓았을 때 하스드루발은 일레르게테스에 있었고, 스키피오는 노바 클라시스에 자리를 잡고 있었다. 켈티베리아 인들은 이전에 스키피오에게 지도층으로 구성된 사절단을 보내고 인질을 보내 충성을 다짐했는데, 스키피오의 전언을 받자 갑자기 강력한 군대를 편성하여 스페인의 카르타고 영토를 침공했고, 세 곳의 도시를 습격하여 점령했다. 그들은 하스드루발과도 두 번 교전했으며, 모두 훌륭하게 싸워 1천 5백 명을 죽이고 4천 명을 포로로 잡았으며 그 외에 많은 군기까지 빼앗았다.

22. 이것이 푸블리우스 스키피오가 임무를 수행하러 스페인에 들어왔을 때의 현지 정세였다. 집정관 임기를 마친 뒤 그의 지휘권은 연장되었고, 원로원은 그에게 20척의 전함과 8천 명의 병사, 대량의 보급품을 주어 스페인으로 파견했다. 로마 함대는 수많은 수송선으로 규모가 커졌고, 이 대규모로 인해 해안에서 멀리 떨어져 있을 때도 눈에 잘 띄었다. 함대가 타라코에 기항했을 때 로마 인들과 그들의 동맹은 똑같이 크게 기뻐했다. 병사들은 상륙했고, 스키피오는 동생을 만나러 갔다. 그렇게 그 때부터 전쟁의 방향은 스키피오 형제가 함께 통제하게 되었다.

그들이 첫 번째로 취한 행동은 카르타고 군이 켈티베리아 인들을 상대로 전쟁에 열중할 때 곧바로 에브로 강을 건너 남하하는 것이었다. 적이 있다는 징후는 없었고, 그들은 남쪽을 향해 사군툼으로 나아갔다. 스키피오 형제는 한니발이 스페인 전역에서 받은 인질을 사군툼에서 보호하고 있으며, 포로를 가둔 요새를 지키는 병력이 상대적으로 미약하다는 정보를 앞서 받은 바 있었다. 그 인질들은 로마와 동맹을 맺는 걸 선호하는 스페인 부족들을 억제하기 위해 강제로 잡아놓은 것이었다. 그들은 카르타고와의 관계에서 이탈하면 인질로 잡혀간 부족의 아이들이 죽게 된다는 사실로 위협하려는 것이었다.

그런데 한 사람의 기지가 이런 무거운 사슬을 스페인 인들의 목에서 거둬주었다. 그가 사용한 계책은 비록 기만술이었지만, 분명 기발한 것이었다. 그는 **아벨룩스**라는 사군툼에 사는 스페인 귀족이었다. 이전에 그는 카르타고에 충성했지만, 운명에 변화가 생기자(외국인의 경우에 이것은 흔한 일이었다) 신념을 바꿨다. 그는 실제로 가치 있는 것도 없이 전향자로서 로마 인 앞에 나타나면 가치도 없고 믿을 수 없는 개인에 불과하다는 걸 알고 있었기에 새로운 친구(로마)에게 최대한 훌륭한 도움을 주기로 했다. 모든 가능성을 숙고한 뒤에 그는 부족들의 인질을 부족들에게 돌려주자는 계획을 생각해냈는데, 그것은 확실히 로마가 스페인 족장들과 우호 관계를 맺는 데 큰 도움이 될 것이었다. 그는 경비병들이 지휘관 보스타르의 허락 없이는 전혀 움직이지 않을 것임을 잘 알고 있었다.

따라서 그는, 항구로 적이 접근하는 걸 막고자 성벽 밖 해안에 주둔한 군대의 지휘관에게 교묘하게 접근했다. 그곳에서 지휘관을 따로 불러낸 그는, 지금 지휘관이 상황을 너무나 모르고 있다고 말했다. 그는 여태까지 스페인 인들은 로마 인들이 멀리 떨어져 있기에 카르타고에 대한 두려움 하나 때문에 그들이 시키는 대로 했다고 말했다. 하지만 지금은 로마 인들이 에브로 강 남쪽에 진을 치고 그에 따라 현 상황에 만족하지 못한 자라면 누구에게나 안전한 대피처를 제공할 수 있으니 상황은 무조건 카르타고 시키는 대로 했던 때와 무척 다르다고도 했다. 아벨룩스는 이어, 두려움이 더는 충성을 보장할 수 없으므로, 두려움이 아니라 관대함과 자상한 배려로 스페인 인들을 카르타고의 편에 붙잡아두어야 한다고 말했다. 보스타르는 놀라 스페인 인들에게 그렇게 갑자기 베풀 수 있는 좋은 배려가 무엇이냐고 물었다. 다른 말로 하자면, 대체 그런 관대한 행위가 무엇이냐고 물은 것이었다. 이에 아벨룩스는 대답했다.

"인질들을 고향으로 돌려보내십시오. 부모들에게 은혜를 베푸는 일이 될 겁니다. 게다가 그 부모들은 자기 공동체에서 가장 영향력 강한 인물이기도 합니다. 그런 일은 전반적으로 부족민들에게도 만족스러울 겁니다. 신뢰받는 걸 싫어하는 사람이 어디 있습니까? 종종 어떤 사람을 믿어주는 것만으로도 그 사람은 곧바로 믿을 수 있는 사람이 됩니다. 인질들을 고향으로 돌려보내는 실무는 제가 맡고 싶습니다. 그래야 계획이 차질 없이 성공할 수 있고 또 도중에 발생하는 문제를 제가 처리할 수 있으니까요. 또한 포로 송환이라는 일의 가치를 최대한 높여 대단히 훌륭한 일로 인식될 수 있게 하는 데도 제 힘이 필요할 겁니다."

카르타고 인의 기준에서 보스타르는 그리 예민하지 않은 사람이었고, 결국 아벨룩스의 감언이설에 넘어가고 말았다. 그날 밤 아벨룩스는 은밀히 로마 군의 초소로 향했고, 그곳에서 그는 스페인 외인부대 몇 사람을 만나 스키피오에게 안내되었다. 그는 자신이 하려는 일을 설명했고, 확약을 적절하게 주고받고 인질을 넘길 때와 장소를 합의한 뒤 사군툼으로 돌아왔다. 다음날 그는 보스타르와 시간을 보내며 인질 송환에 관해 지시를 받았다. 그는 로마 군 초병들의 눈에 띄지 않기 위해 밤에 나가기로 했다. 보스타르를 떠난 그는 미리 정한 시간에 인질들을 지키던 병사들을 깨워 길을 떠났고, 자신이 준비한 함정에 그들을 빠뜨렸다. 물론 그 역시 놀라는 척 하는 걸 잊지 않았다. 인질들은 곧바로 로마 사령부로 끌려갔다. 인질 송환에 관한 모든 세부적인 내용은 아벨룩스가 보스타르와 합의한 그대로 수행되었다. 모든 일은 카르타고 인의 이름과 권위로 처리하려던 것과 똑같이 수행되었으나, 스페인 부족들은 카르타고가 아니라 로마 인들에게 마음 깊이 감사한다는 뜻을 전했다.

그것은 원래대로라면 카르타고 인들이 받아야 할 감사 표시보다 훨씬 더 강력한 고마움의 표시였다. 왜냐하면 카르타고 인들은 성공만 하던 시절엔 거만하고 압제적이었고, 현재 상황이 변하자 불안감 때문에 태도가 다소 부드러워진 것뿐이었지만, 그와 대조적으로 여태까지 정체를 알 수 없던 로마 인들은 처음부터 관대하고 자비롭게 일을 처리하는 돋보이는 행동을 했기 때문이다. 아벨룩스는 판단력 있는 자였고, 그가 충성의 대상을 바꾼 건 무척 훌륭한 일이었다. 이런 일이 벌어진 결과 스페인 부족들은 거의 만장일치로 카르타고와의 관계에서 이탈하는 걸 고려하기 시작했고, 겨울이 다가와 로마 군과 카르타고 군이 월동 숙영지로 물러나지 않았더라면 그 부족들이 즉시 무기를 들고 카르타고에 맞서 싸우려는 걸 막지 못했을 것이다.

23. 이것이 제2차 포에니 전쟁의 두 번째 여름 동안 스페인에서 벌어진 일이었다. 이탈리아에선 파비우스의 현명한 지연 전술이 로마 군이 연달아 전투에서 패배하는 바람에 무너지고 말았다. 파비우스의 전술은 한니발을 불안하게 만드는 커다란 원인이었다. 그는 마침내 로마 인들이 행운에 의지하기보다 합리적인 전쟁 계획을 운용할 전쟁 지도자를 선택했다는 걸 깨달았다. 하지만 로마에서 파비우스의 지연 전술은 경멸의 대상일 뿐이었다. 군인이나 시민이나 가릴 것 없이 파비우스를 경멸했으며, 특히 그가 군을 떠나 있는 동안에 사마관 미누키우스가 적과의 교전에서 어느 정도 성공을 거두자(적어도 불행한 결과는 아니었다) 이런 정서는 더욱 심해졌다.

독재관이 신망을 점점 잃고 있는 데엔 두 가지 원인이 있었다.

첫째, 적의 탈영병들은 한니발이 파비우스의 사유지엔 불이든 칼이든 아무런 피해도 입히지 말고 인근의 모든 건 철저하게 파괴하라고 지시했다는 점을 보고했다. 이는 한니발이 몹시 지능적으로 내린 지시로, 당연히 그 목적은 독재관이 카르타고와 비밀 약속을 맺었다고 의심받게 만들려는 것이었다. 당연히 사람들은 독재관의 사유지가 그런 배려의 대가로 온전한 것이라고 의심할 수밖에 없었다.

둘째, 파비우스가 악평을 받는 이유는 그 자신의 행동이었다. 처음에 그는 원로원의 승인을 기다리지 않아 의혹의 대상이 되었지만, 궁극적으로는 전혀 의심할 바 없는 커다란 명예를 얻게 되었다. 여기서 말하는 문제는 포로 교환과 관련된 금전의 문제였다. 제1차 포에니 전쟁의 선례에 따르면 로마와 카르타고 지휘관들은 어느 쪽이든 더 많은 포로를 붙잡은 쪽에게 한 사람당 은(銀) 2.5 파운드를 지급해야 한다고 합의했었다. 로마 인들은 카르타고 인들보다 247명의 포로를 더 붙잡았지만, 파비우스는 받아야 하는 돈에 관해 원로원과 상의하지 않았기에 해당 문제가 빈번히 논의되었음에도 불구하고 오랜 기간 대금이 들어오지 않았다. 이런 상황에서 파비우스는 아들 퀸투스를 로마로 보내 한니발이 일부러 온전히 남겨둔 자신의 재산을 팔아 사비로 공적 부채를 해결했다.

한니발은 이제 게레오니움 외부에 영구적인 진지를 세웠다. 도시는 함락당해 타버렸지만, 그는 몇 안 남은 온전한 건물을 곡물 저장고로 사용했다. 이 근거지에서 한니발은 병력의 2/3를 보내 약탈에 전념하게 하고, 나머지는 전투를 준비하고 자신의 지휘에 따라 진지를 지키는 동시에 약탈 부대에 대한 적의 공격을 경계하게 했다.

24. 당시 로마 군은 라리눔 근처에 주둔하고 있었다. 이미 언급한 바와 같이 독재관이 로마로 떠나 부재중이라 사마관인 미누키우스가 부대를 지휘했다. 미누키우스의 진지는 전에 산의 안전한 고지에 있었지만, 이젠 평지로 내려와 있었다. 미누키우스는 평소의 그다운 모습을 보이면서, 그 성마른 본성으로 꾸민 공격 계획을 실행하려 했다. 그는 카르타고 군의 약탈 부대나 상대적으로 주둔군이 약하게 배

치된 한니발의 진지를 공격할 생각이었다.

한니발은 지휘관이 바뀌면 전략도 바뀐다는 걸 잘 알고 있었고, 그에 따라 로마 군이 대담한 행동에 나서리라는 것도 역시 잘 알았다. 게다가 그는 로마 군이 무척 가까이 있는데도 불구하고 카르타고 주둔군 3분의 1을 약탈 부대에 합류하게 하여 일부러 진지를 허약하게 만드는 황당한 일을 벌였다. 그는 이어 로마 군 진지에 더욱 가깝게 진지를 옮겼는데, 그곳은 게레오니움에서 3km 정도 떨어진 언덕이었고 로마 군의 동정이 잘 보이는 지점이었다. 그런 식으로 한니발은 카르타고의 약탈 부대가 공격당하면 보호하려고 경계 중임을 로마 인들에게 알렸다. 새로운 진지에서 그는 한 언덕을 봤는데, 그곳은 로마 군 진지에 더 가깝고 그들을 확실하게 내려다볼 수 있었다. 그가 낮에 이 언덕을 점령하는 건 거의 불가능했다. 왜냐하면 로마 군이 분명 지름길로 와서 선수를 칠 것이었기 때문이다. 따라서 그는 누미디아 인 부대를 보내 어둠을 틈타 그 언덕을 점령하게 했다. 다음 날 아침 로마 군은 한심할 정도로 숫자가 적은 누미디아 병력을 몰아내고 그곳으로 로마 진지를 옮겼다.

양군이 이렇게 행동한 결과 그들의 진지는 이제 아주 가까운 거리에 위치했다. 그 사이에 있는 공간은 로마 군에 의해 거의 완벽하게 채워졌다. 동시에 로마 기병대와 가볍게 무장한 보병대는 약탈하는 적군을 공격하고자 뒷문을 통해 나아갔고, 산발적인 적의 무리를 만나자 그들을 아주 거칠게 다뤘다. 한니발은 통상적인 교전의 위험을 감당할 수 없었다. 로마 군이 공격하면 간신히 진지를 보호할 수 있는 적은 숫자의 병사만 데리고 있었기 때문이다. 따라서 그는 휘하 병력의 일부만 쓸 수 있는 상태라 파비우스의 지연 전술을 채택할 수밖에 없었다. 그는 때를 기다리고, 아무런 행동도 하지 않으면서 중대한 교전은 일부러 뒤로 미뤘다. 게다가 그는 게레오니움 외부의 예전 진지로 물러나기까지 했다.

몇몇 역사가는 전면전이 실제로 벌어졌다고 전했다. 첫 충돌로 한니발의 병사들은 붕괴하여 무질서하게 방어 시설 안으로 후퇴했다. 그러나 곧 질서를 회복한 그들은 다시 출격하여 로마 군을 심하게 동요시켰다. 그러나 로마 군은 삼니움 사람인 누메리우스 데키미우스가 증원군을 데리고 전장에 도착하자 겨우 회복할 수 있었다. 데키미우스는 고향인 보비아눔뿐만 아니라 삼니움 전역에서도 가문과 부의 명성이 가장 대단한 사람이었다. 그는 파비우스의 지시를 받고 8천 명의 보병과 5백 명의 기병을 데리고 왔다. 데키미우스가 한니발의 후위에 나타나자 양군은 모두 로마에서 파비우스가 증원군을 이끌고 현장에 나타난 것으로 생각했다. 그에 따라 한니발은 이런 새로운 위협에 더하여 로마 군의 함정에 빠질 것이 두려워 물러났고, 로마 군은 이런 유리한 상황을 적절히 활용하여 데키미우스의 지원 아래 그날 동안 두 곳의 방위 거점을 점령했다. 카르타고 군은 6천 명 정도가 전사했고, 로마 군은 5천 명 정도를 잃었다. 전사자의 숫자가 거의 비슷했음에도 불구하고, 허풍 가득한 미누키우스의 보고서는 로마에 대승했다는 소식을 알렸다.

25. 이 모든 일은 거듭하여 원로원과 민회에서 논의되었다. 로마는 승전 소식에 기뻐했지만, 오로지 한 사람, 파비우스는 그런 소식이나 미누키우스의 보고서를 믿지 못했다. 그는 모든 게 사실이라고 하더라도 자신은 실패보다는 성공이 더 두렵다고 단언했다. 호민관 메틸리우스가 보기에 그것은 지나친 발언이었고, 독재관의 그런 비관적 태도를 참을 수 없다고 생각했다. 그는 독재관이 전투의 현장에 있을 때 전쟁을 적절히 수행하는 걸 방해했을 뿐만 아니라 군대에서

돌아온 지금도 전투의 성과에 일부러 트집을 잡고 있다고 보았다. 호민관은 두 집정관 중 한 사람이 전사하고, 다른 한 사람은 카르타고 함대를 추격하러 떠난 이 상황에서 독재관이 자신의 임기를 늘리고 도시와 전장 양쪽에서 유일한 권력을 유지하려고 일부러 전쟁을 질질 끌고 있다고 생각했다. 게다가 법무관 두 사람은 시칠리아와 사르데냐에서 분주하게 뛰고 있기는 하지만, 사실 그 두 지방은 법무관이 딱히 필요하지도 않다는 말도 했다.

　호민관은 이어 사마관 미누키우스에 관해서도 언급했다. 그는 왜 사마관이 포로처럼 억제당해야 하는지 모르겠다고 했다. 사마관이 적에게 일격을 가하려는 걸 독재관이 막았으며, 심지어 적을 보지도 못하게 했다고 비난했다. 호민관은, 그 결과 에브로 강 남쪽 영토가 카르타고에게 넘어간 것처럼, 삼니움도 한니발에게 넘어갔을 뿐만 아니라 독재관이 로마 군을 데리고 카실리눔에서 사유 재산이나 보호하며 빈둥거릴 때 적은 불과 칼로 캄파니아, 칼레눔, 팔레르눔을 폐허로 만들었다고 지적했다. 정당한 싸움을 갈망하던 사마관과 로마 군은 방어 시설 안에서 죄수처럼 벗어나지도 못했으며, 전쟁 포로처럼 무기마저 빼앗겼다고 말했다. 호민관은 마침내 독재관이 자리를 떠난 순간에 사마관의 부대는 포위된 사람들이 해방된 것처럼 기쁜 마음으로 전투에 나서서 적에게 치명적인 패배를 가했다고 지적했다. 메틸리우스는 마지막으로 이렇게 소리쳤다.

　"따라서 로마 인들이 선조들과 같이 행동한다면, 저는 퀸투스 파비우스에게서 독재관직을 박탈해야 한다고 감히 주장하겠습니다. 하지만 상황이 이러하니 저는 제 주장을 완화하여 독재관과 사마관이 동등한 권력을 가질 것을 요구하겠습니다. 여기에 저는 추가로 제안하고자 합니다. 설혹 제 제안이 받아들여지더라도, 파비우스는 가이우스 플라미니우스를 대신할 집정관을 선출할 때까지 다시 부대에 합류해서는 안 됩니다."

파비우스는 민회를 멀리했는데 그들로부터 좋은 말이 나올 리가 없었기 때문이다. 원로원조차 파비우스의 발언을 무척 적대적으로 받아들였다. 파비우스가, 지난 2년 동안의 패배는 로마 지휘관의 경솔함과 무지에서 비롯된 것이라며 은근히 적을 칭찬하고, 사마관이 자신(파비우스)의 지시를 어기고 전투에 나선 것에 대해 책임을 물어야 한다고 했을 때 의원들의 반응은 냉랭했다. 파비우스는 이렇게 말했다.

"일을 온전히 지휘하는 최고지휘권이 제게 맡겨졌다면, 저는 훌륭한 지휘관에겐 상황 변화가 절대로 가장 중요한 사안이 아님을 곧 모두에게 깨닫게 할 것입니다. 지휘관에겐 예리한 지성과 더불어 원칙을 확고하게 지키려는 굳건한 태도가 무엇보다 중요합니다. 제가 너무 늦기 전에 우리 군대를 치욕 없이 구해낸 건 그게 적을 수천 명 죽이는 것보다 나은 일이었기 때문입니다."

그러나 이런 식의 발언은 파비우스에게 거의 도움이 되지 않았다. 따라서 마르쿠스 아틸리우스 레굴루스를 집정관으로 선출한 뒤 파비우스는 지휘권의 분할 논의에 참여하는 걸 일부러 피하면서, 밤에 로마를 떠나 새로운 조치가 시행되기 전날에 로마 군에 합류했다. 다음날 아침 일찍 민회가 열렸다.

전반적인 정서는 독재관을 멀리하고 사마관 미누키우스를 강력하게 지지하는 은근한 감정이 널리 퍼져 있었지만, 그럼에도 불구하고 평민은 그들이 찬성할 것으로 알려진 조치를 적극 제안하거나 지지하려 들지는 않았다. 그런데 이때 한 사람이 그 조치를 기꺼이 정식으로 제안하려고 했다. 그는 가이우스 테렌티우스 바로였는데, 이전

해에 법무관을 지낸 인물이었다. 바로는 비천하고 수입도 초라한 집안의 출신이었다. 그의 아버지는, 전하는 말에 의하면, 고기를 파는 푸주한이었는데, 아들에게 그 푸주한 일 중에서도 가장 비천한 일을 시켰다는 것이다.

26. 아들은 성인이 된 지 얼마 지나지 않아 아버지가 모아놓은 돈을 물려받게 되었고, 그걸 바탕으로 더 나은 일을 하고 싶다는 생각을 하게 되었다. 그는 포룸과 토가에 흥미를 느끼게 되었고, 약자를 대변하고 지배층의 특권을 공격하는 열정적인 연설을 계속함으로써 인기 높은 유명 인사가 되었고, 결국 공직에 오르게 되었다. 첫 공직을 재무관으로 시작한 그는 두 번 토목건축관을 지냈으며(일반 토목건축관과 쿠룰레 토목건축관을 모두 역임), 이어 법무관에도 올랐다. 그는 이제 집정관에 오르고자 하는 마음을 먹었다. 이런 목적으로, 그는 독재관을 헐뜯으면 인망을 얻을 수 있다는 판단을 하게 되었다. 민회에서 지휘권 분할의 포고가 통과되자, 그는 홀로 그 공로를 차지했다.

파비우스 본인을 제외하고─그가 어떤 생각을 품고 있는지는 알수 없는 일이지만─로마에서나 군대에서나 민회의 새로운 조치는 독재관을 의도적으로 모욕주기 위한 것이라고 간주되었다. 하지만 파비우스는 비록 부당하긴 해도 군중의 분노를 견뎌냈고, 그의 정적들이 평민 앞에서 자신을 비난해도 마찬가지로 평온하게 버텼다. 사마관과 지휘권을 똑같이 나누라는 원로원의 포고가 전해졌을 때 그는 여전히 군대로 돌아가는 길 위에 있었다. 하지만 파비우스는 전술이나 전략의 기량이 평등해진 건 절대 아니라고 확신하면서 서둘러 휘하 병력과 합류하러 나아갔다. 한니발이나 그의 동포들이나 그를 패배시킬 수 없었기에 그는 여전히 전과 다를 바 없는 파비우스 그대로의 모습이었다.

27. 이런 포고가 내려오기도 전에 미누키우스는 이미 자신이 이룩한 성과와 병사들의 지지 때문에 오만한 사람이 되어 있었다. 그의 행동은 절제와 예절의 한계를 한참 넘어섰고, 그는 한니발에게 패배를 안긴 것보다 파비우스를 패배시킨 걸 온 사방에 자랑하고 다녔다. 어려운 시기에, 연전연승의 한니발에 유일하게 맞설 수 있는 적수로서 선발된 파비우스는 이제 시민들의 투표로 하급자와 동급이 되고 말았다. 독재관인 그가 사마관 수준으로 격하된 것이었다. 과거 독재관의 무시무시한 권표와 도끼 앞에서 일개 사마관 정도는 들개처럼 비굴한 태도를 보이던 그런 나라에서 이런 하극상의 사건이 벌어진 것이었다. 그야말로 역사상 전례가 없는 일이었다. 미누키우스는 이것이야말로 자신의 눈부신 용맹과 성과가 이뤄낸 결과가 아니고 무엇이겠느냐고 생각했다. 따라서 그는, 독재관이 신이나 사람이나 모두 나무라고 있는 그 미적거리고 아무런 일도 하지 않는 전술을 고집한다면 자신의 운명이 이끄는 대로 따라가기로 결심했다.

그에 따라 미누키우스는 파비우스와 회의를 하는 날 새로운 공동 지휘권의 행사와 관련하여 어떤 것이 최선의 방식일지 결정하는 게 최우선 과제라고 선언했다. 그는 격일로, 혹은 그 이상의 고정된 기간으로 최고지휘권을 번갈아 행사하는 걸 선호했다. 그렇게 해야 전투 상황이 발생하면 병력이나 전략에서 적과 맞서 싸울 수 있기 때문이었다.

하지만 파비우스는 그런 방식의 지휘권 분할에 강력히 반대했다. 그는 미누키우스의 성급한 성격으로 인한 결과가 너무나 불안하다는 점을 지적하면서 지휘권을 하루도 자신의 손에서 내려놓을 수 없다고 하면서, 두 사람이 지휘권을 공유하는 건 가능하다고 말했다. 파비우스는 따라서, 전쟁이 적절한 방향으로 진행되는 데 자신이 기여할 수 있는 바를 포기할 수는 없다고 했으며, 하루든 그 이상이든 지휘권을 번갈아 행사하는 일엔 찬성할 수 없지만, 미누키우스와 병력을 나누는 건 기꺼이 응하겠다고 답변했다. 또한 파비우스는 자신이 비록 완전한 군대 통제권을 갖지는 못하지만, 자신의 지연 전술을 따름으로써 구해낼 수 있는 건 최대한 구해내겠다는 뜻도 밝혔다.

그 결과 두 사람은 병력을 나누게 되었는데, 그것은 평상시에 두 집정관이 으레 하는 일이었다. 미누키우스는 1군단과 4군단을, 파비우스는 2군단과 3군단을 지휘하게 되었다. 그들은 또한 기병대와 외인부대, 동맹군과 라틴 부대까지 동수로 나눴다. 미누키우스는 더 나아가 둘로 나뉜 병력이 따로 진지를 세울 것을 요구했다.

28. 한니발은 간첩들이 보내는 정보와 탈영병들에게서 얻는 정보 덕분에 로마 군 진지에서 벌어지는 일을 빠짐없이 알고 있었다. 그는 로마 군 내에서 이루어진 지휘권 분할 합의가 두 가지 이유로 만족스러웠다.

첫째, 미누키우스의 무모함이 이젠 전혀 파비우스의 견제를 받지 않게 되었으므로, 한니발은 그것을 적절히 활용할 수 있었다.

둘째, 파비우스의 전술적인 지혜가 병력이 절반으로 줄어들면서 크게 힘을 잃게 되었다.

미누키우스의 진지와 적의 진지 사이엔 언덕이 있었고, 어느 한쪽이 이곳을 차지하면 그 상대방은 확실히 불리한 처지가 되었다. 한니발에겐 전투하지 않고 이 언덕을 차지하는 게 가치 있는 일이었고, 또 그렇게 하고 싶었지만, 그는 역발상을 일으켜 거기서 한 걸음 더 나아가 그 언덕을 미누키우스를 끌어들이는 미끼로 활용하고자 했다. 그는 자신이 어떤 행동을 보이든 미누키우스가 그것을 저지하고자 나타나리라 확신했다. 양군 사이에 있는 땅은 무심하게 보면 삼림

지는커녕 관목도 없는 곳이라 함정을 놓기엔 무척 부적합한 곳이었다. 하지만 그곳은 병사들을 숨기기 위해 만들어졌다고 해도 과언이 아닌 바로 그런 곳이었다. 그곳은 매복하기에 최적의 장소였고, 특히 헐벗고 나무도 없는 계곡이라 매복을 의심받지 않는 곳이어서 그 효과는 더욱 컸다. 그곳엔 많은 구불구불한 곳이 있어 벽감 같은 공간이 있었는데, 그중 몇 곳은 200명이 배치될 정도로 공간이 넓었다. 이런 잠복 장소들에 한니발은 곳곳마다 최대한 많은 병사를 숨겨 총 5천 명의 기병과 보병을 배치했다. 탁 트인 계곡이라 은신처에서 병사가 생각 없이 나오거나, 무기가 어슴푸레하게 빛나는 일로 함정이 발각될 수 있었으므로, 한니발은 앞서 언급한 언덕을 점령할 소규모 부대를 동이 틀 때 일부러 파견하여 로마 군의 주의를 끌었다.

카르타고 군은 정말로 소수였고, 로마 인들은 한니발이 보낸 부대를 보자 경멸을 감추지 못했다. 로마 군은 언덕을 점령한 한 줌도 안 되는 적을 몰아내고 어서 빨리 그곳을 점령하자고 요구했다. 미누키우스는 누구보다 어리석고 성급한 자였다. 그는 휘하 병사들에게 전투 준비를 하라고 지시하고, 공허한 위협의 언사로 적에게 악담을 퍼부었다. 먼저 그는 가볍게 무장한 병사들을 보내고, 이어 기병대를 밀집 대형으로 보냈다. 마지막으로 카르타고의 증원 부대가 오는 걸 본 그는 전투 대형으로 중무장한 보병대를 이끌고 그들과 싸우러 진군했다. 한니발은 휘하 병사들이 심한 압박을 받는 곳마다 기병이나 보병 증원 부대를 보냈는데, 그렇게 하여 전투가 격화되자 직접 부대를 이끌고 나섰다.

교전은 이제 전면전으로 전환되었다. 가볍게 무장한 로마 보병대는 낮은 곳에서 이미 카르타고 군이 장악한 언덕까지 앞장서서 나아갔지만, 격퇴당해 물러나 바로 뒤따라오던 기병대에 공황과 혼란을 퍼뜨렸고, 목숨을 부지하고자 후위의 군단병들을 향해 도망쳤다. 유일하게 동요하지 않고 남은 군단병들은 아무런 술수가 없는 정정당당한 결전을 벌였다면 적과 대등하게 싸울 수 있었을지도 모른다. 그들의 사기는 며칠 전 거둔 성과로 높았기 때문이었다. 하지만 이 때 한니발이 매복시킨 병력이 갑자기 전장에 나타났다. 그들은 로마 군의 양쪽 측면과 후위를 동시에 덮쳤고, 이로 인해 생겨난 끔찍한 혼란 때문에 미누키우스의 흩어진 군대는 싸울 배짱을 부리지도 못했고, 도망칠 희망을 품지도 못했다.

29. 파비우스는 로마 군이 당황하고 겁에 질려 외치는 소리를 들었다. 잠시 뒤 그는 멀리서 무너진 대열을 보게 되었다. "결국 이렇게 되었구나!" 그가 소리쳤다. "내가 우려한 그대로, 무모함이 그에 맞는 벌을 받고야 말았구나. 비록 이 파비우스와 동등하게 지휘하게 되었지만, 그는 이제 한니발이 자신보다 군사적인 재능도 더 낫고, 그에 따라 성과도 더 훌륭하다는 걸 알겠구나. 하지만 책망하거나 분개할 시간은 없다. 제군, 전장으로 진군하라! 적이 승리를 차지하는 걸 차단하고, 우리 동포가 잘못을 자백하게 하자!"

미누키우스의 병사들은 이미 많이 죽었고, 그렇지 않은 병사들은 필사적으로 탈출할 길을 찾을 때 파비우스의 군대는 갑자기 마치 하늘이 보낸 구원자처럼 전장에 나타났다. 파비우스의 군대는 그들이 사거리(射距離)에 들어오기 전에, 혹은 실제로 적과 맞붙어 싸우기 한참 전에 등장만으로도 아군의 궤멸을 막고, 적을 신중한 태도로 돌아서게 했다. 대열이 무너져 전장 이리저리로 흩어진 미누키우스의 병사들은 모두 서둘러 새로 도착한 파비우스의 군대에 합류했다. 꽁무니를 빼던 로마 군 병사들은 다시 적을 마주봤고, 원진(圓陣)을 이뤄 한 발자국도 물러서지 않거나 밀집한 대형을 이뤄 굳게 자리를 지켰다. 곧 패배한 군대와 새로 도착한 군대는 거의 하나의 군대로 통합되었다. 이들이 공격하려고 나설 때 한니발은 퇴각 나팔을 울렸다. 미누키우스를 물리치긴 했지만, 파비우스를 상대로 하는 싸움에서는 물러날 수밖에 없다고 공공연하게 인정한 것이었다.

이 파란만장한 날이 끝나갈 무렵, 로마 군은 진지로 돌아왔고, 미누키우스는 휘하 병력을 모아놓고 이렇게 연설했다.

"제군, 가장 훌륭한 사람은 훌륭한 조언을 할 수 있는 사람이며, 그다음으로 훌륭한 사람은 훌륭한 조언을 따를 준비가 된 사람이고, 가장 못난 사람은 어느 쪽도 모르는 어리석은 자라는 말이 있다. 실제로 나는 이 말을 자주 들었다. 아아, 우리는 가장 훌륭한 첫 번째 사람을 인정하지 않았던 것이다. 그러니 우리는 두 번째 사람이 되도록 하자. 지휘를 배우는 첫 단계로서 현인을 따르기로 하자. 우리는 반드시 파비우스와 군대를 합쳐야 한다. 우리가 그의 막사로 군기를 들고 갈 때 나는 그를 아버지라고 부를 것이다. 그의 드높은 지위와 그가 우리에게 베푼 도움을 생각하면 그런 호칭을 쓰는 게 마땅하다. 제군, 이제 칼로 우리를 보호한 사람들에게 그에 맞는 경의를 표시해야 할 것이다. 오늘 우리는 적어도 우리가 감사를 표시할 줄 아는 단한 가지 훌륭한 재능만은 가지고 있음을 증명해야 할 것이다."

30. 나팔 소리가 들려왔고 진지를 해체하고 움직이라는 소리가 울려 퍼졌다. 그들이 종대를 형성하여 파비우스의 사령부로 진군할 때, 독재관과 그들의 접근을 지켜보는 그곳 모든 병사들이 놀라움을 금치 못했다. 그들은 독재관석 앞에서 걸음을 멈췄고, 사마관은 앞으로 나서 파비우스에게 아버지라는 호칭으로 경의를 표시했다. 미누키우스의 휘하 병사들은 하나같이 그들 주변에 모인 전우들을 보호자라고 불렀다. 사마관은 이렇게 말했다.

"독재관님, 독재관님은 이제 저에게 부모님 같은 분이고, 저는 더 이상 어떻게 경의를 표시해야 할지 모르겠습니다. 하지만 저는 부모님에게는 목숨밖에 빚지지 않았지만, 독재관님께는 부모님께 받은 목숨과 휘하 병사들의 안전을 빚졌습니다. 따라서 저는 제게 주어진 평민의 포고를 파기하여 무효화하는 목소리를 처음으로 내는 사람이 되고자 합니다. 평민의 포고는 제게 명예롭지도 않은 아주 무거운 짐이었습니다. 저는 이제 다시 독재관님께 돌아와 독재관님의 보호와 지휘를 받겠습니다. 저는 이 군기들과 군단병들을 모두 당신께 돌려드리겠습니다. 신이시여, 독재관님과 저, 그리고 구원하러 온 군대와 구원받은 군대 모두가 번영할 수 있도록 하소서! 마지막으로 독재관님께 한 가지 청할 것이 있습니다. 관용을 베푸시어 저를 다시 사마관으로 받아들여 주시고, 제 휘하 병사들도 각자에 알맞은 지위를 허락해주십시오."

두 사람은 악수했고 도열한 병사들은 해산했다. 파비우스의 병사들은 동포나 이방인이나 가리지 않고 친절하고 흔쾌하게 미누키우스의 병사들을 환대했다. 몇 시간 전만 해도 공포가 가득해 우울했던 그날은 이제 기쁜 하루로 마무리되었다.

이 소식이 로마에 전해지고, 이후 파비우스와 미누키우스의 지휘를 받았던 사병들이 보낸 편지와 두 지휘관이 보낸 급보로 그 소식이 사실임이 확인되자 로마의 모든 이가 파비우스 막시무스를 하늘 높이 칭찬했다. 한니발과 카르타고 인들 사이에서도 파비우스의 명성은 그에 못지않게 높았다. 마침내 그들은 자신들이 싸우는 상대가 로마 인이며, 전쟁의 무대가 이탈리아라는 걸 확실히 느꼈다. 왜냐하면 지난 2년 동안 그들은 장교나 사병이나 가릴 것 없이 로마 군의 비루한 모습만 보았고, 그래서 카르타고의 아버지들이 지난 전쟁에서 싸웠다고 이야기해준 무서운 적(로마 인)이 과연 이런 사람이었는지 도저히 믿을 수 없었다. 전해지는 어떤 이야기에 의하면, 한니발은 전투를 치른 뒤 이런 말을 했다고 한다.

"산 정상에 머무르던 구름이 마침내 폭풍우가 되어 땅으로 내려왔군."

31. 이탈리아에서 이런 일이 벌어지는 동안 집정관 그나이우스 세르빌리우스 게미누스는 120척의 전함으로 구성된 함대를 이끌고 사르데냐와 코르시카 주변을 항해했고, 두 섬에서 인질을 붙잡은 뒤 아프리카로 건너갔다. 그곳으로 가는 중에 그는 메닉스 섬을 초토화했고, 케르키나 인들은 그에게 은 10 탈렌트를 건네고 자국의 영토가 불과 칼로 유린당하는 걸 막았다. 이어 그는 아프리카 해안으로 가서 그곳에서 병사들을 상륙시켰다. 곧바로 약탈이 시작되었고, 선원들은 주변 지역을 조심 없이 배회하며 마치 무인도에 있는 양 약탈했다. 하지만 그들은 너무나 무모하여 곧 함정에 빠졌고, 결국 포위되고 말았다. 그들과는 달리 적은 현지의 지리에 익숙했다. 그들은 적은 군대로도 산산이 흩어진 침략자 일당을 쉽게 포위할 수 있었고, 그 결과 로마의 병사들은 호되게 당하고 많은 전사자를 전장에 남긴 채 전함으로 도망칠 수밖에 없었다. 1천 명 정도가 죽었으며, 전사자 중엔 재무관 셈프로니우스 블라이수스도 있었다.

함대는 황급히 적의 병사들이 득시글거리는 해안을 떠나 시칠리아로 나아갔다. 그곳의 릴리바이움에서 함대는 법무관 티투스 오타킬리우스에게 넘겨졌고, 그의 부관 푸블리우스 수라가 그 함대를 이끌고 로마로 돌아가는 책임을 맡았다. 게미누스는 도보로 시칠리아를 통과해 해협을 건너 이탈리아로 갔다. 파비우스가 게미누스와 그의 동료 집정관 아틸리우스를 소환했기 때문이었다. 파비우스는 6개월의 총사령관 임기가 거의 끝나가자 그들에게 휘하 병력을 넘길 예정이었다.

거의 모든 연대기 편자의 기록에 의하면, 파비우스는 독재관 자격으로 한니발을 상대로 싸웠다고 되어 있다. 역사가 코일리우스 안티파테르는 그가 시민에 의해 지명된 첫 독재관이라고 했다. 하지만 코일리우스와 다른 역사가들은 전부 독재관을 임명할 권리가 유일하게 생존한 집정관이자 당시 갈리아[7]에 나가 있던 그나이우스 세르빌리우스에게 있다는 걸 잊은 모양이다. 처참한 패배 이후 국가적으로 공황이 발생한 상태에서 로마 시민들은 독재관 임명의 절차가 지연되는 것을 기다릴 수 없었고, 그리하여 시민 투표로서 독재관 대리를 선출하는 방법을 취했다. 이후의 전쟁 수행과 파비우스가 지닌 지휘관으로서의 엄청난 명성, 그리고 그의 후손들이 그의 흉상에 새긴 명문(銘文) 등으로 인해 자연스럽게 그가 독재관 대리가 아닌 독재관으로 임명되었다는 일반적인 믿음이 생겨났다.

32. 집정관 마르쿠스 아틸리우스 레굴루스와 그나이우스 세르빌리우스 게미누스는 이전에 파비우스와 미누키우스가 지휘하던 군대를 각각 인수했다. 계절은 늦가을밖에 되지 않았지만, 그들은 견고한 방어 시설을 갖춘 월동 진지에 자리 잡았고, 서로 논의한 결과 파비우스의 전략을 따르는데 의견이 일치했다. 한니발이 약탈 부대를 보내면 두 집정관은 어디든 기꺼이 따라가 적의 대열을 괴롭히고 낙오자들을 처치했지만, 전면전을 벌이는 위험은 한사코 피했다. 총력전이야말로 한니발이 무슨 수를 써서라도 유도하려는 것이었지만, 그

---

7   북부 이탈리아의 아리미눔 근처.

의 뜻대로 되지 않았다.

그 결과 한니발은 보급품 부족에 시달리게 되었다. 한니발은 자신이 갈리아 지역으로 물러나면 패배를 명백히 자인하게 되는 것이었으므로 용납할 수가 없었다. 그러나 현재 상황에서 다음 해의 집정관들마저 파비우스 같은 지연 전략을 고수한다면 휘하 병력을 도저히 먹일 방법이 없었다.

겨울이 돌아와 게레오니움 인근 지역에서 벌어지던 전투가 중단되자 네아폴리스(나폴리)에서 보낸 사절단이 로마를 찾아왔다. 그들은 원로원에 40개의 커다란 황금으로 만든 접시를 가져왔고, 다음과 같이 장황한 연설을 했다. "우리는 로마의 국고가 전쟁으로 인해 고갈되었다는 걸 잘 알고 있습니다. 전쟁은 이탈리아를 보호하는 수도 로마의 주권을 유지하고, 로마 동맹의 도시와 영토를 지키기 위한 것이었습니다. 네아폴리스(나폴리) 인들은 로마 인들을 돕는 것을 의무로 생각하고 있습니다. 지금 가져온 황금 선물은 우리 선조들이 신전을 장식하고 민족을 부유하게 하고자 후손인 저희에게 남겨준 것입니다. 귀국의 생각에 우리가 도움이 되는 군사력을 보유했다고 보신다면 기꺼이 제공하겠습니다. 원로원과 로마 시민들이 네아폴리스가 소유한 걸 전부 로마의 것으로 여긴다면 우리에게 호의를 베푸는 일이 될 겁니다. 또한 그 자체로는 부족한 것이지만, 로마를 돕자는 선의를 더 값지게 보아 선물을 받아주시면 네아폴리스를 존중해 주는 일이 될 겁니다." 이에 원로원은 네아폴리스의 관대하고 사려 깊은 행동에 감사를 표하고, 40개의 접시 중 가장 무게가 덜 나가는 것 하나만 받았다.

33. 이즈음 2년 동안 발각되지 않고 활동하던 카르타고 간첩이 로마에서 붙잡혔다. 로마 인들은 그의 양손을 자르고 도시 밖으로 추방

했다. 캄푸스 마르티우스(마르티우스의 들판)에선 음모를 꾸몄던 노예 25명이 십자가형을 당했고, 간첩들을 밀고한 노예는 면천의 자유와 2만 아스를 보상금으로 받았다. 로마는 마케도니아 왕 필리포스[8]에게 사절단을 보내 파로스의 데메트리오스[9]를 넘길 것을 요구했는데, 그는 전쟁에서 패배한 이후 필리포스의 궁중으로 도피했었다. 또 다른 사절단은 리구리아로 가서 자금과 병사를 한니발에게 공급하여 도움을 준 행위에 불만을 표시했고, 동시에 보이이와 인수브리아 갈리아 사이에 어떤 일이 벌어지고 있는지[10] 알아내기 위해 직접 증거를 수집했다. 세 번째 사절단은 일리리아 군주 피네우스를 방문하여 지급 기한을 넘긴 조공을 바치라고 요구했으며, 더 지급을 늦추길 바란다면 인질을 제공하라고 했다. 간단히 말해서, 로마 인들은 중대한 전쟁을 벌이는 부담스러운 상황임에도 불구하고 로마와 관계된 곳이라면 얼마나 멀리 떨어져 있든 상관하지 않고 주의를 기울일 힘이 여전히 남아 있다는 걸 보여준 것이었다.

한편 로마 인들은 양심이 편치 않았다. 왜냐하면 2년 전 갈리아에서 반란이 벌어졌을 때 법무관 만리우스가 건립하기로 맹세한 <조화의 신전>이 아직 발주되지 않았기 때문이었다. 따라서 로마를 담당

---

8   필리포스 5세를 가리키는데 로마 인들은 기원전 216-205년 사이, 그리고 기원전 200-197년 사이에 마케도니아를 상대로 두 번의 전쟁을 치르게 되는데 필리포스와는 첫 번째 전쟁을 치르게 된다.

9   파로스는 일리리아 해안에 있는 작은 섬이다. 파로스의 데메트리오스는 기원전 229년 코르키라 섬을 로마 인에게 헌납하는 배신을 저질렀다. 그 전에 일리리아 여왕 테우타는 그를 그 섬의 지사로 만들었는데 그만 일리리아를 배신한 것이다. 그런 이런 배신 때문에 로마로부터 여러 섬의 지사 직을 수여받았다. 그러나 그 후 교만해져서 로마의 동맹들을 약탈했다. 아이밀리우스 파울루스는 그를 상대로 정벌전을 벌여 기원전 219년 그를 패배시키고 추방했다.

10 21권 25장에 기록된 반란을 참고할 것.

한 법무관 마르쿠스 아이밀리우스는 푸피우스와 플라미니우스라는 두 관리에게 카피톨리움 언덕 반대편에 있는 아르크스[11]라는 정상에 신전을 세우는 계약을 발주하라고 지시했다.

아이밀리우스는 원로원의 지시에 따라 집정관들에게 서신을 보내 시간이 되는 집정관 한 사람이 로마로 와서 차기 집정관 선거를 주재하라고 요청했고, 자신은 그들이 바라는 날짜를 선거일로 선포하겠다고 말했다. 집정관들은 이에 나라가 위태로운 상황에서 자리를 비울 수 없으니 군무 중인 자신들을 부르는 것보다 인테르렉스가 주재하여 선거를 치르는 것이 바람직하다고 답변했다.

하지만 원로원은 집정관 중 한 사람이 독재관을 임명하여 선거를 치르는 게 더 적합하다고 생각했다. 이에 루키우스 벤투리우스 필로가 독재관으로 임명되었고, 사마관으로 만리우스 폼포니우스 마토가 임명되었다. 하지만 이 두 사람을 임명하는 과정에서 기술적인 하자가 있었으므로, 그들은 14일 임기를 끝으로 사임하게 되었다. 그리하여 이후에 한 번 더 **인테르레그눔**(현 집정관에서 다음 집정관 사이의 공백 기간을 책임지는 임시 통치 기간으로 이 시기의 책임자를 인테르렉스라 한다)이 들어서게 되었다.

34. 집정관들의 지휘권은 다음 해까지 자동 연장되었다. 원로원은 아피우스의 아들인 가이우스 클라우디우스 켄토를 인테르렉스로 임명했고, 그의 후임으로는 푸블리우스 코르넬리우스 아시나를 임명하여 그의 임기 중에 선거가 개최되었다.

선거 과정 중에 원로원과 평민 사이엔 치열한 논쟁이 벌어졌다. 평

---

11 카피톨리움 언덕에 있는 두 정상 중 하나. 나머지 하나는 카피톨리움.

민은 그들과 같은 계급 출신인 가이우스 테렌티우스 바로를 집정관 직에 올리고자 갖은 노력을 다했다. 바로는 지도층 시민들을 공격하고 평민들을 선동함으로써 평민에게 사랑받았고, 파비우스와 독재관 직책의 영향력을 약화시키려고 끊임없이 견제를 걸어왔다. 이렇게 하여 바로는 다른 이들을 중상하며 세간의 주목을 받았다. 원로원은 그가 출마하는 걸 격렬하게 반대했다. 왜냐하면 상대방 후보가 인신 공격이라는 단순한 방편으로 자신들과 경쟁하는 일이 벌어지는 걸 우려했기 때문이다.

　바로의 친척이자 호민관 퀸투스 바이비우스 헤렌니우스는 원로원을 매도하는 것보다 더한 일도 서슴지 않았다. 그는 독재관이 선거를 주최하는 일을 막은 복점관들을 고발했고, 그들을 중상 모략함으로써 자신이 응원하는 후보가 지지를 받도록 했다. 헤렌니우스는 이렇게 말했다.

　"귀족들이 지난 몇 년 동안 전쟁을 원해 한니발을 이탈리아로 끌어들였고, 이제 전쟁을 끝낼 수 있음에도 불구하고 부정한 수단을 써서 전쟁을 질질 끌고 있습니다. 미누키우스가 파비우스의 도움 없이 성공적으로 전투를 치른 사실을 보십시오. 네 군단이 통합하면 한니발을 얼마든지 상대할 수 있는 막강한 전력이라는 게 명백합니다. 파비우스는 미누키우스의 두 군단을 패배에서 구해내기 전부터 이미 로마 인들로부터 승리를 빼앗아갔던 자입니다. 두 군단이 전투에서 몰살당할 때 최후의 순간에 나타나 구해준 건, 무슨 깊은 뜻이 있어서 그런 것이 아니라 순전히 아버지이자 보호자로 불리기 위해서였습니다. 이후 집정관들은 파비우스의 간계에 넘어가 의도적으로 전쟁을 연장했는데, 이렇게 되면 성공적인 결말이 날 때까지 전쟁은 끝나지 않을 것입니다. 이것이 지배층 모두가 은근히 갖고 있는 속셈입니다.

따라서 진정으로 평민에게 속한, 전에는 집정관을 전혀 해보지 못한 사람을 집정관에 앉히면 이 전쟁은 얼마든지 끝낼 수 있습니다. 공직을 지낸 덕분에 원로원에서 자리를 차지한 평민들은 이미 귀족 무리에 가입되었고, 귀족으로부터 경멸당하지 않게 되자 자신들의 출신 성분은 잊어버리고 평민들을 경멸하기 시작했습니다. 원로원이 선거를 통제하고자 인테르레그눔을 획책한 건 속이 뻔히 보이는 짓입니다. 그들은 집정관들이 군대와 함께 머무르길 고집하고 있으며, 그래서 평민들의 뜻과 달리 독재관이 임명되어 선거를 주재하게 되었습니다. 그 결과 평민들은 독재관 임명이 타당하지 않다는 복점관들의 결정을 얻어내기 위해 힘들게 싸워야 했던 것입니다. 하지만 결국 귀족들은 인테르레그눔을 얻고 말았습니다. 그렇다 하더라도 집정관 한 자리는 평민의 것이 되어야 하는 게 당연합니다. 평민들은 그들 나름의 독립적인 특권을 활용하여 전쟁에서 승리할 새로운 사람을 집정관에 앉혀야 합니다. 기존의 지휘권 연장은 절대 안 됩니다."

35. 대중은 이런 연설을 듣자 격분했다. 이어진 선거에서 메렌다, 볼소, 레피두스라는 세 명의 귀족이 입후보했고, 이전에 공직을 맡아 사회적 지위가 상승한 세라누스와 파이투스(한 사람은 대사제, 다른 사람은 복점관이었다)라는 두 명의 평민이 입후보했다. 그러나 가이우스 테렌티우스 바로 한 사람만이 집정관으로 선출되었다. 단 바로가 동료 집정관을 선출하는 선거를 주재한다는 조건이었다. 귀족들은 이제 그들이 제시한 후보자들이 경쟁력이 없다는 점을 깨닫고 평민당을 격렬히 반대하는 루키우스 아이밀리우스 파울루스를 후보자로 세웠다.

하지만 파울루스 본인은 입후보에 무척 반대했다. 그는 예전에 마르쿠스 리비우스를 동료 집정관으로 하여 이미 집정관을 지낸 경력이 있었다. 리비우스는 몇 가지 죄를 지어 유죄 판결을 받았고,[12] 파울루스 본인도 그렇게 될 뻔했지만, 명성에 심각한 피해만 입고 고발당하는 건 간신히 모면했었다. 다음 선거일이 되자 바로를 반대하는 사람 전원이 파울루스를 지지하여 그는 집정관직으로 돌아오게 되었다.

바로와 파울루스의 관계는 동료라기보다 결투장 안에 선 두 검투사 같은 것이었다. 법무관 선거가 뒤를 이었고, 만리우스 폼포니우스 마토, 푸블리우스 푸리우스 필루스가 선출되었다. 후자는 로마 도시 안에서 법을 집행하고, 전자는 로마 시민과 외국인 간의 분쟁을 심리할 것이었다. 이어 두 명의 법무관이 추가되었고, 마르쿠스 클라우디우스 마르켈루스는 시칠리아를, 루키우스 포스투미우스 알비누스는 갈리아를 담당하게 되었다. 법무관 전원은 로마에 없는 상태에서 선출되었다. 바로를 제외하고는 모두 전에 동일한 직책을 맡은 경력이 있었다. 많은 훌륭한 사람들이 이번에는 발탁되지 못했는데, 지금 같은 중대한 상황에서는 이전에 경험이 없는 사람에게 중요한 공직을 맡길 수 없다는 분위기가 강했기 때문이다.

36. 군대의 병력도 늘어났다. 기병과 보병이 각각 얼마나 늘어났는지 정확히 기술할 수 없다. 왜냐하면 병종(기병과 보병)과 병력 숫자에 관한 기술이 역사가들 사이에서 크게 다르기 때문이다. 몇몇 역사가

---

12 마르쿠스 리비우스 살리나토르는 기원전 219년에 집정관을 지냈다. 그는 파로스의 데메트리오스를 상대로 하는 전쟁에서 부정직한 태도(전리품을 자신의 몫 이상으로 챙겼다는 것)를 보였다고 유죄 판결을 받았다. 그러나 그는 기원전 207년 메타우루스에서 하스드루발을 패배시키는 큰 공로가 있었다. 이하 27권 33장, 27권 47장, 29권 39장 참조.

들은 1만 명의 새로운 병력이 증원 부대로 모였다고 했고, 다른 역사가들은 4개 군단이 새로 모집되어 총 8개 군단이 되었다고 했다. 군단의 전체 수도 1천 보병과 1백 기병이 추가되어 5천 보병에 3백 기병의 편제가 되었다는 말도 있다. 동맹국들은 기병의 수를 두 배로 제공해 달라는 요청을 받았지만, 보병은 예전과 같은 병력만 요청받았다. 몇몇 역사가는 칸나이 전투 당시 87,200명이 참전했다는 기록을 남겼다.

그러나 다음 한 가지 사항에 대해서는 기록마다 의견이 일치했다. 이제 몇 년 전보다 전쟁에 기울이는 노력이 훨씬 더 컸고, 병력도 훨씬 더 강대해졌다는 것이다. 이런 변화는 파비우스가 한니발을 꺾고 승리할 수 있다는 희망을 주었기에 가능한 것이었다.

새로운 군단들이 로마를 떠나기 전에 10인 성직 위원회는 원로원 지시를 받아 시빌의 예언서를 찾아봤다. 또다시 기이한 일들이 벌어지고, 미신으로 인한 두려움이 발생했기 때문이었다. 로마의 아벤티노 언덕과 아리키아에선 동시에 돌비가 쏟아졌다. 사비니 인들은 조각상들이 피를 줄줄 흘리고, 개울에서 뜨거운 물이 흐르는 걸 봤다. 후자의 현상은 빈번히 발생하여 사비니 인들은 크게 불안해했다. 캄푸스 마르티우스 근처의 아치형 길에선 몇 사람이 벼락을 맞고 그 자리에서 죽었다.

이런 기현상들에 대응하고자 예언서에서 적절한 대응 방식을 찾아내 그대로 시행되었다. 파이스툼 사절단은 로마에 황금 접시들을 가져왔다. 네아폴리스 인들에게 그랬던 것처럼 로마 인들은 그 정성에 감사를 표시했지만, 선물은 받지 않았다.

37. 이즈음 시라쿠사의 히에로 왕이 보낸, 보급품을 실은 함대가 오스티아에 도착했다. 시라쿠사 대변인들은 로마 원로원에서, 플라

미니우스가 죽고 그의 군대가 괴멸되었다는 소식에 히에로가 무척 슬퍼했으며, 설사 히에로 자신과 시라쿠사에 그런 참사가 벌어졌더라도 그보다 슬퍼하지는 않았을 것이라는 말을 전했다. 히에로는 로마가 성공할 때보다는 역경을 겪을 때 더 위대하고 존경스럽다는 것을 아주 잘 알고 있지만, 훌륭하고 충실한 동맹국이라면 전쟁 비용에 이바지하는 게 마땅하니 이런 물자를 보내게 되었다면서 부디 원로원이 거절하지 않았으면 좋겠다고 진정으로 간청했다.

시라쿠사 사절단은 로마의 승리를 기원하고자 <승리> 신의 조각상을 가져왔다. 220파운드 무게의 이 황금 상을 내보이며 그들은 원로원에 부디 이를 받아들여 영원히 로마의 소유물로 간직해 달라고 했다. 다음으로 그들은 밀 30만 펙(10리터의 용량)과 보리 20만 펙이 배 위에 준비되어 있으며, 이 정도면 충분한 식량이 될 것으로 확신한다고 말했다. 더 식량이 필요하다면 그들은 지정한 항구로 운송하겠다는 말도 했다.

사절단은 또한 로마가 자국과 라틴 동맹에서만 중무장한 보병과 기병을 모집하는 사실을 잘 알고 있지만, 로마 군에서 가볍게 무장한 외인부대가 복무하는 걸 봤다고 했다. 그에 따라 히에로 왕의 지시로 궁수와 투석병을 정예병으로 1천 명을 준비했으니 발레아레스 인과 무어 인, 혹은 투척 무기를 다루는 다른 병력과 맞서 싸우는 데 도움이 될 것이라고 했다.[13]

선물에 이어 그들은 조언도 전했다. 그들은 시칠리아를 담당하는 법무관이 아프리카를 침공해야 한다고 했다. 그렇게 되면 한니발 역

---

13   폴리비오스에 의하면 로마 원로원은 히에로 왕에게 먼저 도움을 요청했다고 하는데, 리비우스는 이런 태도를 굴욕적이라고 생각하여 언급하지 않았다.

시 조국에서 벌어지는 전쟁을 의식하여 심한 압박감을 느낄 것이고, 그에 따라 카르타고 역시 그에게 자유롭게 증원군을 보내기 힘들 것이기 때문이라고 했다.

히에로의 도움에 원로원은 선의에 감사한다면서 다음과 같이 말했다. "히에로 왕께선 로마와 우방이 된 이래로 늘 충실하셨고, 언제 어느 곳에서나 대단히 후하게 로마의 대의를 지지하셨으니 참으로 귀중한 동맹이 아닐 수 없습니다. 로마 인은 히에로 왕께 감사하고 있으며, 그런 감사는 마땅한 것입니다. 우리가 다른 도시들이 보낸 황금을 받지 않은 건 그런 제안에서 드러난 마음을 감사히 확인했기 때문이었지만, 이번엔 길조가 담긴 것이니 <승리>의 황금상을 기쁘게 받겠습니다. 이 황금상은 카피톨리움 언덕에 있는 지고의 유피테르 신전에 엄숙하게 바칠 것이고, 그곳은 앞으로 이 황금상의 집이 될 것입니다. 로마의 요새에 바쳐진 황금상은 영원히 그 자리에 견고하게 움직이지 않고 남을 것이며, 로마 인을 축복하고 번영하게 할 것입니다."

두 집정관은 식량과 함께 투석병과 궁수를 인수했다. 노가 5단인 갤리선 25척이 시칠리아의 법무관 대리 오타킬리우스가 지휘하는 함대에 추가되었고, 그에겐 상황이 바람직하면 아프리카로 건너갈 수 있는 재량권이 주어졌다.

38. 병력 모집이 완료되자 집정관들은 라틴 동맹에서 보낸 동맹군을 접수하고자 며칠 동안 기다렸다. 이때 역사상 처음으로 장군들의 주관 아래, 모집 병사들이 공식적으로 맹세를 바쳤다. 맹세의 내용은 집정관의 지시에 따라 응소했으며, 지시가 계속되는 한 군대에 충실히 복무하겠다는 것이었다. 그 이전에 맹세는 지휘관에게 충성하겠다고 자발적으로 하는 맹세가 전부였다. 병사들은 기병의 경우 10인

대에, 보병의 경우 100인대에 배치되었을 때 자대 안에서 자발적으로 맹세했던 것이다. 그 내용은 절대 목숨을 구하려고 전장에서 도망치지 않을 것이며, 무기를 가져오거나 회수하는 경우를 제외하고는, 적을 공격하거나 전우를 구하는 대열에서 절대 이탈하지 않는다는 것이었다. 이런 식으로 예전에 병사들 사이에서 자발적으로 했던 맹세는 장군들이 주관하는 공식적이고 법적이며 의무적인 맹세로 대체되었다.

로마에서 부대가 임지로 떠나기 전에 집정관 바로(Varro)는 극도로 오만한 연설을 여러 차례 했다. 이탈리아 땅에서 전쟁이 벌어진 건 귀족들이 책임져야 할 일이며, 파비우스의 지연 전술을 답습하는 지휘관이 더 늘어난다면 나라의 활력이 계속 줄어들 것이라고 말했다. 그는 또한 자신은 그와는 정반대로 적을 처음 본 바로 그날에 전쟁을 단숨에 끝낼 것이라고 호언했다.

그의 동료인 파울루스는 군대가 진군하기 전 단 한 번만 연설했을 뿐이었는데, 성실한 것이긴 했어도 사람들의 인기를 얻긴 힘든 내용이었다. 그가 바로를 심하게 비판한 것은 딱 한 번, 자신의 놀라움을 표시한 것이었다.

"대체 어느 지휘관이 로마에서 여전히 시민의 옷을 입은 상태로, 장차 전장에서 담당하게 될 자신의 임무가 무엇인지 알 수 있단 말인가? 아군이나 적의 병력에 익숙하지도 않고, 전투를 벌일 지역의 지형이나 특징도 생각하지 않고 어떻게 그런 승리 운운하는 말을 할 수 있는가? 그런 상태에서 앞으로 전면전이 벌어졌을 때 어떤 일이 벌어질지 어떻게 예언할 수 있단 말인가? 나는 조급한 방침 따위는 그 어떤 것도 권하지 않을 것이다. 방침은 상황에 따라 만들어질 수 있어도, 상황은 군대의 방침으로 만들어지는 것이 아니다. 어떤 행동

계획이든 분별 있고 주의 깊게 수행된 것이 성공할 수 있는 것이다. 여태까지 무모한 행동은 어리석은 것으로 드러났을 뿐만 아니라 불운한 결과를 가져왔을 뿐이다."

요약하면 파울루스는 경솔한 행동을 피하고 신중을 기해야 한다는 얘기였다. 이런 결심은 파울루스가 로마를 떠날 때 파비우스의 다음과 같은 조언을 받음으로써 더욱 확고해졌다.

39. "루키우스 아이밀리우스, 만약 자네가 자네 동료와 같다면, 혹은 자네 동료가 자네와 같다면—물론 나는 이런 상태를 훨씬 더 선호하지만—지금 내가 하려는 말은 불필요하네. 집정관 두 사람이 훌륭해서 그 도의심으로 나라를 잘 이끈다면 내가 무슨 더 할 말이 있겠나. 하지만 두 사람이 모두 형편없다면 내 조언을 받아들이기는커녕 들은 척도 하지 않을 걸세.

지금 상황에서 나는 자네 동료의 자질과 자네의 자질을 잘 알고 있네. 그래서 자네에게만 이야기할까 하네. 다리가 하나만 성하면 우리 조국은 반드시 절뚝거리게 될 거고, 그렇게 되면 자네의 용기와 애국심은 모두 허사가 될 것이니까 말이야.

두 사람이 동등하게 지휘권을 받았으니, 해로운 의도는 좋은 의도와 똑같은 법적 권한을 누리게 되네. 파울루스, 만약 바로가 한니발보다 자네에게 덜 해로울 것이라고 생각한다면 틀린 걸세. 한니발은 자네의 적이고, 바로는 자네의 경쟁자일세. 하지만 자네의 계획에 누가 더 적대적일지 난 알 수가 없네. 한니발과는 전장에서만 겨루면 될 것이지만, 바로와는 어디에서든 늘 겨뤄야 할 테니 말이야. 한니발과 그 군대라면 자네가 쓸 무기는 휘하 기병과 보병이겠지만, 바로는 한니발을 공격하는 로마의 병사들을 동시에 자네를 공격하는 무기로 쓸 것이네.

가이우스 플라미니우스[14]를 언급하는 건 좀 불길한 일이기는 하지만, 그래도 그 위험을 무릅써야겠네. 제정신을 잃기 시작했을 때 그는 이미 집정관 자리에 올랐고, 배정된 지역에서 부대를 지휘하고 있었다는 점을 기억하게. 하지만 바로는 집정관에 출마하기 전부터 미치광이였네. 그의 광적인 발작은 선거 운동 내내 멈추지 않았고, 자신을 기다리는 산적한 일들을 하나도 제대로 살펴보지 못했는데도 저런 모습은 계속되고 있네. 시민들 사이에서 전투 대형의 병사들을 이끌고 공격에 나서야 한다고 헛소리를 지껄이면서 저렇게 여론을 크게 일으킬 수 있는 자가 군대의 지휘권을 잡았으니 이제 어떻게 되겠나? 말이 바로 행동이 되는 군대에서 무장한 병사들 사이에서 저런 헛소리를 계속 지껄인다고 생각해보게. 그러면 어떤 일이 벌어지겠나?

명심하게. 바로가 맹세한 바와 같이 곧바로 전투에 뛰어들면, 우리에게 트라시메네 호수보다 더 끔찍한 장소가 생겨날 것이네. 그렇지 않다고 한다면 나는 군인이라 할 수도 없고 이 전쟁과 한니발의 특성에 대하여 아무것도 모르는 사람이 되어 버리는 거지. 지금은 다른 사람을 폄훼하여 나 자신을 칭찬할 때가 아니고, 나 역시 명성을 적극적으로 추구하기보단 오히려 그것을 경멸하는 게 차라리 낫다고 생각하는 사람일세. 그렇다고 해도 지금 내가 하는 말은 진실이네. 한니발과의 전쟁을 성공적으로 수행하는 유일한 방식은 바로 나의 방식이네. 이것은 어리석은 자들의 스승인 결과로 증명되었을 뿐만 아니라, 같은 증명 과정이 이전에도 유효했고, 상황에 변화가 없

---

14 트라시메네 호수에서 카르타고 군과 싸우다가 전사한 집정관. 참조 21권 6장.

는 한 앞으로도 계속 유효할 것이야.

우리는 조국인 이탈리아에서 싸우고 있네. 우리를 도와줄 우방과 동맹국들은 어디에나 있고, 그들은 때에 알맞게 무기, 병사, 말, 보급품을 갖춘 채로 우리에게 달려와 줄 것이야. 우리가 위험할 때 그들은 충실하게 우리 편에 섬으로써 충성심을 증명했네.[15] 시간이 흐를수록 우리는 더 나아지고, 더 현명해지고, 더 굳건해질 걸세. 반면 한니발은 조국 카르타고와는 멀리 떨어진 타국의 영토에 와 있네. 그래서 그는 온갖 위협과 위험에 처해 있지. 땅이나 바다나 어디를 둘러보아도 그가 평안한 곳은 없네. 어떤 도시도 그를 받아들이지 않을 것이고, 그를 보호할 성벽도 없네. 그가 자기 마음대로 할 수 있는 건 아무것도 없어. 하루라도 약탈하지 않으면 먹고 살 수 없네. 스페인의 에브로 강을 건널 때 데리고 온 병력은 이제 3분의 1이 남아 있을까 말까 하네.

카르타고 병사들은 전투에서 싸우다 쓰러지는 자보다 배가 고파 죽는 자가 더 많네. 얼마 남지 않은 병사들조차 제대로 먹지 못해 굶주리고 있지. 적들은 날이 갈수록 더 쇠약해지고, 적절한 보급도, 증원군도, 자금도 받지 못하고 있어. 그런 적을 물리치는 방법은 지연 전술뿐인 걸 이런 상황에서 어떻게 의심할 수 있겠나? 게레오니움 성벽 앞에 한니발이 얼마나 오래 난처해하며 머무르고 있었는가.[16] 아풀리아의 그 처참하고 작은 요새를 마치 카르타고의 성벽인 것처럼 여기고 버텼지. 하지만 나는 자네 앞에서 자랑은 하지 않을 것이

---

15 한니발의 이탈리아 침공에서 로마를 지켜낸 것은 파비우스의 지연 전술의 공로도 있지만 라틴 연합의 치밀한 저항의 공로도 컸다. 이탈리아의 여러 민족들은 페니키아 인(카르타고 인)들을 동양 사람이라고 생각하여 내심 경멸했다.

16 한니발이 파비우스의 지연 전술 때문에 철수한 곳. 참조 22권 18장.

네. 자네는 그저 저번 집정관들인 아틸리우스와 세르빌리우스가 어떻게 한니발을 그곳에서 당황스럽게 하고 웃음거리로 만들었는지, 그것만 생각하면 되네.

파울루스, 이 전술이야말로 유일한 안전책이네. 자네가 일을 진행하는 걸 어렵고 위험하게 만드는 건 적이 아니라 자네 동포일세. 자네 병사들이 원하는 건 바로 한니발이 그토록 바라는 것일세. 바로가 바라는 대로 하면 한니발의 손에 놀아나게 되는 것이야. 자네는 이제 두 명의 장군을 상대해야 할 것이네. 하지만 둘을 상대로 굳건하게 버텨야 하네. 자네는 마음을 독하게 먹고 자네를 헐뜯으려는 자들의 말을 무시해야 하고, 자네 동료가 찾는 헛된 영광에 동요되지 말아야 하고, 바로가 자네에게 씌우려고 하는 거짓된 불명예에 흔들리면 안 되네. 사람들이 하는 말처럼 진실은 거의 죽어 버린 것 같지만, 절대로 사라지지 않네. 진정한 영광은 영광을 경멸하는 자의 것이 될 것이야. 자네의 신중함을 비겁함이라고 하고, 자네의 지혜를 나태함이라고 하고, 자네의 지휘 능력을 무능하다고 하더라도 신경 쓰지 말게나. 어리석은 친구에게서 칭송을 받는 것보다 현명한 적이 자네를 두려워하는 게 더 나은 일이니까. 한니발은 무모한 적은 경멸할 것이나, 신중한 적은 두려워할 거야. 나는 자네에게 아무것도 하지 말라고 말하는 게 아닐세. 그저 내가 바라는 건 자네의 행동이 모든 위험을 피하여 합리적인 방법을 따르라는 것이야. 전쟁의 수행은 늘 자네가 통제해야 돼. 칼을 치워놓거나 경계를 푸는 일은 절대로 없어야 하네. 적에게 유리한 상황을 만드는 일은 절대로 없어야 해. 그렇지만 기회가 오면 놓치지 말고 반드시 잡아야 해. 천천히 행동하게. 그래야 모든 게 분명하고 확실해질 거야. 성급함은 늘 부주의하고 맹목적인 것이지."

40. 이런 파비우스의 말에 대한 파울루스의 답변은 별로 쾌활한 것은 아니었다. 그는 파비우스의 조언이 훌륭하고 옳은 말이라고 하며 받아들였지만, 그걸 실천하는 건 쉬운 일이 아니라고 대답했다. 그는 전능한 독재관이었던 파비우스도 하급자인 사마관을 제대로 다루지 못해 고초를 겪었는데, 무모하고 사납게 날뛰는 동료 집정관 바로를 어떻게 같은 집정관 입장에서 제어할 수 있겠느냐고 말했다. 그는 파비우스에게 자신이 전에 집정관을 지낼 때 평민의 분노라는 불길에 심하게 데인 채 겨우 벗어났던 일을 상기시켰다. 그래서 이젠 그저 모든 일이 잘 풀리기만을 바란다고 말했다. 그는 마지막으로 이렇게 말했다.

"하지만 혹시라도 일이 실패한다면, 동포들의 비난을 듣느니 적의 창을 마주하겠습니다."

파비우스와의 면담을 마치고 파울루스는 즉시 로마를 떠났다. 원로원 주요 의원들은 떠나는 그를 환송했다. 평민 집정관 바로의 곁에는 그의 지지자들이 많이 몰렸는데, 정작 집정관 자신의 위엄보다는 그 군중의 숫자가 훨씬 더 인상적이었다. 두 집정관이 진지에 도착하자 새로운 병력이 기존 병력과 통합되었고, 진지는 다시 둘로 나뉘었다. 새롭고 작은 진지는 한니발의 진지 근처에 세워졌다. 기존 진지는 그보다 병력이 많았고, 가장 경험이 많은 최정예 병사들로 구성되었다. 바로 전 해(기원전 217년) 집정관 중 아틸리우스는 고령이라 더는 군대에 복무하기 힘들어 로마로 돌아갔고, 다른 집정관 게미누스 세르빌리우스는 신설된 작은 진지의 지휘를 맡게 되었으며, 1개 로마 군단과 2천 명의 동맹군 보병과 기병을 통솔하게 되었다.

한니발은 로마 군의 병력이 예전보다 1.5배 더 늘어났다는 사실을 잘 알고 있었음에도 새로 도착한 집정관들에게 무척 만족해했다. 당장 필요한 인근에서 가져올 수 있는 식량은 고갈되었고, 그것을 가져올 수 있는 곳은 이제 전혀 남아 있지 않았다. 밭이 안전하지 않다는 판단 아래 모든 지역의 모든 곡물이 요새화한 도시들에 보관되었기 때문이었다. 실제로 한니발은 이런 사실을 알게 된 이후 엄청난 압박을 받았는데, 보유한 식량이 열흘도 못 버틸 상황이었던 것이다. 게다가 그의 스페인 부대는 배가 고파서 탈주하려고 기회를 보고 있었다. 로마 인들이 적당한 시기가 될 때까지 지연작전을 쓰면서 기다렸더라면 스페인 부대의 탈주는 실제로 벌어졌을 것이다. 하지만 사정은 그렇게 돌아가지 않았다.

41. 집정관 바로의 무모함과 조급함은 성공적인 전투로 인해 더욱 불이 붙었다. 로마 군은 적의 습격대를 저지하는 과정에서 갑자기 사소한 교전을 벌이게 되었다. 양군은 아무런 사전 준비 없이 이런 갑작스러운 교전을 하게 되었다. 양군의 지휘관은 아무런 지시를 내리지 않았는데, 두 군대가 진군하다가 우연히 조우한 것이었다. 그 교전에서 결국 카르타고 군은 패배하고 말았는데, 1천 7백 명이 전사했다. 그에 비교하여 로마 군과 동맹군은 전사자가 채 100명도 되지 않았다. 승리한 병사들이 무질서하게 적을 뒤쫓으려고 하자 그날 지휘권을 행사하던(두 집정관은 격일로 돌아가며 지휘했다) 파울루스는 적의 함정을 염려해 추격을 중지시켰다. 바로는 격노했고, 고래고래 소리를 지르며, 왜 손아귀에 다 들어온 적을 살려 주냐고 항의했다. 이어 그는, 멈추라는 명령만 안 내렸으면 진작에 전쟁은 승리로 끝났을 것이라고 했다. 한니발은 그런 사소한 패배에 거의 신경을 쓰지 않았다. 오히려 그는 이 패배를 고집불통인 집정관과 그의 병사들, 특히 신병들을 더욱 무모한 공격에 나서도록 만드는 미끼로 삼고자 했다.

한니발은 카르타고 군보다는 로마 군 내에서 벌어지는 상황을 더 정확히 완벽하게 파악했다. 그는 군대의 지휘권이 서로 절대 동의하지 않는 전혀 다른 성격의 두 사람의 손에 있으며, 로마 군의 2/3가 훈련도 제대로 못 받은 신병이라는 걸 잘 알았다. 그는 지금이야말로 로마 군을 유인하여 함정에 빠뜨릴 수단을 쓸 때라고 확신했다.

따라서 다음날 밤 한니발은 병사들에게 무기만 들게 하고 진지 밖으로 나왔다. 그는 진지에 공적인 것이든 사적인 것이든 모든 귀중품을 온전히 놔두게 했다. 인접한 언덕을 건넌 한니발은 전투 대형을 갖춘 보병대를 한쪽에 숨기고, 다른 쪽엔 기병대를 은폐했다. 그는 그 사이에 있는 산의 움푹한 곳을 따라 병사들의 짐을 내려놓게 했다. 한니발의 목적은 이런 것이었다. 명백히 버린 것처럼 보이는 진지를 로마 군이 약탈하도록 유인하여, 그들이 저항할 수 없는 상태가 되면 위에서 급습하자는 것이었다. 그는 작전에 나서기 전에 기존 진지에 수많은 불을 피워놓고 떠났는데, 진지에 아직도 병사들이 머무르고 있음을 보여주어 집정관들이 움직이지 못하게 막으려는 것이었다. 또 혹시 있을지도 모르는 추격대와 거리를 벌리려는 의도도 있다. 그는 전 해(기원전 217년)에도 비슷한 책략으로 파비우스를 당황하게 만든 적이 있었다.

42. 동이 트자 카르타고 군의 초병들이 철수했다. 이에 몇몇 로마 군 병사들은 적의 진지 근처로 움직였다. 모든 게 기이할 정도로 고요했다. 이어 진지가 버려졌다는 게 명백해지자, 그들은 황급히 사령부로 가서 적이 도망쳤으며, 어찌나 급하게 도망쳤던지 막사도 그대로 세워놓고 도망치는 걸 위장하고자 불도 피운 채로 남겨뒀다고 보고했다. 병사들은 진군 명령을 내려달라고 강력하게 요구했다. 즉시 버려진 진지를 약탈하고 도망친 적을 추격해야 한다는 것이었다. 집정관 바로는 사병들처럼 한시바삐 출동하려는 생각을 자제하지 못

했지만, 파울루스는 여러 차례 신중하게 움직일 것을 강조했다.

하지만 결국 병사들의 반란을 막거나 바로에게 대응할 다른 방법이 없다는 생각이 들자 파울루스는 기병 장교 마리우스 스타틸리우스에게 지시해 루카니아 기병대를 데리고 정찰에 나서라고 지시했다. 스타틸리우스는 카르타고 군 진지 문까지 말을 몰았고, 휘하 병사들을 방어 시설 밖에 서 있게 하고 두 명의 기병만을 데리고 진지 안으로 들어갔다. 세심하고 철저하게 조사를 마친 그는 진지로 돌아와 모든 게 함정인 게 분명하다고 보고했다. 모닥불은 로마 군 진지를 마주보는 부분에서만 타오르고 있었으며, 열린 막사엔 모든 귀중품이 보란 듯이 놓여 있었고, 막사의 열을 따라 은(銀) 덩어리가 흩어진 채로 있는 걸 볼 때 의도적으로 로마 군을 유인하기 위한 미끼가 분명하다는 것이었다.

이 보고는 병사들의 탐욕을 억제하기는커녕 오히려 그것을 더욱 부추겼다. 병사들은 한 목소리로 고함치며 공격 지시가 없으면 지휘관이 있건 없건 스스로 적의 진지로 달려가겠다고 소리쳤다. 하지만 그렇게 소리까지 지를 필요가 없었다. 그렇지 않아도 그렇게 할 지휘관이 바로 그들 앞에 있었다. 집정관 바로는 즉시 신호를 내려 진군하라고 했다. 그러나 함정임을 파악하고 군대를 움직일 생각이 없던 파울루스는 닭들이 모이를 먹지 않는다는 불길한 징조를 내보이며 자신의 판단을 더욱 강력하게 주장했다.[17] 그는 전령을 바로에게 보내 이런 징조를 보고하게 했고, 전령은 바로가 막 진지의 문을 나서려고 할 때 그에게 말을 전했다. 바로는 이에 짜증이 났다. 그렇다고

---

17   로마의 장군은 원정에 나갈 때 풀라리우스(pullarius: 신성한 닭의 관리인)를 데리고 나갔다. 풀라리우스는 닭이 열심히 모이를 먹는지 여부에 따라 길조인지 흉조인지를 보고했다.

는 해도 그는 최근 플라미니우스가 당한 일과 제1차 포에니 전쟁 때 집정관 클라우디우스[18]가 해전에서 패배한 일을 기억해내고 미신 같은 두려움에 사로잡혔다.

이후 벌어진 일은 마치 신들이 적어도 그날 닥칠 참사는 막아준 것처럼 보였지만, 다가올 재앙은 막지 못했다. 집정관이 진지로 다시 돌아가라는 지시를 내려도 반항적인 병사들은 이를 거부했는데, 이때 갑자기 두 명의 노예가 그들 앞에 나타났다. 하나는 포미아이에서 온 기병의 노예였고, 다른 하나는 시디키눔에서 온 기병의 노예였다. 지난해 동안 그들은 누미디아 약탈대에 붙잡혀 있었다. 그들은 도망쳐서 이제 주인을 찾아서 돌아온 것이었다. 이 두 사람은 집정관들 앞에 불려갔고, 한니발의 전 병력이 언덕 다른 쪽에서 매복하여 기습을 준비하고 있다는 정보를 전했다. 두 노예가 시의적절하게 도착하여 적의 정보를 알려준 덕분에 집정관들의 권위는 회복되었다. 하지만 바로는 경솔하게 병사들의 환심을 사려 들고 그들의 부당한 요구에 응하려 하면서 집정관의 위엄을 훼손해 버렸다.

43. 한니발은 이제 로마 군의 움직임이 성급한 모험일 뿐 함부로 총공격에 나서지는 않는다는 걸 알게 되었다. 한니발은 자신의 책략이 발각되고 아무것도 이루지 못하자 진지로 돌아왔다. 그는 보급품 부족으로 그곳에 오래 머무를 수 없었다. 여러 국가들에서 모집한 그의 병사들 사이에선 매일 새로운 계획이 제시되고 논의되었고, 한니발 본인도 어떤 것이 최선일지 많은 생각을 했다. 그의 병사들은 이제 투덜거리기 시작했고, 이어 공공연하게 큰 목소리로 밀린 봉급,

---

18 기원전 249년 P. 클라우디우스 풀케르는 신성한 닭의 경고를 무시하고 함대를 진격시켰다가 드레파눔 근처의 해상에서 패배했다.

식량 부족, 실제로 진행 중인 굶주림을 대놓고 불평했다. 용병들, 특히 그중 스페인 용병들이 배신하여 로마 군으로 간다는 소문이 퍼졌고, 한니발이 보병대를 뒤에 남기고 기병대와 함께 안전하게 갈리아로 물러나려고 한다는 소문도 퍼졌다. 카르타고 군 진지에 그런 생각과 정서가 만연해 있었으므로, 한니발은 마침내 **아풀리아**로 움직이기로 했다. 그곳은 기후가 더 따뜻하여 수확도 더 빠른 고장이었다. 로마 군과 거리를 더 벌릴 수 있는 건 물론이고, 믿을 수 없는 외국인 병사들이 탈주하기도 더 어려워진다는 점도 그런 결정을 내리게 된 이유였다.

한니발은 밤에 출발했고, 저번처럼 눈가림으로 불을 피우고 막사 몇 개를 뒤에 남겼다. 이는 로마 인들이 함정을 두려워하여 움직이지 않기를 바라는 뜻에서 나온 조치였다. 루카니아 인 스타틸리우스는 다시 정찰하러 나섰다. 카르타고 진지 너머의 모든 땅과 언덕의 다른 쪽을 살핀 그는 진지로 돌아와 적의 대열이 후퇴 중인 걸 봤으며, 이미 멀리 떠난 상태라고 보고했다. 로마 군 내에서 즉시 추격이 타당한지 논의가 시작되었고, 두 집정관은 기존의 입장을 고수했다. 거의 모든 병사가 바로를 지지했지만, 바로 전 해 집정관 세르빌리우스만은 파울루스의 신중한 뜻에 동의했다. 다수결에 따라 로마 군은 역사에서 비극적인 대참패의 현장으로 악명을 떨친 칸나이로 진군했다. 파멸의 운명이 이제 로마 군의 발꿈치까지 따라왔다.

칸나이(Cannae) 마을 근처에서 한니발은 산에서 내려오는 탁월풍(卓越風)을 등지며 진지를 세웠다. 이 바람은 바싹 마른 평지에 먼지구름을 일으켰다. 이는 한니발의 병사들에게 크게 유리한 점이었다. 특히 전투가 시작되면 더욱 큰 이점을 가져다주었는데, 그들은 바람을 등지고 싸우지만, 로마 군은 날아오는 먼지에 눈이 따갑고 앞이 잘 안

보이는 채로 싸워야 하기 때문이었다.

44. 카르타고 군을 추격하면서 집정관들은 행군 노선에 대하여 정찰의 노력을 아끼지 않았다. 칸나이에 도착하자 로마 군은 카르타고 군의 진지를 온전하게 볼 수 있었다. 로마 군은 게레오니움에서 했던 것처럼, 똑같은 거리를 두고 두 개의 진지를 요새화했고, 병력도 전처럼 반분했다. 현지의 아우피두스(Aufidus) 강은 두 진지 사이를 흘렀는데, 기회가 되면 병사들이 물을 가져올 수 있었지만, 적의 저항을 받지 않고 가져올 수는 없었다. 하지만 더 남쪽으로 강과 접한 작은 진지의 병사들은 좀 더 자유롭게 물을 길어올 수 있었다. 그쪽의 둑은 카르타고 병사들이 배치되지 않았기 때문이다. 한니발은 로마 집정관들이, 막강하여 무적이나 다름없는 자신의 기병대에 특히 적합한 지형에서 싸움을 걸어오길 바랐다. 이런 점을 고려한 그는 거기에 맞추어 전선을 형성하고 누미디아 기병대를 보내 소규모로 빠른 돌격을 감행하게 함으로써 로마 군이 교전에 나서도록 자극했다.

이때 로마 군 전선에선 고질적인 문제가 다시 터져 나왔다. 병사들은 반란을 일으키겠다고 위협했고, 두 집정관은 심하게 의견 차이를 보였다. 파울루스는 바로에게 셈프로니우스와 플라미니우스의 무모한 행동을 보지 못했느냐고 지적했고, 바로는 파비우스야말로 소심함과 전의(戰意) 부족을 그럴 듯하게 은폐한 비겁한 지휘관의 대표적 사례라고 답했다. 바로는 자신의 손이 동료에게 묶였으니 이제 이탈리아의 소유권이 한니발에게 넘어가더라도 자신의 잘못이 아니라고 바로는 증인으로 신들과 사람들에게 호소했다. 그는 또한 전투를 갈망하는 성난 병사들이 파울루스 때문에 칼을 빼앗기고 있다고 비난했다. 파울루스는 이에, 군단의 병사들이 바로에게 속아 무분별하고 경솔한 전투에 휘말려 패배하게 되면 자신이야말로 그런 참사에 아무 책임이 없다고 하면서 그에 따른 책임은 전적으로 바로가 져야 한다고 말했다. 파울루스는, 전투가 시작될 때 병사들이 호언장담한 대로 용감하게 행동하는지, 그것은 바로가 살펴볼 일이라고 대꾸했다.

45. 이런 상황이었으니 로마 군 진지는 다가올 싸움에 철저히 대비하기보다는 논쟁하는 것으로 시간을 보냈다. 그러는 사이 한니발은 오후 늦게까지 전열에 있던 주력군을 뒤로 물리기 시작함과 동시에, 누미디아 인들을 보내 강을 건너 작은 로마 군 진지에서 물을 뜨러 오는 병사들을 공격하게 했다. 물 긷는 로마 병사들은 규율이 잡히지 않은 무리였는데, 그들은 누미디아 인들이 강을 건너기도 전에 그들이 내는 소음과 그로 인한 혼란에 겁을 집어먹고 도망쳤다. 이어 누미디아 인들은 로마 군 방어 시설 앞의 경계 초소까지 나아갔고, 거의 진지 문 앞까지 도달했다. 소규모 접전에나 적합할 외인부대가 로마 군의 본진을 위협했다는 사실은 그들에게 그야말로 치욕이었다. 로마 군이 곧바로 대거 강을 건너 교전하지 않은 유일한 이유는 그날 지휘권을 파울루스가 행사했기 때문이었다. 다음날 바로가 지휘권을 행사하게 되자 그는 예상했던 대로 행동에 나섰다. 동료와 상의하는 일 없이 전투 준비를 명령했고, 병력을 결집하여 강을 건넜다. 파울루스는 로마 군에 힘을 더하고자 그 뒤를 따랐지만, 지금 벌어지는 작전을 크게 못마땅하게 여기고 있었다.

그들이 강을 건너자 작은 진지의 병력이 합류했다. 로마 군 기병대는 강 근처에서 우익을 형성하고, 중앙엔 로마 군단병들이 배치되었다. 좌익엔 먼저 그 극단에 동맹군 기병대가 배치되었고, 이어 동맹군 보병대가 대열의 안쪽으로 들어와 중앙의 군단병과 합류했다. 투창병들과 다른 경무장 외인부대는 대열의 최전선을 형성했다. 두 집정관은 좌우의 양 날개를 담당했는데, 바로는 좌익, 파울루스는 우익을 맡았다. 중앙 지휘는 세르빌리우스에게 맡겨졌다.

46. 동이 트자 한니발은 발레아레스 투석병을 포함한 가볍게 무장한 병력을 먼저 도강시키고 이어 주력군이 그 뒤를 따르게 했다. 그는 강을 건넌 다양한 부대를 도착한 순서대로 전투 대형으로 정렬시켰다. 강둑 근처 좌익엔 갈리아와 스페인 기병대가 로마 군 기병대를 마주하며 배치되었고, 우익엔 누미디아 기병대가 배치되었다. 중앙엔 보병대가 강력하게 자리 잡았는데, 중군(中軍)의 가운데엔 갈리아와 스페인 보병대가 배치되었고, 그 좌우로 아프리카 보병대가 배치되었다. 이 광경을 본 사람이라면 아프리카 보병대를 로마 보병대라고 생각했을지도 모른다. 그들이 들고 있는 무기는 거의 로마의 것과 같았는데, 로마 군이 패배한 트라시메네 전투와 트레비아 전투에서 전리품으로 챙긴 것이었다. 갈리아와 스페인 부대는 비슷한 형태의 방패를 들었지만, 칼은 다른 형태의 것이었다. 갈리아 인들의 칼은 아주 길면서 끝이 뾰족하지 않았지만, 스페인 인들의 칼은 짧고 끝이 뾰족했다. 이것은 스페인 사람들이 베는 것보다 찌르는 것에 익숙했기 때문이었다.[19] 또한 갈리아 인들과 스페인 인들의 커다란 체격과 전반적인 외양은 그들이 지닌 다른 장비들과 더불어 로마 인들의 경탄을 자아냈다.

갈리아 인들은 배꼽 위로 아무것도 입지 않았고, 스페인 인들은 끝이 보라색으로 물든 눈부신 흰 리넨으로 된 튜닉을 입은 채로 전열에 서 있었다. 카르타고 군 전열에 선 보병의 숫자는 총 4만이었고, 기병은 1만이었다. 좌익은 하스드루발이 지휘했고, 우익은 마하르발이

---

19 로마 군단도 병사들을 위해 이 칼을 채택했다. 적을 벨 때 사용하는 날카로운 양날에다, 끝부분이 날카로웠으며, 칼날 또한 강력하고 단단했다(폴리비오스 4권 23장).

담당했다. 한니발은 동생 마고의 도움을 받으며 직접 중앙을 통솔했다. 로마 군 전열은 남쪽을 보고 있었고, 카르타고 군은 북쪽을 보고 있었다. 우연인지 의도한 것인지는 모르겠지만, 양군 모두에게 다행스럽게도 이른 아침 태양은 비스듬히 비추고 있었다. 하지만 이 지역에 불어오는 볼투르누스라는 바람은 로마 군에게 불리하게 작용했다. 먼지구름을 몰고 와서 로마 군의 눈을 괴롭히고, 시야를 흐릿하게 만들었던 것이다.

47. 전투의 함성이 울리자 외인부대들과 가볍게 무장한 병사들이 빠르게 움직이며 전투가 시작되었다. 곧 카르타고 군 좌익에 있는 갈리아와 스페인 기병대가 로마 군 우익과 교전에 돌입했다. 양군의 대열이 움직일 수 있는 공간이 부족했기에 기병 전투는 벌어지기 어려웠다. 이런 상황으로 미루어 볼 때, 양군은 정면 돌파 이외에 다른 수단이 없었다. 한쪽에는 강이 있고, 다른 쪽에선 보병대들이 꼼짝못할 정도로 밀집해 있었으므로 측면 공격하는 전술을 쓸 공간이 없었고, 따라서 곧장 돌격하는 것 외에 달리 선택할 방법이 없었다. 말들은 곧 멈춰 섰고, 부적합한 공간에 밀착한 채로 끼이게 되었다. 기병들은 상대를 안장에서 끌어 내리려 애썼고, 기병들의 싸움은 거의 보병전과 다를 바 없이 변했다.

하지만 이런 싸움은 지속되는 동안은 맹렬했지만, 그리 길게 가지는 않았다. 로마 군은 적의 공격을 견디지 못하고 어쩔 수 없이 물러나야 했다. 이런 예비적인 소규모 접전이 끝나갈 무렵, 양군의 정규 보병대가 교전에 들어갔다. 잠시 비등한 전투가 펼쳐졌지만, 마침내 로마 군은 거듭 시도한 끝에 넓은 전선에서 밀집 대형을 유지하며 카르타고 주력군에서 돌출된, 쐐기 대형의 갈리아와 스페인 부대를 밀어냈다. 그들은 너무 얇게 대형을 이루고 있어서 로마 군의 압박을 버텨내지 못했다. 이들이 황급히 물러나자 로마 군은 이제 목숨을 구하고자 도망치는 적의 무너진 대형을 계속 밀고 나아가며 카르타고 군의 중앙 지역까지 나아갔다.

그 다음에 로마 군은 거의, 혹은 전혀 저항을 받지 않고 아프리카 외인부대들이 버티고 있던 지점까지 침투했다. 이 아프리카 외인부대는 카르타고 군의 양익을 형성했는데 약간 뒤로 물러났고, 반면에 갈리아 인과 스페인 인 부대가 버티는 중군은 다소 앞으로 돌출되어 있었다. 그 돌출된 쐐기 형태의 대형이 뒤로 밀리게 되자 카르타고 중군은 곧 오목한 초승달 같이 되었다. 카르타고 중군이 로마 군의 점증하는 압박에 계속 뒤로 물러나자, 카르타고 양익을 구성하는 아프리카 외인부대는 앞으로 나오면서 로마 군을 반원형으로 둘러싸게 되었다. 로마 군은 무모하게 그 초승달 안으로 돌격하여 들어갔고, 곧 양익의 적군 아프리카 부대는 그들을 포위했다. 다음 순간 아프리카 부대는 대형을 넓게 산개하여 로마 군의 후위를 막아 로마 군을 완전히 독안에 든 쥐로 만들었다.

로마 군이 이뤄낸 잠깐의 전투성과는 곧 허사로 돌아갔다. 이제 로마 군은 추격하며 도륙한 갈리아 인과 스페인 인은 내버려 둔 채로 아프리카 인을 상대하러 돌아섰다. 이제 전투는 절대로 동등한 조건이 아니었다. 포위당한 로마 군은 이제 지친 채로 활력이 넘치는 힘센 적을 상대해야 되었다.

48. 그러는 사이 동맹군 기병으로 구성된 로마 군 좌익은 누미디아 기병대와 교전에 돌입했다. 처음부터 카르타고 군이 책략을 썼기에 당분간은 전투 경과가 느리게 진행되었다. 500명 정도 되는 누미디아 인들이 탈주하는 척했다. 통상 쓰던 무기에 더해 튜닉 아래 칼을 숨긴 그들은 등에 방패를 맨 채로 로마 군 쪽으로 달려갔다. 갑자

기 그들은 말에서 내려 창과 방패를 땅에 내려놓으며 항복하는 척했고, 로마 군은 그들을 받아들여 뒤쪽에 꼼짝 말고 대기하라는 명령을 내렸다. 전투가 점차 진행되는 동안 그들은 로마 군의 지시대로 가만히 서 있었다. 하지만 근처에 아무도 감시하는 자가 없고, 로마 군이 전투 상황에 몰입하여 주변 상황은 신경 쓰지 않자, 죽어 나자빠진 병사들의 시체 더미 주변에 내려놓았던 방패를 집어 들고 뒤에서 로마 군을 공격해 왔다. 등을 찌르며 로마 군을 무력화한 그들의 공격은 파괴적이었고, 이로 인해 공황과 무질서가 로마 군 대열 내에 급속히 퍼져 나갔다.

이 시점에 전장 한 부분에선 로마 군이 거의 남지 않은 채로 목숨만 구하려 애쓰고 있었고, 다른 한 부분에선 가망이 거의 없어도 완강한 항전의 결의로 계속 싸우고 있었다. 이때 하스드루발은 누미디아 인들이 중앙에서 별 유익한 행동을 하지 못하는 것을 보고서 그곳에서 퇴각시켜서 뿔뿔이 흩어진 로마 군 도망자들을 추격하게 했다. 동시에 그는 스페인과 갈리아 기병대에 아프리카 인들을 도와주라고 지시했다. 카르타고 군대의 아프리카 인들은 이제 많이 지쳐 있었는데, 싸우느라 지친 게 아니라 도륙하느라 지친 것이었다.

49. 로마 군 우익의 파울루스는 전투가 시작하자마자 적의 투석기에서 날아온 돌에 맞아 심각하게 다친 상태였다. 그럼에도 불구하고 그는 밀집 대형의 선두에서 한니발에게 접근하려고 계속 시도했고, 여러 곳에서 성공적으로 상황을 정리하기도 했다. 그는 로마 기병대의 보호를 받았지만, 시간이 흐르자 말을 제대로 몰기도 힘들 정도로 신체가 쇠약해졌다. 이에 그의 주위에 있는 기병들도 말에서 내릴 수밖에 없었다.

전하는 말에 의하면, 누군가가 한니발에게 집정관이 기병들에게 말에서 내리라고 명령했다고 보고하자, 한니발은 로마 기병대가 끝장났다는 걸 알고서 이렇게 말했다고 한다.

"차라리 그들을 사슬에 묶어 내게 데려오는 편이 더 나았을 텐데."[20]

카르타고 군의 승리는 이제 확실해졌고, 말에서 내린 기병들은 패배했다는 걸 명확하게 알았다. 그들은 도망치기보다 서 있는 곳에서 싸우다 죽기를 바랐다. 그들이 조금도 움직이지 않고 항전하려고 하자 완승이 조금이라도 지연된 것에 격분한 카르타고 군은 그들을 무자비하게 도륙했다.

소수의 로마 기병대 생존자는 열악한 전투로 온몸에 상처를 입고 아주 지친 상태로, 등을 돌려서 간신히 도망쳤다.

로마 군 전체가 이제 무너지고 흩어졌다. 여력이 있는 병사들은 말을 되찾아 탈출하고자 했다. 천인대장[21] 렌툴루스는 말을 타고 가다가 집정관 파울루스가 돌 위에 앉아 피를 철철 흘리는 모습을 보게 되었다.

"루키우스 아이밀리우스," 그가 말했다. "오늘의 참사에 죄가 없는 사람은 당신이 유일하고, 그건 하늘도 알아보았을 것입니다. 아직 힘이 남아 있을 때 제 말을 타십시오. 당신을 말에 태워 보호하려고 제가 여기 왔습니다. 이 대참사에 집정관의 죽음이라는 어둠까지 더하

---

20 집정관의 지시는 기병대원들이 전장에서 달아날 기회를 아예 뺏아버리는 것이므로, 차라리 그들을 항복시켜서 자신(한니발)의 수고를 미리 덜어주었더라면 좋았을 것 아니냐는 한니발의 냉소적 언사이다.

21 천인대장(千人隊長)의 원어는 tribunus militum인데, 보통 호민관이라고 불리는 tribunus plebis(평민들의 호민관)과 같은 tribunus라는 용어를 사용한다. 하지만 이 직위는 호민관과는 아무런 상관이 없으므로 이 책에서 일관되게 천인대장으로 번역했다. 로마 군의 편제에 대해서는 역자 해제 중 "로마 군대의 편제"를 참조할 것.

지 마십시오. 당신의 죽음이 아니더라도 우리는 눈물을 흘려야 할 일이 너무나 많습니다."

파울루스는 이렇게 대답했다. "자네의 용기에 축복이 있기를. 하지만 이러면 자네가 도망칠 시간이 점점 없어져 가네. 무익한 동정으로 그 시간을 낭비하지 말게나. 로마에 도착하면 원로원에 전하게. 승리한 적이 들이닥치기 전에 도시를 잘 보살펴 방어 시설을 강화하고 강병을 주둔시키라고. 그리고 개인적인 말도 같이 전해주게. 퀸투스 파비우스에게 전하게나. 목숨이 붙어 있는 동안 내가 그의 조언을 잊지 않았으며, 죽을 때까지도 그것을 기억했다고. 내 일은 신경 쓰지 말고 죽은 병사들 가운데서 함께 죽을 수 있게 나를 내버려 두게. 나는 집정관 자리에서 내려와 재판장 앞에 서야 하는 일을 또다시 겪고 싶지 않네. 또 내 동료를 비난하여 그에게 죄를 씌워 나를 보호하려고 애쓰는 일 역시 하고 싶지 않네."

두 사람은 도망자 무리가 몰려올 때까지 계속 대화를 나눴다. 누미디아 인들은 로마 도망병들의 뒤를 바싹 쫓고 있었다. 파울루스는 비처럼 쏟아지는 창 사이에서 쓰러졌고, 누미디아 인들은 그들이 누구를 죽였는지도 알지 못했다. 혼란스러운 상황 속에서 렌툴루스의 말은 그를 태운 채 화들짝 놀라며 그곳에서 달아났다.

이후로는 목숨을 부지하고자 달아나는 로마 군 병사들만 있었다. 로마 군의 두 진지 중 작은 진지로는 7천 명이, 큰 진지로는 1만 명이 도망쳤다. 2천 명 정도는 칸나이로 피신했지만, 마을엔 방어 시설이 전혀 없어 즉시 카르탈로와 그의 기병대에 포위당했다. 집정관 바로는 우연이든 고의든 도망자들에게서 떨어져 70명 정도의 기병과 함께 살아서 베누시아에 도착했다.

전하는 말에 따르면 총 45,500명의 보병과 2,700명의 기병이 전사했고, 로마 인과 동맹 시민의 전사자 비율은 거의 같았다고 했다.[22] 전사자 중엔 집정관 직속의 두 재무관 루키우스 아틸리우스와 루키우스 푸리우스 비바쿨루스, 29명의 천인대장, 다수의 전직 집정관, 다수의 전직 법무관이나 토목건축관이 있었다. 그나이우스 세르빌리우스 게미누스와 이전 해 사마관이자 몇 년 전에 집정관을 지낸 마르쿠스 미누키우스도 전사했다. 원로원 의원이나 원로원 의원 자격이 부여되는 공직을 지낸 사람들 80명도 군단 복무를 자원했는데, 이들도 전투 중에 사망했다. 3천 명의 보병과 1천 5백 명의 기병은 포로로 붙잡혔다.

50. 이상이 칸나이 전투의 개요이다. 이 패전은 알리아(Allia)에서의 패배[23]만큼이나 악명이 높다. 손실을 따지자면 칸나이 전투는 알리아 전투보다 훨씬 끔찍하지만, 결과의 심각성이라는 측면에서는 그 전투보다 덜하다. 한니발이 엄청난 승리를 제대로 활용하지 못했기 때문이다. 알리아 전투에선 로마 군이 대패하여 로마 시까지 잃었지만, 그 패전 이후에도 로마의 군대는 여전히 남아 있었다. 칸나이 전투에선 바로와 도망친 병사는 겨우 70명이었지만, 거의 전군이 파울루스와 같은 운명을 맞이했다.

두 진지엔 이제 지휘관이 없었고, 대다수 병사에게 무기도 없었다. 큰 진지에 있는 병사들은 작은 진지에 있는 전우들에게 전령을 보내 큰 진지로 합류할 것을 요청했다. 그들은 적이 전투에서 온 힘을 쓰

---

22 뒤의 22권 59장과 25권 6장에서 리비우스는 5만명의 전사자를 제시하고 있다. 아피아누스와 플루타르코스 같은 역사가도 같은 숫자를 제시했다. 퀸틸리아누스는 6만이라 했고, 폴리비오스는 7만이라 했다.
23 기원전 390년에 갈리아 인들이 로마 인에게 승리하여 로마 시를 일시적으로 점령했던 사건.

고 이어진 승리 축하연까지 즐겨 곯아떨어졌을 테니 밤에 건너오면 된다고 하면서, 합류하면 함께 카누시움으로 이동할 수 있다고 했다. 하지만 일부는 이 말을 무척 아니꼽게 받아들였다. 그들은 이곳 진지 역시 합류점이 되기에 부족함이 없는 데 왜 먼저 올 생각을 하지 않느냐고 따졌다. 두 진지 사이에 있는 장소가 적의 병사들로 가득한 게 명백한 상황에서 굳이 건너오라고 하는 건 이쪽이 목숨의 위험을 부담하라는 뜻이 아니냐는 것이었다. 다른 병사들은 그 계획에 찬성했지만, 막상 이행할 기운이 나지 않았다.

이때 움직여야 한다고 격려한 사람은 푸블리우스 셈프로니우스 투디타누스라는 천인대장이었다. 그는 이렇게 소리쳤다. "그래서 자네들은 탐욕스럽고 잔인한 적에게 포로로 잡히는 편이 낫다는 건가? 머리마다 가격이 매겨지는 꼴을 당하는 게 낫다는 건가? 놈들은 우리가 로마 인인지, 라틴 동맹 일원인지를 물어보고 그에 따라 몸값을 요구할 것이고, 다른 자들은 자네들이 겪는 고통과 수치를 보고 기뻐할 것이네! 안 되지, 암, 안되고말고! 적어도 자네들이 치욕스러운 삶을 사느니 고귀한 죽음을 맞이한 집정관 파울루스나 그의 주변에서 죽어간 용맹한 전우들과 같은 나라에서 태어난 동포라면 절대로 안되고말고! 해가 떠서 더 많은 적이 우리의 길을 막기 전에 빨리 여기서 나가야 하네. 우리 진지의 출입문 주변에서, 곯아떨어진 규율도 없는 무리와 싸워 헤치고 나아가자고. 적의 전열이 얼마나 두껍든 상관없이 대담함과 좋은 칼만 있으면 그것을 뚫고 나갈 길을 만들 수 있어. 달리 말하면 저 느슨하고 어수선한 무리는 마치 아무 방해도 없는 것처럼 쉽게 돌파할 수 있어. 나와 함께 가세나. 목숨과 조국을 구하고 싶다면 어서 움직여."

말을 마친 그는 칼을 뽑아 전우들을 이끌고 쐐기 대형을 형성하여 방해되는 건 모조리 뚫고 나아갔다. 몇몇 누미디아 인은 그들의 오른쪽 측면이 노출된 채 비어 있자 창을 던졌지만, 그들은 방패를 움직여 막으면서 그대로 적을 밀고 나아갔다. 600명 정도가 그렇게 큰 진지에 도착했다. 그곳에서 숫자를 늘린 로마 군은 지체 없이 카누시움으로 나아가서 안전하게 그 도시에 도착했다. 이는 결코 일사불란한 계획된 행동이 아니었다. 아무도 지시를 내리거나 지휘권을 잡지 않았다. 그것은 그저 관련자, 즉 패배한 군대의 패잔병들이 개별적으로 지닌 강인한 기질과 순전한 충동에서 비롯된 일이었다.

51. 그러는 사이 승리에 도취한 한니발은 대승을 축하하는 장교들에게 둘러싸여 있었다. 장교들은 그에게 남은 낮과 밤에 휴식을 취할 것을 권했고, 더불어 지친 휘하 장병들도 휴식할 수 있도록 해달라고 건의했다. 하지만 기병대장 마하르발은 이렇게 시간을 낭비해서는 안 된다고 한니발에게 말했다. "사령관님, 이 전투의 진정한 중요성을 알고 싶으시다면 한 말씀만 드리겠습니다. 우리 군은 닷새면 카피톨리움에서 의기양양하게 저녁 식사를 할 수 있을 겁니다. 제가 먼저 기병들과 함께 로마로 가겠습니다. 로마 인들은 우리가 로마의 성문 앞에 나타난 뒤에야 우리가 도착했다는 걸 알게 될 겁니다. 사령관님께서는 뒤에서 천천히 따라 오시기만 하면 됩니다."

한니발에게 이 말은 지나치게 낙관적인 희망처럼 들렸고, 지금 상황에서는 전혀 고려해 볼 수 있는 계획이 아닌 것처럼 보였다. 그는 마하르발에게 대답했다. "기병대장, 자네의 열의에 감사하네. 하지만 제안한 계획을 숙고하는 데는 시간이 필요하네." 그러자 마하르발은 이렇게 대답했다. "신께서 사람에게 모든 재능을 내리지 않는다는 말은 틀리지 않나 봅니다. 사령관님은 싸워 이기는 법은 알지만, 승리를 활용하는 법은 알지 못하는군요."

그날 한니발의 지체가 로마와 제국을 구했다는 건 널리 받아들여지는 생각이다.

다음날 아침 동이 트자 카르타고 군은 전리품을 챙기고 대학살의 현장을 둘러보는 데 전념했다. 그들이 보기에 그 광경은 너무나 충격적이었다. 전장 곳곳에 로마 병사들이 수천 명 단위로 죽어 누워 있었고, 말과 병사들이 서로 뒤엉켜 있었다. 전투의 국면이 바뀌거나 병사들이 탈출하는 과정에서 그렇게 된 것이었다. 여기저기서 피를 뒤집어쓴 다친 병사들이 아침 추위로 깨어나 의식을 되찾았고, 시체 사이에서 어떻게든 일어서려고 용을 썼지만, 신속히 처치되었다. 다른 병사들은 허벅다리 힘줄과 무릎 뒤가 베인 채로 여전히 살아 있었다.[24] 그들은 목을 쭉 내밀고 있는 모습이 마치 얼마 남지 않은 몸속의 피마저도 흘리게 해달라고 애원하는 것 같았다. 어떤 병사들은 땅에 머리를 파묻고 있었다. 분명 스스로 땅을 파고 얼굴을 묻어 질식사한 것이었다.

가장 기이한 모습을 한 건 누미디아 인 병사였다. 그는 아직 숨이 붙어 있는 채로 누워 있었는데, 코와 귀가 끔찍하게 찢긴 채로 한 로마 병사의 시체 밑에 깔려 있었다. 이 로마 병사는 자신의 쓸모없는 손이 더는 칼을 집을 수 없자 짐승처럼 분노하며 자신의 적을 이발로 물어뜯으며 죽었다.[25]

---

24 도망치다가 뒤에서 날아온 칼을 맞아 쓰러졌다는 뜻.
25 단테는 『신곡』 지옥편 중 28곡에서 "틀리는 법이 없는 리비우스"라는 말을 썼다. 그리고 같은 지옥편 32곡에서 리비우스의 이 부분에 영향을 받아 이렇게 쓰고 있다. "나는 한 구멍에 두 사람이 얼어붙어 있는 것을 보았는데, 하나의 머리가 다른 자의 모자가 되어 있었다. 그리고 마치 배고픔에 빵을 씹어대듯이, 위에 있는 자는 다른 자의 머리와 목덜미가 맞붙은 곳을 이빨로 물어뜯고 있었다."

52. 카르타고 군은 낮 대부분을 전리품을 모으며 보냈다. 이어 한니발은 로마 군의 작은 진지를 공격하러 움직였고, 강으로 로마 군이 접근하는 걸 차단하고자 장벽(barrior-wall)을 세웠다. 하지만 진지는 한니발이 생각한 것보다 빠르게 항복했다. 내부의 모든 병사가 다치거나 수면 부족으로 지친 상태였고, 곤경을 겪었기 때문이다.[26] 그들은 항복하는 조건으로 말과 무기를 카르타고 군에 넘겼다. 로마 인의 몸값은 한 사람당 300데나리우스, 동맹 도시 시민은 200데나리우스, 노예는 100데나리우스로 매겨졌다. 몸값이 지급되었을 때 그들은 옷한 벌만 소지한 채로 자유롭게 풀려날 것이었다. 조건이 정해지자 로마 군은 진지 문을 열었다. 모든 병사가 강제 구금되었고, 로마 부대와 동맹 부대는 격리되었다.

그러는 사이에 큰 진지에 있던 병사들 중 여력이나 의지가 있던 병사들(2백 명의 기병을 포함하여 총원은 약 4천 명이었다)은 카누시움으로 도망쳤다. 일부는 대형을 이뤄 진군했고, 다른 이들은 위험하게도 단독으로 시골 지역을 통과하여 도착했다. 큰 진지에 남은 다치거나 심약한 병사들은 항복했고, 이들에 대해서도 카르타고 군은 같은 석방 조건을 걸었다.

카르타고 군은 엄청난 양의 귀중품을 얻었다. 한니발의 병사들은 말, 사람, 은이 포함된 물건을 제외하곤 자유롭게 전리품을 차지할수 있었다. 은이 포함된 물건은 거의 마구였다. 로마 인들은 식탁엔

26　폴리비오스(3권 123장)는 아주 다른 이야기를 하고 있다. 그에 의하면, 로마 군 진지에는 1만 병의 병사가 남아 있었고 한니발의 진지를 공격하라는 명령을 받았다. 그러나 한니발의 진지에도 충분한 병력이 있어 로마 군의 공격을 근근이 막아낼 수 있었다. 그리고 시간이 흘러 한니발이 전투에서 승리를 거두고 다시 자신의 진지로 돌아와 로마 군 병사 2천명을 죽이고 나머지는 포로로 잡았다.

은도금 제품을 거의 쓰지 않았고, 전시엔 더욱 그랬다.

한니발은 명령을 내려 아군의 시신을 모아 매장하라고 했다. 일부 역사가에 따르면 파울루스의 시신도 찾아 매장했다고 한다.

카누시움으로 도망친 병사들은 도시 주민들의 보호를 받고 지붕이 있는 피신처를 받았지만, 그뿐이었다. 하지만 부사(Busa)라는 훌륭한 가문 출신의 부유한 아풀리아 여자는 로마 군 병사들에게 음식, 옷을 제공해줬을 뿐만 아니라 떠날 때 여비까지 제공했다. 이런 관대한 행동에 원로원은 전쟁이 끝난 뒤 공식적으로 그녀에게 존경의 뜻을 표시했다.

53. 도망친 로마 인 중엔 네 사람의 천인대장이 있었다. 1군단에 배속된 독재관의 아들 파비우스 막시무스, 2군단에 배속된 루키우스 푸블리우스 비불루스와 푸블리우스 코르넬리우스 스키피오, 3군단에 배속된 최근 토목건축관리관을 지냈던 아피우스 클라우디우스 풀케르가 그들이었다.

만장일치로 지휘권은 아피우스 클라우디우스와 무척 젊은 청년인 스키피오에게 돌아갔다. 네 명의 천인대장은 친구 몇 사람과 함께 어떤 조처를 해야 할지 논의했는데, 이때 전직 집정관의 아들 필루스가 갑자기 나타나 깜짝 놀랄 만한 소식을 전했다. 그는 많은 귀족이 루키우스 카이킬리우스 메툴루스를 따라 바다로 눈을 돌려 이탈리아를 버리고 타국 군주에게 도망칠 계획이라는 말을 전하면서, 모든 걸 잃었기에 희망을 간직하는 일은 아무 쓸모가 없다고 투덜거렸다. 그는 장차 고통과 절망만이 있을 것이라고 했다.

이 소식은 그 자체로도 끔찍한 것이었지만, 이전 참사들과는 다른 새로운 부류의 공포였기에 이후 대책을 논의하던 사람들은 믿기지 않아 망연자실하게 되었다. 천인대장들의 논의를 듣던 자들은 총회를 열자고 제안했지만, 이 전쟁에서 앞으로 로마 군을 지휘하게 될 운명인 젊은 스키피오[27]는, 그것은 전혀 논의의 대상이 되지 못한다고 일갈했다. 위기가 닥치면 필요한 건 말이 아니라 대담한 행동이라는 게 그의 주장이었다.

그는 이렇게 소리쳤다. "조국을 구하고 싶다면 즉시 손에 칼을 들고 저와 함께하십시오. 적의 진지가 다른 곳에 있는 게 아닙니다. 그런 생각을 하는 곳이 바로 적의 진지입니다!" 소수의 지지자와 함께 그는 곧장 메텔루스가 머무르는 곳으로 갔다. 그가 있던 집엔 필루스가 언급한 자들이 모여 있었고, 여전히 해외 도피의 계획을 논의 중이었다. 그곳에 불쑥 들어간 스키피오는 칼집에서 칼을 뽑아 머리 위로 쳐들고 소리쳤다.

"나는 맹세한다. 나는 조국에 열과 성을 다할 것이며, 절대로 조국을 저버리지 않을 것이다. 또한 다른 로마 시민들이 곤경에 빠진 조국을 버리지 못하게 할 것이다. 내가 의도적으로 맹세를 어긴다면 지고의 신 유피테르께서 내게 치욕스러운 죽음을 안길 것이고, 내 집, 내 가문, 내가 소유한 모든 것이 그렇게 멸망해 버릴 것이다! 카이킬리우스, 나와 같은 맹세를 하시오. 나머지 역시 맹세하시오. 거절하는 자에겐 이 칼을 휘두르겠소."

그들은 승장인 한니발의 얼굴을 보는 것만큼 스키피오를 두려워했고, 모두가 스키피오와 같은 맹세를 했다. 그들은 이후 스키피오의 명령을 따랐다.

54. 카누시움에서 이런 일이 벌어지는 동안 4천 명 정도 되는 로

27　이 무렵 스키피오는 18세 혹은 19세였다.

마 군의 보병과 기병이 시골 지역을 통과하여 베누시아의 바로와 합류했다. 베누시아 주민들은 이들을 수많은 가정에 숙박하게 했고, 각 가정에서 로마 병사들은 환영받고 후하게 대접받았다. 모든 기병이 토가, 튜닉, 25데나리우스를 받았고, 모든 보병 역시 10데나리우스를 받았는데, 무기가 없는 병사는 무기도 선물로 받았다.[28] 베누시아 주민들은 개인의 지출과 공적인 지출로 이렇게 로마 군을 환대하며 후원자로서 카누시움의 여자 한 사람에게 질 수 없다는 결의를 보였다. 하지만 부사(Busa)는 더욱 무거운 부담을 지고 있었다. 도망친 로마 군 병사의 수가 늘어나 이제 1만에 육박하고 있었기 때문이다.

아피우스와 스키피오는 집정관 바로가 무사하다는 소식을 듣자 즉시 전령을 보내 그들과 함께 있는 보병과 기병의 수를 그에게 알리고, 베누시아로 이동하는 것과 카누시움에 그대로 남아 있는 것 중 어느 쪽이 집정관의 의중에 맞는지를 물었다. 바로는 카누시움으로 휘하 병력을 데리고 가는 것으로 답변을 대신했고, 집정관이 도착하자 병사들은 이제는 적어도 집정관의 군대 규모를 갖추었다는 느낌을 받았다. 그에 따라 모두가 이젠 탁 트인 들판에서의 교전은 힘들겠지만, 최소한 방어 시설을 갖춘 성벽 안에선 자신을 지켜낼 수 있다는 생각을 하게 되었다.

이렇게 로마 군과 동맹군이 생존했음에도 불구하고 로마에는 그 소식이 아직 전해지지 않았고, 따라서 로마 당국은 여전히 집정관 두 명이 휘하 병력 전원과 함께 전사하여 전군이 증발한 것으로 생각하

---

28 폴리비오스 6권 19장에 의하면 기병은 일당으로 1 데나리우스를 받았고 보병은 3분의 1 데나리우스를 받았다고 한다. 따라서 로마 군 병사들은 약 한 달 치 봉급에 해당하는 선물을 받은 것이다.

고 있었다. 적이 실제로 성문 안으로 들어온 것도 아니었지만, 도시엔 공포와 혼란이 가득했다. 그것에 관해 기록하는 건 내 능력 밖의 일이다. 설사 적어봤자 내 말은 사실에 크게 미치지 못할 것이므로 여기에서 그 어떤 것도 적으려고 하지 않겠다.

로마는 이전 해(기원전 217년)에 집정관과 그의 병력을 트라시메네 호수에서 잃었고, 이젠 그와 비슷할 뿐만 아니라 그 강도는 훨씬 더 큰 참사를 당했다. 두 집정관의 군대가 전멸했고, 두 집정관도 전사했다. 로마는 전장에 내보낼 병력이 없었다. 지휘관은 물론 병사 한 사람도 없었다. 아풀리아와 삼니움은 한니발의 손에 떨어졌다. 이제 거의 모든 이탈리아가 그의 소유가 될 것이었다. 그런 엄청난 참사를 연달아 겪으며 압도당한 나라는 이 세상 어디에도 없을 것이었다. 그것은 역사상 전례가 없는 일이었다.

아이가테스 제도에서 벌어진 해전에서 패배하여 시칠리아와 사르데냐를 내어주고 로마에 세금과 공물을 바치게 된 카르타고[29]도, 아프리카에서 벌어진 최종 결전에서 패배하여 굴복하게 된 한니발[30]도 칸나이 대패의 참사를 겪은 로마와는 비교가 되지 않았다. 다만 로마가 그들과 다른 점은 엄청난 용기로 그런 상황을 버텨냈다는 것이었다.

55. 법무관 필루스와 폼포니우스는 도시 방위 건을 논의하고자 쿠리아 호스틸리아로 원로원 의원들을 불렀다. 로마 군이 괴멸당한 현재 상황에서 한니발이 승리를 완성할 마지막 작전을 수행하고자 로

---

29   제1차 포에니 전쟁의 말엽인 기원전 241년에 벌어진 사건.
30   아프리카의 자마에서 스키피오와 한니발이 격돌한, 제2차 포에니 전쟁을 결론짓는 전투. 이 책의 30권 34장 참조.

마를 공격할 것이라는 점은 아무도 의심하지 않았기 때문이다. 방어 계획을 생각하는 건 쉬운 일이 아니었다. 이미 그들이 겪고 있는 문제는 심각했지만, 확실한 소식이 없다는 점이 그 상황을 더욱 어렵게 만들었다. 거리는 여자들이 울부짖고 흐느끼는 소리로 시끄러웠고, 아직 생사가 확실하게 알려지지 않았기에 도시의 거의 모든 집에서 산 자와 죽은 자를 똑같이 애도하는 일이 벌어졌다.

이에 퀸투스 파비우스 막시무스가 다음과 같은 몇 가지 제안을 했다. 먼저 가볍게 무장한 기병들을 아피아와 라티나 가도를 따라 보내 시골 지역에서 배회하는 생존자를 만나면 집정관들과 그들의 휘하 군대에 어떤 일이 벌어졌는지 물어보고 무엇이든 소식을 들으면 보고하게 할 것. 신들이 제국을 불쌍히 여긴다면 로마 인을 누구든 살려주었을 것이며, 그들을 만나면 로마 군이 어디에 있는지, 한니발이 전투 후에 어디로 향했는지, 그의 계획이 무엇이었는지, 그가 현재 하고 있는 일이 무엇인지, 그가 다음에 할 것 같은 행동이 무엇인지를 물을 것. 이런 정보를 수집하는 일은 활력 넘치고 적극적인 사람에게 맡길 것. 원로원은 도시에 만연한 혼란을 제거하고 질서를 회복할 것. 여자들이 외출하는 걸 금지하고 집에만 머무르게 할 것. 가족들이 애도하는 일도 억제되어야 하고, 어디에서나 정숙한 분위기를 형성할 것. 소식을 전하는 자는 누구든 반드시 법무관에게 알게 된 바를 전달해야 하며, 모든 시민은 자신에게 개인적으로 관련된 소식을 집에서 알게 될 때까지 기다리게 할 것. 더 나아가 성문들에 위병을 배치하여 도시를 떠나려고 하는 자를 막아야 하며, 남녀를 가리지 않고 모든 시민이 로마의 성벽 안을 제외하고 다른 어떤 곳에서도 안전을 기대할 수 없다고 설득할 것.

이렇게 하여 소음과 무질서가 통제되면, 원로원을 불러 모아 방어 대책을 논의해야 할 것이라고 파비우스는 결론지었다.

56. 파비우스의 제안은 만장일치로 지지받았다. 도시 행정장관들은 포룸에서 군중을 내보냈고, 원로원 의원들은 치안 질서를 회복하고자 거리에 나섰다. 이때 바로의 서신이 도착했다. 집정관 파울루스가 휘하 군대와 함께 전사했으며, 바로 자신은 패전 이후 최대한 구조에 전념하고 있다는 내용이었다. 바로는 자신이 다양한 부대에서 살아남은 약 1만 명의 병사와 같이 있으며, 이들은 잘 조직되고 단결된 병력은 아니라고 말했다. 그는 한니발이 여전히 칸나이에 있으며, 포로의 몸값과 나머지 전리품의 가격을 흥정 중이라는 말도 덧붙였다. 그처럼 돈을 따지는 것은 대승한 지휘관에게서 기대할 수 있는 훌륭한 모습은 아니었다.

로마의 각 가정은 이제 가족을 잃었다는 걸 알게 되었고, 그에 따라 도시엔 슬퍼하는 사람들이 가득했다. 이에 매년 열리는 케레스 축제도 취소되었다.[31] 종교는 상복을 입은 사람들이 의식을 치르는 걸 허용하지 않았다. 하지만 당시 결혼한 여자 중 상복을 입지 않은 사람이 없었다. 그런 이유로 국가적이든 사적이든 종교의식을 소홀히 하는 일을 방지하기 위해 원로원은 포고령을 내려 애도 기간을 30일로 제한했다. 하지만 나쁜 소식은 더 있었다. 도시 상황이 다시 진정되고 원로원이 소집되자마자 또 다른 급보가 도착했다.

이번 급보는 시칠리아의 법무관 대리 티투스 오타킬리우스가 보낸 것이었다. 그는 카르타고 함대가 히에로의 영토에 심각한 해를 입

---

31 케레스 신을 기념하는 주된 축제인 케렐리아(Cerelia)를 가리키는 것은 아니다. 이 축제의 기념일은 4월 19일이므로, 아마도 다른 알려지지 않은 유사한 축제를 가리키는 것으로 보인다. 왜냐하면 칸나이 전투는 기원전 216년 8월 2일에 벌어졌기 때문이다.

히는 중이라고 보고했다. 오타킬리우스는 지원을 요청한 히에로에게 답변할 준비를 하는 중이며, 히에로가 지원을 요청해 왔을 때 카르타고에서 두 번째로 보낸 함대가 완벽히 무장하고 전투에 만전을 기한 채로 아이가테스 제도에 있었다고 했다. 그들은 릴리바이움과 그곳에 있는 로마 영토를 공격할 의도가 명백했으며, 오타킬리우스는 그것을 확인하자마자 시라쿠사 해안을 보호하는 데 주의를 돌렸다는 것이다. 따라서 시칠리아와 동맹인 히에로 왕을 보호하기 위해 함대를 보내달라고 요청했다.

57. 원로원은 두 급보를 읽고 오스티아에서 함대를 지휘하던 마르쿠스 클라우디우스 마르켈루스[32]를 카누시움의 군대로 보냈고, 바로에게 서신을 보내 법무관에게 휘하 병력을 넘기고 최대한 빨리 로마로 돌아와 도시의 치안을 바로잡으라고 했다.

이런 끔찍한 일련의 참사에 더해 나쁜 조짐의 일들이 벌어져 로마는 더욱 걱정할 수밖에 없었다. 이런 일 중에서도 가장 큰 건 베스타 여신을 섬기는 두 여사제인 오피미아와 플로로니아가 성적으로 부정한 행위를 저지른 사건이 있었다. 한 여사제는 이런 죄를 저질렀을 때 적용하는 전통적인 처벌에 따라 포르타 콜리나에 생매장당했고, 다른 여사제는 스스로 목숨을 끊었다. 플로로니아를 더럽힌 대사제단의 서기관(현재는 하위 대사제라 불리는 직책)인 루키우스 칸틸리우스는 민회 앞에서 폰티펙스 막시무스(대사제)에게 맞아 죽었다.

---

32 마르켈루스는 로마의 우수한 장군 중 한 명이었고 이미 기원전 222년 클라스티디움에서 갈리아 인들을 상대로 승리를 거두었다. 그 전투에서 적장 비르도마루스를 마르켈루스 자신이 직접 죽이고 "명예의 전리품"(적장의 갑옷)을 얻었다. 그는 기원전 208년 기병대를 이끌고 정찰에 나섰다가 대규모 카르타고 군을 만나서 전투 중에 말에서 떨어져 사망했다. 참조. 이 책의 27권 27장.

이런 불경한 행위[33]는 또 하나의 참사였는데, 미신의 측면에서 아주 부자연스러운 것이었기에 원로원은 지시를 내려 10인 성직 위원회에게 시빌의 예언서를 살펴보게 했다. 그리하여 퀸투스 파비우스 픽토르[34]는 델포이의 신탁소로 가서 하늘의 분노를 달래는 데 필요한 기원과 간청의 형태를 묻고, 이런 엄청난 참사들을 끝내고자 로마인들이 무엇을 해야 하는지 물어보게 되었다. 그러는 사이, 예언서에 준거하여 특이한 여러 의식이 수행되었다. 한 의식은 가축 시장에서 갈리아 인 남녀 한 쌍과 그리스 인 남녀 한 쌍을 생매장하는 것이었다. 매장은 벽을 두른 장소 안에서 실시되었는데 그 전에 생매장당할 인간 희생제물의 피를 제단에 뿌렸다. 그야말로 가장 로마 인답지 않은 의식이었다.[35]

이제 신들을 적합하게 달래는 일이 끝나자 마르쿠스 클라우디우스 마르켈루스는 오스티아에서 해군으로 복무하던 휘하 병사 중 1천 5백 명을 로마로 보내 도시 주둔군을 강화하고, 자신은 서둘러 카누시움으로 갔다. 떠나기 며칠 전 그는 해군 군단(3군단)을 군하 행정관들에게 맡겨 테아눔 시디키눔으로 보냈고, 그곳에서 그의 동료 필루스가 함대의 지휘권을 인수했다. 마르쿠스 유니우스는 원로원의 권위로 독재관에 임명되었고, 그의 사마관으로는 티베리우스 셈프로니우스가 임명되었다. 독재관은 17세 이상의 남자들을 징집하는 임무를 맡았는데, 몇몇 사람은 소년용 토가도 벗지 못했을 정도로 어렸

---

33 칸틸리우스의 죽음이 불경하다는 것이 아니라, 평생 순결을 맹세한 여사제가 그 맹세를 어긴 것이 불경하다는 뜻.

34 이 사람은 그리스어로 로마의 역사를 집필한 역사가이기도 하다.

35 이 희생 제의는 그리스의 시빌 예언서에 의해 규정된 그리스 의식이지 로마 의식은 아니라는 뜻.

다. 이렇게 네 군단과 1천 명의 기병이 모였다.

로마 인들은 또한 동맹 도시들과 라틴 동맹에 사람을 보내 협정에 따라 증원군을 받겠다고 했다. 이어 무기와 다른 장비를 준비하라는 명령이 내려졌다. 현재의 전쟁에 활용하기 위하여 이전 전쟁들로 얻은 전리품은 신전과 주랑(柱廊) 현관에서 모두 가져왔다. 상황의 압박과 자유민 시민의 부족으로 전례가 없는 형태의 징병이 필요했고, 이에 따라 8천 명의 건장하고 힘 좋은 노예가 무장하게 되었다. 로마는 공적 자금으로 주인에게서 노예를 사들였으나 그 전에 먼저 노예에게 개별적으로 복무할 의사가 있는지를 물었다. 기존 로마 군 포로의 몸값이 노예를 사들이는 것보다 더 낮은데도, 로마 당국은 노예를 모병하는 방식을 더 선호했다.[36]

58. 칸나이에서 대승을 거둔 뒤 한니발은 여전히 전쟁을 수행해야 하는 장군답게 처신한 것이 아니라, 비록 일시적이긴 하지만 전쟁을 완전히 이긴 정복자에게나 어울릴 법한 일에 신경을 썼다. 포로들이 불려 나오고 이어 로마 인과 나머지 병사들이 분리되자 그는 비 로마 인들에게 친절한 말을 건넨 다음 몸값도 받지 않고 그들을 풀어주었다. 이는 그가 전에 트레비아와 트라시메네에서도 똑같이 했던 조치였다.

하지만 이번에 그는 전에 어디에서도 하지 않았던 일을 했다. 그는 로마 인 포로들 역시 자기 앞으로 데려오라고 했고, 소집된 그들에게 비교적 온화한 어조로 말했다. 그는 자신은 로마와 사생결단을 낼 생각이 없고, 그저 명예와 조국을 위해 싸우는 중이라고 했다. 그는 선

---

36 로마 군 포로를 돈 주고 사오면 적군인 카르타고 군의 자금을 풍부하게 하여 전쟁의 승리 가능성을 높여주는 것이므로, 차라리 노예를 무장시키려 하는 것임.

조들이 로마 군의 용맹에 굴복했으니 자신은 로마가 자신의 무용과 무운 앞에 굴복하는 걸 목표로 삼고 싸우는 중이라고 했다. 따라서 그는 로마 인 포로들에게 기회를 주겠다고 제안했다. 그는 기병에겐 500데나리우스, 보병에겐 300데나리우스, 노예에겐 100데나리우스라는 몸값을 매기며 이를 로마 인 포로들에게 내놓으라고 했다. 기병의 몸값은 항복할 때 합의한 것보다 다소 높게 바뀌었지만, 포로들은 이제 어떤 조건이라도 기쁘게 받아들일 상태였기에 그것을 수락했다.

한니발은 이어 포로들이 직접 투표하여 로마로 갈 10인 사절단을 꾸리고, 원로원 앞에서 저간의 사정을 설명하게 하라고 요구했다. 한니발은 사절단에게 돌아오겠다는 맹세를 받는 것 외에 다른 담보는 받지 않았다. 카르타고 귀족 카르탈로는 지시를 받고 사절단과 동행했으며, 로마가 강화 조약을 맺을 의향이 있다면 한니발의 강화 조건을 제시할 계획이었다.

사절단이 진지를 떠난 뒤 사절 한 사람은 잊어버린 물건이 있는 척하며 가져오겠다고 다시 진지로 돌아갔다. 그것은 돌아오겠다는 맹세의 의무에서 벗어나려는 허튼 수작이었는데, 전혀 로마 인답지 않은 행동이었다. 밤이 되기 전에 그는 앞서간 사절 동료들을 따라잡았다. 사절단이 도시에 접근하고 있다는 것이 알려지자마자 독재관은 길나장이 한 사람을 카르탈로에게 보내 그에게 밤이 되기 전에 로마 영토에서 떠나라고 명령했다.

59. 독재관은 이어 사절단을 원로원으로 들여보냈고, 사절단 대표는 다음과 같이 말했다.

"마르쿠스 유니우스와 원로원 의원 여러분, 우리는 잘 알고 있습니다. 세상 어떤 나라도 우리나라만큼 전쟁 포로를 경멸하는 나라는 없습니다. 부적절한 교만이라고 비난받을지도 모르겠습니다만, 우리만큼 부당한 무시를 당한 전쟁 포로는 어디에도 없습니다. 우리가 항복한 건 두려워서가 아닙니다. 오히려 우리는 무더기로 쌓인 전우의 시신 위에서 거의 해가 질 때까지 계속 싸웠고, 밤이 찾아온 뒤에야 진지로 물러났습니다. 그날 남은 시간과 다음날 밤까지 내내 우리는 다치고 기진맥진한 몸을 이끌고 진지를 방어했습니다. 그 다음날 아침 적이 우리 진지를 온 사방에서 둘러쌌습니다. 강으로 가는 길도 차단되었고, 포위한 적의 두꺼운 전열을 돌파할 희망도 없었습니다. 그런 상황에서 우리는 소수의 로마 군이 칸나이에서 살아남는 걸 죄로 여기지 않았습니다. 이미 전우가 5만 명이나 전사했으니까요. 그리하여 우리는 몸값을 내건 조건에 동의하고 쓸모가 없어진 무기를 넘겼습니다.

게다가 역사가 말해주지 않습니까. 우리는 한때 황금으로 갈리아인들에게서 자유를 샀습니다. 선조들께선 평화 교섭을 하는 데는 무척 엄격한 자세를 유지했으나, 포로의 몸값을 처리하고자 사절단을 타렌툼으로 보냈습니다. 갈리아 인들과 알리아에서 싸웠을 때나, 피로스와 헤라클레아에서 싸웠을 때 패배한 우리를 부끄럽게 했던 건 싸우다 진 것이 아닌, 겁에 질려 달아나던 우리의 모습이었습니다. 의원 여러분께서는 이 점을 고려해주십시오. 칸나이 전투는 앞선 두 전투와 전혀 다릅니다! 전장엔 시신이 산더미처럼 쌓였고, 우리는 지쳐버린 적이 더는 우리를 베어 넘길 무기와 힘이 없어 살아남았습니다. 게다가 우리 일부는 실제로 전투 중에 목숨을 구할 방도조차 찾지 않았습니다. 우리는 진지를 지키고자 남았고, 점령되자 항복한 것이었습니다.

저로서는 동포나 전우의 운이나 그 운이 어떻게 그에게 작용했는지 부러워하지 않습니다. 저는 절대 다른 이를 폄하하여 자신을 칭찬하고 싶지 않습니다. 하지만 전장에 칼을 놔두고 베누시아나 카누시움에 도착할 때까지 도망치는 걸음을 멈추지 않은 군인들조차 당당하게 우리보다 더 나은 군인이라고 할 수 있습니까? 아니면 그들이 우리보다 조국을 더 잘 지켜냈다고 자랑할 수 있습니까? 전투가 남들보다 더 빨리 도망친 사람들에게 상을 주는 경주(競走) 같은 건 아니지 않습니까? 그럼에도 불구하고 의원 여러분은 그들을 훌륭하고 용맹한 군인이라고 생각할 것입니다. 하지만 여러분은 우리를 조국의 대의에 더 열성적인 군인으로 생각하실 것입니다. 여러분이 관대하게 우리의 몸값을 확보하여 집으로 돌아가게 해줄 것이기 때문입니다.

여러분은 온갖 연령대와 환경의 남자들을 모집하는 중입니다. 노예 8천 명이 무장하고 있다고 들었습니다. 포로로 잡힌 우리는 그들보다 적지도 않고, 노예를 사들이는 돈보다 몸값도 덜합니다. 하지만 우리가 그들과 비교된다면 로마 인의 이름이 모욕당하게 될 것입니다.

원로원 의원 여러분, 이 문제를 결정하면서 고려해야 할 사항이 하나 더 있습니다. 우리는 그럴 대우를 받을 일을 하지 않았지만, 여러분이 가혹한 생각을 한다고 한다면, 어느 부류의 적에게 우리를 버리고자 하십니까? 예를 들면, 포로를 손님처럼 대우한 피로스에게 버릴 것입니까, 아니면 탐욕과 야만성에서 우열을 가리기 힘든 야만인이나 카르타고 인에게 버릴 것입니까? 여러분이 동포들이 사슬에 묶여 끔찍하게 불결한 상황에 놓여 있는 모습을 보게 되면, 분명 칸나이 전장에 죽은 채로 누운 군단병들을 본 것만큼이나 마음이 움직일 것입니다. 여러분은 적어도 한 가지는 눈으로 확인할 수 있습니다.

저 밖의 현관에서 여러분의 대답을 기다리는 우리 친척들이 흘리는 눈물과 불안한 모습 말입니다. 우리와, 저 멀리 있는, 다른 포로가 된 동포들 때문에 저들이 저토록 불안하고 고통을 느낀다면, 목숨과 자유가 어찌 될지 모르는 우리는 어떻겠습니까? 설사 한니발이 잔인한 본성대로 행동하지 않고—신이여 우리를 도와주소서—우리를 친절히 대한다고 하더라도 우리가 살 가치가 있겠습니까? 그렇지 않습니다. 여러분께서 우리의 몸값을 내어줄 가치가 있다고 생각할 때 비로소 우리는 생존할 가치가 있는 것입니다. 피로스가 한 푼도 받지 않고 로마 군 포로를 고국으로 돌려보냈을 때 포로들은 몸값을 정하는 임무를 맡은 명성 높은 사절들과 함께 돌아왔습니다. 동전 3백 개만도 못한 제가 시민으로서 조국에 돌아올 수 있을까요? 의원 여러분, 사람에겐 자기 생각이 있습니다. 저는 제 목숨이 위험하다는 걸 압니다. 하지만 저는 여러분에게 몸값 문제로 지탄받고 퇴짜를 맞은 채로 떠나 제 명성이 위협받는 게 더욱 신경 쓰입니다. 세상 사람 누가 여기서 의원 여러분이 포로의 몸값이 과하다는 말을 하리라고 상상이나 하겠습니까? 그럴 일은 분명 없을 것이기 때문입니다."

60. 민회에 모인 군중은 이렇게 연설이 끝나자 눈물을 쏟았다. 모두가 원로원 회의장 쪽으로 양팔을 내밀고 아들, 형제, 친척이 돌아올 수 있게 해달라고 간청했다. 이젠 여자들까지 군중과 섞여 친척의 운명이 어찌 될 지 불안에 떨며 두려워하고 있었다. 원로원 회의장 주변이 정리된 뒤 논의가 시작되었다. 의원들은 다양한 의견을 제시했다. 공적 자금으로 몸값을 지급하자는 주장도 있었고, 공적 지출은 합당하지 않지만, 개인 자금으로 몸값을 내는 일은 막아선 안 된다는 주장도 있었다. 당장 돈이 없는 사람은 적합한 담보를 받고 국고에서 자금을 빌려주자는 주장도 있었다. 이런 견해들이 표출된 뒤 의원들

은 티투스 만리우스 토르콰투스에게 어떤 생각을 하고 있는지 물었다. 그는 단호한 전통주의자였다. 대다수 사람은 그를 지나치게 엄격하다고 생각했다. 그는 다음과 같이 대답했다.

"사절단이 적의 손에 붙잡힌 포로들의 몸값을 요청하기만 했다면, 저는 그에 대해 짧게 답했을 겁니다. 욕을 할 필요조차 없었을 것이기 때문이지요. 저는 그저 우리 로마의 오래된 관습을 따르라고 여러분께 조언했을 겁니다. 그건 군율에 필수적인 선례이기도 하지요. 하지만 현 상황에서 저들은 적에게 항복한 일을 거의 자화자찬할 이유로 보고 있습니다. 전투 중에 포로가 된 전우보다, 베누시아와 카누시움에 도착한 전우보다, 심지어는 집정관 바로보다도 자신들이 더 낫다고 주장하고 있습니다. 의원 여러분, 저는 여러분이 이번에 무슨 일이 벌어졌는지 하나도 빠짐없이 상세하게 아셔야 한다고 생각합니다. 여러분께 말씀드리려고 하는 이 순간에 카누시움에 있는 우리 병사들이 여기 있었다면 얼마나 좋았겠습니까. 전우의 용기나 비겁함을 가장 잘 알고 있는 게 바로 그들이니까요. 적어도 셈프로니우스만이라도 여기 있었으면 정말 좋았을 겁니다. 지금 자신들을 소위 군인이라고 하는 저들이 셈프로니우스의 용감한 지휘를 따르기만 했어도 지금 저들은 로마 군 진지에서 실제로 군인으로 복무했을 겁니다. 적의 손에 포로로 붙잡히지도 않고 말입니다.

한니발의 병력 대다수가 저지당하지도 않고 진지로 물러났을 때, 그들은 전부 싸움에 이어 승리를 즐겁게 축하하느라 지칠 지경이었습니다. 주위가 어두워져 탈출의 적기였던 데다 적의 전열이 비록 두꺼워도 충분히 뚫고 나아갈 수 있는 7천 강병이 있는 데도 저들은 자발적으로 나서려고 하지도 않았고, 다른 사람의 지휘를 따를 의지도 없었습니다. 셈프로니우스는 거의 밤 내내 저들의 용기를 북돋았고,

자신을 따르라고 설득했습니다. 그는 진지 주변의 적이 여전히 적고, 모든 것이 잠잠하고 고요한 데다 어둠이 움직임을 가려줄 터이니 동이 트기 전에 안전하게 우방 도시로 가게 될 것이라고 했습니다. 두 세대 전 푸블리우스 데키우스라는 장군의 일을 기억해봅시다. 우리가 젊었을 적 카르타고와의 저번 전쟁 동안 칼푸르니우스 플람마가 있었다는 걸 기억해봅시다. 그는 3백 명의 자원자에게 적이 포위한 산을 점령하러 갈 것이라고 하면서 이렇게 말했습니다. '병사들이여, 우리는 싸우다 죽을 것이다. 우리의 죽음으로 포위된 군단들을 구해내자!'

사절단이여, 셈프로니우스가 이런 식으로 말했더라면 그대들 중 아무도 저런 대단한 용기가 필요한 일에 나서지 않았을 것입니다. 그랬다면 그는 그대들을 군인은 물론 로마 인으로도 취급하지 않았겠지요. 셈프로니우스는 그대들을 영광스러울 뿐만 아니라 안전한 길로 이끌고자 했습니다. 그는 그대들에게 집으로 돌아가 부모, 아내, 아이들을 만날 기회를 주었습니다. 사절단이여, 목숨을 구하려는 용기조차 없었던 거요? 그렇다면 조국을 위해 목숨을 내놓아야 했다면 어떻게 하려고 했습니까? 그날 그대들의 동포와 동맹국 시민이 5만 명이나 전사하여 그대들 주변에 누워 있었습니다. 이런 수많은 용맹의 증거가 그대들의 마음을 움직일 수 없었다면, 대체 무엇이 그 일을 해낼 수 있었습니까? 어떻게 해야 그대들이 목숨을 가볍게 여길 수 있겠습니까? 그 정도로 끔찍한 대패를 해도 아무런 소용이 없다면.

안전하고 자유로우니 조국을 간절히 다시 보고 싶었을 것입니다. 하지만 그건 로마가 그대들의 조국이고, 그대들이 조국의 아들들일 때만 가능한 얘기요. 이젠 너무 늦었습니다. 치욕 당하고, 권리를 박탈당하고, 카르타고의 노예 취급을 당했으니 그대들의 갈망은 헛된 것입니다. 비겁한 모습을 보이고, 죄를 지어서 잃어버린 그대들의 자리를 돈으로 살 수 있다고 생각한 거요? 동포인 셈프로니우스가 무기를 들고 따르라고 했을 때는 귀 기울이지도 않더니, 곧이어 한니발이 진지를 포기하고 무기를 넘기라는 말은 결국 듣지 않았습니까?

그런데 제가 왜 이들을 비겁하다고 비난하는지 모르겠습니다. 악행으로 고발해도 모자랄 판인데 말입니다. 이들은 셈프로니우스가 훌륭한 조언을 했는데도 따르길 거부했을 뿐만 아니라, 셈프로니우스를 방해하고 제지하려고 했습니다. 용기 있는 몇몇 병사들이 칼을 꺼내 비열한 자들을 정리하지 않았더라면 이들은 정말로 성공했을지도 모릅니다.

의원 여러분, 셈프로니우스는 적의 전열을 뚫기 전에 로마 군 대열을 먼저 뚫고 나아가야 했습니다. 이런 자들을 조국이 시민이랍시고 아쉽게 여겨야 한다는 말입니까? 모두가 이들과 같았다면 지금 로마엔 칸나이에서 싸운 병사들 같은 시민은 단 한 사람도 없을 겁니다. 7천 명 중에 6백 명만이 용기를 내어 탈출하여 손에 칼을 쥔 채로 조국에 자유민으로서 돌아왔습니다. 적은 4만 명이나 되는 데도 그들을 막지 못했습니다. 그렇다면 거의 두 군단에 가까운 병력이 움직였다면 그 길이 얼마나 안전했겠습니까? 그랬더라면 지금 용맹하고 충성스러운 2만 명의 군인이 무장한 채로 카누시움에 있었을 것입니다. 하지만 실상은 그렇지 못합니다. 이들이 자신을 용기 있다고 하는 것조차 천부당만부당한 일인데, 어찌 이들을 훌륭하고 충성스러운 군인으로 부를 수 있습니까?

이들은 전우들이 적을 돌파하려고 할 때 도움을 주기는커녕 실제로 탈출을 막으려고 했습니다. 전우들이 자신의 용맹으로 안전과 명예를 쟁취한 걸 선망하기는커녕 소심함과 비겁함이 자신들을 수치스러운 굴종 상태로 몰았다는 것도 모르고 있습니다. 어둡고 조용할 때 마땅히 탈출했어야 했지만, 이들은 막사에 슬그머니 숨고 적이 동이 틀 때 오는 걸 기다렸습니다. 누군가는 이들이 탈출할 용기를 내지는 못했지만, 적어도 진지를 지킬 용기를 냈다고 분명 말할 겁니다. 포위된 채로 며칠 동안 밤낮을 가리지 않고 칼을 들고 진지를 지키고, 진지로 자신을 지키다가 결국 생명력을 지속할 것이 아무것도 남지 않고, 굶주림으로 힘을 잃어 칼을 들 정도의 힘도 남지 않을 정도로 한계에 도달했을 때 항복했다면 그 말은 맞습니다. 적에게 힘에서 밀리기보다 인간의 욕구에서 비롯한 압력에 밀렸다면 그것은 옳은 말입니다. 하지만 실상은 얼마나 다릅니까! 동이 트자 적이 움직였고, 한 시간도 채 되지 않아 저항은 시도조차 하지 않고 이들은 무기를 내려놓고 항복했습니다.

의원 여러분께 다시 이들이 이틀간 전투에서 보였던 모습을 상기시켜드리겠습니다. 이들은 굳건히 버티고 싸우는 게 의무임에도 진지로 도망쳤고, 진지를 방어하는 것이 명예에 부합하는 일인데도 적에게 항복했습니다. 전장이나 이후 진지에서 이들이 한 일이 무엇입니까? 아무것도 없습니다.

사절단이여, 그런데도 몸값을 바라시오! 그대들은 적을 밀고 나아가 자유를 얻는 것이 의무인데도 조금도 움직이지 않았소. 무력으로 굳게 진지를 방어하는 것이 군사적으로 필요했음에도 그대들은 적에게 항복했소. 진지, 무기, 자기 자신까지 적에게 몽땅 넘겨줬다는 말이오!

원로원 여러분, 제 생각에 이들은 몸값을 치를 가치가 없는 자들입니다. 싸워서 적을 뚫고, 영웅과도 같은 용기로 조국에 다시 복무하게 된 용맹한 전우들에 비하면 한없이 부족한 자들입니다. 그러니 다시 한니발에게 돌려주도록 합시다."

61. 혈연은 중요했고, 포로는 대다수 사람의 친척이었으며, 이는 원로원 의원도 벗어날 수 없는 문제였다. 그럼에도 불구하고 만리우스가 말을 마치자 그런 연민의 정서는 뒤로 물러날 수밖에 없었다. 그뿐 아니라 포로에겐 관대한 모습을 보이지 않는다는 예로부터 내려온 로마의 전통 역시 원로원의 결정에 영향을 미쳤다. 돈 문제도 역시 생각하지 않을 수 없었다. 이미 노예를 사들이고, 무장하는 데 거금을 배정했다. 원로원은 국고를 동내고 한니발을 부유하게 하는 일을 하고 싶지 않았다. 전하는 말에 의하면, 한니발은 다른 어느 것보다 자금이 급했다. 따라서 원로원은 포로의 몸값을 지급하지 않는다고 가혹한 답변을 전했다.[37]

많은 동포를 잃게 되자 시민들은 다시 엄청난 비탄에 빠졌다. 군중은 비통하게 눈물을 흘리며 성문까지 사절단과 함께 나아갔다. 앞에서 잠깐 언급했던, 부정하게 임시 진지로 돌아왔다가 로마로 온 사절 한 명은 맹세를 지켰다고 생각하여 한니발의 진지로 가지 않고 로마의 집으로 돌아왔다. 하지만 그의 행동이 알려져 원로원에 보고되자 의원들은 만장일치로 그를 구속하여 공개적인 감시 아래 한니발에게 돌려보냈다.

포로들에 관해선 다른 이야기가 있다. 이에 따르면 10명의 사절은 원래 로마로 오기로 되어 있었다. 하지만 그들을 도시로 받아들이는

---

37 원로원의 조치에도 불구하고 한니발은 로마 군 포로들을 가지고 돈을 벌었다. 한니발은 이 포로들을 노예로 그리스에 팔아넘겼다. 그리스 도시 국가들은 로마 인 포로들을 노예로 사들인 후 자유인으로 풀어주었다고 하는데 그 숫자는 2천 정도였다고 한다.

문제를 논의한 원로원은 그들이 도시로 들어오되 원로원 의원들을 만날 수는 없다고 했다. 이후 사절단이 예상보다 더 오래 로마에 머무르자 루키우스 스크리보니우스, 가이우스 칼푸르니우스, 루키우스 만리우스가 추가로 사절단에 합류했다. 그제야 마침내 원로원에 포로의 몸값이 의제로 올라오게 되었고, 이를 발의한 자는 스크리보니우스의 친척인 호민관이었다.

원로원은 몸값을 지급하지 않기로 결의했고, 가장 나중에 로마로 온 사절 세 명은 한니발에게 돌아갔다. 기존 열 명은 그대로 로마에 남았는데, 그들은 한니발의 사령부를 떠난 뒤 이미 한 번 되돌아가 포로의 명단을 만들었다고 주장하며 맹세는 이행되었으니 죄를 지은 것이 없다고 했다. 원로원은 사절 열 명을 한니발에게 넘겨주는 문제를 치열하게 논의했고, 근소한 차이로 사절단은 로마에 남게 되었다. 하지만 차기 감찰관들이 주도하여 그들은 온갖 불명예의 낙인이 찍히게 되었고, 그런 낙인의 부담에 짓눌리게 되었다. 이에 몇 명은 자결했고, 나머지는 남은 생 동안 감히 포럼에 들어오거나 낮에 거리를 돌아다니지 못했다. 이렇게 역사가들 사이에서 의견들이 많다 보니 놀랍기만 할 뿐, 어떤 이야기가 진실인지는 결정하기가 어렵다.

칸나이의 대패가 이전 패배들보다 더욱 심각하다는 건 이후 로마의 동맹이 보인 행동에서 드러났다. 운명의 날 전만 해도 그들의 충성은 확고했다. 하지만 이젠 그 충성이 흔들리기 시작했다. 이유는 단순했다. 그들은 로마의 권력이 앞으로 존속할 것이라는 희망을 잃었다. 이에 다음의 민족들이 카르타고에게로 넘어갔다. 아텔라니 인, 칼라티니 인, 히르피니 인, 아풀리아 인 일부, 펜트리를 제외한 삼니움 인 전부, 브루티 인, 루카니아 인, 우첸티니 인, 거의 모든 해안의 그리스 정착지(타렌툼, 메타폰툼, 크로톤, 로크리), 이탈리아 쪽 알프스의 모든 갈리아 인.

하지만 연달아 패배하고 이후 위에서 언급한 동맹들이 변절하는 일이 있어도 로마 인들은 강화에 관해 일언반구도 하지 않았다. 이는 집정관 바로가 로마에 도착하여 시민들이 칸나이 참사를 새롭게 절실히 깨달았을 때나, 그 전이나 마찬가지였다. 이런 암울한 시기에도 로마의 관대함은 무척 인상적인 것이었다. 패배의 주된 원인인 집정관이 도시에 막 도착했을 때, 온갖 사람들이 떼로 몰려나와 그에게 '공화국을 저버리지 않아서' 감사하다고 공개적으로 인사를 건넸다. 카르타고 사령관이 그런 상황이었다면 극도로 엄정한 법을 적용받아 처벌당했을 것이다.

제 23 권

카푸아·카실리눔의 배반
북부 이탈리아에서의 패배

1. 한니발은 칸나이 전투에서 승리한 이후 로마 군 진지 두 군데를 차지하고 약탈한 뒤 서둘러 아폴리아를 떠나 삼니움의 히르피니 영토로 이동했다. 스타티우스 트레비우스가 그를 초청하여 **콤프사**를 넘겨주겠다고 약속했기 때문이다.

트레비우스는 콤프사 토박이였고, 태생부터 그 지역에서 중요한 사람이었지만, 로마를 지지하여 영향력을 행사하던 모프시 가문의 억압을 받고 있었다. 모프시의 지지자들은 칸나이 전투 소식을 듣고 도시를 떠났고, 트레비우스는 한니발의 도착이 임박했다는 말을 퍼뜨리기 시작했다. 도시는 아무런 저항 없이 한니발의 손에 들어갔고, 카르타고 병사들이 주둔하게 되었다. 카르타고 군은 모든 짐과 노획물자를 콤프사에 두었다.

이어 한니발은 부대를 나눠서 동생 마고에게 인근 이탈리아 지역 도시들을 전부 인수하라고 지시했다. 해당 도시들을 로마로부터 분리하고, 카르타고 군에 저항할 기미를 보이는 도시들에게 로마로부터 분리를 강요할 목적이었다. 동시에 한니발 자신은 캄파니아를 통과하여 남쪽 해안으로 내려갔다. 그것은 네아폴리스를 공격하려는 의도였는데, 그래야 바다 쪽에 근거지가 생기기 때문이었다.

　네아폴리스 영토로 들어선 그는 인근에 수많은 움푹 파인 길과 보이지 않는 구석들이 있다는 걸 깨닫고 전략적으로 활용하고자 누미디아 기병 일부를 그곳에 매복시켰다. 이어 그는 다른 이들에게 소들을 모아 그 소들을 앞세우고 과시하듯 도시의 성문으로 말달려 나아가라고 지시했다. 네아폴리스 기병대는 이 무리가 수도 적고 급조된 것처럼 보이자 따라잡으려고 속도를 냈다. 그러자 누미디아 인들은 작전 계획에 따라 퇴각했고, 여기에 속아 넘어간 적은 미리 준비된 함정에 빠져 포위당했다. 바다가 워낙 가까워 헤엄칠 수 있는 군인들은 연안에 보이는 어선들로 도망쳐 간신히 피난처로 삼았다. 만약 이런 자연 환경이 없었더라면 아무도 카르타고 군의 칼날에서 도망치지 못했을 것이다. 그럼에도 불구하고 여러 지체 높은 네아폴리스 사람들이 붙잡히거나 전사했다. 전사자 중엔 네아폴리스 기병대 지휘관인 헤게아스도 있었다. 그는 퇴각하는 누미디아 인들을 쫓으라고 휘하 병사들을 너무 무모하게 압박하다가 변을 당했다. 그러나 한니발은 네아폴리스의 성벽을 보고서 너무 엄청난 장애물이라 판단하여 그 도시의 공략은 단념했다.

　2. 한니발은 네아폴리스에서 카푸아로 진군했다. 카푸아는 무척 부유하고 호화로운 도시였고, 행운이 따라 오랫동안 번영했다. 하지만 그곳 사회는 전반적으로 타락했고 그렇게 된 건 무엇보다도 무한한 자유를 누리던 평민의 방종한 태도 때문이었다. 평민당을 지지한 파쿠비우스 칼라비우스라는 귀족은 교묘한 속임수를 써서 권력을 얻었고, 원로원을 자신과 평민의 이익을 얻는 도구로 활용했다. 그는 로마가 트라시메네 전투에서 패배하던 해(기원전 217년)에 최고위 공직에 있기도 했다. 그는 평민들이 오랫동안 원로원을 증오해왔다는

것을 잘 알았다. 따라서 평민을 자극하면 그들이 필사적으로 공격해 오리라 생각했고, 이렇게 되면 정치 혁명도 가능성이 있다고 판단했다. 그가 생각하는 혁명이란 한니발과 그의 승전군이 가까이에 오면 원로원 의원들을 살해하고 카푸아를 카르타고 인들에게 넘겨주는 것이었다. 칼라비우스는 분명 악당이었지만, 그렇다고 최악의 악당이라고 할 수는 없었다. 왜냐하면 그는 권력을 행사함에 있어 국가가 정치적으로 붕괴되는 상황을 바라지는 않았고, 국가에 원로원이 없어지면 그 어떤 국가도 정치적으로 온전할 수 없다고 보았기 때문이다. 따라서 이런 이유로 그는 한 가지 계획을 고안해냈다. 그렇게 하면 원로원도 보존할 수 있고, 동시에 원로원을 평민과 자신의 종으로 만들 수도 있었다.

원로원 의원들을 소집한 자리에서 그는 이렇게 말했다. "필요하지도 않은데, 제가 로마에서 이탈하는 정책을 지지할 하등의 이유가 없습니다. 저는 아피우스 클라우디우스의 딸과 결혼하여 자식도 있고, 제 딸은 로마 사람 마르쿠스 리비우스에게 시집갔으니까요. 하지만 우리는 지금 너무나 크고 우려스러운 위협을 눈앞에 두고 있습니다. 평민들은 단순히 로마 대신 카르타고에 충성하여 원로원을 제거하는 그런 수준을 원하는 게 아닙니다. 그들은 원로원 의원들의 목을 쳐서 도시의 모든 통제권을 뺏고, 그렇게 하여 아무 힘이 없게 된 도시를 한니발의 손에 바치려고 합니다. 여러분이 과거의 정치적인 알력은 잊고 저를 믿고 모든 일을 맡겨주신다면 이런 국가적 위험에서 벗어나게 해드리겠습니다."

완전히 겁에 질린 의원들은 그에게 동의했다. 이에 칼라비우스가 말했다. "저는 여러분을 이곳 원로원에 가두겠습니다. 그리고 제가 평민과 공범인 척하겠습니다. 저는 반대해봤자 아무 소용없을 테니 저들의 계획을 따르는 척하며 여러분의 살길을 찾아보겠습니다. 제가 약속한 대로 할 테니 여러분은 저를 밀어준다고 맹세해주십시오."

의원들의 맹세를 받은 칼라비우스는 회의장을 떠나면서 원로원을 폐쇄하라고 지시했다. 이어 그는 마당에 경비원을 세워두고 자신의 지시 없이는 누구도 들어오지도, 나가지도 못하게 하라고 지시했다.

3. 칼라비우스는 이후 평민을 불러 모아놓고 이렇게 말했다. "캄파니아 여러분, 여러분은 죄 많고 혐오스러운 무리인 원로원 의원들에게 복수할 기회를 노려왔습니다. 이제 그 기회가 여러분의 손에 안전하고 편안하게 주어졌습니다. 의원들이 부하와 노예를 동원하여 지키는 원로원을 위험하게 공격하거나, 봉기를 일으킬 필요도 없습니다. 그들은 모두 비무장 상태로 원로원에 갇혀 있습니다. 이제 여러분이 바라는 대로 할 수 있습니다. 하지만 서두르지는 마십시오. 경솔하거나 성급하게 굴어선 안 됩니다. 저는 여러분이 재판할 수 있게 그들을 하나씩 데려오겠습니다. 여러분은 이 기회에 판결을 내려 그들이 받아 마땅한 처벌을 내리면 됩니다.

이제 다른 무엇보다 먼저 기억하셔야 할 건 여러분의 안전과 이익이 가장 중요하다는 점입니다. 분풀이는 마음대로 하시더라도 그 점을 잊어서는 안 됩니다. 제 생각에 여러분이 증오하는 건 결국 의원들입니다. 여러분은 원로원 그 자체가 사라지는 걸 바라지는 않을 겁니다. 결국 우리에겐 두 가지 대안이 있습니다. 말하긴 참으로 끔찍하지만, 왕을 선출하거나, 아니면 자유로운 공적 심의 기구를 설립하는 겁니다. 즉, 원로원인 거지요. 따라서 여러분은 이제 두 가지 일을 하셔야 합니다. 현재의 의원들을 제거하고, 그 자리에 새로운 의원들을 선출해야 하는 겁니다. 저는 의원들을 하나씩 불러내겠습니다. 그리고 여러분에게 그들의 처분을 맡기겠습니다. 여러분의 권고는 어떤 상황에서든 반영될 겁니다. 하지만 죄 많은 의원들을 처벌하는 것으로 끝내서는 안 되고 그와 함께 능동적이고 정력적인 후보자를 선출하여 그 자리를 대신하도록 해주십시오."

칼라비우스가 말을 마치고 앉았고, 의원들의 이름을 적은 종이들이 항아리에 담겼다. 칼라비우스는 처음으로 뽑은 의원의 이름을 보고는 원로원에서 데려오라고 지시했다. 군중은 이름을 듣자마자 소리를 치는 사람이 한두 사람이 아니었다. 그는 비열한 짐승이니 당장 목을 쳐야 한다는 것이었다. 칼라비우스는 이렇게 대꾸했다. "이 신사분에 대한 여러분의 의견은 잘 들었습니다. 그는 짐승입니다. 좋습니다. 이제 그의 자리를 이을 정직하고 고결한 사람을 선택합시다."

잠시 장내에 침묵이 흘렀다. 아무도 더 나은 후보자를 제안할 수 없는 모양이었다. 그러다 군중 속에서 한 사람이 용감하게 나서서 터무니없을 정도로 시시한 어떤 소인배의 이름을 댔다. 그러자 즉시 군중은 격렬하게 항의하기 시작했다. 어떤 사람은 앞선 사람보다 훨씬 더 큰 목소리로 전혀 들어보지 못한 사람의 이름을 댔으며, 또 다른 사람은 그 사람이 천한 태생에 행동도 범죄자 같고 극히 가난한 것도 모자라 상스러운 일을 생업으로 삼고 있다며 모욕을 퍼부었다. 두 번째, 세 번째 의원을 불러왔을 때도 같은 일이 벌어졌고, 상황은 더 나빠지기만 했다.

이제 한 가지는 분명해졌다. 모두가 불러온 의원들을 죽기보다 싫어했지만, 아무도 만족스러운 대체 인물을 제시할 수 없었다. 이미 욕만 잔뜩 먹은 이름을 다시 제시하는 것도 의미가 없고, 아직 거론되지 않은 다른 사람들도 처음 생각했던 사람들보다 훨씬 더 저속했다. 그 결과 집회는 해산되었고, 평민들은 결국 익숙한 악이 그나마 가장 참아줄 만하다는 말들을 서로 건네며 감금된 의원들을 풀어 주라고 요청했다.

4. 이런 책략으로 칼라비우스는 위태했던 의원들의 목숨을 구했고, 이에 원로원은 평민들보다 그에게 훨씬 더 복종하는 모습을 보였다. 그는 폭력을 전혀 행사하지 않았음에도 불구하고 의원 전원의 뜻으로 권력을 행사하기 시작했다. 원로원의 태도는 빠르게 변했다. 의원들은 예전의 위엄과 자유를 망각해 버리고 평민들의 환심을 사려고 애쓰기 시작했다. 그들은 평민들에게 아침 인사를 했고, 그들을 초청하고자 할 때도 정중히 예의를 갖추어서 그렇게 했다. 또한 그들은 풍성한 저녁 식사를 대접하여 평민들을 즐겁게 해주었다. 법정에서는 사건을 담당하거나, 변호인으로 나타나거나, 배심원으로 판결을 내릴 때 늘 대중의 편을 들었는데, 모두 대중의 환심을 사려는 목적에서 그렇게 한 것이었다. 원로원은 마치 평민 의회인 것처럼 일을 처리했다.

카푸아에서 삶은 늘 부드럽고 사치스러웠다.[1] 이렇게 된 건 부분적으로 주민의 성격적 결함 탓도 있었지만, 주된 이유는 인간의 감각을 만족시키는 것들이 도시에 흘러넘쳤고, 땅과 바다의 매력적 요소들이 너무 많아서 인간이 쉽게 방종에 빠졌기 때문이었다. 하지만 이제 평민들은 그들의 방종을 구속받지 않았고, 지배층은 그들에게 아첨하는 데 여념이 없게 되어 모든 통제력은 사라져버렸다. 카푸아 인들은 사치스러움을 전혀 절제하지 않았고, 육체적 쾌락에 끝없이 탐닉했다. 여기에 더해 카푸아 인들은 도시의 법률과 그 대표자들을 경

---

1 폴리비오스 7권 1장에 의하면, 에트루리아 인들이 세운 카푸아는 다양한 산업들로 인해 도시가 번창했는데 그 부유함과 사치스러움이 크로톤과 시바리스를 능가하는 것으로 유명했다.

멸하는 것도 모자라 칸나이 패배 이후 예전에는 존중하던 로마의 힘도 우습게 보기 시작했다. 당장이라도 로마에서 이탈하려던 그들이 망설이게 된 건 오랜 결혼의 전통으로 인해 많은 권력 있고 유명한 카푸아 가문들이 로마와 친인척 관계로 연결되어 있었기 때문이다. 게다가 여러 카푸아 인이 로마 군에 들어가 복무 중이었다. 특히 전원이 무척 고귀한 캄파니아 혈통인 300명의 기병은 로마 인들에 의해 선발되어 시칠리아의 도시들을 지키는 수비대에 배치되었다.[2]

5. 이들의 부모와 친척은 갖은 노력 끝에 로마 집정관에게 대표단을 보내는 결정을 간신히 얻어냈다. 집정관 바로는 아직 카누시움으로 출발하지 않았기에 대표단은 제대로 무장도 못한 소수의 부대를 이끄는 그를 베누시아에서 만나게 되었다. 충실한 동맹국이라면 이 광경에 마땅히 깊은 동정을 표시해야 마땅했지만, 거짓되고 오만한 캄파니아 인들은 그런 로마 인들에 대하여 경멸밖에 느끼지 않았다. 게다가 바로는 얼마 전 칸나이에서 당한 패배를 너무 솔직하게 언급함으로써 그들의 경멸적인 태도를 더욱 굳혀놓기까지 했다. 사절들은 먼저 캄파니아 원로원과 시민들이 로마 군의 패배 소식을 듣고 무척 슬퍼하고 있다는 말을 전하며 필요한 군사적인 지원을 약속하겠다고 언급했다. 이에 바로는 이렇게 대답했다.

"사절께서는 필요한 것을 요청하라고 말씀하셨는데, 그건 동맹국 사이의 관습적인 언사일 뿐, 현재 우리가 겪는 상황에 맞춰 하신 말씀이라고 보기 어렵습니다. 우선 동맹국에 뭔가 부족한 것을 공급해 주겠다는 얘기는 뭔가 보충해 주어야 할 무엇을 아직 가지고 있다는

---

2   카푸아의 유서 깊은 가문들의 자제는 로마 군대에 들어가 시칠리아의 여러 도시에 배치되었는데 사실상 카푸아의 충성심을 담보하기 위한 인질들이었다.

뜻입니다. 하지만 칸나이에서 우리는 가진 전부를 잃었습니다. 우리가 기병이 충분해서 보병을 지원해 달라고 요청할 것 같습니까? 아니면 고작 자금만 부족해서 자금만 지원해 달라고 할 것 같습니까? 이런 상황에서 동맹국들이 보충해 주겠다고 말하다니요? 지독한 불운이 닥쳐 우리에겐 보충할 것이 아무것도 남지 않았습니다. 우리의 군단, 기병, 무장, 군기, 군마, 사람, 자금, 보급품, 그 모든 것이 전투 중에, 혹은 다음날 두 진지를 잃으면서 사라졌습니다. 캄파니아 인들이여, 전쟁에서 우리를 지원해주는 것뿐만이 아니라, 우리를 대신하여 카르타고 군대와 싸워주는 것이 바로 여러분의 의무입니다.

과거를 떠올려 보십시오. 여러분의 선조가 삼니움 인뿐만 아니라 시디키니 인들의 위협을 받아서 혼란에 빠진 채 성벽 안에 있었을 때, 우리가 어떻게 사티쿨라에서 여러분의 선조를 보호하며 공격을 막아냈는지를 기억하십니까? 우리는 여러분을 위해 삼니움에 전쟁을 선포하고 영고성쇠의 부침을 겪으면서도 거의 일백 년 동안 그 전쟁을 계속 수행했습니다. 잊지 않으셨을 겁니다. 여러분이 항복했을 때 우리가 공정한 조건을 받아들이고, 여러분이 고유의 법에 따라 살아가도록 배려했다는 것을요. 그것도 모자라 우리는 로마 시민권을 여러분 다수에게 허용하는 엄청난 특권을 부여했습니다. 칸나이에서 재앙을 맞이하여 우리의 국력이 빛이 바랜 감이 있지만 말입니다. 그러므로 캄파니아 인들이여, 우리에게 닥친 이 재앙에 여러분은 마땅히 동참할 생각을 해야 합니다. 여러분의 도시도 보호해야 하지만, 우리의 도시도 마찬가지로 보호해야 하는 겁니다. 지금 우리가 맞서고 있는 건 삼니움 인이나 에트루리아 인이 아닙니다. 따라서 우리 로마 인이 잃은 권력은 여전히 이탈리아에 남아 있습니다.

우리의 적은 카르타고 인입니다. 그들은 야만스러운 군대를 데리고 이 땅에 쳐들어 왔지요. 이들은 심지어 아프리카 토박이가 아닐 뿐만 아니라 대양의 해협과 헤라클레스의 기둥에서 온 자들로, 공개된 법률로 유지되는 문명에 관해선 아무것도 모르고, 인간이라고 말할 수조차 없는 자들입니다. 이 짐승 같은 자들은 선천적으로, 또 습관적으로 잔인하고 흉포합니다. 그들의 지휘관은 더 짐승 같은 자입니다. 사람의 시체로 다리와 둑을 세우라고 하고, 부하들에게 사람의 살을 먹으라고 가르칩니다. 정말 몸서리치지 않고는 말할 수 없을 정도로 지독한 자들입니다. 사람 고기로 그들의 배를 채우고, 만지기조차 불경스러운 괴물들이 우리의 주인이 되고, 아프리카와 카르타고의 법률을 우리의 법률로 강요하고, 이탈리아가 누미디아 인들과 무어 인들의 속주가 되는 걸 보고 싶으십니까? 적어도 이탈리아에서 태어났다면 그런 상황을 아주 증오하지 않을 사람이 어디에 있겠습니까?

캄파니아 여러분, 로마의 권력은 일시적으로 쇠퇴했습니다. 여러분의 신의와 힘이 그것을 존속하고 다시 예전 모습을 회복할 수 있게 한다면, 그것은 영광스러운 일이 될 것입니다. 제 생각으로 캄파니아에서 3만 명의 보병, 4천 명의 기병은 모을 수 있을 겁니다. 여러분의 도시는 자금과 곡식을 충분히 보유하셨으니 이 정도는 문제없을 것입니다. 여러분이 번영한 것만큼 신의도 그에 버금간다면 여태까지 벌어진 일에도 불구하고 한니발은 더 이상 승리에 도취하지 못할 것이며, 마찬가지로 로마도 더 이상 패배감을 느끼는 일은 없을 것입니다.”

6. 바로의 이 말을 듣고 사절들은 자리를 떠났다. 고국으로 돌아가는 길에 사절 중 한 사람인 비비우스 비리우스는 이렇게 말했다. “정말로 좋은 기회가 찾아 왔습니다. 캄파니아 인들이 과거 로마에 부당

하게 빼앗긴 영토를 회복할 뿐만 아니라, 이탈리아 전역에서 주도적인 위치를 차지할 때가 되었습니다. 한니발과 우리가 서로 바라는 대로 협정을 맺으면, 그가 이 전쟁에서 승리하여 군대를 이끌고 아프리카로 떠났을 때 이탈리아 전역의 통제권은 우리에게 주어질 것이고, 이를 아무도 막을 수 없을 겁니다."

다른 사절들도 이 말에 동의했다. 그들은 그런 식으로 임무 결과를 보고했고, 이 말을 들은 사람들은 모두 로마의 명성이 끝장났다고 생각했다.

이 보고로 카푸아의 평민들과 원로원 의원 대다수는 즉시 로마와 동맹 관계를 끊는 걸 고려하기 시작했다. 하지만 고령의 원로원 의원들의 권위 때문에 동맹에서의 이탈 결정은 며칠 동안 미뤄졌다. 마침내 다수결로 바로에게 보냈던 대표단을 한니발에게도 보내는 일이 결정되었다.

어떤 역사서에는, 사절들을 한니발에게 보내기 전이나, 아니면 반란 문제가 결정되기 전에 카푸아가 로마로 대표단을 파견하여, 로마가 지원을 바란다면 집정관 중 한 사람은 캄파니아 인이 되어야 한다고 했다고 적혀 있다. 이 요구에 로마는 분노했고, 대표단은 원로원에서 쫓겨나 길나장이의 호위를 받아 도시 밖으로 추방되었으며, 그날 중으로 로마 영토에서 나가달라는 전언을 들었다. 나는 이 기록을 사실로 받아들이기가 망설여진다. 그 이유는 라틴 인들도 한때 이와 비슷한 의심쩍은 요구를 했었기 때문이다. 게다가 코일리우스와 다른 저자들이 별다른 이유 없이 이에 대하여 아무런 기록도 남기지 않았다는 점도 마음에 걸린다.

7. 한니발을 만나러 간 사절들은 그와 다음과 같은 네 가지 조건에 합의했다.

첫째, 카르타고 장교와 관리는 그 어떤 캄파니아 시민에게도 사법권을 행사할 수 없다.

둘째, 캄파니아 시민은 누구도 자발적 의지에 반해 군대에 복무하거나 그 외의 다른 일을 하지 않는다.

셋째, 카푸아는 고유의 법률과 행정장관을 유지한다.

넷째, 한니발은 캄파니아 인들에게 선별한 3백 명의 로마 인 포로를 넘긴다. 이 네 번째 조건은 시칠리아에서 복무하는 캄파니아 기병대와 맞교환하기 위한 미끼용이었다. 하지만 캄파니아 인들은 정식 협정을 맺은 것으로 만족하지 않고 로마를 향하여 아주 지독한 범죄를 저질렀다. 카푸아 군중이 갑자기 라틴 동맹의 행정관으로 알려진 로마 관리들과 로마 시민들을 체포한 것이다. 체포된 사람 중 일부는 전쟁에 참여 중이었으며, 일부는 개인적인 용무로 분주한 사람들이었다. 그들은 로마 시민들을 안전하게 감금한다는 미명 아래, 목욕탕을 감금 장소로 선택했다. 하지만 로마 시민들은 모두 욕탕의 열기와 증기에 질식하여 끔찍한 죽음을 맞이하고 말았다.

이런 상황에서 데키우스 마기우스라는 용감한 사람이 로마를 위해 나섰다. 그는 여러 모로 우수한 자질을 갖춘 사람이었지만, 안타깝게도 그를 최고위직에 진출시킬 선의를 지닌 건강한 공동체에서 태어나는 복은 없었다. 그는 온 힘을 다해 앞서 말한 범죄 행위와 한니발에게 사절을 파견하는 일을 저지하려 했다. 그는 한니발이 카푸아에 주둔군을 보낸다는 소식을 듣고 절대 도시에 받아들여선 안 된다고 무척 강한 어조로 공개적으로 반대했다. 그는 동료 시민들에게 피로스가 저지른 오만한 폭정과 타렌툼 인들에게 비참하게 굴종해야 했던 일을 교훈으로 삼아야 한다고 경고했다. 그러나 주둔군이 도시 안에 받아들여지자 그는 그들을 쫓아낼 것을 끊임없이 요구했다.

그러다 마침내 그는 오랜 동맹이자 친척을 버린 처사에 속죄할 의지가 있다면 대담하고 인상적인 조치를 취해야 한다고 말했다. 그는 침입자들을 죽여 버리고 로마와의 동맹 관계를 회복하는 일만이 해결책이라고 주장했다.

이 주장은 공개적으로 발언된 것이었기에 비밀로 지켜질 수가 없었다. 소식을 들은 한니발은 사람을 보내 마기우스를 본부로 데려와 자기 앞에 세우라고 지시했다. 마기우스는 이에 의연하게 동행을 거부하며 한니발은 캄파니아 시민에게 법적인 권리를 행사할 자격이 없다고 주장했다. 그런 반응에 격분한 한니발은 마기우스를 체포하여 사슬에 묶어서 자기 앞으로 데려오라고 지시했다. 하지만 나중에 무력이 사용되면 시민의 분노를 유발하여 반란이나 그에 준하는 불쾌한 일이 벌어질지도 모른다고 우려한 그는 사자를 보내 법무관 마리우스 블로시우스에게 다음날 자신이 카푸아에 갈 것이라고 전했다. 그는 곧바로 소규모 부대의 호위를 받으며 진지를 떠났다.

마리우스 블로시우스는 민회를 소집하여 그들에게 아내와 자식들과 함께 무리를 이루어 한니발을 맞이하라고 지시했다. 많은 전투에서 승리를 거둔 유명한 장군을 만나러 가는 것이라 군중은 대단히 열렬한 반응을 보였고, 따라서 마리우스의 지시는 무척 수월하게 이행되었다. 데키우스 마기우스는 군중 사이에 섞이지도 않았지만, 그렇다고 집에만 머무르지도 않았다. 마음에 불안감을 느끼는 모습을 보이고 싶지 않았기 때문이다. 그는 아들과 하인 몇 사람을 대동하고서 편안한 자세로 포룸을 거닐었다. 나머지 시민들은 이미 위대한 카르타고 장군을 맞이하고 기쁘게 해주자는 생각에 광적인 흥분 속에 빠져 있었다.

한니발은 카푸아에 도착하자마자 원로원 의원들을 만나겠다고 말했다. 하지만 그가 방문한 날이 마침 축제일이어서 카푸아의 주요 의원들은 이런 축제 분위기를 심각한 문제를 논의하는 일로 망치지 말자고 한니발에게 간청했다. 한니발은 체질적으로 성미가 급한 사람이었지만, 오자마자 거절부터 하고 싶지는 않았기에 그 요청을 받아들여 그날 대부분을 도시를 시찰하며 보냈다.

8. 한니발은 고귀하고 부유한 닌니이 켈레레스 가문의 두 형제 스테니우스와 파쿠비우스의 집에 머물렀다. 앞서 언급한 카르타고의 편을 드는 당의 지도자 파쿠비우스 칼라비우스는 친 로마 파인 아들을 집으로 데려와 데키우스 마기우스에게서 떼어 놓았다. 이 청년은 로마와의 동맹을 지지하고 카르타고와의 협정에 반대하면서 대담하게도 마기우스를 지지하고 있었다. 카푸아 정부가 자신과 반대 방향을 취하고, 아버지가 극히 높은 지위에 있었지만, 그 어떤 것도 이 청년의 마음을 바꾸지 못했다. 칼라비우스는 이 아들도 함께 연회에 데려와도 좋다는 한니발의 허락을 받았다. 아버지는 그 아들에 대한 의심을 완전히 해소시키지는 못했지만, 칼라비우스가 하도 진지하게 기원하고 애끓는 표정으로 간청하는 바람에 한니발은 그 아들을 함께 데려와도 좋다고 한 것이었다. 이것은 대단한 호의였다. 왜냐하면 연회 주최자들과 비벨리우스 타우레아 같은 유명한 군인 외에 다른 캄파니아 인들은 거기에 초대받지 못했기 때문이다.

만찬은 일찍 시작되었다. 어디에도 카르타고다운 수수한 분위기는 없었고, 더불어 군사적인 규율을 떠올리게 하는 근엄함도 없었다. 오히려 그 반대로 만찬은 아주 화려하고 훌륭한 것이었다. 호화로운 도시의 부유한 가문이 제공할 수 있는 전형적인 만찬이었으며, 온갖 매혹적인 요리로 감각적 즐거움을 선사했다. 칼라비우스의 아들은 술을 권해도 받지 않는 손님 중 하나였다. 주최자들, 때로는 한니발 본인이 그에게 권유했지만 아무런 소용이 없었다. 그는 가벼운 병이 있어 받지 못하겠다고 계속 사양했고, 그의 아버지인 칼라비우스 역시 정신이 산만해서 술을 받지 못하겠다고 양해를 구했다. 그 상황에서 그 아버지가 마음이 심란한 것은 그리 놀라운 일도 아니었다.

일몰 직전에 칼라비우스는 연회장을 떠났다. 그의 아들은 아버지를 따라갔다. 집 뒤의 정원에서 아버지와 자신만 남은 것을 확인한 아들이 말했다. "아버지, 제게 계획이 있습니다. 성공하면 우리는 로마의 대의를 저버린 반역 행위를 용서받을 수 있을 뿐만 아니라, 이전에 누렸던 것보다 훨씬 더 큰 위엄을 갖추게 될 것입니다. 그에 따르는 호의는 말할 것도 없고요."

이에 칼라비우스는 놀라 어떤 계획인지 물었고, 그의 아들은 토가를 뒤로 돌려 옆구리에 숨긴 칼을 드러냈다.

"오늘 밤 저는 한니발의 피로 로마와 협정을 맺을 것입니다. 아버지, 제 결의는 미리 말씀드렸습니다. 거사할 때 여기에 계시지 마십시오."

9. 칼을 보고 아들이 하는 말을 들은 늙은 아버지는 마치 그 치명적인 일이 이미 저질러진 현장에 와 있는 것처럼 두려움으로 실성할 지경이었다. "아들아!" 그가 소리쳤다. "부모와 자식 사이에 있는 모든 신성한 유대 관계를 걸고 이렇게 애원하마. 부디 그 형언할 수 없는 죄악을 아비의 눈 앞에서 저지르지도 말고, 그 끔찍한 결과로 고통을 받지도 말거라. 고작 몇 시간 전에 우리는 한니발의 손을 붙잡고 모든 신 앞에서 충성을 맹세했다. 이제 그를 막 만나고 온 참인데 엄숙하고 신성한 맹세를 한 그 손으로 칼을 들고 그의 목숨을 빼앗으려 하느냐? 너는 한니발의 초대를 받은 세 명의 캄파니아 인 중 한 사람이다. 그런데 그렇게 극진한 대접을 받고도 연회 주최자의 피를

뒤집어써서 오명이나 남기려고 하느냐? 내가 그토록 간청하여 한니발이 너를 배려해 연회에 초청했건만, 너는 왜 한니발에게 충성할 수 없단 말이냐?

하지만 그래도 네가 그 일을 저지르겠다면, 명예와 진실도, 신에 대한 두려움도, 아버지에 대한 아들의 도리도 전혀 없는 것이다. 감히 그 흉측한 죄를 저지른다고 한다면, 우리한테는 파멸하는 길밖에는 없다. 정말 단독으로 한니발을 공격할 생각인 것이냐? 아들아, 저기 자유민과 노예들이 잔뜩 있다는 점을 기억해라. 모든 눈이 널 주목할 것이고, 우호적인 사람은 단 한 사람도 없어서 너는 그야말로 혼자가 될 것이다. 모두가 널 향해 칼을 뽑을 것이야! 그 미친 짓에 복수의 손길은 단 한순간도 늦장을 부리지 않을 것이다. 여러 군대들이 두려워하고, 로마 인들도 바라보면 몸서리치는 게 바로 한니발의 얼굴이다. 네가 그 얼굴을 빤히 쳐다보면서도 그 일에 실패하지 않을 배포가 있겠느냐? 아무도 널 도와주지 않을 것이다. 너는 아비가 한니발의 몸을 막아서면 찌를 수 있겠느냐? 진실로, 진실로 말하는데 네 칼로 먼저 내 심장을 찔러야 그의 심장에 도달할 수 있다는 걸 의심하지 말거라.

그곳에서 멸망하느니 여기서 지금 뉘우치는 게 더 나은 일인 걸 왜 모르느냐? 오늘날까지 나의 애원이 너를 설득해 왔던 것처럼, 지금도 내 기도가 너를 설득할 수 있기 바란다!"

아들은 늙은 아버지의 호소에 감동하여 눈물을 흘렸다. 칼라비우스는 아들을 안고 뺨을 비벼 대며 계속 애원했고, 마침내 그의 아들은 칼을 치우고 끔찍한 일을 저지르지 않겠다고 선언했다. 그는 아버지를 바라보며 이렇게 말했다. "조국에 진 빚을 아버지에게 갚겠습니다. 하지만 유감스럽게도 아버지는 조국을 세 번 배신했다는 비난을 견디셔야 할 겁니다. 첫 번째 배신은 조국을 로마에서 이탈시킨 것이요, 두 번째 배신은 조국을 한니발과 협정을 맺게 한 것이요, 세 번째 배신은 카푸아가 로마와의 관계를 회복할 수 있는 계기를 이렇게 막아 버렸다는 것입니다. 조국이여, 적의 요새로 들여온 이 칼을 돌려드리겠습니다. 이것을 손에서 내려놓게 한 건 바로 제 아버지입니다." 말을 마친 그는 정원 벽 너머에 있는 길로 칼을 내던졌다. 그리고 의심을 받지 않기 위하여 다시 연회장으로 돌아갔다.

10. 다음날 한니발의 말을 듣고자 원로원 의원들이 모였다. 연설 시작 부분은 친절하고 온화했다. 그는 캄파니아 인들이 로마와의 동맹을 물리치고 자신과의 우정을 선택해주어 고맙다고 말하면서 여러 거창한 약속을 했다. 그중에서도 가장 돋보이는 건 카푸아가 곧 이탈리아의 수도가 될 것이며, 로마 역시 다른 모든 이탈리아 공동체와 마찬가지로 카푸아의 법을 따르게 될 것이라는 약속이었다. 그는 이어서 이렇게 말했다.

"그런데 카푸아와 카르타고의 우정을, 또 나와의 협정을 받아들이지 않는 자가 딱 하나 있소. 그자는 캄파니아 인이 될 자격도, 그렇게 불러서도 안 되는 자요. 그자의 이름은 데키우스 마기우스요. 그자를 내 손에 넘겨주시오. 그자의 일은 반드시 논의되어야 하오. 내가 있는 자리에서 원로원이 판결을 내려주시오."

원로원은 한니발의 요구에 만장일치로 찬성했다. 많은 의원은 데키우스가 그렇게 끔찍한 처벌을 받을 일은 하지 않았을 뿐더러 시작부터 카푸아가 자유를 무척 침해당하고 있다는 생각이 들었지만, 별다른 수가 없었다.

한니발은 원로원을 떠나 행정장관의 공식 자리에 앉고는 데키우스 마기우스를 체포하라고 지시했다. 데키우스는 이제 한니발의 앞에 나와서 자신을 변호해야 되었다. 마기우스는 사슬이 몸에 감기고 길나장이가 지시받은 대로 한니발의 본부로 끌고 갈 때도 마기우스는 이 따위 체포쯤은 전혀 개의치 않는다는 의연한 태도였다. 그는 이런 폭력 행위를 정당화하는 조항은 협정 어디에도 없다고 기개 넘치게 주장했다. 그는 끌려가면서 엄청나게 모인 군중을 향해 큰 목소리로 매서운 열변을 토했다.

"원하던 자유를 얻었구려!" 그가 소리쳤다. "우리 도시에서 대낮에 그것도 포룸에서, 이 도시의 모범 시민인 내가 사슬에 묶여 죽임을 당하고자 끌려가고 있소이다. 설사 카푸아가 함락되었다 할지라도 적들은 내게 이런 짓은 하지 않을 거요. 한니발을 환영하며 맞이하고, 그가 온 날을 공휴일로 지정한 여러분은 이제 그가 여러분의 동료 시민에게 거둔 독재적 승리를 보면서 즐기고 있소이다!"

이 말을 마칠 때까지 마기우스의 머리는 맨머리였으나, 그의 말에 군중이 다소 동요하자 한니발의 병사들은 그의 머리에 천을 씌우고 서둘러 성문 밖으로 그를 끌고 나갔다. 이런 상태로 본부로 끌려온 마기우스는 즉시 카르타고 행 배에 태워졌다. 이렇게 조처한 이유는 이런 고압적인 행동으로 카푸아에서 일어날지도 모르는 소란을 미연에 방지하기 위해서였다. 평민 봉기가 일어난다면 원로원도 저명한 카푸아 인을 일방적으로 넘겨준 일을 재고할 수도 있기 때문이었다. 만약 원로원 대표가 데키우스의 석방을 요구한다면 한니발은 딜레마에서 빠져나올 수 없었다. 첫 요청부터 거절하면 새로운 동맹에 반감을 사게 되는 건 뻔했고, 그렇다고 반대로 승낙한다면 그의 권위에 도전하면서 반란을 부추기는 데키우스를 카푸아에 계속 놔두어야 하기 때문이었다.

마기우스를 태우고 카푸아를 떠난 배는 악천후로 키레나이에 상륙했는데, 그곳은 당시엔 이집트 군주의 지배를 받고 있었다. 마기우스는 배에서 도망쳐 프톨레마이오스의 조각상을 피신처로 삼았고, 그곳에서 이집트 경비병들에게 붙잡혀 알렉산드리아로 보내졌다. 그는 궁정에서 왕인 프톨레마이오스 4세를 알현하게 되었다. 그는 이집트 왕에게 카르타고-카푸아 협정을 어겼다는 이유로 한니발에게 붙잡혔다는 이야기를 보고했다. 그러자 왕은 그에게 로마로 갈 것인지, 아니면 카푸아로 돌아갈 것인지 선택하라고 했다. 마기우스는 카푸아는 안전하지 않고, 로마는 가더라도 캄파니아와 로마가 서로 전쟁을 벌이게 되면 손님보다는 도망자의 입장이 되니까 곤란하다고 대답했다. 그래서 로마도 카푸아도 갈 수 없는 데키우스는 자신에게 자유를 허락하고 그것을 기꺼이 보장하려는 왕의 나라에서 살겠다고 말했다.

11. 그러는 사이 퀸투스 파비우스 픽토르는 델포이의 아폴로 신전에서 신탁을 받아오는 임무를 마치고 로마로 돌아왔다. 그는 신탁의 답변을 적은 종이를 읽었는데, 그것엔 기원해야 할 신들의 이름이 있었고, 어떤 형식으로 기원해야 하는지 담겨 있었다. 내용은 이렇게 끝났다. "로마 인들이여, 이와 같은 일을 하면 도시의 운명은 더 나아질 것이고, 짐도 더 가벼워지리라. 너희의 도시는 바라는 것 이상으로 전진할 것이며, 로마 인들은 승리를 거머쥐게 되리라. 문제가 잘 정돈되고 라틴 연맹을 지켜냈을 때, 그 결과로 얻은 것으로 아폴로 신께 선물을 보내도록 하라. 노획물, 전리품, 이득의 일부로 경의를 표시하라. 승리로 자만해서는 안 된다."

픽토르는 그리스어 문구를 이렇게 통역하고 아폴로 신탁의 신전을 떠나자마자 신탁에서 언급된 모든 신들에게 포도주와 향으로 제사를 올렸다고 말했다. 또한 그는 신전의 사제가 자신에게, 로마로 돌아가서 제의를 드릴 때까지 현재 쓰고 있는 월계관을 벗지 말라고 했다는 말도 전했다. 그는 사제의 모든 지시를 아주 세심하게 수행했고, 월계관을 로마에 있는 아폴로 신전에 소중하게 보관했다. 원로원은 곧 포고령을 내려 신탁에 정해진 의식을 최대한 빠르게 정확히 수행하도록 지시했었다.

이탈리아와 로마에서 이런 일이 벌어지는 동안에, 하밀카르의 아들 마고는 카르타고에 도착하여 칸나이에서 승리한 소식을 전했다. 그의 형 한니발은 그를 전장에서 바로 본국으로 보내지 않고 며칠 머무르게 하여 로마와 동맹 관계를 청산하는 브루티 및 다른 지역 공동체를 접수하게 했다.

카르타고로 일시 귀국한 마고는 원로원 의원들과의 회합에서 이탈리아에서 거둔 성공을 보고했다. 그는 자신의 형이 여섯 명의 적 사령관(네 명의 집정관, 한 명의 독재관, 그리고 그의 부하인 사마관)이 이끄는 군대와 맞대결한 주요 전투들에서 20만 명이 넘는 적을 죽이고 5만 명이 넘는 포로를 붙잡았다고 보고했다. 또한 그는, 집정관 네 명 중에 둘은 죽었으며, 한 명은 상처를 입었고, 다른 한 명은 전군을 잃어버린 다음 50명 정도 되는 병사들과 간신히 도망쳤다고 보고했다. 마고는 이어, 권한이 집정관과 동등한 사마관은 완패당했으며, 로마 인의 눈에 유일한 장군감은 독재관 하나뿐이라고 했다. 왜냐하면 그는 절대로 전투를 시도하지 않았기 때문이다. 브루티 인, 아풀리아 인, 일부 삼니움과 루카니아 인이 카르타고의 편이 되었으며, 캄파니아의 수도일 뿐만 아니라 칸나이 전투에서 로마가 괴멸적인 타격을 입은 이후로 이탈리아의 수도가 된 카푸아도 한니발에게 항복했다.

마고는 여기까지 말한 뒤 이런 여러 차례의 빛나는 승리는 신께 마땅히 감사드려야 할 일이라고 부언했다.

12. 그는 전쟁에서 성공을 거두었다는 증거로 원로원 마당에 전리품으로 챙긴 황금 반지들을 가득 쏟아 부었다. 몇몇 역사가들의 기록에 따르면 무더기로 쌓인 반지들의 무게를 따져보니 세 펙(peck) 반이었다.[3] 하지만 보편적이고 더 믿을 만한 기록에 따르면 한 펙이 더 사실에 가까운 수치였을 것이다. 마고는 로마가 당한 패배가 얼마나 심각한지 알리고자 이 황금 반지는 로마 군의 기사들만 끼는 것이라고 설명했다. 이 말은 해당 반지가 전투 대형에서 가장 뛰어난 자만 착용하던 것이라는 뜻이었다. 하지만 가장 핵심적인 말은 바로 다음에 나왔다.

"한니발이 전쟁의 성공적인 수행이라는 목표에 가까워질수록 본국은 지원과 지지를 더욱 아끼지 않으셔야 합니다. 그는 본국에서 멀리 떨어진 적국에서 싸우는 중입니다. 자금과 곡식은 대규모로 소비되는 중입니다. 적군에 치명적인 타격을 입혔어도 수많은 교전을 거치며 승자인 우리 카르타고 군의 인적 자원도 어느 정도 줄어들고 있습니다. 그에 따라 지원군을 반드시 파견해주셔야 합니다. 곡식도 반드시 공급되어야 하며, 카르타고를 위해 복무하는 부대에 지급할 자금 또한 보내주셔야 합니다."

모두가 마고가 한 말에 기뻐했고, 이 기회를 틈타 바르카 파벌 지지자인 히밀코가 한노에게 재빠르게 비난을 가했다. "자, 한노, 지금

---

3   단테는 이 수북이 쌓아올린 황금 반지에 감명을 받아서 『신곡』 지옥편 28곡에서 이렇게 노래하고 있다. "예전에 행복한 아풀리아의 땅에서 트로이 사람들을 위해, 그리고 틀리는 법이 없는 리비우스가 기록했듯이, 엄청나게 많은 황금 반지들을 노획했던 기나긴 전쟁(제2차 포에니 전쟁 혹은 칸나이 전투)에서 고통의 피를 흘렸던 사람들을 위해…" 1펙은 약 10킬로그램인데, 반지의 무게를 한 돈(3.75그램)으로 볼 때, 약 2,500개의 반지가 된다. 칸나이에서 로마 군 전사자가 5만이고 보병 대 기병의 숫자는 10대 1이므로 죽은 기병은 5천 명 정도이므로 그 중 절반이 황금 반지를 차고 있었다는 뜻이 된다.

은 어떻습니까? 여전히 로마를 상대로 전쟁을 하게 되어 유감입니까? 이래도 한니발을 본국으로 돌아오라고 해야겠습니까? 이런 대승을 거뒀는데 신들께 감사제를 올리는 것도 금지하고 싶습니까? 여기 카르타고 원로원에 로마 원로원 의원이 있는 모양입니다. 어디 이야기나 한번 들어봅시다!"

"신사 여러분," 한노가 답했다. "나는 오늘 입을 다물고 있어야 했습니다. 모두가 크게 기뻐하는 이 상황에서 유쾌하지 못한 말을 하여 분위기를 망치지 않을까 걱정했으니까요. 하지만 그럴 수가 없게 됐습니다. 의원 한 분이 제게 여전히 로마와의 전쟁을 후회하느냐고 물어왔으므로. 대답하지 않으면 저는 틀림없이 무척 거만한 사람처럼 보일 겁니다. 다른 사람의 자유를 무시하는 사람처럼 보이거나, 아니면 지나치게 비굴한 사람처럼 보이겠죠. 그도 아니면 자기 자유를 망각한 사람처럼 보이던가요. 따라서 저는 히밀코에게 대답하겠습니다. 저는 전쟁을 여전히 후회하고 있으며, 전쟁이 원만한 조건으로 결론이 날 때까지 여러분의 상승장군을 계속 책망할 것입니다. 이미 사라진 옛 평화를 향한 나의 열망은 새로운 평화로만 충족될 수 있습니다.

마고가 방금 한껏 자랑한 사실은 이미 히밀코와 한니발을 맹종하는 다른 자들에게 큰 기쁨을 주었습니다. 나 역시도 이 대승을 기뻐했습니다. 우리가 그것을 잘 활용하여 더 나은 평화를 확보할 수 있다면 말입니다. 그런데 이제 때가 되었습니다. 우리는 강화 조약을 받아들이는 게 아니라 승인하는 입장에 있습니다. 이런 평화의 기회를 흘려보내면 우리의 과도한 즐거움은 그 과도함 때문에 결국 사라지게 될 터인데 전 그게 걱정됩니다.

현재 상황을 있는 그대로 인정한다고 하더라도, 과연 그리 기뻐할

게 있는 건가요? 한니발은 적군을 전부 죽였다고 했습니다. 그런데 증원 부대가 필요하다고 합니다. 만약 그가 패배라도 했다면 그 어떤 것을 요청했을까요? 그는 귀중품과 보급품이 가득한 로마 진지 두 곳을 점령했다고 했습니다. 그런데 우리에게 자금과 곡식을 요청하고 있지요. 한니발이 진지를 잃고 모든 걸 빼앗겼다고 칩시다. 마찬가지로 자금과 곡식을 요청하지 않았겠습니까?

저만 경악하고 말 일은 아니므로 이제 질문을 던지고자 합니다. 나는 그럴 자격이 있습니다. 이미 히밀코의 질문에 답했기 때문이지요. 두 가지 질문을 할 것인데, 히밀코나 마고가 대답해 주었으면 좋겠습니다. 첫째, 로마의 권력이 칸나이에서 철저히 무너지고 이탈리아 전역이 반기를 들었는데 라틴 동맹 중 하나라도 우리에게 넘어온 곳이 있습니까? 둘째, 로마의 서른다섯 부족들 중에 한니발에게 항복한 부족이 있습니까?”

마고가 두 질문에 아니라고 대답하자 한노가 말을 이었다. “그렇다면 아직도 남은 적이 무척 많습니다. 여전히 수천 명과 맞서 싸워야 하는데, 그들의 사기는 어떤지, 바라는 바는 무엇인지 알고 싶습니다.”

13. 마고는 그들의 의도가 무엇인지 짐작을 못 하겠다고 대답했고, 그러자 한노가 계속 말했다. “그렇다면 답변은 지극히 명백합니다. 마고, 어디 한번 말해보세요. 로마 인들이 한니발에게 강화 조약을 맺고자 사절을 보냈습니까? 당신이 아는 한도 내에서 로마에서 ‘강화’라는 말이 실제로 입 밖에 나온 적이 있습니까?”

“없습니다.” 마고가 답했다.

“그렇다면,” 한노가 말했다. “전쟁의 수행이라는 측면에서 볼 때, 우리는 한 걸음도 앞으로 나아가지 못한 겁니다. 상황은 한니발이 처음 이탈리아로 건너갔을 때와 정확히 같은 게 아니겠습니까. 이곳에 있는 우리 대다수는 예전에 로마와 치렀던 전쟁[4]과 그에 따른 부침을 기억할 것입니다. 가이우스 루타티우스와 아울루스 포스투미우스가 집정관이 된 이후 우리는 수륙(水陸) 양면에서 절대 그 이전처럼 강세를 보이지 못했습니다. 그들이 재임한 이후 우리는 아이가테스 제도에서 완패를 당했지요. 물론 그런 일은 없을 것이지만, 과거에 그랬던 것처럼 운명이 만약 바뀐다면, 지금 우리가 승리했을 때 받을 수 있는 강화 조약 조건을 패배했을 때도 받을 수 있을 것으로 기대하십니까?

우리가 지금 적에게서 강화의 조건을 받아야 하느냐, 아니면 나중에 적이 제시한 조건을 받아들여야 하느냐를 묻는다고 한다면, 저로서는 어느 쪽을 선택할지 뻔한 겁니다. 원로원에서 마고의 요구를 논의한다고 한다면, 승리하고 있는 우리 군대에 증원 병력과 보급 물자를 보내는 건 불필요하고 부적절하다는 게 제 생각입니다. 거짓되고 공허한 희망으로 우리를 속이는 자들에게 더 이상 군대를 보낼 필요는 더욱 없다고 생각합니다."

그러나 즐거운 분위기에 초를 치는 듯한 한노의 말에 영향 받는 이는 적었다. 한노는 한니발이 소속된 바르카 파벌과 대립하는 입장이었기 때문에 그가 내세우는 주장은 영향력이 떨어졌을 뿐만 아니라, 즐거울 때 그 즐거움의 본질에 집중할 뿐 그 그림자에 주목하는 주장 따위는 귀 기울이지 않는 게 사람의 심리였기 때문이다. 모든 원로원 의원이 좀 더 전쟁 노력을 퍼붓더라도 전쟁은 빠르게 승리해야 한다

---

4   제1차 포에니 전쟁을 가리킨다. 역자 해제 중 "제1차 포에니 전쟁" 참조.

고 생각했고, 그 결과 거의 만장일치로 한니발에게 4천 명의 누미디아 기병, 코끼리 40마리, 대량의 은화를 보낸다는 포고령을 통과시켰다. 마고와 담당 고위 관리가 함께 스페인으로 파견되어, 2만 명의 보병과 4천 명의 기병을 용병으로 모집하여 스페인과 이탈리아의 병력을 보강하는 임무를 맡게 되었다.

14. 상황이 잘 풀리면 자주 그렇듯, 카르타고의 이런 지원 조치는 더디게 진행되었다. 하지만 로마 인들은 전혀 달랐다. 그들은 원체 활동적인 기질인 데다 상황이 아주 심각했으므로 강제로라도 빠르게 행동에 나서야 했다. 집정관은 즉시 모든 필요한 임무를 수행했다. 독재관 마르쿠스 유니우스 페라(Marcus Junius Pera)는 먼저 종교적인 요구를 충족시킨 다음, 말을 탈 권한을 부여해달라는 법안을 제출하여 민회에서 허락을 받았다. 전통에 따르면 독재관은 보병대를 지휘해야 하므로 말을 탈 수 없었다. 권한이 부여된 그는 곧바로 말에 올라 이곳 저곳 돌아다니면서 어려운 신병 모집 업무에 착수했다. 연초에 이미 집정관들은 피케눔과 갈리아에서 노예와 지지자를 모아 도시를 방위하는 두 군단을 창설했다. 하지만 병력이 더 필요했던 그는 더 이상 참지 못하고 나라의 마지막 자원에 손을 대었다. 이런 절박한 상황에서 명예는 편의를 이기지 못하는 법이었다. 그는 성명을 발표하여 군에 입대한다면 사형수들은 형 집행을 면제해주고, 채무로 구금된 자들은 채무를 면제해주겠다고 했다. 그렇게 6천 명이 모였고, 이들은 가이우스 플라미니우스가 승리했을 때[5] 가져온 전리품인 갈리아 무기들로 무장했다. 전부 2만 5천명을 모집한 독재관은 로마

---

5   플라미니우스는 기원전 223년 포 강 유역의 전투에서 승리를 거두고 그 전리품을 챙겼다.

에서 그 군대를 이끌고 야전으로 나갔다.

카푸아를 장악한 뒤 한니발은 두 번째로 네아폴리스를 빼앗으려고 했지만, 네아폴리스 인들이 꼬임에 빠지지도, 겁을 먹지도 않자 항복하지 않을 것으로 판단하고 다른 도시인 놀라로 이동했다. 그는 놀라가 자발적으로 항복하리라고 기대했기에 처음에는 적대적으로 접근하지 않았다. 하지만 놀라 사람들이 실망스러운 태도로 나오면 언제든지 전쟁의 공포를 맛보여줄 생각이었다. 놀라의 원로원, 그중에서도 중진은 로마에 충성하고 동맹을 지켜야 한다고 주장했다. 반면에 평민은 그 기질상 한니발의 편이었다. 그들은 도시의 정치 체제가 바뀌길 바랐다. 그들은 농작물이 피해를 입는 것도, 포위당할 때 끔찍한 고통을 겪는 것도 원하지 않았다. 로마와의 동맹을 끊자는 목소리가 부족한 것도 아니었다. 그런 이유로 원로원은 공공연하게 반대 의견을 표시하거나 행동하면 흥분한 군중을 막아내지 못할 것이 두려워 시간을 벌고자 평민의 뜻에 동의하는 척했다.

원로원은, 한니발에게 기꺼이 항복하고자 하나, 새로운 우방과의 협정 조건이 아직 완벽하게 합의된 것이 아니라고 둘러대는 말을 했다. 이 덕분에 원로원은 숨 돌릴 여유가 생겼고, 곧바로 카실리눔에 군을 이끌고 머무르던 로마의 법무관 클라우디우스 마르켈루스에게 사절단을 보내 지금 놀라가 위험한 상황에 처했음을 알렸다. 놀라 사절단은 마르켈루스에게 시골 지역은 이미 카르타고의 손에 넘어갔으며, 로마의 도움이 없다면 곧 도시마저도 그렇게 될 것이라고 보고했다. 사절단은 이어, 놀라 원로원이 평민의 뜻이라면 기꺼이 로마와의 동맹을 끊겠다는 마음에도 없는 말을 해가며, 즉각적인 평민 봉기를 막고 있다는 상황 설명도 했다.

마르켈루스는 깜짝 놀라며 놀라 원로원 의원들에게 찬사를 보내면서, 자신이 놀라에 도착할 때까지 계속 평민을 속여 상황을 유지하라고 했다. 그는 또한 사절단에게 자신을 만났다는 이야기나, 로마가 구원하러 올 것이라는 말을 해서는 안 된다고 당부했다. 이어 그는 카실리눔을 떠나 칼라티아로, 이어 볼투르누스를 우회하는 길을 따라 사티쿨라와 트레비아를 통과하여 수에술라 위쪽에 있는 산을 가로질러 놀라로 갔다.

15. 마르켈루스가 접근해 오자 한니발은 놀라에서 철수하여 네아폴리스 근처 해안으로 갔다. 그는 배들이 안전하게 아프리카에서 건너올 수 있게 해군 기지를 마련해야 한다는 생각이 강했다. 하지만 네아폴리스 인들이 직접 로마 제독 마르쿠스 유니우스 실라누스를 불러들여 그에게 도시의 총괄 책임을 맡겼다는 소식을 접하자, 놀라에서 그랬던 것처럼 네아폴리스의 점령 계획을 포기하고 누케리아로 이동했다. 그는 얼마간 그 도시를 포위했고, 그렇게 공성전을 벌이는 동안에 다양한 시도로 도시를 장악하려 했다. 어떤 때는 힘으로, 어떤 때는 평민이나 지배층의 환심을 사 항복을 유도하려 했지만, 결국 그 도시를 항복하게 만든 건 굶주림이었다. 그는 주민들이 무장하지 않은 채 옷 한 벌만 챙겨서 떠나야 한다는 조건으로 항복을 받아들였다.

한니발은 라틴 동맹을 붕괴시키기 위해서는 로마 인을 제외한 모든 이탈리아인에게 온화한 태도를 보여야 한다는 생각을 갖고 있었다. 그에 따라 누케리아 인들에게 도시를 떠나지 않고 남아서 카르타고 군에 복무하는 사람에겐 보상과 명예를 안겨주겠다고 했다. 하지만 아무도 그 제안을 받아들이지 않았다. 그들은 모두 군중 심리에 따라 충동적으로 움직이거나, 아니면 온정을 구할 수 있다고 생각하는 곳으로 옮겨가려 했다. 도시에서 나와 흩어진 그들은 캄파니아의 이 도시, 저 도시로 갔는데, 특히 놀라와 네아폴리스에 몰려들었다. 원로원 주요 의원 서른 명은 카푸아로 갔지만, 이미 한니발에게 항복했기에 그 도시는 의원들을 받아주지 않았다. 그들은 결국 발걸음을 쿠마이로 돌렸다. 누케리아는 약탈당한 뒤 전소되었고 도시의 귀중품은 전부 카르타고 병사들의 것이 되었다.

놀라 이야기를 다시 해보면, 마르켈루스는 휘하 군대에 대한 자신감보다는 주요 시민들이 보내는 선의에 의지하여 도시를 통제했다. 평민은 불안의 근원이었고, 특히 루키우스 반티우스라는 자는 더욱 수상한 자였다. 그는 미수에 그치긴 했지만 자신이 반란의 주동자라는 사실을 명확히 인식했다. 그래서 로마 법무관에 대한 두려움도 있었기에 어느 때엔 고국을 등져야겠다는 생각을 하기도 하고, 다른 어떤 때엔 불운이 따르면 한니발을 찾아가 의탁해야겠다는 생각을 하기도 했다. 반티우스는 기개가 있는 청년이었고 또한 로마 동맹 공동체의 기사들 중에서도 무척 탁월한 자였다. 칸나이에서 그는 시체 더미 사이에서 빈사 상태로 발견되었는데, 한니발은 무척 관대하게 그를 돌봤을 뿐만 아니라 선물까지 들려 고향으로 보내주었다. 이런 관대한 처우에 감사한 반티우스는 그래서 자신의 고향 놀라가 카르타고에 항복하여 그들의 통제를 받길 바랐다.

마르켈루스는 이 청년이 불안해하면서도 동맹을 로마에서 카르타고로 바꾸고 싶어 한다는 것을 파악했다. 마르켈루스에게는 다음 두 가지 대응 방법이 있었다. 하나는 반역죄를 물어 처형하는 것이고, 다른 하나는 관대함을 베풀어 그에게서 호의를 얻는 것이었다. 단순히 한니발의 지지자를 제거해 버리는 것보다 새로 용맹하고 적극적인 지지자를 얻는 게 더 낫다고 판단한 마르켈루스는 반티우스를 불러와 이렇게 정중한 말을 건넸다.

"자네가 많은 동포에게 미움을 사고 있다는 사실은 쉽게 알 수 있더군. 자네는 전장에서 많은 용맹을 보여줬지만, 이곳 놀라 사람들은 내게 그걸 일언반구도 얘기해주지 않았어. 하지만 로마 군에 복무한 사람이라면 자네의 놀라운 군인의 자질을 몰라보기란 불가능한 일이야. 숨기려야 숨길 수 없을 테니까. 자네와 함께 복무한 많은 군인이 내게 자네가 어떤 사람인지 자주 말해줬네. 또 로마 인의 목숨과 위엄을 지키려고 자네가 계속 위험을 마주했다는 것도 이야기 들었지. 특히 칸나이에선 시체, 죽은 말, 무기 등의 산더미에 깔려 숨이 다 빠져 나갔을 때도 싸우는 걸 멈추지 않았다지? 자네의 용기에 행운이 따르기를! 내가 지휘하는 군대에 들어오는 게 어떻겠나? 그렇게 된다면 자네는 기회마다 승진할 것이고, 바라는 모든 보상을 받을 수 있을 것이야. 나와 오래 함께할수록 자네는 더 많은 위엄과 이득을 챙길 수 있을 거라고."

반티우스는 이 말을 듣고 기뻐했다. 마르켈루스는 그에게 훌륭한 말 한 필을 내주었고 동시에 재무관에게 500데나리우스를 그에게 지급하라고 지시했다. 마르켈루스는 길나장이들에게 반티우스가 원하면 언제든지 자신에게 데려오라는 지시도 내렸다.

16. 이 사려 깊은 대접을 받자 반티우스의 적개심은 훌륭하게 진정되었고, 이후 로마의 동맹 중 반티우스만큼 용맹하고 충실하게 로마의 대의를 지키는 사람이 없었다.

한니발은 누케리아를 떠나 곧 놀라의 성문 앞에 다시 도착했다. 마르켈루스가 적이 접근하는 걸 보고 놀라의 성벽 안으로 부대를 후퇴시키자 평민들은 전처럼 로마 동맹에서 이탈하는 방향으로 움직이기 시작했다. 마르켈루스는 진지의 안전을 지키지 못할 것이 두려워서가 아니라 도시를 저버릴 기회만 엿보는 많은 평민에게 여지를 남기지 않으려고 이런 도시 안으로의 퇴각 결정을 내린 것이었다. 전투 준비는 곧 완료되었고, 로마 인들은 이제 성벽 앞으로 집결했다. 이에 카르타고 인 역시 진지 앞에 집결했다. 이 결과 도시와 카르타고 진지 사이의 들판에서 결정적이지 않은 소규모 접전이 몇 차례 벌어졌다. 두 지휘관은 전면전을 벌이는 건 꺼렸지만, 사소한 충돌을 각오하면서 소규모 부대를 보내 적을 염탐하는 건 반대하지 않았다.

두 군대가 이런 식으로 매일 경계하는 사이에 놀라의 지도자들은 마르켈루스를 찾아와 평민들이 밤에 적과 밀담을 나누는 중이라고 보고했다. 그들은 마르켈루스에게 이런 보고도 했다: 로마 병사들이 행군하여 도시 밖으로 나가면 군용 행낭과 개인 소지품을 빼돌리고 성문을 걸어 잠근 뒤 도시 성벽을 장악하는 게 평민들이 적과 약속한 것이다. 그렇게 되면 도시를 완전히 손에 넣은 평민들은 로마 인들을 제거하고 한니발을 그 대신 받아들일 수 있다.

마르켈루스는 소중한 정보를 알려주어 고맙다고 원로원 의원들에게 감사를 표시했다. 그는 도시 내부에서 로마에 적대적인 움직임이 시작되기 전에 곧장 전장에서 자신의 무운을 시험해 보기로 했다. 그는 병력을 세 부대로 나눠 카르타고 진지와 마주한 세 개의 성문에 하나씩 배치하고, 로마 군이 진군할 때 치차(輜車)도 함께 따르도록 지시했다. 종군 상인, 종군 민간인, 다치거나 병을 앓고 있는 군인들은 참호에 쓸 말뚝을 운반하라는 지시를 받았다. 중앙 성문엔 로마 기병대와 정예 로마 보병대가, 다른 두 성문엔 경장비를 갖춘 부대와 동맹군 기병대가 배치되었다. 놀라 시민은 누구도 성벽이나 성문에 접근하지 못하게 막았다. 지원 부대는 부대가 교전하는 동안 짐을 노리는 자들을 막으라는 지시를 받았다. 이렇게 하여 로마 군은 성문 안에서 단단히 준비된 채로 다가올 전투를 기다렸다.

며칠 동안 한니발은 병사들에게 저녁에도 전투태세를 유지하라고 지시했다. 처음에 그는 왜 로마 군이 도시에서 나오지 않는지, 혹은 왜 병사들이 성벽에 배치되지 않는지 이해할 수 없었다. 하지만 카르타고 군과 놀라 평민 사이의 밀담이 마르켈루스에게 알려졌으며, 그로 인해 두려움을 느낀 로마 인들이 교전을 단념했다는 결론을 내렸다. 그리하여 한니발은 일부 병력을 진지로 보내며 즉시 공성에 필요한 모든 장비를 최전방으로 가져오라고 했다. 이런 지시를 내린 이유는 그가 확신이 있었기 때문이다. 그는 적이 망설이는 사이 기회를 잘 활용하면 군중이 거의 틀림없이 자신의 공격에 응답하여 도시 내에서 봉기할 것으로 생각했다. 한니발의 병사들은 부지런히 지시를 이행했고, 장비도 황급히 최전방으로 이송되었다.

카르타고 군이 이렇게 성벽을 향해 진군하고 있을 때 갑자기 중앙 성문이 열렸고, 마르켈루스는 나팔을 불게 하고 공격을 개시했다. 전투의 함성이 울려 퍼졌고, 로마 보병대의 뒤를 이어 기병대가 나섰다. 도시에서 쏟아져 나온 로마 군은 전력을 다해 적에게 달려들었다. 한니발의 중군은 이에 깜짝 놀라 크게 동요되었고, 바로 그 순간 플라쿠스와 아우렐리우스가 다른 두 성문에서 카르타고 군의 양익을 향해 맹렬한 공격을 가했다. 짐을 지킬 것을 명령받은 로마의 이런저런 비전투원들도 동시에 함성을 질러 외치는 소리는 더욱 커졌고, 이에 따라 카르타고 군은 적군이 엄청난 대군이라고 생각했다.

그것은 카르타고 군에게 놀랍고도 불쾌한 일이었다. 왜냐하면 로마 군의 수가 적어서 별 위협이 안 된다고 여겨서 느긋하게 전투에 나섰기 때문이다. 몇몇 역사가들은 2,800명의 적이 전사하고 로마 군 전사자는 500명이 안 된다는 기록을 남겼지만, 나는 이 주장을 받아들이기가 망설여진다. 하지만 그런 기록이 과장되었든 아니든, 그날의 성과는 훌륭한 것이었다. 아니, 훌륭한 것을 넘어서서 당시 전쟁 국면에선 가장 위대한 성과였을지도 모른다. 그때도 그렇고 그 뒤에 도, 한니발을 물리치는 것보다 그에게 패배를 당하지 않는 것이 더 어려운 일이었기 때문이다.

17. 한니발은 사정이 이렇게 돌아가자 놀라를 손에 넣을 수 있을 거라는 기대를 접은 채 아케라이로 물러났다. 마르켈루스는 즉시 놀라의 성문을 닫고 보초병을 설치하여 주민의 이탈을 막은 다음 평민을 심문하여 누가 적과 밀담을 나눈 반역자인지 가려냈다. 70명 이상이 유죄 판결을 받고 처형당했고, 그들의 재산은 몰수되었다. 도시의 일은 이제 놀라 원로원이 완벽하게 통제하게 되었고, 마르켈루스는 전군을 이끌고 놀라를 떠나 수에술라 위쪽에 자리를 잡았다. 한니발은 아케라이가 자발적으로 항복하도록 유도했지만, 주민들이 완강하게 거부했다. 결국 카르타고 군은 공성을 준비하고 공격을 가했다. 하지만 아케라이 주민들은 용기에 맞는 힘이 없었고, 곧 도시를 지킬 수 없음을 알고 절망하게 되었다. 성벽 주위로 적군이 몰려드는 걸 지켜보던 그들은 도망칠 기회가 있을 때 붙잡기로 했다. 그들은 카르타고 군이 성벽을 공격하기 전에 야음을 틈타 보초가 서지 않은 틈으로 빠져나갔다. 아케라이 주민들은 우회로나 길이 없는 지역으로 나아갔다. 그리고 발이 이끄는 대로, 혹은 이게 맞는 길이라고 생각하며 자신들이 알고 있는, 여전히 로마에 충성을 지키는 캄파니아 도시들로 도망쳤다.

한니발은 아케라이를 약탈하고 불태운 뒤 카실리눔으로 이동했다. 왜냐하면 그곳에서 로마 독재관이 새로 여러 군단을 편성했다는 소식을 보내왔기 때문이다. 그는 적 부대가 무척 가깝게 있어 카푸아에서 봉기가 일어날 것을 두려워했다. 당시 카실리눔은 500명의 프라이네스테 인들과 소수의 로마 인, 라틴 인이 함께 장악하고 있었는데, 이들은 칸나이 패배 소식을 듣고 그곳으로 가게 된 것이었다. 프라이네스테에서 징병은 때맞춰 완수되지 못했고, 그 결과 프라이네스테 인들은 무척 늦게 출발하게 되었다. 그들은 전투 결과를 듣기 전에 카실리눔에 도착했고, 그곳에서 로마 군 및 다른 동맹군과 합류하여 도시에서 야전으로 진군했다. 이렇게 상당한 병력을 갖추고 진군하던 중 그들은 칸나이 전투에 관한 소식을 들었고, 다시 카실리눔으로 돌아가게 되었다. 며칠 동안 그들은 그곳에서 서로 의심하면서 눈치를 보는 불편한 분위기를 겪었다.

캄파니아 인들은 그들을 대상으로 음모를 꾸몄고, 그들도 가만히 있지 않고 반대 음모를 꾸몄다. 그러다 카푸아에서 반란이 임박했고 한니발을 받아들였다는 무척 확실한 정보가 입수되자 그들은 어느 날 밤 주민들을 살해하고 도시를 두 부분으로 나누는 볼투르누스 강 북쪽 강기슭에 있는 도시 부분을 점령했다. 그게 바로 로마 인들이 카실리눔에 마련한 주둔지였다. 여기엔 460명의 강력한 페루시아 보병대가 합류했는데, 이들은 며칠 전 프라이네스테에서 사람들이 전한 소식과 똑같은 소식을 주둔지에 전했다. 주둔지의 병력은 작은 장소를 보호하는 데 무척 적합했다. 특히 강이 일부분 방어를 담당하고 있었으므로 더욱 그랬다. 하지만 그들에겐 식량이 너무 부족하여 병사의 수가 지나치게 많다는 생각을 할 정도였다.

18. 한니발은 카실리눔 근처에 도착하자마자 이살카스라는 장교에게 가이툴리 인들로 구성된 선발대를 주어 도시로 보냈다. 그는 지시를 내려, 협상을 하되 우호적으로 접근하여 수비대를 설득해 성문을 열고 카르타고 군을 주둔시킬 수 있는 쪽으로 움직이라고 했다. 하지만 동시에 도시가 완강하게 거부한다면 힘으로 진입하라고 지

시했다. 성벽에 다다른 카르타고 군은 카실리눔이 마치 버려진 도시처럼 모든 게 조용하다는 걸 알게 되었다. 이살카스는 이에 주둔군이 놀라 도망쳤다고 판단하고 빗장을 박살 내 강제로 성문을 열려고 했다. 하지만 그때 성문이 활짝 열리고 일부러 안에 물러나 있던 두 보병대가 엄청난 함성을 지르며 돌격해 카르타고 군을 분쇄했다. 첫 시도가 실패로 끝나자 마하르발이 더 강력한 부대로 공격하라고 지시받았지만, 전과 다를 바 없었다. 마침내 한니발이 직접 성벽으로 왔고, 도시를 공격할 준비를 했다. 작고 방비도 약한 도시였지만, 그는 있는 힘을 다해 그 도시를 공격했다.

공격을 강행하면서 한니발은 도시를 이미 완벽하게 포위했지만, 성벽 탑에서 던진 적의 무기에 가장 유능한 부하 몇 사람을 잃기도 했다. 한때 수비대가 출격을 시도했지만, 한니발은 코끼리들을 보내 그들의 퇴로를 막았고, 수비대는 이에 황급히 도시로 돌아갔다. 이 과정에서 수비대는 그렇지 않아도 적은 병력에서 상당한 수의 병사를 잃었다. 어둠이 가로막지 않았더라면 그들은 이보다 더 큰 피해를 봤을 것이다. 다음날 한니발은 공격을 위해 전군의 사기를 크게 진작시키기 위해 '성벽관(城壁冠)'을 수여하기로 했다. 이 관은 성벽을 처음으로 오르는 자에게 수여되는 금관이었다.[6]

한니발은 몸소 나서서 과거에 사군툼을 공격했던 병사들에게 언덕도 아닌 평지의 요새 하나를 두고서 이렇게 나약해서야 쓰겠느냐고 책망하며 칸나이, 트라시메네, 트레비아 전투를 다시 상기시켰다. 그처럼 사령관의 격려를 받고나자 카르타고 군엔 이제 활기가 돌기

---

6 폴리비오스 6권 39장에도 이 성벽관에 대한 언급이 나온다.

시작했다. 방탄 방패가 마련되었고 대호(對壕)를 튼튼히 굴착했다. 하지만 로마의 동맹도 가만히 구경만 하고 있지는 않았다. 그들은 힘과 재주로 적의 모든 시도를 반격하면서 의표를 찔렀다. 카실리눔 사람들은 적의 방탄 방패에 대해선 방해물을 설치하고, 대호에 대해선 그것을 가로지르는 땅굴을 파서 제대로 사용하지 못하도록 방해했다. 땅 위와 아래로 걸었던 전략이 모두 이처럼 반격당하자 한니발은 수치심과 좌절감을 느끼고 더 이상의 카실리눔 공격 계획을 포기했다. 그는 진지의 요새화를 완료하고 상당한 주둔군을 그곳에 남겨두어 지키게 함으로써 공격 작전이 단지 미뤄졌을 뿐이라는 인상을 주려고 애썼다. 이런 조치를 취한 다음 한니발은 카푸아에 설치한 동계 야영지로 물러났다.

한니발은 겨울 대부분을 카푸아에 머무르며 군대에 적절한 거처를 제공했다. 그런데 이것이 예상하지 못한 결과를 낳았다. 오랫동안 많은 부침을 겪은 그의 병사들은 신체적으로 모든 곤란한 문제에 단련된 상태였다. 그들은 완전한 이방인으로서 거친 삶에 더 안락함을 느끼고 있었다. 그들은 많은 엄청난 고난에도 별로 영향을 받지 않았지만, 도시가 제공하는 사치와 쾌락에는 무척 약했다. 게다가 두 가지(사치와 쾌락) 모두 그들에게 넘칠 정도로 풍성히 주어졌다. 관능에 빠져들게 하는 완전히 새로운 경험에 더욱 탐닉할수록 그들은 더욱 철저히 신체적으로 무너져갔다. 달콤한 잠과 포도주, 풍성한 저녁과 매춘부, 목욕탕과 나태한 습관은 매일 더욱 유혹적인 쾌락으로 보였고, 육체와 정신의 강도는 무척 나약해졌다. 그때부터 그들을 보호해주는 건 현재 그들이 지닌 체력이 아니라, 과거에 거둔 승리들이었다.

군사 비평가들은 한니발이 칸나이 전투 이후 곧바로 로마로 진군하지 못한 것보다, 카푸아에서 겨울을 보낸 게 더 큰 전술적 실수라고 주장했다.[7] 칸나이에서 주저한 건 그저 승리를 지연시켰을 뿐이지만, 카푸아에서 저지른 실수는 카르타고 군에게 정복에 필요한 무력을 모조리 빼앗았다는 것이 그들의 생각이었다. 실제로 겨울이 지나가서 한니발이 카푸아를 떠났을 때 그의 군대는 완전히 다른 모습이 되어 있었다. 예전의 의욕은 흔적도 없이 사라졌다. 많은 병사가 매춘부와 동거하면서 오랜 기간 알고 지낸 것도 문제였다. 카르타고 군은 다시 천막 밑에서 생활을 시작하며 진군을 재개하고 다른 군사적인 일을 해야 할 때가 되자 육체적으로나 정신적으로나 완전히 기운을 잃었다. 뭐라고 할까, 완전히 신병 같은 모습이었다. 게다가 여름에 전쟁을 수행하는 내내 많은 병사가 계속 휴가증 없이 진영을 떠났는데, 그런 탈영병들이 숨는 은신처는 늘 카푸아의 매춘부 집이었다.

19. 겨울이 끝나가면서 날씨가 따뜻해지자 한니발은 카푸아에서 카실리눔으로 돌아왔다. 도시에 대한 직접적인 공격은 반복되지 않았지만, 계속되는 봉쇄로 도시의 주민들과 수비군은 물자가 극도로 부족하게 되었다. 외부의 로마 군은 티베리우스 셈프로니우스 그라쿠스가 지휘를 맡고 있었는데, 독재관은 새로운 복점 결과를 얻기 위해 로마로 떠나가서 야전에는 없는 상태였다. 놀라에 주둔 중이던 마르켈루스 부대는 카실리눔의 포위된 주둔군을 어떻게든 지원하고자 했지만, 볼투르누스 강이 범람한 상태라 선뜻 진격에 나설 수가 없었다. 더욱이 놀라 주민들과 아케라이에서 도망쳐 놀라에 주저앉은 난

---

7 이것을 가리켜 '카푸아는 한니발의 칸나이'라고 한다. 참조. 이 책의 23권 45장. 이런 도덕적 교훈을 강조하고 싶은 리비우스의 마음을 읽을 수 있다. 반면에 폴리비오스는 한니발이 겨울 내내 병사들을 야외 천막에서 지내게 했다고 기술하고 있다. 폴리비오스 11권 19장.

민들이 떠나지 말아 달라고 간청한 사실도 마르켈루스의 발을 붙잡았다. 그들은 로마 주둔군이 놀라를 떠나가면 캄파니아 인들의 침공을 두려워할 수밖에 없었다. 그라쿠스는 카실리눔 외부에서 경계하는 것 이상으로 할 수 있는 일이 아무 것도 없었다. 독재관이 부재중에 어떤 행동도 하지 말라는 명령을 내려놓았기 때문이다. 그래서 그라쿠스는 카실리눔이 극도로 인내를 하고 있다는 보고를 받고서도 움직일 수 없었다.

전하는 말에 의하면, 카실리눔 주민들은 굶주림으로 절망적인 상황이었다. 그들은 총안이 있는 흉벽에서 뛰어내리거나 마치 과녁이라도 된 듯 성벽 위에 비무장 상태로 서 있기도 했다. 그라쿠스에게 이런 상황은 도저히 참을 수 없었다. 하지만 그는 독재관의 지시를 어기고 적과 충돌하는 위험을 감당할 수 없었다. 그가 공개적으로 도시에 식량을 전달한다면 전투를 해야 하는 건 불 보듯 뻔한 일이었다. 눈에 띄지 않게 식량을 보낼 희망이 없던 상황에서 그는 불현듯 좋은 계획을 생각해냈다. 그는 먼저 주변 밭에서 곡식을 모으고 항아리들에 모은 곡식을 가득 채웠다. 그런 다음 도시 관리들에게 항아리들이 강을 따라 흘러내려 갈 때 잘 살펴보라고 말을 전했다. 다음날 밤 모든 사람은 강을 지켜봤고, 모두 그라쿠스의 전언이 불어넣은 새로운 희망에 부풀어 있었다. 중류에서 흘러온 항아리들은 때맞춰 강을 따라 흘러왔고, 곡식은 모두에게 충분한 양으로 배급되었다.

이어 이틀 동안 같은 작업이 반복되었다. 항아리의 배달은 어두워진 다음에 시작되고 끝나기 때문에 적의 보초의 눈에 띌 일이 없었다. 하지만 바로 그 다음날 밤 계속 내린 비로 강의 흐름이 거세져 항아리들이 소용돌이에 걸리게 되었고, 이후 적군이 있는 강변으로 흘러가게 되었다. 항아리들은 강둑을 따라 여울들 사이에 모여 있었으니 당연히 발각될 수밖에 없었다. 한니발은 보고를 받고 더 세심하게 감시하라고 했지만, 그것 이외에 강을 통해 도시로 들어간 다른 것은 없었다. 그렇지만 그라쿠스의 병사들은 견과(堅果)를 흘려보내는 데 성공했다. 그것을 강물 위에 내려놓으면 강물에 실려 도시 안으로 흘러들어갔고, 거기서 강을 가로질러 설치한 장애물에 걸리면 도시 사람들이 건져낼 수 있었다.

결국 도시의 식량 부족은 무척 심각해졌고, 주민들은 가죽끈과 방패에서 떼어낸 가죽을 뜨거운 물에 넣어 연하게 만들어 씹는 정도로 내몰렸다. 그들은 쥐와 다른 동물을 잡아먹었고, 성벽 아래 두둑에서 보이는 풀뿌리와 초목은 모조리 캐내어 식용을 삼았다. 카르타고 인들이 풀잎이 있는 성벽 밖의 땅을 모조리 갈아엎자 도시의 주둔군은 순무 씨를 뿌렸다. 이에 한니발은 이렇게 소리쳤다. "뭐라고? 내가 이젠 저 씨앗이 다 자랄 때까지 여기 눌러앉아야 하는가?"

마침내 이전엔 협정에 전혀 응할 생각이 없던 한니발은 포위된 도시의 자유민의 몸값을 정하는 교섭을 허락했다. 몸값은 한 사람당 황금 7/12 파운드로 합의되었다.[8] 협상이 완료되자 주민들은 항복했다. 그들은 몸값이 온전하게 치러질 때까지 사슬에 묶여 있었고, 협상에서 합의된 조건이 만족되자 쿠마이로 돌려보내졌다. 나는 이 기록이 진실일 가능성이 크다고 생각한다. 다른 기록에선 주민들이 카실리눔을 떠날 때 기병대의 공격을 받아 살해당했다고 되어 있다. 이들 대다수는 프라이네스테 인이었다. 주둔군 570명 중에 절반에 가까운 인원이 칼이나 굶주림에 목숨을 잃었다. 나머지는 지휘관인 마르쿠

---

8   아주 높은 가격이다. 칸나이 전투 때에는 동맹군 포로에게 200 은 데나리우스를 요구했는데, 그 금액은 황금 12분의 7 파운드와 비교하면 대략 4분의 1 가치밖에 되지 않는다.

스 아니키우스와 함께 무사히 프라이네스테로 돌아갔다. 아니키우스는 전엔 서기였는데, 이에 관한 증거로 프라이네스테 포룸에 있는 그의 조각상을 들 수 있다. 이 조각상은 흉갑을 입고 토가를 걸친 채 머리에는 투구를 쓴 모습이다. 동판에는 이렇게 새겨져 있다. "마르쿠스 아니키우스는 카실리눔 주둔군을 위해 맹세를 지켰다." 이런 문장을 새긴 명판이 <운명>의 여신 신전에 있는 세 개의 조각상 아래에 놓여졌다.

20. 카실리눔은 이렇게 하여 다시 캄파니아 인들의 손에 들어왔다. 한니발은 그 도시에서 철수할 때 로마 인의 공격을 방어하고자 700명의 카르타고 군사를 주둔시켜 도시를 지키게 했다. 로마 원로원은 프라이네스테 군인들의 급료를 두 배로 인상하고 5년 동안 군역(軍役)을 면제하는 포고령을 통과시켰다. 더불어 원로원은 가상한 용기에 대한 보상으로 그들에게 로마 시민권을 부여하려고 했으나, 그들은 현재 그대로의 신분으로 남길 바랐다. 페루시아 출신의 사람들에게 어떤 일이 벌어졌는지는 더욱 알 수가 없다. 로마 원로원에서 어떤 칙령도 내리지 않았고, 그들이 남긴 기록도 없어 이 문제를 구체적으로 다룰 방법이 없다.

이때 페텔리아는 브루티 도시들 중에서 유일하게 로마 동맹에 충실한 도시였는데, 그 일대를 관할하는 카르타고 인들의 공격뿐만 아니라 다른 브루티 공동체의 공격도 받고 있었다. 후자는 페텔리아가 공동체의 지시를 따르지 않는 것에 분개하고 있었다. 외부의 압박이 지나치게 거세지자 페텔리아 인들은 로마에 사절단을 보내 군사 지원을 요청했다. 사절단은 방어의 부담을 스스로 짊어져야 한다는 로마 측의 이야기를 듣고 원로원 대기실에서 울음을 터뜨렸다. 이 모습에 더하여 그들의 애타게 간청하던 모습은 원로원 의원들과 로마 인들에게서 엄청난 연민을 불러일으켰다. 그리하여 페텔리아 문제는 법무관 만리우스 폼포니우스에 의해 다시 한번 원로원에 제기되었지만, 원로원 의원들은 국가의 모든 자원을 검토한 끝에 멀리 있는 동맹을 도와줄 여력이 없다는 걸 실토할 수밖에 없었다. 원로원 의원들은 사절단에게 이제 고향으로 돌아가라고 권고하며 최후까지 충실한 모습을 보여주었으니 그것으로 되었다고 하면서, 이후로는 상황에 맞춰 자국의 이익에 도움이 되는 방향으로 움직이라고 조언했다.

그 임무의 결과가 알려지자 페텔리아 원로원은 공황에 빠진 채 괴로워했다. 몇몇 의원은 도시를 포기하고 제각기 살길을 찾아 나서자고 했고, 다른 몇몇 의원들은 옛 동맹으로부터 버림을 받았으니, 이제 브루티 공동체에 가입하여 한니발에게 의탁할 수밖에 없다고 했다. 하지만 원로원에선, 흥분하여 성급한 행동을 할 것이 아니라, 좀 더 숙고하자는 제안이 나왔다. 다른 견해를 밝힌 의원들도 그 제안이 일리가 있다고 생각하며 받아들였다. 그리하여 다음날 덜 흥분된 분위기에서 해당 문제가 논의되었고, 귀족들은 시골에서 모든 이동 가능한 자산을 가져와서 도시의 방위를 강화하자는 결정을 내렸다.

21. 이때 즈음 시칠리아와 사르데냐에서 보낸 전보가 로마에 도착했다. 시칠리아에서 온 급보는 법무관 대리 오타킬리우스가 보낸 것이었다. 급보의 내용은 이런 것이었다. '법무관 푸블리우스 푸리우스가 아프리카에서 함대와 함께 릴리바이움에 도착했는데 심각하게 다쳐서 목숨을 잃을 상황이고, 군인이나 선원들이나 제때 급여를 받지 못했으며, 보급도 제때 도착하지 못하고 있다.' 실제로 현지에는 자금이나 곡식을 얻을 수 있는 출처가 없기도 했다. 가장 중요한 문제는 가급적 빨리 자금과 곡식을 현지로 보내는 것이었다. 오타킬리

우스는 또한 원로원이 자신의 후계 법무관이 필요하다고 생각한다면 서둘러 보내주길 요청했다. 사르데냐의 법무관 대리 코르넬리우스 맘물라 역시 군인의 급여와 보급에 관해 똑같이 어려운 상황임을 보고해 왔다. 두 급보에 대하여 원로원은 이런 답변을 했다. '로마에서 더 이상 보내줄 것이 없으며, 지휘를 맡은 그들이 자발적으로 육군과 해군을 위해 할 수 있는 일을 하라.' 그리하여 오타킬리우스는 사절단을 시라쿠사의 히에로[9]에게 보냈다. 그는 로마가 위급할 때 기댈 수 있는 유일한 지지자였다. 히에로는 소식을 듣고 오타킬리우스에게 자금과 반년 치 곡식을 보내줬다. 사르데냐에선 동맹 공동체들이 맘물라에게 자금과 곡식을 후하게 보내왔다.

로마에서도 역시 자금은 바닥났다. 호민관 마르쿠스 미누키우스의 발의로 세 명의 재정 위원이 지명되었다. 해당자는 집정관과 감찰관을 지낸 루키우스 아이밀리우스 파푸스, 두 번 집정관을 지낸 마르쿠스 아틸리우스 레굴루스, 현역 호민관인 루키우스 스크리보니우스 리보였다. 마르쿠스와 가이우스 아틸리우스는 <화합>의 신전을 봉헌할 관리로 지명되어 그 신전을 봉헌했다. 이는 전에 법무관 루키우스 만리우스가 맹세했던 것을 이행한 것이었다. 또 퀸투스 카이킬리우스 메텔루스, 퀸투스 파비우스 막시무스, 퀸투스 풀비우스 플라쿠스가 대사제로 임명되었다. 이들은 사망한 전임 대사제 푸블리우스 스칸티니우스와, 칸나이에서 전사한 집정관 파울루스와 퀸투스 아일리우스 파이투스를 대체하는 사람들이었다.

22. 원로원은 인간이 발휘할 수 있는 지혜를 최대한 발휘하여 맡

---

9   그는 기원전 270년부터 215년까지 55년간 시라쿠사를 통치했고 기원전 263년 이후에는 한결 같이 로마의 동맹으로 남아 있었다.

은 바 임무에 착수하여, 오랫동안 연달아 발생한 재앙의 손해를 복구했다. 그리고 이어서 원로원의 문제에 시선을 돌렸다. 원로원 좌석들은 이제 거의 빈 상태였고, 국사를 다룰 회의에 참석할 의원들은 그 숫자가 지극히 적었다. 지난 5년 동안 자연사와 전사로 아주 많은 의원이 죽었는데도, 루키우스 아이밀리우스와 가이우스 플라미니우스가 감찰관을 맡은 이후로 의원 명단은 수정되지 않았다. 그리하여 법무관 폼포니우스가 원로원의 전반적 요청에 부응하여 이것을 하나의 의제로 삼았다. 그가 이런 일을 맡은 건 독재관이 카실리눔 함락 이후 군대에 합류하려고 로마를 떠나서 부재중이었기 때문이다.

폼포니우스의 제안에 답하여 스푸리우스 카르빌리우스는 긴 연설을 했다. 그는 원로원 의원의 수가 소수로 줄어들었을 뿐만 아니라 선거 후보자로 나설 적임자도 부족하다는 사실에 슬픔을 금치 못했다. 이어 그는 원로원 의원을 모집하고 동시에 로마와 라틴 연합 간의 유대도 강화하기 위해, 각 라틴 공동체에서 두 명의 원로원 의원을 선발하여 로마 시민권을 수여하자고 간곡히 제안했다. 이런 식으로 의원을 선발한다면 로마 원로원은 의원들의 자연사 및 전사로 공백이 된 자리를 채울 수 있을 것이었다.

이 제안은 라틴 인들이 전에 제안했던 비슷한 요구사항과 마찬가지로 원로원에서 받아들여지지 못했다. 원로원 회의장 전체에서 분개한 고함 소리가 들려왔다. 특히 만리우스는 예전에 카피톨리움에서 갈리아 인들을 위협한 옛 집정관의 후손이 여전히 살아있다면서, 원로원 회의장에서 라틴 인이 보이기라도 한다면 자신의 손으로 죽여 버릴 것이라고 소리쳤다. 퀸투스 파비우스 막시무스는 뒤를 이어 이렇게 말했다. "이처럼 부적절한 때에 원로원에 이와 같은 제안이 제기되었던 적이 있었나 싶습니다. 지금은 동맹의 태도가 무척 불확실하고 그들의 충성이 지극히 의심되는 때입니다. 이런 주제는 그들의 애매한 심경을 더욱 심란하게 만들 뿐입니다. 우리는 이 문제에 한마음으로 침묵함으로써 저 경솔하고 반대되는 목소리를 덮어야 합니다. 이 회의장에서 침묵 속에 감추어야 할 엄숙한 비밀이 있다면 무엇보다도 이번 제안이 그에 해당합니다. 의원 여러분, 이 제안을 덮고, 숨기고, 잊어버립시다. 발언 자체가 아예 없었던 것처럼 행동합시다." 이에 카르빌리우스의 제안은 더 이상 언급되지 않았다.

원로원에선 생존한 전직 감찰관 중 가장 연장자를 독재관으로 임명하여 원로원 의원 명단을 작성하기로 했다. 그 결과 명령에 따라 집정관 바로가 로마로 소환되어 독재관을 지명하게 되었다. 바로는 아풀리아의 주둔지를 떠나 서둘러 로마로 돌아왔고, 도착한 날 밤에 관습에 따라 '원로원 포고령에 따라 사마관 없이 6개월 동안' 마르쿠스 파비우스 부테오를 독재관으로 지명했다.

23. 길나장이들과 함께 연단에 오른 부테오는 동시에 두 명의 독재관이 직위를 유지하는 건 전례가 없던 일이며, 따라서 받아들일 수 없다고 말했다. 그는 이어 사마관 없이 독재관에 지명되는 일도 반대했고, 감찰관 권한이 전직 감찰관이었던 한 사람에게 전부 위임되는 일과, 전장에서 군사적 지휘 이외에 다른 일로 6개월 동안 독재관 권한을 사용하는 것의 승인을 차례로 반대했다. 그는 당면한 상황의 압력 때문에 생겨난 변칙에 한계를 두겠다는 의사를 분명히 밝혔다. 예를 들어, 그는 감찰관 가이우스 플라미니우스와 루키우스 아이밀리우스가 전에 등록한 의원은 원로원에서 내보내지 않고, 그저 현존하는 의원들로 구성된 새로운 명단을 작성하여 공개적으로 읽게 할 생각이었다. 또한 부테오는 원로원 의원의 명성과 특징에 관한 판단을 내리는 책임을 한 개인에게만 맡기지 않는 절차를 확립할 계획이었

다. 마지막으로 사망으로 생긴 원로원 의원의 결락을 채우는 과정에서 개인의 능력이 아니라, 그의 신분과 지위를 우선시하겠다는 뜻도 밝혔다.

옛 원로원 의원들의 명단이 낭독되자, 부테오는 먼저 사망한 의원들을 계승할 사람들로 아이밀리우스와 플라미니우스가 감찰관을 지낸 이후, 쿠룰레(大官) 의자에 앉는 고관을 지냈지만 원로원 의원을 해본 적이 없는 사람들을 먼저 선정했다. 이들은 연장자순으로 선택되었다. 그 다음으로는 토목건축관리관, 혹은 호민관, 혹은 재무관을 지낸 사람들이 선정되었다. 마지막으로 공직을 지낸 적이 없지만, 적에게서 빼앗은 전리품을 집에 걸어두고 있거나 '시민 영관'을 받았던 사람들이 선정되었다. 이런 원칙에 따라 부테오는 만장일치로 열광적인 동의를 얻어 170명의 새로운 의원들을 선정했다.

목표를 달성하자 그는 즉각 사임하고 길나장이들을 해산하며 연단에서 내려와 다시 한 사람의 시민이 되었다. 그는 일로 바쁜 군중에 일부러 섞여 들어 거기서 시간을 죽이려고 했다. 포룸에서 사람들이 빠져나와 자신과 집으로 동행하는 행사가 벌어지지 않길 바랐기 때문이다. 하지만 그래도 많은 사람이 그를 호송했다. 시민들이 흩어지기를 마냥 서성이며 기다렸어도, 그에게 보내는 시민들의 관심은 전혀 줄어들지 않았다. 다음날 밤 집정관은 휘하 부대에 다시 합류했다. 그는 선거를 주재하느라 발이 묶이는 걸 피하고자 일부러 원로원에 알리지 않고 로마를 떠났다.

24. 다음날 법무관 폼포니우스의 발의로 원로원은 독재관에게 편지를 보내, 공익을 생각한다면 사마관 및 법무관 마르켈루스와 함께 로마로 와서 선거를 주재하라고 명령했다. 이런 조치를 통해 원로원은 그들로부터 상황이 어떻게 돌아가고 있으며 그에 따라 어떤 계획

을 세우고 있는지 직접 들을 계획이었다. 세 사람은 모두 원로원의 소환에 응했고, 상급 장교들에게 부대의 지휘를 맡기고 현지의 부대를 떠났다. 독재관은 원로원에서 겸손한 어조로 자신에 관해 거의 말하지 않은 채 많은 공로가 자신의 사마관인 티베리우스 셈프로니우스 그라쿠스에게 돌아가야 한다고 말했다. 이어 그는 선거의 개시를 선언했고, 그 결과 루키우스 포스투미우스(갈리아에서 지휘관으로 복무하고 있어 로마에 없었다)와 사마관이자 고위 토목건축관리관인 티베리우스 셈프로니우스 그라쿠스가 집정관으로 선출되었다. 포스투미우스는 세 번째로 집정관이 된 것이었다. 마르쿠스 발레리우스 라이비누스, 아피우스 클라우디우스 풀케르, 퀸투스 풀비우스 플라쿠스, 퀸투스 무키우스 스카이볼라, 이렇게 4명은 법무관으로 임명되었다. 선거가 끝나자 독재관은 테아눔에 있는 동계 야영지로 가서 휘하 부대와 합류했다. 며칠 뒤면 새로운 직책을 맡게 될 사마관은 내년(기원전 215년) 새로운 군대를 모집하는 일을 원로원과 논의하고자 로마에 남았다.

그해(기원전 216년)엔 재앙이 겹겹이 쌓이는 것 같았다. 위에서 언급한 계획들이 진행되고 있을 때, 더 많은 좋지 못한 소식이 전해졌다. 집정관으로 선출된 루키우스 포스투미우스는 갈리아에서 전사했고 휘하 부대는 전멸했다. 그는 갈리아 인들 사이에서 리타나로 알려진 황량한 숲 지역을 통과하여 진군하려던 참이었다. 갈리아 인들은 그 숲의 나무에다 교묘한 위장전술을 썼다. 그들은 길 양쪽에서 나무들을 잘라놓았는데, 여전히 서 있긴 하지만 아주 조그만 충격에도 쓰러지도록 해놓은 상태였다. 포스투미우스는 두 개의 군단을 지휘한 데다 아드리아 해 연안에서 동맹군을 징집했기에 총 2만 5천의 군대를 이끌고 적의 영토로 들어갔다.

갈리아 인들은 숲 가장자리에서 매복하여 포스투미우스가 오기를 기다렸고, 그가 함정을 걸어놓은 길 지역에 들어오자마자 끝에 있던 나무들을 밀어 쓰러뜨렸다. 모든 나무가 기둥 밑이 거의 잘려 불안정하게 수직 상태를 유지했고 있었으므로, 각각의 나무는 쓰러지면서 흔들거리는 이웃 나무들을 쓰러뜨렸고, 길 양쪽의 모든 나무들이 곧바로 로마 군의 무기, 말, 병사들 위로 쓰러져내려 그들을 깔아뭉갰다. 그런 매복 작전에 걸려서 살아 도망친 로마 병사는 겨우 열 명이었다. 엄청난 수의 병사가 쓰러지는 나무 몸통과 부러진 가지에 당해 목숨을 잃었고, 나머지는 뜻밖에 들이닥친 공포에 놀라 어찌할 줄 모르고 우왕좌왕하다가, 매복 지역 근처에서 칼을 들고 대기하던 갈리아 인들에게 살해당했다.

그렇게 많은 대군이었으나 정작 갈리아 인에게 포로로 붙잡힌 로마 병사들은 소수에 불과했다. 그들은 강 위에 놓인 다리로 달려갔지만, 이미 적에게 점령당했고 그리하여 고립된 채 포로로 잡혔다. 다리로 간 병사들과 함께 있던 집정관 포스투미우스는 포로로 잡히지 않으려고 최후까지 싸우다 전사했다. 보이 인들은 그의 물건을 빼앗고 머리를 잘랐으며, 의기양양하게 전리품(집정관의 갑옷)을 챙겨 가장 신성한 신전으로 가져갔다. 그곳에서 그들은 포스투미우스의 머리를 관습에 따라 살을 벗겨내고 두개골에 금박을 입혔다. 그 이후 포스투미우스의 두개골은 제주(祭酒)를 담는 신성한 용기로 활용되었으며, 사제와 신전 하인들이 제단에 헌주하는 술잔으로 쓰기도 했다. 이 전투에서 챙긴 전리품들은 그들의 승전 못지않게 귀중한 것이었다. 말과 짐을 나르는 동물 대다수가 쓰러진 나무에 깔려 죽었지만, 병사들이 도망칠 수가 없었기 때문에 군복과 군용 장비가 흩어지지 않았고 따라서 모든 장비가 죽은 로마 군 병사의 대열 전체를 따라 가지런히 놓인 채로 발견되었다.

25. 이런 참사 소식을 전해들은 로마는 무척 놀랐고, 그 때문에 여러 날 동안 모든 상점이 문을 닫았다. 거리는 마치 자정처럼 조용하고 황량했다. 며칠 후 원로원은 토목건축관리관들에게 지시하여 도시를 돌면서 상점을 다시 열도록 하라고 했다. 그것은 공식적으로 애도의 분위기를 떨쳐내기 위해서였다. 이 일이 처리되자 그라쿠스는 원로원 회의를 소집했고, 의원들에게 칸나이의 끔찍한 재앙에도 굴복하지 않았는데 그보다 못한 재앙에 과도하게 낙담하지 말라고 격려하며 위로를 건넸다. 그는 이어, 자신이 바라는 것처럼 한니발과 카르타고 인과의 문제가 잘 풀리면 갈리아와의 전쟁은 아무 문제 없이 안전하게 넘길 수 있으며, 훗날로 처리를 미룰 수 있다고 했다. 그러면서 그는 갈리아 인들의 음흉한 공격에 대해서는 신과 로마 인이 반드시 보복할 것이라고 말했다.

그는 이제 한니발의 위협과 한니발에 맞서 전쟁을 수행할 군대에 관해 진지하게 숙고할 것을 요청했다. 연설의 이 부분에 이르러 그라쿠스는 로마 군과 동맹군의 기병과 보병 수를 언급하며 독재관의 군대가 어느 정도의 무력을 갖췄는지 자세하게 설명했다. 이어 마르켈루스도 자신이 지휘하는 군대에 관해 설명했다. 아풀리아에서 집정관 바로가 지휘하는 부대의 힘에 관해선 다른 적절한 사람이 정보를 제공했다. 집정관이 지휘할 군대가 목전에 닥친 임무를 처리하기에 충분한 힘을 갖출 수가 없었으므로, 정당한 분노가 가슴속에 솟구치고 있음에도 불구하고 그해엔 갈리아 원정을 포기할 수밖에 없었다. 독재관의 군대는 원로원의 포고령에 의해 집정관에게 배정되었다.

원로원은 마르켈루스의 군대 중 칸나이의 괴멸에서 살아남은 자들을 모두 시칠리아로 보내어 이탈리아에서 전쟁이 지속되는 동안 계속 복무토록 했다. 독재관 군단의 병사들 중, 병에 걸리거나 제 역할을 하지 못하는 군인들 역시 시칠리아로 보내 기간의 제한을 두지 않고 복무하게 했다. 이미 법정 출전 횟수를 채운 자들은 이러한 전보 조치에서 제외되었다. 도시의 2개 군단은 길조가 나타나면 선출될 예정인, 포스투미우스의 뒤를 이을 집정관에게 배정되었다. 원로원은 될 수 있는 대로 빨리 시칠리아에서 두 개의 군단을 불러들이기로 했는데, 이는 도시 군단을 지휘할 집정관에게 지휘에 필요한 만큼의 병력을 제공하기 위해서였다. 바로는 지휘권을 한 해 더 유지하기로 했는데, 아풀리아에 주둔 중인 병력은 어떻게든 약화되면 안 되기 때문이었다.

26. 그러는 사이에, 스페인에서의 교전도 이탈리아에 못지않게 활발한 양상을 보이며 로마 군에게 유리하게 전개되었다. 푸블리우스 스키피오와 그나이우스 스키피오 형제는 지휘권을 나눠 전자는 바다에서 작전을, 후자는 육지에서 작전을 지휘했다. 카르타고 지휘관 하스드루발은 휘하 육군과 해군의 전투력에 자신이 없어서, 아프리카에서 4천 명의 보병과 5백 명의 기병을 증원 부대로 보낼 때까지 로마 군과 교전하는 일을 계속 피했다. 카르타고로부터의 증원군은 그가 보낸 빈번하고 급한 요청에 대한 대답이었다. 오랜 지연 끝에 증원군이 도착하자 하스드루발은 고무되어 로마 군과 더욱 가까운 곳으로 움직였다. 또한 그는 휘하 함대에 연안과 연안 섬들을 지킬 준비 태세를 취하라고 지시했다. 하지만 전투 준비가 한창 진행 중일 때 휘하 해군 함장들이 탈영하여 그야말로 그는 된서리를 맞고 말았다. 이들은 에브로 강에서 공황에 빠져 함대를 버렸던 일로 심하게 질책 받았었고, 그 이후부터 부대의 사령관이나 카르타고의 대의에 충성하지 않았다.

그들은 타르테소스 인(Tartesii)들 사이에서 문제를 일으켰고, 여러 도시가 그들이 이끄는 바를 따라 동맹을 내쳤다. 그들은 실제로 한 도시를 공격하여 점령하기도 했다. 그 결과 이제 하스드루발은 타르테소스 인들을 대상으로 작전을 펼쳐야 했다. 그는 타르테소스 인들의 영토를 침공하여 그들의 족장인 칼부스를 공격하기로 했다. 칼부스는 며칠 전 함락한 도시의 성벽 앞에서 강력한 군대를 이끌고 주둔 중이었다. 적을 유인하여 교전할 속셈으로 하스드루발은 가볍게 무장한 부대를 보냈고, 동시에 일부 보병대에 지시하여 광범위한 지역에 퍼진 적의 무리에 최대한 피해를 가하고 낙오자의 퇴로를 막게 했다. 이런 조치는 곧바로 효과가 나타났다. 칼부스의 주둔지는 혼란에 빠졌고, 학살이 벌어지는 시골 지역은 공포에 빠졌다.

하지만 얼마 지나지 않아 흩어진 전사들은 다양한 길을 통해 주둔지로 되돌아갔고, 그 결과 그들이 느꼈던 공포와 혼란은 금방 왔던 것처럼 금방 사라졌다. 이제 타르테소스 전사들은 용기를 되찾아서 요새를 지킬 뿐 아니라 공세도 취하려고 했다. 주눅이 들었던 자들이 이제는 만용을 부릴 정도로 갑작스레 변하자, 바로 얼마 전까지만 해도 그들을 유인하여 교전하려고 애썼던 카르타고 인들은 이제 정반대로 엄청난 충격을 받았다.

하스드루발은 어떤 언덕으로 철수했는데, 무척 가파르고 중간에 개울도 있어 보호가 잘 되는 곳이었다. 그는 앞서 파견한 가볍게 무장한 병력과 흩어진 기병대에게 자신의 부대와 합류하라고 지시를 내렸다. 그리고 언덕이나 개울만으로 충분한 방어를 할 수 없을 것이라고 판단한 그는 진지를 튼튼하게 강화했다. 이런 상황에서 타르테소스 인들이 아닌 카르타고 인들이 열등감을 느끼고 있었다. 그 후 몇 차례 소규모 접전이 벌어졌는데, 누미디아 기병은 스페인 기병의 상대가 되지 않았고, 마찬가지로 무어 투창병도 작고 둥근 방패를 든 스페인 인들을 대적할 수 없었다. 두 군대는 속도에선 동등했지만, 힘과 용기 측면에선 카르타고 군이 열등했다.

27. 아무리 하스드루발의 진지에 지속적으로 위협을 가해도 그는 교전에 나서지 않았다. 하지만 그의 진지는 쉽게 공격을 허용하지도 않았다. 따라서 스페인 인들은 전술을 바꿔 아스쿠아 도시를 점령했다. 이곳은 하스드루발이 타르테소스 인들의 영토로 들어왔을 때 곡식과 다른 보급품을 저장해둔 곳으로, 그는 이곳을 기반으로 주변 지역의 영주 행세를 했다.

아스쿠아를 점령한 뒤 스페인 전사들은 진군할 때나 진지에 있을 때나 규율이 아예 없는 것처럼 행동했다. 이들의 앞뒤 가리지 않는 무모한 행동은 아무도 통제하지 못했고, 하스드루발은 조금만 전투에 성공을 거두면 빈번히 나타나는 이런 비행을 인지하자마자 휘하 부대에게 이런 흩어지고 어수선한 무리를 발견하면 곧장 공격하라고 지시했다. 그는 이어 언덕에 자리 잡은 진지를 떠나 정규 대형을 갖추고 진군했다. 스페인 군대의 보초와 망꾼은 서둘러 자리를 떠나 적이 접근하고 있음을 알렸고, "전투 준비!"라고 외쳤다.

이에 스페인 인들은 명령이나 신호도 기다리지 않은 채 무기를 잡아채고 뒤죽박죽 섞인 무리로 전투에 뛰어들었다. 다른 무리가 서둘러 진지에서 나가면 이미 다른 무리가 교전 중이었고, 어떤 무리는 아예 전투 준비도 하지 못하고 있는 식이었다. 그렇다고는 해도 이 무모한 공격은 처음에 카르타고 인들에게 충격을 주었다. 하지만 곧 규율이 효력을 드러내기 시작했다. 소규모 부대로 움직인 스페인 인들은 잘 집결된 적의 대열과 대적하고 있음을 깨닫게 되었다. 방어를 하기에는 자신들이 너무 허약하다는 것을 깨닫게 된 그들은 다른 무리의 지원을 은근히 바랐지만, 사방에서 밀려오는 압박에 우왕좌왕 뒤로 내몰리게 되었다. 결국 그들은 완전히 포위당해 몸은 몸대로, 무기는 무기대로 너무 밀착되어 제대로 운신할 수가 없었다. 그들에겐 심지어 칼을 제대로 휘두를 공간도 없었다. 그날 늦게까지 카르타고 군대의 학살이 계속되었고, 스페인 사람들은 오로지 소수만이 포위를 돌파하여 숲과 언덕으로 도망쳤다. 그들의 진지 역시 공포에 휩싸였다. 이후 그들의 진지는 버려졌고, 다음날 부족 전체가 항복했다.

항복 조건은 그리 오래 준수되지 않았다. 최대한 빠르게 휘하 부대를 이끌고 이탈리아로 진군하라는 카르타고 본국의 지시가 하스드루발에게 전달되었기 때문이다. 이 소식이 알려지자 거의 모든 스페인 부족이 로마 인에게 충성을 바쳐 왔다. 하스드루발은 이에 즉시 카르타고에 서신을 보내 자신이 머지않아 이탈리아로 떠난다는 소식이 얼마나 심각한 피해를 입히는지 보고했다. 그러면서 정말로 자신이 스페인을 떠나야만 한다면 에브로 강을 건너기도 전에 스페인 전역이 로마 인의 손에 떨어질 것이라고 경고했다. 그는 이어, 스페인에 남겨둘 부대도, 적합한 지휘관도 없다면서, 심지어 로마 군과 똑같은 조건이라고 하더라도 스페인에 주둔 중인 로마 지휘관들을 버텨내기란 어려운 일이라고 지적했다. 그는 카르타고 정부가 스페인에 진정으로 관심이 있다면 자신의 후임은 반드시 강력한 군대를 이끄는 지휘관이 임명되어야 한다고 건의했다. 또한 그는 누가 후임이 되든, 스페인 전황이 전적으로 본국 원하는 대로 풀려도 아주 느긋하게 임무를 처리할 상황은 아니라고 부연했다.

28. 하스드루발의 서신이 카르타고 원로원에 미친 영향은 엄청났다. 하지만 그렇다고 하더라도 그들의 주된 관심은 어디까지나 한니

발이 원정전을 벌이고 있는 이탈리아였으므로 하스드루발과 그의 휘하 부대에 관한 기존의 결정에 변화는 없었다. 카르타고 본국은 수륙 양면으로 스페인을 방어하고자 히밀코에게 장비를 완전히 갖춘 군대와 기존의 규모를 더욱 확대한 함대를 주어 현지로 파견했다. 히밀코가 육군과 함대를 지휘하게 된 이후 첫 번째로 취한 조치는 튼튼한 진지를 세우고, 함선들을 뭍으로 끌어올리고, 그 함선들을 공격에서 보호하는 성벽을 짓는 것이었다. 그는 자신을 호위할 기병대를 선별하여 최대한 속도를 내서 서둘러 하스드루발에게 갔다. 히밀코는 길을 가면서 마치 의심스럽거나 노골적으로 적대적인 부족 영토를 통과하는 것처럼 아주 경계하는 모습을 보였다. 그는 하스드루발에게 자신이 받은 카르타고 원로원의 포고령과 지시를 알려준 다음에, 어떻게 해야 스페인에서 가장 작전을 잘 수행할 수 있는지를 물었고, 답변을 들은 뒤 진지로 돌아왔다. 매우 위험한 여정이었지만, 히밀코는 속도를 낸 덕분에 무사히 복귀할 수 있었다. 그는 한 장소에 절대로 오래 머무르지 않음으로써 원주민들에게 어떤 단결된 행동에 합의할 시간을 주지 않았다.

이탈리아로 진군하기 전에 하스드루발은 자신이 장악한 모든 부족에게서 군세(軍稅)를 걷었다. 한니발이 여러 차례 통행권을 사들였을 뿐만 아니라 갈리아 외인부대가 급료 없이 단 한 번도 카르타고군에 봉사한 적이 없다는 걸 잘 알고 있었기 때문이다. 그는 자금이 마련되지 않은 상태로 긴 행군을 시작한다면 알프스까지 도저히 갈 수 없다고 보았다. 바로 이런 이유로 그는 에브로 강으로 나아가기 전에 스페인의 여러 부족들에게 급하게 자금을 요구한 것이었다.

두 로마 지휘관은 카르타고의 포고령과 하스드루발 부대의 로마 파견에 관해 알게 되자, 휘하의 병력을 합쳐서 만사 제쳐두고 하스드루발의 계획을 좌절시킬 준비에 착수했다. 그렇지 않아도 상대하기가 버거운 적인 한니발에게, 스페인에서 파견한 하스드루발과 그의 휘하 부대가 합류하면 그것이야말로 로마 제국의 종말이라고 확신했기 때문이다. 따라서 그들은 극도의 불안감 속에서 에브로 강 주위에 병력을 집결했다. 이어 강을 건넌 그들은 직접 하스드루발의 진지로 나아갈지, 아니면 카르타고와 동맹 관계인 부족이나 정착지를 공격하여 그의 진군을 지연시킬지 오래 숙고한 끝에 이베라를 공격하기로 결정했다. 이 도시는 인접한 에브로 강에서 이름을 따왔는데, 당시 해당 지역에서 가장 번창하는 도시였다. 하스드루발은 이 동맹의 도시를 도우려고 하지 않고 그 대신 최근 로마에게 넘어간 도시를 공격하려고 나섰다. 이에 로마 인들은 이베라 포위를 풀고 하스드루발을 직접 공격하기로 방향을 바꾸었다.

29. 며칠 동안 양군은 8km 정도 거리를 둔 채로 대치했다. 몇 차례 소규모 접전이 있었지만, 전면전으로 나가려는 움직임은 없었다. 그러다 갑자기 마치 서로 합의한 것처럼 양군의 진지에서 동시에 전투 신호가 울려 퍼졌고, 양군은 전면전에 돌입했다. 로마 전열은 세 개의 대열로 구성되었다. 가볍게 무장한 병력 일부는 군기 앞에 정예 보병대와 함께 섰고, 다른 일부는 후방에서 베테랑 예비 병력과 같이 후위 대열을 이뤘다. 기병대는 좌우 날개에 배치되어 기동 타격을 벌일 예정이었다. 하스드루발은 중군에 스페인 인들을 배치하여 아주 강력하게 구성했고, 오른쪽 날개엔 카르타고 인들을, 왼쪽 날개엔 아프리카 부대와 고용한 외인부대를 세웠다. 이 외인부대는 누미디아 기병을 제외한 다른 모든 기병대와 함께 배치되었다. 누미디아 기병대는 카르타고 기병과 함께 오른쪽 날개에 섰다. 실제로는 모든 누미디아 인이 오른쪽 날개에 있지 않고, 여분의 말 한 마리를 추가로 전

투에 몰고 갈 수 있는 훈련을 받은 병사만 배치되었다. 이들은 무척 민첩하고 고도의 훈련을 받았기에 교전이 한창일 때 종종 타고 있는 말이 지치면 완전 무장을 한 상태에서도 마치 곡예단의 기수처럼 생생한 예비 말의 등으로 뛰어오르는 기술을 갖추고 있었다.

이 대형으로 서로 대치하는 동안 양군의 지휘관은 똑같은 정도로 승리를 확신하고 있었다. 왜냐하면 어느 쪽도 병사들의 수나 기병과 보병의 측면에서 밀리지 않았기 때문이다. 하지만 병사들의 사기에는 큰 차이가 있었다. 로마 지휘관들은 병사들을 설득하는 데 별 어려움이 없었다. 본국에서 멀리 떨어졌지만, 이 싸움은 로마와 이탈리아를 지키는 절체절명의 싸움이라는 걸 잘 알고 있었기 때문이다. 이 한 전투에 본국으로의 귀환 여부가 결정된다는 건 모든 병사가 숙지하고 있었다. 따라서 결론은 적을 물리치느냐 아니면 여기서 죽느냐밖에 없었다.

카르타고 군에는 그만한 사생결단의 전의가 없었다. 대다수 병사가 스페인 인이었고, 당연하게도 이탈리아에서 승리를 거두고자 파견부대로 끌려가는 일보다, 차라리 고향에서 패배하는 쪽을 더 선호했다. 따라서 전투 초기부터, 그러니까 투창을 던지기 전부터 로마 보병대의 거친 돌격을 맞이한 하스드루발의 중군은 등을 돌려 도망쳤다. 그럼에도 불구하고 좌우 날개에서의 양군 전투는 치열했다. 카르타고와 아프리카 부대는 각 날개에서 강력한 압박을 넣었고, 로마 인들은 거의 포위되어 동시에 두 방향으로 싸우게 되었다. 하지만 로마 보병대가 견고하게 집결하여 안쪽으로 파고들자 로마 군은 그들을 둘러싼 적의 좌우 날개를 충분히 돌파할 수 있다고 자신하게 되었다. 카르타고 군의 포위를 돌파하고 앞뒤 두 방향에서 가위 날 형상으로 적을 압박한 로마 군은 그야말로 완승을 거두었다. 적의 중군이 이미 궤멸했기에 병사의 수와 전투력 측면에서 모두 우월했던 것이다.

카르타고 군의 사상자는 엄청났다. 전투가 시작되기 바로 전에 스페인 인들이 전의를 상실하고 도망치지 않았더라면 생존자는 소수에 불과했을 것이었다. 기병대 사이의 전투는 전혀 없었다. 카르타고 군의 누미디아 인과 무어 인은 중군이 무너지는 걸 보자마자 꽁무니를 빼고 달아났고, 코끼리까지 앞세우고 도망치는 바람에 좌우 날개가 적에게 그대로 노출되었다. 하스드루발은 전투의 상황이 좋아지기를 마지막까지 기다리다가 몇 안 되는 부하들과 함께 대학살의 현장에서 빠져나가 도망쳤다. 그의 진지는 로마 군에게 접수되었고 모든 물건이 몰수되었다.

이 전투로 로마 인들은 여전히 어느 편에 붙을까 망설이던 모든 스페인 부족을 동맹으로 끌어들였다. 휘하 부대를 이끌고 이탈리아로 들어가겠다는 하스드루발의 계획은 완전히 수포로 돌아갔을 뿐만 아니라, 이제는 스페인에 남아 있는 것마저도 위태로운 상황이 되었다. 두 스키피오가 보낸 사절들이 로마에 소식을 전했을 때 로마 시민들은 승전 소식보다 하스드루발의 이탈리아 진출이 좌절되었다는 사실을 더욱 기뻐했다.[10]

30. 스페인에서 이런 일이 벌어지는 동안 브루티움의 도시 페텔리아가 몇 달 간의 포위를 버티지 못하고 한니발의 장교 히밀코에게 항복했다. 카르타고 인들에게 이 승리는 상처 가득한 값비싼 승리였다. 결국 포위 작전을 종결지은 건 무력이 아닌 도시 내의 기근이었다.

---

10 하스드루발이 증원 부대를 이끌고 이탈리아에 도착한 것은 이 시점에서 9년이 흘러간 기원전 207년이었다. 참조. 이 책의 27권 39장.

고기와 채소가 모두 떨어지자 주민들은 할 수 없이 가죽, 풀, 초목, 나무에서 떼어낸 연한 껍질과 잎을 먹는 처지가 되었다. 그들은 힘이 완전히 빠져 무기를 들지 못하고 성벽에 서 있을 수조차 없자 결국 저항을 중단했다.

페텔리아를 점령한 뒤 카르타고 인들은 콘센티아로 움직였다. 그곳은 수비가 덜 완강했고, 따라서 하루나 이틀 만에 함락되었다. 같은 시기 브루티움 군대는 그리스 도시 크로톤을 포위했다. 크로톤은 한때 강력하고 인구도 많은 공동체였지만, 이젠 장기간 연달아 재앙이 닥친 결과 크게 세력이 줄어 소년과 노인을 합쳐 시민은 2천 명도 채 되지 않았다. 따라서 아무런 희망이 없는 수비대는 적의 쉬운 먹잇감이 되었다. 빼앗기지 않은 곳은 유일하게 도시 내부에 있는 요새 하나뿐이었는데, 이곳엔 도시가 공격을 받았을 때 유혈 낭자한 혼란스러운 상황 속에서 도망친 소수가 머무르고 있었다. 로크리 역시 브루티움 사람들과 카르타고에 넘어갔는데, 이곳 주민들은 지도자들에게 배신당했다. 레기움은 그 지역에서 유일하게 로마에 충성을 지키며 끝까지 독립적으로 남은 유일한 도시였다.

로마의 세력권에서 이탈하려는 분위기는 멀리 시칠리아에도 퍼졌다. 심지어 히에로 가문조차 배신에서 완전히 자유롭지 못했다. 가문의 장남 겔로는 칸나이 전투 이후 로마 동맹을 경멸하고 아버지를 노망난 늙은이 취급하며 우습게 보았다. 아들은 변화를 열망하며 로마보다는 카르타고를 따르려고 했다. 이 아들이 적당한 때에 죽었기에 망정이지 그렇지 않았더라면 이 아들은 카르타고의 지원을 받아 평민을 무장시켜 반란을 일으켰을지도 모른다. 아무튼 아들이 그렇게 불시에 죽어버리자 그의 아버지조차 살해의 의혹을 피해가지 못했다.

이상이 다사다난했던 그해(기원전 215년)에 이탈리아, 아프리카, 시칠리아, 스페인에서 벌어진 사건들의 기록이다.

그해가 끝나가는 시점에 퀸투스 파비우스 막시무스는 자신이 독재관을 지낼 때 맹세한 에릭스의 베누스 신전을 봉헌하게 해달라고 원로원에 허락을 구했다. 원로원은 집정관에 선출된 그라쿠스에게 직무를 맡게 되면 민회에 법안을 제출하여 봉헌을 담당하는 관리 두 사람 중 한 사람을 파비우스로 임명하게 하라고 지시했다. 복점관, 그리고 집정관을 두 번 지낸 마르쿠스 아이밀리우스 레피두스를 기리고자 그의 세 아들 루키우스, 마르쿠스, 퀸투스는 돌아가신 분을 추모하는 게임을 조직해 사흘 간 운영했고, 여기엔 포룸에 22쌍의 검투사를 선보이는 행사도 포함되었다. 고위 토목건축관리관 가이우스 라이토리우스와 집정관 당선인(고위 토목건축관리관 시절에 사마관을 지낸) 그라쿠스는 로마 게임을 사흘 간 개최하여 기념했다. 토목건축관리관 코타와 마르켈루스는 시민 게임을 세 번 개최했다.

포에니 전쟁 3년 차가 끝나는 무렵인 3월 15일에 그라쿠스는 집정관이 되었다. 법무관으로는 퀸투스 풀비우스 플라쿠스, 마르쿠스 발레리우스 라이비누스, 아피우스 클라우디우스 풀케르, 퀸투스 무키우스 스카이볼라의 4인이 선출되었다. 이들 중 플라쿠스는 집정관(2선)과 감찰관을 지냈다. 추첨을 통해 플라쿠스는 '도시' 사법권을 행사하게 되었는데 그 임무는 로마 시민들 간의 소송을 심리하는 일이었다. 라이비누스가 맡은 '대외' 사법권은 로마 시민이 아닌 자들 간의 소송을 심리하는 임무였다. 풀케르에게는 시칠리아 사법권이, 스카이볼라에겐 사르데냐 사법권이 주어졌다. 시민들의 뜻은 마르켈루스가 집정관 대리로서 온전하게 군사 지휘권을 행사해야 한다는 것이었다. 이것은 칸나이 전투 이후 마르켈루스가 이탈리아에서 성공적인 전투를 치러낸 유일한 로마 지휘관이라는 점이 감안된 결과였다.

31. 카피톨리움에서 첫 회의를 하는 동안 원로원은 당해 연도의 세금을 두 배로 올리기로 했다. 오르기 전의 세금은 곧바로 징수될 것이었고, 해당 자금은 칸나이에서 싸운 군인들을 제외한 모든 군인에게 급료로서 지급될 예정이었다. 군대 소집과 관련하여, 원로원은 집정관 그라쿠스에게 도시의 2개 군단을 칼레스로 결집할 날짜를 정하라고 지시했다. 그곳에서 두 군단은 수에술라 위쪽의 마르켈루스 진지로 이동할 것이었다. 대다수가 칸나이 전투 생존자인 마르켈루스 진지의 부대는 시칠리아로 보내져 법무관 풀케르가 지휘하게 되었다. 기존 시칠리아 부대는 로마로 되돌아올 예정이었다. 마르켈루스는 원로원의 지시를 받고 칼레스에 결집한 도시의 2개 군단을 자신의 진지로 데려갔다. 그는 휘하 장교인 티투스 메틸리우스 크로토에게 칸나이 전투에서 생존한 베테랑 부대를 시칠리아로 데려가는 인솔 임무를 맡겼다.

원로원 의원들은 집정관이 동료를 선출할 선거를 개최할 것으로 생각했다. 처음엔 아무도 이 일에 관련하여 말을 꺼내지 않았다. 하지만 법무관으로서 훌륭한 성과를 올려 다음 연도의 집정관 감으로 손색이 없던 마르켈루스가 의도적으로 배제된 것 같은 분위기가 형성되자 원로원에서도 불만의 목소리가 나오기 시작했다. 이를 감지한 집정관은 이렇게 말했다. "의원 여러분, 마르켈루스가 부대 교환을 위해 캄파니아로 떠나는 것도, 그가 맡은 임무를 완수한 뒤 로마로 돌아올 때까지 선거를 선언하지 않는 것도 모두 공공의 이익을 위한 일입니다. 그렇게 해야 여러분은 자신이 선호하는, 상황에 필요한 집정관을 선택할 수 있습니다." 그 결과 마르켈루스가 돌아오기 전까지 선거에 관한 얘기는 아무도 꺼내지 않았다.

그러는 사이 퀸투스 파비우스 막시무스와 티투스 오타킬리우스 크라수스는 신전을 봉헌할 두움비리(duumviri: 두 책임자)로 임명되었다. 전자는 에릭스의 베누스 신전을, 후자는 정신의 신전을 봉헌하게 되었다. 두 신전은 카피톨리움에 세워졌고, 수로(水路) 하나로 서로 구분되었다. 원로원의 발의를 통하여, 시칠리아에서 충실하게 복무하고 로마로 돌아온 300명의 캄파니아 기병에겐 로마 시민권이 주어졌고, 여기에 더하여 캄파니아가 로마 동맹에서 이탈한 그 전 날을 기산점으로 하여 그들을 쿠마이(Cumae) 시민으로 대우하기로 했다. 이런 조처를 한 주된 이유는 그들이 고향을 떠나왔지만 어디 소속인지도 모르겠고, 돌아갈 도시에서 지역의 특권도 누리지 못하게 되었다고 불평했기 때문이다.

마르켈루스가 로마로 돌아오자 포스투미우스의 뒤를 이을 집정관을 선출하는 선거가 원로원의 포고령을 통해 공시되었다. 마르켈루스는 거의 만장일치로 집정관에 선출되었고, 즉시 직무를 수행하게 되었다. 그가 집정관직을 막 수행하려고 할 때 갑자기 하늘에서 천둥소리가 울렸고, 소환된 복점관들은 집정관의 선출에 절차상의 하자가 있다는 의견을 냈다. 원로원은 두 명의 평민이 집정관이 된 게 전례가 없는 일이라서, 신들이 노했다는 소문을 퍼뜨렸다.

마르켈루스는 절차의 하자를 지적받자 자리에서 내려왔고, 그 대신에 파비우스 막시무스가 집정관이 되었다. 그로서는 3선이었다. 그해(기원전 215년)에는 바다가 불탔다. 시누에사에서는 암소가 망아지를 낳았고, 유노 소스피타 신전에선 라누비움의 조각상들에서 피가 흘러내렸다. 하늘에서 돌비가 내리는 일도 생겼다. 이렇게 불길한 일들이 계속되자 관습에 따라 아흐레 동안 종교의식이 치러졌다. 다른 불가사의한 일들 역시 적절한 방식으로 속죄되었다.

32. 로마 군의 병력을 나누면서 전에 독재관 페라(Pera)가 지휘하던 테아눔의 병력은 파비우스에게 주어졌다. 그라쿠스는 테아눔의 자원 노예들과 함께 2만 5천의 동맹군을 지휘했다. 법무관 발레리우스에 겐 시칠리아에서 불러들인 군단의 지휘권이 주어졌고, 집정관 대리 마르켈루스는 수에술라 위쪽의 군단을 지휘하면서 놀라를 지키기로 되었다. 시칠리아와 사르데냐를 맡게 된 법무관들은 임지로 떠났다. 집정관들은 그들의 원로원 회의 소집 시에, 의원들과 원로원에서 발언할 자격을 얻은 사람들은 포르타 카페나에 일단 모여야 한다는 지시를 내렸다. 사법권을 가진 법무관은 피스키나 푸블리카에 심판석을 두기로 결정했다. 그해 동안 그곳에서 모든 사적 소송을 심리하고 판결을 내리기로 되었다.

그러는 사이 카르타고에는 스페인에서의 패배 소식, 그리고 거의 모든 스페인 부족이 로마로 돌아섰다는 소식이 전해졌다. 한니발의 동생 마고는 1만 2천의 보병, 1천 5백의 기병, 20마리의 코끼리를 데리고 1천 은 탈렌트를 지참하여 60척의 전함을 이끌고 이탈리아로 막 출발하려고 했지만, 이제 상황이 이렇게 되자 그가 이끄는 군대는 육해군 모두 이탈리아가 아닌 스페인으로 가야 한다고 일각에서 주장하기 시작했다.

그런데 갑자기 사르데냐를 회복할 수 있을 것 같은 좋은 소식이 들려왔다. 그 섬의 로마 주둔군은 소규모였고, 그곳의 상황에 익숙한 전 법무관 아울루스 코르넬리우스가 떠나고 새로운 법무관이 부임할 예정이었기 때문이다. 게다가 사르데냐 주민들은 오랫동안 로마의 지배를 받는 상황에 염증을 느끼고 있었다. 지난해(기원전 216년) 그들의 지배자는 억압적인 조공, 과도한 곡물 징발이라는 형태로 가혹하게 탐욕을 채웠고, 그리하여 그 섬의 주민들이 입은 손해는 막심했다. 간단히 말하면 그들에게 필요한 건 그런 사태를 시정해줄 지도자였고, 그런 사람이 나타난다면 당장이라도 넘어갈 태세였다. 카르타고는 이 정보를 사르데냐 지도자들을 통해 입수했다. 음모를 꾸미는 주동자는 함프시코라였는데, 당시 섬에서 가장 부유하고 가장 영향력 강한 인물이었다. 이러한 반란의 움직임에 관한 소식은 한편으로는 불안하면서도 다른 한편으로는 고무적이었다. 결국 마고가 이끄는 육군과 해군은 로마로 떠난 것이 아니라 스페인으로 향했고, 사르데냐에서 작전을 수행할 지휘관은 하스드루발로 낙점되었다. 그는 마고와 거의 같은 규모의 군대를 갖추고 그 섬을 향해 떠났다.

한편 로마에서 두 집정관은 본국에서 처리할 일을 마치고 앞으로 펼칠 작전을 준비하느라 분주했다. 그라쿠스는 시누에사의 동맹군 파견대와 자원 노예들을 동원할 날짜를 지정했고, 파비우스는 원로원을 통해 모든 곡식이 6월 1일 전에 준비되어 요새화한 도시들에 전달되어야 한다고 지시를 내렸다. 곡식을 내놓지 못하는 자의 농지는 파괴될 것이며, 노예는 경매로 팔릴 것이고, 농장은 소각될 것이었다. 사법권을 행사하고자 선출된 법무관들조차 군무에서 열외가 되지는 않았다. 법무관 발레리우스는 아풀리아로 가서 바로에게서 군대를 인수하고 시칠리아에서 불러온 군단들로 그 지역을 방어하라는 지시를 받았다. 그 대신, 바로의 병력은 타렌툼으로 보내 발레리우스 휘하 장교의 지휘를 받게 되었다. 이 장교는 새로 배정받은 25척의 전함으로 타렌툼과 브룬디시움 사이의 연안을 수호하는 임무를 맡았다. 똑같은 수의 전함이 로마의 법무관 풀비우스에게도 배정되었다. 티베르 강 인근의 연안을 지키려는 목적이었다. 집정관 대리 바로는 원로원의 지시에 따라 피케눔에서 군대를 모집하여 그 지역을 방어하게 되었다. 티투스 오타킬리우스 크라수스는 카피톨리움에서 <정신(Mens)>의 신전을 봉헌한 뒤 시칠리아 함대의 지휘권을 부여받아 임지로 떠났다.

33. 세상에서 가장 부유한 두 국가인 로마와 카르타고 사이의 싸움은 다른 모든 국가의 왕들도 주목할 수밖에 없었다. 마케도니아의 왕 필리포스는 특히 전쟁의 경과에 신경을 썼는데, 그의 나라와 로마 사이에는 비좁은 이오니아 바다밖에 없으므로 당연히 전쟁의 결과는 화급한 관심사로 떠올랐다. 한니발이 알프스를 넘었다는 소식을 듣고 그가 처음으로 보인 반응은 단순하지 않고 복잡한 것이었다. 그는 로마와 카르타고 간에 전쟁이 발발했다는 소식을 듣고 기뻐했지만, 두 국가의 전쟁 자원이 아직 알려지지 않았기에 어떤 쪽이 승리할 것인지 확실하게 예상하지 못했다. 하지만 세 번의 전투에서 모두 카르타고가 승리하자 그는 카르타고의 편에 서기로 하고 사절단을 한니발에게 보냈다.

필리포스의 사절들은 로마 전함이 지키는 브룬디시움과 타렌툼의 항을 피해 크로톤 근처의 유노 신전에 상륙했다. 그곳에서 아풀리아를 통해 카푸아로 가다 그들은 로마 주둔군에 붙잡혔고, 루케리아 근처에 진을 친 법무관 라이비누스에게 연행되었다. 사절단을 이끈 크세노파네스는 대담하게도 필리포스 왕의 명을 받들어 마케도니아와 로마 간에 우호 협정을 체결하려고 이렇게 찾아왔다고 거짓말을 했다. 그는 집정관, 원로원, 로마 인과 친교를 나누고 싶다는 말도 덧붙였다. 오랜 동맹이 서서히 줄어드는 이런 시기에 그것도 저명한 군주가 새로운 동맹이 될 가능성을 크게 반기면서 라이비누스는 실제로는 적국인 마케도니아의 사절단을 친구로서 대우했다. 자연히 그들은 크게 환영받는 동시에 극진한 대접을 받았다. 라이비누스는 병사들을 보내 사절단을 호위하게 했고, 그들에게 길에 관한 자세한 정보를 알려주었다. 사절단은 이를 통해 어떤 고개와 지역이 로마의 것인지, 혹은 카르타고의 것인지를 파악하게 되었다.

사절단 대표 크세노파네스는 손에 넣은 정보를 활용하여 로마 부대를 피해 캄파니아로 갔고, 이후 최단 경로를 통해 한니발의 진지에 도착해 그와 우호 협정을 맺었다. 조약 내용은 다음과 같았다. "필리포스 왕은 준비 가능한 최대한의 함대(200척 정도)를 마련하여 이탈리아로 건너와 연안을 침략하여 수륙 양면에서 로마에 대한 공격 작전을 수행한다. 전쟁이 끝나 로마와 모든 이탈리아가 한니발과 카르타고 인 수중에 들어가면 그동안 차지한 모든 전리품은 한니발에게 이양된다. 이탈리아가 무너지면 카르타고 인은 그리스로 넘어와 필리포스 왕이 선택한 국가를 상대로 전쟁을 벌인다. 마케도니아 부근에 있는 본토와 연안의 섬은 필리포스의 것이 되며 그의 왕국에 통합된다."

34. 이상이 한니발과 필리포스의 사절단이 합의한 내용이었다. 마케도니아 사절단이 떠날 때 카르타고 대리인으로서 기스고, 보스타르, 마고가 그들과 동반했다. 필리포스가 맹세하여 협정이 비준되는 걸 직접 확인하기 위해서였다. 세 사람은 유노 신전 근처의 은폐된 곳에 정박한 배에 함께 탔고, 이어 배는 출항했다. 하지만 연안에서 벗어난 지 얼마 되지 않아 칼라브리아 연안을 순찰하던 로마 함대에게 발각되었고, 발레리우스 플라쿠스는 가벼운 배들을 몇 척 보내 그들을 뒤쫓아 나포하라고 지시했다. 왕의 사절단은 얼마간 도망치려고 했으나 곧 추월당했고, 이에 도망치는 걸 포기했다. 그들은 함대 지휘관 앞으로 끌려갔고, 이름과 목적을 말할 것을 요구받았다. 이에 크세노파네스는 지난번에 성공했던 거짓말을 되풀이했다. 그는 필리포

스의 명을 받아 로마 인과 협정을 맺으러 왔다고 했다. 그는 유일하게 안전을 보장받을 수 있는 라이비누스에게로 갔었지만, 캄파니아 지역이 적에 의해 봉쇄되어 통과할 수가 없으므로 해로를 선택하게 되었다고 둘러댔다.

하지만 그 사절들의 복장과 외양이 함대 사령관의 의심을 불러일으켰고, 그들은 사령관이 던진 질문에 답변할 때 그들 본래의 억양을 무심코 드러내고 말았다. 그리하여 그들의 수행원들은 한쪽으로 따로 불려가 살벌한 심문을 받았고, 이에 진상이 밝혀졌다. 그들에게서 한니발이 필리포스에게 보내는 문서가 발견되었고, 거기엔 마케도니아 왕과 카르타고 사령관이 합의한 내용이 담겨 있었다. 이렇게 정황이 드러나자 포로들과 그들의 수행원들을 즉각 로마의 원로원이나 집정관들이 있는 곳으로 보내기로 결정되었다. 이 임무를 수행하고자 다섯 척의 빠른 배가 준비되었고 루키우스 발레리우스 안티아스가 그 일을 지휘하게 되었다. 그는 사절단을 다섯 척의 배에 나눠 따로 감시하라고 지시했다. 그들이 자기들끼리 머리를 맞대고 해결책을 찾을 기회를 아예 차단한 것이었다.

이제 로마에서 벌어진 사건으로 되돌아가자. 사르데냐 섬의 총독 자리에서 물러난 아울루스 코르넬리우스 맘물라는 섬의 현황에 대하여 전쟁과 반란이 예외 없이 벌어질 분위기라고 보고했다. 그의 후임자인 퀸투스 무키우스는 부임하자마자 섬의 축축하고 유해한 기후의 피해자가 되었다. 아주 위중한 상태는 아니지만, 그가 앓던 가벼운 병은 오래 갈 것 같았고, 따라서 오랫동안 직무를 제대로 수행할 수 없었다. 섬에 주둔 중인 로마 군 병력은 평시에 섬을 지켜내기엔 적합하지만, 어느 때라도 발발할 것으로 예상되는 전쟁에 대처하기에는 충분치 않았다. 원로원은 그 보고서를 검토하고 퀸투스 풀비우스 플라쿠스에게 지시를 내려 5천의 보병과 4백의 기병을 마련하여 최대한 빨리 사르데냐로 보내고, 무키우스가 회복될 때까지 군권을 온전히 수행할 최적임자도 함께 파견하라고 했다. 이에 선발된 책임자는 티투스 만리우스 토르콰투스였다. 그는 집정관을 두 번 지내고 감찰관도 지냈으며, 첫 집정관 임기 때 사르데냐 인들의 반란을 진압하기도 했었다.

이즈음 카르타고에서도 사르데냐로 1개 함대를 보냈다. 지휘관은 대머리라는 별명의 하스드루발이었다. 카르타고 함대는 악천후를 만나 발레아레스 제도로 잠시 피할 수밖에 없었다. 그 일로 배의 장비는 물론 선체마저 심하게 손상되었다. 카르타고 함대는 연안에 머무르며 배를 수리해야 되었으므로 상당한 시간 손해를 보았다.

35. 칸나이 전투 이후 로마 군과 카르타고 군의 군사 작전은 느리게 전개되었다. 카르타고 군대의 사기는 훼손되었고,[11] 로마의 전투력은 크게 손상되었다. 이런 상황에서 **캄파니아**(남부 이탈리아) 인들은 쿠마이를 장악하고자 자발적으로 나섰다. 첫 번째 작전은 로마 동맹에서 이탈하라고 설득하는 것이었지만, 그것이 실패하자 그들은 속임수를 썼다. 모든 캄파니아 공동체는 하마이에서 열리는 정기적인 종교의식을 참여했다. 캄파니아 인들은 쿠마이 인들에게 캄파니아 원로원이 종교 의식에 참석하니 쿠마이 원로원도 함께 참석하면 좋겠다고 했다. 그래야 함께 논의하여 양쪽 사람이 우방과 적을 같이

---

11 카르타고 군대가 겨울 동안 카푸아에서 시간을 보내면서 주색잡기에 몰두하는 바람에 사기가 많이 떨어졌다는 뜻이다. 하지만 폴리비오스는 『역사』 11장 19절에서 "이탈리아에서 16년 간 전쟁을 끊임없이 벌이면서 한니발은 휘하 군대를 야전 근무에서 풀어준 적이 없다"라는 다른 주장을 하고 있어서 리비우스가 카푸아에서의 타락을 과장하고 있는 것이 아닌가, 하는 해석도 있다.

확실히 구분할 수 있다는 것이었다. 그들은 이어 로마 인이나 카르타고 인이 훼방할 위험이 있으니 경비를 위하여 의식이 거행되는 현장에 무장 병력을 두겠다고 했다. 쿠마이 인들은 속임수가 있다고 의심했지만, 그럼에도 불구하고 반대하지 않았다. 그렇게 해야 자신들이 마련한 계획도 숨길 수 있었기 때문이다.

그러는 사이 집정관 그라쿠스는 시누에사에서 동원된 병력을 사열하고 볼투르누스 강을 건너 리테르눔 근처에 진지를 설치했다. 하지만 그곳에서 병사들은 거의 할 일이 없었다. 따라서 대다수가 자원 노예인 신병들이 군기를 따르고 대열에서 적합한 위치를 숙지시키려고, 그라쿠스는 군사 훈련을 자주 집중적으로 실시했다. 그라쿠스는 일부 병사의 낮은 출신과 배경이 계급이 우월한 병사들 사이에서 악감정을 유발할 수 있다는 걸 잘 알았고, 그래서 어떻게든 그런 병사들 간의 갈등을 피하고자 했다. 그런 조치의 일환으로 그라쿠스는 모든 휘하 장교에게 자기 생각을 따르라고 엄격하게 지시했다.

그라쿠스는 베테랑과 신병, 자유민과 자원 노예가 모두 동등하다고 생각하길 바라며, 로마 인들이 무장과 군기를 맡긴 자라면 누구든 충분히 훌륭한 신분과 혈통을 가진 것으로 간주하라고 요구했다. 그는 운명이 지금 같은 상황을 맞이하게 했으니 그런 상황에 순응하는 것도 운명에 따르는 것이라고 말했다. 먼저 장교들에게 이런 생각을 심어주었고 이어서 장교들이 훈육하자 그라쿠스의 병사들은 그 생각을 열렬히 받아들였다. 곧 그들은 조화롭고 통합된 집단이 되었고, 병사 개인의 과거 사회적 위치는 거의 생각하지 않게 되었다.

그라쿠스 부대 내에서 이런 일이 벌어지고 있는 동안에, 쿠마이의 사절단이 며칠 전 받은 캄파니아 인들의 제안과 그에 대한 답변을 알려왔다. 쿠마이 사절단은 사흘 안에 축제가 개최될 것이며, 원로원

전체가 참석할 뿐만 아니라 캄파니아 군대 역시 그곳에 주둔할 것이라는 말도 전했다. 그라쿠스는 쿠마이 인들에게 모든 이동 가능한 재산을 농장에서 도시로 옮겨서 방어 시설 안에 보관하라고 지시했고, 캄파니아 축제 전날 로마 군 병력을 쿠마이로 움직였다.

하마이는 쿠마이에서 5km 떨어진 곳에 있었다. 이미 캄파니아 인들은 사전 합의에 따라 대규모로 그곳에 모여 있었다. 또한 하마이에서 그리 멀지 않은 곳에 그들의 메딕스 투티쿠스(캄파니아 최고 행정장관의 명칭)인 마리우스 알피우스가 14,000명의 무장 병사들을 데리고 와서 은밀하게 진을 쳤는데, 이는 축제 준비 외에 다른 의도가 있고, 축제 준비를 틈타 진지 강화 같은 군인의 의무를 다하는 것과는 별도로 다른 기만적인 음모를 실행하겠다는 속셈이었다. 하마이의 종교 의식은 밤에 거행되지만, 자정 전에 끝나게 되어 있었다. 따라서 그라쿠스는 바로 이때를 노리며 출격을 준비했다. 그는 진지의 문마다 보초를 배치하여 정보가 새어나가는 것을 막고, 오후 일찍 모든 병사를 모아 어두워지자마자 열병할 것이니 휴식을 취하고 잠을 충분히 자 두라고 했다.

첫 야간 당직 시기가 되자 그는 전군에 이동하라고 지시했다. 로마 군은 종대를 형성하여 소리 없이 자정 무렵 하마이에 도착했다. 종교 의식은 야간에 치르는 것이었으므로 캄파니아 인들은 부주의한 모습을 보였고, 그들의 진지는 제대로 방비가 되어 있지 않았다. 그라쿠스는 모든 출입문을 동시에 공격했고, 누워서 자거나 무장도 하지 않은 채 의식을 마치고 한가로이 돌아오던 적을 학살했다. 이 짧은 야간 전투에서 캄파니아 인들은 2천 명 이상 전사했는데, 여기엔 캄파니아 지휘관 마리우스 알피우스도 들어 있었다. 로마 군은 34개의 캄파니아 군기를 빼앗았다.

36. 로마 군 전사자는 100명도 되지 않았고, 그라쿠스는 이제 서둘러 쿠마이로 물러났다. 카푸아 위쪽의 티파타 산에 주둔 중인 한니발이 사태를 보고받고서 황급히 이곳으로 올 것으로 짐작했기 때문이다. 그의 추측은 옳았다. 캄파니아 인들이 학살당했다는 보고가 카푸아에 도착하자마자 한니발은 신병과 노예가 대다수인 로마 군이 예상치 못한 승리에 우쭐해졌을 것이며, 전사자들을 약탈하고 포획한 동물들을 끌고 하마이로 나아가리라고 예상했다. 그런 부주의한 틈을 노린다면 로마 군에게 승리할 수 있다고 판단하여, 한니발은 카푸아를 떠나 최대한 빠르게 진군했다. 그는 명령을 내려 도망친 캄파니아 인을 중간에 만나면 호위를 붙여 도시로 데려가고, 부상자를 만나면 수레에 싣고 도시로 보내도록 조치했다. 그러나 하마이에 도착한 한니발은 예상과는 다르게 로마 군이 이미 진지를 떠났으며, 여기저기 쓰러진 동맹군의 시체만 보게 되었다. 수북이 쌓인 시체는 명백히 최근 벌어진 학살의 증거였다.

그러자 일부 참모는 한니발에게 즉시 쿠마이로 진군하여 로마 군을 공격할 것을 촉구했다. 그렇게 한다면 전에 공략에 실패한 네아폴리스 대신 해군 기지를 손에 넣을 수 있는 기회였으니 한니발에게도 무척 끌리는 제안이었다. 하지만 그는 티파타 산의 진지로 돌아가는 수밖에 없었다. 이번 진군이 워낙 급하게 결정되어 병사들이 무기를 제외하곤 아무런 군수품도 가지고 오지 않았기 때문이다. 그러나 다음날 캄파니아 인들의 애원을 거부하지 못한 한니발은 공격에 필요한 모든 장비를 갖추고 쿠마이로 갔다. 그는 그 도시 주변의 시골 지역을 완전히 파괴하고, 쿠마이에서 2km 떨어진 곳에 주둔했다. 그라쿠스는 여전히 쿠마이에 있었지만, 휘하 군대에 확신을 갖지 못해 그와 로마 인의 도움을 간절히 바라는 동맹을 저버릴 수밖에 없었다.

그라쿠스는 수치스러워 고개를 제대로 들지 못했다.

반면에 칼레스에 주둔한 다른 집정관 파비우스 역시 볼투르누스 강을 건너는 모험을 하지 못했다. 우선 복점의 결과를 받아야 했던 데다, 불길한 일이 연이어 보고되고 있었기 때문이었다. 파비우스는 이런 불길한 징조를 위무하는 통상적 절차를 밟았지만, 예언자들은 계속 희생 제물의 내장이 액운을 나타낸다고 말해 왔다.

37. 이와 같이 파비우스가 움직이지 못하는 동안에 그라쿠스는 한 니발 군대에 포위를 당하고 있었다. 공성 기구들은 이미 로마 군을 상대하고자 성벽 근처에 배치되었고, 그 중 거대한 나무탑들은 쿠마이 성벽 아주 가까운 곳에 배치되었다. 그라쿠스는 이에 대응하고자 성벽 위에 탑을 세웠다. 그 탑은 무거운 목재로 지지되고 동시에 그것을 토대로 활용했다. 그 덕분에 성벽의 높이가 더 올라가 적의 나무탑보다 훨씬 높게 되었다. 이 탑에서 로마 군은 돌과 막대기는 물론 손에 잡히는 물건은 전부 적에게 내던지며 적의 접근을 막았다. 그러자 적은 탑을 전보다 앞으로 움직여 거의 벽에다 바싹 붙였는데, 로마 군은 그에 대응하고자 전술을 바꿔 수백 개의 횃불을 성벽 아래쪽으로 내던졌다. 그 효과는 곧바로 나타났고, 적은 당황하여 탑에서 뛰어내렸다. 그와 동시에 로마 군이 도시의 두 성문을 열고 출격하자 카르타고 병사들은 황급히 패주하여 진지로 돌아갔다.

상황이 그렇게 돌아가자 카르타고 인들은 포위하는 군대라기보다는 오히려 포위당한 군대 같았다. 카르타고 인들은 1,300명이 전사하고 59명이 포로로 붙잡혔다. 포로로 붙잡힌 자들은 성벽 주변을 감시하는 임무를 게으르게 수행하다가 그런 운명을 맞았다. 그들은 로마 군이 반격에 나선다는 건 전혀 예상치 못했고 그래서 어떤 상황이 벌어지는지 파악하기도 전에 로마 군에게 붙잡혔다. 그라쿠스는 공격

부대에 후퇴 신호를 보냈고, 그의 휘하 군대는 적이 예기치 못한 충격에서 회복하기 전에 성벽 안으로 물러났다.

다음날 한니발은 그라쿠스가 이번 승리로 과감히 교전에 나설 것이라고 확신하고, 전투 대형을 갖추어 카르타고 진지와 도시 사이의 들판으로 나아갔다. 하지만 로마 군은 움직이지 않았다. 그들은 평소처럼 성벽에서 수비에 전념했다. 그라쿠스가 무운(武運)을 시험하려는 생각이 전혀 없다는 건 이제 명백하게 드러났다. 한니발은 그에 따라 아무런 성과 없이 티파타 산으로 물러났다.

쿠마이가 포위를 당하던 것과 거의 같은 시기에 롱구스라는 성(姓)을 가진 티베리우스 셈프로니우스[12]는 루카니아의 그루멘툼 근처에서 카르타고 사령관 한노를 상대로 승리를 거뒀다. 그는 2천 명이 넘는 적을 죽였는데, 피해는 280명뿐이었다. 적에게서 획득한 군기는 41개였다. 루카니아에서 밀려난 한노는 브루티움으로 물러났다.

로마에 대항하여 반란을 일으킨 히르피니의 세 도시 베르켈리움, 비스켈리움, 시킬리눔은 법무관 발레리우스의 공격을 받아 함락되었고, 반란 주도자들은 처형당했다. 5천 명이 넘는 포로가 경매로 팔렸고, 전리품은 군대에 배분되었다. 발레리우스의 군대는 다시 루케리아로 돌아갔다.

38. 이런 작전들이 진행되는 동안 마케도니아와 카르타고 사절을 로마로 태우고 가던 다섯 척의 배는 아드리아 해부터 이탈리아 남해까지 이탈리아의 해안을 따라 나아갔고, 그들은 이제 쿠마이 해안을 지나가는 중이었다. 그라쿠스는 이 배들이 우군인지 적인지 확신할

---

12 기원전 218년에 집정관을 지냈고 그 당시 트레비아 전투에서 패배했다.

수 없어 함대에서 전함을 파견해 알아보게 했다. 이 과정에서 집정관이 쿠마이에 있다는 것이 밝혀지자 다섯 척의 배는 그곳에 정박했다. 그리고 포로로 잡은 마케도니아와 카르타고 사절을 집정관에게 인도했고, 편지는 그라쿠스에게 전달되었다. 필리포스와 한니발이 주고받은 서신을 읽은 그라쿠스는 모든 서신을 밀봉하여 육로를 통해 원로원에 보냈고, 이어 지시를 내려 사절들을 이전처럼 배를 통해 로마로 데려가도록 했다. 포로를 실은 배는 서신과 거의 동시에 로마에 도착했다. 로마에 도착한 마케도니아와 카르타고 사절들은 심문을 받았고, 원로원은 사절들이 말한 것과 서신의 내용이 서로 일치하자 처음엔 크게 동요되었다. 카르타고와의 전쟁으로 이미 나라가 감당해야 하는 부담이 한계에 이르렀는데, 마케도니아와 대규모 전쟁을 벌여야 할지도 모른다고 생각하니 너무나 암담했던 것이다. 그럼에도 불구하고 원로원은 이 새로운 위협에 굴하지 않고 어떻게 공세를 취해야 그 적이 이탈리아를 공격하지 못할 것인가를 즉시 논의했다.

사절들은 사슬에 묶여 투옥되었고, 그들의 수행원들은 노예로 팔렸다. 이어 원로원은 발레리우스 플라쿠스에게 기존 25척 이외에 추가로 25척의 전함을 통솔하라는 포고령을 내렸다. 이에 새로운 25척의 전함이 진수되었고, 포획한 사절들을 태우고 온 다섯 척의 배와 함께 30척으로 이루어진 함대가 오스티아에서 타렌툼으로 나아갔다. 플라쿠스는 명령을 받고 타렌툼에서 루키우스 아푸스티우스가 이끌던 부대, 즉 이전에는 집정관 바로의 지휘를 받았던 병사들을 함대에 배속시켰다. 그는 이 50척 함대로 이탈리아 해안을 순찰할 뿐만 아니라 마케도니아의 적대적인 계획에 관한 정보를 수집할 예정이었다. 만약 필리포스의 계획이 전에 탈취한 서신, 그리고 사절들이 제공한 정보와 일치한다면, 플라쿠스는 법무관 마르쿠스 발레리우스에게 서신으로 관련 정보를 전달할 것이고, 발레리우스는 부관인 아푸스티우스에게 군대의 지휘권을 맡기고 타렌툼의 함대로 향해 최대한 빠르게 마케도니아로 건너가 필리포스를 마케도니아 영토 안에 가둬두기 위한 모든 조치를 할 것이었다. 히에로 왕에게 빌린 돈을 갚기 위해 시칠리아의 아피우스 클라우디우스에게 보낸 자금은 원로원의 명령으로 함대 유지와 마케도니아 전쟁 수행을 위한 비용으로 전용되었다. 이 자금은 루키우스 안티스티우스가 타렌툼으로 가져왔다. 동시에 로마의 꾸준한 동맹인 히에로 왕은 밀 20만 펙과 보리 10만 펙을 로마에 보냈다.

39. 로마가 이렇게 활발한 전쟁 준비를 하는 동안에, 로마에 붙잡혔던 마케도니아 배 하나가 도망쳐서 필리포스에게로 돌아갔다. 그리하여 마케도니아는 사절들과 서신들이 로마의 손에 들어갔다는 걸 알게 되었다. 자신이 보낸 사절들과 한니발이 어떤 협정을 맺었는지도 모르고, 또 한니발이 어떤 대답을 했는지도 모르기에 필리포스는 두 번째로 사절단을 보내면서 이전과 똑같은 지시를 내렸다. 이 사절단의 구성원은 스코티누스 성을 쓰는 헤라클리투스, 보이오티아인 크리토, 마그네시아의 소시테우스였다. 그들은 완벽하게 임무를 수행했다. 하지만 필리포스가 적극적으로 전쟁 준비를 하기도 전에 여름은 지나가고 말았다. 따라서 로마가 우려했던 전쟁은 연기되었다. 이런 결과는 필리포스의 사절들을 태운 한 척의 배가 로마 군에게 나포되었기 때문에 발생한 것이다.

카푸아 인근에서 두 집정관은 활발히 움직였다. 파비우스는 마침내 많은 불가사의한 현상을 위무하기 위한 의례를 끝내고 볼투르누스 강을 건넜다. 그는 한니발에게 넘어갔던 콤풀테리아, 트레불라, 아우스티쿨라를 공격해 함락했다. 이 과정에서 카르타고 주둔군과 함께 많은 캄파니아 인이 포로로 잡혔다. 지난해 놀라 원로원은 로마편을 들었지만, 평민이 한니발 편을 들었던 놀라에선 지도자를 살해하고 도시를 한니발에게 넘기려는 음모가 있었고, 파비우스는 이를 미연에 방지하고자 그 도시로 진군했다. 파비우스는 카푸아와 티파타 산의 한니발 진지 사이로 나아가 마르켈루스가 예전에 진을 쳤던 자리에 새로 진지를 세웠다. 그곳에서 파비우스는 법무관 대리 마르켈루스에게 병력을 주어 놀라로 파견하여 현지 주둔군의 지휘를 맡겼다.

40. 한편 사르데냐에서도 군사적 움직임이 있었다. 법무관 무키우스가 병에 걸리자 중단되었던 작전은 이제 티투스 만리우스가 지휘를 맡아 재개되었다. 카라레스에서 전함을 뭍으로 끌어올리고 선원들을 무장하여 보병 역할을 맡긴 만리우스는 무키우스에게서 군대를 인수받아 2만 2천의 보병과 1천 2백의 기병을 통솔하게 되었다. 그는 이 병력을 이끌고 적의 영토로 진군했고, 함프시코라가 주둔한 위치에서 그리 멀지 않은 곳에 진을 쳤다. 함프시코라는 그 당시에 산악 지역으로 들어가 현지인들이 '염소 가죽'이라 부르는 사나운 사람들 중에서 신병을 모집하고 있었다. 그의 아들인 호스투스는 그를 대신하여 군대를 지휘했는데, 젊은 혈기로 자신감이 과도한 청년이었다. 그는 곧 로마 군과의 전투에 뛰어들었고, 철저하게 패배했다. 3천 명 정도의 사르데냐 인이 전사했고, 800명 정도는 산 채로 붙잡혔다. 나머지는 농지와 숲을 통과하여 무작정 도망치면서 무질서한 모습을 보였다. 그러다가 도망자들의 지도자가 코르누스라는 도시에 도피했다는 소식이 들려왔다. 코르누스는 그 지역의 주요 도시였고, 도망자들은 지도자가 이미 자리 잡은 그 도시로 갔다.

전에 악천후 때문에 발레아레스 제도로 내몰린 하스드루발의 카르타고 함대가 때맞춰 사르데냐에 도착하지만 않았더라면 사르데냐 인들은 계속 저항할 의욕을 느끼지 못했을 것이다. 그리하여 사르데냐에서의 적대 행위는 이번 전투로 종식되었을 것이다.

아무튼 만리우스는 카르타고 함대가 들어왔다는 소식을 듣고 카라레스로 물러났고, 그리하여 로마에 적대적인 함프시코라는 하스드루발과 합류할 수 있었다. 하스드루발은 부대를 섬에 내리고 배를 다시 카르타고로 돌려보냈다. 그리고 함프시코라를 안내인으로 내세워 로마의 동맹이 소유한 농장들을 초토화했다. 만리우스가 진군하여 광범위하고 무차별적인 파괴를 막지 않았더라면 하스드루발은 실제로 카라레스까지 오며 모든 지역을 초토화했을 것이었다. 이제 그리 멀리 떨어지지 않은 채로 양군은 잠시 서로 대치했고, 곧 가볍게 상대방을 탐색하는 움직임이 벌어졌다. 이 과정에서 사소한 소규모 접전이 몇 차례 있었다. 그러다가 마침내 양군은 전투 대열을 형성했고, 네 시간 동안 전면전이 벌어졌다. 사르데냐 인들은 늘 그랬던 것처럼 쉽게 무너졌지만, 카르타고 인들이 분투하여 전투의 승패는 알 수 없었다. 그러다 마침내 도망치거나 죽은 사르데냐 인들이 전장에 가득해지자 카르타고 인들 역시 패주했다. 그들이 몸을 돌려 달아나려고 하자 사르데냐 인들을 궤멸시킨 로마 군 양익이 그들을 포위하여 퇴로를 차단했다. 그 순간부터 전투는 로마 군의 일방적 학살이었다. 사르데냐 인과 카르타고 인으로 구성된 적군 중 1만 2천 명이 전사했고, 약 3천 7백 명이 포로로 붙잡혔다. 로마 군은 27개의 군기를 빼앗았다.

41. 이 전투를 유명하고 인상적인 전투로 만든 것은 무엇보다도 카르타고 사령관인 하스드루발과 한노, 마고를 포로로 붙잡았다는 점이었다. 한노와 마고는 모두 카르타고 귀족이었으며, 특히 마고는

한니발과 밀접한 관련이 있는 바르카 가문의 일원이었다. 한노는 사르데냐의 반란을 일으킨 배후의 원인이며 명백한 전쟁 선동가였다. 사르데냐 지휘관들의 비참한 운명도 이 전투를 유명하게 만들었다. 함프시코라의 아들 호스투스는 전사했고, 함프시코라 본인은 그를 수행하는 몇 명의 기병과 함께 도망쳤다. 아들의 전사로 자신의 몰락이 완성되었다는 걸 깨닫자 그는 누가 자신을 알아보고 방해하는 일이 없도록 하기 위해 날이 어두워질 때까지 기다렸다가 스스로 목숨을 끊었다.

다른 탈주자들은 전처럼 코르누스로 도망쳤다. 만리누스는 승리한 군대를 이끌고 그곳을 공격하여 며칠 뒤에 함락시켰다. 함프시코라와 카르타고 인들에게 넘어간 다른 공동체엔 이것이 로마에 항복하고 인질을 보내야 한다는 신호가 되었다. 만리우스는 그런 모든 공동체에 그들의 재원과 죄의 경중에 비례하여 공물과 곡물 징발세를 부과했다. 그 후 만리우스는 카라레스로 돌아왔다. 그는 전함을 물에 띄우고 부대를 태워 로마로 귀국했고 사르데냐가 완전히 정복되었음을 원로원에 보고했다. 그는 공물로 받은 자금은 재무관에게, 곡물은 토목건축관리관에게, 포로는 법무관 퀸투스 풀비우스에게 넘겼다.

이런 일들이 벌어지는 동안 티투스 오타킬리우스는 시칠리아의 서쪽 항구인 릴리바이움에서 아프리카 해안으로 넘어가 카르타고 주변 시골 지역에 심각한 손해를 입혔다. 그는 이어 사르데냐로 갔는데, 발레아레스 제도에 있던 하스드루발이 최근 그곳으로 움직였다는 소문을 들었기 때문이었다. 그는 사르데냐로 향하는 도중 아프리카로 돌아가는 하스드루발의 함대와 만났는데, 보잘것없는 전투가 벌어졌고 일곱 척의 카르타고 배가 선원과 함께 나포되었다. 나머지는 전투 대형에서 이탈하여 도망쳤다. 지난번 그들을 흩어놓은 게 악천후였다면, 이번은 극심한 공포였다.

같은 시기 보밀카르는 카르타고에서 증원군으로 보낸 병사, 코끼리, 보급품을 인솔하여 로크리에 도착했다. 아피우스 클라우디우스는 보밀카르가 방심하고 있을지 모른다고 생각하며 그의 허를 찌를 생각으로 서둘러 메사나로 진군했다. 그는 자신이 맡은 지방을 순회하는 체하며 그곳에서 배를 타고 순풍과 순류(順流)를 받아 로크리로 갔다. 그러나 보밀카르는 이미 그곳을 떠나 브루티움에 있는 한노와 합류했고, 로크리 인들은 성문을 걸어 잠그고 로마 인들과 맞섰다. 따라서 아피우스는 상당히 공을 들인 노력에 비해 아무런 성과도 올리지 못한 채 메사나로 돌아왔다.

같은 해(기원전 215년) 여름, 여전히 놀라를 지키던 마르켈루스는 히르피니의 영토와 카우디움의 삼니움 인들을 빈번히 습격했다. 이런 습격들이 너무나 파괴적인 나머지 삼니움 인들에겐 전에 겪던 공포를 반복하는 느낌이 들었다.

42. 이에 따라 히르피니와 삼니움은 공동으로 한니발에게 사절단을 보냈다. 사절단의 대표는 한니발에게 이렇게 말했다.

"처음에 힘과 자원이 자국을 보호하기 충분했을 때, 우리는 홀로 로마에 맞서 싸웠습니다. 그렇게 할 힘을 잃어 자신감을 가지지 못했을 때, 우리는 피로스 왕과 동맹을 맺었습니다. 하지만 그는 곤경에 빠진 우리를 못 본 체했고, 우리는 평화 협정을 받아들일 수밖에 없었습니다. 그렇게 하여 우리는 장군이 이탈리아에 올 때까지 거의 50년 동안 힘들게 견뎌야 했습니다. 장군이 보인 용맹함과 업적을 보고 우리는 장군의 편이 되기로 마음먹었지만, 그보다 더 우리가 장군께 매료된 건 전투에서 포로가 된 우리 병사들을 돌려보낸 그 비할 바 없는 온정과 호의 때문입니다.

우리가 장군을 안전하게 지키고 장군이 우리의 우방으로 남는다면 로마는 물론 신들의 분노조차 두렵지 않습니다. 하지만 장군께서 계속 안전하시고, 계속 승전을 쌓고, 우리의 처자식이 눈물을 흘리며 슬퍼하고, 우리의 집이 불타오르는 걸 직접 목격할 정도로 우리 곁에 가깝게 머물고 계심에도 불구하고, 우리는 이번 여름에 끔찍한 손해를 여러 차례 입었습니다. 칸나이 전투에서 승리를 거둔 장군도 아닌, 마르켈루스에게요. 로마 인들은 이렇게 거들먹거리고 있습니다. 장군이 한 번 타격을 주었을 뿐 이젠 침이 빠진 벌처럼 아무런 위협도 되지 않는다고 말입니다.

거의 백 년 동안 우리는 타국의 군대에 지원을 받는 일 없이 로마와 전쟁을 치렀습니다. 피로스는 사실 2년 동안만 우리의 편이었을 뿐입니다. 그는 우리를 지키는 데 힘을 쓰지 않고, 자신의 재원을 늘리는 데 우리를 이용했을 뿐입니다. 로마의 두 집정관과 그들의 군대가 카우디움에서 우리의 매복 작전에 걸려 '이우굼 밑을 지나간' 승리, 혹은 우리의 다른 훌륭한 업적을 자랑하고자 함은 아닙니다. 당시 우리가 겪은 고난도 지금 우리가 겪는 일과 비교하면 수치라고 할 수조차 없습니다. 그 당시엔 저 고귀한 독재관들이 사마관들과 함께, 혹은 두 집정관이 휘하 군대와 함께 우리를 침공했었지요. 그들의 정찰대가 그들보다 앞장섰고, 그들의 보조군이 언제라도 움직일 준비를 했으며, 그렇게 그들은 군기를 앞세우고 우리 영토를 파괴하려고 나섰습니다. 그만큼 우리를 두려워했던 것이지요. 하지만 이제 우리는 한낱 법무관 대리의 희생양이 되고 말았습니다. 놀라를 지키라고 배정된 그 보잘것없는 소규모 군대에 농락당하고 있습니다. 그들은 우리 영토가 마치 그들의 집이라도 된 양 편하게 산적처럼 이곳저곳을 배회하고 있습니다. 왜 이렇게 되었겠습니까? 이는 장군께서 우리를 보호하지 않기 때문입니다. 우리와 함께 있었더라면 우리를 보호했을 우리 병사가 전부 장군의 명령을 받기 위해 고향을 떠났기 때문입니다.

내가 이런 생각을 한다면 장군과 장군의 병사들에 관해 아무것도 모르는 게 될 겁니다. 그토록 많은 로마 군을 괴멸시키고 쓰러뜨린 장군이, 조금이라도 약탈할 거리가 보인다면 시골 지역 이곳저곳을 명령이나 규율도 없이 마음 내키는 대로 습격하는 이 침입자들을 물리치는 능력이 없는 것이 아닐까? 장군께선 누미디아 인들을 조금만 보내더라도 충분히 그자들을 포위할 수 있을 겁니다. 우리가 장군의 우방이 될 가치가 있어 보호해야겠다고 생각해주신다면, 우리에게 병력을 파견해주시고, 동시에 놀라의 주둔군도 제거해주십시오."

43. 한니발은 이에 한 번에 하나씩 일을 처리했더라면 더 나았을 것이라고 대답했다. 그는 사절들이 여러 가지 일들을 한 번에 하려 한다고 지적했다. 가령 피해를 보고하고, 도움을 요청하고, 버려지고 방치되었다는 불평을 동시에 하고 있다는 것이었다. 그는 먼저 보고를 하고, 그 다음에 도움을 요청하고, 마지막으로 도움이 오지 않는다면, 그때 가서 비로소, 간청해도 소용없다고 불평하면 된다고 대답했다.

한니발은 카르타고 군에 상당한 부담이 되는 일이므로, 히르피니와 삼니움 영토로 진군할 생각은 없다고 했다. 대신 그는 로마의 동맹에 속한 가장 가까운 영토를 침공하겠다고 했다. 그러면 카르타고 병사들의 약탈 욕구도 채울 수 있고, 염려한 로마 인들이 삼니움에서 발을 뺄 수도 있으니 일거양득이라는 얘기였다. 그는 전쟁 그 자체에 관해 논하자면 트라시메네가 트레비아 전투보다 실제로 더 뛰어난 전투였고, 트라시메네보다는 칸나이가 더 뛰어난 전투였다고 설명했다. 이어 그는, 앞으로 영광의 정점이 될 전투는 아직 벌어지지 않았으며, 칸나이 전투의 기억조차 흐려질 만큼 더 훌륭하고 눈부신 승리를 차지하겠다고 선언했다.

사절들은 이런 답변과 함께 후한 선물을 받으며 물러났고, 한니발은 상당한 규모의 병력을 티파타 산에 두고 나머지 군을 이끌고 놀라로 갔다. 그곳에서 그는, 코끼리를 포함하여 카르타고 지원군을 브루티움에서 이끌고 온 한노와 합류했다. 한니발은 도시에서 얼마 멀지 않은 곳에 진을 쳤고, 인근 지역을 정탐하면서 동맹의 사절들이 말한 것과 현지 상황이 매우 다르다는 걸 알게 되었다.

마르켈루스는 무모한 모험은 아예 하지 않았으며, 적을 깔보지도 않았다. 오히려 그는 세심하게 정찰을 먼저 하고 강력한 군대로 습격을 감행했으며, 필요할 경우 물러설 안전한 진지도 미리 확보해 두었다. 마르켈루스는 마치 한니발과 직접 맞서고 있는 것처럼 모든 사전 대책을 마련해두었다.

이제 적이 다가온다는 걸 알게 된 마르켈루스는 휘하 병력을 도시 방어 시설 안으로 철수시키고, 놀라 원로원 의원들에게 성벽 위에서 움직이며 카르타고 인들 사이에 어떤 일이 벌어지는지 날카롭게 주시할 것을 주문했다. 한노는 말을 타고 성벽 가까이 가서 두 원로원 의원 헤렌니우스 바수스와 헤리우스 페티우스에게 성 밖으로 나와서 대화를 하자고 요청했다. 마르켈루스의 허락을 받아 두 의원이 나오자 그는 통역을 통해 뜻을 전달했다. 한노는 한니발의 용맹과 업적을 극찬하고, 로마에 관해서는 이전의 위엄이 노쇠한 권력을 겨우 부축하고 있다고 폄하했다. 한노는 설혹 한때 그랬던 것처럼 로마의 위엄과 힘이 동등하더라도 로마의 통치가 얼마나 부담스러운지, 이탈리아 혈통을 지닌 전쟁 포로에게조차 관용을 베푼 한니발이 얼마나 훌륭한지 경험으로 알 수 있다고 했다. 한노는, 그렇기에 로마와 친교를 맺고 동맹으로 남는 것보다는 카르타고의 동맹이 되는 것이 필연적으로 더 좋을 수밖에 없다고 강조했다. 그는 이어, 놀라에 두 집정관이 군대를 이끌고 왔더라도 칸나이에서 이미 증명된 것처럼 한니발에게 적수가 되지 못할 것인데, 하물며 법무관 대리가 그 수도 적고 경험도 없는 병력으로 어떻게 도시를 지켜낼 거라고 생각하느냐고 두 의원에게 물었다. 한노는 놀라를 힘으로 점령하든, 협정으로 접수하든 한니발에게는 큰 차이가 없으며, 오히려 그런 차이를 더 중요하게 여겨야 할 쪽은 놀라라고·말했다. 그는 두 의원에게 카푸아와 누케리아에 벌어진 일을 생각해 보라고 하며, 지금 카푸아와 누케리아 사이에 있는 놀라는 그 두 도시가 어떤 다른 운명을 맞이했는지 아주 잘 알 것이라고 지적했다. 한노는 힘으로 도시를 함락시킨다면 어떤 일이 벌어질지 생각하고 싶지 않지만, 만약 놀라가 마르켈루스 및 그 휘하 군대와 함께 항복한다면 한니발과 친교를 맺고 동맹이 되는 조건을 놀라 측이 스스로 결정하게 하겠다고 보장했다.

44. 이런 제안에 바수스 의원은 오랜 세월 로마 인과 놀라 인 사이에 친교가 있어 왔고, 어느 쪽도 그 선택에 후회할 이유가 없다고 답했다. 게다가 놀라 인이 반드시 운명을 하늘에 맡기고 동맹을 바꿔야 한다고 해도 지금은 이미 너무 늦었다고 말했다. 이어 그는, 한니발에게 항복할 생각이었다면, 왜 로마에 도움을 요청했겠느냐고 물었다. 바수스는 모든 걸 따져봐도 어려운 때에 놀라 인을 보호하러 온 로마 인의 우방으로 끝까지 남을 수밖에 없다고 대답했다.

대화가 끝난 뒤 한니발은 놀라가 로마를 배신하여 저절로 카르타고의 수중에 들어오는 일은 없겠구나, 하고 생각했다. 따라서 그는 도시를 포위하고 모든 방향에서 방어 시설에 동시 공격할 준비를 했다. 그러자 마르켈루스는 성문 안에서 전투 대형을 갖추고 출격할 준비를 했다. 함성을 내지르며 돌진한 로마 군을 맞이하여 적지 않은 카르타고 병사들이 동요하거나 전사했지만, 곧 더 많은 카르타고 부대가 결집하여 더는 수적으로 불리하지 않은 상태가 되었고, 이어 맹렬한 싸움이 시작되었다. 거센 폭풍우가 양군을 갈라놓지 않았다면 이 전투는 로마와 카르타고가 치른 전쟁 가운데서도 중요한 전투로 이름이 남았을 것이다. 양쪽의 열정을 전소시키는 사소한 교전을 몇 번 치른 후 로마 군은 도시로, 카르타고 군은 진지로 물러났다. 첫 출격에서 카르타고 군은 많아야 30명, 로마 군은 많아야 50명이 전사했다. 비는 밤새 내렸고, 다음날 제3시까지 계속되었다. 따라서 양군은 전의를 불태우며 각자의 방어 시설 안에 남아 있었다. 셋째 날이 되자 한니발은 놀라 영토를 습격할 부대를 보냈고, 마르켈루스는 이에 즉시 응전하여 전투 대형을 이룬 로마 군을 도시 밖으로 내보냈다. 한니발은 이 도전을 받아들였다.

도시와 카르타고 군 진지 사이엔 2km 정도 거리가 있었다. 바로 그곳의 평지에서(놀라 근처 모든 지역은 평지였다) 전투가 시작되었다. 양군은 함성을 크게 질렀고, 놀라의 외곽 전원 지대를 습격하러 떠난 한니발의 부대는 아직 그리 멀리 나아가지 않은 상태여서 전투의 함성을 듣고 서둘러 돌아와 이미 시작된 전투에 합류했다. 놀라 인들은 로마 군의 전선을 보강했다. 마르켈루스는 그들의 지원에 감사의 뜻을 표하고, 보조군으로 남아 부상자를 데려가되 자신이 직접 명령을 내리지 않는 한, 놀라 인들은 전투에 참여하지 말라고 지시했다.

45. 양군의 전투는 치열했다. 지휘관이나 병사나 몸을 아끼려고 하지 않았다. 병사는 전력을 다해 싸웠고, 지휘관은 권유와 격려의

말을 쉴 새 없이 하달했다. 마르켈루스가 소리쳤다.

"제군, 여러분은 이틀 전에 저들을 물리쳤다. 그 전에 저들은 쿠마이에서 우리에게 패배당해 물러났고, 작년엔 내 지휘를 받던 다른 부대가 놀라에서 저들을 몰아냈다. 그러니 다시 저들에게 패배를 안겨주자! 저들은 온전한 전력이 아니다. 일부는 약탈하려고 산책을 나갔다! 제군이 지금 마주하고 있는 저들은 사치와 캄파니아의 악덕에 물들어 활력을 잃은 자들이다. 겨울에 술을 마시고, 창녀와 어울리고, 온갖 방종한 짓을 하여 활력이 다 사라진 자들이 바로 저들이다! 한때 저들을 유명하게 만든 당당한 기세와 활력은 사라졌다. 알프스와 피레네 산맥을 넘게 한 사지의 근육과 확고한 정신력이 사라졌다는 말이다! 저들은 과거 모습의 유물이거나 그림자에 지나지 않고, 서 있거나 칼을 휘두를 힘은 거의 남아 있지 않다. 카푸아는 한니발의 칸나이였다. 카푸아에서 저들의 용맹, 저들의 규율, 저들의 옛 명성, 저들의 다가올 희망은 깡그리 사위어가는 불꽃처럼 사라졌다."

마르켈루스가 이런 식으로 적을 폄하하며 로마 군을 격려하는 사이 한니발은 카르타고 군에게 강한 질책을 퍼부었다. 그는 트레비아, 트라시메네, 칸나이에서 쓴 무기와 군기는 그대로이지만, 카푸아에서 월동한 병사들은 그때와 다르다는 걸 알아챘다. 한니발이 분노를 참지 못하고 고함쳤다.

"이게 대체 무슨 꼴인가! 전력을 다해도 군단 하나 이끄는 로마 군 장교와 시시한 보조군에게 이기지 못하다니! 전에 두 집정관의 군대가 버텨내지 못했던 그 군대는 대체 어디로 갔는가? 로마 군 신병과 놀라의 보조군을 이끄는 저 마르켈루스라는 자는 제대로 칫값도 치르지 않은 채 우리 군을 두 번이나 공격하고 있다! 집정관 플라미니우스를 말에서 끌어내려 참수하던 내 병사들은 대체 어디에 있는가?

칸나이에서 파울루스를 죽인 내 병사들은 어디로 갔는가? 대체 어떤 저주에 걸렸기에 제군의 칼은 그 날카로움을 잃고 손은 그렇게 힘도 없는가?

한때 제군은 그 수가 적었지만 대군을 정복할 수 있었다. 하지만 지금 제군은 수도 많은데 저 보잘것없는 군대도 어쩌지 못하고 있다. 제군은 사령관이 지시한다면 로마의 성벽에라도 돌격할 수 있다고 자랑했고, 적어도 말로는 아주 용감했다. 여기 바로 그보다는 덜 힘든 일이 있다. 나는 이제 제군이 그 힘과 용기를 여기서 시험해보길 바란다. 놀라의 성벽으로 돌격하라. 평지에 있어 낮고, 강이나 바다의 보호도 받지 못한다! 게다가 얼마나 풍요로운 도시인가! 저 도시를 함락하라. 약탈품과 전리품을 가득 취하라! 제군이 마음을 먹는다면 나는 제군을 이끌 수도 있고, 아니면 제군을 따를 수도 있다."

46. 하지만 칭찬을 해도, 비난을 해도 한니발의 병사들에겐 용기가 생겨나지 않았다. 모든 곳에서 그들은 로마 군에게 밀렸다. 로마인들의 전의는 마르켈루스의 권고로 치솟았으며, 놀라 인들의 응원으로 열의는 더욱 활활 불타올랐다. 그런 기세에 압도된 카르타고 군은 곧 무너졌고, 겁에 질려 진지로 도피했다. 로마 병사들은 적의 진지를 몹시 공격하고 싶어 했지만, 마르켈루스는 오히려 놀라 도시 안으로 물러나라고 지시했다. 도시에서 그는 진정한 기쁨에서 우러나오는 축하를 받았는데, 전에 카르타고를 지지했던 평민들조차 그에게 축하 인사를 할 정도였다.

이날 카르타고 군은 5천 명 이상이 전사했고, 6백 명이 붙잡혔고, 19개의 군기와 2마리의 코끼리도 빼앗겼다. 코끼리 네 마리는 전투 중에 죽었다. 로마 군 전사자는 1천 명이 채 되지 않았다. 다음날 양군은 전사자를 매장하는 날에는 일시 휴전한다는 불문율을 준수했다. 마르켈루스는 전리품을 태워 불카누스에게 제물로 바쳤다. 셋째 날이 되자 풀어야 할 사적인 원한이 있는 것인지, 아니면 더 자유로운 환경에서 복무할 수 있다고 기대한 것인지는 몰라도 272명의 스페인과 누미디아 기병이 마르켈루스에게 항복해 왔다. 전쟁 동안 그들은 로마 군에서 충실하고 용맹하게 싸웠으며, 전쟁이 끝났을 때 훌륭하게 복무한 보상으로 각각 고향인 스페인과 누미디아에서 땅을 하사받았다.

한니발은 한노에게 그가 데려온 병력을 넘겨주어 브루티움으로 보냈고, 자신은 아풀리아에서 월동을 하고자 아르피 근처에 진지를 쳤다. 파비우스는 한니발이 아풀리아를 향해 출발했다는 소식을 듣고 놀라와 네아폴리스의 두 도시에서 수에술라 위쪽의 진지로 곡식을 보냈다. 이어 그곳의 방어 시설을 강화함과 동시에 겨울 동안 그곳을 지켜낼 수 있을 정도로 강력한 주둔군을 배치했다. 파비우스는 이어 카푸아 근처로 진지를 옮겨 캄파니아의 농지들을 철저하게 파괴했고, 결국 도시 안의 캄파니아 농장주들은 그들의 군사 자원을 자신하지 못했지만 야전으로 나와서 성벽 밖의 탁 트인 곳에 진지를 치고 방어 시설을 세울 수밖에 없었다. 그들에겐 무장한 6천 명의 보병이 있었지만, 전쟁을 치르기엔 적합한 군대가 아니었다. 하지만 기병대는 보병보다 우수해서, 그 결과 몇 차례의 사소한 기병 간의 접전이 벌어졌다.

많은 뛰어난 캄파니아 기병 중에 타우레아라는 성을 쓰는 케리누스 비벨리우스라는 기병이 있었다. 캄파니아 출신인 그는 로마 시민권을 부여받았는데, 로마 군에 복무할 때는 캄파니아의 모든 기병 중 가장 뛰어났고, 그 명성에 필적하는 로마 인은 클라우디우스 아셀루스뿐이었다. 따라서 이 기회에 타우레아는 로마 부대 가까이 말을 몰고 가서 몇 분 동안 대열을 유심히 살폈다. 그는 아셀루스가 어디 있는지 물었지만 아무런 대답이 나오지 않자 이렇게 말했다. "그는 우리 중에 누가 더 용맹한지 나와 논쟁을 벌이곤 했었다. 이런 좋은 기회가 왔는데 왜 승부가 날 때까지 싸워 결말에 따라 '명예로운 전리품'[13]을 내어주거나 챙길 생각을 하지 않는가?"

47. 아셀루스는 진지에 있다가 타우레아의 도전 소식을 듣게 되었다. 그는 집정관의 허락을 신청했고, 허락이 떨어지자 타우레아와 일대일 대결을 벌이고자 즉시 무장하고 대열을 떠났다. 그는 적의 수비대 앞으로 말을 몰고 가서 타우레아의 이름을 부르며 언제든지 좋으니 대결하자고 했다. 로마 병사들은 두 기병의 결투를 보고자 곧 무리를 지어 진지를 떠났고, 캄파니아 인들도 구경을 하려고 진지의 벽을 따라 빽빽하게 줄을 지어 늘어섰다. 이들은 심지어 도시 성벽을 따라 줄을 서기도 했다. 결투하러 나온 두 기병이 주고받는 거만한 말[言]들은 분위기를 한껏 매혹적으로 띄웠다. 창을 들고 공격 태세를 갖춘 두 사람은 말에 박차를 가하고 상대방을 향해 돌격했다. 얼마 동안 결투는 두 사람의 기마 능력만 보여줄 뿐이었다. 둘은 탁 트인 땅 위에서 선회하며 상대방의 공격을 피했는데, 마치 스포츠라도 하는 것처럼 빙빙 돌기만 할뿐 서로 피 한 방울 흘리지 않았다. 이에 결국 타우레아가 소리쳤다.

"이게 도대체 무슨 결투란 말인가? 지금 이대로라면 사람이 아닌 말의 기량을 시험하는 것에 지나지 않네. (평지 끝에 있는 높은 제방 사이의 가라앉은 길을 가리키며) 우리가 저기로 달려가지 않는다면 말이야. 서로

---

13 명예로운 전리품(opima spoila)은 로마 군의 사령관이 상대방 사령관과 단 한 번의 전투를 벌여서 받게 되는 전리품을 가리킨다.

피할 곳이 없는 저 길에서라면 우리는 말에서 내려 주먹다짐으로 결판을 낼 수도 있을 거야."

말이 끝나기도 전에 클라우디우스는 급히 말을 몰고 타우레아가 가리킨 길로 갔지만, 정작 말을 꺼낸 장본인은 말이 아니라 행동으로 보여주어야 할 때에 그런 용기를 내지 못했다. 그는 이렇게 중얼거렸다. "뭐라고? 도랑 안으로 말을 몰고 간다고?[14] 턱도 없는 소리야!" 타우레아의 이 말은 그때부터 그 지역의 격언이 되었다.

클라우디우스 아셀루스는 가라앉은 길로 들어가 기다란 굽은 길을 달렸고, 적을 만나지 않은 채로 그곳에서 빠져나와 다시 평지에 나타났다. 그는 비겁한 상대를 실컷 경멸하고 승리를 거둔 채로 진지로 돌아와 기뻐하는 전우들의 축하를 받았다. 몇몇 기록은 이 사건을 전하면서 분명 인상적이지만, 사실인지 여부는 각자의 판단에 달린 에피소드를 추가로 전한다. 그런 기록들이 전하는 바에 의하면 클라우디우스는 타우레아를 쫓으며 마침 열려 있는 성문 안으로 들이닥쳤고, 깜짝 놀란 적이 속수무책으로 가만히 서 있을 때 상처 하나 없이 반대편 성문으로 질주하여 나왔다고 한다.

48. 이 일이 벌어진 뒤로는 별다른 사건이 없었다. 집정관은 캄파니아 인들이 밭에 씨를 뿌릴 수 있게 진지를 기존의 위치보다 뒤쪽으로 이동시켰다. 그는 마초로 쓸 수 있을 정도로 곡물이 자라날 때까지 놔뒀다가 때가 되자 그것을 거둬들여 수에술라 위쪽의 클라우디우스 진지로 보냈고, 그곳에 항구적인 월동 진지를 세웠다. 파비우스는 집정관 대리 마르켈루스에게 수비에 적당한 주둔군만을 놀라에

---

14 도랑 안으로 말을 몰고 간다는 것은 쓸모없게 된 말을 처치한다는 뜻. 여기서는 타우레아의 비겁함을 보여주는 것으로, 그 후 비겁함의 대명사가 되었다는 뜻.

남기고 나머지는 해산하여 로마로 보내라고 지시했다. 국고를 절약하고 군대 유지에 들어가는 동맹의 부담을 덜기 위해서였다. 그라쿠스가 휘하 군단을 쿠마이에서 아풀리아의 루케리아로 옮긴 뒤 법무관 발레리우스는 휘하 부대와 함께 브룬디시움으로 이동했다. 그는 살렌티나 해안을 지키고 필리포스와 마케도니아 인들과의 전쟁에 필요한 조치를 취하라는 지시를 받았다.

여름이 끝나갈 때 이미 언급한 바 있는, 스페인의 푸블리우스 스키피오와 그나이우스 스키피오가 보낸 급보가 로마에 도착했다. 급보는 스페인에서 수행된 중요한 군사 작전이 성공을 거뒀다는 것을 먼저 보고한 뒤 병사들의 급여를 지급할 자금이 없고, 더 나아가 병사들과 전함의 선원들이 입을 옷이나 보급품도 없다는 것을 알렸다. 병사들의 급여에 관한 한, 두 지휘관은 국고가 비었다면 스페인에서 자금을 마련할 수단을 찾겠다고 했지만, 옷이나 보급품은 군대와 주둔 지역을 유지하려면 로마에서 보내줘야 한다고 말했다.

급보를 읽은 원로원은 만장일치로 급보의 내용이 사실이며 스키피오 형제의 요구가 타당하다고 인정했다. 그렇지만 로마가 수륙 양면으로 기존에 유지하고 있는 어마어마한 병력과, 마케도니아와의 전쟁이 시작되면 곧 취역시켜야 할 새로운 대규모 함대도 고려하지 않을 수 없었다. 원로원은 전쟁 전만 해도 현물로 공물을 바치던 시칠리아와 사르데냐가 이젠 주둔군도 겨우 먹이고 있다는 걸 잘 알았다. 지금까지 그런 지출은 개인에게 부과되는 재산세로만 유지되었다. 하지만 해당 세금을 내는 사람의 수는 트라시메네와 칸나이 전투로 엄청나게 줄어들었고, 얼마 안 되는 생존자 겸 납부자에게 크게 늘어난 분담금을 부담하라고 하면 그들을 다른 방식으로 파멸하게 만드는 것이나 다름없었다. 로마가 국고만으로 버틸 수 없다는 건 엄연한 현실이었다. 로마가 존속하려면 반드시 자금을 어디에선가 빌려와야 했다.

따라서 원로원은 이 문제를 해결하기 위해 법무관 풀비우스를 민회에 보내기로 결정했다. 그는 국가의 곤경을 공적으로 알리고, 정부와의 계약으로 재산을 늘린 모든 사람에게 계약금(이는 그들이 쌓은 부의 원천이었다) 지급을 유예해 달라고 강력하게 권유하는 임무를 맡았다. 또한 그는 스페인에 있는 로마 군에 필요한 물자를 공급하는 계약과 관련하여, 국고가 보충되면 최우선적으로 공급자에게 대금을 지급한다는 조건을 받아줄 것을 요구하기로 되었다. 법무관은 이어 스페인의 군대에 필요한 식량과 의복, 그리고 전함의 선원들에게 필요한 모든 물자를 제공하는 계약의 체결일을 공지했다.

49. 지정한 날이 되자 세 군데 가게에서 온 19명이 나타났다. 그들은 계약을 맡겠다면서 두 가지 조건을 걸었다. 하나는 정부 계약자로 있는 동안 군역을 면제해 달라는 것이었고, 다른 하나는 해상으로 물자를 수송할 때 폭풍이나 적의 공격으로 발생하는 모든 위험을 국가가 부담해야 한다는 것이었다. 두 가지 요구 사항은 모두 받아들여졌고, 곧 납품 계약이 체결되었다. 이렇게 로마는 민간 자금으로 전쟁 노력을 계속 수행할 수 있었다. 거의 예외 없이 로마 사회의 모든 계급이 투철한 애국심에 불탔다. 납품 계약은 정직하게 이행되었고, 또 놀라울 정도로 관대하게 물자가 공급되었다. 따라서 스페인의 군대는 국고가 풍성했을 때와 다를 바 없이 풍족하게 보급을 받았다.

로마에서 새로 군수 물자가 도착했을 때, 전에 로마로 넘어온 도시 일리투르기는 하스드루발, 마고, 보밀카르의 아들인 하밀카르에게 포위된 상태였다. 이제 로마의 동맹인 이 도시엔 곡물이 부족했다. 푸블리우스와 그나이우스 스키피오는 새로 도착한 보급품을 가지고서 그 도시를 포위한 세 부대를 뚫고 도시 안으로 들어갔다. 이 과정에서 그리 격렬한 전투는 없었고, 적에게 보급품을 많이 잃지도 않았다. 두 스키피오는 주민들에게 그들을 위해 싸우는 로마 군을 보아서라도, 그에 못지않은 용기를 내어 도시를 지켜줄 것을 강조했다. 이어 두 지휘관은 하스드루발이 이끄는 주력 부대를 공격하러 나섰다. 다른 두 카르타고 부대는 곧 하스드루발의 부대와 합류했다. 그들의 사령관이 이번 전투로 승패가 결정될 것으로 판단했기 때문에 도와주러 온 것이었다. 양군은 진지에서 출격하는 것으로 전투가 시작되었다. 그날 전장에서 로마 군은 1만 6천이었고 적은 6만이었지만, 로마 군이 가한 손실로 볼 때 전투의 승자는 논란의 여지 없이 로마 군이었다. 카르타고 군의 전사자는 로마 군 전체보다 더 많았고, 3천 명이 넘게 붙잡혔으며 1천 마리의 말, 59개의 군기, 일곱 마리의 코끼리까지 빼앗겼다. 코끼리 다섯 마리는 전투 중에 죽었다. 카르타고 군 진지 세 곳 역시 모두 점령당했다.

일리투르기가 해방된 뒤에 카르타고 군은 인티빌리를 공격하기 위해 그곳으로 이동했다. 인근 지역에서 신병을 모집하여 피해를 벌충한 카르타고 군은 젊은 남자로 가득했는데, 이들은 복무하며 급여를 받거나 약탈을 하여 한몫 잡겠다는 생각이었으므로 무척 열성적으로 참전했다. 이곳에서 두 번째 교전에 벌어졌고, 전투 결과는 전과 같았다. 카르타고 군은 1만 3천 명 이상이 목숨을 잃었고, 2천 명 이상이 붙잡혔으며, 42개의 군기와 아홉 마리의 코끼리를 빼앗겼다.

이 두 번째 전투 이후 거의 모든 스페인 부족이 로마의 동맹으로 넘어왔다. 그해(기원전 215년) 여름 스페인의 로마 군은 이탈리아 본국보다 훨씬 더 많은 성과를 올렸다.

제 24 권

시라쿠사의 정권 교체,
필리포스 왕과의 전쟁
(제1차 마케도니아 전쟁)

1. 한노는 캄파니아에서 브루티움으로 돌아왔고, 길잡이 역할을 한 브루티움 인들의 도움을 받아 그곳의 그리스 공동체를 공격하러 나섰다. 이 그리스 도시들은 브루티움 인들을 두려워하고 증오했다. 그들은 다른 도시들이 카르타고에 넘어간 것을 보고서도 로마에 더 충실한 동맹으로 남아 있었다. 레기움이 처음 공격을 받았지만, 한노는 성과를 거두지 못해 며칠 동안 시간만 낭비했다. 그러는 사이 로크리 인들은 서둘러 농장과 밭에서 곡식과 목재, 그리고 다른 필수품을 성 안으로 거둬들였다. 그들이 쓰려는 것도 있었지만, 가치 있는 물건이 적의 손에 들어가는 걸 막으려는 조치였다. 성벽과 성문을 보수하고 총안이 있는 흉벽에 무기를 모아두는 필수적인 일을 하는 600명 정도를 제외하고, 로크리 주민들은 매일 더 많은 숫자의 사람들이 도시 밖, 온 사방으로 쏟아져 나왔다. 나이와 계급을 가리지 않은 잡다한 군중은 대다수가 무장하지 않은 상태였고, 시골 지역 사방으로 흩어져서 물자를 거두어들였다.

하밀카르는 기병대 일부를 흩어지는 주민들에게 보냈고, 명령을 내려 다치지는 않게 하되 그들이 도시로 돌아가려고 하면 길을 막게 했다. 하밀카르는 도시와 그 주변 지역이 잘 보이는 고지를 점령하고, 브루티움 인들에게 지시를 내려 성벽 가까이 가서 로크리 지도층을 불러 교섭하게 했다. 그러면 브루티움 인들은 한니발과의 친선을 약속하며 도시를 하밀카르에게 넘기라고 설득에 나섰다. 하지만 막상 교섭이 진행되었을 때 브루티움 인들의 말을 믿어주는 사람은 아무도 없었다. 그러나 고지에 카르타고 군이 보이고 탈주자 몇 사람이 밭으로 간 모든 주민이 적의 손아귀에 있다는 실상을 전해 오자, 로크리 지도층은 무척 불안함을 느끼고 주민들에게 카르타고의 제안을 알려 논의하겠다고 했다. 민회가 즉시 소집되었고, 그리 중요치 않은 사람들이 늘 그랬듯이, 경박하게 변화를 요구하며 새로운 동맹을 받아들이자고 제안했다. 친인척이 카르타고 군에 가로막혀 도시에 돌아오지 못하는 사람들은 적에게 인질로 붙잡혔다는 생각이 들었으므로 달리 선택의 여지가 없었다. 시민 중에 로마의 충실한 동맹으로 남아야 한다고 생각하는 사람도 있었지만, 소수에 불과해 위험을 무릅쓰고 공공연하게 권하지는 못했다.

그 결과 만장일치로 카르타고에 항복하는 것이 결정되었다. 로크리 인들은 로마 주둔군과 그들의 지휘관 아틸리우스를 은밀하게 항구로 호송하여 레기움으로 떠나는 배에 태워 보냈고, 그런 다음 하밀카르의 협상 요구를 받아들였다. 그들은 로크리와 카르타고 사이에 평등 조약을 즉시 체결한다는 조건을 내걸었고, 조건이 수용되자 카르타고 인들을 도시로 들였다. 하지만 공평한 조약을 맺겠다는 약속은 거의 준수되지 않았다. 카르타고 인들은 로크리 인들이 신의를 배반하고 아틸리우스가 빠져나갈 수 있게 했다고 비난했고, 로크리 인들은 이에, 무슨 소리냐, 로마 군이 자력으로 철수했다고 주장했다. 곧 카르타고 군의 기병대 일부가 아틸리우스의 추격에 나섰다. 혹시 해협의 거친 해류 때문에 로마 군의 수송선이 아직 떠나지 못했거나 아니면 물가에 여전히 머물러 있을지 모른다는 기대에서였다. 하지만 그들은 이미 항구를 떠난 로마 군을 붙잡을 수 없었다. 그들은 다른 배들이 해협을 가로질러 메사나에서 레기움으로 향하는 걸 보게 되었다. 그것은 로마의 전함이었으며, 법무관 클라우디우스가 레기움을 지키려고 보낸 것이었다. 그래서 카르타고 군은 즉시 레기움 포위를 풀고 물러났다.

한니발의 명령으로 로크리 인들에겐 평화가 주어졌고, 완전한 독립이 보장되었다. 카르타고 인들은 로크리에 출입할 권리를 갖는 대신, 로크리 인들은 항구를 통제할 권한을 그대로 보유하게 되었다. 동맹 관계를 맺은 로크리와 카르타고는 평시나 전시에 서로를 도와줄 의무를 갖게 되었다.

2. 이렇게 하여 카르타고 인들은 해협에서 물러나게 되었다. 브루티움 인들은 이런 상황이 지극히 불쾌했는데, 레기움과 로크리를 약탈하여 이익을 보겠다는 그들 나름의 속셈이 있었기 때문이었다. 하지만 카르타고 인들이 두 도시를 손대지 않고 물러나 이런 기대는 물거품이 되고 말았다. 이런 실망감을 벌충하고자 그들은 동포 1만 5천을 모아 무장시키고 자력으로 크로톤을 공격하러 갔다. 크로톤은 해안의 또 다른 그리스 도시인데, 브루티움 인들은 훌륭한 항구와 강한 방어 시설을 갖춘 이 해안 도시를 얻으면 국력이 대단히 증대될 것이라는 확신에 찬 기대가 있었다. 하지만 그들에겐 한 가지 우려 사항이 있었다. 동맹에게 불충한 것처럼 보일 것을 두려워하여, 그럴 마음이 없으면서도 카르타고 인들에게 도움을 요청했던 것이다. 하지만 카르타고 인들이 전쟁을 도와주기보다 평화의 중재인처럼 행동함으로써, 도시를 '해방하려는' 브루티움 인들의 시도가 로크리에서

그랬던 것처럼 수포로 돌아가는 게 아닐까 하고 우려했다. 따라서 그들은 한니발에게 사절단을 보내 크로톤을 차지하게 되면 브루티움 인들의 소유가 된다는 것을 확약해 달라고 했다. 이에 한니발은 현장 지휘관이 결정할 문제라고 답하며 사절단을 한노에게로 보냈다. 하지만 한노는 사절단에게 아무런 확실한 약속도 하지 않았다. 그는 크로톤 같은 유명하고 부유한 도시가 약탈되는 걸 바라지 않았고, 따라서 브루티움 사람들이 카르타고의 지원도, 허락도 없이 크로톤을 공격할 때 그 도시 사람들이 더욱더 카르타고를 의지하길 기대했다.

크로톤 인들에게는 공동의 목적이나 만장일치로 갖는 정서가 없었다. 모든 이탈리아 공동체는 하층민과 귀족 간 불화라는 동일한 질병을 앓았다. 각 도시의 원로원은 로마를 지지했고, 평민들은 카르타고를 지지하는 것이 그들의 이익에 도움이 된다고 생각했다.[1] 크로톤의 이런 사회적 분열은 탈영병을 통해 브루티움 인들에게 보고되었다. 탈영병은 한니발에게 도시를 넘기자고 재촉하는 평민들의 지도자가 아리스토마쿠스이며, 도시 대부분에 사람이 살지 않는다고 말했다. 그는 성벽이 넓은 지역을 보호하기 위해 온갖 방향으로 세워졌지만, 원로원 의원들은 넓은 간격으로 보초를 세웠을 뿐이며 평민의 편인 보초가 있는 곳이라면 어디든 쉽게 들어갈 수 있다고 알려왔다. 브루티움 인들은 탈영병의 정보에 따라 행동했고, 그를 길잡이로 세워 도시를 포위했다. 그들은 크로톤 평민들의 환영을 받았고, 아무런 저항도 받지 않고 요새를 제외한 도시 전부를 손에 넣었다. 요새는

---

[1] 모든 이탈리아 공동체가 원로원은 로마, 평민은 카르타고를 지지한다는 것은 사실이 아니다. 만약 실정이 그러했다면 카르타고가 라틴 동맹의 와해에 그토록 어려움을 겪는 일은 없었을 것이다. 이런 점에서 이 점은 리비우스가 과장을 하고 있다고 보아야 한다.

이런 비상사태 때 피난처로 쓰고자 귀족들이 전에 마련한 것이었으며, 지금도 그들이 지키고 있었다. 아리스토마쿠스도 그곳으로 피신했는데, 그는 도시를 카르타고 인들에게 넘기자고 했지 브루티움 인들에게 넘기자고 한 것은 아니었다고 거듭 주장했다.

3. 이탈리아가 피로스에게 침공을 받기 전 크로톤은 둘레가 20km에 이르는 성벽을 갖춘 훌륭한 도시였다. 하지만 피로스와의 전쟁으로 대대적인 파괴가 벌어진 뒤엔 도시에서 사람이 사는 곳은 절반도되지 않았다.[2] 이전에 도시의 중심을 따라 흘렀던 강은 이제 인구가 밀집된 지역 외곽으로 흘러갔고, 그 밀집 지역은 요새로부터 멀리 떨어진 곳에 있었다. 이 유명한 도시에서 10km 떨어진 곳엔 유노에게 바친 신전이 있었다. 그 신전은 도시보다 더 유명했고, 인근 모든 지역 주민에게 숭배의 대상이었다. 우뚝 솟은 전나무로 빽빽한 삼림지는 신전의 울타리가 되었고, 삼림지의 중앙엔 풍성한 초원이 있어 여신에게 바쳐진 온갖 종류의 가축이 돌보는 목자 없이 유유히 풀을 뜯었다. 밤이 되면 먹잇감을 노리고 잠복한 짐승이나 사냥감을 노린 사람을 피하여 많은 가축 무리가 외양간으로 돌아왔다. 이 가축들을 통해 많은 자금이 확보되었고, 그 이익으로 순금 기둥이 여신에게 봉헌되었다. 신전은 고유의 성스러움 외에도 그 부유함으로 유명했다. 명소에는 흔히 그런 일이 벌어지듯이, 초자연적인 현상에 관한 이야기가 널리 유포되었다. 예를 들면, 신전 입구의 안뜰에 있는 제단에선재가 바람에 절대 흩날리지 않는다는 것이었다.

크로톤 요새는 한쪽은 바다를 면하고 있는데 깎아지르듯 가팔랐

---

2 이 도시의 현재 주민은 2천명이 채 되지 않았다. 이 책의 23권 30장을 참조할 것.

고, 내륙을 향한 다른 한쪽은 그보다는 더 완만한 경사를 이뤘다. 전에 이 요새의 강점은 자연적인 환경뿐이었지만, 후대로 와선 더 먼 쪽에 있는 절벽을 따라 요새를 보호하는 벽이 더욱 견고하게 설치되었다. 이렇게 추가로 벽을 세운 건 과거에 시칠리아의 폭군인 디오니시우스가 계략을 써서 요새를 함락한 적이 있었기 때문이다. 크로톤의 지배층은 이 요새에서 버텨낼 생각이었고, 설사 브루티움 인들과 동포에 의해 포위된다고 하더라도 안전하다고 생각했다.

시간이 흐르자 브루티움 인들은 자력으로는 기습을 통한 요새 함락이 불가능하다는 걸 깨달았다. 그리하여 한노에게 지원을 요청할 수밖에 없었다. 이에 한노는 크로톤 인들에게 도시에 브루티움 정착민을 받아들이는 조건으로 항복하는 것이 어떻겠냐고 제안해 왔다. 그는 그렇게 하면 이전 전쟁들로 황폐하게 변한 도시를 수리할 수 있고, 인구도 예전처럼 복구할 수 있다고 회유했다. 하지만 아리스토마쿠스를 제외한 누구도 한노의 제안을 듣는 척도 하지 않았다. 그들은 브루티움 인의 피가 섞여 타관의 의식, 관습, 법, 더 나아가 궁극적으로 말이 점차 크로톤으로 들어오는 걸 허용하느니 차라리 죽고 말겠다고 대꾸했다. 따라서 아리스토마쿠스는 항복을 설득하는 일에 실패했고, 도시를 배신했던 것처럼 요새를 배신할 수단을 찾지 못하자 한노에게 직접 투항했다.

머지않아 로크리에서 온 사절단이 한노의 승낙을 받아 요새로 들어갔고, 그곳의 크로톤 인들에게 최후까지 버티지 말고 로크리로 이주하자고 설득했다. 로크리 인들은 이미 한니발에게 사절단을 보내 이런 조치에 관해 허락을 받아두었다. 이에 따라 크로톤 인들은 도시를 떠나기로 했다. 크로톤의 지배층은 버티고 있던 요새에서 바다까지 호송을 받고 그곳에서 배를 탔다. 이렇게 하여 평민을 포함한 크로톤의 모든 주민들이 로크리로 이주했다.

아폴리아에선 겨울이라고 전투를 쉬는 일이 없었다. 집정관 그라쿠스는 루케리아에서 월동 중이었고, 한니발은 아르피 근처에서 월동 중이어서 기회가 되거나 어느 한쪽이 유리하다고 판단하면 소규모 접전이 벌어졌다. 그 결과 로마 군의 전투 능력은 향상되었다. 그들은 계속 더 신중해졌고, 적군에게 허를 찔리는 일이 줄어들었다.

4. 히에로가 죽고 손자인 히에로니무스에게 권력이 넘어가면서 시칠리아의 상황은 근본적으로 변했다. 히에로니무스는 아무런 품위도 지니지 못한 미성년이었다. 그는 전제군주의 막중한 부담은커녕 성인이 일반적으로 지는 책임조차도 제대로 지지 못하는 미숙한 사람이었다. 히에로니무스가 이런 만만한 상태였으므로 그의 후견인들과 친구들은 그를 죄악의 구렁텅이로 몰아넣었다. 할아버지 히에로는 장수한 삶의 끝을 향해 나아갈 때 이런 위험을 예견했다. 전하는 말로는 그가 오랜 세월 동안 정직한 수단과 견실한 통치로 세우고 키운 자신의 왕국이 소년의 손에 넘어가 단순한 조롱거리로 전락해 산산이 부서지느니 차라리 시칠리아를 자주적인 공동체로 만들고 싶어 했다고 한다.

하지만 이런 히에로의 의도에 그의 딸들은 맹렬하게 반대했다. 소년이 정상적으로 왕이 되어 실권이 온전히 왕의 주요 후견자인 자신들과 남편들(아드라노도루스, 조이푸스)에게 주어질 때만을 오매불망 기다렸기 때문이다. 히에로처럼 아흔살의 노인[3]이 밤낮을 불문하고 딸들의 아첨에 둘러싸이면 사적인 관심사를 멀리하고 공적인 일에 신

---

3 폴리비오스 『역사』 7권 8장에 "히에로는 90세 이상을 살았고 그런 고령에도 신체의 기능을 온전하게 유지했다"라고 나와 있다.

경을 쓰는 건 쉽지 않은 일이다. 따라서 이런 이유로 히에로는 소년에게 15명의 후견인을 붙였고, 임종하는 자리에서 그들에게 로마에 지난 50년 동안[4] 지켜온 어김없는 충성을 유지할 것을 당부했다. 그는 또한 자신의 어린 후계자에게 자신의 자취를 따라 자신을 성장케 한 도덕적·지적 수련을 계속할 것을 당부하기도 했다.

히에로가 죽자 후견인들은 그의 유언을 공개하고 당시 약 15세이던 소년을 민회 앞에 데려갔다. 특별히 군중 사이 이곳저곳에 배치된 몇몇 사람은 박수를 유도하며 군중이 유언에 찬성을 표하게 했다. 하지만 군중이 일반적으로 품은 정서는 이제 국부가 죽었으니 고아가 된 나라가 앞으로 무슨 일을 겪을지 모른다는 두려움이었다. 이런 상황에서 후견인들은 업무를 수행하고 왕의 장례식을 거행했다. 왕가의 슬픔보다 히에로의 백성들이 보내는 서거한 왕에 대한 애정이 더 커서 더욱 주목할 만한 장례식이었다. 곧 아드라노도루스는 다른 후견인들을 제거하고, 히에로니무스가 이제 권력을 맡을 만한 나이가 되었다고 선언했다. 이어 그는 여러 다른 사람과 공유하던 후견인 자리를 겉으로는 내려놓았다. 하지만 사실상 모든 권력은 그의 손에 들어가게 되었다.

5. 백성의 사랑을 한 몸에 받은 히에로의 뒤를 잇는 왕이라면 심지어 훌륭하고 공정한 통치를 한다고 하더라도 시칠리아 인들의 호의를 사는 건 쉽지 않은 일이었을 것이다. 하지만 히에로니무스는 처음 군중 앞에 모습을 드러냈을 때 얼마나 상황이 슬프게 변했는지를 보여줬다. 백성들이 그의 할아버지가 다시 돌아오기를 바라게 하려고

---

4   실제로는 기원전 263년에서 215년까지 48년이었다.

일부러 타락한 모습을 보여주는 것처럼 보일 정도였다. 오랜 세월 동안 시칠리아 인들은 히에로와 그의 아들 겔로가 자신들과 비슷한 수수한 옷을 입고 표면상으로는 왕족이라는 걸 전혀 드러내지 않았다는 점을 잘 알고 있었다. 하지만 이제 그들은 왕이 자주색 의복을 입고 왕관을 쓴 채로 무장한 수행원들과 함께 나타나는 모습을 보게 되었다. 때로 이 젊은 왕은 왕궁에서 네 마리의 흰 말이 끄는 마차를 타고 나타나기도 했는데, 이는 과거에 폭군인 디오니시우스가 때때로 보여줬던 모습이었다. 제왕의 의복과 부속품을 이렇게 외면적으로 과시하는 것에 맞춰 곧 행동도 그에 따라 변했다. 그는 모든 사람을 얕잡아봤고, 무례하게 말했으며, 외부인뿐만 아니라 전에 후견인이었던 사람들의 말도 오만하게 들은 척도 하려고 하지 않았다. 성욕은 유별날 정도로 강했고, 잔인함은 이루 말할 수 없었다. 그 결과 나라 전반이 공포로 휩싸였으며, 몇몇 후견인은 추방이나 자살의 징벌을 받을지도 모른다고 우려했다.

하지만 히에로의 사위인 아드라노도루스와 조이푸스, 그리고 트라소 세 사람은 왕과 친밀한 관계를 맺고 왕궁에 드나들었다. 이들은 실은 대개 어떤 일에도 관심이 없었지만, 앞서 말한 두 사람은 카르타고 쪽에 호감을 가졌고, 트라소는 로마와의 동맹을 지지했다. 그들이 정치적인 관심사로 충돌하고, 때로 논쟁을 벌이는 모습은 젊은 왕의 주목을 받기도 했다. 그러다 어느 날 왕의 목숨을 노리는 음모에 관한 정보가 왕에게 전달되었다. 칼로라는 히에로니무스와 같은 나이의 소년이 제보자였다. 이 소년은 이미 삶의 대부분을 왕과 아주 친밀한 사이로 지내던 사이였다. 칼로는 공모자 중 한 사람밖에 모르는데, 테오도투스라는 사람이 자신에게 접근해 왔다는 것이었다.

이에 즉시 테오도투스가 체포되고 아드라노도루스가 고문을 담당했다. 테오도투스는 빠르게 죄를 인정했지만, 공범을 밝히는 건 거부했다. 마침내 인간의 한계를 넘어설 정도로 고문이 가해지자 테오도투스는 고통에 못 이기는 척하며 고문자가 요구하는 정보를 내놓았다. 그렇지만 여전히 실제 공범의 이름은 숨기고, 대신 무고한 자의 이름을 댔다. 그는 음모 주동자가 트라소라고 거짓 자백했고, 그런 강력한 주동자의 지원 없이 음모를 수행하는 위험은 절대 질 수 없는 일이라고 말했다. 그는 추가로 왕의 수행원 몇 사람의 이름을 댔는데, 이는 고통 속에서 떠오른 자의 이름을 거의 무작위로 말한 것으로, 전부 보잘것없는 하찮은 사람들이었다. 무엇보다 트라소를 언급하자 왕은 정보를 믿게 되었다. 트라소는 즉시 망나니의 손에 넘겨졌고, 무고한 다른 이들은 테오도투스와 똑같은 처벌을 받았다. 진짜 음모에 가담한 자들은 동료가 오랫동안 고문자의 손에 넘겨졌음에도 아무도 몸을 숨기거나 도망치려 하지 않았다. 테오도투스의 용기와 충의를 크게 신뢰하고, 동료를 숨겨주려는 그의 결의를 잘 알고 있었기 때문이다.

6. 트라소가 제거되자 로마와의 동맹을 유지하려는 유일한 연결 고리가 사라졌다. 그렇게 된 순간부터 시라쿠사 사회에 반란이 일어날 것이라는 점은 명확해졌다. 시칠리아는 한니발에게 사절단을 보냈고, 한니발은 자신과 이름이 같은 젊은 남자 귀족과 히포크라테스와 에피키데스라는 두 명의 대표를 사절단과 동행하게 했다. 뒤의 두 사람은 카르타고에서 태어났고, 어머니 쪽에서 카르타고 인의 피를 물려받기는 했지만, 두 사람 모두 조부가 시칠리아에서 추방당한 사람이었으므로 시칠리아 혈통이었다. 두 사람은 한니발과 히에로니무스 왕 사이의 동맹을 협상했고, 한니발의 허락을 받아 시라쿠사에 머물게 되었다.

시칠리아 문제를 책임지는 법무관 아피우스 클라우디우스는 이 소식을 듣는 즉시 히에로니무스 왕에게 사절단을 보냈다. 로마 사절단이 히에로와 기존에 맺은 로마와의 동맹 관계를 갱신하는 것을 언급하자, 히에로니무스는 그들을 공공연하게 비웃었다. 또한 그는 사절단을 물러가게 하며 그들에게 칸나이 전투에서 로마 인들이 얼마나 잘 싸워서 결과가 그 모양이냐며 비꼬듯이 물었다. 이어 왕은 이렇게 말했다.

"어느 편에 희망을 걸어야 할지 결정하려면 진실을 알아야 할 것 아니겠소."

이에 로마 사절단은 왕이 좀 더 진지하게 그들의 말을 들어줄 때를 기다려 다시 찾아오겠다고 하면서, 로마와의 동맹을 가벼이 바꾸지 않는 것이 좋을 것이라고, 요청보다는 경고성의 말을 남기고 떠났다. 히에로니무스는 이어 카르타고에 사절단을 보내 동맹 조건을 협상하게 했다. 양측이 합의한 사항은, 시칠리아 섬을 거의 절반으로 나누는 히메라 강을 기준으로 동쪽은 시칠리아 왕국이, 서쪽은 카르타고가 지배한다는 내용이었다. 단, 카르타고 군이 로마 인들을 시칠리아에서 완전히 쫓아낸다는 조건이었는데, 그건 카르타고가 군대와 전함을 보내면 간단히 해낼 수 있는 일이라고 호언장담했다.

히에로니무스 왕은 히에로뿐만 아니라 외할아버지인 피로스 왕을 기억해야 한다는 수다스러운 아첨꾼들에게 휘둘려 카르타고에 두 번째 사절단을 보냈다. 이번에 그의 사절단은 카르타고 측에 시칠리아의 절반이 아니라, 모든 땅을 히에로니무스에게 넘기고, 카르타고는 섬을 떠나 이탈리아에서 그들의 제국을 건설하면 되지 않느냐는 말을 전했다. 카르타고 인들은 제멋대로 구는 어린아이의 경솔한 언동과 자만심에 그다지 놀라지 않았다. 그들은 시칠리아로 하여금 로마와의 관계를 끊을 수 있게 한다면 어린 왕의 그런 오만한 태도는 그대로 내버려 두어도 무방하다고 생각했다.

7. 하지만 히에로니무스는 이미 파멸로 향하는 중이었다. 그는 히포크라테스와 에피키데스에게 각각 2천의 강병을 주어 로마 인들이 장악한 도시들을 공격하게 했고, 자신은 1만 5천 정도의 보병과 기병을 이끌고 레온티니로 진군했다. 여기서 왕을 죽이려는 음모를 계획한 자들은 암살을 실행에 옮기려고 했다. 그들은 모두 군에 복무 중이었다. 그들은 왕이 포룸으로 갈 때 지나가는 비좁은 길이 내려다보이는 빈 집을 점거했다. 그들의 계획은 음모에 가담한 왕의 경호원인 디노메네스가 어떤 방법으로든 왕을 뒤따르는 경호원단을 잠시 뒤에다 묶어두면, 미리 빈 집에서 무장한 채로 기다리던 나머지는 왕이 비좁은 길에서 문 근처를 지날 때 공격하여 살해한다는 것이었다. 모든 것이 계획대로 돌아갔다. 디노메네스는 군화가 너무 꽉 매였다며 발을 들어 매듭을 느슨하게 풀었다. 이 때문에 경호원단은 잠시 걸음을 멈추었고, 왕은 그들을 훨씬 앞질러 경호원이 없는 채로 암살자들이 숨어 있는 집을 지나가게 되었다. 음모자들은 곧바로 왕을 공격했다. 왕은 신체 여러 곳을 칼에 찔린 다음에 구조되었다. 외침과 비명소리가 터져나오자 경호원들은 디노메네스에게 창을 던졌다. 그가 의도적으로 길을 막는 게 분명했기 때문이다. 그는 투창 공격을 받았지만, 몸의 두 곳에만 상처를 입고 도망치는 데 성공했다. 왕의 수행원들은 그가 땅에 엎어진 채 피 흘리는 모습을 보고 도망쳤다. 음모자 중 몇 사람은 해방을 반길 사람들이 있는 포룸으로 달려갔고, 다른 이들은 아드라노도루스와 다른 왕의 지지자가 취할 행동을 막고자 서둘러 시라쿠사로 갔다.

이런 혼란스러운 상황을 지켜본 아피우스 클라우디우스는 곧바로 전쟁이 임박했음을 깨닫고 원로원에 서신을 보내 시칠리아가 한니발과 카르타고에 넘어갔음을 알렸다. 동시에 그는 시칠리아 인들의 움직임에 대비하는 차원에서 모든 병력을 시칠리아 왕국과 로마 인이 장악한 지역 사이에 있는 경계 지역에다 배치했다.

그해 말 퀸투스 파비우스는 원로원의 뜻에 따라 전쟁 중에 상업 중심지 역할을 하며 인구가 늘어난 도시인 푸테올리를 요새화하고 주둔군을 배치했다. 집정관 선거를 위해 그곳에서 로마로 돌아오는 길에 그는 법적으로 가능한 첫째 날을 선거일로 선포했고, 로마에 도착하자 도시 안으로 들어가지도 않고 곧바로 캄푸스 마르티우스로 향했다. 선거일에 처음 투표할 권리는 아니엔시스 부족의 청년들에게 주어졌고, 그들은 집정관으로 티투스 오타킬리우스와 마르쿠스 아이밀리우스 레길루스를 선출했다. 그리고 여기서 파비우스가 잠시 조용히 들어달라면서 시민들에게 이렇게 연설했다.

8. "이탈리아가 평화롭거나, 혹은 진행 중인 전쟁이 어느 정도 부주의함을 용인할 수 있는 상황이라면, 마음속으로 점찍은 자에게 공직을 주고자 이곳에 와서 투표하려는 여러분의 진정한 열의를 억누르는 일도 어느 정도 허용될 수 있습니다. 그렇다고 하더라도 그런 행동은 여러분의 자유를 지나치게 억누르는 것이라고 저는 생각합니다. 하지만 지금 상황은 그렇게 녹록하지 않습니다. 우리와 맞붙고 있는 적을 생각하면, 우리 군을 지휘하는 장군은 누구라도 절대 실수해선 안 되며, 처참한 패배를 당하는 일도 없어야 합니다. 따라서 전투를 치르러 가는 것과 동일한 책임감으로 집정관을 선출하는 것이 여러분의 의무입니다. 여러분은 각자 '나는 한니발처럼 훌륭한 장군을 집정관으로 지명했습니다'라고 말할 수 있어야 합니다.

올해 초 카푸아에서 이름 높은 캄파니아 인 기사 비벨리우스 타우레아가 도전해왔습니다. 그에 못지않게 훌륭한 우리 기사 클라우디우스 아셀루스는 이 도전을 받아들였죠. 아니오 다리에서 어떤 갈리아 인이 도전해 왔을 때에도 우리 선조 티투스 만리우스는 자신의 용기와 힘을 믿고 그 도전에 응했습니다. 똑같은 일이 그로부터 얼마 뒤에 있었습니다. 마르쿠스 발레리우스가 어떤 갈리아 인의 비슷한 도전을 받고서 자신의 무용을 확신하고 무기를 들었었죠.[5] 적보다 강하거나 혹은 적어도 적과 동등한 보병과 기병이 우리에게 있길 바란다면, 적 지휘관과 상대가 되는 지휘관을 찾아야 합니다.

적 지휘관은 임기도 무제한이고, 상황에 따라 작전을 수행하는 데 아무런 법적 제약도 받지 않는 노련한 장군입니다. 우리가 최고의 지휘관을 선택한다면, 고작 1년뿐이지만, 임명되자마자 이런 적 지휘관과 상대가 될 수 있는 그런 사람을 선택해야 합니다. 우리는 적과는 다르게 1년이라는 임기 동안 늘 준비하고, 늘 새로 일을 시작해야 합니다.

좋습니다. 여태까지 저는 집정관을 선출할 때 여러분이 어떤 자질을 고려해야 하는지 말씀드렸습니다. 이젠 첫 투표로 선출된 두 사람에 관해 몇 마디 하겠습니다. 마르쿠스 아이밀리우스 레길루스는 퀴리누스의 사제입니다. 종교나 전쟁 수행에 관한 우리의 책무를 무시해야, 그를 지금 수행 중인 임무에서 빼내거나, 혹은 로마에 머무르게 할 수 있는데, 그런 일은 있을 수 없습니다. 오타킬리우스는 제 조카딸의 남편이고, 자식들도 있습니다. 하지만 여러분이 저와 제 선조에게 베풀어주신 호의는 너무나 큰 것이었으므로 저는 친족들보다

---

5 만리우스와 발레리우스의 이야기는 리비우스 『로마사』 7권 10장과 26장에 나온다.

는 나라에게 바쳐야 할 의무를 더 중시하게 되었습니다. 선원이든 승객이든 바다가 평온할 때라면 누구나 배를 조종할 수 있습니다. 하지만 바람이 불기 시작해 물결이 일고, 배가 폭풍우를 맞이했다면 제대로 된 키잡이가 필요합니다. 우리가 지금 항해하는 바다는 전혀 평온한 바다가 아닙니다. 이미 여러 차례 폭풍을 맞이하여 우리는 거의 침몰 일보 직전까지 갔습니다. 따라서 우리는 배의 키를 잡을 사람을 결정할 때 반드시 극도로 주의를 기울이고 신중해야 합니다.

오타킬리우스, 우리는 이미 비교적 중요하지 않은 사업을 그대에게 시험 차 맡긴 바 있습니다. 하지만 왜 우리가 더 큰 사업에서 그대를 믿어야 하는지 그 명확한 이유를 분명하게 보여주지 못했습니다. 올해 그대가 지휘했던 함대는 세 가지 목적으로 취역되었습니다. 하나는 아프리카 해안을 습격하는 것이고, 다른 하나는 이탈리아 해안을 보호하는 것이고, 세 번째 것은 가장 중요한 것으로 카르타고가 한니발에게 보내는 지원군, 자금, 식량을 차단하는 것이었습니다.

로마 시민 여러분, 오타킬리우스가 이런 목적 중 하나라도 나라를 위해 해냈더라면 저는 그를 집정관으로 선출하는 데 아무 말도 하지 않았을 것입니다. 하지만 오타킬리우스, 그대가 지휘하던 동안 카르타고에서 보내는 모든 것이 마치 한니발이 우리 해역을 정리라도 한 것처럼 안전하고 훌륭하게 그에게 도착했고, 올해 아프리카 해안보다는 이탈리아 해안이 더 위험했습니다. 한니발과 같은 강적을 상대로 우리 군을 이끌 지휘관으로 모든 사람 중에 그대를 선택해야 할 이유를 그대는 댈 수 있습니까? 그대가 집정관이라면, 우리는 선례를 따라 독재관을 임명해야 합니다. 로마의 누군가가 그대보다 더 나은 군인이라고 생각된다면 그대는 분개할 이유가 전혀 없습니다. 그대가 감당하기 힘든 짐을 그대가 부담하지 않게 하는 건 다른 누구보다도 그대의 이익이 되는 것입니다.

로마 시민 여러분, 제가 진정으로 충고하고자 하는 바는 이렇습니다. 여러분이 지금 전투에 당면하여 무장한 채로 서 있다고 생각해보십시오. 하늘의 도움으로 여러분은 갑자기 전투를 지휘할 지휘관 두 사람을 선택하게 되었습니다. 그와 같은 기분으로 이제 집정관들을 선출하여 주십시오. 그들은 여러분의 아들로부터 맹세를 받고, 명령을 내려 여러분의 아들을 모으고, 복무하는 여러분의 아들을 세심하게 살피고 보호할 것입니다. 트라시메네 전투와 칸나이 전투를 기억하는 건 쓰라리지만, 이는 장래에 닥칠 비슷한 재앙을 조심하라는 경고이기도 합니다.

포고자(布告者), 아니엔시스의 청년 켄투리아에게 재투표할 것을 이르게."

9. 오타킬리우스는 파비우스가 자신의 집정관직을 연장하려고 한다고 목소리를 높이며 한바탕 소란을 피웠으나, 파비우스는 이에 길나장이들에게 명령하여 자신이 도시로 들어가지 않고 캄푸스 마르티우스로 바로 왔으니 집정관 권표는 여전히 도끼날을 달고 있음을 오타킬리우스에게 알리게 했다.[6] 그렇게 첫 켄투리아는 재투표에 임했고, 퀸투스 파비우스 막시무스(4선), 마르쿠스 마르켈루스(3선)를 집정관으로 선택했다. 다른 켄투리아들은 첫 켄투리아의 선택을 따라 만장일치로 같은 두 사람을 선택했다. 풀비우스 플라쿠스는 법무관으로서 재선출되었고, 티투스 오타킬리우스 크라수스(2선), 쿠룰레(고

---

6   집정관이 도시로 들어갈 때 권표를 도끼날에서 떼어난다는 것은 집정관의 선고에 대하여 이의가 있으면 항소를 할 수 있다는 뜻이다. 여기서는 권표를 떼어내지 않았으므로 집정관의 말에 반항하면 곧바로 처형을 당한다는 뜻이다.

위직) 토목건축관리관이었던 집정관의 아들 퀸투스 파비우스, 푸블리우스 코르넬리우스 렌툴루스가 새로 법무관이 되었다.

법무관 선출이 완료되자 원로원은 기존 시행하던 임무 추첨을 하는 일 없이 플라쿠스에게 로마 법무관의 임무를 맡겨 집정관들이 군대를 통솔하고자 도시를 비우면 자연스럽게 도시의 책임자가 되도록 했다.

그해에는 큰 홍수가 나 티베르 강이 둑을 넘쳐 농장을 덮쳤고, 농장 건물들에 심각한 해를 입혔음은 물론 많은 사람과 가축이 목숨을 잃었다.

제2차 포에니 전쟁 5년 차(기원전 214년)가 되자 퀸투스 파비우스 막시무스는 네 번째로, 마르쿠스 클라우디우스 마르켈루스는 세 번째로 집정관직을 수행하게 되었다. 두 사람은 모두 보기 드문 존경과 애정을 받았는데, 실제로 오랜 세월 동안 이 두 사람 같은 뛰어난 집정관 조합이 없었기 때문이었다. 노인들은 이들을 보고 갈리아 전쟁 중의 막시무스 룰루스와 푸블리우스 데키우스를 연상했고, 그보다 젊은 사람들은 삼니움, 브루티움, 루카니아, 타렌툼 전쟁 중의 파피리우스와 카르빌리우스를 떠올렸다.

재선되어 새로 한 해를 집정관으로 보내게 된 파비우스는 당연히 실제로 선거를 주재하며 현장에 있었다. 위태로운 상황과 급박한 전쟁의 임무를 고려하면서 로마 시민들은 아무도 재선의 선례를 찾으려고 하거나, 혹은 그가 위험한 권력욕을 지녔다고 의심하지 않았다. 오히려 시민들은 그의 고매한 인품과 행동을 칭송했다. 파비우스는 나라에 최고의 군인이 필요한 것을 알고 적격자인 자신이 나서겠다고 자원했으며, 인망을 잃는 것을 전혀 개의치 않고 공익을 더 우선시했기 때문이었다.

10. 새로운 집정관들이 취임한 날에 원로원 의원들은 카피톨리움에 모였다. 그들이 처음으로 한 일은 지시를 내려 추첨으로든 합의로든 집정관 중 한 사람이 부대에 합류하러 떠나기 전 감찰관 선거를 주재하라는 것이었다. 이어 부대를 지휘할 모든 군 지휘관을 결정했고, 원로원의 지시에 따라 지휘관들은 여러 주둔지나 작전 현장에 배치되었다. 그라쿠스는 자원 노예 병력과 함께 루케리아로 갔고, 바로는 피케눔에, 폼포니우스는 갈리아에 배치되었다. 작년 법무관이었던 퀸투스 무키우스는 이제 법무관 대리 자격으로 사르데냐를 지켰고, 마르쿠스 발레리우스는 해안 지휘권을 받아 브룬디시움에서 마케도니아 필리포스 왕의 움직임을 계속 주시했다. 시칠리아는 법무관 푸블리우스 코르넬리우스 렌툴루스가 담당했고, 오타킬리우스는 작년에 지휘했던 카르타고 인들을 대적하는 함대를 맡았다.

그해 동안 많은 초자연적 현상이 벌어졌다. 그런 현상들에 관한 이야기는 계속 불어났고, 평민과 미신을 잘 믿는 사람들이 그런 이야기를 더 잘 믿었다. 라누비움에선 유노 신전에 까마귀들이 둥지를 틀었다. 아풀리아에선 자라난 지 얼마 안 된 푸른 덩굴줄기에 갑자기 불이 붙어 활활 타올랐다. 만투아에선 민키우스 강이 흘러 넘쳐 생긴 늪이 피로 물들었다. 칼레스에선 백악(白堊: 백색 석회질 암석)이 비처럼 쏟아졌고, 로마의 가축 시장에는 피가 비처럼 쏟아졌다. 비쿠스 인스테이우스에선 지하 샘이 어마어마한 양의 물로 넘쳐 격류를 일으켜 그곳에 세워둔 몇몇 커다란 항아리들을 뒤집고 휩쓸고 가 버렸다. 카피톨리움의 아트리움 푸블리쿰엔 벼락이 떨어졌고, 이런 현상은 캄푸스 마르티우스의 불카누스 신전, 바쿠나 신전, 사비니 구역의 공공도로, 가비이의 성벽과 성문에도 마찬가지로 벌어졌다.

이런 것들 말고도 또 다른 비정상적인 현상에 관한 이야기가 있었다. 프라이네스테에 있는 마르스 조각상의 손에 들린 창이 저절로 앞으로 움직이기도 했고, 시칠리아의 소가 사람의 말을 하기도 했고, 어떤 마루키니인 여자의 배 속에 있는 아이가 "만세!"라고 외치기도 했다. 스폴레티움에선 어떤 여자가 갑자기 남자로 성 전환을 했고, 하드리아에선 하늘에 제단이 나타났고 그 주위에는 흰 예복을 입은 남자들이 서 있는 것이 보였다. 로마에서도 포룸에 벌 떼가 나타난 것을 보고 야니쿨룸 언덕에 무장한 병사들이 나타났다고 착오하여 경고하는 사람들이 있었지만, 실제로 언덕에 사는 사람들은 거주자 말고는 그런 병사들이 나타난 적이 없다고 했다. 주술사들의 조언을 받아 다 자란 희생 제물로 신들을 달래는 의식이 수행되었고, 원로원의 포고령에 따라 과거에 렉티스테르니움 의식을 올려드렸던 모든 신들에게 기도하는 기간이 선포되었다.

11. 신들을 달래고 종교적인 책임을 다한 뒤에 집정관들은 업무를 보기 시작했다. 그들은 전쟁 수행에 필요한 다양한 병력의 인원과 위치에 관하여 원로원에 의견을 제시했다. 그 결과 야전에 총 18개 군단이 배치되었다.[7] 각 집정관은 두 군단을 이끌면서 한 집정관은 갈리아를 맡고, 다른 집정관은 시칠리아와 사르데냐를 지키게 되었다. 법무관 파비우스는 아풀리아에서 두 군단을 지휘할 것이고, 그라쿠스는 자원 노예로 구성된 두 군단을 루케리아에서 지휘할 것이었다. 피케눔의 총독 바로에겐 1개 군단이 배정되었고, 브룬디시움에서 함대를 이끌 발레리우스에게도 마찬가지로 1개 군단이 배정되었다. 18개 군단을 채우기 위해 새로 6개 군단이 편성되었다. 원로원은 집

---

7 스페인에 나가 있는 군단은 따지지 않은 숫자이다. 그리고 아래 150척의 전함도 스페인 쪽의 것은 계산하지 않은 것이다.

정관들에게 최대한 빨리 새로운 군단을 모집하고, 칼라브리아 연안 지역을 지키기 위한 전함을 포함하여 총 150척의 전함으로 구성된 함대를 꾸리라고 지시했다. 병력 모집이 끝나고 100척의 새로운 전함이 취역되었다. 그 후 파비우스는 감찰관 선거를 주재했는데, 당선 자는 마르쿠스 아틸리우스 레굴루스와 푸블리우스 푸리우스 필루스 였다.

시칠리아에서 로마에 대한 적대 행위의 소식이 계속 들려오자 오타킬리우스는 원로원의 명령에 따라 휘하 전함들을 이끌고 시칠리 아로 향했다. 선원이 부족했기에 집정관들은 원로원 명의로 포고령을 내렸는데, 자신의 재산, 혹은 아버지의 재산이 아이밀리우스와 플라미니우스가 감찰관을 지내던 시절에, 5만에서 10만 아스 사이로 평가받거나, 혹은 이후 그 정도로 재산이 증가한 사람은 선원 1명의 여섯 달 급료를 제공해야 했다. 재산이 10만에서 30만인 사람은 3명 선원의 1년 급료를, 30만에서 100만인 사람은 5명 선원의 1년 급료를, 100만 이상인 사람은 7명 선원의 1년 급료를 제공해야 했다. 원로원 의원들은 여덟 명의 선원에게 1년치 급료를 제공했다. 이렇게 고용된 추가 선원들은 가부장이 준 돈으로 무장을 갖추고, 30일 치의 조리된 식량을 지참하고 전함에 합류했다. 로마 함대가 개인의 부담으로 선원을 채운 건 이번이 처음이었다.

12. 로마가 이렇게 예사롭지 않은 규모로 전쟁 준비를 하는 걸 보고서 특히 캄파니아 인들은 불안감을 감추지 못했다. 그들은 로마 인들이 1년 내내 카푸아를 포위하려고 저러는 것이 아닌지 염려했고, 그에 따라 한니발에게 사절단을 보내 카르타고 군대를 카푸아로 움직여야 한다고 간청했다. 그들은 로마와 동맹을 맺은 다른 어떤 공동체보다 카푸아의 배신이 로마에게 타격을 주었다고 하면서, 로마

의 새로운 병력은 카푸아를 공격하기 위한 것이라고 단언했다. 캄파니아 인들이 겁에 질려 크게 동요된 채로 이런 말을 전해 왔기에 한니발은 로마 인들이 손을 쓰기 전에 바로 움직여야 한다고 판단하고 아르피를 떠나 카푸아 위의 옛 티파타 진지로 이동하여 그곳에 주둔했다. 그는 티파타에 누미디아와 스페인 부대를 남겨서 진지와 도시를 지키게 하고, 자신은 나머지 병력을 이끌고 아베르누스 호수로 향했다. 표면적으로는 그곳에서 희생 제물을 바친다는 구실을 내세웠지만, 실제 목적은 푸테올리와 그곳의 주둔군을 공격하려는 것이었다. 파비우스는 한니발이 아르피를 떠나 캄파니아로 갔다는 소식을 듣고 밤낮을 가리지 않고 움직여 바로 자신의 부대와 합류했다. 이어 그라쿠스에게 베네벤툼으로 부대를 움직이라고 명령을 내리고, 루케리아의 업무는 그라쿠스의 아들이 대신 맡게 했다.

이와 같은 시점에, 두 명의 법무관은 시칠리아를 향해 떠났다. 푸블리우스 코르넬리우스는 시칠리아에서 육군의 지휘를 맡고, 오타킬리우스는 해안의 지휘를 맡아 해군 작전을 총괄할 예정이었다. 다른 지휘관들 역시 여러 전장으로 떠났고, 한 해 더 지휘를 맡게 된 지휘관들은 작년과 같은 지역에서 기존의 군사적 임무를 수행했다.

13. 한니발이 아베르누스 호수에 있는 동안에, 타렌툼에서 온 다섯 명의 젊은 귀족이 그를 찾아와 면담을 요청했다. 이들은 트라시메네 전투나 칸나이 전투에서 포로로 붙잡혔다가 로마와 동맹인 공동체에 계속 관용을 베푼다는 한니발의 방침에 따라 귀국 조치된 자들이었다. 그들은 한니발에게 예전에 베풀어준 호의를 잊지 않고 있으며, 그 답례로 타렌툼 청년 대다수를 설득하여 로마에 의존하는 것보다 한니발과 우호적인 관계를 쌓고 동맹으로 남는 게 더 낫다는 걸 설득시켰다는 점을 알리러 왔다고 말했다. 그들은 타렌툼 인을 대표

하여 한니발에게 타렌툼 근처로 군을 움직여 달라는 부탁을 하러 왔으며, 도시에서 그의 진지와 군기가 보이면 즉시 타렌툼은 항복할 것이라고 했다. 그들은 타렌툼 정부는 평민들의 손에 있으며, 평민들은 젊은 사람들의 말을 따른다고 보고했다. 한니발은 고마운 뜻을 표시하고 방문자들에게 후한 답례를 약속했다. 또한 그들에게 고향으로 돌아가면 계획을 서둘러 실행하라고 지시했고, 적절한 때가 되면 자신도 그들의 계획대로 움직이겠다는 뜻을 확실히 밝혔다. 다섯 명의 타렌툼 청년들은 큰 기대를 하면서 물러갔다.

한니발은 무척 타렌툼을 손에 넣고 싶어 했다. 부유하고 유명한 도시일 뿐만 아니라, 마케도니아를 마주 보는 편리한 위치의 항구 도시였기 때문이다. 로마 인들이 브룬디시움을 장악하고 있으니 필리포스 왕이 이탈리아로 건너온다면 타렌툼은 분명 그의 작전 근거지로 활용할 곳이기도 했다.

한니발은 표면적인 방문 목적인 종교적 의식을 수행하고, 인근인 쿠마이 영토에서 미세눔 곶까지 파괴하던 도중에 갑자기 푸테올리로 빠르게 진군했다. 그곳의 로마 주둔군을 기습하려는 의도였다. 로마 주둔군은 6천의 강병이었고, 도시는 자연적인 입지가 훌륭한 건물론이고, 방어 시설도 잘 갖춰져 있어서 방비가 철저했다. 한니발은 사흘 동안 모든 방면에서 로마 주둔군의 방어 시설을 공격했지만, 성공을 거두지 못했다. 이어서 한니발은 네아폴리스 근처 지역을 파괴했는데, 도시를 함락하겠다기보다 순전히 분풀이용 공격이었다.

한니발이 인근에 도착하자 오랫동안 로마와의 동맹을 싫어하고 놀라 정부에 적대적이었던 놀라 평민들이 행동에 나섰다. 그들은 한니발에게 대표단을 파견하여 항복하겠다는 굳센 뜻을 전했다. 하지만 놀라 지도층의 연락을 받은 집정관 마르켈루스는 평민들의 그러한 시도를 미연에 방지했다. 그는 볼투르누스 강을 건너느라 시간이 지체되었음에도 불구하고 하루 만에 칼레스에서 수에술라까지 왔고, 그곳에서 같은 날 밤 6천 명의 보병과 3백 명의 기병을 놀라로 파견하여 원로원을 지원했다. 마르켈루스가 놀라를 지키려고 보여준 활동력과 신속함은 한니발의 늦장만큼이나 눈에 띄는 것이었다. 한니발은 이전에 두 번 놀라 공격에 실패한 경험이 있어서 그 도시 평민들의 말을 선뜻 믿지 못했다.

14. 그러는 사이에 집정관 파비우스는 당시 카르타고 인이 장악한 카실리눔을 공격할 계획을 세우고 있었다. 베네벤툼에서도 양군의 움직임이 벌어지고 있었다. 마치 사전에 협의라도 한 것처럼 한노는 브루티움에서 보병과 기병으로 구성된 강력한 군대를 이끌고 베네벤툼으로 향했고, 그라쿠스도 루케리아에서 병력을 이끌고 베네벤툼으로 왔다. 그 도시에 도착하여 성 안으로 들어간 그라쿠스는 이런 보고를 받았다. 한노가 약 5km 떨어진 칼로르 강에 진을 치고 그곳에서 시골 지역을 파괴하고 있다는 것이었다. 그러자 그라쿠스는 다시 진군하여 적 진지에서 2km 정도 떨어진 곳에 진을 쳤다.

그라쿠스 부대는 주로 자원 노예로 구성되었는데, 부대원들은 지난 2년 간 공개적으로 자유를 요구하기보다 조용히 자유가 주어지길 바랐다. 하지만 그러던 병사들이 월동 진지를 떠날 때, 도대체 언제 자유민이 되는 거냐고 투덜거리며 불만을 드러내는 모습을 보였고, 그라쿠스도 그것을 알고 있었다. 그는 원로원에 서신을 보내, 자유는 그들이 바라는 것이라기보다 그들이 보인 행동에 합당하게 응당 주어져야 하는 것이라고 강조했다. 또한 여태까지 그들이 계속 훌륭하게 복무했으며, 이제 그들이 로마의 진정한 군인이 되기 위해 유일하게 부족한 것은 그들의 자유라고도 보고했다. 원로원은 이에 그라쿠스에게 공익에 이롭다고 생각하는 방식으로 상황에 맞게 처신하라고 답변했다. 따라서 적과 교전을 하기 전에, 그라쿠스는 지금이야말로 그들이 그토록 바라던 자유를 줄 때라고 생각하면서 다음과 같은 연설을 했다.

"내일 우리는 백병전을 벌일 것이다. 숨겨진 함정 같은 건 걱정하지 않아도 되니 오로지 용맹만이 승패를 결정할 것이다. 제군은 내 명령을 들으라. 전장에서 적의 머리를 가져오는 자는 누구든 즉시 자유를 얻을 것이다. 맡은 바 임무를 포기하는 자는 누구든 노예처럼 처벌받을 것이다. 따라서 제군 각자는 스스로 운명을 결정해야 한다. 본 지휘관뿐만 아니라 집정관 마르켈루스도 제군의 자유를 승인했으며, 더 나아가 원로원도 만장일치로 그에 동의했다. 또한 원로원은 본 지휘관의 요청을 받고 이런 결정을 내릴 권한을 부여했다."

말을 마치고 그라쿠스는 집정관의 서신과 원로원의 포고령을 휘하 병사들에게 읽어주었고, 그들은 환호성을 지르며 이 결정을 환영하며 열렬히 받아들였다. 그라쿠스 부대의 모든 병사는 열렬히 전투를 요구하며 의기충천한 모습으로 당장 전투 신호를 내려달라고 요청했다. 이에 그라쿠스는 내일 결전을 치를 것이라고 말하면서 병사들을 물러가게 했다. 병사들은 지휘관의 결정에 만족했고, 특히 내일 하루 잘 싸우면 그 보상으로 자유를 얻게 되므로 모두 행복한 모습이었다. 그들은 그날 남은 시간을 무장을 온전하게 준비하며 다가올 전투에 대비했다.

15. 다음날 아침 나팔 소리가 들리자 이 병사들은 만반의 준비를 한 채 전투 대형을 이뤄 사령부 앞에 모였다. 해가 뜨자 그라쿠스는 진지 밖의 탁 트인 땅으로 전투 진형(陣形)을 갖춰 나아갔고, 적도 지체하지 않고 도전을 받아들였다. 적은 주로 브루티움 인과 루카니아

인으로 구성된 1만 7천의 보병과, 소수의 이탈리아 인을 제외하면 나머지 거의 전원이 누미디아 인이나 무어 인으로 구성된 1천 2백의 기병이었다. 양군의 맹렬한 전투는 길게 이어졌고, 네 시간 동안 어느 쪽도 우위를 점하지 못했다. 무엇보다 로마 인들을 방해하는 건 적의 수급을 얻어야 자유를 획득할 수 있다는 사실이었다. 로마 병사들은 용맹하게 적을 쓰러뜨리면 머리를 베어내느라 바빴는데, 그것은 주변에서 격렬하게 싸우는 다른 병사들과는 대조되는 어색한 행동이었다. 게다가 정예 병사는 수급을 든 오른손은 쓰질 못하니 전투에서 제대로 실력 발휘를 못 했고, 전투는 그들보다 굼뜨고 소심한 전우의 몫이 되었다. 천인대장들은 이런 상태를 그라쿠스에게 보고했다. 병사들이 죽은 자의 머리를 베어내는 데 정신이 팔려 여전히 버티고 있는 적과 맞서 싸울 생각을 하지 않고 있고, 칼을 들어야 할 손에 머리가 들려 있다는 보고였다. 이에 그라쿠스는 즉시 명령을 내려 머리를 내려놓고 공격하라고 했다. 그는 병사들의 용맹이 이미 명백히 증명됐으니 전투를 게을리하지만 않는다면 면천(노예 신분에서 해방됨)을 보장하겠다고 말했다.

그라쿠스의 이런 명령에 전투는 다시 격화되었다. 로마 기병대는 지시를 받고 앞으로 나섰다. 누미디아 기병대도 맹렬하게 저항했으며, 양군의 기병대는 보병대만큼이나 치열하게 전투를 벌였다. 그리하여 전투의 승패는 다시 한 번 불확실한 상태가 되었다. 양군 사령관은 휘하 병사들이 더 큰 힘을 낼 수 있도록 계속 격려했다. 그라쿠스는 과거에 로마 군에게 패배하여 무릎을 꿇은 브루티움 인과 루카니아 인은 상대가 되지 않는 자들이라며 조롱했다. 이제 질세라 한노는 죄수와 노예에 불과한 자들이 무슨 군인 행세를 한다는 것이냐며 로마 군을 매도했다. 하지만 마침내 그라쿠스가, 적에게 완승을 거두지 못하면 병사들은 결코 면천(免賤)을 기대할 수 없을 것이라고 선언하자 상황은 일변했다.

16. 그라쿠스의 말이 끝나자마자 로마 군 병사들의 전의는 마침내 횃불처럼 타오르기 시작했다. 새롭게 함성을 내지르는 병사들은 다른 사람이 되어 격렬하게 공격했고, 적군은 도저히 그런 공세를 버텨내지 못했다. 카르타고 군의 전위 부대는 벌벌 떨다 무너졌고, 이어 군기 주변의 지원 전선도 무너졌으며, 마침내 모든 전선이 로마 군의 공격에 내몰려 후퇴하기 시작했다. 이후 카르타고 군은 완패했다. 그들은 목숨을 부지하고자 겁먹고 혼란에 빠진 채로 진지로 달아났고, 단 한 사람의 병사도 문이나 성벽에서 저항하지 않았다. 로마 군은 그들을 맹렬히 추격했고, 카르타고 방어 시설 안에서 두 번째 전투에 돌입했다. 전략적으로 움직일 여지가 없는 공간에 밀집 상태로 있다 보니 학살은 전보다 더 살벌하게 벌어졌다.

게다가 로마 군은 카르타고 진지에 갇혀 있던 포로들의 도움을 받았다. 그 포로들은 혼란한 틈을 타 무기를 들고 견고한 무리를 이뤄 나아가 뒤에서 카르타고 인들을 죽이고 그들이 도망치는 걸 막았다. 한노의 대군 중에서 2천 명도 안 되는 병사들만 겨우 목숨을 건져서 도망쳤다. 그나마 그들 중 대다수가 기병이었고, 여기엔 기병대장도 포함되었다. 다른 모두는 전사하거나 붙잡혔다. 로마 군에 빼앗긴 군기는 무려 38개에 이르렀다. 로마 군의 전사자는 2천 명 정도였다. 빼앗은 물자는 모두 병사들의 몫으로 돌아갔다. 하지만 30일 안에 주인이 나서 소유권을 주장한 전쟁 포로나 가축은 예외였다.

로마 군이 전리품을 가득 싣고 진지로 돌아왔을 때, 전투에서 의무를 다소 게을리하고 전우들과 함께 카르타고 진지로 들어가지 않은 4천 명의 자원 노예는 처벌이 두려워 인근 언덕으로 도망쳤다. 다음날 그라쿠스가 열병식을 지시한 뒤 천인대장들이 언덕으로 도망친 자원 노예들을 데리고 진지에 도착했다. 그라쿠스는 전투에서 보인 용맹과 노고에 따라 베테랑 군인들에게 훈장을 수여하는 것으로 열병식을 시작했다. 이어 그는 자원 노예들에게, 오늘은 누구를 처벌할 생각은 없고, 그럴 자격이 있느냐 없느냐를 따지지 않고 모두에게 감사하고 싶다고 말했다. "본 지휘관의 명령에 따라 제군 모두는 이제 노예 신분에서 해방되어 자유민이 되었다. 축복과 번영, 그리고 행복이 우리 조국과 제군에게 함께 하기를."

그라쿠스가 그렇게 말하자 열렬한 환호성이 터져 나왔다. 병사들은 서로를 껴안으며 축하했고, 하늘로 손을 치켜들며 로마와 친애하는 사령관을 위해 기도했다. 하지만 곧 그라쿠스가 다시 말을 이어갔다.

"제군에게 자유의 특권을 부여함으로써 서로를 평등한 사람으로 만들기 전에 할 말이 있다. 나는 제군 중 누구도 훌륭한 군인이나 형편없는 군인으로 구분되는 걸 바라지 않는다. 하지만 이제 내가 로마의 이름으로 제군에게 한 약속을 지켰으니 용기와 비겁함을 구분하지 않는다는 건 옳은 일이 아니다. 따라서 본 지휘관은 의무를 기피하여 죄책감을 느끼고 군을 떠난 모든 병사의 이름을 지금 보고할 것을 명한다. 그리하면 나는 명단을 보고 그들을 일일이 불러 질병에 걸린 때를 제외하고 군에 복무하는 동안 저녁을 앉아서 먹지 않고 서서 먹겠다는 맹세를 하도록 하겠다. 제군은 이 처벌에 반대하지 못할 것이다. 잘 생각해 보면 비겁함의 표시로 이 정도의 징계 조치는 받아들여야 한다는 것을 인정할 것이다."

그라쿠스는 이어 군장을 꾸리고 진군할 준비를 하라는 신호를 보냈고, 병사들은 전리품을 챙기고 소유가 허락된 가축을 앞세우고 베네벤툼으로 돌아왔다. 돌아오는 길에 그들은 웃고, 농담을 거는 등 잔뜩 신이 난 모습이었는데, 전장에 나갔다기보다는 국경일 연회에 참석했다 집으로 돌아오는 사람들 같은 분위기였다.

베네벤툼 인들은 성문에 몰려 로마 군을 맞이했고, 포옹하고 축하의 말을 건네며 환대했다. 모든 집 안마당에 식사가 마련되었고, 주민들은 함께 먹자고 병사들을 초대했다. 그들은 또한 그라쿠스에게 정식으로 잔치를 벌일 수 있게 허락해 달라고 간청했다. 그라쿠스는 주민들의 요청에 동의하면서도 잔치는 집의 문 앞에서 벌여야 한다고 말했다. 그리하여 잔치는 밖에서 벌어졌고, 이제는 더 이상 노예가 아닌 자유의 모자나 흰 모직물 머리띠를 착용한 자원 노예들은 마음껏 잔치를 즐겼다. 몇몇은 비스듬히 누워서, 다른 몇몇은 선 채로, 식사를 옮기고 먹는 일을 동시에 했다. 그라쿠스는 이 일을 영구히 기록으로 남길 만하다고 생각하여 로마로 돌아갔을 때 그날 벌어졌던 잔치를 그림으로 남기라고 지시했다. 그 그림은 아벤티노 언덕에 봉헌한 자유의 신전에 보관되었다. 그 신전은 그라쿠스의 아버지가 벌금을 모아 마련한 자금으로 건설한 것이었다.

17. 베네벤툼에서 이런 일이 벌어지는 동안 한니발은 네아폴리스 주변 지역을 초토화한 다음에, 놀라로 움직였다. 마르켈루스는 한니발이 접근한다는 소식을 듣자마자 법무관 대리 폼포니우스에게 수에술라 위쪽에 주둔한 휘하 부대를 인솔하여 놀라로 오라고 지시했다. 그는 적과 조우하여 교전을 밀어붙일 생각이었다. 그는 가이우스 클라우디우스 네로에게 이런 명령을 내렸다. "한밤중에 정예 기병들을 데리고 적의 위치에서 가장 먼 문을 통해 적에게 발각되지 않은 채 크게 우회하여 적의 뒤쪽으로 가라. 적의 배후에서 적의 움직임에 맞추어 같이 이동하라. 이어 양군의 교전이 시작되면 적의 퇴로를 차

단하라."

하지만 네로는 마르켈루스의 이러한 명령을 수행해내지 못했고 그렇게 된 이유는 분명하지 않다. 길을 잃거나 아니면 시간이 충분하지 않았을지도 모른다. 어쨌든 전투는 그가 없이 시작되었고, 기병 파견대가 미리 준비된 계획대로 제때 도착하지 못했음에도 불구하고 그 전투는 로마 군이 유리하다는 게 분명해졌다. 적이 밀려났지만, 마르켈루스는 추격하지 않고 승리를 거둔 휘하 부대에 물러나라고 지시했다. 그렇지만 카르타고 군이 2천 명 정도의 전사자를 내는 동안에, 로마 군은 전사자가 400명도 채 되지 않았다. 네로는 해가 질 때 즈음 진지로 돌아왔다. 전날 밤부터 일몰까지 내내 달리느라 그의 병사와 말은 적을 구경하지도 못한 채 쓸데없이 지치기만 한 상태였다. 집정관은 강한 어조로 네로를 크게 질책했다. 매복 작전이 실패하지 않았더라면 칸나이 전투에서 아군이 당한 참사를 적에게 온전히 되돌려 주었을 것이라고 말할 정도였다.

다음날 마르켈루스는 다시 전투 대형을 갖추고 전투에 나서려 했지만, 한니발은 진지에서 나오지 않았다. 패배를 암묵적으로 인정한 것이었다. 그 다음날 한니발은 단 한 번도 성공한 적이 없는 놀라 점령 작전을 포기하고, 타렌툼 청년들의 약속대로 그 도시가 로마를 배신하여 자신의 수중에 들어오길 기대하며 한밤중에 타렌툼으로 떠났다.

18. 로마 군의 군사 작전이 활기차게 진행되는 동안 로마에선 그에 못지않은 활력으로 국내 문제가 처리되었다. 국고가 바닥난 결과 감찰관들은 공공건물 건축 계약이라는 본연의 직무에서 잠시 해방되었다. 그 대신 그들은 시민들의 윤리를 규율하고 전쟁으로 유발된 악독한 행위를 처벌하는 일에 시선을 돌렸다. 그 악독한 행위는 사람

의 몸으로 따지자면 만성적인 질병으로 생겨난 육체적 결함과 같은 것이었다.

감찰관들이 처음으로 한 일은 칸나이 전투 이후 나라를 버리고 타국으로 떠나는 것을 고려했다고 알려진 사람들을 소환하는 것이었다. 그런 사람들 중에서 눈에 띄는 인물인 루키우스 카이킬리우스 메텔루스는 당시 재무관이었다.[8] 그와 더불어 같은 죄를 지은 다른 사람들은 변호할 기회가 주어졌지만, 자신들의 결백을 증명하지는 못했다. 이에 감찰관들은 그들이 공적으로나 사적으로나 국익을 해치는 말을 했으며, 이탈리아를 포기하려는 음모를 꾸미려는 목적이 있었다는 판결을 내렸다.

다음으로 소환된 자들은 맹세의 뜻을 자의적으로 해석한 자들이었다. 한니발의 진지를 떠났던 포로들은 몰래 그의 진지로 다시 돌아갔고, 그것으로 돌아오겠다는 맹세를 지켰다고 생각했다. 앞서 언급한 자들과 이들은 나라에서 말을 하사한 경우 그 말을 빼앗겼고, 부족에서 쫓겨남은 물론이고 아이라리이(aerarii)로 강등되었다. 아이라리이는 투표권도, 공직을 맡을 권리도 없는 최하층 시민이었다.

감찰관들의 정밀 조사는 원로원 의원이나 기사 계급에 국한되지 않았다. 그들은 청년 남자들의 명단을 살펴 지난 4년 동안 정식으로 면제받거나, 질병으로 부적격 판정을 받지도 않았는데 군에 복무하지 않은 모든 사람을 추려냈다. 이런 절차를 통해 2천 명이 넘는 자들이 아이라리이 계급으로 강등되었고, 모두 소속 부족에서 쫓겨났다. 감찰관들의 낙인에 발맞추어 내려진 원로원 포고령도 그에 못지않

---

8   이 인물이 이탈리아를 떠나려 했던 계획은 22권 53장에 나오는데, 이 장면에서 그의 성은 루키우스로 되어 있다.

게 가혹했다. 원로원은 감찰관들이 본보기로 징계한 자는 모두 보병으로 복무해야 하며, 시칠리아로 가서 칸나이 전투 생존자들과 합류하라고 지시했다. 이 부대는 이탈리아에서 적이 물러날 때까지 군대에 계속 복무해야 되었다.

감찰관들은 자금 부족으로 하지 못하는 일이 많았다. 신성한 건물을 유지하는 계약, 공적인 종교 행렬에 사용되는 말 공급 계약, 그 외 다른 계약들은 자금 부족 때문에 중지되었다. 그러자 그런 계약을 습관적으로 수주하던 수많은 사람이 한 덩어리가 되어 감찰관들에게 와서, 국고에 자금이 있을 때처럼 정상적으로 재정적 합의를 하고 계약을 수행해 달라고 요구했다. 그들은 또한 전쟁이 끝날 때까지 아무도 계약금을 청구하지 않을 것이라고 약속하기도 했다. 그들의 뒤를 이어 그라쿠스가 베네벤툼에서 자유롭게 풀어준 노예들의 주인들도 감찰관 사무실에 나타났다. 노예의 원주인들은 공적 자금 담당자들에게서 노예 값을 받아가라는 연락이 왔지만, 전쟁이 끝날 때까지 받지 않겠다고 했다.

나라의 재정적 어려움을 완화시키려는 이런 보편적인 경향은 피후견인과 과부를 위한 기금의 도입으로 이어졌다. 이 기금에 예금한 사람들은 그것이 국가의 보장을 받는 기금이기 때문에 그보다 더 낫거나 위반 불가능한 보증은 어디에도 없다고 생각했다. 이후 피후견인이나 과부를 위해 무슨 물품을 구매하거나 획득할 때면 재무관은 약속 어음을 발행했다. 시민 개인의 차원에서 시작된 이런 관대한 행동은 전장의 군인에게도 퍼져 나갔다. 기사나 백인대장 중에 급여를 받는 사람은 없었고, 혹시 있다면 용병이라 불리며 경멸당했다.

19. 집정관 파비우스는 카실리눔을 포위 공격 중이었다. 그 도시는 2천 명의 캄파니아 인과 7백 명의 한니발 휘하 군인이 지키고 있

었다. 이곳의 지휘관은 스타티우스 메티쿠스였는데, 그해 메딕스 투티쿠스(최고 행정장관)인 아텔라의 그나이우스 마기우스의 명령을 받고 파견되었다. 그는 주민이나 노예나 가리지 않고 모두 무장시키고 있었는데, 파비우스가 포위 공격에 여념이 없는 사이 로마 군 진지를 공격할 생각을 하고 있었던 것이다. 자신의 입장을 잘 알고 있던 파비우스는 놀라에 있는 동료 집정관에게 메시지를 보내, 포위 공격이 진행되는 동안, 캄파니아 인들을 대적할 또 다른 군대가 필요하다고 말했다. 따라서 마르켈루스는 적당한 주둔군을 놀라에 남겨두고 직접 부대를 이끌고 카실리눔으로 직접 오든가, 아니면 여전히 한니발이 놀라에 위협이 된다고 판단되어 놀라를 떠나지 못할 경우, 베네벤툼에서 그라쿠스 부대를 자기(마르켈루스) 대신 보내야 했다. 마르켈루스는 직접 나서기로 결정했다. 그는 파비우스의 메시지를 받은 즉시 놀라에 2천 명의 주둔군을 남기고 나머지 병력을 이끌고 카실리눔으로 왔다. 그러자 캄파니아 인들은 이미 시작한 군대 동원의 움직임을 중단했다.

이제 두 집정관이 지휘하는 카실리눔 포위 공격이 시작되었다. 로마 군은 적절한 주의를 기울이지 않고 도시 성벽에 접근하는 바람에 곧 많은 사상자를 내게 되었다. 파비우스는 작전이 만족스럽게 진행되지 않자 공격을 포기하는 게 최선이라고 판단했다. 그는 이 작전이 사소한데도 어렵기는 다른 작전과 마찬가지라며 노력에 비해 소득이 별로 없다고 보았다. 따라서 가장 현명한 방침은 이곳을 떠나 다른 더 급박한 일에 집중하는 것이라고 말했다. 마르켈루스는 이에 동의하지 않았다. 그는 훌륭한 장군이 시도해서 안 되는 공격 지점이 많이 있지만, 그럼에도 불구하고 일단 시도한 건 포기해선 안 된다고 주장했다. 그는 작전의 성패에 따라 명성이 빠르게 등락하는 것도 감안해야 한다고 말했다. 마르켈루스는 뭔가 결과가 나올 때까지 작전을 계속하는 것으로 파비우스를 설득했다. 그에 따라 방탄 방패와 다른 모든 포위 공격을 위한 장치가 설치되었다. 캄파니아 인들은 파비우스에게 무사히 카푸아로 돌아가게 해달라고 간청했지만 아무 소용없었다. 마르켈루스는 소수의 사람들이 도시를 나온 후 그들이 나온 성문을 틀어막았고, 이어 무차별적인 학살이 시작되었다. 처음엔 성문과 그 주변만 공격받았지만, 로마 군이 쏟아져 들어오자 도시 내부까지 학살이 번져 나갔다. 처음 도시에서 걸어 나온 약 50명의 캄파니아 인들은 파비우스에게 보호를 요청했고, 그것이 받아들여져 호위를 받으며 카푸아에 도착했다. 이 사람들이 보호를 약속해달라고 요청하는 동안에, 카실리눔은 무력으로 점령되었다. 캄파니아 인과 카르타고 인 포로는 전부 로마로 보내져 감옥에 갇혔다. 카실리눔인 대다수는 안전하게 구금하기 위하여 인근 공동체들에 분산 수용되었다.

20. 이처럼 카실리눔에서 성공적인 작전을 마치고 로마 군이 퇴각하던 무렵에, 그라쿠스는 적 영토를 급습하기 위해 보병대를 파견했다. 그 부대는 동맹군의 사령관이 루카니아에서 모집한 병력이었다. 한노는 그 부대가 아직 대형도 제대로 갖추지 못한 때 그들의 허를 찌르면서 맹렬하게 공격하여 전에 자신이 베네벤툼에서 로마 인에게 당한 손해를 거의 갚아주었다. 이후 한노는 그라쿠스 부대가 그를 공격해 오기 전에 서둘러 브루티움으로 물러났다. 두 집정관 중 마르켈루스는 놀라로 돌아갔고, 파비우스는 시골 지역을 초토화하고, 로마 동맹을 저버린 도시들을 수복하기 위해 삼니움으로 갔다. 그리하여 카우디움 주변 지역은 가장 심한 타격을 받았다. 광범위한 농지가 불탔고, 사람들은 포로가 되었으며, 가축들은 모조리 몰수되었

다. 콤풀테리아, 텔레시아, 콤프사, 푸기풀라이, 오르비타니움 정착지 또한 로마 군의 공격을 받았고 주민들은 모조리 붙잡혔다. 블란다이의 루카니아 인 정착지 역시 수복되었고, 아이카이의 아풀리아 도시도 마찬가지였다. 이런 곳들에서 총 2만 5천 명이 붙잡히거나 죽었고, 370명의 탈영병이 붙잡혔다. 집정관은 이들을 로마로 보냈고, 이들은 민회가 열리는 장소에서 공개적으로 매질 당한 뒤 타르페이아 바위에서 내던져져 처형되었다. 파비우스가 이런 일을 처리하는 데는 며칠이면 충분했다. 마르켈루스가 놀라에서 건강 악화로 인해 활동을 잠시 중단한 동안에, 루케리아 인근을 책임진 법무관 대리 파비우스가 아쿠카를 공격하여 점령했다. 그는 아르도네아이에 영구적인 진지를 세우고 요새화했다.

로마 인들이 이렇게 다른 지역을 점령하는 동안에, 한니발은 지나가는 곳마다 파괴를 자행하면서 이미 타렌툼에 도착한 상태였다. 그는 타렌툼의 영토 안에 도착하자 비로소 휘하 병사들에게 약탈을 금지했다. 그런 식으로 한니발의 군대는 타렌툼에서 아무런 피해도 입히지 않았고, 엄격하게 군기를 지키며 길을 따라 진군했다. 이것은 타렌툼 인의 선의를 확보하려는 명확한 목적에서 나온 행동일 뿐, 병사들이나 한니발이 자제심을 발휘하여 그런 것은 아니었다. 그러나 한니발이 도시의 방어 시설에 가까워지자 그의 기대와는 정반대로 카르타고 부대를 보고서 환영하며 봉기하는 주민은 단 한 사람도 없었다.

그는 진군을 멈추고 2km 정도 떨어진 곳에 진을 쳤다. 이렇게 하게 된 이유는 한니발이 도착하기 사흘 전에 브룬디시움에서 함대를 지휘하는 법무관 대리 발레리우스가 마르쿠스 리비우스를 타렌툼으로 보내 도시 방위를 준비하게 했기 때문이었다.

리비우스는 군에 복무할 수 있는 나이인 모든 남자를 병적에 넣어 소집했고, 모든 성문에 경계병을 배치하고 필요할 경우를 대비하여 성벽 근처에도 병사를 배치했다. 리비우스는 밤낮을 가리지 않고 최대한 경계하여 적이나 우방의 배신으로 인한 적대적인 움직임이 발생할 여지를 남기지 않았다. 그 결과 한니발은 타렌툼에서 시간만 낭비한 꼴이 되고 말았다. 그곳에 도착한 지 며칠이 지났는데도 아베르누스 호수에서 만난 자들 중 누구 하나 자신을 직접 만나러 오거나 사람이나 서신을 보내 소통하려 하지 않았다. 한니발은 자신이 공허한 약속을 너무 쉽게 믿었음을 깨닫고 인근 지역으로 이동했다. 그럼에도 불구하고 그는 곡식이나 농장에 피해를 입히는 일을 삼갔다. 비록 자신이 베푼 자비가 아직 아무런 결실을 보지 못했지만, 여전히 그는 타렌툼 인이 로마에 바치는 충성이 약화되고 있다는 희망에 매달리고 있었다.

살라피아에 도착했을 때 한니발은 메타폰툼과 헤라클레아 주변 지역에서 곡식을 가져오게 했다. 여름이 끝난 데다 그곳이 월동하기에 훌륭한 곳으로 보였기 때문이었다. 그렇게 월동 기지를 세운 뒤 그는 누미디아 인과 무어 인으로 구성된 습격대를 살렌툼 영토와 근처 아풀리아의 삼림 지대로 파견했다. 하지만 이런 습격으로 말들을 잡아온 것 이외에는 거의 얻은 게 없었다. 붙잡힌 말 약 4천 마리는 기병대에 분배되어 그들이 길들이게 되었다.

21. 그러는 사이 집정관 마르켈루스는 시칠리아 상황에 대응하는 임무를 맡게 되었다. 결코 사소하다고 할 수 없는 중요한 전쟁이 지금 다가오는 중이었다. 히에로니무스 왕이 레온티니에서 살해되었다고 해서 시칠리아 인들의 태도가 변하지도 않았다. 오히려 그들은 능숙한 지도자들을 맞이하여 기꺼이 로마에 저항하는 행동에 나서고

자 했다. 왕이 암살당한 뒤 레온티니에 주둔하던 군대들 사이에서 시위가 터져 나왔고, 그들은 왕의 암살은 음모자들의 피로 속죄되어야 한다고 소리 높여 외쳤다. 하지만 곧 "자유가 회복되었다"는 기분 좋은 말이 더 자주 들려왔다. 암살 당한 왕의 재산으로 상당한 이익을 보고, 더 나은 지휘관 밑에서 복무할 가능성이 있다는 기대가 시칠리아 사람들 사이에서 점점 더 커졌다.

또한 폭군의 혐오스러운 범죄에 더하여 그가 과도할 정도로 섹스에 탐닉하는 혐오스러운 행동을 했다는 이야기가 나오자, 병사들의 마음은 일순 바뀌어버렸다. 그들은 얼마 전까지만 해도 보고 애통함을 금치 못하던 왕의 시체를 매장할 생각도 하지 않고 그대로 내버려 뒀다.

왕을 죽인 음모자들은 테오도투스와 소시스 두 사람을 제외하고는 모두 레온티니에 남아 군을 통제하려고 했다. 두 음모자는 각각 왕의 말을 타고 최대한 빠르게 시라쿠사로 가서 왕의 지지자들이 암살의 진상을 알기 전에 그 사건의 정보로 그들을 놀라게 할 생각이었다. 하지만 그들은 너무 늦었다. 이와 같은 상황에서 가장 발 빠른 여행자들이 시라쿠사에 소문을 전했을 뿐만 아니라, 왕의 노예 한 사람도 탈출하여 암살 소식을 전했기 때문이다. 그 결과 아드라노도루스는 이미 섬이라고 하는 시라쿠사의 가장 오래된 구역과 요새에 주둔군을 배치했고, 더불어 다른 유리한 위치에도 병사를 배치하여 최대한 수비를 강화했다.

왕을 살해한 음모자 테오도투스와 소시스는 디오니시우스 성벽의 커다란 북쪽 문인 헥사필론을 통해 도시로 들어갔다. 이미 해가 진 뒤라 주위는 어두워지는 중이었다. 그들은 왕의 피로 물든 망토와 왕관을 내보이며 말을 타고 티케 구역을 달렸고, 주민들에게 자유가 찾아왔으니 무장하고 아크라디나 구역으로 모이라고 광고했다.[9] 사람들은 거리로 달려 나오거나 집의 출입구에서 쳐다보거나 지붕이나 창문에서 내려다보거나 하면서 무슨 소동이 일어났는지 물었다. 불빛이 켜지지 않은 곳이 없었고, 혼란스러운 소리와 고함이 들렸다. 무기를 가진 자들은 공터에 모였고, 무기가 없는 자들은, 유피테르께서 자유, 조국, 신들의 신전들을 지키고자 무장하려는 사람의 손에 신성한 무기를 넘기는 것을 자비롭게 동의하실 것이라고 기도하며 유피테르 신전에 보관된 무기를 가져왔다. 이 무기들은 로마 인들이 갈리아 인과 일리리아 인에게서 빼앗은 전리품으로서 히에로에게 건네진 것들이었다.

히에로는 살아생전에 유피테르 신전에 그 무기들을 걸어두었던 것이다. 이렇게 무장한 자들은 도시의 주요 구역에 배치된 경계 초소들로 파견되어 그곳의 경계를 강화했다. 섬에는 아드라노도루스가 주둔했는데, 다른 곳보다도 공공 곡창을 엄중하게 지키고 있었다. 그곳은 사각형 돌들로 벽을 세우고 성채처럼 단단하게 요새화된 곳이었는데, 수비대가 철통 같이 방어하고 있었다. 그들은 아크라디나의 시위자들에게 곡식과 곡창은 원로원의 소관 사항이라는 메시지를 전했다.

22. 다음날 새벽이 되자 무장 여부와 상관없이 모든 사람이 아크라디나의 원로원 회의장에 모였다. 그곳에서 저명인사인 폴리아이누스는 화합의 제단 앞에 서서 솔직하지만 온건한 어조로 연설했다. 그는 노예가 되어 공포와 굴욕을 겪은 사람들은 그들이 잘 아는 악(노예

---

9 섬, 티케, 아크라디나는 모두 시라쿠사의 구역 이름이다. 헥사필론은 디오니시우스 성벽 중 북쪽에 나 있는 커다란 문이다.

제)에 대하여 분노를 느낀다고 지적했다. 하지만 내란으로 인해 발생하는 공포는 선조들에게서 들어 간접적으로 알 뿐이지, 직접 겪어서 알게 된 것은 전혀 아니라고 부연 설명했다. 그는 계속 이렇게 연설했다.

"여러분이 자진하여 무기를 든 일은 훌륭하다고 생각합니다. 하지만 무기가 절대적으로 필요할 때만 사용된다면 저는 더욱 기쁠 것입니다. 제가 당장 여러분께 드리고 싶은 조언은 이런 것입니다. 먼저 아드라노도루스에게 대표단을 보내 원로원과 시민의 지시를 따르고, 섬의 성문을 열고 요새를 의회와 시민들에게 넘기라고 요구하는 것입니다. 만약 아드라노도루스가 그의 섭정직을 왕좌와 교환하고자 한다면, 히에로니무스에게서 자유를 되찾기 위해 싸웠던 것보다 더 맹렬하게 싸워야 한다는 게 제 생각입니다."

이에 즉시 대표단이 아드라노도루스에게 파견되었다. 이어 국무협의회가 개최되었다. 히에로가 통치하던 시기에, 협의회는 자문 기관 역할을 했을 뿐이었다. 하지만 이번에는 그때와는 사정이 달라져서 히에로의 사망 이후에 처음으로 의원들이 소환되어 국사를 논하게 되었다.

아드라노도루스는 사절들을 만난 뒤 시민들의 만장일치 여론에 영향을 받지 않을 수 없었다. 물론 도시 일부가 시민들에게 이미 장악되었으며, 무엇보다 배신으로 섬 지역에서 가장 강하게 요새화한 곳이 적의 손에 넘어갔다는 사실도 영향을 미쳤다. 하지만 그의 아내인 히에로의 딸 다마라타는 거만한 여자였고, 여전히 공주 같은 태도를 지니고 있었다. 그녀는 남편을 가까이 부르고 종종 회자되는 폭군 디오니시우스의 말을 기억하라고 했다.

"군주가 왕좌를 떠나는 때는 오로지 하나뿐이다. 그 때는 말을 타고서 떠나는 것이 아니라, 발을 붙잡혀 질질 끌려 나가는 때이다."[10]

그녀는 대단한 자리를 포기하는 건 어느 때라도 쉽지만, 그것을 얻는 건 어렵고 고된 일이라고 했다. 그녀는 사절단에게 숙고해보겠다고 말해 우선 시간을 벌고, 그 사이에 레온티니의 군대를 불러와야 한다고 했다. 그녀는 왕의 보고에서 돈을 주겠다고 약속하면 모든 게 그의 손아귀에 들어오니 걱정 말라고도 했다.

이상이 그녀의 조언이었다. 아드라노도루스는 그 조언을 전적으로 거절하지도 않고, 즉시 받아들이지도 않았다. 상황에 일시적으로 따르는 것이 권력을 얻는 데 더 안전한 길이라고 생각했기 때문이다. 그에 따라 아드라노도루스는 사절들에게 자신은 기꺼이 협의회와 시민의 지시를 따를 것이니 그대로 전하라고 했다. 다음날 새벽이 되자 그는 섬의 문을 열고 아크라디나의 포룸으로 들어갔다. 그곳에서 그는 전날 폴리아이누스가 연설한 화합의 제단에 올라, 먼저 잠시 주저한 것에 용서를 구하면서 연설을 시작했다.

"제가 문을 닫은 건 사사로운 이유가 아니었습니다. 일단 사람들이 칼을 휘두르면 언제 유혈 사태가 멈출 것인가 하는 걱정 때문이었습니다. 저는 몰랐습니다. 폭군의 죽음 그 자체로 우리는 자유롭게 되었습니다만, 그 자체로 여러분이 만족할는지, 아니면 혈연, 결혼, 공직으로 왕가와 연결된 모든 이가 연좌로 함께 죽어야 하는지 말입니다. 하지만 우리 조국을 해방한 사람들이 조국을 자유롭게 하길 바라고, 모든 곳에서 그런 생각이 공중의 이익에 부합된다는 것을 알았습니다. 그 후에 저 자신의 몸뿐만 아니라 제게 보관하라고 맡겨진 모

---

10 군주는 말을 타고 도망쳐서는 안 되고 자신의 왕좌를 지키다가 발을 질질 끌려서, 즉 죽어서 왕좌에서 내려와야 한다는 뜻.

든 것을 포기하는 데 주저할 이유가 없었습니다. 제게 국사의 감독을 맡긴 자는 이미 과도한 행위를 저질러서 죽었기 때문입니다."

말을 마치고 그는 왕을 암살한 자들을 쳐다봤다. 그는 테오도투스와 소시스의 이름을 부르며 그들에게 이렇게 말했다. "여러분은 기억에 남을 일을 해내셨습니다. 하지만 고귀한 목적을 완수하는 첫걸음은 이제 겨우 떼놓았을 뿐입니다. 여전히 끔찍한 위험이 있으며, 평화와 화합을 위한 대책을 서둘러 마련하지 못하면, 우리 조국의 자유는 종말을 맞이하고 말 것입니다."

23. 이 말을 마치고 그는 테오도투스와 소시스의 발 밑에 성문과 왕가의 보고 열쇠를 내려놨다. 그리하여 적어도 그날만은 시민들이 쾌활한 채로 민회를 떠나 아내와 아이를 데리고 도시의 모든 신전에서 감사의 기도를 올렸다. 다음날 선거가 개최되었다. 첫 번째로 공직에 선출된 사람은 아드라노도루스였고, 다른 공직에 선출된 사람 대다수는 왕의 암살에 관련된 자들이었다. 소파테르와 디노메네스는 부재중에 선출되었다. 이들은 레온티니에서 왕가의 재산을 가져와 왕실의 재산 담당 관리에게 그것을 넘기는 임무를 하던 중에, 시라쿠사에서 그 소식을 듣게 되었다. 섬에 있는 재산은 아크라디나로 옮겨졌다. 그리고 섬과 나머지 도시 사이에서, 불필요하게 단단한 장벽 역할을 하던 성벽은 만장일치로 철거가 결정되었다. 이런 조치는 물론이고 그 외의 다른 조치들도 자유로운 제도를 향한 열망에 부응하는 것이었다.

왕의 암살 소식이 들려오자 히포크라테스와 에피키데스(한니발의 장군)는 그 소식을 전하러 온 전령을 죽이는 극단적인 조치를 취하며 그 소식을 은폐하려 했지만, 아무런 소용이 없었다. 이후 병사들의 버림을 받은 두 사람은 시라쿠사로 돌아갔는데, 그것이 혼란스러운 상황에서 가장 안전한 행동이라고 생각했기 때문이다. 도시에 들어온 그들은 권력을 쥘 기회를 엿본다는 의혹을 피하기 위해 행정관들에게 먼저 접근했고 그들을 통해 시라쿠사 원로원과 접촉했다. 그들은 원로원에서 한니발이 우방이자 동맹으로서 암살된 히에로니무스에게 자신들을 보냈고, 자신들은 사령관이 섬기라고 지시한 왕의 명령에 복종했을 뿐이라고 주장했다. 그들은 이제 한니발에게 돌아가려고 했다. 하지만 로마 군이 섬 전역에 주둔하여 길이 안전하지 않기에 그들은 이탈리아의 로크리까지 호위할 병사들을 내어달라고 요청했다. 또한 그들은 원로원이 이런 사소한 일이라도 잘 도와주면 한니발의 호의를 얻을 것이라고 장담했다.

시라쿠사 원로원은 두 사람을 도시에서 내보내고 싶어 했기 때문에 그 요청을 기꺼이 받아들였다. 그들은 암살당한 왕의 군대를 이끈 장군인 데다 노련한 군인이었으니 원로원의 결정은 당연했다. 그들이 대담한 성격이고 일시적으로 실직한 상태라는 점 또한 고려되었다. 하지만 그들이 도시에서 떠나길 바라면서도 원로원은 정작 그 일을 서두르지 않았다. 그러는 사이에 두 사람은 일반 병사들의 성미를 잘 알고 있었기에 군부대와 접촉하여 원로원과 귀족들을 은밀하게 비난했다.

히포크라테스와 에피키데스는 탈영병들에게도 그런 불평을 말했다. 탈영병은 대다수가 로마 전함에서 선원으로 복무했던 사람들이었다. 두 사람은 심지어 시민 중 가장 쓰레기 같은 집단과도 접촉하여 이렇게 말했다. "은밀한 계획이 진행 중이라네. 동맹을 새롭게 한다는 구실로 이 시라쿠사를 로마 인의 손에 넘기려고 한다니까! 그러면 그 몇 안 되는 패거리, 그러니까 협정을 새롭게 하는 데 찬성했던 놈들이 권력을 잡게 되겠지."

24. 매일 더 많은 사람이 시라쿠사로 모여들었고, 그들 모두 솔깃하여 이런 비난에 귀를 기울였고 또 믿었다. 이런 상황에서 성공적인 쿠데타를 일으킬 수 있겠다는 희망은 에피키데스뿐만 아니라 아드라노도루스에게도 생겨났다. 그는 마침내 아내의 계획에 넘어가고 말았다. 그의 아내는 이제 권력을 차지할 때가 됐다고 여러 차례 재촉했다. 상황이 여전히 혼란스럽고, 갓 해방된 나라는 여전히 뒤죽박죽이고, 왕의 돈으로 잘 먹어 피둥피둥한 군대가 여전히 존재하고, 계획을 도와줄 한니발이 보낸 두 장군도 근처에 있는데 무엇이 걱정이냐는 것이었다.

그에 따라 아드라노도루스는 겔로(히에로의 아들)의 사위 테미스투스와 함께 음모를 꾸몄다. 며칠 뒤 그는 경솔하게도 아리스토라는 이름의 배우에게 그 음모를 발설하고 말았다. 그는 전에도 자신의 비밀을 아리스토에게 버릇처럼 털어놓곤 했었다. 아리스토는 훌륭한 가문 출신에 훌륭한 지위에 있는 사람이었고, 배우라는 직업 때문에 타락한 사람도 아니었다. 그리스 인들 사이에서 배우를 하면서 연극이라는 예술을 추구하는 건 절대 불명예스러운 일이 아니었던 것이다. 따라서 아리스토는 신세를 지고 있는 공동체에 충성을 바치는 것이 다른 어떤 것보다 우선시되어야 한다고 생각하여, 행정관들에게 아드라노도루스의 음모를 제보했다.

행정관들은 이야기가 사실이라고 확인해주는 증거를 충분히 확보하자 선임 원로원 의원들과 대응방안을 논의했고, 그들의 권한으로 협의회 회의장 문에다 위병을 배치했다. 이어 그들은 테미스투스와 아드라노도루스가 입장하려고 하자 그 두 사람을 살해했다. 다른 사람들은 누구도 왜 이런 일이 벌어졌는지 알지 못했기에 그 암살 건은 아주 극악무도한 범죄라고 생각되었다. 잠시 원로원엔 혼란이 가득했다. 마침내 정적이 흐르자 행정관들은 정보 제공자를 회의장으로 데려왔다. 그는 어느 하나 빼놓지 않고 음모의 진상을 세세히 밝혔다.

그는 테미스투스가 겔로의 딸 하르모니아와 결혼하는 것으로 음모가 시작되었다고 했다. 이어 그는 아프리카와 스페인 외인부대가 행정관들과 다른 지도층을 죽이기로 준비되어 있었으며, 살해된 사람들의 재산은 모두 살인자들의 손에 넘어가기로 되어 있었다고 밝혔다. 또한 아드라노도루스에게 예전부터 복종해온 용병 집단이 섬을 장악하는 계획이 준비되어 있었다고도 말했다. 마침내 그는 모든 세부 사항과 모든 음모 가담자를 열거하면서 음모의 전체 상황을 제시했다. 그리고 마지막으로 음모를 수행할 인원과 무기에 관한 내용을 언급하며 진술을 마무리했다.

그리하여 원로원은 테미스투스와 아드라노두루스의 살해는 히에로니무스의 암살처럼 정당한 것이라고 생각했지만, 평민은 대부분 전보다 더 큰 의심을 품게 되었다. 당혹한 군중은 협의회 회의장 앞에 모였고, 그들이 내는 소리와 고함은 더욱 커졌다. 실제로 그들은 점점 위험한 군중으로 변해가고 있었으나, 두 음모자의 시체가 마당에 공개되자 비로소 잠잠해졌다. 그들은 두 사람의 시체를 보자 섬뜩한 나머지 곧바로 조용해졌고, 아직 흥분하지 않은 다른 평민을 따라 민회에 참석했다.

25. 원로원과 동료 행정장관들의 요청에 따라 소파테르는 살해당한 두 사람의 생애를 비난하면서 말을 시작했는데, 마치 법정의 고발자 같은 모습이었다.

"히에로의 죽음 이후 벌어진 모든 비열한 행동과 죄악은 아드라노도루스와 테미스투스에게서 나온 것입니다. 히에로니무스는 막 사춘기에 들어선 소년에 불과했습니다. 대체 그 소년이 자발적으로 무슨 일을 할 수 있었겠습니까? 그의 관리들과 후견인들이 실제로는 왕이었던 겁니다. 그들은 서로 증오하는 것을 자신들의 보호막으로 삼았습니다. 그들은 히에로니무스와 동시에 죽었어야 마땅했습니다. 아니, 오히려 그 전에 죽었어야 했죠. 그들은 죽음에 빚을 지고, 무덤으로 걸어가고 있었음에도 불구하고, 왕이 암살당한 뒤에도 또다시 죄를 저지르려고 했습니다. 처음에 아드라노도루스는 공공연하게 섬의 문을 닫아걸고 자신을 왕위 계승자라 칭하며, 섭정 자격으로 보호 중이던 왕좌에 그 자신이 주인으로서 앉으려고 했습니다. 하지만 섬을 지키던 이들에게 배신당하고 아크라디나를 장악한 시민에게 포위당하자 그는 공개적인 수단으로 얻는 데 실패한 권력을 속임수와 은밀한 조치를 통하여 장악하려고 했습니다. 자유를 거역하는 음모를 꾸민 아드라노도루스는 조국을 해방시킨 사람들 사이에서 감히 공직을 맡도록 선택되었습니다. 하지만 그의 출세도, 그의 동료들이 보인 선의도 그의 악랄한 음모를 견제할 수 없었습니다. 두 사람은 자신을 왕이라고 생각했습니다. 하지만 그들에게 그런 생각을 심어준 건 왕실 사람인 그들의 아내, 즉 히에로의 딸과 젤로의 딸이었습니다."

공주들이 언급되자 민회 사방에서 그들은 살아 있을 가치가 없으며, 폭군의 가문은 살려두어선 안 된다는 고함이 터져 나왔다. 실제로 그것이 바로 군중의 본질이었다. 그들은 비천한 노예이거나 아니면 잔인한 주인이었다. 군중은 자유를 누림에 있어서 중도를 지킬 수 없었고, 절제나 법을 전혀 존중하지 않았다. 게다가 이미 누군가에게 고문과 죽음을 안기길 갈망하는 사람들의 흉포한 감정을 부추겨 유혈 사태로 몰아가는 사람들은 늘 주위에 부족하지 않았다. 그리하여 그런 상황에서 행정관들은 즉시 법안을 제출하여 왕가 전원을 죽일 것을 요청했다. 법안은 제시하자마자 받아들여졌으며, 행정관의 명령에 따라 사형 집행자는 임무 수행에 나섰다. 히에로의 딸이자 아드라노도루스의 부인 다마라타, 겔로의 딸이자 테미스투스의 부인인 하르모니아는 처형되었다.

26. 히에로의 또다른 딸이자 조이푸스의 부인인 헤라클리아는 히에로니무스의 명령에 따라 이집트의 프톨레마이오스 왕에게 사절단으로 갔는데, 그녀는 그곳에 남아 자발적인 유배자가 되었다. 그녀는 자신에게도 역시 암살자들이 파견되었다는 소식을 듣고 어린 두 딸과 함께 집에 마련한 개인 사당으로 피신했다. 그곳에서 발견된 그들은 머리를 풀고 있었고 또한 그들이 입은 옷과 그들이 보이는 태도는 동정을 사기에 충분했다. 헤라클리아는 아버지 히에로와 오빠 겔로를 기억하여 무고한 자신이 히에로니무스에 대한 증오의 불길에 휩싸이지 않게 해달라고 호소했다. 그녀는 이렇게 소리쳤다.

"제가 그 사람의 통치에서 얻은 게 무엇입니까? 남편이 추방당했다는 것 말고요. 폭군이 살아있었을 때 저는 언니처럼 높은 지위를 누려본 적이 단 한 번도 없었습니다. 이제 그가 죽은 마당에 왜 제가 언니와 연관이 되어야 합니까? 아드라노도루스가 음모에 성공했다면 언니는 그가 앉은 왕좌 옆에 앉았겠지요. 저는 다른 모두와 함께 그녀의 노예가 되었을 것이고요. 내 남편 조이푸스가 히에로니무스 왕이 죽고 시라쿠사가 자유롭게 되었다는 소식을 들었다면, 즉시 유배지에서 떠나 조국으로 돌아왔을 것이라는 점을 누가 의심했겠습니까? 아아, 사람이 품는 희망이란! 이제 도시는 자유가 되었는데, 자유나 법에 아무런 피해도 입히지 않은 무고한 그의 아내와 아이들은 목숨을 부지하려고 싸워야 한다니요. 대체 누가 저를 겁낸단 말입니까. 남편도 곁에 없는 외로운 여자나 이 아비 없는 딸들을 누가 두려워한단 말입니까? 비록 무해하지만 증오 받는 왕가의 일원이라고 말씀하실 수는 있겠지요. 좋아요, 그렇다면 시라쿠사에서, 시칠리아에서 아주 멀리 떨어진 알렉산드리아로 추방해주세요. 저는 남편을, 이 아이들은 아비를 만날 수 있게요."

헤라클리아의 호소는 귀를 막고 냉랭한 마음을 가진 암살자들에겐 아무런 소용이 없었다. 시간이 없다고 외치는 소리가 들렸고, 불행한 그녀의 눈 앞에서 그들은 칼을 뽑았다. 이 광경을 보고서 망연자실한 그녀는 암살자들에게 어쨌든 아이들만은 살려달라고 애원했다. 전투 중에 극도로 분노한 적들조차도 해치지 않을 정도로 어린아이에 불과하다고 호소했다. 제발 폭군의 복수를 하겠다면서 그들이 그토록 증오했던 바로 그 죄악을 저지르지 말아달라고 간청했다. 헤라클리아가 여전히 자비를 베풀어달라고 호소하고 있는데도 암살자들은 그녀를 안쪽 사당에서 끌어내 목을 베었다. 두 딸에겐 어머니의 피가 튀었고, 암살자들이 그들에게 고개를 돌리자 큰 슬픔과 두려움에 떨던 두 아이는 미친 사람처럼 사당 밖으로 달려 나갔다. 그들이 거리로 도망칠 수 있었다면, 살기 위해 격렬하게 달리는 그 모습을 보고 폭동이 일어날 수도 있었을 것이다. 하지만 아이들은 사방이 막힌 집 안에서 살기등등한 무장 암살자에게 포위된 상태였다. 그들은 몇 번이고 치명적인 공격에서 다치지 않고 벗어났고, 그들을 강하게 붙잡으려는 손길도 여러 번 뿌리쳤다. 하지만 상처와 출혈로 온 몸에 힘이 빠진 아이들은 결국 쓰러져 목숨을 잃었다.

아이들의 죽음은 그 자체로 이미 측은했지만, 평민의 감정이 분노에서 동정으로 갑자기 변하여 아이들은 죽이지 말라는 메시지가 그 직후에 도착하여 아이들의 죽음은 더욱 측은한 것이 되었다. 그 결과 새롭게 군중의 분노가 터져 나왔다. 처벌을 지나치게 서둘러 마음을

바꾸거나 순간의 격정을 식힐 여지를 전혀 주지 않았다는 이유에서
였다. 군중은 다시 살벌한 분위기를 조성했으며, 고래고래 소리를 지
르며 아드라노도루스와 테미스투스가 죽어 공석이 된 행정장관 자
리를 빨리 선거를 통해 채우라고 요구했다. 하지만 기존의 행정장관
들은 그런 요구가 별로 달갑지 않았다.

27. 선거일이 정해졌고, 군중의 외곽에 있던 어떤 남자가 에피키
데스를 추천하자 모두가 깜짝 놀랐다. 그러자 다른 사람이 히포크라
테스를 추천했다. 두 사람의 이름은 더욱 빈번하게 반복적으로 추천
되었고, 군중은 그 두 사람의 선출을 찬성했다. 민회는 아주 혼란스
러운 형국이었다. 거기에 참여한 평민들 중엔 엄청나게 많은 군인들
이 있었고, 탈영병들조차 드문드문 섞여 있었던 것이다. 그들은 전부
시라쿠사 사회에 어떤 격변이 생겨나길 열망했다. 행정관들은 처음
엔 그들을 무시하고 시간을 벌려고 했지만, 결국 평민의 보편적인 의
지에 굴복할 수밖에 없었다. 평민 봉기를 두려워한 행정관들은 두 사
람을 새로운 행정장관으로 공표했다. 선출된 두 사람 즉 히포크라테
스와 에피키데스는 곧바로 자신들의 의도를 밝히지 않았다. 그들은
열흘간의 휴전을 요청하기 위해 아피우스 클라우디우스에게 사절단
을 이미 파견한 데 대하여 분노했으나, 휴전의 말미를 얻게 되자 옛
동맹 협정 갱신을 협상하기 위한 두 번째 사절단을 파견했다. 이 당
시 로마 인들은 무르간티아에 100척 규모의 함대를 유지했다. 그들
은 왕과 왕족의 암살로 인한 소란 이후에 시라쿠사의 상황이 어떻게
진전되는지, 또 익숙하지 않은 새로운 자유가 어떤 방향으로 시라쿠
사의 평민을 이끌어갈지 예의주시했다.

이때 마르켈루스가 시칠리아에 도착했다. 시라쿠사 사절단은 먼저
아피우스를 찾아갔으나 아피우스는 사절을 마르켈루스에게로 보냈

다. 상황을 들은 마르켈루스는 동맹 협정을 맺을 수 있겠다고 생각하고 로마 대표단을 시라쿠사로 보내 행정장관들과 직접 동맹 협정 갱신을 논의하라고 지시했다. 하지만 시라쿠사의 상황이 다시 들끓었고, 새로운 문제가 생겨났다.

파키눔 곶에 카르타고 함대가 도착했다는 소식이 전해지자 용기를 얻은 히포크라테스와 에피키데스는 공공연하게 로마에 반대하고 나섰다. 두 사람은 시라쿠사가 로마 인에게 배신당하고 있다는 이야기를 용병들과 탈영병들 사이에 퍼뜨렸다. 아피우스가 도시 내부의 친로마파에게 힘을 실어주고자 항구 입구에서 조금 떨어진 곳에 전함들을 정박시키기 시작하자 히포크라테스와 에피키데스의 공허한 비난은 상당한 내용을 갖추게 되었다. 그리하여 처음에는 흥분하고 무질서한 사람들이 앞다투어 물가로 가서 전함들이 상륙하는 것을 막으려 했다.

28. 이런 혼란스러운 상황에서 시라쿠사의 민회 소집이 결정되었다. 다양한 의견이 표출되었고, 조만간이라도 봉기가 일어날 것 같았지만, 이런 상황에서 지도층 중 한 사람인 아폴로니데스가 행한 연설은 유익한 것이었다.

그는 어떤 국가도 구원에 관한 더 나은 기대나 파멸에 대한 즉각적인 전망에 직면한 적이 없다고 말했다. 왜냐하면 시민들이 만장일치로 로마나 카르타고 어느 한쪽의 편을 들기로 동의한다면 그들의 처지는 세상 어느 공동체보다도 더 행복하고 더 번영할 수 있을 것이기 때문이었다. 그는 현재의 내분이 계속된다면 틀림없이 시라쿠사에서 내전이 발발할 것이며, 같은 성벽 내부에서 각자의 군대, 각자의 무기, 각자의 지도자를 마련하고 진행되는 이 내전과 비교하면, 로마와 카르타고 간의 전쟁은 야만적인 측면에서 아무것도 아닐 것이라고 지적했다. 따라서 필수적인 일은 만장일치의 합의를 이끌어내기 위해 최대한 노력하는 것이었다. 로마나 카르타고와 동맹을 맺어 생기는 비교 우위를 따져 결정하는 건 사소한 일에 불과하며 그다지 중요한 것이 아니었다. 아폴로니데스는, 그렇다고 해도 동맹을 선택할 때 히에로니무스보다는 히에로의 권위를 따르는 것이 더 낫다고 했다. 잘 알지도 못하고 전에 신의 없는 것으로 판명 났던 쪽보다, 충분한 시험을 거친 50년 동안의 우호 관계를 선호하는 것이 더 현명하다는 뜻이었다. 게다가 결정하는 데 영향을 미칠 더 큰 부분이 있었다. 카르타고와의 강화는 전쟁 선언 없이 즉시 거절할 수 있었지만, 로마와의 관계는 그렇지가 않아서 처음부터 평화가 아니면 전쟁이었다.

그의 발언은 개인적인 야망이나 당파 정신과는 무관했기에 더 효과적이었다. 행정장관들과 원로원의 위원회에 더하여 군사작전 회의가 구성되었으며, 개별 부대 지휘관들과 외인부대 대장들도 토의에 참여하라는 지시를 받았다. 논의는 길고 격렬했고, 마침내 로마와 전쟁할 수단이 없다는 걸 깨닫게 된 그들은 로마와 평화롭게 지낼 것을 결정하고 동맹 협정을 새롭게 비준하기 위해 로마 군에 대표단을 보냈다.

29. 그로부터 며칠 지나지 않은 때에 레온티니의 사절단이 시라쿠사에 도착해 레온티니 영토를 보호할 부대를 파견해달라고 요청했다. 이 요청은 폭발적이고 무질서한 어중이떠중이들과 그들의 지도자들을 도시에서 추방시킬 완벽한 기회를 제공했다. 히포크라테스는 탈영병들을 데리고 레온티니로 가게 되었고, 많은 용병 외인부대가 그 뒤를 따랐는데, 총 4천의 무장 병력이었다. 이런 합의는 분명 모두에게 득이 되는 훌륭한 것이었다. 파견된 부대는 그들이 그토록 오랫동안 바라던 격변을 일으킬 기회를 부여받았고, 그들을 파견한 자들

은 배 밑에 고인 더러운 물을 적절히 퍼내 도시가 더 이상 불쾌한 일을 겪지 않게 되어 무척 기뻤다. 그러나 불운하게도 이는 일시적인 증상 완화에 불과했다. 도시는 전반적으로 건강 상태가 좋지 못했고, 곧 전보다 더 심각하게 병이 도졌다.

히포크라테스는 은밀하게 로마 인이 점령한 시칠리아 지역과 접한 영토를 공격하기 시작했다. 아피우스가 로마 동맹의 농지를 보호하려고 지원군을 보내자 히포크라테스는 로마 군 부대를 전면 공격했고 로마 군엔 많은 사상자가 생겼다. 마르켈루스는 관련 보고를 받자 즉시 사절단을 시라쿠사로 보내 평화 협정 약속은 이제 깨졌으며, 히포크라테스와 에피키데스를 시라쿠사에서 내쫓는 건 물론이거니와 영원히 먼 지역으로 추방하지 않는다면 전쟁은 결코 피할 수 없다는 메시지를 전했다. 에피키데스는 부재 중인 히포크라테스를 대신하여 비난을 듣기도 싫었고, 또 전쟁을 부추기는 역할도 제대로 해내지 못할 것 같았으므로 시라쿠사에 남을 생각이 없었다. 그에 따라 그 역시 레온티니로 떠났고, 그 도시 사람들이 이미 로마에 충분한 적의를 품고 있는 걸 확인하자 그 도시와 시라쿠사 간의 관계도 망쳐 놓기 시작했다.

그는 로마와 시라쿠사 사이에 맺어진 기존의 협정에는, 폭군의 권력 아래 있는 모든 공동체를 시라쿠사가 통제한다는 조항이 들어 있다고 주장했다. 그런데 시라쿠사는 그 도시에 주어진 자유만으로는 만족하지 못하고, 그 자유를 이용하여 다른 도시를 지배하고 싶어 한다고 불평했다. 그는 레온티니 인들 역시 자유를 당연히 누려야 하는 권리라고 생각한다는 걸 시라쿠사 인들이 깨달아야 한다고 역설했다. 왜냐하면 레온티니에서 폭군이 살해당했고, 자유를 향한 외침이 가장 먼저 울린 곳도 그 도시였기 때문이다. 또 왕의 암살에 때맞추어 많은 사람들이 왕의 장군 노릇을 그만두고 시라쿠사로 떠났다고 주장했다. 따라서 시라쿠사-로마 협정에서 이런 모욕적인 조항은 삭제되어야 하며, 아니면 현재 상태의 협정은 받아들일 수 없는 것으로 선언해야 마땅하다고 말했다.

에피키데스는 레온티니 인을 설득하는 데 전혀 어려움이 없었다. 시라쿠사 사절단이 로마 경계 초소에 대한 공격에 대하여 항의하고 히포크라테스와 에피키데스에게 시칠리아를 떠나 로크리나 그 외에 다른 곳으로 떠나라고 요구했다. 그러자 레온티니 인은 시라쿠사 인에게 로마와 평화 협정을 맺으라고 요구하지 않았으며, 타국이 맺는 협정에 레온티니가 얽매일 이유가 없다는 오만한 답변을 내놓았다. 그러자 시라쿠사는 로마 군에게 더 이상 레온티니를 통제할 수 없다고 보고했다. 따라서 로마 군은 시라쿠사-로마 협정을 위반하지 않는 상태로 레온티니와 전쟁할 수 있으며, 그 경우 시라쿠사는 로마 군을 지원하겠다고 말했다. 다만 레온티니가 함락된 이후 시라쿠사-로마 협정에 따라 그 도시가 다시 시라쿠사의 통제를 받는다는 조건은 지켜져야 한다고 주장했다.

30. 마르켈루스는 전 병력을 이끌고 레온티니로 진군했다. 그는 협상이 진행 중인 상황에서 로마 군의 경계 초소를 공격한 데 대해 병사들이 분노하고 있으며, 병사들이 단 한 번의 공격으로 레온티니를 함락시키려는 열정을 보이는 걸 보고서, 아피우스에게 반대편에서 동시에 그 도시를 공격해 오라고 요청했다. 히포크라테스와 에피키데스는 레온티니의 성문들이 로마 군의 무력 앞에 열리고 성벽이 적의 손에 넘어간 것을 확인하고 몇 안 되는 지지자와 함께 내부 요새로 물러났다. 그 후 두 사람은 어둠을 틈타 헤르베수스로 빠져나갔다.

시라쿠사의 8천 강병은 레온티니로 향하던 중 밀라스 강에서 도시가 함락되었다는 보고를 받았다. 하지만 이 보고에는 여러 거짓말이 포함되어 있었는데, 예를 들면 군인이나 시민이나 무차별적으로 학살당했으며, 살아남은 성인은 단 한 사람도 없다는 내용이 들어 있었다. 또한 도시가 약탈당하고 부자들의 재산이 로마 군에 넘어갔다는 내용도 오보였다. 이런 극악무도한 행위에 대한 소식을 듣자 시라쿠사 군은 행군의 걸음을 멈췄다. 부대 내엔 빠르게 공포가 퍼졌고, 지휘관인 소시스와 디노메네스는 근심하며 다음 움직임을 깊이 궁리했다. 레온티니에서 벌어진 두려운 행위에 대한 잘못된 보고는 2천 명 정도의 탈영병이 채찍질 당하고 참수 당했다는 소식으로 일견 확증되는 듯했다. 하지만 사실은 도시가 함락된 이후 다른 병사나 시민은 아무런 피해도 입지 않았으며, 공격으로 인해 맨 처음 생긴 혼란으로 잃어버린 재산을 제외하고 모든 재산이 원래 주인에게 되돌아갔다. 그렇지만 시라쿠사 군 병사들은 전우가 배신당해 죽고 말았다고 불평하며 레온티니로 진군하려고 하지 않았고, 더 확실한 소식을 기다리려고 하지도 않았다.

시라쿠사 지휘관들은 병사들이 반란을 일으키려는 뜻이 있다는 걸 확인했고, 그런 어리석은 짓을 꾀한 주동자들을 제거하자 그 문제는 곧 마무리되었다. 시라쿠사 군은 이어 메가라로 진군했고, 소수의 기병을 헤르베수스로 보내 도시가 공포에 빠져 배신하길 기대했다. 하지만 이런 시도가 실패로 돌아가자 그들은 실망하고서 강력한 대응을 하기로 결정하고 다음날 메가라에서 진군하여 무력으로 헤르베수스를 제압하려고 했다.

히포크라테스와 에피키데스는 말을 타고 시라쿠사 군을 만나러 나왔다. 주로 두 사람의 지휘를 받는 데 익숙한 부대에 몸을 의탁하기 위해서였다. 하지만 병사들은 전우가 학살당했다는 보고로 격앙된 상태였으므로 그들 앞에 나선다는 것은 분명 위험한 일이었다. 그러나 지금 같은 절박한 상황에서 다른 대안은 없어 보였다.

선두에 있는 부대는 600명의 크레타 인이었는데, 그들은 히에로니무스의 군대에 있을 때 히포크라테스와 에피키데스의 지휘를 받았고, 트라시메네 호수에서 포로가 된 이후 다른 로마 외인부대와 함께 해방됨으로써 한니발에게 목숨의 빚을 진 자들이었다. 히포크라테스와 에피키데스는 군기와 장비로 이들을 알아보자마자 신변 보호를 간청했다. 올리브 가지를 들고 탄원자들이 쓰는 끈을 착용한 두 사람은 그들에게 피난처를 마련해주고, 시라쿠사 인에게 자신들을 넘기지 말라고 애원했다. 그렇게 되면 로마 인들에게 넘겨져 처형당할게 너무나도 분명하다는 것이었다.

31. 이에 크레타 병사들은 두 사람에게 용기를 내라고 하며 무슨 일이 벌어지든 그들의 신변을 보호해 주겠다고 약속했다.

이런 이야기가 오갈 동안에 시라쿠사 군의 대열은 움직이지 않았는데, 지휘관들은 지체되고 있는 이유를 모르고 있었다. 하지만 에피키데스와 히포크라테스가 모습을 드러냈다는 소식이 들려오고, 모든 대열이 그들의 도착을 환영하며 만족감에 웅성거리고 있다는 게 분명해지자 지휘관들은 즉시 대열의 앞으로 달려 나가 명령도 없이 적과 마음대로 대화하고 그들을 대열 안으로 받아들이는 건 대체 어느 나라 군대의 규율이며, 크레타 인들에게 그럴 권한이 언제 주어졌냐고 분노하는 목소리로 물었다. 이어 지휘관들은 두 형제를 체포하여 사슬로 묶으라고 지시했지만, 병사들은 격렬하게 항의했다. 처음엔 크레타 인들이, 그 다음엔 차례로 다른 부대들이 목소리를 높이며 반발했다. 여기서 더 절차를 진행한다면 지휘관들은 자기 목숨을 걱정해야 할 판이었다. 일촉즉발의 불안한 상황이고, 그들이 처한 상황도 절대 명확하지 않아 지휘관들은 부대에게 출발지인 메가라로 되돌아갈 것을 지시했다. 그들은 전령을 보내 상황을 시라쿠사에 보고했다.

히포크라테스는 지휘관과 휘하 병력이 서로 의심하는 전반적인 상태를 이용하여 농간을 부렸다. 그는 크레타 병사 몇 사람을 보내 길에서 망을 보게 하고 어떤 편지를 읽었다. 그는 시라쿠사 지휘관들이 집정관 마르켈루스에게 보내는 편지를 가로챘다고 말했지만, 그것은 실은 그 자신이 조작한 편지였다. 그 편지는 관례적인 인사를 나눈 뒤 레온티니에서 아무도 살려두지 않은 마르켈루스의 행동을 더없이 적절한 것이라고 칭찬했다. 이어 모든 용병 부대의 입장이 같으며, 시라쿠사는 도시나 군대에 외국 병사들이 남아 있는 한 절대 평온할 수 없을 것이라고 지적했다. 따라서 마르켈루스가 메가라 진지에 있는 외국 병사와 지휘관을 붙잡아야 하며, 그들을 처형하고 난 뒤에야 비로소 시라쿠사가 자유롭게 될 것이라고 말했다.

히포크라테스가 편지를 다 읽자 크레타 병사들은 분노로 고함치며 맹렬하게 무기를 들고 일어났고, 대혼란 속에서 지휘관들은 전속력을 내어 시라쿠사로 달아났다. 하지만 그들이 도망친 뒤에도 반란은 진정되지 않았다. 시라쿠사 출신 병사들은 여러 차례 공격당했고, 에피키데스와 히포크라테스가 분노한 용병들을 억누르려고 하지 않았다면 시라쿠사 출신 병사들은 아무도 살아남지 못했을 것이었다. 그들은 시라쿠사 병사들을 동정하거나 자비를 베풀고 싶어서 그렇게 나선 것이 아니었다. 그들은 그저 무사히 돌아갈 길을 열어둔 것뿐이었다. 그들을 두 사람에게 충성하는 병사로 만들고, 동시에 인질로 두면 그들의 친척과 친구의 호의를 얻을 수 있기에 이는 충분히 가능한 일이었다. 시라쿠사 병사들의 친척과 친구는 두 사람이 베푼 명백한 관용에 감사하기도 하겠지만, 병사들이 인질로 잡혀 있다는 사실 때문에라도 그들에게 호의적으로 나올 수밖에 없었다.

에피키데스와 히포크라테스는 군중이 가볍고 공허한 말에도 얼마나 쉽게 휘둘리는지 잘 알고 있었기에 레온티니에서 포위당했던 병사 하나를 매수하여 밀라스 강에서 보고된 거짓말이 가득한 이야기와 비슷한 이야기를 널리 퍼트렸다. 그 병사는 이야기가 정확하다고 보증했으며, 군중의 분개심을 불러일으키고자 마치 자신이 직접 눈으로 본 것처럼 믿기 힘든 일들을 자세히 설명했다.

32. 군중이 이 병사의 말을 믿은 건 물론이거니와, 원로원 의원들도 회의장에서 이 병사의 말에 크게 영향을 받았다. 여러 사람(이들은 전혀 어리석지 않았다)이 공개적으로, 레온티니에서 벌어진 일은 로마 인의 흉포함과 탐욕을 완벽하게 보여주는 사례라고 했으며, 로마 군이 시라쿠사에 들어오면 똑같이 흉악한 일을 저지를 것이라고 예언했다. 그들은 더 나아가, 시라쿠사엔 로마 인의 탐욕을 채울 것이 더 많으니 더 험악한 꼴을 당할 수도 있다고 했다. 원로원은 그에 따라 만장일치로 성문을 닫고 도시 전역에 수비대를 강화하여 배치하기로 했다.

하지만 불운하게도 시라쿠사 시민이 두려워하거나 증오하는 대상이 누구에게나 똑같은 것은 아니었다. 물론 모든 병사와 주민 대다수가 로마를 혐오했다. 하지만 행정장관들과 소수 지도층은 잘못된 보고로 격앙되기도 했지만, 그럼에도 불구하고 좀 더 신중해야 한다는 태도를 취했다. 그들은 이제 헥사필론에 와 있는 에피키데스와 히포크라테스라는 당면한 위험을 고려해야 되었다. 군대 내에 있는 병사들과, 도시 안에 있는 그들의 친척은 서로 이야기를 주고받으면서 성문을 열어서 병사들을 들어오게 하여 로마 인의 공격으로부터 고향을 지킬 수 있게 해야 한다고 말했다.

헥사필론의 성문 하나가 이미 열렸고, 병사들이 들어오기 시작하자 지휘관인 행정장관들이 개입했다. 그들은 명령을 내리고, 위협하고, 권한을 행사하여 병사들의 진입을 막으려고 했지만, 아무런 소용이 없었다. 마침내 그들은 위엄도 잊고 동포들에게 애원했다. 그들은 한때 폭군을 섬기고 이제 군대를 불충하게 만든 불한당들에게 조국을 넘겨주어선 안 된다고 큰 소리로 외쳤다. 하지만 흥분한 군중은 이런 간청에 전혀 귀를 기울이지 않았고, 곧 성문들이 안팎으로 맹렬하게 파괴되었다. 이렇게 하여 모든 성문이 강제로 열렸고, 군대가 넓은 헥사필론 대문을 통과하여 도시 안으로 들어왔다. 지휘관들과 군복무 가능한 연령대의 모든 시민은 아크라디나로 피난했다. 여전히 도시에 있던 용병 부대와 탈영병, 그리고 그들에 더하여 아직 남아있던 왕의 군대는 적과 합류하여 군대의 규모를 늘렸다. 아크라디나는 첫 공격에 함락되었고, 혼란을 틈타 달아난 소수를 제외하고 모든 행정장관과 관리가 죽임을 당했다. 학살은 밤이 되자 끝이 났다. 다음날 노예들은 자유를 얻었고, 죄수들은 감옥에서 풀려났으며, 군중은 히포크라테스와 에피키데스를 장군으로 선출했다. 이에 따라 짧게 자유의 빛을 누렸던 시라쿠사는 다시 예전의 굴종 상태로 전락하고 말았다.

33. 로마 인에게 이 사건이 보고되자 로마 군은 즉시 레온티니를 떠나 시라쿠사로 움직였다. 마침 아피우스는 사절단을 5단 노선인 갤리선에 태워 항구에 들어가게 했는데, 그 배보다 전에 보낸 4단 노선인 갤리선이 항구 입구 바로 안쪽에서 붙잡히는 바람에 사절들은 운 좋게 도망칠 수 있었다. 로마 군이 도시에서 2km 정도 떨어진 유

피테르 신전 근처에 진을 치자 평화로운 관계에 있는 나라는 물론이고, 전쟁 중인 나라 사이라도 일반적으로 허용되는 관계조차 이미 단절되었다. 그럼에도 불구하고 로마 군은 그곳에서 시라쿠사에 사절단을 보내기로 했다. 하지만 히포크라테스와 에피키데스는 부대를 이끌고 문 밖에서 그들을 만났는데, 로마 사절단이 도시에 들어오는 일을 막으려는 조치였다. 로마 대변인은 시라쿠사와 전쟁을 하려는 것이 아니라고 했다. 오히려 그와 반대로 학살 현장에서 도망쳐 로마 군으로 도피한 사람들이나 겁에 질려 추방이나 죽음만도 못한 굴종을 견디는 사람들에게 지원과 보호를 제공하러 왔다고 말했다. 로마 사절은 계속 말했다.

"우리는 동맹을 잔인하게 학살한 자들을 보복하지 않고 내버려 둘 생각은 없소. 따라서 우리에게 피신한 시민들을 안전하게 고국으로 돌아갈 수 있게 하고, 유혈 사태의 책임자들을 우리에게 넘기면 자유와 법은 회복되어 시라쿠사 인들에게 주어질 것이고, 그렇게 된다면 무기에 의존할 필요가 없을 것이오. 만약 이런 조처가 없다면 우리는 방해하는 자들을 상대로 무력을 사용하게 될 것이오."

에피키데스는 로마 사절이 자신과 히포크라테스를 상대로 한 말이라면 답변하겠지만, 지금 형편을 봤을 때는 로마 인이 정말로 뜻을 전달하고자 하는 자들이 시라쿠사를 통치할 때가 되면, 다시 사절을 보내는 게 나을 것이라고 했다. 그는 여기에 덧붙여 말했다. "우리를 공격한다면 곧 경험이 말해줄 것이오. 시라쿠사 공격은 레온티니 공격과 절대 같지 않을 것입니다." 이 말을 마치고 그는 사절들을 물리쳤고 이어 시라쿠사 성문은 달혔다.

그 순간부터 시라쿠사 공격이 수륙 양면으로 동시에 시작되었다. 땅에서는 헥사필론을 공격했고, 바다에서는 성벽이 바다를 접하고 있는 아크라디나를 공격했다. 로마 인들은 압도적인 첫 공격으로 레온티니를 함락한 승리에 고무되어, 시라쿠사처럼 광대하게 뻗어 나간 도시는 어느 때든 침공하여 들어갈 수 있다는 자신감을 내보였다. 그에 따라 그들은 소유한 공성 병기를 전부 적합한 위치에 설치하고 성을 공격하기 위한 태세를 갖추었다.

34. 개전 초기에 로마 군은 엄청난 공세를 취했는데, 당시 시라쿠사에 아르키메데스라는 특출한 한 사람이 없었다면 로마 군의 공성은 성공했을지도 모른다. 아르키메데스는 천문학에서 타의 추종을 불허할 정도로 뛰어난 학자였다. 그 외에 그는 다양한 부류의 병기를 고안하고 만드는 데 더욱 비범한 재주를 보였다. 그는 자신의 손가락만을 움직여서 로마 군이 무척 고되게 준비한 작전을 방해할 수 있었다. 도시 성벽은 고도가 서로 다른 땅을 따라 세워져 있었다. 대부분 높아서 접근하기 어려웠지만, 낮고 평평한 땅을 따라 접근할 수 있는 평평하게 뻗은 부분이 이곳저곳에 산재했다. 그런 낮은 지역을 따라 아르키메데스는 그 자신이 적합하다고 생각한 투석기들을 설치했다.

마르켈루스는 앞에서 언급한 바와 같이 5단 노선인 갤리선 60척을 이끌고 바다를 따라 와서 아크라디나 수비군을 공격하기 시작했다. 갤리선 대다수엔 궁수와 돌을 던지는 병사들이 배치되었고, 특수한 투창을 든 경무장 병사들도 있었다. 이 투창은 숙련자가 아니면 거둬들이기 힘들었고, 수비하는 적은 이 투창에 맞지 않고 성벽을 지키는 게 거의 불가능했다. 이 부대들은 성벽에서 다소 떨어진 곳에 배를 계속 정박해 두었는데, 무기를 쓰려면 어느 정도 거리를 유지해야 되었기 때문이다. 다른 갤리선들은 두 척이 한 쌍을 이뤄 움직였는데, 서로 안쪽에 있는 노의 열을 쓰지 않고 나란히 밀착하면서 움직였다.

각각의 쌍은 바깥쪽에 있는 노의 열만 사용하여 마치 한 배인 것처럼 움직였다. 그 배는 여러 층 높이의 공성탑들과, 수비를 무너뜨리는 다른 장치들을 운반했다. 로마 군의 이런 정교한 해상 공격에 맞서서, 아르키메데스는 다양한 크기의 투석기를 성벽에 배치하는 것으로 대응했다. 그는 앞바다에 있는 배들에는 어마어마한 무게의 돌덩이를 던졌고, 더 가까이 붙어 화살이나 돌, 투창으로 공격하는 배들엔 그보다 가벼운 돌덩이를 발사하여 더 자주 공격했다. 그는 적의 공격에 노출되는 위험 없이 아군이 무기를 날릴 수 있도록 총안의 열을 만들었는데, 이런 총안들은 성벽 꼭대기에서 바닥까지 마련되었고 너비는 50cm 정도였다.

아르키메데스 덕분에 시라쿠사 군은 이 총안을 통해 모습을 드러내지 않은 채로 화살이나 소형 투석기를 통한 공격을 할 수 있었다. 투석기로 공격하기에는 해안에 아주 가까이 붙어 있는 적선 몇 척은 움직일 수 있는 기둥과 쇠갈퀴로 대응했다. 그 방법은 다음과 같았다. 성벽을 넘어 돌출된 기둥이 있고 이어 그 기둥에 육중한 사슬로 붙어 있는 쇠갈퀴가 있다. 쇠갈퀴가 배의 앞부분 쪽으로 내려가면 기둥이 위로 올라가고, 기둥의 다른 쪽 끝은 무게 이동으로 인해 땅으로 내려간다. 이렇게 쇠갈퀴가 배를 끌어 올리면 적선은 선미로 서 있게 되고, 이물은 공중으로 치솟는다. 이때 시라쿠사 군은 쇠갈퀴를 풀고, 배의 앞부분은 공중에서 떨어져 바다를 치게 된다. 이 쇠갈퀴 공격은 로마 군 선원들에게 무척 두려운 일이었다. 설사 배가 수평으로 수면에 떨어진다고 하더라도 거의 침수되기 때문이었다.

이런 아르키메데스의 장치들 때문에 해상 공격은 실패했다. 따라서 로마 군은 전력을 육상 공격에 집중시키기로 했다. 하지만 그곳조차 방어 시설의 모든 부분에 온갖 물체를 던지는 기계들이 설치되어 있었다. 이 기계들은 오랜 세월 동안 히에로가 숙고하여 비용을 부담하고, 아르키메데스가 고유의 공학 기술을 적용하여 완성한 제품이었다. 게다가 지형 자체가 방어에 유리했다. 성벽의 토대가 놓인 바위 절벽은 대개 경사가 무척 가팔랐고, 따라서 투석기에서 발사되는 무기는 물론이거니와 절벽에서 굴리는 무기들조차 그 무게에 가속도가 붙으며 굴러 내려와 그 아래의 로마 군에겐 치명적인 타격을 가했다. 그런 이유로 성벽으로 접근하는 건 어려웠고, 설사 공격하는 쪽이 발을 디딜 곳을 마련한다 해도 불안정했다. 따라서 로마 군의 작전 회의는 성벽을 직접 공격하는 작전은 포기하자고 결론을 내렸다. 모든 시도가 좌절된 로마 군은 해상과 육로를 봉쇄하는 작전에만 집중하기로 했다.

35. 그러는 사이에 마르켈루스는 휘하 부대의 3분의 1 정도 되는 병력을 이끌고 상황이 어지러운 틈을 타 카르타고로 넘어간 도시들의 회복에 나섰다. 헤로루스와 헤르베수스는 저항하지도 않고 곧장 항복했다. 메가라는 공격을 버티지 못하고 함락되었는데, 다른 도시들, 특히 시라쿠사에 본보기를 보인다는 명목으로 철저히 약탈하고 파괴했다.

거의 동시에 오랫동안 파키눔 곶에서 조금 떨어져 정박해 있던 히밀코가 2만 5천의 보병, 3천의 기병, 12마리의 코끼리를 이끌고 헤라클레아(미노아로 알려진 곳)에 상륙했다. 그 군대는 히밀코가 전에 파키눔에서 이끌던 함대보다 훨씬 더 큰 규모였다. 이런 규모의 부대를 확보한 데에는 이유가 있었다. 히포크라테스가 시라쿠사를 장악하자 히밀코는 직접 카르타고로 가서 병력 모집에 나섰고, 여기에는 히포크라테스가 보낸 사절단과 한니발이 보낸 서신이 많은 도움을 주었다. 한니발은 서신에서 시칠리아를 되찾을 때가 되었으니 국가적으로 명예로운 지원을 해주기 바란다고 썼다. 여기에 더하여 히밀코의 영향력, 그리고 그가 카르타고에서 갖는 실질적인 존재감이 그런 결과를 내는 데 이바지했다. 그렇게 하여 최대한 강한 보병과 기병 전력을 시칠리아로 파견하기로 결정되었다.

헤라클레아에 상륙하자 히밀코는 빠르게 헤라클레아와 아그리겐툼을 회복했다. 이에 카르타고를 지지하는 다른 공동체들은 로마 인들을 섬에서 몰아낼 수 있겠다는 희망을 품게 되었고, 결국 포위 공격을 당한 시라쿠사 사람들도 그 소식을 듣고 용기를 냈다. 그들은 두 지휘관에게 서로 다른 임무를 부여했다. 그리하여 에피키데스는 도시를 지키고, 히포크라테스는 히밀코와 합류하여 로마 집정관 마르켈루스를 공격하기로 되었다. 히포크라테스는 1만의 보병과 5백의 기병을 이끌고 밤 사이에 로마 군의 감시를 받지 않는 성벽 부분을 통해 시라쿠사를 떠나서, 아크릴라이 근처에 진을 치기 시작했다. 하지만 요새화 공사가 진행 중일 때 아그리겐툼에서 돌아오는 마르켈루스의 기습을 받게 되었다.

마르켈루스는 적보다 먼저 손을 쓰려고 서둘러 아그리겐툼으로 갔지만, 이미 카르타고 군대가 도시를 점령한 상태라서 공략에 실패하고 돌아오는 길이었다. 하지만 돌아오는 길에 시라쿠사 군을 조우한 건 그가 전혀 기대하지 않았던 일이었다. 로마 군의 현재 전력으로는 카르타고의 상대가 되지 않아서 히밀코 부대를 두려워했음에도 불구하고, 마르켈루스는 최대한 예방책을 세워놓았고, 휘하 부대를 잘 조직하여 긴급 사태에 대비할 수 있게 했다.

36. 카르타고 인을 대비하여 취해 놓은 이런 조치들은 시칠리아 인들을 상대로 유익하게 활용되었다. 막 진을 치고 있던 시라쿠사 군은 규율도 없고 대형도 갖추지 않은 상태였고, 대다수가 무장을 갖추

지 않았다. 마르켈루스는 이에 접근하여 시라쿠사 보병을 포위했다. 기병대는 미미하게 저항했지만, 히포크라테스와 함께 아크라이로 도망쳤다.

이 행동으로 로마 인과의 동맹을 저버리려는 시칠리아 인들에게 어느 정도 제동이 걸리게 되었고, 마르켈루스는 그 후에 시라쿠사로 돌아갔다. 며칠 뒤 히밀코는 히포크라테스와 합류했고, 시라쿠사에서 13km 정도 떨어진 아나푸스 강에 자리를 잡았다. 거의 동시에 보밀카르가 지휘하는 55척의 카르타고 전함이 시라쿠사의 대항구로 들어왔다. 5단 노선인 갤리선 30척으로 구성된 로마 함대도 파노르무스에 1개 군단을 상륙시켰다.

두 나라가 이처럼 시칠리아에 집중하고 있었으므로 이제 전장이 이탈리아에서 시칠리아로 이동했다고 봐도 무리는 아니었다. 히밀코는 파노르무스에 상륙한 로마 군단이 시라쿠사로 진군하는 중에 틀림없이 자신의 희생양이 될 것이라고 내다봤다. 하지만 로마 군단이 기대했던 것과 다른 경로로 움직이자 그는 실망감을 감추지 못했다. 히밀코는 내륙의 길을 따라 진군했지만, 로마 군단은 함대의 호위를 받으며 해안으로 나아갔고, 그들은 아피우스 클라우디우스가 보낸 일부 병력과 파키눔에서 합류했다. 그렇게 된 이후에 카르타고 인들은 시라쿠사에 그대로 머무를 수 없었다. 보밀카르는 로마 함대가 자신의 함대보다 두 배 규모였기에 자신감이 없었고, 그런 상황에서 막연히 기다리면서 보급품이나 축내는 건 무의미하다는 판단을 내렸다. 휘하의 병력이 그저 시라쿠사에 존재하는 것만으로도 식량 부족의 위험이 있었던 것이다. 따라서 보밀카르는 다시 출항하여 아프리카로 건너갔다.

히밀코에 대해서 말해 보자면 그는 마르켈루스를 따라 시라쿠사로 왔고 카르타고의 대군과 합류하기 전에 마르켈루스와 교전할 기회가 생기길 바랐다. 하지만 이는 헛된 기대였고 그런 기회는 오지 않았다. 따라서 로마 군이 시라쿠사 근처 안전한 곳에 강한 방어 시설과 충분한 병력으로 버티고 있는 걸 확인한 히밀코는 무익한 포위를 시도하고 동맹이 봉쇄당하는 걸 지켜보기만 하는 건 시간 낭비라고 생각했다. 따라서 그는 로마에 대항하여 반란을 일으킬 가능성이 있는 곳이면 어디든지 갈 생각으로 부대를 이동시켰다. 그의 부대가 곁에 존재하는 것만으로도 카르타고를 지지하는 시칠리아 공동체들에게 격려가 되리라고 생각했다. 그 후 무르간티아가 처음으로 카르타고 편으로 돌아섰다. 그 도시의 주민들이 로마 주둔군을 배신한 것이었다. 로마 인들은 그 도시에 많은 양의 곡식과 온갖 보급품을 쌓아두고 있었다.

37. 무르간티아의 반란에 다른 공동체들도 동조했고, 따라서 온갖 곳의 로마 주둔군이 요새에서 내몰리거나, 변절로 배반당하거나, 아니면 제압당했다. 헨나에서 벌어진 일은 주목할 만한 것이었다. 사면이 몹시 가파른 높은 언덕에 지어진 이 도시는 난공불락일 뿐만 아니라 절대 배신을 당하지 않을 법한 지휘관이 통솔하는 강력한 로마 주둔군도 배치되어 있었다. 이 지휘관의 이름은 루키우스 피나리우스였다. 그는 시칠리아 인의 명예를 믿느니 기만에 대비하는 것이 더 현명하다고 생각하는 정력적인 군인이었다. 게다가 그는 이때 온갖 곳에서 들려오는 배신행위, 즉 많은 도시의 반란과 그에 따른 주둔군 살해 소식을 듣고 최대한 많은 예방책을 세워 놓았다. 그는 밤낮을 가리지 않고 경계하면서 헨나의 로마 군에게 철저한 대비 태세를 갖추도록 지시했다. 수비병과 보초병은 늘 철저하게 근무를 섰고, 병사들은 자신의 초소를 떠나거나 비무장 상태가 허용되지 않았다.

이미 히밀코와 로마 주둔군을 배신하기로 약속한 헨나의 지도층은 이런 지속적인 방어 태세로 기만적인 공격을 할 수 없게 되자 공개적으로 행동해야 한다고 결론을 내렸다. 따라서 그들은 도시나 그 내부의 요새는 자신들의 통제를 받아야 한다고 선언했다. 그들은 자유민으로서 로마 동맹에 들어온 것이지, 안전을 보장받기 위한 노예로서 로마 인의 보호에 의탁한 것이 아니라고 했다. 그들은 도시 성문의 열쇠를 자신들에게 넘겨주어야 마땅하다고 주장했다. 그들은 이렇게 말했다. "충성은 올바른 동맹의 가장 강한 유대요. 로마 인과 원로원은 우리가 강요에 의해서가 아니라, 자발적으로 친구로 남았기에 우리에게 감사할 것이오."

피나리우스는 그들에게 이런 답변을 전했다. 자신은 사령관의 명령에 따라 지금 이 자리에 임명되었으며, 성문의 열쇠를 보관하고 요새를 수비하는 임무도 사령관의 지시를 따라야 한다. 자신은 임의로 열쇠를 보관하고 있는 게 아니며, 헨나 인들이 열쇠에 관한 결정권을 가지고 있지도 않다. 열쇠를 자신에게 맡긴 사령관만이 그런 권한을 행사할 수 있다. 이어 피나리우스는 이렇게 말을 마쳤다.

"우리 로마 인은 초소를 포기하는 것은 사형당해 마땅한 일이라고 생각하오. 그런 죄를 지으면 아버지라도 아들을 사형에 처했소. 당신들이 만나야 할 사람은 집정관 마르켈루스요. 로마 군의 사령관은 그리 멀지 않은 곳에 있소. 이 문제를 결정할 권한은 그에게 있으니 그에게 사절단을 보내도록 하시오."

그러나 헨나 지도층은 이런 조언을 거부하고 말로 해서 아무것도 얻을 수 없다면 자유를 회복하기 위한 좀 더 실질적인 수단을 찾아볼 것이라고 대답했다. 이에 피나리우스는 집정관에게 문의하는 일이 내키지 않는다면 자신이 헨나의 민회를 개최할 수 있게 해달라고 요청했다. 그래야 지도층의 요구가 단순히 개인적인 뜻인지, 아니면 평민의 뜻인지 분명하게 확인할 수 있다는 것이었다. 지도층은 이에 동의하고 다음날 민회를 열기로 했다.

38. 이런 대화를 나눈 뒤에 피나리우스는 요새로 돌아와 휘하 병사들을 불러 모아 놓고 다음과 같이 연설했다.

"최근 로마 주둔군이 어떻게 시칠리아 인들에게 습격당해 살해됐는지 제군은 잘 알고 있을 것이다. 여태까지 제군은 신들의 보살핌, 그리고 밤낮을 가리지 않고 무장하고 경계에 나선 제군의 군인다운 역량을 바탕으로 그런 기만적인 공격을 피해왔다. 나는 그저 우리가 끔찍한 행위로 피해를 보거나 혹은 잔혹한 행위를 저지르는 일 없이 이 어려운 시기를 벗어나길 바랄 뿐이다. 시칠리아 인들이 음모를 꾸미는 동안에, 우리는 우리 나름의 굳건한 대응으로 저들을 좌절시켰다. 하지만 저들이 아무리 꾀를 내도 소용이 없자 이제 공공연하게 우리에게 성문 열쇠를 요구하고 있다. 우리가 열쇠를 넘기면 헨나는 즉시 카르타고의 손에 넘어갈 것이고, 이곳을 지키는 우리는 무르간티아의 로마 주둔군보다 훨씬 더 악랄하게 학살당할 것이다. 나는 당면한 위험을 제군에게 알리고자 하룻밤의 시간을 벌었다. 새벽이면 저들은 민회를 열어 내게 죄를 뒤집어씌우고 평민을 선동하여 제군에게 적대적으로 나올 것이다. 따라서 내일 헨나는 피로 물들 것이다. 저들의 피나, 아니면 제군의 피가 흐르게 될 것이다. 저들이 먼저 움직이면 제군에겐 가망이 없다. 반면에 제군이 먼저 움직이면 제군은 안전할 것이다. 칼을 먼저 뽑는 자만이 승리할 것이다.

따라서 제군은 한 사람도 빠짐없이 무장하고 경계하면서 내 신호를 기다려라. 나는 민회에 나가서 이야기하고 논쟁을 벌이면서 모든 것이 준비될 때까지 시간을 끌 것이다. 내가 토가로 신호를 보내면 함성을 지르고 군중에게 덤벼들어 그들을 베어 넘겨라. 무력이나 기만술을 쓸 것으로 우려되는 자들은 하나도 남김없이 죽이도록 하라. 어머니 케레스와 프로세르피나이시여, 이 도시, 이 성스러운 호수와 숲에 계시는 천상과 지하의 모든 신이시여, 우리가 상대를 기만하고자 이런 행동을 계획한 것이 아니라, 적의 기만적인 공격을 미리 좌절시키기 위한 것이라고 생각하신다면 우리와 함께하여 은총을 내려주십시오!

제군, 무장한 적과 싸우려는 것이었다면 나는 권고하는 말을 좀 더 했을지도 모른다. 하지만 저들은 비무장인 채로 방심하고 있을 것이다. 그러니 저들을 마음껏 학살해도 좋다. 더욱이 집정관의 진지가 여기서 그리 멀지 않다. 따라서 히밀코와 카르타고 인들도 전혀 두려워하지 않아도 된다."

39. 이어 부대는 해산하여 식사하고 취침했다. 다음날 병사들은 길에 배치되어 돌아가는 상황을 예의 주시했고, 주민이 밖으로 빠져나갈 방법을 모두 차단했다. 대다수 병사가 회의장 주변과 위쪽에 배치되었는데, 전에 개최된 민회에서도 자주 있었던 일이라 헨나 인들은 별로 놀라지 않았다. 로마 지휘관은 행정관들의 인도로 평민 앞에 섰고, 전날 지도층에 했던 말, 즉 열쇠 인도 문제는 자신이 아닌 집정관이 결론을 내려야 한다는 말을 되풀이했다. 그러자 군중 사이 한두 사람이 이렇게 외쳤다. "열쇠를 넘겨라!" 이어 더 많은 사람이 열쇠를 넘기라고 외쳤고, 곧 회의장의 모든 사람이 한 목소리를 외쳐댔다. 피나리우스는 열쇠 인도를 미루는 척하며 시간을 벌었고, 평민은 야만스럽게 그를 위협했다. 마침내 그들이 노골적으로 폭력을 쓰려고 하자 그는 토가로 미리 정해둔 신호를 보냈다.

행사 내내 주위를 경계하고 있던 로마 군 병사들이 소리를 지르며 쏜살같이 뒤에서 군중을 덮쳤고, 출구 역시 헨나인들이 나갈 수 없도록 병사들이 빽빽하게 서서 막고 있었다. 그렇게 헨나 인들은 회의장에 갇힌 채 칼을 맞고 쓰러졌다. 공포로 인해 끔찍한 혼란이 벌어졌다. 희생자들은 필사적으로 탈출하고자 다른 사람의 머리 위로 맹렬하게 달려갔고, 사람 시체로 쌓아 올린 산더미는 자꾸 높아져갔다. 다치지 않은 자가 다친 자 위로 쓰러지고, 산 자가 죽은 자 위로 쓰러져서 그렇게 되었다. 기습 작전을 마친 로마 군은 흩어졌고, 도시 모든 곳이 마치 공격으로 함락된 것처럼 피와 공포로 물들었다. 희생자들은 무장하지 않은 군중이었지만, 병사들의 피에 대한 갈망은 너무나 갈급하여, 야전에서 위험을 공유하고 전투의 열광에 휩싸였을 때처럼 전혀 줄어들지 않았다. 그렇게 하여 헨나는 완전 무력으로 점령되었다. 이 일에 대해서는 사람에 따라 범죄나 다를 바 없다고 비판할 수도 있고, 불가피한 상황 때문에 필요한 일이었다고 진단할 수도 있을 것이다.

마르켈루스는 이런 대응에 전혀 반감을 드러내지 않았고, 오히려 피나리우스 부대가 도시를 약탈하는 것을 허용했다. 이 일로 이제 겁을 먹은 시칠리아 인들이 또다시 로마 주둔군을 배반하는 일은 없으리라는 판단에서 그렇게 허용한 것이었다. 하지만 거의 난공불락인 입지, 그리고 프로세르피나의 강탈[11]이라는 신성한 신화와 관련이 있

---

11 그리스 신화에서 지하의 신 플루토는 아름다운 프로세르피나를 헨나 바로 아래에 있는 초원에서 납치하여 그 근처에 있는 지하 통로를 통하여 지하 세계로 데려가서 강제 결혼했다. 프로세르피나의 어머니 케레스 여신이 유피테르 신에게 호소하여 프로세르피나는 일년 중 절반은 지상에서 보내고, 나머지 절반은 지하에서 보내게 되었는데, 이 때문에 딸과 함께 있는 반년은 곡식의 여신인 케레스가 기분이 좋아져서 곡식을 잘 돌보아 인간이 농사를 지을 수 있으나, 나머지 반년은 추위가 찾아와 아무런 농사도 짓지 못한다.

는 유명한 시칠리아 중부 도시 헨나가 학살당했다는 소식은 하루 만에 시칠리아 섬 전체에 퍼졌다. 시칠리아 인들은, 사람은 물론 신들이 머무르는 곳이 이런 충격적인 행위로 오염된 것에 불쾌감을 표시했고, 이에 여태까지 어느 편에 설지 갈피를 못 잡은 공동체들은 전부 카르타고의 편을 들게 되었다.

이런 일이 벌어지자 로마 군을 배신하겠다는 현지 주민들의 약속에 따라 헨나로 진군한 히포크라테스와 히밀코는 아무런 소득도 얻지 못했고, 전자는 무르간티아로, 후자는 아그리겐툼으로 물러났다. 마르켈루스는 다시 레온티니로 돌아왔고, 곡식과 기타 보급품으로 진지를 채운 뒤 적절한 병력을 배치하여 그곳을 지키게 했다. 이후 진지에서 출발한 마르켈루스는 시라쿠사 봉쇄를 계속했다. 아피우스 클라우디우스는 집정관 선거에 출마하고자 로마로 떠났고, 마르켈루스는 티투스 퀸크티우스 크리스피누스에게 아피우스가 지휘하던 진지와 함대를 맡으라고 지시했다. 마르켈루스는 헥사필론에서 8km 떨어진 레온이라는 곳에 월동할 진지를 세우고 그곳을 요새화했다. 이것으로 겨울이 시작되기 전에 시칠리아에서 진행된 군사 작전이 모두 끝났다.

40. 같은 해(기원전 214년) 여름 예상되었던 **필리포스 왕과의 전쟁이** 발발했다. 오리쿰의 사절들이 브룬디시움과 인근 칼라브리아 연안을 함대로 경계 중이던 법무관 마르쿠스 발레리우스 라이비누스에게 찾아왔다. 사절들은 필리포스가 3단 노선인 경갤리선 120척을 이끌고 강을 거슬러 와 아폴로니아를 공격했다가 기대한 것보다 일이 천천히 진행되자 밤에 은밀히 군을 움직여 **오리쿰을** 공격해 왔다고 보고했다. 이어 오리쿰은 평지에 있고 방어 시설이나 적절한 병력이 없어 결국 필리포스의 공격에 함락당했다고 말했다. 사절들은 발레리

우스에게 오리쿰을 도와주기 위한 지원군을 파견해 달라고 간청했다. 사절들은, 카르타고 군이 지정학적 위치상 이탈리아 공격의 전초기지로 활용될 수 있다는 이유로, 해안 도시들을 공공연하게 공격해 왔는데, 이 로마의 적을 그 도시들로부터 몰아내 달라고 애원했다.

이에 마르쿠스 발레리우스는 부사령관인 푸블리우스 발레리우스에게 주둔군 2천 명을 맡기고 자신은 전투 준비를 완벽하게 마친 함대를 이끌고 오리쿰으로 출발했다. 전함에 여유가 없어 타지 못한 병력은 다른 수송선을 타고 바다를 건넜다. 마르켈루스는 이틀째에 오리쿰에 도착했다. 필리포스는 떠날 때 그곳에 얼마 되지 않는 주둔군을 남기고 갔고, 로마 군은 미미한 저항을 받았지만 쉽게 도시를 회복했다.

그러자 아폴로니아의 사절들이 마르켈루스를 만나러 왔다. 그들은 로마 동맹 탈퇴를 거절했다는 이유로 포위당하고 있다며, 로마 군의 지원 없이 마케도니아 인을 상대로 더 이상 버틸 수 없다고 보고했다. 발레리우스는 그들의 지원 요청에 응했으며, 2천 명의 정예병을 전함에 태워 강의 어귀로 보냈는데, 이들의 지휘는 동맹군 사령관이자 적극적이고 노련한 장교인 퀸투스 나이비우스 크리스타가 맡았다. 크리스타는 부대를 상륙시킨 뒤 타고 온 배들은 오리쿰에 있는 함대에 합류하도록 돌려보내고 내륙으로 진군을 시작했다. 그는 쓸데없이 필리포스의 병력에 들키는 일이 없도록 강에서 멀리 떨어진 길로 나아갔고, 어둠을 틈타 행군했으므로 적에게 들키는 일 없이 도시로 들어갔다.

다음날은 아무런 활동 없이 지나갔는데, 크리스타가 아폴로니아의 군 복무 연령대의 남자들과 무기와 다른 자원을 검토하는 데 시간이 필요했기 때문이었다. 검토 결과는 고무적이었다. 동시에 정찰병은 마케도니아 군이 전반적으로 태만하고 부주의하다고 보고하자 크리스타는 군대를 움직이기로 했다. 조용한 밤에 그는 휘하 부대를 아주 조용히 도시 밖으로 진군시켰고, 곧 적의 진지로 돌입했다. 어찌나 부주의했던지 적의 진지는 완전히 열려 있었다. 전하는 말에 의하면, 요새를 지나쳐 1천 명의 적군이 들어오는 데도 그들은 전혀 눈치 채지 못했으며, 학살을 조금만 자제했더라면 왕의 텐트까지 도달했을지도 몰랐다.

진지의 출입문 근처에서 벌어진 학살은 그 자체로 경보가 되었고, 적의 진영은 우왕좌왕하는 공황과 극심한 혼란 속으로 빠져들었다. 무장하거나 적을 진영에서 몰아내려고 하는 마케도니아 병사는 단 한 명도 없었다. 심지어 왕조차 침대에서 바로 일어나 절반은 벌거벗은 모습이었다. 그는 도저히 왕다운 모습이 아니었고, 일반적인 군인으로도 자격 미달의 상태였다. 그런 식으로 왕은 진지에서 도망쳐서 강에 있는 자신의 배로 달려갔다. 나머지 병사들도 무질서한 오합지졸의 전형적인 모습을 보이며 왕의 뒤를 허겁지겁 따랐다.

마케도니아 진지에서 거의 3천 명이 붙잡히거나 살해되었고, 포로의 수는 전사자보다 약간 더 많았다. 진지는 철저하게 약탈당했고, 아폴로니아 인들은 마케도니아 인들이 포위 공격하는 데 사용한 투석기와 다른 투사 무기를 아폴로니아로 옮겼고, 비슷한 위험이 닥치면 그 도시의 성벽에 배치해 사용할 계획이었다. 진지의 다른 값진 물건은 로마 인들에게 넘어갔다.

이 작전에 관한 소식이 오리쿰에 전달되자 마르쿠스 발레리우스는 즉시 강의 어귀로 배를 몰고 나아가 왕이 바다로 탈출하는 것을 막고자 했다. 필리포스 역시 바다나 육지에서 로마 인과 동등한 전투를 펼칠 수 없다고 확신하여 배를 해안에 대고 불태운 뒤 육로로 마케도니아로 돌아왔고, 그를 따르는 군대도 많은 병사들이 거의 무장을 잃거나 보급품을 약탈당한 상태였다. 마르쿠스 발레리우스와 로마 함대는 오리쿰에서 겨울을 났다.

41. 같은 해(기원전 214년) 스페인에서도 역시 전쟁이 벌어졌으며 다양한 성공을 거두었다. 마고와 하스드루발은 로마 인들이 에브로 강을 건너기 전에 스페인 대군에 커다란 패배를 안겼다. 푸블리우스 코르넬리우스 스키피오[12]가 전속력으로 도강하여 로마의 동맹군 부족들이 여전히 갈팡질팡하는 현장으로 즉각 가지 않았더라면 로마는 강 남부의 모든 스페인 지역을 잃었을지도 모른다. 로마 인들은 처음엔 하밀카르 바르카가 전사했던 장소로 유명한 카스트룸 알붐에 진지를 구축했다. 그곳은 방어 시설을 잘 갖춘 요새였으며, 이전에 공급받았던 곡식을 비축해둔 곳이기도 했다. 하지만 그 주변 지역을 대규모 군대로 점령하고 있던 적군은 기병대로 로마 군을 멋대로 공격했고, 2천 명 정도의 로마 군 낙오자가 다양한 곳에서 붙잡히거나 살해당했다. 푸블리우스 스키피오는 적의 활동이 뜸한 근처 지역으로 진지를 옮기기로 하고 승리의 산이라고 하는 곳에 진지를 치고 요새화했다. 여기서 그는 동생 그나이우스 스키피오와 합류했는데, 막 기스고의 아들 하스드루발도 온전한 군대를 갖추고 그곳에 도착했다. 이곳엔 이제 세 명의 카르타고 장군이 모였고, 세 사람은 모두 로마 진지 맞은편 강 지역에 진지를 쳤다.

푸블리우스 스키피오는 가볍게 무장한 병사들과 진군하며 정찰에 나섰지만, 적의 경계에서 벗어나지 못했다. 만약 그가 인근 언덕을

---

12 스키피오 아프리카누스의 아버지. 아프리카누스는 기원전 202년, 아프리카의 자마 전투에서 한니발에게 이겨서 제2차 포에니 전쟁을 승리로 이끌었다.

점령하는 데 성공하지 못했더라면 로마 군은 전멸당했을 것이었다. 왜냐하면 지형이 탁 트인 곳인 데다 이렇다 할 만한 엄폐물도 없었기 때문이었다. 그렇다고 해도 그는 포위당한 상태였고, 그의 동생이 구원하러 오지 않았더라면 곤경을 벗어나지 못했을 것이다.

유명하고 중요한 스페인 도시인 카스툴로는 로마를 지지하는 것으로 돌아섰다. 과거에 이 도시와 카르타고의 관계는 무척 밀접했는데, 한니발의 아내가 이곳 출신이었다.

카르타고 인들은 로마 주둔군이 있던 일리투르기를 점령하고자 했다. 그곳은 무척 굶주린 나머지 곧 항복할 것 같았으나 그나이우스 스키피오가 즉시 지원하러 왔다. 그는 1개 군단을 이끌고 진군했는데, 병사들은 군용 짐을 메지 않아 움직임이 가벼웠다. 그나이우스 부대는 적의 진지 두 곳 사이를 지나쳐 도시로 들어갔는데, 이 과정에서 카르타고 군은 많은 사상자를 냈다. 다음날 스키피오는 다시 갑작스럽게 출격하여 전날과 다를 바 없는 훌륭한 성과를 거두었다. 카르타고 군은 두 번의 교전으로 1만 2천 이상의 병사가 죽었으며, 1천 명 이상의 병사가 포로로 붙잡혔고 군기는 36개를 빼앗겼다. 다음으로 카르타고의 공격을 받은 도시는 비게라였고, 역시 로마의 동맹이었다. 카르타고 군은 그곳을 포위했지만, 그나이우스 스키피오가 도착하자 전투도 하지 않고 포위를 풀고 물러났다.

42. 카르타고 군이 수세에 몰려 문다로 이동하자 로마 군은 그들을 전속력으로 뒤쫓았다. 그렇게 조우하게 된 양군은 네 시간 동안 전투를 벌였고, 로마 군이 눈에 띄게 우세한 상황이었지만, 퇴각 나팔 소리가 울렸다. 그나이우스 스키피오가 넓적다리에 투창을 맞아 다쳤기 때문이었다. 그의 근처에 있던 병사들은 그의 상처가 치명적일지도 모른다고 생각해 공황 상태에 빠졌다. 이런 불운한 사태만 없

었더라면 적군의 진지는 분명 그날 점령되었을 것이다. 카르타고 군은 병사들뿐만 아니라 코끼리들도 요새 쪽으로 밀려났는데, 코끼리들은 참호를 건널 때 창에 맞고 서른아홉 마리가 죽었다.

전하는 말로는 이 전투에서도 카르타고 군은 거의 1만 2천에 가까운 전사자를 냈으며, 3천 명이 포로로 붙잡히고 57개의 군기를 빼앗겼다. 카르타고 군은 이후 아우린크스로 퇴각했는데, 로마 군은 전황의 이점을 최대한 활용하고자 그들을 뒤쫓았다. 그곳에서 그나이우스 스키피오는 들것에 실린 채 전선으로 나아가 또다시 참전했다. 전투에 나선 적의 수가 이전보단 적었기에 그들이 입은 손실은 전에 비해 절반 수준이었지만, 로마 군은 여기서 결정적인 승리를 거뒀다.

하지만 바르카 가문은 태어날 때부터 전사였고, 비틀거리는 대의를 다시 일으켜 세우는 능력이 그들의 핏속에 흐르고 있었다. 마고는 새로 병사를 모집하려고 나섰고, 곧 카르타고 군은 다시 한 번 온전한 군대를 갖췄다. 카르타고 병사들은 다시 전투에 나설 정도로 준비가 되어 있었다. 병사 대다수는 갈리아 인이었는데, 며칠 사이에 여러 번 패배를 당한 카르타고 병사들보다 더 잘 싸우지는 못했고 그리하여 결과도 같았다. 8천 명 이상이 목숨을 잃었고, 1천 명 가까이 포로가 되었으며, 군기는 58개를 빼앗겼다. 전리품은 대부분 갈리아 병사들에게서 빼앗은 것인데, 어마어마하게 많은 황금 목걸이와 팔찌가 모였다. 유명한 두 족장 모이니카프투스와 비스마루스는 전사했다. 코끼리는 여덟 마리가 붙잡히고 세 마리는 죽었다.

이렇게 스페인에서 성과를 올리자 로마 인들은 현재 7년 동안[13] 카

---

13 리비우스 자신의 연보에 의하면 만 4년이 된다. 이 책의 21권 7장과 24권 9장을 참조할 것.

르타고 인에게 빼앗긴 사군툼의 일을 기억해내면서 수치스러워했다. 사군툼 함락은 전쟁의 직접적인 원인이었다. 따라서 로마 군은 문다의 카르타고 주둔군을 무력으로 내쫓고 도시를 회복한 다음 전쟁에서 살아남은 이전 주민들에게 그 도시를 돌려주었다. 사군툼과 카르타고 간의 전쟁을 유발한 투르데타니 부족은 로마 군에 정복당한 뒤 노예로 팔렸고, 그들의 수도는 파괴되었다.

43. 이것이 퀸투스 파비우스와 마르쿠스 클라우디우스가 집정관을 맡던 동안 스페인에서 벌어진 일이었다. 로마에선 새롭게 호민관들이 취임하자 호민관 마르쿠스 메텔루스가 두 감찰관 푸블리우스 푸리우스와 마르쿠스 아틸리우스를 소환하여 평민 앞에 세우려고 했다. 메텔루스는 직전 해에 재무관이었는데, 두 감찰관은 그의 말을 빼앗고 부족에서 그의 이름을 삭제하며 그를 가장 낮은 시민 계급으로 강등시켰었다. 칸나이 전투 이후 이탈리아에서 도망치려는 음모를 꾸민 것에 대하여 처벌한 것이었다. 하지만 나머지 아홉 명의 호민관들은 두 감찰관을 지지하여 그들이 공직에 있는 동안 재판을 받는 걸 면제해주었고, 그 결과 감찰관들은 재판에 참석하지 않게 되었다. 하지만 두 감찰관은 임기를 채우지 못했는데, 푸리우스는 임기 중에 죽고, 아틸리우스는 사임했기 때문이다.

집정관 선거는 퀸투스 파비우스 막시무스가 주관했다. 선출된 두 사람은 현역 집정관의 아들 퀸투스 파비우스 막시무스와 티베리우스 셈프로니우스 그라쿠스(2선)였는데, 둘 다 부재중에 당선되었다. 새로운 법무관들은 마르쿠스 아틸리우스, 마르쿠스 아이밀리우스 레피두스, 그리고 쿠룰레 토목건축관리관이던 두 사람인 푸블리우스 셈프로니우스 투디타누스와 그나이우스 풀비우스 켄투말루스였다. 그해 쿠룰레 토목건축관리관들이 조직한 축제 네 번째 날에 최초로 무대극이 공연되었다고 널리 알려져 있다. 토목건축관리관 투디타누스는 칸나이 전투에서 다른 병사들이 패전의 공포로 온 몸이 마비되어 도망치지 못할 때 포위를 돌파한 그 투디타누스와 같은 사람이다.[14]

새로 선출된 집정관들은 파비우스의 제안에 로마로 소환되었고, 공직에 취임했다. 이어 그들은 원로원과 전쟁 수행을 논의하며 집정관과 법무관이 각자 맡아야 할 작전 영역, 그리고 각자 지휘해야 할 부대를 정했다.

44. 두 집정관은 각자 2개 군단을 이끌고 한니발에 대항하는 작전을 펼치게 되었다. 그라쿠스는 기존에 지휘하던 병력을 그대로 이끌게 되었고, 아들 파비우스는 아버지가 지휘하던 병력을 지휘하게 되었다. 법무관 아이밀리우스는, 외국인이 관계된 일에 사법권을 행사하는 권한을 로마 담당의 동료 법무관 아틸리우스에게 넘기고, 새로운 집정관 파비우스가 법무관일 때 지휘하던 두 군단을 맡아 루케리아에서 작전을 펼치게 되었다. 투디타누스는 아리미눔을 배정받았고, 켄투말루스는 수에술라를 맡게 되었다. 두 사람은 각자 2개 군단을 지휘하게 되었는데, 후자는 로마 군단들을, 전자는 마르쿠스 폼포니우스의 병력을 인계받았다.

다른 지휘관들은 기존에 하던 임무를 한 해 더 맡게 되었다. 마르켈루스는 히에로의 이전 왕국 경계 내부에서 작전을 펼치게 되었고, 법무관 대리 렌툴루스는 시칠리아의 오래된 지방을 담당하며 오타킬리우스가 지휘하던 함대도 함께 넘겨받았다. 두 지휘관에겐 새로 병력이 추가되지 않았다. 마르쿠스 발레리우스는 이미 지휘하던 군

---

14 이 책의 22권 1장 참조.

단과 함대를 거느리면서 계속 그리스와 마케도니아에서 작전을 펼칠 것이었다. 퀸투스 무키우스는 기존에 지휘하던 두 군단으로 사르데냐를 계속 맡을 것이었다. 바로는 피케눔을 지키면서 기존의 휘하 군단을 그대로 맡게 되었다. 원로원은 포고령을 내려 로마를 지킬 새로운 두 군단을 모집하고, 더불어 동맹군 2만을 모집하라고 했다. 이 지휘관들과 병력이 외부 적들의 실질적인 혹은 잠재적인 침략으로부터 로마 영토를 지켜낼 것이었다.

이때 불길한 사건들이 보고되었고, 로마를 지킬 두 군단을 모집하고 다른 군단들을 온전하게 편성한 후에, 두 집정관은 로마를 떠나기 전에 관례적인 속죄 의식을 치렀다. 불길한 사건은 로마의 성벽과 성문에 벼락이 떨어지고, 아리키아의 유피테르 신전도 벼락을 맞은 일이었다. 또한 다양한 시각적·청각적 착각들이 사실로 받아들여졌다. 예를 들면, 타라키나에 있는 어떤 강에선 존재하지도 않는 전함이 사람들 눈에 보였다. 콤프사 영토에 있는 유피테르 신전에선 무력 충돌이 일어나는 소리가 들렸다. 아미테르눔에 있는 어떤 강에선 물이 피처럼 보였다. 사제들의 지시에 따라 속죄 의식을 수행한 다음 집정관들은 로마를 떠났다. 그라쿠스는 루카니아로, 파비우스는 아풀리아로 향했다.

아버지 파비우스는 수에술라에 있는 진지에서 아들의 부사령관으로서 합류했다. 아들이 아버지를 만나기 위해 앞으로 나아갈 때 현역 집정관의 앞에서 걷던 길나장이(릭토르)들은 노장의 위엄을 존경하여 말을 탄 채 다가오는 아버지 파비우스에게 침묵을 지켰다. 아버지 파비우스가 12개의 권표 중 11개를 말을 타고 지나치자 아들 집정관은 마지막 길나장이에게 경고하라고 지시했고, 길나장이는 말에서 내리라고 명령했다. 그러자 아버지는 말에서 내리며 이렇게 말했다. "아들아, 나는 네가 정말 집정관 노릇을 제대로 하는지 확인하고 싶었다."[15]

45. 아르피 사람 다시우스 알티니우스는 세 명의 노예를 거느리고 밤에 몰래 로마 군 진지를 찾았고, 충분한 보상만 있다면 도시를 배반하겠다고 약속했다. 파비우스는 이 일을 주제로 논의했지만, 일반적인 견해는 그자를 도망자로 취급하여 채찍질하고 처형해야 한다는 것이었다. 신의가 없어 어느 쪽에서도 믿을 수 없는 자라는 얘기였다. 칸나이 전투에서 패배한 뒤 다시우스는 충성은 전투의 승패로 결정된다는 사상을 가지고 한니발에게 넘어가 아르피가 반란을 일으키도록 사주했다. 하지만 그가 바라고 기대했던 것과는 반대로 이제 알티니우스는 로마가 재기하는 걸 목격했고, 이에 또다시 배신하는 것으로써 이전 배신의 빚을 갚으려는 것이었다. 그야말로 틈만 나면 딴마음을 품는 악당인지라, 적으로도 가치가 없고 친구로 두기에도 신뢰할 수 없는 자였다. 그런 자는 도망자의 전형이자 팔레리이의 배신자나 피로스와 동류로 간주되어야 했다.

하지만 집정관의 아버지인 파비우스는 달리 생각했다. "모두가 상황의 현실을 잊고 있습니다. 한창 전쟁 중인데도 평시와 다를 바 없이 자유롭게 판단하려고 하는 걸 보면 말입니다. 동원할 수 있는 모든 수를 써서라도 동맹의 탈퇴를 막는 데 모든 노력을 기울이고 전념해야 합니다. 그런 때에 실제와는 무척 다른 일을 생각하고 계신 게 바로 그런 자유로운 판단의 결과입니다. 여러분은 지금 무엇을 하고

---

15 아버지와 아들의 관계라 할지라도 선공후사의 정신을 지켜야 한다는 로마 인의 행동 철학을 보여주는 유명한 이야기. 집정관이 길나장이를 앞세우고 행진하면 그 앞을 말 타고 지나가는 자는 누가 되었든지 말에서 내리는 것이 로마 사회의 국법이었다.

있습니까. 정신을 바싹 차리고 이전 우방을 한 번 더 돌아보려고 하는 사람을 상대로 끔찍한 선례를 남기려 하고 있습니다. 로마를 저버리는 건 자유이지만, 돌아오는 건 아니라고 한다면 로마의 대의는 동맹국들에 곧 비관적으로 생각될 것이며, 이탈리아 전체가 카르타고의 우산 아래 들어가게 될 것이라는 점은 자명합니다."

그는 계속 말을 이었다. "내 생각으로도 우리가 알티니우스를 신뢰해야 한다는 건 상상조차 하기 어렵습니다. 하지만 나는 중도 노선을 따라야 한다고 생각하며, 당장은 그를 적이나 우방으로 생각하지 말 것을 제안합니다. 그를 우리가 믿을 수 있는 그리 멀지 않은 도시에 구속해두고 전쟁이 끝날 때까지 그곳에 놔둡시다. 전쟁이 끝나면 우리는 로마의 대의로 복귀한 그의 행동이 전에 저지른 배신이라는 죄를 덮을 수 있는지 여부를 논의할 수 있을 것입니다."

아버지 파비우스의 견해가 받아들여졌고, 알티니우스와 그의 동반자들은 칼레스에서 온 사절단에게 넘겨졌고, 알티니우스가 가져온 상당한 양의 황금은 그를 위해 보관되었다. 칼레스에서 그는 낮엔 자유롭게 돌아다닐 수 있었지만, 감시인들이 붙었다. 밤이 되면 감시인들은 그를 집에 가둬두고 주의 깊게 살폈다. 한편 아르피에서는 알티니우스가 집에 없는 게 확인되자 사람들은 나서서 그를 찾기 시작했다. 이어 저명인사인 그가 갑자기 사라졌다는 이야기가 도시에 퍼지자 난리가 났고, 주민들은 봉기가 일어날까 두려워 한니발에게 즉시 사절단을 보냈다.

한니발은 소식을 듣고도 전혀 곤란한 내색이 없었는데, 오래전부터 알티니우스의 충성을 의심했기 때문이었다. 게다가 알티니우스는 부자였기에 이제 그의 재산을 장악하고 처분할 구실이 생겨 오히려 잘된 일이었다. 그럼에도 불구하고 한니발은 자신의 동기가 탐욕이 아닌 분노로 생각되길 바랐기에 반역자의 아내와 아이들을 사령부로 데려오게 하여 왜 알티니우스가 도주했는지 먼저 묻고, 그런 다음 얼마나 많은 황금과 은이 집에 남았는지를 물었다. 답변을 모두 듣자 그는 알티니우스의 가족을 산 채로 불태웠다. 이는 실로 불필요하게 과도한 행동이었고, 탐욕에 잔인함이 더해져서 나온 결과였다.

46. 수에술라에서 진군해온 집정관 파비우스는 먼저 아르피를 공격하기 시작했다. 도시에서 1km 정도 떨어진 곳에 진을 친 그는 도시의 상황과 방어 시설을 자세히 살핀 뒤 방어 시설이 제일 강력한 곳을 공격하기로 했다. 강한 만큼 수비를 거의 신경 쓰지 않고 있었기 때문이었다. 다양한 공성 무기가 전부 배치되자 그는 휘하 병력 중 최정예 백인대장들을 불러 그들에게 용맹하고 유능한 장교의 역할을 해달라고 당부하면서 600명의 병사를 맡겼다. 그 정도를 적당한 수라고 판단한 파비우스는 백인대장들에게 4경(새벽 3시)에 나팔 소리가 들리면 지시한 장소에 사다리들을 옮기라고 명령을 내렸다. 그곳엔 낮고 좁은 성문이 있었는데, 인적이 끊긴 도시 지역을 통해 통행이 적은 거리로 이어졌다. 그들의 임무는 먼저 사다리를 써서 성벽을 넘어가 내부에서 성문을 열거나 파괴하는 것이었다. 이어 그들은 도시 일부를 장악하면 나팔로 신호를 보내고, 그렇게 되면 나머지 부대도 움직일 것이었다.

파비우스는 만반의 준비를 하고 신호를 기다렸다. 선별된 파견대는 파비우스의 지시를 원기 넘치고 신속하게 수행했다. 이들의 행동을 방해했던 요소가 실제로는 적의 이목을 피하는 데 크게 도움을 줬다. 자정 정도가 되자 폭우가 내리기 시작했고, 적의 수비병과 보초병은 경계 구역을 떠나 비를 피할 곳을 급히 찾아갔다. 이후로 폭우는 더 강해졌고, 빗소리에 로마 군이 성문을 강제로 여는 소리가 묻했다. 마침내 비가 덜 내리게 되자 보초병들은 조용하고 단조로우면서도 속삭이는 듯한 빗소리를 듣고 대다수가 잠에 빠져들었다. 성문을 장악하자 로마 군 파견대는 거리를 따라 똑같은 간격으로 선 나팔수들에게 명령하여 신호를 보내 집정관에게 알리라고 했다. 작전 계획에 따라 일이 성공하자 집정관은 진군을 명했고, 로마 군은 부서진 문을 통해 새벽이 되기 조금 전에 도시로 진입했다.

47. 카르타고 군은 빗줄기가 가늘어지고 새벽이 거의 다 되어서야 일어났다. 그 도시에는 한니발의 주둔군이 있었는데, 5천 명 정도의 강병이었다. 주민들 역시 무장하여 3천 명의 시민 부대를 구성했다. 카르타고 인들은 시민 부대를 최전방에 배치했는데, 이는 후방에서 배신당하는 것을 미연에 방지하기 위해서였다. 양군의 전투는 비좁은 거리에서 시작되었고, 여전히 해가 뜨지 않아 어두웠다. 로마 인들은 곧 거리뿐만 아니라 성문 근처의 가옥들까지 장악하게 되었는데, 이런 가옥들은 위에서 날아오는 무기들에 의한 부상을 막아내는 수단이 되었다. 몇몇 병사들은 상대방 아르피 인을 서로 알아보고 대화를 나눴다.

로마 인들은 아르피 인들에게 대체 무슨 생각을 하는지를 물었다. 그들은 대체 로마가 무엇을 잘못했고, 대체 카르타고가 무엇을 해준다기에, 이탈리아 사람이 야만스러운 이방인의 나라를 위해 옛 동맹에게 등을 돌리고 싸우게 되었느냐고 따졌다. 로마 군 병사들은, 도대체 이탈리아를 아프리카의 속국으로 만들 속셈이냐고 다그쳤다. 그러자 아르피 인들은 사과하며 정말 아무것도 모르는 사이에 정부가 그들의 도시를 카르타고에 팔아넘겼다고 답했다. 그들은 몇 안 되는 지도자들이 주민들을 이런 상황에 내몰고서 억압하고 있다고 말했다.

한 번 대화가 시작되자 점점 더 많은 병사가 대화를 나눴고, 마침내 도시의 최고 행정관이 아르피 인들에 의해 집정관 앞에 서게 되었다. 전투가 한창 진행 중일 때 여러 약속이 교환되었고, 아르피니 인들은 빠르게 뒤로 돌아서서 로마 군과 함께 카르타고 군을 상대했다. 그러자 거의 1천 명 정도 되는 강병으로 구성된 스페인 파견대 역시 파비우스에게 항복하면서 항복 조건을 제시했다. 그건 그들 자신이 아무런 피해를 입지 않고 그 도시를 떠날 수 있게 해달라는 것이었다. 항복의 조건은 수락되었고, 성문이 열리자 스페인 파견대는 아무런 해도 입지 않고 도시를 떠나 살라피아의 한니발과 합류했다. 그렇게 하여 아르피는 로마의 동맹으로 돌아섰다. 한때 반역자이자 최근 도시를 버리고 도망친 단 한 사람(알티니우스)을 제외하곤 아무도 피해를 입지 않았다. 스페인 인들은 명령에 따라 두 배로 배급을 받게 되었고, 스페인은 그들의 용맹하고 충실한 행동으로 빈번히 이득을 보았다.

한 집정관(파비우스)은 아풀리아에, 다른 집정관(그라쿠스)은 루카니아에 있는 사이에, 112명의 캄파니아 귀족이 수에술라 위쪽의 로마 군 진지로 말을 타고 왔다. 그들은 적의 영토를 약탈한다는 구실로 카푸아 행정관들의 허락을 받고 도시를 떠나왔다고 했다. 진지에 도착하자 그들은 보초병들에게 신분을 밝히고 그곳의 지휘관인 법무관 그나이우스 풀비우스를 만나고 싶다는 뜻을 밝혔다. 풀비우스는 그들의 무장을 해제하고 10명만 들여보내라고 지시했으며, 그렇게 진지에 들어온 그들은 카푸아가 회복되면 자신의 재산은 돌려달라는 요구를 했다. 이에 풀비우스는 그들의 요구를 받아들이고 그들을 모두 보호하기로 결정했다.

다른 법무관 셈프로니우스 투디타누스는 아트리눔을 급습하여 점령했다. 로마 군은 7천 명 이상의 포로를 붙잡고, 많은 동화와 은화를 빼앗았다.

로마에서는 끔찍한 화재가 일어났고, 불은 밤낮을 가리지 않고 이틀 동안 타올랐다. 살리나이와 포르타 카르멘탈리스 사이의 모든 건물이 잿더미가 되었고, 아이퀴말리움, 비쿠스 유가리우스, 포르투나 신전과 마테르 마투타 신전도 전소되었다. 불길은 성문 넘어 멀리까지 퍼져 많은 가옥과 성소를 불태웠다.

48. 같은 해(기원전 213년) 스페인의 스키피오 형제는 그곳에서 거둔 여러 번의 승전으로 예전의 동맹들을 많이 회복하고, 더불어 새로운 동맹도 얻었다. 이런 상황을 바탕으로 그들은 아프리카에도 기대를 걸었다. 왜냐하면 새로운 동맹 중 갑자기 카르타고를 배신한 누미디아의 왕자 시팍스가 있었기 때문이다. 그들은 시팍스에게 세 명의 백인대장을 보내 우호 조약을 체결하게 했다. 또한 계속 카르타고를 적대시한다면 원로원과 로마 시민의 호의를 얻게 될 것이고, 때가 되면 로마 인들은 빚을 이자까지 쳐서 갚을 것이라고 약속하기도 했다.

이런 전언은 야만인 왕을 기쁘게 했고, 그는 백인대장 세 사람과 군사 전술을 논의했다. 노련한 군인들이 말하는 이야기를 들으니 그는 로마 군의 통상 훈련 체계가 누미디아 군과는 비교도 안 될 정도로 발전했으며, 자신이 얼마나 무지했는지를 깨달았다. 그래서 그는 두 사람은 돌아가서 지휘관들에게 여기서의 일을 보고하고, 한 사람은 여기 남아 전쟁 기술을 알려주는 강사가 되어 훌륭하고 충실한 동맹 역할을 다해달라고 간청했다. 그는 누미디아 인들이 보병전에 경험이 없고, 말을 탈 때를 제외하면 쓸모가 없다는 점을 인정했다. 기마전은 누미디아 역사 초기부터 채택되었고, 그들이 어릴 때부터 훈련받는 전술이기도 했다. 그들은 이제 주로 보병대에 의존하는 적을 상대하게 되었고, 적과 동등한 조건에서 싸우고자 한다면 보병대를 반드시 훈련시켜야 되었다. 시팍스는 자신의 왕국엔 보병을 맡을 장정들이 충분히 있다고 했다. 그의 유일한 문제점은 어떻게 그들을 무장시키고 훈련하는지 모른다는 점이었다. 상황이 이렇다 보니 그의 전투 부대는 짜임새 없고 작전 계획도 없는 단순하고 부주의한 오합지졸에 불과했다.

시팍스의 요청에 백인대장들은 그렇게 하겠지만, 최고 지휘관들이 이 결정에 찬성하지 않는다면 곧바로 남은 사람을 돌려보내는 걸 보장해야 한다고 말했다. 시팍스의 곁에 남은 백인대장은 퀸투스 스타토리우스였다.

시팍스는 로마 지휘관들과 조약을 확정하고자 두 사람의 백인대장에 세 명의 누미디아 사절을 붙여 스페인으로 보냈다. 그는 또한 사절들에게 카르타고 군에 외인부대로 복무하는 누미디아 인들에게 즉시 접근하여 탈영하도록 설득하라고 지시했다. 스타토리우스는 시팍스를 위해 충분한 인재 풀에서 보병으로 근무할 사람들을 선발했다. 그는 그들을 로마의 형태를 따라 조직한 뒤 대형을 형성하고, 전략적으로 움직이고, 군기를 따르고, 대형을 유지하는 법을 가르쳤다. 그는 또한 요새 작업을 포함하여 다양한 군사 업무를 그들에게 숙달시켰다. 이 모든 일은 무척 성공적이어서 왕자는 곧 기병대만큼이나 보병대를 신뢰하게 되었다. 탁 트인 곳에서 카르타고 군과 교전이 벌어졌을 때 그의 부대는 그들을 물리치기까지 했다. 로마 인들 역시 시팍스의 사절들이 도착하자 큰 이득을 보았다. 그들이 등장하자 누미디아 인들이 카르타고 군에서 탈영하는 수가 점점 늘어났기 때문이다. 이상은 시팍스와 로마 인 사이에 우호 조약이 체결된 경위를 기록한 것이다.

시팍스가 로마와 우호 조약을 체결했다는 소식에 카르타고는 최대한 빨리 누미디아의 다른 영역인 마이술리아를 통치하는, 또 다른 부족장 갈라에게 사절을 보냈다.

49. 갈라는 17살 된 마시니사라고 하는 아들이 있었다.[16] 이 아들은 아버지로부터 물려받을 왕국의 영토를 확장하고 나라를 더 부강하게 만들 능력을 갖춘 후계자로 널리 인정받고 있었다. 카르타고 사절들은 먼저 시팍스가 로마와 동맹을 맺고서 아프리카의 왕들과 사람들을 상대로 자신의 힘을 늘려 나가고 있다는 점을 지적했다. 그러니 갈라 역시 시팍스가 스페인으로 건너가거나 로마 인이 아프리카로 건너오기 전에 즉시 카르타고와 동맹을 맺는 게 유익할 것이라고 말했다. 또한 카르타고 사절단은 시팍스가 로마와의 동맹 관계에서 충실한 실용적 이득을 얻기 전에 격파되어야 한다고 강조했다.

갈라는 이에 쉽게 설복되어 카르타고에 군대를 보내기로 결정했다. 아들 마시니사가 군대의 지휘권을 간청하고 있어서 그 소원을 들어줄 의도도 있었다. 그렇게 하여 마시니사는 카르타고 부대로 강화된 갈라의 군대를 이끌고 시팍스와 만나 큰 전투를 치러 그를 패배시켰다. 전하는 바로는 이 전투에서 3만 명이 죽었다고 한다.

시팍스는 소규모 기병대와 함께 탈출하여 간신히 마우루시아로 도망쳤다. 마우루시아는 서쪽으로 멀리 떨어진 곳에 있는 부족이었는데, 가데스의 반대편으로 대서양 연안과 가까운 곳에 있었다. 이곳

---

16 17세보다는 27세일 가능성이 높다. 이해는 기원전 213년인데, 마시니사가 죽은 해는 기원전 149년으로 92세였다. 여기서 역산해 보면 27세가 된다. 마시니사가 이처럼 오래 살았기 때문에 기원전 151년 폴리비오스는 스키피오 아이밀리우스(스키피오 아프리카누스의 손자)를 따라 스페인으로 갔다가 다시 북 아프리카로 가서 누미디아의 나이든 왕 마시니사를 만나 자마 전투 당시의 한니발에 대한 얘기를 들을 수 있었다.

의 토박이 전사들은 시팍스가 나타났다는 소식을 듣고 사방에서 그에게 몰려들었고, 시팍스는 곧 대규모 군대를 편성하게 되었다. 그렇게 하여 그는 그 군대와 함께 비좁은 해협을 건너서 스페인으로 갔다. 마시니사는 승전군과 함께 시팍스를 뒤쫓아왔고, 이번엔 카르타고 군대의 도움이 없는데도 시팍스와의 전쟁을 대단한 용맹으로 치러내 큰 성과를 거두었다.

스페인 전역(戰域)에서 특기할 만한 사건은 벌어지지 않았다. 로마 지휘관들은 이전에 카르타고 인들이 지급했던 것과 같은 금액을 주고 켈티베리아 인들을 용병으로 고용했다. 300명이 넘는 스페인 귀족이 이탈리아로 파견되어, 한니발의 군대에서 복무하는 동포를 설득해 탈영시키는 작업을 했다. 이해(기원전 213년)에 스페인에서 벌어진 일 중에 기록할 만한 것은 이 정도이다. 켈티베리아 인들은 로마인이 고용한 최초의 용병이었다.

제 25 권

타렌툼과 루카니아의 배반, 시라쿠사 재장악

1. 아프리카와 스페인에서 이런 활동이 벌어지는 동안 한니발은 여름을 타렌툼 인근에서 보내며 도시가 자신의 수중에 떨어지길 기대했다. 동시에 브루티움에선 이전 해에 카르타고 편에 섰던 열두 곳 공동체 중 두 곳인 콘센티아와 타우리아눔이 다시 로마 편으로 돌아섰다. 동맹군 사령관인 티투스 폼포니우스 베이엔타누스만 아니었어도 더 많은 공동체가 로마 쪽으로 돌아섰을 것이었다. 티투스는 브루티움에서 여러 차례 습격을 지휘하며 성과를 거두고 나서는 자신이 저명한 군 지휘관이라도 된 것처럼 행세할 수 있다고 생각했다. 따라서 그는 이럭저럭 군대를 모아 한노와 교전했다. 이 교전에서 많은 로마 군 병사가 전사하거나 포로가 되었다. 티투스 휘하 병력은 전원 훈련도 제대로 받지 않은 노예나 농부였으니 당연한 결과였다. 그나마 티투스가 적에게 붙잡힌 게 손실 중 가장 피해가 덜한 것이었다. 그는 이런 경솔한 모험의 책임자일 뿐만 아니라, 이전부터 부정한 세금 징수 청부인으로 악명을 떨쳤기 때문이었다. 그의 부정부패는 나라뿐만 아니라 그 직책(세금 징수)에도 파멸적인 영향을 미쳤다. 집정관 그라쿠스는 루카니아에서 미미한 교전을 몇 차례 겪었지만, 여기

에 기록할 만한 가치는 없는 일이었다. 그는 또한 몇 곳의 중요치 않은 도시를 공격하여 함락시키기도 했다.

전쟁이 오래 끌자 승리와 패배의 반복적 양상은 사회 전반에 영향을 미치는 것 못지않게 사람들의 마음에도 영향을 주었다. 이를 잘 나타내는 사례는 온 나라에 미신이 범람하는 것이었다. 이런 미신은 주로 외국 종교에서 들어온 것으로서, 그야말로 압도적인 현상이었던지라 누가 보면 갑자기 신들이나 그들의 숭배자가 그 본질이 바뀐 것처럼 보였을지도 모른다. 로마의 전통적 예배가 더 이상 준수되지 않는 곳이 개인의 가정뿐만이 아니었다. 그것은 공적인 곳도 마찬가지여서, 실제로 포룸과 카피톨리움에서도 여자들이 익숙하지 않은 의식에 맞춰 희생 제물을 바치고 기원하는 일도 보였다. 예언자들과 뜨내기 사제들이 명성을 얻게 되었고 또한 그 숫자도 늘어났다. 이렇게 된 것은, 오래 지속된 전쟁으로 농장이 위험하거나 경작되지 않아 기근을 걱정하는 무식한 소작농들이 도시로 몰려들었기 때문이다. 또한 다른 사람의 무지를 이용하여 공인된 전문가처럼 행세하며 돈을 벌려는 분위기도 그런 사회적 분위기에 영향을 미쳤다. 처음엔 품위 있는 사람들 사이에서 그런 행태에 대하여 개인적 분노를 표출하는 선에서 그쳤지만, 곧 공적으로도 그런 추문에 대한 불평의 목소리가 나오게 되었다.

그리하여 원로원은 이 일을 논의하게 되었다. 원로원은 토목건축 관리관들과 치안을 담당하는 행정관들이 그런 분위기를 억제하지 못한 것을 책망했다. 이에 해당 관리들이 군중을 포룸에서 몰아내고 불경한 의식에 사용한 장치를 없애려고 하자 군중이 그들에게 거칠게 달려들었고, 관리들은 간신히 공격에서 빠져나왔다. 하급관리의 공권력으로 그런 사회적 해악을 제거할 수 없다는 게 명백해지자 원로원은 로마 시 담당 법무관 마르쿠스 아틸리우스에게 대중이 미신에서 벗어나게 하는 절차를 밟으라고 지시했다. 그에 따라 법무관은 민회에서 원로원 포고령을 낭독하고 예언이나 기원에 관한 책, 희생 의식에 관한 책을 소유한 자가 있다면 4월 1일 전까지 전부 자신에게 제출하라고 지시했다. 그러자 이후로는 아무도 공적인 장소나 축성된 장소에서 외국의 의식이나 낯선 의식에 따라 희생 제물을 바치는 일이 없게 되었다.

2. 공적 사제직에 있던 여러 사람이 그해 숨을 거뒀다. 대사제인 루키우스 코르넬리우스 렌툴루스, 가이우스의 아들 가이우스 파피리우스 마소, 복점관 푸블리우스 푸리우스 필루스, 희생 의식을 담당하던 10인 성직 위원회의 일원 루키우스의 아들 가이우스 파피리우스 마소 등이 그들이었다. 마르쿠스 코르넬리우스 케테구스가 렌툴루스의 자리를 이어 받았고, 그나이우스 세르빌리우스 카이피오가 파피리우스의 자리를 계승했다. 루키우스 퀸크티우스 플라미니우스가 복점관에 선출되었고, 루키우스 코르넬리우스 렌툴루스가 10인 성직 위원회의 위원으로 선출되었다.

이제 집정관 선거일이 가까워졌다. 하지만 군무에 전념 중인 집정관들을 야전에서 불러들이는 건 현명하지 못한 일이었으므로 집정관 그라쿠스는 가이우스 클라우디우스 켄토를 독재관으로 지명하여 집정관 선출 업무를 주관하게 했다. 켄토는 퀸투스 풀비우스 플라쿠스를 사마관으로 임명하고 선거가 가능한 첫날 선거를 진행했다. 이에 사마관인 플라쿠스와 시칠리아에서 법무관을 맡았던 아피우스 클라우디우스 풀케르가 집정관으로 선출되었다. 새로 선출된 법무관들은 그나이우스 풀비우스 플라쿠스, 가이우스 클라우디우스 네로, 마르쿠스 유니우스 실라누스, 푸블리우스 코르넬리우스 술라였다. 선거가 끝나자 독재관은 사직했다. 훗날 아프리카누스라는 존칭을 받게 되는 푸블리우스 코르넬리우스 스키피오는 마르쿠스 코르넬리우스 케테구스와 함께 그해 쿠룰레 토목건축관리관에 선출되었다. 호민관들은 스키피오가 출마하자 그가 쿠룰레 토목건축관리관 자격이 되는 법적 연령에 도달하지 못했다며 반대했다. 그러자 스키피오는 이렇게 말했다. "로마 시민이 모두 내가 토목건축관리관이 되길 바란다면, 그걸로 내 나이는 충분한 것입니다." [1]

이에 모두가 선거에 참여하기 위해 서둘러 자신의 소속 부족에 합류하여 스키피오에게 투표했고, 호민관들은 이에 곧바로 적대적인 입장을 버렸다. 토목건축관리관들이 그해 베푼 공적인 자선은 로마 게임을 이틀 동안 호화롭게 개최한 것이었다(당시 로마가 갖고 있는 자원에 비추어볼 때 충분히 화려한 것이었다). 그들은 또한 도시의 각 구역에 기름을 나눠주기도 했다. 평민 토목건축관리관 타풀루스와 푼둘루스는 패륜 행위를 저지른 여러 결혼한 여자를 민회의 심판대에 세웠다. 이 중 몇 사람은 유죄가 인정되어 추방당했다. 평민 게임은 이틀 동안 개최되었고, 유피테르를 위한 연회도 열려 축제를 기념했다.

3. 아피우스 클라우디우스와 퀸투스 풀비우스 플라쿠스(3선)는 이제 집정관이 되었다. 법무관들은 추첨으로 담당할 분야를 정했다. 푸블리우스 코르넬리우스 술라는 로마와 국외 문제의 두 업무를 겸임하게 되었는데, 이전엔 두 명의 법무관이 나눠 맡던 업무였다. 그나이우스 풀비우스 플라쿠스는 아풀리아를, 가이우스 클라우디우스 네

---

1   이때는 기원전 212년인데 스키피오의 나이는 22세 정도였을 것으로 추산된다. 리비우스 26권 19장에 의하면, 스키피오는 기원전 211년에 스페인 파견부대의 사령관으로 임명되는데 이때 그의 나이가 대략 24세였다고 기술되어 있다.

로는 수에술라를, 마르쿠스 유니우스 실라누스는 에트루리아를 각각 맡았다. 두 집정관은 공식적으로 한니발을 상대하는 임무를 맡았고, 각각 2개 군단을 지휘하게 되었다. 한 집정관은 이전 해의 전임자 파비우스에게서 군단을 인수했고, 다른 집정관은 풀비우스 켄투말루스의 부대를 인수했다. 법무관들의 경우 플라쿠스는 루케리아의 아이밀리우스가 지휘하던 군단들을 인수했고, 네로는 피케눔의 바로가 지휘하던 군단들을 인수했다. 두 사람은 징집을 시행하여 모자란 병력을 채웠다. 실라누스는 이전 해 로마를 지켰던 도시 군단들을 인수하여 에트루리아로 향했다. 그라쿠스와 투디타누스는 각자 루케리아와 갈리아에서 휘하 병력과 함께 그대로 한 해 더 작전을 수행하기로 지휘권이 연장되었다. 렌툴루스도 마찬가지로 시칠리아의 '옛 지역' 내부에서 계속 지휘권을 행사하게 되었고, 마르켈루스는 시라쿠사와 이전 히에로의 왕국 영토 내부에서의 작전 지휘권을 부여받았다. 함대는 오타킬리우스가 맡았다. 마르쿠스 발레리우스는 그리스에서, 퀸투스 무키우스 스카이볼라는 사르데냐에서, 푸블리우스와 그나이우스 스키피오는 스페인의 두 지역에서 각각 지휘를 맡았다. 기존 병력에 더해 집정관들은 새롭게 두 도시 군단을 모았다. 이렇게 하여 그해의 총 병력은 23개의 군단이었다.

새로운 군단의 병사 징집은 피르기의 마르쿠스 포스투미우스가 훼방을 놓아서 심각한 피해를 주고 있었다. 그는 탐욕과 부정으로 악명 높은 세금 징수 청부인이었는데, 이전 해 루카니아에서 무분별하게 습격에 나섰다가 한노 부대에 포로로 붙잡힌 티투스 폼포니우스 베이엔타누스를 제외하면, 오랫동안 포스투미우스의 악행에 필적할 자가 없었다. 이 두 악당은 군대의 보급품을 해상 수송하는 중에 폭풍을 만나서 입는 손해는 전부 로마 정부가 부담한다는 계약 조항을 악용하여 있지도 않은 보급선의 난파를 보고하고서 보상금을 타냈다. 그들의 손해보고 중에는 사고가 아닌 의도적 파괴 행위로 인한 엉터리 피해도 빈번했다. 그들은 아무짝에도 쓸모없는 화물을 오래된 배에다 신고 중량보다 적게 신고서 운행하는 척하다가, 선원들을 미리 준비한 배들로 옮겨 타게 한 뒤에 고의로 그 배를 침몰시켰다. 그런 다음 화물의 가치를 실제보다 엄청나게 과장하여 피해액을 신고했다.

이런 사기 행각은 지난해 법무관인 아틸리우스에게 발각되었고, 그는 원로원에 곧바로 보고했지만, 원로원은 나라가 위험한 때에 세금 징수 청부인들을 적으로 돌리고 싶지 않아 공식적으로 그들을 비난하지는 않았다. 하지만 평민은 원로원보다 엄격했고, 두 명의 호민관 스푸리우스와 루키우스 카르빌리우스는 이 사건을 심각한 비위로 판단하고, 이 일에 관해 상세히 알린 다음 포스투미우스에게 20만 아스의 벌금을 부과할 것을 제안했다. 그가 항소하러 오는 날이 되자 시민들은 빈 자리가 없을 정도로 카피톨리움을 꽉 채웠다. 소송이 끝나갈수록 피의자에겐 한 가지 희망밖에 남지 않게 되었다. 그것은 포스투미우스의 혈족인 호민관 카스카가 부족 투표의 시행 전에 거부권을 행사하는 것이었다. 그러나 다른 호민관들은 투표를 감독할 입회인들을 세우고 군중들에게 장내 정리를 요청했다. 이어 먼저 투표할 부족을 추첨으로 결정하고자 항아리가 준비되었다. 그러는 사이 세금 징수 청부인들은 카스카를 압박하여 거부권을 행사하여 투표 절차를 중단시키라고 했다.

평민은 이에 항의했다. 한쪽 앞 좌석에 앉아 있던 카스카는 두렵고 부끄러운 감정이 뒤섞여 무척 불편한 기색이었다. 세금 징수 청부인들은 카스카가 도와줄 생각이 없다는 걸 깨닫고 그들 스스로 투표 절차를 방해하기로 했다. 마치 적의 전열을 돌파하는 것처럼 스크럼을 짜더니, 장내 정리의 지시를 받고 군중들이 뒤로 물러난 공간으로 밀고 들어갔다. 이어 그들은 평민과 호민관을 가리지 않고 모욕했다. 난투극이 벌어질 조짐이 보이자 집정관 풀비우스는 호민관들에게 크게 외쳤다.

"이렇게 되면 당신들이 강등된다는 것을 모르십니까? 당장 민회를 해산하지 않으면 폭동이 일어날 테니까 말입니다."[2]

4. 그리하여 민회가 해산되고 원로원이 소집되었다. 집정관들은 세금 징수 청부인들이 불법적인 폭력을 행사하여 민회가 해산된 일을 의제로 삼았다. 의원들은 이렇게 말했다.

"마르쿠스 푸리우스 카밀루스의 추방 이후 도시는 몰락했고, 그는 화가 난 동포들에게 비난받았습니다. 그의 일 이전엔 10인 위원회가 여전히 로마 사회의 근간을 이루고 있는 법전을 만들었고, 이후 많은 저명한 국가 지도자가 대중의 비난에 굴복했습니다. 피르기의 포스투미우스는 굴복하기는커녕 시민들이 투표할 권리를 빼앗고, 민회를 난장판으로 만들었으며, 호민관들을 비하하고 동포와 싸우겠다고 위협했습니다. 또한 무리를 지어 호민관들과 시민들 사이에 일부러 끼어들어 부족들의 투표를 방해했습니다. 그들이 계속 유혈 낭자한 싸움을 부추기는 걸 가까스로 막은 건 행정관들의 인내였습니다. 행정관들은 일시적으로 소규모 무리의 터무니없는 자기주장을 들어주면서, 그들 자신은 물론이고 평민까지 일시적으로 뒤로 물러나게 했습니다. 이처럼 포스투미우스는 자신을 따르는 무리와 함께 무력으로

---

2   호민관의 의무나 특권을 방해하는 행위가 벌어지면 그 호민관은 그 지위에서 강등이 된다.

민회를 방해하려고 했지만, 민회가 해산되면서 그의 구실은 사라졌습니다."

올바른 신념을 지닌 의원들은 두 집정관의 발언으로 포스투미우스의 극악무도한 행동이 온전히 증명되었다고 판단했다. 그리하여 포스투미우스의 행동은 국가에 대한 폭력이자 가장 위험한 선례라는 취지의 포고령이 공식 선포되었다. 앞서 언급한 호민관 스푸리우스와 루키우스 카르빌리우스는 이에 곧바로 벌금형 대신 사형을 구형했고, 포스투미우스가 보석금을 내지 않으면 체포하여 투옥해야 한다는 지시도 추가로 내렸다. 포스투미우스는 보석금을 냈지만, 재판정에 출석하지는 않았다. 이에 민회에서 그 문제를 다시 다뤘고, 다음과 같은 결정이 내려졌다.

"포스투미우스가 5월 1일 전까지 나타나지 않거나, 혹은 해당일에 출석하라는 소환 명령이 내려졌는데도 응답하지 않거나 타당한 불출석 사유를 내놓지 않는다면 그는 국외로 추방된다는 사실을 알아야 할 것이다. 그의 재산은 매각되고 수돗물과 공용 불의 사용을 금지당할 것이다."

호민관들은 이어 폭동 선동에 가담한 모든 자에게 사형을 구형하고 보석금을 내게 했다. 보석금을 납부하지 않은 자들은 즉시 구금되었고, 이어 보석금을 내겠다고 하는 자들도 결국 구금되었다. 그러나 상당수는 추방을 선택하여 이런 위험을 피했다.

5. 이상은 세금 징수 청부인들의 이야기이다. 그들은 부정을 저질러놓고 극악무도한 방법으로 상황을 모면하려고 했으나 모두 법의 처분을 받았다.

대사제를 선출하는 선거가 열렸고, 새롭게 사제에 임명된 케테구스가 이 선거를 주관했다. 대사제 자리를 놓고 세 후보자가 치열한 경쟁을 벌였다. 한 사람은 이전에 두 차례 집정관을 지내고 감찰관도 역임한 현 집정관 플라쿠스였고, 다른 한 사람은 이전에 감찰관과 두 차례 집정관을 지내 이름이 높은 만리우스 토르콰투스였으며, 또 다른 한 사람은 쿠룰레 토목건축관리관조차 아직 지내지 않은 푸블리우스 리키니우스 크라수스였다. 하지만 젊은 크라수스는 경력과 나이가 많은 저명한 경쟁자들을 물리치고 대사제로 선출되었다. 지난 120년 동안 푸블리우스 코르넬리우스 칼루사를 제외하고 고관직을 지내지 않은 채 대사제 자리에 오른 사람은 크라스스가 유일했다.

집정관들은 신병을 모집하는 데 어려움을 겪었다. 청년들의 숫자가 충분하지 않아 새로운 도시 군단들은 물론 기존 군단들을 보충하는 일도 힘든 실정이었다. 그럼에도 불구하고 원로원은 징집을 포기해선 안 된다고 했고, 여섯 명의 모병 위원을 임명한 뒤 세 명은 로마에서 80km 안에서, 나머지 세 명은 그 밖에서 맡은 임무를 수행하게 했다. 그들의 임무는 모든 시골 지역, 장이 서는 마을, 지역 중심지를 돌며 그곳의 모든 자유민 남자들을 점검하고, 군대에 복무할 나이가 되지 않았다고 하더라도 무기를 들기에 적합하다고 판단되는 남자들을 입대시키는 것이었다. 호민관들은 17세가 되지 않은 청년들이 군사 서약을 하게 되면 그들의 복무 기간은 17세 이상 입대한 자들의 것처럼 계산된다는 제안을 해달라는 요청받았다.[3] 이런 포고령에 따라 임명된 모병 위원들은 복무에 적합한 자유민 남자들을 철저히 찾아내기 위해 시골 지역으로 떠났다.

---

3 장정은 17세에서 46세 사이의 남자로서 보병으로 근무하며 이 연령대 동안에 총 20회의 출정 요구에 응해야 한다. 리비우스는 여기에서 16세 이하의 소년이 참전한 전투도 이 20회 출정의 계산에 들어간다는 것처럼 말하고 있다. 따라서 그 소년병은 추후 이 횟수까지 계산하여 20회를 채우면 된다는 뜻이다.

이즈음 시칠리아에서 마르켈루스가 보낸 급보가 원로원에 도착했다. 그 보고서는 푸블리우스 렌툴루스 휘하에서 복무 중인 병사들의 요청을 그대로 전달한 것이었다. 이 병사들은 칸나이에서 패배한 군대의 패잔병들이었는데, 이미 언급한 것처럼 시칠리아로 내쫓겨 카르타고와의 전쟁이 끝날 때까지 이탈리아로 돌아오지 못한다는 처분을 받았었다.

6. 렌툴루스의 허가를 받아 그의 휘하 병사들은 군단병 중 최정예를 포함하여 최고위 기병과 백인대장들로 대표단을 구성하여 마르켈루스가 머무르는 월동 진지로 찾아갔다. 마르켈루스가 하고 싶은 말이 있으면 하라고 하자, 대표단 중 한 사람이 나서서 다음과 같이 말했다.

"마르켈루스 장군님, 당신이 집정관이고 우리가 이탈리아에 있을 때, 그러니까 원로원이 우리에 대해 가혹하지만 정당한 포고령을 내렸을 때, 우리는 지금처럼 당신을 찾아뵈었어야 마땅했습니다. 우리가 왕들이 죽어 혼란 상태인 위험한 나라(시칠리아)로 보내져 시칠리아 인과 카르타고 인을 동시에 상대해야 하는 힘든 전쟁을 치르게 되었습니다. 헤라클레아에서 피로스에게 포로가 되었던 선조들이 이후 피로스와 싸워 결백을 주장했던 것처럼, 우리가 그것을 바라지 않았다면, 우리는 피와 상처로 원로원에 배상할 수 있었을 겁니다.

마르켈루스 장군님, 당신을 보면 저는 눈앞에 집정관들과 모든 원로원 의원이 보이는 것 같습니다. 그러니 이렇게 말하겠습니다. 원로원 의원 여러분, 그때 여러분을 분노하게 했던, 혹은 지금도 우리에게 분노하고 있는 우리의 잘못이 대체 무엇입니까? 마르켈루스 장군님, 칸나이에서 당신이 집정관이자 지휘관이었다면, 우리의 운명과 조국의 운명은 지금보다 훨씬 나았을 것입니다. 우리의 비참한 곤경에 대해 하소연하기 전에, 우리에게 가해진 비난에서 벗어날 기회를 주십시오. 칸나이에서 우리 군이 패배한 것은 신들의 분노나 운명의 여신 때문이 아닌 어떤 인간적 잘못에 기인한 것이었습니다. 어떤 불가피한 법칙으로 인간사에서 칸나이 패배가 무조건 벌어져야 하는 일이었다면, 그 잘못은 대체 누가 저지른 것입니까? 저희의 잘못입니까, 지휘관의 잘못입니까? 저는 군인입니다. 저는 제 지휘관에 대해 절대 아무런 불평의 말도 하지 않을 것입니다. 특히 그 지휘관[4]이 '공화국을 저버리지 않아' 원로원에게서 감사의 말을 들었다는 것도, 칸나이 이후로 매년 지휘권을 행사했다는 것도 잘 알고 있는 상황인지라 더더욱 불평 따위는 하지 않을 것입니다. 군단 장교로서 그 참사에서 살아남은 다른 사람들도 선거에 출마하여 공직을 맡고 지역을 관장하게 되었다는 말도 들었지만, 아무 말도 하지 않겠습니다.

의원 여러분, 전혀 의지할 곳이 없는 보잘것없는 저희를 아주 잔인하게 대했으면서, 어떻게 여러분이나 여러분의 아들은 눈감아줄 수 있습니까? 모든 희망이 사라졌을 때 일반 병사들은 죽을 것이 뻔한 전투로 밀어 넣고, 집정관과 그의 저명한 친구들은 목숨을 구하고자 달아나는 게 수치가 아니라니 이게 대체 무슨 말입니까? 알리아에선 거의 전군이 도망쳤습니다. 카우디움 협곡에선 칼 한 번 휘두르지 않고 적에게 항복했습니다. 그 외에도 제가 굳이 언급하고 싶지 않은 다른 부끄러운 패배들도 있었습니다. 하지만 그 당시 패배한 군대에겐 불명예 낙인이 찍히지 않았고, 오히려 로마는 실제로 알리아에서

---

4 칸나이 전투 때 파울루스와는 다르게 살아남았던 집정관 바로를 가리킨다. 이 병사는 칸나이 패전이 파울루스와 바로의 불화가 큰 이유였는데, 정작 책임을 져야 할 사람은 최고 위직을 그대로 누리면서 그의 지시를 따른 병사들은 왜 시칠리아 유배라는 징벌을 이토록 계속 받고 있어야 하는가, 라는 암시를 하고 있다.

베이이로 탈출한 바로 그들에 의해 수복이 되기까지 했습니다. 카우디움 협곡에서 패배한 군단들은 무장을 해제당한 채로 도시로 돌아왔지만, 다시 무장하여 삼니움으로 돌아갔고, 로마 군에 수치를 안긴 영광을 누린 적을 철저하게 격파하여 수치를 통쾌하게 갚아주었습니다.

누가 칸나이에서 싸운 군대를 공황에 빠졌다거나 비겁하다고 비난할 수 있겠습니까? 전장에선 5만이 넘는 병사들이 죽었지만, 집정관은 70명의 기병과 함께 도망쳤습니다. 생존자는 적이 로마 병사들을 학살하다가 피곤해져서 더 이상 칼을 휘두를 힘조차 없었기 때문에 살아났던 것입니다. 포로들에게 몸값을 지급하지 않기로 했을 때, 시민들은 우리에게 찬사를 보냈습니다. 우리가 스스로 적을 헤치고 나와 목숨을 구하고, 베누시아의 집정관에게 합류하여 어쨌든 정규군 비슷한 조직을 구성하는 데 이바지했기 때문입니다. 하지만 우리는 옛적 선조들이 포로가 되었을 때보다 더 심한 곤경에 빠져 있습니다. 선조들은 들고 있던 무기와 복무하던 부대, 그리고 진지에 있을 때 막사를 치던 장소 등이 우리와 다를 뿐이었습니다. 또한 선조들은 패배 이후에도 단 한 번 훌륭하게 복무하거나, 단 한 번 승리하여 이 모든 걸 회복할 수 있었습니다. 누구도 추방당하지 않았고, 만기 복무할 수 있다는 희망을 빼앗기지도 않았습니다. 오히려 선조들은 전투에서 적을 상대할 기회를 받아 목숨을 잃어버리거나 수치를 회복할 기회가 주어졌습니다.

하지만 우리는 칸나이 전투에서 살아남은 몇 안 되는 로마 군 생존자라는 이유만으로 비난을 받아, 이탈리아와 고향뿐만 아니라 적에게서도 먼 곳으로 내쫓겼습니다. 우리는 그 유배지에서 늙어가기만 하고 있습니다. 죄를 씻어 내거나, 동포의 분노를 달래거나, 명예로운 죽음을 맞이할 기회와 희망도 없습니다. 우리는 우리의 수치가 잊힐 거라고 기대하지 않습니다. 우리는 용맹에 맞는 보상도 추구하지 않습니다. 그저 우리의 용기를 증명하고, 다시 한 번 남자답게 행동할 기회를 부여해 달라는 것입니다. 우리는 전투와 위험을 마다하지 않으며, 남자답고 군인답게 싸울 기회를 요구합니다. 시칠리아에서 전쟁이 발발한 지 2년이 되었습니다. 이 전쟁은 치열하게 진행 중입니다. 양군은 번갈아 도시를 함락하고 있습니다. 보병과 기병은 지금도 충돌하고 있습니다. 시라쿠사에선 수륙 양면으로 작전이 계속되고 있습니다. 전투의 함성과 무기가 충돌하는 소리가 들리는 데도 우리는 마치 손에 쥘 칼도 없는 것처럼 나태하고 쓸모없이 주저앉아 있습니다.

집정관 그라쿠스는 노예 군단들을 데리고 적과 수많은 총력전을 벌였고, 노예들은 그 보상으로 자유와 시민권을 얻었습니다. 노예들도 이 전쟁에서 싸우고 있는 마당에 우리는 전혀 고려되고 있지 않습니다. 우리가 적과 만나 전투로 자유를 찾을 수 있게 해주십시오. 바다든, 육지든, 전열이든, 공성이든, 어디든 좋습니다. 마르켈루스 장군님이 바라는 대로 우리의 용기를 시험해주십시오. 우리는 격심한 위험과 지극히 까다로운 전투를 요구할 뿐입니다. 그래야 최대한 빨리 칸나이에서 해야 마땅했던 일을 여기서 할 수 있기 때문입니다. 우리 모두의 삶은 그날 이후로 치욕만 가득했습니다."

7. 대표자가 말을 마치자 그들은 마르켈루스의 무릎 앞에 엎드렸다. 마르켈루스는 이 문제는 자신이 결정할 권한이 없지만, 원로원에 서신을 보내 후속 지시에 따르겠다고 답변했다. 서신은 새로운 집정관들에게 전달되었고, 원로원은 이 문제를 논의했다. 의원들은 칸나이 전투에서 전우들을 버린 자들에게 왜 나라의 안전을 맡겨야 하는

지 모르겠다고 말했다. 하지만 총독 마르켈루스가 다른 견해가 있다면 공공의 안녕과 그의 의무에 부합하게 그들을 자유롭게 써도 좋다고 했다. 단, 해당하는 자 중 누구도 이탈리아 땅에서 적이 물러날 때까지 복무에서 면제되어서는 안 되며, 용맹하다고 훈장을 수여해서도 안 되고, 이탈리아로도 돌아올 수 없다는 조건을 달았다.

원로원 결의와 시민들의 분명한 뜻에 따라 도시 담당 법무관은 민회를 소집하여 성벽과 방위 탑 수리를 담당할 위원 다섯 명을 임명했고, 성물(聖物)을 검토하고 신전이 받아들인 선물을 기록할 세 명의 위원, 그리고 지난해 화재로 파괴된 포르타 카르멘탈리스 내부의 <운명>의 신전과 마테르 마투타⁵의 신전, 외부의 <희망>의 신전을 보수할 세 명의 위원을 임명했다. 당시 날씨는 대단히 나빴다. 알바누스 산에선 이틀 동안 돌비가 멈추지 않고 내렸다. 많은 건물에 벼락이 떨어졌고, 카피톨리움에 있는 두 곳의 신전과 수에술라 위쪽에 세운 로마 군 진지 주변 요새도 여러 군데 벼락을 맞았다. 이 과정에서 두 명의 경계병이 죽었다. 쿠마이의 성벽과 여러 방위 탑은 벼락을 맞고 무너졌다. 레아테에선 커다란 바위가 하늘에서 날아다니는 것이 보였으며, 태양은 평소보다 더 붉어 마치 핏빛으로 보였다. 이런 징후들에 대처하고자 로마에선 하루를 공적인 기원을 올리는 날로 지정했고, 집정관들은 며칠 동안 종교적 요구에 부응하는 일을 하며 분주하게 보냈다. 거의 동시에 종교의식을 치르는 아흐레의 축제가 열렸다.

로마 인들이 오랫동안 벌어질 것으로 의심하고, 한니발이 오랫동

---

5   Mater Matuta. 고대 이탈리아의 새벽 혹은 서광의 여신.

안 바랐던 타렌툼의 반란은 이제 외부에서 발생한 일로 빠르게 진행되었다. 타렌툼 태생의 필레아스는 명목상 대사로서 로마에서 오랫동안 머물렀다. 그는 가만히 앉아 있지를 못하는 성격이었는데, 그토록 오래 성원해온 로마가 아무런 움직임도 없자 이를 견디지 못하고 있었다. 그러던 때 그는 타렌툼과 투리이에서 보낸 인질에 접근할 수 있게 되었다. 인질들은 아르티움 리베르타티스에 갇혀 있었지만, 그들에 대한 감시는 다소 소홀했다. 빈틈없이 감시해봐야 감시원들이나 정부에 딱히 득될 것이 없었기 때문이다. 필레아스는 인질들과 자주 만나 대화하는 과정에서 그들의 지지를 얻게 되었다. 어느 날 밤 어두워지고 얼마 되지 않아 필레아스는 신전 수행원 두 사람을 매수하여 인질들을 풀어주고서 그들과 함께 탈출하여 몰래 여행을 떠났다. 다음날 아침 일찍 인질들의 탈출 사건이 발견되었고, 로마의 추격대가 조직되어 도망자들을 쫓았다. 도망쳤던 자들은 전부 타라키나에서 붙잡혀 로마로 다시 송환되었다. 로마 시민들의 뜻에 따라 그들은 코미티움으로 끌려와 매를 맞고 바위[6]에서 내던져졌다.

8. 이처럼 극도로 혹독한 처벌이 시행되자, 이탈리아의 가장 유명한 그리스 정착지 두 곳이 크게 분개했다. 처형당한 인질들의 친구들과 친척들은 공적으로나 사적으로나 분노를 참지 못했다. 이에 타렌툼의 젊은 귀족 열세 사람은 음모를 꾸몄다. 이들의 지도자는 니코와 필레메누스로, 이 두 사람은 음모를 시행하기 전 필수적으로 사전 정지 작업이 한니발과의 면담이라고 확신했다. 따라서 이 둘은 어느 날 밤 사냥을 떠난다는 구실로 도시를 떠나 한니발이 있는 사령부로 갔

---

6   카피톨리움 언덕 높은 곳에 있는 타르페이아 바위. 곧 이 바위에서 내던져서 추락사시켰다는 뜻. 참조 24권 20장.

다. 그들이 한니발의 진지 근처에 도착하여 초병들에게 접근하려던 즈음에, 길가 근처 숲에 매복한 열한 명의 병사가 그들을 붙잡았고, 그들은 자청하여 한니발 앞으로 붙들려 갔다. 그들은 한니발에게 음모를 꾸미게 된 이유와 구체적 내용을 설명했다.

이에 한니발은 열렬하게 감사를 표하고, 그들에게 온갖 약속을 다 했다. 이어 그는 풀밭에 있는 카르타고 군의 가축 몇 마리를 몰고 가라고 권고했다. 그래야 동포들이 사냥을 나갔다는 걸 믿지 않겠느냐는 뜻이었다. 한니발은 이어, 그들이 가축을 몰고 도시로 돌아가는 중에 카르타고 군은 그 누구도 방해하지 않을 것이라고 보장했다. 꽤 많은 동물을 끌고 돌아온 니코와 필레메누스는 크게 사람들의 주목을 받았다. 하지만 이런 일이 반복되자 사람들은 갈수록 덜 주목하게 되었다. 한니발과의 두 번째 면담에서 음모자들은 도시가 로마로부터 해방되면 타렌툼 인들은 그들 고유의 법률에 따라 살게 되고, 모든 사유 재산을 그대로 소유하고, 카르타고에 조공을 바치지 않는다는 점을 보장받았다. 또한 그들의 의지에 반해 카르타고 주둔군이 도시 내에 배치되지 않으리라고 약속을 받았다. 다만 로마 인들이 점유한 모든 집과 로마 주둔군은 한니발의 뜻대로 할 수 있다는 조건이었다.

이런 조건에 양자가 합의하자 필레메누스는 밤중에 훨씬 더 자주 도시를 들락날락했다. 마침내 그는 훌륭한 사냥꾼으로 유명해졌다. 그는 사냥개를 앞세우고 사냥을 떠났고, 붙잡은 짐승이나 한니발에게서 받은 짐승을 끌고 돌아와선 그런 짐승을 행정관이나 수비병에게 선물로 넘겨줬다. 그가 늘 밤중에만 사냥하러 나가는 것은 카르타고 군에 대한 두려움 때문이라는 이유를 둘러댔다. 그가 사냥 다니는 일이 버릇이라고 생각되자 성문은 그가 휘파람만 불어도 밤중인

데도 그냥 열렸다. 한니발은 이에 때가 되었다고 생각했다. 그의 진지는 타렌툼에서 사흘 정도 진군하면 도착하는 곳에 있었다. 그는 진지에서 질병을 가장하여 진지에서 오랫동안 아무런 행동도 하지 않았고, 이런 모습은 날이 갈수록 덜 이상하게 보였다. 그에 따라 타렌툼에 주둔한 로마 군은 한니발이 병에 걸렸나 보다, 라고 생각하면서 오랫동안 활동하지 않는 것에 대하여 의심을 하지 않았다.

9. 한니발은 이제 타렌툼으로 움직여야 한다고 판단하고서 1만 명의 병사들로 구성된 기병대와 보병대를 선발했다. 이들은 한니발이 임무 수행에 가장 적합하다고 판단한 자들이었으며, 비범하게 민첩했으며 무장도 가벼웠다. 제4경(새벽 3시)에 한니발은 이들을 데리고 진지를 떠났다. 그는 누미디아 기병 약 80명을 먼저 보내 길 인근에 있는 모든 장소를 철저하게 살피고, 사방에 유능한 감시병을 배치하여 아군을 목격한 자는 누구든 처치하라고 지시했다. 그들 앞에서 움직이는 자들은 누구든 붙잡힐 것이고, 그들과 만나는 자는 누구든 죽여야 했다. 이는 진군 중인 군대라기보다 습격대라는 인상을 지역 농부들에게 주기 위한 행동이었다. 한니발은 지체 없이 행군하여 타렌툼에서 24km 정도 떨어진 곳에 진을 쳤다. 그는 이 때에도 휘하 병사들을 불러 모아 작전 계획은 밝히지 않고 엄중하게 길을 지키고 누구도 대열에서 떠나선 안 된다고 주의를 줬다. 또한 그는 병사들에게 언제든 명령을 수행할 수 있도록 철저히 대기할 것이며, 장교들이 직접 시키는 일 이외에 어떤 일도 하지 말 것을 당부했다. 한니발의 지시는 때가 되면 내려올 것이었다.

바로 이때 소규모 누미디아 기병대가 타렌툼 일대의 시골 지역을 습격하여 불안을 퍼뜨리는 중이라는 보고가 타렌툼에 도착했다. 로마 주둔군 지휘관은 이 보고를 가볍게 여기면서, 다음날 동이 틀 때 출격하여 적의 습격대를 저지하라고 일부 기병대에 지시했다. 그 지휘관은 엄청난 위협이 곧 현실로 드러날 것인 데도 불안을 느끼기는커녕 이번 습격을 한니발과 그의 휘하 병력이 진지를 떠나지 않고 그위치에 그대로 있다는 증거로 받아들였다.

한니발은 초저녁에 다시 움직였다. 필레메누스는 평소처럼 짐승들을 끌고 가며 한니발의 안내인 역할을 맡았다. 다른 반역자들은 미리 준비한 바에 따라 필레메누스가 늘 짐승을 데려오던 뒷문으로 카르타고의 무장 병사들을 들여보내면 그들에게 호응하기 위해 기다렸다. 그 사이에 한니발은 도시의 다른 쪽으로 나아가 테멘티스 성문으로 접근하기로 되었다. 이 성문은 바다로부터 좀 떨어진 동쪽 방향이었는데, 그 성문 안쪽의 공간은 대부분 무덤이었다.

성문 가까이 온 한니발은 합의한 대로 횃불을 신호로써 들어 올렸다. 이 신호에 니코도 같은 방식으로 답했다. 이어 양쪽의 횃불이 꺼졌고, 한니발은 조용히 병력을 성문 쪽으로 이동시켰다. 이에 니코는 잠든 초병들을 덮쳐 죽이고 성문을 열었다. 한니발은 보병대와 함께 도시로 들어갔고, 기병대는 탁 트인 곳에서 교전이 벌어질 때를 대비하여 현재 위치에 머물며 대기했다. 그러는 사이 다른 쪽에서 필레메누스는 여느 때처럼 드나들었던 뒷문으로 접근해 갔다. 수비병들은 이젠 친숙한 목소리와 익숙한 휘파람 소리가 들리자 자연스럽게 평소처럼 반응했다. 그들은 죽인 짐승이 너무 무거워 못 들고 올 뻔했다는 필레메누스의 말에 성문을 열었다. 그가 잡았다는 짐승은 멧돼지였는데, 두 사람이 끌고 있었다. 필레메누스는 그 뒤를 따랐는데, 그의 곁엔 양손에 아무것도 들지 않은 사냥꾼들이 있었다. 초병은 멧돼지의 크기에 놀라며 경솔하게도 그것을 나르는 두 사람에게 시선이 팔려 있었는데, 필레메누스는 그 때를 놓치지 않고 초병을 사냥용

창으로 찔러 죽였다. 이어 병사들이 30명 정도 뒷문으로 들어와 다른 수비병들을 죽이고 가장 가까운 곳에 있는 성문을 열었다.

곧 카르타고 병력이 쏟아지듯 성문 안으로 들어왔고, 그들은 조용히 포룸으로 나아가 한니발과 합류했다. 한니발은 갈리아 병사 2천 명을 세 부대로 나눠 각각 두 명의 타렌툼인을 안내인으로 붙이고 도시 전역으로 보냈다. 그는 병사들에게 도시의 번화가들을 점령하고 혼란이 벌어지기 시작하면 로마 인은 모조리 죽이고 타렌툼 인은 모두 살려두라고 지시했다. 지시의 성공적인 이행을 위해 한니발은 필레메누스와 그의 동료 음모자들에게 이런 지시를 내렸다. '거리에서 만나는 시민들마다 아무것도 하지 말고, 아무 말도 하지 말고, 그저 정신을 바짝 차리고 있으라고 설득할 것.'

10. 점령된 도시에서 곧 온갖 소음이 나고 혼란이 벌어지리라 예상되었지만, 아무도 실제로 어떤 일이 벌어질지는 분명하게 알지 못했다. 타렌툼 인들은 로마 인들이 기습 공격을 가해 도시를 약탈하고 있다고 생각한 반면에, 로마 인들은 타렌툼 인들이 반역 행위를 저지르고 있다고 봤다. 주둔군 지휘관은 소란의 조짐이 보이자마자 황급히 항구로 갔고, 거기서 보트에 올라 요새로 갔다. 이런 혼란에 한 몫한 건 현장에서 크게 울린 나팔 소리였다. 그것은 로마 인의 나팔소리였는데, 반역자들이 이때 쓰려고 미리 준비해 두었던 것이었다. 나팔은 그 악기에 별로 익숙하지 않은 어떤 그리스 인이 불었는데, 그 소리만으로는 어떤 악기에서 나는 소리인지, 소리의 목적이 무엇인지 도저히 알 수 없었다. 동이 틀 때가 되자 상황은 분명해졌다. 로마 인들의 의심은 카르타고와 갈리아의 무기를 보고서 풀렸고, 죽은 로마 인들을 본 그리스 인들은 도시를 장악한 게 한니발이라는 걸 알게 되었다.

햇빛이 점점 더 밝아지고 소란이 잦아들면서 로마 인 생존자들은 요새로 피난했다. 한니발은 타렌툼 인들에게 비무장으로 모이라고 지시했다. 로마 인들과 함께 요새로 피신한 이들을 제외하곤 모든 주민이 그 지시를 따랐다. 그들은 어떤 운명이든 받아들이자는 마음이었다. 한니발은 자기 앞에 모인 타렌툼 시민들에게 친근한 말로 연설을 시작했다. 그는 자신이 트라시메네와 칸나이에서 타렌툼 인들을 포로로 잡았을 때 어떻게 대접했는지 그들에게 상기시키고, 로마의 오만과 폭정을 통렬히 비난했다. 이어 그들에게 곧장 집으로 돌아가 문에 이름을 쓰라고 했다. 이름을 적지 않은 모든 집은 약탈될 것이라고 말했다. 또한 그는 로마 인의 숙소에 그들의 이름을 대신 적은 사람들은(로마 인들은 빈 집을 쓰던 중이었다) 적으로 간주될 것이라고 부연했다. 그렇게 하여 타렌툼 평민이 해산되었고, 곧 동맹의 집과 적의 집은 문에 적힌 이름으로 구분되었다. 명령을 받은 한니발의 병사들은 도시 전역으로 흩어져 로마 인들이 점거한 모든 숙소를 약탈했다. 이에 꽤 많은 재산이 카르타고 군에게 넘어갔다.

11. 다음날 한니발은 요새를 점령하려고 나아갔다. 요새로 간 그는 금방 공격이나 공성기로는 함락시킬 수 없다는 걸 파악했다. 요새는 바다 속으로 쑥 들어간 반도(半島)에 세워졌고, 높은 절벽으로 방어가 되었으며, 요새의 도시 쪽은 성벽과 아주 깊은 해자로 보호되었다. 한니발은 타렌툼 인들을 보호하느라 더 중요한 일을 손대지 못하는 것도 싫고, 강력한 주둔군을 남기지 않아 요새에서 언제라도 로마 인들이 출격하여 타렌툼을 공격하는 상황도 싫었다. 따라서 그는 요새와 도시 나머지 부분 사이에 장벽처럼 보루를 세우기로 결정했다. 게다가 한니발은 이 작업으로 로마 군과 접전할 기회가 생길지 모른다고 생각했다. 로마 군이 토루 건설을 저지하기 위해 공격에 나설

수도 있는 것이었다. 만약 로마 군이 전력으로 공격을 기해 온다면 전투로 인한 피해로 그들의 전력은 손실될 것이었다. 그렇게 되면 한니발이 딱히 돕지 않더라도 타렌툼 인들은 별다른 어려움 없이 도시를 지켜낼 수 있을 것이었다.

토루 건설이 시작되자마자 요새의 문이 활짝 열리고 로마 인들이 공격에 나섰다. 카르타고 군의 전초(前哨)는 애초에 물러나기로 되어 있었다. 한니발은 그렇게 하여 작은 성과를 거둔 로마 군이 무모하게 나서길 기대했고, 그에 따라 더 많은 로마 군 병사들이 더 멀리까지 유인되길 바랐다. 로마 군이 유인당하자 신호가 떨어졌고, 한니발이 미리 준비한 카르타고 주력군이 갑자기 나타나 로마 군을 에워쌌다. 로마 군은 적의 공격을 감당하기 버거웠지만, 급히 퇴각할 수도 없었다. 주변이 공사 중인 보루나 공병들의 장비로 둘러싸여 자유롭게 움직일 공간이 부족했기 때문이다. 많은 로마 군이 해자로 뛰어들었고, 소수는 탈출하기보다 싸우다 죽는 걸 택했다. 이런 일이 벌어진 뒤엔 아무런 방해 없이 토루 공사가 진행되었다. 해자가 아주 깊고 넓게 파였고, 그 내부엔 요새가 세워졌다. 한니발은 요새에서 가까운 곳에 해자에 평행하게 석벽(石壁)을 짓고자 준비를 끝냈다. 이는 카르타고 군의 지원이 없어도 타렌툼 인이 로마 인을 상대로 도시를 지킬 수 있게 하려는 조치였다. 그렇지만 한니발은 소수의 주둔군을 남겼는데, 경계 이외에 석벽의 건설을 돕게 하려는 목적도 있었다. 이후 그는 나머지 병력을 이끌고 갈라이수스 강에서 8km 떨어진 곳에 진을 쳤다.

이후 한니발은 강에 있는 진지에서 석벽 건설 진행을 감독하러 나왔다. 그는 예상보다 훨씬 빨리 세워지는 석벽을 보고서 요새 자체도 급습하면 함락할 수 있겠다고 생각했다. 대다수 요새와는 달리 타렌툼 요새는 높은 곳에 있어서 적의 공격을 막아낼 수 있는 그런 곳이 아니었다. 타렌툼 요새는 평지에 있었으며, 성벽과 해자로 도시의 다른 부분과 구분될 뿐이었다. 한니발이 온갖 투석기와 공성 병기를 동원한 공격을 준비할 때, 메타폰툼에서 보낸 파견대의 도착으로 한껏 고무된 로마 인들은 어둠을 틈타 기습 공격을 가했다. 이들은 몇몇 카르타고 군 장비와 재료를 부수고, 일부는 불을 질러 파괴하는 것에 성공했다.

이에 한니발은 요새 공격을 중단하기로 했다. 이제 그에게 남은 희망은 봉쇄뿐이었다. 하지만 봉쇄 역시 성공할 수 없었다. 요새는 반도에 지어져 항구 입구를 장악하고 있었고, 로마 인들은 이에 따라 바다를 자유롭게 이용할 수 있었다. 반면 도시 자체는 해상 보급이 아예 차단되어 있었다. 그 결과 포위당한 쪽보다 포위하는 쪽이 보급이 모자랄 가능성이 더 컸다. 이에 한니발은 타렌툼 지도층을 소집하여 회의를 열고 카르타고 군이 겪고 있는 모든 곤경을 말해 주었다. 그는 공격으로는 저렇게 강력히 방어되는 요새를 점령할 수 없고, 적이 바다를 이용하는 한, 지상에서의 봉쇄도 별로 효과적이지 못함을 지적했다. 하지만 배가 있다면 로마 군의 보급을 막을 수 있고, 그렇게 되면 적은 아주 빨리 요새를 버리거나 항복할 것이라고 했다.

타렌툼 인들은 한니발의 제안을 받아들였지만, 조언하는 것에 그치지 않고 그런 일을 수행할 수단도 함께 제공해야 되지 않겠느냐고 지적했다. 그들은 시칠리아에 있는 카르타고 전함을 보내 적의 보급을 차단해야 한다고 말했다. 그들은 타렌툼 선박들은 항구에 봉쇄된 상태라 적이 입구를 통제하고 있는 바다로 나갈 방법이 없다고 했다. 그러자 한니발은 이렇게 대답했다.

"하지만 나갈 수 있소. 난제는 머리를 조금만 쓰면 풀리게 되어 있소. 자, 봅시다. 여러분의 도시는 탁 트인 땅에 있어요. 사방으로 뻗은 평평하고 넓은 길도 있지요. 여러분의 배를 수레 위에 올려놓고, 항구에서 도시 중심부를 통과하여 바다로 가는 길로 운송하면 쉽게 배를 조달할 수 있지 않겠습니까? 그렇게 되면 이제 적이 통제하는 바다는 우리의 것이 됩니다. 우리는 수륙 양면으로 요새를 둘러쌀 수 있어요. 아니면 곧바로 요새를 함락시킬 수도 있지요. 요새를 수비하는 로마 병사들이 있건 없건 말이오."

한니발의 말에 타렌툼 인들은 성공할 수 있다는 희망을 품었을 뿐만 아니라, 그런 말을 하는 한니발에게도 무한한 존경을 품게 되었다. 타렌툼은 즉시 수레를 샅샅이 뒤졌다. 이렇게 모인 수레는 서로 단단히 묶였고, 배를 물에서 끌어 올릴 장비가 동원되었다. 배를 실은 수레들의 수송 부담을 덜어주기 위해 길은 새로 포장되었다. 사람과 당나귀가 모였고, 그들이 열성적으로 일한 결과 며칠 뒤 완전히 무장한 함대가 요새 주변을 항해할 수 있었고, 항구 입구에 곧바로 정박하게 되었다.

이상은 한니발이 월동 진지로 돌아갔을 때 타렌툼의 상황이었다. 역사가들은 타렌툼의 반란을 이해, 혹은 이전 해로 각기 시기를 달리 보기도 한다. 하지만 다수가 이해에 타렌툼이 배반했다고 보며, 그 역사가들은 실제 사건이 벌어진 때로부터 그리 멀지 않은 후대에 살았던 사람들이었다.

12. 집정관들과 법무관들은 라틴 축제 때문에 4월 26일까지 로마에 있었다. 그들은 알바누스 산에서 성스러운 의식을 치른 뒤에 각기 맡은 군무를 수행하러 떠났다.

이즈음 발견된 마르키우스의 예언집(豫言集)은 사람들의 종교적 정서를 뒤흔들어놓았고, 새로운 불안감을 안겨주었다. 마르키우스는 유명한 예언자였는데, 이전 해에 원로원은 지시를 내려 예언집들을 찾게 했고, 이 과정에서 수색을 관장한 로마 담당 법무관 마르쿠스 아틸리우스의 손에 마르키우스의 예언집이 들어왔다. 아틸리우스는 즉시 그것을 새로운 법무관 술라에게 넘겼다. 마르키우스의 두 예언 중 하나는 일이 진행됨에 따라 자연스럽게 사실로 확인되었다. 비록 일이 벌어지고 난 다음에야 알려졌지만, 이런 예언으로 자연스럽게 시민들은 아직 발생하지 않은 일을 언급한 다른 예언도 사실일 거라고 믿게 되었다. 확인된 예언은 칸나이에서의 패배를 예견한 것으로, 이런 내용이었다.

"오오 트로이의 아이여, 칸나 강에서 도망쳐라. 이방인들이 디오메드 평원에서 걸어오는 싸움에 말려들어선 안 될 것이다. 하지만 너는 나의 말을 믿지 않을 것이다. 평원이 피로 물들고, 강이 비옥한 땅에서 수천 구의 시신을 거대한 바다로 실어갈 때까지 의심할 것이다. 너의 육신은 물고기와 새를 먹일 것이고, 땅에 사는 짐승들을 먹일 것이다. 유피테르께서 내게 그렇게 말씀하셨다."

칸나이 전투에서 싸웠던 이들은 '디오메드 평원'과 '칸나 강' 등은 실제 참사를 떠올리게 한다고 말했다. 이후 두 번째 예언을 읽었는데, 이는 전의 것보다 더 모호했다. 미래가 과거만큼 선명하지 않을 뿐만 아니라, 더욱 복잡한 방식으로 표현되기 때문이었다. 내용은 다음과 같았다.

"로마 인들이여, 아득히 먼 곳에서 온 병의 근원인 적을 몰아내길 바란다면 아폴로에게 게임을 맹세할 것을 제안한다. 매년 그대들은 아폴로에게 경의를 표하며 게임을 정중하게 기념하라. 정부 국고에서 시민들에게 자금이 분배되면, 각 개인은 그 자신과 가족을 위해 성금을 내어 게임에 기여해야 할 것이다. 이 축제는 시민과 평민에게 법을 행사하는 최고위직인 법무관이 주재해야 한다. 10인 성직 위원회는 그리스 방식으로 희생 제물을 바치는 의식을 수행하라. 이런 일들을 적절한 절차에 따라 수행한다면, 그대들은 늘 기쁨에 찰 것이며, 국운은 날이 갈수록 상승하리라. 왜냐하면 신께서 그대들의 밭을 평화롭게 보살필 것이며, 적을 절멸시킬 것이기 때문이다."

이 예언의 뜻을 풀어내는 데는 하루가 걸렸고, 다음날 원로원은 포고령을 내려 축제와 아폴로에게 경의를 표하는 종교의식을 시빌의 예언서를 참고하여 처리하게 했다. 10인 성직 위원회가 예언서를 참고한 결과를 보고하자 원로원은 축제를 맹세하고 기념하기로 했다. 그들은 축제가 끝난 뒤엔 법무관에게 1만 2천 아스를 주어 의식 비용으로 충당하게 하고, 또한 두 마리의 다 자란 희생 제물도 올리라고 지시했다. 이어 원로원은 두 번째 포고령을 내려 10인 성직 위원회가 그리스 의식에 따라 의식들을 수행하게 했고, 아폴로에게 바치는 희생 제물로는 뿔에 금박을 입힌 소 한 마리와 뿔에 금박을 입힌 흰 염소 두 마리를 바치고, 라토나에게 바치는 희생 제물로는 뿔에 금박을 입힌 암소를 준비하게 했다. 법무관은 키르쿠스 막시무스에서 축제를 개최하기 직전에 이런 포고령을 내렸다. 시민들은 축제가 진행되는 동안에 자신의 수입 범위 내에서 아폴로에게 성금을 바쳐야 한다.

이것이 아폴로 축제가 시작된 과정이다. 대다수 사람이 생각하는 것처럼 이 축제는 건강 기원이 목적이 아니라, 전쟁의 승리를 위하여 맹세되고 기념된 것이었다. 시민들은 화환을 쓰고 축제를 봤으며, 결혼한 여자들은 기원을 올렸다. 식사는 집 마당에서 문을 연 채로 했으며, 날마다 온갖 종교의식이 거행되었다.

13. 그러는 사이에 한니발은 여전히 타렌툼 인근에 진을 치고 있었다. 집정관 두 사람은 삼니움에 있었지만, 카푸아를 곧 공격할 생

각이었다. 캄파니아 인들은 로마 군이 들판에 씨앗을 뿌리는 일을 막아 이미 굶주림으로 곤란한 상황이었다. 그런 결과는 장기간 봉쇄를 당하는 입장에서는 필연적인 것이었다. 그런 이유로 그들은 한니발에게 사절단을 보내어, 로마 집정관들이 도착하여 모든 접근로가 봉쇄당하기 전에 인근 여러 공동체에서 카푸아로 곡식을 가져와 달라고 간청했다. 한니발은 브루티움에 있는 한노에게 지시하여 부대를 이끌고 캄파니아로 가서 캄파니아 인들에게 전달할 곡식을 준비하라고 했다. 브루티움에서 진군한 한노는 주의 깊게 로마 군의 장악 지역들과 삼니움에 주둔한 두 집정관을 피해 베네벤툼에 접근하여, 그 도시에서 5km 떨어진 고지에 진을 쳤다. 그곳에서 그는 작년 여름에 보급품을 비축해둔 인근 동맹국들에게서 곡식을 거두어들이고, 운송 중에 곡식을 지킬 호위병들도 제공했다.

한노는 이어 카푸아에 전령을 보내 자신의 진지에서 보급품을 수령할 날을 알려줬고, 그와 동시에 자신의 진지로 오기 전에 카푸아의 모든 농장에서 운송 수단과 짐 나르는 동물을 최대한 동원하라고 요청했다. 캄파니아 인들은 그의 지시를 특유의 무기력하고 부주의한 태도로 이행했는데, 운송용 수레는 간신히 400대가 넘었고, 짐 나르는 동물은 소수에 불과했다. 이에 한노는 그들을 아둔한 짐승보다도 못한 자들이라고 호되게 꾸짖으며 그렇게 배가 고픈데도 조금도 노력하는 모습이 없다고 불평했다. 하지만 그는 그들에게 다시 곡식을 받을 날을 지정해줬고, 이번엔 적절한 운송 수단을 마련해오라고 지시했다.

이런 소식은 전부 상세하게 베네벤툼 인들에게 보고되었고, 그들은 즉시 10명의 사절단을 보비아눔 근처 진지에 있던 집정관들에게 보냈다. 카푸아 사정에 대하여 소식을 듣자, 두 집정관은 둘 중 하나가 캄파니아로 군대를 이끌고 가야 한다는 데 동의했다. 이에 풀비우스가 밤에 병력을 데리고 떠나 베네벤툼으로 들어갔다. 현장에 도착한 그는 한노가 병사들과 함께 곡식을 모으러 떠났으며, 그의 보급 장교가 캄파니아 인들에게 곡식을 분배하고 있다는 걸 알게 되었다. 수레 2천 대를 끌고 온 잡다한 무리는 단 한 사람도 무장하지 않았다. 게다가 모든 일이 혼란스럽고 뒤죽박죽의 모양새로 진행되고 있었고, 진지의 정돈 상태나 적절한 군사적 절차는 농부들이 들이닥치면서 완전히 무너졌다. 심지어 일부 농부들은 캄파니아 인도 아니었다. 카푸아 소식이 사실임이 확인되자 집정관은 휘하 부대에 다음날 밤에 움직일 준비를 하라고 명령했다. 로마 군은 무기와 군기만 들고 카르타고 군 진지를 공격할 예정이었다. 4경(새벽 3시)이 되자 로마 군은 진군했고, 짐은 모두 베네벤툼에 놔두었다. 그들은 동이 트기 조금 전에 한노의 진지에 도착했다.

로마 군의 등장에 카르타고 군은 깜짝 놀랐다. 그들의 진지가 평지에 있었더라면 분명 단 한 번의 돌격에 함락되었을 것이다. 하지만 카르타고 군 진지는 주변 환경으로부터 든든하게 보호를 받았다. 그들의 진지는 고지에 있었으며, 방어 시설은 가파른 곳을 오르지 않는 한 어디에서도 접근할 수가 없었다. 동이 트자마자 양군 사이에 격렬한 전투가 벌어졌다. 카르타고 군은 요새를 지켜냈을 뿐만 아니라 적을 내려다보는 우월한 위치에서 가파른 경사를 애쓰며 올라오는 로마 군을 물리쳤다.

14. 로마 군은 강인한 결의와 죽음을 두려워 않는 용맹으로 모든 걸 극복했지만, 여러 곳에서 동시에 요새와 해자까지 밀고 들어가느라고 다치고 죽는 자가 많았다. 사상자가 많이 발생하여 심란해진 집정관은 장교들을 불러 모아 공격 작전이 너무 위험하니 중단해야겠

다는 의견을 말했다. 그는 일단 베네벤툼으로 물러나자고 했다. 후퇴한 다음날 적의 진지에 가까운 곳에 자리를 잡고 캄파니아 인들이 나갈 수 없도록 막으면서, 한노가 진지로 다시 들어가는 걸 방해하는 게 더 안전한 방법이라는 얘기였다. 그는 이 작전을 확실히 성사시키기 위해 동료 집정관을 불러들여 휘하의 병력을 모두 합쳐서 작전을 확실히 성사시키겠다고 말했다.

하지만 퇴각을 알리는 나팔 소리가 울리자 집정관의 계획은 좌절되었다. 명령이 군인답지 못하다고 경멸하는 병사들이 퇴각은 혐오스럽다는 듯 고함쳤기 때문이었다. 당시 선두에 있던 펠리니 보병대가 그런 고함소리의 주인공이었는데, 이 부대의 장교 비비우스 아카우스는 군기를 집어 그것을 적의 요새 너머로 던졌다. 그와 부하 병사들은 적이 군기를 손에 넣으면 저주받을 것이라고 외쳤고, 아카우스는 솔선하여 해자와 요새를 넘어 적의 진지로 뛰어들었다. 그의 펠리니 병사들은 이미 방어 시설 내부에서 교전 중이었고, 이때 다른쪽에선 제3군단의 장교인 발레리우스 플라쿠스가 적의 진지를 점령하는 명예를 동맹군에게 양보할 것이냐고 하며 로마 군의 비겁함을 꾸짖기 시작했다.

제2선의 주요 백인대장 티투스 페다니우스는 기수로부터 군기를 빼앗고 이렇게 소리쳤다. "곧 나는 이 군기를 들고서 요새를 넘을 것이다. 누구든 적의 손에 군기가 들어가는 걸 막고자 하는 자는 나를 따르라." 그가 해자를 건너자 예하 백인대는 그를 따랐고, 이어 군단 전체가 그 뒤를 따라갔다.

휘하 병사들이 무리로 요새를 넘는 걸 본 집정관은 이제 생각을 달리하게 되었다. 그는 더 이상 병사들을 제지하지 않았고, 오히려 동맹군의 용맹한 보병대와 전 로마 군단을 위협하는 목전의 지독한 위험을 지적하며 힘을 내라고 격려했다. 이에 대한 병사들의 반응은 즉각적이었다. 로마 군 병사들은 빗발치듯 날아오는 무기들을 피해, 적의 칼을 지나, 길을 막는 적의 밀집 대형을 통과했고, 지형적인 불리함에도 개의치 않고 최선을 다해 적의 진지를 돌파할 때까지 앞으로 밀고 나아갔다. 많은 병사가 다쳤고, 심지어 피를 많이 흘려 현기증을 느끼는 자들도 있었지만, 그들은 쓰러지기 일보 직전까지도 카르타고 군 진지 내부로 들어가려고 있는 힘을 다했다.

순식간에 전투는 끝났다. 진지는 마치 방어 시설도 전혀 없고, 평지에 있는 것처럼 쉽게 함락되었다. 이제 남아 있는 건 전투라고 할 수도 없었다. 그저 절망하여 혼란에 빠진 자들을 마구 베어버리기만 하면 되는 것이었다. 6천 명 이상의 적이 전사했고, 7천 명이 넘는 적이 포로로 붙잡혔다. 여기엔 곡식을 받으러 온 캄파니아 인들도 포함되었고, 그들이 가져온 수레와 짐 나르는 동물도 모조리 빼앗았다. 로마 군은 많은 귀중품을 손에 넣었고, 한노가 로마 동맹국 소유의 농장을 습격하여 약탈해온 가축과 물자를 다시 빼앗았다.

이어 적의 진지를 완전히 해체한 로마 군은 베네벤툼으로 돌아왔고, 이곳에서 두 집정관(아피우스 클라우디우스는 며칠 뒤에 베네벤툼에 도착했다)은 전리품 중 일부를 매각하고, 다른 일부는 병사들에게 분배했다. 진지 점령에 가장 직접 도움을 준 군인들은 상을 받았는데, 특히 펠리니 인 아카우스와 제3군단의 주요 백인대장인 페다니우스는 더 큰 칭송을 받았다. 한노는 참사가 일어난 걸 코미니움 오크리툼에서 알게 되었고, 그는 함께 있던 약탈대와 함께 브루티움으로 돌아왔는데, 이들은 그저 초라한 도망자 신세일 뿐이었다.

15. 캄파니아 인들은 그들 자신과 우방 모두에게 심각한 소식을 접하고 나서, 사절단을 한니발에게 보내 베네벤툼에 집정관들이 주

둔하고 있으며, 하루면 카푸아에 도착하는 거리이므로 전쟁이 임박했다고 보고했다. 그들은 속히 한니발이 지원하러 오지 않으면 카푸아가 과거에 아르피가 점령된 것보다 더 빨리 적의 손에 넘어갈 것이라고 예측했다. 타렌툼도 심지어 그 요새조차도 카푸아만큼 중요한 것은 아니었다. 한니발은 카푸아를 제2의 카르타고라 할 정도로 좋아했는데, 그곳이 방어도 제대로 되지 않고 버려진 채로 로마 인의 손에 넘어가는 건 참을 수 없는 일이었다. 그는 사절단에게 캄파니아의 상황을 늘 기억하고 있다고 말하면서, 그들의 땅을 당분간 파괴 행위로부터 보호해줄 수 있는 2천 명의 기병을 붙여주었다.

그러는 사이에 로마 인들의 관심은 포위당한 타렌툼 요새의 주둔군에게 집중되었다. 원로원은 법무관 코르넬리우스에게 에트루리아로 곡식을 사러 사람을 보내는 걸 승인했고, 그 임무를 맡은 가이우스 세르빌리우스는 적의 감시를 피해 곡식을 적재한 여러 척의 배를 타렌툼 항구로 들여보내는 데 성공했다. 이전까지만 해도 포위된 타렌툼 주둔군은 절망적인 상황에 있었고, 적은 빈번히 협상을 제안하며 한니발에게 투항하라고 권유했다. 하지만 이제 곡식을 실은 배들이 도착하여 포위한 타렌툼 인들이 동맹을 바꿔야 할 상황이 되었다. 실제로 주둔군은 요새 방어를 돕고자 메타폰툼에서 보낸 부대를 받아들여 군세가 강력한 상태였다. 하지만 주둔군이 사라지자 메타폰툼 인들은 두려움에서 벗어나 곧바로 한니발의 편으로 넘어갔다.

해안에 있는 다른 도시 투리이도 이들처럼 배신적인 행동을 했다. 투리이 인들은 타렌툼과 메타폰툼의 반란을 보고 이런 행동을 따라 하기로 결정했다. 그들은 메타폰툼 인들과 혈연관계였는데, 두 도시가 모두 아카이아에서 유래했기 때문이었다. 따라서 그들 역시 최근에 로마 인들이 인질을 살해한 사태에 대하여 분노하고 있었다. 살해당한 인질들의 친구와 친척은 브루티움에서 그리 멀지 않은 곳에 있던 한노와 마고[7]를 상대로 이야기를 나눴고, 성벽 가까이 카르타고 군을 이동시키면 도시를 그들의 손에 넘겨주겠다고 말했다. 마르쿠스 아티니우스는 투리이에서 소규모 주둔군을 지휘했는데, 그는 휘하 소규모 병력보다 투리이 전투원들에게 더 믿음을 가지고 있었다. 그는 이전에 긴급 사태가 벌어지면 대응할 목적으로 투리이 전투원들을 훈련하고 무장시켰었다. 따라서 투리이 인들은 그가 이런 전투원들을 믿고서 적절한 대비책도 없이 쉽게 전투에 나설 것으로 생각했다.

두 카르타고 지휘관은 투리이 영토로 들어갔고, 한노는 전투를 치르고자 전원 무장한 보병대를 이끌고 도시로 나아갔다. 그러는 사이 마고는 기병대를 이끌고 언덕 뒤에 자리 잡았는데, 매복을 감추기에 안성맞춤인 곳이었다. 아티니우스의 정찰병은 한노의 보병대만 확인하여 알렸고, 따라서 그는 교전하고자 진군했을 때 도시 내부의 배신이나 그를 기다리는 함정에 대해선 아무것도 알지 못했다. 이어 벌어진 보병전은 별 의욕이 없이 진행되었다. 소규모인 로마 군이 선두에서 싸웠고, 투리이 인들은 적극적으로 상황을 주도하며 싸우기보다는 그냥 상황이 벌어지는 대로 대응하는 것이 고작이었다. 카르타고 군 전선은 의도적으로 계속 뒤로 물러났는데, 이는 마고의 기병대가 기다리는 언덕 저편으로 로마 군을 자연스럽게 유인하기 위한 것이었다. 이 책략은 성공했다. 마고의 기병들은 고함치며 돌격했고, 투리이 인 무리는 즉시 도망쳤다. 이 병사들은 규율이랄 게 없는 데다

---

7   이 마고는 한니발의 동생인 마고와 동명이인이다.

로마에 전적으로 충성하지도 않았기 때문이었다. 로마 군 병사들은 적의 기병과 보병 사이에 갇혔음에도 불구하고 한동안 저항을 계속했다. 하지만 결국 역부족을 느끼고 투리이 인들처럼 황급히 도시로 달아났다. 그곳엔 배신자들이 무리를 이뤄 기다리는 중이었다.

투리이 인들은 성문을 열고 동포를 받아들였지만, 패주한 로마 인들이 접근하는 걸 보자 카르타고 인들이 사이에 섞여 있다고 소리치면서 지금 바로 닫지 않으면 적이 도시로 들어오게 된다며 성문을 닫았다. 그렇게 하여 로마 인들은 도시에 들어가지 못했고, 결국 적에게 붙잡히게 되었다. 하지만 아티니우스와 다른 몇 사람은 그래도 도시 안으로 들어갈 수 있었다. 도시 내부에선 한동안 주민들의 의견이 충돌했다. 아티니우스에 반대하는 무리는 상황을 받아들이고 승자에게 항복하자고 했다. 늘 그런 것처럼 이 상황에서 불운과 좋지 못한 조언이 득세했지만, 아티니우스는 목숨을 구할 수 있었다. 그와 그의 부하들은 바다 쪽으로 가서 대기 중인 배를 탔고, 이어 카르타고 인들이 도시로 들어왔다. 그들은 로마 인들을 배려해서 아티니우스에게 관용을 보인 것이 아니었다. 그저 그가 평소에 온화하고 공정한 통치를 펼쳤기에 그 보답으로 목숨을 살려주었던 것이다.

두 집정관은 베네벤툼에서 캄파니아로 진군했다. 그들의 목적은 이제 막 땅 위로 솟기 시작한 곡물을 파괴하고 카푸아를 공격하는 것이었다. 두 사람 모두 이 부유한 도시를 파괴하는 업적을 남겨 집정관으로서의 명성을 드높이고 싶은 생각도 있었지만, 동시에 로마로부터 그렇게 가까운 도시가 배반했는데도 2년 넘게 아무런 처벌도 하지 않았다는 걸 로마의 큰 수치로 여기고 이를 씻고자 하는 마음도 있었다.

두 집정관은 티베리우스 그라쿠스에게 기병대와 가볍게 무장한 보병대를 인솔하여 루카니아를 떠나 베네벤툼으로 올 것을 지시했다. 베네벤툼에 주둔군을 남겨 놓기 위해서였다. 또 한니발은 틀림없이 카푸아를 도우러 올 것이었고, 그렇게 되면 긴급 사태가 벌어졌을 때 이에 대응할 기병 전력을 미리 세워둘 필요가 있었다. 그라쿠스는 루카니아에서 진지와 중무장 보병대를 통솔할 책임자를 임명하여 그곳의 상황을 유지하라는 명령도 추가로 받았다.

16. 그라쿠스가 진군에 앞서서 희생 제물을 바치는 중에 참사를 예고하는 일이 벌어졌다. 희생 제물을 죽였을 때 뱀 두 마리가 난데없이 미끄러지듯 나타나 그 제물의 간을 먹어치우기 시작했던 것이다. 뱀들은 사람들의 눈에 띄자마자 갑자기 사라졌다. 점술사들은 희생 제물을 새로 바쳐야 한다고 조언했다. 이번엔 제물의 내장을 사람들이 주의 깊게 살폈음에도 불구하고 뱀들이 또다시 미끄러지듯 나타나 간을 먹어치우고 아무 피해도 입지 않은 채 사라졌다. 점술사들은 이런 징조로 위협받는 대상이 지휘관이 틀림없다고 경고했고, 그라쿠스에게 매복한 자들이나 드러나지 않는 음모를 조심하라고 충고했다. 하지만 그 어떤 선견지명도 임박한 운명을 뒤집을 수는 없다.

루카니아엔 로마를 지지하는 당이 있었고, 그 당의 지도자는 플라부스라고 하는 루카니아 사람이었다. 이들은 다른 당이 한니발에게 넘어갔을 때도 변함없이 로마에 지지를 보냈다. 그의 당은 그를 법무관으로 선출했고, 이제 2년째 그 직책을 맡고 있었다. 이자는 한니발의 환심을 사고자 갑자기 태도를 바꿨는데, 더 좋지 못한 건 자신과 지지자들만 편을 바꾸는 것에 만족하지 못했다는 것이다. 그는 자신에게 우호적인 로마 지휘관을 배신하고 죽여 카르타고와 협정을 유리하게 체결하려고 했다. 브루티움을 장악한 마고와 비밀 면담을 한 그는 로마 지휘관을 카르타고의 손에 넘기면 루카니아 인들을 고유의 법률에 따라 사는 자유민으로서 카르타고 동맹에 받아들여달라고 요청하여 허락을 받아냈다. 그는 마고에게 소수의 부하만 대동한 그라쿠스를 데려올 장소를 안내했고, 그곳에 무장한 보병과 기병을 숨기면 된다고 일러 주었다. 플라부스는 그곳에 많은 병사를 숨길 수 있다고 했고, 이에 마고는 플라부스와 함께 매복 장소를 주의 깊게 검토하고 인근 지역을 철저하게 조사했다. 그런 다음 그들은 계획을 실행할 날을 결정했다.

플라부스는 로마 지휘관에게로 가서 중요한 일을 계획 중인데 완성하려면 그의 도움이 필수적이라고 말했다. 그는 로마와의 우호적인 관계를 회복하기 위해 전반적인 격변이 일어날 때 카르타고로 넘어간 루카니아 행정관들을 설득한 적이 있다고 했다. 또한 칸나이 패배 이후 절망적으로 보였던 로마의 전망이 날이 갈수록 더 나아지고 전도유망해지는 반면에, 한니발의 전력은 날이 갈수록 기울고 실제로 거의 아무것도 아닌 모양새가 되었다고 지적했다. 플라부스는 이렇게 말했다.

"과거엔 우리가 잘못했습니다. 하지만 로마 인들은 무자비한 사람들이 아닙니다. 로마처럼 남들의 쉽게 후회하는 모습에 마음이 움직이고, 기꺼이 용서해주는 나라는 없으니까요. 과거에 로마는 우리 선조들이 일으킨 반란마저도 용서해주지 않았습니까. 이 말은 전부 제가 루카니아 행정관들에게 했던 말입니다. 하지만 그들은 당신에게서 이 말을 직접 듣는 걸 더 좋아할 겁니다. 그들은 당신이 선의의 표시로 내민 손을 기꺼이 붙잡고자 할 겁니다. 그들이 당신을 만날 장소를 미리 준비해뒀습니다. 남들 눈에 잘 띄지 않고 당신의 진지에서도 멀지 않은 곳입니다. 당신이 그들과 몇 마디 나누면 문제는 해결

될 것이고, 루카니아 인 모두 다시 한 번 로마의 동맹이 되고 로마의 보호를 받을 것입니다."

그라쿠스는 해당 사안이나 플라부스가 말하는 방식에 의심할 바가 없다고 생각했다. 무척 그럴듯한 이야기였다. 따라서 그는 길나장이들과 소수의 기병들을 대동하고 진지를 떠났고, 한때 자신의 손님이었던 자에게 속아서 곧바로 함정에 떨어졌다. 곧장 적이 그를 덮쳤고, 플라부스는 완연히 배반자임을 드러내며 적의 공격에 가담했다. 사방에서 무기들이 날아왔다. 그라쿠스는 말에서 뛰어 내리고 병사들에게도 똑같이 하라고 지시했다. 그런 다음 그는 병사들에게 운명이 단 한 가지 선택지만 남겼으니 용기를 내고 기백을 잃지 말라고 촉구했다. 그는 이렇게 소리쳤다.

"숲과 산이 탈출을 허용하지 않는 계곡에서 소수에 불과한 우리가 군대에 포위되었으니 우리에겐 죽음만이 남았다. 이제 중요한 건 어떻게 죽느냐이다. 병사들이여, 가축처럼 무력하게 적의 칼에 몸을 내어줄 것인가, 아니면 소극적으로 최후를 맞이하는 걸 거부하고 최후의 전투에 분노의 공격을 감행하여 죽어서 쌓인 적의 시체와 무기 사이에서 적의 피를 뒤집은 채로 용맹하게 쓰러질 것인가? 배반자인 루카니아 반역자를 찾아 그놈을 죽여라! 죽기 전에 플라부스를 지옥으로 보내는 병사는 그 죽음이 더할 나위 없이 명예로울 것이며, 지고의 위안을 받게 될 것이다."

말을 마치고 그라쿠스는 망토를 왼팔에 두르고(로마 인들은 방패조차 들고 나오지 않았다) 공격에 나섰다. 그의 병사들은 적었지만, 이어진 전투는 그 숫자를 초월한 것이었다. 로마 인들은 날아오는 무기들에 가장 많이 노출되었다. 사방에서 무기가 협곡으로 날아들었고, 이는 병사들이 모두 쓰러지고 그라쿠스가 홀로 서 있을 때까지 계속되었다.

카르타고 군은 그를 생포하려고 온갖 노력을 기울였다. 그러나 그라쿠스는 루카니아 배반자를 적의 대열에서 보자마자 맹렬한 기세로 적진을 뚫고 달려들었고, 카르타고 병사들은 그라쿠스를 생포하는 건 지나치게 희생이 크다고 생각하여 포기했다. 곧 그는 쓰러졌고, 마고는 즉시 그의 시신을 한니발에게 보냈고, 포획한 권표들도 시신과 함께 지휘관석 앞에 내려놓으라고 지시했다.

이것이 그라쿠스의 죽음에 관한 올바른 이야기라면, 그는 루카니아에서 '옛 평원'이라 알려진 곳에서 죽은 것이 된다.

17. 몇몇 역사가들은 그가 칼로르 강에서 그리 멀지 않은 베네벤툼 근처에서 죽었다고 주장했다. 이 기록에 의하면, 그는 길나장이들과 세 명의 노예를 거느리고 진지를 떠나 강에서 몸을 씻었는데, 때마침 강둑 버드나무들 사이에 숨어 있던 적에 의해 옷도 빼앗기고 무장도 못한 채로 기습당했으며, 강바닥에 있는 돌을 던지며 자신을 지키다가 죽었다고 한다. 다른 역사가들은 점술사들의 조언에 따라 진지에서 800m 정도 벗어나 오염되지 않은 곳을 찾아서, 앞에서 언급한 바 있는 흉조에 대하여 속죄 의식을 치르다 인근에 숨어 있던 누미디아 두 기병 부대에 둘러싸였다고 했다. 이런 걸출한 인물의 죽음에 대하여, 장소와 방식에 대한 기록에서 차이가 난다는 건 정말로 놀랄 만한 일이다.

그의 장례식에 관한 이야기도 각기 다르다. 몇몇 역사가들은 그가 휘하 병사들에 의해 진지에 묻혔다고 했다. 다른 역사가들은(이것이 더 넓게 받아들여지는 기록이다) 한니발이 카르타고 군 진지 문 밖에 화장용 장작을 쌓게 했고, 이후 그의 병사들이 완전히 무장한 채로 그 앞을 행진하며 열병식을 올렸다고 했다. 또한 스페인 병사들은 춤을 췄으며, 부족마다 고유의 관습에 따른 몸짓과 무기를 이용한 동작을 통해 경의를 표했는데, 한니발 역시 장례식에서 적절한 언행으로 경의를 표시했다고 했다. 이상은 그라쿠스가 루카니아에서 전사했다고 주장하는 역사가들의 기술이다. 그라쿠스가 칼로르 강에서 죽었다는 걸 믿는다면, 다음과 같은 이야기를 받아들여야 한다. 적은 그의 시신 중 머리만 가져갔다. 그 머리는 한니발에게 보내졌으며, 한니발은 즉시 카르탈로에게 지시하여 그라쿠스의 머리를 로마 군 진지에 있는 재무관 그나이우스 코르넬리우스에게 가져다주라고 했다. 코르넬리우스는 이에 진지에서 장례식을 치렀으며, 베네벤툼 인들은 로마 군 병사들과 함께 죽은 지휘관에게 경의를 표시했다.

18. 두 집정관이 캄파니아 영토로 들어가 광범위한 지역에서 곡식을 파괴하기 시작하자 카푸아 군대는 그들을 상대하고자 출격했고, 마고의 기병대는 카푸아 인들을 지원했다. 적의 갑작스러운 출격에 놀란 집정관들은 서둘러 흩어진 병력을 불러들였지만, 로마 군은 전투 대형을 구축할 여유가 거의 없었기에 적에게 압도당해 1천 5백 명이 넘는 전사자를 냈다. 이런 군사적 성공에 태생적으로 오만한 카푸아 인들은 더욱 자신감을 느끼게 되었고, 로마 인들을 괴롭힐 수 있는 기회가 오면 적극적으로 나섰다. 하지만 방심하여 첫 공격을 받은 것 때문에 집정관들은 더욱 카푸아 사람들을 경계하게 되었다.

이후 벌어진 한 가지 사건으로 로마 군은 사기를 회복했고, 카푸아 사람들의 대담한 태도는 다소 억제되었다. 그 일 자체는 사소한 것이었지만, 전쟁에선 지극히 사소한 일이라도 중대한 결과로 연결되는 경우가 빈번하다. 티투스 퀸크티우스 크리스피누스는 바디우스라는 캄파니아 친구가 있었는데, 두 사람은 지극히 친밀한 사이였다. 그들의 우정은 캄파니아가 반란을 일으키기 전부터 키워오던 것이었다. 바디우스는 로마에 있을 때 병이 나서 쓰러진 적이 있었는데, 크리스피누스가 그를 자기 집에서 친절하고 후하게 간호해줬었다. 이 바디우스는 이제 로마 군 진지 문 앞에 선 위병들 앞에 말을 몰고 나타나 크리스피누스를 불러 달라고 요청했다. 크리스피누스는 이런 요청을 듣고 각자가 속한 공동체의 공적 관계는 완전히 무너졌지만, 바디우스가 추억을 나누고 친밀한 이야기를 하러 온 것으로 생각했다. 그에겐 그렇게 보는 것이 자연스러운 생각이기도 했다. 따라서 그는 전우들을 옆으로 살짝 밀면서 앞으로 나섰고, 곧 두 사람은 서로 마주보게 되었다. 이에 바디우스는 그를 부르며 이렇게 말했다. "크리스피누스, 난 자네에게 싸움을 걸러 왔네. 말에 타고 단판 승부를 내서 누가 더 나은 사람인지 가름해보세."

크리스피누스는 이에 이렇게 대답했다. "하지만 자네와 나는 각자의 용맹을 보여줄 적이 확실하게 있지 않나. 나는 전투가 한창일 때 자네를 만나더라도 그 현장을 벗어날 걸세. 내 손에 오랜 친구의 피를 묻히기는 싫어."

그가 말을 마치고 떠나려고 하자 바디우스는 더 오만한 말투로 그를 겁쟁이에 약골이라 불렀다. 그는 정직하고 고상한 친구에게 겁쟁이라는 비난을 들어도 싸다는 말을 내뱉었다. 이어 크리스피누스를 손님을 후대한 주인이라는 미명 아래 도피한 비겁자라고 헐뜯으며 상대가 되지 않을 걸 알기에 일부러 자비를 베푸는 척하는 게 아니냐고 조롱했다.

이어 바디우스는 이렇게 소리쳤다. "맹약이 끊어졌음에도 개인적인 유대가 남을 수 있다고 생각한다면, 캄파니아 인인 나, 바디우스는 양군이 모두 보고 있는 이 자리에서 로마 인 퀸크티우스 크리스피누스와의 우호적인 관계를 공개적으로 폐기한다. 네 놈과 나는 이제 함께 나눌 것이 없다. 이제 우리를 결속시킬 약속은 어디에도 없다.

나는 네 놈의 적이고, 네 놈 역시 마찬가지다. 너희 로마 인들이 내 조국과 내 도시의 신들, 그리고 내 집안의 신들을 공격하러 왔으므로 나는 대적할 수밖에 없다. 네 놈이 남자라면 덤벼라!"

크리스피누스는 오랫동안 망설였지만, 같은 부대 전우들이 모욕을 퍼부은 캄파니아 인을 무사히 돌려보내선 절대 안 된다는 말에 결국 마음을 바꿔먹었다. 그의 부대를 지휘하는 장교들은 그가 허락을 구할 필요도 없이 바로 개인적인 도전을 받아들여도 좋다고 허락했고, 그는 무장하고 말을 탄 채로 나아가 바디우스를 불러 싸움을 걸었다. 이에 바디우스도 곧장 응했다. 크리스피누스는 방패 위에 있는 바디우스의 왼쪽 어깨를 창으로 꿰뚫었고, 바디우스가 다친 채로 말에서 떨어지자 말에서 뛰어 내려 땅에 쓰러진 그의 숨통을 끊으려고 했다. 하지만 치명타를 가하기 전 바디우스는 간신히 달아나 전우들과 합류했고, 그러는 사이 그의 말과 방패는 그대로 남았다. 크리스피누스는 감탄하는 전우들 사이에서 전리품(바디우스의 말, 무기, 피가 묻은 자신의 창)을 자랑스럽게 선보였으며, 곧 병사들의 호위를 받으며 집정관들에게로 나아갔다. 두 집정관은 크리스피누스를 극구 칭찬하고 풍성한 보상을 내렸다.

19. 사흘 뒤 한니발은 베네벤툼에서 카푸아로 움직였고, 곧장 로마 군에게 전투를 걸었다. 며칠 전 캄파니아 인들이 자신의 도움도 없이 성공적으로 교전을 치렀다는 걸 알고 있던 그는 로마 군이 이미 많은 승리를 거둔 자신과 카르타고 군대에 저항할 수 없다고 확신했다. 전투가 시작되자 로마 군 전선은 크게 뒤로 밀렸는데, 특히 카르타고 기병대의 돌격과 날아오는 무기들에 압도되었다. 이런 힘든 상황은 로마 군 기병대가 공격하러 나설 때까지 계속 되었다. 양군의 기병대가 이렇게 분투하고 있을 때 다른 군대가 멀리서 접근해 오는

것이 보였다. 이들은 실은 재무관 그나이우스 코르넬리우스가 지휘하는 그라쿠스의 군대였지만, 양군은 각자 이들을 적의 증원 부대라 생각하며 깜짝 놀랐다. 그에 따라 마치 합의라도 한 것처럼 양군은 교전을 중단하고 각자의 진지로 돌아갔다. 카르타고 군이나 로마 군이나 피해는 비슷했지만, 첫 번째 기병 돌격을 받아서 전사자는 로마 군 쪽이 더 많았다.

두 집정관은 한니발을 카푸아에서 다른 곳으로 떼어놓고 싶어 했다. 따라서 다음날 밤 풀비우스는 쿠마이 방향으로, 아피우스 클라우디우스는 루카니아 방향으로 진군했다. 다음날 아침 한니발은 로마 군 진지가 버려지고 두 집정관의 부대가 다른 방향으로 움직였다는 소식에 잠시 망설인 뒤 아피우스를 쫓기로 했다. 아피우스는 이에 추격자들을 마음껏 부산만 떨게 하고 다른 길을 통해 다시 카푸아로 돌아왔다. 하지만 한니발은 이 근처에서 또 한 번 성공을 거두게 되었다. 그것은 파이눌라라는 성을 쓰는 마르쿠스 켄텐니우스라는 자의 야심 때문에 발생한 일이었다. 그는 주요 백인대장이었는데, 엄청나게 키가 크고 담대한 용기로 소문난 자였다. 그는 군 복무를 완료했지만, 법무관 술라에게 요청해 원로원과 면담했고, 그 자리에서 자신에게 5천 명의 병사들을 주면 지리와 적의 전술에 익숙한 자신이 국가에 가치 있는 일을 조만간 해낼 수 있다고 주장했다. 그는 이어 여태까지 로마 군과 장군들의 허를 찔러왔던 바로 그 전술을 한니발에게 그대로 되돌려주겠다고 말했다. 이는 실로 바보 같은 약속이었지만, 그에 못지않게 원로원도 바보처럼 속아 넘어가고 말았다. 의원들은 훌륭한 병사의 자질이 곧 훌륭한 지휘관의 자질이라고 오해했던 것이다.

켄텐니우스는 요청한 5천 명보다 훨씬 많은 8천 명의 병사를 받았고, 이들은 절반은 로마 인, 나머지 절반은 동맹국 출신이었다. 그는 진군 중에 많은 자원병을 받았고, 한니발이 아피우스 클라우디우스를 쫓다 허탕만 치고 멈춘 루카니아에 도착했을 때 그의 병력은 거의 두 배나 늘어나 있었다. 결과는 물론 의심할 여지가 없는 것이었다. 한니발과 백인대장의 대결이고, 더 나아가 오랜 승리의 역사를 지닌 군대와, 신병에다 무장도 제대로 안 된 비정규군으로 구성된 군대의 대결이기 때문이었다. 서로를 마주하게 된 양군은 어느 쪽도 전투를 피하지 않았다. 한니발과 켄텐니우스는 즉시 전투 대형을 갖췄다. 상황은 전투에 참여한 병사들의 질적 차이에 따라 예상대로 진행되었다. 그들은 두 시간 넘게 싸웠고, 로마 군은 지휘관이 버티는 동안엔 희망을 잃지 않았다. 하지만 용맹한 군인으로 명성을 떨쳤던 켄텐니우스는 자신의 무모함으로 인한 패배에서 살아남아 수치를 당하는 걸 두려워한 나머지 일부러 적의 날아오는 무기들 앞에 몸을 노출시켜 전사했다. 그 직후 로마 군은 완전 궤멸당했다. 카르타고 기병대는 모든 길을 봉쇄했고, 탈출은 불가능했다. 그 많은 병력 중 간신히 살아남은 병사는 1천 명뿐이었다. 나머지는 시골 지역으로 흩어졌다가 전원 이런저런 방식으로 살해당했다.

20. 두 집정관은 이제 전력을 다하여 카푸아 포위를 재개했고, 필요한 장비와 보급품이 조달되어 움직일 준비가 되었다. 군량은 카실리눔에 보관되었고, 이젠 도시가 세워진 볼투르누스 강 입구엔 강력한 진지가 세워졌다. 그곳과 파비우스 막시무스가 이전에 요새화한 푸테올리에는 주둔군이 배치되어 강과 연안 해역을 통제했다. 최근 사르데냐에서 보낸 곡식과 법무관 마르쿠스 유니우스가 에트루리아에서 사들여 오스티아에서 보낸 곡식은 함께 이 두 연안 요새에 보관되었고, 이 곡식으로 로마 군은 겨울을 날 수 있었다. 하지만 루카니

아에서 당한 최근의 패배에 또 다른 군사적 좌절이 보태졌다. 그것은 바로 그라쿠스가 살아 있을 때 그에게 절대적인 충성을 바친 자원 노예 병사들의 해산이었다. 그들은 지휘관의 죽음을 제대와 같은 것으로 여겨서 전원 부대에서 탈영했다.

한니발은 카푸아를 방치하고 싶지 않았으며 더 나아가 다른 동맹들을 위험한 상황에 내버려 두고 싶지도 않았다. 한 로마 지휘관의 무모한 행동으로 성과를 거뒀음에도 불구하고 그는 다른 지휘관이 이끄는 다른 로마 군에게도 기습 공격할 기회를 주의 깊게 살폈다. 그러던 차에 한니발은 법무관 그나이우스 풀비우스에 관한 소식을 듣게 되었다. 풀비우스는 카르타고의 편으로 넘어온 아풀리아 도시들을 상대로 전투를 치렀는데, 처음엔 군무에 철저하게 주의를 기울이는 모습을 보였지만, 시간이 흘러 한결같이 성공만 거두자 그나 병사들이나 약탈품을 챙기면서 군기가 해이해지고 경솔해져 군대에 규율이 더 이상 존재하지 않는 상태라는 것이었다. 무능한 지휘관이 이끄는 군대에 어떤 일이 벌어지는지 과거에 자주 경험한(며칠 전의 일은 물론이고) 한니발은 그에 따라 풀비우스를 치기 위해 아풀리아로 움직였다.

21. 법무관 풀비우스가 지휘하는 로마 군단들은 헤르도네아 인근에 있었다. 적이 접근한다는 소식에 병사들은 지휘관이 아무런 지시도 하지 않았는데도 군기를 땅에서 뽑으면서 전투 대형의 구축 일보 직전까지 갔다. 그들은 이처럼 제멋대로 규율도 없이 아무 때나 행동에 나설 수 있다고 생각하여 그런 행동을 그만두었다. 한니발은 로마군 진지가 뒤죽박죽이며, 병사 대다수가 전투를 요구하며 경솔하게 지휘관에게 진군의 지시를 압박하고 있다는 점을 잘 알고 있었다. 그런 만큼 성공적인 타격을 가할 기회가 왔다는 걸 확신했다. 그날 밤

한니발은 3천 명의 경무장 병력을 인근 농장들과 삼림 지대에 숨기고 신호가 주어지면 합동으로 기습 공격에 나서라고 지시했다. 마고는 2천 명 정도의 기병을 이끌고 적이 도망칠 것으로 판단되는 길목을 모조리 막으라는 지시를 받았다. 이렇게 부대의 배치가 완료되자 한니발은 다음날 아침 동이 틀 때 주력 부대로 전선을 형성했다.

풀비우스는 한니발의 도전을 받아들였다. 하지만 그는 승리할 수 있다는 확신을 갖고 있어서 응전한 것이 아니었다. 그저 휘하 병사들의 충동에 우연히 끌려들어 전투에 나섰을 뿐이었다. 로마 군은 실제로 야전에서 전선을 형성할 때도 전과 같은 무책임한 모습을 보였다. 규율은 순간의 변덕에 밀려났다. 병사들은 홀연히 떠오르는 생각에 따라 전선 내의 위치를 허둥지둥 잡았고, 무책임하게도 위험하다는 생각이 들면 황급히 다른 병사들이 있는 곳으로 이동했다. 동맹군의 보조군과 함께 있던 좌익 군단은 전면에 배치되었는데, 전선이 너무 길게 뻗어 있어서 대형이 두텁지 못했다. 풀비우스의 휘하 장교들은 그런 전선에 큰 목소리로 반대하며 전선이 두텁지 못해 아주 허약하므로 적이 공격하는 곳은 어디든 무너질 것이라고 예측했다. 하지만 병사들은 이런 유익한 조언에 주목하기는커녕 듣는 척도 하지 않았다. 이런 로마 군이 마주한 것은 아주 다른 군대를 거느린 아주 다른 장군 한니발이었다. 게다가 카르타고 군은 로마 군과는 아주 다르게 촘촘한 밀집 대형을 구축하고 있었다.

그 결과 로마 군은 첫 공격도 버티지 못했다. 실상 적이 내지르는 함성도 그들에겐 너무 버거웠다. 지휘관은 켄텐니우스만큼 어리석고 무모했지만, 그 정도의 용기조차도 없었다. 그는 아군에 벌어지는 일을 보고 혼란에 빠졌고, 냉큼 말로 달려가 200명 정도 되는 기병들과 함께 목숨을 구하고자 전속력으로 달려 도망쳤다. 나머지는 적의 중앙 공격에 뒤로 밀려난 데다 양측면과 후위가 포위당해 떼죽임을 당했고, 1만 8천의 병사 중 살아남은 건 2천 정도에 지나지 않았다. 진지는 카르타고 군에게 점령당했다.

22. 연이은 참사 소식에 로마 시민들은 무척 놀라고 괴로워했다. 하지만 이런 불안감은 그때까지 성공적으로 작전을 수행하던 최고 지휘관인 두 집정관 덕분에 다소 완화되었다. 라이토리우스와 메틸리우스가 야전으로 파견되어 집정관을 만났다. 두 사람은 최대한 부지런하게 두 군대의 잔존병을 모으고, 칸나이 패배 이후처럼 두려움과 절망을 느낀 병사들이 적에게 항복하는 일을 최대한 막고, 자원 노예 병력에서 탈영한 자들을 찾으라는 원로원의 지시를 전달했다. 같은 임무가 징집 책임자인 푸블리우스 코르넬리우스에게도 내려갔고, 그는 상업 도시들과 지역 중심지들에 명령을 내려 해당 병사들을 찾아 다시 군대로 소집하는 일에 착수했다. 이 모든 조치는 꼼꼼하게 수행되었다.

집정관 아피우스 클라우디우스는 데키무스 유니우스를 볼투르누스 강 어귀에 있는 진지 책임자로 임명했고, 이어 마르쿠스 아우렐리우스 코타를 푸테올리의 진지 책임자로 임명했다. 집정관은 에트루리아와 사르데냐에서 배로 곡물이 도착하면 곧바로 전부 진지로 보내라고 지시했다. 집정관은 이어 카푸아로 돌아갔는데, 그곳에선 동료 집정관 풀비우스가 카실리눔에서 필요한 군사 장비를 가져와서 포위 공격의 준비를 재촉하고 있었다. 두 집정관의 군대는 이어 카푸아를 공격했고, 동시에 법무관 클라우디우스 네로 역시 수에술라의 진지에서 소환되었다. 법무관 네로는 그에 따라 진지를 방어할 적절한 주둔군을 남기고 나머지 병력을 모두 인솔하여 카푸아로 왔다. 그렇게 카푸아 주변에 세 개의 사령부가 배치되었고, 세 군대가 각자의 영역에서 포위를 시작하며 도시 주위에 해자를 파고 보루를 건설하는 작업에 나섰다. 적절한 간격을 유지하며 공격 거점들이 세워졌고, 많은 곳에서 건설을 방해하려는 캄파니아 부대와 교전이 벌어졌다. 결국 적은 격퇴당해 그들의 방어 시설 뒤로 도망쳤다. 하지만 성벽을 완벽하게 포위하기 전에 카푸아의 사절단이 도시를 빠져나가 한니발에게로 갔다. 사절은 한니발이 카푸아를 포기했으니 이젠 로마 인들의 손에 넘어가는 일밖에 남지 않았다고 불평했다. 그러면서도 이젠 포위를 넘어 완전 봉쇄당할 정도로 카푸아의 상황이 악화되었으니 제발 도와달라고 애원했다.

원로원은 법무관 코르넬리우스를 통하여 집정관들에게 서신을 보냈다. 성벽을 포위하는 작업이 완료되기 전에 캄파니아 인이 재산을 가지고 카푸아를 떠나길 바란다면 그렇게 하도록 허용하라는 내용이었다. 또한 3월 15일 전까지 도시를 떠나는 자는 자유민으로 대우하고 사유 재산을 보장해줄 것과, 그날 이후로는 도시에 남거나 떠나거나 모두 적으로 간주하라고 지시했다. 집정관들은 이에 캄파니아 인들에게 로마 원로원의 뜻을 전달했지만, 그들은 경멸적인 태도를 취하면서 더욱 로마 인들을 모욕하고 위협할 뿐이었다.

그러는 사이 한니발은 헤르도네아에서 타렌툼으로 진군하여 어떻게든 그 도시의 요새를 손에 넣고자 했다. 수단이 공개적이든 부정한 것이든 그런 건 상관없었다. 하지만 사태의 진척이 없자 그는 브룬디시움으로 이동했다. 그 도시의 내부 배신으로 브룬디시움을 점령할 수 있다고 확신했던 것이다. 하지만 여기서도 그는 실망을 맛보았다. 그처럼 브룬디시움 인근에 머물며 실망하고 있던 한니발에게 카푸아 사절단이 찾아와서 불평과 간청의 말을 늘어놓았다. 그러자 한니발은 이렇게 당당히 대답했다. "내가 저번에도 그 도시의 포위를 풀어주지 않았소. 이번에도 집정관들은 내가 온다고 하면 견뎌내지 못할 거요." 사절단은 이런 대답으로 만족할 수밖에 없었고 면담은 끝났다. 그들은 카푸아로 돌아가는 데 큰 어려움을 겪었다. 당시 카푸아는 로마 군의 이중 해자와 보루로 포위되어 있었기 때문이다.

23. 이즈음 시라쿠사 포위 공격이 성공적으로 끝났다. 로마 인들이 성공을 거둔 건 용맹하고 적극적인 군인 정신 덕분이기도 했지만, 시라쿠사 내부의 배반도 어느 정도 도움을 주었다. 봄에 시작될 때, 마르켈루스는 아그리겐툼에 있는 히밀코와 하르포크라테스를 공격할 것인지, 아니면 계속 포위를 밀어붙일 것인지 두 가지 선택 방안 사이에서 망설였다. 그는 수륙 양면으로 시라쿠사의 방어 시설이 아주 단단하여 강습(強襲) 점령이 어렵고, 적을 굶겨서 항복을 받는 것도 불가능하다는 걸 잘 알았다. 카르타고에서 보내는 보급이 계속 시라쿠사로 흘러들어가기 때문이었다. 이런 상황은 마르켈루스에게 큰 고민거리였다. 이때 로마 인들은 우연히 시라쿠사 귀족들을 만났는데, 이들은 반란 당시에 도시의 정책 변화에 반감을 품었다는 이유로 추방당한 사람들이었다.

마르켈루스는 무엇이든 해보자는 생각으로 이 귀족들과 만났다. 그는 그들에게 같은 당 소속의 도시 내부 시라쿠사 인들을 만나서 로마 군에 협조할 것을 권하라고 했고, 동시에 시라쿠사가 항복하면 자유민으로서 고유의 법에 따라 살 권리를 약속한다는 말도 전하게 했다. 하지만 시라쿠사 귀족들이 도시 내의 같은 당 사람들을 만나는 건 불가능했다. 그들 다수가 배반을 의심받고 있었고, 그런 만큼 시라쿠사 당국은 갑자기 배반 행위가 일어나는 걸 막고자 그들을 철저히 감시했기 때문이었다. 하지만 추방자 중 노예 한 사람이 전향자로서 도시에 받아들여졌고, 그는 이후 몇 사람을 만나 중대한 문제를 논의했다. 이런 사람들 중 몇몇은 어선 그물 아래 숨어 로마 군 진지로 가게 되었고, 그곳에서 추방된 자들과 이야기를 나눴다. 몇 차례 이런 일이 반복되었고, 추방자들과 연결된 이들은 모두 80명으로 늘어났다. 마침내 모반 계획이 완성되었을 때 아탈로스라는 자가 그 비밀 계획에 가담시켜 주지 않았다는 이유로 동료들을 배신하고 그 음모 내용을 에피키데스에게 밀고했다. 이에 80명 전원이 고문을 받고 처형되었다.

모반 음모는 허사로 돌아갔지만, 곧 다른 희망이 떠오르기 시작했다. 다미푸스라는 라케다이몬 사람이 사절 자격으로 시라쿠사에서 필리포스 왕에게 가다가 로마 전함에 붙잡힌 것이었다. 에피키데스는 어떻게든 몸값을 지급하여 다미푸스의 석방을 시도했고, 마르켈루스도 딱히 반대하지 않았다. 당시 로마 인들은 아이톨리아 인들과 우호적인 관계를 쌓으려고 하고 있었는데, 아이톨리아는 라케다이몬 사람들과 동맹 관계였던 것이다. 로마와 시라쿠사의 대표단은 갈레아그라로 알려진 탑 근처 트로길리 항구에서 만나 몸값을 논의하기로 했다. 그곳은 도시와 로마 군 진지의 중간 지점이라 양쪽에 편리했다. 양측 대표단은 그곳에서 여러 번 만났는데, 한 번은 로마 대표단 중 한 사람이 성벽을 자세히 살펴봤다. 그는 성벽의 층을 세고, 성벽을 구성하는 석판들의 높이를 추정하여, 합리적으로 추론함으로써 성벽의 높이를 알아낼 수 있었다. 그리하여 이전에 자신이나 다른 로마 인이 마주했던 것보다 성벽이 무척 낮다는 걸 알게 되었다. 그는 적당한 높이의 사다리로도 성벽을 충분히 오를 수 있다고 판단하여 그런 사실을 마르켈루스에게 보고했다. 마르켈루스 역시 그의 발견을 진지하게 받아들였다.

하지만 이 성벽 부분은 그런 이유로 특별히 방어되었고, 좋은 기회가 생기지 않는 한 순조롭게 접근할 수 없었다. 하지만 좋은 기회는 한 전향자가 가져온 정보로 생겨나게 되었다. 그는 현재 사흘 간의 디아나 축제가 진행 중이라고 보고했다. 도시는 로마 군의 포위 때문에 보급이 부족하고 그래서 축제 연회에 나와야 할 다른 물품들이 부족하다. 그런데 에피키데스가 전 주민에게 와인을 제공했고, 도시의 유지들이 그 와인을 부족들에게 배분했다. 시민들은 평소 굶주리다가 그 와인을 보고서 허겁지겁 마시는 바람에 다들 취해 있다는 것이었다.

마르켈루스는 이에 곧장 군단 장교들을 모아 작전을 논의했다. 그들은 어렵고 위험한 일에 적합한 백인대장과 병사를 선발하고 은밀히 사다리를 준비하게 했고, 그러는 사이 마르켈루스는 나머지 병사들에게 일찍 밥을 먹고 잠을 자두라고 지시했다. 밤에 도시를 습격할 계획이었기 때문이다. 마르켈루스는 도시의 시민들이 해가 지기 오래전부터 식탁에서 와인을 마셔서 충분히 곯아떨어질 시간이 되었다고 판단하자, 휘하 중대에 사다리를 가져오게 했다. 이어 그들을 따라 약 1천 명의 로마 군 무장 병사가 일렬종대로 조용히 진군했다. 선두에 선 중대는 소리를 내거나 미끄러지는 일 없이 성벽 꼭대기로 올라갔다. 다른 병사들은 한 명씩 그 뒤를 따랐는데, 일부는 공포를 느꼈지만, 시간이 흐를수록 앞서 올라간 전우들의 대담함에 감화되었다.

24. 성벽 일부가 이미 먼저 올라간 1천 명의 병사들에게 장악되었고 나머지 병력도 이미 성벽을 기어오르고 있었다. 더 많은 사다리가 설치되었고, 헥사필론에서 보내는 선발대의 신호에 따라 병사들은 사다리를 올라갔다. 앞선 부대는 이미 아무도 없는 거리를 따라 헥사필론에 도착했고, 축제 연회 이후 탑을 지키는 시라쿠사 병사들 대다

수는 곯아떨어지거나 거의 그렇게 되어가고 있었다. 그리하여 침대에서 자다 죽은 자는 소수에 불과했다.

헥사필론 근처엔 뒷문이 있었다. 로마 인들은 곧 이곳을 무너뜨리는 작업을 시작했고, 도시에 진입한 선발대가 이 성벽에서 나팔로 합의한 신호를 보내자 로마 군은 은폐 작전을 중단하고 온 사방으로 돌진했고, 맹렬한 전투가 벌어졌다. 강력하게 방어되는 곳인 에피폴라이에 도착한 로마 군의 목적은 이제 움직임을 숨기는 것이 아니라, 적을 공포로 떨게 만드는 것이었다. 그리고 실제로 목적을 달성했다. 나팔 소리와 이미 성벽과 도시 일부를 장악한 로마 인들의 함성을 듣자 시라쿠사 위병들은 도시가 점령되었다고 생각하고 목숨을 구하고자 성벽을 따라 도망치거나, 성벽에서 땅으로 뛰어내리거나, 혹은 대혼란 속에서 이리저리 떠밀려 다녔다. 상황이 이렇게 끔찍했지만, 주민 대다수는 술에 취해 인사불성이 되어 어떤 일이 벌어졌는지도 몰랐다. 어쨌든 시라쿠사 같은 거대한 도시에선 한 부분에서 벌어지는 일이 도시 전역에 알려지는 데엔 시간이 걸렸던 것이다.

동이 트기 전 헥사필론은 강제로 문이 열렸고, 마르켈루스는 전군을 인솔하여 도시로 돌진했다. 이런 움직임에 마침내 시라쿠사 인들은 깊은 잠에서 깨어났고, 서둘러 무장하고 거의 점령된 도시를 지켜내려고 애썼다. 에피키데스는 황급히 섬 지역(시라쿠사 인들에게 나소스라 알려진 지역)에서 부대를 이끌고 나왔다. 에피키데스는 적의 소규모 부대가 위병이 태만한 틈을 타 성벽을 넘었을 것이라고 짐작하면서, 곧 그들을 물리칠 수 있다고 확신했다. 그는 공황에 빠진 시민들을 만나서, 처음에는 과장된 보고가 불안감과 혼란만 조성하고 있다고 그들에게 말해주었다. 하지만 에피폴라이 사방에서 로마 군의 무장 병사들이 움직이는 걸 직접 보게 되자 화살을 쏘고 창을 던지는 걸 몇 번 하다가, 갑자기 생각을 바꾸어 아크라디나로 물러났다. 그는 적의 숫자와 강력한 무력보다는 내부 배반으로 아크라디나 성문에서 대혼란이 벌어져 자신이 섬 지역으로 다시 들어가지 못하게 되는 것을 더 두려워했다.

마르켈루스는 에피폴라이의 높은 곳에 서서 아래쪽의 도시 전경을 내려다봤다. 당시에 시라쿠사는 이 세상에서 가장 아름다운 도시로 알려져 있었다. 전하는 말에 의하면, 그는 자신이 이룬 훌륭한 업적에 기쁘기도 하고, 도시의 옛 영광을 생각하자니 슬프기도 하여 눈물을 흘렸다. 그는 오래전 아테네의 함대가 바다 속으로 가라앉은 일, 유명한 두 지휘관[8]이 어마어마한 휘하 군대와 함께 전멸한 일, 시라쿠사가 카르타고와의 전쟁에서 겪었던 위험 등을 떠올렸다. 그는 또한 시라쿠사의 부유했던 폭군들과 왕들을 떠올렸는데, 그중에서도 특히 히에로를 많이 생각했다. 히에로는 사후에도 여전히 사람들의 기억 속에 생생하게 남아 있었는데, 그 자신의 용맹과 업적으로도 훌륭한 군주였지만, 무엇보다도 로마 인에게 관대했던 영예로운 군주였다. 이 모든 기억이 마음속에 밀려들어 왔다.

마르켈루스는 한 시간이면 자신이 보고 있는 모든 게 불타 잿더미가 될 것이라는 생각이 들자 마지막으로 도시를 구해낼 것을 결심했다. 아크라디나로 움직이기 전에 그는 시라쿠사 추방자들—앞서 말한 이들은 로마 군과 함께 움직였다—을 보내 적과 협상하게 했고, 온화한 조건을 걸어 항복을 유도하려 했다.

---

8 아테네의 니키아스와 데모스테네스를 가리킨다. 아테네는 스파르타와 싸운 펠레폰네소스 전쟁 중에 스파르타의 동맹으로 활약한 시칠리아를 침공(기원전 415-413년)했는데 지상과 바다에서 처참하게 패배했다. 아테네는 3만 명의 병사와 2백 척의 배를 잃었다.

25. 아크라디나의 성문과 성벽을 지키는 자들은 거의 도시를 배반한 자들이었고, 협상이 되면 그들이 사면될 가망은 전혀 없었다. 그들은 누구든 성벽에 접근하지 못하게 했고, 말도 섞으려고 하지 않았다. 따라서 마르켈루스는 협상이 실패했다고 판단하고 병력을 에우리알루스로 옮겼다. 그곳은 도시의 끝에 있는 바다를 마주한 언덕이었는데, 섬 지역과 그 내부로 이어지는 길을 통제할 수 있는 곳인 데다 보급품을 받기에 무척 편리한 곳이었다. 이 요새를 지휘하는 자는 에피키데스에 의해 임명된 아르고스 인 필로데무스였다. 마르켈루스는 히에로니무스 왕을 암살했던 자들 중 한 사람인 소시스를 보내 그와 협상하게 했다.

하지만 필로데무스는 장황하고 결론도 없는 연설로 시간을 끌었고, 소시스는 이에 필로데무스가 생각할 시간이 필요한 것 같다고 보고했다. 하지만 실상 필로데무스는 의도적으로 답을 미뤄 히포크라테스와 히밀코가 도착하길 기다리는 것이었다. 그는 그들이 요새 내부로 들어오면 도시 성벽 내부에 둘러싸인 로마 군을 물리칠 수 있다고 확신했다. 따라서 마르켈루스는 에우리알루스가 항복하지도 않고, 힘으로 점령할 수도 없다고 보고서 네아폴리스와 티케라고 하는 두 도시 구역 사이에다 진을 쳤다. 그가 이렇게 한 이유는 인구 밀집 지역으로 들어가면 병사들이 탐욕을 이기지 못해 약탈에 나서는 걸 통제하기 어렵다고 보았기 때문이다. 이에 티케와 네아폴리스의 사절단이 마치 탄원자처럼 남루한 옷을 입고 그를 방문했고, 방화와 살육으로부터 자신들을 구해달라고 애원했다. 마르켈루스는 이에 회의를 열고 그들의 간청(요구라고 할 수가 없었다)에 관해 논의했다. 이에 만장일치로 자유민들의 신체에 피해를 입혀서는 안 되지만, 그 외의 모든 건 로마 군의 처분에 따라야 한다는 결정이 내려졌다. 마르켈루스는 그런 취지의 명령을 휘하 병사들에게 내렸다.

로마 군 진지는 가옥에서 빼낸 벽돌로 지은 성벽으로 방어되었다. 마르켈루스는 거리로 통하는 문마다 위병들을 배치했는데, 이는 약탈하러 흩어진 휘하 병사들이 당할 수도 있는 공격을 막기 위해서였다. 이어 약탈해도 좋다는 신호가 떨어지자 병사들은 재빨리 움직였다. 집마다 문이 박살났고, 온 거리에 공포와 혼란이 지배했다. 하지만 이런 대소동에도 불구하고 사람들의 피를 보는 일은 없었다. 오랜 세월 번영을 이룬 도시였으므로 가옥마다 귀중품이 쌓여 있었고, 병사들이 이런 귀중품을 모조리 들고 나올 때까지 약탈은 계속되었다. 필로데무스는 지원을 받을 가망이 없자 에우리알루스에서 주둔군을 퇴각시켰고, 자신이 방해받지 않고 에피키데스에게로 돌아갈 수 있다는 조건 아래, 로마 인들을 방어 지역 안으로 받아들였다.

도시 일부가 점령되어 생겨난 대소동에 온갖 이목이 집중된 사이에 보밀카르는 배를 타고 카르타고로 갔다. 그는 날씨의 덕을 봤는데, 떠나는 날 밤에 바람이 워낙 세게 불어 로마 함대가 탁 트인 곳에 정박할 수가 없어 추격을 하지 못했기 때문이다. 따라서 그는 방해받지 않고 35척의 전함을 이끌고 항구를 빠져나와 남쪽으로 향했고, 55척 정도의 전함을 에피키데스와 시라쿠사 인들을 위해 항구에다 남겨두었다. 카르타고에 도착한 그는 시라쿠사에 위기가 닥쳤다고 보고했고, 며칠 뒤 1백 척의 전함과 함께 그 도시로 다시 돌아왔다. 에피키데스는 히에로 왕가의 보고에서 여러 가지 귀중품을 꺼내어 그에게 건네주며 보답했다.

26. 로마 군이 에우리알루스를 장악하고 그곳에다 병력을 배치하자 마르켈루스는 근심을 덜게 되었다. 이젠 적이 후위의 요새에 있지도 않고, 따라서 도시 성벽 안에 병사들이 갇혀서 운신도 제대로 못

하는 일은 없을 것이기 때문이었다. 이어 그는 아크라디나를 공격하러 나섰고, 전술적으로 유리한 세 곳에다 진지를 세웠다. 그는 아크라디나로 향하는 보급로를 모두 끊어 적을 굶겨 죽일 생각이었다.

며칠 동안 양군의 전초 기지에선 아무런 일도 벌어지지 않았지만, 히포크라테스와 히밀코가 도착하면서 상황은 급변했다. 로마 인들은 이제 사방에서 공격을 받게 되었다. 히포크라테스는 대항구에 진지를 세워 요새화하고 아크라디나의 부대에 신호를 내려 크리스피누스가 지휘하는 로마 군 진지를 공격하게 했다. 동시에 에피키데스는 부대를 이끌고 출격하여 마르켈루스의 전초 기지를 공격했다. 카르타고 함대는 도시와 로마 군 진지 사이에 있는 앞바다에 정박하여, 마르켈루스가 크리스피누스에게 증원군을 보내는 걸 막았다. 하지만 이런 움직임들을 전투라고 부르긴 힘들었다. 이는 그저 일시적인 소란에 지나지 않았다. 크리스피누스는 히포크라테스의 공격을 격퇴했을 뿐만 아니라 허겁지겁 달아나는 적을 추격하기까지 했다. 마르켈루스는 곧 에피키데스를 아크라디나 지역으로 몰아넣었다. 이 손쉬운 승리로 마르켈루스는 이후에 적의 기습으로 위태롭게 될 일은 없다는 걸 알았다.

이 시점에 전염병이 나돌았다. 역병은 양군 모두에 재앙이었고, 부득이 전쟁 수행을 미룰 수밖에 없었다. 때는 가을이었고, 전쟁이 벌어지는 현장은 전염병이 창궐하여 병사들의 건강에 해로웠다. 양군 모두 견딜 수 없는 고열에 시달렸고, 도시 안보다 밖에 있는 부대들이 더 심한 고통을 받았다. 처음에 전염병과 그에 뒤따르는 죽음을 유발한 건 그 지역의 기후와 풍토였다. 하지만 곧 병은 널리 전염되었고, 환자를 간호하는 행동만으로도 병이 퍼지게 되었다. 그리하여 환자는 홀로 죽어가거나, 아니면 침상 옆에 앉은 사람이나 간호하던 사람과 함께 무덤으로 갔다. 죽음은 점점 익숙한 일이 되었고, 장례식은 일상적인 광경이 되었다. 밤낮을 가리지 않고 사방에서 곡소리가 났다. 하지만 시간이 흐를수록 사람들은 끔찍한 일에 익숙해져 슬픔과 애도의 감정은 전부 사라졌다. 사람들은 더는 죽은 자 때문에 눈물 흘리고 비탄해하며 장례 행렬을 따르지 않았다. 실제로 그들은 죽은 자를 집에서 옮기는 일조차 하지 않았고, 당연히 땅에 묻는 일도 없었다. 시신들은 온 사방에 널려 있었고, 이를 보는 자들조차도 그와 비슷한 죽음을 기다리고 있었다. 사람들의 공포는 부패한 시신의 악취와 뒤범벅되었고, 끔찍한 일은 죽은 자에게서 환자에게로, 환자에게서 도시의 시민들 전체로 넘어갔다. 몇몇 사람은 적의 병사가 지키고 있는 곳에 몸을 던져 칼에 찔려 죽는 게 더 낫다고 생각했다.

전염병은 로마 군 진지보다 카르타고 진지에 훨씬 더 치명적이었는데, 로마 인들은 도시를 오래 봉쇄하는 동안 습하고 찌는 듯한 기후에 잘 적응했기 때문이다. 카르타고 군 소속의 시칠리아 인들은 전염병이 심각하게 창궐하는 걸 보자마자 전부 인근의 여러 도시들로 흩어졌다. 하지만 카르타고 인들은 다른 어디로 갈 데도 없어 최후의 한 사람까지 전염병에 걸려 죽었고, 여기엔 히포크라테스와 히밀코 같은 고위직 인사도 포함되었다. 마르켈루스는 전염병 상황이 아주 심각해지자 부대를 도시 안으로 이동시켰다. 많은 로마 군 환자들이 그늘이나 지붕 아래로 옮겨져 회복에 도움을 받았다. 그렇지만 로마 군의 병사자도 아주 많았다.

27. 카르타고의 지상군이 괴멸된 뒤 히포크라테스 휘하의 시칠리아 인 병사들은 작은 도시 두 곳을 손에 넣었는데, 하나는 시라쿠사에서 5km, 다른 하나는 8km 떨어진 곳이었다. 두 도시 모두 자연 환경이 방어에 적합한 곳이었고 게다가 방어 시설도 잘 갖추어져 있었

다. 시칠리아 인들은 그들의 공동체에서 이 두 도시로 보급품과 증원 군을 보내기 시작했다. 그러는 사이 보밀카르는 다시 카르타고로 항 해하여 시라쿠사의 동맹이 처한 상황을 설명했다. 카르타고는 동맹 에게 실질적인 도움을 주어야 하고 그렇게 하면 로마 인들이 실질적 으로 도시를 점령한 상황을 역전시킬 수 있다고 정부를 설득했다. 따 라서 그는 권력자들에게 온갖 보급품을 실은 상선과 함대를 보강할 전함을 최대한 많이 배정해 달라고 요구하여 성사시켰다. 그에 따라 보밀카르는 130척의 전함과 700척의 수송선을 이끌고 카르타고에서 출발했다. 그는 시칠리아로 항해할 때 순풍을 받았지만, 동풍이라 파 키눔 곶을 돌지는 못했다. 보밀카르가 카르타고에 도착했다는 소식, 그리고 그가 예기치 못하게 파키눔 곶 서쪽에서 방해를 받았다는 소 식은 로마 인과 시라쿠사인에게 번갈아 가며 기쁨과 불안감을 안겨 주었다.

　에피키데스는 며칠 더 동풍이 불어 카르타고 함대가 아프리카로 다시 귀환할 것을 염려했다. 그래서 그는 용병부대장들에게 아크라 디나 지역의 지휘를 맡기고 직접 배를 타고 보밀카르를 만나러 갔다. 당시 보밀카르는 아프리카를 바라보는 정박지에 함대를 두고 있었 다. 보밀카르는 당시에 해전을 피했는데, 함대의 전투력이나 수가 열 등해서가 아니라(오히려 로마 군보다 우위였다) 동풍이 로마 함대에 유리 하게 작용해서였다. 그렇지만 에피키데스는 보밀카르의 망설이는 태 도를 풀고 로마 군을 상대로 과감히 해전을 펼치도록 설득하는 데 성 공했다.

　마르켈루스는 적의 도시에 갇혀 수륙 양면에서 동시에 압박받고 싶지 않았다. 따라서 토착민 군대가 시칠리아 사방에서 모여들고, 동 시에 카르타고 함대가 어마어마한 보급품을 적재하고 지척에 있다는 소식을 듣자마자, 로마 군의 수적 열세에도 불구하고 보밀카르가 시라쿠사에 도착하는 걸 막기로 결심했다. 두 함대는 파키눔 곶의 서로 다른 편에 자리를 잡았고, 바다로 나갈 날씨가 되면 교전을 할 각오였다. 며칠 동안 무척 강하게 불던 동풍이 가라앉자 먼저 움직인 건 보밀카르였다. 잠시 그는 기꺼이 곶을 돌고자 출항하는 것처럼 보였지만, 나중에 로마 함대가 그를 향해 다가오자, 뭔가 갑작스러운 불안을 느꼈는지 곧장 바다로 나아가 시칠리아를 돌더니 이탈리아 남부의 타렌툼으로 움직였다. 그는 이렇게 하기 전엔 헤라클레아에 사람을 보내 수송선은 아프리카로 돌아가라고 명령하기도 했다. 이렇게 하여 강력한 지원을 받을 수 있다는 에피키데스의 희망은 갑작스럽게 꺾이고 말았다. 로마 인의 손에 거의 장악된 도시로 돌아가 포위당하는 위험을 피하고 싶었던 에피키데스는 시칠리아 서부의 아그리겐툼으로 배를 몰았다. 그는 새로운 움직임을 주도할 생각은 없고 그저 사건이 자기에게 유리하게 벌어지기만을 기다렸다.

28. 시칠리아 군대는 에피키데스가 시라쿠사를 떠났고, 카르타고 인들이 섬 지역을 포기하여 그 지역이 다시 한 번 로마 인들의 손에 넘어간 것과 마찬가지라는 소식을 들었다. 그러자 그들은 먼저 포위당한 시민들과 이야기를 나누어 그들의 소망을 확인한 다음에 도시의 항복 조건을 논의하기 위해 마르켈루스에게 사절단을 보냈다. 약간의 의견 충돌은 있었지만, 양측은 히에로 왕가의 재물은 로마 인들이 가져가고, 나머지는 시칠리아 인들이 보유한다는 조건으로 합의를 봤다. 또한 시칠리아 인들은 자유민으로서 시칠리아 고유의 법을 따르며 살게 된다고 합의했다. 이어 사절단은 에피키데스가 권력을 맡긴 자들을 회의에 초청했다. 먼저 사절단은 자신들이 시칠리아 군의 소망에 따라 마르켈루스와 그들(에피키데스가 권력을 맡긴 자들)을 차

례로 만나게 되었다고 설명했다. 또한 사절단은 도시 내부에 봉쇄당한 사람들이나 그렇지 않은 사람들 모두 동일한 대접을 받아야 하고, 자신들은 개별적인 이득을 취하고자 따로 협상하는 걸 방지하는 업무도 맡았다고 말했다. 사절단은 각자 친척과 친구를 만나 기존에 마르켈루스와 합의한 조건을 설명하는 것이 허용되었다. 이어 사절들은 친척과 친구들에게 절대로 안전하다고 하면서 그들을 설득하여 에피키데스의 부하 관리인 폴리클리투스, 필리스티오, 에피키데스(신돈이란 성을 쓰는 동명이인)을 함께 공격하여 살해했다.

이어 민회가 소집되었다. 사절들 중 한 사람은 모든 이가 은밀하게 푸념하던 여러 문제들(특히 식량 부족)에 대하여 불평하는 것으로 연설을 시작했다. 더 나아가 자신들이 견뎌야 하는 모든 고통을 운명의 탓으로 돌리는 것도 우스꽝스럽다고 말했다. 그의 연설은 이렇게 계속되었다. "얼마나 오래 고통을 견뎌야 하는지, 그것은 우리가 결정하는 문제입니다. 로마 인들이 시라쿠사를 공격한 이유는 우리를 싫어해서가 아니라, 걱정해서였습니다. 그들은 한니발의 부하였다가 나중에 히에로니무스의 부하가 된 히포크라테스와 에피키데스가 권력을 장악했다는 사실을 듣고 우리를 향해 진격하고 도시를 포위했습니다. 그들이 공격하고자 했던 건 시라쿠사가 아니라 잔인한 폭군들이었습니다. 하지만 이제 히포크라테스는 죽고, 에피키데스는 도시에서 쫓겨났고, 그의 장관들은 죽었습니다. 카르타고 인들은 수륙양면으로 물러났고, 시칠리아엔 그들의 발판이 남아 있지 않습니다. 히에로 왕은 누구보다 로마와 우호적인 관계를 맺었는데, 이젠 마치 그가 살아 있을 때처럼 로마가 시라쿠사에 피해를 입힐 이유가 전혀 없습니다. 우리에게, 또 도시에게 위험이 될 만한 건 이젠 우리뿐입니다. 우리를 압제하던 건방진 폭정에서 벗어난 이 때, 우리가 로마와 화해할 기회를 놓친다면 그것이야말로 위험한 일이 될 것입니다. 우리는 지금과 같은 기회를 다시는 잡지 못할 겁니다."

29. 시라쿠사 인들은 이 연설에 대찬성을 표시했고 이의를 제기하는 목소리는 들리지 않았다. 그들은 마르켈루스에게 보낼 사절단을 임명하기 전에 행정관들을 임명했다. 이 임명 절차가 끝나자 새로 선출된 행정관들 중 몇몇 사람은 사절단의 일원으로서 선발되어 로마 지휘관을 만나 상황을 설명하게 되었다. 사절단의 대표는 다음과 같이 말했다.

"로마와의 관계를 단절한 건 절대 시라쿠사 시민들이 아니었습니다. 그것은 히에로니무스의 짓이었고, 그렇게 함으로써 그자는 로마보다 우리에게 더 큰 죄를 지었습니다. 이후 폭군이 암살당하면서 평화가 찾아오자 다시 로마와의 관계를 망친 건 시라쿠사 인들이 아닌 폭군의 부하 히포크라테스와 에피키데스였고, 그자들은 먼저 우리를 공포와 반역으로 탄압했습니다. 로마와 평화를 유지할 때를 제외하곤 우리가 자유로웠던 때는 감히 없었다고 할 수 있습니다. 이제 시라쿠사를 압제하던 자들은 죽었고, 우리는 이제 다시 나라의 주인이 되고 있습니다. 따라서 우리는 곧장 당신께 와서 우리의 무기, 도시, 방어 시설, 그리고 우리 자신을 당신에게 넘기고 당신이 우리에게 부과하는 무엇이든 거부하지 않고 받아들이고자 합니다.

마르켈루스, 신들께서는 당신에게 그리스 도시들 중 가장 유명하고 아름다운 곳[9]을 점령하는 영광을 허락했습니다. 우리가 수륙 양면

---

9   그리스 인들은 일찍이 지중해 전역으로 진출하여 식민 도시들을 세웠다. 시라쿠사도 기원전 734년 경 그리스 본토의 주요 폴리스 중 하나인 코린토스의 개척자들이 세운 도시였다.

으로 성취한 것에 관한 모든 기록은 당신이 이번에 달성한 업적에 명성을 더해줄 것입니다. 당신이 점령한 도시가 얼마나 화려했는지 말로만 전해지는 것보다 대대손손 그 도시를 직접 보러 오는 것이 더 나은 일 아니겠습니까? 육로나 수로로 방문하는 모든 이에게 시라쿠사 사람들은 이 도시가 아테네와 카르타고로부터 얻은 전리품을 보여줄 것이며, 당신이 우리에게서 얻은 전리품도 보여줄 것입니다! 당신의 후손들은 시라쿠사가 그 화려한 모습을 유지한 채 마르켈루스의 이름으로 후원과 보호를 받고 있다는 걸 보게 될 것입니다!

우리는 간청합니다. 부디 히에로니무스에 대한 나쁜 기억이 히에로에 관한 좋은 기억보다 더 영향을 미치지 않기를 바랍니다. 히에로니무스는 로마 인의 적이었지만, 히에로는 그보다 훨씬 더 많은 세월을 로마의 친구로 살았습니다. 그가 로마에 제공했던 도움 중엔 당신이 실제로 경험했던 것도 있을 것입니다. 히에로니무스의 어리석음은 자멸만 불렀을 뿐입니다."

그들은 자신들의 요청을 모두 들어주려는 로마 인들을 두려워할 이유가 전혀 없었다. 폭력의 위험은 시칠리아 인들 그 자신에게 있었다. 배반자들은 로마 인들에게 넘겨질 걸 확신하고 같은 운명에 처할 용병들을 설득했고, 그 결과 용병들은 무장봉기하여 행정관들을 살해했고, 가는 곳마다 시라쿠사 인들을 학살했다. 그들은 겁에 질리기도 하고 분노에 사로잡히기도 하여 길에서 만나게 된 자는 누구든 죽였고, 손댈 수 있는 귀중품은 하나도 빠짐없이 빼앗았다. 지도자가 없던 그들은 여섯 명의 장관을 선출했고, 셋은 아크라디나를, 나머지 셋은 섬 지역을 책임졌다. 한참 있다 소란이 진정되자 그들은 로마 인과 합의한 조건에 관해 알아봤고, 용병들은 자신들이 배반자들과 전혀 다른 입장이라는 사실을 깨닫기 시작했다.

30. 마르켈루스로부터 돌아온 사절단이 적절한 정보를 가지고 돌아왔던 것이다. 사절들은 용병들의 공포가 근거 없는 것이며, 로마인들에겐 그들을 처벌할 이유가 없다는 말을 전했다.

아크라디나를 책임지는 세 명의 장관 중 한 사람은 모이리쿠스라는 스페인 사람이었다. 사절단의 수행원들 중엔 보조군에 속한 스페인 군인이 한 사람 있었는데, 이 사람이 곧바로 모이리쿠스에게로 보내졌다. 이 군인은 모이리쿠스와 개인적으로 면담하게 되어, 자신이 최근에 시라쿠사에 왔음을 언급하면서 스페인의 근황을 상세하게 알렸다. 그는 스페인 전역을 로마 군이 지배하고 있다고 말하면서 모이리쿠스가 정말로 가치 있는 일을 하길 바란다면 로마 인의 편에 서거나 스페인으로 돌아가야 하며, 그렇게 되면 조국 사람들 사이에서 엄청난 영향력을 행사하게 될 것이라고 내다보았다. 이어 그는 수륙 양면으로 갇힌 상태에 있는 곳에서 계속 농성한다면 아무런 미래도 기대할 수 없을 것이라고 지적했다.

이런 제안은 효과가 있었고, 모이리쿠스는 마르켈루스에게 보내는 사절단에 자신의 동생을 포함시켰다. 그러자 모이리쿠스를 만났던 스페인 군인은 은밀히 모이리쿠스의 동생을 마르켈루스에게로 데려갔다. 이 자리에서 두 사람은 서로 약속을 교환했고, 행동 계획이 마련되었다. 모든 합의가 끝나자 모이리쿠스의 동생은 다시 아크라디나로 돌아갔다. 이후 모이리쿠스는 반역 의혹에서 벗어나고자 로마군에 사절단이 계속 오가는 걸 짐짓 비난했고, 앞으로 사절단은 받지도 보내지도 말아야 한다고 주장했다. 그는 로마 군에게 공격받을 가능성이 큰 구역들의 위병은 지금보다 더욱 철저하게 임무를 수행해야 한다고 명령을 내렸고, 동시에 그런 구역은 장관 각자가 맡아야 한다고 주장했다. 그래야 모이리쿠스 자신이 책임 구역을 배정받을 수 있기 때문이었다. 모이리쿠스의 제안에 아무런 반대가 없었고, 그 결과 그는 아레투사의 샘부터 대항구 입구까지에 이르는 구역을 책임지게 되었다. 그는 이후 조심스럽게 로마 인들에게 이런 사실을 알렸다.

그에 따라 그날 밤 마르켈루스는 병력을 태운 상선 한 척을 4단 노선 갤리선이 견인하여 섬 지역으로 가라고 지시했고, 병력은 아레투사의 샘 근처 성문에 상륙하게 되었다. 이 일은 동이 트기 몇 시간 전에 수행되었고, 모이리쿠스가 계획에 따라 상륙한 병사들을 받아들이자 마르켈루스는 해가 뜨자마자 아크라디나 방어 시설에 총공격을 가했다. 이에 성벽을 지키는 주둔군의 이목이 로마 군에게 집중된 건 물론이고, 섬 지역의 병력도 경계 구역에서 벗어나 로마 군의 공격을 물리치는 데 힘을 보태고자 현장으로 황급히 달려 왔다. 이후 혼란스러운 전투가 계속되는 동안 미리 준비를 마친 가벼운 배 여러 척이 빙 돌아 섬 지역으로 와서 병사들을 상륙시켰다. 섬 지역에 상륙한 병사들은 인원이 절반밖에 없는 경계 초소에 기습 공격을 가했고, 성문은 그곳을 지키던 병력이 황급히 도망쳐 저절로 열린 것과 다를 바 없었다. 그에 따라 미미한 저항이 있었을 뿐 로마 군은 손쉽게 섬 지역을 점령했다. 경계를 서던 위병들이 빠르게 도망치는 바람에 그곳의 방어 시설은 제 기능을 하지 못했고, 사실상 버려진 것이나 마찬가지였다. 전투가 여전히 진행 중이었지만 탈영병들은 지휘관을 믿지 않았고, 초소를 지키겠다는 결의는 전혀 없었다.

마르켈루스는 왕가의 재산이 약탈당하는 걸 바라지 않았다(실상보다 규모가 더 크게 보고되었다). 따라서 섬 지역과 아크라디나의 한 구역이 점령되었으며, 모이리쿠스가 휘하 병력을 이끌고 자신에게 오고 있다는 소식을 들은 그는 로마 군에게 퇴각 신호를 보냈다.

31. 공격이 멈추자 아크라디나의 탈영병들은 도망칠 시간을 벌었고, 시라쿠사 인들은 마침내 아무것도 두려워할 게 없게 되었다. 그들은 아크라디나의 성문을 열고 사절단을 마르켈루스에게 보내 그들과 자식들의 목숨만은 살려달라고 요청했다. 마르켈루스는 회의를 소집했고, 로마 군과 있던 추방된 시라쿠사 인들을 회의에 참석하게 했다. 이어 사절단의 요청에 그는 이렇게 대답했다.

"반세기 동안 히에로 왕이 로마에 도움을 준 것보다 지난 몇 년 동안 시라쿠사 통치자들이 저지른 폐해가 더 많소. 하지만 아주 적절하게도 대다수 죄는 그것을 꾸며낸 자들에게 되돌아갔으며, 협정을 어긴 범죄자들은 로마가 바라던 것보다 훨씬 엄중하게 자체적으로 처벌을 받았소. 내가 시라쿠사를 포위한 지 이제 거의 3년이 다 되었소이다. 우리는 시라쿠사를 로마 인의 노예로 삼을 생각이 전혀 없었소. 다만 타지인과 배반자의 우두머리들이 힘으로 시라쿠사를 장악하는 걸 막으려고 했을 뿐이오. 시라쿠사 인들은 로마 군과 함께한 추방자들, 주둔군을 넘긴 스페인 지휘관 모이리쿠스, 뒤늦지만 용맹했던 시라쿠사 인들의 행동을 본보기로 삼고 진작 그렇게 해야 했소. 성벽 주변에서 로마 군이 오랫동안 노고와 위험을 버텨낸 걸 고려하면 시라쿠사 함락은 절대로 적절한 보상이 아니외다."

이어 마르켈루스는 한 재무관에게 병사들을 붙여 왕가의 재산을 인수하고 지키라고 지시했다. 로마 군과 그동안 행동을 함께 한 추방자들의 집에 위병이 배치된 뒤, 마르켈루스의 지시에 따라 병사들은 바라는 대로 도시를 약탈했다. 혈기와 탐욕으로 많은 무도한 일이 자행되었다. 이처럼 점령된 도시를 로마 군이 제멋대로 유린하고 약탈하며 끔찍한 대소동을 일으키는 동안에도, 기록에 의하면 아르키메데스는 흙에 도형을 그리며 탐구하는 일에 열중하고 있었다. 결국 아르키메데스는 그가 누군지 모르는 병사에게 살해당하고 말았다. 마르켈루스는 이 일로 무척 슬퍼했고, 그를 예법에 맞게 매장한 뒤 아르키메데스의 친척들을 수소문했다. 그 친척들이 아르키메데스의 이름과 기억을 명예롭게 여겨 보호해줄 것이기 때문이었다.

이상이 시라쿠사 함락에 관한 이야기이다. 이곳에서 취한 전리품은 엄청나게 많았다. 당시 로마와 패권을 놓고 경쟁하던 카르타고가 멸망했더라면 나왔을 법한 전리품과 비교해도 뒤지지 않는 것이었다.

시라쿠사가 점령되기 며칠 전, 티투스 오타킬리우스는 릴리바이움에서 5단 노선인 갤리선 80척을 이끌고 우티카로 갔다. 그는 동이 트기 전에 우티카 항구에 들어왔고, 그곳에 정박한 화물이 가득 실린 수송선들을 포획한 다음 병사들을 상륙시켰다. 도시 주변 지역 일대를 초토화한 다음 그는 온갖 포획한 물자와 함께 배로 돌아왔다. 떠난 지 사흘 만에 그는 곡식과 다른 물자를 만재한 130척의 상선을 전리품으로 챙겨 릴리바이움으로 돌아왔다. 그는 그곳에서 시라쿠사로 곡식을 보냈고, 때마침 도착한 곡식 덕분에 승자나 패자나 심각한 기근의 위협에서 벗어날 수 있었다.

32. 지난 2년 동안 스페인에서는 특기할 만한 사건이 거의 없었다.[10] 양군 모두 실질적인 전투보다 계획을 세우는 일에 더 집중했다. 하지만 이해 여름(기원전 212년) 로마 사령관들은 각자의 영구 진지를 떠나 휘하 부대를 합쳤다. 이어 작전 회의가 열렸고, 만장일치로 이젠 전투할 때가 되었다고 결론을 내렸다. 그때까지 스키피오 형제

---

10 2년이라고 한 것으로 보아 이 기사는 스키피오 형제의 패배와 죽음을 기원전 211년 이후라고 보는 사료를 참고하여 작성된 것으로 보인다. 두 형제의 죽음은 기원전 212년의 일이었다.

는 한니발의 동생 하스드루발이 이탈리아로 진군하는 걸 막기만 했을 뿐이었다. 이젠 스페인 전쟁을 종결하기 위해 군대를 움직여야 했다. 스키피오 형제는 자신들이 그 목적에 알맞은 적절한 병력을 갖췄다고 생각했다. 지난 겨울, 2만 명의 켈티베리아 인들을 보강했기 때문이었다. 카르타고 군은 세 개의 군대로 구성되었다. 기스고의 아들 하스드루발은 마고와 함께 로마 군 진지에서 닷새 정도 떨어진 곳에 있었고, 하밀카르(오랫동안 스페인에서 지휘했던 장군이며 한니발의 아버지)의 아들 하스드루발은 로마 군과 더 가까운 암토르기스라 하는 도시에 있었다.

스키피오 형제는 암토르기스의 하스드루발을 먼저 격파할 생각이었고, 운용할 수 있는 전력도 전폭적으로 신뢰하고 있었다. 하지만 그들은 그래도 불안감을 지울 수 없었는데, 하스드루발이 패배하면 마고와 다른 하스드루발이 동요하여 숲이나 산으로 물러나 전쟁이 무기한 연장될 수도 있기 때문이었다. 따라서 그들은 스페인 전역을 전쟁 계획에 포함하고 이 목적에 따라 병력을 둘로 나눴다. 형인 푸블리우스 스키피오는 로마 군과 동맹군의 3분의 2를 맡아 마고와 하스드루발을 상대하고, 동생인 그나이우스 스키피오는 나머지 3분의 1과 켈티베리아 인들을 맡아 하밀카르의 아들 하스드루발을 상대하기로 되었다.[11]

---

11 기원전 218년 봄, 집정관 푸블리우스 스키피오(스피키오 아프리카누스의 아버지)는 휘하 부대를 이끌고 마실리아(마르세유)를 경유하여 스페인의 에브로 강 지역으로 부임하라는 원로원의 지시를 받았다. 그러나 마실리아에 도착하여 한니발이 이미 북쪽으로 80km 앞선 지점을 행군하며 이탈리아로 가고 있다는 사실을 알게 되었다. 그래서 이탈리아로 다시 회군하기보다는 휘하 부대를 동생 그나이우스 스키피오에게 건네주어 임지로 가게 하고 푸블리우스 자신은 이탈리아로 돌아왔다.

두 사령관은 휘하 군대를 이끌고 함께 출발했고, 켈티베리아 인들은 대열의 선두에서 진군했다. 그들은 적이 보이는 암토르기스 근처에 진지를 세웠는데, 적과는 강을 중간에 두고 서로 떨어져 있었다. 그나이우스 스키피오는 휘하 병력과 함께 그곳에 남았고, 형 푸블리우스 스키피오는 합의한 임무를 수행하러 나섰다.

33. 하스드루발은 곧 로마 군 병력이 적은 데다 그들이 켈티베리아 용병들에게 의존하고 있다는 사실을 알게 되었다. 그는 야만인 용병들이 돈만 밝힐 뿐 신의가 없다는 걸 잘 알았고, 특히 오랜 세월 적으로서 상대한 부족들에 관해선 훤히 꿰뚫고 있었다. 따라서 하스드루발은 켈티베리아 지도자들과 몰래 접촉하여 밀담을 나눌 수 있었다. 하스드루발 부대와 켈티베리아 부대엔 수많은 스페인 인이 있었으므로 말이 통하는 건 아무런 문제가 없었고, 켈티베리아 인들은 거액을 받고 그들의 부대를 철수시키는 데 동의했다. 하스드루발이 보기에 그런 것은 그리 황당한 일도 아니었다. 켈티베리아 인들이 돈을 받고 로마 군대에 고용된 터라 차마 로마 인들을 공격할 수는 없기 때문이다.

게다가 그들로서는 전투를 그만두면 얻는 보상이 적극적으로 전투에 참여하는 대가보다 훨씬 더 컸다. 더군다나 대다수 병사는 평화롭게 고향으로 돌아가 다시 가족과 재산을 볼 생각에 기뻐서 어찌할 줄 몰랐다.

켈티베리아 인들은 로마 인들을 두려워할 이유가 없었다. 로마 군은 숫자가 적었으므로 설사 그들의 이탈을 막으려고 해도 별로 두려움의 대상이 아니었던 것이다. 그러니 여기에 앞으로 로마 지휘관들이 반드시 명심해야 할 사항이 있다. 로마 군 부대에 로마 인 병력이 압도적으로 많지 않고, 그 대신 외국인 보조군이 많은 경우에는 그들을 절대로 믿어서는 안 된다는 것이다. 이것은 후대의 로마 지휘관들이 엄중한 경고로 받아들여야 한다.

켈티베리아 인들은 군기를 뽑아 들고서 갑자기 뒤로 물러났다. 로마 인들이 왜 떠나는지 물으면서 남아달라고 간청하자 그들은 고향 땅에서 전쟁이 벌어져 거기에 가보아야 한다고 답할 뿐이었다. 무력이나 간청 어느 쪽으로도 그들을 남게 할 수가 없자 동생 스키피오는 이젠 적과 상대가 되지 않는다는 것, 그리고 형과 다시 합류할 수 없다는 것을 완연히 깨달았다. 그에 따라 상황을 호전시킬 방법이 전혀 없던 스키피오는 탁 트인 땅에서 교전에 휘말리는 걸 모든 수단을 동원하여 피하면서 최대한 멀리 물러나기로 결정했다. 그가 움직이자 적은 강을 건너 가깝게 쫓아왔다.

34. 거의 동시에 그의 형 푸블리우스에게도 우려할 상황이 발생했고, 그가 새로운 적에게서 받는 위협은 더욱 큰 것이었다. 새로운 적은 젊은 마시니사였고, 당시엔 카르타고와 동맹이었지만, 나중엔 로마와의 우호 관계로 유명해지고 힘을 얻은 자였다. 그때 그는 휘하 누미디아 기병대의 선두에 있었고, 푸블리우스 스키피오의 선봉 부대와 마주치게 되었다. 그는 밤낮을 가리지 않고 끈질기게 로마 군에 따라붙었고, 나무나 사료를 찾느라 진지에서 떨어져 나온 병사들을 돌아가지 못하도록 막았다. 또한 빈번히 로마 군 진지까지 말을 타고 나타나기도 했으며, 진지를 지키는 전초 기지들에 전속력으로 돌격하여 큰 혼란을 유발하기도 했다. 그는 밤마다 진지 문들과 요새에 예기치 못한 공격해오는 일이 잦았는데, 이 역시 로마 군에게 큰 골칫거리였다.

요약하면 로마 인들은 늘 어디서건 불안한 상태였고, 새롭게 보급품을 공급받을 기회도 없이 진지의 방어 시설 안에 강제로 머물러야 했다. 로마 군은 이미 포위 당한 상태나 마찬가지였으며, 그 포위 작전은 7천 5백 명의 수에세타니 인들을 이끌고 온다는 인디빌리스가 카르타고 군에 합류하면 더욱 견디기 어려워질 게 분명했다. 평상시라면 신중하고 조심하게 행동하는 스키피오는 이런 곤궁한 상황에 내몰리자 그만 경솔하게 움직이게 되었다. 그는 밤에 인디빌리스를 향해 진군했고, 만나는 곳이 어디든 그 자리에서 교전을 벌일 생각이었다.

푸블리우스는 진지에 적당한 숫자의 주둔군을 남기고 부관인 티베리우스 폰테이우스에게 지휘를 맡긴 뒤 부대를 이끌고 자정에 떠났고, 적을 만나 교전했다. 양군 모두 전선을 형성하지 못했고, 전투의 양상은 마치 어수선한 추격전 같았다. 하지만 개전 초기에는 로마 군이 우위에 있었다. 그러나 이런 유리한 상황은 오래가지 못했다. 갑자기 누미디아 기병대가 나타나 양쪽 측면을 공격했기 때문이었다.

스키피오는 이들을 따돌렸다고 생각하고 있었다. 이런 상황만으로도 아주 위급했지만, 누미디아 인과 새로 전투에 돌입하자마자 세 번째 적군 부대가 전장에 나타났다. 카르타고 군의 두 지휘관은 이미 교전 중인 로마 군의 후위를 공격하기 시작했다.

이렇게 로마 군은 동시에 두 방향에서 압박을 받게 되었고, 전위나 후위 중 어느 쪽의 적을 뚫고 나가는 것이 가장 좋은 방법일지 확신하지 못했다. 한창 전투가 진행 중일 때 스키피오는 로마 군이 가장 심한 압박을 받는 곳마다 나타나 병사들을 격려했다. 그러던 중 결국 몸의 오른쪽이 적의 창에 꿰뚫리고 말았다. 쐐기 대형으로 있던 적의 일부 부대는 스키피오의 주변에 밀집한 로마 병사들을 돌파하려고 나섰다. 그러던 중 적군은 스키피오가 전사하여 말에서 떨어진 걸 보았다.[12] 그들은 크게 기뻐하며 전선 곳곳으로 내달리며 로마 사령관이 죽었다고 소리쳤다. 스키피오의 전사 소식이 양군 모두에 알려지자 승부는 결정 난 것이나 다름없었다. 지휘관을 잃은 로마 군은 곧장 도망치기 시작했다. 처음엔 누미디아 인과 다른 경무장한 보조군을 돌파하는 것이 가능할 것처럼 보였지만, 말만큼 빠른 발을 지닌 보병대와 함께 있는 다수의 기병대에게서 벗어나는 건 불가능했다. 로마 군은 실제 전투보다는 도망칠 때 더 많이 죽었다. 늦은 시간에다 어두워져 학살이 저절로 멈추지 않았더라면 생존자는 단 한 사람도 없었을 것이다.

35. 카르타고 지휘관들은 승리를 재빨리 활용했다. 전투가 끝나자마자 그들은 병사들에게 휴식을 주지도 않고 최대한 속도를 내어 하밀카르의 아들 하스드루발에게 합류했다. 세 부대가 합류하면 전쟁을 승리로 끝맺을 수 있다는 확신이 있었기 때문이었다. 그들이 합류하자 카르타고 군은 환호성을 울렸으며, 지휘관과 병사 모두 서로에게 열렬한 축하를 보냈다. 로마의 명망 높은 사령관을 죽이고 휘하 부대를 괴멸시킨 그들은 이후의 싸움에서도 승리는 명백하다고 확신했다. 로마 인들은 아직 이 끔찍한 참사에 대한 소식을 받지 못했다. 하지만 심한 우울함이 그들을 짓눌렀고, 그들은 다가올 파멸에 관한 예감을 차마 입 밖으로 내지 못했다.

그나이우스 스키피오는 동맹이 탈주한 것에 더하여 적의 병력이 어마어마하게 늘어나자, 모든 게 잘 풀릴지 모른다는 기대를 접고서

---

12 이 스키피오는 풀 네임이 푸블리우스 코르넬리우스 스키피오로서, 218년에 집정관을 지냈고 개전 초기에 한니발에 맞선 티키누스 전투에서 부상을 당하여 아들(후일의 스키피오 아프리카누스)의 도움으로 구출된 장군이다. 아버지 스키피오를 곤경에 빠트린 적장 마시니사는 나중에 자마 전투 때 아들 스키피오의 동맹이 되었다.

앞으로 참사가 벌어질 것이라고 생각하게 되었다. 형의 군대가 성공적인 전투를 벌였다면 하스드루발과 마고가 아무런 방해도 받지 않고 하스드루발 바르카와 합류할 수는 없는 것이었다. 형 푸블리우스가 그들의 진군을 막거나 쫓지 않은 것은 어떻게 된 일인가? 적 부대가 서로 합류하는 걸 막지 못했다면 적어도 동생인 자신과 합류해야 하는 것이 아닌가?

이런 걱정들로 괴로웠던 스키피오는 이제 유일하게 안전한 방법은 현재 위치에서 최대한 멀리 움직이는 것이라고 판단했다. 다음날 밤 그는 적이 그의 철수 작전을 알아채거나 저지하려고 움직이기 전에 적들로부터 멀찌감치 물러났다. 하지만 동이 트자 카르타고 군은 그가 사라졌다는 걸 알게 되었고, 누미디아 인들을 선두에 세워 최대한 빠르게 추격하기 시작했다. 어두워지기 전에 누미디아 인들은 로마 군을 따라잡았다. 그들은 이어 진군 중인 로마 군의 양쪽 측면과 후위를 괴롭혔고, 스키피오는 어쩔 수 없이 멈춰 서서 방어 자세를 취할 수밖에 없었다. 그는 계속 병사들을 격려했고, 최대한 안전을 유지하며 진군과 공격을 동시에 수행하라고 지시했다. 카르타고 보병대에 따라잡히지 않으려면 그 수밖에 없었다.

36. 밀고 나아가라는 지시와 멈추라는 지시가 한동안 번갈아 내려졌고, 진전은 거의 없었다. 이젠 밤이 다가오는 중이었다. 그에 따라 스키피오는 진군을 멈추고 부대를 인근 언덕으로 퇴각시켰다. 그곳은 절대 안전한 장소가 아니었고, 특히 이미 심각하게 동요하는 병사들에겐 더욱 안전한 곳이 아니었다. 하지만 어쨌든 그곳은 주변 땅보다는 더 높은 곳이었다. 그곳에서 스키피오는 치중차 주위에 원형으로 보병대를 배치했다. 기병대는 한동안 누미디아 인들의 공격을 물리치는 데 어려움이 없었다. 하지만 나중에 카르타고 지휘관 세 사람

이 각각 온전히 무장한 군대를 이끌고 현장에 도착하자 적절한 방어 시설 없이 병사들만으로는 언덕을 지킬 수 없다는 게 명백해졌다.

따라서 스키피오는 보루를 세울 수 있는 곳이 있으리라는 희망을 품고 주변을 둘러보기 시작했다. 하지만 언덕은 텅 빈 상태였고, 땅도 돌투성이 땅이라 말뚝으로 쓸 목재는 물론 잔디도 없었고, 해자를 굴착할 수도 없었다. 그곳은 도저히 보루를 세울 수 있는 곳이 아니었다. 그렇다고 적을 곤란하게 할 정도로 가파르거나 험준하게 솟아오른 부분도 없었다. 언덕 주변 경사는 전부 완만했다. 그럼에도 불구하고 로마 군은 어쨌든 보루 비슷한 무언가라도 만들자는 심정으로 여전히 짐에 붙어 있는 군장 수송용 안장을 모아 통상적인 보루 높이에 맞게 원형으로 쌓았는데, 그것만으로는 부족하여 그 위에다 군장과 기타 구할 수 있는 장비를 올렸다.

도착한 카르타고 군은 언덕을 오르는 데 전혀 어려움을 겪지 않았다. 정상에서 그들은 로마 군의 '보루'라고 하는 것이 너무나 기괴한 형태여서 놀라움을 표시하며 잠시 걸음을 멈췄다. 하지만 카르타고 군 장교들은 분노하여 큰 소리로 소리쳤다. "대체 가만히 서서 뭐 하는 건가! 왜 저 터무니없는 걸 박살 내지 못하나! 저런 형편없는 걸로는 여자와 어린아이나 간신히 막아낼 수 있을 뿐이다." 장교들은 경멸하는 어조로 계속 고함쳤다. "옷가지 뒤에 숨은 적은 이미 포로나 마찬가지인 자들이다." 그럼에도 불구하고 카르타고 군이 장벽을 넘거나, 장비 무더기를 치우거나, 다른 온갖 물건에 깔린 오밀조밀하게 쌓인 안장들을 뚫어 길을 내는 일은 그리 쉽지 않았다.

하지만 장대로 구조물을 무너뜨리는 작업이 시작되자 적군 병사들이 들어갈 길이 트였고, 여러 곳에서 같은 작업이 수행되자 모든 부분이 곧 카르타고 군의 손에 넘어갔다. 이후로는 로마 군 병사들의 피가 흐르기 시작했다. 로마 군은 소수였던 데다 이미 동요한 상태였고, 적은 다수인 데다 이미 승리를 손에 넣었기 때문이었다. 그럼에도 불구하고 로마 군 다수가 인근 숲으로 탈출하는 데 성공했고, 그곳에서 죽은 푸블리우스 스키피오의 부관인 폰테이우스가 현재 지휘 중인 잔여 부대의 진지로 나아갔다.

몇몇 역사가의 기술에 따르면 그나이우스 스키피오는 언덕에 첫 번째 공격이 가해지는 동안 전사했다고 한다. 다른 역사가들은 그가 소수 병사와 함께 인근 감시탑으로 도망을 쳤는데, 적이 그 탑의 문을 강제로 열지 못하자 문에 불을 질러 태워버렸고 그 후 탑 안으로 밀고 들어가 스키피오 사령관을 포함한 로마 병사 전원을 죽였다고 했다. 그나이우스 스키피오는 스페인에 온 8년 차[13]에 전사했으며, 형 푸블리우스가 전사하고 29일이 지난 시점에 죽었다.

두 형제의 죽음에 로마뿐만 아니라 스페인 전역도 크게 슬퍼했다. 로마 시민들은 군대의 괴멸, 스페인 지역의 상실, 국가적인 참사 등으로 두 사령관의 죽음을 크게 슬퍼했다. 스페인 사람들 또한 두 지휘관이 전사했다는 소식에 애통함을 표시했다. 특히 그들은 동생 그나이우스의 죽음을 더욱 슬퍼했는데, 스페인에서 형보다 더 오래 지휘권을 행사했고, 그들의 환심을 사려고 노력했던 최초의 인물이었기 때문이다. 그는 또한 로마의 정의와 관용이 어떤 것인지 몸소 보여준 최초의 인물이기도 했다.

37. 스페인 전역을 잃어버리고 두 사령관의 군대가 전멸한 이런 상황에서 로마의 산산조각 난 운명을 복원한 사람이 있었다. 그는 기

---

13 스키피오의 전사 시점에 기원전 211년이라면 정확하지만, 사망 시점이 212년이라면 7년 차가 되어야 한다.

사 계급의 루키우스 마르키우스로, 셉티미우스의 아들이었다. 그는 젊은 청년이었는데, 신체적으로 활발했고, 그 지위에 있는 다른 사람에 비해 기세도 좋고 총명했다. 천부적인 자질에 더해 그는 그나이우스 스키피오가 실시한 훈련의 덕을 크게 봤다. 몇 년 동안 그는 훌륭한 군인이 갖춰야 할 지식을 훈련 덕분에 얻게 되었다. 최근 패배를 당한 이후 도망친 병사들을 모아 절대 만만히 볼 수 없는 군대를 새롭게 만들고, 주둔지에서 근무하다가 철수한 병사들을 그 부대에 합류시켜 병력을 강화한 다음에, 스키피오의 부관 폰테이우스의 부대에 합류한 사람이 바로 마르키우스였다.

에브로 강 북쪽에 진지를 세워 요새화한 뒤 두 부대의 병사들은 군사 투표로 지휘관을 선출하길 바랐는데, 일반 병사들은 단지 기사에 불과한 루키우스 마르키우스를 깊이 존경하고 그 권위를 인정했다. 방어 시설과 전초 기지 근무 교대를 규칙적으로 시행하는 체계에 따라 모든 군인이 투표를 마쳤고, 최고 지휘권은 만장일치로 루키우스 마르키우스에게 돌아갔다. 그는 즉시 요새를 강화하고 보급품을 모으는 일에 온 힘을 기울였다. 병사들은 그가 내리는 모든 지시를 무척 활기차게 수행했고, 전혀 패배한 군대의 낙담한 병사 같지 않았다.

하지만 기스고의 아들 하스드루발이 로마 군 패잔병을 괴멸시키기 위해 에브로 강을 건넜고, 이미 로마 군과 가까운 곳에 도착했다는 소식이 전해지자 새로운 지휘관이 전투 신호를 보냈음에도 불구하고, 병사들은 간신히 얻은 용기가 서서히 사라지는 것을 느꼈다. 이때 그들은 최근까지 자신들을 지휘했던 훌륭한 두 사령관과 전투가 벌어질 때마다 자신감을 불어넣어 주었던 훌륭한 로마 군대를 떠올렸다. 갑자기 그들은 눈물을 흘리기 시작했고, 머리를 두드리고 하늘에 양팔을 올려 기원했다. 그들은 신들을 저주했으며, 예전에 모셨던 죽은 사령관들의 이름을 구슬프게 불렀다. 그 어떤 것도 그들의 한탄을 막을 수 없었다. 백인대장들은 휘하 병사들을 고무하느라 애썼고, 마르키우스는 위로하려던 일이 허사로 돌아가자, 여자처럼 쓸모없이 눈물이나 흘리는 일은 당장 그만두라고 책망하며, 자신과 조국을 지키기 위해서, 또 아직도 복수를 하지 못한 채 무덤에 누워 있는 사령관들을 생각해서라도 마음을 독하게 먹어야 한다고 소리쳤다.

그 순간 갑자기 함성이 들리고 나팔 소리가 요란하게 울렸다. 적이 근처에 나타난 것이었다. 순식간에 병사들의 비탄은 무서운 분노로 변했다. 모든 병사가 달려가 무기를 집어 들었고, 마치 광기에 불탄 채로 진지 문으로 내달려 적에게 몸을 내던지듯이 사납게 달려들었다. 카르타고 군은 기습 공격에 대한 대비책이 전혀 없이 무질서한 상태로 로마 군 진지로 다가왔는데, 이 예기치 못한 공격에 커다란 충격을 받았다. 그들은 이토록 많은 적의 병사들이 갑자기 어디서 튀어나왔는지 이해할 수 없었다. 로마 군은 거의 전멸했을 텐데, 이런 대담성과 자신감을 보여주는 패잔병이 남아 있다니, 의아하다는 생각이 들었다. 그들은 스키피오 형제가 죽은 뒤 누가 지휘를 맡았는지 궁금했고, 누가 전투 신호를 내렸는지도 알고 싶었다. 이런 기습에 거의 제정신이 아닐 정도로 당황한 카르타고 군은 로마 군의 공격을 버티지 못하고 밀리다가 결국에는 대열이 무너져 도망쳤다.

로마 군이 끈질기게 추격했더라면 그들은 끔찍하게 죽임을 당했을 것이다. 반면 추격을 밀어붙였다면 경솔하고 위험한 일이 될 수도 있었고, 따라서 이를 피하고자 마르키우스는 퇴각 나팔을 울리게 했다. 그는 전선이 몹시 흥분한 상태인 걸 보고 직접 나서서 주도적인 역할을 하는 자들 몇몇을 제지하기도 했다. 이어 그는 여전히 피와 학살에 굶주린 병사들을 데리고 진지로 왔다. 격퇴당하여 혼란 속에 로마 군 진지에서 황급히 물러난 카르타고 군은 적의 추격이 멈춘 걸 확인하자, 로마 군이 두려워서 쫓아오지 못하는 것으로 생각했다. 따라서 다시 한 번 예전처럼 로마 군을 경멸하게 된 그들은 느긋한 자세로 진지로 돌아갔다.

카르타고 군은 진지에 돌아와서도 느긋하면서도 태만한 모습을 보였다. 비록 로마 군이 지척에 있었지만, 현재의 로마 군이 며칠 전 거의 전멸한 군대의 패잔병이라는 믿음을 철석같이 붙들고 있었기 때문이다. 카르타고 군의 이런 부주의한 태도를 확인한 마르키우스는 세심하게 정보를 모은 뒤 겉보기에 대담함을 넘어서서 무모한 계획을 시행하기로 했다. 그 계획은 아예 먼저 카르타고 군 진지를 공격하는 것이었다. 그는, 카르타고 군의 세 지휘관이 다시 힘을 합친다면 세 개의 군대를 상대로 진지를 방어하는 것보다 하스드루발 혼자만 있는 진지를 공격하여 빼앗는 게 더 쉬운 일이라고 생각했기에 이런 판단을 내린 것이었다. 그는 작전이 성공하면 로마 군의 무너진 무운을 회복할 수 있고, 설사 실패하더라도 과감한 공세를 취함으로써 적이 감히 로마 군을 경멸하지 못하게 만드는 효과가 있다고 생각했다.

38. 하지만 그는 예기치 못한 놀라운 야간 공격으로 병사들이 당황하는 것을 간절히 피하고 싶었다. 실제로 그가 세운 계획은 현재 상황과 거의 맞지 않는 것이었다. 따라서 그는 전투를 앞두고 격려의 말을 하는 것이 현명하다고 그는 열병식을 지시하고 다음과 같이 연설했다.

"제군, 살아계셨을 때나 전사하신 이후에 내가 돌아가신 두 사령관께 바친 헌신을 아는 자라면, 또 지금 우리가 처한 상황이 얼마나 엄중한지 생각하고 있는 자라면 내가 맡은 지휘관의 자리가 그 자체로 얼마나 무거운 짐이며, 불안한 걱정거리인지 잘 알 것이다. 이것은 제군이 지휘관이라는 자리를 내게 수여하여 나를 무척 명예롭게 한 것과는 별개의 이야기이다. 이 순간 위험이 나의 슬픔을 마비시키지 않았더라면 나는 슬픔을 달랠 길이 없었을 것이다. 하지만 나는 이 위험한 상황 속에서 제군을 위한 계획을 홀로 생각하고 짜야 한다. 사실 그건 돌아가신 두 장군을 애도하는 자로서는 해내기 어려운 일이지만 나는 이렇게 나섰다. 우리 조국을 위해 두 군대의 패잔병을 어떻게 구해내야 할지 생각할 때에도 슬픔은 내 마음 속에 어른거리며 늘 잔혹한 기억을 상기시킨다. 그렇지만 두 장군의 기억은 밤낮을 가리지 않고 내 생각을 괴롭히고, 꿈에서도 계속 떠오른다. 그래서 나는 자주 잠에서 깨어나는데, 두 분께서는 당신들뿐만 아니라 우리 조국, 그리고 스페인에서 지난 8년 동안 단 한 번도 패배하지 않은 전우들을 위해 복수해 달라고 간절히 요청하신다. 그분들께서는 내게 배운 바를 따르고, 그분들께서 전개한 전선을 따르라고 주장하신다. 나는 두 분 장군이 살아계실 때 누구보다도 그분들의 지시에 기꺼이 복종했던 사람이다.

따라서 두 분께서 돌아가시긴 했지만, 어떤 상황이든 내가 최선이라고 생각하는 방법을 그분들 역시 택하셨을 것이다. 제군, 제군은 무덤에 묻히는 망자를 따라갈 때처럼 눈물과 한탄으로 두 분 장군을 기려서는 안 된다. 왜냐하면 그분들께서는 과거 이룩했던 저 높은 명성의 업적 가운데서 여전히 생생하게 살아계시기 때문이다. 제군, 두 분을 생각할 때마다 제군은 두 분의 목소리를 듣고, 두 분께서 내리신 신호를 본 것처럼 전투에 나서야 한다. 분명 그것이 어제 제군이 맹렬하게 싸움에 나설 수 있게 해준 신령의 가호일 것이며, 제군이 어제 치러낸 훌륭한 전투는 적에게 다음과 같은 사실을 증명했다. 로마 인의 명성은 두 스키피오 장군과 함께 죽은 것이 결코 아니다. 칸나이 전투에도 굴복하지 않은 로마라는 나라의 힘과 용맹은 그 어떤 잔혹한 운명의 공격을 받더라도 반드시 다시 일어설 것이다.

이제 제군이 자발적으로 나설 용기가 있으므로 지휘관인 나는 명령을 내림에 있어서, 제군의 용맹을 시험하고 싶다. 나는 어제 패주한 적을 흥분하여 쫓는 제군을 제지했는데, 그건 제군의 열의를 꺾고 싶어서가 아니었다. 나는 그 열의를 더 큰 영광으로 이어질 수 있는 더 나은 때를 위해 아끼고 싶었다. 나는 제군에게 잘 준비하고 무장한 채로 비무장의 잠든 적에게 기습 공격을 가할 기회를 주고 싶었다. 제군, 나는 단순히 내 생각만으로 이번 기회에 기대를 걸고 있지 않다. 이건 사실에 의하여 옳다는 게 증명된다. 누군가 제군에게 수가 적은 제군의 군대가 수적으로도 우세하고 승리한 군대를 상대로 진지를 지킬 방법이 어떤 것이냐고 묻는다면, 제군의 대답은 너무나 명확하다. 적의 우세함을 두려워하여 모든 방어 시설을 튼튼하게 갖추고 언제든 준비된 채로 경계할 것이다, 라는 게 그 대답일 것이다. 사람은 그들의 운명이 은폐하는 위험에 대해서 가장 취약한 법이다. 무시해도 좋다고 생각하는 기회에 대해서 사람은 대책을 세우지 않는다. 이제 적은 우리가 형세를 역전시킬 수 있다는 점을 전혀 신경 쓰지도 않고, 두려워하지도 않는다. 바로 전에 공격의 대상이 되었던 우리가 나서서 공세를 취할 것이라는 생각을 전혀 하지 않는다는 뜻이다.

그렇다면 우리는 대담한, 저들 입장에선 상상조차 못할 공격에 나서도록 하자. 이 일에서 드러나는 명백한 난점이 오히려 일을 쉽게 만들 것이다. 3경(자정)에 진군 명령을 내릴 것이니 제군은 조용히 진군하라. 정찰병의 보고로는 적의 초병들은 제대로 교대하고 있지도 않고, 전초 기지들엔 병사들이 제대로 배치되지도 않는다고 한다. 문 앞에서 단 한 번 지르는 함성에, 첫 번째 공격에 적의 진지는 우리의 차지가 될 것이다. 그렇다면 저 둔하게 잠든 자들 사이에서, 뜻밖의 소음과 침대에서 무방비로 있다는 사실에 덜덜 떠는 저 비열한 자들 사이에서, 우리가 유감스럽게도 어제까지 누리지 못한 학살을 즐길 수 있을 것이다.

이 계획이 지나치게 대담하다는 건 나 역시 잘 알고 있다. 하지만 위험에 처하고 희망도 거의 없는 우리에겐 용기를 내는 게 가장 안전한 방법이다. 기회가 사라지는 건 순식간이다. 잠깐이라도 지연했다간 아무것도 얻을 수가 없다. 적의 군대 중 하나는 가까운 곳에 있고, 나머지 둘은 멀지 않은 곳에 있다. 우리가 지금 공격하면 희망이 있다. 제군은 이미 우리의 힘과 적의 힘을 시험했다. 우리가 공격을 미룬다면 어제의 공격으로 적은 우리를 다시 진지하게 볼 것이고, 모든 적 지휘관이 힘을 합쳐 우리를 상대하면 그 자체로 우리에게 큰 위험이 된다. 그나이우스 스키피오 사령관께서 온전한 병력으로도 상대하지 못했던 세 명의 적 지휘관과 휘하 병력을 우리가 상대할 수 있다고 생각하는가? 두 사령관께선 병력을 나눴다가 비통하게도 전사하셨다. 하지만 이런 사정은 적도 마찬가지이다. 적의 세 군대가 합치지 않는다면 우리는 적을 제압할 수 있다. 그것이 우리가 이 전쟁에서 싸울 수 있는 유일한 방법이다. 오늘 밤 우리에게 주어진 기회 외엔 아무것도 기다리지 않도록 하자. 신들께서 우리를 보살피실 것이다. 이젠 해산하여 휴식을 취하라. 우리 진지를 지키는 것처럼 용맹하게 적의 진지에 돌격할 수 있도록 원기를 회복하라.”

새로운 지휘관이 제안한 뜻밖의 계획을 로마 군 병사들은 기쁘게 들었고, 그 대담함에 그들은 더욱 흡족해했다. 병사들은 그날의 낮 시간에는 무장을 준비하고 개인적인 필요 사항을 처리했고, 밤의 대부분은 휴식을 취했다. 그런 다음 로마 군은 4경(새벽 3시)에 움직였다.

39. 가장 가까운 적의 진지에서 10km 떨어진 곳에는 또 다른 카르타고 병력이 있었다. 그 사이에는 나무가 울창한 깊은 계곡이 있었다. 이 숲 가운데 정도에 로마 군 보병대 하나가 기병대의 지원을 받으며 매복했는데, 매복 전술은 카르타고 인들이 즐겨 쓰는 책략이었다. 이렇게 적의 진지들 사이에 있는 길은 봉쇄되었고, 나머지 로마 군은 가장 가까운 적의 진지로 조용히 나아갔다.

진지 문 앞에는 초소가 없었고, 보루엔 초병도 없었다. 이에 로마 군은 아무런 방해도 받지 않고 마치 아군 진지를 들어가는 것처럼 그 진지로 들어갔다. 이어 나팔 소리가 요란하게 울리고, 함성이 울려 퍼졌다. 절반 쯤 잠든 적군 병사들의 목이 잘려나갔고, 오두막의 이엉지붕은 불탔다. 모든 문은 이미 로마 군에 장악되어 적군은 탈출할 수도 없었다. 적은 대경실색했다. 사방에서 진지가 불타고, 소음 소리가 들리고, 피가 흐르는 상황에서 그들은 명령을 따를 수가 없었다. 그저 자기 목숨을 지키는 일 외엔 아무것도 하지 못했다. 그들은 비무장인 채로 칼들의 원에 둘러싸였다.

카르타고 군 일부는 문을 향해 달렸고, 다른 일부는 길이 봉쇄된 걸 알고 보루를 뛰어넘었다. 간신히 진지를 벗어난 자들은 모두 다른 진지로 향했으나, 애초에 그들을 방해할 목적으로 매복한 로마 군 보병대와 기병대의 급습을 받고 포위당해 죽었다. 설혹 여기서 도망쳤다고 하더라도 로마 병사들이 놀랄 정도로 빠르게 다른 가까운 카르타고 군 진지로 이동하여 아무도 그들에 앞서서 진지의 함락 소식을 전할 수 없었다.

두 번째 적 진지에 도착한 로마 군은 그 진지가 아까 것보다 더욱 태만하고 규율도 없다는 걸 발견했다. 로마 군 진지에서 더욱 멀리 떨어져 있기도 하고, 일부가 동이 트기 전 나무와 사료, 그 외에 쓸 만한 물건을 모으러 나간 것이었다. 방치된 전초 기지들엔 무기가 쌓여 있었고, 비무장의 병사들이 땅에 앉아 있거나 누워 있었으며, 그도 아니면 보루와 문 앞에서 한가롭게 거닐고 있었다. 방금 이뤄낸 전공으로 기세가 오르고 승리로 고양된 로마 군이 맨 처음 공격한 건 이토록 아무 생각이나 조심성 없이 빈둥거리던 적들이었다. 당연히 진지 출입문에서는 로마 군을 막아서는 자들이 없었지만, 진지 내부에선 맹렬한 싸움이 시작되었다. 진지에서 소음과 혼란이 퍼지자 적이 곧바로 무기를 들고 나섰기 때문이다. 로마 군의 방패에 묻은 피를 보고 카르타고 인들이 다른 참사의 흔적을 알아보는 일이 없었더라면 전투는 더 길게 이어졌을지도 모른다. 하지만 그 흔적을 보고 적군 병사들은 사기가 떨어졌고, 패배했다는 걸 알게 되었다. 그들은 이제 도망칠 궁리만 했다. 붙잡히거나 죽지 않은 적군 병사들은 탈출로라고 생각되는 곳으로 몰려들었고, 적의 진지는 함락되었다.

이렇게 루키우스 마르키우스의 지휘 아래 밤과 새벽 사이에 두 군데의 적 진지가 점령되었다. 아킬리우스의 기록을 그리스어에서 라틴어로 옮긴 클라우디우스는 카르타고 군이 3만 7천 명의 전사자를 냈으며, 1,830명이 포로가 되고, 더불어 상당한 귀중품을 잃었다고 서술했다. 그런 귀중품 중엔 137파운드 무게의 은 방패도 하나 있었으며, 방패엔 하밀카르의 아들 하스드루발의 초상이 새겨져 있었다. 발레리우스 안티아스에 따르면, 마고의 진지에선 7천 명의 적이 전사했으며, 하스드루발의 진지에선 적이 1만 명 전사하고 4,330명이 포로가 되었다. 피소의 기록에 의하면, 로마 군이 물러날 때 마고가 무질서하게 로마 군을 추격하다가 매복에 걸려 카르타고 병사 5천 명을 잃었다.

이 역사가들은 전부 마르키우스에게 큰 찬사를 보냈다. 그들은 마르키우스를 명예롭게 하는 것만으로는 성에 차지 않아 그에게 벌어진 이적을 보고했다. 가령 그가 길게 연설을 하는 동안에, 갑자기 정수리에서 불꽃이 솟아올랐는데, 정작 본인은 그 불길을 느끼지 못하는데, 그것을 쳐다본 병사들이 무척 놀랐다는 것이었다. 그들은 마르키우스의 방패로 알려진, 하스드루발의 초상이 새겨진 은제 방패가 카피톨리움 신전에 걸려 있었다는 기록도 남겼다. 그 방패는 대화재 [14] 때 소실되었다.

이후론 오랜 시간 동안 스페인 상황은 잠잠했다. 양군이 그런 규모의 승리와 패배를 번갈아 주고받은 이후라 더 이상의 결전은 망설였기 때문이었다.

40. 그러는 사이 시라쿠사를 점령한 마르켈루스는 시칠리아 문제를 전반적으로 정리했다. 이 과정에서 보여준 그의 명예롭고 고결한 태도는 로마 인의 위엄을 높였을 뿐만 아니라 자신의 명성도 드높였다. 동시에 그는 시라쿠사에 풍성하게 많았던 훌륭한 조각상과 그림을 로마로 옮겼다. 이런 물건들이 승전을 통해 얻은 정당한 전리품이라는 건 누구든 인정해야 할 것이다. 그럼에도 불구하고 이렇게 로마로 그런 예술품들을 옮겨 놓은 덕분에, 우리가 오늘날 그리스 예술을 선망하며 감상할 수 있게 되었다. 또한 오늘날엔 성스럽든 불경하

---

14 플리니우스의 『자연사』 35권 14장에 의하면 이 방패는 카피톨리움 신전의 대문에 걸려 있다가 기원전 84년의 대화재 때 소실되었다.

든 일단 모든 건물을 전반적으로 마구 약탈하는 풍조가 만연한데, 이것 역시 마르켈루스가 시라쿠사에서 벌인 약탈이 그 출발점이었다. 이런 방종한 행위는 궁극적으로 우리 로마 신들의 신전에도 가해져서 마르켈루스가 화려하게 장식한 바로 그 신전에서 그런 약탈이 시작되었다. 한동안 외국인들이 마르켈루스가 포르타 카페나에 봉헌한 신전들을 방문하여 그곳에 안치된 격조 높은 그리스 예술의 모범 작품을 둘러보았다. 하지만 그런 모범 작품들 중 오늘날에도 볼 수 있는 건 거의 없다.

거의 모든 시칠리아 공동체의 사절단이 마르켈루스를 계속 찾아왔다. 그들은 각자 사정이 달랐으므로 그에 따라 승인되는 조건도 달랐다. 시라쿠사가 함락되기 전 카르타고의 편으로 넘어가지 않거나 다시 로마와 우호적인 관계를 수립한 공동체는 기꺼이 충성스러운 동맹으로서 받아들여졌다. 하지만 시라쿠사가 몰락한 후 겁이 나서 항복한 이들은 패배한 적으로서 간주했고, 그에 따라 가혹한 조건이 부과되었다.

전반적으로 강화 문제가 해결되었음에도 불구하고 로마 인들은 여전히 아그리겐툼 주위에 머무르는 상당한 적 잔존 세력을 처리해야 했다. 적 지휘관인 에피키데스와 한노는 여전히 활동 중이었고, 모두 아그리겐툼에서 준동하고 있었다. 이때 한니발이 히포크라테스를 대신하는 지휘관을 새로 보냈는데, 카르타고에서 무티네스라고 알려진 자였다. 그는 리비포에니키아 혈통에 히파크라 토박이였는데, 한니발 휘하에서 전쟁에 관한 모든 기술을 철저하게 훈련받았다. 에피키데스와 한노는 그에게 누미디아 보조군의 지휘를 맡겼고, 그는 적의 영토를 무척 성공적으로 짓밟고 돌아다녔다. 그는 카르타고의 우방에게 접근할 기회를 놓치지 않았고, 적시에 도움을 제공하여 그들이 충성스럽게 남을 수 있게 했다. 단기간에 그는 시칠리아에서 명성을 날렸고, 카르타고의 편에 선 모든 공동체에서 떠오르는 희망이 되었다. 그 결과 아그리겐툼 성벽 안에 갇혀 있던 카르타고와 시라쿠사 지휘관은 무티네스라는 존재와 그의 조언에 고무되어 대담한 행동에 나서기 시작했다. 그들은 성벽의 보호를 벗어나 히메라 강에 진지를 세웠다.

이런 소식을 들은 마르켈루스는 적의 의도가 무엇인지 파악하고자 즉시 진군하여 적과 6km 정도 떨어진 곳에 새로 진지를 세웠다. 하지만 무티네스는 마르켈루스에게 기다릴 여유나 계획을 세울 기회를 주지 않았다. 그는 즉시 강을 건너 로마 군 전초 기지들을 공격하여 파괴적인 성과를 올렸다. 다음날 거의 정규전 같은 전투에서 무티네스는 로마 군을 방어 시설 안으로 쫓아냈다. 이어 그는 사령부에서 누미디아 인들이 반란을 일으켜서 그곳으로 돌아갔다. 그들 중 300명 정도는 이미 헤라클레아 미노아로 떠나 버렸다. 그는 즉시 그들을 달래서 돌아오게 하고자 그곳으로 떠났다. 떠나기 전에 그는 두 지휘관에게 자신이 없는 동안 적과 교전하지 말라고 신신당부했다고 한다.

하지만 두 사람은 그런 당부를 불쾌하게 여겼고, 특히 한노는 더욱 분노했다. 이미 무티네스의 높아지는 명성에 분개하던 차인데다 그런 조언을 받으니 더욱 기분이 상했던 것이다. 한노는 정부와 시민이 임명한 카르타고 군 지휘관인 자신이 아프리카 잡종 놈에게 전쟁에 대한 가르침을 받는 건 가당치 않다고 생각했다. 그는 무티네스의 조언 따위는 무시해 버리고 에피키데스를 설득하여 강을 건너 전투를 걸기로 했다. 무티네스가 돌아오기를 기다려서 전투에서 승리한다면 공은 분명 그가 차지해 버리고 말 것이기 때문이었다.

41. 마르켈루스는 칸나이 전투의 승리로 명성이 드높은 한니발을 놀라에서 물리쳤던 일을 떠올리고서, 자신이 수륙 양면에서 이미 패배한 적과의 싸움에서 밀려 물러났다는 사실에 수치심을 느꼈다. 따라서 그는 휘하 병사들에게 즉시 무기를 들라고 명령하고서 카르타고 군의 도전을 받아들기 위해 진군했다. 마르켈루스가 휘하 병력을 집결하는 동안 적으로부터 10명의 누미디아 인이 전속력으로 말을 몰아 그에게 달려왔다. 그들은 헤라클레아로 탈주한 300명 정도의 동포가 벌인 반란에 나머지 사람들도 영향을 받았고, 무티네스의 승리를 질투하고 매도하는 두 사령관이 무티네스를 보낸 다음날에 로마 군을 상대로 전투를 벌이는 것에 분개한다고 말했다. 그들은 이런 이유로 전투가 시작되면 카르타고 군대와 거리를 두겠다고 했다. 누미디아 인들은 거짓말쟁이이지만, 이번에 그들은 약속을 지켰다.

특히 두려워하던 기병대가 적을 버렸다는 소문이 빠르게 퍼지자 로마 군의 사기는 올랐다. 그에 맞춰 적은 초조해졌다. 주요 전력의 도움을 받지 못할 뿐만 아니라 믿을 수 없는 누미디아 인들의 공격을 받을지도 모른다는 두려움 때문이었다. 그에 따라 전투는 별것 아닌 일이 되어 버렸다. 로마 군이 함성을 지르고 돌격하자 전투는 그것으로 끝나고 말았다. 누미디아 인들은 양익에서 전혀 움직이지 않다가 전우들이 후퇴하는 걸 보고 같이 후퇴했다. 하지만 이런 동행도 그리 길지 않았다. 전군이 성급하게 아그리겐툼으로 황급히 달아나는 걸 보자 누미디아 인들은 포위당하는 것을 어떻게든 피하기 위해 뿔뿔이 흩어져 인근 공동체로 도피했다. 카르타고 군은 수천 명의 전사자와 포로를 냈고, 여덟 마리의 코끼리도 죽거나 붙잡혔다. 이것이 마르켈루스가 시칠리아에서 치른 마지막 전투였다. 그는 이어 승리한 장군으로 시라쿠사에 돌아왔다.

이해(기원전 211년)는 이제 거의 끝나가고 있었다. 로마 원로원은 법무관 코르넬리우스에게 지시하여 카푸아의 두 집정관에게 서신으로 원로원의 뜻을 전달하게 했다. 원로원은 한니발이 멀리 떨어져 있고 중요한 작전이 진행 중이지도 않으니 동의한다면 한 집정관이 로마로 와서 새로운 행정관들을 선출하는 선거를 주재하라고 지시했다. 서신을 받은 집정관들은 원로원의 뜻에 동의했고, 클라우디우스가 선거를 주재하고 풀비우스가 카푸아에 남기로 했다. 새로운 집정관엔 그나이우스 풀비우스 켄투말루스와 세르비우스의 아들 푸블리우스 술피키우스 갈바가 선출되었는데, 후자는 이전까지 고위직을 맡은 적이 없었다. 새로운 법무관으로는 루키우스 코르넬리우스 렌툴루스, 마르쿠스 코르넬리우스 케테구스, 가이우스 술피키우스, 가이우스 칼푸르니우스 피소가 선출되었다. 로마 시는 피소가 담당하게 되었고, 술피키우스는 시칠리아, 케테구스는 아풀리아, 렌툴루스는 사르데냐를 담당하게 되었다. 기존 집정관 클라우디우스와 풀비우스는 한 해 더 지휘권을 연장 받았다.

제 26 권

카푸아 탈환,
아이톨리아와의 동맹
스키피오의 뉴카르타고 점령

1. 새로운 집정관 그나이우스 풀비우스 켄투말루스와 푸블리우스 술피키우스 갈바는 3월 15일부터 취임하여 직무를 수행했다. 그들은 카피톨리움에 원로원 의원들을 소집하여 국정, 전쟁 수행, 군대의 병력과 배치에 관한 토론을 시작했다. 지난해 집정관이었던 풀비우스와 클라우디우스는 지휘권 연장으로 휘하 부대를 계속 지휘하게 되었고, 더불어 도시가 함락될 때까지 카푸아 포위를 풀지 말라는 지시도 받았다. 당시 카푸아는 로마 인들에게 다른 어떤 것보다도 우선해야 하는 작전 대상이었다. 그들이 카푸아에 대하여 느끼는 분노는 그 어떤 시대, 그 어떤 공동체를 상대로 한 것보다 정당한 것이었지만, 그보다는 로마를 배반한 이 유명하고 강력한 도시로 인해 다른 공동체들이 똑같은 배신을 벌일지도 모른다는 우려가 더 컸다. 다른 도시들은 로마의 위신을 존중하고 있었지만, 로마 인들은 그런 배신이 또다시 벌어지면 동맹국들의 전반적인 태도가 바뀔 것으로 생각했다. 지난해 법무관들의 지휘권도 연장되었다. 에트루리아의 유니우스, 갈리아의 셈프로니우스는 각각 지휘하던 2개 군단을 그대로 이끌게 되었다. 마르켈루스 역시 집정관 대리로서 휘하 병력을 그대로 유지

한 채, 시칠리아 작전을 계속 수행하게 되었다. 원로원은 그에게 지원 병력이 필요하다면 같은 섬에서 근무했던 법무관 대리 코르넬리우스의 군단에서 데려가되, 전쟁이 끝나기 전까지 이탈리아로 돌아오거나 전역하지 못하게 조치된 병사들은 쓰지 말라고 지시했다.

시칠리아의 술피키우스는 푸블리우스 코르넬리우스가 지휘하던 2개 군단을 인수했고, 지난해 아풀리아에서 치욕스러운 패배를 당한 그나이우스 풀비우스 부대도 함께 맡게 되었다. 원로원은 풀비우스 부대에 칸나이에서 패배한 병사들과 똑같은 복무 기간을 부과했다. 칸나이나 아풀리아에서 패배당한 병사들은 겨울에 도시로 들어가거나 도시에서 16km 이내에 월동 진지를 세우는 것을 금지당했다. 그들은 이런 조치로 인해 더욱 크게 수치심을 느끼게 되었다.

사르데냐의 코르넬리우스는 퀸투스 무키우스가 지휘하던 2개 군단이 배정되었다. 원로원은 집정관들에게 필요한 지원 병력의 모집을 지시했다. 오타킬리우스와 발레리우스는 시칠리아와 그리스 연안을 통제하는 임무를 맡았다. 그리스엔 50척의 전함과 1개 군단, 시칠리아에는 100척의 전함과 2개 군단이 배정되어 있었다. 그해(기원전 211년) 육지와 바다에 동원된 병력은 전부 25개 군단이었다.

2. 이해(기원전 211년) 초엔 루키우스 마르키우스가 보낸 서신이 도착하여 원로원에서 논의하게 되었다. 원로원은 그가 이룬 훌륭한 업적을 평가했지만, 많은 의원이 그가 서신에서 쓴 공식 직함에 불쾌감을 표했다. 왜냐하면 그는 로마 시민들이나 원로원의 권위로 지휘권을 받은 적이 없음에도 '법무관 대리'라고 자칭하고 있었기 때문이었다. 원로원은 그것이 나쁜 선례라고 생각했다. 해외 진지에 있는 병사들이 멋대로 지휘관을 선출했기 때문이다. 길흉을 점치는 과정을 포함하여 공적 임명 의식이 법과 공적인 통제의 인가를 받지 못한 것

이었다. 몇몇 의원은 원로원에서 이 일을 논의해야 한다고 생각했지만, 서신을 가져온 전령들이 떠날 때까지 논의를 미루는 게 더 낫다고 생각했다. 원로원은 서신에서 요구한 음식과 옷에 관해 잘 처리하겠다고 답신을 보냈지만, '법무관에게'라는 문구를 넣지는 않았다. 나중에 원로원에서 의논해야 할 문제를 마르키우스가 이미 결정된 것처럼 받아들이는 것을 피하기 위해서였다.

전령들은 원로원의 답신을 받고 곧장 떠났고, 이후 집정관들은 이 문제를 안건으로 삼았다. 원로원은 만장일치로 호민관들을 시켜서 시민들에게 최대한 빨리 그나이우스 스키피오가 지휘했던 스페인 병력을 맡을 온전한 권한의 지휘관으로 누구를 바라는지를 묻게 했다. 호민관들은 시민들에게 이 문제를 처리하기 위해 공고했다. 하지만 이제 다른 논란이 벌어졌다.

호민관 셈프로니우스 블라이수스는 아풀리아에서 겪은 패배의 책임을 물고자 그나이우스 풀비우스를 부르는 소환장을 발부했다. 그는 시민들에게 연설하면서 끊임없이 풀비우스를 공격했다. 호민관은 많은 장군이 경솔함과 무능으로 휘하 병력을 위험에 빠뜨렸지만, 병사들이 실행에 옮기기도 전에 온갖 악덕을 권장하여 군의 사기를 망친 건 풀비우스밖에 없다고 주장했다. 그는 병사들이 적을 보기도 전에 죽었으며, 한니발이 아닌 자기 지휘관에게 패배했다고 말해도 전혀 과장이 아니라고 했다. 병사들이 자신을 지휘할 사람이 어떤 인물인지 실제로 알았더라면 그에게 투표하는 일은 없었을 것이었다.

이어 그는 이어 풀비우스와 그라쿠스의 차이를 지적하기도 했다. 그는 그라쿠스가 노예 자원병으로 구성된 군대를 지휘했으나 이내 자신의 권위를 세우고 규율을 확립했다고 말했다. 노예 자원병들은 전투가 시작되면 자신의 천한 출신은 잊고 전우들을 위해 방어 탑처럼 굳건하게 싸우고 적에겐 공포를 안겨주었다. 이 노예 군단이 한니발에게 장악당할 뻔한 쿠마이, 베네벤툼, 그리고 여러 다른 도시를 구해내 로마로 돌아오게 했다. 하지만 정반대로 풀비우스는 태생도 훌륭하고 자유의 전통 속에서 성장한 로마 시민들로 구성된 군대를 가지고 어떻게 했는가? 그는 노예에게나 어울릴 법한 악덕을 불어넣었다. 병사들은 전우들 사이에서 오만하고 감당하기 어렵게 변했고, 적을 상대로는 투지가 없고 겁쟁이처럼 변해 카르타고 군대가 한 번 고함치자 돌격은커녕 제대로 버티고 서 있지도 못했다. 그는 계속 말을 이었다.

"참으로 딱하지 않습니까. 장군이 제 목숨 구하겠다고 가장 먼저 도망치는 데 사병이 항복하는 건 그리 놀라운 일도 아니지요. 적어도 전사한 장군들은 풀비우스처럼 제 몸 지키겠다고 겁에 질려 도망치기 바쁜 사람들은 아니었습니다. 플라미니우스, 파울루스, 포스투미우스, 그나이우스와 푸블리우스 스키피오는 적에게 둘러싸였을 때 병사들을 버리지 않고 싸우다 죽었습니다. 하지만 풀비우스는 자기 군대가 몰살당했다는 소식을 들고 로마로 돌아온 유일한 장군이었죠. 칸나이 전장에서 도망친 병사들은 시칠리아로 쫓겨났고, 이탈리아 땅에 적이 남아 있는 동안에는 전역도 허락되지 않았습니다. 최근 원로원에 의해 같은 처벌이 풀비우스의 군단에도 내려졌습니다. 하지만 풀비우스가 그 경솔함으로 전투를 그 지경으로 만들어 놓고 도망쳐서는 아무런 처벌도 받지 않는다는 건 극도로 공정하지 못합니다. 그런 상황을 만들어 놓고는 힘 좋은 젊은 날엔 매음굴에 다니고, 늙어서는 식당에나 다니며 세월을 보내겠죠. 자기 병사들은 죄라고는 지휘관을 흉내 낸 죄밖에 없는데 추방이나 다를 바 없는 수치스러운 상황에서 전쟁이 끝날 때까지 전역도 못하고 계속 복무해야 하는

데도 말입니다. 로마에서 부자와 빈자에게, 공직을 맡은 자와 일반 시민에게 자유는 어찌하여 이렇게 다른 것입니까!"

3. 피고 풀비우스는 잘못을 병사들에게 전가하려고 했다. 병사들이 싸우자고 먼저 아우성쳤다는 것이었다. 하지만 시간이 너무 늦어 그들이 원하는 날에는 전투 대형을 형성하지 못하고, 그 다음날에 전투에 나서게 되었다. 하루의 좋은 시간을 선택하여 적절히 전열을 형성했다. 병사들은 적의 명성과 전력 앞에 전혀 상대가 되지 못했다. 그리하여 병사들이 느닷없이 도망칠 때 자신도 그만 거기에 휩쓸려 가게 되었다는 것이다. 그건 칸나이에서의 바로나 다른 많은 지휘관과 별로 다를 바 없는 상황이었다. 풀비우스는 실제로 자신의 죽음이 국가적 재난을 해결할 수 있는 방법이라고 증명되지 않은 이상 그곳에 홀로 남아 싸우는 게 과연 국익을 위한 일이라고 할 수 있겠느냐, 라고 물었다. 그는 보급도 부족하지 않았고, 적의 함정에 빠지지도 않았으며, 정찰에 실수가 있어 진군 중에 기습을 당하지도 않았으며, 그저 교전에서 한 번 패배한 것뿐이라고 주장했다. 병사들의 감정은 자신이 통제할 수 있는 게 아니었으며, 적의 감정 역시 마찬가지였다. 용맹과 비겁은 개개인의 특성이라는 것이었다.

풀비우스는 두 번 고발당했고, 그때마다 벌금형을 받았다. 세 번째 심리에서 증인들이 나타나서 그에게 온갖 비난을 퍼부은 건 물론이고, 병사들을 내팽개쳐서 공황에 빠뜨린 건 풀비우스라고 맹세하기까지 했다. 설사 그가 느낀 두려움이 근거가 있는 것이라 해도 그건 지휘관이 꽁무니를 내뺀 것 이상이 되지 못한다고 증언했다. 이런 증언에 평민의 분노는 걷잡을 수 없이 불타올랐고, 민회는 소리 높여 풀비우스를 사형에 처하라고 요구했다. 그것은 더 큰 논쟁으로 이어졌다. 호민관 블라이수스가 두 번 벌금형을 제안한 뒤 세 번째 심리에서 사형을 요구하자 피고인 풀비우스가 다른 호민관들에게 호소했다. 이에 호민관들은 동료 호민관이 전통에 따라 진행하는 일처리를 방해하지 않겠다고 말했다. 그러니 블라이우스가 엄격하게 법에 따라 사형을 요구하거나, 아니면 관습에 따라 처벌을 경감하여 벌금형을 요구해야 하는데 그건 블라이우스가 알아서 판단할 일이었다.

블라이우스는 풀비우스를 반역죄로 고발하고 로마 시의 법무관 칼푸르니우스에게 시민들 앞에서 심리를 진행할 날짜를 정해달라고 요청했다. 이러한 결정이 내려짐에 따라 풀비우스는 또 다른 빠져나갈 구멍을 찾았다. 그의 형인 퀸투스 풀비우스는 과거에 이룩한 업적들과 카푸아를 조만간 함락할 거라는 기대감으로 세간의 평판이 무척 좋았다. 시민들이 호감을 품고 있는 형을 심리하는 날에 불러들이면 상황을 좋은 쪽으로 타개할 수 있다고 본 것이었다. 이런 이유로 그는 퀸투스에게 편지를 보내 동생의 목숨을 살려달라고 애걸했다. 하지만 원로원은 퀸투스가 카푸아를 떠나는 건 국익에 해롭다고 선언하고 피고인 그나이우스 풀비우스를 심리일 전날에 타르키니로 추방했다. 피고가 추방되자 평민은 충분한 법적 조치가 이루어졌다고 생각했다.

4. 그러는 사이에 모든 전쟁 노력이 카푸아 탈환에 집중되었다. 로마 군은 급습 시도를 몇 차례 했지만, 그와는 별개로 포위 작전이 엄청난 기세로 추진되었다. 도시를 둘러싼 경계 초소는 아주 가까운 곳에 있었고 경계가 삼엄했다. 카푸아 시민들과 노예들은 심한 굶주림에 시달렸고, 한니발에게 전령조차 보내지 못했다. 마침내 한 누미디아 인이 서신을 전달하겠다고 용감하게 나섰다. 그는 약속을 지켜 어느 날 밤 로마 군 전열 사이로 무사히 빠져나갔다. 이 일로 카푸아는 아직 여력이 남아 있을 때 정면 돌파를 해야겠다는 희망을 품게 되었

다. 이어 벌어진 여러 소규모 접전에서 캄파니아 인들은 기병대에서는 우세를, 보병대에서는 열세를 드러냈다. 다른 한편으로 로마 인들은 소규모 접전에서 승리를 거두었을 때에도 별로 기쁘지 않았다. 거의 힘이 없는 포위된 적을 상대로 보병 전투든 기병 전투든 어떤 한 지점에서 패배를 당한다는 것은 말이 안 되는 얘기였기 때문이다.

그러나 마침내 로마 군은 한 가지 멋진 방법을 고안해서 전력의 부족한 부분을 메웠는데 그 방법은 이러했다. 우선 모든 군단에서 특별한 능력을 지닌 군인이 선발되었고, 이들은 가벼운 체격에 발이 빠른 원기가 왕성한 자들이었다. 그들은 일반 기병보다 더 작은 방패를 갖췄고, 각각 1.2m 길이의 창 7개를 소지했다. 이 창은 경보병이 들고 다니는 창처럼 끝이 쇠로 되어 있었다. 각 기병은 이들 중 한 사람과 짝을 이루어 자신의 뒤에 태운 채로 훈련하여 신호가 주어지면 재빨리 그를 땅에 내려주었다. 매일 하는 훈련을 통해 곧 이 과정에 숙달되었다. 그래서 그 방법에 확신을 갖게 되자 이 새로운 조합은 로마 군 진지와 도시 성벽 사이 탁 트인 땅으로 나아가 캄파니아 기병 대형과 맞섰다. 이어 적이 사정거리에 들어오자마자 신호가 떨어져서 창을 든 병사들이 땅에 내렸다. 그리하여 기병대 전열은 보병대 전열로 변했고, 병사들은 즉시 돌격하여 엄청난 기세로 빠르게 연달아 창을 던졌다. 엄청난 수의 창이 적의 말과 기병에게 날아갔고, 많은 사상자가 생겼다.

하지만 로마 군의 이런 예측하지 못한 기이한 공격 방식에 카푸아 인들은 큰 충격을 받았다. 캄파니아 인들은 이에 심하게 동요했고, 로마 기병대는 즉시 첫 공격에 이어 적을 성문까지 추격하며 많은 적을 죽였다. 이후로 로마 군은 보병과 기병 양쪽에서 우위에 서게 되었고, 중무장한 군단에 경기병을 포함하는 관습이 확립되었다. 기록에 의하면, 보병과 기병을 결합하는 생각을 처음 떠올린 사람은 백인 대장 퀸투스 나비우스였으며, 그는 총사령관의 공로 표창을 받았다.

5. 이상이 카푸아의 전황이었다. 그러자 한니발은 타렌툼 성채를 점령하는 것과 카푸아를 구원하는 것 사이에서 망설이다 결국 카푸아를 선택했다. 카푸아는 그의 동맹이나 적이나 모두 시선을 집중하고 있는 도시였다. 따라서 로마 동맹에서 탈퇴한 카푸아의 일이 어떻게 끝맺음 되든 그들 모두에게 경고이자 선례가 될 수 있었다. 한니발은 대다수의 짐과 육중한 병기를 브루티움에 두고 최대한 빠르게 움직일 수 있게 무장한 선발 보병대와 기병대를 이끌고 캄파니아로 진군했다. 하지만 그는 이렇게 서두르는 과정에서도 33마리의 코끼리를 데리고 갔다. 그는 로마 군의 시야에서 벗어나 있는, 카푸아 인근의 타피타 산 뒤에 있는 계곡에 자리 잡았다. 진군하는 동안 그는 칼라티아 요새를 함락시켜 주둔군을 몰아낸 뒤 카푸아를 포위한 로마 군을 위협하기 시작했다.

한니발은 미리 전령을 보내 자신이 로마 군 진지를 공격할 때를 알려 주었다. 동시에 그는 자신이 로마 군을 공격하여 불안에 빠뜨렸을 때 도시의 모든 성문을 열고 대규모로 출격하라고 요구했다. 그가 한쪽 방향에서 로마 군을 공격하면 다른 방향에서 캄파니아 인들이 기병과 보병을 이끌고 나와 공격하라는 것이었다. 그 공격은 보스타르와 한노의 카르타고 주둔군이 지원하기로 되었다.

그것은 로마 인들에게는 까다로운 상황이었다. 어느 한 부분에 집중하느라 방어 전선에 틈이 생기면 안 되므로 로마 군은 병력을 나누어 공격에 대응하기로 했다. 아피우스 클라우디우스는 캄파니아 인들을, 풀비우스는 한니발을 상대하고, 법무관 대리 가이우스 네로는 수에술라 가도에서 기병대 여섯 군단을 이끌고 진지에 주둔하며, 부장인 가이우스 풀비우스 플라쿠스는 볼투르누스 강(江) 방향으로 동맹 기병대와 함께 자리 잡게 되었다.

전투가 시작될 때 울려 퍼진 건 통상 있는 양군의 고함뿐만이 아니었다. 병사들이 외치는 소리, 말이 힝힝거리며 우는 소리, 무기가 충돌하는 소리 외에도 성벽에 몰린 캄파니아 인들이 놋쇠 냄비를 덜그럭거리며 고함치는 소리가 들렸다. 이들이 내는 소리는 월식이 진행되는 밤의 정적을 자주 깨뜨렸고, 한창 치열하게 싸우는 병사들조차 산만하게 만들 정도였다. 아피우스는 별다른 어려움 없이 캄파니아 인들을 보루에서 몰아냈다.

다른 편에서는 풀비우스가 한니발과 카르타고 인들의 더욱 강력한 공세를 막아내고 있었다. 이 구역에서 로마 군 6군단이 밀려났고, 세 마리의 코끼리를 동반한 스페인 보병대가 보루까지 뚫고 들어왔다. 그들은 로마 군 진지로 뚫고 들어갈 수 있겠다는 희망과 아군과 단절될지도 모른다는 두려움 사이에서 망설이고 있었다. 풀비우스는 6군단이 우려할 상황에 처해 있으며 조금 더 있다가는 진지까지 위협당할 것임을 파악했다. 그래서 퀸투스 나비우스와 다른 주요 백인대장들에게 보루 아래에서 공격 중인 적의 보병대를 서둘러 공격하라고 지시했다.

풀비우스는 무척 위험한 국면이라고 말했다. 그는 맞선 적의 견고한 전열을 뚫는 것보다 진지로 쳐들어가는 게 더 수고가 덜하므로 아예 스페인 인들을 들여보내거나, 아니면 지금 스페인 인들을 저 자리에서 분쇄해야 한다고 했다. 풀비우스는 적을 분쇄하는 건 그리 어려운 일이 아니라는 말도 했다. 수도 적고 같은 편과 접촉하지 못하고 있는 데다 잠시 공황 상태에 빠져 무너진 것처럼 보이는 로마 군이 선회하여 적을 포위해 압박한다면 충분히 해낼 수 있다는 것이었다.

나비우스는 사령관의 말을 듣자마자 제1선 두 번째 중대의 기수에게서 깃발을 낚아채고 적을 향해 달려가면서, 휘하 병사들에게 젖 먹던 힘까지 짜내 자신을 빠르게 따라와 전투의 임무를 수행하라고 소리쳤다. 만약 그렇게 하지 않는다면 군기를 적진에 던져 버리겠다고 말했다. 나비우스는 체격이 컸고, 그가 입은 갑옷은 그의 힘을 빛냈다. 그가 머리 위로 높이 군기를 쳐들자 로마 군과 적의 눈이 모두 그에게로 쏠렸다. 그가 스페인 보병대 전위에 이르자 창이 온 사방에서 그에게 날아들었는데, 마치 적군 부대 전원이 그를 유일한 공격 대상으로 삼은 것 같았다. 하지만 적병의 숫자도, 우박처럼 쏟아지는 창들도 이 당당한 군인의 공격을 막을 수 없었다.

6. 이에 군단 장교인 마르쿠스 아틸리우스도 제2선 첫 번째 중대의 깃발을 들고 스페인 인들 쪽으로 나아가기 시작했다. 진지를 맡은 장교 리키누스와 포필리우스는 격렬하게 싸우며 보루를 지켰고, 도랑을 건너 진지로 들어오려는 코끼리들을 죽였다. 코끼리 사체들은 도랑을 완전히 메웠고, 이것이 적이 건너올 수 있는 일종의 둑이나 다리가 되었다. 적 역시 그렇게 활용하고자 했고, 죽은 짐승들 위에서 끔찍한 살육이 벌어졌다.

다른 쪽에선 캄파니아 인들과 카르타고 주둔군이 이미 밀려나 볼투르눔[1]으로 이어지는 성문 근처에서 전투가 진행 중이었다. 로마 인들은 성문을 돌파하려고 했지만, 그들을 밀어낸 건 무장한 병력의 저항이 아니라, 투석기의 돌들과 성문에 마련된 작은 투석기에서 발사된 돌들이었다. 더욱이 아피우스 클라우디우스가 부상당한 것 때

---

1 볼투르누스 강 하구에 있는 강화된 초소.

문에 공격이 미뤄지기도 했다. 그는 선봉에 서서 병사들을 격려하다 왼쪽 어깨 아래, 가슴 위쪽을 창에 찔렸다. 하지만 로마 군 내의 이런 차질에도 불구하고, 수많은 적이 성문 앞에서 죽었고, 나머지는 혼란에 휩싸인 채로 내몰려 도시로 퇴각했다.

한니발은 스페인 보병대가 고립되고 로마 군 진지가 극도로 맹렬한 기세로 방어되는 걸 보고서 공격을 중단하고 퇴각하기 시작했다. 그는 기병대를 우회시켜 스페인 보병대의 후방을 지키게 함으로써 로마 군의 추격을 막았다. 로마 군단 병사들은 당장이라도 추격하려고 했지만, 플라쿠스는 퇴각 나팔을 불게 했다. 이룰 것은 충분히 이뤘다고 확신했기 때문이었다. 캄파니아 인들은 도시를 보호받고자 한니발에게 기대는 게 얼마나 부질없는 짓인지 알게 되었고, 한니발도 자신이 실패했다는 점을 확실히 깨달았다.

역사가들은 이 전투에서 한니발의 병사들이 8천 명, 캄파니아 인들이 3천 명 전사하고 카르타고 군기 15개, 캄파니아 군기 18개가 로마 군에게 빼앗겼다고 기록했다. 내가 찾아본 다른 기록에선 실질적인 전투는 이보다 훨씬 소규모인 것으로 나와 있다. 실제로 가장 두드러지는 사실은 누미디아 인들과 스페인 인들이 예기치 못하게 코끼리를 이끌고 로마 군 진지에 난입했을 때 전투보다는 공황 상태가 벌어졌다는 것이다. 그들은 진지의 막사를 무너뜨리고 끔찍한 소음을 내며 짐을 나르는 동물들에게 겁을 주었다. 그래서 역축(役畜)들은 밧줄을 끊고 도망치기도 했다. 이런 혼돈 속에서 음흉한 책략이 진행되었다. 한니발이 보낸, 이탈리아 인의 옷을 입고 라틴어를 말하는 자들이 집정관의 이름으로 진지가 무너졌으니 인근 언덕으로 최선을 다해 도망치라는 명령을 내린 것이었다. 하지만 이 속임수는 곧 발각되어 무위로 돌아갔고, 많은 적이 죽었다. 코끼리들은 불에 겁을 집어먹고 도망쳤다.

이 사건의 전상이 어떠하든 간에, 이것이 카푸아가 항복하기 전에 벌어진 마지막 전투였다. 그해 카푸아의 최고 행정장관, 즉 메디스 투티쿠스는 세피우스 로이시우스라는 자였는데, 미천한 출신에 재력도 별로 없었다. 전하는 이야기에 따르면, 그가 미성년자일 때 하루는 그의 어머니가 가족과 관련된 어떤 불길한 조짐을 액땜하려고 제물을 바쳐 속죄했는데, 예언자가 그녀에게 훗날 아들이 카푸아에서 가장 높은 공직에 오르게 된다고 예언했다. 도무지 그런 기대를 가질 이유가 없던 그녀는 이렇게 말했다.

"그러니까, 내 아들이 이 나라 최고의 영예로운 자리에 오르게 되면 캄파니아 인들에게 전망이 좋지 못하단 말이로군요."

그녀는 올바른 예언을 조롱했지만, 결국엔 그 예언대로 되었다. 기근과 무력으로 도시가 거세게 압박당하자 카푸아의 희망은 아예 사라졌고, 이 상황에서 누구도 버틸 수 없다는 분위기가 팽배했다. 좋은 가문 출신이어서 고위 공직자 후보가 되는 사람들은 그 자리로 가길 거부했다. 로이시우스는 카푸아가 지도층에 의해 버려지고 배신당했다고 불평하면서 자신이 행정장관을 맡겠다고 나섰고, 그렇게 하여 최후의 캄파니아 인 최고 행정장관이 되었다.

7. 한니발은 이제 로마 인들이 더 교전을 벌일 생각이 없다는 걸 알았다. 이런 상황에서 로마 군 전열을 돌파하여 카푸아에 도달하는 건 불가능한 일이었다. 따라서 그는 무익한 시도를 그만두고 퇴각하기로 했다. 또한 계속 버티면 한니발 자신의 보급품은 물론이고 카푸아로 가는 보급품도 새로 부임한 집정관들이 끊을 우려도 있었다. 그는 어디를 다음 목표로 삼아야 할지 무척 고민하다가 충동에 휩싸여 전쟁의 핵심부인 로마 진군을 결정했다. 그는 늘 로마로 쳐들어가고

싶었는데 칸나이 직후에는 그 기회를 흘려보냈다. 참모들은 종종 그 것을 불평했고 그 자신도 기회를 놓쳤다는 사실을 인정했다. 그는 예상도 못한 공황과 혼란으로 인해 혹시 로마의 일부분을 점령할 수 있을지도 모른다는 기대감을 품었다. 로마가 위험하면 로마의 두 사령관 중 한 사람, 혹은 둘 다 즉시 카푸아를 떠나 로마로 달려올 수도 있었다. 두 집정관이 병력을 그런 식으로 나누면 한니발이나 캄파니아 인들이 약해진 로마 군을 상대로 승산을 노릴 수도 있었다.

그가 우려하는 한 가지 사항은 그가 현지를 떠나자마자 곧바로 캄파니아 인들이 항복을 해버리는 것이었다. 따라서 그는 무슨 일이든 해내겠다고 각오한 대담한 누미디아 인을 한 사람 매수했다. 한니발은 그 사람에게 편지를 주어 탈영병인 것처럼 꾸며 로마 군 진지로 통과하여 카푸아에 들어가게 했다. 편지엔 카푸아 인들에게 권유하는 말이 가득했다. 로마 사령관들과 휘하 군대가 로마 방위를 위해 공성을 포기하고 곧 떠날 것이니, 한니발 자신이 잠시 현장을 떠나는 건 카푸아에 좋은 일이라는 것이었다. 며칠 더 버티면 포위는 자연히 풀리게 될 것이니 절망하지 말라는 조언도 덧붙였다. 이어 한니발은 병사들에게 볼투르누스 강의 배들을 포획하여 전에 경계 초소로 지었던 요새로 예인하라고 지시했다. 이어 한니발은 하룻밤이면 병력을 도강시킬 수 있을 정도로 배가 많다는 보고를 받았다. 그는 병사들에게 열흘 치 식량을 준비하게 하고 야음을 틈타서 강으로 진군하여 해가 뜨기 전에 병사들은 모두 강을 건넜다.

8. 풀비우스 플라쿠스는 한니발의 이런 움직임을 탈영병들로부터 들었고, 이에 로마 원로원에 서신으로 보고했다. 소식을 접한 원로원은 다양한 반응을 보였다. 상황의 엄중함 때문에 즉시 의원들이 소집되었다. 푸블리우스 코르넬리우스 아시나는 카푸아나 다른 모든 문

제는 잊어버리고 이탈리아 전역의 모든 장군과 병사를 소환하여 로마 방위에 투입해야 한다고 강력히 촉구했다.

하지만 이와 정반대로 파비우스 막시무스는 카푸아를 포기하거나, 한니발의 위협에 겁먹어 그의 술수에 놀아나는 건 한심한 일이라고 반박했다. "뭐라고요?" 파비우스가 소리쳤다. "칸나이에서 승리하고도 로마 근처로 감히 오지도 못한 자가 카푸아에서 격퇴당하고 난 다음에 로마를 점령하겠다고 마음먹는 게 말이나 됩니까? 그저 카푸아의 상황을 좀 풀어 보려고 여기 오는 겁니다. 그자에게 로마를 포위하겠다는 의도는 전혀 없습니다. 우리의 병사는 이미 충분합니다. 유피테르께서는 한니발이 협정을 파기한 걸 분명히 보셨습니다. 그분께서는 다른 신들과 함께 우리의 도시를 지켜주실 겁니다."

이런 극단적인 두 가지 의견은 적절히 절충이 되었다. 발레리우스 플라쿠스는 카푸아와 로마의 상황을 둘 다 잊어서는 안 된다는 입장이어서 현장에 있는 사령관들에게 서신을 보내자고 제안했다. 이 서신은 현재 로마 내에 주둔하고 있는 병사들의 규모를 알려주면서, 동시에 한니발이 데려간 병력은 어느 정도나 되며 카푸아 포위 공격을 유지하는 데 얼마만큼 병력이 필요한지를 물었다. 카푸아에 주둔 중인 한 사령관의 휘하 부대 일부를 빼내도, 다른 사령관의 효율적인 카푸아 포위 공격에 큰 영향을 주지 않는다면, 두 집정관 중 카푸아 포위를 계속할 지휘관과, 로마로 와서 한니발을 막아낼 지휘관을 결정하라는 것이 서신의 뜻이었다.

이런 원로원의 포고가 카푸아에 도착하자 집정관 대리 퀸투스 풀비우스는 큰 부상을 입은 동료 사령관 대신 로마로 돌아왔고, 3개 군단에서 병사들을 선발하여 볼투르누스 강을 건넜다. 이 병력은 약 1만 5천의 보병과 1천 기병이었다. 풀비우스는 한니발이 라티나 가도를 통해 진군한다는 걸 파악했다. 그리하여 아피아 가도 근처에 자리 잡은, 혹은 그 가도에서 그리 멀지 않은 세티아, 코라, 라비니움 같은 도시들에 미리 전령을 보내 성벽 안에 보급품을 준비하고, 외진 농장들에서도 보급품을 가져오는 동시에 병력을 모아 공동체를 스스로 보호하여 자주적으로 안전을 도모하라고 했다.

9. 한니발은 볼투르누스 강을 건넌 날에, 강에서 그리 멀리 떨어지지 않은 곳에다 진을 쳤고, 다음날 칼레스를 지나 시디키니 인들의 영토로 들어섰다. 하루 동안 그곳의 시골 지역을 습격한 뒤 그는 라티나 가도를 따라서 수에사, 알리파이, 카시눔의 영토를 통과했다. 한니발은 카시눔에서 이틀 동안 진지에 머무르며 광범위한 지역을 습격했다. 이어 인테람나와 아퀴눔을 지나서, 프레겔라이 영토 내에 있는 리리스 강에 도착했고, 그곳에서 카르타고 군대의 진군을 지연시키기 위해 그 도시가 다리를 불태웠다는 걸 확인했다.

풀비우스 부대 역시 볼투르누스 강에서 발이 묶이기는 마찬가지였다. 한니발이 도강에 필요한 배들을 불태웠기 때문이다. 목재가 지극히 부족했던 탓에 풀비우스는 도강 용 뗏목을 확보하는 데 엄청난 곤경을 겪었다. 하지만 그는 그럭저럭 휘하 병력을 도강시켰고, 나머지 로마로 향하는 진군 과정은 무척 순조로웠다. 도시뿐만 아니라 길가에 있는 사람들도 후하게 보급품을 내어 주었다. 게다가 로마 군병사들은 지금 행군하는 게 고국을 지키러 가는 일임을 떠올리고 빠르게 움직였으며, 그런 사실을 서로에게 강조하며 각오를 다지기도했다. 프레겔라이에서 보낸 전령은 밤낮을 가리지 않고 달려 로마로와서 한니발의 행군 소식을 전했고, 로마는 공황 상태에 빠졌다. 처음 듣게 된 소식도 좋지 않은 것이었지만, 사실이 조작되어 과장된 소문이 시내에 두루 퍼졌고, 그러자 도시 전체가 혼란에 빠졌다.

로마 시민들의 집에서는 여자들이 소식을 듣고 눈물을 흘리며 통곡하는 소리가 들려왔다. 이 여자들은 거리로 쏟아져 나와 멍한 표정으로 신들의 신전으로 달려가 산발한 머리로 제단을 이리저리 쓸거나, 무릎을 꿇거나, 하늘의 신들을 향해 손바닥을 들어 올리며 적의 손에서 도시를 구하고 로마의 어머니들과 어린아이들이 더럽혀지는 일이 없도록 해달라고 간절한 기도를 올렸다. 원로원 의원들은 행정장관들이 조언을 구할 경우를 대비해 포룸에 앉아 기다렸다. 원로원에서 명령이 내려왔고, 사람들은 서둘러 맡은 임무를 수행하러 나섰다. 다른 시민들은 자발적으로 자신이 필요한 곳으로 갔다. 위병들이 요새, 카피톨리움, 성벽, 도시 주변에 배치되었고, 심지어 알바누스 산과 아이풀라 요새에도 초병들이 들어섰다. 이렇게 부산하게 움직이는 가운데 집정관 대리 풀비우스가 3개 군단에서 떼어낸 부대를 이끌고 카푸아를 출발했다는 소식이 들려왔다. 풀비우스 부대가 도시에 들어왔을 때 그가 군사 지휘권을 잃는 걸 방지하기 위해 원로원은 그의 권위가 집정관들의 그것과 동등하다는 포고령을 내렸다.

　　한니발은 그러는 사이에 로마 군의 다리 파괴를 보복하는 차원에서 프레겔라이의 농지를 잔혹하게 유린했다. 이어서 프루시노, 페렌티눔, 아나그니아를 거쳐 라비키에 도달했다. 그런 다음 그는 알기두스 산 위에 있는 투스쿨룸 쪽으로 나아갔다. 그 도시에서 입성을 거부당하자 한니발은 오른쪽으로 돌아 그 산 아래의 가비이로 내려왔다. 그렇게 하여 푸피니아라 부르는 지역으로 진군한 한니발은 로마에서 13km 떨어진 곳에 진을 쳤다. 누미디아 기병을 선두에 세운 카르타고 부대가 더 가깝게 도시에 접근할수록 더 많은 로마 피난민들이 붙잡혀서 죽었다. 나이와 계급을 가리지 않고 로마 인 포로는 더욱 늘어났다.

10. 이것이 풀비우스가 포르타 카페나로 병력을 이끌고 로마로 들어섰을 때의 상황이었다. 오피우스 언덕 서쪽 끝인 카리나이를 통해 도시의 중심부를 지난 풀비우스는 에스퀼리노 언덕으로 향했다. 이어 그곳에서 좀 더 나아가 포르타 에스퀼리나와 포르타 콜리나 사이에 진을 쳤다. 평민 출신 토목건축관리관들은 로마 군에 보급품을 대는 일을 맡았다. 집정관들과 원로원 의원들은 풀비우스의 진지로 와서 국가의 중대사를 논의했다. 논의 결과에 따라 집정관들은 콜리네와 에스퀼리네 성문 근처에서 자리를 잡고, 로마 시의 법무관 가이우스 칼푸르니우스는 카피톨리움과 요새를 통제하고, 원로원 의원은 모두 포룸에 계속 앉아서 대기하면서 비상사태가 벌어지면 대비책을 논의할 준비를 갖추었다.

그러는 동안 한니발은 아니오 강까지 이동했고, 로마까지의 거리는 이제 겨우 5km 남았을 뿐이었다. 그는 그곳에 휘하 병력을 두고 2천 기병을 대동한 채로 직접 포르타 콜리나까지 말을 몰고 왔다. 헤라클레스 신전까지 나아간 한니발은 최대한 가까운 지점에서 도시의 방어시설과 도시의 지형을 꼼꼼히 살폈다. 정찰 중인 한니발의 모습이 태연하고 편안한 게 너무나 분명하게 드러나자, 이를 본 풀비우스는 격분하여 기병대를 보내 적 기병을 적진까지 쫓아냈다. 이어 두 군대가 접전을 펼치자 집정관들은 아벤티노 언덕에 있던 1천 2백의 누미디아 귀순자들에게 명령을 내려 도시를 통과하여 에스퀼리노 언덕으로 가도록 했다. 집정관들의 생각에, 비좁은 계곡, 정원의 둥근 건물, 무덤 사이, 움푹 꺼진 좁은 길이 가득한 미로에서 가장 잘 싸울 수 있는 병력이 바로 그들이었기 때문이다. 요새와 카피톨리움에 있던 몇몇 사람들이 누미디아 귀순자 부대가 클리부스 푸블리키우스 거리를 따라 말을 타고 달리는 걸 봤고, 곧장 아벤티노 언덕이 적에게 점령당했다고 소리쳤다. 이로 인해 전투에 참가하지 않는 시민들은 엄청난 혼란과 공황을 느꼈고, 어떻게든 필사적으로 도망치려고 우왕좌왕했다. 바깥에 카르타고 군대가 없었다면 아무도 그들이 바깥으로 쏟아져 나가는 걸 막지 못했을 것이다. 하지만 바깥으로는 갈 수가 없었으므로 그들은 가정집이나 눈에 보이는 지붕 아래로 도망쳤다. 그리고 적으로 보이는 자들이 거리 이리저리로 달릴 때 돌과 무기가 될 만한 것들을 집어서 던졌다. 시민들은 자신들이 착각했다는 걸 곧바로 깨달았지만 그것을 시정하거나 소란을 가라앉힐 수는 없었다. 갑작스러운 경보로 도시로 피신한 농부들과 가축들이 무리를 지어 길을 가로막고 있었기 때문이다.

양군의 기병대 접전은 로마 군이 성공을 거두었고 적군은 패배하여 그들의 진지로 물러났다. 여러 이유로 도시 전역에서 계속 공황이나 동요가 발생하는 걸 통제하고자 원로원은 포고령을 내려 독재관, 집정관, 감찰관을 지냈던 모든 고위 공직자들을 불러내어 이들에게 적이 물러날 때까지 온전한 군 지휘권을 부여하기로 했다. 이후로도 그날 오후와 이어진 밤에 여러 소요 사태가 있었지만 다 성공적으로 진압되었다.

11. 다음날 한니발은 아니오 강을 건너 전군을 전투 대형으로 전환시켰다. 플라비우스와 집정관들은 이런 도전에 물러서지 않았다. 양군은 서로 대치했고, 승리의 영광이 로마의 것이 될 예정인 전투가 곧 시작될 판국이었다. 하지만 갑자기 앞이 보이지 않을 정도로 비와 우박이 퍼부었고, 엄청난 혼란이 발생한 양군은 결국 교전하지 못하고 진지로 돌아갔다. 양군은 무기를 드는 것조차 거의 할 수 없게 되자, 적에 대한 생각은 아예 하지 못했다. 다음날 양군은 같은 자리에 전투 대형을 구축했지만, 다시 전날과 비슷한 폭풍우가 불어와서 물

러설 수밖에 없었다. 양군이 진지로 돌아오자 기적적으로 하늘이 맑아졌고, 날씨는 더없이 평온하게 되었다. 카르타고 인들은 이런 악천후의 개입을 신의 뜻으로 받아들였다. 전하는 이야기에 따르면, 한니발은 자신이 로마를 차지할 기회를 두 번이나 놓쳤다고 중얼거렸다고 한다. 한 번은 의지가 부족해서 놓쳤으며, 다른 한 번은 악천후 때문에 놓쳤다는 것이었다.

더욱이 로마를 차지하겠다는 한니발의 희망은 이제 두 가지 상황 때문에 감쪽같이 사라지게 되었는데, 하나는 사소한 것이고 다른 하나는 중요한 것이었다. 중요한 것은 한니발 군대가 로마 성벽을 바라보는 동안에, 로마 군 증원 부대가 군기를 휘날리며 스페인으로 떠났다는 소식을 한니발이 들은 것이었다. 사소한 사건은 한니발이 당시 주둔했던 땅이 시장에서 전혀 값이 떨어지지 않고 팔렸다는 것이었다. 한니발은 이런 이야기를 포로를 통해 듣게 되었다. 자신이 현재 무력으로 점령하고 있는 땅을 로마의 어떤 시민이 사들였다는 것이었다. 그건 한니발에게 터무니없는 자만심으로 보였고, 그래서 한니발은 포고자를 불러 포럼에 있는 은세공업자들의 가게를 살 테니 팔라고 소리치며 포고하게 했다.

이런 상황에서 한니발은 도시에서 10km 떨어진 투티아 강으로 물러났다. 이어 그는 페로니아의 숲으로 나아갔는데, 당시 그곳의 신전은 많은 보물이 있기로 유명했다. 카페나 인들과 인근 주민들은 첫 수확물과 다른 봉헌 가능한 물건들을 신전으로 가져왔고, 금과 은으로 신전을 꾸미곤 했다. 하지만 이런 봉헌물들은 한니발에게 전부 빼앗기고 말았다. 한니발이 떠난 뒤에 그곳에는 구리 동전이 많이 쌓여 있었다. 이 조잡한 동전들은 종교적 공포심을 느낀 병사들이 두고 간 것이었다. 한니발이 이 신전을 약탈했다는 건 다양한 기록에서도 명확하게 확인되는 사실이다.

코일리우스는 한니발이 로마로 오던 중 에레툼에서 벗어나 이 신전에 들렀다고 기록했다. 그는 한니발이 레아테, 쿠틸리아이, 아미테르눔에서 왔고, 이어 캄파니아에서 삼니움으로 들어간 뒤 파일리니의 영토로 나아갔고, 다음엔 술모를 통해 마루키니로 건너갔다고 적었다. 마루키니 다음엔 알바에서 마르시로 왔고, 이어 아미테르눔과 포룰리 마을에 왔다고 기록했다. 워낙 유명한 장군이 대군을 끌고 왔던 터라 그 자취는 사람들의 기억에서 빠르게 사라지지는 않았을 것이다. 따라서 실제 한니발이 어떤 경로를 거쳐 왔는지는 불확실하지 않다. 모든 역사가가 그 경로에 대해서는 동의하기 때문이다. 다른 점이라고는 단 한 가지이다. 한니발이 이 경로로 나아간 게 로마로 올 때인지, 아니면 로마에서 캄파니아로 돌아갈 때인지는 불분명하다.

12. 한니발은 로마 인들이 포위를 밀어붙이는 기세만큼 카푸아를 지켜내겠다는 결의가 없었다. 오히려 그 반대로 그는 삼니움, 아풀리아, 루카니아를 따라 진군하여 브루티움과 해협에 있는 레기움으로 빠르게 나아갔다. 현지 주민들은 한니발의 갑작스러운 도착을 전혀 알지 못했다. 한편 카푸아는 포위 공격이 계속되었고 시민들은 플라쿠스가 도착했다는 건 알았지만, 같은 시기에 한니발이 돌아오지 않았다는 점에 크게 놀랐다. 그들은 이내 적과 대화를 하면서 자신들이 내버려졌으며, 카르타고 군대가 도시의 방어를 포기했다는 것을 알게 되었다. 게다가 로마 집정관 대리들은 원로원 권한으로 포고령을 내려 특정일 이전에 로마의 편에 서는 캄파니아 시민들은 전혀 피해를 입지 않게 하겠다고 공언했다.

하지만 아무도 이 제안을 받아들이지 않았다. 그들이 그렇게 행동한 건 카르타고를 향한 충성이 아니라 두려움 때문이었다. 그들은 로마 동맹에서 이탈하면서 용서를 받기엔 너무 큰 죄를 저질렀기 때문이다. 로마 인들의 포고령을 자기 일로 받아들이고 그들에게 투항하는 사람은 없었지만, 그렇다고 그들이 어떤 가치 있는 공동의 정책을 발견하지도 못했다. 카푸아 귀족들은 나라에 도움이 될 일을 전혀 하지 않고 원로원에도 참석하지 않았다. 공직에 있는 자는 그로 인해 명예롭게 행동하는 것도 아니었다. 그들은 쓸모없는 비천한 자들이었고, 공직의 권력과 권위를 전혀 내세울 수 없었다. 그 어떤 귀족도 더 이상 공공장소에 나오지 않았고, 심지어 포룸에도 나타나지 않았다. 그들은 집에 틀어박혀 문을 닫아걸고 하루하루 조국의 멸망과 자신들의 죽음을 기다리고 있었다.

모든 책임은 카르타고 주둔군을 지휘하는 보스타르와 한노의 어깨 위에 떨어졌다. 주둔군을 괴롭힌 건 동맹의 위험이 아니라, 그들 자신의 위험이었다. 그들은 한니발에게 편지를 보내어 강력하고 신랄하게 그를 비난했다. 카푸아를 적의 손에 넘어가게 내버려 두고 또 자신들마저 적에게 잡혀 고문당해 죽게 할 것이냐고 항의했다. 이어 한니발이 브루티움으로 간 건 카푸아가 눈앞에서 함락되는 꼴을 보기 싫어서가 아닌가, 라고 비난했다. 로마 시가 위협을 당했음에도 불구하고 로마 군이 카푸아 포위를 풀지 않은 걸 보면 비록 적이지만 얼마나 충실한 군대인가. 반면에 한니발은 얼마나 불충한 군대인가. 아군을 어떻게 이렇게 헌신짝 내버리듯 내버릴 수 있냐고 꾸짖었다. 그러면서도 만약 한니발이 카푸아로 돌아와 총력을 기울인다면 자신들도 캄파니아 인들과 함께 로마의 포위 공격을 분쇄하는 일에 최선을 다하겠다고 다짐했다. 편지는 이렇게 끝을 맺었다.

"우리는 레기움이나 타렌툼과 싸우려고 알프스를 넘은 게 아닙니다. 카르타고의 군대는 로마 군단이 있는 곳에 있어야 합니다. 칸나이와 트라시메네에서 승리하던 때처럼 서로 대면하여 각자 진을 치고, 교전을 벌여 명운을 시험해야 합니다.”

이렇게 혹은 이와 비슷한 내용으로 작성된 편지는 수고비를 받은 몇몇 누미디아 인이 전달하기로 되었다. 그들은 탈영병을 가장하여 로마 군 대열 속의 플라쿠스에게 갔다. 그들은 오래 지속된 카푸아 기근 때문에 도망치게 되었다는 그럴듯한 이유를 내세웠으나, 기회가 되면 몰래 빠져나갈 생각이었다. 하지만 이 누미디아 인들 중 한 사람이 데리고 있던 캄파니아 여자가 현장에 나타나 로마 사령관에게 탈영 이야기는 거짓말이며 누미디아 인들이 한니발에게 가는 편지를 가지고 있다고 고발했다. 그녀는 자신에게 그 계획을 말해준 누미디아 인을 데려다 주면 자신의 고발을 증명할 수 있다고 했다. 이에 지명된 자가 불려왔고, 처음에 그는, 저런 여자는 모른다고 꿋꿋하게 버텼다. 하지만 점점 심리적 압박을 견디지 못했고, 마침내 로마 인들이 고문 도구를 가져오자 여자의 말이 사실이라고 하며 편지를 내밀었다. 여자의 정보에 더해 또 하나의 비밀이 드러났다. 그것은 탈영병을 가장한 누미디아 인들이 대부분 로마 군 대열에 섞여 있다는 것이었다. 이에 70명이 넘는 자들이 붙잡혔고, 이번에 탈영을 가장하여 넘어온 자들과 함께 채찍질을 당했다. 이들은 양손이 잘린 채로 카푸아로 돌려보내졌다.[2]

13. 로마 군의 가혹한 처벌을 목격한 캄파니아 인들은 전의를 상실했다. 시민들은 원로원에 몰려가 로이시우스에게 회의를 소집하라

---

2   스파이에게 내려지는 통상적인 처벌. 22권 33장에서도 로마 군에 잠입한 카르타고 스파이에게 동일한 처벌이 내려졌다.

고 강요했다. 그들은 오래전부터 국가의 중대사에 아무런 역할도 하지 않던 주요 인사들을 찾아가 원로원 회의에 참석하지 않으면 그들의 집을 포위하여 강제로 길거리로 끌어내겠다고 위협했다. 의원들은 시민들의 위협에 겁을 먹었고 그 덕분에 로이시우스는 의원들이 전원 참석한 원로원 회의를 열었다. 이 회의에서 많은 의원이 로마 사령관들에게 사절단을 보낼 것을 제안했다. 하지만 로마 동맹으로부터의 이탈을 주도했던 비비우스 비리우스는 의견을 제시해 보라는 말에 무척 특이한 답변을 내놓았다. 그는, 사절단을 보내 항복하고 강화 조건을 받아들이자고 주장하는 자들은 무슨 일이 닥칠지도 모르고 그런 소리를 한다고 말했다. 그는, 로마 같은 힘이 그들 손에 있었다면 이 상황에서 어떻게 하겠냐고 묻더니 이렇게 소리쳤다.

"뭐라고요? 우리가 삼니움과 싸울 때 도움을 받자고 로마에 모든 걸 넘겨줬던 때와, 항복을 하자고 주장하는 지금의 상황이 같다고 보십니까? 우리가 반란을 일으켰던 때를 벌써 잊으신 겁니까? 그때 로마가 얼마나 위태로운 입장이었습니까? 로마 주둔군을 추방만 하면 되었던 걸 고문까지 해서 수치스럽게 죽이지 않았습니까? 저기 지금 우리를 포위하고 있는 군대에 얼마나 자주, 또 얼마나 야만스럽게 공격을 가했습니까? 진지를 공격하고 한니발을 불러들여 박살내 달라고 하지 않았습니까? 최근의 일을 따지자면, 한니발이 로마로 진군한 일에는 우리도 직접적인 책임이 있지 않습니까? 무엇이 목전에 닥쳤는지 알고 싶다면 로마 인들이 했던 일을 기억하세요. 그러면 그들이 우리를 얼마나 증오하는지 금방 깨우쳐 줄 테니까. 로마는 어떻게 했습니까? 이탈리아에 한니발이라는 외적이 들어오고 나라는 전쟁으로 불타고 있는데 두 집정관과 휘하 군단을 보내 카푸아를 공격하고 있습니다. 다른 모든 걸, 심지어 한니발조차 무시하고 그렇게 하고 있습니다. 이제 일이 벌어진 지 2년이 지났는데 로마 인들은 공성 보루를 쌓아 우리를 가두고 괴롭히며 기근으로 우리를 죽이고 있습니다. 그들도 우리와 마찬가지로 치명적인 위험과 대단히 힘든 일을 하며 요새와 도랑 근처에서 사상자를 내고 한때는 거의 진지까지 빼앗길 뻔했습니다.

하지만 이 문제는 더 이상 거론하지 않겠습니다. 포위 상황에서 노역과 위험을 마주해야 한다는 건 딱히 새로운 일도, 이상한 일도 아닙니다. 로마 인들의 분노와 증오는 정말 두렵다는 걸 이제 제가 밝히고자 합니다. 한니발이 기병과 보병으로 구성된 대군을 이끌고 그들의 진지를 공격하여 일부는 점령하기까지 했습니다. 참으로 위험한 상황이었지만, 그들은 미동도 하지 않고 카푸아 공성 작전을 계속했습니다. 이에 한니발이 볼투르누스 강을 건넜고, 칼레스 주변 농장들을 불태웠습니다. 로마의 우방들에겐 심각한 손실이었지만, 그래도 로마 군이 카푸아 포위를 푸는 일은 없었습니다. 한니발은 이어 로마 자체에 직접적으로 위협을 가할 것을 결심했습니다. 로마 인은 그런 폭풍 같은 위협조차도 가볍게 여겼습니다. 한니발은 아니오 강을 건너 로마에서 5km 정도 떨어진 곳에다 진을 쳤습니다. 그는 로마의 성벽과 성문 앞까지 나아갔고, 이를 통해 카푸아 포위를 풀지 않으면 로마를 점령하겠다는 뜻을 명백히 밝혔습니다. 하지만 로마 인들은 카푸아 포위를 풀지 않았습니다. 맹목적인 본능과 분노로 움직이는 들짐승도 외부의 짐승이 굴에 있는 새끼 근처로 가면 그 새끼를 지키려고 그 쪽으로 움직입니다. 하지만 로마 인들은 로마 자체를 공격해도, 아내와 아이가 흐느끼는 소리가 한참 떨어진 여기서 들릴 듯해도, 제단과 난로, 신전과 선조들의 무덤이 훼손되고 빼앗길 위기에 처해도 카푸아 포위를 풀지 않았습니다. 우리를 벌하겠다는 갈망이 이처럼 격렬하고, 우리의 피를 마시고야 말겠다는 갈증이 이처럼 맹렬한 것입니다.

그래요, 그들이 옳을지도 모릅니다. 우리도 과거에 그럴 기회가 있었다면 똑같은 일을 했을 겁니다. 불멸하는 신들께서 이렇게 되도록 이미 정해 놓으셨으니 저는 죽음을 피하지 않겠습니다. 저는 여전히 자유로운 이 몸의 주인인 상태에서 적이 우리에게 가하려고 하는 불명예와 고문으로부터 벗어나려 합니다. 아주 쉽고 명예로운 죽음을 통해서요. 저는 클라우디우스와 풀비우스가 무례한 승리의 왕좌에 오르는 걸 절대 제 눈으로 보지 않을 겁니다. 저는 사슬에 묶여 로마로 끌려가 개선식의 구경거리가 되거나, 그런 다음 감옥에 던져지거나, 혹은 말뚝에 묶이거나, 혹은 피투성이가 될 때까지 회초리로 맞거나, 로마 도끼에 목을 내어주지 않겠습니다. 절대로요. 조국이 불길에 휩싸여 폐허가 되는 일, 카푸아의 여자들, 소녀들, 자유민 소년들이 정복자의 욕망을 채우기 위해 끌려가는 일 따위는 결코 이 눈으로 보지 않겠습니다.

로마 인들은 그들의 근원지인 알바조차 철저히 파괴하여 출신과 배경에 관한 기억을 완전히 제거했습니다. 제 생각에 그들은 카르타고보다 카푸아를 더 격렬하게 증오하기 때문에 카푸아를 용서할 가능성은 거의 없습니다. 그러니 온갖 잔혹한 광경을 보기 전에 운명을 따르려는 사람들은 오늘 제 집으로 오십시오. 저녁이 준비되어 있습니다. 마음껏 먹고 마십시다. 제가 받은 잔이 여러분에게 차례대로 돌아갈 겁니다. 그 잔을 들이마시면 여러분의 몸은 고문으로부터, 여러분의 정신은 모욕으로부터, 여러분의 눈과 귀는 패자에게 다가올 지독한 광경, 수치스러운 소리로부터 해방될 것입니다. 집안 뜰에 둔 커다란 장작더미에 불을 붙이고 우리의 시신을 불에 던져줄 자들을 준비해두었습니다. 이것이 바로 우리가 자유롭고 명예로운 시민으로서 죽을 수 있는 유일한 방법입니다. 로마 인들 역시 우리의 용기에 감탄할 것이며, 한니발은 자신이 저버리고 등을 돌린 우방이 얼마나 용감했는지 알게 될 겁니다."

14. 많은 이가 비리우스의 말에 원칙적으로 동의했지만, 그 일을 실천하는 배짱을 지닌 자는 그리 많지 않았다. 의원 대다수는 여러 전쟁에서 로마 인들이 보여준 관대한 처분을 확신하고 적이 그리 무자비하지는 않을 거라고 생각했다. 이에 그들은 사절단을 보내 로마에게 항복하기로 결정했다. 비리우스와 함께 그의 집으로 간 의원들은 27명이었다. 그들은 그곳에서 저녁을 먹고 닥쳐올 재앙을 잊어버릴 정도로 취한 다음 한 사람도 빠짐없이 독을 마셨다. 연회는 그렇게 끝났다. 그들은 서로에게 손을 흔들고 마지막으로 포옹했다. 도시와 자신들의 몰락에 눈물을 흘리면서 그들은 헤어졌고, 몇몇은 장작더미에 시신을 태우고자 비리우스의 집에 머물렀고, 나머지는 집으로 돌아갔다. 음식과 와인을 과하게 먹고 마신 탓인지 독이 잘 퍼지지 못해 그들은 빠르게 죽지는 못했다. 대다수가 그날 밤 내내, 그리고 다음날 몇 시간 정도 계속 숨을 헐떡거리고 있었지만, 로마 인들이 성문을 열고 들어오기 전에 죽었다.

다음날 로마 군 진지와 마주한 유피테르 문이 두 집정관 대리의 명령에 의해 열렸다. 사령관 가이우스 풀비우스는 1개 군단과 1천 명의 기병을 이끌고 도시로 들어왔다. 그가 처음으로 내린 명령은 도시에 있는 무기를 전부 모아 자신에게 가져오라는 것이었다. 모든 성문에 위병을 배치하여 누구도 밖으로 나가지 못하게 한 그는 이어 카르타고 주둔군을 붙잡고 카푸아 원로원 의원들을 로마 군 진지의 사령관들 앞에 데려오라고 지시했다. 의원들은 진지에 도착하자마자 사슬에 묶였고, 소유한 금과 은을 모두 재무관에게 넘겼다. 금은 2,070파운드에 이르렀고, 은은 31,200파운드였다. 25명의 원로원 의원이 칼레스로, 28명은 테아눔으로 보내져 감금되었다. 이들은 모두 로마를 상대로 반란을 일으키자고 주장한 자들이었다.

15. 카푸아 원로원 의원들의 처벌에 대해 풀비우스와 클라우디우스는 서로 의견이 달랐다. 클라우디우스는 관대한 입장이었고, 풀비우스는 그보다 훨씬 가혹한 입장이었다. 클라우디우스는 로마의 원로원에게 모든 결정을 맡기고자 했다. 원로원이 카푸아 인들에게 라틴 동맹의 다른 민족과 뭔가 합의한 것이 있는지, 혹은 전쟁 중 그들로부터 도움을 받은 적이 있는지 물어볼 기회를 가져야 한다고 생각했기 때문이다. 반면 풀비우스는 그런 모호하고 증명할 수도 없는 혐의로 충실한 동맹국들을 불편하게 만들어서는 절대 안 된다고 주장했다. 또 언행에 전혀 양심의 가책이 없는 밀고자들 때문에 동맹국들이 피해를 보는 일도 극력 피해야 한다고 말했다. 그렇게 풀비우스는 원로원의 심문을 강력히 반대했고, 그런 방향으로 일이 진행되는 걸 막았다. 여러 이야기를 나눈 뒤에 클라우디우스는 동료 사령관이 말은 격하게 했어도 이런 중대사와 관련해서는 로마에서 지휘 서신이 도착할 때까지는 기다릴 거라고 확신했다. 하지만 그런 기다리는 일이야말로 풀비우스가 정말로 피하고자 하는 것이었다. 그렇게 되면 자신이 바라던 일을 그만둬야 하기 때문이었다. 따라서 그는 동료 집정관과 협의가 끝나자 천인대장들과 동맹군의 사령관들에게 제3경에 소집 나팔 소리가 들리면 선별한 2천 기병을 데리고 열병을 대기하라고 지시했다.

풀비우스는 밤중에 이 병력을 이끌고 동이 틀 때 테아눔으로 들어가 포룸으로 나아갔다. 기병대가 들어오자 시민들이 몰려들었고, 풀비우스는 최고 행정장관을 불러 그에게 구금 중인 카푸아 원로원 의원들을 데리고 오게 했다. 그리고 이어서 그들 모두가 채찍질을 당한 뒤 참수되었다. 풀비우스는 이어 전속력으로 칼레스로 나아갔다. 그는 재판석에 앉아 자기 앞에 카푸아 원로원 의원들을 데려오게 했다. 그들이 말뚝에 묶이는 중에 로마에서 급히 보낸 전령이 풀비우스에게 법무관 가이우스 칼푸르니우스의 서신을 전했다. 이 서신엔 원로원의 포고령이 적혀 있었다. 법정에 모인 시민들은 로마 원로원의 뜻으로 카푸아 인들의 처분이 뒤로 미루어지는 게 아니냐고 낮은 목소리로 말했다. 풀비우스 역시 그렇게 생각했다. 따라서 그는 서신을 개봉하지 않은 채로 품에 넣은 뒤 길나장이들이 법에 따른 형을 집행하게 하라고 전령에게 지시했다. 그렇게 칼레스의 카푸아 인들도 처형당했다. 이후 풀비우스는 서신을 개봉하여 원로원 포고령을 읽었다. 풀비우스의 처형 지시는 의도적으로 원로원의 간섭을 배제하고자 서둘러 진행되었으므로 포고령으로 막기에는 너무 늦은 상황이었다.

풀비우스가 자리에서 일어나자 비벨리우스 타우레아라는 어떤 캄파니아 인이 군중 사이에서 나와 큰 소리로 그를 불렀다. 뭔가 말할 것이 있는지 알아내려 했던 풀비우스가 다시 자리에 앉았고, 이에 타우레아는 이렇게 말했다. "나 역시 처형해다오. 그러면 너는 자신보다 더 용맹한 사람을 죽였다고 자랑할 수 있을 것이다." 풀비우스는 정신이 나간 모양이라고 대답하며, 그가 바라더라도 원로원 포고령으로 그럴 수 없게 되었다고 답했다.

그러자 타우레아는 이렇게 소리쳤다. "내 조국은 점령당했고, 내 친구들과 친척들도 잃었다. 나는 이 손으로 아내와 아이들을 죽였다. 수치를 당하지 않게 하려고 말이다. 하지만 나는 동료 시민들과 함께 죽을 기회조차 주어지지 않았다. 따라서 나는 이 가증스러운 삶에서 벗어날 수 있게 용기를 내려고 한다." 이 말을 마치고 그는 옷 아래 숨긴 칼로 가슴을 찔렀고, 풀비우스의 발 앞에서 죽었다.

16. 처형에 관련된 일을 포함하여 대다수의 조치를 풀비우스 홀로 결정하여 처리했다는 사실을 그럴 듯하게 설명하기 위해, 몇몇 역사가는 클라우디우스가 카푸아 항복 전에 죽었다고 전한다. 이 설명에 따르면 타우레아 역시 자발적으로 칼레스로 와서 자살하지 않았다. 하지만 그가 다른 이들과 함께 말뚝에 묶일 때 풀비우스는 정숙할 것을 지시했다. 그가 뭔가 외쳤지만 처형 중에 나는 소음 때문에 들리지 않았기 때문이다. 이에 타우레아는 앞서 적은 것과 비슷하게 외쳤다. 자신은 용맹한 사람이며, 절대로 자신의 용기를 따라오지 못하는 자에게 죽는다는 것이었다. 그가 이 말을 마치자마자 풀비우스는 전령에게 다음과 같이 외치라고 지시했다. "길나장이, 저 용맹한 자를 채찍으로 쳐라. 저자를 시작으로 법을 집행할 것이다."

몇몇 저자들에 따르면 풀비우스는 처형 전에 원로원 포고령을 읽었지만, 그 안에 '그가 결정하는 것이 적절하다면' 원로원이 결정할 문제를 그에게 위임한다는 조항이 있어 자신이 더 낫다고 생각하는 방향을 독단적으로 판단하고 실행했다.

풀비우스는 칼레스에서 카푸아로 돌아왔다. 아텔라와 칼라티아 역시 항복했고, 두 도시의 정치 지도자들은 처형당했다. 모두 합쳐 70여 명의 주요 원로원 의원들이 사형 처분되었고, 300명 정도 되는 캄파니아 귀족이 투옥되었다. 다른 귀족들은 라틴 동맹 소속 도시들로 보내져 구금되었다가 다양한 방식으로 살해당했다. 나머지 시민들은 노예로 팔렸다. 로마에서는 카푸아와 그에 속한 영토에 관한 논의가 계속되었다.

몇몇 사람들은 이처럼 강대하고 가까우며 적대적인 도시는 완전히 파괴하는 게 유일한 해법이라고 주장했다. 하지만 이런 극단적인 의견은 실용적인 이득을 고려한 신중한 사람들의 의견에 밀려나게 되었다. 카푸아의 땅은 이탈리아에서 가장 생산적이라는 일반적인 인식이 있었기에, 그 도시의 땅은 농부들에게 집을 제공하고자 남겨두었다. 도시의 인구를 채우기 위해 거주 외국인, 자유민이 된 자, 소규모 상인, 장인은 도시에 머무르는 게 허락되었다. 모든 땅과 건물은 로마 인의 공공 재산이 되었다. 이 결정은 카푸아가 주거지로서만 기능하는 도시로 남아 있어야 한다는 것이었다. 이곳엔 정치 기관, 원로원, 민회, 행정장관을 둘 수 없었다. 로마 인들은 그곳 평민에게 통치권이 있는 정치 기관, 군사권, 공유하는 공동의 이익이 없으니 주민들이 단결하여 행동에 나설 수 없다고 생각했다. 그곳에서 법을 집행할 관리는 매년 로마가 파견하여 보임할 예정이었다.

이와 같이 카푸아 문제 해결은 모든 점에서 감탄스러웠다. 가장 큰 죄를 지은 자들은 즉시 엄하게 처벌받았고, 자유민 다수가 흩어져 돌아오지 못하게 되었다. 무고한 건물과 성벽이 야만스러운 방화와 파괴로 피해보는 일도 없었다. 로마는 도시를 보존하여 이득을 본 건 물론이었고, 동맹국들에게 자비로운 정복자의 모습을 보일 수 있었다. 카푸아는 부유하고 유명한 도시라 폐허가 되면 모든 캄파니아 인과 인근 민족이 슬퍼할 것이었다. 이제 적은 불충한 동맹국들을 가혹하게 처벌하는 로마의 힘을 인정할 수밖에 없게 되었다. 또한 보호해주겠다고 해놓고서 제대로 보호해 주지도 못하는 한니발의 무력함이 온 천하에 드러났다.

17. 카푸아와 관련된 문제가 모두 해결된 뒤 로마 원로원은 가이우스 네로에게 포고령을 내려, 그가 카푸아에서 이끌었던 2개 군단에

서 직접 6천 보병과 3백 기병을 선발하고, 로마 동맹군에서도 같은 수의 보병과 8백 기병을 선발하라고 지시했다. 네로는 이 부대를 이끌고 푸테올리에서 스페인으로 떠났다. 타라코에 도착한 그는 휘하 병력을 상륙시키고 배를 해변으로 끌어올린 뒤 선원들마저 무장시켜 병력 숫자를 늘렸다. 이어 그는 에브로로 떠났고, 그곳에서 폰테이우스와 마르키우스의 군대를 인수했다. 이후 그는 적을 상대하러 나섰다.

하밀카르의 아들 하스드루발은 라피데스 아트리라고 하는 곳에다 진지를 설치했다. 그곳은 일리투르기와 멘티사 사이에 있는 아우세타니 지역으로서, 계곡 지대 혹은 고개[嶺]로 올라가는 지대였다. 네로는 그곳으로 들어가는 입구를 점령한 뒤 하스드루발을 함정에 빠뜨리려고 했다. 하스드루발은 전령을 보내 이곳에서 자신을 나가게 해주면 스페인에서 떠나 영원히 돌아오지 않겠다고 약속했다. 네로는 그 제안을 듣고서 기뻐했고, 하스드루발은 다음날 네로에게 합의를 위한 회담을 요청했다. 여러 도시의 요새 포기, 주둔군 철수 날짜 지정, 방해 없는 카르타고인들의 자유로운 재산 이동 등을 이야기하고 싶다는 것이었다. 네로는 이 요청을 받아들였고, 하스드루발은 그 즉시 휘하 부대에 명령을 내려 중무장 병력은 어두워지기 시작할 때부터 밤 동안에 어떻게든 최선을 다해 고개 지역을 빠져나가라고 지시했다. 그는 다수의 병력이 밤중에 이동하는 걸 들키지 않으려고 무척 신경을 썼다. 소규모 병력이 더 조용하게 움직일 수 있어 적의 발각을 피할 수 있으며, 비좁고 힘든 고개 길을 따라 쉽게 이동할 수 있다는 걸 알기 때문이었다.

다음날 예정된 회담이 열렸고, 하스드루발은 많은 말을 했고 사소한 조항들을 많이 적어 넣으며 일부러 시간을 끌어 회담을 하루 더 연기시켰다. 그날 밤 그는 더 많은 병사들을 빼냈고, 다음날에도 회담에선 아무런 결론이 나지 않았다. 이런 식으로 구체적 조건을 놓고 논쟁을 벌이는 며칠 동안 밤마다 카르타고 진지는 은밀하게 비워졌다. 병력 대다수가 빠져나가자 하스드루발은 심지어 처음에 자신이 내놓았던 제안도 지키지 않았다. 합의는 점점 어려워져 갔다. 잃을 게 없어진 하스드루발은 자기 말을 지킬 이유도 없었다. 거의 모든 보병이 안전하게 빠져나간 어느 날 새벽 고개와 그 주변 지역에 짙은 안개가 꼈고, 하스드루발은 이 기회를 활용하여 네로에게 전령을 보내 회담을 하루 연기하자고 요청했다. 그는 특정 종교적인 이유로 그날엔 중요한 일은 처리할 수 없다고 주장했다. 네로는 심지어 이때에도 하스드루발의 기만행위를 의심하지 못했다.

하스드루발의 요청대로 회담은 하루 연기되었으며, 그는 즉시 조용히 기병, 코끼리를 이끌고 진지를 빠져나가 안전한 곳으로 이동했다. 해가 뜨고 세 시간 정도 지나자 안개가 흩어졌고, 햇빛이 밝게 비추는 맑은 날씨로 변하자 로마 인들은 적의 진지가 텅 비었다는 걸 알게 되었다. 그제서야 네로는 카르타고 인들이 자신을 속였음을 알게 되었다. 그는 서둘러 추격하며 총공격을 준비했지만, 하스드루발은 도전을 받아들이지 않았다. 기껏해야 카르타고 군 후위와 로마 군 전위 사이에 소규모 접전이 벌어졌을 뿐이었다.[3]

18. 한편 스키피오 형제의 전사 이후에 로마를 배반한 스페인 인(용병)들은 로마로 다시 돌아오지 않았다. 그렇다고 새로 어떤 민족이 로마를 배반하는 일도 없었다. 로마는 카푸아를 회복하자 이제 원

---

3   가이우스 네로는 이때 스페인에서 당한 기만술을 잊지 않았고 4년 뒤 메타우루스 강 전투에서 이 기만술을 고스란히 하스드루발에게 돌려주었다. 참조. 27권 44장.

로원이나 시민들이나 스페인을 이탈리아만큼 신경 쓰게 되었다. 로마 인들은 증원군과 총사령관을 새로 보낼 생각이었다. 하지만 30일도 안 되는 기간에 두 명의 가장 탁월한 장군이 전사한 곳에 후임으로 보내야 할 사람은 지극히 세심하고 신중하게 선정할 필요가 있었다. 그 때문에 후임자 선정 건은 잘 합의가 되지 않았다. 수많은 인물이 거명되었다가 거부되었고, 마침내 원로원은 스페인 전장을 지휘할 집정관 대리 선거를 열기로 했다. 이에 집정관들은 선거일을 공고했다.

그때까지 시민들은 막중한 지휘권을 충분히 맡을 능력이 있다고 자부하는 사람이 입후보하길 기다렸다. 하지만 아무도 그렇게 하지 않았고, 그렇게 되자 전사한 두 장군의 공백이 새롭게 다가왔고, 그들이 겪었던 패배의 고통이 되살아났다. 로마는 이런 상황에 애석해하면서도 무엇이 선후책인지 잘 알지 못했다. 그럼에도 불구하고 선거일이 되자 모두가 광장으로 나왔다. 사람들은 행정장관들을 바라보며 섰고, 주요 시민들의 얼굴, 즉 후보자로 나설 사람을 살폈다. 그들은 서로 눈빛을 교환하는 중이었다. 나라를 구할 수 있다는 희망이 너무나 막막했기에 아무도 대담하게 앞으로 나서서 스페인 지휘권을 인수하려 하지 않았다. 일이 잘 풀릴 기미가 없자 시민들 사이에서 웅성거리는 소리가 더욱 커졌다.

그런 분위기가 팽배할 즈음에 갑자기 푸블리우스 코르넬리우스 스키피오, 즉 스페인에서 전사한 푸블리우스 스키피오의 아들이자 24세 가량의 젊은이가 자신이 사령관에 입후보하겠다고 선언했다. 그는 이어 약간 솟은 땅 위로 가서 그곳에 섰다. 덕분에 모인 시민들은 하나도 빠짐없이 그를 쳐다볼 수 있었다. 모든 시선이 그에게 집중되었고, 평민은 함성을 지르며 만장일치로 입후보를 허락하며 행운이 함께할 것이며 모든 일이 잘 될 거라고 성원했다. 투표를 하게 되자 모든 켄투리아뿐만 아니라 모든 시민이 스페인 지휘권을 그에게 주는 걸 지지했다. 하지만 일이 끝나서 갑작스러운 충동이 사라지고 머리를 식힐 여유가 생기자 어색한 침묵이 흘렀고, 사람들은 건전한 상식보다 개인적인 감정에 휩쓸려 일을 저지른 게 아닌지 자문하기 시작했다. 무엇보다 스키피오의 나이가 시민들을 주저하게 만들었다. 몇몇 사람은 그의 가문의 불길한 운명에 오싹함을 느꼈다. 그리고 두 명의 가장이 사망한 가문의 일원인 이 젊은 남자가 이제 전장으로 가서 아버지와 삼촌의 무덤 곁에서 싸워야 한다는 전망에 깊은 두려움을 느꼈다.

19. 스키피오는 사람들이 충동적으로 투표를 한 뒤 불안해하는 걸 재빨리 알아챘다. 그는 시민들에게 이야기를 들어 달라고 외치고 그의 나이, 그가 지휘권을 행사할 직책, 그리고 앞으로 수행할 전쟁에 관해 무척 고상하고 고결한 말로 설득했으며, 그렇게 하여 식어가는 시민들의 열정에 다시 불을 붙였다. 그는 시민들의 마음에 가능성에 대한 신뢰나 사실적이고 합리적인 추론보다는, 승리를 확신할 수 있다는 희망을 불어넣었다. 스키피오는 실제로 능력을 갖춘 비범한 사람이지만, 그는 어릴 때부터 어떤 의도적인 암시나 몸짓으로 그런 능력을 드러내는 걸 몸에 익혀 생활화한 사람이었다.

예를 들면, 그는 공적인 행동을 할 때 대부분 그것이 밤중에 그를 찾아오는 예지나 하늘의 경고에 의한 것이라고 암시했다. 이는 그가 미신을 믿는 성향이 있어서일 수도 있고, 혹은 자신의 명령을 일종의 신탁에 의한 것이라고 사람들에게 납득시켜 그 명령을 즉시 수행하도록 하려는 의도였는지도 모른다. 더욱이 그는 사람들에게 그런 신탁의 뜻을 각인시키기 위하여, 성인이 된 날부터 어느 때든 공적인 일이건 사적인 일이건 카피톨리움에 먼저 가서 기도를 올리지 않고 처리한 적이 단 한 번도 없었다. 카피톨리움에서 그는 신전에 있는 자기 자리에 보통 홀로 앉아 뭔가를 바라보고, 기다리며 시간을 보냈다. 이런 습관은 평생 지속되었고, 이에 몇몇 사람은 그가 신성한 혈통이라고 확고히 믿게 되었다. 의도적으로 그가 이런 소문을 퍼뜨렸는지 아닌지는 알 수 없는 일이다.

여하튼 무의미하고 터무니없긴 하지만, 알렉산드로스 대왕의 어머니가 머무르던 침실에 종종 나타나 사람이 들어오면 슬며시 사라지곤 했던 커다란 뱀이 그녀를 휘감자 대왕을 잉태하게 되었다는 옛 이야기가 있었는데, 그런 몇몇 사람들은 스키피오를 보며 그 이야기를 떠올렸다. 스키피오 본인은 이런 이적에 대한 믿음을 훼손시키는 말은 단 한 마디도 하지 않았다. 오히려 그는 노련하고 의도적으로 그 믿음을 부정하지도, 인정하지도 않으면서 오히려 그 믿음을 더욱 군건한 것으로 만들었다. 일부는 진실이고 일부는 허구인 그런 많은 비슷한 일들은 젊은 스키피오를 일반적인 사람들보다 한참 까마득한 꼭대기에 있는 인물로 만들어 놓았다. 그것 때문에 로마 시민들이 아주 원숙한 성년에 이르지 못한 젊은이를 막중한 사령관 자리에 앉히게 되었다.

이제 스키피오가 이끄는 스페인 주둔 로마 군은, 예전부터 스페인에 주둔하던 병력과 푸테올리에서 네로가 이끌고 간 병력에 추가로 1만 보병과 1천 기병이 보태어졌다. 또 법무관 대리 마르쿠스 유니우스 실라누스는 군사 작전의 수행을 보조하게 되었다. 스키피오는 에트루리아 해안을 따라 흐르는 티베르 강 하구의 오스티아에서 30척의 5단 노선 함대에 승선하여 항해에 나섰고, 알프스 산을 쳐다보며 갈리아 만을 건너 피레네 산맥의 곳을 돌아 마침내, 포카이아에서 온 사람들이 세운 그리스 인 정착지인 엠포리아이에 병사들을 내렸다. 함대에게 따라오라는 지시를 내린 뒤 스키피오는 육로로 타라코로 진군했다. 그곳에서 그는 모든 동맹의 대표자들을 불렀다. 그가 도착했다는 소식에 사방에서 대표단이 몰려들었다. 그는 자신에게 경의를 표하며 고향부터 자신을 호위해온 마실리아 인들의 3단 노선 네 척을 돌려보낸 뒤 배들을 뭍에 올렸다. 이 일이 끝나자 그는 최근 전황의 부침으로 인해 무척 불안해하던 사절단에게 답변을 하기 시작했다. 스키피오는 자신의 능력에 어마어마한 확신을 갖고 있었고, 고결하고 자부심 강한 어조로 말했다. 하지만 그의 입술에서 교만한 말은 단 한 마디도 나오지 않았다. 그의 말 한 마디 한 마디에 압도적인 권위와 진심이 담겨 있었다.

20. 그는 타라코에서 출발하여 동맹국 공동체들과 로마 군의 월동 진지를 둘러보러 갔다. 그는 두 번 연달아 재앙과도 같은 패배를 겪었음에도 지역을 잘 지켜낸 로마 군 부대들을 자랑스럽게 여겼고, 적이 에브로 강 북쪽으로 진출하지 못하게 막고 동맹국들을 충실히 보호함으로써 적이 승리의 이득을 취하지 못하게 한 처사에 찬사를 보냈다. 그는 마르키우스를 계속 곁에 두면서 존대했는데, 이는 자신이 받게 될 각광을 그 누구도 훔쳐갈 수 없다는 자신감의 발로였다. 실라누스는 네로에게서 병력을 인수했고, 새로운 부대는 월동 진지로 행군했다. 스키피오는 곧장 해야 할 일을 전부 처리하고 필요한 시찰을 모두 완료한 다음 타라코로 돌아갔다.

스키피오의 명성은 로마 인들과 그 동맹들에게 잘 알려진 것처럼 적들 사이에서도 대단했다. 적군은 이런 명성에 동반하는 어떤 불길한 예감을 느꼈는데, 자신들의 두려움에 어떤 명백한 이유가 없고, 또 합리적 설명도 안 된다는 점에서 불안감은 더욱 깊어졌다. 카르타고 인들은 각자 월동 진지를 옮겼는데, 기스고의 아들 하스드루발은 대서양 근처 가데스로, 마고는 카스툴로 숲 너머 안쪽에 있는 곳으로, 하밀카르의 아들 하스드루발은 사군툼 인근의 에브로 강에서 제일 가까운 곳으로 이동하여 겨울을 보냈다.

이해(기원전 211년) 여름이 다 갔을 때 카푸아가 함락되고 스키피오는 임지인 스페인에 도착했는데, 이때 카르타고 함대 하나가 타렌툼 요새의 로마 주둔군에게 보급이 유입되는 걸 막고자 시칠리아에서 소환되었다. 비록 이 함대가 바다를 통한 모든 접근을 막는 데 성공하긴 했지만, 계속되는 함대의 임무 수행으로 보급 문제에 더 고통을 겪는 건 로마 군이 아닌 카르타고 군이었다. 카르타고 군은 카르타고 함대의 보호로 해안을 지키고 항구를 개방할 수 있었지만, 온갖 국적의 함대 선원들이 곡물을 소비했기에 도시 사람들은 그리 곡물을 얻지 못했다. 그 결과 요새의 소규모 로마 주둔군은 따로 곡물을 들일 필요 없이 비축 분으로 버틸 수 있었지만, 타렌툼 인들과 카르타고 함대 선원들을 다 먹이기엔 그들이 가져온 곡물만으로 충분하지 않았다. 결국 함대는 들어올 때보다 떠날 때 더 많은 환영을 받았다. 그럼에도 상황이 그리 나아지는 일은 없었다. 해군의 보호가 사라지자 보급품이 전혀 들어올 수 없게 되었기 때문이다.

21. 여름이 끝나갈 때 마르켈루스는 시칠리아에서 로마로 돌아왔다. 법무관 칼푸르니우스는 벨로나 신전에서 개최한 원로원 회의에 마르켈루스가 참석하여 발언할 수 있는 기회를 주었다. 마르켈루스는 자신의 군사 작전을 자신보다는 병사들의 관점에서 설명했다. 그는 시칠리아에서 임무가 완수되었는데 자신의 병력을 고국으로 데려오는 걸 허락하지 않은 결정에 대하여 항의했고, 이어 개선식을 하며 도시에 들어올 수 있도록 해줄 것을 요청했다. 하지만 그의 요구

는 거부되었다. 이후 두 가지 주장이 나왔는데, 무엇이 더 전례에 부합하지 않는지에 대하여 긴 논쟁이 이어졌다.

마르켈루스가 로마에 없을 때 그의 이름으로 그의 승리를 기념하는 감사축제가 포고령으로 선포되었고, 신들에게 경의를 표하기까지 했는데 이제 그가 로마에 있는 상황에서 개선식을 거부하는 건 말이 되지 않는다는 주장이 첫 번째 것이고, 전쟁이 여전히 지속되는 상황에서 원로원이 후임자에게 병력을 인계할 것을 지시한 상황에서 마치 전쟁이 성공적으로 끝나기라도 한 것처럼 개선식을 거행하는 것, 그것도 그의 병사들이 자격 여부와 상관없이 로마에 있지도 않아 참여하지도 못하는데 굳이 개최할 필요가 있느냐는 것이 두 번째 주장이었다. 이에 결국 절충안이 도입되었고, 마르켈루스는 약식 개선식을 하면서 도시로 들어오게 되었다.[4] 호민관들은 원로원에 의해 부여된 권한으로 시민들에게 다음과 같은 공식 제안을 내놓았다. "마르쿠스 마르켈루스는 약식 개선식을 하며 도시로 들어설 때 온전한 군 지휘권을 유지한다."

약식 개선식을 치르기 전날 그는 알바누스 산에서 승리를 기념하는 의식을 거행했다. 약식 개선식을 하며 로마로 들어설 때 그는 전리품을 그의 앞에 전시했다. 전리품 중엔 점령된 시라쿠사를 대표하는 것들도 있었다. 투석기, 노포(弩砲), 온갖 전쟁 도구의 견본 외에도 오래 지속된 평화로운 시절을 장식했던 왕가의 부유함을 드러내는 아름다운 물건들도 있었다. 어마어마하게 많은 양의 은제와 청동제 그릇, 가구, 귀한 천, 그리고 많은 훌륭한 조각상들은 시라쿠사의 영

---

4 개선식 전차를 타고 들어오는 것이 아니라 말을 타거나 걸어서 들어오는 것.

광을 다른 어떤 그리스 도시보다도 드높인 것들이었다. 이어 카르타고 인들을 상대로 승리를 거둔 걸 나타내기 위해 여덟 마리의 코끼리가 행렬을 이끌었다.

시라쿠사의 소시스와 스페인 인 모이리쿠스가 머리에 금관을 쓰고 마르켈루스 앞에서 걸어가는 것도 적잖이 인상적인 광경이었다. 그들 중 한 사람은 밤중에 로마 군이 시라쿠사에 들어갈 때 안내인 노릇을 한 것으로, 다른 한 사람은 섬 지역과 주둔군을 로마 인들에게 넘겨준 일로 기억될 것이었다. 두 사람 모두 이런 공로로 로마 시민권을 받았고, 500유게라의 땅도 함께 하사받았다. 소시스에겐 시라쿠사 왕이나 로마의 적에게 속했던 시라쿠사 영토의 일부인 땅이 주어졌고, 전쟁법에 따라 처벌된 자들이 시라쿠사에 소유한 집들 중 하나를 받았다. 모이리쿠스와 그를 따라 로마의 편에 선 스페인 인들은 로마 동맹을 저버린 자들에게 속했던 도시와 땅을 하사받았다. 그들에게 적절히 재산을 분배하는 임무는 마르쿠스 코르넬리우스 케테구스가 맡았다. 벨리게네스라는 자에게도 섬 지역의 땅들 중 400유게라의 땅이 주어졌다. 그는 모이리쿠스를 설득하여 로마의 편에 서게 한 공로가 있었다.

마르켈루스가 시칠리아를 떠난 뒤 카르타고 함대가 8천 보병과 3천 누미디아 기병을 섬에 상륙시켰다. 무르간티아와 에르겐티움의 두 도시는 카르타고 편에 섰고, 그들이 반란을 일으킨 뒤 히블라와 마켈라라는 도시와 여러 작은 공동체도 카르타고의 편을 들었다. 무티네스의 지휘를 받는 누미디아 인들은 시칠리아 전역을 돌아다니며 로마의 동맹이 소유한 농지를 광범위하게 파괴했다. 여기에 더해 마르켈루스와 함께 섬을 떠나지 못한 건 물론이고 도시에서 겨울을 보내는 일도 금지당해 격분한 로마 병사들은 태업의 강도를 점점 높여갔다. 그들을 지도할 지도자만 있었다면 그들은 기꺼이 반란을 일으켰을 수도 있었다. 이런 위험한 상황 속에서 법무관 코르넬리우스는 동정과 엄정함을 신중하게 뒤섞으며 병사들을 다시 복종시키는 데 성공했고, 반란을 일으킨 모든 공동체를 다시 통제하게 되었다. 그는 원로원의 포고령에 따라 반란을 일으켰던 곳 중 하나인 무르간티아의 도시와 땅을 스페인 인들에게 넘겨주었다.

22. 당시 두 집정관은 **아풀리아**에서 임무를 수행했지만, 이제 그곳은 한니발과 카르타고 인들의 위협을 별로 받지 않는다고 생각되었으므로 원로원은 둘 중 한 사람은 마케도니아 임무를 맡으라고 지시했다. 그에 따라 집정관들은 추첨을 했고 술피키우스가 마케도니아로 가서 라이비누스의 병력을 인수하게 되었다. 풀비우스는 집정관 선거를 주재하고자 로마로 돌아왔고, 선거가 열리자 보투리아 족 청년들의 켄투리아(이번 선거에서 추첨을 통해 가장 먼저 투표하는 '특권' 켄투리아가 되었다)는 티투스 만리우스 토르콰투스와 티투스 오타킬리우스에게 투표했다. 만리우스는 그 자리에 직접 나와 있었고, 군중이 그에게 몰려 들어 축하를 하는 등 시민들의 동의는 아주 확정적인 상황이었다.

하지만 이때 그는 수백 명의 시민들에게 둘러싸인 채로 집정관석으로 나아간 뒤 몇 마디 하고 싶으니 들어 달라고 간청하여 발언권을 얻고서는, 이미 투표를 마친 켄투리아에게 투표를 물러 달라고 했다. 워낙 크게 흥분한 평민은 그가 무얼 요구하려고 하는지 궁금하게 여겼다. 그러자 그는 눈이 좋지 않아 앞이 잘 안 보이니 자신에게 제안된 자리에서 물러나게 해달라고 간곡히 부탁했다. 그는 배의 도선사나 군대의 지휘관이 일을 할 때마다 남의 눈에 의지해야 하는 건 실로 말이 안 되는 것이며, 이런 사람에게 다른 사람의 목숨과 운명을 맡기는 건 무리라고 말했다. 따라서 그는 집정관에게 자신의 의견이 적절하다고 생각한다면 보투리아의 젊은이들에게 명령하여 다시 투표하게 할 것을 요청했다. 이어 그는 젊은이들에게 투표할 때 이탈리아가 어떤 전쟁에 휘말려 있으며, 이 나라가 어떤 상황에 있는지를 기억하라고 했다. 그는 불과 몇 달 전만 해도 로마가 적의 손에 불타오를 뻔했다는 것을 지적했고, 적군이 내는 시끄러운 소리와 그들이 벌인 소동에서 이제 막 벗어났을 뿐이라고 설명했다.

그러자 모든 켄투리아가 자신들은 절대 생각을 바꾸지 않겠다고 큰 소리로 외치며 고집을 부렸고, 똑같은 사람을 집정관으로 선출하겠다고 했다. 이에 토르콰투스가 이렇게 말했다. "내가 집정관이라면 그대들이 지금 보이는 행동을 참아주지 못했을 걸세. 그대들이 내가 내세우는 권위를 참아주지 못하는 것처럼 말이야. 다시 투표하게. 기억하게나. 우리는 지금 카르타고와 전쟁 중이고, 적 사령관이 한니발이라는 걸."

보투리아족 청년 켄투리아는 토르콰투스의 권위 있는 태도와 토르콰투스 지지자들의 갈채에 깊은 인상을 받았고, 이내 같은 부족의 나이 든 자들의 켄투리아를 부르게 해달라고 집정관에게 요청했다. 연장자들과 논의하여 그들의 권위에 따라 투표하겠다는 것이었다. 이에 부족 연장자들이 소환되었고, <양 우리>라고 알려진 광장 한 부분에서 부족 내 논의가 시작되었다. 연장자들은 숙고하여 후보자를 세 사람으로 압축했다. 이들 중 퀸투스 파비우스와 마르쿠스 마르켈루스는 이미 지극히 명예로운 이들이었다. 연장자들은 젊은이들이 카르타고 인에 대적할 새로운 사람을 선출하고자 한다면, 육상과 해상에서 필리포스 왕에 대항하여 훌륭하게 작전을 펼친 마르쿠스 발레리우스 라이비누스에 투표하라고 권했다. 세 사람 중에 누굴 선택하느냐를 논의할 때가 되자 연장자들은 자리를 떴고, 젊은이들은 투표에 나섰다. 그들이 선출한 두 사람은 시칠리아를 정복하여 절정의 명성을 누리던 마르켈루스와 라이비누스였다. 두 사람 모두 로마에 없었다. 이후 모든 켄투리아가 '특권' 켄투리아의 뜻에 따라 투표했다.

이런 일이 있은 이후에 누가 감히 옛 시절을 칭송하는 이들을 비웃을 수 있겠는가? 철학자들이 실제가 아니라 이상향으로 생각했던, 현자들만 거주하는 도시가 있다고 하더라도, 로마처럼 고결한 정신과 권력욕 없는 지도자들과 모범적 품행의 시민들이 사는 곳은 아닐 것이다. 청년 켄투리아가 권력을 맡길 자를 정하는 문제를 연장자들과 논의하길 원했다는 건 너무 이상적이어서 잘 믿어지지 않는다. 특히 자식에 대한 부모의 권위가 가볍고 하찮게 여겨지는 오늘날에는 더욱 그렇다.

23. 다음으로 법무관 선거가 열렸다. 후보자들 중 만리우스 볼소, 루키우스 만리우스 아키디누스, 가이우스 라이토리우스, 루키우스 킨키우스 알리멘투스가 선출되었다. 선거가 끝난 뒤 시칠리아의 오타킬리우스가 사망했다는 소식이 들려왔는데, 재투표 지시가 없었더라면 그는 토르콰투스와 함께 부재중에 집정관에 선출되었을 것이다. 지난해 거행된 아폴로 축제는 올해도 개최되었고, 법무관 칼푸르니우스가 제출한 법안에 따라 원로원은 아폴로 축제를 영구적 축제로 만들겠다고 선언했다.

많은 초자연적 현상이 목격되고 보고되었다. <조화>의 신전에서는 박공에 있던 <승리>의 조각상이 벼락을 맞았지만, 홈통을 따라 내려오는 장식은 거의 없었고, 설사 내려온다 해도 거기까지만 떨어졌다. 아나그니아와 프레겔라이에선 성벽과 성문이 벼락에 맞았다. 포룸 수베르타눔의 바닥에선 피가 종일 개울처럼 흘렀다. 에레툼에선 돌비가 내렸고, 레아테에선 노새가 새끼를 낳았다. 이런 조짐과 이적에 대해서는 온전히 자란 제물을 바쳐 속죄 의식을 거행했고, 로마 시민들은 하루 동안 공적으로 기도를 올리라는 지시를 받았으며 9일 동안 종교 의식이 개최되었다.

같은 해에 사제를 맡던 여러 사람이 죽어 새로운 사제가 임명되었다. 마르쿠스 아이밀리우스 레피두스의 후계자로 만리우스 아이밀리우스 누미다가 10인 성직 위원회의 일원이 되었고, 폼포니우스 마토는 가이우스 리비우스의 뒤를 이어 사제의 자리에 올랐다. 마르쿠스 세르빌리우스를 이어 복점관이 된 사람은 스푸리우스 카르빌리우스 막시무스였다. 사제 티투스 오타킬리우스 크라수스는 그해 말에 숨을 거두었으나 후계자가 임명되지 않았다. 유피테르의 사제 가이우스 클라우디우스는 제물을 바치는 의식 도중 내장을 제대로 처리하지 못해 사제 자리에서 물러났다.

24. 이 무렵에 라이비누스는 함대를 빠르게 움직여 아이톨리아(그리스 중부 지방)로 갔다. 이전에 그곳의 주요 인사들과 밀담을 나누며 그들의 태도를 확인한 라이비누스는 그에 따라 전에 통지된 회담에 참석하러 가는 것이었다. 그는 시라쿠사와 카푸아가 함락되어 로마 인들이 이탈리아와 시칠리아에서 성과를 거두었다는 걸 먼저 이야기했다. 이어 로마 인들은 동맹을 배려하는 선조들의 전통을 이어받았으며, 몇몇 동맹은 로마 인과 동등한 시민권을 행사하며 번영을 계속 누리고 있어 로마 시민이 되는 것보다 동맹 자격을 획득한 걸 더 선호한다고 말했다. 여기에 더해 그는, 아이톨리아 인들이 로마와 우호 관계를 맺는 최초의 해외 민족이 된다면 엄청난 존경을 받을 거라고 했다. 그는 또 이런 지적도 했다. 필리포스와 마케도니아 인들은 억압적인 인접국인데다 이미 위세와 자부심이 붕괴되어 곧 아이톨리

아 인들에게서 강제로 빼앗은 도시들에서 물러나야 할 뿐만 아니라 마케도니아마저도 위험하게 되어 갖은 망신을 당하게 될 것이었다. 라이비누스는 더 나아가 아카르나니아(그리스 중서부) 인들이 아이톨리아 동맹을 배반한 것에 분개하고 있다는 걸 잘 알고 있으니, 옛 조약대로 그들이 아이톨리아 인들의 통제를 받도록 해주겠다고 약속했다.

이 모든 걸 확인하는 자리에 아이톨리아 최고 행정장관 스코파스와 주요 시민인 도리마쿠스가 참석했고, 그들의 권위로 라이비누스가 제시한 조건들을 그대로 승인했다. 두 사람은 동맹에 제약을 가하기보다 충실히 대우하는 로마 인들의 위세와 위엄을 극구 칭송했다. 그들의 마음을 가장 움직였던 건 아카르나니아를 되찾을 수 있다는 기대감이었다. 따라서 아이톨리아 인들은 로마와 우호 관계를 맺고 동맹이 되는 조건을 다음과 같이 합의하고 문서화했다.

i) 아이톨리아인들이 바란다면 일리스 인, 라케다이몬 인, 아시아의 왕 아탈로스, 트라키아의 왕 플레우라토스, 일리리아의 왕 스케르딜라이도스는 로마와 우호적 관계의 권리를 누리게 될 것이다.

(ii) 아이톨리아 인들은 즉시 필리포스에 대하여 지상 전쟁을 선포하고, 로마 인들은 5단 노선 25척 이상으로 구성된 함대를 지원한다.

(iii) 아이톨리아 북쪽으로 코르키라까지의 도시에 대해서는, 그들의 영토, 건물, 성벽, 농지는 아이톨리아 인들의 소유로 한다. 다른 모든 점령된 곳은 로마에 귀속되며, 로마는 아카르나니아가 다시 아이톨리아 인들의 통제를 받게 한다.

(iv) 아이톨리아 인들이 필리포스와 평화 협정을 맺게 된다면 협정 내용에 필리포스가 로마 인이나 로마의 동맹, 그리고 로마의 통제를 받는 국가를 공격해서는 안 된다는 조항이 반드시 들어가야 한다. 마

찬가지로 로마 인들이 필리포스 왕과 협정을 맺는다면 아이톨리아 인들이나 그들의 동맹을 상대로 전쟁을 해서는 안 된다는 조항이 반드시 포함되어야 한다.

이상의 조건들은 비록 문서로 합의가 됐지만, 그 문서에 신성함을 부여하기 위해서는 그것이 아이톨리아의 올림피아와, 로마의 카피톨리움에 각각 보관되기까지는 2년이 걸렸다. 이렇게 지연된 이유는 아이톨리아 사절들이 로마에 도착하는 게 예상 외로 오래 지체되었기 때문이었는데, 그들은 그토록 오래 지체된 데 대하여 합당한 이유를 대지 못했다. 아이톨리아 인들은 즉시 필리포스에 대항하는 태도를 취했고, 라이비누스는 아이톨리아 근처 작은 섬인 자킨토스를 점령하고 같은 이름의 도시 하나도 급습하여 점령했다. 하지만 그 도시의 요새까지 함락시키지는 못했다. 그는 아카르나니아의 두 도시인 오이니아다이와 나수스도 점령하여 아이톨리아 영토에 포함시켰다. 이후 라이비누스는 필리포스가 마케도니아 근처에서 벌어진 전쟁에 신경을 쓰고 있어 이탈리아나 카르타고, 혹은 한니발과의 협정에 눈을 돌릴 여유가 없다고 생각하고 코르키라로 물러났다.

25. 펠라에서 월동 중이던 필리포스는 아이톨리아 인들이 반란을 일으켰다는 소식을 듣게 되었다. 그는 봄이 시작될 때 그리스로 진군하겠다는 마음을 먹었다. 그에 앞서서 마케도니아가 후방의 일리리아와 인근 국가들에게 위협받는 일을 없애기 위해 오리쿰과 아폴로니아 영토를 급습했다. 아폴로니아 인들은 필리포스에 맞서 싸웠지만, 곧 성벽 안으로 밀려나 공포와 혼란에 빠져들었다. 일리리쿰 근처 지역을 철저하게 파괴한 뒤 필리포스는 재빠르게 펠라고니아로 방향을 돌려 다르다니아의 도시인 신티아를 점령했다. 그곳은 다르다니

아 인들이 마케도니아를 침공하는 기지로 유용하게 쓸 수 있는 곳이었다. 이렇게 빠르게 움직인 그는 아이톨리아 전쟁이 이제 로마 전쟁이나 다름없게 되었다고 생각하며 펠라고니아, 린쿠스, 보티아이아를 거쳐 테살리아로 움직였다. 필리포스는 그곳이라면 아이톨리아인에 대항하여 자신에게 합류할 병사들을 모집할 수 있다고 생각했다. 그는 페르세우스에게 4천 병사를 주어 테살리아 입구에서 아이톨리아 인을 막으라고 지시했고, 더 심각한 문제에 휘말리기 전에 마케도니아로 진군했다.

이후 그는 마이디 인들을 공격할 생각으로 트라키아로 나아갔다. 마이디 인들은 필리포스왕이 외적과 전쟁 중이어서 왕국의 방위가 허술하다는 걸 알게 될 때마다 마케도니아를 상습적으로 급습하여 왕의 분노를 샀다. 이에 필리포스는 그들을 무너뜨리고자 그들의 땅을 완전히 파괴하는 동시에 수도인 이암포리나를 포위했다.

아이톨리아의 스코파스는 필리포스가 트라키아로 가서 그곳에서 군사 작전을 진행 중이라는 소식을 들었다. 그러자 그는 군에 복무 가능한 모든 아이톨리아 인을 무장시키고 아카르나니아(그리스 중서부)를 침공할 준비를 했다. 아카르나니아 인들은 전력 면에서 열세였다. 오이니아다이와 나수스가 이미 아이톨리아의 손에 떨어졌고, 그들은 로마와의 전쟁이 임박했다는 것을 알았다. 그럼에도 불구하고 그들은 저항할 채비를 했다. 비록 그것이 명확한 군사 전략이 아닌 분노에서 나온 행동이었지만 여전히 항복할 생각은 없었다.

그들은 여자, 아이, 60세 이상의 사람을 전부 에피로스로 보냈고, 15세에서 60세 사이의 모든 남자에게 승리를 쟁취하지 못하면 조국으로 절대 돌아오지 않는다는 맹세를 하게 했다. 패배를 인정하거나 전열을 떠나는 자에겐 끔찍한 저주가 퍼부어졌다. 그들은 에피로스 인들에게 이런 간청을 했다. "아카르나니아의 탈영병은 그 누구든 도시, 집, 탁자, 난로에 접근조차 못하게 해주십시오." 동시에 전사한 자들을 하나의 무덤에 묻고 시신을 묻은 곳 위에 이런 글이 새겨진 비석을 세워 달라고 부탁했다.

"여기 아이톨리아 인들의 정당한 이유 없는 폭력에 대항하여 조국을 위해 싸우다 죽은 아카르나니아 인들이 누워 있다."

이런 애국심 가득한 발언에 용기백배한 그들은 적을 마주하고 최전선에 섰다. 필리포스에게 도착한 전령은 형세가 위급하게 변했음을 알렸고, 그는 어쩔 수 없이 현재 진행 중인 전쟁을 포기했다. 하지만 이암포리나는 이미 항복했고, 다른 성과도 거두고 있었다. 아이톨리아 인들은 아카르나니아 인들의 맹세를 알게 된 뒤 우선 공격을 미뤘고, 이어 필리포스가 돌아온다는 소식에 곧바로 내륙으로 물러났다. 필리포스는 아카르나니아 인들이 패배하는 걸 막고자 전속력으로 움직였으나, 디움(Dium) 너머로 나아가지 않았다. 아이톨리아 인들이 아카르나니아에서 철수했다는 소식을 들은 그는 펠라로 돌아왔다.

26. 봄이 되자 라이비누스는 코르키라를 떠나 레우카타 곶을 돌아 **나우팍투스**(그리스 아이톨리아 남동부 항구)로 항해했다. 그는 나우팍투스에 도착한 뒤 스코파스와 아이톨리아 인들에게 자신의 다음 목적지가 안티키라이니 그곳에서 합류하라고 지시했다. 안티키라는 코린토스 만으로 들어갈 때 왼쪽에 있는 로크리스 지역에 있었고, 육로든 해로든 나우팍투스에서 얼마 걸리지 않는 곳이었다. 육지와 바다 양쪽에서 이틀 정도 포위 공격이 가해졌고, 바다에서 가하는 압박이 더 파괴력이 있었다. 로마 인들이 온갖 공성포를 배에 싣고 포위 공격을 가했던 것이다. 며칠 만에 도시는 항복했고, 곧장 아이톨리아 인에게

인계되었다. 협정 조건에 따라 모든 포획 물자는 로마 인에게 귀속되었다. 라이비누스는 원로원이 보낸 서신을 통하여 자신이 부재중에 집정관에 선출되었고, 푸블리우스 술피키우스가 교대하러 오는 중이라는 걸 알게 되었다. 하지만 그는 사람들의 예상보다 훨씬 나중에 로마로 돌아왔는데, 그가 귀국 중에 병에 걸려 회복에 오랜 시간이 걸렸기 때문이다.

마르켈루스는 3월 15일에 집정관 직에 취임했다. 같은 날, 관습에 따라 그는 원로원 회의를 열었고, 그 자리에서 동료 집정관이 없는 동안 국내외 문제를 논의하지 않겠다고 선언했다. 그는 많은 시칠리아 인들이 로마 바로 바깥에서, 그것도 자신을 중상 모략하는 자들의 시골 별장에 머무르고 있다는 사실을 잘 안다고 말했다. 그의 적들이 그를 비방하는 얘기를 날조하여 시칠리아 인들로 하여금 그것을 로마 내에서 널리 알리려 하고 있고, 자신이 그걸 막고 있다는 소문이 나돈다는 것도 알고 있다고 하면서, 그건 전혀 사실이 아니라고 말했다. 그는 오히려 그들에게 즉각 원로원의 청문회 기회를 부여하려고 했다는 것이었다. 동료 집정관이 현재 로마에 없는 상황에서 집정관 마르켈루스를 고발하는 것이 망설여진다면 기다릴 수도 있다고 했다. 그리고 동료 집정관이 도착하면 시칠리아 인들의 고발을 가장 먼저 다루도록 하겠다고 선언했다.

이어 그는 코르넬리우스가 시칠리아 전역을 샅샅이 뒤져 최대한 많은 불평분자들을 로마로 보내 불만을 제기하도록 하고 있다고 항의했다. 더 나아가 그는, 코르넬리우스가 시칠리아에서 여전히 전쟁이 계속되고 있다는 엉뚱한 보고서를 도시에 잔뜩 보내 자신의 명성을 해치고 있다고 지적했다.

그날 마르켈루스는 그런 말을 함으로써 자제력이 있다는 평판을 얼었다. 그는 원로원 회의를 해산했고, 이에 동료 집정관이 도착할 때까지 공적인 업무는 완전히 정지된 것처럼 보였다. 늘 그렇듯이, 시민들은 할 일이 없으면 말이 많아졌다. 그들은 길어지는 전쟁, 한니발의 진군 경로를 따라 철저히 파괴된 도시 근처의 농장 등에 대하여 불평했다. 또한 그들은 천성적으로 싸움꾼인 두 사람이 집정관에 선출된 데다 필요 이상으로 과격하고 또 교만하다고 비난했으며, 평화로운 시기에도 전쟁을 시작할 사람들이니 전쟁이 실제로 진행 중인 때엔 나라에 숨을 돌릴 틈조차 주지 않는다고 불평했다.

27. 이런 부류의 한가한 이야기는 퀸콰트루스 축제 전날 포럼 주변 여러 장소에서 동시 발생한 화재로 중단되었다. 지금은 노바이 타베르나이로 알려진 일곱 개의 상점(후에 다섯 개가 되었다)과 은 세공사들의 점포들이 동시에 타올랐고, 나중엔 민가에도 불이 붙었는데(당시엔 예배당이 없었다), 이 불길은 채석장, 수산 시장, 베스타를 섬긴 처녀들의 거처로 옮겨갔다. 베스타 신전은 13명의 노예가 훌륭하게 일을 처리하여 겨우 구해낼 수 있었고, 이들은 후에 나라에서 몸값을 지급하여 자유민이 되었다. 불은 밤낮을 가리지 않고 계속 타올랐고, 모두가 이 화재는 의도적인 범죄 행위로 인한 것이라고 확신했다. 계속 한 군데에서만 불이 난 것이 아니라, 여러 장소에 동시다발적인 화재가 발생했기 때문이다.

이에 따라 원로원의 권위로 집정관은 민회를 선포하고 누구든 불을 지른 자를 제보하면 보상하겠다고 공지했다. 제보한 사람이 자유민이면 돈을, 노예면 자유를 받을 것이었다. 이런 보상 제안 덕분에 칼라비아라는 카푸아 가문에 속한 마누스라는 노예가 나서게 되었다. 그는 자기 주인들과 다른 젊은 카푸아 귀족 다섯 명이 풀비우스의 명령으로 아버지를 잃자 분개하여 불을 지른 것이라고 제보했다.

그는 이어, 그들이 체포되지 않으면 로마의 다른 곳들에서 또 다른 불을 지를 것이라고 말했다. 이에 그들과 공모에 가담한 노예들이 체포되었다. 처음에 그들은 제보원을 가리켜 전날 구타를 당하고 도망친 노예이며, 단순히 화가 나서 이 사건을 기회 삼아 주인들을 허위 고발한 하찮은 자라고 폄하하며 증언을 반박했다. 하지만 나중에 제보자가 입회한 자리에서 고발당하고 공범 역할을 한 노예들을 포룸에서 조사하기 시작하자 그들은 모든 걸 자백했다. 주인들과 노예들은 처벌받았고, 제보자 마누스는 자유를 얻고 2만 아스를 받았다.

집정관 라이비누스가 카푸아를 지날 때 도시에서 나온 엄청난 군중이 그의 주변으로 몰려들었고, 눈물을 흘리며 자신들을 로마로 데려가서 원로원에 탄원할 수 있게 해달라고 애원했다. 풀비우스에 의해 카푸아가 철저히 파괴되거나 카푸아 인의 이름이 영원히 사라지는 일이 없게 해달라고 원로원에 청원하겠다는 것이었다. 이에 풀비우스는 자신이 카푸아 인을 개인적인 감정으로 대한 적은 없다고 해명했다. 그는 자신의 적대감이 순전히 애국적인 동기에서 나온 것이며, 카푸아 인들이 로마에 대한 태도를 바꾸지 않는 한 그런 감정은 계속될 것이라고 주장했다. 그는 어느 나라, 어느 민족도 카푸아만큼 지독하게 로마를 증오하지 않았으며, 그래서 그들을 성벽 안에 가뒀다고 해명했다. 그들이 들짐승처럼 시골 지역을 배회하며 마주치게 되는 선량한 사람들을 공격하여 살해하는 것을 예방하려는 조치였으며, 실제로 몇몇은 한니발에게 도망쳤고, 다른 몇몇은 로마로 가서 도시를 잿더미로 만들려고 했다는 사례도 제시했다.

풀비우스는 이어 새까맣게 탄 포룸의 폐허 속에서 집정관은 분명 카푸아인들의 범죄 증거를 찾을 수 있을 것이라고 말했다. 카푸아 인들은 베스타 신전, <꺼지지 않는 불>, 팔라디움(팔라스 아테나 여신상)을 파괴해 버렸던 것이다. 신전의 가장 깊숙한 내부에 있는 팔라디움과 <꺼지지 않는 불>은 로마의 통치권을 가장 엄숙하게 드러내 주는 성물인데 그것을 파괴했으니 당연히 응징을 받아야 한다는 것이었다. 풀비우스는 따라서 카푸아 인들을 로마 성벽 안으로 들이는 건 절대로 안전한 일이 아니라고 하며 해명을 끝냈다.

라이비누스는 풀비우스에게 먼저 맹세를 받으라고 지시했다. 그리하여 카푸아 인들은 그 문제에 대하여 원로원의 답변을 받은 뒤 5일 안에 카푸아로 돌아오겠다는 맹세를 풀비우스에게 했다. 이 절차가 끝나자 라이비누스는 카푸아 인들을 데리고 로마로 왔다. 시칠리아 인들은 라이비누스가 카푸아 인들에게 둘러싸인 걸 보자 함께 따라가게 되었다. 이로 인해 라이비누스는 공연한 오해를 받게 되었다. 명성 높은 두 도시가 폐허가 된 것에 대해 깊은 상처를 받아 패자들을 괜히 로마로 이끌고 와서 주요 정치인들을 비난하려는 사람인 것처럼 보이게 된 것이었다. 하지만 두 집정관은 가장 먼저 국가 현황과 전장에 관한 문제를 원로원에서 다룰 의제로 제시했다.

28. 라이비누스는 마케도니아와 그리스의 상황, 아이톨리아 인, 아카르나니아 인, 로크리 인의 상황, 그리고 자신이 그 지역의 육상과 해상에서 펼친 작전을 먼저 설명하기 시작했다. 그는 아이톨리아 인들에게 전쟁을 걸었던 필리포스가 마케도니아 영토 깊숙이 후퇴했다고 보고했다. 따라서 로마 함대가 충분히 필리포스를 이탈리아로 오지 못하게 할 수 있으므로 그곳의 로마 군단은 철수시켰다고 했다. 여기까지가 라이비누스가 자신이 행한 일과 책임진 지역에 관해 보고한 내용이었다. 두 집정관은 이어 지휘권을 행사할 지역을 정하는 문제를 제기했다. 원로원은 집정관 한 사람은 이탈리아를 맡아 한니발과의 전쟁을 책임져야 하며, 다른 한 사람은 오타킬리우스가 지

휘하던 함대를 맡아 법무관 루키우스 킨키우스의 도움을 받으며 시칠리아를 통제할 것을 결정했다. 두 집정관은 에트루리아와 갈리아에 있는 두 군대, 즉 4개 군단을 맡게 되었다.

이전 해(기원전 211년) 로마에 주둔하던 두 군단은 에트루리아로, 집정관 술피키우스가 지휘하던 두 군단은 갈리아로 향했다. 갈리아 군단의 지휘관은 이탈리아 지역을 책임질 집정관이 임명하기로 했다. 칼푸르니우스는 법무관의 임기가 끝난 뒤 지휘권이 한 해 더 연장되어 에트루리아로 갔다. 카푸아는 기존의 퀸투스 풀비우스가 계속 지휘하게 되었다. 로마 시민과 동맹 시민의 군대 규모를 줄이라는 지시에 2개 군단이 하나로 합쳐져 5천 보병과 3백 기병으로 구성되었고, 가장 오래 군에 복무한 자들부터 제대하게 되었다. 동맹군도 7천 보병에 3백 기병으로 군단을 구성했고, 같은 기준으로 오래된 병사들을 제대시켰다.

지난해 집정관이었던 그나이우스 풀비우스는 기존에 맡았던 아풀리아 부대를 계속 맡아 지휘권이 한 해 더 연장되었다. 그의 동료 술피키우스는 해군을 제외하고 휘하 병력 전부를 제대시키라는 지시를 받았다. 시칠리아에서 코르넬리우스가 지휘하던 병력도 집정관이 섬에 도착하면 제대할 것이었다. 법무관 킨키우스는 2개 군단 병력 정도 되는 칸나이 패잔병을 지휘하여 시칠리아를 지키게 되었다.

사르데냐에선 법무관 볼소가 작년에 코르넬리우스가 지휘했던 두 군단을 맡았다. 두 집정관은 로마 군단을 모집하라는 지시를 받았지만, 여기엔 마르쿠스 클라우디우스, 마르쿠스 발레리우스, 퀸투스 풀비우스의 밑에서 복무한 베테랑을 선발하면 안 된다는 조건이 붙었다. 그해(기원전 210년)의 로마 야전군은 최종적으로 21개 군단이었다.

29. 원로원이 이렇게 지시를 내린 뒤 집정관들은 추첨을 하여 각

자 담당 지역을 정했다. 시칠리아와 함대는 마르켈루스가 지휘하게 되었고, 이탈리아를 맡아 한니발과 상대하는 일은 라이비누스가 맡았다. 두 집정관이 추첨하는 모습을 지켜보던 시칠리아 인들은 이 결과에 너무 놀라 아무런 말도 하지 못했다. 그들에게 이 결과는 시라쿠사 점령의 재림이나 마찬가지였다. 그들은 서로 바라보며 한탄하고 눈물을 흘리며 이 일에 관해 이야기를 나누기 시작했다. 그들은 상복을 입고 원로원 의원들의 집을 방문했고, 의원들에게 마르켈루스가 시칠리아에서 두 번째 지휘권을 행사하러 돌아온다면 자신들은 각자 도시에서 떠나야 할 뿐만 아니라 아예 시칠리아를 완전히 떠나야 할지도 모른다고 말했다. 자신들의 잘못이 아무것도 없는 데도 마르켈루스는 무자비하게 자신들을 다뤘다는 것이었다. 그러니 자신들이 로마에 그를 고발하러 온 것을 알게 되어 화가 난 상황이니 앞으로 어떤 일이 벌어지겠냐는 것이었다. 그들은 증오하는 적의 손에 넘겨져 처벌을 받으니 시칠리아가 에트나 산의 용암에 뒤덮이거나 바다로 가라앉는 게 더 낫다고 말했다.

귀족들의 집에서 나돌기 시작한 이런 불평들로 많은 이야깃거리를 불러일으켰다. 그런 얘기들은 시칠리아 인들이 측은해서 나온 것도 있지만, 마르켈루스를 싫어해서 나온 것도 있었다. 그리하여 시칠리아 인들의 불평은 원로원에까지 이르렀다. 이에 집정관들은 원로원에 나가서 임지를 서로 맞바꾸는 제안을 내라는 요청을 받았다. 마르켈루스는 만약 원로원이 시칠리아 사람들의 이야기를 다 들어준 상태였다면, 그의 생각은 달랐을 것이라고 말했다. 하지만 현재는 그들이 고발하는 사람이 시칠리아 사령관으로 결정되어 그들이 불평을 제대로 하지 못하게 되었다는 얘기가 나올 수 있으니 그것을 사전에 방지하기 위하여 동료 집정관이 불편해하지만 않는다면 임지를 기꺼이 바꾸겠다고 말했다. 동시에 그는 이 일을 원로원이 사전 판단하는 건 옳지 못하다고 비판했다. 마르켈루스는 동료 집정관의 입장에서[5] 늘 하던 추첨 없이 임지가 원로원에 의해 일방적으로 지정되는 건 법에도 어긋나는 건 물론이고, 이미 추첨으로 결정된 임지가 동료 집정관에게 넘어가는 건 부당함을 넘어 모욕이라고 말했다.

원로원은 이 문제와 관련하여 자신들의 의견을 표명했으나, 정식으로 포고령을 내리지 않은 채로 휴정했다. 집정관들은 상호 합의하여 임지를 교환했다. 운명은 이 일에 개입하여 마르켈루스를 한니발 쪽으로 이끌고 있었다. 마르켈루스는 로마가 여러 번 패배를 당한 후에 처음으로 한니발에게서 승리했고, 탁월한 성과를 남겼고, 로마가 전쟁의 승리를 막 거머쥐려는 때에 전사하여 한니발에게 영광을 안겨줄 운명이었다. 그는 전장에서 전사한 최후의 로마 장군이 되었던 것이다.

30. 두 집정관이 임지를 서로 교환한 후에 원로원에서 시칠리아 사절단에 대한 청문회가 열렸다. 그들은 한결같이 로마에 충실했던 히에로 왕에 관해 긴 이야기를 하며 시라쿠사의 체면을 세우려고 했다. 히에로니무스, 그리고 히포크라테스와 에피키데스를 여러 이유로 미워하지만, 그 중에서도 가장 가증스러운 건 로마 인들을 버리고 한니발에게 넘어갔다는 행위라고 주장했다. 그들은 그런 이유로 히에로니무스가 젊은 귀족들에게 암살당한 사건은 사실상 국가 정책의 시행이나 마찬가지라고 말했다. 같은 이유로 지극히 신분이 높은 70명

5   마르켈루스는 시칠리아 인들이 원로원에 고발하러 왔으니 임명에 문제가 있지만, 동료 집정관 라비이누스의 경우에는 추첨도 없이 임지가 결정되는 것은 안 되는 일이고, 더더욱 임지가 추첨으로 이미 결정되었는데 원로원이 일방적으로 임지를 바꾸라고 하는 것은 안 된다는 뜻.

의 젊은이들이 에피키데스와 히포크라테스를 죽이고자 모의했다는 이야기도 곁들였다. 그들은 마르켈루스의 공격이 지연된 움직임에 대하여 실망했다고 말했다. 마르켈루스는 미리 공고한 날짜에 로마 군을 시라쿠사로 움직이지 않았으며, 그래서 암살 모의에 가담한 자들이 밀고되어 전부 처형당했다는 것이었다.

그들은 또 마르켈루스가 잔인하게 레온티니를 약탈하는 바람에 폭정을 펼치던 에피키데스와 히포크라테스에게 오히려 도움을 주었다고 지적했다. 시칠리아 사절단은 그 이후로도 시라쿠사의 주요 인사들이 마르켈루스에게 원한다면 언제든지 로마 사령관의 편을 들겠다고 약속했지만, 마르켈루스가 이를 의도적으로 거절했다고 말했다. 이런 시라쿠사 귀족들의 지원 약속이 자유 의지에서 비롯된 것이었지만, 아무런 결실도 보지 못했다는 것이었다. 사절단은 구리 세공사인 소시스와 스페인 인 모이리쿠스가 마르켈루스의 입맛에 더 맞은 건 로마의 가장 오랜 동맹(시라쿠사)을 약탈하고 학살하는 데 더 나은 명분을 주었기 때문이 아니겠냐고 지적했다.

만약 한니발에게 넘어간 게 히에로니무스가 아니라 시라쿠사 시민들과 원로원이었다면? 첫 참패를 당한 뒤 국가 정책으로 성문을 걸어 잠근 게 폭군 히포크라테스와 에피키데스가 아니라 시라쿠사 시민들이었다면? 마지막으로 시라쿠사가 카르타고 인들에게 품는 증오심으로 로마 인들과 싸웠다면? 만약 그랬더라면 마르켈루스는 저번에 행한 것보다 더욱 철저한 파괴를 자행하여, 시라쿠사를 완전히 황무지로 만든 것보다 더 할 수 있었겠는가? 사절단은, 도시가 완전히 파괴를 모면했는데도 성벽 말고는 시라쿠사에 아무것도 남지 않았다고 말했다. 집들은 그 안에 있던 걸 모두 빼앗기고, 신전은 강제로 열려 약탈되었으며, 조각상과 장식품은 도난당했다. 사절단은 많은 이가 땅을 빼앗겼으며, 겨우 남은 비료 뿌리지 않은 땅만으로는 도저히 가족을 먹여 살릴 수 없다고 했다. 이어 모든 걸 복구할 수는 없더라도 누구의 재산인지 분명하게 확인할 수 있는 것만이라도 복구해주면 안 되겠냐고 원로원 의원들에게 간청했다.

라이비누스는 사절단의 요청을 의원들과 논의할 것이니 먼저 회의장을 떠나라고 했다. 하지만 마르켈루스가 이에 즉시 반대했다. "안 됩니다. 그대로 머무르라고 하시죠. 그래야 저들의 불만에 대한 제 답변을 들을 수 있지 않겠습니까. 의원 여러분, 여러분을 대신하여 전쟁을 수행하는 우리 장군들은 전투에서 패배한 자들을 고발자로서 받아들일 것을 요구받습니다. 올해 점령한 두 도시는 각자 피고로 내세울 사람이 있지요. 카푸아는 풀비우스를, 시라쿠사는 저를 말입니다."

31. 그렇게 하여 사절들은 회의장으로 돌아왔고, 마르켈루스는 이렇게 말했다.

"원로원 여러분, 저는 여태까지 로마 인의 위엄과 제가 맡은 직책의 위엄을 한시도 잊어버린 적이 없습니다. 제가 개인적으로 고발당할 일이 생기면 그리스 인들을[6] 상대로 기꺼이 저를 변호할 것입니다. 그러나 지금 제기된 시비는 제가 저지른 일에 대한 시비는 아닙니다. 제가 조국의 적에 대해 행한 일은 전쟁법이 허용하는 것입니다. 그리고 시라쿠사 사람들은 그런 일을 당할 만했습니다. 그들이 우리나라의 적이 아니었더라면, 제가 시라쿠사에 취한 조치는 지금 해도, 히에로의 때에 했어도 다를 바가 없었을 겁니다. 하지만 반대

---

6   시라쿠사는 원래 그리스 인들이 와서 세운 도시이므로 그리스 인이라고 한 것.

로 그들이 로마에 대해 반란을 일으키고, 로마 사절들을 공격하여 살해하고, 우리를 적대하고자 성문을 걸어 잠그고 카르타고 군의 도움을 받아 농성에 들어간다면 그들이 저지른 일에 맞게 제가 조처한 것이 부당하다고 그 누가 생각할 수 있겠습니까?

시라쿠사의 주요 인사들이 제게 도시를 넘기겠다고 제안했을 때 저는 거부하고 그 중요한 문제를 소시스와 스페인 사람 모이리쿠스에게 맡기기로 했습니다. 좋습니다. 하지만 당신들은 무엇을 했습니까? 당신들은 시라쿠사 사회의 최하층 사람들이 아닙니다. 다른 사람들의 초라한 태생을 비웃지 않는 사람은 당신들 중에 없을 겁니다. 그러면 당신들 중 내게 성문을 열어주어 우리 병사들을 도시 안으로 들여보내주겠다고 약속한 사람이 있습니까? 전혀 그렇지 않지요. 당신들은 그렇게 했던 이들을 증오하고 저주하며 여기 원로원에서조차 그들을 모욕하는 걸 멈추지 않고 있습니다. 당신들이 그런 일을 하지 않았을 거라는 건 지극히 명백합니다.

의원 여러분, 시칠리아 사절들이 비난하는 두 사람[7]의 미천한 신분이 제가 우리 조국의 이익을 위해 기꺼이 발 벗고 나서겠다는 소위 시칠리아 귀족들의 도움을 거절한 가장 명백한 증거입니다. 더욱이 공성을 시작하기 전에 저는 평화 협정을 맺고자 노력했습니다. 하지만 그들은 파렴치하게도 제가 보낸 사절들을 학대했고, 성문에서 주요 인사들을 만났을 때도 제게 답변을 하지 않았습니다.

이후 육지와 바다 양면으로 많은 어려움을 극복하고 마침내 저는 시라쿠사를 무력으로 점령했습니다. 시라쿠사 사람들은 한니발과 패

---

7   앞의 사절단 해명에 등장하는 소시스와 모이리쿠스.

배한 카르타고 인들을 상대로 불평하는 게 더 정당한 상황에서, 정복 국가의 원로원을 찾아와서 불평하다니 대체 이게 무슨 상황인지 모르겠습니다. 의원 여러분, 제가 시라쿠사의 보물을 약탈했다는 걸 숨기고자 했다면 우리는 그 전리품으로 로마를 장식할 수 없었을 겁니다. 개인의 문제에 관해 말하자면 제가 그들에게 뭔가를 빼앗거나 혹은 뭔가를 주는 건 승자의 권리입니다. 저는 전쟁법과 개인의 죄질에 부합하는 처분을 했습니다. 의원 여러분, 제가 했던 일을 승인하든 승인하지 아니하든 저는 개인이 아닌 국가를 위해 그런 처분을 했습니다. 저는 임무를 충실하게 마쳤으니, 이제 여러분은 제 행동을 인가함으로써 다른 지휘관들이 장차 임무를 수행하는 데 불안함을 느끼지 않도록 해주십시오. 저는 그렇게 하는 것이 국익에 맞는 일이라고 생각합니다.

의원 여러분, 이제 시칠리아 인들과 저의 말을 모두 들으셨습니다. 우리는 함께 회의장을 떠나겠습니다. 제가 이곳에 있으면 여러분이 숙고하는 데 방해가 될 것입니다."

시칠리아 사절단은 그렇게 하여 회의장을 떠났고, 마르켈루스도 카피톨리움으로 향했다. 그곳에서 그는 신규 병사들의 모집을 주관하게 되어 있었다.

32. 집정관 라이비누스는 공식적으로 시칠리아 인들의 요구를 의제로 삼아 논의를 시작했다. 의원들은 서로 생각이 달랐고, 토론은 길어졌다. 티투스 만리우스 토르콰투스가 이끄는 의원 대다수는 로마와 시라쿠사 인들의 공통적인 적은 폭군들이었으며, 전쟁은 그들을 상대로 수행된 것이라는 생각이었다. 폭군들을 물리쳤으니 로마 동맹의 일원으로 받아들이고 그들의 옛 법률과 자유를 회복하여 사회에 안정을 가져오도록 했어야지, 이미 비참한 굴종으로 지친 도시

에 무력을 행사해서는 안 되었다는 것이었다. 폭군들과 로마 사령관 사이의 충돌에서, 승리의 전리품인 세상에서 가장 유명하고 아름다운 도시가 파괴되었다. 하지만 그 도시는 한때 로마 인의 곡창이자 보고였으며, 수많이 후한 선물을 안겨주었고, 지금 진행 중인 카르타고와의 전쟁에도 큰 도움을 주지 않았는가. 이런 생각을 가진 의원들은 로마의 가장 충실한 친구인 히에로가 망자의 땅에서 돌아오기라도 한다면, 시라쿠사와 로마의 지금 모습을 어떻게 부끄러워서 보여줄 수 있겠느냐고 말했다. 시라쿠사가 절반은 폐허가 된 채로 약탈당하고, 그곳의 보물이 도시의 현관, 아니 성문 앞에 쌓여 있는 걸 보고 히에로가 무슨 생각을 하겠느냐고 물었다.

원로원 의원들이 이런 생각을 하는 것은 시칠리아 인들이 딱해서 그런 것도 있었지만, 마르켈루스의 명예를 깎아내리고 싶어서 그런 것도 있었다. 원로원은 온건한 조건들을 담은 포고령을 내렸다. 전쟁 중, 그리고 승전 이후에 마르켈루스가 행한 일은 그대로 비준이 될 것이다. 하지만 원로원은 차후 시라쿠사의 이익에 주의를 기울일 것이며, 집정관 라이비누스는 원로원의 지시에 따라 로마에 피해가 없는 범위 내에서 어떻게든 도움을 줄 것이다, 등의 내용이었다.

이후 원로원 의원 두 사람이 카피톨리움으로 가서 마르켈루스를 회의장으로 데려왔고, 시칠리아 사절들 역시 회의장으로 들어왔다. 포고령 내용을 알게 된 사절들은 정중히 인사를 하고 회의장을 떠났으며, 곧 마르켈루스의 발 앞에 무릎을 꿇고 처지가 너무나 한탄스러워 해결해 보고자 하는 마음에서 호소한 것이었으니 용서해 달라고 간청하며 시라쿠사와 그곳 시민들을 후원하고 보호해 달라고 탄원했다. 마르켈루스 역시 그렇게 하겠다고 약속했고, 상냥한 말을 건네며 그들을 떠나보냈다.

33. 원로원은 다음으로 카푸아 인들의 이야기를 들어보기로 했다. 처지가 시라쿠사보다 더욱 가혹했으므로 그들의 간청은 참으로 애처로웠다. 그들은 로마 군의 처벌은 합당한 것이고 이런 일에 책임을 져야 할 폭군도 없다는 걸 시인했다. 그렇다고 해도 그들은, 무수한 카푸아 원로원의 의원들이 처형당했고, 그에 못지않게 많은 숫자의 의원들이 음독자살했으니 이미 충분히 벌을 받은 것이라고 생각한다고 말했다. 그들은 몇 안 되는 귀족이 여전히 살아 있지만, 그들은 정복자의 분노로 인해 자기 뜻대로 자결할 수도 없고, 사형에 처해지지도 않았다는 것이었다. 로마 시민[8]이면서 로마와 긴밀히 연결이 되어 있고, 고대부터 통혼의 권리를 부여받아 로마 인과 가장 가까운 혈통을 지닌 카푸아 인들은 자신과 가족에게 자유를 주고 재산 일부를 돌려줄 것을 요구했다.

대표단을 회의장에서 내보낸 뒤 시칠리아 사절단과 마르켈루스 사이의 일처럼 현장에서 지휘한 사령관인 퀸투스 풀비우스를(다른 집정관 클라우디우스는 도시 점령 이후 사망했으므로) 카푸아에서 불러와 이 의제를 논의해야 하는 것이 아니냐는 의견이 잠시 나오기도 했다. 하지만 의원들은 회의장에 마르쿠스 아틸리우스 레굴루스와 퀸투스 풀비우스의 형제인 가이우스 풀비우스가 있는 걸 확인했다. 두 사람은 카푸아에서 풀비우스의 지휘를 받으며 복무한 바 있었다. 클라우디우스의 밑에서 공성 작전에 참여한 퀸투스 미누키우스와 루키우스 베투리우스 필로도 회의장에 있었다. 이들은 전부 작전의 시작부터 끝까지 전장에서 활약했었다. 이런 사실과, 풀비우스를 카푸아에서

---

8   기원전 339년에 캄파니아 기사들에게 로마 시민권이 부여되었고 그 직후 모든 캄파니아 인들에게 투표권 없는 시민권이 부여되었다. 참조. 리비우스 로마사 8권 11장과 14장.

불러들이거나 카푸아 사절 청문회를 연기하고 싶지 않았던 원로원의 뜻이 일치하여 카푸아에서 복무한 장교들 중에서도 가장 영향력이 컸던 마르쿠스 아틸리우스 레굴루스의 의견을 들어보게 되었다. 의견을 제시하라는 말에 그는 대답에 나섰다.

"저는 이렇게 증언하겠습니다. 카푸아가 함락된 뒤 저는 도시에서 아군에게 도움을 준 자가 있는지를 논의하는 자리에 집정관들과 함께 있었습니다. 확인된 사람은 두 명의 여자였습니다. 당시 카푸아에 살았던 아텔라의 베스티아 오피아와 창녀로 일한 적이 있던 파쿨라 클루비아였습니다. 전자는 로마의 안전과 승리를 위해 매일 제물을 바치며 기도했고, 후자는 몰래 궁핍한 포로들에게 음식을 내어주었습니다. 나머지 캄파니아 인들이 우리에게 보여주었던 태도는 카르타고 인들과 다를 바가 없었습니다. 풀비우스가 처형한 자들은 그들의 죄질보다는 높은 신분에 있는 자들이었으므로 그런 처분을 받았습니다. 캄파니아 인들은 로마 시민들입니다. 시민들의 뜻을 들어보지도 않고 원로원에서 그들의 일을 논의하는 건 적절하지 않다고 생각합니다. 오래전 사트리쿰 시민들이 반란을 일으켰을 때 우리가 했던 일은 먼저 호민관 안티스티우스에게 공식적으로 처리 안을 제시하게 하는 일이었습니다. 그 결과 시민들은 원로원에게 일을 결론 내릴 수 있는 권한을 부여했습니다. 따라서 저는 지금 호민관 한두 사람으로 하여금 시민들에게 안건을 제시하게 함으로써 우리가 캄파니아 인들의 일을 결정할 권리가 있는지 물어야 한다고 봅니다."

원로원의 뜻에 따라 호민관 아틸리우스는 민회에 다음과 같이 안건을 제기했다. "아텔라니 인, 칼라티니 인, 사바티니 인을 포함한 모든 캄파니아 인은 로마 인의 의지와 힘으로 인해 집정관 대리 풀비우스에게 항복했습니다. 모든 비시민은 자발적으로 항복했습니다. 모든 재산, 즉 도시, 영토, 세속적이고 신성한 물건, 도구 등은 그들이 항복할 때 함께 로마 군에 넘겨졌습니다. 이 일에 관련하여 로마 시민 여러분께 묻습니다. 어떻게 일을 처리했으면 좋겠습니까." 이에 시민들은 이런 뜻을 전했다. "원로원 의원들 중 대다수가 적합하다고 맹세하는 일이 바로 우리의 뜻이자 명령입니다."

34. 평민의 뜻에 따라 원로원은 논의 후에 가장 먼저 오피아와 클루비아에게 자유와 재산을 돌려주었다. 두 여인은 원로원에 다른 보상을 요구하고자 한다면 로마로 와서 요청하면 되었다. 원로원의 포고령은 카푸아 가문마다 달라 여기에 자세히 기록할 필요는 없을 것이다. 몇몇 카푸아 가문은 재산이 몰수되고 본인과 아이, 아내가 노예가 되었다. 로마 인들이 도시를 함락하기 전에 다른 나라로 시집을 간 카푸아의 딸들은 여기서 제외되었다. 몇몇은 감옥에 갇혔고 그들의 형기는 나중에 다시 논의하게 되었다. 다른 경우엔 재산을 등급별로 구분하여 압수 여부를 후에 결정하기로 했다. 말을 제외한 가축, 성인 남자를 제외한 노예, 그리고 땅과 관련되지 않은 모든 것들은 주인에게 돌아갔다.

아텔라 인, 칼라티아 인, 사바티아 인을 포함한 모든 캄파니아 인은 본인이나 아버지가 카르타고 부대에서 복무하지 않았다면 자유민이 될 것이었다. 하지만 로마 시민이나 로마 동맹 일원으로서의 권리는 박탈당했다. 또한 성문이 닫힌 동안 카푸아에 있던 자들은 특정일 이후에 도시나 그 영토에 남을 수 없다는 조항도 붙었다. 이런 자들이 옮겨가 살 곳은 티베르 강 너머에 있었는데, 강둑과 인접한 곳이 아니었다. 전쟁 중에 카푸아에 있지 않은 자들이나 로마에 대항하여 반란을 일으킨 다른 캄파니아 도시에 있던 자들은 로마 방향 리리스 강변으로 이주하게 되었다. 한니발이 카푸아에 도착하기 전에 로마 편으로 넘어온 이들은 로마 방향 볼투르누스 강변에 살게 되었고, 바다로부터 24km 안에 있는 땅이나 건물을 소유할 수 없었다. 티베르 강 너머로 이주한 이들은 본인은 물론 그 후손까지 베이이, 수트리움, 네페테를 제외한 어디에서도 재산을 취득하거나 소유해서는 안 되고, 땅도 50유게라 이상 소유할 수 없었다.

카푸아, 아텔라, 칼라티아 원로원 의원들과 행정장관들이 소유했던 재산은 전부 카푸아에서 공매로 팔렸다. 노예로 팔릴 자유민들은 로마로 보내져 그곳 시장에서 거래되었다. 적으로부터 빼앗은 청동 조각상과 흉상은 대사제단의 결정에 따라 성스러운 것과 세속적인 것으로 구분될 것이었다.

이런 결정이 내려지자 카푸아 인들은 원로원에서 물러났고, 올 때보다 더 슬픔에 휩싸여 떠나게 되었다. 그들은 더 이상 풀비우스의 가혹함을 탓하지 않았다. 그 대신에 부당한 신들을 비난하고 자신들의 저주받은 운명을 한탄했다.

35. 시칠리아와 카푸아 사절단 문제를 처리한 뒤 징병이 시작되었다. 신규 병사들을 모집할 때 노를 저을 선원도 추가로 모집해야 하는지가 문제로 떠올랐다. 당시엔 노를 저을 선원도 부족했을 뿐만 아니라 국고 상황이 그들을 고용해 급료를 줄 수 있는 상태도 아니었다. 따라서 집정관들은 포고령을 내려 계급과 재산 등급에 따라 이전에 그랬던 것처럼 개별 시민이 노를 젓는 사람의 30일분 급료와 식량을 지원하라고 요구했다. 이에 시민들은 고함치며 항의했으며, 어찌나 화가 났던지 그들을 이끌어줄 지도자만 있었더라면 당장 봉기가 일어날 태세였다.

시라쿠사와 카푸아에 이어 집정관들이 망치고 산산조각 내려는 게 적국의 시민이 아니라 로마 시민이냐는 소리도 들려왔다. 몇 년 동안 시민들은 세금을 내느라 탈진상태였다. 그들에겐 땅밖에 남지 않았는데, 그마저도 비료를 주지 못하고 있었다. 적이 그들의 집을 태웠고, 나라는 농장에서 일할 노예를 빼앗아 가서 강제로 함대에서 노를 젓게 했으며, 노예를 싸게 사들여 군대에 복무하게 했다. 가지고 있는 은화나 동화는 노를 젓는 선원의 급료가 되거나 연간 세금으로 빠져나갔다. 어떤 힘이나 어떤 권위로도 시민이 가지고 있지 않은 것을 달라고 강요할 수는 없는 것이었다. 재산을 팔게 하고 유일하게 남은 몸을 가혹하게 대한다고 하더라도 아무것도 남지 않아 몸값조차 낼 수 없었다. 시민들은 화가 나서 전혀 자제하지 않고 포룸에서 공공연하게 집정관 주변을 둘러싸고 압박을 가하면서 위와 같은 불평의 말들을 해댔다. 하지만 집정관들이 할 수 있는 건 없었다. 그들을 질책하거나 위로를 건넸지만, 시민들은 진정되지 않았다. 그런 이유로 집정관들은 평민에게 생각할 시간을 사흘 주기로 했고, 그 사이에 문제를 다시 검토하여 해결 방안을 찾고자 했다.

다음날 집정관들은 원로원 회의를 열어 노를 젓는 선원의 고용 문제를 논의했다. 그 회의 중에 의원들은 시민들의 반대가 정당한 것인지 논의하더니 시민들을 설득하는 방식을 바꾸었다. 국고가 텅 비었으므로 세금 부담이 정당하든 아니든 시민 개개인이 질 수밖에 없다고 선언했다. 시칠리아를 지키고, 필리포스를 이탈리아에 오지 못하도록 막고, 이탈리아 해안을 보호해야 하는 일은 함대 없이는 못하는 것이었고, 함대를 운영하려면 선원이 필요하다고 호소했다. 그 비용이 세금이 아니라면 어디서 나오겠느냐고 설득했다.

36. 나라 사정이 너무 어려워 국가 정책은 모두 다 멈춰버린 것처럼 보였다. 아무도 해결책을 생각하지 못하고 있던 중 집정관 라이비누스가 구원에 나섰다. 그는 이렇게 말했다.

"행정장관은 그 위엄이 원로원보다 더하고, 원로원은 시민보다 그 위엄이 더합니다. 따라서 모든 무겁고 불쾌한 부담을 져야 할 때, 앞장을 서야 하는 게 원로원의 의무입니다. 지위가 낮은 사람들에게 뭔가 요구하고 싶다면 똑같은 책임을 본인과 가족에게 물어야 합니다. 그래야 모두가 따릅니다. 지도자들이 자기 몫으로 더 많은 걸 부담한다면 평민 각자가 부담해야 할 몫은 그리 과도하지 않을 겁니다. 우리가 로마에 함대가 있길 바라고, 함대에 필요한 걸 갖추고 개별 시민이 기꺼이 선원을 제공해주길 바란다면 먼저 우리에게 그 의무를 부과하면 됩니다. 저는 이렇게 제안합니다. 우리 원로원 의원들이 내일 국고에 우리의 금, 은, 그리고 동화를 전부 가져갑시다. 본인, 아내, 그리고 아이들이 낄 반지와 아들이 목에 찰 불라,[9] 그리고 그럴 여유가 있는 사람에 한정하여, 아내와 딸에게 남길 금 1온스를 제외하고 전부 국고에 넣어둡시다. 추가로 제안하건대 쿠룰레 관직을 지냈던 사람들은 은 1파운드와 마구(馬具) 장식을 제공하여 종교적으로 사용될 소금통과 그릇을 마련하게 합시다. 다른 원로원 의원들도 은 1파운드를 제공합시다. 각 가문의 가장은 동화 5천 아스를 내놓읍시다. 다른 금, 은, 동화는 원로원의 포고령을 기다리지 말고 은 세공 업무를 맡을 위원들이 정해지는 즉시 맡기도록 합시다. 자발적으로 기부금을 내고 공익사업에 경쟁적으로 나서면 우선 기사 계급들이 우리를 따라하려는 열의를 갖게 될 것이고, 이는 나머지 평민에게도 파급될 것입니다.

저와 동료 집정관은 이 문제를 철저하게 의논했고, 이것이 우리가

---

9   자유민으로 태어난 로마 아이들이 목에 차는 부적.

찾아낸 유일한 해결책입니다. 신들께서 도와주실 것이니 이대로 일을 시작합시다. 나라가 건재하면 개인의 재산을 쉽게 지켜낼 것입니다. 하지만 공익을 저버리려고 한다면 자기 재산을 안전하게 지키는 것도 헛된 일이 될 겁니다."

의원들은 이 제안에 열렬하게 찬성했으며, 제안한 집정관들에게 감사를 표했다. 원로원은 휴회를 선언했고, 모든 의원이 금과 은, 그리고 동화를 국고에 넣기 시작했다. 누가 가장 먼저 장부에 기록되는지 경쟁하는 것처럼 재산을 맡기는 상황이 되자, 의원들은 기부금을 받는 것이 힘들었고, 서기들은 기록하는 게 힘겨울 정도였다. 원로원이 만장일치로 대응하는 모습은 기사들에게로 이어졌고, 이후 평민들에게까지 이어졌다. 이렇게 시민들의 자발적인 대출에 의하여 정부의 지시나 공식적인 강요 없이 로마는 함대 구성에 필요한 선원들이나 그들에게 지급할 급료가 충분하게 되었다.[10] 이렇게 모든 준비를 마치자 집정관들은 로마를 떠나 각자 임지로 향했다.

37. 로마 인들에게나 카르타고 인들에게나 전쟁 중 그 어떤 시기보다도 지금 이 시기야말로 미래가 가장 불확실했고, 성공과 실패가 무척 빠르게 번갈아들어 어떻게 될지 모르는 상황이었다. 시칠리아에서 승리를 거둔 즐거움은 스페인 패배의 고통으로 상쇄되었다. 이탈리아에선 타렌툼을 잃은 것이 쓰디쓴 일격이자 심각한 손실이었지만, 뜻밖으로 요새를 계속 지켜내고 있다는 점으로 상쇄되었다. 한니발이 로마 성문 앞에 나타나 생겨난 갑작스럽고 끔찍한 공포는 며칠 뒤 카푸아 함락의 기쁨으로 상쇄되었다. 해외에서 진행되는 군사

---

10 이 자발적인 시민 대출은 전쟁 말년에 정부에 의해 모두 상환되었다. 참조. 리비우스 로마사 29권 16장.

작전은 비슷하게 성공과 실패를 겪고 있었다. 하필이면 좋지 못한 때에 필리포스의 적대적 행동은 아이톨리아 인, 그리고 아시아의 왕 아탈로스와의 새로운 동맹으로 상쇄되었는데, 이런 새로운 동맹은 마치 동쪽에서 앞으로 행사하게 될 로마 권력의 운명을 약속하는 것 같았다.

비슷하게 카르타고 인들도 타렌툼을 점령했지만, 카푸아를 잃었다. 저항을 받지 않고 로마 성벽까지 진출하며 영광을 누렸지만, 공성을 제대로 수행하는데 실패하여 실망감을 느꼈고, 성벽 근처에서 진을 쳤음에도 불구하고 이를 가볍게 여긴 로마 군대가 다른 성문을 통해 스페인으로 증원 부대를 보내면서 수치를 당했다. 스페인에서 그들은 두 대군을 물리치고 명성 높은 사령관들을 죽여 이 지역에서 전쟁을 끝내고 로마 인들을 몰아내려고 했지만, 비상시에 임시방편으로 지휘를 맡은 루키우스 마르키우스에게 밀려 그런 승리의 이득을 아무것도 보지 못했다. 그렇게 운명의 여신은 저울을 들고 있었다. 양쪽 모두에게 매사가 극히 불안정했다. 그들은 전쟁이 막 시작되기라도 한 것처럼 모든 걸 얻을 수 있다는 생각과 모든 걸 잃을 수 있다는 생각을 함께 하고 있었다.

38. 이 당시 한니발이 가장 괴롭게 여기는 점은 이런 것이었다. 로마 당국은 한니발이 카푸아를 지키려는 의지보다 훨씬 더 강한 의지를 발휘하며 카푸아 공격을 계속했고, 그리하여 많은 이탈리아 민족이 동맹을 지키는데 무관심한 한니발과 카르타고에게서 멀어져 갔다. 한니발은 동맹을 모두 지키려면 휘하 부대를 무수한 소규모 파견대로 나누어서 파견해야 하는데, 현재 상황에서 그건 불가능한 일이었다. 그렇다고 이미 배치한 주둔군을 철수할 수도 없었다. 그렇게 되면 동맹들은 로마와 카르타고 어느 쪽이 이길 것인지 기회주의적

인 태도로 변할 수가 있고 아니면 불확실한 현재 상태에 대하여 더욱 강한 불안을 느낄 수도 있었다. 한니발은 탐욕스럽고 잔혹한 기질이 있어 자신이 보호하지 못하는 곳은 파괴하는 성향이 있었다. 그렇게 하면 적에게 남는 건 폐허뿐이기 때문이었다.

하지만 이런 방침은 시작하기도 부끄러운 것이었지만 그 결과도 마찬가지로 수치스러운 것이었다. 한니발의 손에 부당하게 괴롭힘을 당한 부족은 소원해질 뿐만 아니라 그 밖의 다른 이들도 그런 사례를 보고서 전부 한니발과 거리를 두었기 때문이었다. 이런 선례는 실제로 고통을 받은 지역을 넘어서서 영향을 미쳤다. 반면에 로마 집정관은 성공할 기대가 보이는 곳마다 압박을 가해 실패하는 일이 없었다.

살라피아[11]라는 도시에는 다시우스와 블라티우스라는 두 주요 인사가 있었다. 다시우스는 한니발에게 우호적이었고, 블라티우스는 자신의 안전이 보장되는 한 로마의 편을 드는 걸 선호했다. 블라티우스는 은밀한 편지를 통하여 도시가 그의 손에 넘어올 수 있다는 희망을 전했다. 그 일은 다시우스의 도움 없이는 벌일 수 없는 것이었고, 마르켈루스는 오래 생각하며 주저한 끝에 다시우스에 접근하기 시작했다. 반드시 성공의 보장이 있어서 그런 것은 아니고 그보다 더 나은 방안이 없었기 때문이다. 하지만 다시우스는 그런 협상에 반대했을 뿐만 아니라 자신의 경쟁자가 권력을 쥐는 걸 달가워하지도 않았기 때문에 음모를 한니발에게 폭로했다. 이에 두 사람이 소환되었고, 한니발이 곧 블라티우스 사건에 관한 심문을 하기 전에 재판석에

---

11 아르피와 칸나이 사이에 있는 도시로 아드리아 해에 가까운 호수 곁에 있었다. 한니발은 한 겨울을 여기에서 난 적이 있었다. 참조. 24권 22장. 나중에 살라피아는 더 좋은 위치로 옮겨갔고 운하를 파서 해항이 되었다.

서 다른 일을 잠깐 하는 동안에, 군중이 물러나고 고발자와 피고발자가 서서 기다리게 되었다. 블라티우스는 도시를 넘겨주는 문제를 다시 다시우스에게 꺼냈다. 이에 다시우스는 한니발에게, 바로 당신의 눈 앞에서도 블라티우스가 반란을 권하고 있다고 소리쳤다. 이보다 더 명확한 증거는 없다는 것이었다. 하지만 한니발과 그의 보좌관들은 그런 행동은 너무 대담하여 개연성이 없다고 판단했고, 두 정적의 질투와 증오 때문에 여기까지 오게 된 것이라고 생각했다. 증거로 뒷받침 되지 않는 만큼 그런 식의 고발은 무고가 될 가능성이 높았다.

그에 따라 두 사람은 물러나게 되었다. 그럼에도 불구하고 블라티우스는 자신의 대담한 계획을 포기하지 않고 끈질기게 좋은 결과가 있을 것이라고 말하며 그것이 본인과 다시우스에게, 더 나아가 조국에게 좋은 일이라고 지겹도록 강조했다. 결국 다시우스는 그의 설득에 넘어가 마르켈루스에게 500명의 누미디아 인으로 구성된 카르타고 주둔군과 함께 도시를 넘기기로 했다. 이 누미디아 인들은 카르타고 군 최고의 기병대였으므로 피를 많이 흘리지 않고서는 항복시킬 수 없었다.

그 항복은 예기치 못한 것이었고, 기병 전술을 도시 내부에서 쓸 수 없다는 점에도 불구하고 누미디아 인들은 혼란 속에서 무장하고 탈출을 시도했다. 하지만 기병대는 탈출하지 못했고 카르타고 군과 함께 최후까지 싸우다 죽었고, 살아서 붙잡힌 기병은 50명도 되지 않았다. 한니발에겐 살라피아를 잃은 것보다 이 기병대를 잃은 것이 더 뼈아픈 손해였다. 기병대는 개전 초기부터 한니발의 최고 강점이었지만, 이 일이 벌어진 뒤 그는 로마 기병대를 상대로 우세를 지키지 못했다.

39. 이즈음 타렌툼 요새에서 보급품 부족은 거의 견딜 수 없을 정

도가 되었다. 이곳의 로마 주둔군과 지휘관 리비우스는 시칠리아에서 보내오는 보급품에 희망을 걸고 있었다. 그리고 이탈리아 해변을 따라 그 보급품을 안전하게 수송해줄, 20여 척의 전함으로 이루어진 함대가 레기움에 정박하고 있었다. 보급 함대의 지휘는 데키무스 퀸크티우스가 맡고 있었다. 그는 미천한 출신이지만, 훌륭한 공을 세워 군사적인 평판이 높았다. 마르켈루스는 원래 그에게 다섯 척의 전함을 주었고, 그 중에서 가장 크다는 배 두 척이 3단 노선이었다. 후에 그가 전투에서 엄청난 공격력을 보이자 그의 함대에 5단 노선 세 척이 더해졌다. 최종적으로 그는 동맹들인 레기움, 벨리아, 파이스툼과 협정을 맺고서 그들로부터 배를 가져와 앞서 언급한 것처럼 20여 척으로 구성된 함대를 구축하게 되었다. 레기움에서 항해한 이 함대는 타렌툼에서 24km 정도 떨어진 사프리포르티스에서 출발한, 같은 숫자의 타렌툼 전함으로 구성된 데모크라테스의 함대와 만나게 되었다.

항해 중인 퀸크티우스는 이런 교전을 예상하지 못했다. 하지만 크로톤과 시바리스 인근에서 노잡이들을 온전히 채운 퀸크티우스 함대는 배의 크기를 생각하면 훌륭하게 무장하고 장비를 잘 갖췄다. 적이 시야에 들어오고 바람도 사라지자 퀸크티우스는 돛과 삭구를 집어넣고 노잡이들을 배치하여 노 젓게 하고 병사들에겐 임박한 전투를 준비하게 했다. 양측의 정규 함대가 이런 투지로 교전하는 건 좀처럼 없는 일이었으나, 자기 목숨보다 더 중요한 것을 겨냥하여 싸우기 때문에 가능한 일이었다. 타렌툼 인들은 로마 인들로부터 거의 백년 만에 도시를 회복한 데다, 로마 주둔군이 항거하고 있는 요새 역시 해방시키고자 싸우는 것이었다. 그들의 앞 바다에서 로마 함대를 몰아내어 보급품을 끊을 수 있다면 충분히 요새를 해방시킬 수 있었다. 반면에 로마 함대는 타렌툼의 요새를 계속 지켜내기 위해 싸우는 것이었다. 그렇게 하면 타렌툼이 로마 군보다 더 나은 힘이나 용기에 의해 빼앗긴 것이 아니라, 기만술에 의해 빼앗긴 것임을 증명하게 되는 것이었다.

양군의 함대는 전투 신호를 내렸다. 그들은 뱃머리와 뱃머리를 맞대고 정면으로 충돌했다. 교전이 시작되자 그들은 배를 뒤로 물리려고 하지 않았으며, 적의 배도 달아나게 내버려 두지 않았다. 서로 들이받은 배들은 즉시 고정되었으며, 밀착하여 백병전을 벌였다. 칼은 투척 무기만큼 자주 사용되었다. 맞댄 전함의 뱃머리는 서로 맞물렸고, 노잡이 선원들은 이쪽저쪽으로 뱃고물을 움직여 배를 떼어놓으려고 했다. 모두가 밀착된 상태로 싸우고 있어 무기가 별다른 효력 없이 바다로 떨어지는 일은 거의 없었다. 마치 두 개의 보병대 전열처럼 맞서 싸우는 양상이었다. 양군의 함대는 서로 상대를 밀어내려고 했고, 싸우는 병사들은 별 어려움 없이 다른 배로 넘어갈 수 있었다.

가장 주목할 만한 건 전열을 이끌던 두 기함(旗艦) 간의 싸움이었다. 로마쪽 전함엔 퀸크티우스가 있었고, 타렌툼 쪽 전함은 페르콘이라는 성을 쓰는 니코가 지휘하고 있었다. 니코는 타렌툼을 한니발에게 넘긴 당파에 속했고, 국가적으로나 개인적으로나 로마 인들에게 증오의 대상이었다. 니코 역시 그에 못지않게 로마 인들을 증오했다. 퀸크티우스는 힘겹게 싸우며 병사들을 격려했는데, 니코는 퀸크티우스의 방어가 허술한 것을 알아차리고 그에게 달려가 창으로 몸을 꿰뚫었다. 퀸크티우스는 손에 무기를 쥔 채로 뱃머리 너머로 고꾸라졌다. 기세가 오른 타렌툼 인은 로마 전함으로 넘어가 사령관을 잃고 당황한 적을 몰아냈다. 배의 앞부분은 타렌툼 인에게 장악되었고, 이에 로마 인들은 황급히 선미에 모여 뒷부분을 지키려고 했다.

하지만 이때 뱃고물에 나타난 또 다른 3단 노선으로 인해 로마 전함은 완전 포위되었다. 이렇게 로마 전함은 포획되었고, 함대의 나머지 전함은 기함이 적의 손에 넘어간 걸 보고서 두려움에 빠져 사방으로 달아났다. 몇몇 전함은 탁 트인 바다에서 침몰했고, 몇몇은 해변으로 달아났다가 곧 투리이와 메타폰툼에서 나온 자들에게 살해되었다. 보급품과 함께 로마 함대를 따라온 상선들은 극소수만 적의 손에 넘어갔다. 다른 배들은 변덕스러운 바람에 맞춰 돛을 잘 조절함으로써 배를 더 빨리 나아가게 하여 간신히 난바다로 도망칠 수 있었다.

한편 타렌툼 자체의 전황은 해전과는 무척 달랐다. 식량 징발 원정으로 도시를 떠난 4천여 명의 타렌툼 사람들은 시골 전역으로 흩어졌다. 요새에 틀어박힌 로마 주둔군을 지휘하던 리비우스는 늘 행동에 옮길 기회를 살피고 있었고, 이제 그 기회를 포착했다. 날랜 군인인 가이우스 페르시우스는 즉시 명령을 받고 2천 5백 병사와 함께 나아갔다. 그는 인근 농장들에 사방으로 퍼진 징발자 무리를 습격하여 온갖 곳에서 그들을 죽였고, 마침내 그들을 도시로 몰아냈다. 얼마 남지 않은 징발자들은 필사적으로 도망치며 반쯤 열린 성문 사이로 몸을 던졌다.

페르시우스는 어찌나 맹렬히 공격했던지 도시도 점령할 기세였다. 이렇게 하여 로마와 타렌툼 양쪽은 동등하게 승리의 영광을 누렸다. 로마 인들은 육지에서, 카르타고 인들은 바다에서 승리를 거뒀다. 그러나 양쪽은 모두 새로운 식량을 확보할 수 있다고 자신했지만, 그 점이 좌절되어 실망을 금치 못했다.

40. 한 해가 거의 저물어가는 이즈음에 집정관 라이비누스는 시칠

리아에 도착했다. 그는 그곳에서 자신을 기다리는 옛 동맹과 새로운 동맹을 만날 예정이었다. 시라쿠사에 평화가 찾아온 건 최근의 일이며 따라서 그곳은 여전히 아주 어수선했다. 따라서 라이비누스는 이런 혼란 상태를 말끔하게 정리하는 게 가장 중요한 일이자 가장 처음 해야 할 일이라고 생각했다. 그리하여 여전히 전투가 진행 중인 아그리겐툼으로 병력을 이끌고 진군했다. 이 도시는 강력한 카르타고 주둔군이 지키고 있었다. 하지만 행운은 그의 편이었다. 그곳의 카르타고 사령관은 한노였지만, 모든 희망은 무티네스와 그의 누미디아 인 부대에 집중되어 있었다. 무티네스는 시칠리아 전역을 습격했고, 제멋대로 로마의 동맹들을 약탈했다. 그 어떤 병력과 책략도 그를 아그리겐툼에서 물러가게 할 수가 없었고, 그가 제멋대로 약탈을 하러 나오더라도 그를 막을 수 없었다. 그는 한동안 계속 성공을 거두어 명성이 총사령관인 한노의 명성마저 가리게 되었다. 한노는 결국 그것을 질투하여 반감을 품었고 아군이 승리를 하더라도 더 이상 기뻐할 수가 없었다. 그 승리마저도 무티네스가 얻은 것이기 때문이었다. 결국 그는 무티네스에게서 기병대 지휘권을 빼앗아 자기 아들에게 맡겼다. 기병대 지휘권을 빼앗으면 누미디아 인에게 미치는 무티네스의 영향력이 줄어들 것이라고 생각했기 때문이다. 하지만 결과는 정반대였다. 왜냐하면 한노는 그 사람 자체가 미움을 받고 있었고, 그런 인망 없는 모습으로 인해 무티네스의 이미 높은 평판만 더 높여주었기 때문이다.

더욱이 무티네스 본인도 이런 모욕을 참을 생각이 전혀 없었다. 오히려 그는 즉시 은밀하게 사람을 라이비누스에게 보내 아그리겐툼을 넘겨주겠다고 제안했다. 전령들은 집정관에게 배신을 보증했고, 양측은 행동 계획에 의견을 같이했다. 그 계획이란 누미디아 인들이 위병들을 죽이거나 몰아내고 바다로 향하는 성문을 장악하고, 이에 호응하는 로마 군을 성 안으로 들여보내는 것이었다. 그 계획에 의거하여 로마 파견대가 도시 중앙 포럼을 향해 진군하자 엄청난 소음과 혼란이 발생했지만, 한노는 누미디아 인들이 또다시 반란을 일으킨 것에 불과하다며 진지하게 받아들이지 않았다. 그는 상황을 저지하기 위해 사태가 벌어지는 현장으로 나아갔지만, 정면에 보이는 건 예상했던 것보다 훨씬 많은 병사들이었으며 로마 인들이 고함치는 소리까지 들렸다. 그러자 그는 사태의 진상을 잘 파악하게 되었고, 투척 무기의 사정거리에 들어가기 전에 현장에서 도망쳤다.

도시 반대편에 있는 성문을 통해 빠져나간 한노는 에피키데스와 소수 인원을 대동하고 바다로 나아갔고, 운 좋게도 작은 배를 탈 수가 있어서 아프리카로 건너갔다. 시칠리아는 카르타고가 수많은 세월 동안 전쟁을 하면서 얻은 소중한 지역이었으나, 결국 이렇게 하여 로마 군에게 넘어가고 말았다. 남은 카르타고와 시칠리아 일반 병사들은 저항하려는 시도조차 하지 않았다. 그들은 목숨을 부지하고자 정신없이 도망쳤지만, 탈출구가 전부 막힌 걸 알게 되었다. 그들은 성문에서 모두 살해당했다.

도시를 점령하는 중에 라이비누스는 아그리겐툼의 주요 인물들을 채찍질하고 참수했다. 나머지 시민들은 전리품과 함께 노예 시장에 팔렸다. 그는 이렇게 확보한 모든 자금을 로마로 보냈다. 아그리겐툼 함락 소식이 시칠리아 전역에 퍼지면서 시칠리아 인들은 즉시 로마의 편에 서게 되었다. 짧은 기간 동안 20개의 도시가 카르타고를 배신했고, 6개 도시는 무력으로 점령당했다. 40여 개의 도시는 자발적으로 항복하여 로마의 보호를 받아들였다. 라이비누스는 공로와 과실을 따져 이런 다양한 공동체의 주요 인물들에게 벌을 주거나 상을 주었다. 시칠리아 인들은 마침내 무기를 내려놓고 농업으로 관심을 돌리게 되었다.

라이비누스가 이렇게 조처한 이유는 섬의 주민들을 충분히 먹일 수 있는 식량을 생산하는 건 물론 다시 한 번 이 섬이 과거에 그랬던 것처럼 로마와 이탈리아의 식량 시장을 구제하길 바랐기 때문이었다. 이렇게 일을 처리하고 그는 아가티르나의 빈털터리 무리를 대동하고 이탈리아로 돌아왔다. 이 4천여 명은 여러 불쾌한 부류가 뒤섞인 무리였다. 추방자, 파산자였던 이들은 대다수가 조국에서 사형을 선고받은 자들이었으며, 이런저런 비참한 사유로 아가티르나에 모여 노상강도질이나 산적질을 하며 살고 있었다. 라이비누스는 섬에 이들을 놔두는 건 좋지 못하다고 판단했던 것이다. 최근에 와서야 통합을 이루고 정리된 상태에 들어선 시칠리아에 그들이 그대로 남아 있으면 심각한 혼란의 원인이 될 수 있었다. 더욱이 그들은 브루티움을 공격하기 위해 노련한 살인자들을 찾던 레기움 인들에게 도움을 줄 수도 있었다. 시칠리아에 관한 한 전쟁은 이해(기원전 210년)에 끝났다.

41. 봄이 시작될 때 스페인에선 스키피오가 다시 휘하의 함대를 바다에 띄웠다. 그는 동맹의 원군을 타라코로 소환한 뒤 함대에 지시하여 전함과 수송선을 에브로 강 하구로 움직였다. 로마 군단은 지시를 받고 월동 진지를 떠나 같은 장소에 모였다. 스키피오 자신은 5천 동맹 부대를 이끌고 타라코에서 진군하여 에브로 강 하구의 로마 군단과 합류했다. 스키피오는 도착한 뒤 특히 심각한 패배에서 생존한 베테랑들에게 한 마디 하고 싶었고, 그리하여 지시에 따라 도열한 병사들에게 다음과 같이 연설했다.

"병사들의 덕을 보기도 전에 그들에게 정당한 감사를 표하는 신임 총사령관은 내가 처음일 것이다. 내가 임무를 수행해야 하는 진지나

지역을 보기도 전에 운명은 제군과 나 사이에 강한 유대가 형성되도록 했다. 먼저 제군이 나의 아버지와 삼촌이 살아 계셨을 때나 돌아가신 뒤에나 헌신했던 것에 감사를 표하고 싶다. 그리고 그 용맹으로 돌아가신 분들의 후임자인 나와 로마 인들을 위해, 재앙 같은 패배를 당한 이후에도 이 지역을 온전히 지켜준 것에도 역시 감사를 표한다. 하지만 지금부턴 신들께서 축복하고 계시니 우리의 목표는 스페인에 머무르는 것이 아니라, 카르타고 인들을 스페인에서 몰아내는 것이 되어야 한다.

에브로 강에 서서 적들이 넘어오는 걸 막는 게 아니라, 우리가 강을 건너 저쪽에 선수를 쳐야 한다. 제군 중 일부는 그런 계획이 젊은 지휘관의 능력으로 감당하지 못하는 것이며, 최근 패배를 돌이켜보면 지나치게 대담하다고 생각할지도 모른다. 하지만 스페인에서 겪은 패배를 나만큼 못 잊을 사람도 없을 것이다. 나의 아버지와 삼촌은 30일 사이에 연이어 전사하셨고, 우리 가문이 견디기 힘든 통탄할 패배를 두 번이나 연달아 당했다. 개인으로서 아버지를 잃고 외롭게 되는 일은 나의 사기를 꺾는 일이었지만, 우리 조국의 운명과 용맹은 내가 그런 결과에 절망하지 못하게 했다. 운명은 헤아릴 수 없는 섭리를 통해 우리가 겪었던 모든 위대한 전쟁에서 패배를 딛고 승리할 수 있도록 해주었다.

나는 포르세나, 갈리아, 삼니움 같은 저 먼 과거의 일을 언급하려는 게 아니다. 카르타고와의 전쟁을 말하려 한다. 제1차 포에니 전쟁에서 우리가 얼마나 많은 함대, 장군, 병사를 잃었는가? 지금 진행 중인 전쟁에선 또 어떤가? 우리가 패배를 겪을 때 나는 그곳에 있었고, 그곳에 없었을 땐 패배를 다른 누구보다도 지독하게 느꼈다. 트레비아, 트라시메네, 칸나이, 기록에 남은 이 이름들에 로마 군의 괴멸과 집정관들의 전사 외에 무엇이 적혀 있는가? 이탈리아와 시칠리아, 그리고 사르데냐의 대부분이 배신하고, 이후 카르타고 인들이 아니오 강과 로마 사이에 진지를 치고 한니발이 의기양양하게 로마 시의 성문 가까이로 다가와 최악의 공포를 일으켰던 순간을 한 번 생각해 보라.

모든 것이 파멸로 치닫는 것처럼 보일 때 유일하게 굳건히 버티고 있던 건 바로 로마 인들의 신성하고도 흔들리지 않는 용기였다. 그것이 바로 비운을 만나 산산이 조각난 우리 로마를 일으켜 세운 힘이다.

제군은 전사한 나의 아버지의 지휘를 받으며 칸나이 패배 이후 알프스와 이탈리아로 나아가려는 하스드루발을 가장 먼저 저지했다. 하스드루발이 병력을 이끌고 그의 형 한니발과 합류했더라면 로마라는 이름은 여태껏 남아 있지 못했을 것이다. 제군이 거둔 성과가 곤궁에 처한 우리 로마 인을 받치는 기둥 역할을 했다. 이제 신들께서 보살펴주시어 이탈리아와 시칠리아에서 우리 로마는 성공을 거두고 있고, 들려오는 소식은 매일 더 밝고 나은 방향으로 나아가고 있다.

시칠리아 섬에서 시라쿠사와 아그리겐툼을 점령한 우리 군대는 적을 섬에서 몰아내고 그 지역을 다시 로마의 통제 아래 두었다. 이탈리아에선 아르피를 수복했고, 카푸아를 함락시켰다. 한니발은 허둥지둥 로마에서 도망쳐 브루티움의 가장 외진 구석으로 가버렸다. 이제 그는 그곳에서 적의 영토로부터 목숨을 구해 도망칠 수 있기를 신들에게 빌고 있다.

제군, 이탈리아에서 모든 상황이 우리의 승리를 향해 미소를 짓는 이 때, 그것도 신들이 한니발의 편에 서서 싸워 로마에 참사에 참사가 이어질 때, 휘청거리는 로마의 운명을 꼭 붙잡아 주었던 제군이 겁쟁이처럼 구는 게 얼마나 터무니없는 일이겠는가…?[12]

이제 우리 조국을 수호하는 불멸하는 신들께서 선거를 하던 당시 시민들을 고무하여 만장일치로 내게 지휘권을 맡겼다. 여러 가지 길조와 밤에 나타난 비전은 번영과 성공을 예언했다. 항상 내가 가장 신뢰하는 예언자인 나의 정신은 이렇게 예언했다. 스페인 또한 우리의 것이 되고, 모든 카르타고 인이 곧 쫓겨나 도망치는 병사들이 땅을 뒤덮고, 그들을 싣고 떠나는 배가 바다를 뒤덮게 되리라. 내 정신이 예견한 것은 훌륭한 추론을 통해 그대로 나타나고 있다. 카르타고의 동맹들은 부담을 견디지 못해 우리에게 보호해 달라고 간청하기 시작했다. 그들의 사령관 세 사람은 서로 뜻이 맞지 않아 각자가 적이나 마찬가지인 상황이고, 세 개로 나뉜 그들의 병력은 널리 흩어져 있다.

얼마 전 우리를 무너뜨린 불운은 이제 다시 힘을 내면서 그들을 향해 가고 있다. 그들은 우방들의 버림을 받았다. 우리가 켈티베리아 인들에게 배반당했던 것처럼 말이다. 그들은 병력을 나눴는데, 나의 아버지와 삼촌도 그런 결정 때문에 참사를 당하게 되었다. 그 세 사람은 성격 차이가 너무 심해 단합하지 못할 것이다. 그들이 그런 식으로 각자 싸운다면 아무도 우리의 상대가 되지 못한다.

제군, 내가 제군에게 요구하는 건 단 한 가지, 바로 스키피오라는 이름에 충성하라는 것이다. 전사한 사령관들의 후손이자 잘려진 가지에서 다시 자라나기 시작한 가지인 내게 말이다. 용사들이여, 이제

---

12 라틴어 원문은 여기에서 일부 자구가 빠져 있다.

그대들은 새로운 군대, 새로운 사령관과 함께 에브로 강을 건널 것이다. 그대들이 자주 밟았던 땅으로 그들을 데리고 들어갈 것이니 언제나 보였던 용맹한 모습으로 싸워주길 바란다. 이미 그대들은 돌아가신 내 아버지와 삼촌에게 있던 기백이 이 얼굴과, 이 겉모습과, 이 신체에서 그대로 남아 있다는 것을 알아봤을 것이다. 나는 최선을 다하여 그대들에게 선친과 삼촌의 열의는 물론이거니와, 두 분이 로마에 바쳤던 충성과 용기도 그대로 보여주겠다. 그리 되면 그대들은 사랑했던 장군인 스키피오가 죽음에서 다시 일어나 환생해 왔다고 말할 수 있을 것이다."

42. 이런 용기를 북돋우는 연설을 한 뒤 스키피오는 실라누스에게 3천 보병과 3백 기병을 남기고 나머지 병력인 2만 5천 보병과 2천 5백 기병을 이끌고 에브로 강을 건넜다. 몇몇 휘하 장교들은 넓게 흩어진 카르타고 부대 세 개 중에 가장 가까이에 있는 부대를 목표로 즉시 움직이자고 스키피오를 설득했다. 하지만 그렇게 했다가 세 부대를 모두 불러들이면 연합한 대군을 상대해서는 승산이 없었으므로 그 대신에 뉴카르타고를 공격하기로 했다. 이 도시는 그 자체로 엄청난 자원을 보유하고 있었을 뿐만 아니라 적의 온갖 장비를 대량으로 보관하고 있었다. 무기, 자금, 스페인 전역에서 불러들인 인질이 전부 그곳에 있었다. 게다가 도시의 위치는 아프리카로 나아가기 편리한 곳인데다 배가 얼마든지 들어올 수 있을 정도로 큰 항구도 갖추고 있었다. 이 항구는 스페인 해안에서 지중해를 바라보는 유일한 곳이었다.

로마 군의 목표가 무엇인지는 라일리우스 외에는 알지 못했다. 그는 함대를 데리고 오라는 지시를 받았지만, 스키피오의 부대가 육지 쪽에서 나타날 때에 맞추어, 뉴카르타고 항구에 도착해야 하므로 천천히 움직여야 했다. 에브로 강을 떠나고 일주일이 지나자[13] 해군과 육군은 뉴카르타고에 도착했고, 스키피오는 도시 북쪽에 진을 쳤다. 부대의 앞쪽은 지리적으로 충분히 보호가 되기 때문에 진지를 보호하기 위한 요새는 후방에만 세워졌다.

여기서 뉴카르타고의 환경에 관한 잠깐 설명하겠다. 스페인 동쪽 해안 중간 정도로 내려오면 항구가 하나 있고, 이곳은 남서쪽으로 열려 있다. 내륙으로 4km 정도 들어가 있고, 폭은 300m가 채 되지 않는다. 항구 입구에는 작은 섬이 하나 있어 모든 바람으로부터 정박지를 보호하는데, 남서쪽만은 보호하지 못한다. 만의 윗쪽엔 반도가 툭 삐어져 나왔는데, 반도의 고지에 도시가 지어졌다. 그렇게 도시 동쪽과 남쪽엔 바다가 있었고, 서쪽과 북쪽 일부는 밀물과 썰물에 따라 수심이 바뀌는 석호(潟湖)에 둘러싸여 있었다. 석호는 220m 너비의 산마루로 본토와 연결되어 있었다. 이쪽에 보루를 짓는 건 그리 힘 드는 일이 아니었지만, 그럼에도 불구하고 스키피오는 보루를 세우지 않았다. 적에게 자신감을 보여주기 위한 과시였거나, 성벽에 접근할 때마다 보루가 있으면 불편하니까 세우지 않았을 것이다.

43. 필요한 요새가 완공되자 스키피오는 항구에 주둔하라는 지시를 함대에 내렸다. 이렇게 해야 도시 주민들에게 육지와 바다 양쪽에서 그들이 봉쇄당했다는 걸 보여줄 수 있기 때문이었다. 그는 이어 각 전함을 차례대로 들르며 함장들에게 밤중에는 최대한 경계하라

---

13   7일 만에 에브로 강 하구에서 뉴카르타고에 도착한다는 것은 믿기 어려운 정보이다. 폴리비우스는 『역사』 3권 39장에서 이렇게 말하고 있다. "이 해안선의 길이를 말해 보자면 지브롤터 해협 동쪽 끝에서 뉴카르타고까지는 약 3천 스타데스인데 한니발은 뉴카르타고에서 이탈리아를 향해 출발했다. 그리고 뉴카르타고에서 에브로 강 하구까지는 2600 스타데스(325 마일: 520킬로)이다."

고 주의를 줬다. 왜냐하면 봉쇄당한 걸 깨달은 적은 늘 돌파 가능성 있는 부분을 먼저 공격하려 들기 때문이었다. 이렇게 함장들에게 지시를 내린 뒤 스키피오는 진지로 돌아와 병사들을 집합시켜 도시 공성으로 군사 작전을 개시하는 이유를 밝히고 그들이 도시의 함락에 맹렬하게 나서도록 격려의 말을 했다.

"제군, 제군 중에 단순히 도시 하나를 공격하려고 여기 왔다고 생각하는 병사가 있다면 저 도시를 점령하여 얻게 될 이득보다는 자신이 무슨 일을 하는지 생각할 필요가 있다. 이제 막 도시의 성벽을 공격하려고 한다는 건 맞는 말이다. 실제가 그러하니까. 하지만 그 도시를 점령하면 스페인 전부를 점령하게 된다. 도시 내부엔 온갖 부족장들과 시민들의 인질들이 있으니, 그들을 손에 넣는다면 카르타고의 편을 드는 자들은 즉시 우리에게 항복하게 될 것이다. 게다가 저도시 안엔 적의 자금이 전부 보관되어 있어 함락되면 적은 심각한 금전적 손실을 입게 된다. 저 자금이 없으면 더는 용병을 고용할 수 없다. 게다가 우리는 그 자금으로 스페인 부족들의 병력 지원을 사들일 수 있으니 커다란 이득을 얻게 된다. 또한 저곳엔 투석기, 무기, 그리고 온갖 전쟁 물자가 보관되어 있다. 우리가 그 물자를 탈취하면 저들은 맨손으로 싸워야 한다. 더욱이 우리는 그 자체로 부유하고 아름답고 훌륭한 항구를 갖춘 도시를 점령하게 된다. 저곳을 통해 우리는 육지와 바다 양면으로 필요한 물자를 보급 받을 수 있다. 이 모든 게 우리에겐 엄청난 이득이며, 적에겐 막대한 손실이다. 왜냐하면 저곳은 적의 요새이자, 곡창이자, 보고이자, 무기고이기 때문이다. 저들에게 필요한 모든 것이 보관된 창고라는 뜻이다. 여기엔 아프리카로 곧바로 들어가는 경로가 있기도 하다. 이곳은 가데스와 피레네 산맥 사이에서 유일하게 안전한 정박지이다. 이런 점에서 스페인 전역이 이곳을 통하여 아프리카의 위협을 받고 있다…."[14]

44. 마고는 동원할 수 있는 남자들 전원을 무장시켰고, 육지와 바다에서 동시에 공격이 진행되는 걸 보자 다음과 같이 병사들을 배치했다. 우선 로마 군 진지에서 가장 가까운 쪽에 2천 명의 주민들을 주둔시켰고, 요새와 도시 동쪽에 있는 언덕에 각각 500명씩 주둔시켰다. 그는 나머지에겐 신경을 바짝 쓰며 전투원들이 소리치거나 갑자기 긴급한 일이 벌어져 증원군이 필요할 때는 즉각 지원하라고 지시했다. 이어 그는 성문을 열고 길에서 징발한 병사들에게 로마 군 진지로 나아가라고 했다. 로마 인들은 스키피오의 지시를 받아 조금 물러났는데, 실제로 전투가 벌어지면 도움을 받을 증원 부대와 가까워지기 위해서였다. 처음에 팽팽히 맞선 두 전열은 서로 대등한 상대가 되는 것처럼 보였다. 하지만 곧 로마 진지의 증원 부대들이 연달아 나타나기 시작하면서 수비 쪽은 물러날 수밖에 없었다. 실제로 로마 인들은 카르타고 군의 무너지고 어수선한 대열을 강하게 밀어붙이던 상태였으므로, 스키피오가 다시 불러들이지 않았더라면 도망치는 자들을 따라 도시로 쏟아져 들어갔을 것이다.

뉴카르타고 도시가 느끼는 공포는 실제로 전쟁터 못지않았다. 보

---

14 여기서 연설의 나머지 부분과, 이어지는 44장의 첫 시작 부분이 인멸되었다. 스키피오는 아마도 병사들의 용맹에 대하여 보상을 하겠다는 얘기와, 밤중에 그의 꿈에 해신 넵투누스가 나타나 전투 중 필요할 때에 스키피오를 도와주겠다고 말한 것을 얘기했으리라 생각된다. 폴리비오스는 『역사』 10권 11장에서 이렇게 말하고 있다. "마지막으로 그는 이 작전 계획을 그에게 일러준 이는 해신 넵투누스라고 말했다. 넵투누스가 스키피오의 꿈에 나타나 로마 인들을 도와주겠다고 했으며 전투 중 적당한 시기가 되면 로마 군 전군이 볼 수 있는 신성한 표시를 내려주겠다고 약속했다. 뉴카르타고의 지형에 대한 정확한 계산, 점령 시의 두둑한 보상금, 해신의 도움 약속 등으로 스키피오는 젊은 병사들의 공격 의지를 불태웠고 사기를 드높였다."

초 근무를 서는 많은 사람이 공황에 빠져서 임무를 포기하고 도망쳤다. 수비병들이 가장 가까운 길을 찾아 앞다투어 내려오니 성벽에는 아무도 남지 않았다. 스키피오는 그 지역에서 <메르쿠리우스 신>의 언덕이라고 알려진 곳으로 올라갔고, 도시 성벽의 많은 부분이 방어가 되지 않는 걸 확인하고는 전군에 명령을 내려 진지를 떠나 사다리를 가져와 공격을 준비하라고 했다. 스키피오 역시 도시 쪽으로 움직였고, 그의 앞에 선 젊고 강인한 병사 세 사람은 방패를 들어 성벽에서 빗발치는 무기들을 막아냈다. 그곳에서 그는 병사들의 용기를 북돋고 필요한 명령을 내리며 무엇보다도 가치 있는 일인 병사들의 전의를 불태우는 일을 했다. 스키피오는 자신의 두 눈으로 휘하 병사들이 드러내는 용맹함과 비겁함을 현장에서 목격했다.

그렇게 로마 인들은 날아오는 무기들과 상처를 개의치 않고 앞으로 돌격했다. 성벽이든, 그곳을 지키는 병사들이든, 로마 인들이 성벽으로 올라오는 것, 그리고 그들이 앞다투어 먼저 올라가려고 투지를 불태우는 것을 막을 수 없었다. 동시에 도시의 바다 쪽에 있는 로마 군 함대도 공격을 시작했다. 하지만 대체로 불꽃이 피어오르기보다는 연기만 나고 말았다. 배를 붙들어 매고 서둘러 사다리와 병사들을 내리고 가장 빠른 길로 상륙하려고 하다 보니, 가장 먼저 공격하려고하는 열정적 태도가 별로 도움은 되지 않고 서로를 방해하여 혼란만 일으켰기 때문이었다.

45. 그러는 사이 마고는 성벽에 다시 병사들을 배치하고 도시에 많이 비축한 투척 무기들을 가져올 수 있어서 공격하는데 부족함이 없게 했다. 그럼에도 불구하고 성벽 방어의 관점에서 볼 때, 성벽 위의 병사들이나 투척 무기는 성벽 그 자체만큼 효율적인 것은 아니었다. 로마 군은 성벽 꼭대기에 도달할 수 있을 정도로 높은 사다리는

몇 개 되지 않았다. 게다가 사다리는 높을수록 안전하지 않았다. 먼저 올라간 병사가 성벽으로 넘어갈 수 없으면 다른 병사들은 뒤에서 사다리에 오른 채로 있어야 하고, 그렇게 되면 사다리는 무게를 견디지 못하고 부러질 것이었다. 때로는 사다리가 무게를 견디기도 했지만, 성벽의 높이 때문에 그걸 타고 오르는 병사들은 어지럼증을 느껴 떨어졌다. 성벽 모든 부분에서 사다리가 부서지거나 병사들이 떨어지고 있는데다가 적의 방어가 성공적으로 이루어지고 있어서 카르타고 군이 전의와 용기를 불태우고 있었으므로 스키피오는 퇴각 명령을 내렸다. 이렇게 농성군은 골치 아픈 전투를 유예하여 희망을 가지게 되었고, 더 나아가 차후에도 사다리와 포위로는 도시가 점령되지 않겠다고 내다보았다. 그런 작전은 분명 수행하기 어려운 것이었고, 다시 시도하면 다른 카르타고 사령관들이 지원하러 달려올 시간마저 줄 수 있었다.

하지만 첫 공격의 소음과 혼란이 잦아들자마자 스키피오는 체력이 온전한 병사들에게 지치고 다친 병사들로부터 사다리를 넘겨받아 더욱 정력적으로 도시를 공격하게 했다. 타라코 어부들은 작은 배를 타고 석호를 오가거나 혹은 배를 띄울 수 없을 정도로 물이 빠져나갔을 때 석호를 걸어서 건넜는데, 스키피오는 그렇게 하면 걸어서 도시 성벽으로 쉽게 건너갈 수 있다는 이야기를 전에 들은 바가 있었다. 그래서 물이 빠지고 있다는 소식을 듣자 그는 500명으로 된 부대를 이끌고 석호로 출발했다. 이때는 정오 무렵이었고, 상쾌한 북풍이 불어와 자연스럽게 물이 빠지는 방향으로 석호의 물을 흐르게 하고 있었다. 그리하여 석호에선 군데군데 모래톱이 드러났고, 어떤 곳에선 물이 배꼽까지, 다른 곳에선 물이 겨우 무릎 위까지 올라올 뿐이었다. 스키피오는 자신이 세심하게 탐구하여 발견한 이런 지리적 이

점을 신들의 기적적인 개입 덕분이라고 생각했다. 그는 신들께서 로마 인들을 위해 바다의 방향을 돌리고, 석호의 바닥이 드러나게 하고, 인간이 전엔 밟아보지 못한 길을 열어주셨다고 판단했다. 그는 휘하 병사들에게 넵투누스 바다의 신의 인도를 따라 석호를 가로질러 성벽으로 나아가라고 지시했다.

46. 내륙 쪽에선 로마 군 공격 부대가 무척 어려운 임무를 수행하고 있었다. 몹시 가파른 높이의 성벽도 문제였지만, 로마 군이 사다리를 오르면 두 방향에서 무기가 날아와 정면에서 싸울 때보다 더 큰 위험에 맞닥뜨렸다. 하지만 5백 병사와 함께 움직인 스키피오는 석호를 건너는 일이나 성벽을 넘어가는 일에 거의 문제가 없었다. 이쪽에는 석호가 존재한다는 사실과, 지형적 이점으로 인해 대비가 충분하다고 생각했는지 카르타고 군의 정교한 방어 시설은 없었다. 이곳엔 수비병이 배치되지 않았고, 따라서 공격하는 로마 군들의 움직임을 가로막을 적병도 없었다. 모든 적병은 위험이 드러난 곳으로 즉시 움직이려는 태세를 취하고 있었던 것이다.

그렇게 하여 스키피오는 저지를 당하지도 않고 도시로 들어왔고, 곧장 휘하 병사들을 전속력으로 성문으로 나아갔다. 전투는 성문 주위에 집중되었고, 양군의 관심과 정력은 이 전투에 집중되었다. 실제로 전투에 참가하고 있는 자들의 눈과 귀뿐만 아니라 그것을 지켜보고 격려하는 이들도 전투에 너무 열중하고 있어서, 도시가 후면을 통해 점령당했다는 걸 알아채지 못했다. 뒤에서 무기가 쏟아지듯 날아오자 비로소 앞뒤 양쪽에서 공격받고 있다는 걸 깨달았다. 그처럼 뒤에서 공격을 받자 그들은 공황에 빠졌다. 곧 성벽이 점령당했고 안팎으로 성문을 열려는 작업이 시작되었다. 곧 성문은 박살나서 파편이 날아다녔고, 길이 트이자 무장한 로마 인들이 돌격해 왔다. 이제 수천에 이르는 로마 군 병사들이 성벽 위에 몰렸고, 이어 사방으로 흩어져 주민들을 학살했다.

무너진 성문을 통해 들어온 전투 대형의 로마 군은 장교들의 적절한 지휘 아래 곧장 포룸으로 향했다. 포룸에서 스키피오는 적이 두 방향으로 탈출하려는 걸 봤다. 일부는 5백 명의 병사가 지키는 동쪽의 언덕으로, 나머지는 마고가 성벽에서 밀려난 거의 모든 병사를 모아 후퇴해 요새로 도망쳤다. 이에 따라 스키피오는 병력을 일부 떼어내어 언덕을 급습하게 했고, 자신은 남은 병력을 이끌고 요새 공격에 나섰다. 언덕은 1차 공격으로 점령되었다. 마고는 어떻게든 요새를 지키고자 애썼지만, 적이 연달아 사방에서 몰려오는 걸 보고 희망이 없다고 판단하여 항복했다. 요새가 항복하는 순간까지 도시 전역에서 학살은 계속되었고, 로마 인들은 보이는 대로 성인들은 모조리 죽였다. 학살을 중지하라는 신호가 떨어지자 승전군은 약탈에 나섰고, 도시에서 얻은 온갖 전리품은 막대한 양이었다.

47. 자유민 남자 중에 1만 명이 붙잡혔다. 스키피오는 이들 중 뉴 카르타고의 시민을 풀어주면서 그들의 도시와 빼앗은 재산을 돌려주었다. 2천 명 정도 되는 장인(匠人)들은 포고령을 통해 로마 인의 공노비가 되었고, 이들은 차후 필요한 전쟁 물자를 열심히 만들어 제공하면 자유를 얻을 수 있었다. 시민이 아닌 남자들과 신체 건강한 노예들은, 포획된 전함 여덟 척[15]이 추가되어 규모가 늘어난 함대에 노잡이 선원으로 배속되었다.

포획한 전쟁 물자의 양은 그야말로 엄청났다. 거대한 투석기

---

15   폴리비오스의 『역사』 10권 17장에 의하면 18척이다. 리비우스가 바로 이어지는 문장에서 언급한 노획물의 숫자는 그가 폴리비오스의 사료를 많이 참조했음을 보여준다.

120개와 그보다 작은 크기의 투석기 281개, 23개의 대형 노포와 52개의 소형 노포, 돌과 화살을 던지는 '전갈'이라 부르던 크고 작은 공성 무기들, 어마어마한 양의 장비와 투척 무기, 마지막으로 74개의 군기가 있었다. 여기에 더해 막대한 금과 은이 스키피오에게 넘어왔다. 276개의 황금 접시는 거의 모두 그 무게가 1파운드에 이르는 것이었고, 은은 주화와 은괴를 합쳐 18,300파운드에 이르렀다. 이외에도 수많은 은제 용기가 있었다. 이 모든 건 무게와 수량을 확인한 뒤에 재무관 플라미니우스에게 넘겨졌다. 밀은 40만 펙, 보리는 27만 펙을 얻었다. 로마 군은 항구에서 63척의 상선을 공격하여 붙잡았고, 몇몇 상선에선 화물로 실린 곡물, 무기, 청동, 쇠, 돛천, 밧줄을 만드는데 사용하는 에스파르토,[16] 선박 건조용 목재를 획득했다. 확보한 전쟁 물자가 너무나 막대하여 포획한 것들 중에서 도시 그 자체는 가장 중요도가 떨어지는 포획물이었다.

48. 승전한 날 스키피오는 라일리우스와 해군에 지시를 내려 도시를 지키게 했고, 자신은 지친 휘하 부대와 함께 진지로 물러났다. 병사들은 진지에서 보람 찬 휴식을 취했다. 하루 동안 그들은 모든 군사 작전을 끝마쳤다. 정규 교전에서 싸웠고, 극단적인 위험과 노고를 감수하며 도시를 점령했으며, 점령한 뒤엔 요새로 도망친 적과 형편이 나쁜 환경에서 싸웠다.

다음날 스키피오는 정규군과 해군을 소집하여 신들께 감사를 드리고 찬미했다. 그는 신들 덕분에 하루 만에 스페인에서 가장 부유한 도시의 주인이 되었을 뿐만 아니라 이전부터 그 안에 축적되어 온 스

---

16 스페인, 아프리카 북부 해안 지방에서 나는 띠 류의 풀. 종이, 바구니, 깔개, 자루, 끈, 그물 따위를 만들 때 사용한다.

페인과 아프리카의 모든 부도 가질 수 있게 되었다고 말했다. 이렇게 되어 적에겐 아무것도 남지 않았지만, 자신과 아군은 풍요로움을 한껏 누릴 수 있게 되었다고 자랑스럽게 말했다. 더 나아가 휘하 병사들에게 훌륭한 일을 해냈다며 감사를 표시했다. 적의 반격도, 드높은 성벽도, 깊이를 모를 석호도, 언덕의 요새도, 강하게 방비된 요새도 로마 군이 모든 장애물을 극복하고 돌파하는 걸 막을 수 없었다.

스키피오는 이 모든 성공이 장병이 고생한 덕분이라고 하면서도 가장 처음으로 성벽을 넘은 자에게 성벽관을 수여할 것이고 말했다. 스키피오는 이 영예를 받을 자는 앞으로 나오라고 지시했다.[17] 그러자 두 명이 자신이 성벽관을 받아야 한다고 주장했다. 하나는 4군단의 백인대장 트레벨리우스였고, 다른 한 사람은 디기티우스라는 해병이었다. 두 사람 사이의 경쟁도 치열했지만, 두 사람이 속한 부대의 장병들의 흥분한 모습도 그에 못지않았다. 함대를 지휘한 라일리우스는 해병의 편이었고, 투디타누스는 군단병의 편이었다. 논쟁이 거의 반란을 일으킬 지경까지 가자 스키피오는 세 명의 심판관을 두어 누가 먼저 성벽을 넘었는지 이야기를 듣고 결정하게 하겠다고 선언했다. 각 편을 대표하는 라일리우스와 투디타누스에 더해 푸블리우스 코르넬리우스 카우디누스가 중립적인 심판관으로 임명되었고, 이후 세 사람은 모여서 증언을 듣게 되었다.

이들은 전과 달리 휘하가 성벽관이라는 영예를 얻어야 한다는 당파심을 내세우기보다 흥분을 가라앉히려는 중재자처럼 행동했고, 군단병과 해병 간의 언쟁은 더욱 불타올랐다. 그 결과 라일리우스는 자

---

17 군사적 공훈을 공개경쟁에 의해 결정한다는 것은 로마 군 내에서는 드문 사례이다.

리를 떠나 스키피오에게 가서 상황이 완전히 통제할 수 없게 되어 경쟁하는 두 파벌이 당장이라도 서로 공격할 지경에 이르렀다고 보고했다. 이어 폭력이 발생하지 않더라도 거짓말과 부정을 내세운 경쟁을 통해 용맹을 치하하는 성벽관을 수여하는 지극히 끔찍한 선례를 남기게 될지도 모른다고 우려했다. 라일리우스는 스키피오에게 한쪽에는 군단병이, 한쪽에는 해병이 서서 자신이 아는 것이 아니라, 자신이 바라는 것이 사실이라고 신들에게 당장이라도 맹세하려고 한다고 했다. 이렇게 되면 그들과 그들의 목숨뿐만 아니라 군인, 군기, 독수리, 그리고 엄숙한 충성의 맹세에도 위증죄를 짓게 된다는 것이었다. 라일리우스는 카우디누스와 투디타누스도 이렇게 보고하겠다는 자신의 뜻을 지지했다고 보고했다.

스키피오는 라일리우스에게 감사를 표시한 다음, 다시 한 번 전군을 열병했다. 이어 그는 퀸투스 트레벨리우스와 섹스투스 디기티우스가 똑같이 성벽을 가장 먼저 넘었다는 걸 확신했고, 그에 따라 두 사람의 '용맹'을 기리고자 두 사람에게 모두 성벽관을 수여하겠다고 말했다. 이후 그는 다른 이들에게도 각각의 성과나 용기에 적합하다고 판단되는 상을 내렸다. 그는 특히 함대 지휘관인 라일리우스를 자신과 동급으로 대우하며 높이 칭찬하면서 금관과 서른 마리의 암소를 주었다.

49. 다음으로 스키피오가 한 일은 스페인 민족들의 인질들을 소환하는 것이었다. 여기서 나는 그들의 수를 명시하지 않겠다. 어떤 기록에서는 300명 정도라고 하고, 또 다른 기록에서는 3,724명이라고 한다. 역사가 사이의 이런 수의 불일치는 다른 사항에서도 드러난다. 예를 들면, 카르타고 주둔군은 기록에 따라 1만이기도 하고, 7천이기도 하고, 혹은 2천도 되지 않는다. 포로의 수는 1만이기도 하고 2만

5천을 넘기도 한다. 그리스 역사가 실레누스[18]의 기록을 따르면 크고 작은 '전갈'을 60개 포획했다고 적어야겠지만, 발레리우스 안티아스의 기록을 따르면 큰 것은 6천 개, 작은 것은 1만 3천 개였다. 역사가들의 거짓말은 정말로 그 끝이 보이지 않는다. 심지어 장교들에 관해서도 기록이 서로 일치하지 않는다. 대다수 기록에서 함대 지휘관을 라일리우스라고 하지만, 몇몇은 마르쿠스 유니우스 실라누스라고 한다. 발레리우스는 항복한 카르타고 주둔군 지휘관을 아리네스라고 하지만, 다른 역사가들은 마고라고 한다. 포획한 배들의 수, 금과 은의 무게, 자금의 양에 관해서도 기록들은 서로 모순된다. 무엇이든 추정치를 받아들이고자 한다면 양극단의 평균을 받아들이는 게 그나마 가장 진실에 가까울 가능성이 크다.[19]

인질들을 불러온 스키피오는 모든 인질과 포로에게 용기를 내라고 격려했다. 그들에게, 로마 인은 두려움보다 고마움으로 사람들을 결속하는 편을 선호하며, 유대 관계를 맺은 다른 나라들과 충실함과 공동의 목적으로 연관되지 노예처럼 참혹한 복종을 요구하지 않는다며 안심하라고 했다. 이어 스키피오는 다양한 공동체의 명칭을 알게 되었고, 포로들의 명단을 작성하고 어느 부족 소속인지를 확인한

---

18 실레누스는 한니발을 따라 종군했고 그리스어로 한니발 전쟁을 기록했다. 로마 역사가 코일리우스도 실레누스의 기록을 활용했다. 폴리비오스도 실레누스를 알고 있었지만 『역사』에서 그 이름을 거명하지는 않았다. 실레누스의 이름이 거명된 것은 여기 리비우스의 기록이 유일하다.

19 리비우스는 신빙성이 서로 다른 사료들에 대하여 어떤 것이 더 정확한 것인지 구분할 수 없음을 이런 식으로 표현하고 있다. 리비우스는 선배 역사가들의 역사서를 참고하면서 『로마사』를 집필했지만 여러 연대기들의 내용이 서로 다른 경우 철저하게 고증을 하거나, 다른 자료에 의해서 보충하려고 하기보다는 그 사료를 있는 그대로 제시하면서 독자들의 판단에 맡기기도 했는데 이것이 그런 경우이다.

뒤 전령들을 해당 부족들로 보내 가족을 찾아가라는 말을 전했다. 그는 부족의 사절이 그 자리에 있는 경우엔 인질이나 포로를 그들에게 즉시 내주었다.[20] 나머지 인질과 포로를 돌보는 임무는 재무관 플라미니우스가 맡게 되었다.

이런 절차를 밟는 동안 한 노파가 인질 무리에서 나왔는데, 그녀는 일레르게테스의 족장 인디빌리스의 형제인 만도니우스의 아내였다. 그녀는 스키피오의 발 아래에 엎드려 눈물을 흘리면서 위병들에게 특별한 관심과 주의를 기울여 여자들을 대하라는 명령을 내려 달라고 간청했다. 스키피오는 이에 즉시 그런 점에서 여자들은 고통을 당하지 않을 것이라고 답했지만, 노파는 다시 이렇게 말했다.

"우리가 걱정을 많이 하는 건 그런 것이 아닙니다. 우리 같은 처지에 충분하지 않은 것이 어디 있겠습니까? 저야 여자들이 겪을 고통을 겪기엔 너무 늙어 버렸지만, 이 젊은 아이들을 볼 때마다 다른 걱정을 하게 됩니다."

그 노파의 주위엔 한창 젊고 아름다운 인디빌리스의 딸들과 동등하게 고귀한 신분인 젊은 처녀들이 있었고, 모두 그녀를 어머니처럼 따랐다. 이에 스키피오는 이렇게 대답했다.

"나는 스스로 훈련한 것도 있고, 동포들에게 배운 바도 있어서 어디에서라도 신성한 것은 우리 사이에서 절대 침범당하지 않도록 애를 쓰고 있습니다. 이제 나는 이런 불행 속에서조차 진정으로 여자다운 품위를 잊지 않은 여러분의 용기와 위엄에 배운 바가 크니까 더욱 세밀하게 신경을 쓰도록 하겠습니다."

---

20 폴리비오스 『역사』 10권 20장에 의하면 스키피오는 타라코로 돌아가는 길에 그 인질을 데리고 갔다.

이어 스키피오는 고결함이 증명된 사람에게 그들을 맡겨 우방의 부인과 어머니들을 대하는 것처럼 예절과 배려로 그들을 대할 것을 지시했다.

50. 이 시점에 병사들은 또 다른 포로를 스키피오 앞에 데려왔다. 포로는 젊은 여자였는데, 무척 아름다워 지나갈 때마다 모두가 고개를 돌려 그녀를 쳐다봤다. 스키피오는 그녀에게 어디 출신인지, 부모는 누구인지 물었다. 이런저런 답변을 듣던 중 그녀는 자신이 켈티베리아의 젊은 족장 알루키우스의 약혼자라고 밝혔다. 그는 즉시 여자의 부모와 약혼자를 데려오라고 지시했고, 약혼자가 도착하자마자 자신의 부모를 대할 때보다 더욱 말을 가리면서 그 남자를 대했다. 그가 오기 전에 그 남자가 약혼녀를 얼마나 열정적으로 사랑했는지 이미 들었기 때문이었다.

"나는 또래인 젊은 남자에게 말을 하는 것처럼 그대에게 말하도록 하겠네. 내 말로 서로가 난처한 일이 없어야 하니까 말일세. 그대가 결혼하고자 하는 아가씨는 포로로 붙잡혀 병사들에 의해 내 앞으로 왔고, 나는 이제 그대가 얼마나 그녀를 깊이 생각하는지 알게 됐네. 실제로 그녀의 아름다움은 그대가 진실로 그렇다는 걸 쉽게 믿을 수 있게 할 정도더군. 내가 지금처럼 온전히 나라에 충성하지 않아도 되는 상황이었다면, 그리하여 청춘의 기쁨을 누릴 자유가 있었다면 나 역시 정직하고 고결한 사랑에 빠졌을 것이고, 마음껏 나의 신부를 열정적으로 사랑했을 것이네. 그래서 나는 그대들의 사랑을 축복하고자 하네. 그대의 신부는 내가 지극히 세심하게 보호하여 마치 부모, 그러니까 그대의 장인과 장모의 집에서 지내는 것과 전혀 다를 바가 없이 지냈네. 그녀는 나와 그대에게 가치 있는 신성한 선물로서 내가 잘 모셔두었다네. 내가 대가로 요구하는 건 한 가지뿐이네. 로마 인의 우방이 되어주게. 스페인 인들이 나의 아버지와 삼촌을 훌륭한 사람이라고 생각했던 것처럼, 그대가 나를 훌륭한 사람이라고 생각한다면 나는 그대에게 로마엔 우리와 같은 사람이 많으며, 오늘날 세상의 그 어떤 나라보다도 로마를 적이 아닌 친구로 둬야 한다는 걸 알려주겠네."

청년은 스키피오의 겸손한 말에 당황하면서도 기쁨을 주체하지 못했다. 그는 스키피오의 손을 잡고서 신들께 자신의 은인인 스키피오에게 상을 내려 달라고 기원했다. 자신의 마음에 찰 정도로, 또 그의 은혜에 마땅할 정도로 보답하는 일은 그의 재산을 전부 내어놓더라도 불가능했기 때문이었다. 이어 약혼녀의 부모와 친척들이 불려왔다. 그들은 무겁게 황금을 들고 와 몸값을 내려고 했지만, 딸이 아무런 대가 없이 풀려났다는 소식을 듣고 스키피오에게 선물로서 황금을 받아달라고 간청했다. 딸을 순결하게 돌려보내주었다는 사실에 정말로 감사를 표시하고 싶어 했다.

그들의 끈덕진 간청에 스키피오도 황금을 받아들이겠다고 답했다. 그는 황금을 자신의 발 앞에 내려놓으라고 했고, 이어 알루키우스를 불러 그에게 황금을 가져가라고 하면서 이렇게 말했다. "이 황금은 내가 그대에게 주는 결혼 선물일세. 장인에게 받을 지참금에 보태게나."

영예로운 대접과 엄청난 선물에 기쁨을 주체하지 못한 알루키우스는 고향으로 돌아가 동포들의 두 귀를 스키피오에 대한 찬사로 가득 채웠다. 그는 스키피오를 무력뿐만 아니라 관용과 온정으로도 대성공을 거둔 신과 같은 젊은 전사라고 칭송했다. 그는 자신에게 의지하는 자들을 모아 며칠 뒤에 정예 기병 1,400명을 데리고 스키피오에게 돌아왔다.

51. 스키피오는 라일리우스를 계속 곁에 두었고, 포로, 인질, 포획 물자를 처리해야 한다는 그의 조언을 받아들였다. 모든 준비가 갖춰지자 스키피오는 라일리우스에게 5단 노선 한 척을 내어주고 포로들을 여섯 척의 배에 나누어 싣고 로마로 가서 승전을 보고하게 했다. 이 포로들 중엔 마고와 15명 정도 되는 원로원 의원들이 포함되어 있었다. 스키피오는 뉴카르타고에 며칠 정도 남아 휘하 육군과 해군을 훈련시키기로 했다. 첫째 날, 군단병들은 전투 태세를 갖추고 6km가 넘는 거리까지 기동 훈련을 했다. 둘째 날, 병사들은 막사 앞에 열병하라는 지시를 받았고, 무기를 정비하고 청결히 하는 작업을 했다. 셋째 날, 병사들은 목검과, 날 부분을 감싼 투척 무기를 들고 모든 적절한 형태로 모의전을 펼쳤다. 넷째 날엔 휴식했고, 다섯째 날엔 완전 무장을 하고 기동 훈련을 실시했다. 뉴카르타고에 남아 있는 동안 로마 인들은 내내 훈련과 휴식을 번갈아 하며 보냈다. 노를 젓는 선원들과 해병들은 날씨가 좋으면 바다로 나가 모의 해전을 통해 빠른 기동전과 전함의 역량을 점검했다.

육지와 바다에서의 이런 모든 활동으로 병사들은 훌륭한 신체 운동을 했을 뿐만 아니라 사기도 더욱 올라갔다. 도시에서는 온갖 분야의 대장장이와 장인들이 공영 작업장에서 끊임없이 소리를 내면서 전쟁 준비 작업을 열심히 하고 있었다. 스페인에선 사령관의 세심한 눈길이 닿지 않는 곳은 없었다. 그의 시선은 어느 때는 함대나 부두를 주목했고, 어느 때는 기동 훈련을 하는 보병을 향했고, 어느 때는 작업장, 무기고, 부두에서 날마다 경쟁하듯 일하는 노동자들을 둘러보았다.

이 모든 걸 시작으로 그 다음엔 성벽의 파손된 부분이 재건되었고, 도시를 지키고자 주둔군이 배치되었다. 스키피오는 그 후 타라코로 떠났다. 진군 중에 수많은 사절단이 그에게 찾아왔고, 그는 몇몇에 겐 즉석에서 답변을 주어 떠나보냈고, 다른 몇몇에겐 타라코에 도착할 때까지 답변을 미루겠다고 대답했다. 타라코에 도착한 그는 지시를 내려 옛 동맹과 새로운 동맹을 전부 불러들였다. 카르타고 지휘관들은 처음엔 의도적으로 뉴카르타고의 함락 소식을 감추었다. 이후 누가 봐도 명백한 사실을 숨기거나 부정할 수 없게 되자 그들은 어느 날 예상하지 못한 은밀한 기습으로 도시 하나가 함락된 것일 뿐이라고 하며 그 일을 경시하는 듯한 태도를 취했다. 거만한 젊은 지휘관이 별것 아닌 성공을 대승으로 생각하고 과도한 기쁨에 도취되어 있다는 것이었다. 그들은 자신들이 이끄는 세 부대가 다가오면 애송이 장군은 곧 아버지와 삼촌의 죽음을 다시 떠올리게 될 거라고 말하기도 했다. 카르타고 장군들은 이 문제에 관해 평민들에게 그렇게 큰소리쳤지만, 실제로는 뉴카르타고의 함락으로 막대한 자원을 잃었다는 걸 그 누구보다도 잘 알고 있었다.

제 27 권

로마의 타렌툼 탈환,
메타우루스의 승리

1. 이상이 스페인의 상황이었다. 그러는 사이 이탈리아에서 집정관 마르켈루스는 주민의 배신을 통해 살라피아를 손에 넣은 뒤 삼니움 인들을 급습하여 마르모레아이와 멜레스의 두 도시를 점령했다. 한니발이 그곳에 남겨둔 3천여 명의 주둔군은 붙잡혀 죽임을 당했다. 전리품은 상당한 양이었고, 이는 모두 병사들에게 돌아갔다. 다른 물자에 더해 24만 펙의 밀과 11만 펙의 보리를 얻었다. 하지만 이 성과로 얻은 만족감은 며칠 뒤 헤르도네아 근처에서 당한 패배로 빛바래게 되었다.

집정관 대리 그나이우스 풀비우스는 칸나이 회전 이후 카르타고로 넘어간 헤르도네아를 되찾을 생각으로 인근에 진을 쳤다. 그가 있던 위치는 자연 환경상 별로 좋지 못한 곳이었고, 수비하기에도 적절치 못했다. 게다가 풀비우스 특유의 부주의함은 점점 더 심해졌다. 한니발이 살라피아를 잃은 후 브루티움으로 떠나자, 헤르도네아 주민들이 슬슬 카르타고 군과 멀어지게 되었다는 보고를 들은 뒤에 풀비우스는 성공의 희망이 높아지면서 더욱 부주의해졌다. 헤르도네아에서 은밀하게 보낸 전령들은 이 모든 상황을 한니발에게 보고했고,

한니발은 동맹 도시를 지켜서 계속 통제하는 건 물론이고, 방심한 적을 공격하여 허를 찌를 수 있겠다는 생각을 하게 되었다. 따라서 그는 경무장 병력을 데리고 진군했고, 어찌나 빠르게 움직였던지 누군가 그가 오고 있다는 걸 깨닫기도 전에 현장에 나타났다. 로마 군의 불안과 혼란을 더 가중시키고자 그는 휘하 부대에게 전투 대형을 갖추게 한 채로 도시로 접근했다. 그를 상대하게 될 로마 군 장군은 전략과 전력에서 열세였지만, 대담함만은 뒤질 것이 없었다.

풀비우스는 서둘러 진지에서 병사들을 이끌고 나가 전투를 개시했다. 5군단과 좌익은 엄청난 투지로 전투에 임했지만, 한니발은 대비가 되어 있었다. 양군 보병대 간에 전투가 벌어져 신경이 모조리 그곳에 쏠려 있을 때 한니발은 기병대에 지시를 내려 측면을 돌아 일부는 로마 군 진지를 공격하게 하고, 일부는 로마 군 보병대를 뒤에서 공격하게 하여 혼란을 일으키고자 했다. 동시에 그는 로마 사령관의 이름을 업신여기며 희롱했다. 그는 2년 전에 여기서 법무관 그나이우스 풀비우스를 물리쳤는데 여기서 또 한 번 동명이인과 맞닥뜨리게 되었다며 이름이 같으니 결과도 같을 것이라고 조롱했다.

그러한 한니발의 예상은 틀리지 않았다. 보병간 접전에서 로마 인들은 심각하게 밀리고 있었음에도 군기를 유지하며 대열이 무너지지 않고 있었다. 하지만 후방에서 갑자기 적의 기병이 돌격해오면서 전황은 놀라울 정도로 급변했다. 설상가상으로 동시에 진지에서 적의 함성이 들려왔다. 그러자 제2선이 누미디아 인의 공격에 뒤로 밀린 6군단이 먼저 무너졌고, 이어 5군단과 선봉 부대들이 공격을 받았다. 로마 군 일부는 목숨을 구하고자 도망쳤고, 다른 이들은 서 있던 자리에서 전사했다. 이런 전사자 중엔 풀비우스와 11명의 천인대장들이 있었다.

얼마나 많은 로마와 동맹 병사들이 이 전투에서 전사했는지 확실하게 말할 수 없다. 어떤 기록에선 전사자를 1만 3천으로, 다른 기록에선 7천 이하로 표기했다. 승전군은 진지를 점령하고 거기에 있던 모든 걸 가져갔다. 자신이 인근을 떠나면 헤르도네아가 카르타고 동맹을 버리고 로마로 넘어간다는 사실을 알게 된 한니발은 헤르도네아를 잿더미로 만들었고, 모든 주민을 투리이와 메타폰툼으로 이주시켰다. 풀비우스와 밀담을 나눈 주요 인사들은 처형되었다. 이 참사에서 생존한 로마 인들은 장비 절반을 잃고 여러 경로로 탈출하여 삼니움으로 와서 집정관 마르켈루스에게 합류했다.

2. 마르켈루스는 로마 군이 이런 심각한 패배를 당했는데도 전혀 동요하지 않았다. 그는 헤르도네아에서 사령관과 휘하 병력이 패배했다는 걸 로마 원로원에 보고했다. 하지만 이전에 자신이 칸나이 승리로 자만에 빠진 한니발에게 패배를 안겼으니 이번에도 진군하여 그와 일전을 벌여 그가 누리는 승리의 기쁨을 빠르게 사라지게 하겠다고 말했다. 로마에서는 그런 확신이 없었다. 앞으로 어떤 일이 벌어질지 몰라 두려워했고, 막 벌어진 참사에 대하여 커다란 슬픔을 느꼈다.

하지만 마르켈루스는 삼니움에서 루카니아로 나아갔고, 언덕에 진을 친 한니발을 보자 누미스트로 근처 평지에 진을 쳤다. 마르켈루스는 자신의 확신을 드러내 보이기라도 하듯 먼저 전투 대형을 펼쳤고, 한니발은 적의 진지 밖으로 나오는 로마 군의 군기들을 보고 교전에 응했다. 카르타고 우익은 어느 정도 언덕 위까지 펼쳐져 있었고, 로마 좌익은 도시에 자리를 잡고 있었다. 로마 1군단과 우익이 한니발의 스페인 부대와 발레아레스 투석병 부대와 맞붙음으로써 전투가 시작되었다. 한니발은 개전 초기에 코끼리를 전선에 투입했다. 양군은 오랜 시간 싸웠지만 어느 쪽도 승기를 잡지 못했다. 이른 아침부터 해질녘까지 전투가 계속되었고, 최전선이 지치자 3군단이 1군단을, 좌익이 우익을 대체하게 되었다. 카르타고 군도 생생한 병사들이 지친 전우들의 뒤를 이었고, 이렇게 육체와 정신이 왕성한 자들이 참전하자 시들해지던 전투는 곧바로 새로운 기세로 불타올랐다. 하지만 어둠이 내려와 양군은 승패를 결정짓지 못한 채로 물러났다.

다음날 로마 군은 전투 대형을 유지한 채로 동틀녘부터 오전 늦게까지 교전을 기다렸지만, 적은 단 한 명도 응전하지 않았다. 대신 카르타고 군은 한가로이 전리품을 모으고 전사자들을 모아 불태웠다. 이어 밤이 되자 한니발은 은밀하게 군대를 움직여 아풀리아로 들어갔다. 날이 밝자 적이 사라진 걸 알게 된 마르켈루스는 즉시 그들을 뒤쫓았고, 로마 군 부상병들은 누미스트로에 남겨두고 프로푸리오라는 장교에게 소규모 부대를 주어 지키게 했다. 베누시아 근처에서 마르켈루스는 한니발에게 접근했고, 그 후 며칠 동안 간헐적으로 전투가 벌어졌다. 전초 기지에 소규모 공격을 가하기도 하고, 기병대와 보병대가 교전이라기보다는 소규모 접전을 벌이기도 했지만, 전투로 이득을 보는 건 거의 로마 인들이었다. 그곳에서부터 양군은 아풀리아를 따라 이동했지만, 본격적 회전이 벌어지는 일은 없었다. 한니발은 늘 적을 함정에 빠뜨릴 장소를 찾기 위해 밤에 이동했고, 마르켈루스는 밤이 아니라 낮에만, 그것도 세심한 정찰을 한 후 적을 뒤쫓았다.

3. 그러는 사이 카푸아에선 풀비우스 플라쿠스가 주요 시민들의 재산을 팔아버리고, 몰수한 땅은 곡물을 받고 임대하는 일에 몰두했다. 이 때 그는 정보원들에 의해 새로운 범죄가 꾸며지고 있다는 걸 알게 되었다. 그에게는 늘 도시를 엄하게 처벌할 일이 생기는 듯했

다. 얼마 전 그는 로마 군 병사들이 숙소로 사용하던 집에서 모두 나오게 했다. 땅과 함께 집을 임대하려는 목적도 있었지만, 휘하 병사들이 도시의 과도한 편의 시설에 익숙해져 한니발의 병사들이 그랬던 것처럼 나약하게 변할 것을 우려했기 때문이다. 그렇게 하여 플라쿠스는 병사들이 성문과 성벽을 따라 설치한 막사에서 거주하게 했다. 이렇게 세운 막사 대다수는 윗가지와 판자로 된 것이었고, 몇몇은 꼰 갈대와 초가지붕으로 된 것이라 무척 허술하여 불에 타기 쉬웠다.

그러자 블로시우스 형제가 이끄는 170명의 카푸아 인 무리는 어느 날 밤 로마 군 막사를 전부 불태우려는 계획을 세웠다. 이런 음모 계획은 블로시우스 형제의 몇몇 노예들에 의해 밀고되었다. 집정관 대리는 이에 성문을 즉시 닫고 병사들을 전부 소집했다. 죄가 있는 자들은 모조리 붙잡혔고, 철저한 취조 끝에 그들은 전부 유죄 선고를 받고 처형당했다. 음모를 밀고한 노예들은 자유민이 됐고, 1만 아스를 보상금으로 받았다. 그 화재로 인해 누케리아와 아케라이 주민들은 살 곳이 없다며 불평했다. 실제로 아케라이는 일부가 전소되었고, 누케리아는 완전히 파괴됐던 것이다. 풀비우스는 이들에게 로마 원로원에 가서 호소하라고 하면서 그곳으로 보냈다. 아케라이 인들은 불로 파괴된 건물을 다시 짓는 것이 허락되었고, 누케리아 인들은 그들의 선택에 의하여 아텔라로 이주했다. 아텔라 인들은 칼라티아로 이주하라는 지시를 받았다.

유리하기도 하고 불리하기도 한 이런 혼잡한 일들 가운데서도 로마 인들은 **타렌툼** 요새에 있는 병사들을 잊지 않고 있었다. 마르쿠스 오굴니우스와 푸블리우스 아퀼리우스는 식량 조달 위원 자격으로 에트루리아에 가서 타렌툼 요새에 댈 곡물을 사들였다. 그리고 도시에 주둔 중인 군단에서 로마 군 5백명과 동맹군 5백명을 각각 차출하여 타렌툼 요새로 보내어 주둔군 임무를 계속 수행하게 했다.

4. 여름이 끝나가고 있어 집정관 선거가 다가오고 있었다. 하지만 마르켈루스가 보낸 서신은 집정관 선거에 어려움을 제기했다. 그는 한니발을 뒤쫓고 있지만 계속 도망치고 응전하지 않는 상황에서, 현장을 비우고 로마로 돌아가는 것은 최악의 정책이라고 보고했기 때문이다. 그리하여 원로원은 두 가지 대안이 있었는데 둘 다 그리 좋은 것은 아니었다. 하나는 적극적으로 교전 중인 집정관을 전장에서 불러들이는 것이고, 다른 하나는 다음 해 집정관들을 선출하지 않는 것이었다. 하지만 이런 상황에선 관례를 무시하는 게 최선으로 보였고, 그리하여 원로원은 시칠리아에서 집정관 발레리우스 라이비누스를 불러들이기로 했다. 원로원 지시에 따라 로마 시의 법무관 루키우스 만리우스는 라이비누스에게 서신을 보내면서 마르켈루스의 편지도 함께 동봉하여 원로원이 동료 집정관 대신 그를 임지에서 불러들이는 이유를 납득시켰다.

이즈음 아프리카의 시팍스 왕이 카르타고 인들을 상대로 올린 성과를 보고하기 위해 로마에 사절단을 보냈다. 사절단은 왕이 카르타고 인들에게 최악의 적이자 로마의 가장 가까운 친구라고 하면서 전에 작고한 그나이우스와 푸블리우스 스키피오에게도 사절을 보낸 적이 있다고 말했다. 사절단은 왕이 로마 원로원과 직접 우호 관계를 맺고 싶어 하는 뜻을 전했다. 원로원은 사절단을 정중하게 대했고, 우호의 증표를 보여주고자 게누키우스, 포이텔리우스, 포필리우스 세 사람을 선물과 함께 왕에게 보냈다. 선물은 토가, 보라색 튜닉, 상아 의자, 5파운드 무게의 황금 잔 등이었다. 세 명의 로마 사절은 원로원의 지시에 따라 다른 아프리카 군주들도 만나 가장자리에 장식을 단 토가와 3파운드 무게의 황금잔을 선물로 건넬 예정이었다. 마르쿠스 아틸리우스와 만리우스 아킬리우스도 사절로서 알렉산드리아를 방문하여 프톨레마이오스와 클레오파트라를 만나 두 군주에게 양국 간 우호 관계를 상기시키면서 예전부터 내려오는 유대관계를 강화하는 임무를 맡았다. 두 군주에게도 역시 선물을 증정했는데, 왕에게는 토가와 보라색 튜닉, 상아 의자를, 여왕에겐 수를 놓은 망토와 보라색 망토를 전했다.

여름 동안 많은 초자연적 현상이 인근 도시와 농장에서 보고되었다. 투스쿨룸에선 젖통에서 우유를 흘리는 양이 태어났고, 유피테르 신전 꼭대기가 벼락에 맞아 거의 지붕 전체가 날아갔다. 거의 같은 시기 아나니아에선 성문 앞의 마당에 벼락이 떨어졌고, 발화물질이 주위에 없는데도 밤과 낮을 가리지 않고 불타올랐다. 디아나 숲에 있는 도시 옆 교차로 근처에선 새들이 나무에다 마련한 그들의 둥지를 떠났다. 타라키나에선 항구에서 그리 멀지 않은 곳에 거대한 뱀이 나타나 마치 물고기가 장난을 치듯 바다로 뛰어들었다. 타르퀴니이에선 사람 얼굴을 가진 돼지가 태어났고, 카페나 근처의 페로니아 숲에선 네 개의 조각상이 밤낮을 가리지 않고 엄청난 피를 흘렸다. 이런 두려운 현상이 벌어지자 대사제들의 명령으로 다 자란 제물을 바쳐 적절한 절차에 따른 속죄 의식이 거행되었고, 로마와 페로니아 숲(카페나)에서 하루 동안 모든 신들의 침상에 기원을 드리라는 포고령이 내려갔다.

5. 집정관 라이비누스는 로마에서 온 서신을 받고서 임지에서 떠날 준비를 했다. 그는 시칠리아와 휘하 병력을 법무관 킨키우스에게 맡기고 함대 지휘관 메살라에게 소함대를 이끌고 아프리카로 가서 해안을 습격하고 카르타고가 어떤 활동과 준비를 하고 있는지 정보

를 모으라고 지시했다. 이어 라이비누스 본인은 열 척의 전함을 이끌고 로마로 떠났다. 안전하게 로마에 도착한 그는 즉시 원로원 회의를 소집하고 성과를 보고했다. 그는 시칠리아가 거의 60년 동안 수륙 양면으로 전쟁을 겪었으며, 그러는 동안 많은 참사가 있었지만 자신이 최종적으로 해결했다고 보고했다. 이제 시칠리아 섬에는 카르타고인이 남아 있지 않으며, 섬 밖으로 나가 있는 시칠리아 인도 없다는 것이었다. 피난민은 모두 돌아왔으며, 도시와 농장에 다시 정착하여 예전처럼 땅을 갈고 씨를 뿌렸다. 방치된 땅은 다시 경작되어 소유주에게 도움이 될 작물을 생산하고 있으며, 앞으로 시칠리아는 평시에나 전시에나 로마에 추가로 보급을 해주는 지속적인 곡창 역할을 할 것이었다. 로마에 귀중한 도움을 준 무티네스[1]와 다른 이들은 원로원으로 초대되었고, 집정관은 약속을 지킨 그를 명예롭게 대우했다. 무티네스는 로마 시민권을 부여받게 되었고, 호민관들은 원로원의 승인 아래 그와 관련된 법안을 시민들에게 제출했다.

그러는 사이 메살라는 50척의 전함을 이끌고 해가 뜨기 전에 아프리카 해안에 도착했다. 그는 예기치 못하게 우티카 근처에 상륙했고, 주변 지역을 광범위하게 습격하여 수많은 포로와 온갖 귀중한 자원을 포획하여 안전하게 배로 돌아왔다. 그는 이어 시칠리아를 떠난 지 13일 만에 릴리바이움으로 돌아왔다. 포로들을 심문한 그는 집정관 라이비누스 앞으로 다음과 같은 아프리카 상황 보고서를 제출했다: '카르타고에는 마시니사와 함께 5천 누미디아 인들이 있는데, 지휘자 마시니사는 갈라의 아들로서 빈틈없고 정력적인 전사이다. 아프

---

1 아그리겐툼을 로마 군에 넘겨준 인물. 참조. 25권 40장.

리카 전역에서 부대가 모집되는 중이고, 이 부대는 스페인의 하스드루발과 합류하기로 되어 있다. 그 후 하스드루발은 최대한 빨리 대군을 이끌고 이탈리아로 넘어가 한니발과 합류할 예정이다. 카르타고인들은 이렇게 두 부대가 연합하면 로마에 승리할 수 있다고 확신한다. 여기에 더하여 시칠리아를 수복하고자 강력한 함대가 조직되는 중이고, 머지않아 시칠리아 섬으로 접근할 것이다.'

　이런 내용의 보고서를 받은 원로원은 크게 동요했고, 집정관이 선거를 주관하고자 로마에 남아 있는 건 어리석은 일이라고 생각했다. 이에 라이비누스는 선거를 주재할 독재관을 임명하고 곧바로 임지로 돌아가게 되었다. 하지만 한 가지 문제가 있었다. 집정관은 시칠리아에서 함대를 지휘하는 발레리우스 메살라를 독재관으로 임명하겠다고 고집했지만, 원로원은 로마 영토, 즉 이탈리아 경계 밖에 있는 사람이 공식 독재관으로 임명되는 걸 거부했다. 호민관 루크레티우스는 정식으로 이 문제를 민회에 제기했다. 이에 원로원은 집정관에게 도시를 떠나기 전에 누구를 독재관으로 임명할지 시민들에게 묻고 그들의 뜻에 따라 임명하라고 지시했다. 집정관이 거부하면 법무관이 대리하고, 법무관도 거부하면 호민관들이 시민들의 뜻을 묻기로 되었다. 라이비누스는 자신의 권한에 속하는 문제를 시민들에게 묻고 싶지 않다며 거부했고, 법무관도 이어서 거부했다. 따라서 호민관들이 시민들에게 이 문제를 제기했고, 시민들은 카푸아에 있는 퀸투스 풀비우스를 독재관으로 지명하라는 뜻을 표명했다.

　민회가 열리기로 한 날 라이비누스는 어둠을 틈타 시칠리아로 떠났고, 곤경에 처한 원로원은 마르켈루스에게 서신을 보내어, 그가 시민들이 선정한 사람을 독재관으로 임명함으로써 그의 동료 라이비누스가 저버린 나라를 구해달라고 요청했다. 이에 따라 마르켈루스

는 풀비우스를 독재관으로 임명했고, 풀비우스는 시민 투표의 권위
에 의하여 대사제인 푸블리우스 리키니우스 크라수스를 사마관으로
임명했다.

6. 독재관은 로마로 돌아오는 길에, 블라이수스(카푸아에서 풀비우스
의 부사령관으로 근무한 인물)를 에트루리아로 보내 법무관 칼푸르니우스
의 병력을 인수하라고 지시했다. 독재관은 또 칼푸르니우스에게 편
지를 보내 카푸아와 그곳에 주둔한 병력을 인계받으라고 지시했다.
이어 독재관은 가능한 한 가장 빠른 날짜에 선거를 개최하겠다고 선
언했다. 하지만 그와 호민관들 사이의 논쟁으로 인해 심각한 문제가
발생했다. 첫 투표의 권리를 추첨으로 얻은 갈레리아 켄투리아의 젊
은이들은 집정관으로 퀸투스 풀비우스와 퀸투스 파비우스를 선택했
고, 정식으로 투표를 했더라면 다른 켄투리아도 그들의 뜻을 따랐을
것이었다.

하지만 호민관인 가이우스와 루키우스 아렌니우스가 개입하여, 그
런 식으로 임기를 늘리는 것은 법에 위배될 뿐만 아니라 선거를 주재
하는 자를 집정관으로 임명하는 건 그보다 더 위험한 선례를 남길 것
이라고 주장했다. 그에 따라 그들은 독재관 풀비우스가 집정관 후보
로 이름을 올리는 절차가 진행된다면 거부권을 행사하겠다고 말했
다. 동시에 풀비우스를 대신할 후보자가 나오면 거부권을 행사하지
않겠다는 뜻도 밝혔다. 이에 독재관은 원로원의 권위, 시민들의 명백
한 의지, 선례 등을 인용하며 선거 절차에 문제가 없음을 밝혔다. 그
는 세르빌리우스가 집정관이었을 때 동료 집정관 플라미니우스가
트라시메네 전투에서 전사하자 원로원의 권위로 시민들에게 법안이
제출되었고, 시민들은 전쟁이 이탈리아에서 지속되는 한 예전에 집
정관을 지낸 사람을 다시 집정관으로 임명하고 싶다는 뜻을 표시했

음을 지적했다. 나아가 그는 선례를 통해 과거 인테르렉스였던 루키우스 포스투미우스 메겔루스는 자신이 주재하는 선거에서 가이우스 유니우스 부불쿠스와 함께 집정관에 선출되었다는 점도 지적했다. 또한 그는 최근의 사례로서, 국가 이익이 아니었더라면 절대로 더 이상 집정관 직무를 계속하지 않았을 퀸투스 파비우스의 사례도 들었다.

논쟁은 오랜 시간 계속되었고, 마침내 독재관과 호민관들은 원로원 결정에 따르자고 합의했다. 원로원은 시국이 위중한 만큼 지휘권은 노련하고 경험 많은 군인에게 맡기는 게 적절하다고 판단했고, 호민관들은 결국 그들의 고집을 거둬들였다. 그에 따라 선거가 계속됐고, 퀸투스 파비우스 막시무스(5선)와 퀸투스 풀비우스 플라쿠스(4선)가 집정관으로 선출되었다. 필로, 크리스피누스, 투불루스, 아우룬쿠레이우스가 법무관으로 임명되었다. 이렇게 하여 다음 해(기원전 209년) 공직자 선거가 완료됐다. 풀비우스는 독재관에서 물러났다.

여름이 끝나가던 즈음 하밀카르가 지휘하는 40척의 카르타고 함대가 사르데냐로 건너와 올비아 영토를 급습했다. 법무관 볼소가 휘하 군대와 함께 나타나자, 카르타고 함대는 빙 둘러 사르데냐 섬의 다른 쪽으로 가서 칼라레스 영토를 급습한 뒤 온갖 포획한 물자를 가지고 아프리카로 돌아갔다.

많은 로마 사제가 이해에 숨을 거뒀고 그에 따라 후임자들이 임명되었다. 가이우스 세르빌리우스는 티투스 오타킬리우스 크라수스를 이어 대사제가 되었고, 티베리우스 셈프로니우스 롱구스(티베리우스의 아들)는 티투스 오타킬리우스 크라수스의 후임자로서 복점관이 되었다. 종교 의례를 수행하는 10인 성직 위원회 위원으로는 티베리우스의 아들 티베리우스 셈프로니우스 롱구스가 가이우스의 아들 티

베리우스 셈프로니우스 롱구스의 뒤를 이었다. 렉스 사크로룸(rex sac-
rorum: 제사의 왕)인 마르쿠스 마르키우스와, 수석 쿠리오²인 마르쿠스
아이밀리우스 파푸스가 사망했지만, 당해 그들의 공백을 채울 사제
들은 임명되지 않았다. 이해에 루키우스 베투리우스 필로와 대사제
인 푸블리우스 리키니우스 크라수스가 감찰관이 되었다. 크라수스는
이전에 집정관이나 법무관을 지내지 않았지만, 곧장 토목건축관리관
에서 승진하여 감찰관이 되었다. 하지만 이 감찰관들은 원로원 의원
의 명단을 수정하거나 공식 임무를 수행하지는 않았다. 그들의 임기
는 필로가 사망하며 끝났고, 그의 동료 크라수스도 필로의 사망 직후
에 사임했다. 쿠룰레 토목건축관리관들은 로마 게임을 되살려서 하
루 동안 개최했고, 평민 출신의 토목건축관리관 퀸투스 카티우스와
루키우스 포르키우스 키리누스는 케레스 신전에 벌금으로 거둔 돈
으로 만든 청동상 여러 개를 봉헌했다. 그들은 또한 당시 형편상 빈
약한 재원치고는 아주 화려한 평민 게임들을 개최하기도 했다.

　7. 그해 말에 스키피오의 부사령관인 라일리우스는 타라코를 떠
난 지 30일 만에 로마에 도착했다. 수많은 군중이 그가 포로와 함께
도시로 들어오는 걸 보고자 모여들었다. 그는 도착한 날에 스페인의
전과를 보고했다. 스페인의 수도인 뉴카르타고를 하루 만에 점령하
고 적에게 넘어간 수많은 도시를 회복했으며, 로마 동맹에 새로운 도
시들을 포함시켰다는 것이었다. 그가 포로들에게서 얻은 정보는 메
살라가 서신으로 보내온 내용과 대체로 일치했다. 원로원을 가장 불
안하게 여긴 건 하스드루발 부대가 이탈리아에 곧 도착한다는 것이

2　로마의 부족은 30개의 쿠리아로 나누어지는데 각 쿠리아에는 종교의식을 관리하는 사
　　제가 있는데 그를 가리켜 쿠리오라고 했다.

었다. 로마는 한니발 혼자만의 병력도 견디기가 버거운 상황이었는데 카르타고 증원군이 온다니 여간 걱정이 되지 않았다. 민회에서 라일리우스는 스페인에서의 군사 활동에 관해 원로원에서 했던 보고를 반복했다. 원로원은 스키피오의 성과를 기념하는 날을 하루 지정하여 공식적으로 감사하는 행사를 개최하자고 결정했고, 라일리우스에게는 최대한 빨리 휘하 전함들을 이끌고 스페인으로 돌아가라고 지시했다.

많은 역사가들은 이해에 뉴카르타고 도시가 함락되었다고 했지만, 몇몇 역사가는 그다음 해에 함락되었다고 기록했다. 나는 후자가 별로 가능성이 없다고 생각한다. 그 이유는 그렇게 되면 스키피오가 아무것도 하지 않은 채 스페인에서 한 해를 보냈다는 뜻이 되기 때문이다.

새로운 집정관들인 퀸투스 파비우스 막시무스(5선)와 퀸투스 풀비우스 플라쿠스(4선)은 3월 15일부터 임기를 시작했다. 두 사람은 이탈리아를 임지로 결정하되, 지역적으로 통치의 영역을 나누기로 했다. 그리하여 파비우스는 타렌툼 지역에서, 풀비우스는 루카니아와 브루티움 지역에서 지휘권을 행사하게 되었다. 마르켈루스의 지휘권은 한 해 더 연장되었다. 추첨에 따라 법무관들이 담당할 임무는 다음과 같았다. 도시 사법권은 투불루스가, 갈리아와 외국인에 관한 사법권은 필로가, 카푸아는 크리스피누스가, 사르데냐는 아우룬쿨레이우스가 맡았다. 병력 분배에 관해 말하자면, 풀비우스는 시칠리아에서 라이비누스의 지휘를 받던 두 개의 군단을 인계받게 되었고, 파비우스는 에트루리아에서 칼푸르니우스가 지휘하던 군단들을 인수했다. 티투스 퀸크티우스는 카푸아로 가서 풀비우스가 지휘하던 병력을 넘겨받았다. 호스틸리우스는 아리미눔에 있던 법무관 대리 라이토리우스의 병력을 인수했다. 마르켈루스는 집정관 때 맡은 병력을 그대로 지휘하게 되었다.

시칠리아에 있는 라이비누스와 킨키우스의 지휘권도 연장되었고, 그들에겐 칸나이 잔존 병력이 주어졌다. 또한 이들은 그나이우스 풀비우스의 군단들에서 생존자들을 뽑아 쓰라는 지시도 받았다. 집정관들은 이들을 모아 시칠리아로 보냈고, 이들은 칸나이 생존자들처럼 똑같은 불명예스러운 조건을 안게 되었다. 이들이 시칠리아로 이동된 건 전장에서 수치스러운 행동을 보인 것에 대해 원로원이 내린 처벌이었다. 사르데냐의 아우룬쿨레이우스는 이전에 그 섬에서 만리우스 볼소가 지휘하던 군단들을 받았고, 술피키우스의 지휘권은 한 해 더 연장되었고, 이전과 같은 지역을 맡아 함대를 이끌면서 마케도니아를 저지하기로 되었다. 30척의 5단 노선이 시칠리아에서 타렌툼의 집정관 파비우스에게 보내질 것이며, 함대의 나머지 전함은 아프리카 연안을 습격하는 데 투입되었다. 라이비누스는 직접 공격을 지휘하거나 아니면 킨키우스 혹은 메살라에게 공격을 대행시킬 것이었다. 스페인에 관해선 한 가지를 제외하곤 변화가 없었다. 변화된 것은 스키피오와 실라누스의 지휘권이 한 해가 아니라 원로원이 다시 불러들일 때까지 무기한 늘어난 것이었다. 이렇게 당해 연도(기원전 209년)의 다양한 부대와 전역(戰域)이 분배되었다.

8. 모두가 나름대로 중요한 문제들에 집중하고 있었지만, 마르쿠스 아이밀리우스를 이을 최고 쿠리오 선거 과정 중에 오래 반복되어 온 논쟁이 또다시 불거졌다. 귀족들은 선거에 평민인 가이우스 마밀루스 아텔루스가 나와서는 안 된다고 주장했는데, 그 근거는 이전에 최고 쿠리오는 귀족만 맡았다는 것이었다. 호민관들은 이 문제를 원로원에 넘겨 호소했고, 원로원은 시민들이 결정하도록 위임하자는

안을 냈다. 그 결과 아텔루스는 평민 출신으로는 최초로 최고 쿠리오에 임명되었다.

대사제 푸블리우스 리키니우스는 별로 달가워하지 않던 가이우스 발레리우스 플라쿠스를 할 수 없이 유피테르의 사제로 임명했다. 사망한 무키우스 스카이볼라를 대신하여 가이우스 라이토리우스가 종교 의례와 희생 의식을 수행하는 10인 성직 위원회의 위원이 되었다.

나는 대사제의 생각과 다르게 사제가 임명된 일을 그냥 넘어갈 생각이었다. 하지만 사제에 임명된 플라쿠스의 성격이 나쁜 쪽에서 좋은 쪽으로 바뀌었으므로 기록해둘 만하다고 본 것이다. 가이우스 플라쿠스는 젊은 시절에 난잡하고 방탕한 삶을 살았고, 그의 형제 루키우스와 다른 친척들은 그의 이런 악행을 미워했다. 따라서 이런 이유로 대사제 리키니우스는 그를 사제 자리에 앉히는 것을 망설였다.

그러나 실제로 종교 의례를 주관하게 되자 그는 갑자기 다른 사람이 되었다. 전에 보이던 나쁜 습관들은 모두 사라졌고, 그와 직접적인 관련이 있든 없든 주요 원로원 의원들은 로마의 젊은이들 중에서 그를 가장 높게 평가했다. 그가 회개하여 새 삶을 살고 있다는 일반적인 인식 덕분에 그는 사제가 원로원 회의장에 입장할 수 있는 특권을 되살리게 되었다. 해당 특권은 사제들에 대한 악평으로 오래전부터 유보되어 온 것이었다. 플라쿠스가 원로원 회의장에 들어왔을 때 법무관 리키니우스가 그를 호위하여 회의장 밖으로 데리고 나갔다. 이후 그는 호민관들에게 사제는 자색 가장자리의 토가와 쿠룰레 의자를 사용하는, 고대로부터의 권리가 있다고 호소했다. 법무관은 권리나 특권은 옛날 기록에서 캐낸 케케묵은 선례를 근거로 하는 게 아니라 사례별로 최근의 관행을 근거로 하는 것이라며, 유피테르의 사제 중 그 누구도 지난 두 세대 동안 그런 특정한 특권을 누리지 못했다고 응답했다. 호민관들은 그런 권리의 쇠퇴는 사제직의 문제가 아니라 사제 개개인의 부족함 때문에 벌어진 일이라며, 플라쿠스에게 동조하는 의견을 내놓았다. 이에 법무관조차 더 이상 반대하지 못했고, 원로원과 시민들은 모두 플라쿠스의 원로원 입장에 동의했다. 사제 플라쿠스는 호위를 받으며 다시 회의장으로 들어갔다. 그는 사제직의 권리보다는 평소 사제로서 순수한 생활을 했기 때문에 그런 특권을 얻게 된 것이었다.

집정관들은 임지를 향해 로마를 떠나가기 전에 도시의 2개 군단에 필요한 병력을 모집했다. 그 군단은 야전에 나가 있는 다른 군단에서 지원병력 요청이 있을 때 즉각 응하기 위한 예비 부대였다. 집정관 풀비우스는 형제이자 부사령관인 가이우스에게 지시하여 기존 로마 병력을 에트루리아로 데려가고 그곳에 있는 군단들을 로마로 데려오게 했다. 동료 집정관인 파비우스는 패배한 그나이우스 풀비우스 부대의 생존자(총 4,344명)를 소집하여 아들 퀸투스 막시무스에게 이 생존자들을 시칠리아의 집정관 대리 메살라에게 넘겨주고, 그에게서 2개 군단과 30척의 5단 노선을 인수하라고 지시했다. 이렇게 병력이 빠져나갔지만, 섬을 지킬 전력이 실질적으로, 혹은 크게 줄어들지는 않았다.

메살라는 2개 군단의 병력을 모집한 것에 더하여, 기병과 보병을 불문하고 많은 숫자의 누미디아 탈영병을 휘하의 병력으로 보유하고 있었다. 뿐만 아니라 그의 휘하엔 에피키데스나 카르타고 군을 위해 싸웠던 노련한 시칠리아 전사들도 배속되어 있었다. 이런 외국 부대를 휘하 두 군단에 각각 포함시킴으로써 완벽한 2개 군단의 모양새를 갖출 수 있었다. 그는 킨키우스에게 군단 하나를 주어서 예전에 히에로의 왕국이었던 섬 지역을 지키게 했고, 다른 군단은 자신이 직접 이끌며 나머지 섬 지역을 지켜냈다. 이 지역은 로마[3]와 카르타고가 서로 영향력을 나눠 행사하던 곳이었다. 70척의 전함으로 구성된 함대 역시 나눠져 섬의 해안 주변 전체 지역을 방어했다. 메살라는 정기적으로 무티네스의 기병대와 함께 섬을 순회하며 농장들에 들렀다. 그는 경작이 제대로 되고 있는지 아닌지를 확인하여 그에 맞게 소유주들을 칭찬하거나 책망했다. 메살라가 이처럼 깊은 관심을 보이자 농장들은 훌륭한 수확을 올렸다. 그 덕분에 메살라는 곡물을 로마와 카타나에 보낼 수 있었고, 이어 카타나에서 타렌툼 근처 진지에서 여름을 보낼 부대들에게도 곡물이 전달되었다.

9. 거대한 사건들은 종종 사소한 사건들이 단서가 되어 벌어진다. 시칠리아로 이동된 부대들은 대부분 라틴 동맹이나 동맹국들에서 온 병사들이었으며, 그들의 상황은 심각한 폭동이 일어나기 직전이었다. 라틴 동맹이나 동맹국에서 열리는 회의에서는 불평 소리가 들리기 시작했다. 그들은 이렇게 말했다.

"9년 동안 돈과 사람을 부담하는 바람에 말라 죽게 생겼으며, 거의 해마다 심각한 패배를 당했습니다. 일부는 전투에서 죽고, 다른 일부는 질병에 걸려 실려 나갔습니다. 로마 군에 끌려간 동포들의 소식은 카르타고 군에 붙잡힌 전쟁 포로들의 소식보다 더 듣기 힘듭니다. 카르타고 군은 몸값을 받지도 않고 포로들을 보내주지만, 로마 인들은 이탈리아 밖으로 끌고 나가 싸우게 하니 참전보다는 추방에 가까운 꼴입니다. 칸나이 생존자들은 이제 7년 동안 해외에서 썩고 있습

---

3   예전에 시칠리아는 서쪽은 카르타고, 동쪽은 시라쿠사(그리스 인)가 나누어 통치했다. 따라서 여기서 '로마'는 '그리스'의 오기가 아닌가 생각된다. 시라쿠사 왕국의 서쪽을 로마가 점령했다는 얘기는 앞에서 나온 게 없기 때문이다.

니다. 이러다간 지금 어느 때보다도 강력한 카르타고 인들이 이탈리아 밖으로 쫓겨가기 전에 늙어 죽을지도 모릅니다. 옛날에 보낸 병사들은 고향으로 돌아오지 못하고 늘 새로운 병사들이 징집되니 곧 남자라고는 하나도 남지 않게 생겼습니다. 상황이 이러하니 우리 도시가 철저하게 황폐화되어 결핍에 시달리기 전에, 그러니까 어쨌든 상황 때문에 로마의 요청을 도저히 들어줄 수 없게 되기 전에, 우리가 먼저 로마의 요구를 거부하는 게 낫습니다. 동맹국이 전부 이처럼 생각하는 걸 로마 인들이 알게 된다면 그들은 곧 평화 협정을 맺는 쪽으로 생각을 전환하게 될 겁니다. 그렇지 않으면 한니발이 살아 있는 동안에 이탈리아는 절대 전쟁에서 자유로울 수 없습니다."

이상이 그들의 회의에서 자주 나오는 주장이었다.

이 시기에 서른 곳의 라틴 식민시(植民市)들이 로마에 사절단을 보냈다. 서른 곳의 사절단이 모두 모인 가운데 열두 곳은 병사나 자금을 댈 자원이 없다고 집정관들에게 말했다. 이 열두 곳은 아르데아, 네페테, 수트리움, 알바, 카르세올리, 소라, 수에사, 키르케이, 세티아, 칼레스, 나르니아, 인테람나였다. 로마는 이런 일은 전혀 생각지도 못한 것이라 엄청난 충격을 받았다. 집정관들은 이런 말도 안 되는 결정을 단념시키려고 했고, 온화한 수단보단 엄정한 책망을 해야만 저들이 더욱 쉽게 따를 것이라 판단했다. 그들은 사절단들의 주장은 지극히 무례한 것이며, 자신들은 그들의 주장을 절대 원로원에 전하지 않겠다고 말했다. 그런 말 자체가 군사적인 의무를 거부하는 것일 뿐만 아니라 공개적으로 반란을 하겠다는 얘기라는 것이었다.

집정관들은 이에 따라 그들은 서둘러 고국으로 돌아가 가공할 죄가 말로 그치는 게 아니라 행동으로 커지기 전에 동포들과 함께 새로 입장을 논의할 것을 조언했다. 집정관들은 사절단들에게 그들이 캄파니아 인이나 타렌툼 인이 아닌 로마 인이라는 걸 본국 주민들에게 상기시키라고 말했다. 그들은 로마의 혈통에서 비롯되었고, 로마 종족을 늘리고자 무력으로 정복한 새로운 땅에 정착한 사실을 잊지 말라는 게 집정관들의 당부였다. 더 나아가 집정관들은 여전히 옛 고국을 기억하고 의무나 애정이라는 유대 관계로 옛 고국과 묶인 걸 떠올린다면 자식이 부모에게 신세를 졌다는 감정을 로마에게 느낄 것이라고 했다. 사절단들이 방금 한 말은 로마를 배신하고 한니발에게 승리를 넘겨주겠다는 무모한 결정이니 반드시 재고할 것을 요구했다.

오랫동안 집정관들이 그런 식으로 설득하려 애를 썼지만 사절들은 흔들리지 않았다. 그들은 고국에 전할 말도 없으며, 고국의 정부가 새로 결정할 것도 없다고 대답했다. 고국에는 징병할 병사가 단 한 명도 없으며 지급할 자금이 단 한 푼도 없다는 것이었다. 집정관들은 사절들이 진심을 말하고 있다는 것을 확신하고 이를 원로원에 보고했다. 그러자 원로원은 공황에 빠졌고, 많은 의원이 로마의 지배는 끝났다고 중얼거렸다. 다른 식민시들도 그들과 똑같이 행동할 것이며, 동맹국들도 뻔하다는 것이었다. 모든 도시가 로마를 배신하고 한니발에 붙을 생각을 하고 있다는 것이었다.

10. 집정관들은 다른 식민시들은 자신의 의무를 기억하고 로마에 충실할 것이라고 하면서 의원들을 위로하고 격려하려 했다. 원로원이 식민시들에 사절들을 보내 품위를 지키면서 엄정하게 요구한다면, 불순한 마음을 먹은 식민시들조차도 로마의 통치를 다시 존중하게 될 것이라고 말했다. 원로원은 두 집정관에게 국익에 도움이 되는 행동은 뭐든지 하라는 지시를 받았다. 이에 집정관들은 먼저 다른 식민시들의 태도를 타진하고 사절단을 보내 공식 합의에 따라 병사들을 준비했는지 물었다.

프레겔라이의 마르쿠스 섹스틸리우스는 18개 식민시를 대신하여 병사들이 준비되었고, 병력이 더 필요하다면 더 징병하겠다고 했다. 그는 식민시들은 로마 인이 바라거나 지시하는 다른 어떤 일에도 최선을 다할 것이라고 말했다. 그는 그 목적을 위해 식민시들은 충분한 자원을 마련했으며, 로마를 도우려는 투지는 그보다 더 충만하다고 했다. 집정관들은 원로원이 공식 회의에서 감사를 표하기 전에 자신들이 먼저 개별적으로 감사를 표하는 건 부적절한 일이라고 답했다. 이어 원로원에게 이런 고무적인 사실을 보고했다. 원로원은 가장 명예로운 말로 그들에게 찬사를 보냈으며, 집정관들은 그들을 시민 앞으로 데려와 그들이 과거부터 지금까지 고귀한 일을 수도 없이 해왔고, 이번에 로마를 위해 해준 일도 그런 고귀한 일 중 하나였음을 공식적으로 선언하라는 지시를 받았다.

이 모든 건 아주 오래전 일이다. 하지만 나는 로마에 충성을 지켜서 합당한 찬사를 받은 공동체들의 이름을 언급하지 않고 그냥 넘어갈 수 없다. 그들은 다음과 같다. 시그니아, 노르바, 사티쿨라, 프레겔라이, 루케리아, 베누시아, 브룬디시움, 하드리아, 피르뭄, 아리미눔. 남쪽 바다 근처에 있는 도시로는 폰티아이, 파이스툼, 코사가 있었고, 내륙으로는 베네벤툼, 아이세르니아, 스폴레툼, 플라켄티아, 크레모나가 있었다.

그 무렵 이런 식민시들의 지원으로 로마는 굳건하게 버틸 수 있었고, 그들에 대한 감사 인사는 원로원과 시민 앞에서 그들에게 정식으로 전달되었다. 원로원은 로마에 대한 복종을 거부한 열두 공동체는 아예 상대하지 말라는 지시를 내렸다. 집정관들은 해당 공동체들이 보낸 사절들에게 말하거나, 물러가게 하거나, 머무르게 하는 일을 금지당했다. 그들은 침묵의 처벌을 받았다. 이 침묵은 로마의 위엄에 가장 부합하는 대응책으로 느껴졌다.

집정관들이 전쟁에 필요한 모든 조치를 하는 동안에, 국고에 비축된 금(해방된 노예의 주인에게 부과한 5퍼센트의 세금)을 쓰는 것으로 결정되었다. 이 금은 심각한 비상사태에서만 사용하려고 국고에 귀중하게 보관해 오던 것이었다. 그렇게 4천 파운드의 금이 국고에서 나왔고, 집정관들과 집정관 대리 마르켈루스와 술피키우스, 그리고 갈리아에서 작전을 지휘하는 법무관 베투리우스에게 각각 5백 파운드의 금이 내려갔다. 집정관 파비우스는 타렌툼 요새로 보낼 1백 파운드의 금을 추가로 받았다. 나머지는 스페인에서의 적극적 활동으로 로마 정부와 현지 사령관이 지역 주민들의 호평을 받을 수 있게 해준 병사들의 군복을 사들이는 데 사용하기로 되었다.

11. 원로원은 또한 집정관들이 로마를 떠나기 전에 특정한 초자연적 현상들에 대하여 희생 제의를 통하여 속죄할 것을 결정했다. 알바누스 산에선 유피테르 조각상이 벼락을 맞았고, 신전 근처 나무에도 벼락이 떨어졌다. 오스티아에선 샘에 벼락이 쳤고, 카푸아에선 성벽과 <운명>의 신전에, 시누에사에선 성벽과 성문에 벼락이 떨어졌다. 여기에 더해 알바누스 연못 일부엔 피처럼 붉은 물이 흘렀고, 로마에선 포르스 포르투나 신전의 성소 내부에 있던 조각상의 머리 주변에 고정된 화관이 아무런 이유도 없이 조각상의 손 쪽으로 떨어졌다. 프리베르눔에선 황소가 말을 했고, 시민들이 포럼을 가득 채웠을 때 독수리가 가게로 내려와 앉았다. 시누에사에서는 반은 여자이고 반은 남자인 성별이 모호한 아이가 태어났다. 라틴 인들보다 복합어를 훨씬 잘 사용하는 그리스 인들의 대중적인 용어를 쓰자면 남녀추니가 태어난 것이었다. 시누에사에선 우유비가 내렸고, 코끼리의 머리를 한 남자 아이가 태어났다. 이런 기현상은 다 자란 제물을 바치는 것

으로 속죄되었고, 원로원은 포고령을 내려서 모든 신들의 침대에 기원을 올리고 특별히 신들께 간청하는 날을 하루 지정했다. 원로원의 결정에 의하여 법무관 호스틸리우스는 당시의 절차에 따라 아폴로신을 기리는 게임들을 맹세하고 기념하기로 되었다.

이즈음 집정관 풀비우스는 감찰관 선거를 개최했고, 마르쿠스 코르넬리우스 케테구스와 푸블리우스 셈프로니우스 투디타누스가 선출되었다. 두 사람 모두 이전에 집정관을 지낸 경력이 없었다. 원로원의 뜻으로, 새로운 감찰관들이 카푸아 주변 농지를 경작용으로 임대한다는 법안을 민회에 제시했다. 그 법안은 통과되었다.

원로원 의원들의 명단 갱신은 원로원 의장을 임명하는 문제를 두고서 감찰관들 사이에 벌어진 논쟁으로 연기되었다. 의장은 셈프로니우스가 선택할 수 있었지만, 동료인 코르넬리우스는 전통은 지켜야 한다면서 그에 맞게 처음으로 전직 감찰관을 지낸 사람을 의장으로 선출해야 한다고 끈질기게 주장했다. 그의 말에 따르면 의장은 티투스 만리우스 토르콰투스가 맡아야 했다. 셈프로니우스는 신들께서 추첨을 통해 자신에게 의장을 선택할 권리를 부여하셨고, 또한 누구를 선택할지 재량도 부여하셨다고 주장했다. 그는 자신의 판단으로는 퀸투스 파비우스 막시무스가 의장 적임자라고 말했다. 이어 파비우스가 로마의 대표 시민이라는 건 한니발조차 부인할 수 없을 거라고 주장했다.

논쟁은 오래 지속되었지만, 결국 코르넬리우스가 양보함으로써 집정관 파비우스가 셈프로니우스에 의해 의장으로 지명되었다. 나머지 의원들이 명단에 등재된 뒤에 여덟 명이 명단에서 제외되었고, 그들 중엔 칸나이 패배 이후 이탈리아를 포기하자는 악명 높은 제안을 한 카이킬리우스 메텔루스도 포함되어있었다. 비슷한 절차가 기사 계급에 적용되어 그들도 견책을 받았지만, 특정 악행을 저지른 자는 극소수였다.

칸나이 생존자로서 시칠리아에서 기병으로 복무하던 병사들은(그 수가 많았다) 말을 빼앗겼다. 그들에 대한 처벌은 복무 기간을 더 늘림으로써 더욱 가혹해졌다. 국가가 제공한 말을 타고 참전한 전쟁은 복무 기간에 반영되지 않았을 뿐더러 스스로 말을 마련하여 열 번의 전쟁에 참전해야 되었던 것이다. 감찰관들은 또한 기병으로 복무했어야 하는 수많은 남자들을 모아 그들을 시민 계급 중에 가장 낮은 아이라리우스[4]로 강등시켰다. 이들은 모두 전쟁이 시작할 때 17살이어서 징집 대상이었으나 군 복무를 피해 다녔다. 감찰관들은 이어 포룸 주변 화재로 전소된 것들, 즉 일곱 상점과 식량 시장, 그리고 아트리움 레기움을 다시 건설하는 계약을 발주했다.

12. 로마에서 필요한 일이 모두 끝나자 집정관들은 전쟁터로 떠났다. 풀비우스가 먼저 카푸아로 떠났고, 며칠 뒤에 파비우스도 로마를 떠났다. 파비우스는 동료 집정관에게는 직접, 그리고 마르켈루스에게는 편지를 보내어 자신이 타렌툼에 작전을 펼치는 동안 최대한 아풀리아에서 격렬하게 한니발과 교전해달라고 부탁했다. 카르타고 군은 도시를 잃게 되면 모든 방면에서 패배하여 저항할 곳도 없고, 후방을 맡길 수 있는 곳도 없게 되어 이탈리아에서 물러나게 될 것이라는 얘기였다.

파비우스는 이어 라이비누스가 브루티움 인에게 대응하기 위해 레기움에 배치한 주둔군의 지휘관에게 메시지를 보냈다. 그 주둔군

---

4 아이라리우스는 투표권도, 공직을 맡을 권리도 없는 최하층 시민을 가리킨다. 아이라리이는 아이라리우스의 복수형. 참조. 24권 18장.

은 시칠리아에서 넘어온 강도와 산적 8천 명으로 구성되었고(대다수가 전에 언급한 바와 같이 아가티르나에서 왔다), 여기에 브루티움 탈영병들도 더해졌는데, 그들은 세상의 풍파에 시달려 아주 무모하고 경솔한 면이 있었다. 파비우스의 메시지는 이 무리들이 먼저 브루티움으로 나아가 농장과 작물을 최대한 훼손하고 카울로니아라는 도시에 공격을 가하라는 것이었다. 그들은 아주 정력적으로 혹은 아주 즐거워하면서 그 명령을 수행했다. 그들은 브루티움 농부들을 혼비백산 도망가게 하고 실컷 약탈한 후에 전력을 다해 도시를 공격했다.

마르켈루스는 파비우스의 활기찬 공격을 주문하는 편지에 자극을 받기도 했고, 또 자신이 다른 로마 장군들보다 한니발을 더 잘 상대할 수 있다고 생각하여 전원 지역에서 충분히 식량을 구하자마자 월동 진지를 떠나 카누시움 근처에 있는 한니발과 만났다. 한니발은 로마를 버리고 카르타고의 편에 서라고 카누시움을 설득하고 있었지만, 마르켈루스가 접근하고 있다는 소식을 듣고 그곳을 떠났다. 그 지역 주변은 탁 트여 있어 함정을 놓기에 적합한 곳이 아니었으므로 한니발은 숲이 우거진 지역으로 나아갔다. 마르켈루스는 그를 바짝 추격했고, 늘 한니발이 진을 친 근처에 진을 쳤다. 그는 방어 시설을 성공적으로 세우면 곧바로 병사들을 모아 전투에 나서게 했다. 한니발은 총력전은 피하고 경무장한 창병 혹은 기병 부대를 때때로 보내 소규모 접전을 펼치는 것으로 만족했다.

하지만 그럼에도 불구하고 한니발은 피하고 싶은 전투에 어쩔 수 없이 휘말렸다. 그는 어둠을 틈타 움직였고, 마르켈루스는 그를 쫓아 움직였다. 지형이 평평하고 탁 트여 있으면 한니발이 진지를 강화하려고 할 때마다 마르켈루스가 사방에서 공격을 가해 그 작업을 방해했다. 그렇게 전투가 시작되었다. 양군은 마침내 교전을 벌였고, 점점 전면전처럼 변해갔다. 전투는 해질녘 가까이 이어졌고, 결말을 내지 못한 채로 중단되었다. 양군 진지는 무척 가까운 거리에 있었고, 그들은 완전히 어두워지기 전에 부대를 철수하여 각자의 진지를 서둘러 강화했다. 다음날 동틀녘이 되자 마르켈루스는 다시 전장으로 나왔고, 한니발도 도전을 거부하지 않았다.

한니발은 트라시메네와 칸나이를 기억하여 적의 자만심을 박살내자는 연설을 하면서 휘하 장병들을 격려했다. 그는, 로마 인들이 계속 카르타고 군의 후방을 압박하여 전투를 하지 않고서는 한 발짝도 못 움직이게 하고 있으며, 진지를 세울 기회도 주지 않고, 숨을 돌리거나 주변을 둘러볼 짬도 주지 않는다고 말했다. 매일 아침 해가 뜨면 로마 군이 전열을 갖추고 덤벼든다는 것이었다. 그는 이에 도전을 받아들여 적을 피 흘리게 하면 장차 더욱 차분하고 조용하게 전쟁을 수행할 수 있을 것이라고 말했다.

한니발의 병사들은 사령관의 격려에 고무되었다. 더욱이 그들은 끊임없이 쫓아오면서 매일 도발을 멈추지 않는 로마 인들의 자신감 넘치는 모습에 짜증이 났다. 카르타고 병사들은 열의에 불타 공격하러 나섰고, 두 시간 넘게 전투가 이어졌다. 로마 군에선 우익과 선별된 동맹 부대들의 기세가 약해지기 시작했다. 이에 마르켈루스는 18군단을 최전선으로 내세웠지만, 별 효과가 없었다. 그의 휘하 병력 중 절반이 서둘러 물러났고, 다른 절반은 천천히 전선으로 움직이다가 곧 혼란에 빠져들었다. 로마 군의 혼란은 패주로 이어졌고, 병사들은 공황에 빠져 의무는 잊은 채 그들은 목숨을 구하려고 달아났다. 패주 이전과 패주 도중에 로마 인과 동맹국의 사람을 합쳐 약 2,700명의 병사가 전사했다. 그들 중엔 네 명의 로마 백인대장과 두 명의 천인대장(리키니우스와 헬비우스)도 들어 있었다. 먼저 달아난 날개

부대에서 군기 네 개가, 무너지기 시작한 동맹을 구원하고자 움직인 군단에서 군기 두 개가 분실되었다.

13. 진지로 돌아온 마르켈루스는 핏대를 올리며 휘하 장병들을 신랄한 말로 꾸짖었고, 그들에겐 불같이 화를 내는 사령관의 말이 패배한 전투보다도 더욱 견디기 힘들었다. 마르켈루스는 이렇게 말했다. "이런 상황에서 할 소리인지는 모르겠지만, 신들께 감사하고 찬사를 드릴 수밖에 없군. 제군이 공포에 빠져서 보루 쪽으로 달아나 그 문을 통과할 때 승전한 적이 우리 진지를 공격하지 않았으니 말이야. 그랬다면 제군은 전장에서 자기 자리를 제대로 지키지 못한 겁쟁이였으니 진지도 확실히 포기했겠지. 그렇게 두려움에 빠지다니 대체 이게 무슨 꼴인가? 제군이 누구인지, 싸우는 적이 누구인지 갑자기 잊기라도 했단 말인가? 그들은 제군이 지난 여름 전장에서 격파하고 쫓아다닌 바로 그 적이란 말이네. 지난 며칠 동안 밤낮으로 우리의 추격을 뿌리치고 도망치려던 그 적이기도 하지. 제군이 질릴 때까지 딱 달라붙어 괴롭히고, 어제만 해도 제군의 방해로 움직이거나 진을 치는 것도 제대로 못했던 바로 그자들이라고. 제군이 자랑할 만한 성과에 관해서 나는 아무런 말도 하지 않겠네. 나는 제군이 부끄러워하고, 후회할 일만 말할 생각이야. 어제 제군은 훌륭하고 비등한 전투를 펼쳤고, 어두워지자 전투가 중단되었지.

그건 어제 일이고, 오늘 현재를 보자고. 지난밤과 오늘 사이에 대체 무슨 일이 있었던 거지? 제군의 힘이 그 몇 시간 사이에 약해지거나 한니발의 힘이 강해지기라도 했단 말인가? 나는 지금 이런 말을 듣고 있는 제군이 로마 군인이라는 걸 믿을 수가 없네. 제군의 몸뚱이와 무기만 로마 군인의 것일 뿐이지. 그 몸뚱이에 로마 군인의 정신이 들어 있었다면 적이 제군의 등을 볼 수 있었겠나? 대대나 중대가 군기를 빼앗기는 일이 있었겠느냐 말이야. 여태까지 한니발은 로마 군단을 괴멸시킨 것만 자랑할 수 있었는데, 오늘 제군이 처음으로 한니발에게 로마 군단을 패주시켰다는 자랑거리를 안겨 주었어."

병사들의 대열에서 오늘 벌어진 후회스러운 일에 대해 용서를 구하는 외침이 들리자 마르켈루스는 자신이 원할 때 한 번 더 그들의 용기를 시험하겠다고 말했다. "제군, 나는 당연히 그리 할 것이다. 내일 제군을 이끌고 전투에 임하여 패자가 아닌 승자가 될 것이니, 제군은 승리하여 오늘 요구한 용서를 받도록 하라."

마르켈루스는 군기를 잃은 대대들에 보리를 배급하게 하고, 군기를 빼앗긴 중대의 백인대장들에겐 칼을 뽑고 허리띠를 차지 않은 채로 물러나게 했다. 사령관의 지시에 따라 모든 기병과 보병은 다음날 무장한 채로 도열하기로 되었다. 이렇게 장병들이 해산되었고, 모두가 질책이 마땅하다고 생각했다. 그들은 그날 벌어진 전투에서 로마군 전열에서 진짜 사나이는 사령관 하나뿐이었다는 걸 인정했고, 다음 전투에서 죽음이나 영광스러운 승리로 그에게 보답하기로 결심했다.

다음날 그들은 명령에 따라 완전 무장하고 나타났다. 마르켈루스는 그들의 모습에 만족감을 표시하며 전날 패주를 시작했던 부대들과 군기를 잃어버린 대대들을 최전선에 세우겠다는 뜻을 밝혔다. 사령관은 모든 장병이 개인적으로나 단체로나 온 힘을 다해 싸워 이겨야 하며, 어제의 패배 소식이 오늘의 승전 소식보다 더 빨리 로마에 도착하는 걸 막아야 한다고 당부했다. 장기전이 된다면 체력이 충분해야 하므로 장병들은 잘 먹고 쉬어 두라는 지시도 받았다. 장병들의 전투력을 북돋울 수 있는 모든 말과 행동이 이루어진 후에, 로마 군은 전투 대형으로 움직이며 앞으로 나아갔다.

14. "이 얼마나 기이한 일인가!" 한니발은 이 모든 상황을 보고 받고서 탄식했다. "우리는 성공을 하든, 실패를 하든 성에 안 차는 적과 상대하고 있구나. 이겨도 패자에게서 손을 떼지 않고, 져도 패배를 안긴 자에게 다시 싸움을 걸어오니 말이다." 그는 바로 명령을 내려 나팔을 울리게 하여 휘하 병력이 전장에 나서게 했다. 양군이 펼친 전투는 전날과 비교도 되지 않을 정도로 격렬했는데, 카르타고 군은 전날 얻은 영광을 계속 지키려 했고, 로마 인들은 패배로 입은 수치심을 떨쳐내려고 더욱 맹렬히 덤벼들었다. 로마 군에서는 좌익 부대와 군기를 잃은 대대들이 선봉에서 싸웠고, 우익에선 18군단이 나섰다. 고위 장교 렌툴루스와 네로가 양쪽 날개를 지휘했다.

마르켈루스는 중앙에서 장병들을 격려하며 직접 그 결과를 살펴보고 있었다. 한니발의 군대에선 최정예인 스페인 군대가 최전선을 맡았다. 승패가 나지 않는 싸움을 한참 한 뒤에 한니발은 적진에 혼돈과 공포를 일으킬 생각으로 코끼리들을 전선에 투입하라고 지시했다. 적진은 처음엔 실제로 혼돈과 공포 그 자체였다. 군기와 대열은 혼란에 빠졌고, 코끼리의 공격이 닿는 곳에 있던 몇몇 로마 군 병사들이 밟혀 죽었다. 다른 병사들은 대열을 무너뜨리고 도망쳤고, 전열 일부에 구멍이 생겼다.

이때 천인대장 가이우스 데키미우스 플라부스가 선봉 첫 중대의 군기를 뺏아 들고 자신을 따르라고 하지 않았더라면 이런 패주는 더욱 심각해졌을 것이다. 그는 코끼리들이 굳게 뭉쳐 엄청난 혼란을 유발하고 있는 곳으로 병사들을 이끌고 가서 창을 코끼리에게 던지라고 지시했다. 그렇게 던진 무기는 표적에 명중했다. 실제로 그런 크기의 짐승이 밀집한 상태라 창을 맞추는 건 전혀 어려운 일이 아니었다. 하지만 모든 코끼리가 창에 맞은 건 아니었다. 등에 창이 꽂힌 짐승들은 몸을 돌려 도망쳤고, 원래 이런 짐승들은 믿을 수가 없는 것이어서, 다치지 않은 짐승들마저 다친 짐승들을 따라 도망쳤다. 이후 앞서 창을 던졌던 중대뿐만 아니라 모든 병사가 허겁지겁 도망치는 코끼리들을 쫓으며 창을 던졌다. 궁지에 몰린 짐승들은 주인에게 달려들었고, 카르타고 군은 로마 군에게 입힌 것보다 더한 학살을 당하고 말았다. 그건 그럴 수밖에 없다. 짐승은 기수의 통제를 받을 때보다 공포의 통제를 받을 때 더 맹렬하게 달려들기 때문이다.

곧 로마 보병대는 적의 전열을 공격했고, 코끼리가 달려들어 이미 균형이 무너진 카르타고 군 대열은 쉽게 무너졌고 빠르게 퇴각했다. 마르켈루스는 기병대에게 추격을 지시했고, 이런 도망자들에 대한 추격은 그들이 진지로 피신할 때까지 계속되었다. 패주하는 군대는 진지로 돌아가는 것도 쉽지 않았다. 바짝 추격하는 로마 군 때문에 이미 좋지 못한 상황인 데다 설상가상으로 코끼리 두 마리가 진지 입구에서 죽어 버려서 길이 막히는 바람에 도랑이나 벽을 전력으로 넘어야 진지로 들어갈 수 있었다. 그들은 약 8천 병사와 코끼리 다섯 마리를 잃었다. 하지만 로마 군도 무혈 승리를 한 건 아니었다. 두 군단에서 1,700명 정도 전사자가 나왔으며, 동맹군에선 1,300명 이상의 전사자가 나왔다. 또한 많은 수의 로마 시민과 동맹 시민이 부상을 당했다. 그날 밤 한니발은 진지를 거두어서 다시 행군에 나섰고, 마르켈루스는 당장이라도 뒤쫓으려고 했지만, 다친 병사들이 많아 그렇게 하지 못했다.

15. 적을 따라잡고자 파견한 정찰병들은 다음날 한니발이 브루티움으로 움직이고 있다고 보고했다. 이즈음 히르피니 인, 루카니아 인, 볼케이 인이 그들의 도시에 있던 한니발의 주둔군을 넘기면서 집정관 풀비우스에게 항복했다. 풀비우스는 항복한 도시들을 다정하게

받아들이며 그들이 과거에 저지른 잘못을 나무라는 것으로 그쳤다. 브루티움 인들 역시 집정관이 자신들에게도 관용을 보일 것을 기대했다. 그리하여 그들 중 가장 고귀한 혈통인 비비우스와 파키우스 형제가 루카니아 인들에게 허락된 조건으로 항복할 수 있게 해달라고 집정관을 찾아와 요청했다.

집정관 파비우스는 살렌티니 인 영토의 도시 만두리아를 기습하여 점령했고, 약 4천 명이 붙잡혔으며 상당한 양의 자원을 얻었다. 그곳에서 그는 타렌툼으로 진군했고, 항구 입구 바로 앞에 자리를 잡았다. 그는 라이비누스가 보급품을 호송할 때 쓴 전함들에 노포(弩砲), 방어 시설을 공격하는 장비, 투석기, 돌, 온갖 종류의 투척 무기를 실었다. 그는 상선에도 비슷하게 장비를 갖췄다. 노에 의존하여 항해하는 가벼운 배들도 장비를 갖추도록 했다. 그렇게 하면 일부 선원은 육지에 상륙할 경우에 노포와 사다리를 성벽 가까이에 댈 것이었고, 그러는 사이 다른 선원들은 원거리에서 성벽의 수비병을 괴롭힐 수 있을 것이었다. 이런 배들은 전부 탁 트인 바다에서 도시를 공격할 준비를 마쳤다. 카르타고 함대는 필리포스가 아이톨리아 인들을 공격하려고 준비하는 필리포스에게 합류하기 위해 코르키라로 갔으니, 로마 군 함대는 적에게 방해받을 일도 없었다. 그러는 사이 브루티움에선 카울로니아를 포위하던 로마 군 부대가 한니발이 도착하기 직전에 포로로 붙잡힐 것을 우려하여 고지로 물러났다. 그 고지는 별다른 이점은 없었지만 당면한 한니발의 공격으로부터 벗어날 수 있는 안전한 곳이었다.

타렌툼 포위 작전을 펼치는 동안 파비우스는 아주 사소한 사건 덕분에 대성공을 거두게 되었다. 한니발이 남겨둔 주둔군 중엔 브루티움 파견대가 있었는데, 이 부대의 지휘관이 어떤 여자와 지독한 사랑에 빠졌다. 공교롭게도 그 여자의 오빠는 파비우스 군대에 복무 중이었다. 여자는 오빠에게 편지를 보내 부유한 외지인과의 새로운 연인 관계가 사람들로부터 무척 존중받고 있다고 했고, 이 소식을 들은 오빠는 사랑의 열병에 걸린 지휘관에게 여동생이 미치는 영향력이 로마 군에게 훌륭한 결과를 가져올 수 있겠다는 생각을 했다. 그는 자신의 생각을 파비우스에게 알렸고, 집정관은 그럴 듯한 생각이라 판단하여 그 오빠에게 탈영병처럼 가장하고 타렌툼으로 들어갈 것을 지시했다. 이렇게 하여 오빠는 여동생을 통해 브루티움 파견대장을 만나게 되었다. 그는 상대방을 조심스럽게 떠본 결과 그에게 지조가 별로 없다는 점을 알아차렸다. 이에 그는 여동생의 달콤한 말을 통해 그 지휘관으로 하여금 타렌툼을 배신하게 했다. 오빠와 파견대장 사이에 시간과 방법에 관한 내용이 합의되었고, 병사는 어둠을 틈타 경계 초소 사이의 틈을 통해 도시를 빠져나갔고, 집정관에게 처리한 일과 앞으로 해야 할 일에 관해 보고했다.

　제1경[5] 동안에 파비우스는 요새와 항구를 지키고 있는 부대들에게 신호를 보냈고, 자신은 도시 동쪽에 있는 위치를 숨기고자 항구 주위로 이동했다. 요새, 항구, 탁 트인 바다로 이동한 전함들에서 동시에 나팔 소리가 들렸고, 진짜 위험에 처한 한 곳을 제외하고 모든 곳에서 엄청난 함성 소리가 들리고 엄청난 소란이 일어 혼돈을 야기했다. 그러는 사이 파비우스는 자신의 파견대를 아주 조용히 움직였다. 전에 함대를 지휘했던 데모크라테스는 로마 군이 노리는 방어 구역을

5　　로마 군의 야간 시간 단위는 3시간 단위로 1-4경으로 나누는데 1경은 저녁 6시, 2경은 9시, 3경은 자정, 4경은 새벽 3시이다. 3시간 단위이므로 4경이라고 하면 반드시 새벽 3시가 아니라 새벽 3시에서 6시 사이의 어느 시간을 가리킬 수도 있다.

맡고 있었는데, 끔찍한 소동이 일어난 다른 모든 구역에서 마치 점령된 도시에서나 들릴 법한 큰 소리가 여기저기서 들리는 반면에, 자신의 담당 구역만은 무척 조용하자 곧바로 행동에 나섰다. 그는 자신의 직접 공격이 늦어져 파비우스가 이득을 보는 상황을 염려하여 가장 두려운 소리가 들려오는 요새 쪽으로 휘하 병력을 이끌고 움직였다. 시간도 충분히 흘렀고 적이 전우를 깨워 무기를 들라고 하며 요란하게 내는 소리도 사라지자, 파비우스는 수비병이 움직였다는 걸 확신했다. 이어 그는 배신하기로 한 파견대장이 브루티움 병력이 있다고 알려준 곳에 사다리를 대라고 명령을 내렸다. 가장 먼저 그 성벽 부분이 점령당했고, 브루티움 인들은 로마 인들이 도시로 들어갈 수 있도록 도왔다. 근처에 있던 성문이 박살나며 열렸고, 로마 군 강병들이 도시로 들어왔다. 동틀녘이 되자 함성 소리가 들렸고, 로마 군은 어떤 무력 저항도 받지 않고 포룸으로 뚫고 들어갔다. 그곳에서 그들은 요새와 항구에서 교전 중이던 모든 적 부대의 공격을 끌어냈다.

16. 포룸 입구에서의 전투는 나름대로 투지가 있던 타렌툼 인들에 의해 시작되었다. 하지만 그들은 지구력이 없었고, 무기와 전술에서 로마 인들의 상대가 되지 않았다. 당연히 이기려는 투지와 순전한 신체적인 힘은 그들과 비교도 되지 않았다. 따라서 단순히 창만 던진 뒤에 그들은 로마 군과 대적하기 직전에 꽁무니를 빼며 달아났고, 익숙한 길을 따라 도망쳐서 자기 집이나 친구의 집으로 갔다. 그들의 지휘관인 니코와 데모크라테스는 용감하게 싸우다 전사했다. 도시를 한니발에게 넘겨준 주역인 필레메누스[6]는 말을 타고 전투 중에 도망

---

6   사냥을 나가는 척하면서 밤중에 타렌툼의 성문을 열게 한 배신자. 참조. 25권 8장.

쳤지만, 얼마 뒤 그의 말만이 도시를 이리저리 방황하는 채로 발견되었을 뿐 그는 흔적도 없이 사라졌다. 사람들은 그가 말에서 몸을 던져 우물로 뛰어들었을 거라고 생각했다. 카르타고 주둔군 사령관 카르탈로는 무기를 내려놓고, 파비우스에게 그들 사이엔 가문 대대로 이어지는 우호 관계가 있다는 걸 알려주러 가다가 어떤 로마 군 병사를 만나 살해당했다. 다른 곳에선 무차별적인 학살이 벌어졌다. 로마 군은 카르타고 인과 타렌툼 인을 가리지 않고 무기를 들었든 안 들었든 모조리 죽였다. 도시 여러 곳에서 많은 브루티움 인도 살해당했는데, 실수에 의한 것이었거나 로마 인들이 그들에게 품은 뿌리 깊은 증오 때문이었다. 둘다 아니라면 타렌툼이 배신으로 점령된 것이 아니라, 무력으로 점령되었다는 것을 알리고자 일부러 그런 일이 벌어졌을 수도 있다.

학살을 마친 로마 군은 약탈에 나섰다. 3만 명의 노예가 붙잡혔고, 막대한 양의 세공된 은과 은화, 3,080파운드의 황금, 시라쿠사에 못지않은 많은 조각상과 그림을 전리품으로 탈취했다. 하지만 이런 포상 문제를 처리하는 데 있어 파비우스는 마르켈루스보다 더 고결하고 절제된 모습을 보였다. 타렌툼엔 신들을 전사(戰士)의 모습으로 내세운 거대한 조각상들이 있었는데, 각기 특색 있는 옷과 자세를 보였다. 한 서기가 파비우스에게 이 조각상들을 어떻게 처리하면 좋겠느냐고 묻자 그는, 신들이 타렌툼 인들에게 분노했다는 걸 명백히 보여주기 위해 조각상을 그대로 놔두라고 지시했다. 이어 도시와 요새를 나누는 장벽은 완전히 파괴되었다.

이런 작전이 펼쳐지는 동안 한니발은 카울로니아를 포위하던 부대를 항복시켰다. 타렌툼 공격에 관한 소식을 듣자 그는 그 도시를 구원하기 위해 전력을 다해 밤낮을 가리지 않고 달려갔으나, 그렇게 가는 도중에 도시가 이미 함락되었다는 소식을 듣자 이렇게 탄식했다. "로마 인들에게도 그들의 한니발이 있구나. 우리는 타렌툼을 얻었을 때와 똑같은 전략으로 타렌툼을 잃었다."[7] 그럼에도 불구하고 패배한 군대처럼 되돌아가는 모양새로 보이지 않기 위해 그는 타렌툼에서 8km 정도 떨어진 곳에서 행군을 멈추고 진을 쳤다. 그곳에서 며칠 머무른 한니발은 이어 메타폰툼으로 물러났다.

한니발은 메타폰툼에서 주민 두 사람을 골라 주요 인사들이 보내는 것처럼 꾸민 편지를 들려 파비우스에게 보냈다. 편지 내용은 카르타고 주둔군과 함께 도시를 로마 군에 넘길 테니, 과거의 일(로마를 배신한 것)은 잊어버려 달라고 요구하는 내용인데 물론 가짜였다. 한니발은 그들의 편지를 있는 그대로 집정관이 믿어주길 기대했다. 파비우스는 한니발의 기대대로 그들의 말을 받아들였고, 답신을 들려주며 자신이 도착할 날짜를 알려주었다. 답신은 당연히 한니발의 손으로 들어갔고, 그는 자신의 책략이 성공한 것에 기뻐하며 파비우스마저도 속임수엔 어쩔 수 없다고 생각했다. 그는 이어 도시 인근에 함정을 놓기 시작했다.

파비우스는 타렌툼을 떠나기 전에 점을 봤는데, 새들은 계속 호의적인 신호를 보내지 않았다. 이에 그는 제물을 바쳐 희생 의식을 치르고 하늘의 뜻을 구했지만, 사제가 그에게 주의를 주며 함정과 적의 간계를 조심하라고 했다. 합의한 날짜에 파비우스가 나타나지 않자 두 메타폰툼 인은 다시 파비우스에게로 가서 더 이상 방문을 미루면

---

7   기만술에 의하여 타렌툼을 점령한 것이 과거에(기원전 212년) 한니발이 필레메누스의 배신에 의한 기만술로 타렌툼을 점령한 것과 똑같은 방법이라는 뜻. 기만술의 반복이나 1대1 대결에 의한 대조(용감함과 비겁함)는 리비우스 스토리텔링의 중요한 기법이다.

안 된다고 재촉했으나 곧바로 체포당했다. 그들은 더욱 고통스러운 심문을 당할 걸 두려워하여 실은 한니발이 함정을 놓았음을 실토했다.

17. 이런 일들이 벌어지는 때는 여름의 초입이었다. 그 무렵 스페인의 스키피오는 에데스코라는 유명한 스페인 지도자의 방문을 받았다. 지난 겨울 동안 스키피오는 선물을 주거나 전쟁 포로와 인질을 풀어주는 방법으로 스페인 인들의 민심을 많이 달랬다. 에데스코의 처자식은 로마 인과 함께 있었는데, 그가 찾아온 이유는 그것만이 아니었다. 에데스코는 스페인 전역이 거의 동시에 카르타고에서 로마로 동맹을 바꾸는 쪽으로 움직이고 있다고 생각한 것이었다. 실제로 스페인의 가장 중요한 인사들인 인디빌리스와 만도니우스는 같은 이유로 하스드루발을 떠나 본인과 모든 동포를 이끌고 하스드루발의 진지 위에 있는 고지로 떠났다. 그곳에선 이어지는 산등성이를 따라 로마 군이 있는 쪽으로 안전하게 후퇴할 수 있었기 때문이다.

하스드루발은 스페인 인들이 카르타고 군에서 빠져나가 로마 군에게 가담하고 있어 계속 적의 힘이 늘어나고 있는 걸 잘 알았고, 과감한 결단을 내리지 않으면 걷잡을 수 없이 상황이 나빠질 것임을 통감하고 있었다. 따라서 그는 최대한 기회가 생기는 대로 적에게 전투를 걸기로 작정했다. 스키피오는 그에 질세라 하스드루발보다 더욱 전투를 바라고 있었다. 여태까지 거둔 성과로 자신감이 붙었을 뿐만 아니라 카르타고 부대들이 서로 합류하는 걸 마냥 기다릴 수 없었기 때문이었다. 적의 세 부대가 합류하기 전에 각각 격파하는 게 로마 군에게는 분명 훨씬 더 나을 것이었다. 그렇지만 동시에 한 부대 이상 상대하는 경우를 가정하고 스키피오는 합리적인 조치를 통해 병력을 이미 늘려두었다. 스페인 해안에서 카르타고 전함을 모두 쫓아

내어 휘하 함대를 사용할 일이 없게 되자 그는 배들을 타라코의 뭍으로 끌어올리고 선원들을 휘하 부대에 포함시켜 병력 숫자를 늘렸다. 게다가 그는 비축한 무기가 어마어마하게 많았다. 이는 뉴카르타고 도시를 점령해서 얻은 것에 더하여 그 도시를 점령한 뒤 많은 장인들을 작업장에 가두어두고 무기를 추가로 만들어 내게 했기 때문이다.

이 병력과 함께 스키피오는 봄이 시작될 때 타라코를 떠나 하스드루발이 진을 친 곳으로 나아갔다. 라일리우스는 이미 로마에서 돌아와 있었는데, 스키피오는 그가 없이는 어떤 중요한 일도 하려고 하지 않았다. 그가 진군하는 경로에 있는 지역은 모두 평온했는데, 다양한 부족들의 경계를 지나는 동안 우호적인 부족들이 그를 반기며 호위했다.

이렇게 진군하는 동안 스키피오는 휘하 군대와 함께 있는 인디빌리스와 만도니우스를 만나게 되었다. 인디빌리스는 두 세력의 대표자 역할을 했다. 그는 야만스러운 스페인 인에게 흔히 보이는 어리석거나 무분별한 말을 전혀 하지 않았다. 오히려 겸손하고 진지하게 말했다. 그는 이번에 동맹을 바꾼 걸 자랑하지 않았는데, 마치 먼저 온 기회(카르타고와의 제휴)를 잡았을 뿐이니 필요에 의해 어쩔 수 없었던 것으로 생각하고 양해해 달라는 것 같았다. 인디빌리스는 전향자라는 말은 옛 동맹에서 증오 받고 새로운 동맹에선 의심받는다는 걸 잘 알고 있다고 말했다. 그는 이런 태도가 잘못된 것은 아니라고 하면서, 서로에게 반감을 유발하는 건 그런 말(전향자)이 아니라 실제로 마음속에 품고 있는 생각이라고 했다.

인디빌리스는 그와 관련하여 카르타고 장군들에게 조력한 일에 관해 말했다. 그는 그렇게 도왔지만 그들은 탐욕스럽고 오만했으며, 자신과 우방, 그리고 자신의 민족에게 온갖 부당한 짓만 저질렀다고 했다. 이런 이유로 여태까지 자신들은 몸만 남은 빈껍데기가 되었다고 했다. 그는 자신의 생각은 오래전부터 만도니우스와 함께 정의와 권리가 존중되는 나라에 머무르고 있었다고 했다. 그는 사람의 폭력과 만행을 견디지 못한 자들은 신에게 의지하고 탄원한다고 하면서, 간청하건대 자신들이 동맹을 바꾸는 걸 편견 없이 받아들이고, 그런 행동을 해롭다거나 믿을 수 없다고 생각하지 말기를 바란다고 했다. 그러면 스키피오는 그들의 자질에 따라 그들을 활용할 수 있을 것이라고 말했다. 그런 자질이 과연 쓸모 있는 것인지는 나중에 검증해 보면 알 것이라는 말도 했다.

이에 스키피오는 그들의 요청대로 해줄 것이며, 사람이나 신들을 신성하게 여기지 않는 나라와는 동맹을 맺을 수 없다고 생각하여 그 관계를 청산한 사람들을 전향자라고 보지 않겠다고 말했다. 이어 그는 그들의 처자식을 데려와 그들에게 돌려보냈고, 그들은 기쁨을 주체하지 못하고 눈물을 흘렸다. 그날 스페인 사람들은 내빈 숙소에 머물렀고, 다음날 그들의 우호 약속이 공식적으로 받아들여졌다. 이후 스페인 사람들은 병력을 모으고자 로마 군을 떠났다. 그때부터 로마 군은 그들의 안내를 받아가며 적과 조우하게 되었고, 스페인 사람들은 로마 군과 같은 진지에 머물렀다.

18. 카르타고의 세 부대 중 가장 가까운 건 **바이쿨라** 근처에 진을 친 하스드루발의 부대였다. 그의 진지는 기병 전초 기지의 보호를 받고 있었고, 경무장한 로마 부대와 대열 선두에 있는 병사들은 즉시 이 전초 기지를 공격했다. 로마 군은 진군 상태에서 진지를 칠 장소도 알아보지 않고 곧장 공격에 나섰다. 로마 군은 적을 경멸하는 듯한 자신감을 내보였는데 그것은 공격 부대의 사기가 아주 높다는 걸 잘 보여주었다. 하스드루발 기지의 기병들은 공격을 받고 허겁지겁

진지로 도망쳤으며, 이어 로마 군기들이 전초 기지 안으로 들어왔다. 로마 군은 투지가 불타올랐지만, 그날 더 전투가 벌어지지는 않았다. 로마 인들은 진을 쳤고, 밤중에 하스드루발은 병력을 언덕으로 물렸는데, 정상에는 넓은 평지가 있었다. 카르타고 군의 뒤엔 강이 있었고, 앞과 양쪽 측면은 일종의 가파른 둑으로 둘러싸여 있었다. 아래엔 또 다른 탁 트인 땅이 펼쳐져 있었는데, 약간 경사져 있었다. 이곳 역시 성벽 같은 가장자리로 둘러싸여 있어서 넘어가기가 쉽지 않았다. 다음날 하스드루발은 로마 군 전열이 진지 앞에 자리를 잡고 있는 걸 보고서 이 아래 지역에 누미디아 기병대와 경무장한 발레아레스와 아프리카 부대를 배치했다.

스키피오는 말을 타고 휘하의 다양한 부대를 돌며 장병들에게 적은 이미 탁 트인 평지에서 승리할 수 있다는 기대를 접었으며, 그래서 언덕으로 후퇴했다고 말했다. 이어 적은 모든 걸 훤히 보고 있지만, 자신감은 사라졌으며 칼과 용맹이 아닌 지형의 유리함에만 기대고 있는 실정이라고 지적했다. 그러면서 이렇게 말했다.

"하지만 뉴카르타고의 성벽은 더 높았고, 로마의 군인들은 그 성벽을 올라갔다. 언덕과 보루는 물론이고 바다조차 우리의 무력을 막아낼 수 없다. 적은 고지를 점령하고 있다지만, 벼랑으로 굴러 떨어지거나 험준한 바위를 뛰어넘어 도망치지 않는 한 아무런 효과도 보지 못할 것이다. 하지만 그런 식으로 도망치더라도 내가 반드시 그들을 막아낼 것이다."

그는 이어 두 대대를 선발하여 한 대대는 강이 흐르는 협곡 입구를 지키고, 다른 대대는 도시에서 이어져 언덕을 넘어 탁 트인 지역으로 나아가는 길을 봉쇄하라고 지시했다. 스키피오 자신은 전날 전초 기지의 기병들을 패주시킨 부대를 이끌고(로마 군 기병대는 무거운 장비들은 진지에다 남겨두었다), 아래쪽 경사에 있는 하스드루발의 경무장 부대를 향해 나섰다. 길은 기복이 무척 심했지만 로마 군을 막을 수 있는 건 아무것도 없었다. 하지만 곧 적의 사정거리 안에 들어오자 온갖 투척 무기가 쏟아지듯 날아들었다. 이에 로마 군은 땅에서 던지기 편한 돌들을 잔뜩 골라내 빗발치듯 던지며 응수했다. 진지 종사자들도 병사들과 함께 뒤섞여 같이 돌을 던졌다.

언덕을 오르는 건 어려운 일이었고, 로마 군 병사들은 투척 무기와 돌에 거의 압도당할 뻔했지만, 그럼에도 불구하고 성벽을 오르는 훈련과 투지 덕분에 선두 부대가 정상에 오를 수 있었다. 로마 군이 발을 굳게 디딜 수 있는 언덕 꼭대기의 평지에 오르자, 경무장한 하스드루발 부대의 공격은 잦아들었다. 적군은 소규모 접전을 벌이거나 원거리에서 투척 무기로만 싸우는 것에 익숙했고, 접근하는 로마 군에 맞서서 백병전을 펼치려고 하지 않았다. 그리하여 그들은 엄청나게 학살당하며 빠르게 후퇴하여 언덕의 더 높은 고원에 있는 전우들에게로 퇴각했다. 이런 성과를 거둔 뒤 스키피오는 하스드루발의 전열 중앙으로 계속 공격하라고 지시했다. 이어 그는 라일리우스에게 병력 일부를 떼주어 언덕 오른쪽을 우회하여 올라가기 더 쉬운 길을 찾게 했고, 자신은 왼쪽으로 잠시 우회하면서 공격하기에 적절한 장소를 찾아내어 적을 측면에서 공격했다. 그 결과 하스드루발의 전열엔 큰 혼란이 생겼다. 그의 병사들은 사방에서 울리는 로마 군의 함성에 대응하고자 전선의 방향을 바꾸려고 했고, 이런 혼란이 가중되던 중에 라일리우스 부대가 현장에 도착했다.

카르타고 인들은 후방에서 공격당하는 걸 피하고자 즉시 물러섰고, 그 결과 최전방이 무너져 처음 공격에 나섰던 중앙의 로마 군도 싸움이 진행 중인 고원에 도달할 수 있게 되었다. 선봉에 코끼리를 세운 적의 전열이 온전하게 버텼더라면 로마 군은 절대 이렇게 할 수 없었을 것이다. 전장 모든 곳에서 카르타고 군은 학살당했고, 좌익의 스키피오는 하스드루발의 우익을 향해 맹렬히 나아갔는데, 공격에 허술하게 노출되어 있던 적군의 측면을 공격하기 위해서였다. 게다가 이젠 적군이 도망칠 수 있는 모든 탈출구가 막혔다. 양쪽에서 로마 초계병들이 길을 봉쇄하고 있었고, 진지의 문은 닫혔고, 지휘관과 주요 장교들은 도망쳤다. 그런 상황에서 공황에 빠진 코끼리들은 이제 로마 군보다는 적에게 더 큰 공포를 안겨주었다. 이 전투에서 하스드루발 부대의 병사 약 8천 명이 전사했다.

19. 하스드루발은 전투가 벌어지기도 전에 서둘러 자금과 코끼리들을 미리 빼내어 다른 곳으로 보냈다. 이제 그는 도망친 병사들을 최대한 규합하여 타구스 강을 따라 피레네 산맥 쪽으로 갔다. 스키피오는 적의 진지를 점령하고 자유민 남자를 제외한 모든 가치 있는 물건을 병사들에게 넘겨주었다. 포로의 수는 보병은 1만, 기병은 2천에 이르렀다. 이들 중에 스페인 인은 전부 몸값 없이 고향으로 돌아갔다. 반면에 스키피오는 재무관에게 지시하여 아프리카 인들은 모두 노예로 팔라고 했다.

이전에 항복하거나 전날 포로가 된 스페인 인들은 그의 주변에 몰려들어 그를 왕이라고 부르며 칭송했다. 이에 스키피오는 소리꾼에게 정숙하라고 외치게 한 다음 자신이 지닌 가장 고귀한 직함은 병사들이 자신에게 부여한 직함인 임페라토르(Imperator)[8] 혹은 총사령관이

---

8 로마 군이 장군을 이런 식으로 부른 것을 기록한 최초의 사례. 임페라토르는 임페리움 (imperium)을 가진 사람을 뜻하는 것으로, 임페리움은 군대의 통수권, 사령권, 지휘권을 의미했다. 영어의 엠페러(emperor: 황제)는 여기서 유래했다.

라고 말했다. 왕이라는 호칭은 다른 곳에선 위대하지만, 로마에선 용납될 수 없는 것이라고 하면서, 이렇게 말했다.

"그대들이 내게 왕의 기백이 있다고 한다면, 그리고 그런 왕다운 정신이 인간의 자질 중 가장 위대한 것이라고 한다면, 그런 판단을 머릿속으로만 하라. 그 말은 절대 그대들이 입 밖에 내어선 안 된다."

스키피오는 이처럼 의젓하게 왕이라는 호칭을 경멸했고, 그의 영향력은 다른 사람들로 하여금 놀라서 입을 다물게 할 만큼 경이로운 것이었다. 그들은 야만인이었지만, 스키피오의 관대한 마음을 눈치 채지 않을 수 없었다. 이어 스페인 족장들과 왕들은 선물을 받았고, 포획한 수많은 말들 중에서 인디빌리스는 스키피오의 명령으로 300마리를 선택하여 가질 수 있게 되었다.

재무관이 사령관의 지시를 받아 아프리카 인들을 판매하던 중에 어떤 잘생긴 소년을 보게 되었다. 그 소년은 재무관에게 자신이 왕족이라고 했다. 이에 재무관은 그 소년을 스키피오에게 인도했고 사령관은 그의 출신과 신분, 그리고 어째서 그런 어린 나이에 군대에 복무하게 되었는지를 물었다. 그러자 소년은 대답했다.

"저는 누미디아 인입니다. 고향 사람들은 나를 마시바라고 불렀습니다. 나의 아버지는 돌아가셨고 외할아버지인 누미디아의 왕 갈라의 손에서 컸습니다. 나는 삼촌인 마시니사와 함께 스페인으로 넘어왔습니다. 삼촌은 얼마 전에 카르타고 기병 증원군으로서 스페인에 도착한 것이었지요. 저는 한 번도 전투에 나선 적이 없습니다. 제가 너무 어리다고 삼촌이 참전하는 걸 금지했어요. 로마 인과 싸우던 날 저는 삼촌이 모르는 사이 말과 무장을 훔쳐 전열에 들어갔습니다. 말이 쓰러져 저도 같이 땅에 떨어졌고, 이렇게 포로로 잡혔습니다."

스키피오는 소년을 세심하게 보호하라고 지시하고 아직 남아 있는 공무를 마쳤다. 이어 사령부로 돌아간 스키피오는 다시 소년을 불렀고 삼촌 마시니사에게 돌아가고 싶은 지 물었다. 그러자 소년은 기뻐서 눈물을 흘리며 그게 진실로 원하는 바라고 대답했다. 이에 스키피오는 황금 반지, 넓게 줄무늬를 넣은 튜닉, 스페인 망토, 황금 브로치, 화려한 마구를 장식한 말을 선물로 주고 호위로 기병 한 명을 붙여주어, 소년을 원하는 곳까지 데려다 주라고 지시했다.[9]

20. 이후 로마 군의 전략 회의가 열렸다. 스키피오 휘하 장교 중 몇몇은 즉시 하스드루발을 추격해야 한다고 제안했지만, 스키피오는 그것을 받아들이지 않았다. 마고와 기스고의 하스드루발과 합류할 수 있는 위험이 있기 때문이었다. 따라서 그는 소규모 병력을 보내 피레네 산맥을 지키게 하고, 남은 여름 동안 스페인 부족들을 로마 동맹으로 다시 맞아들이는 일을 하며 보냈다.[10]

바이쿨라 전투 이후 며칠 뒤 타라코로 돌아가던 스키피오가 카스툴로 숲을 벗어났을 때 스페인 저 멀리에 있던 기스고의 아들 하스드루발과 마고가 다른 하스드루발과 합류했다. 후자는 이미 패배하여

---

9   바로 뒤이어 나오지만 마시니사는 이때 카르타고 군의 동맹으로 활약하고 있었다. 그러나 스키피오는 장기적인 안목으로 마시니사의 조카를 돌려보냄으로써 마시니사와의 관계를 나중에 우호적으로 도모할 생각이었고 결국 스키피오의 생각대로 되어 자마 전투에서 마시니사의 기병대는 승리에 큰 기여를 했다.

10   하스드루발 부대는 스키피오의 추격을 따돌리고 내륙 지방을 우회하여 피레네 산맥을 넘어 이후 이탈리아로 들어갔다. 하스드루발 부대가 피레네 산맥을 넘어가도록 허용한 것에 대하여 역사가들의 해석은 엇갈린다. 스키피오를 비난하는 역사가들은 이런 주장을 편다. 6년 전인 기원전 215년에 하스드루발 부대가 이탈리아로 건너가려는 것을 스키피오 형제가 결과적으로 막은 적이 있었다(참조 23권 29장). 이처럼 스페인에서 카르타고의 증원군을 막을 수 있었기에 로마는 한니발을 여유 있게 상대할 수 있었다. 그런데 스키피오는 하스드루발을 막지 못했으니 과실이 크다는 것이다. 반면에 스키피오를 옹호하는 역사가들은 이렇게 말한다. 만약 하스드루발을 끝까지 추격했더라면 마고와 기스고 부대의 공격을 받아 오히려 전황이 불리하게 돌아갔을 것이라고 주장한다.

도착이 너무 늦은 그들은 실질적으로 도움이 되지 않았지만, 차후 계획을 논의하기엔 충분히 적절한 때였다. 그들은 각자 맡은 지역에 있는 스페인 부족들의 태도에 관해 의견을 교환했다. 기스고의 아들 하스드루발은 가데스 쪽 스페인 서쪽 극단에 머물렀는데, 대서양 쪽의 부족들은 여전히 로마 인들에 관해 아는 바가 없고 정체도 몰라 카르타고에 충실하다고 했다. 마고와 기스고의 하스드루발은 모든 스페인 사람들이 개별적으로, 또 총체적으로 스키피오의 관대함에 깊게 영향을 받았으며, 그리하여 모든 카르타고 병사가 스페인의 가장 외진 곳으로 이동하거나 갈리아로 자리를 옮길 때까지 끊임없이 로마의 동맹으로 넘어갈 거라고 확신했다.

그 결과 카르타고 정부의 공식 지시도 없었지만 하스드루발은 이탈리아로 움직일 수밖에 없었다. 왜냐하면 이탈리아가 주요 전장이기 때문이고, 그가 그곳으로 움직이면 스페인의 모든 로마 병력이 스페인 밖으로 이동할 것이며, 그렇게 되면 동시에 스키피오의 명성이 퍼지는 일도 없게 될 것이었기 때문이다. 따라서 그들은 병사들의 탈영과 최근의 패배로 크게 감소된 하스드루발 부대의 병력을 스페인 인들로 채울 것을 제안했다.

그리고 마고는 그의 병력을 기스고의 아들 하스드루발에게 넘기고 발레아레스 제도로 건너가 그곳에서 병사들을 새로 고용하기로 되었다. 기스고의 아들 하스드루발은 루시타니로 깊이 휘하 병력을 데리고 들어가 로마 인들과 접전하는 걸 피할 계획이었고, 마시니사는 최정예 3천 기병을 이끌고 해안에서 가까운 스페인 내륙 지역 이곳저곳을 다니며 동맹을 돕거나 로마 군이 점령한 도시와 농장을 습격할 것이었다. 이렇게 결정한 뒤에 세 명의 장군은 흩어져 계획대로 움직였다.

이상이 그해(기원전 208년)에 스페인에서 벌어진 사건들이다.[11] 그러는 사이 로마에선 스키피오의 명성이 날이 갈수록 높아지고 있었다. 파비우스도 명성을 날렸다. 군사적 역량보다는 속임수로 함락한 것이었지만, 그럼에도 불구하고 타렌툼 함락은 파비우스의 공으로 돌아간 것이다. 반면 풀비우스의 평판은 떨어지고 있었고, 마르켈루스는 더 나아가 악의적인 소문의 대상이 되었다. 최근에 한니발을 상대로 치른 두 번의 전투 중 첫 번째 것에서 패했다는 것도 원인이었지만, 한니발이 이탈리아를 제집처럼 휘젓고 다니는 상황에서 때가 한여름임에도 불구하고 베누시아에서 숙소를 마련해 병사들을 쉬게 했다는 사실도 악영향을 주었다.

호민관 가이우스 푸블리키우스 비불루스는 마르켈루스의 평판을 떨어뜨리는 일이라면 무엇이든 하려고 했다. 그는 꾸준히 평민 연설을 하며 마르켈루스의 명성을 깎아내렸고, 첫 전투에서 패배한 이후로 계속 평민에게 마르켈루스에 대한 반감을 부추겼다. 이제 호민관은 마르켈루스의 지휘권을 박탈해야 한다고 강력히 주장하고 있었다. 하지만 마르켈루스의 친척들은 마르켈루스가 베누시아를 맡을 장교를 임시로 임명하고 로마로 돌아와 정적의 고발에 대해 해명할 기회를 주어야 한다고 원로원 의원들을 설득했다. 친척들은 또한 본인 부재중에 지휘권 박탈 운운하는 것은 중단해야 한다고 주장했다.

---

11 폴리비오스는 『역사』 10권에서 바이쿨라 전투가 기원전 209년이 아니라 208년에 벌어졌다고 기술하고 있다. 즉 이 전투가 208년 가을에 벌어졌고 하스드루발은 그 다음 해 봄에 알프스를 넘었다는 것이다. 리비우스의 기록대로라면 하스드루발은 208년 겨울과 그 다음 해 봄을 갈리아에서 보낸 것이 되는데, 만약 폴리비오스의 기록이 맞는다면 하스드루발은 갈리아에서 근 반년 동안 무엇을 했는가 하는 의문이 남는데, 리비우스는 여기에 대하여 아무런 언급이 없다.

그렇게 하여 마르켈루스는 자신에게 씌워진 누명을 일소하고자 로마로 돌아왔다. 반면에 집정관 풀비우스도 선거를 주재하고자 로마에 도착했다.

21. 마르켈루스의 지휘권에 관한 문제는 계급과 신분을 가리지 않고 많은 군중이 모인 가운데 키르쿠스 플라미니우스에서 논의하게 되었다. 호민관은 마르켈루스뿐만 아니라 귀족 전원을 비난했다. 그는 지난 9년 동안—한니발이 카르타고에서 살았던 것보다 더 오랜 기간—한니발이 이탈리아를 자신의 속주 취급하며 종횡무진하고 있는 건 순전히 귀족들의 늑장과 불성실 때문이라고 주장했다. 그는 두 번이나 패배한 군대가 한여름에 베누시아의 편안한 숙소에서 머무르는 꼴을 보게 된 것은 마르켈루스의 지휘권을 연장한 것 때문이라면서, 자업자득이 아니고 무엇이겠느냐고 소리 높여 외쳤다.

이에 마르켈루스는 자신의 행동을 해명하자, 그로 인해 호민관의 연설은 완전히 터무니없는 얘기가 되어버렸다. 그의 지휘권을 박탈하려던 법안은 취소되었을 뿐만 아니라 다음날 열린 선거에서 모든 켄투리아가 그를 집정관으로 선출했다. 법무관 티투스 퀸크티우스 크리스피누스는 마르켈루스의 동료 집정관으로 선출되었다. 다음날 법무관 선거도 열렸고, 대사제인 푸블리우스 리키니우스 크라수스 디베스, 푸블리우스 리키니우스 바루스, 섹스투스 율리우스 카이사르, 퀸투스 클라우디우스가 선출되었다.

선거 기간 중에 에트루리아에서 반란이 일어났다는 소식은 또 다른 불안 요소였다. 법무관 대리로 그곳을 책임지고 있는 가이우스 칼푸르니우스는 아레티움에서 문제가 시작되었다고 서면 보고를 해왔다. 집정관 당선자인 마르켈루스는 즉시 그곳으로 파견되어 상황을 살피게 되었고, 강력한 조치가 필요하다고 생각되면 군대를 보내 전장을 아풀리아에서 에트루리아로 옮길 예정이었다. 로마의 위협적 조치는 효과를 발휘했고 에트루리아 인들은 더 이상 반란의 기미가 없었다. 타렌툼 사절들은 로마로 와서 평화 협정을 논의했다. 그들은 자신들의 법에 따라 살 수 있는 자유를 보장해 달라고 했지만, 원로 원은 집정관 파비우스가 로마로 돌아오면 그때 이야기하자고 대답했다.

그해(기원전 208년)에 로마 게임과 평민 게임이 특정일에 열리며 계속 이어졌다. 쿠룰레 토목건축관리관은 루키우스 코르넬리우스 카우디누스와 세르비우스 술피키우스 갈바, 평민 토목건축관리관은 가이우스 세르빌리우스와 퀸투스 카이킬리우스 메툴루스였다. 세르빌리우스가 법적으로 호민관과 평민 토목건축관리관이 될 자격이 없다는 말들이 나돌았다. 왜냐하면 9년 전 무티나 근처 보이이에서 살해 당했다는 토지 위원 아버지가 실제로는 살아 있고 전쟁 포로가 되었다는 게 일반적인 생각이었기 때문이었다.[12]

22. 카르타고와 전쟁을 벌인지 11년이 된 해(기원전 208년)에 크리스피누스와 마르켈루스가 집정관직을 맡게 되었다. 절차상의 잘못으로 집정관이 되지 못한 것까지 포함한다면 마르켈루스는 5선이었다. 두 집정관은 이탈리아에서 군사 작전을 수행하라는 지시를 받았고, 지난해 집정관들이 지휘하던 병력을 그대로 인수했다. 여기서 이전에 마르켈루스가 지휘하던 베누시아의 병력이 문제가 되었는데, 원로원은 집정관들에게 세 개의 병력 중 뜻하는 바에 따라 선택하게 했고, 남은 병력은 타렌툼 주변 지역에서 작전을 수행할 지휘관에게 맡기

---

12 귀족 출신 아버지가 생존해 있으면 그의 아들은 아버지의 허가 없이 평민용 관직에 입후보할 수 없었다. 참조. 21권 25장.

기로 했다.

이어 고위 행정관들의 직무는 다음과 같이 배분되었다. 도시 법무관은 바루스에게, 외국인에 대한 사법권은 대사제인 크라수스에게 주어졌다. 크라수스는 원로원이 결정하는 임지의 지휘권을 받게 될 것이었다. 시칠리아는 카이사르에게, 타렌툼은 클라우디우스가 맡게 되었다. 플라쿠스는 지휘권이 한 해 더 연장되었고, 법무관 퀸크티우스로부터 카푸아의 일을 인계받고 1개 군단을 지휘하게 되었다. 다른 두 사람의 지휘권도 연장되었다. 투불루스는 법무관 대리로서 에트루리아에서 칼푸르니우스의 두 군단을 인수할 것이었고, 베투리우스 필로도 법무관 대리로서 갈리아를 책임지게 되었다. 지난해 필로는 법무관으로서 같은 일을 했었고, 따라서 기존에 지휘했던 두 군단을 그대로 맡게 되었다. 원로원은 사르데냐에서 법무관으로서 두 개의 군단을 맡았던 가이우스 아우룬쿨레이우스에게도 비슷한 결정을 내렸다. 그의 지휘권을 연장하는 법안이 시민들에게 제출되었고, 이후 그는 스페인에서 스키피오가 보낸 50척의 전함을 받아서 계속 임지 방어를 하게 되었다.

스키피오와 실라누스는 스페인을 한 해 더 맡게 되었고, 전에 지휘하던 병력을 그대로 이끌게 되었다. 스키피오는 원로원의 지시에 따라 휘하 전함 80척(이탈리아에서 가져간 것이든 뉴카르타고에서 포획한 것이든) 중 50척을 사르데냐로 보냈다. 원로원이 이런 조처를 한 이유는 그해 카르타고가 전함 200척의 함대를 갖추고 이탈리아, 시칠리아, 사르데냐 해안에 대규모 공격을 가하려 한다는 소식이 있었기 때문이었다.

시칠리아에서 카이사르는 칸나이 잔존병 부대를 인수할 것이었고, 지휘권이 연장된 라이비누스는 이미 섬에 정박 중인 70척의 전함에 더하여 지난해 타렌툼에서 쓰던 30척의 전함을 받아 함대를 운용하게 되었다. 이렇게 해서 전함 100척의 함대를 지휘하게 된 라이비누스는 바람직하다는 판단이 들면 아프리카 해안을 습격할 계획이었다. 술피키우스의 지휘권도 한 해 더 연장되었고, 기존에 지휘하던 함대로 예전처럼 마케도니아와 그리스를 저지할 것이었다. 로마에 주둔한 2개 군단에 관해서는 변화가 없었다. 집정관들은 필요한 병력을 추가로 모집할 권한을 얻었다. 그렇게 하여 그해엔 총 21개의 군단이 로마 영토를 지키게 되었다.

도시 법무관 바루스는 오스티아에 있는 낡은 30척의 전함을 수리하고, 20척의 새로운 전함에 승선할 선원을 고용하라는 지시를 받았다. 이렇게 마련된 50척의 함대로 그는 로마 인근 해안을 보호하게 되었다. 칼푸르니우스는 교대할 때까지 아레티움에서 움직이지 말라는 지시를 받았다. 비슷한 지시가 투불루스에게도 내려갔고, 그는 그곳에서 반란을 일으키려는 움직임에 특별히 신경을 쓰고 있었다.

23. 이후 법무관들은 각자의 임지로 떠났지만, 집정관들은 로마에 남아 특정한 종교적 난제를 해결했다. 수많은 불가사의한 현상이 보고되었는데, 집정관들은 희생 의식으로 좋은 결과를 얻으려 했으나 잘 되지 않았다. 캄파니아에선 행운의 신전과 마르스 신전, 그리고 여러 묘들이 벼락을 맞았다. 쿠마이에선(신과 관련되어서는 아주 사소한 일이라도 미신이 생긴다) 유피테르 신전의 황금을 쥐가 갉아 먹는 일이 벌어졌다. 카시눔에선 수많은 벌 떼가 포룸에 자리 잡았고, 오스티아에선 성벽과 성문에 벼락이 떨어졌다. 카이리에선 독수리가 유피테르 신전에 내려앉았고, 볼시니이에선 호수가 핏빛으로 물들었다. 이런 불길한 일들로 하루 동안 공식 기도를 올리게 되었고, 며칠 동안 다 자란 동물을 희생 제물로 바쳤지만, 성과를 거두지 못했다. 로마 인

들은 오랫동안 신들의 지지와 용서를 받지 못했기 때문이었다. 결국 이런 불가사의한 현상으로 예고된 파멸은 집정관들에게 일어났고, 로마 자체에는 아무런 피해가 없었다.

아폴로 게임은 퀸투스 풀비우스와 아피우스 클라우디우스가 집정 관일 때 도시 법무관 코르넬리우스 술라에 의해 처음 거행되었다. 이후 모든 도시 법무관들이 해당 행사를 주관했지만, 한 해만 거행하기로 하고 개최 일자는 고정하지 않았다. 이해엔 심각한 전염병이 로마와 그 주변 지역에 나돌았다. 이 병은 심각했지만, 환자의 목숨을 빼앗는 일은 없었다. 그러나 전염병에 걸린 사람은 오랜 기간 몸이 허약해진 채로 앓아야 했다. 전염병으로 인해 도시의 모든 교차로에서 기원을 올리게 되었고, 법무관 바루스는 원로원 지시에 따라 아폴로 게임을 앞으로 영구히 고정된 날짜에 개최한다는 법안을 시민들에게 제출했다. 이런 조건으로 게임을 맹세한 첫 법무관은 바루스였고 게임 날짜는 7월 5일로 확정되었다. 이날은 앞으로 공휴일로 지정될 예정이었다.

24. 아레티움에서 들려오는 소식은 점점 심각해졌고, 원로원의 불안감도 그에 따라 커졌다. 원로원은 투불루스에게 즉시 아레티움 인들에게서 인질을 받으라고 지휘 서신을 보냈다. 이에 바로는 군권을 받아 아레티움으로 가서 인질을 받고 그들을 로마로 데려오는 일을 맡게 되었다. 바로가 현지에 도착하자 투불루스는 즉시 도시 앞에 진지를 친 군단에게 도시로 행군하라는 명령을 내렸고, 적당하다고 판단되는 곳마다 위병을 배치했다. 이어 그는 아레티움 원로원 의원들을 포룸으로 불러 인질을 요구했다. 아레티움 원로원은 답변을 하기 전에 이틀의 말미를 달라고 했지만, 투불루스는 즉시 인질을 데려오지 않으면 원로원 의원들의 자식들 전원을 그 다음날 인질로 데려가

겠다고 으름장을 놓았다. 천인대장들과 동맹군 지휘관들, 백인대장들은 지시를 받고 성문을 지켰고, 밤중에 누구도 도시 밖으로 나가지 못하게 했다. 하지만 이 지시는 느슨하고 부주의하게 이행되었고, 주요 원로원 의원 일곱명과 그들의 자식들이 해가 떠 있을 동안, 아직 성문에 위병이 배치되기 전에 도시 밖으로 달아났다. 다음날 동틀녘이 되자 그들이 빠져나갔다는 사실이 알려졌고, 원로원 의원들이 포럼으로 소환되었을 때 도망간 의원들의 재산은 매각되었다. 남은 원로원 의원 120명과 그들의 모든 자식이 인질로 붙잡혀 바로에게 넘겨졌고, 바로는 이들을 데리고 로마로 돌아왔다.

로마 원로원은 바로의 보고를 받고 상황을 더욱 심각하게 받아들였고, 에트루리아 반란이 임박했다고 판단하여 그에게 지시를 내려 도시 군단 중 하나를 이끌고 아레티움으로 가서 도시에 주둔하라고 했다. 동시에 투불루스는 원로원의 지시에 따라 운용 가능한 잔여 병력으로 에트루리아 전역을 철저히 감시하여 반란의 기미를 사전에 방지하려고 나섰다. 바로는 군단을 이끌고 도시에 도착하자마자 행정장관들에게 성문 열쇠를 제출할 것을 요구했다. 그들은 열쇠를 찾을 수 없다고 답변했으나, 바로는 그게 거짓말이라고 확신했다. 그들은 의도적으로 부정하게 열쇠를 숨긴 것이었다. 이후 바로는 모든 성문에 맞는 다른 열쇠를 준비했고 그 이후 모든 걸 자기 통제 아래에 두고 철저히 경계했다. 바로는 반란을 생각조차 하지 못하게 사전 조치를 철통같이 해둔다면 에트루리아 인들은 어쩔 수 없을 것이라고 투불루스에게 강력하게 말했다.

25. 로마 원로원에서는 타렌툼 인들에 대하여 서로 팽팽하게 맞서는 의견들이 제시되었다. 이 논쟁에 참여한 파비우스는 자신이 무력으로 점령한 도시의 사람들을 옹호했으나, 다른 적대적인 이들과 대

다수는 카푸아 인과 같은 수준의 죄를 저질렀으니 그에 맞게 처벌해야 한다고 주장했다. 원로원의 결정은 만리우스 아킬리우스가 낸 제안과 비슷한 형태가 되었다. 타렌툼에는 로마 주둔군을 설치할 것이며, 모든 타렌툼 인은 성벽 안에 머물러야 한다는 것이었다. 타렌툼에 관한 모든 문제는 차후 이탈리아 상황이 평온해지면 다시 논의하기로 되었다.

타렌툼 요새를 지휘한 장교 마르쿠스 리비우스에 관해서도 의견이 찬반으로 엇갈렸다. 몇몇 의원들은 타렌툼이 적의 손에 넘어간 건 그가 투지가 부족해서 벌어진 일이니 원로원의 명령으로 망신을 주어야 한다고 주장했다. 하지만 다른 의원들은 그를 포상해야 한다고 주장했다. 지난 5년 동안 요새를 지켰고, 도시를 회복하는 데 누구보다 더 많은 공을 세웠다는 게 그 이유였다. 이런 양극단 사이엔 원로원이 아닌 감찰관들에게 그의 문제를 맡기자는 주장이 있었고, 파비우스도 이런 주장에 동의했다. 하지만 그는 리비우스의 친구들이 원로원에서 강력히 주장한 것처럼 타렌툼 수복의 공로가 그에게 있다는 걸 기꺼이 인정했다. 그러면서도 그는 처음부터 타렌툼 도시를 잃지 않았더라면 회복하는 데 이처럼 큰 수고를 들일 필요도 없었을 것이라고 덧붙여 말했다.

두 집정관 중에 크리스피누스는 루카니아로 떠나서 이전에 플라쿠스가 지휘하던 병력에 증원군을 추가했다. 하지만 마르켈루스는 계속 마음에 걸리는 종교적 문제가 있어서 로마를 떠나지 못하고 있었다. 그런 문제 중 하나는 그가 갈리아 인들과 클라스티디움에서 전쟁을 치를 때 <명예>와 <용기>의 신전을 바치겠다고 맹세했지만, 사제들이 봉헌을 막은 것이었다. 그들은 하나의 신전이 하나 이상의 신에게 봉헌되는 건 부적절하다고 주장했다. 신전이 벼락을 맞거나 신전과 관련하여 다른 불길한 조짐이 생기면 어느 신을 달래야 하는지 애매하기 때문이라는 것이었다. 두 신 중 누구에게 희생 의식을 바쳐야 하는지도 알 수 없다는 게 그들의 말이었다. 더욱이 기존의 몇몇 예외적 사례를 빼놓으면 두 신에게 하나의 제물을 바치는 일은 적절하지 않았다. 이에 따라 <용기>의 신전이 급하게 세워졌다. 그렇지만 마르켈루스가 손수 두 신전을 봉헌하는 일은 벌어지지 않았다. 그는 이 정도로 신전 문제를 해결하고 나서 로마에서 출발할 수 있었고, 증원군을 인솔하여 지난해 베누시아에 남겨두었던 병력과 합류했다.

크리스피누스는 타렌툼이 파비우스의 명성을 크게 높였다고 생각하여 그런 명성을 생각하며 브루티움의 로크리에 공격을 가했다. 그는 시칠리아에서 가져온 온갖 투석기와 공성 도구를 보냈다. 도시의 바다 쪽에서 공격을 가하고자 전함들도 준비되었다. 하지만 한니발이 라키니움으로 이동했다는 소식과, 마르켈루스가 이미 베누시아를 떠났다는 보고가 들어오자 그는 공성을 포기했다. 크리스피누스는 동료 집정관 부대와 합류할 생각이었고, 그에 따라 브루티움에서 아풀리아로 돌아왔다. 두 집정관은 베누시아와 반티아 사이에 진을 쳤는데, 두 사람의 진지는 서로 5km도 떨어지지 않았다. 로크리 공격을 막은 한니발 역시 이 지역으로 돌아왔다. 그곳엔 두 집정관이 있었고, 카르타고 군을 공격하겠다는 투지도 높았다. 거의 매일 그들은 전투 대형으로 나섰고, 적과 교전하면 반드시 전쟁에 종지부를 찍을 수 있다는 확신을 갖고 있었다.

26. 한니발은 지난해 마르켈루스와 두 번 싸워 한 번은 성공했고 한 번은 실패했다. 따라서 만약 지금 마르켈루스와 다시 대적해야 한다면 한니발의 자신감이나 혹은 자신감의 결여는 그가 경험의 어느

쪽을 선택할 것인지에 달려 있었다. 하지만 두 집정관의 군대와 동시에 싸워야 한다면 상대가 되지 않는다고 생각했고, 따라서 이제 로마인들에게 잘 알려져 있는 전략에 의존하기로 했다. 한니발은 먼저 함정을 놓기에 적합한 장소를 둘러보기 시작했다. 양군 사이에 중요하지 않은 소규모 접전이 여러 차례 벌어졌고, 승리하는 쪽은 계속 바뀌었다. 집정관들은 이런 식의 교전이 여름 내내 벌어질 것으로 생각했지만, 그럼에도 불구하고 로크리를 공격할 생각을 했다.

먼저 루키우스 킨키우스에게 서신을 보내 로크리를 공략하기 위한 함대를 시칠리아에서 끌고 오라고 지시했다. 동시에 두 집정관은 타렌툼에 주둔하는 병력 일부를 로크리로 움직여 육지에서도 방어 시설을 공격하게 할 생각이었다. 한니발은 몇몇 투리이 인에게 어떤 일이 벌어지고 있는지 상황 보고를 듣고 나서 병사들을 보내 타렌툼에서 나오는 길을 포위하게 했다. 3천 기병과 2천 보병이 페텔리아의 언덕 아래에 매복 배치되었고, 로마 인들은 정찰병도 보내지 않고 곧장 그들과 접전을 벌여서 2천 명이 전사하고 1천 5백 명이 포로로 붙잡혔다. 나머지는 흩어져 농지를 가로지르고 숲을 헤치며 타렌툼으로 돌아갔다.

베누시아 근처 카르타고 진지와 로마 진지 사이엔 나무가 울창한 언덕이 하나 있었다. 어느 쪽에서도 그곳을 점령하지 못했는데, 로마 인들은 카르타고 군 진지 쪽을 마주 보는 부분에 어떤 특징이 있는지 알지 못했고, 한니발은 그곳이 진지를 세우기보다는 매복 작전을 펼치기에 더 적합하다고 생각했다. 그에 따라 한니발은 어둠을 틈타 누미디아 기병대 일부를 그 언덕으로 보내 숲 깊숙한 곳에 매복하라고 지시했다. 매복 부대는 그곳에 머무르며 햇빛이 비추는 동안 단 한 명의 병사도 그 자리에서 움직이지 않았다. 혹여나 무기가 햇빛을 받아 아래에서 보이는 일이 있으면 안 되기 때문이었다. 로마 군 진지에서 병사들은 불안해했다. 그들은 반드시 언덕을 점령하여 보루를 세워야 하는데 그렇게 하지 않는다고 불평했다. 한니발이 먼저 그곳을 점령해 버리면 적이 로마 군의 머리 위에 있게 된다는 것이었다.

마르켈루스는 이런 상황에 자극을 받아 직접 행동에 나서기로 했다. 그는 동료 집정관에게 말했다. "우리가 소수의 기병을 데리고 한번 둘러보는 건 어떻겠소? 언덕을 직접 보면 더 나은 결정을 내릴 수 있을 거요." 크리스피누스가 동의했고, 두 집정관은 220명의 기병과 함께 떠났다. 40명은 프레겔라이 인이었고, 나머지는 에트루리아 인들이었다. 두 명의 천인대장, 아울루스 만리우스와 집정관의 아들 마르켈루스가 함께 움직였고, 동맹군 군단장으로는 루키우스 아렌니우스와 만리우스 아울리우스가 동행했다. 몇몇 역사가는 마르켈루스가 그날 제물을 바쳤을 때 첫 제물의 간은 윗쪽 부분이 없었고, 다음 제물은 모든 게 정상인 것처럼 보였지만, 간의 상부가 다소 큰 상태라고 기록했다. 예언자들은 내장의 생김새가 처음 것은 끝이 잘려 기형이었는데 다음 것이 곧바로 지극히 양호한 것이 나오니 전혀 조짐이 좋지 않다고 판단했다.

27. 하지만 마르켈루스는 한니발과 교전하려는 의지가 너무 강했고, 양군의 진지는 절대 그리 가깝지 않다는 말을 반복했다. 진지를 떠날 때 그는 장병들에게 지시를 내려 자리에서 완벽히 준비된 채로 대기하라고 했다. 그래야 정찰 결과가 만족스러울 때 짐을 싸서 자신을 따라올 수 있다는 것이었다.

로마 군 진지 앞엔 자그마한 평지가 펼쳐진 곳이 있었고, 그곳에서 언덕으로 이어지는 길이 하나 났는데 양쪽이 모두 트여 있어 아무런 차폐물이 없었다. 근처에 있던 적의 정찰병은, 나무나 마초를 구하러 진지에서 멀리 떨어진 몇 안 되는 로마 군 병사들이나 잡자는 생각을 했을 뿐, 이런 엄청난 거물이 기다리는 줄은 모르고 신호를 보내 누미디아 인들에게 동시에 매복 장소에서 나오게 했다. 언덕 정상에서 나타나 올라오는 로마 인을 상대할 자들은 동료 병사들이 숲을 우회하여 로마 군의 배후에 나타나 퇴로를 차단할 때까지 모습을 드러내지 않았다. 이어 준비가 끝나자 앞뒤로 적의 부대가 매복 지점에서 나타났고, 함성을 울리며 돌격해 왔다. 집정관들은 움직일 공간이 없었고, 적이 버티고 있는 언덕 정상으로도 빠져나갈 수 없었다. 적은 후방에도 있었으므로 퇴각할 수조차 없었다. 그럼에도 불구하고 에트루리아 인들이 도망치기 시작하여 나머지도 공황 상태에 빠지는 일이 없었더라면 그들은 더 오래 버텼을지도 모른다. 에트루리아 동료들에게 버려진 이런 상황에도 불구하고 프레겔라이 기병들은, 두 집정관이 다치지 않고 그들을 격려하면서 직접 전투에 참여하고 있는 한, 계속해서 싸워나갔다.

하지만 두 집정관이 공격에 당하고, 그중에서도 마르켈루스가 창에 찔려 마지막 숨을 몰아쉬고 떨어지는 모습을 본 몇 안 되는 생존자들은 두 번 창에 찔린 집정관 크리스피누스와 함께 도망쳤다. 아들 마르켈루스 역시 다쳤고, 다른 천인대장 만리우스는 전사했다. 동맹군 군단장 중 아울리우스는 전사했고, 아렌니우스는 포로가 되었다. 집정관의 길나장이들 중 다섯이 붙잡혔고, 나머지는 전사하거나 크리스피누스와 함께 도망쳤다. 전투 중, 그리고 도주 중에 43명의 기병이 전사하고 18명이 산 채로 잡혔다. 진지에서는 병사들이 웅성거리면서 서둘러 두 집정관을 도우러 가야 한다고 소리쳤지만, 그러던 중에 크리스피누스와 아들 마르켈루스가 모두 다친 채로 이 불운한 모험의 비참한 생존자들과 함께 돌아오는 모습이 보였다.

마르켈루스의 전사는 어떤 면으로 봐도 고통스러운 것이었고, 로마 군이 처한 상황 때문에 그런 비참한 느낌은 더욱 가중되었다. 마르켈루스의 나이와(그는 당시 예순이 넘었다), 베테랑 사령관으로서 몸에 익힌 신중함에도 불구하고 경솔하게도 자신의 목숨과 동료의 목숨을 위태롭게 했던 것이다. 더 나아가 로마라는 나라의 안녕조차도 위태롭게 한 것이었다.[13]

마르켈루스의 죽음에 관한 얘기들을 전부 다루어야 한다면 이 한 가지 사건만으로도 아주 장황한 기록을 남겨야 할 것이다. 다른 역사가들은 말할 필요도 없이 코일리우스도 세 가지 버전의 이야기를 제시했다. 첫 번째는 전설에 따라 일반적으로 받아들여지는 내용이고, 두 번째는 직접 그 일을 목격한 아들 마르켈루스가 기록한 찬사에 나오는 내용, 세 번째는 코일리우스가 직접 조사하여 적은 내용이다. 하지만 세 가지 버전이 개별적으로 내용이 다름에도 불구하고 대다수 역사가는 마르켈루스가 진지를 떠난 목적이 정찰이라고 기술했고, 모두가 한니발의 함정에 빠졌다는 데 동의했다.

28. 한니발은 한 집정관은 전사하고, 다른 집정관은 크게 다쳤다는 사실이 로마 군에게 엄청난 충격을 줬다는 것을 잘 알았다. 따라서 이런 좋은 기회를 놓치지 않으려고 그는 즉시 전투가 벌어졌던 언덕으로 이동했다. 그는 마르켈루스의 시신을 확인하고 매장을 지시

---

13 폴리비오스는 『역사』 10권 32장에서 마르켈루스의 충동적인 무모함을 자세히 설명하면서 자신의 안전을 무엇보다도 소중하게 여긴 한니발과 대비하고 있다. 플루타르코스도 『영웅전』 "펠레포디아스와 마르켈루스" 3장 3절에서 "자신에게 별로 이득이 되지도 않고 현재의 위험 때문에 격렬한 반응을 보여야 할 필요도 없는 곳에서 자기 자신을 위험 속으로 몰아넣고 사전에 경계하지 못한 매복 작전에 걸려 5선 집정관의 권위가 카르타고 군의 스페인 인과 누미디아 인의 용병대에 짓밟히고 말았다"라고 적고 있다.

했다. 동료 집정관이 전사하는 걸 직접 보았고 자신도 크게 다친 크리스피누스는 큰 충격을 받았다. 그날 밤에 조용히 가장 가까운 산으로 이동하여 고지에다 새롭게 진을 쳤다. 그곳은 사방으로 보호가 잘 되는 곳이었다. 이어 양군의 두 장군 사이에 전략 싸움이 시작되었다. 하나는 속이려고 하고, 다른 하나는 그것을 폭로하고자 했다. 한니발은 마르켈루스의 시신에서 인장 반지를 찾았고, 크리스피누스는 한니발이 그것을 악용하여 다른 이들을 속여 심각한 문제와 혼란을 유발하려는 걸 알아챘다.

따라서 크리스피누스는 전령들을 인근 공동체들로 보내 동료 집정관 마르켈루스가 전사했으며, 적은 그의 인장 반지를 지니고 있으니 마르켈루스 이름으로 된 편지가 오면 믿지 말라고 경고했다. 이런 메시지는 한니발이 마르켈루스의 이름으로 보낸 편지가 도착하기 직전에 살라피아에 전해졌다. 마르켈루스를 칭한 한니발의 속임수 편지는 이런 내용이었다. 내(즉 마르켈루스)가 다음날 밤에 살라피아에 갈 것이니, 그곳 주둔군에게 지시하여 도움이 필요한 때 응할 수 있게 만전을 기하라는 것이었다. 하지만 살라피아 인들은 그 편지에 속지 않았다. 그들은 반란을 일으킨 자신들을 한니발이 처벌하려고 한다고 보았고, 특히 기병들을 죽인 것에 감정이 좋지 않을 거라고 생각했다. 그들은 편지를 가져온 자를 돌려보내고(그는 로마 인 전향자였다) 은밀하게 대비에 나섰다. 그들은 성벽을 따라, 또 도시의 편리한 장소들에 경계 초소를 설치했다. 이어진 밤에 그들은 보초병과 위병을 배치하는 데 특별한 주의를 기울였고, 적이 들어오려고 하는 상황을 대비해 성문 가까운 곳에 최정예 부대를 배치했다.

제4경(새벽 3시) 정도가 되자 한니발이 도착했다. 그의 부대 중 가장 선두에 있는 대열은 로마의 무장을 한 로마 전향자들로 구성되었고,

그들은 성문으로 나아가 위병을 부르며 라틴어로 집정관이 오는 중이니 문을 열라고 했다. 위병들은 요청에 응하는 척하며 아주 요란을 떨며 성문을 열었다. 내리닫이 쇠창살문이 올라갔고, 쇠지렛대와 도르래를 쓰면서 사람이 몸을 굽히지 않고도 들어갈 수 있는 높이로 성문을 들어올렸다. 여유가 충분하자 전향자들은 서로 밀치듯 도시로 들어왔고, 600명 정도가 들어오자 공중에 들렸던 도르래가 풀리며 내리닫이 쇠창살문이 다시 요란한 소리를 내며 땅으로 내려와 닫혔다. 살라피아 인들의 환영을 기대하며 성 안으로 들어온 그들은 길에서 바로 나와 황급히 성 안으로 들어섰으므로 무기를 어깨에 아주 느슨하게 둘러메었으며 전혀 전투 준비가 되어 있지 않았다. 살라피아 사람들은 이들을 무자비하게 공격했다. 이어 성벽과 성문 탑에 있는 다른 이들은 돌, 막대기, 창을 쏟아내듯 던져 적을 물리쳤다.

한니발은 이렇게 하여 자기의 꾀에 자기가 걸려들었다. 그는 살라피아에서 물러나 포위를 당한 **로크리**를 구원하러 떠났다. 그곳에선 루키우스 킨키우스가 엄청난 규모로 공성 보루를 세우고 시칠리아에서 가져온 온갖 투석기로 맹공을 퍼붓고 있었다. 마고는 더 이상 자신의 힘으로 도시를 지켜낼 수 없을 거라고 생각했지만, 마르켈루스가 전사했다는 소식을 듣고 다시 희망을 갖게 되었다. 이어 한니발이 누미디아 기병대를 보냈다는 메시지가 왔고, 본인도 보병대를 이끌고 그 뒤를 최대한 빠르게 따라가고 있다는 소식도 전해졌다. 망을 보는 자들이 누미디아 인이 가까이 왔다는 신호를 보내자 마고는 성문을 열고 대담하게 포위를 펼친 로마 군을 향해 진군했다. 한동안 전투는 승패가 결정되지 않았다. 마고는 로마 군의 상대가 되지 않았지만, 이런 갑작스러운 출격은 로마 군이 생각지도 못한 일이었다. 이어 누미디아 인들이 전장에 나타나자 로마 군의 사기는 무너졌고,

공성 보루, 투석기를 버리고 해안으로 서로 밀치듯 흩어져 도망치며 상대적으로 안전한 배로 들어갔다. 이렇게 하여 한니발의 도착은 효율적으로 로마 군의 로크리 포위를 풀었다.

29. 크리스피누스는 한니발이 브루티움으로 떠났다는 소식을 접하고 아들 마르켈루스에게 아버지가 전에 지휘하던 병력을 베누시아로 가서 인수하라고 지시하고 자신은 휘하 병력을 이끌고 카푸아로 떠났다. 그가 입은 상처들은 무척 고통스러운 것이었고, 들것이 덜컥거리는 것에도 도저히 참을 수 없을 지경이 되자 그는 원로원에 서신을 보내 자신이 위독한 상태이며, 동료도 전사했음을 보고했다. 보고서에다 자신은 선거 주재를 하러 로마로 가는 게 불가능하다는 것도 적었다. 여정의 피로를 도저히 견딜 수도 없고, 한니발이 브루티움을 떠나 타렌툼으로 진군하는 것도 걱정된다는 것이었다. 따라서 그는 자신과 전쟁 방침을 논의할 수 있는 훌륭하고 분별력 있는 사람들을 대표로 보내달라고 원로원에 요청했다.

그의 서신을 읽은 원로원은 마르켈루스의 죽음과 크리스피누스가 무사하지 못할 수도 있다는 두려움으로 커다란 고통을 받았다. 의원들은 아들 파비우스를 베누시아의 군대에 보내고 세 명의 대표를 크리스피누스에게 보냈다. 선정된 대표는 섹스투스 율리우스 카이사르, 루키우스 리키니우스 폴리오, 그리고 루키우스 킨키우스 알리멘투스였다. 킨키우스는 시칠리아에서 돌아온 지 며칠 되지 않은 상태였다. 그들이 받은 지시는 집정관에게 로마로 오지 못할 것 같으면 로마 영토 안에 있는 사람을 독재관으로 임명하여 선거를 주재하도록 하라는 요청을 전달하는 것이었다. 집정관이 이미 타렌툼으로 떠났다면 법무관 클라우디우스는 휘하 군단들을 이끌고 그 지역으로 움직여 로마 군 병력을 잘 활용하여 동맹 도시들을 최대한 보호하라는 원로원의 지시도 있었다.

이해(기원전 208년) 여름 동안에 **마르쿠스 발레리우스**는 전함 100척의 함대를 이끌고 시칠리아에서 아프리카로 건너가 클루페아 근처에 상륙하여 광범위한 지역을 황폐화했으나 거의 저항을 받지 않았다. 이런 습격대는 83척의 전함으로 구성된 카르타고 함대가 접근 중이라는 보고를 받고 서둘러 귀선하여 다시 배를 띄웠다. 두 함대는 클루페아에서 그리 멀지 않은 곳에서 교전했고, 카르타고 함대는 18척이 붙잡히고 나머지는 도망쳤다. 발레리우스는 전리품과, 해안 습격에서 얻은 무척 귀한 자원들을 챙겨서 릴리바이움으로 돌아왔다.

이해 여름 동안에, 마케도니아의 필리포스는 아카이아 인들을 도우러 나섰다. 아카이아는 라케다이몬의 폭군인 마카니다스의 공격을 국경에서 연달아 받고서 필리포스에게 긴급 구조 요청을 했던 것이다. 한편 아이톨리아 인들 역시 나우팍투스와 파트라이 사이의 해협(인근 주민들은 리온이라 불렀다)을 건너 아카이아 인들의 땅을 유린했다. 더욱이 아시아의 왕 아탈로스는 아이톨리아 인들이 지난 회의 때 그에게 아이톨리아 최고 행정장관 지위를 부여하자 유럽으로 막 건너가려는 중이었다.

30. 이런 이유로 필리포스가 그리스로 진군하고, 아탈로스가 부재 중인 상황에서 그해 지휘권을 받게 된 피리아스가 이끄는 아이톨리아 인들이 필리포스를 라미아라는 도시 근처에서 조우하게 되었다. 아이톨리아 인들은 아탈로스의 병력 일부를 증원군으로 받아들였고, 술피키우스가 로마 함대에서 보내준 약 1천 명의 병력도 데리고 있었다. 필리포스는 피리아스와 그의 군대를 상대로 두 번 연달아 승리했고, 전투를 펼칠 때마다 적어도 1천 명 이상을 죽였다. 아이톨리아 인들은 연패에 낙담하고 라미아 성벽 안에 틀어박혀 밖으로 나올

생각을 하지 않았다.

이에 필리포스는 말리안 만에 있는 팔라라로 군대를 이끌고 갔다. 그곳은 옛날엔 인구가 조밀한 곳이었다. 훌륭한 항구에다 잘 보호되는 정박소도 가지고 있는 데다 육지와 바다 양면으로 여러 이점이 있었기 때문이다. 이곳 팔라라에서 필리포스는 이집트의 왕 프톨레마이오스가 보낸 사절, 아테네 인, 로도스 인, 키오스 인들이 보낸 사절을 맞이했고, 사절들은 필리포스에게 아이톨리아 인을 상대로 벌이는 적대 행위를 멈추라고 권했다. 아이톨리아 인들은 이웃들 중에 아타마니아 인의 왕 아미난드로스를 중재자로 내세웠다. 사실 여기에 언급한 국가들 중 어느 곳도 아이톨리아 인의 안녕 같은 건 생각하지 않았다. 그들은 아이톨리아 인이 평균적 그리스 인보다 훨씬 호전적이라고 생각했다. 그들의 진짜 목적은 필리포스와 그의 왕국이 그리스 문제에 개입하지 못하게 하고, 그렇게 하여 그들의 자유를 위협받는 일을 피하려는 것이었다.

평화 협정의 조건 논의는 아카이아 의회의 회기가 끝날 때까지 연기되었고, 논의할 날짜와 장소는 정해졌다. 그러는 사이에 양측은 30일 간 휴전하기로 했다. 필리포스는 이어 팔라라를 떠나 테살리아, 보이오티아를 거쳐 에우보이아의 칼키스로 갔다. 이렇게 움직인 이유는 아탈로스가 그곳의 항구로 향하고 있다는 이야기가 있어 그가 항구로 들어오거나 상륙하는 걸 막기 위해서였다. 그곳에 아탈로스를 맡을 병력을 남긴 뒤에 그는 바다를 건너 소수의 기병과 경무장한 부대와 함께 아르고스로 갔다. 필리포스는 아르고스에서 헤라 축제와 네메아 게임을 주재했다(마케도니아의 왕들은 그들이 기원(起源)한 도시를 아르고스라고 했다). 그는 평민의 투표로 두 행사를 주재할 자격을 얻었다.

헤라 축제가 끝나고 연관된 게임이 종료되자 그는 즉시 아이기움으로 향해 동맹국들이 모이는 회의에 참석했다. 날짜가 정해지고 참으로 오랜만이었다. 회의에서 아이톨리아 전쟁을 중지하는 문제가 논의되었다. 그렇게 하여 아탈로스나 로마 인이 그리스로 들어올 이유를 없애려는 것이었다. 하지만 휴전 기간이 끝나기 직전에 모든 게 아이톨리아 인들의 행동으로 엉망진창이 되어 버렸다. 아탈로스가 아이기나로 왔고, 로마 함대가 나우팍투스에 정박하고 있다는 소식이 들려온 것이었다. 팔라라에서 평화 협정을 논의했던 같은 대표단이 회의에 소환되었는데, 아이톨리아 인들은 휴전 기간 동안 발생한 특정 사소한 위반 사례들을 거론하며 불평했고, 아카이아 인들이 필루스를 메세니아 인들에게, 아틴타니아를 로마 인들에게, 아르디아에이를 스케르딜라이두스와 플레우라투스에게 돌려주지 않으면 적대 행위를 중단하지 못하겠다고 선언했다.

필리포스는 전투에서 패배한 자들이 자신에게 사실상 조건을 거는 상황에 격분했다. 그는 전에 아이톨리아 인들이 평화를 간청하여 휴전에 동의했을 때에도 그들이 조용하게 있을 거라고 전혀 기대하지 않았다고 말했다. 오히려 그 당시 그의 목적은 모든 동맹들에게 다음과 같은 사실을 알리는 것이었다. 그는 평화를 바랐으나, 아이톨리아 인들은 전쟁을 바랐다는 사실을 말이다. 이렇게 하여 회의는 아무런 소득 없이 끝났다.

필리포스는 회의를 해산하고 아카이아 인들을 보호할 4천 강병을 배치했고, 아카이아 인들로부터 다섯 척의 전함을 받았다. 그는 이 다섯 척의 전함을 최근 카르타고가 자신에게 보낸 함대에다 보태고, 또 비티니아의 프루시아스 왕이 보내는 중인 함대까지 확보하게 된다면 해군력이 충분하므로, 이 지역에서 오랫동안 해군력이 우위였던 로마 인들과 해전을 벌이겠다고 결심했다. 이어 필리포스는 아르고스로 갔다. 곧 거기서 네메아 게임이 열릴 것이므로 그 행사에 참석하여 자리를 빛낼 생각이었다.

31. 필리포스가 네메아 게임을 준비하는 데 열을 올리고, 전시에 어울리기보단 휴가에 어울리는 기분으로 축제를 만끽하는 동안에, 푸블리우스 술피키우스는 나우팍투스에서 시키온과 코린토스 사이의 한 지점으로 항해하여 비옥하기로 유명한 지역에 광범위한 피해를 입혔다. 게임을 즐기던 중 이런 습격을 보고 받은 필리포스는 서둘러 기병들을 먼저 보내고 보병대도 그 뒤를 따르라고 지시했다. 그는 시골 지역에서 한가득 약탈품을 들고 이리저리 흩어진 로마 병사들을 공격했고, 병사들은 그런 위험이 닥칠 줄 전혀 예상하지 못했기에 격퇴당해 배로 도망쳤다. 나우팍투스로 돌아온 로마 군은 그것을 전혀 만족스럽게 여기지 않았다.

그러나 필리포스의 입장에선 그것이 그리 중요한 승리는 아니었지만, 그래도 로마 군을 상대로 거둔 승리였기에 남은 게임 기간 동안 더욱 명예가 높아졌다. 축제 기간 내내 다들 아주 즐거워했다. 특히 필리포스가 민심을 중시하여 왕관과 보라색 의복을 벗고 왕권을 나타내는 다른 표지를 떼어 다른 사람들과 다를 바 없는 평범한 모습을 하고 나오자 그 즐거움은 더욱 커졌다. 자유로운 공동체의 시민들은 왕이 자신들과 똑같은 복장을 하고 있는 것을 가장 좋아했다. 그는 이런 행동으로 평민에게 그들이 자유를 즐기고 있다는 확신을 주었을 것이다. 하지만 그는 추잡하게도 아주 호색한 행동을 보여 그 모든 일에 먹칠을 해 버렸다.

필리포스는 밤낮으로 한 사람 혹은 두 사람을 동행하고 도시를 돌아다니며 기혼자들의 집을 방문하곤 했다. 자신을 평범한 시민으로 변장함으로써 사람들의 이목을 덜 끌게 되자 전보다 더 방종한 행동을 했다. 그가 평민 복장을 하면서 남들에게 내보인 자유로움은 실은 그 자신의 방탕한 욕심을 채우기 위한 구실에 지나지 않았다. 그가 저지른 음란한 행동은 내야 할 돈을 내지 않고 얻은 즐거움이 있는가 하면, 부드러운 말로 구슬려서 얻어낸 즐거움도 있었다. 그는 자신의 범죄적 음란함을 충족시키기 위해 강제력을 행사하기도 했다. 여자의 남편이나 딸의 아버지가 엄격하게 통제하면서 왕의 욕정을 가로막는다면, 그 남편이나 아버지는 목숨이 위태롭게 되는 위험을 각오해야 되었다. 아라투스라는 아카이아의 주요 인사는 아내인 폴리크라티아를 필리포스에게 빼앗겼다. 그녀는 마케도니아로 가서 왕과 같은 침대를 쓰게 되었다.

이것이 필리포스가 네메아 게임에서 보인 끔찍한 행동이었다. 그는 며칠 더 아르고스에 머물다 디마이로 떠났다. 엘리스 인들이 초청하여 도시에 들인 아이톨리아 주둔군을 쫓아내기 위해서였다. 최고 지휘관인 키클리아다스와 다른 아카이아 인들은 필리포스 왕을 디마이 근처에서 만났다. 그들은 다른 아카이아 인들과 대의를 함께하지 않는 엘리스 인들을 증오했다. 또한 아이톨리아 인들에게도 적대적이었는데, 로마와의 전쟁이 그들 때문에 벌어진 것이라고 생각했기 때문이다. 병력을 합친 필리포스와 아카이아 인들은 디마이를 떠나 엘리스 영토와 디마이 영토를 서로 떼어놓는 라리소스 강을 건넜다.

32. 적의 영토로 들어선 뒤 필리포스 부대는 첫날 시골 지역을 황폐화했다. 다음날 그들은 전투 대형으로 도시를 향해 나아갔다. 그들의 기병대는 아이톨리아 인들을 도발하고자 성문으로 달려 나갔다. 아이톨리아 인들은 늘 이런 도전에 빠르게 반응하는 민족이었다.

그러는 사이 술피키우스는 15척의 전함을 이끌고 나우팍투스에서 킬레네로 건너가 감시를 피해 한밤중에 4천 병사를 상륙시켰고, 이어 엘리스로 들어갔다. 필리포스와 아카이아 인들은 이를 전혀 모르고 있었고, 아이톨리아 인과 엘리스 인 사이에 로마 군기와 로마의 무장이 보이자 그들은 엄청난 충격을 받았다. 필리포스가 처음 한 생각은 군을 퇴각시키는 것이었지만, 아이톨리아 인과 트랄레스 인(일리리아 인) 간에 싸움이 이미 시작되었다. 필리포스는 자신의 병력이 강한 압박을 받는 걸 보고 기병대를 이끌고 로마 부대에 돌격했다. 그 순간 필리포스의 말은 창에 찔려 죽었고, 그는 말의 머리 너머로 거세게 내동댕이쳐졌다. 이런 일이 벌어지자 그의 주변에서 맹렬한 싸움이 펼쳐졌다. 로마 인들은 필리포스를 생포하려 했고, 왕의 근위병들은 어떻게든 왕을 보호하고자 했다. 필리포스는 기병들 사이에서 서 있으면서 아주 용맹하게 싸웠다. 하지만 곧 상황이 그에게 나쁘게 변하기 시작했고, 주변에서 많은 병사들이 죽거나 다쳤다. 필리포스의 병사들이 그를 재빨리 다른 말에 태우는 바람에 그는 도망칠 수 있었다.

필리포스는 엘리스에서 8km 떨어진 곳에 새롭게 진을 쳤고, 다음 날 전군을 이끌고 근처에 있는 엘리스 인들의 요새 피르구스(현지에서 그렇게 불렸다)로 나아갔다. 농부 무리가 재산을 빼앗길 것을 두려워하여 가축을 데리고 그곳으로 피신했다는 말을 들었기 때문이다. 그들은 오합지졸에 불과했고 당연히 무장을 하지 않았다. 필리포스가 접근한다는 소식에 그들은 공황에 빠졌고, 왕은 어렵지 않게 그들을 붙잡을 수 있었다. 그렇게 하여 왕은 수치스러웠던 엘리스에서의 패배를 보상받았다. 포로는 4천 명이었고, 온갖 종류의 가축은 거의 2만 마리에 달했다.

이렇게 전리품과 포로를 분배하는 동안에 마케도니아에서 소식이 전해졌다. 아이로푸스라는 자가 리크니두스의 요새 주둔군 지휘관을 매수하여 도시를 점령했다는 것이었다. 아이로푸스는 또한 다사레티이 인들에게 속한 마을도 몇 개 손에 넣고 다르다니 인들에게 반란을 부추기고 있었다. 이런 위급한 상황을 고려한 필리포스는 아카이아 인과 아이톨리아 인 간의 전쟁을 포기하고 디마이를 떠나 10일 동안 아카이아, 보이오티아, 에우보이아를 거쳐서 테살리아의 데메트리아스에 도착했다. 하지만 그는 보병과 기병 등 병사 2천 5백 명을 뒤에 남기고 메니푸스와 폴리판타스에게 지휘를 맡기면서 동맹들을 보호하라고 조치했다.

33. 데메트리아스에서 필리포스는 더 심각한 문제에 직면하게 되었다. 다르다니 인들이 마케도니아로 밀려들어와 이미 오레스티스를 손에 넣고 아르게스타이안 평원까지 내려왔다는 것이었다. 더욱이 그곳의 야만인 부족들 사이에선 필리포스가 전사했다는 소문이 널리 퍼져 있었다. 필리포스가 시키온 근처에서 로마 군과 싸우는 동안에 그가 탄 말이 맹렬히 어떤 나무쪽으로 맹렬히 달려갔는데 그만 그의 투구에 달린 한쪽 뿔이 돌출한 가지에 걸려 부러졌다. 이 파편을 어떤 아이톨리아 인이 발견하여 그것을 필리포스 투구의 특징을 잘 아는 스케르딜라이두스에게로 가져갔다. 이렇게 하여 사망 소문이 생겨나게 된 것이었다.

필리포스가 아카이아를 떠난 뒤 술피키우스는 아이기나로 항해하여 그곳에서 아탈로스와 합류했다. 아카이아 인들은 메세네에서 멀리 떨어지지 않은 곳에서 아이톨리아 인들과 엘리스 인들을 상대로 싸워 승리했다. 아탈로스와 술피키우스는 아이기나에서 겨울을 났다.

이해 말에 집정관 크리스피누스가 상처로 인해 사망했다. 그는 죽기 전 티투스 만리우스 토르콰투스를 선거와 게임을 주재할 독재관으로 임명했다. 어떤 역사가는 크리스피누스가 타렌툼에서 죽었다고 하고, 다른 역사가는 캄파니아에서 죽었다고도 한다. 기억에 남을 만한 전투는 더 이상 없었다. 두 집정관이 사망했고, 나라는 아버지가 없는 상태가 되었다. 비록 전쟁 중이지만 이런 일은 여태껏 벌어진 적이 없었다.

독재관 만리우스는 가이우스 세르빌리우스를 사마관으로 임명했다. 당시 그는 쿠룰레 토목건축관리관이었다. 원로원은 이후 첫 회의에서 독재관에게 가이우스 플라미니우스와 그나이우스 세르빌리우스가 집정관을 맡았던 해[14]에 도시 법무관 아이밀리우스가 거행하고, 또한 5년마다 개최하겠다고 맹세한 대게임을 개최하라고 지시했다. 이에 독재관은 대게임을 개최하고 5년 뒤에도 다시 개최할 것을 맹세했다.

하지만 사람들의 머리에 가장 먼저 떠오른 생각은 결코 게임이 아니었다. 두 집정관의 부대는 적과 가까운 거리에 있었지만, 지휘관이 없었다. 따라서 원로원과 시민들의 주된 유일한 관심사는 최대한 빨리 집정관들을 선출하는 것이었고, 더 나아가 카르타고 인들의 간계를 꿰뚫어보고 기만당하지 않을 훌륭한 장군을 선출하는 것이었다. 전쟁 내내 성급하고 열렬한 성정을 지닌 장군들로 인해 참사가 벌어졌고, 이해에도 마찬가지로 과도하게 열정적으로 전투를 벌이려던 두 집정관[15]이 적의 함정에 빠지고 말았다. 그럼에도 불구하고 불멸

---

14 기원전 217년. 참조. 22권 9장.
15 마르켈루스와 크리스피누스. 참조. 27권 27장.

하는 신들께서는 로마 인들을 딱하게 여겨 무고한 군대는 화를 면하게 하고 지휘관의 경솔함만 그의 죽음으로 처벌했다.

34. 원로원은 이제 집정관직에 오를 최적 후보를 찾기 시작했다. 가이우스 클라우디우스 네로는 다른 모든 이보다 단연 빼어나서 제1 후보였지만 동료가 될 제2 후보도 찾아내야 했다. 원로원의 의견으로 네로는 뛰어난 능력을 지녔지만, 지금과 같은 상황에서 특히 한니발과 상대하기엔 너무 성급하고 불 같은 성격이었다. 네로의 충동적인 성격은 반드시 더 주의 깊고 신중한 동료와의 협업으로 보완되어야 한다는 게 의원들의 생각이었다.

적절한 제2 후보는 마르쿠스 리비우스였다. 그는 오래전 집정관에서 물러난 뒤에 시민들의 결정으로 유죄를 선고받았고, 그것을 엄청난 수치로 받아들인 그는 시골에 가서 살면서 오랜 세월 동안 도시에도 나타나지 않고, 평민 집회에도 일체 참가하지 않았다. 유죄 판결을 받은 이후 7년에서 8년 정도 지나자 집정관 마르켈루스와 라이비누스가 그를 설득하여 로마에 다시 올라오라고 했고, 그는 옛 의복을 갖춰 입고 머리와 수염을 길게 기른 채로 나타나, 그런 옷과 용모로써 자신이 절대 과거의 수치를 잊지 않았음을 보여주었다.[16] 감찰관 베투리우스와 리키니우스는 그에게 머리와 수염을 자르고 넝마를 벗게 하고는 원로원에 참석시켜 공적인 의무를 다하게 하였다. 하지만 리비우스는 동의한다는 말 한 마디와 그 제안을 지지한다면서 묵묵히 투표하는 것 이외에 아무런 발언도 하지 않았다.

---

16 마르쿠스 리비우스는 기원전 219년에 아이밀리우스 파울루스와 함께 집정관을 지냈다. 두 집정관은 이 시기에 일릴리아 인들과의 전투에서 승리하여 로마에서 개선식을 수여받았다. 하지만 리비우스는 전쟁 중에 탈취한 전리품 중에서 자기 몫으로 너무 많은 부분을 가져갔다는 고발을 당했고 벌금형을 부과 받았다. 참조. 22권 35장.

하지만 그의 친척인 마르쿠스 리비우스 마카투스의 일을 논의할 때가 되자 상황은 변했다. 친척의 평판이 위태로워지자 그는 회의장 자리에서 벌떡 일어나 자신의 친척을 옹호하는 의견을 말했다. 그토록 오래 듣지 못한 그의 목소리가 다시 들리자 모든 의원이 그를 주목했다. 이어 그들은 이내, 여기 시민들이 부당하게 취급한 사람이 있으며, 지금처럼 심각한 전쟁을 겪고 있을 때 이 뛰어난 시민의 도움과 조언을 받지 못해 나라가 큰 손실을 겪었다고 했다. 의원들은 네로의 동료로 파비우스나 라이비누스가 임명될 수 없는 건 집정관이 모두 귀족인 게 불법이어서이며, 같은 이유로 토르콰투스도 임명할 수 없다고 했다. 게다가 토르콰투스는 예전에 집정관직 제안을 거절했으며, 앞으로도 거절할 것이라고 한 바가 있었다. 의원들은 리비우스를 네로의 동료 집정관으로 임명하면 뛰어난 한 쌍이 될 것이라고 말했다. 원로원에서 처음 제기한 이 의견에 시민들도 반대하지 않았지만, 나라에서 유일하게 그에 반대한 사람은 집정관직을 제안 받은 리비우스 본인이었다. 그는 이렇게 말했다.

"시민들은 자신이 무슨 생각을 하고 있는지도 모릅니다. 과거에 상복을 입고 재판장에 섰을 때 그들은 저를 전혀 동정하지 않았습니다. 이제 저는 바라지도 않는데 그들은 제게 후보자의 흰 토가를 입히려고 하는군요. 명예와 수치가 같은 사람의 머리 위로 이런 식으로 쌓이다니요. 시민들이 저를 훌륭한 사람이라고 생각했다면, 왜 저를 질 나쁜 죄인이라고 비난했습니까? 또 저를 범죄자라고 여긴다면, 과거에 그토록 정당성 없다고 비난했던 집정관직을 왜 다시 저에게 맡기려고 합니까?"

하지만 리비우스의 불평과 주장은 아무런 효과도 없었다. 원로원은 그에게 더 이상 말을 하지 말라고 엄중하게 주의를 주면서 과거에 추방당했던 카밀루스가 갈리아에 점령된 로마를 구해낸 고사[17]를 상기시켰다. 그들은, 조국은 화가 난 부모를 대하듯이 순종과 인내를 통해 달래야 한다고도 했다. 결국 일치단결한 의원들의 노력이 통했고, 리비우스는 네로의 동료로서 집정관에 선출되었다.

35. 사흘 뒤 법무관 선거가 열렸고, 루키우스 포르키우스 리키누스, 가이우스 마밀리우스, 가이우스와 아울루스 호스틸리우스 카토가 법무관에 임명되었다. 선거와 게임 이후 독재관과 사마관은 자리에서 내려왔다. 바로는 법무관 대리로서 에트루리아로 가서 가이우스 카토를 타렌툼으로 보내 주었고, 가이우스는 집정관 크리스피누스가 지휘하던 병력을 인수하게 되었다. 루키우스 만리우스는 특사로서 그리스로 가서 현지 상황을 알아보기로 했다. 올림픽 축제가 그해 여름에 개최될 예정이었고, 늘 그랬듯 온갖 나라에서 막대한 군중이 몰려들 것이었다. 만리우스는 그리스에 있는 시칠리아 피난민이나 한니발이 쫓아낸 타렌툼 인을 고향으로 돌아오라고 권유하는 임무를 맡았다. 만약 그들이 고향으로 돌아온다면 로마 인들은 그들에게 전쟁 이전에 가지고 있던 재산을 돌려줄 계획이었다.

네로와 리비우스는 아직 실질적으로 집정관직을 수행하고 있지 않았다. 집정관이 없는 로마는 분명 지극히 위험한 시기를 맞이하고 있었다. 따라서 집정관 당선인들이 각자의 임지와 상대할 적을 정하는 데 한순간도 낭비하지 않기를 다들 간절히 바랐다. 더욱이 퀸투스 파비우스 막시무스의 제안으로 서로 화합하지 못하는 두 사람을 화해시키는 일도 원로원에서 논의되었다. 두 사람 사이의 불화는 잘 알

---

17 카밀루스가 로마를 수복한 고사는 5권 51장 참조.

려진 것이었고, 리비우스로서는 이런 다툼이 견디기 더 쓰라리고 힘들었다. 그의 동료가 자신이 예전에 겪은 불운을 경멸하고 있다는 느낌을 받았기 때문이었다. 그런 상황은 두 집정관의 화해를 더욱 힘들게 만들었다. 리비우스는 화해는 필요 없다고 했다. 오히려 사람들의 우려와는 다르게, 집정관은 각자 더욱 주의를 기울여 임무를 다할 것이라고 리비우스는 생각했다. 각자 실수를 저지르면 비우호적인 동료 집정관에게 이득이 될 것이니 그걸 두려워해서라도 열심히 근무하게 된다는 것이었다. 하지만 원로원의 권위가 결국 승리했다. 두 집정관은 해묵은 원한을 거두고 진정한 파트너로서 의기투합하여 국정을 이끌기로 합의했다.

지난해 집정관들은 지역적으로 임지를 나누지 않았다. 하지만 올해 집정관들은 이탈리아 반도의 양쪽 끝을 각자 맡아 임무를 수행하기로 했다. 한 사람이 브루티움과 루카니아에서 한니발과 대적하면 다른 사람은 알프스로 접근 중이라고 보고된 하스드루발을 상대로 갈리아에서 작전을 펼치게 되었다. 갈리아 담당 집정관은 갈리아의 병력이나 에트루리아의 병력 중 원하는 쪽을 선택하게 되었다. 그리고 그 병력에 로마에 있던 부대도 추가하기로 되었다. 남쪽을 맡는 다른 집정관은 새로운 도시 군단들을 모집하고 이전 해에 두 집정관이 지휘하던 병력 중 하나를 인수해야 되었다. 집정관 대리 풀비우스는 새로운 집정관이 선택하지 않은 병력을 맡을 것이고, 풀비우스의 지휘권은 한 해 동안 유효했다. 에트루리아에서 타렌툼으로 이동한 가이우스 카토는 이제 카푸아로 이동했다. 지난해 풀비우스가 지휘하던 1개 군단은 그가 맡게 되었다.

36. 하스드루발이 이탈리아로 곧 들어온다는 소식에 로마의 불안감은 매일 가중되었다. 첫 번째 소식은 마실리아에서 들려왔다. 사

절들은 하스드루발이 용병을 고용하는데 들어갈 어마어마한 황금과 함께 갈리아로 들어섰고 그 소식만으로도 현지 원주민들은 크게 흥분하고 있다는 것이었다. 마실리아의 사절들은 돌아갈 때 로마의 두 대표인 섹스투스 안티스티우스와 마르쿠스 라이키우스와 함께 갔다. 이 대표들은 원로원 지시에 따라 현지에서 상황을 살피게 되었다. 두 대표는 이런 보고서를 보내왔다. 사람을 풀어서 마실리아 안내인들과 함께 최대한 많은 정보를 수집하게 했는데, 안내인들과 친분이 있는 갈리아 족장들이 정보 수집에 도움을 주었다. 하스드루발은 이미 엄청난 병력을 모았으며 이듬해 봄에 알프스를 건널 것이라는 보고였다. 지금 그가 바로 산맥을 넘어오지 못하는 이유는 겨울에 내린 눈 때문이라는 것이었다.

푸블리우스 아일리우스 파이투스는 마르쿠스 마르켈루스의 뒤를 이어 복점관이 되었고, 그나이우스 코르넬리우스 돌라벨라는 2년 전 사망한 마르쿠스 마르키우스를 뒤이어 렉스 사크로룸이 되었다. 같은 해에 5년 동안 계속된 정화(淨化) 기간이 감찰관 투디타누스와 케테구스에 의해 공식적으로 종료되었다. 인구 조사로 시민의 수는 137,108명이라는 게 드러났는데, 전쟁 전보다 많이 줄어든 수치였다.[18] 기록으로 보면 한니발 침공 이후 처음으로 코미티움에 차양이 설치되었으며, 로마 게임이 쿠룰레 토목건축관리관인 퀸투스 메텔루스와 세르빌리우스에 의해 하루 동안 개최되었고, 평민 게임이 평민 토목건축관리관인 마밀리우스와 마르쿠스 카이킬리우스 메텔루스에 의해 이틀 동안 개최되었다. 평민 토목건축관리관들은 케레스

---

18 이보다 10년 전인 플라미니우스와 아이밀리우스 파푸스의 집정관 시절에는 시민들의 숫자가 이보다 두 배가 많은 27만 명이었다.

신전에 세 개의 조각상을 바쳤다. 그 게임들을 기리기 위해 유피테르 신을 위한 연회도 열렸다.

네로와 리비우스(2선)는 이제 집정관직에 올랐다. 집정관들은 당선자 시절에 이미 추첨을 통해 임지를 맡게 되었으므로 이제 법무관들에게 그들의 추첨을 진행하라고 지시했다. 도시 사법권은 가이우스 카토에게 주어졌다. 그는 또한 외국인에 관련된 문제도 통제하게 되었는데, 이는 다른 세 법무관이 도시 밖에서 임무를 원활히 수행할 수 있게 하려는 것이었다. 아울루스 카토는 사르데냐를, 마밀리우스는 시칠리아를, 포르키우스는 갈리아를 각각 맡게 되었다. 25개의 군단은 다음처럼 나뉘었다. 집정관들에게는 각각 2개 군단, 스페인엔 4개 군단, 시칠리아, 사르데냐, 갈리아에 있는 세 법무관에게 각각 2개 군단, 에트루리아의 바로에게 2개 군단, 브루티움의 풀비우스에게 2개 군단, 타렌툼과 살렌티니 지역을 맡은 퀸투스 클라우디우스에게 2개 군단, 카푸아의 투불루스에게 1개 군단이 주어졌다. 원로원 지시로 도시의 2개 군단도 새로 모집하게 되었다. 집정관이 지휘하는 4개 군단의 천인대장들은 시민들에 의해 선출되었다. 나머지 군단에 배치될 천인대장들은 집정관들이 선발하여 보냈다.

37. 집정관들이 로마를 떠나기 전에 베이이엔 돌비가 내렸고, 그래서 로마는 9일 동안 종교 의식을 치르며 이를 속죄했다. 하지만 늘 그렇듯 문제는 여기서 끝나지 않았다. 다른 불가사의한 현상들도 보고되었다. 민투르나이에선 유피테르 신전과 마리카 숲에 벼락이 떨어졌다. 아텔라의 성벽과 성문 하나도 벼락을 맞았다. 민투르나이 시민들은 성문 앞의 강이 핏빛으로 흘렀다고 말들 하며 더욱 공포를 부추겼다. 카푸아에선 어느 날 밤 늑대 한 마리가 성문을 통해 들어와 보초병에게 상처를 입혔다.

이런 불길한 사건들에 대해 대사제들은 다 자란 제물을 바치는 희생 의식을 하루 동안 치르고 기원함으로써 속죄하기로 했다. 이어 아흐레 동안 종교 의식이 거행되었는데, 아르밀루스트룸[19]에서도 돌비가 내렸기 때문이었다. 이렇게 하여 종교적 가책에서 벗어났지만, 프루시노에서 네 살 난 아이 정도로 큰 아기가 태어났다는 소식이 들려와 새로 불안감이 조성되었다. 이 커다란 아기가 태어난 일은 지극히 기이한 일은 아니었다. 왜냐하면 2년 전엔 시누에사에서 성별이 불분명한 아기가 태어난 적이 있었기 때문이다. 에트루리아에서 데려온 예언자들은 이런 징조가 역겹고 끔찍한 것이라며 그 아기는 반드시 로마 영토에서 제거되어야 하니 바다에 가라앉혀야 한다고 말했다. 땅과 절대 접촉하면 안 된다는 것이었다. 그에 따라 아기는 산 채로 상자에 넣어져 육지를 떠나 바다에서 배 너머로 던져졌다. 더 나아가 대사제단은 27명의 처녀를 모아 로마를 행진하며 찬가를 부르게 하기로 했다.

아벤티노 언덕의 유노 여왕의 성소에 벼락이 쳤을 때, 처녀들은 유피테르 스타토르 신전에서 시인 리비우스 안드로니쿠스[20]가 지은 노래를 익히는 중이었다. 예언자들은 이런 조짐이 결혼한 여자들과 연관된 것이라고 했고, 선물을 바치면 여신을 달랠 수 있을 것이라고 진단했다. 따라서 쿠룰레 토목건축관리관들의 포고령에 의해 로마에 사는, 그리고 로마에서 16km 안에 사는 모든 기혼 여자들이 카피톨리움으로 소환되었다. 이 여자들은 그들 중 25명을 뽑아서 결혼할 때

---

19 군대의 병기들을 정화하는 의식을 거행했던 곳.
20 기원전 284-204년 경. 초창기 로마 시인들 중 한 사람이며 호메로스의 『오디세이아』를 라틴어로 번역했다.

가져온 지참금에서 떼어낸 기부금을 받게 했다. 이렇게 모은 기부금으로 황금 그릇이 제작되었고, 아벤티노 언덕에서 유노 여신에게 선물로 바쳐졌다. 정화 의식이 적절하게 마무리된 뒤에 여자들은 희생 의식을 집행했다.

10인 성직 위원회가 유노 여신에게 바치는 희생 의식을 거행하는 날도 곧바로 선언되었다. 의식의 순서는 다음과 같았다. 아폴로 신전에서 두 마리의 흰 소를 끌고 와서 포르타 카르멘탈리스를 통해 도시로 들어온다. 그들 뒤로는 사이프러스 나무로 만든 두 개의 여왕 신 유노상이 따라온다. 27명의 처녀는 긴 예복을 입고 여신상의 뒤를 따르고, 유노 여신에게 바치는 찬가를 부른다. 찬가의 내용은 오만하고 미개하던 시절에 관한 것이었지만, 내가 지금 그것을 인용하면 불쾌하고 볼품없을 것이다. 10인 성직 위원회 위원들은 월계관을 쓰고 가장자리가 보라색으로 된 토가를 입은 채로 처녀들의 뒤를 따랐다. 행렬은 성문을 지나 비쿠스 주가리우스를 통해 포룸으로 나아갔다. 행렬은 포룸에서 멈췄고, 처녀들은 모두 밧줄을 쥐고 찬가의 리듬에 맞춰 다시 앞으로 움직였다. 포룸에서 행렬은 비쿠스 투스쿠스를 따라 벨라브룸을 지나쳐 가축 시장으로 들어갔고, 푸블리키안 언덕으로 올라 유노 여왕 신전까지 나아갔다. 그곳에서 10인 성직 위원회 위원들은 희생 의식을 거행하여 제물로 두 마리의 소를 바쳤고, 두 개의 여신상은 신전 안에 모셔졌다.

38. 적절한 절차에 따라 신들을 달랜 뒤 집정관들은 새로운 병력을 모집하기 시작했다. 이전보다 징병은 더욱 세심하고 엄격하게 진행되었다. 복무 연령대의 남자들이 적기도 했거니와 새로운 적이 출현하여 위협도 이중으로 커졌기 때문이다. 이런 이유로 집정관들은 복무를 면제받은 해안 정착지들 중에서도 징병을 하려고 했다. 그들

이 반대하자 집정관들은 각 정착지별로 날짜를 정해 면제를 받을 만한 이유를 원로원 앞에서 제시하라고 요구했다. 오스티아, 알시움, 안티움, 안윽수르, 민투르나이, 시누에사, 그리고 아드리아해 해안의 세나 등에서 대표들이 원로원을 찾아와 그들의 주장을 전했다. 원로원은 이탈리아 땅에 적이 있는 한 안티움과 오스티아를 제외하고 그 어느 곳의 주장도 받아줄 수 없다고 단호하게 말했다. 두 곳을 제외한 다른 곳의 복무 연령대 남자들은 적이 이탈리아에 머무르는 한 고향 마을 밖에서 30일 이상 보내지 않겠다고 맹세해야 되었다.

로마 원로원은 한순간도 지체하지 않고 집정관들이 야전으로 나가야 한다고 생각했다. 하스드루발이 알프스를 내려와 이미 반란을 일으킬 생각을 하던 알프스 이쪽(이탈리아 북부)의 갈리아나 에트루리아에서 병력을 모으기 전에, 하스드루발 부대를 저지해야 되었다. 한니발 역시 별도로 상대해 주어야 했다. 한니발이 브루티움을 떠나 동생(하스드루발)과 합류하는 일을 막아야 했기 때문이다. 하지만 상황이 이런데도 리비우스는 로마를 떠나 북부 이탈리아로 나가는 걸 계속 연기했다. 자신의 휘하 병력에 확신이 서지 않았기 때문이었다. 그는 자신의 동료가 최정예 집정관 병력 두 개 중 하나를 선택했고, 나머지 최정예 병력도 타렌툼에서 지휘권을 행사할 클라우디우스에게 주어졌다는 걸 잘 알았다. 이에 리비우스는 자원 노예들을 병사로 쓰자고 제안하기도 했다.

원로원은 집정관들에게 원하면 어느 곳에서든 휘하 병력을 보충할 수 있는 재량권을 주었다. 전군에서 원하는 부대를 선택하여 이득이 된다고 생각하는 지역으로 이동시키라는 것이었다. 이런 부대 배치 작업은 두 집정관의 화합 속에서 무사히 진행되었다. 자원 노예들은 19군단과 20군단에 배속되었다. 몇몇 역사가에 따르면 스키피오가 스페인에서 리비우스에게 합류할 강력한 지원군을 보냈다고 한다. 이 지원군은 8천 명의 스페인 인과 갈리아 인, 2천 명의 로마 군단병, 1천 8백 명의 스페인 인과 누미디아 인 기병으로 구성된 혼성 부대였다. 이 지원군은 마르쿠스 루크레티우스가 해로로 수송하여 리비우스에게 인계했다. 시칠리아의 가이우스 마밀리우스도 3천 명 정도 되는 궁수와 투석병을 보냈다고 한다.

39. 갈리아에서 법무관 포르키우스가 보낸 보고서로 인해 로마의 불안감과 동요는 더욱 커졌다. 하스드루발이 월동 진지를 떠나 이미 알프스 산맥을 건너는 중이라는 것이었다. 8천 명의 리구리아 인이 이미 징병되어 무장을 완료했다. 로마 군이 적시에 리구리아 인 부대와 교전하지 않는다면, 이 부대는 하스드루발 부대가 이탈리아에 들어온 순간 합류하게 될 것이었다. 포르키우스는 자신의 병력은 그들을 상대하기 적절치 않지만, 그래도 안전하다고 판단되면 공격에 나서겠다고 했다. 이 서신으로 인해 두 집정관은 최대한 빠르게 징병을 끝내고 계획보다 더 빠르게 임지로 떠나려고 했다. 그들의 목적은 각자의 임지에서 적을 저지하여 적의 두 병력이 서로 합류하지 못하게 하려는 것이었다. 한니발이 실수한 덕분에 집정관들은 그러한 목적의 달성에 큰 도움을 받았다.

한니발은 동생이 여름은 되어야 이탈리아에 도착할 수 있을 거라고 생각했다. 자신 역시 처음으로 론 강을 건너고 알프스 산맥을 넘는 과정에서 적대적인 부족들과 자연의 힘을 상대로 힘겹게 싸우며 다섯 달을 보냈기에, 동생 하스드루발이 실제로 그렇게 빠르고 쉽게 도착할 거라고 전혀 예상하지 못했다. 그 결과 한니발은 당연히 떠났어야 했던 시간보다 훨씬 늦게 월동 진지를 떠났다. 반면 하스드루발은 그 자신이나 다른 사람들이 기대했던 것보다 훨씬 빠르게 모든 일을 진행시켰다. 아르베니뿐만 아니라 다른 갈리아와 알프스 부족들이 국경을 지나갈 수 있도록 해줬을 뿐 아니라 실제로 그의 병력에 합류하기까지 했다. 게다가 그가 지나가는 경로에 있던, 예전에 길이 없었던 산간 지역, 즉 한니발이 지나갔던 곳은 대부분 통행 가능한 지역으로 바뀌어 있었다.

거기에 더하여 알프스는 이제 12년 동안 계속 꾸준히 통로로서 이용되고 있어, 경로 인근에 살던 원주민 부족들은 특유의 거칠고 야만스러운 모습을 잃어버렸다. 이전에는 바깥세상의 누구도 이런 부족들을 본 적이 없었고, 그들 역시 외지인을 본 적이 없었다. 그들은 자신들이 아닌 다른 사람들과 그 어떤 접촉도 하지 않았다. 그들은 과거에 한니발이 이끄는 카르타고 군의 목적지가 어디인지 몰랐고, 그렇기에 자신들의 근거지와 고향의 바위산이 공격 목표라고 생각하고, 가축을 빼앗고 친구들을 노예로 끌고 가려고 한다고 생각했다. 하지만 시간이 흘러 전쟁이 11년 이상 이탈리아를 황폐화하고 있다는 소문이 들려오자 그들은 알프스가 목표가 아니라 통로일 뿐이라는 걸 알게 되었고, 세상의 정반대 쪽에 있는 두 강성한 도시 국가들이 부와 영토를 위해 서로 싸우고 있다는 걸 알게 되었다.

이런 이유로 알프스를 넘어가는 경로는 하스드루발에게 활짝 열려 있었다. 그럼에도 불구하고 빠른 행군으로 얻은 이득을 플라켄티아 공성전으로 지체하며 잃어버렸다. 그는 그곳을 직접 공격하지 않고 굶겨 항복시키려는 시도를 했지만, 헛일로 돌아가고 말았다. 그는 탁 트인 지역에 있는 도시를 기습하는 걸 손쉬운 일로 생각했다. 더욱이 그는 플라켄티아의 유명세에 이끌렸고, 그곳을 파괴하면 나머지 도시들에 자연스럽게 공포를 퍼뜨릴 수 있다고 생각했다. 이후 펼쳐진 플라켄티아 공성전으로 하스드루발 본인의 진군도 지연되었을 뿐만 아니라 월동 진지를 떠나려던 시점에 동생이 예상보다 훨씬 이르게 알프스 산맥을 넘었다는 걸 알게 된 한니발 자신도 발이 묶이게 되었다. 왜냐하면 그는 도시를 포위하는 일이 무척 따분하다는 걸 잘 알고 있었으며, 과거 트레비아에서 로마 군에게 승리를 거두고 돌아오는 길에 플라켄티아를 점령하려 했던 시도가 무위로 돌아간 것도 잊지 않았기 때문이다.[21]

40. 두 집정관이 두 가지 군사 작전을 동시에 수행하기 위해 정반대 방향으로 떠나간 일에, 로마 시민들은 이중으로 불안함을 느꼈다. 시민들은 한니발이 처음 이탈리아로 왔을 때 벌어졌던 여러 참사를 떠올릴 수밖에 없었고, 근심걱정으로 괴로워했다. 게다가 로마가 두 개의 전장에서 동시에 성공하는 걸 허락할 신들이 있을지 의문이었다. 여태까지 로마 인들은 어떻게든 승패의 균형을 맞춰왔고, 그래서 전쟁은 이토록 오래 끌면서 결론이 나지 않았다. 이탈리아에서 트라시메네와 칸나이의 패배로 로마는 거의 멸망할 뻔했지만, 스페인에서의 연승으로 로마 인은 다시 일어섰다. 이후 스페인에서 뛰어난 두 장군이 전사하고 연패로 두 병력이 부분적으로 무너졌지만, 이탈리아와 시칠리아에서 많은 성공을 거두며 비틀거리는 국가 체제에 힘을 실어주었다. 게다가 여러 군사 작전 중 하나가 거의 세상의 끝에서 진행되었다는 점, 즉 거리감이 로마 인들에게 숨 돌릴 틈을 주었다.

하지만 지금 그들은 실제로 이탈리아에서 두 개의 전쟁을 진행 중이고, 유명한 두 로마 장군이 각각의 전쟁을 맡고 있다지만 엄청나게

---

21 21권 57장에는 이런 공성전이 언급되어 있지 않다. 단지 플라켄티아 항구를 공격했으나 성공하지 못했다는 얘기만 나온다.

위험한 카르타고의 군사적 위협은 단일 지점에 집중되고 있었다. 누가 되든 적 사령관은 승리하면 며칠 안으로 동료 부대와 합류할 것이었다. 게다가 로마 군은 지난해에 두 집정관이 모두 사망한 일로 인해 우울한 분위기에 불안감마저 더해졌다.

따라서 네로와 리비우스가 각자의 임지로 떠날 때 로마 시민들은 불안한 마음으로 그들을 따라가며 배웅했다. 이때 리비우스에 관하여 이런 이야기가 전해진다. 로마를 떠날 때 그는 여전히 약한 군단을 배정받았다는 분노를 느끼고 있었고, 그런 그에게 퀸투스 파비우스는 적의 자질을 파악하기 전에 교전을 서두르지 말라는 조언을 건넸다. 이에 리비우스는 적이 다가오는 걸 보면 즉시 싸우겠다고 대답했다. 파비우스가 물었다. "그렇게 조급한 이유가 무엇이오?" 그러자 리비우스가 대답했다. "저는 적을 물리쳐 크나큰 영예를 얻거나, 아니면 동료 시민들의 패배로 즐거움을 얻을 겁니다. 그렇게 되면 제 평판에 좋지는 않겠지만, 적어도 즐거움을 얻지는 않겠습니까."[22]

집정관 네로가 임지에 도착하기 전에 한니발은 좌절을 겪었다. 한니발은 적절한 대형, 혹은 정규 대형을 이루지 않은 채로 타렌툼 영토 경계를 따라 살렌티니 지역으로 들어갔다. 이때 투불루스는 경무장 부대를 이끌고 진군하여 그를 공격했다. 이 공격은 카르타고 군에 엄청난 혼란을 일으켜 그들은 4천여 명이 죽고 아홉 개의 군기를 빼앗겼다. 살렌티니 지역에서 여러 구역을 맡고 있던 퀸투스 클라우디우스는 적이 접근한다는 소식을 듣고 월동 진지에서 이동하여 달려

---

22 집정관 리비우스의 역설적인 어법이다. 허약한 군대로 승리를 거두면 커다란 영예를 얻을 것이나, 반대로 그 허약한 군대로 패배할 것이 예상되니, 설사 패배한다 하더라도 자신의 예상이 들어맞았다는 즐거움은 있지 않겠느냐는 뜻.

왔다. 이에 한니발은 동시에 적의 두 부대와 교전하는 걸 피하고자 어둠을 틈타 타렌툼을 떠나 브루티움으로 물러났다. 그러자 퀸투스 클라우디우스는 살렌티니로 돌아갔고, 투불루스는 카푸아를 향해 가다가 베누시아에서 네로를 만났다. 두 부대에서 4만 보병과 2천 5백 기병이 선발되었고, 네로는 이 병력으로 한니발과 대적할 생각이었다. 투불루스는 나머지 병력을 이끌고 카푸아로 가서 집정관 대리 풀비우스에게 병력을 넘겼다.

41. 이제 한니발은 월동 진지에 머무르던 병사들과 브루티움에 주둔한 병사들을 모두 모아 전 병력을 이끌고 루카니아의 그루멘툼으로 나아갔다. 한니발의 목적은 두려움에 몰려 로마의 보호를 받기로 한 도시들을 다시 카르타고 편으로 돌려놓기 위해서였다. 네로는 베누시아에서 그를 쫓았으며, 경로를 조심스럽게 정찰하면서 적으로부터 2.4km 떨어진 곳에 진지를 쳤다. 카르타고 진지의 방어 시설은 거의 그루멘툼의 성벽과 맞닿을 정도여서 거리가 고작 450m 밖에 되지 않았다. 네로의 진지와 한니발의 진지 사이엔 평평하고 탁 트인 땅이 펼쳐져 있었다. 카르타고 진지 왼쪽과 로마 진지 오른쪽엔 나무가 없는 언덕들이 있었는데, 양군은 병사들을 엄폐할 수 있는 나무나 그외의 다른 것들이 없었으므로 그곳을 무시했다.

양군 사이에서는 언급할 가치가 없는 사소한 접전이 몇 번 벌어졌다. 네로의 명백하고도 유일한 목적은 한니발이 그곳을 빠져 나가 북쪽으로 가는 걸 막는 것이었고, 정반대로 한니발은 어떻게든 추격에서 벗어나는 것이었으므로 몇 번이고 전군을 전투 대형으로 나서게 했다. 이런 의도를 파악한 네로는 적이 잘 써먹는 방법을 흉내 내어 함정을 준비했다. 탁 트이고 나무도 없는 언덕에서 매복 부대가 있으리라고 생각하기는 어려운 일이었다. 따라서 네로는 다섯 대대에, 다섯 중대의 도움을 받아 밤에 산마루를 건너 반대편 경사에 자리를 잡으라고 지시했다. 로마 군 천인대장 아셀루스와 동맹군 군단장 푸블리우스 클라우디우스는 이 부대의 지휘를 맡아 네로가 일러준 시간이 되면 매복 장소에서 나와서 공격에 나설 예정이었다. 네로는 동이 틀 때 보병과 기병을 전부 이끌고 전투 대형을 펼쳤다. 조금 뒤에 한니발도 전투 명령을 내렸고, 진지 안에 있던 카르타고 병사들도 무장한 채로 달려 나오며 함성을 질렀다. 카르타고 기병들과 보병들은 경쟁하듯 진지 문을 통해 쏟아져 나왔으며, 로마 군을 향해 느슨한 대형으로 빨리 다가왔다. 이런 제멋대로에 어수선한 진군을 본 네로는 3군단을 지휘하는 아우룬쿨레이우스에게 즉시 기병들로 공격하라고 지시했다.

"기병들에게 온 힘을 다해 돌격하라고 하게. 군대보다는 풀을 뜯는 가축들처럼 저렇게 온 사방에 흩어진 무리가 전투 대형을 갖출 때까지 기다려 줄 수는 없지. 적을 제압하여 박살내도록 하게."

42. 한니발은 아직 진지를 떠나지 않고 있었는데, 전투의 소음이 들려오자 깜짝 놀라며 서둘러 주력 부대를 전투에 나서게 했다. 이미 첫 번째로 진지를 나선 카르타고 병사들은 로마 기병의 돌격으로 혼란에 빠졌고, 로마의 1군단과 우익은 적과 교전하기 위해 움직이는 중이었다. 한니발의 병력은 로마 군을 맞이하여 닥치는 대로 싸웠다. 보병이든 기병이든 적이 다가오면 상대하러 나섰다. 카르타고 지원군이 현장에 도착했고, 더 많은 병사들이 난투에 끼어들기 위해 밀어닥쳤다. 전투는 더욱 크게 벌어지고 있었다. 카르타고 병사들이 혼란에 빠진 채로 교전하고 있고 전투 자체도 밀리고 있었지만, 한니발은 어떻게든 대형을 갖추게 하려고 애를 썼다. 그렇게 하는 것은 경험 많은 군대를 데리고 있는 베테랑 지휘관이라도 힘든 일이었지만,

그 순간 언덕을 내려와 돌격하는 로마 대대와 중대의 함성이 후방에서 울려 퍼지지 않았더라면 한니발은 아마도 그 일을 해냈을 것이다.

그러나 진지로 물러나는 길이 차단될지도 모른다는 위협에 카르타고 병사들의 사기는 바닥으로 떨어졌고, 곧이어 사방에서 등을 돌리고 도망치기 시작했다. 카르타고 군의 진지가 가까이 있지 않았더라면 그들의 손실은 더욱 심각했을 것이다. 왜냐하면 로마 기병대가 그들을 바싹 추격했고, 양옆에선 로마 대대들이 언덕의 경사에서 내려와 탁 트이고 편한 땅으로 돌격했기 때문이다. 그렇지만 카르타고 군은 8천 명 이상 전사했고, 7백 명이 포로로 붙잡혔다. 아홉 개의 군기가 로마 인들의 손에 떨어졌고, 이런 무질서한 난투극에서는 아무 쓸모도 없는 코끼리들 중 네 마리가 죽었고, 두 마리가 붙잡혔다. 로마 인들이 승리를 위해 치른 대가는 로마 시민과 동맹 시민을 합쳐 500여 명이었다.

다음날 한니발은 움직이지 않았다. 네로는 진지에서 장병들을 이끌고 전투 대형을 펼쳤지만, 적이 응전하지 않자 적 전사자의 무장을 벗기고 모아서 매장하라고 지시했다. 이후 연이은 며칠 동안 네로는 카르타고 군 진지 문 바로 앞까지 가서 전투를 걸었다. 그는 너무나 가까운 곳에 있어서 마치 진지로 침입하려는 것처럼 보였다. 그러던 어느 날 밤 한니발은 제3경(자정)에 몰래 진지를 빠져나가 아풀리아로 떠났는데, 로마 군 전열에 최대한 가까운 진지의 부분에다 많은 막사를 그대로 두고 불을 피운 채로 남겨 두었다. 그는 소수의 누미디아 인에게 지시를 내려 보루와 출입문에서 움직이는 모습을 보여주게 했다. 다음날 동틀녘이 되자 로마 인들은 다시 보루 앞까지 다가왔고, 누미디아 인들은 한니발의 명령에 따라 잠시 모습을 드러냈다. 한니발의 속임수는 효과를 거두었고, 보루 위에서 잠시 모습을 보여주었던 누미디아 인들은 퇴각하는 카르타고 군 전열에 합류하고자 곧장 말을 돌려 질주했다.

카르타고 진지에서는 이제 아무런 소리도 나지 않았다. 동이 틀 때 진지 안에서 돌아다니던 몇 안 되는 적병도 이제는 전혀 보이지 않았다. 따라서 네로는 두 명의 기병을 진지 안으로 보내 정찰하게 했다. 모든 게 안전하다는 보고를 받자 그는 병력을 안으로 들여보냈다. 병사들에게 적 진지를 약탈할 시간만 준 다음, 네로는 퇴각 나팔을 불게 하여 어두워지기 전에 로마 군 진지로 돌아왔다. 다음날 그는 동이 틀 무렵에 행군에 나섰다. 보고를 받거나 적군의 이동 흔적을 찾으며 그는 최대한 속도를 내어 한니발을 쫓았고, 베누시아 근처에서 그를 따라잡았다. 그렇게 하여 다시 전투가 벌어졌고, 2천 명이 넘는 카르타고 병사들을 죽였다. 이후에 한니발은 다른 충돌을 피하고 밤에 산을 넘어 **메타폰툼**으로 갔다. 그곳에서 주둔군을 지휘하던 한노는 소규모 부대를 이끌고 브루티움으로 가서 새로 부대를 모집했다. 한니발은 한노의 병력을 인수하여 베누시아로 돌아왔고, 그곳에서 다시 카누시움으로 나아갔다. 한니발이 이렇게 움직이던 내내 네로는 밀착하여 그를 쫓았고, 메타폰툼으로 떠날 때 네로는 퀸투스 풀비우스를 보내 루카니아를 맡게 함으로써 그 지역에 주둔 부대가 없는 일을 피했다.

43. 그러는 사이 하스드루발은 플라켄티아 공성전을 포기하고 갈리아 인 기병 네 명과 누미디아 인 기병 두 명에게 편지를 주어 한니발에게 전하도록 했다. 이들은 거의 이탈리아 전역을 따라 적이 점령한 지역을 뚫고 달렸지만, 메타폰툼으로 물러나는 한니발을 따라가던 중에 길을 잘못 들어 타렌툼으로 가게 되었고, 그곳에서 로마 군 군량 부대에게 붙잡혀 법무관 대리 퀸투스 클라우디우스에게 인계

되었다. 처음 질문을 받았을 때 그들은 모호한 답변으로 그의 심문을 방해하려고 했지만, 고문의 위협으로 이내 진실을 말하게 되었고, 한니발에게 가는 하스드루발의 편지를 가지고 있다고 자백했다. 그들은 봉인이 풀리지 않은 편지와 함께 천인대장 루키우스 베르기니우스에게 넘겨졌고, 천인대장은 두 삼니움 기병대의 호위를 받으며 그들을 네로에게 데려가게 되었다.

네로는 통역을 통해 편지의 내용을 파악하고 포로들을 심문했다. 그는 원로원의 지시에 따라 위임된 군단을 데리고 정해진 임지에서만 작전을 수행하는 전통적인 방식을 더 이상 지킬 수 없는 상황이라는 걸 확신했다. 오히려 그와는 반대로 이 순간엔 전례가 없는 새롭고 대담한 작전을 써야 한다고 생각했다. 그런 작전은 처음엔 적군 못지않게 로마도 놀라게 하겠지만, 성공하면 조국에 닥친 최악의 공포를 환희로 바꿀 것이었다. 그는 하스드루발의 편지를 로마 원로원에 보냈고, 동시에 의원들에게 자신의 의도를 편지로 보고했다. 그는 하스드루발이 한니발에게 움브리아[23]에서 만나자고 한 점을 고려하여 군단 하나를 카푸아에서 로마로 옮기고, 로마는 새로운 병력을 모집하여 도시 병력을 나르니아의 적과 상대하게 하자고 진언했다.

네로는 또한 진군 경로에 있는 라리눔, 마루키니, 프렌타니, 프라이투티이에 전령을 보내 농장과 도시에서 식량을 모아 휘하 부대가 곧바로 이용할 수 있게 길에다 준비해두라고 지시했고, 또한 피로로 쓰러진 병사들을 싣고 갈 수 있도록 말과 노새도 준비하라고 명령했

---

23 여기서 말하는 움브리아는 아펜니노 산맥 동쪽, 그러니까 루비콘 강과 아이시스 강 사이에 있는 아드리아 해 연안 지방인 아게르 갈리쿠스를 가리킨다. 하스드루발은 한니발이 아드리아 해 연안 지역을 거슬러 올라와 자신과 만나기를 기대한 것이다.

다. 그는 로마와 동맹국을 가리지 않고 휘하 모든 장병 중 최정예 6천 보병과 1천 기병을 선발했고, 그들에게 자신이 가장 가까운 루카니아 도시를 점령하여 그곳의 카르타고 주둔군을 쫓아내려고 한다는 걸 알렸다. 동시에 네로는 선발된 장병들에게 진군 준비를 하라고 지시했다. 그는 밤 동안 남쪽으로 떠났고, 이어 방향을 북쪽으로 돌려 피케눔으로 나아갔다.[24]

네로는 이제 북쪽에 있는 동료 집정관의 부대와 합류하기 위하여 장거리 강행군을 시작했다. 그의 부사령관 퀸투스 카티우스는 카누시움에 남아 지휘권을 행사하게 되었다.

44. 로마에선 4년 전 한니발이 로마 성벽과 성문 바로 바깥에 진을 쳤던 때만큼이나[25] 커다란 불안감과 혼란이 야기되었다. 아무도 네로의 대담한 결정을 칭찬해야 할지, 비난해야 할지 알지 못했다. 네로의 결정은 결과로 판단되어야 할 것인데, 그것은 기회주의적인 것으로 상당히 부당한 태도였다. 그보다 명백한 사실은 이런 점이었다. 적군(그것도 적장이 한니발인 상황)과 가까운 로마 군 진지에 장군도, 최정예 병사들도 없는 상태였다. 게다가 집정관은 목표가 루카니아라고 선언하고 실제로는 피케눔과 갈리아를 향해 떠났고, 카누시움에 남은 그의 진지는 병력 일부와, 사령관이 더는 그곳에 없다는 걸 모르는 적군의 무지 덕분에 보호받고 있다는 점이었다. 진실이 알려져 한니발이 전군을 이끌고 네로의 보잘것없는 6천 병력을 쫓거나, 버려진 진지를 공격하면 무슨 일이 벌어질 것인가?[26]

---

24 네로가 이렇게 하여 커버한 거리는 약 250마일(400킬로)로서 7일만에 주파했다.

25 26권 9장 참조.

26 리비우스는 여기서 카누시움 근처의 로마 군 병력이 별로 남아 있지 않다고 서술함으로써, 네로가 벌이는 과감한 작전의 극적 효과를 높이려 하고 있다. 그러나 이 무렵 카누시

공격을 막을 적절한 병력도 없고, 정규 지휘관의 명령을 받지 못하는 진지는 그야말로 쉬운 먹잇감이었다. 지난해의 패배, 즉 두 집정관을 지난해에 잃은 일은 아주 우려스러운 일이었다. 그런 참사는 겨우 하나의 적군, 겨우 하나의 적 사령관이 이탈리아에 있을 때 발생한 것이었다. 이젠 동시에 두 개의 전쟁이 진행 중이었고, 두 개의 막강한 적군이 있으며, 거의 한니발이 두 명 있는 것과 마찬가지였다. 하스드루발 역시 하밀카르의 아들로서 형처럼 현역 지휘관이었고, 로마 군을 상대로 스페인에서 오랜 세월 전쟁에서 기량을 연마했으며, 로마의 가장 훌륭한 장군 둘을 전사시키고 그들의 휘하 군대에 패배를 안기면서 두 번의 승리로 명성을 날렸던 장군이었다. 그는 스페인에서 빠르게 진군하며 갈리아 부족들에게 무기를 들게 했고, 한니발보다 자랑할 것도 더 많았다. 그의 형은 굶주림과 추위를 겪는 비참함 속에서 병사들을 잃었지만, 그는 오히려 군대의 병력 수를 늘렸기 때문이다. 이 모든 것에 더해 스페인 작전의 역사를 알고 있는 사람들은 그가 네로를 처음 만나는 게 아니라는 것에 주목했다. 곤란한 장소에 갇혔을 때 그는 아이처럼 평화 협정을 질질 끌면서 철저히 상대방을 방해하고 속였는데, 그게 바로 네로였다.[27] 요약하면, 두려움은 늘 어두운 면을 보게 하고, 모든 사람은 그럴 때 적의 힘을 더 강대하다고 생각하는 동시에 자신의 힘은 실제보다 더 못하다고 믿게 된다.

움 근처에는 3만명의 로마 군 병력이 진을 치고 있었다. 유능한 장군이며 집정관 대리인 Q. 풀비우스 플라쿠스가 근처에서 2개 군단을 지휘하고 있었고, 예비 병력으로는 타렌툼 근처에 주둔한 2개 군단이 있었다.

27 26권 17장 참조.

45. 네로는 적과의 거리를 충분하게 벌려 자신의 의도가 드러날 위험이 사라지자 휘하 병사들에게 짧은 연설을 했다.

"내 계획보다 명백히 더 무모하면서도 실은 더 확실한 작전을 채택한 지휘관은 여태껏 없었다. 나는 제군을 확실히 승리로 이끄는 중이다. 동료 집정관 리비우스는 원로원이 만족할 만한 병력을 주기 전까지 전장으로 떠나지 않았고, 그렇게 하여 본인이 한니발을 상대할 때 필요한 것보다 훨씬 더 인원도 많고 장비도 잘 갖춘 병력을 휘하에 두게 되었다. 이제 우리 임무는 우리가 기여하는 무게가 얼마든 상관없이 상황의 저울에 무게를 추가하여 우리에게 유리하게 형세를 바꾸는 것이다. 나는 적이 우리가 접근한다는 소식을 알지 못하도록 할 것이다. 하지만 행동에 나설 때가 되었을 때, 다른 집정관과 다른 아군이 도착했을 때, 그것을 적이 알게 되더라도 우리의 승리는 확실할 것이다. 전쟁의 승패는 속삭이는 말 한 마디로 결정될 수 있다. 사람이 희망이나 두려움에 내몰리는 데는 그리 큰 노력이 필요하지 않다. 이 대담한 계획이 성공하면 영광의 수확이 우리의 일이 될 것이다. 양동이의 물을 넘치게 하는 건 마지막으로 떨어진 물 한 방울이기 때문이다. 제군은 보게 될 것이다. 우리가 길을 따라 진군할 때 감탄하는 표정을 짓는 군중이 우리에게 어떻게 찬사를 보내는지를."

네로는 진실을 과장하지 않았다.

로마 군이 가로지르는 모든 길엔 농장에서 쏟아져 나온 남자들과 여자들이 줄을 지어 서 있었다. 사방에서 로마 군을 위한 맹세, 기원, 찬사 소리가 들렸다. 그들은 조국의 수호자, 로마 시와 제국의 권력을 위해 싸우는 투사로서 칭송받았다. 사람들은 병사들이 지나갈 때 자신과 자식들의 안전과 자유가 그들의 칼에 달렸다고 소리쳤고, 그들은 로마 군의 진군에 행운이 깃들고, 훌륭히 싸워 빠르게 승리하게 해달라고 모든 신과 여신에게 빌었다. 그들은 자신들의 영웅을 대신하여 맹세하고 기꺼이 전비를 내놓을 것이었다. 하지만 며칠 뒤면 그들은 지금 품은 불안한 마음만큼 기쁜 마음으로 승리를 환호하게 될 것이었다. 그들은 병사들에게 부대와 부대의 짐승들에게 필요한 것을 가져가라고 권유하고, 제안하고, 성가시게 조르기도 했다. 모든 이가 서로 경쟁하듯 기부자가 되겠다고 나섰다. 이런 극도로 후한 인심에 온갖 물건이 산더미처럼 쌓였다. 병사들은 필요 이상으로 물건을 받지 않으려고 극도로 자제했다. 로마 군은 쓸데없이 돌아다니지 않았다. 그들은 대열이 멈춘 곳에서 식사했고, 대열에서 이탈하는 일도 없고 군기를 손에서 놓지 않았다. 그들은 밤낮을 가리지 않고 진군했고, 육체가 딱 필요로 하는 만큼만 쉬었다.

네로는 기수들을 먼저 보내 동료인 리비우스에게 자신의 도착을 알리며 공개적으로 합류하는 것이 좋을지 아니면 은밀하게 합류하는 것이 좋을지, 때는 낮이 좋을지 밤이 좋을지, 진지는 같이 쓰는 것이 좋을지 따로 세우는 것이 좋을지 등을 물었다. 리비우스는 네로와 휘하 병력이 자신의 진지에 어둠을 틈타 눈에 띄지 않게 들어오는 것이 최선이라고 생각했다.

46. 리비우스는 네로의 병사들이 계급별로 다른 막사에서 지내게 될 것이며, 대등한 계급끼리 같은 막사를 쓰게 될 것이라고 휘하 병사들에게 말했다. 즉, 장교는 장교끼리, 백인대장은 백인대장끼리, 사병은 사병끼리 지내게 된다는 것이었다. 그는 또한 진지를 확장하지 않는 편이 더 낫다고 생각했다. 그렇게 하면 하스드루발이 네로 부대의 합류를 짐작할 수도 있었다. 공간 부족과 초과수용의 문제는 생각했던 것보단 덜했다. 네로의 장병들이 무기를 제외하곤 거의 가져온

게 없었기 때문이다. 네로 부대는 진군하는 동안 자원 입대한 사람들로 인해 그 수가 더 늘어나 있었다. 복무 기간이 끝난 나이 든 군인들이 합류해 왔고, 젊은이들 또한 자발적으로 입대해 왔다. 네로는 이들의 체격이 건장하고 복무에 적합하다 생각되면 휘하 병사로 받아들였다.

리비우스의 진지는 세나[28]에 있었고, 하스드루발 진지는 거기에서 약 500m 정도 떨어져 있었다. 빠르게 아군의 진지로 접근하던 네로는 진군을 멈추고 언덕 뒤로 병력을 숨기고는 날이 어두워질 때까지 기다렸다. 밤이 되자 그의 장병들은 조용히 진군했다. 리비우스 부대는 그들을 반갑게 후대하며 맞아들였고, 동등한 계급들끼리 같은 막사를 쓰게 되었다. 다음날 전략 회의가 열렸고, 여기엔 법무관 포르키우스 리키누스도 참석했다. 리키누스의 진지는 리비우스의 근처에 있었고, 하스드루발이 이탈리아에 도착하는 동안에 그는 전쟁에 알려진 모든 책략을 활용하여 그를 저지하고자 했고, 고지를 차지하면서 비좁은 길을 봉쇄하여 그가 통과하는 일을 막았으며, 측면이나 후방을 공격하여 하스드루발의 대열을 괴롭혔다. 작전 회의에서 상황이 논의되었을 때 많은 참모들이 즉각 행동을 벌이는 걸 반대했다. 오랜 행군과 수면 부족으로 네로의 장병들은 심하게 지쳐 휴식이 필요했고, 네로 본인도 며칠 정도 여유를 두고 적과 익숙해져야 했기 때문이었다.

하지만 네로는 더는 지체해선 안 된다고 말했다. 그는 동료들에게

---

28 세나의 현대 지명은 시니갈리아인데 바다에 면해 있지만 항구는 없다. 여기서 북서쪽으로 23km 지점에 메타우루스 강의 하구가 있다. 그리고 이 하구에서 3km 더 올라가면 파눔이 나오는데, 아리미눔에서 오는 비아 플라미니아(플라미니아 길)가 내륙으로 들어가 강의 계곡 지대를 따라 나아가다가 북쪽으로 아펜니노 산맥을 넘어간다.

아주 간절하게 자신의 대담한 작전을 쓸모없게 하지 말아 달라고 간청했다. 그는 빠르게 움직이는 것만이 자신의 작전을 확실히 성공시킬 수 있다고 했다. 이제 와서 지연하면 그의 작전은 단순히 경솔한 모험이 되어 버린다는 것이었다. 그는 이내 진실이 드러날 무지로 인해 잠시 한니발이 움직이지 않고 있으며, 그래서 사령관이 없는 카누시움 진지가 공격받지 않고 있고, 그래서 한니발이 그를 쫓아오지 않았다고 지적했다. 그는 한니발이 움직이기 전에 로마 군은 하스드루발의 군대를 격파하고 아풀리아로 돌아갈 수 있다고 말했다. 행동을 미루어 적에게 시간을 주면 카누시움 진지를 한니발에게 넘기고 갈리아 인들에게 길을 열어주는 것이 되어 한니발은 어느 때든 형편이 좋을 때 바라는 대로 하스드루발과 합류할 수 있다는 게 그의 주장이었다. 네로는 그래서는 결코 안 되며, 당장이라도 전투 신호를 내려야 한다고 강력하게 말했다. 그는 적들이 진짜 상황을 알지 못하는 상황으로부터 이득을 봐야 한다고 주장했다. 한니발이 자신의 맞상대 군대가 병력 수가 크게 줄어든 상태임을 여전히 모르고 있을 때, 하스드루발이 더 강하고 더 많아진 로마 군 병력을 상대해야 한다는 걸 모르고 있을 때 나서야 한다는 것이었다.

그들은 네로의 뜻에 따르기로 했다. 전략 회의가 종료되고, 전투에 나서라는 명령이 떨어졌다. 로마 군은 즉시 움직여 전투 대열을 형성했다.

47. 하스드루발의 군대는 이미 진지 앞에 전투 대형을 펼치고 있었다. 곧 전투가 벌어질 것이었지만, 소수의 기병대에게 호위를 받으며 말을 타고 앞으로 나아간 하스드루발은 적의 대열에서 전에 보지 못하던 오래된 방패들과 특이할 정도로 야위어 힘줄이 다 드러나는 말들을 보게 되었다. 로마 군의 숫자도 평소보다 더 많은 것 같았

다. 이로 인해 그는 의심이 더럭 들어서 서둘러 퇴각 나팔을 불게 하고 한 무리의 병사들을 로마 군이 물을 길어가는 강으로 보내 정찰하게 했다. 일이 잘 풀리면 로마 병사 몇 명을 포로로 붙잡아 최근 행군을 한 것 같은, 특히 햇볕에 탄 로마 군의 병사들에 대하여 물어볼 수도 있었다. 동시에 그는 다른 병사들을 로마 군 진지 주위로 보내 안전거리를 확보하고 요새가 확장된 곳이 있는지, 나팔 소리가 한 번 울리는지 두 번 울리는지를 알아보게 했다.

그 정보가 하스드루발에게 보고되었고, 그는 로마 군의 진지들이 확장되지 않았다는 사실을 알고서 잠시 오해했다. 네로가 도착하기 전처럼 로마 군의 진지는 여전히 두 개였으며, 하나는 리비우스가, 다른 하나는 리키누스가 지휘했다. 추가로 막사를 들이기 위해 공간을 늘리거나 방어 시설을 확장한 것도 없었다. 노련한 장군이자 로마 인의 야전 관습을 잘 아는 하스드루발을 유일하게 걱정하게 만들었던 것은 법무관의 진지에선 나팔 소리가 한 번 들렸는데, 집정관의 진지에선 두 번 들렸다는 것이었다. 이는 틀림없이 두 명의 집정관이 진지에 있다는 뜻이었는데, 다른 집정관이 어떻게 한니발에게서 빠져나왔는지 의문을 품게 된 그는 무척 불안해하며 괴로워했다. 한니발이 그토록 가깝게 있는 군대와 그 사령관의 행방을 모를 정도로 크게 속았다는 사실을 하스드루발은 잠시라도 상상할 수 없었다. 만약 집정관이 두 사람이라면 한니발은 감히 쫓지 못할 정도로 엄청난 패배를 당해 그 집정관을 막지 못한 게 틀림없었다. 일이 그렇다면 모든 게 끝나 버린 것이고, 자신은 너무 늦게 도착한 것이었다. 로마 인들은 스페인에서 승리한 것처럼 틀림없이 이탈리아에서도 승리를 거둔 것이 분명했다. 그는 자신이 한니발에게 보낸 편지가 도중에 가로채여 그 결과 네로가 바싹 긴장하고 어떻게든 기습으로 자신을 잡아보려고 한다고 생각하기도 했다.

이런 불안감에 짓눌린 하스드루발은 진지의 불을 끄게 하고 제1경 (저녁 6시)에 장병들에게 장비를 조용히 챙기라고 지시했다. 이후 그의 군대는 움직였다. 하지만 서둘러 혼란스럽게 밤에 진군하다보니 안내인들을 제대로 감시하지 못했고, 그중에 하나가 도망쳐서 숨어 버렸다(그자는 이미 은신처를 점찍어 놓은 상태였다). 다른 안내인들 역시 익숙한 여울목을 통해서 메타우루스 강을 건너서 도망쳤다. 안내인이 없어지자 카르타고 군 대열은 제대로 된 길을 찾지 못해 헤맸고, 잠이 부족해 몸이 힘든 많은 병사들이 사방에 지쳐 쓰러졌고 군기를 들고 있는 자는 소수에 불과했다. 하스드루발은 빛이 충분하여 길이 보일 때까지 강기슭을 따라 나아가라고 지시했다. 하지만 진전은 거의 없었고, 구불구불한 강의 비비 꼬인 길을 따라가자니 계속 제자리만 맴돌아 그는 햇빛을 받아 적당한 장소가 드러나면 바로 건널 생각으로 걸음을 멈추라고 지시했다. 하지만 상류로 나아갈수록 강둑은 더 높아졌고, 여울은 도저히 찾을 수 없었다. 낮 시간은 그렇게 낭비되었고, 로마 군은 그를 따라잡을 시간을 얻었다.

48. 네로는 기병 파견대를 이끌고 가장 먼저 나타났다. 리키누스는 바로 그의 뒤에서 가볍게 무장한 보병대를 이끌고 따라왔다. 그들은 즉시 여러 곳에서 몇 번이고 빠르게 공격을 가하며 하스드루발의 지친 대열을 괴롭히기 시작했다. 카르타고 군의 사령관은 이미 진군을 포기했고, 도망치기보다 강둑 위의 고지에 방어 시설을 둔 진지를 세우려는 중이었다. 그러던 때에 리비우스가 중보병대를 이끌고 도착했는데, 진군 대형이 아니라 제대로 장비를 갖추고 전투 대형을 이뤄 즉각 전투에 돌입할 태세였다. 모든 로마 병력이 하나로 합쳐져 전투 대형을 갖추었다. 우익엔 네로가, 좌익엔 리비우스가 있었다.

중앙은 법무관 리키누스가 맡았다.

하스드루발은 싸울 수밖에 없다고 판단하자 방어 시설을 갖춘 진지 공사를 중단하고 전투 대형을 형성했다. 선봉에 선 군기들 앞엔 코끼리들을 배치했고, 네로를 상대할 좌익엔 갈리아 부대를 세웠다. 그들을 믿어서가 아니라, 로마 인들이 갈리아 인들을 두려워한다는 생각이 있었기 때문이었다. 그는 직접 스페인 인들과 함께 우익을 맡을 것이었다. 이 스페인 인들은 다른 누구보다 더욱 자신감에 넘치는 베테랑 군인들이었다. 리구리아 인들은 중앙에 배치되었고, 코끼리 뒤에 서게 되었다. 이 전투 대형은 충분한 방어 지역을 확보한 것이 아니라 일정한 장소에 집중된 것이었다. 따라서 너비보다 깊이가 더 있었다. 갈리아 부대의 측면은 언덕의 돌출부로 보호되었다. 우익의 스페인 인들은 로마 좌익을 마주했고, 로마의 우익 전체는 언덕 돌출부에 막혀 정면이나 측면 공격을 할 수 없어 당분간 아무런 행동도 취하지 못했다.

곧 리비우스와 하스드루발 사이에서 맹렬하고 피비린내 나는 충돌이 시작되었다. 이 전역에는 두 명의 총사령관이 있었고, 로마 보병과 기병의 대다수가 있었으며, 로마 전투 방식에 정통한 베테랑 스페인 부대와 강인한 싸움꾼인 리구리아 인들도 있었다. 또한 코끼리도 있었는데 짐승들은 이미 돌격하여 선봉을 혼란시키며 로마 군의 군기들을 뒤로 밀어냈다. 하지만 전투로 인한 소음이 높아지고 싸움이 더욱 치열해지자 이 짐승들은 통제가 되지 않은 채로 이리저리 제 마음대로 돌격했는데, 마치 키 없는 배 같았다. 코끼리들은 어디에 속한지 모르는 것처럼 두 전열을 오갔다. 이때 네로가 외쳤다.

"제군, 우리가 대체 그토록 빠르게 여기까지 진군한 목적이 무엇인가?"

이어 그는 앞에 있는 언덕을 어떻게든 넘으려고 했지만 잘 되지 않았다. 이어 그 방향으로는 적에게 나아가는 게 불가능하다고 생각한 네로는 여러 대대를 우익에서 떼어내(우익에서는 적극적으로 전투를 펼칠 수 없다는 걸 알았으므로) 그들을 이끌고 로마 군 전열 뒤로 돌아 카르타고 우익을 향해 돌격했다. 이런 움직임은 적군은 물론 심지어 아군 로마 부대들조차 알아채지 못했다. 네로가 이끄는 병력은 무척 빠르게 움직였고, 거의 측면에 나타나는 동시에 카르타고 후방을 공격했다. 하스드루발의 스페인 인들과 리구리아 인들은 이제 포위되었고, 정면, 양쪽 측면, 후방에서 끔찍하게 시달렸다. 심지어 좌익의 갈리아 인들마저 무너지기 시작했다. 하지만 그곳에선 다른 곳에 비해 실질적인 전투는 없었다. 왜냐하면 많은 갈리아 인이 편안하게 잘 수 있는 곳을 찾아 이미 밤중에 탈영했고, 그나마 자리를 지킨 이들은 진군과 수면 부족으로 체력이 심하게 저하되어 무기를 거의 들 수 없는 지경에 이르렀다. 갈리아 인들은 확실히 늘 체력이 부족했다. 때는 한낮이었고, 이 불쌍한 친구들은 목마름과 더위로 헐떡거리다가 전사하거나 일백 명 단위로 붙잡혔다.

49. 코끼리들은 적의 공격보다는 태우고 있던 기수 때문에 더 많이 죽었다. 기수들은 나무망치와 목수가 쓰는 끌을 들고 다녔는데, 타고 있는 짐승이 아군에게 닥치는 대로 달려들어 공격하면 양쪽 귀 사이에 있는 머리와 목 사이의 경계 부분에 끌을 내려놓고 망치로 묵직하게 내려쳤다. 이것이 바로 통제가 되지 않을 때 그토록 큰 짐승을 금방 죽여 버리는 방법이었다. 그 방법을 처음 도입한 사람은 하스드루발이었다. 그의 명성은 그동안에 세웠던 많은 공훈보다 그가 최후의 전투에서 보인 행동 때문에 더 유명해졌다. 위험을 함께하며 격려의 말로 휘하 장병들을 계속 버티게 한 것도 그였고, 지치고 겁

을 내는 부하들에게 용기의 불꽃을 다시 심어주면서 그들의 느슨한 태도를 욕하고 힘을 내어 단결하자고 간청한 것도 그였다. 그는 탈주자들을 군기 앞으로 다시 불러와 몇 번이고 계속 싸우게 했다. 마침내 패배가 확실해지자 그는 자신의 명성에 이끌려 따라온 대군보다 더 늦게 죽기를 거부하고 말에 박차를 가해 로마 군의 대대 한복판으로 질주했다. 그렇게 혈혈단신 적과 맞서 싸우던 그는 하밀카르의 아들이며 한니발의 동생이라는 명성에 걸맞은 죽음을 맞이했다.

전쟁 중에 한 번의 전투로 이처럼 많은 적이 죽은 적은 없었다. 적군이 괴멸하고 사령관이 전사하면서 로마는 칸나이의 대참패를 되갚았다. 카르타고 인들은 5만 7천 명이 사망했고, 포로는 5천 4백 명에 이르렀다. 포획한 물자도 엄청났는데, 특히 금과 은이 많았다. 적에게 붙잡힌 4천 명의 로마 인 포로도 풀려났다. 이런 이득으로 로마 군의 피해가 어느 정도 상쇄되었지만, 그렇다고 해서 피를 흘리지 않고 얻은 승리는 절대 아니었다. 로마와 동맹국을 합쳐 약 8천 명이 전사했고, 승자들 역시 최후의 일격을 가할 때까지 전장에서 풍기던 피비린내와 끔찍한 살육에 질릴 대로 질린 상태였다.

다음날 리비우스는 전투에 참가하지 않거나 살육의 현장에서 도망친 알프스 이쪽 갈리아 인들과 리구리아 인들이 뭉쳐서 안내인이나 군기도 없이 배회하고 있다는 보고를 받았다. 통제할 지휘관도 없는 이 오합지졸은 기병대 하나만 보내도 모조리 죽일 수 있다는 말에 리비우스는 이렇게 대답했다. "아니, 생존자들은 내버려 두게. 우리의 용맹과 적의 패배를 알릴 자들은 있어야 하지 않겠나."

50. 전투가 끝나고 밤이 되자 네로는 아풀리아로 돌아가는 길에 나섰다. 그는 심지어 떠나올 때보다 더 빠르게 돌아갔으며, 한니발의 전열 가까운 곳에 있는 그의 진지에 도착하는 데 엿새도 걸리지 않

았다. 그는 전령을 미리 보내지 않았기 때문에 진군하는 길가엔 환영하는 사람들이 많지 않았다. 하지만 그를 본 사람은 네로가 거의 정신이 나갈 정도로 기뻐하고 있는 걸 알아챘다. 로마 시민들의 기분에 대해서 말하자면, 전투 결과를 기다리던 중 승리 소식이 들려왔을 때 그들이 보여준 감정을 필설로 적절히 묘사하는 건 불가능한 일이다. 네로가 이미 진군을 시작했다는 게 알려졌을 때, 행군 기간 내내 해가 뜰 때부터 질 때까지 원로원 의원 중 단 한 사람이라도 회의장을 벗어나는 일이 없었으며, 이는 도시 관리나 시민들도 마찬가지여서 그들도 같은 시간 동안 포룸을 벗어나는 일이 없었다.

로마의 여자들은 실용적인 목적엔 도움이 되지 않았으므로 여러 신전을 돌아다니며 신들에게 끊임없이 맹세와 탄원을 전했고, 열렬히 기원했다. 긴장과 불안 속에서 전투에 참여했던 나르니아의 두 기병이 움브리아 입구에 있는 로마 군 진지에 도착하여 카르타고 군이 괴멸되었다는 보고를 했다는 풍문이 처음으로 들려왔다. 이런 소식은 처음에 쉽사리 믿지 않는 시민들의 귀에 그저 지나가는 말에 불과했다. 이해하거나 믿기엔 지나치게 훌륭하고 멋진 소식이었다. 게다가 전투가 벌어졌다는 소식이 고작 이틀 전에 전해졌던 터라 들려온 승전 소식은 너무 빨라서 더욱 믿기 힘들었다.

이후 루키우스 만리우스 아키디누스가 진지에서 보낸 서신이 도착했다. 서신은 나르니아 기병들이 도착한 일에 관한 것이었고, 포룸을 지나 법무관의 자리에 도달했다. 이에 원로원 의원들은 회의장에서 나왔고, 거리에선 폭동과 비슷한 상황이 벌어졌다. 전령은 원로원 회의장의 문으로 몸부림을 치며 나아가려는 군중 때문에 움직일 수 없었다. 시민들이 그를 붙잡고 질문을 퍼붓고 원로원에서 읽기 전 연단에서 먼저 읽어야 한다고 소리치면서, 전령의 몸이 찢겨져 나갈 뻔했다. 결국 행정장관들은 시민들을 통제했고, 기쁨, 그것도 주체할 수 없는 기쁨이 그들 사이에서 가득히 퍼져 나갔다. 서신은 먼저 원로원에서, 그리고 이어서 민회에서 낭독되었다. 일부 사람들은 모든 게 잘 되고 있다는 확언으로서 그 서신을 받아들였고, 이들보다는 낙관적이지 않던 다른 일부는 공식 사절이나 집정관의 서신이 도착할 때까지 그 소식을 믿지 않겠다고 말했다.

51. 실제로 사절들이 로마로 향하는 중이라는 말이 전해지자 군중의 미칠 듯한 기쁨을 막을 수 있는 건 아무것도 없었다. 나이가 많든 적든 그들은 사절들을 만나러 몰려들었고, 어서 사절들의 얼굴을 보고 기쁜 소식에 술잔을 부딪치고 싶어 했다. 시민들이 몰려들어 생겨난 기다란 줄은 물비안 다리까지 이어졌다. 사절들(루키우스 벤투리우스 필로, 푸블리우스 리키니우스 바루스, 퀸투스 카이킬리우스 메텔루스)은 포룸으로 나아갈 때 모든 계층의 시민들에게 둘러싸였다. 사절들, 그리고 사절들의 호위대는 무슨 일이 벌어졌는지 묻는 질문에 시달렸고, 그때마다 기쁜 소식, 즉 적의 군대가 괴멸하고 적 사령관도 전사했으며, 로마 군단들은 온전하고 집정관들도 무사하다는 소식을 들은 이들은 서둘러 다른 사람들에게도 그것을 전해주며 기쁨을 나누었다. 사절들은 어렵게 원로원 회의장으로 밀고 들어갔다. 군중을 해산하고 의원들과 그들을 서로 섞이지 않게 하는 건 여전히 어려운 일이었다. 어쨌든 장내 정돈 작업이 끝나고 서신이 낭독되었다.

이어 사절들은 서신을 다시 민회로 가져갔고, 여기서 루키우스 벤투리우스 필로가 다시 서신을 읽었다. 여기에 더해 그는 서신의 내용보다 풍부하고 분명한 상황 설명을 전했고, 시민들은 그런 설명을 누구 하나 빠짐없이 열광적으로 받아들였다. 민회 전체는 마침내 통제될 수도 없고, 통제할 수도 없는 기쁨의 함성을 터뜨리기 시작했다.

시민들은 신전들로 달려가 신들에게 감사 기도를 올리고, 집으로 달려가 이 기쁜 소식을 아내 및 자식들과 나눴다. 원로원은 적은 손실로 적 군단들을 괴멸시키고 카르타고 사령관을 전사하게 한 집정관 리비우스와 네로의 업적을 기념하고자 사흘 동안 공적인 감사 기간을 갖기로 했다.

법무관 호스틸리우스는 민회에서 시민들에게 사흘 동안 의식을 갖기로 한 것을 선포했다. 로마 시민은 남녀노소를 불문하고 그 의식을 준수할 것이었다. 사흘 내내 모든 신전이 사람들로 붐볐다. 결혼한 여자들은 가장 훌륭한 옷을 입고 자식들과 동반하여 전쟁에 이미 승리하기라도 한 것처럼 속 편하게 온 마음을 다해 신들께 감사 기도를 드렸다. 상거래의 측면에서도 이번 승리를 통해 국가의 태도가 바뀌었다. 시민들은 마치 평시인 것처럼 대담하게 사고팔고, 돈을 빌려주고 빚을 청산하며 상업 활동에 나섰다.

네로는 카누시움에 돌아오는 길에 하스드루발의 잘려진 머리를 세심하게 보존했고, 그렇게 보존한 수급을 한니발의 전초 기지 앞쪽 땅에 내던졌다. 그는 또한 사슬에 묶인 아프리카 포로들을 보라는 듯 전시했고, 그들 중 둘을 풀어주어 한니발에게로 가서 무슨 일이 벌어졌는지 알게 했다. 공사 양면으로 공격받아 엄청난 괴로움을 느꼈던 한니발은 이렇게 소리쳤다고 한다. "나는 이제 카르타고의 운명을 분명하게 보고야 말았구나!"

그는 이탈리아의 가장 먼 구석인 브루티움에 전념하려는 생각으로 진지와 병력을 그곳으로 옮겼다. 하지만 여전히 흩어진 상태인 모든 병사를 보호하지는 못했다. 그는 자신이 통제하던 메타폰툼 인구와 모든 루카니아 인을 이끌고 브루티움 영토로 갔다.

제 28 권

스키피오의 스페인 정복

1. 하스드루발의 알프스 횡단으로 이탈리아에는 압박이 늘어났지만, 그만큼 스페인에서는 압박이 줄어들었다. 하지만 얼마 지나지 않아 스페인에서 전처럼 대규모로 새로운 적대 행위가 벌어졌다. 이 시기에 스페인은 경쟁하는 두 강대국에 의해 다음과 같이 나뉘어 있었다. 기스고의 아들 하스드루발은 가데스와 서쪽 대양으로 물러나 있었고, 지중해 연안과 거의 모든 스페인 동부는 스키피오와 로마의 통치를 받았다. 새로운 사령관인 한노는 새로운 병력을 이끌고 아프리카에서 건너와 하스드루발 바르카[1]의 후임자가 되었다. 마고와 합류한 뒤 그는 시간을 허비하지 않고 대서양과 지중해 사이에 있는 켈티베리아에서 다수의 병사를 무장시켰다. 그와 맞서고자 스키피오는 마르쿠스 실라누스에게 1만 보병과 5백 기병 정도의 병력을 주어 파견

---

1   하스드루발 바르카는 메타우루스 전투에서 사망한 한니발의 동생을 가리킨다. 기스고의 하스드루발은 동명이인으로 역시 카르타고 군의 장군이었다. 하스드루발 기스고의 딸이 저 유명한 소포니스바인데, 시팍스-소포니스바-마시니사의 삼각관계의 주인공으로서 리비우스 30권 15장에서 다루어진다. 앞으로 아무 표시 없이 하스드루발로 나오는 사람은 이 기스고의 하스드루발을 가리킨다.

했다.

실라누스는 최대한 빠르게 진군했다. 그는 스페인의 전형적인 광경인 바위투성이 길과 숲이 우거진 언덕 사이의 비좁은 길 때문에 자주 방해를 받았지만, 자신이 도착한다는 확실한 보고는 말할 것도 없고 그에 관한 소문조차 적진에서 나돌기도 전에 적군 앞에 도착했다. 그렇게 된 것은 안내인 역할을 담당한 켈티베리아 탈영병들 덕분이었다. 그는 적의 진지가 약 16km 정도 떨어져 있다는 말을 안내인들에게서 들었다. 적의 진지는 두 개였으며, 그가 접근하고 있는 길의 양쪽에 각각 배치되어 있었다. 새로 징병된 9천 여명의 켈티베리아 부대는 길의 좌측에 있었다. 카르타고 인들은 길의 우측에 있는 진지를 사용했다. 카르타고 진지는 전초 기지, 보초병, 그 외 모든 정상적인 군대에 맞는 배치를 하고서 제대로 방어하고 있었지만, 켈티베리아 인들은 그렇지 못했다. 그들의 진지는 모든 게 날림이었다. 야만인과 신병들이 흔히 그렇듯 보초 경계는 완전히 무시되었고, 낯선 지역에 들어섰을 때 느껴야 할 불안감도 별로 느끼지 않았다.

실라누스가 먼저 노린 건 켈티베리아 인 진지였다. 그는 최대한 왼쪽에 붙어 진군했는데, 이는 카르타고 전초 기지에 접근이 발각되는 것을 피하기 위해서였다. 그는 정찰병들을 미리 보낸 다음 주력 부대를 이끌고 빠르게 그 뒤를 따라갔다.

2. 땅이 무척 울퉁불퉁하고 언덕도 관목이 무성하여 병력을 숨기기 좋았다. 그리하여 실라누스는 적과 5km 떨어져 있는 데도 발각되지 않았다. 깊은 계곡에서 병력을 잘 숨긴 그는 걸음을 멈추라고 지시했고, 장병들은 정찰병들이 안내인들이 말한 것을 확인하고 돌아와 보고할 때까지 식사를 했다. 짐을 쌓아두고 무기를 든 로마 인들은 전투 대형으로 나아가며 교전할 준비를 했다. 거리가 2km로 좁혀

졌을 때 적은 그들의 존재를 알아챘고, 즉시 적진에서 사람들이 움직이는 것이 보였다. 마고 역시 전투가 시작되며 소리가 들리자마자 진지를 떠나 전속력으로 말을 타고 달려왔다. 켈티베리아 부대엔 긴 방패를 갖춘 4천 명의 보병과 2백 명의 기병이 있었는데, 수적으로 온전한 군단으로서 최고의 병력이었다. 마고는 이들을 최전선에 배치했고, 가볍게 무장한 보병대를 예비 부대로 남겨 두었다. 이런 대형을 갖추고 마고는 부대를 진지 밖으로 행군시켰다. 그들이 보루에서 빠져 나오자마자 로마 인들은 그들에게 창을 던졌다. 스페인 인들은 빗발치는 투척 무기를 피하고자 몸을 웅크렸다가 다시 일어서면서 창을 던져 맞대응했다. 로마 인들은 이런 투척 공격을 야전의 관습에 따라 방패를 밀집시켜 막아냈고, 이어 백병전이 시작되어 로마 인들은 칼을 휘두르며 전투에 돌입했다.

켈티베리아 인들은 빠르게 소규모 접전을 펼치듯 공격하며 싸웠지만, 그들의 빠른 움직임은 험준하고 울퉁불퉁한 지형 때문에 별 효과가 없었다. 맹렬한 싸움을 하도록 훈련받은 로마 인들에게는 이런 상황이 그리 불리하지 않았다. 공간이 부족하고 곳곳에 관목이 있어 대열의 연속성이 무너져 마치 검투사처럼 단독으로 혹은 쌍으로 싸워야 했지만 로마 군 병사들은 잘해냈다. 빠르게 움직이는 데 익숙한 적은 양쪽 다리에 사슬을 걸어둔 것과 같은 모습이었다. 달릴 수가 없던 그들은 그 자리에서 학살당했다. 방패병들은 거의 전부 죽었고, 이내 다른 진지에서 지원을 왔던 경보병들과 카르타고 인들이 로마 군의 압박을 받아 엄청난 사상자를 내게 되었다. 전투가 막 시작되던 순간에 마고는 모든 기병들과 2천 명이 넘지 않는 보병을 데리고 도망쳤다. 다른 지휘관인 한노는 전투의 승패가 거의 결정되었을 때 전장에 나타난 병력과 함께 붙잡혀 포로가 되었다. 거의 모든 기병과 나이 든 보병들은 마고가 도망칠 때 따라갔고, 아흐레 뒤에 가데스 인근에서 하스드루발과 합류했다. 켈티베리아 신병들은 근처 숲으로 뿔뿔이 흩어졌고, 그곳에서 각자 고향으로 돌아갔다.

이번 승리는 시의적절했다. 사실 결정적이지는 않았지만, 이 승리로 카르타고 군의 병력 증강은 크게 억제되었다. 카르타고 인들이 켈티베리아 인들에게 무기를 들게 한 것처럼 다른 부족들도 설득하도록 내버려 두었다면 병력 증강은 얼마든지 가능한 일이었다. 스키피오는 실라누스의 성과를 크게 축하했고, 빠르게 군사를 움직이면 이젠 전쟁을 끝낼 수 있겠다는 확신이 들어 서쪽 멀리 있는 하스드루발에게 최후의 일격을 가하러 진군했다. 하스드루발은 자신의 통제를 받는 부족들의 충성을 확보하고자 바이티카에 진지를 펼쳤다. 그럼에도 불구하고 스키피오가 접근하자 하스드루발은 즉시 움직여 진군이 아닌 도망에 가까울 정도로 빠르게 대서양 연안의 가데스로 물러났다. 그는 병력을 데리고 있는 한 자신이 공격 대상이 될 것이라고 생각했고, 따라서 병력을 조각조각 나눠 남쪽 공동체들에 배치했다. 그렇게 하면 여러 지역도 보호할 수 있고, 동시에 도시의 성벽 안에서 상대적으로 안전함을 누릴 수도 있었다.

3. 이런 새로운 상황을 파악한 스키피오는 말을 돌려 회군했다. 도시들을 하나씩하나씩 공격하는 건 어렵지는 않더라도 오랜 시간이 걸리기 때문이었다. 하지만 이 지역 전체를 적의 손에 놔두고 싶지 않았으므로, 동생 루키우스 스키피오에게 1만 보병과 1천 기병을 주어 그 지역에서 가장 부유한 도시인 **오롱기스**(원주민들이 그렇게 불렀다)를 공격하게 했다. 그곳은 바스테타니족의 지파인 마이세세스족의 영토에 있었다. 오롱기스의 땅은 생산적이었고, 주민들은 은을 채굴했다. 하스드루발은 내부 부족들을 급습할 때 그곳을 근거지로 활용했다.

루키우스는 도시 가까이에 진지를 세우고 보루를 세우기 전에 성문으로 일단의 병사를 보내 주민들과 이야기를 나누고자 했다. 그들은 로마의 힘이 얼마나 강력한지 경험하는 것보다 로마의 친구가 되는 게 더 즐거운 일이라는 말을 전하며 주민들을 설득할 계획이었다.

하지만 반응이 호의적이지 않아 루키우스는 도시 주위에 도랑을 파고 이중으로 보루를 세운 뒤 병력을 세 부분으로 나눴다. 그렇게 하면 두 부대가 비번인 동안에 한 부대는 공세를 취할 수 있었다. 근무 중인 부대가 처음으로 공격을 가했을 때 맹렬한 싸움이 벌어졌으나 승부가 나지 않았다. 로마 군은 빗발치는 투척 무기 때문에 성벽 가까이 가거나 제대로 사다리를 대는 건 쉬운 일이 아니었다. 그렇게 하는 데 성공하더라도 특별히 만든, 끝이 두 갈래로 갈라진 막대가 로마 병사들을 끊임없이 밀어냈고, 그렇지 않으면 위에서 내린 갈고리 여러 개 달린 도구에 몸이 붙잡혔다. 이렇게 붙잡히게 되면 사다리에서 몸이 떨어져 성벽 위로 끌려갈 위험이 있었다.

스키피오는 적이 성벽에서 유리한 위치를 점해 지리적 이점을 누리는 상태에서 로마 군의 수가 너무 적어 우위를 점하기 어렵다는 걸 분명하게 깨달았다. 따라서 그는 공격대를 물리고 다른 두 부대를 동시에 투입하여 공격했다. 이런 로마 군의 움직임 앞에서 이미 전투 피로증을 느끼기 시작한 수비군은 크게 불안감을 느꼈고, 도시 주민들은 자제력을 잃고 성벽 방어를 포기했다. 카르타고 주둔군은 도시가 배신할지도 모른다는 생각에 그들의 정위치를 떠나 밀집 대형으로 뭉쳤다.

도시 주민들은 로마 군이 도시에 들이닥치면 스페인 인이나 카르타고 인이나 만나는 즉시 무차별적으로 죽일 것이라는 새로운 두려움에 휩싸였다. 그에 따라 그들은 성문을 활짝 열었고, 수백 명이 문을 통해 밖으로 달려 나왔다. 그들은 투척 무기를 막아내고자 방패를 앞에 세웠고, 동시에 오른손을 들어 칼을 들지 않았음을 알렸다. 로마 인들은 그들의 의도를 정확히 볼 수 없을 정도로 멀리 떨어져 있었거나, 아니면 믿을 수 없다고 생각했는지도 모른다. 그리하여 주민들을 공격했고, 로마의 보호를 바라던 이 불행한 토박이들은 마치 전투를 걸어온 적처럼 살해당했다. 이어 로마 군은 성문을 통해 도시 안으로 진군했다. 그러는 사이 도시의 다른 부분에선 로마 군의 도끼와 곡괭이가 성문을 강타하며 무너뜨리는 중이었다. 성문이 뚫리자 로마 기병대는 즉시 명령에 따라 포룸을 점령하려고 질주했다. 포룸에서 기병대는 제3선 베테랑들의 지원을 받았고, 군단병들은 그러는 사이에 도시 전체로 흩어졌다. 약탈은 없었고, 무기를 들지 않은 자는 살려주었다. 모든 카르타고 인은 성문을 닫은 주민 300여 명과 함께 감시를 받게 되었다. 다른 이들은 재산을 돌려받아 소유하는 것이 허락되었다. 전투 중에 적은 2천 명의 병사를 잃었고, 로마 군의 손실은 채 90명이 되지 않았다.

4. 로마 군이 이런 전투 성과를 올리자 해당 부대는 물론이고 총사령관과 다른 로마 부대들도 승리를 기뻐했다. 승전한 부대는 무수한 포로를 앞세우며 인상적인 모습으로 사령부에 도착했다. 스키피오는 동생을 크게 자랑스러워했고, 오롱기스 점령은 자신의 뉴카르타고 점령과 견줄 수 있는 훌륭한 업적이라고 칭찬했다. 겨울이 다가오고 있어 가데스를 공격하거나 하스드루발의 넓게 퍼진 병력을 추격하는 건 불가능한 일이었으므로 그는 로마의 통제를 받는 스페인 지역으로 물러났다. 군단들은 월동 진지로 물러났고, 루키우스는 카르타고 장군 한노와 다른 귀족 포로들을 데리고 로마로 갔다. 사령관 스키피오는 타라코로 돌아갔다.

이해(기원전 207년)에 집정관 대리 라이비누스가 지휘하는 로마 함대는 시칠리아에서 아프리카로 건너가 우티카와 카르타고 인근에 여러 차례 습격을 가하며 광범위한 지역에 피해를 입혔다. 함대는 우티카 성벽 아래 지역을 약탈하고, 카르타고 영토 경계를 따라 움직이며 약탈하며 값진 물건들을 실어갔다. 항해에서 돌아오는 중에 함대는 전함 70척의 카르타고 함대를 만나 전투를 벌였는데, 17척의 전함을 포획하고 4척을 침몰시켰다. 지독하게 치도곤을 당한 나머지 카르타고 전함들은 뿔뿔이 도망쳤다. 육지와 바다에서 승리를 거둔 라이비누스는 포획한 온갖 훌륭한 물자를 싣고 릴리바이움으로 돌아왔다. 그 해전에서 승리한 결과, 인근 해역이 안전해져 로마로 다량의 곡물이 운반될 수 있었다.

5. 이런 일이 벌어지던 여름 초입에, 집정관 대리 술피키우스와, 앞서 언급한 아탈로스 왕은 아이기나에서 겨울을 났고, 이후 함대를 합쳐서 렘노스로 항해했다. 로마 함대는 5단 노선 25척이었고, 왕의 함대는 35척이었다. 필리포스는 육지와 바다 어느 쪽이든 위협에 대응하기 위하여, 데메트리아스 해안으로 와서 라리사에 군대를 집결할 날짜를 정했다. 그가 왔다는 소식에 온 사방의 필리포스 동맹국들은 데메트리아스로 사절단을 보냈다. 육지나 바다로 위협받는 중인 그들의 나라를 도와달라는 것이었다. 그들은 아이톨리아 인들이 로마와 동맹을 맺고 자신감을 얻어 특히 아탈로스가 도착한 이후에 인근 지역을 습격하고 있다고 보고했다. 아카르나니아 인, 보이오티아인, 에우보이아 인뿐만 아니라 아카이아 인 역시 이러한 사태 발전에 엄청난 불안감을 느꼈는데, 아이톨리아 인과 전쟁을 치르는 것에 더하여 라케다이몬의 폭군인 마카니다스의 위협도 받고 있었기 때문이다. 마카니다스는 이미 아르고스 국경 인근에 진지를 세웠다. 마케도니

아에서 온 보고도 평화로운 것과는 거리가 멀었다. 스케르딜라이두스와 플레우라투스가 무장 봉기했다는 것이었다. 트라키아 또한 잠잠하지 않았는데, 특히 마이디 인들은 필리포스가 멀리 원정을 오래 떠나 있으면 당장이라도 마케도니아를 침공할 모양새였다. 더욱이 보이오티아 인들과 내륙 주민들은, 아이톨리아 인들이 테르모필라이의 비좁은 길을 도랑과 보루로 막아 필리포스가 동맹국들에 도움을 주기 위해 그 일대를 통과하는 것을 미리 차단했다고 보고했다.

동시에 수많은 소동이 벌어져 가장 굼뜬 장군이라도 분발할 수밖에 없는 상황이었다. 필리포스는 기회가 되고 상황이 좋으면 모두 도와주겠다는 약속을 하고 사절단들을 돌려보냈다. 당시 필리포스의 가장 긴급한 일은 페파레투스에 둘 주둔군을 보내는 것이었다. 섬의 수도인 그곳은 아탈로스가 렘노스에서 건너와 주변 지역을 초토화하고 있어서, 그에 대한 대응 조치였다. 필리포스의 명령에 따라 폴리판타스는 적절한 병력을 데리고 보이오티아로 향했다. 필리포스의 장군 중 한 사람인 메니푸스는 1천 명의 보병(펠타라는 방패를 든 병사로 스페인의 카이트라와 비슷함)을 데리고 에우보이아의 칼키스로 떠났다. 필리포스는 이 병력에 500명의 아그리아 인들을 더하여 메니푸스가 섬의 전 지역을 보호하도록 조치했다.

필리포스 자신은 스코투사로 나아가 마케도니아 병력에게 라리사에서 떠나 그곳으로 오라고 명령을 내렸다. 이어 헤라클레아에서 아이톨리아 인들이 회의를 열고, 아탈로스도 전쟁 수행을 논의하고자 참석한다는 소식을 들은 필리포스는 즉시 최대한 빠르게 그곳으로 진군하여 회의를 중단시키고자 했다. 하지만 그가 도착했을 때 회의는 이미 끝난 상태였다. 그래도 그는 스코투사로 돌아가기 전에 말리안 만을 따라 이동하면서 거의 다 익은 곡물을 망가뜨렸고, 이어 스코투사에 병력을 남기고 호위병과 함께 데메트리아스로 물러났다. 필리포스는 그곳에서 적의 행동에 대응하고자 포키스, 에우보이아, 페파레투스에 사람을 보내 적당히 높은 곳에 봉화를 설치하게 했고, 티사이우스 산의 우뚝 솟은 정상에 감시탑을 지어 적이 움직이면 봉화로 곧바로 알리도록 했다.

　로마 장군과 아탈로스 왕은 페파레투스를 건너 니카이아로 왔고, 그곳에서 연합 함대를 오레오스로 나아가게 했다. 이곳은 에우보이아의 최대 도시로, 데메트리아스에서 만을 건너 에우리푸스의 칼키스로 나가는 길 왼쪽에 있었다. 아탈로스와 술피키우스는 로마 군이 바다에서 공격하고, 아탈로스의 군대는 육지에서 공격하기로 합의했다.

　6. 연합 함대가 도착한 나흘 뒤에 공격이 시작되었고, 전투가 벌어지지 않는 동안엔 필리포스가 도시의 수비를 맡겼던 플라토르와의 밀담이 진행되었다. 도시에는 두 개의 요새, 혹은 요새화한 고지가 있었는데, 하나는 바다에 면한 곳에 있었고, 다른 하나는 도시의 중앙부에 있었다. 중앙부 요새에는 해안으로 이어지는 굴이 있었는데, 바다 방향에 있는 끝부분은 무척 특이한 5층탑으로 보호되고 있었다. 그 지점에서 맹렬한 싸움이 시작되었다. 그 탑엔 온갖 투척 무기가 있었고, 전함의 병력은 투석기와 공성 장비를 내려 그곳을 공격하고자 했던 것이다. 양군의 관심이 그곳으로 쏠리자 플라토르는 기회를 놓치지 않고 바다를 내려다보는 다른 요새의 문을 열어 로마 인들을 들여보냈고, 순식간에 요새는 로마 군의 손에 떨어졌다. 주민들은 도시 중앙에 있는 요새에 가려고 했지만, 그곳에 배치된 자들이 문을 잠그고 열어주지 않았다. 그들은 요새로 들어가지 못하자 적에게 둘러싸인 채 죽임을 당하거나 포로로 붙잡혔다. 마케도니아 주둔

군은 황급히 도망치지도 못하고, 제대로 저항도 하지 못한 채 요새의 벽 아래에 모여 있었다. 플라토르는 술피키우스의 허락을 받고 그들을 배에 태워 프티오티스에 있는 데메트리움에 내려주었다. 이어 그 자신은 아탈로스에게 합류했다.

오레오스를 쉽게 함락한 것에 고무된 술피키우스는 승전 함대를 이끌고 칼키스로 나아갔지만, 그곳 상황은 예측과는 무척 달랐다. 북서쪽과 남동쪽으로 넓게 퍼진 바다는 칼키스에 이르러 갑자기 비좁아지는 해협으로 변했으므로, 처음 보면 각기 방향으로 입구가 있는 두 개의 항구처럼 보였다. 정말로 여기보다 정박하기 더 위험한 곳은 찾아보기 힘들 정도였다. 갑작스럽고 맹렬한 돌풍이 해협 양쪽에 있는 높은 산에서 불어 내려왔고, 조류는 하루에 일곱 번씩 정기적으로 변한다고 했으나, 실제로는 자주 방향을 바꾸는 바람처럼 불규칙하게 변했고 산간의 급류처럼 빠르게 흘렀다. 이렇게 조류가 맹렬하고 돌풍이 불어오면 낮이든 밤이든 배는 평온히 정박해 있을 수가 없었다. 정박이 이처럼 위험하다는 특징에 더하여 도시 그 자체도 지형상 거의 난공불락이었다. 한쪽은 바다로 보호를 받고 있고, 육지 쪽은 감탄이 절로 나오게 방어 시설이 철저히 갖춰져 있는 데다 강력한 주둔군이 배치되어 있었다. 게다가 충성심이나 일관된 목적 같은 게 전혀 없던 오레오스와는 다르게, 그 도시의 장교들과 지도자는 무척 충성심이 강했다. 칼키스 공략 시도는 충분한 검토 없이 수행된 것이었고, 따라서 술피키우스는 난관에 직면했음을 알게 되자 분별력을 발휘하여 더 이상 시간을 낭비하지 않았다. 그는 즉시 공략을 포기하고 로크리스의 키누스로 함대의 선수를 돌렸다. 키누스는 내륙으로 약 2km 들어간 곳에 있는 오푸스 로크리아 인들이 설치한 시장-도시였다.

7. 필리포스는 오레오스에서 솟아오른 봉화로 사전 경고를 받았지만, 반역자 플라토르가 의도적으로 무척 늦게 봉화를 올린 데다 함대도 열세여서 바다에서 섬으로 접근하는 건 쉬운 일이 아니었다. 따라서 그는 잠시 기다린 다음 오레오스를 포기했고, 다른 봉화를 보자 서둘러 칼키스를 구원하러 갔다. 이번 일은 그리 어려울 것 같지 않았다. 비록 칼키스가 오레오스처럼 에우보이아 섬에 있었지만, 무척 비좁은 해협에 위치해 있고, 다리로 본토와 연결되어 바다보다 육지로 도달하기 훨씬 쉬운 곳이기 때문이었다. 그에 따라 필리포스는 데메트리아스에서 스코투사로 진군했고, 이어 제3경(자정)에 테르모필라이로 떠났다. 그는 주둔군을 몰아냈고, 고개를 지키는 아이톨리아인들을 흩어놓고 이어서 혼란에 빠진 적을 헤라클레아로 쫓아 버렸다. 이어 그는 포키스의 엘라타이아로 갔는데, 하루에 100km 넘게 이동했다.

바로 그 시기에 오푸스는 아탈로스에게 약탈당하고 있었다. 술피키우스는 그런 약탈을 허락했는데, 며칠 전에 로마 병사들이 오레오스를 약탈할 때 아탈로스의 병사들은 챙긴 몫이 없었기 때문이었다. 로마 함대가 오레오스로 돌아가자 필리포스가 도착하는 걸 전혀 몰랐던 아탈로스는 오푸스 주요 시민들에게서 돈을 빼앗느라 정신이 없었다. 만약 도시에서 어느 정도 떨어진 곳에 징발대로 나섰던 몇몇 크레타 병사가 여전히 먼 거리에 있던 필리포스의 대열을 보지 못했더라면, 아탈로스는 예상도 못한 공격을 받고 놀라서 제압당했을 것이다. 아탈로스의 비무장 병사들은 급하게 달려 배로 돌아갔고, 그들이 어떻게든 배를 바다 쪽으로 띄우려고 애를 쓰던 도중 필리포스가 현장에 도착했다. 이에 선원들은 더욱 큰 혼란 상태에 빠졌으나 그래도 달아났다. 오푸스에 도착한 필리포스는 바로 눈앞에서 아주 좋은 전리품을 놓친 자신의 불운에 지독한 욕설을 중얼거렸다. 그는 또한 자신이 도착할 때까지 버틸 수도 있었는데 적을 보자마자 항복했다며 오푸스 인들에게 분노를 터뜨리기도 했다.

필리포스의 다음 이동 지역은 **트로니움**이었다. 아탈로스는 오레오스로 물러났고, 비티니아의 왕 프루시아스가 필리포스의 영토를 침공했다는 보고를 받자 아이톨리아 전쟁이나 로마의 관심사는 더 이상 생각하지 않고 아시아로 건너갔다. 술피키우스는 지난 겨울 머물렀던 아이기나로 함대를 몰아 돌아왔다. 필리포스는 아탈로스가 오푸스를 점령한 것만큼이나 쉽게 트로니움을 점령했다. 그곳엔 프티오티스의 테베 난민들이 살고 있었다. 그 도시는 과거에 필리포스가 점령했었다. 그러자 난민들은 아이톨리아 인들의 보호를 청하여 트로니움에 정착하는 걸 허락받았었다. 하지만 트로니움은 필리포스와의 이전 전쟁으로 황폐하게 변했고, 그 결과 사람이 살지 않게 되었다. 트로니움을 회복한 뒤에 필리포스는 별로 중요하지도 않고 작은 도리스의 도시인 티트로니움과 드루미아이를 점령했다. 이어 그는 엘라타이아로 움직였다. 그곳에선 프톨레마이오스와 로도스 인들의 사절단이 지시에 따라 그를 기다리고 있었다.[2]

아이톨리아 전쟁을 어떻게 끝낼지에 관한 논의가 계속되는 중에 (사절들은 최근 헤라클레아에서 열린 로마와 아이톨리아의 회의에 참석했었다) 마카니다스가 올림픽 게임을 개최할 준비를 하는 엘리스 인들을 공격하려고 한다는 소식이 들어왔다. 그 공격을 막아내기 위해, 필리포스는 사절들에게 자신은 먼저 공격을 가해 전쟁을 시작한 사람이 아니

---

2 27권 30장에 사절단이 필리포스를 찾아온 얘기가 이미 나왔다.

었고, 공정하고 명예로운 조건으로 평화 협상을 하는 데 자신이 지장이 되는 일은 없을 거라는 우호적인 답변을 들려주고 돌려보냈다. 그는 이어 휘하 병사들을 가볍게 무장시키고 그곳을 떠났고, 보이오티아에서 메가라로 움직인 다음 코린토스로 나아갔다. 그곳에서 보급품을 채운 후에 그는 필리우스와 페네우스로 갔다. 헤라이아에서 그는 자신이 접근한다는 소식에 마카니다스가 서둘러 라케다이몬으로 돌아갔다는 소식을 듣고서, 아카이아 회의에 참석하고자 아이기움으로 물러났다. 동시에 그는 그곳에 자신이 예전에 요청해 두었던 카르타고 함대가 대기 중일 것이라고 생각했다. 그 병력이 도와준다면 육지뿐만 아니라 바다에서도 대단한 힘을 발휘할 수 있을 것이었다. 하지만 왕이 도착하기 며칠 전에 카르타고 인들은 옥세아이 제도로 함대를 이동시켰다. 그들은 아탈로스와 로마 인들이 오레오스를 떠났다는 소식을 듣고서 곧바로 아카르나니아 항구들을 향해 항해에 나섰다. 카르타고 함대는 코린토스 만의 입구에 있는 해협인 리온에서 공격당해 패배하는 걸 두려워했던 것이다.

8. 필리포스는 모든 요청에 응하여 재빨리 움직였음에도 불구하고 제때 현장에 도착하지 못해 낭패를 겪은 것에 무척 약이 올랐다. 마치 나쁜 운명이 눈앞의 성공 기회를 낚아채 가면서 자신을 계속 바보로 만드는 것 같았다. 그럼에도 불구하고 그는 국무회의에선 이런 격분한 모습을 감추고 웅장한 연설을 하며 적의 무기가 충돌하는 소리가 들리는 곳마다 자신이 최대한 속도를 내어 가지 않은 곳이 없다는 것을 하늘과 땅이 안다고 역설했다. 그는 이렇게 선언했다.

"이 전쟁에서 내가 더욱 열의를 갖고 전투를 벌이려고 하는지, 아니면 적이 어떻게든 확고하게 전투를 피하려고 하는지, 그건 구분하기가 참으로 미묘한 점이오. 아탈로스는 오푸스에서 내 손아귀를 빠져나갔고, 술피키우스는 칼키스에서 그랬지. 마카니다스도 똑같은 겁쟁이였소. 하지만 전장에서 도망치면 목표한 바를 이룰 수 없소. 그렇다고 적과 만나기만 하면 승리를 할 수 있는 전쟁은 그렇게 힘드는 것이라고 할 수도 없지. 참으로 좋은 점은 적이 내 상대가 되지 못한다는 사실을 인정했다는 것이오. 곧 나는 확실한 승리를 얻어낼 것이오. 그들은 나와 싸울 것이고, 그들은 틀림없이 내심 예상했던 것처럼 패배를 맛보게 될 것이오."

필리포스의 동맹국들은 그의 연설을 즐겁게 들었다. 그는 헤라이아와 트리필리아를 아카이아 인들에게, 알리페라를 메겔로폴리스 인들에게 돌려주었다. 후자는 알리페라가 한때 자국의 영토였음을 충분히 입증했기 때문에 이렇게 도시를 돌려받을 수 있었다. 필리포스는 이어 아카이아 인들이 마련한 세 척의 4단 노선, 세 척의 2단 노선과 함께 함께 안티키라로 나아갔다. 필리포스는 그곳에서 카르타고 함대와 합류시키려고 코린토스 만으로 보냈던 일곱 척의 5단 노선과 20척 이상의 작은 배를 챙겨 아이톨리아의 에우팔리움 근처에 있는 에리트라이로 항해하여 상륙했다. 그는 그 도시를 기습했지만 성공하지는 못했다. 농장이나 근처에 있는 포티다니아와 아폴로니아 요새들에 있던 자들은 전부 산과 숲으로 달아났다. 하지만 서둘러 도망치는 과정에서 주인이 챙기지 못한 가축은 전부 붙잡혀 배에 실렸다. 아카이아 인 지휘관 니키아스는 가축들과 다른 약탈품들을 배에 실은 채로 아이기움으로 보내졌다.

필리포스는 코린토스로 나아가던 중, 휘하 병력에게 명령을 내려 코린토스에서 보이오티아까지 오게 하고, 자신은 켄크라이에서 배를 타고 떠나 아티카 해안을 따라 움직이면서 수니움과 적 함대를 지나쳐 칼키스에 도착했다. 그는 기대나 두려움에 휘둘리지 않은 칼키스 인들의 충성과 용기, 그리고 꿋꿋한 태도에 만족감을 표시했다. 이어 오레오스나 오푸스의 운명이 아니라, 그들만의 운명을 따르고자 한다면 앞으로도 필리포스의 확고한 우방으로 남아달라고 격려했다.

이어 그는 오레오스로 항해를 계속했다. 그곳에서 필리포스는 예전에 도시가 점령당할 때 로마에게 항복하기보다 도망치는 걸 선택했던 주요 시민들에게 도시 방어에 관한 권한을 모두 넘겨주었다. 이후 그는 에우보이아로 떠났고, 다시 데메트리아스로 돌아왔다. 이곳은 그가 동맹국들을 지원하려는 다양한 시도를 시작했던 곳이었다. 칼키디케의 카산드라에서 1백 척의 전함을 건조하기 시작한 그는 이 작업을 완성하고자 수많은 조선공을 데려왔다. 아탈로스도 현지에서 떠나고 고통 받는 동맹국들도 빠르게 구원하여 그리스 상황이 평온해지자 필리포스는 다르다니아 인들의 침공을 막고자 자신의 왕국으로 돌아갔다.

9. 그리스에서 이런 일들이 벌어지던 여름 말미에, 리비우스는 막시무스의 아들 퀸투스 파비우스를 원로원에 보내 자신의 의견을 전달하도록 했다. 갈리아를 보호하는 건 루키우스 포르키우스와 그의 병력만으로 충분하니 자신은 그 지역에서 떠나 군대를 철수하겠다는 것이었다. 원로원은 이 보고를 받자 리비우스뿐만 아니라 네로도 로마로 돌아오라고 지시했다. 돌아오게 된 두 집정관의 차이점은, 리비우스는 휘하 병력과 함께 오는 것이고, 네로는 한니발과 대치 중인 현재 위치에서 군단만 남기고 본인 혼자서 귀국하는 것이었다. 두 집정관은 이탈리아의 양쪽 끝에서 각기 움직이지만, 도시로 들어갈 때는 함께 싸웠던 것처럼 같이 들어가자고 서신으로 합의했다. 이에 그들은 프라이네스테에 먼저 도착하는 사람이 다른 사람을 기다리기로 약속했다. 하지만 공교롭게도 두 사람은 같은 날 프라이네스테에

도착했다. 그곳에서 그들은 벨로나 신전에서 사흘 뒤에 원로원 회의를 개최한다는 포고령을 내렸다.

그들이 로마에 접근하자 군중이 환영하기 위해 연도에 나왔다. 그러나 환영의 말만으로는 충분하지 않았다. 빽빽하게 몰린 인파는 모두 정복자인 집정관들의 손을 만지고 싶어 했고, 그러면서 재앙에서 나라를 구한 두 집정관에게 축하와 감사의 말을 연신 쏟아 냈다. 두 집정관은 성공적인 군사 작전을 해내고 돌아온 장군들의 선례에 따라 원로원에서 자신들의 행동을 설명하고 국익을 위해 용맹하게 나서 승리를 거둔 보답으로 신들께 먼저 경의를 표시한 다음 개선식을 하며 도시에 들어오게 해줄 것을 요청했다. 이에 원로원은 그 요청을 허락하는 동시에 그것이 바로 자신들의 뜻이기도 하다면서 첫 번째로 신들께, 그 다음으로는 집정관들에게 큰 신세를 졌음을 인정했다. 두 집정관의 이름으로 신들께 공식적 감사 기도를 올리는 절차가 결정되었고, 두 사람은 개선식을 허락받았다. 하지만 나란히 공동의 목적을 위해 싸운 두 사람은 이 위대한 환영 의식을 따로 치르고 싶어 하지 않았다. 리비우스의 임지에서 전투가 벌어졌고, 전투가 벌어진 날 리비우스가 복점을 치고 최고 지휘권을 지녔으며, 리비우스의 병력만이 로마로 돌아온 데다 네로의 병력은 지금도 야전에서 의무를 다하느라 돌아오지 못했기 때문이다. 두 사람은 리비우스가 네 마리의 말이 끄는 마차를 타고 병사들이 뒤따른 채로 로마로 들어오는 것에 합의했다. 네로는 말에 타고 병력 없이 들어오기로 되었다.

합동 개선식은 두 사람 모두에게 영광이었지만, 가장 많은 일을 해내고 가장 적은 보상을 요구한 사람의 명성은 이렇게 함으로써 더욱 높아졌다. "말에 탄 저 사람 말이야, 엿새 만에 이탈리아의 이쪽 끝에서 저쪽 끝으로 진군했다네. 한니발이 저 사람 부대가 여전히 아풀리아에서 자기를 상대하는 것으로 속아 버린 사이에 갈리아에서 하스드루발하고 맞붙어서 백병전을 벌였다잖아. 이탈리아 양쪽에서 두 군대, 두 적 사령관과 싸운 게 저 사람이라고. 한쪽하고는 기지(機智)로, 다른 한쪽하고는 칼로 싸운 거지! 네로라는 이름 하나로 한니발을 진지에서 꼼짝도 못하게 한 거잖아. 하스드루발은 네로가 오니까 압도당해서 전사한 거고. 리비우스는 그가 원하는 대로 네 필의 말이 끄는 마차를 높이 타고 있지만, 진정으로 승리한 사람은 혼자서 말 타고 로마로 들어온 저 사람이라고. 설혹 걸어서 들어왔다고 하더라도 전쟁으로 얻은 영예와 오늘 보여준 겸손한 모습으로 저 사람은 영원히 기억될 거야." 네로가 카피톨리움으로 나아가는 동안 구경꾼들 사이에서는 그런 말들이 떠돌았다.

두 집정관이 국고에 기여한 돈은 3백만 세스테르티우스와 9만 아스에 달했다. 리비우스는 휘하 병사들에게 일인당 56아스를 주었고, 네로도 카누시움으로 돌아갔을 때 휘하 병사들에게 같은 액수를 주었다. 개선식이 열리던 날 눈에 띈 사실은 병사들이 애정 어린 욕설을 리비우스보다는 네로에게 더 많이 했다는 것이었다. 기사들은 고위 장교인 루키우스 벤투리우스와 퀸투스 카이킬리우스를 무척 열렬히 칭송하며 평민들에게 그들을 다음 해 집정관으로 선출하라고 강력히 권유했다. 집정관들 역시 다음날 민회를 열고 두 장교가 부사령관들로부터 아주 강력한 추천을 받았다는 얘기를 하면서, 기사들 일차 선택에 힘을 실어주었다.

10. 이제 선거일이 다가왔다. 원로원은 선거를 주재할 독재관을 임명하라고 지시했고, 집정관 네로는 동료인 리비우스를 독재관에 임명했다. 리비우스는 이어 퀸투스 카이킬리우스를 사마관으로 임명했다. 집정관에 당선된 이는 사마관 퀸투스 카이킬리우스 메툴루

스와 루키우스 벤투리우스 필로였다. 이어 법무관 선거가 열렸고, 가이우스 세르빌리우스, 마르쿠스 카이킬리우스 메툴루스, 티베리우스 클라우디우스 아셀루스, 퀸투스 마밀리우스 쿠리누스 등이 당선되었다. 독재관은 직을 내려놓고 휘하 군대를 해산한 뒤 에트루리아로 떠났다. 그는 원로원의 지시에 따라 에트루리아와 움브리아 공동체를 조사하게 되었고, 전사한 하스드루발이 만약 그 지역에 도착했다면 어떤 공동체가 그에게 넘어가기로 했는지, 병력, 보급품, 그 외의 다른 형태로 도움을 주기로 했던 공동체가 어디인지를 알아낼 계획이었다. 이것이 이해 로마와 야전에서 있던 일이었다.

쿠룰레 토목건축관리관인 카이피오와 렌툴루스는 로마 게임을 세 번 온전히 거행했고, 평민 게임은 평민 토목건축관리관인 마토와 투리누스가 한 번 주관했다.

필로와 메툴루스가 집정관직에 올랐고, 전쟁은 13년째(기원전 206년) 진행 중이었다. 두 집정관은 모두 브루티움을 임지로 삼았고, 그들의 임무는 한니발에 맞서 전쟁을 수행하는 것이었다. 법무관들은 추첨을 했고, 도시 법무관은 마르쿠스 메툴루스가, 외국인 문제는 투리누스가, 시칠리아는 세르빌리우스가, 사르데냐는 아셀루스가 맡게 되었다. 야전 부대는 다음과 같이 배분되었다. 집정관 한 사람은 네로가 작년 지휘하던 병력을, 다른 집정관은 법무관 대리 퀸투스 클라우디우스가 지휘하던 병력을 인수받게 되었는데, 이 병력은 각각 두 개의 군단으로 구성되었다. 지휘권이 한 해 더 연장된 집정관 대리 리비우스는 에트루리아를 맡고 자원 노예로 구성된 2개 군단을 법무관 대리 가이우스 테렌티우스에게서 인수하기로 되었다. 투리누스는 사법권을 동료인 도시 법무관에게 넘기고 이전 해 법무관 루키우스 포르키우스가 지휘하던 부대를 지휘하면서 갈리아를 맡을 것이었다. 그는 원로원 지시에 따라 하스드루발이 도착했을 때 카르타고로 넘어간 갈리아 부족들을 공격할 계획이었다. 칸나이 패잔병으로 구성된 시칠리아 방어 2개 군단은 가이우스 세르빌리우스에게 맡겨졌다. 이 군단은 지난해 가이우스 마밀리우스가 맡았다. 아울루스 호스틸리우스가 지휘하던 오래된 군단은 사르데냐에서 물러났고, 집정관들은 아셀루스가 지휘할 새로운 대체 군단을 모집했다. 퀸투스 클라우디우스와 가이우스 호스틸리우스 투불루스는 모두 지휘권이 연장되었으며, 전자는 타렌툼을, 후자는 카푸아를 맡게 되었다. 시칠리아 해안 방어를 맡았던 집정관 대리 발레리우스 라이비누스는 법무관 세르빌리우스에게 30척의 전함을 넘겨주고 나머지 함대는 로마로 데려오라는 지시를 받았다.

11. 이런 국가적 위기의 시기에 사람들은 호의적이든 적대적이든 모든 사건을 신의 섭리라고 여긴 것은 필연적인 일이었다. 많은 불가사의한 일들이 보고되었다. 타라키나의 유피테르 신전과 사트리쿰의 마테르 마투타가 벼락을 맞았다. 사트리쿰에선 그만큼 놀라운 일이 하나 더 일어났는데, 유피테르 신전 문을 통해 두 마리의 뱀이 미끄러지듯 나아가는 장면이 목격되었다. 안티움에선 곡물 이삭을 자르자 안에 피 같은 게 보였다. 카이레에서는 머리가 둘 달린 돼지가 태어나고 수컷과 암컷의 성기를 모두 지닌 양이 태어났다. 알바에선 두 개의 태양이 보였다고 했고, 프레겔라이에선 밤하늘에 빛이 번쩍거렸다. 로마 근처 지역에선 소가 말을 했고, 키르쿠스 플라미니우스에선 넵투누스 제단이 땀을 쏟았다. 케레스, 살루스, 퀴리누스 신전에는 벼락이 떨어졌다.

집정관들은 원로원 결정에 따라 이런 기현상을 다 자란 제물을 바치고 하루 기원을 올림으로써 속죄하고자 했다. 지시는 적절한 절차에 따라 수행되었다. 하지만 다른 곳에서 보고되거나 도시에서 본 모든 기현상보다 더욱 당황스러운 일은 바로 베스타 신전에 늘 타오르던 불이 꺼진 일이었다. 그날 밤 신전의 불을 담당한 여사제는 대사제 푸블리우스 리키니우스의 지시에 의해 등에 채찍질을 당했다. 이 사건은 하늘에서 보낸 메시지가 아닌 단순한 인간의 부주의로 인한 것이었지만, 그럼에도 불구하고 베스타 신전에서 다 자란 제물을 바치고 하루 기원을 올리면서 속죄하기로 결정되었다.

집정관들은 로마를 떠나기 전 원로원의 지시에 따라 시민들을 농장으로 돌려보내는 일에 최선을 다했다. 신들은 자비롭게도 로마와 라티움을 전쟁의 압력에서 벗어나게 해주었고, 다시 두려움을 느끼지 않고 농지에 정착하여 살 수 있게 해주었다. 그러므로 이탈리아보다 시칠리아의 경작에 더 신경을 쓰는 건 분명 옳지 않았다. 하지만 이런 정서에도 불구하고 시민들이 농지에 다시 정착하는 것은 절대 쉬운 일이 아니었다. 전쟁 중에 자유농은 거의 사라졌고, 노예는 부족했다. 가축은 약탈되었고, 농가는 망가지거나 불에 탔다. 그렇지만 집정관들은 강제로 시골 인구 대부분을 농지로 돌려보냈다.

이 일로 플라켄티아와 크레모나 대표단이 찾아와 항의했다. 두 곳의 땅은 이웃 갈리아 인들에게 공격을 받고 황폐화되었다. 두 도시의 정착민 대다수가 흩어졌고, 불충분한 인구만 남았으며, 시골 지역은 텅 비고 방치되었다. 그에 따라 원로원은 법무관 마밀리우스에게 두 곳의 정착민들을 보호하라고 명령했고, 집정관들은 원로원의 권위로 포고령을 내려 크레모나와 플라켄티아 시민 전원은 특정일 이전에 고향으로 돌아가라고 지시했다.

봄이 시작될 때 집정관들은 로마를 떠나 임지로 갔다. 메텔루스는 네로의 병력을 인수했고, 필로는 법무관 대리 퀸투스 클라우디우스의 병력을 인수하며 자신이 모집한 신병들로 부족한 숫자를 채웠다. 그들은 브루티움의 콘센티아로 나아갔고, 그곳에서 광범위한 약탈을 한 뒤 포획한 물자를 잔뜩 싣고 이동하던 중에 비좁은 길에서 브루티움 인과 누미디아 인 창병 부대의 공격을 받게 되었다. 혼란 속에서 약탈품은 물론 로마 군 대열 자체도 위태로운 상황이었다. 하지만 본격적인 전투는 벌어지지 않았고, 군단들은 약탈품을 먼저 앞세우면서 안전하게 길에서 벗어나 탁 트인 경작지대로 나왔다. 그들은 이어 북쪽으로 방향을 돌려 루카니아로 갔고, 무력을 쓰는 일 없이 그곳의 전 주민은 로마 동맹으로 복귀했다.

12. 이해(기원전 206년) 동안 한니발을 상대로 벌어진 직접적인 군사 행동은 없었다. 최근의 손실이 한니발의 나라뿐만 아니라 한니발 자신에게도 직접적 피해를 주었기 때문인지 그가 먼저 전투를 걸어오는 일은 없었다. 로마 인들은 꼼짝도 하지 않고 있는 한니발을 그대로 내버려 두는 것에 만족했다. 로마 인들은 아직도 이 사람이 엄청난 힘을 갖고 있다고 느꼈다. 그의 주변 모든 것이 몰락으로 빠져드는 중이었는데도 여전히 후광이 남아 있었다.

실제로 나는 한니발이 성공을 누릴 때보다 운이 기울었을 때 더욱 훌륭했다고 생각한다. 고국에서 머나먼 적의 영토에서 13년 동안 싸우면서 많은 흥망성쇠를 겪은 그의 군대는 카르타고 인으로만 구성된 게 아니라 온갖 국적의 천민들이 뒤범벅된 그런 군대였고, 병사들은 법, 관습, 언어가 모두 달랐으며, 예절, 의복, 장비는 물론 섬기는 신과 종교 의식의 형태도 어느 것 하나 같은 점이 없었다. 하지만 그는 어떻게든 이 잡다한 무리를 굳게 결속시킬 수 있었고, 그리하여 자기들끼리 단 한 번도 싸우는 일이 없었으며, 한니발에게 대항하여 반란을 일으킨 적도 없었다. 놀라운 건 급료를 지급할 자금이 빈번히 부족하고 식량도 자주 떨어졌음에도 일절 반항의 기미가 없었다는 것이었다. 제1차 포에니 전쟁 때는 그런 일로 장교와 병사 모두가 형언할 수 없는 악행을 저지른 바 있었던 것이다. 그러나 지금 승전의 희망이 전부 사라진 데다 하스드루발이 전사함과 동시에 휘하 병력이 괴멸하고, 이탈리아의 작은 구석인 브루티움 하나를 제외하고 이탈리아 전역을 포기한 상황이 되었음에도 불구하고 카르타고 진지에서 반란이 일어나지 않은 건 정말 놀라운 일이다.

여기에 더하여 브루티움 시골 지역에서 조달하는 걸 제외하면 부대를 먹일 가망도 없었고, 시골 지역 모든 곳을 경작한다고 하더라도 워낙 작은 지역이라 도저히 그렇게 많은 인원을 먹일 수가 없었다. 더욱이 복무 연령대의 남자들은 대다수 군인으로 끌려가 농지에서 멀어졌다. 그리하여 브루티움 인들이 타고난 악랄한 짓, 즉 산적질을 하지 못했음은 말할 것도 없다.

마지막으로, 한니발은 본국에서도 보급을 받지 못하고 있었다. 그곳 사람들은 스페인을 계속 장악하는 데 몰두하고 있었으며, 이탈리아는 다 괜찮을 거라고 생각하고 있었던 것이다.

스페인의 전반적인 상황은 어떤 측면으로는 이탈리아와 무척 비슷했지만, 다른 측면으로는 무척 달랐다. 전투에서 패배하고 사령관을 잃은 카르타고 인들이 대서양으로 물러날 수밖에 없던 점은 이탈리아의 상황과 유사했다. 하지만 스페인이 이탈리아와 다른 것은 지역의 특성이나 그곳 주민들의 기질이 세상 다른 어떤 곳보다 패배를 태연하게 여기며 새로운 적대 행위에 나서는 일을 밥 먹듯이 한다는 것이었다. 이것이 바로 스페인이 로마 인들의 첫 번째 속주가 되고, 우리 시대에 이르러서야 아우구스투스 카이사르의 리더십과 지원 아래 완전히 정복된 마지막 지역이 된 이유이다.

하밀카르의 세 아들[3] 다음으로 이 전쟁에서 가장 유능하고 저명한 장군인 기스고의 아들 하스드루발은 계속 저항할 수 있다는 기대를 품고 가데스로 돌아왔고, 하밀카르의 아들 마고의 도움을 받아 스페인 남부와 서부에서 새로운 병사를 모으는 일에 착수하여 약 5만 명의 보병과 4천 5백 명의 기병을 갖췄다. 대다수 역사가는 기병대 전력에는 동의하지만, 일부는 실피아로 데리고 온 보병대의 수가 7만이라고 주장한다. 두 카르타고 사령관은 탁 트인 지역에서 진지를 구축하고, 그들을 상대로 하는 공격의 움직임을 저지하고자 하였다.

13. 이런 엄청난 병력이 모집되었다는 소식을 듣고 스키피오는 로마 군단들만으로는 상대할 수 없겠다고 생각했고, 외관상으로라도 외인부대를 두어야겠다고 판단했다. 동시에 그는 아버지와 삼촌이 참사를 당한 원인을 잘 알고 있어서 외인부대가 배신하여 적에게 넘어가 전쟁의 국면을 일변시키는 일을 피하고자 많은 수를 모으는 건 허용하지 않았다. 그에 따라 그는 실라누스를 28개 공동체를 통치하던 왕인 쿨카스에게로 보내 그가 겨울 동안 모집하겠다고 약속했던 보병과 기병을 인수하게 했다. 스키피오 자신은 타라코를 떠나 진군 경로에 있던 동맹국들에게서 적정한 외인부대를 모집하면서 카스툴로에 도착했다. 카스툴로에서 실라누스는 3천 보병과 5백 기병으로 구성된 외인부대를 이끌고 합류했고, 그곳에서 스키피오는 로마 군단과 동맹국 병사를 포함, 기병과 보병을 합쳐 4만 5천에 이르는 전 병력을 이끌고 바이쿨라로 나아갔다. 로마 군은 진지 방어 공사를 하

---

3   한니발, 하스드루발, 마고.

는 도중 마고와 마시니사가 이끄는 기병대의 공격을 받게 되었다. 만약 스키피오가 가까운 언덕 뒤 은신처에 배치한 기병대가 제때 도착해 적에게 의외의 공격을 가하지 않았더라면 로마 공병들은 지독한 봉변을 당할 뻔했다. 마고의 기병대 선두는 산개 대형을 취하고 있었다. 빠르게 로마 군 보루 가까이 접근했거나 실제로 공병들을 공격하려 했던 적군 기병들은 이내 로마 부대의 공격을 받고 흩어졌다. 하지만 제대로 전투 대형을 갖추고 접근한 나머지 적군들과는 긴 전투가 시작되었고, 오랫동안 승패가 결판나지 않았다.

하지만 스키피오는 공병대를 물러나게 하면서 보초 근무를 서던 경무장 대대를 불러들여 전선에 투입했다. 더욱 많은 병사가 전투에 가담했고, 기운이 넘치는 병사들은 지친 전우들을 도우러왔다. 그리고 마침내 무장한 강력한 로마 군 대열이 진지에서 나와 싸움에 합류했다. 이는 적이 버티기 너무 힘든 병력이었고, 카르타고 인이나 누미디아 인이나 패배를 인정하고 물러나기 시작했다. 처음에 그들은 두려워하거나 서두르지 않고 대열에 아무런 혼란도 일으키지 않으면서 질서정연하게 퇴각했다. 하지만 로마 인들이 후위를 강력하게 압박하면서, 로마 군 공격의 기세를 도저히 억누를 수가 없자 카르타고 병사들은 명령을 잊게 됐고, 대열은 산산이 무너져 모두가 목숨을 구하고자 제멋대로 도망치게 되었다. 이 전투로 로마 인들은 사기가 올랐고, 적은 낙담했다. 그럼에도 불구하고 이후 며칠 동안 양군의 가볍게 무장한 보병대나 기병대는 끊임없이 소규모 탐색전을 벌였다.

14. 하스드루발은 자기 부대의 전력을 시험하고자 이런 소규모 충돌을 활용했고, 만족스럽다고 판단되자 주력을 이끌고 전투 대형을 형성했다. 로마 인들 역시 맞대응했다. 양군은 각각 아군 진지 요새

앞에 섰고, 어느 쪽도 먼저 나서서 교전하려 들지 않았다. 낮은 저녁
으로 바뀌고 있었고, 결국 아무런 일도 벌어지지 않았다. 먼저 진지
로 돌아간 건 카르타고 군이었고, 로마 군도 이에 진지로 돌아갔다.
이후 며칠 동안 같은 과정이 반복되었다. 매번 먼저 전장으로 나와
먼저 물러나라는 지시를 내린 건 카르타고 사령관이었고, 그의 장병
들은 아무것도 하지 않는 것에 지치고 싫증이 났다. 어느 쪽도 먼저
돌격하려는 움직임이 없었고, 투척 무기가 던져지거나 함성이 울리
는 일도 없었다.

스키피오의 군대 중앙엔 로마 부대가 있었고, 아프리카 인과 섞인
카르타고 인들을 마주보고 있었다. 양군의 날개엔 동맹 부대가 배치
되었고, 전부 스페인 인들이었다. 양쪽 날개 앞과 카르타고 인 대열
앞엔 코끼리들이 배치되었는데, 멀리서 보면 보루[4] 같았다. 양군은
날마다 전투 대형으로 서 있으면서 자연스럽게 때가 되면 싸울 거라
는 생각을 하게 되었다. 중앙에 있는 진정한 라이벌인 로마 인과 카
르타고 인은 칼을 맞부딪치며 동등한 싸움을 벌일 것이었다. 하지만
스키피오는 전투가 곧 벌어지겠다는 보편적 확신이 서자마자 싸우
려고 마음먹었던 날에 모든 걸 의도적으로 변경했다. 전날 저녁 그는
명령을 내려 동이 트기 전 장병들은 식사를 하고 말은 손질하고 먹이
를 먹도록 했다. 무장한 기병들은 말에게 굴레를 씌우고 안장을 얹고
언제든 탈 수 있게 준비하라는 지시를 받았다.

스키피오가 기병대 전원과 경보병대에게 카르타고 전초 기지를
공격하라는 명령을 내린 것은 아직 햇빛이 나지 않은 아침 이른 때였

---

4 일부 코끼리들은 등에 총안을 낸 탑을 달고 있었다. 이 탑에 배치된 4명 이상의 병사들은
이 탑에 서서 장창을 던졌다. 이 때문에 보루를 닮았다고 한 것이다.

다. 이어 그는 중무장한 군단병들의 선두에 직접 서서 앞으로 나아갔고, 아군과 적군이 확신한 것과는 달리 양쪽 날개에 로마 부대를 배치하고, 중앙에 동맹 부대를 배치했다. 하스드루발은 로마 기병들의 고함이 들리자 서둘러 막사에서 뛰어 나왔다. 진지의 보루 바깥이 온통 혼돈에 휩싸이고, 휘하 장병들이 무장하고자 흥분한 채로 뛰어다니고, 먼 거리에서 번쩍이는 로마 군단의 깃발이 보이면서 적 부대의 병사들이 야전에 집결하는 것을 본 즉시 하스드루발은 명령을 내려 기병은 한 사람도 빠짐없이 로마 기병대를 상대하게 했다. 동시에 그는 보병대를 이끌고 진지 밖으로 나왔지만, 이전 며칠 동안 보여주던 것과 똑같은 전투 대형을 취했다. 한동안 기병 간 전투는 승부가 나지 않았는데, 그럴 수밖에 없었던 것은 양군이 교대로 상대를 격퇴하고 있었고, 그때마다 보병 대열의 보호를 받고자 안전하게 뒤로 물러났기 때문이었다. 하지만 양군의 대열이 5백 걸음도 되지 않을 정도로 가까워지자 상황은 일변했다. 스키피오는 복귀하라는 나팔을 불게 했고, 보병의 전열을 일부 개방하여 여기를 통해 기병대와 경무장 보병대가 들어가게 했다. 이어 그들을 둘로 나눠 양쪽 날개 뒤에다 예비 부대로 배치했다.

이제 본격적으로 싸워야 할 순간이 되었다. 스키피오는 먼저 중앙을 맡은 스페인 인들에게 천천히 앞으로 나아가라고 지시했다. 이어 자신이 지휘하는 우익으로부터 실라누스와 마르키우스에게 지시하여 자신이 오른쪽으로 날개를 펼치는 순간 그와 동시에 왼쪽으로 날개를 펼치게 했다. 그리고 양군의 중앙 부대가 교전에 들어가기 전에 로마 군 경보병대와 기병대가 적과 싸우도록 했다. 이렇게 펼친 양쪽 날개와 세 개의 보병 대대, 그리고 세 개의 기병 부대는 경무장한 척후병들의 지원을 받으면서 적을 향해 재빠르게 움직였다. 나머지 예비 부대는 그 뒤를 따라가며 적의 측면을 공격할 것이었다. 로마 군의 중앙은 뒤로 약간 물러나는 오목한 대열을 형성했고, 그런 다음 스페인 외인부대는 좀 더 천천히 앞으로 움직였다.

로마 군의 양쪽 날개가 전투에 나선 것은, 베테랑 카르타고 인과 아프리카 인 부대로 구성된 강력한 적의 중앙이 아직 투척 무기의 사정거리에 들어오지 않았을 때였다. 적의 중앙은 양쪽 날개에 있는 전우들을 도우러 감히 움직이지 못했는데, 다가오는 적에게 틈을 내어 주는 게 두려웠던 것이다. 카르타고 군의 양쪽 날개는 강한 압박을 받았고, 이중 공격의 대상이 되었다. 측면에선 로마 기병대, 경보병대, 척후병이 공격해왔고, 동시에 정면에선 로마 보병 대대가 다른 카르타고 군과의 접촉을 끊으려 시도하고 있었다.

15. 모든 전역(戰域)에서 상황은 스키피오가 원하는 대로 흘러갔다. 이는 특히 스페인 신병과 발레아레스 제도 사람들이 로마 인과 라틴 인에 못지않게 뛰어난 활약을 했기 때문이었다. 게다가 시간이 지나갈수록 동 트기 전에 예상도 못한 공격에 놀라 아무것도 먹지 못한 채 서둘러 나온 하스드루발의 장병들은 힘이 빠지기 시작했다. 실제로 스키피오는 의도적으로 본격적인 전투가 오후에 벌어지도록 유도했다. 그리하여 보병대가 적의 양쪽 날개에 공격을 가하던 때가 정오경이었고, 전투가 중앙으로 확산되던 때가 그보다 어느 정도 시간이 흐른 오후 무렵이었다.

하스드루발의 병사들은 본격적인 전투를 시작하기도 전에 한낮의 태양으로 인한 열기와 배고프고 목마른 채 무장하고 서 있던 피로감으로 지치기 시작했고, 실제로 몸을 지탱하고자 방패에 기대야 할 정도였다. 여기에 더해 무엇보다도 로마 군 기병대와 경보병대의 빠른 움직임에 겁먹은 코끼리들이 양쪽 날개에서 중앙으로 움직였다. 이 모든 상황으로 지치고 사기가 떨어진 카르타고 인들은 후퇴하기 시작했다. 하지만 그것은 대열의 질서를 여전히 유지한 채 뒤로 물러나는 질서정연한 후퇴였다. 그러나 그런 정연한 퇴각은 지속되지 못했다. 승리한 로마 인들이 이득을 볼 수 있는 상황임을 깨닫고 사방에서 더 힘을 내어 공격의 강도를 높였기 때문이었다. 카르타고 인들은 더 이상 버틸 수 없었다.

하스드루발은 몇 번이고 소리치며 최대한 휘하 병력을 통제하며 위기를 막고자 했다. 그는 장병들에게 천천히 물러나야 후방에 있는 언덕 사이에서 안전한 곳을 찾을 수 있다고 소리쳤다. 하지만 규율보다 공포가 더 강한 힘을 발휘했고, 선봉의 전우들이 쓰러지자 전 대열이 갑자기 등을 돌려 도망쳤다. 언덕 아래 부분에서 그들은 멈췄고, 로마 인들이 경사를 올라가는 걸 주저하는 것처럼 보이자 카르타고 군 장교들은 대열로 병사들을 다시 불러들이기 시작했다. 하지만 로마 인들이 전과 다를 바 없이 다시 빠르게 다가오는 것을 보자 허둥지둥 도망치는 게 다시 시작되었고, 그들은 혼란에 빠져 떠밀리듯 진지로 들어갔다. 뒤쫓던 로마 인들은 요새 근처에 도착했고, 나아가는 속도를 생각하면 그대로 진지를 함락시켰을 것이었다.

하지만 이때 엄청난 폭우가 내렸다. 태양은 짙은 구름의 틈으로 눈부시게 빛나고 있었지만, 갑자기 폭우가 내려 그 놀라울 정도의 맹위에 로마 군 병사들은 겨우 진지로 돌아올 수 있었고, 일부는 이를 불길한 전조로 받아들여 그날에 더 이상 공격하는 걸 꺼렸다. 카르타고 인들은 몰아치는 밤비, 아주 지친 몸, 그동안 입은 피해 등으로 인해 당장이라도 휴식을 취해야 할 상황이었다. 하지만 상황이 위급하였고, 다음날 해가 뜰 때 새로운 공격을 받을 수 있어 도저히 방심할 여유가 없었다. 따라서 그들은 인근 계곡에서 돌을 모아서 보루의 높이를 높였고, 이렇게 세운 방어 시설이 자신들의 군사력으로 성취하지 못한 신변 보호를 해주기를 바랐다. 하지만 그들의 동맹군이 탈영하는 바람에, 이제 안전을 확보하는 길은 즉시 도망치는 것밖에 없어 보였다.

탈주는 투르데타니의 군주인 아테네스가 수많은 자국 병사들과 함께 떠나는 것으로 시작되었다. 이어 방어 시설을 갖춘 도시 두 곳에서 주둔군 사령관이 나서서 주둔군과 함께 스키피오에게 항복했다. 결국 반란을 일으키려는 움직임이 시작되자 더 퍼지는 걸 막기 위해 하스드루발은 밤중에 조용히 진지를 떠났던 것이다.

16. 동이 트자 위병들은 적이 사라졌다고 보고했고, 스키피오는 기병대를 먼저 보내고 진군 명령을 내렸다. 이 과정이 무척 빨라 로마 군은 하스드루발의 경로를 그대로 따라갔더라면 틀림없이 그를 따라잡을 수 있었을 것이다. 하지만 그들은 바이티스 강으로 가는 지름길이 있다는 안내인들의 말을 들었다. 그렇게 하면 강을 건너는 카르타고 인들을 공격할 수 있었다. 그러나 하스드루발은 강으로 향하는 길이 폐쇄되었다는 걸 알고 남서쪽으로 방향을 돌려 해안으로 나아갔다. 그의 장병들은 진군 중인 군대라기보다 도망자처럼 서둘렀기 때문에 로마 군단과의 간격을 이내 많이 벌릴 수 있었다.

그럼에도 불구하고 하스드루발은 도망치는 도중 양쪽 측면과 후방에 가해지는 로마 기병대와 경보병대의 반복 공격에 끊임없이 시달렸다. 이내 공격은 더 잦아져 하스드루발의 대열은 멈출 수밖에 없었으며, 로마 기병대, 척후병, 예비군 보병대 등과 교전하는 동안 로마 군단들도 현장에 도착했다. 정규 군단들이 오게 되자 전장이었던 곳이 도살장처럼 변했고, 결국 카르타고 장군은 6천여 명 정도의 어중간하게 무장한 병사들을 이끌고 가장 가까운 언덕으로 도망치면서 스스로 패배를 인정했다. 나머지는 죽거나 포로로 붙잡혔다. 도망친 카르타고 인들은 높은 언덕에다 일종의 즉흥적인 방어 진지를 만들었다. 그들은 로마 인들이 가파른 경사를 오르는 데 실패하자 어렵지 않게 방어에 성공할 수 있었다. 하지만 척박한 언덕 정상에 포위된 채 보급의 가능성이 보이지 않자 며칠 만에 그들은 도저히 견딜 수 없게 되었다. 탈영이 시작되었고, 결국 하스드루발 장군은 근처의 바다에 배를 대라고 지시했다. 그렇게 하여 장군은 밤중에 병사들을 버리고 가데스로 도망쳤다.

스키피오는 하스드루발이 도망쳤다는 소식을 듣자 실라누스에게 1만 보병과 1천 기병을 맡겨 언덕에 남은 카르타고 군을 계속 포위하게 한 뒤 타라코로 떠났다. 진군은 70일이 걸렸다. 스키피오가 도중에 계속 멈춰 서며 다양한 공동체와 군소 왕들의 행동을 조사했기 때문이었다. 그는 이를 통해 그들이 세운 공을 확인하고 그에 맞는 상을 내릴 수 있었다.

스키피오가 떠난 뒤 마시니사는 실라누스와 밀담을 나눴다. 이 결과 그는 소수의 자국민과 함께 아프리카로 건너갔고, 그곳에서 자국민들이 자신의 변화된 방침을 따르게 할 생각이었다. 그가 갑작스럽게 동맹을 바꾼 이유는 그 당시엔 전혀 분명하지 않았다. 하지만 그 당시에도 이미 그는 합리적인 이유를 토대로 행동했고, 이후로도 지극히 고령이 될 때까지 로마에 변함없이 충실한 모습을 보였다.[5] 마고는 이어 하스드루발이 보낸 배를 타고 가데스로 왔고, 지휘관들에

---

5 그는 기원전 148년 90세가 될 때까지 살았고 누미디아의 왕으로 60년을 통치했다. 마시니사가 자마 전투에 기여한 공로를 인정하여 로마 정부는 그를 왕으로 책봉했고 카르타고가 아프리카에서 지배했던 영토를 상당수 그에게 떼 주었다.

게 버려진 남은 군대는 인근 공동체들로 탈영하거나 흩어졌다. 수적으로나 전력으로나 유의미한 병력은 남지 않았다.

이것이 바로 푸블리우스 스키피오가 카르타고 인들을 스페인에서 축출하는 과정에서 벌어진 일련의 사건이었다. 전쟁이 벌어진 지 14년, 스키피오가 이 지역에서 지휘권을 맡은 지 5년이 된 때의 일이었다. 이후 실라누스는 곧 타라코의 스키피오에게 합류하면서 스페인 전쟁이 끝났다는 보고를 올렸다.

17. 루키우스 스키피오(동생)는 귀족 계급의 수많은 포로를 데리고 로마로 가서 스페인이 카르타고의 통제에서 완전히 해방되었다고 보고했다. 이런 탁월한 업적에 모두가 무한한 기쁨을 감추지 못하고 칭찬이 자자했지만, 정작 이 소식을 보낸 사람만은 그렇지 않았다. 오히려 그는 진정 조국의 찬사에 어울리는 위대한 일을 해내는 걸 갈망했기에 별로 만족하지 못했고, 스페인 정복을 아직 자신이 이루지 못한 고귀하고 야심찬 대업의 사전 작업 정도로 여겼다. 이미 그의 생각은 아프리카와 카르타고를 향해 있었고, 전쟁을 종결함으로써 커다란 영광을 얻어 자신의 이름에 광채를 더하고 싶어 했다. 그에 따라 그는 일련의 사전 준비를 해두는 게 바람직하다고 생각하게 되었다. 특히 그가 신경 썼던 건 군주들과 그 신민들의 지지를 얻는 일이었다.

그는 우선 마사이술리이의 왕 시팍스부터 접촉했다. 마사이술리이는 마우리 근처이자 스페인의 뉴카르타고에서 거의 정반대편 해안 지대(아프리카)에 사는 부족이었다. 시팍스는 당시 카르타고 인들과 협정을 맺은 상태였지만, 스키피오는 늘 승리하는 편을 지지하는 야만인들과의 합의가 그렇듯 해당 협정도 시팍스에게 아무런 중요성이나 신성함이 없을 거라고 생각하고, 부사령관 라일리우스를 보내 귀한 선물을 안기며 로마의 동맹으로 돌아서게 하라고 지시했다. 시팍스는 선물에 기뻐했다. 게다가 지금 상황은 모든 곳에서 로마 인들이 잘되고 있었고, 반면 카르타고 인들은 이탈리아에서도 실패하는 중이고, 스페인에서는 이미 완전히 패배했기에 그는 로마와 우호 관계를 맺는 것에 동의했다. 하지만 그는 로마 총사령관이 직접 오기 전까지 공식적으로 합의하는 일은 없을 것이라고 말했다. 따라서 라일리우스는 스키피오에게 돌아가 시팍스가 총사령관이 시팍스를 방문할 때 안전을 보장하겠다는 약속 외엔 아무것도 보장한 것이 없다고 보고했다.

아프리카를 노리려고 계획하는 사람에게 시팍스의 태도는 무척 중요한 것이었다. 그는 아프리카 군주들 중 가장 부유했다. 이미 카르타고 인들과 전쟁을 한 적도 있었고, 지리적으로 그의 영토는 스페인과 관련하여 무척 편리한 곳에 있었다. 비교적 좁은 해협의 반대편에 있었기 때문이다. 이런 점을 고려한 스키피오는 엄청난 위험을 감수할 만하다고 생각했다. 시팍스를 직접 방문하는 것 이외에 다른 방식으로는 목표를 이룰 수 없었기 때문이었다. 따라서 그는 마르키우스와 실라누스에게 스페인을 임시로 맡기고 아프리카를 방문하기로 결심했다. 전자는 타라코를, 후자는 뉴카르타고를 담당하기로 되었다. 스키피오는 타라코에서 전속력으로 나아가 뉴카르타고에서 라일리우스와 함께 두 척의 5단 노선으로 아프리카를 향해 떠났다. 잔잔한 바다에서 항해 대부분은 노를 저어 이동했으며, 때때로 약한 미풍의 도움을 받기도 했다.

공교롭게도 스키피오는, 스페인에서 밀려나 일곱 척의 3단 노선을 타고 온 하스드루발과 정확히 같은 시간에 항구에 들어섰다. 닻을 내리고 해변으로 배를 끌어올리고 있던 하스드루발은 두 척의 5단 노선이 들어오는 광경을 보았다. 저것이 적의 배이며, 항구에 들어오기 전에 수의 우세로 쉽게 압도할 수 있다는 걸 모르는 사람은 없었다. 하지만 무장하는 군인들과 전투를 준비하려는 선원들 사이에 엄청난 흥분과 혼란만 일으킨 걸 제외하면 아무런 일도 벌어지지 않았다. 스키피오의 배들은 순풍을 받고서 카르타고 인들이 닻을 올리기도 전에 항구로 들어왔다. 이후로는 아무도 감히 왕의 항구에서 소란을 일으키려고 하지 않았다. 하스드루발이 먼저 뭍으로 올라왔고, 곧 스키피오와 라일리우스도 땅을 밟았다. 이 세 사람은 왕을 만나러 갔다.

18. 시팍스는 세상에서 가장 부유한 나라의 두 장군이 같은 날 동시에 평화와 우호를 요청하러 자신을 방문한다는 걸 엄청난 영광으로 여겼고, 실제로도 그것은 영광스러운 일이었다. 그는 두 사람을 손님으로 초대했고, 운명이 뜻한 바에 따라 두 사람이 한 지붕 아래에 있게 되었다고 생각한 그는 양국의 전쟁을 끝내는 회담을 하는 것이 어떻겠냐고 제안했다. 하지만 스키피오는, 먼저 회담으로 끝낼 만한 카르타고 인에 대한 개인적인 원한이 자신에게는 없으며, 두 번째로 원로원의 지시 없이 적국과 협상을 할 수 없다는 점을 확고히 밝혔다. 그러자 곧 왕은 손님 한 사람이 식탁에서 물러나는 일이 없도록 스키피오에게 급히 저녁을 함께하자고 압박하듯 권유했다. 스키피오는 거절하지 못했고, 두 장군은 왕과 함께 만찬을 들었다. 왕을 흐뭇하게 하고자 두 사람은 심지어 긴 의자에 함께 앉기도 했다. 스키피오의 예절은 지극히 완벽하면서도 훌륭했고, 온갖 상황에 대처하는 훌륭한 재치도 타고나서 로마의 정중한 교제 방식을 전혀 모르는 야만적인 시팍스뿐만 아니라 철천지원수인 하스드루발마저도 그와의 대화에 매료되었다.

하스드루발은 실제로 스키피오가 전쟁터에서 만난 것보다 직접 보니 더욱 훌륭한 사람이라는 걸 알게 되었고, 공감을 얻는 능력이 워낙 뛰어나 시팍스와 그의 왕국이 분명 삽시간에 로마 인들의 편으로 넘어갈 것이라고 확신했다. 따라서 그가 보기에 카르타고 인들이 어떻게 스페인 지역을 잃었는지를 생각할 게 아니라 어떻게 아프리카를 유지할 것인지 걱정해야 할 판이었다. 이 훌륭한 장군은 갓 정복한 영토를 떠나 아프리카 족장의 미지수 같은 말만 믿고 두 척의 배만 이끌고 적국에 목숨을 걸고 아프리카로 건너온 것은 유람 여행을 하기 위해서도, 아름다운 해변을 따라 빈둥거리기 위해서도 아니었다. 아프리카를 정복하겠다는 희망을 소중히 여겼기 때문에 그런 위험을 감수한 것이었다. 더욱이 그런 희망은 오랫동안 스키피오의 마음에 머물러왔다. 오랫동안 그는 자신이 아직도 스페인에 머물러 있어서 한니발이 그랬던 것처럼 적지에서 전쟁을 수행하지 못하고 있는 것을 공개적으로 못마땅하게 여겨왔다.

시팍스와 스키피오 사이에 협정이 체결되었고, 스키피오는 아프리카를 떠났다. 각양각색의 바람과 훨씬 험악한 날씨를 헤치고 나흘 뒤에 그는 뉴카르타고에 도착했다.

19. 스페인 지역은 이제 카르타고와의 전쟁이라는 짐을 벗었지만, 그럼에도 불구하고 특정 공동체들은 로마에 대한 충성심 때문이 아니라, 꺼림칙한 양심의 가책에서 나오는 공포심 때문에 로마를 상대로 적대 행위를 벌이지 않는다는 게 분명히 드러났다. 이런 공동체들 중에 가장 중요하고 가장 죄책감을 많이 느끼는 곳이 일리투르기와 카스툴로였다. 카스툴로는 로마가 성공을 거둘 때 그들과 동맹 관계였지만, 두 스키피오가 전사하고 휘하 병력이 무너지자 카르타고의 편으로 돌아섰다. 일리투르기는 변절한 것은 물론이고 그곳으로 도

망친 패배한 로마 인들을 배신하고 죽이는 악행까지 저질렀다. 스키피오가 처음 스페인 땅을 밟았을 때는 스페인 전쟁이 어떻게 결론 날지 알 수 없는 상황이었다.

만약 이 시기에 이 부족들을 처벌했더라면 어리석긴 하지만 정당한 일이었을 것이다. 하지만 이제 상황은 달라졌다. 전쟁은 끝났고, 처벌을 가할 시간이 되었다. 따라서 마르키우스가 타라코에서 소환되었고, 스키피오의 휘하 병력 중 3분의 1을 이끌고 카스툴로를 공격하러 떠났다. 스키피오 자신은 남은 3분의 2를 이끌고 일리투르기로 진군했고, 닷새가 걸려 그곳에 도착했다. 도시의 성문들은 잠겨 있었고, 공격에 저항할 만반의 준비가 갖춰져 있었다. 그곳 주민들이 당연히 보복당하리라는 것을 잘 알고 있는데 굳이 전쟁을 선포할 필요도 없었다. 이 시점에서 스키피오는 공격하기 직전에 휘하 장병들에게 격려 연설을 했다.

"성문을 걸어 잠그는 것으로 스페인 인들은 그들이 느끼는 두려움이 얼마나 큰 지를 스스로 드러내고 있다. 우리는 카르타고 인과 싸울 때보다 더욱 큰 증오심을 품고 그들과 싸워야 한다. 카르타고 인들을 상대할 때 우리는 영광과 조국을 위해 싸우며 약간의 분노를 느꼈을 뿐이지만, 이곳의 악당들은 우리를 배신하고 학살한 죄의 대가를 반드시 치러야 한다. 만약 우리가 이곳으로 피신했더라면 마찬가지로 배신을 당했을 것이다. 우리 전우들이 잔인하게 살해당한 일을 되갚을 때가 되었다. 우리는 이 반역자들을 일벌백계하여 준엄한 교훈을 널리 알려야 한다. 곤경을 겪어 절박해진 로마 시민과 군인을 만만하게 보고 모욕과 피해를 주면 그 누구도 무사하지 못하리라는 것을 보여주어야 한다."

장군의 연설에 전 장병의 사기가 불타올랐고, 연설이 끝나자마자 각기 중대에서 선발된 병사들이 곧바로 공성 사다리를 가지고 나왔다. 로마 군은 둘로 나뉘었고, 라일리우스는 그 중 한 부대를 맡았다. 이제 두 곳에서 동시에 로마 군의 공격이 시작되었다. 주민들은 도시를 방어하는 일을 지극히 철저하게 수행했는데, 그것은 군 장교의 지휘나 지도자의 권고 때문이 아니라, 그들이 죄를 저질렀다는 가책과 두려움 때문이었다. 그들은 서로 자기 생각을 상대방에게 말했는데, 그것은 스키피오의 목표가 승리가 아니라 처벌이라는 것이었다. 어차피 죽어야 한다면 중요한 건 싸우다 죽는 것이었다. 전쟁의 기회는 공평하여 패자가 승자에게 이길 수도 있는 것이었다. 아니면 나중에 다 타고 연기만 솟아오르는 도시의 폐허 속에서 사슬에 묶여 수치를 당하고 채찍에 맞으며 고문을 당하다가 적에게 포로가 된 아내와 자식들이 보는데서 마지막 숨을 거둘 수도 있었다.

그 도시의 남자들은 젊거나 늙거나 도시를 지키고자 모였고, 여자들과 꼬마들도 그들의 한계를 넘어서는 힘을 보이면서 전사들에게 무기를 가져다주거나 공병대가 성벽을 보강하는 데 쓸 돌을 가져왔다. 그들은 필사적이었다. 그들의 자유—용맹한 자의 용기를 돋우는 자유—가 위태롭게 된 상황일 뿐만 아니라, 그들의 눈 앞에는 끔찍한 죽음이라는 지독한 형벌이 어른거렸다. 다들 많은 일을 하고, 위험을 감수하며 결의를 불태웠고 그런 이웃들이 옆에 있다는 것만으로도 힘을 얻었다. 이어 맹렬한 전투가 시작되었고, 스페인 전역을 정복한 유명한 군대가 일개 도시의 수비병들에 의해 성벽에서 밀려나기를 여러 번 반복했으며, 명성에 어울리지 않는 어수선한 모습을 보이며 우왕좌왕했다.

스키피오는 수많은 공격의 실패로 적의 사기가 올라가고 휘하 부대들의 전의가 식을 것을 우려하여 직접 전투에 뛰어들기로 결심하고 장병들처럼 자기 목숨을 걸었다. 그는 휘하 장병들의 허약한 모습에 화를 내고 경멸감을 감추지 않으면서 당장 사다리를 가져오라고 명령하고, 다른 병사들이 올라가기를 주저하면 자신이 먼저 올라가겠다고 선언했다. 그는 이미 성벽 아래에 가까이 있었고, 무척 위험한 상황이었다. 그러자 사령관을 염려하는 병사들이 사방에서 함성을 내질렀고, 즉시 기다란 성벽을 따라 사다리들이 설치되었다. 그러는 동안 도시 반대편에서 라일리우스는 새롭게 성벽에다 압박을 가했다. 그것이 종말의 시작이었다. 적의 저항은 무너졌고 수비병들은 축출당했으며 성벽은 점령되었다. 이런 대혼란이 벌어지는 동안에 난공불락이라고 생각된 요새 역시 측면 공격에 의해 점령되었다.

20. 그것은 당시 로마 인들의 편에 선 아프리카 전향자들이 해낸 성과였다. 주민들이 취약한 도시 부분의 수비에 집중하는 동안에 로마 부대는 틈이 보이는 곳이라면 놓치지 않고 나아갔고, 그러는 사이 아프리카 인들은 어떠한 방어 시설이나 병사로도 방어 불가능한 도시의 한 부분을 발견하게 되었다. 그곳은 무척 높고 깎아지른 절벽으로 보호되고 있어서 확실한 방어 지역으로 생각되는 곳이었다. 오랫동안 빠르게 움직이는 훈련을 받은 아프리카 인들은 날쌔고 활발했는데, 모두가 쇠로 된 대못을 들고 절벽을 오르기 시작했다. 그들은 절벽 표면에 돌출된 부분을 최대한 활용했고, 표면이 매끈하여 도저히 올라갈 수 없는 곳엔 대못을 짧은 간격으로 박아 발 디딜 곳을 마련했다. 앞서 올라간 병사는 뒤에서 올라오는 병사를 끌어올렸고, 아래에 있는 병사는 위에 있는 전우를 들어올렸다. 그렇게 하여 그들은 정상에 도달했고, 그곳에서 고함치며 이미 로마 인들의 손에 넘어간 도시 부분으로 달려 내려갔다.

이렇게 공격에 나선 원인이 분노와 증오였다는 건 너무나 명백했다. 어떤 군인도 포로를 붙잡으려고 하지 않았고, 모든 게 손앞에 벌려져 있음에도 약탈하려는 생각조차 하지 않았다. 무장 여부에 관계없이 모든 주민이 똑같이 학살당했고, 남녀를 구분하는 일도 없었다. 그들은 짐승 같은 살해 욕구를 아이들 앞에서도 멈추지 않았다. 건물에는 불이 붙었고, 타지 않는 건물은 철거되었다. 증오하는 도시의 흔적을 깡그리 지우는 것, 적이 살았던 곳의 기억을 철저히 파괴하는 것은 승자의 기쁨이었다.

스키피오는 이어 카스툴로로 진군했다. 다른 도시에서 온 스페인 도망자들뿐만 아니라 패배하여 분산된 카르타고 군도 그곳에 모여 방어에 가담하고 있었다. 스키피오는 일리투르기가 파괴되었다는 소식보다 나중에 도착했는데, 그 소식은 주민들에게 공포와 절망을 안겼다. 카르타고 인과 스페인 인들의 관심사는 달랐다. 둘 다 자기만 멀쩡할 수 있다면 상대방의 운명 따위는 신경 쓰지 않았다. 그들은 처음엔 내색하지 않았지만 상대를 의심했고, 이어 공공연하게 다툼을 벌였고, 그에 따라 양자 사이에는 금이 갔다. 스페인 인들의 지도자인 케르두벨루스는 공개적으로 로마 군한테 항복하는 것을 지지했다. 카르타고 외인부대의 지휘관은 히밀코였는데, 그와 휘하 부대는 밀담으로 자비를 약속받은 스페인 인들에 의해 도시와 함께 스키피오의 손에 넘어갔다. 이번엔 그리 많은 피가 흐르지 않았다. 일리투르기에 비하면 지은 죄도 덜했고, 자발적으로 항복한 사정도 있어서 로마 인들의 분노는 많이 누그러들었다.

21. 이후 마르키우스는 아직 완벽하게 정복되지 않은 스페인 부족들을 로마의 편으로 끌어들이라는 지시를 받고 현지로 떠났다. 스키피오는 뉴카르타고로 돌아와 신들께 맹세하고, 전사한 아버지와 삼촌을 기리기 위하여 검투사 경기를 개최했다. 보통 검투사들은 훈련

사들이 데려오거나, 노예이거나, 기꺼이 자기 피를 팔려는 자유민이었지만, 이 행사에 참여한 검투사들은 전부 자발적으로 아무런 보수 없이 싸우려고 나선 사람들이었다. 몇몇은 족장이 부족의 용맹을 알리고자 보냈고, 몇몇은 스키피오를 기쁘게 하고자 일부러 싸우겠다고 나섰다. 또한 다른 몇몇은 경쟁심에 불타 도전을 하거나 받으려는 자들이었다. 어떤 이들은 논란이 되는 재산이나 다른 어떤 것을 법적인 수단으로는 의견 차이를 좁힐 수가 없거나, 혹은 법적인 수단으로 의견 차이를 좁히기 싫어서 승자가 일방적 권리를 갖게 된다는 해결 방식을 취하여 검투사 경기에 참여하기도 했다.

참가자들 중엔 친척 관계인 코르비스와 오르수아라는 두 남자가 있었는데, 유명하고 걸출한 가문 출신으로 무척 뛰어난 자들이었다. 둘은 이베스라 불리는 도시의 최고 관직을 놓고 경쟁하고 있었는데, 경기에서 승리하는 자가 관직을 차지하기로 합의했다. 나이는 코르비스가 더 많았다. 오르수아의 아버지는 최근까지 족장이었으며, 형으로부터 그 자리를 물려받았다. 스키피오는 두 사람에게 우호적으로 이야기를 나눠 의견 차이를 해결하라고 권했지만, 두 사람은 친척들의 똑같은 요청을 이미 거절한 바 있다면서 마르스를 제외하고는 어떠한 신이나 사람도 자신들 사이의 문제를 판단할 수 없다고 했다. 나이가 많은 코르비스는 힘에서 우위였고, 경쟁자인 오르수아는 젊은 피답게 자신감과 자긍심이 있었다. 두 사람은 모두 상대방의 통치에 죽음으로써 순응하는 걸 선호했다. 그들의 야심은 광기였지만, 아무것도 그들을 포기하게 할 수 없었고, 경기를 지켜보는 군인들에게 그들이 제공한 구경거리는 주목할 만한 광경이었다. 이들의 싸움은 권력욕의 사악한 결과가 어떤 것인지 잘 드러내는 교훈이었다. 노련하고 기교가 있는 코르비스가 쉽게 젊은 경쟁자의 짐승 같은 힘을 굴복시켰다. 검투사 경기 뒤엔 장례 경기가 열렸고, 지역 자원과 군대의 장비가 합작하여 행사는 일대 장관을 이뤘다.

22. 그러는 사이에 스키피오의 장교들도 검투사 못지않게 적극적으로 움직였다. 마르키우스는 바이티스 강(현지에선 케르티스 강으로 알려짐)을 건너 피를 흘리는 일 없이 부유한 두 공동체의 항복을 받아냈다. 이어 그는 아스타파와 교전에 돌입했다. 아스타파는 늘 카르타고 편에 서 온 부족이었다. 하지만 카르타고와 동맹을 맺은 것보다 더욱 괘씸한 건 전쟁의 긴급한 사태로 정당화되는 것 이상으로 그 부족의 주민들이 개인적으로 로마 인들에게 증오심을 느낀다는 사실이었다. 도시는 방어 시설이 잘 되어 있지도 않고, 지세가 좋지도 않았는데도 그것이 주민들에게 터무니없는 자신감을 심어준 것 같았다. 그들은 주로 산적질에서 즐거움을 느꼈고, 그래서 로마와 동맹을 맺은 인근 지역의 부족들과 길을 잃은 로마 군인들, 종군 상인, 일반 상인 등을 자주 습격했다. 어느 때는 대규모 수송대가 그들의 영토를 지나가다 험준한 장소에서 기습을 당해 괴멸된 적도 있었다. 소규모 부대로 정면에서 공격하기는 힘드니까 기습전을 편 것이었다.

마르키우스의 군대가 아스타파로 움직이자 그곳 주민들은 성벽과 무기가 자신들을 보호하기엔 부적절하다는 걸 잘 알았다. 하지만 증오심 가득한 적에게 항복해봤자 죽음뿐이라고 생각했다. 그래서 자신들이 과거에 죄를 저질렀다는 죄책감에 내몰려서 그들끼리 야만적이고 끔찍한 짓을 저질렀다. 그들은 모든 귀중품을 모아 포럼에 미리 정한 장소에 무더기로 쌓아두었고, 이어 여자들과 아이들을 강제로 그 무더기 위에 앉게 한 다음 통나무와 작은 나무 가지 묶음을 그 주위에 잔뜩 쌓아올렸다. 무장한 50명의 병사가 그곳에서 보물, 그리고 황금보다 더 귀한 사람들을 지키려고 보초를 섰다. 그런 보초 행위는 전투의 결과를 알 수 없는 동안 계속되었다. 싸움이 불리하게 변하고 도시가 함락될 시점이 오면 그들은 전열을 형성하고 싸우러 나간 모든 사람이 틀림없이 살해되리라고 생각했다. 그러면 천상과 지하의 모든 신들에게 기도를 올릴 것이었다. 수치스러운 굴종에 빠지거나 혹은 명예로운 죽음으로 끝나게 될 날에, 그들의 자유를 기억하면서, 적의 분노의 대상이 될 것은 아무것도 남겨두지 않겠다는 기도를 올릴 것이었다. 불과 칼이 그들의 손에 준비되어 있었고, 어차피 죽을 거라면 오만하고 잔인한 적이 의기양양하게 조롱하며 뻐기는 것을 견디는 것보다 친근하고 믿을 수 있는 사람의 손에 죽는 게 더 낫다고 생각했다. 그런 식으로 그들은 50명의 병사에게 의무를 다하라고 강력히 권고했고, 헛된 기대나 나약함에 빠져 이 일에 등을 돌리려는 자들에겐 끔찍한 저주가 떨어질 것이라고 말했다.

이어 성문이 활짝 열렸고, 그들은 엄청난 고함을 지르고 발을 구르며 달려 나왔다. 어떤 로마 부대도 그들과 맞서지 않았다. 로마 군은 도시에서 적이 출격하는 건 전혀 예상하지 못했기 때문이었다. 기병대 두세 부대와 경보병 파견대 하나가 서둘러 그들을 상대하고자 나섰다. 어수선하게 전투 비슷한 것이 벌어졌지만, 양측의 기세와 결의로 싸움은 진행되었다. 선두의 로마 기병들이 밀려났고, 그들이 격퇴당하자 후방에 있는 경보병대는 공황에 빠졌다. 로마 군단병들이 전례가 없는 민첩함을 발휘하며 대열을 형성하지 않았더라면 요새의 바로 아래에서 전투가 벌어졌을 것이었다. 한동안 군단병의 대열조차 선두에선 혼란이 있었다. 분노로 눈먼 주민들이 필사적인 용기로 로마 인의 칼을 향해 달려들었기 때문이었다. 하지만 그런 난폭하고 규율도 없는 공격에 흔들리지 않는 베테랑 군인들이 이내 칼을 효율적으로 쓰기 시작했고, 적군은 맹렬한 움직임을 멈췄다. 하지만 적병이 조금도 물러나지 않고 서 있는 자리에서 죽을 결심을 한 것으로 보이자 로마 군은 전열을 확대했다. 숫자에서 우월했기에 그들은 쉽게 전열을 넓게 펼 수 있었다. 이어 측면에서 함께 공격하면서 결국엔 적을 빙 둘러쌌다. 그 동그라미는 서서히 좁혀졌고 마침내 모든 적이 죽었다.

23. 이런 유혈극은 전쟁에서 벌어지는 통상적인 과정이었다. 격분한 로마 인들은 저항 가능한 무장한 적들과 싸웠던 것이다. 하지만 이보다 훨씬 더 끔찍한 일이 도시에서 벌어지고 있었다. 수백 명의 힘없고 무방비 상태인 여자들과 아이들이 동포들의 손에 학살당한 것이었다. 시장엔 커다란 화톳불이 붙었고, 종종 아직도 숨을 쉬는 사람들이 그 불에 던져졌다. 화톳불은 피의 강으로 거의 꺼졌다. 마침내 도살을 맡은 자들이 그 끔찍한 일을 끝냈고, 그들은 지친 몸을 이끌고 손에 칼을 든 채로 불에 뛰어들었다. 이렇게 학살이 끝나자 로마 인들이 도시에 나타났다. 이 광경에 로마 인들은 소름이 끼칠 정도로 놀라며 멈춰 섰다. 잠시 그들은 입을 벌린 채 서서 그 참상을 쳐다보았다. 그러다 시신과 잡다한 물건이 싸인 곳에서 금과 은이 반짝거리는 걸 보자 그들은 자연스럽게 탐욕에 휩싸여 화톳불 속에서 그 보물들을 낚아채고자 했다. 화톳불에서 가장 가까운 곳에 있는 이들은 뒤에서 물건을 빼내려고 밀려오는 무리 때문에 불길에서 뒤로 물러날 수가 없었다. 그들은 밀치며 앞으로 나아갔고, 몇몇은 불 속으로 밀려들어가 타죽었고, 다른 일부는 맹렬한 열기에 온 몸을 그을렸다.

그렇게 아스타파는 불과 칼로 파괴되었다. 로마 군은 그 도시에서 아무것도 얻은 게 없었다. 마르키우스는 인근의 다른 공동체에 겁을 주어 항복을 받아냈고, 승전한 군대를 이끌고 뉴카르타고로 돌아와 스키피오와 합류했다.

바로 이 시기에 가데스에서 온 전향자들이 카르타고 주둔군과 부대장, 함대와 함께 도시를 로마에 넘기겠다고 제안했다. 마고는 전장에서 도망친 뒤에 그곳에서 머무르고 있었고, 대서양에 전함을 모으면서 한노의 도움을 받아 많은 병력을 모았다. 일부는 바다 건너 아프리카에서, 일부는 근처의 스페인 지역에서 모았다. 전향자들과 약속을 교환한 뒤 마르키우스는 경무장 보병대를 이끌고 가데스로 향했고, 라일리우스는 일곱 척의 3단 노선과 한 척의 5단 노선을 이끌고 바다로 나가라는 지시를 받았다. 이렇게 땅과 바다에서 동시에 작전이 전개될 것이었다.

24. 바로 이 때 스키피오는 중병에 걸렸다. 소문을 과장하려는 인간의 욕구는 자연스러운 것이라 스키피오의 병은 실제보다 더 심각한 것으로 알려졌다. 즉시 스페인 전 지역이 들썩였고, 특히 아주 먼 곳에 있는 지역이 민감하게 반응했다. 단순한 소문으로 이토록 흔들린다면, 보고된 참사가 사실이라면 그 결과가 얼마나 심각했을 것인가. 동맹 공동체들은 동맹 관계를 파기했고 군대는 복무를 거부했다. 만도니우스와 인디빌리스는 카르타고 인들이 스페인에서 축출된 뒤 자신들을 위한 스페인 왕국이 세워질 걸 기대했지만, 바라던 대로 되지 않자 동포인 라케타니 인들을 자극하고 켈티베리아 인들을 불러들여 로마와 동맹 관계인 수에세타니 인들과 세데타니 인들의 영토를 습격하여 황폐화했다.

또 다른 소요는 수크로 근처 진지에 있는 로마 군 진지에서 벌어졌다. 이 진지엔 8천 명의 로마 군 병사들이 있었는데, 에브로 강 남쪽 부족들을 담당하는 주둔군이었다. 그들 사이에서 벌어진 문제는 스키피오가 위독하다는 소문을 듣기 전에 시작되었다. 그 결과는 우선 전반적인 규율의 약화로 나타났는데 그건 오랜 기간 활동이 없으면 흔히 나타나는 현상이었다. 이렇게 된 원인은 전시에 약탈로 풍족하게 잘 살다가 평시가 되어 훨씬 궁핍하게 살게 된 것에 있었다. 처음에 불평은 개인적인 귓속말로 속삭이는 수준이었다. 전쟁이 아직 진행 중이라면 이처럼 평화로운 곳에서 대체 우리는 무얼 하고 있는가? 전쟁이 끝나고 스페인이 마침내 평정되었다면, 왜 우리는 이탈리아로 돌아가지 못하는가?

이어 그들은 정상적인 자제력을 발휘하는 현역 군인에게는 어울리지 않는 아주 황당하게 높은 급여를 요구했다. 위수 지역을 순회하는 장교들에게 초병들은 욕설을 퍼부었고, 진지에 남은 병사들은 밤중에 평화로운 시골 지역에서 제멋대로 물건을 가져갔다. 마침내 그들은 공공연하게 낮에도 허가 없이 근무지를 이탈했다. 군대의 전통과 규율은 완전히 무너졌다. 장교들이 명령을 내려도 그대로 되는 일이 없었고, 어디에서든 병사들은 제멋대로 행동했다. 그런데도 로마 진지가 겉보기에 형태를 유지하고 있는 한 가지 이유는 병사들이 천인대장들도 자신들의 무모한 기분에 휩쓸려 반란에 가담하길 바랐기 때문이었다. 그래서 천인대장들이 사령부에서 사건 심리를 하도록 내버려 두고, 그들에게 암구호를 물었으며, 전초 기지에서 교대를 하며 초병 임무를 수행하고 있었다. 그러는 동안에도 실상 병사들은 장교들의 권위를 이미 박탈한 상태였고, 군율에 따르는 척했지만, 결국엔 자기들의 생각대로 행동했다.

천인대장들이 병사들의 행동에 강력히 반대하면서 저지하려 했고 또 그런 광기에 가담하는 걸 노골적으로 거부하자, 병사들의 반란은 본격적으로 불타올랐다. 천인대장들은 먼저 사령부에서 사건을 심리하는 것을 저지당했고, 조금 뒤엔 진지에서 쫓겨났다. 지휘권은 만장일치로 반란을 주도했던 두 명의 사병인 칼레스 출신 가이우스 알비우스와 움브리아 인 가이우스 아트리우스에게 돌아갔다. 이들은 천인대장의 지위로는 절대 만족하지 못했고, 더 나아가 뻔뻔하게도 그 불경한 손으로 최고 지휘권의 휘장인 권표와 도끼를 덥석 집어 들었다. 그들은 다른 이들을 위압하는데 사용되었던 그 위엄 넘치는 상징물이 곧 그들의 등과 목을 내리칠 것이라는 점은 전혀 상상하지 못했다. 스키피오가 죽었다는 소문으로 그들은 분별력을 상실했고, 그 소문이 모든 곳에 알려지면 스페인 전역이 불길에 휩싸일 거라고 확신했다. 이후 뒤따를 혼란 속에서 그들은 동맹국에게서 돈을 갈취하고, 이웃 도시들을 약탈할 생각이었다. 그들은 스페인 전역에 퍼지게 될 무법과 공포 속에서 자신들이 저지른 일은 그리 눈에 띄지 않을 거라 믿었다.

25. 날마다 그들은 스키피오가 죽었을 뿐만 아니라 매장되었다는 소식을 기다렸지만, 그런 기별은 오지 않았다. 총사령관의 죽음에 관한 소문은 처음부터 근거가 없었으므로 서서히 잦아들기 시작했고, 반란 지도자들은 소문의 진원지를 찾기 시작했다. 병사들은 잇따라 반란의 대열에서 떨어져 나갔는데, 스키피오가 죽었다는 이야기를 날조했다는 죄를 지는 것보다 그것을 어리석게도 믿었다는 인상을 주기 위해서였다. 그런 식으로 지지를 잃게 된 두 반란 지도자는 그들이 빼앗은 총사령관의 권표를 두려워하기 시작했다. 그들은 자신의 허울뿐인 권력은 곧 합법적이고 진정한 권력으로 대체될 것임을 너무나 잘 알았고, 그렇게 되면 권표는 자신들의 등과 목을 쳐부수는 도끼가 될 것이었다. 반란의 기세는 사그라들었다. 믿을 만한 보고에 따르면 스키피오는 살아 있을 뿐만 아니라 그가 보낸 일곱 명의 천인대장들이 진지로 오고 있다는 것이었다.

고위 장교들이 도착하자 처음에 병사들은 분개하며 그들을 맞았지만, 장교들이 만나는 병사들마다 달래려고 하는 모습을 보이자, 부대는 곧 차분해졌다. 병사들의 막사를 돌아다니기 시작한 장교들은 사령부나 장군의 막사에서 서로 이야기를 나누는 무리의 비행을 곧장 비난하지 않았다. 대신 그 무리에게 무슨 불평이 있기에 이런 뜻밖의 선동적인 행동을 저질렀느냐고 물었다. 이에 그들은 급료를 제때 받지 못했으며, 두 사령관의 전사 이후 로마의 두 군단이 무너진 뒤에, 일리투르기에서 로마 병사들이 마구 학살당하던 때 스페인의 전황을 유지하고 로마 인의 명성을 지켜낸 게 자신들의 용맹 덕분이었다고 말했다. 이어 그들은 일리투르기 인들은 마땅한 처벌을 받았지만, 자신들의 훌륭한 성과는 어느 누구에게도 감사나 인정을 받지 못했다고 했다. 이게 그들의 공통적인 답변이었다.

이에 고위 장교들은 불평이 정당하며, 총사령관에게 보고하겠다고 약속했다. 그러면서 그들은 심각하거나 바로잡기 어려운 일이 아니어서 기쁘다고 하며 스키피오와 조국이 그들에게 감사를 표할 수 있는 입장인 게 바로 신의 은총이라고도 했다.

스키피오는 노련한 군인이었지만, 갑작스럽게 일어난 반란을 처리하는 경험을 쌓진 못했다. 그의 주된 관심사는 반란이 너무 심화되는 것을 미연에 방지하고 동시에 어리석게도 과도하게 범죄자들을 처벌하여 일이 커지는 것을 피하는 것이었다. 그는 당분간 회유하는 방침을 계속 이어나가기로 했고, 세금 징수원들을 종속국들에 보내 수금함으로써 가까운 시일 내로 병사들에게 급료를 지급할 수 있도록 했다. 이어 그는 일부 부대가 오거나 아니면 부대 전체가 오는 식으로 병력을 뉴카르타고에 소집했고, 그곳에서 급료를 지급하겠다고 말했다. 자발적으로 진정되는 중이었던 반란은 스페인 인들의 반란이 갑작스럽게 중단되면서 마침내 끝이 났다. 만도니우스와 인디빌리스는 스키피오가 살아 있다는 소식을 듣고 반란을 멈추고서 자신들의 영토로 돌아갔다. 따라서 이젠 로마 인이나 외국인이나 반란 주도자들이 황당한 희망을 공유할 수 있는 사람들은 어디에도 없었다.

모든 가능성을 고려했을 때, 그들은 어리석은 짓의 결과에서 도망칠 수 있는 유일한 방법이 하나 있는데 그건 그리 안전하지는 않다는 걸 잘 알았다. 그 방법은 자수하여 총사령관의 정의로운 분노에 몸을 내던지면서 그의 관용을 바라는 것이었다. 그들은 총사령관이 관용을 베풀 거라는 희망을 아직도 거두지 않았다. 인간의 마음이란 어찌 자기 죄를 이토록 가볍게 보는 것인지! 그들은 자기들끼리 스키피오가 싸웠던 적조차 용서했다는 이야기를 하며 자신들이 일으킨 반란도 폭력이나 유혈 사태를 일으키지 않았으니 가혹한 처벌을 받을 리가 없다고 속삭였다. 이제 그들에게 궁금한 건 급료를 받아야 하는데 일부 부대만 보내느냐, 아니면 부대 전체가 움직이느냐, 하는 것이었다. 결국 그들은 부대 전체가 나서는 게 더 안전하다고 판단하여 그대로 실행했다.

26. 그러는 사이 뉴카르타고에서 열린 전략 회의에선 반란을 일으킨 자들이 의제가 되었다. 논쟁이 되는 점은 35명이 채 안 되는 주동자 급만 처벌할 것이냐, 아니면 단순한 항명이라기보다 사실상 수치스러운 모반 행위를 한 죄로 다수에게 처벌을 내릴 것인가, 하는 것이었다. 결국 관대한 의견이 우세했고, 반란에 책임이 있는 자들 이상으로 처벌의 범위를 확대하지는 않기로 했다. 나머지는 엄한 질책만으로도 충분할 것이었다. 회의가 끝나자 실제로 논의가 되었던 내용을 감추기 위해, 뉴카르타고의 군대에게 만도니우스와 인디빌리스 원정을 떠날 수 있도록 며칠 분의 식량을 준비하라는 명령이 내려졌

다. 동시에 반란을 누그러뜨리러 수크로로 간 일곱 명의 천인대장들 각각에게 주동자 다섯 명의 이름을 주고 급여를 받으러 오는 부대를 맞이하게 했다. 고위 장교들은 명령에 따라 적당한 사람을 보내 겉보기로는 친근한 태도를 보이게 하여 범인들을 저녁에 초대하도록 한 뒤 취해서 곯아떨어지면 구속할 계획이었다.

반란자들은 뉴카르타고에서 그리 멀지 않은 거리에 있었고, 내일 전군이 실라누스와 함께 라케타니 인들을 향해 진군할 거라는 소식을 듣자 여전히 마음에 도사리고 있던 두려움이 사라졌을 뿐만 아니라 엄청나게 만족하기까지 했다. 스키피오 혼자만 있다면 그 엄정한 권력을 발휘하지 못할 거라고 보았기 때문이었다. 그들은 해가 지기 직전에 도시로 들어왔고, 다른 군대가 진군 준비로 분주한 걸 봤다. 속임수가 탄로 나지 않도록 그들을 맞이한 병사들은 다른 군단[6]이 떠나기 바로 전에 그들이 도착했으니 총사령관에게 얼마나 다행이고 시의적절한 일이냐며 환영 인사를 건넸다. 따라서 그들은 아무런 걱정 없이 먹고 쉬었다.

고위 장교들은 전혀 소란을 일으키지 않고 영접 임무를 맡겼던 병사들을 통해 주동자들을 그들의 막사로 데려왔고, 그곳에서 그들을 체포하여 구속했다. 밤이 거의 끝나갈 때 다음날 진군하기로 된 치중차 대열이 움직이기 시작했다. 동이 틀 때가 되자 군기들도 움직였다. 하지만 그 대열은 명령에 따라 성문에서 멈췄고, 위병들이 배치되어 도시에서 빠져나가는 이가 아무도 없도록 모든 성문을 철저히 감시했다. 열병 명령을 받은 반란자들은 전우들을 밀어 헤치면서 반

---

6   만도니우스와 인디빌리스를 치기 위해 곧 행군하기로 되어 있는 군대.

항적으로 장군의 연단으로 나아갔고, 그(장군)가 말하기 시작할 때 그를 위협하고 소리를 쳐서 그를 침묵시킬 생각이었다. 스키피오가 막 연단에 오르자 다른 병력이 성문에서 돌아와 비무장의 반란자들 뒤에서 반원 형태로 에워쌌다. 그들의 자신감은 곧장 붕괴되었고, 그들은 나중에 총사령관의 모습과 태도가 너무나 무서웠다고 말했다. 그들은 총사령관의 병색이 역력할 것이라고 생각했지만, 그는 양 볼에 혈색이 돌 정도로 그 어느 때보다 건강했다. 총사령관의 그런 혈색은 그들이 전에 전장에서도 보지 못한 것이었다. 그는 자리에 앉았고, 반란 주동자들을 전부 데려왔으며 모든 준비가 끝났다는 말이 전해질 때까지 좌중에는 정적이 감돌았다.

27. 이어 스키피오는 포고자를 통해 정숙하라고 지시하고 연설을 시작했다.

"내 병사들이 내 기대를 저버리는 말을 하게 될 거라고 전혀 생각해 본 적이 없다. 나는 행동보다 말을 앞세운 적이 없다. 어린 시절부터 군대와 함께 지냈기에 나는 군인들을 무척 잘 알고 있다. 하지만 제군이 내 앞에 있으니 무슨 말을 해야 할지, 어떤 말을 해야 할지 알 수가 없다. 심지어 나는 어떤 명칭으로 제군을 불러야 할지조차 모르겠다. 시민들이여, 언제부터 조국에 대항해 반란을 일으켰는가? 아니면 군인들이여, 언제부터 최고 사령부와 그들이 뜻하는 바에 복종하는 걸 거부하고, 또 신성한 맹세를 어겼는가? 아니면 적이라고 불러야 할까? 제군들은 그 신체, 얼굴, 복장, 겉모습은 로마 시민과 같지만, 그 행동, 말, 바람, 마음은 적과 같다. 제군들은 일레르게테스인과 라케타니 인들의 희망과 바람을 함께 품지 않았는가? 하지만 적어도 그들은 필사적인 노력을 하면서 만도니우스와 인디빌리스의 지휘에 따르기라도 했다. 하지만 제군은 움브리아 인 아트리우스와 칼레스 인 알비우스에게 최고 지휘권까지 내어주었지. 병사들이여, 이 모든 일을 저지른 게 자신이라는 걸 부정하거나, 아니면 그런 일이 저질러진 다음에 모반을 받아들였다고 하라. 그렇게 하면 나는 그대들의 부정을 받아들이고, 소수의 절박한 광기로 벌어진 일이라고 기꺼이 믿도록 하겠다. 그런 죄악을 모든 부대가 공유한 것이라고 한다면, 그런 죄를 씻기 위해 끔찍한 희생을 치러야 하기 때문이다.

이런 상처에 손을 대는 건 내 뜻이 아니다. 하지만 손을 써서 처치하지 않는 이상 나을 수가 없다. 카르타고 인들이 스페인에서 축출되었을 때 나는 스페인 전역의 어떤 민족도 내 목숨을 증오의 대상으로 삼을 거라고 생각하지 않았다. 이런 믿음은 내가 우방은 물론 적을 대우한 방식이 정립되어 있었기 때문에 확고했다. 하지만 내가 얼마나 잘못 생각했는지! 여기, 이 나의 진지에서 내가 죽었다는 소문을 믿었을 뿐만 아니라 그렇게 열망하기까지 했다니 이 무슨 변고인가. 이 모든 행동을 했다고 자네들을 비난하는 게 아니다. 실제로 내 장병 모두가 나의 죽음을 바란다면 지금 당장이라도 자네들 앞에서 죽을 것이다. 동료 시민들과 전우들이 내가 살아 있는 걸 싫어한다면 삶에 무슨 즐거움이 있겠는가. 하지만 군중은 바다와 같아 그 자체로는 움직이지 않지만, 약하든 강하든 바람에 흔들리는 법.[7] 자네들 역시 잔잔할 때가 있고 폭풍이 몰아칠 때가 있는 것이다. 이 광기 어린 행동을 선동한 자들은 늘 그렇듯 유일한 원인이자 도를 넘게 한 근원이다. 그대들은 광기에 전염된 것일 뿐이다. 나는 지금조차도 그대들이 얼마나 터무니없는 어리석은 짓을 했는지 모를 거라고 생각한다.

---

7   이 부분은 폴리비오스의 『역사』 11권 29장에서 그대로 가져온 것이다.

나와 조국, 부모, 자식에게, 충성의 맹세를 목격한 신들에게, 따라야 할 길조에, 전통적인 군대의 규율과 군인의 도리, 그리고 최고 지휘권의 위엄에 감히 어떤 죄를 범하려고 했는지도 그대들은 모를 것이다.

　나 개인으로서는 아무 말도 하지 않겠다. 내가 죽었다는 걸 믿은 그대들은 악당이라기보단 천치이다. 나는 휘하 장병마저 그 지휘권 행사에 무척 질겁하는 그런 사람이다. 하지만 그러면 우리 조국은 어떻게 되는가? 자네들이 만도니우스, 인디빌리스와 뜻을 같이하여 조국을 배신할 정도로 조국이 잘못한 게 무엇인가? 시민에 의해 선출되어 지휘를 맡은 천인대장들의 권위를 박탈하여 아무것도 아닌 두 사람에게 그걸 넘겨줄 정도로 로마 시민들이 자네들에게 잘못한 것이 무엇인가? 로마 병사들이여, 그들을 장교로 두는 것으로 만족하지 못하고서 총사령관의 권표마저 집안 노예조차 지휘한 적 없는 악당들에게 부여해야만 되었는가? 알비우스와 아트리우스는 장군의 막사에서 묵었다. 그 밖에서는 나팔 소리가 울렸다. 이 푸블리우스 스키피오의 사령관석에 앉은 그들은 자네들에게 암구호까지 불러주었다. 길나장이가 그들을 수행했고, 그들이 지나갈 길을 정리해주었다. 그들 앞엔 권표와 도끼가 섰다. 자네들은 돌비가 내리거나, 벼락이 치거나, 동물이 잘못된 형태의 새끼를 낳으면 자연에 거스르는 것으로 생각한다. 하지만 이것이야말로 죄를 저지른 자들의 피가 아니면 그 어떤 희생 의식과 기원으로도 속죄할 수 없는 흉조이다.

　28. 이성에 토대를 둔 범죄는 없지만, 그럼에도 불구하고 범죄 행위에 이성이 있을 수도 있으므로 나는 자네들이 무슨 생각이었는지, 진짜 목적이 무엇이었는지를 묻고 싶다. 옛날에 군단 하나가 레기움에 주둔하러 가서 그 부유한 도시의 주요 인사들을 죽이고 10년 동안

그곳을 장악한 적이 있었다. 그에 대한 처벌로서 4천에 이르는 군단 전원이 로마의 포룸에서 처형당했다.[8] 하지만 그들은 죄가 있다고 하더라도 움브리아의 검은 아트리우스(얼마나 불길한 이름인가!)를 따르지 않고 고위 장교 데키무스 비벨리우스의 지휘를 따랐다. 그들은 로마의 적인 피로스나 삼니움 인, 루카니아 인에 따르지도 않았다. 하지만 그와 반대로 그대들은 만도니우스, 인디빌리스와 계획을 공유하고, 무장을 하고 그들에게 합류하려고도 했다. 앞서 말한 군단은 그곳에 살던 에트루리아 인들에게서 도시를 빼앗았을 때, 캄파니아 인이 카푸아에서 그랬던 것처럼 레기움에서 영원히 살고자 했다. 마메르티니 인들이 시칠리아의 메사나를 점령했을 때처럼,[9] 그들은 로마나 로마 동맹을 상대로 전쟁을 벌이려고 하지 않았다. 수크로를 그대들의 고향으로 삼으려고 했는가? 그렇다면 종전 후에 내가 떠나면서 그대들을 그곳에 남겼더라면 아내와 자식에게 돌아가지 못하는 운명에서 벗어나게 해달라고 하늘과 땅의 도움을 바라는 게 아주 당연했겠군!

8　기원전 270년 그리스의 피로스 왕이 이탈리아 남부를 거쳐서 시칠리아를 침공하려 하자 레기움 시는 로마에 도움을 요청했고 로마 정부는 그 도시를 지키기 위해 4천 명의 병력으로 구성된 파견대를 보냈다. 현지에 파견된 로마 군 병사들은 그 도시의 아름다움과 풍요로움에 유혹되어 반란을 일으킨 다음 그 도시 주민들을 살해하거나 쫓아내고 제멋대로 행동했다. 로마 정부는 토벌 부대를 보냈고 반란자들을 자기들의 죄를 알기에 철저히 항전하다가 거의 다 죽고 살아남은 3백명은 로마의 포룸으로 압송되어 로마의 관습에 따라 등에 매질을 하고 다음에 목을 베어 죽였다. 레기움 시는 그 직후 주민들에게 돌려주었다. 이 사건은 인멸된 리비우스 11-20권에 기재되어 있었을 것이나, 여기서는 폴리비오스의 『역사』 1권 7장의 기사를 인용했다.

9　기원전 270년 마메르티니 인들은 시칠리아의 북동부 지역을 점령하고 있었다. 카르타고가 시칠리아의 서쪽과 중부를 지배했고, 시라쿠사 시는 시칠리아의 동부 지역을 지배했다.

자네들이 그 불행한 군단의 이야기를 잊었을 거라고 나는 확신한다. 조국과 나에 관해서도 잊었을 테니 당연하겠지. 그럼에도 불구하고 나는 자네들의 계획, 죄를 범하고 있긴 하지만, 완전히 정신 나간 계획의 그럴 듯한 전개를 일단 따라가 보고자 한다. 내가 살아 있고, 내 군대 나머지가 온전하다면, 즉, 단 하루 만에 뉴카르타고를 함락하고 네 명의 카르타고 장군과 그들 휘하의 군대를 완전히 스페인에서 물리쳐 몰아낸 이 군대가 온전하다면, 자발적으로 지휘권을 밀어준 알비우스와 아트리우스보다 못한 자네들 8천 병력이 로마 군에게서 스페인을 빼앗을 수 있을 것 같은가? 나에 관한 건 완전히 고려하지 말고 자네들이 내가 죽었다고 기꺼이 믿은 것 이상으로 내가 모욕을 받은 일도 없다고 치세. 그렇다고 뭐가 달라지는가? 내가 죽어가고 있다고 하더라도, 우리 조국이 내가 없으면 끝장이라도 나는가? 내가 죽으면 로마의 권력이 함께 사라지는가? 천만에! 영원히 지속될 신성한 축복으로 세워진 도시가 이 허약한 인간의 몸과 같으리라 생각했다니 어림도 없는 소리!

이 전쟁 동안 수많은 위대한 사령관이 전사했다는 걸 기억하게. 플라미니우스, 파울루스, 그라쿠스, 포스투미우스 알비누스, 마르쿠스 마르켈루스, 티투스 퀸크티우스 크리스피누스, 그나이우스 풀비우스, 그리고 내 가문의 사람들까지. 그래도 로마 인들은 살아남았고, 병이나 칼로 무수한 다른 시민이 죽는다고 하더라도 계속 살아남을 걸세. 나 한 사람이 땅에 묻힌다고 로마도 무덤 속으로 들어갈 것 같은가? 여기 스페인에 있는 자네들은 사령관인 내 아버지와 삼촌께서 돌아가신 뒤에도 마르키우스를 지휘관으로 삼아 승리로 의기양양해진 카르타고 인들을 상대했지. 내가 지금 나의 사후에 스페인을 맡을 지휘관이 없는 것처럼 말하는 것 같지만, 전혀 그렇지 않다. 나와 같은 권위로 이곳에 파견된 실라누스와, 내 두 부관인 라일리우스와 내 동생 루키우스는 최고 지휘권의 위엄이 손상되는 걸 절대 가만둘 사람들이 아니다. 지휘관, 지휘관의 계급, 싸우는 대의라는 측면에서 그대들의 군대와 우리의 군대가 비교가 되는가? 설혹 그대들이 이 모든 측면에서 더 낫다고 하더라도, 조국과 동포를 상대로 무기를 들고 싶은가? 아프리카가 이탈리아를, 카르타고가 로마를 통치하는 주인이 되기를 바라는가? 대체 우리 조국은 무슨 잘못을 저질렀기에 그런 대접을 받아야 하는가?

29. 오래전 코리올라누스는 부당하고 비참하게 추방되었고, 따라서 그런 부당한 처벌로 인해 조국을 향해 군대를 진군시켰다. 하지만 가족의 헌신이라는 신성한 유대로 그는 반역을 저지르지 못했다.[10] 그러나 그대들은 분노에 휘둘릴 원한도, 이유도 없다. 장군이 병치레를 하느라 급료 지급이 며칠 미뤄진 게 조국을 상대로 전쟁을 선포하고, 로마에서 일레르게테스로 넘어가고, 그 불경한 손으로 세속적인 것이든 신성한 것이든 아무렇게나 건드릴 수 있는 이유가 된다고 생각하는가? 결코 그럴 수는 없는 노릇이다.

병사들이여, 그대들은 제정신을 잃었다. 내가 몸을 앓았던 것에 못지않게 그대들의 마음도 심각하게 앓고 있다. 나는 그대들이 믿은 것, 기대하거나 바란 것을 떠올릴 때마다 전율을 금할 수 없다. 가능하다면 이 모든 게 망각 속으로 사라지거나 그도 아니면 적어도 침묵 속에 묻히길 바란다. 내가 하는 말은 그대들의 귀에 틀림없이 냉혹하고 매섭게 들릴 것이며, 이를 나는 부정하지 않겠다. 하지만 내가 한

---

10 리비우스 2권 40장 참조.

말이 그대들의 행동보다 더 잔혹할 수 있을까? 그대들은 내가 그대들의 행동을 인내하는 게 옳다고 생각하는 모양인데, 왜 내가 그대들의 행동을 언급하는 것조차 견딜 수 없어 하는가! 그러나 좋다. 그런 행동이 수치스럽긴 해도 나는 더는 책망하지 않겠다. 그대들이 나만큼 쉽게 그런 행동을 잊을 수 있길 바란다. 그대들 대다수에 관해서는 실수를 미안하게 생각하는 마음만 있다면 나는 충분히 그대들을 처벌했다고 생각한다. 하지만 칼레스 인 알비우스와 움브리아 인 아트리우스, 그리고 이 사악한 반란의 다른 주동자들은 저지른 일의 대가를 피로써 치러야 할 것이다. 그대들 나머지는 다시 정신을 차렸다면 이들이 처벌받는 광경을 고통이 아닌 기쁨으로서 받아들여야 할 것이다. 이들만큼 그대들에게 지독하거나 잔혹한 적은 일찍이 없었기 때문이다."

스키피오가 말을 끝내자마자 이미 구체적으로 들리고 보였던 공포가 그들 사이에서 드러났다. 반란 병사들을 둘러싼 부대는 칼로 방패를 두들겼고, 포고자의 목소리는 죄인들의 이름을 외쳤다. 그들은 옷이 벗겨진 채로 사령관 석 앞마당의 중앙으로 끌려왔고, 처벌용 도구가 준비되었다. 말뚝에 묶인 그들은 채찍에 맞고 참수되었다. 그 장면을 지켜보는 반란군 참가 병사들은 공포로 망연자실했고, 엄한 처벌에 대해 항의의 외침은커녕 신음 소리조차 내지 못했다. 시체들이 치워지고 땅이 세척되자 반란군 병사들은 개별적으로 이름이 불리면 천인대장들 앞에서 스키피오에게 충성을 맹세했다. 그렇게 불린 자들은 그 이후에 급료를 받았다.

30. 내가 방금 언급한 수크로에 주둔한 로마 군의 반란이 일어나던 무렵, 한노는 바이티스 강 일대에서 마고 휘하의 기병장교로 근무

하고 있었다. 이 한노는 가데스에서 소규모 아프리카 인들을 이끌고 모병을 하러 떠났는데, 급료를 지급하겠다고 약속함으로써 4천 명 정도의 스페인 인들을 무장시키는 데 성공했다. 그러나 그 후 한노는 얼마 지나지 않아 마르키우스에게 패배하여 진지를 빼앗겼다. 한노 는 병사 대다수를 진지 함락으로 인한 혼란 중에 잃었고, 일부는 도 망치던 중에 로마 기병대에 의해 살해당했다. 한노 또한 몇 안 되는 생존자들과 함께 도망쳤다.

그러는 사이 라일리우스는 함대를 이끌고 해협을 통해 대서양에 인 접한 도시 카르테이아로 갔다. 그곳에서 바다는 비좁은 입구 서쪽으 로 나아가면 확 넓어졌다. 이미 언급한 것처럼, 가데스의 대표단이 로마 진지로 와서 배반을 약속했으므로 피를 흘리지 않고 가데스를 점령할 가능성은 충분히 있었다. 하지만 그 음모는 실행되기 전에 밝 혀졌고, 마고는 음모 가담자들을 체포하여 행정장관 아드헤르발에게 넘겨 카르타고로 압송시켰다. 아드헤르발은 그들을 5단 노선 한 척 에 태웠고, 그것이 느린 배라 먼저 앞세운 뒤, 3단 노선 8척의 소함대 는 그리 멀리 떨어지지 않은 채 뒤따라갔다. 5단 노선이 막 해협에 들 어가자 5단 노선 한 척과 그 뒤를 따르는 일곱 척의 3단 노선을 이끌 던 라일리우스 함대가 카르테이아 항구에서 나와 아드헤르발과 그 의 3단 노선 함대를 향해 나아갔다. 라일리우스는 해협으로 들어온 적의 5단 노선이 강한 조류를 거슬러 되돌아갈 수 없다는 걸 확신하 고 공격해온 것이었다. 기습을 당한 아드헤르발은 5단 노선을 따라 갈지, 적의 배를 공격할지 갈팡질팡했다. 하지만 적이 가까이 붙고 사정거리에 들어오자 전투를 더 이상 피할 수 없었고, 오히려 그 사 실로 마음이 진정되었다. 게다가 배들은 밀려드는 물결에 휩쓸리자 더 이상 마음대로 통제할 수 없었다.

이어진 해전은 야전 교범대로 전개되지 않았고 그런 만큼 그 어떤 기술과 전략도 불가능했고, 그 어떤 종류의 사전 계획된 기동 작전도 펼칠 수 없었다. 물결은 완전히 모든 걸 통제했고, 선원들이 억지로 애를 써서 피하려고 해도 배들을 아군이나 적군에게 무차별적으로 밀어붙였다. 추격을 뿌리치려고 달아나던 어떤 배는 물결에 한 바퀴 휙 돌려져 추격자들에게 뱃머리를 보이게 되었고, 추격하던 어떤 배는 어느 순간 적에게 도망자처럼 뱃고물을 보이기도 했다. 실제 전투에 돌입하여, 적을 들이받으려 했던 배는 자신의 측면을 노출시켜 오히려 자신이 들이받혔다. 아니면 측면을 보여주던 배가 갑자기 회전하여 뱃머리를 앞세워 공격으로 나서게 되었다. 전투는 우연히 시작되었다.

그러나 결말이 나지 않는 해전을 양군의 3단 노선들이 벌이는 동안 로마의 5단 노선은 그 크기와 무게로 안정되어 있어서인지, 아니면 더 많은 노의 열이 있어서인지 격류에서도 통제가 더 쉬웠다. 따라서 이 배는 두 척의 3단 노선을 침몰시키고 세 번째 3단 노선의 한쪽 면에 있는 노를 쓸어 버렸다. 로마 5단 노선은 가까이 있는 다른 배들에게도 심각한 손상을 주었다. 하지만 아드헤르발은 여전히 남은 다섯 척의 배를 이끌고 아프리카 해안으로 도망쳤고, 이렇게 하여 라일리우스는 승자가 되었다.

31. 라일리우스는 카르테이아로 돌아오면서 가데스에서 무슨 일이 벌어졌는지 알게 되었다. 도시를 넘겨준다는 음모가 어떻게 발각된 것에서 시작하여, 음모 가담자들이 목표를 완수하지 못하고 카르타고로 압송되었다는 이야기까지 상세한 전말을 들었다. 그리하여 라일리우스는 마르키우스에게 전령을 보내 가데스에 매달리는 건 시간 낭비이니 즉시 총사령관에게 다시 합류해야 한다고 말했다. 수

륙 양면에서 위협을 받던 마고는 그들이 물러나자 무척 안도하게 되었으며, 이어 일레르게테스가 로마에 대항하여 일어났다는 소식을 듣자 스페인 통치권을 회복할 수 있겠다는 희망을 품게 되었다. 이런 생각으로 그는 전령을 카르타고 원로원에 보내 로마 진지에서의 반란과 로마 동맹 부족들 사이에서 일어난 배반 사태를 과장하여 설명했다. 그는 원로원 의원들을 설득하여 원군을 받아냄으로써 선조들로부터 물려받은 스페인 지역을 회복하고자 했다.

만도니우스와 인디빌리스는 고향으로 돌아가 한동안 조용히 반란의 결과를 기다렸다. 로마 시민인 반란군이 잘못된 방향으로 나아간 걸 용서받는다면 그들의 비행도 마찬가지로 용서받을 수 있다는 합리적인 확신이 있었던 것이다. 하지만 반란자들이 아주 엄중한 처벌을 받았음이 알려지자 그들은 로마 인들이 자신들의 배신에 대해서도 똑같은 처벌을 내릴 거라고 생각할 수밖에 없었다. 따라서 그들은 또다시 신민들에게 무기를 들라고 지시했고, 전에 데리고 있던 외인 부대도 규합하여 총 2만 보병과 2천 5백 기병을 데리고 세데타니 영토로 건너갔다. 그곳은 로마에 저항하는 반란을 시작했을 때 그들이 영구 진지를 세운 곳이기도 했다.

32. 스키피오는 무고한 병사와 죄지은 병사 모두에게 급료를 지급하고 차별 없이 더욱 자상한 태도와 친근한 말로 대하면서 빠르게 병사들의 존경과 애정을 회복했다. 뉴카르타고를 떠나기 전 그는 장병들을 모아놓고 긴 연설을 하며 반란을 일으킨 족장들의 배반 행위를 맹비난하고, 얼마 전 아군의 일탈을 치유한 것과는 무척 다른 감정으로 그들을 징벌하겠다고 선언했다.

"당시의 신음 소리가 들리고 눈물이 흐르는 가운데 나는 8천 명 병사의 어리석은 행동과 죄를 30명의 목숨으로 속죄했다. 이 일은 마치

내 생살에 칼을 찌르는 것과도 같았다. 하지만 이제 학살자 일레르게 테스 인, 이들을 징벌하기 위해 진군하려는 마당에 나는 자신감과 기쁨으로 가득 차 있다. 그들은 나와 같은 조국에서 태어나지 않았고, 우리와 아무런 유대도 없다. 명예와 친선으로 이룬 유대가 있었지만, 그들은 그것을 비열하게 짓밟았다. 나의 휘하 병사들은 모두가 로마 시민이거나 동맹국 시민이자 라틴 인이다. 스페인으로 처음 들어온 로마 인인 나의 삼촌 그나이우스 스키피오, 혹은 집정관인 나의 아버지, 혹은 내가 이탈리아에서 직접 데려온 병사들이다. 제군은 모두 스키피오 가문의 명성과 보호에 익숙한 사람들이다. 나의 바람은 노력 끝에 승리를 쟁취하고 제군과 함께 조국으로 돌아가는 것이다. 나는 희망한다. 내가 집정관이 되고자 나섰을 때 그렇게 하는 것이 우리 모두가 누려 마땅한 영예인 것처럼 제군이 나를 지지해주기를.

　우리가 당장 수행할 원정은 아주 사소한 작전에 불과하다. 누군가 이것을 전쟁이라고 한다면 그는 틀림없이 우리가 이미 성취한 승리를 잊어버린 사람이다. 나는 몇 안 되는 배를 타고 세상의 끝을 넘어 대서양의 섬에 있는 가데스로 도망친 마고보다 일레르게테스 인들을 더 하찮게 여긴다. 왜냐하면 그 외딴 곳엔 적어도 카르타고 장군과 규모가 어떻든 카르타고 주둔군이 있지만, 이번에 향할 곳엔 산적과 강도의 두목만 있을 뿐이다. 이웃의 들판을 습격하고, 그들의 집을 태우고, 그들의 가축을 훔치지만, 적대하는 군대와 정규 교전을 펼쳤을 때는 한없이 무력한 자들이다. 싸우게 되면 그들은 자신의 칼보다 자신의 발걸음 속도를 믿고 도망칠 것이다. 그래서 나는 그들을 위험하다고 여긴 적도 없고, 그들의 반란이 전쟁을 더욱 심각한 국면으로 이끈다고 생각한 적도 없다.

　나는 스페인을 떠나기 전에 그들을 철저히 박살내고자 한다. 그 이유는 첫째, 그들의 도를 넘은 배반 행위는 처벌하지 않고 넘어갈 수가 없다. 둘째, 우리가 그토록 용맹하게 정복한 지역에 아직도 적이 남아 있다는 소리가 나돌아서는 안 된다. 따라서 신들께서 나를 도우실 것이다. 우리는 실제로 우리의 칼날에 어울리는 적과 전투하러 가는 것이 아니라, 죄인들에게 합당한 벌을 주러 가는 것이다."

33. 연설을 마친 스키피오는 다음날 진군할 수 있도록 준비하라는 지시와 함께 부대를 해산했다. 출발 열흘 만에 에브로 강에 도착한 스키피오 부대는 강을 건넜고, 나흘 뒤 적이 보이는 곳에 진을 쳤다. 진지 앞은 평지였고, 양쪽이 산으로 둘러싸여 있었다. 이렇게 형성된 계곡으로 스키피오는 가축들을 몰고 가게 했는데, 가축 대다수는 스페인 인들에게서 강탈한 것이었다. 이렇게 지시한 이유는 야만적인 부족의 약탈 본능을 일으키기 위해서였다. 이어 스키피오는 척후병 중대를 보냈고, 동시에 라일리우스에게 그의 기병대를 매복시키고 대기하라고 지시했다. 척후병들이 교전을 시작하면 라일리우스는 곧바로 매복 지역에서 나와 돌격할 것이었다. 편리하게도 언덕엔 돌출된 부분이 있어 기병대를 숨기기에 좋았고, 전투는 즉시 시작되었다.

스페인 인들은 가축을 보자마자 달려들었고, 그들이 가축을 둘러싸자 스키피오의 척후병들이 공격을 가했다. 투척 무기를 던졌지만, 승부가 결정 나지 않고 더욱 자극을 주는 상황이 되자 그들은 투척 무기를 쓰지 않고 칼을 뽑았다. 백병전이 시작되었고, 양군은 매복한 곳에서 로마 기병대가 갑자기 나타나지 않았다면 팽팽한 싸움을 펼쳤을 것이었다. 기병대 일부는 정면 공격으로 스페인 인들을 짓밟았고, 나머지는 언덕 아래 부분을 돌아 스페인 인들의 후방에서 나타나 대다수가 도망치지 못하게 막았다. 그리하여 이런 부류의 소규모 난투에서 흔히 발생하는 것보다 더 많은 전사자가 났다.

스페인 인들은 이 패배로 사기가 저하되는 것이 아니라 오히려 분노했다. 다음날 동이 틀 무렵 그들은 어느 때보다 더 전의에 불타는 상태로 전투 대형으로 나섰다. 이미 언급한 것처럼 계곡은 비좁았다. 어찌나 좁은지 부대를 전부 배치하지 못할 정도였다. 따라서 적군 보병대의 3분의 2와 기병대 전원이 전투 대형의 전부였다. 나머지 보병대는 언덕의 내리막에 제멋대로 퍼졌다. 스키피오가 보기에 기동할 공간이 없다는 건 오히려 바람직한 일이었다. 한정된 공간에서 싸우는 건 스페인 부대보다 로마 부대가 더 강했으며, 게다가 적의 전열은 전군을 수용할 수 없는 공간에 배치되어 있는 것이었다. 이제 로마 군 기병대가 공간 부족으로 보병대의 측면을 보호할 수 없고, 스페인 기병대가 보병대와 함께 계곡으로 들어와서 쓸모없게 되어 버렸다.

그런 전황을 파악한 스키피오는 과감한 전략적 변화를 주었다. 스키피오의 지시를 받은 라일리우스는 로마 기병대를 이끌고 가장 적의 눈에 띄지 않는 길을 골라 언덕의 뒤쪽을 돌았다. 이런 기동 작전의 목표는 임박한 교전에서 기병과 보병이 섞이는 일을 피해 두 부대를 최대한 떨어져 있게 하려는 것이었다. 그러는 사이 스키피오는 전 보병대에 명령을 내려 적과 응전하게 했다. 최전선이 네 개의 대대로 구성된 것은 더 이상 병력을 전개할 공간이 없기 때문이었다.

이어 스키피오는 언덕을 돌아가는 기병들에게 적의 시선이 쏠리지 않도록 즉시 교전에 돌입했다. 실제로 스페인 군대의 후방에서 공격하러 들어오는 로마 기병대가 내는 시끄러운 소리가 들리기 전까지 적군은 자신들이 허를 찔린 것을 전혀 깨닫지 못했다. 양군의 보병대와 기병대는 이제 각자 교전에 돌입했다. 보병과 기병이 함께 전투를 치르는 게 전혀 불가능할 정도로 비좁은 계곡에서 두 보병 전열과 두 기병 전열이 적을 상대로 싸웠다. 스페인 군에선 보병이든 기병이든 다른 쪽을 지원할 수 없었다.

그리하여 기병대 지원에 의존하여 무모하게 현재의 위치로 온 스페인 보병대는 학살당했고, 허를 찔려 포위당한 스페인 기병대는 아무것도 할 수 없었다. 이제 말을 타지 않은 전우들이 전멸한 상태에서 적 기병대는 앞에선 로마 보병대, 뒤에선 로마 기병대를 상대해야 했다. 그들은 원을 형성하여 말에 앉은 채로 최대한 자신을 지키려고 했지만, 결국 전부 살해당했다. 계곡에서 싸운 스페인 보병이나 기병 중에 살아남은 자는 단 한 사람도 없었다. 언덕 내리막에 남아 있던 스페인 부대의 3분의 1은 전투에 참여하기보다 안전한 곳에서 전투를 구경하기만 했고, 그래서 무사히 탈출할 수 있었다. 두 족장도 모든 전열이 로마 군에 포위되어 일대 혼란이 벌어졌을 때 그들과 함께 슬그머니 빠져 나가 도망쳤다.

34. 같은 날 스페인군 진지는 점령당했고, 로마 군은 약 3천 명을 붙잡고 다른 전리품도 획득했다. 로마 군과 동맹군은 전투에서 1천 2백 명 정도가 전사했고, 3천 명이 넘게 다쳤다. 전투가 탁 트인 땅에서 벌어졌더라면 강한 압박을 받은 적이 더 쉽게 탈출할 수 있어 아군의 피해도 그에 따라 적었을 것이다.

인디빌리스는 이제 무장 반란을 일으키겠다는 생각은 완전히 포기하고 동생인 만도니우스를 스키피오에게 보냈다. 이 어려운 상황에서 가장 안전한 방법은 이미 충분히 시험한 로마 장군의 명예와 관용에 의지하는 것밖에 없다는 생각에서였다. 만도니우스는 스키피오의 무릎 앞에 몸을 내던지면서 기존에 벌어진 일을 시대의 흐름으로 인한 치명적인 광기 탓이라고 변명했다. 이런 광기는 마치 치명적인 전염병과 같아 로마 군조차 감염되었으니 일레르게테스 인과 라케타니 인은 말할 것도 없다는 얘기였다. 그는 자신과 자신의 형, 그리고 나머지 동포들에게는 두 가지 길만 남았다고 했다. 하나는 스키피오가 바란다면 이미 그의 손으로 한 번 구제된 목숨을 바치는 것이고, 다른 하나는 두 번이나 목숨을 구제받는다면 그에게만 빚진 목숨을 위해서라도 평생 그를 위해 헌신하는 것이었다. 그들은 스키피오의 관용을 알기 전에 그들의 대의에 확신이 있었지만, 이제 그 확신은 사라졌고 유일한 희망은 정복자의 연민에 기대는 것이라고 말했다.

계약이나 동등한 조건으로 계약을 맺지 않은 사람들과 평화로운 관계를 유지하는데 있어서 로마의 오래된 관습은 이런 것이었다. 즉, 상대방이 성스러운 것과 세속적인 모든 것을 내어놓고, 인질을 제공하고, 무기를 몰수당하고, 도시에 주둔군 배치를 허용하면, 그 다음부터 로마는 정복된 상대방에게 승자의 권한을 행사하지 않는다. 그러나 스키피오는 달리 행동했다. 그는 실제로 만도니우스와 그 자리에 없는 그의 형에게 거친 말을 쓰며 그들은 스스로 저지른 범죄 행위로 마땅히 파멸한 것이며, 이제는 자신과 로마 시민들의 자비로운 친절에 목숨을 빚지게 될 것이라고 했다. 하지만 그럼에도 불구하고 자신은 인질을 요구하거나 무기를 내놓으라고 강제하지 않을 것이라고 했다. 인질은 결국 적대 행위가 재개될 것을 두려워하는 자들이나 요구하는 담보라는 것이었다. 그는 계속 말했다.

"나는 그대들을 자유롭게 살게 할 것이다. 원하는 대로 무장도 할 수 있게 할 것이다. 반란을 일으킨다면 내가 처벌하는 건 그대들 자신이 될 것이지 무고한 인질이 되지는 않을 것이다. 나는 무력한 자들이 아닌 무장한 적에게 보복할 것이다. 그대는 이제 내가 적으로서, 우방으로서 어떤 사람인지 알게 되었다. 이제는 로마 인들의 곁에 설 것인지, 아니면 분노한 로마 인들의 표적이 될 것인지 그대가 바라는 대로 선택하면 된다."

만도니우스는 로마 군인들의 급료를 댈 정도의 자금만 제공하라는 지시를 받고 물러났다. 마르키우스는 스페인의 남부와 서부로 향했고, 실라누스는 사령관의 지시를 받고 타라코로 돌아왔다. 그러는 사이 스키피오는 요구한 자금을 일레르게테스 인들이 마련할 수 있도록 며칠 동안 여유를 주었고, 일이 끝나자 경무장 부대와 함께 떠나 대서양 해안에서 멀지 않은 곳에서 마르키우스를 따라잡았다.

35. 마시니사와의 협상은 이 시기보다 전에 이미 시작되었지만, 이런저런 이유로 미루어졌다. 마시니사가 무슨 수를 써서라도 스키피오를 직접 만나서 합의를 보고서 악수를 하고 싶어 했기 때문이었다. 이 협상을 위하여 스키피오 역시 외진 곳까지 장거리 행군을 하게 되었다. 그러는 사이 여전히 가데스에 있던 마시니사는 마르키우스에게서 스피키오가 오고 있다는 소식을 듣게 되었고, 그는 본토(스페인)로 들어가 인근의 스페인 영토를 습격하겠다는 표면적인 이유를 내세워 마고를 설득하는 데 성공했다. 마시니사는 섬[11]에 갇혀 있어서 말들의 상태가 나쁘며, 누미디아 인들뿐만 아니라 다른 모두가 일반적으로 물자의 결핍을 느끼고 있고, 또 활동 안 한 기간이 너무 오래되어 부대의 사기도 무너지고 있다고 말했다. 마시니사의 주장은 마고에게 받아들여졌다.

---

11 가데스는 스페인 서부 남단에 있는 제일 오래된 페니키아 도시로서 카르타고보다 300년이 더 된 도시였다. 이 도시는 남남동 해안으로 가늘어져 가는 길고 비좁은 섬의 북서쪽 끝에 있는 아주 자그마한 섬 위에 세워졌다. 후대에 들어와 대서양 조류의 느린 작용으로 인해 항구는 북서쪽 방향으로 폐쇄가 되었고 그리하여 기다란 섬은 반도가 되었다. 이 도시는 오늘날의 카디스인데 1.2km 수로에 의해 본토와 떨어져 있다. 여기서 '섬'이라고 한 것은 가데스를 가리킨다.

마시니사는 본토로 건너가자 세 명의 누미디아 족장을 보내 면담 시간과 장소를 지정하게 했다. 그는 두 사람은 인질로서 스키피오의 곁에 남고, 다른 한 사람은 돌아와 합의된 장소를 알리라고 했다. 그렇게 되면 그는 몇 명의 수행원과 함께 회담에 참석한다는 것이었다.

마시니사는 이미 스키피오가 이룬 군공을 듣고 그를 존경하고 있었다. 그는 속으로 스키피오가 강건하고 인상적인 체구를 지닌 사람일 것으로 짐작은 했으나, 직접 대면하자 그런 존경심은 경외감으로 깊어졌다. 스키피오는 타고난 위엄에 더하여 긴 머리카락으로 우아한 자세까지 갖추고 있었다. 그의 외양과 태도는 옷이나 치장 따위로 일부러 꾸민 우아함과 전혀 관련이 없었으며, 진정으로 남성적이고 군인다운 모습을 갖추었다. 게다가 그는 신체적 능력이 절정에 달하는 바로 그 나이에 있었고, 질병을 극복하고 난 뒤의 젊음이 다시 만개하며 더욱 온전하고 생기가 넘쳐 보였다.

마시니사는 회담에 깊이 영향을 받았다. 그는 스키피오가 조카를 돌려보낸 것에 감사를 표시하고[12] 그토록 기회를 열망하여 찾아다녔지만, 이제야 겨우 신들의 호의로 기회를 잡게 되었다며 이렇게 말했다. "나의 바람은 그 어떤 외지인도 흉내 내지 못할 정도로 로마의 명분에 훌륭하고 단단하게 도움을 주는 겁니다. 그러기 위해 당신과 로마 시민을 위해 수고를 아끼지 않을 것입니다. 그것은 내가 오래 품어온 야심이었지만, 이 기이하고 알 수 없는 스페인 땅에서는 바라는 바를 실천할 수 없었습니다. 하지만 내가 태어나고 자라 아버지의 왕좌를 이어갈 기대가 있는 나라에선 로마를 돕기가 쉬울 겁니다. 로마

---

12 조카 마시바. 참조. 27권 19장.

인들이 당신을 사령관으로 아프리카에 보내면 나는 카르타고에게 남은 시간이 얼마 남지 않았다고 확신합니다."

스키피오는 마시니사를 흐뭇하게 쳐다보았고 그의 말을 즐겁게 들었다. 그의 기병대가 카르타고 기병대 중 최정예라는 걸 알고 있었기 때문이었다. 스키피오가 젊은 누미디아 족장의 용맹한 외양에 만족했음은 말할 것도 없었다. 마시니사의 간청은 받아들여졌고, 스키피오는 타라코로 다시 돌아가는 여정에 나섰다. 면담을 마친 후 마시니사는 로마 인들의 허락 아래 인근 지역을 습격했다. 이는 본토(스페인)로 건너간 진짜 목적을 속이기 위한 양동 작전이었다. 작전이 끝나자 그는 다시 가데스로 돌아갔다.

36. 마고는 로마 군 내부의 반란, 그리고 이어진 인디빌리스의 반란으로 스페인을 회복할 수 있겠다는 희망을 품었다. 하지만 그 희망이 사라지자 아프리카로 건너가려고 준비 중이었는데, 카르타고 정부에서 그에게 명령을 내려 가데스의 휘하 함대를 이끌고 이탈리아로 가라고 했다. 기존에 확보한 자금으로 최대한 많은 갈리아 인과 리구리아 인을 신병으로 고용하여 한니발과 합류하라는 것이었다. 카르타고 정부는 새로운 증원군을 지원받아 엄청난 활력을 한니발 부대에 불어넣고, 기존에 커다란 성공으로 시작된 카르타고의 전쟁 노력이 사그라드는 걸 막을 예정이었다. 해당 목적을 위한 자금이 카르타고에서 그에게 전달되었고, 그 자신도 가데스 인들을 최대한 쥐어짰다. 그는 가데스 인들의 금고를 털었을 뿐만 아니라 신전을 약탈하고, 개인들이 소유한 금과 은을 기부하라고 강요했다.

스페인 해안을 따라 항해하던 마고는 뉴카르타고에서 멀지 않은 곳에 부대를 내리고 시골 지역을 습격하게 했다. 이어 함대를 그 도시의 항구에 기항시켰다. 그는 낮에는 병사들을 배에다 대기시켰다가 어두워진 다음에 상륙시켰다. 마고는 도시의 방어가 불충분할지 모른다는 생각과, 일부 주민들이 로마 인들을 쫓아내겠다는 기대로 소동을 일으킬지도 모른다는 희망을 갖고 있었다. 마고는 로마 인들이 전에 성공적으로 침입했던 성벽 쪽으로 병사들을 움직였다. 하지만 적이 도착했다는 소식은 이미 도시에 알려져 있었다. 외진 농장들에서 온 사람들은 크게 흥분한 채로 도시로 달려와 적이 농장을 습격해 농민들이 도망쳤다는 소식을 알렸다. 해가 지기 전에 함대가 항구로 들어오는 게 보였고, 아무 이유 없이 함대가 굳이 도시 앞에 정박을 하지는 않을 것이었다. 그에 따라 석호와 바다를 마주 보는 성문 내부에 주둔군이 배치되었다.

카르타고 인들은 무질서하게 병사와 선원이 모조리 뒤섞인 채로 접근했고, 성벽으로 다가오는 그들은 그야말로 빈 수레가 요란한 소리를 내는 꼴이었다. 로마 인들은 이에 문을 활짝 열고 함성을 지르며 그들을 요격했다. 카르타고 인들은 일대 혼란에 빠졌고, 로마 인들이 돌격하며 투척 무기로 집중 공격하자 곧바로 꽁무니를 빼고 달아났다. 그들은 해변까지 추격당하는 과정에서 엄청나게 학살당했다. 카르타고 인들은 싸우는 자든 도망치는 자든 그들을 받아들이기 위해 배가 해변 바로 앞에 정박해 있지 않았더라면 아무도 살아남지 못했을 것이다.

배에서도 마찬가지로 엄청난 혼란이 발생했다. 로마 인들이 배에 올라 자신들과 뒤섞이는 걸 두려워한 그들은 현문을 필사적으로 빠르게 끌어올렸고, 그 과정에서 시간이 지연될까봐 홋줄도 끊었다. 많은 병사가 배를 향해 헤엄쳤고, 어스름 속에서 어떻게 배를 찾을지, 어떻게 공격을 피할지 불확실한 상태에서 아무 대책 없이 비참하게 죽었다. 다음날 함대가 무사히 난바다로 돌아가자 성벽과 해변 사이에선 8백여 구의 시신과 2천 개의 무기가 발견되었다.

37. 가데스로 돌아온 마고는 성문이 봉쇄되어 도시로 들어갈 수 없다는 것을 발견했다. 따라서 그리 먼 거리에 있지 않은 킴비이로 항해한 마고는 대표단을 가데스로 보내 우방이자 동맹에게 성문을 닫아걸고 못 들어가게 한 것에 대해 불평했다. 도시의 주민들은 그건 일부 주민들의 소행이라고 변명했다. 지난번 선원들이 출항하기 위해 배에 오를 때 그들의 재산을 빼앗아가서 화가 나 있었다는 것이었다. 이에 마고는 도시의 수페테스(일종의 카르타고 고위 행정장관)와 재무장관을 회담으로 불러내 일단 그들이 자기 수중에 들어오자 그들을 채찍질하고 십자가에 매달아 죽였다.

그는 이어 피튜사 섬으로 항해했다. 해안에서 160km 정도 떨어진 그곳엔 카르타고 인들이 거주하고 있었고, 마고의 함대는 환영받고 우호적인 대접을 받았다. 주민들은 보급품을 후하게 내어주었고, 여기에 더하여 무기도 제공하고 선원도 채워줬다. 이런 전력 증강으로 고무된 마고는 80km 떨어진 발레아레스 제도로 항해했다.

발레아레스 제도의 두 섬 중에 하나는 다른 섬보다 더 컸고, 사람과 무기도 더 풍부했다. 이 섬은 항구도 갖추고 있어 마고는 (당시는 가을이 끝나가던 때였다) 겨울 동안 편리하게 배를 정박시킬 수 있겠다고 판단했다. 하지만 섬의 주민들은 마치 자신들이 로마 인이라도 된 것처럼 거칠게 마고 부대를 맞이했다. 그들은 여전히 투석기(投石器)를 유일한 주요 무기로 삼고 있었고 세상에서 그들보다 그걸 더 잘 다루는 사람들은 없었다. 그 결과 마고의 함대는 상륙하려다 돌의 집중 포화를 맞이해야 했으며, 그 공격 강도는 우박을 동반한 맹렬한 폭풍처럼 거칠었다. 따라서 그들은 감히 항구로 들어갈 생각을 하지 못했다. 다시 바다로 밀려난 그들은 발레아레스 제도의 작은 섬으로 건너갔다. 그곳의 땅은 비옥했지만, 큰 섬처럼 인구가 많거나 방비가 제대로 되어 있지도 않았다. 마고 부대는 거기에 상륙하여 항구 위에 강력한 진지를 세웠다. 그들은 별다른 저항 없이 그 도시를 점령하고 인접한 땅을 차지했으며, 징병을 실시하여 카르타고로 2천 명의 외인부대를 보낸 뒤 배를 뭍으로 끌어올려 겨울을 났다. 가데스 주민들은 마고가 대서양 해안으로부터 떠나가자 로마 인들에게 항복했다.

38. 이상은 스키피오가 통솔력과 지도력으로 스페인에서 이뤄낸 업적이었다. 스키피오는 곧 지휘권을 법무관 대리 루키우스 렌툴루스와 루키우스 만리우스 아키디누스에게 넘기고 열 척의 배와 함께 로마로 귀국했다. 도시 밖 벨로나 신전에서 열린 원로원 회의에서 그는 스페인에서 펼친 군사 행동을 보고하고 치렀던 회전, 점령한 적의 도시, 로마의 지배권을 인정한 스페인 부족의 수를 상세하게 설명했다. 그는 자신이 네 명의 적 사령관과 네 개의 카르타고 군대를 상대하러 스페인으로 건너갔으며, 단 한 명의 카르타고 군인도 그곳에 남기지 않고 모두 카르타고로 쫓아냈다는 점을 원로원에 보고했다. 그는 조국에 이렇게 기여했으므로 개선식을 바라지 않을 수 없지만, 그것을 고집하지는 않겠다고 말했다. 여태까지 정규 행정장관직을 거치지 않고 곧바로 사령관으로 나간 사람이 개선식을 받은 적이 없다는 걸 모두가 알고 있기 때문이었다.

보고가 끝난 다음에 원로원이 해산되었고, 스키피오는 국고에 넣을 14,342파운드의 은과 막대한 양의 은화를 앞세우고 도시로 들어왔다. 루키우스 벤투리우스 필로는 집정관 선거를 주재했고, 모든 켄투리아는 열성적으로, 또 만장일치로 푸블리우스 코르넬리우스 스키피오를 집정관에 임명하는 걸 지지했다. 대사제인 푸블리우스 리키니우스 크라수스는 그의 동료 집정관으로 선출되었다. 기록에 따르면, 이 선거는 전쟁 중에 치러진 다른 어떤 선거보다 더 많은 군중을 끌어들였다. 그들은 투표를 하는 건 물론 스키피오를 보고 싶어 투표장에 나왔고, 그가 집으로 돌아갈 때에도 어마어마한 군중이 그의 뒤를 따랐다. 그가 스페인에 있을 때 유피테르에게 맹세한 바에 따라 카피톨리움에서 1백 마리의 소를 바칠 때에도 많은 군중이 그를 동행했다. 시민들은 제1차 포에니 전쟁에서 루타티우스가 그랬듯이, 스키피오가 앞으로 다가올 어떤 싸움에서도 승리할 것이며, 그가 스페인에서 그랬던 것처럼 이탈리아에서도 카르타고 인들을 몰아낼 거라고 굳게 믿었다. 실제로 그들은 마치 이탈리아에서 이미 전쟁이 끝난 것처럼 그의 다음 임지로 아프리카를 생각하고 있었다.

이어 법무관 선거가 열렸다. 당시 평민 토목건축관리관이었던 두 사람 스푸리우스 루크레티우스와 그나이우스 옥타비우스가 선출되었고, 다른 두 당선인은 그나이우스 세르빌리우스 카이피오와 루키우스 아이밀리우스 파푸스였는데 전에 관직을 맡은 바 없는 사람들이었다.

이제 전쟁은 14년 차(기원전 205년)로 접어들었다. 스키피오와 크라수스는 집정관 임기를 시작했고, 그에 따라 임지가 정해졌다. 크라수스는 브루티움, 스키피오는 시칠리아를 맡게 되었다. 시칠리아를 누가 맡을 것인지는 추첨하지 않았는데 크라수스가 딱히 이의를 제기하지 않았기 때문이다. 대사제인 그는 이탈리아를 맡는 걸 종교적 의무라고 여겼던 것이다. 법무관들의 임무도 추첨에 따라 결정되었다. 도시 법무관은 그나이우스 세르빌리우스가, 아리미눔(갈리아를 그렇게 불렀다)은 스푸리우스 루크레티우스가, 시칠리아는 루키우스 아이밀리우스가, 사르데냐는 그나이우스 옥타비우스가 각각 맡게 되었다.

원로원은 카피톨리움에서 모였다. 스키피오의 제안에 따라 원로원은 그가 국고에 기여한 자금을 가지고, 그가 스페인의 반란 사건 때 개최하겠다고 맹세한 게임들을 치르기로 했고, 이에 따라 포고령이 내려갔다.

39. 스키피오는 이어 **사군툼**에서 온 사절들을 데려왔고, 그들 중 가장 나이 많은 자는 원로원에서 이렇게 말했다.

"의원 여러분, 로마를 향한 무한한 충성을 증명하고자 우리는 극한의 고통을 겪어야 했지만, 여러분과 로마 장군들이 우리를 도와준 덕분에 그런 괴로움을 후회하지 않습니다. 여러분이 이 전쟁을 수행한 건 우리를 위해서였습니다. 14년 동안 여러분은 대단한 결의로 싸워왔고, 무수히 엄청난 위기에 빠졌고, 역으로 카르타고인들을 그런 위기에 밀어 넣기도 했습니다. 이탈리아에서 어느 한쪽이 쓰러져야 끝나는 전쟁 중인 데다 그 적이 한니발인데도 불구하고, 여러분은 집정관에게 지휘권을 맡겨 군대를 스페인으로 보내 파멸 상태나 다름없는 우리를 구원하러 와주었습니다. 돌아가신 두 스키피오 장군은 스페인에 있을 때 우리에게 혜택을 주고, 우리의 적에게 피해를 입히는 일을 멈춘 적이 없었습니다. 무엇보다 두 장군은 우리에게 도시를 돌려주었습니다. 스페인 전역에 사람을 보내 노예로 팔린 우리 동포를 찾아 자유를 회복시켜주기까지 했습니다. 그토록 우리가 비참한 시간을 보낸 뒤 바라던 바가 거의 이루어졌을 때, 위대한 장군 푸블리우스와 그나이우스 스키피오 두 분이 전사했고 우리는 로마 시민들보다 더 큰 슬픔에 빠졌습니다.

그때 우리는 멀리 떨어진 곳들에서 우리의 옛 고향으로 돌아가 두 번째로 죽음을 맞이하고 조국이 또다시 파괴될 것이라는 생각을 하게 되었습니다. 우리의 몰락엔 카르타고 군대나 카르타고 장군도 필요 없었습니다. 우리는 예전 우리를 몰락시켰던 원수 투르둘리만으로도 쉽게 파멸될 상황이었습니다. 하지만 의원 여러분, 그때 갑자기 예상치도 않게 원로원은 여기 우리의 희망이자, 우리의 힘이자, 우리의 구원자인 스키피오 장군을 보냈습니다. 그가 집정관에 올랐다는 걸 직접 보게 되다니 우리는 동포들 중에서도 가장 행운을 누린 자들입니다. 귀국하면 우리가 여기서 본 가장 행복한 광경을 우리 친구들에게 전할 수 있게 되었으니까요. 여기 스키피오 장군은 스페인에 있는 무수한 적군의 도시를 점령하고, 매번 다른 포로들 사이에서 사군툼 시민을 구별하여 고향으로 돌려보냈습니다. 그리고 마침내 그토록 지독하게 우리를 증오했던 투르데타니 인들에게, 우리 사군툼 인이 도저히 버틸 수 없을 정도로 강력하던 그들에게 강력한 타격을 입혔습니다. 그들은 처절하게 패배하여 다시는 우리가 그들을 두려워하지 않게 되었고, 무모한 말로 자만하려는 건 아니지만, 우리 후손들마저도 두려워할 이유가 없게 되었습니다.

우리는 한니발이 사군툼을 파괴했을 때 기뻐하던 민족의 도시가 폐허가 된 걸 봤습니다. 우리는 그들의 땅에서 난 것을 공물로 받았고, 부도 늘렸지만 복수만큼 달콤한 건 없었습니다. 우리가 바라거나 기원했던 것보다 더 큰 혜택을 준 로마에 감사하고자 사군툼 시민과 원로원은 우리 열 명의 대표단을 보냈습니다. 동시에 우리는 최근 스페인과 이탈리아에서 거둔 로마의 성공을 축하하고자 합니다. 스페인은 이제 에브로 강 남쪽뿐만 아니라 대서양 해안에 이르는 먼 곳까지 로마 군의 통제 아래에 있습니다. 이탈리아에선 카르타고 인들이 지배하는 건 그들 진지의 요새 안에 있는 작은 지역뿐입니다. 이 어찌 경축할 일이 아니겠습니까! 우리는 카피톨리움의 수호자인 지고하고 지선한 유피테르 신에게 이 모든 일을 감사드릴 뿐만 아니라 여러분이 허락한다면 로마의 승리에 보답하고자 선물로서 이 황금관을 증정하고자 합니다. 우리는 이 호의를 받아주시길 간청합니다. 또한 여러분만 괜찮다면 여러분의 장군들이 우리에게 부여한 혜택을 영구히 인정해주길 함께 청원합니다."

이에 원로원은 사군툼의 파괴와 회복은 두 동맹국 간의 충실함이 명예롭게 유지된 사례로서 온 세상에 남게 될 것이라고 대답했다. 또한 로마 장군들은 지극히 적절하게 행동했으며, 원로원의 뜻에 따라 사군툼을 회복하고 그 시민들을 노예 상태에서 벗어나게 했으니 장군들이 행한 더욱 많은 도움은 그대로 인정할 것이라고 말했다. 마지막으로 그들의 선물 증정은 받아들여져 황금관은 카피톨리움에 안치되었다. 원로원의 지시에 따라 사절들을 위한 숙소와 모든 필요한 편의가 마련되었으며, 적어도 1만 아스가 사절 개개인에게 선물로서 주어졌다. 이후로도 다른 여러 사군툼 대표단이 원로원으로 와서 친선의 뜻을 전했다. 사군툼 사절들은 안전하게 이탈리아를 둘러보고 싶다고 허락을 구했고, 이에 원로원은 안내인들을 제공하고 다양한 도시에 서신을 보내 스페인 인들을 정중하게 맞이하라는 지시를 내렸다. 이어 원로원은 정책, 병력 모집, 임무 분배를 논의하기 시작했다.

40. 시민들 사이에선 스키피오가 동료들과 임지를 추첨하는 통상적 절차 없이 아프리카를 맡게 될 거라는 이야기가 돌았다. 아프리카는 전에 로마 사령관의 임지로 지정된 적이 없었다. 그 역시 이미 성취한 사소한 공로에 만족하지 못하고 자신은 단순히 전쟁을 수행하는 것이 아니라 종결하는 목적을 이루고자 집정관이 되었다고 말했다. 전쟁을 종결하려면 그가 직접 군대를 이끌고 아프리카로 건너가야 했는데, 원로원이 자신의 임명에 반대한다면 시민들의 권위로 그

일을 해내겠다고 공개적으로 선언했다. 아프리카 원정의 계획은 원로원 주요 인사들이 절대 인정하지 않았고, 나머지 의원들은 확실한 의견을 표명하지 않았다. 의원들은 자신의 생각을 드러내는 걸 염려하거나, 아니면 주요 인사들에게 환심을 사려는 생각이 있었던 것이다. 따라서 이 문제는 퀸투스 파비우스 막시무스가 답변하게 되어 그는 이렇게 말했다.

"의원 여러분, 저는 여러분 다수가 아프리카 원정이 이미 결론이 난 주제라 그에 관해 마치 미결 안건인 것처럼 의견을 내는 건 헛된 일이라고 생각한다는 걸 잘 알고 있습니다. 하지만 저는 우리 용맹하고 정력적인 집정관이 어떻게 아프리카를 자신의 임지로 생각하게 되었는지 알지 못하겠습니다. 아프리카를 올해 임지로 지정한다고 원로원에서 결의도 하지 않았고, 시민들도 그리 지시하지 않았습니다. 그렇다면 제 생각으로 차례에 맞게 고려 중인 주제에 관해 말하는 원로원 의원에게 잘못이 있는 것이 아니라, 이미 정리된 문제를 제안하여 원로원을 모욕하고 있는 집정관에게 잘못이 있습니다.

아프리카 원정이라는 과도하게 급한 행동에 반대하면, 제가 두 가지 면에서 적대적인 비난을 받을 겁니다.

첫째, 느닷없는 행동을 피하려는 저의 타고난 성향이 비난받겠지요. 젊은이들은 제멋대로 그런 성향을 게으름이나 나태함이라고 비난할 겁니다. 제 전략이 실제로는 더 나은 게 증명되었지만, 늘 언뜻 보기에 다른 사람의 전략이 더 매력적으로 보인다는 점을 그들이 기꺼이 인정했으면 좋겠습니다.

둘째, 나날이 높아지는 용맹한 집정관의 명성에 악의를 품고 질투하고 있다는 비난을 받을 겁니다. 이런 질투의 의혹에 대해서는 제 과거와 제 기질, 독재관과 다섯 번의 집정관을 지낸 경력, 군인과 정치인으로서 이룬 적잖은 명예 등으로 자신을 확실히 변호할 수 있습니다. 그것으로 변호가 되지 않는다면, 제 나이가 무엇보다도 확실히 변호할 겁니다. 어떻게 아들보다 어린 사람과 제가 경쟁할 수 있겠습니까? 제가 독재관일 때 사마관이 저를 공격했던 일을 기억해 주십시오.[13] 제가 여전히 권력의 정점에 있었고, 중대사가 산적했었지만, 원로원 안팎의 누구도 사마관과 저의 권력을 동격으로 하자는 전례 없는 일에 항의 한 마디 하지 않았습니다. 저는 말이 아닌 행동으로 일부가 저와 동등한 위치에 있다고 여긴 사람에게 빠르게 제가 더 나은 군인이라는 걸 깨닫게 하고자 했습니다. 그런데 제 경력이 끝나가는 이 시점에서 제가 남성으로서 전성기를 맞이하고 있는 사람을 질투하여 아프리카 전쟁 지휘를 상으로 두고 경쟁을 펼친다니 가당키나 한 말입니까? 만약 집정관이 거부하면 그 전쟁을 수행하는 일이 제게 주어지겠습니까? 많은 공무뿐만 아니라 순전히 세월의 무게에도 지친 이 노인에게 말입니다. 제 의무는 이미 이룬 영광과 함께 살다 죽는 겁니다. 저는 우리가 한니발에게 패배하는 걸 막았고, 그렇게 하여 젊고 강력한 여러분이 그를 마침내 무릎 꿇릴 수 있게 했습니다.

41. 스키피오, 내가 볼 때, 사람들이 내게 무슨 말을 하든 우리 조국은 그보다 늘 귀중한 것이네. 그러니 내가 로마의 안녕을 자네의 영광보다 우선하더라도 나를 용서하길 바라네. 그게 또 공평한 것이기도 하네. 이탈리아에 전쟁이 없거나, 적이 이탈리아에 있지만 패배로 아무런 영광도 얻지 못하는데 누군가 자네를 고향에 잡아두려 한

---

13 사마관 미누키우스가 공격을 하지 않고 지연술을 펴는 독재관 파비우스와 지휘권을 나누어 가진 일. 22권 27장.

다면 비록 그것이 공익을 위한 것이라고 할지라도 자네에게 아프리카 전쟁 수행의 영광을 빼앗는 것이 되겠지. 하지만 우리의 적은 한니발이네. 거의 14년 동안 이탈리아에서 단단히 자리 잡은 온전한 군대와 함께 있지. 그렇다면 스키피오, 자네가 집정관을 지내는 동안 수많은 생명을 앗아가고, 수많은 패배를 안긴 적을 이탈리아에서 몰아내 이전 카르타고와의 전쟁에서 가이우스 루타티우스[14]가 그랬던 것처럼 현재의 전쟁을 훌륭하게 종결했다는 위업을 쌓아 그 명성을 누리는 것이 더 합당하지 않겠나? 실제로 하밀카르가 한니발보다 더 훌륭한 장군이라면 모를까, 지금 이 전쟁보다 더 큰 전쟁은 있을 수가 없네. 예전의 승전은 우리가 앞으로 이룰 승전보다 인상적일 수 없네. 자네의 지도력이 여기 이탈리아에 있어야만 우리가 승전할 수 있네. 이탈리아에서 한니발과 카르타고 인들을 밀어내려 하지 않고, 드레파나 항구나 에릭스 산[15]에서 하밀카르를 몰아내려고 하나? 자네가 앞으로 얻게 될 영광보다 이미 얻은 영광에 더욱 기뻐하는 사람이 아니라면, 아무리 자네라도 이탈리아에서 전쟁을 종결하는 것보다 스페인에서 전쟁을 종결한 사람으로 남는 걸 바라지 않을 걸세.

한니발은 여전히 무서운 적이네. 다른 곳에서 싸우는 걸 선호하는 사람들이 경멸보다는 두려움으로 바라보는 적이지. 그렇다면 왜 자네는 앞에 놓인 전쟁에 대비하려고 하지 않는가? 자네가 아프리카로

---

14 기원전 242년의 로마 집정관으로 제1차 포에니 전쟁에서 승리하여 카르타고와 강화 조약을 맺은 인물. 폴리비오스, 『역사』 제1권 62장.

15 에릭스는 현재 몬테 산 줄리아노라는 이름으로 바뀌었다(높이 740m). 유명한 아프로디테 신전이 있었는데 이 종교는 페니키아에서 온 것으로 추정된다. 한니발의 아버지 하밀카르는 이 산에서 버티면서 로마에 항전하다가 로마 군이 해전에서 승리를 거두어 제1차 포에니 전쟁을 끝내자 산에서 내려왔다. 드레파나(현재 이름은 트라파니)는 이 산에서 7.2km 떨어진 곳에 있는 해항이다.

건너가면 한니발이 자네를 확실히 따라올 거라는 말은 더 이상 하지 말게. 그런 우회하는 방법을 써선 안 되네. 지금 이 순간 한니발이 있는 곳으로 곧장 나아가 그곳에서 그와 싸우게. 카르타고와의 전쟁을 끝내고서 승리의 월계관을 얻고 싶은가? 기억하게. 그럼에도 불구하고 적의 것을 공격하기 전에 자기 것을 지키는 게 더 자연스러운 법일세. 아프리카에서 전쟁을 하기 전에 이탈리아에 평화를 가져오게. 적을 위협하러 가기 전에 우리가 먼저 안전하다고 느껴야 하네. 자네의 지원과 지휘만 있으면 두 가지 목표를 전부 해낼 수 있네. 먼저 여기서 한니발을 물리치고, 바다를 건너 카르타고를 점령하는 것이지. 어느 하나의 승리가 후임 집정관들에게 남겨지게 된다면, 처음 승리를 얻은 사람은 더욱 위대하고 유명해질 것이네. 그 자체로 두 번째로 승리의 원인이 될 것이니까.

우리가 처한 상황을 한 번 둘러보게. 이탈리아와 아프리카에서 각각 싸울 군대를 지원할 공적 자금이 충분하지도 않고, 함대를 유지하고 물자를 공급할 자원도 없는데 우리가 마주한 위험이 막대하다는 건 모두가 명백히 알고 있네. 리키니우스가 이탈리아에서 싸우고, 자네가 아프리카에서 싸운다고 치세. 그런 일을 절대 없을 것이지만, 상상해보게. 이런 말을 입에 담는 것조차 덜덜 떨리지만, 그저 가정하여 하는 말로서, 만약 한니발이 승리하여 로마로 진군한다면 어쩔 것인가? 그러면 얼마 전 카푸아에서 풀비우스를 불러들인 것처럼 [16] 자네를 아프리카에서 불러들여야 하는가? 아프리카에서조차 전운이 변덕스러울 수 있다는 점 또한 명심해야 하네. 자네 아버지와 삼

---

16 26권 9장 참조.

촌이 한 달 사이에 연달아 전사하고 휘하 군대가 무너졌던 것을 경고로 받아들이게. 그런 참사가, 가문과 조국을 위해 수륙 양면에서 훌륭한 성과를 거두고 다른 나라에도 명예로운 이름을 떨쳤던 지역에서 일어났다는 걸 기억하게. 경솔하게 외국을 침공했다가 자신과 휘하 군대에 재앙을 불러온 왕과 사령관을 열거하려면 시간이 부족할 걸세. 예를 들면, 아테네 인들은 타고난 신중함을 잊고 고귀한 태생의 무모한 젊은 시민의 제안을 받아들여 그리스에서 전쟁을 포기하고 대 함대를 구성하여 시칠리아로 향했다가 단 한 번 해전에서 대패한 뒤로 한때 누렸던 영화를 도저히 회복할 수 없을 정도로 몰락했네.[17]

42. 하지만 이 모든 건 아주 먼 옛날 이야기이지. 그렇다면 자네처럼 아프리카를 노린 사례로 경고를 듣지. 마르쿠스 아틸리우스 레굴루스[18]는 전운의 변덕스러움을 아주 잘 나타내는 유명한 사례일세. 스키피오, 나를 믿어도 좋네. 바다에서 아프리카를 보면 스페인에서 자네가 겪은 모험은 아이들 장난처럼 보일 것이네. 두 곳이 어떻게 비교가 되겠나? 자네는 이탈리아와 갈리아의 해안을 따라 항해하면서 적의 함대를 만나지도 않고, 우호적인 도시인 엠포리아이에 함대를 대었지. 이어 병력을 뭍에 내린 뒤 어떠한 위험도 감지할 수 없는 지역을 따라 우방과 동맹이 있는 타라코로 나아갔네. 타라코에서 자네가 향하는 경로엔 강력한 방비가 된 로마 진지들이 이어져 있었고, 에브로에 있는 예전에 자네 아버지와 삼촌이 지휘했던 군대는 두 장

---

17 고귀한 태생의 무모한 젊은 시민은 알키비아데스를 가리킨다. 마르켈루스가 시라쿠사의 높은 곳에 올라 아테네 함대가 수장된 과거를 회고하는 25권 24장 참조.

18 기원전 256년의 로마 집정관으로 아프리카 원정전에서 실패하여 카르타고에게 포로로 잡힌 장군. 『폴리비오스』 1권 30장. 참조. 작품 해설 중 "공화국의 굳건한 체제."

군을 잃은 참사로 인해 전투를 더욱 열망하고 있었네. 그곳에서 그들을 지휘하던 이는 루키우스 마르키우스라는 훌륭한 군인이었고, 정식 과정을 거치지는 않았지만, 위기 상황에 대처하고자 병사들이 선출한 지휘관이었네. 게다가 그는 병법을 구사하는 측면에선 고귀한 혈통에 정상적인 승진 과정을 밟은 유명한 장군들과 다를 바가 없었네. 자네는 카르타고의 세 군대 중 어느 하나도 자신의 동맹을 방어하려고 하지 않는 좋은 기회에 뉴카르타고를 점령했지. 과소평가하자는 건 아니지만, 자네의 다른 업적들 역시 아프리카에서의 군사 작전과 전혀 비교할 수 없는 것이네. 그곳엔 우리 함대를 받아들일 항구도 없고, 정복한 영토도 없으며, 동맹들의 정착지나 우호적인 왕도 없고, 기대거나 나아갈 곳도 없네. 눈을 돌리는 곳마다 적군의 적개심과 위험만 있다네.

시팍스와 누미디아 인들을 믿는 건가? 한 번은 그랬지만, 다시 믿는 건 주의하도록 하게. 대담한 움직임은 늘 성공할 수는 없는 걸세. 사소한 일에선 종종 기만이 확신을 이기고, 때가 무르익으면 속여서 엄청난 보상을 거둬들이지. 우방인 켈티베리아 인들이 먼저 배신하기 전까지 적은 자네 아버지와 삼촌을 전장에서 물리치지 못했네. 자네도 보호를 받아들였던 인디빌리스와 만도니우스가 배신할 때까지 적의 장군인 마고와 하스드루발에게서 그다지 위험을 느끼지 못했지. 자네 휘하 부대도 반란을 일으켰는데 누미디아 인들을 믿을 수 있겠는가? 시팍스와 마시니사는 아프리카에서 패자가 되길 바라고, 카르타고 인들은 천성이 모든 경쟁자를 질투하는 사람들일세. 지금 같은 상황, 즉 외적의 침공이 없는 때엔 그들이 서로를 의심하고 질투하는 게 당연하네. 하지만 로마의 군대와 외국의 부대가 나타나면 그들은 자신을 모두 집어삼킬 불을 끄고자 금세 뭉칠 것이네. 그들은 스페인을 지키고자 싸울 때에는 여전히 같은 카르타고 인이지만, 그들의 성벽, 그들의 신전, 그들의 제단과 가정을 지키려고 싸울 때는 무척 다른 카르타고 인이 될 것이네. 덜덜 떠는 아내가 전장으로 떠나는 길에 따라오고, 어린 자식이 가는 길 앞에 쓰러져 몸부림치면 그렇게 될 수밖에 없지.

아프리카가 단결하고, 동맹 군주들이 충실하게 지원하고, 성벽이 강력하게 갖춰져 있고, 이탈리아가 스키피오 부대의 보호를 받지 못하고, 자네가 이탈리아에 더는 없다는 것에서 자신감을 얻은 카르타고 인들이 다시 공세로 나서서 우리에게 새롭게 침략군을 보내면 어떻게 할 것인가? 혹은 발레아레스 제도를 떠나 이미 알프스 리구리아 인들의 해안을 따라 항해하고 있다는 마고에게 한니발의 병력과 합류하라고 지시를 내린다면? 그렇게 되면 우리는 얼마 전 하스드루발이 이탈리아로 내려온 때와 같은 위험에 처하게 되네. 자네는 카르타고뿐만 아니라 아프리카 전역을 봉쇄하려고 하지만, 하스드루발은 자네의 손아귀를 빠져나갔지. 자네는 그를 물리쳤다고 말하겠지. 하지만 자네와 조국에게 더 나쁜 점이 무언가 하면, 그 패배한 자에게 이탈리아로 들어오는 길을 내어줬다는 것이네. 자네의 군사적인 수완 덕분에 자네와 로마엔 좋은 일도 있었지만, 그런 실수를 잊어버림으로써 전쟁을 불확실하게 하고 전운을 불안정하게 한 것도 자네라고 말할 수밖에 없는 걸 용납해주게. 자네가 훌륭하고 용맹한 군인일수록 자네는 조국에 더 집중해야 하네. 온 이탈리아가 강력한 수호자를 바라고 있네. 아무리 자네라도 핵심 전쟁터는 한니발이 있는 곳이라는 사실을 모르는 척하지 못할 것이네. 실제로 자네는 아프리카로 가는 목적을 한니발이 자네 뒤를 따라오게 하는 것이라고 하지 않았나? 어차피 여기서 싸우든 저기서 싸우든 자네가 처리해야 할 상대는 한니발이네.

그렇다면 한 번 말해보게. 아프리카에 홀로 있는 것과 여기 이탈리아에서 동료 집정관의 도움을 받는 것 중 어느 편이 자네를 더 강하게 만들겠는가? 그 차이는 최근 네로와 리비우스의 두 집정관이 충분히 증명하지 않았는가? 한니발에 관해 말하자면, 브루티움 구석에 몰려 증원군을 보내달라고 조국에 헛된 요청을 보내고 있을 때와, 아프리카 전역의 지지를 받고 카르타고와 가까이 있을 때를 비교하면 어느 쪽이 더 강하겠는가? 오래 힘든 전쟁을 수행하며 수도 없이 싸워 힘이 있는 대로 빠진 적을 아군의 두 병력으로 상대하는 것이 아니라, 병력이 절반으로 줄어든 아군을 가지고 힘이 크게 늘어난 적과 싸우는 걸 선호하는 전략은 분명 이상한 것이네.

자네가 제안하려고 하는 일과 자네 아버지가 했던 일을 떠올려서 비교해보게. 자네 아버지는 스페인을 향해 떠났지만, 한니발이 알프스에서 내려오자 그와 상대하고자 임지에서 이탈리아로 돌아왔네. 자네는 그와 반대로 한니발이 이탈리아에 있는데 떠날 준비를 하고 있네. 조국을 열심히 도울 생각은 하지 않고 자네의 영예와 평판을 한층 더 돋보이게 하는 쪽으로 행동하려는 것이지. 아무런 법적 허가나 원로원의 결정 없이 자네의 임지와 휘하 병력을 떠나려고 하는 건, 조국의 운명과 위엄이라는 두 개의 배를 위임받은 로마 시민의 장군인 자네가 조국의 운명과 위엄을 위태롭게 하는 것과 마찬가지일세.

의원 여러분, 제 생각에 푸블리우스 코르넬리우스 스키피오는 개인의 영달을 꾀하지 않고 조국에 봉사하고자 집정관이 되었습니다. 모집한 병력은 로마와 이탈리아를 보호하기 위한 것이지, 자신을 왕이라고 여기고 마음 내키는 대로 세상 어느 곳으로든 나아가려는 오만한 집정관을 위한 것이 아닙니다."

43. 파비우스의 연설이 상황에 적절한 것과 별개로, 그의 권위에다 그가 온당한 판단을 한다는 평판이 더해져서 원로원 의원들 대다수는 큰 영향을 받았다. 특히 주요 의원들은 진취적이고 모험적인 정신을 지닌 스키피오(파비우스의 젊은 경쟁자)를 칭찬하기보다는 노련한 정치인이자 노장군인 파비우스의 조언을 기꺼이 받아들이려 했다. 그러자 스키피오는 파비우스의 연설에 대하여 다음과 같이 답변했다.

"의원 여러분, 파비우스는 연설을 시작할 때 저를 의도적으로 얕본다는 비난을 살지도 모른다고 했습니다. 저는 감히 위대한 그를 절대 비난하지 않겠지만, 그럼에도 불구하고 그런 의혹은 아주 사라졌다고 할 수는 없습니다. 그가 전한 사실이 틀렸을 수도 있습니다. 아니면 그가 단지 사실에 관한 자신의 의견을 표명한 것일지도 모릅니다. 질투라는 비난을 배제하고자 그는 자신이 이룬 어마어마한 업적과 맡았던 드높은 직위를 들었습니다. 마치 제가 경쟁을 해야 할 상대는 그런 높은 급의 인물은 될 수가 없고, 파비우스의 탁월함 때문에 저 같은 사람은 감히 그와 동급이 될 수 없다는 느낌을 주었습니다. 물론 저는 그의 탁월함을 인정합니다. 저 역시 그런 탁월함을 갖추고자 애쓰고 있습니다. 그는 다시 자신을 노인이라고 하면서 그가 이룬 업적은 과거의 것이며, 저를 심지어 아들보다도 어린 사람이라고 했습니다. 마치 명예욕이 인간의 수명이 다하면 사라지고, 그것의 대부분이 후세의 기억에 남지 않는다는 것처럼 말입니다.

저는 가장 고귀한 사람이라면 자신을 동시대인뿐만 아니라 모든 시대의 위인과 비교해야 한다고 확신합니다. 파비우스, 저는 당신의 명성에 맞서 경쟁할 사람이 아니라는 가식을 보이고 싶지 않습니다.

제가 이렇게 말하는 걸 용서해 주신다면, 제 야심은 할 수 있다면 당신의 명성을 뛰어넘는 것입니다. 저는 저를 향한 당신의 태도와 저보다 더 젊은 사람을 향한 저의 태도가 후세에 나타날 다른 누군가가 우리보다 나아서는 안 된다는 그런 식은 절대로 아니길 바랍니다. 질투는 대체로 질투가 향하는 대상뿐만 아니라 국가에도 해로운 것이기 때문입니다. 더 나아가 세상에 그렇고요.

　의원 여러분, 파비우스는 제가 아프리카로 건너가면 마주할 위험을 언급하며 저뿐만 아니라 저의 군대, 그리고 우리 조국의 안녕까지 걱정하는 것처럼 보였습니다. 하지만 언제부터 갑자기 이렇게 저를 걱정했습니까? 아버지와 삼촌이 전사하고 휘하 병력이 거의 전멸당했을 때, 스페인을 잃고 카르타고 장군 네 사람이 각자 군대를 지휘하며 그 땅의 모든 곳을 강제로 공포에 휘말리게 했을 때, 지휘를 맡을 장교가 필요했을 때 그 임무를 맡겠다고 나선 사람은 저밖에 없었습니다. 아무도 감히 자기 이름조차 입 밖에 내려고 하지 않았습니다. 마침내 로마 시민들이 최고 지휘권을 스물네 살의 저에게 부여했을 때 저의 어린 나이나, 적의 강대함이나, 앞으로 전개될 전쟁터에서의 난관이나, 저의 아버지와 삼촌의 최근 전사를 들어가며 염려를 단 한 마디도 해주는 사람이 없던 이유는 무엇입니까? 오늘날 우리가 과거 스페인에서 벌어졌던 참사보다 더 큰 참사를 아프리카에서 당했습니까? 스페인에 있을 때보다 더 강대한 군대가 아프리카에 있습니까? 아니면 더욱 많은 유능한 장군이 있습니까? 당시 제가 지금보다 나이도 많고 노련한 지휘관이었습니까? 저의 성과를 하찮게 여기는 것은 쉬운 일입니다. 카르타고의 네 군대를 상대로 거둔 완승, 공격하거나 두려움을 안겨 항복하는 것으로 점령한 무수한 도시, 대서양 해안까지 이르는 전 스페인의 정복, 그러는 사이 받아낸 수많은 맹렬한 부족과 그들을 통치하는 족장들의 항복, 저항하는 곳을 단 한 군데도 남겨 놓지 않은 스페인 지역의 완전한 회복은 과소평가하기 쉬울 겁니다. 저를 이탈리아에 두고자 지금 마주한 위험을 지독히 과장하여 제 업적을 가벼이 여기는 것처럼, 제가 만약 아프리카에서 승리를 거두고 돌아오더라도 그것을 가볍게 여기는 일 역시 쉬울 것입니다.

파비우스에 따르면, 아프리카로 접근하는 방법은 없으며, 우리를 받아줄 항구도 없다고 합니다. 그는 우리에게 레굴루스가 포로가 된 걸 상기시켰습니다. 마치 레굴루스가 상륙했던 그 순간부터 완전히 실패하기라도 했던 것처럼 말입니다. 하지만 파비우스는, 심지어 가장 불운한 장군이라도 접근이 쉬운 아프리카 항구들을 찾아냈고, 레굴루스가 작전을 펼치던 첫 해엔 대성공을 거뒀으며, 카르타고 장군들에게 끝까지 패배하지 않았다는 점을 기억하지 못하는 모양입니다. 이런데 항구가 없다는 걸 방해물로 생각하다니요! 그런 참사가 저번 전쟁이 아닌 이번 전쟁에서, 40년 전[19]이 아닌 지금 이 순간 벌어졌다고 해봅시다. 아버지와 삼촌이 전사한 이후 제가 스페인으로 건너간 게 아무 문제가 없었다면 레굴루스가 포로로 잡힌 사건 이후에 제가 다시 아프리카로 건너가려는 게 무엇이 문제란 말입니까? 스파르타 인 크산티포스[20]가 태어난 것이 카르타고엔 행운이었다지

---

19 실제로는 50년 전.
20 제1차 포에니 전쟁 때 카르타고가 로마 군에게 자꾸 패배하는 것은 로마 군이 뛰어나서가 아니라 카르타고 장군의 부대 지휘가 서툴러서 그렇다고 지적하고 카르타고 군의 전투 대형을 새롭게 조련한 스파르타 사람. 그가 이끄는 스파르타 부대는 기원전 255년 5월 레굴루스의 로마 군을 패배시키고 레굴루스를 포로로 잡았다. 폴리비오스, 『역사』 1권 32장.

만, 제가 로마에 태어난 것보다 더 행운이라고 생각하지 않습니다. 단 한 사람의 용맹으로 균형이 기울 수 있다는 사실로 제 자신감은 더욱 커졌습니다. 우리는 아테네 인들이 가까이에 있는 위험을 무시하고 경솔하게 시칠리아 원정을 수행한 일에 관해서도 말했습니다. 그리스 역사에서 이야기를 가져온다면 시라쿠사의 왕 아가토클레스[21]의 이야기를 선택하는 편이 낫지 않겠습니까? 시칠리아가 카르타고와의 전쟁으로 오랫동안 황폐화되었을 때 아프리카로 건너가 침략자들의 나라 카르타고로 전쟁터를 바꾸어 놓은 이야기 말입니다.

44. 하지만 공세를 취하여 적의 위협을 제거하고 오히려 적을 위태롭게 하는 일의 중요성을 보여주고자 굳이 다른 나라의 오래된 이야기까지 가져올 필요가 있겠습니까? 이것이 진실이라는 걸 누구보다도 훌륭하고 인상적으로 보여주고 있는 자가 한니발 아닙니까? 적의 영토를 파괴하는 것과 자국 영토가 칼과 불로 유린당하는 걸 보는 것 사이에는 큰 차이가 있습니다. 사기가 높은 건 수비하는 쪽이 아닌 공격하는 쪽입니다. 게다가 미지의 것은 늘 특히 두려움을 불러일으킵니다. 적의 영토로 들어서면 좋은 것과 나쁜 것을 가리지 않고 적의 상황을 가까이서 볼 수 있습니다. 한니발은 그토록 많은 이탈리아 공동체가 그에게 합류할 거라고 전혀 기대하지 않았습니다. 하지만 우리가 칸나이에서 패배한 뒤 그렇게 되었죠. 아프리카에서 카

---

21 아가토클레스(기원전 361-289). 시라쿠사의 참주로서 317년에 참주가 되었다가 305년에 왕이 되었다. 시칠리아 섬의 서쪽 절반을 차지하고 있던 카르타고와 싸우면서 아프리카를 정복하려고 애썼다. 카르타고를 패배시킨 최초의 인물인 푸블리우스 스키피오는 용기와 지혜의 미덕을 두루 갖춘 가장 성공한 정치가를 누구라고 생각하느냐는 질문을 받고 "시칠리아 사람 아가토클레스와 디오니소스라고 생각한다"라고 대답했다. 폴리비오스, 『역사』 15권 35장.

르타고 인들은 기만적인 우방이자 압제적인 폭군인지라 그들을 안정적이고 강력하게 지지하는 이들은 무척 찾기 힘듭니다. 우리 로마는 심지어 동맹들이 배반했을 때에도 우리만의 군대로 굳건히 버텨 냈습니다. 하지만 카르타고는 자국 시민으로 구성된 병력이 없습니다. 그들의 군대는 아프리카 인이나 누미디아 인 용병으로 구성되었고, 이들은 전부 바람처럼 변덕스러우며 숨 쉬는 것처럼 편을 바꾸는 자들입니다. 이 목표로 나아가는 데 지연만 없다면 여러분은 제가 바다를 건너는 즉시 아프리카가 불에 타고, 카르타고가 괴로워한다는 소식을 듣게 될 것입니다. 한니발의 함대가 떠날 준비를 하고 있다는 소식도 함께 말이죠. 여러분은 스페인에서 받았던 것보다 아프리카에서 더욱 자주 유망한 보고를 받을 수 있을 겁니다. 제 마음속에서 이런 희망을 부풀려주는 것들이 많이 있습니다. 로마 인들의 행운, 적의 협정 위반을 지켜본 신들, 배신으로 인한 피해에 대비하겠지만, 제가 기댈 수 있는 두 현지 왕인 시팍스와 마시니사가 바로 그들입니다.

현장에서 작전을 펼치면 지금처럼 먼 곳에서 모호하게 아는 것보다 훨씬 많은 걸 자세히 알게 됩니다. 자기 몫을 옳게 해내는 지휘관은 예기치 못한 행운을 절대 놓치지 않고 그것을 훌륭하게 활용합니다. 파비우스, 저는 당신이 말한 것처럼 한니발을 상대할 겁니다. 하지만 그는 저를 여기 붙잡아두지 못할 겁니다. 그는 저를 따라오게 될 테니까요. 저는 그를 카르타고 땅에서 싸우게 강제할 것이고, 저의 전리품은 카르타고가 될 것입니다. 다 무너져 가는 몇 안 되는 브루티움 요새들이 아니라 말입니다. 제가 바다를 건너 아프리카에 병력을 내리고 카르타고로 이동시키는 동안에 우리 이탈리아가 고통받는 일은 없을 겁니다. 파비우스, 당신의 전술 덕분에 한니발이 이탈리아의 모든 곳을 내키는 대로 휘젓고 다니는 일은 없게 되었습니다. 이제 한니발이 흔들리고 거의 무너진 상황에서 대사제로서 로마에서 종교적 의무를 다하고자 임지를 추첨하는 것도 거절한 우리 용맹한 집정관인 푸블리우스 리키니우스가 그 정도 일도 못 해낸다는 건 모욕 아니겠습니까?

설혹 제가 제안한 전략으로 빠르게 전쟁이 끝나지 않는다고 하더라도 아프리카 침공은 여전히 시도할 가치가 있습니다. 우리가 이탈리아를 수호할 용기가 있을 뿐만 아니라 아프리카를 침공할 기개까지 있다는 걸 보여주면 로마 시민의 위엄과 명성은 다른 나라 군주들과 백성들 사이에서 더욱 높아질 것입니다. 로마 장군이 한니발이 했던 일을 감히 나서서 하길 두려워한다는 생각, 그리고 제1차 포에니 전쟁 동안 우리가 시칠리아를 위해 싸울 때 아프리카는 우리 로마 함대와 병력에 연거푸 공격당했지만, 제2차 전쟁 때는 아프리카가 방해받지 않고 이탈리아만 공격 목표가 되고 있다는 생각이 널리 퍼지게 내버려 두어선 절대로 안 됩니다.

이탈리아는 오래 고통을 받아왔습니다. 이젠 이탈리아가 한동안 쉴 수 있도록 해야 합니다. 앞으로 불과 칼로 황폐화되어야 할 곳은 아프리카입니다. 우리는 이제 우리의 성벽 밖에서 적진지의 보루를 다시 볼 것이 아니라, 아프리카를 침공하여 카르타고 성문을 위협해야 합니다. 이제 그럴 때가 되었습니다. 앞으로는 아프리카가 전장이 되어야 합니다. 14년 동안 전쟁의 모든 공포가 우리에게만 무겁게 떨어졌습니다. 두려움과 패배, 농장의 황폐화, 우방의 배반, 우리가 겪었던 이런 고통을 이제는 아프리카가 겪어야 합니다.

국가 정책, 당면한 군사 행동, 논의 중인 임무의 분배에 관해서는 충분히 말했습니다. 의원 여러분, 파비우스가 스페인에서 제가 이룬 성과를 얕본 것처럼 저 역시 제 자신을 높이면서 그의 군공을 가볍게 평가한다면 긴 이야기가 될 것이고, 또 여러분은 그런 얘기에 관심도 없을 것입니다. 저는 그런 얘기는 하지 않겠습니다. 적어도 말을 조심하고 자제한다는 측면에서 젊은이가 노인보다 낫다는 걸 여러분은 아실 겁니다. 그것이 바로 제 인생과 제 업적의 특징입니다. 여러분이 저에 대하여 어떤 생각을 품든 간에 거기에 대해서는 아무 말 하지 않고 만족하겠습니다."

45. 스키피오의 발언은 그 내용에 비해서 덜 호의적으로 받아들여졌다. 아프리카를 임지로 원로원에서 결정해 주지 않으면, 스키피오가 즉시 민회에 그 안건을 제출할 것이라고 널리 알려졌기 때문이었다. 그에 따라 네 번 집정관을 지내고 감찰관을 지내기도 했던 퀸투스 풀비우스는 스키피오에게 임무 배정에 관한 결정을 원로원에게 맡길지 여부와 그런 결정을 준수할 생각인지, 아니면 민회에 안건을 제출할 생각인지를 공개적으로 밝히라고 요구했다. 그러자 스키피오는 국익에 맞는 일을 할 것이라고 답했고, 풀비우스는 이렇게 대답했다.

"나는 자네가 무슨 일을 할지, 무슨 대답을 할지 알고 있었네. 자네가 진정으로 원로원과 논의할 생각이 아니라, 단순히 떠볼 생각이었다는 걸 아주 분명하게 밝히지 않았나. 우리가 당장 자네가 바라는 임지를 허락하지 않는 한, 자네는 민회에 안건을 제출하겠지." 풀비우스는 여기서 호민관들을 바라보며 말을 이었다. "그러니 호민관 여러분, 내가 의견을 표명하지 않더라도 저를 보호해주시길 요구합니다. 설혹 투표가 내가 바라는 대로 되더라도 집정관이 그것을 유효하다고 생각하지 않을 것이기 때문입니다."

이어 논의가 진행되었다. 집정관은 자신의 발언 차례가 되었을 때, 원로원 의원이 자기 차례가 되어 의견을 표명해야 함에도 호민관들의 거부권 행사로 발언을 못하게 되는 것은 불법이라고 선언했다. 그러자 호민관들은 이렇게 결정했다. "집정관은 원로원에게 임지를 배정하도록 맡겼다면 반드시 그 결정에 따라야 합니다. 승복하지 않는다면 우리는 안건을 민회에 제출하는 걸 허용하지 않을 겁니다. 집정관이 임지 배정을 원로원에 맡기지 않는다면 우리는 그 문제에 대하여 입장 표명을 거부하는 원로원 의원은 그 누구라도 보호할 것입니다."[22]

스키피오는 동료 집정관과 논의할 수 있도록 하루 시간 말미를 달라고 요청했고, 다음날 원로원에게 임지 배정을 맡겼다. 임지는 다음과 같이 정해졌다. 집정관 한 사람은 시칠리아를 맡아 지난해 가이우스 세르빌리우스가 지휘하던 30척의 전함[23]을 지휘하게 되었고, 만약 국익에 도움이 된다고 판단되면 아프리카로 건너가는 게 허락되었다. 다른 집정관은 브루티움에서 한니발을 상대하는 책임을 맡을 것이고, 선호하는 2개 군단을 휘하에 둘 수 있었다. 베투리우스와 카이킬리우스는 추첨을 하거나 합의를 통해 브루티움에서 집정관이

---

22 위에서 풀비우스가 의견을 표명하지 않겠다고 한 것은 스키피오의 아프리카 침공을 반대한다는 뜻이다. 호민관들이 반대의견을 보호하겠다는 것은 스키피오가 만약 직접 민회에 그 계획을 제출하려고 한다면 그것을 막겠다는 뜻이기도 하다. 호민관들의 결정은 반대 의견을 강화해 주는 것이므로 스키피오는 임명 투표를 민회로 가져가는 리스크를 걸 수가 없게 되었다. 왜냐하면 민회에서는 호민관들의 영향력이 결정적이기 때문이다.

23 30척은 기원전 208년에 시칠리아에 배정된 1백 척에 비하면 적은 숫자이다. 참조. 27권 22장. 아프리카를 침공하려면 그보다 더 많은 숫자의 전함이 있어야 했다. 여기에 시칠리아에서 새로 건조할 전함 30척(20척의 5단 노선과 10척의 4단 노선)을 더해도 60척밖에 되지 않는다. 그러나 기원전 204년 스키피오가 아프리카를 침공할 때 동원한 전함은 40척이었고 이 함대가 400척의 수송선을 호위했다. 참조. 29권 26장.

남긴 두 군단을 맡게 되었고, 어떤 임지로 결정이 나든 그의 지휘권은 1년 더 연장될 것이었다. 임지를 맡아 휘하 병력을 통솔했던 다른 지휘관들의 지휘권도 한 해 더 연장되었다. 추첨 결과 지휘권은 카이킬리우스에게 주어졌고, 그는 브루티움에서 집정관과 합류하여 한니발을 상대로 작전을 펼치게 되었다.

스키피오가 맹세한 게임이 열렸고, 수많은 열성적인 군중이 참석했다. 마르쿠스 폼포니우스 마토와 퀸투스 카티우스는 대표로서 델포이로 가서 하스드루발에게서 빼앗은 전리품을 봉헌 선물로 신전에 바쳤다. 선물은 무게로 200파운드가 나가는 황금관과 전리품 은으로 만든 조각상들이었는데, 다 합쳐 무게가 1천 파운드에 달했다.

스키피오는 신병을 모집하라는 허락을 요구하지 않았다(실제로 절대 허락받지 못했다). 하지만 그는, 자원병은 받아도 좋으며, 새로운 전함을 건조하는 데 동맹국의 기부를 받아도 좋다는 허락을 받았다. 이는 그가 함대를 구성하는 데 국고를 쓰지 않아도 된다고 주장했기 때문이었다. 에트루리아 인들은 가장 먼저 자신들의 능력에 따라 지원하겠다고 집정관에게 약속했다. 카이레는 선원들이 먹을 곡물과 온갖 보급품을 제공했고, 포풀로니움은 철을 제공하겠다고 약속했다. 타르퀴니이는 돛천을, 볼라테라이는 곡물, 그리고 용골과 용골 옆판에 쓸 목재를 제공했다. 아레티움은 3천 개의 방패와 3천 개의 투구, 던지는 용도와 평상시에 쓸 창을 똑같은 수로 총 5만 개의 창을 제공함과 동시에 40척의 전함에 갖출 도끼, 삽, 낫, 대야, 맷돌도 지원했다. 또한 그들은 밀 12만 펙과 항해사와 노 젓는 일꾼들에게 줄 여비도 기부했다. 페루시아, 클루시움, 루셀라이는 전함 건조에 쓰일 전나무와 많은 곡물을 제공했다. 스키피오는 국유림에서 베어낸 전나무를 쓰기도 했다. 움브리아 공동체들과 누르시아, 레아테, 아미테르눔, 그리고 모든 사비니 영토는 병사를 대겠다고 약속했다. 많은 마르시아인, 파일리니 인, 마루키니 인이 자발적으로 함대에 복무하겠다고 했다. 로마와 동맹 관계인 자유 도시 카메리눔은 6백 명의 무장한 보병대를 보냈다. 20척의 5단 노선과 10척의 4단 노선, 다 합쳐 30척의 전함에 들어갈 용골이 세워졌고, 스키피오도 직접 끊임없이 작업을 맡은 일꾼들을 챙겼다. 나무가 쓰러지고 45일이 지난 뒤 전함들은 장비와 삭구를 온전히 갖춘 채로 진수되었다.

46. 서른 척의 전함에 7천 명 정도 되는 자원병을 태운 스키피오는 시칠리아로 나아갔다. 그러는 사이 리키니우스는 브루티움의 두 집정관 군단과 합류하여 지난해 집정관 베투리우스의 지휘권을 인수했다. 그는 메텔루스가 휘하 군단들을 그대로 지휘할 수 있도록 했다. 이는 지휘권에 익숙해진 병사들을 데리고 있으면 작전을 더 쉽게 할 수 있으리란 판단에서 내린 결정이었다. 법무관들 역시 로마를 떠나 임지로 향했다. 국고가 부족하자 재무관들은 그리스 도랑[24]에서 바다까지 뻗은 캄파니아 영토 일부를 판매하라는 지시를 받았다. 과거에 캄파니아 시민들에게 속했던 땅이 이제 로마의 재산이 되었다는 포고가 내려왔다. 이런 포고를 널리 알리는 자들에겐 땅값의 10분의 1을 보상으로 주었다. 도시 법무관인 그나이우스 세르빌리우스는 캄파니아 시민들이 모두 원로원 포고에 따라 할당된 구역에 살고 있는지 감찰하고, 다른 곳에서 살고 있는 이들을 처벌하는 임무를 맡게 되었다.

---

24 쿠마이 근처에 있던 긴 도랑으로서, 바다 인근의 지대가 낮은 습지를 준설하기 위하여 쿠마이 시민들이 판 도랑. 이곳에서 그리 멀지 않은 곳에 리테르눔이라는 마을이 있었는데 스키피오 아프리카누스가 나중에 은퇴하여 이 마을에다 전원주택을 짓고서 은퇴 생활을 했다. 그리고 이 인근에 그의 무덤도 있었다.

이런 일이 진행되던 여름 동안 하밀카르의 아들 마고[25]는 겨울을 보냈던 발레아레스 제도의 작은 섬에서 신병을 모아 배에 태웠다. 이렇게 30여 척의 튼튼한 전함과 그에 동반한 수많은 수송선엔 1만 2천 보병, 2천 정도의 기병이 타게 되었다. 그의 함대는 이탈리아로 나아갔고, 해안이 방비가 되지 않아, 마고의 예상치 못한 공격에 게누아가 함락되었다. 이어 그는 로마에 대한 봉기가 일어나길 바라며 알프스 해안, 혹은 리구리아 서쪽 해안으로 나아갔다. 리구리아 부족인 인가우니는 북쪽에 있는 산악 부족인 에판테리이 몬타니와 당시 전쟁 중이었는데, 마고는 그에 맞춰 알프스 정착지인 사보에 전리품을 내려놓고 열 척의 전함을 두어 그곳을 지키게 한 뒤 나머지 함대를 카르타고로 보내 해안을 순찰하게 했다. 스키피오가 바다를 건너려고 한다는 보고가 있었기 때문이다.

이어 마고는 이어 두 부족 중 더 선호했던 인가우니와 협정을 맺고 몬타니를 공격하기 시작했다. 날이 갈수록 마고의 힘은 커졌고, 그의 이름은 사방에서 몰려온 갈리아 인들을 그의 깃발 아래 세우기에 충분했다. 스푸리우스 루크레티우스는 서신으로 이런 일을 원로원에 보고했고, 이로 인해 로마에는 극심한 불안감이 조성되었다. 같은 지역에서 지휘관만 바뀐 채로 또 다른 심각한 위협이 생기면 2년 전 하스드루발이 전사하고 그의 휘하 군대가 괴멸되어 기뻐했던 일이 무위로 돌아갈 판이었다.

이에 따라 집정관 대리 마르쿠스 리비우스는 원로원의 지시를 받고 자원 노예 병력을 이끌고 에트루리아에서 아리미눔으로 이동했

---

25 한니발의 막내 동생.

고, 법무관 세르빌리우스는 바람직하다는 생각이 들면 재량으로 2개 도시 군단을 맡길 지휘관을 임명하여 진군시키라는 지시를 받았다. 이에 마르쿠스 발레리우스 라이비누스가 도시 군단들을 이끌고 아레티움으로 향했다.

이즈음 80여 척의 카르타고 수송선이 사르데냐를 담당하던 그나이우스 옥타비우스에게 붙잡히게 되었다. 역사가 코일리우스에 따르면, 이 배들은 한니발에게 전달할 곡물과 보급품을 싣고 있었다. 하지만 발레리우스 안티아스는 이 배들이 에트루리아에서 획득한 물자와 리구리아 인과 몬타니 간의 전쟁에서 붙잡힌 포로를 싣고 있었다고 기록했다. 이해(기원전 205년) 브루티움에선 중요한 일이 벌어지지 않았다.

로마 인들과 카르타고 인들 사이에 전염병이 돌았고, 둘 다 똑같이 끔찍하게 시달렸다. 다른 점이 있다면 후자는 병으로 고통 받았을 뿐만 아니라 식량 공급마저 부족했다. 한니발은 유노 라키니아 신전 근처에서 여름을 보냈고, 그곳에 제단을 세웠고 제단 밑에는 자신의 업적을 장황하게 기록한 기명(記銘) 판을 설치했다. 기명 속의 문장은 카르타고어와 그리스어로 새겨졌다.[26]

---

26 이 기명의 이야기는 21권 38장과 24권 3장에서도 나왔다.

제 29 권

로크리에서의 악행,
스키피오의 아프리카 공격

1. 시칠리아에 도착한 스키피오는 자원병들을 병사들과 백인대장으로 조직했다. 그는 그중에서 젊고 체력과 정력이 특출한 3백 명을 뽑았다. 그는 이들을 비무장 상태로 남겨 두었는데, 백인대장에 배속되지 않고 장비도 받지 못한 이유를 알려주지도 않았다. 이어 스키피오는 시칠리아 전역에서 3백 명의 젊은 기병을 선발했다. 그들은 모두 훌륭하고 부유한 가문 출신이었다. 그들은 스키피오와 함께 아프리카로 건너갈 예정이었고, 그 목적을 위해 완전 무장을 한 채 말을 끌고 나타날 날짜도 정해졌다. 고향에서 멀리 떨어져 수륙 양면에서 엄청난 괴로움과 두려운 위험을 마주해야 하는 군사 작전은 극도로 유쾌하지 못한 것이었고, 젊은이들 못지않게 그들의 부모와 친척도 불안감으로 번민했다. 그럼에도 불구하고 지정일이 되자 그들은 제 시간에 무장을 한 채로 말을 타고 스키피오 앞에 나타났다. 이에 스키피오는 그들 중 어떤 자들이 다가올 작전을 불편하고 힘든 것으로 여겨 참전을 피하려고 한다는 말을 들었다고 했다. 이어 지금도 그런 생각을 하고 있는 사람이 있다면 나중에 불평하지 말고 지금 당장 이야기하라고 말했다. 나중에 전투가 벌어졌을 때 불만으로 게을러져

서 국익을 해치는 것보다 그게 더 낫다는 것이었다. "속에 있는 말을 꺼내 보게." 스피키오가 말했다. "기꺼이 들어줄 생각이니까."

그러자 기병들 중 한 사람이 용기를 내어 스키피오에게 정말로 선택할 수 있다면 참전하고 싶지 않다는 말을 했다. 그러자 스키피오는 이렇게 답했다. "젊은 병사여, 자네가 감정을 숨기지 않았으니 나는 자네를 대체할 사람을 찾을 것이네. 여기 있는 이 병사에게 자네의 무기와 말, 그리고 다른 군용품을 넘기도록 하게. 그리고 그 병사를 자네의 집으로 데리고 가서 훈련하여 제대로 승마술을 배우고 무기를 다룰 수 있도록 가르쳐 주게." 이 조건은 기꺼이 받아들여졌고, 스키피오는 젊은 기병에게 무장을 하지 않은 3백 명의 자원병 중 한 사람을 건네주었다. 전우가 이런 식으로 총사령관의 동의를 얻어 제대하는 걸 본 다른 시칠리아 인들은 전부 나서서 자신도 사퇴하겠다며 대리인을 받아들였다. 이렇게 국고에서 한 푼도 내지 않고 3백 명의 시칠리아 인들은 로마 기병으로 대체되었다. 그들을 지도하고 훈련하는 건 전부 시칠리아 인들이 맡을 것이었다. 스키피오의 지시는 이런 조건을 거부하는 시칠리아 인들은 직접 아프리카 작전에 참여해야 한다는 것이었다. 이렇게 구성된 기병대는 무척 훌륭한 전력이 되었으며, 수많은 전투에서 조국에 훌륭하게 이바지했다고 한다.

휘하 군단들을 점검하던 중에 스키피오는 오래 현역으로 지낸, 특히 마르켈루스 휘하에서 싸운 베테랑 군인들을 선발했다. 그의 생각에, 이들은 최고로 잘 훈련된 병사들이었고, 특히 시라쿠사를 장기간 포위하여 배운 바가 있어 포위와 공격 작전에서 가장 능숙한 병사들이었다. 그러한 능력은 아주 중요했다. 그가 이미 마음속에 품은 계획엔 카르타고 파괴도 들어 있었기 때문이었다. 그는 이어 여러 도시로 부대를 보내 묵게 했고, 시칠리아 국가들로부터 곡물을 징발하면서 이탈리아에서 가져온 곡물은 엄격할 정도로 아껴 썼다. 또한 낡은 전함을 수리하고 라일리우스에게 수리한 전함들을 주어 아프리카 해안을 습격하게 하고, 새로 건조한 전함들을 파노르무스의 뭍으로 끌어올렸다. 이 새 전함들은 서둘러 생나무로 만든 것이라 겨울 내내 물 위에 떠 있으면 안 됐다.

모든 준비를 마치자 스키피오는 시라쿠사로 갔다. 전쟁으로 엄청난 변화를 겪은 그곳은 아직 상황이 제대로 안정되지 않았다. 원주민인 그리스 인과 특정 이탈리아 인들은 여전히 서로 심하게 불화했다. 그리스 인들은 원로원이 승인한 바에 따라 재산을 회복하고자 했고, 이탈리아 인들은 전쟁에서 약탈할 때와 같은 단호한 모습으로 재산을 계속 유지하려 했다. 스키피오는 정부의 뜻을 존중하는 게 첫 번째 필수 사항이라고 생각했다. 그리하여 어떤 때는 포고령으로, 어떤 때는 불법 소유를 고집하는 이탈리아 인들에 대한 판결로 재산을 시라쿠사 인들에게 돌려주었다. 그가 상황을 만족스럽게 처리한 덕분에 개인적으로 혜택을 받은 그리스 인들뿐만 아니라 시칠리아 공동체들도 고무되어 스키피오의 전쟁 준비를 열의를 갖고 도와주었다.

이 여름 동안 새롭게 심상치 않은 사태가 스페인에서 발생했다. 일레르게테스의 부족장(왕)인 인디빌리스는 스키피오에게는 존경심을 품고 있었지만, 다른 모든 로마 장교가 상대적으로 경멸스러워 보인다는 이유만으로 반란을 일으켰다. 다른 지휘관들이 전부 한니발에게 죽었을 때 남은 로마 지휘관 한 사람이 스키피오라는 것, 두 스키피오가 전사한 이후 로마가 그에게 스페인 지휘를 맡긴 것, 이탈리아에서 더욱 심각한 전쟁 압박이 느껴지자 한니발을 상대하고자 그를 불러들인 것을 인디빌리스는 모두 기억했다. 더욱이 당시 스페인에 남은 로마 장군들이 말로만 장군에 불과하며, 베테랑 부대들은 빠져

나갔고, 모든 게 뒤죽박죽이며 신병 무리에게 맡겨져 있다는 사실도 인디빌리스를 부추겼다. 스페인을 해방시킬 이런 좋은 기회는 분명 다시 오지 않을 것이었다. 그때까지 스페인은 번갈아가며 카르타고 나 로마의 노예였고, 때로는 그들 모두의 노예이기도 했다. 카르타고 인들은 로마 인들에게 쫓겨났고, 이제 스페인 인들이 단결하여 로마 인들을 쫓아낼 수 있으면 스페인은 과거처럼 외국의 지배를 받지 않 고 다시 한 번 영원히 자유롭게 살 수 있을 것이었다. 이런 취지로 인 디빌리스는 자기 부족뿐만 아니라 인근 부족인 아우세타니도 봉기 하게 했고, 자기 부족과 아우세타니 인들 경계에 있는 부족들도 따라 서 봉기했다. 이렇게 며칠 만에 인디빌리스의 명령에 따라 3만 보병 과 약 4천 기병이 세데타니 영토에 집결했다.

2. 로마 장군들인 루키우스 렌툴루스와 루키우스 만리우스 아키 디누스는 빠르게 대응 조치에 나섰다. 스페인 인들의 첫 움직임을 그 대로 놔두면 위협이 더욱 커질 것을 두려워한 그들은 병력을 합쳐 이 젠 적의 손아귀에 있는 아우세타니 영토를 거쳐 진군했다. 하지만 그 들은 스페인 인들이 진을 친 곳까지 나아가는 동안 적대적인 행동 을 삼갔다. 두 장군은 적의 진지에서 5km 떨어진 곳에 진지를 세웠 다. 그들은 처음엔 사절들을 보내 인디빌리스에게 병력 해산을 권유 했지만, 이 시도는 실패하고 곧 로마 군량 징발대는 스페인 기병대의 기습을 받게 되었다. 이에 로마 기병대가 전초 기지에서 나섰고, 두 부대는 교전을 벌였지만 어느 쪽도 눈에 띌 정도로 우위를 점하지 못 했다. 다음날 동이 틀 무렵이 되자 로마 인들은 스페인 군 전 병력이 2km 정도 떨어진 곳에서 무장한 채 전투 대형으로 준비 중인 모습을 보게 되었다.

아우세타니 인들이 중앙에 섰고, 우익엔 일레르게테스 인들이, 좌익엔 덜 중요한 스페인 부족민들이 자리를 잡았다. 중앙과 양익 사이에는 충분한 틈을 주어 때가 되었을 때 기병대가 지나갈 수 있게 배려했다. 로마 인들은 평소 하던 것처럼 전투 대형을 펼쳤지만, 한 가지 점에선 스페인 인들을 그대로 따랐는데, 군단들 사이에 기병대가 지나갈 통로를 남겨둔 것이었다. 렌툴루스는 그 틈을 통해 먼저 적군의 전열에 기병대를 보내는 쪽이 유리하다는 점을 분명하게 알았다. 따라서 그는 휘하 천인대장 코르넬리우스에게 앞에 있는 열린 통로를 따라 기병대가 전속력으로 돌격할 수 있게 하라고 지시했다. 스페인 군과 로마 군 보병대 간 싸움은 잘 전개되지 않았다. 일레르게테스 인들을 마주한 좌익의 12군단은 밀리고 있었고, 이에 렌툴루스는 예비부대인 13군단을 데려와 좌익을 강화했다. 이 조치는 성공을 거두었고, 좌익의 균형이 회복되자마자 렌툴루스는, 선두에 서서 전투 중인 휘하 장병을 격려하고 필요한 부분에 예비군을 투입하던 동료 아키디누스에게로 서둘러 갔다. 그는 아키디누스에게 좌익은 모든 게 이제 안전하다며, 코르넬리우스가 자신의 명령을 받아 곧 빠르게 기병대를 움직여 적을 포위할 것이라고 말했다.

이런 말이 나오기가 무섭게 로마 기병대가 돌격했고, 스페인 보병대는 일대 혼란에 빠졌다. 이와 동시에 스페인 기병대가 나설 때 쓰고자 했던 통로도 막혀버렸다. 통로가 막히자 스페인 기병대는 전부 말에서 내렸고, 두 로마 지휘관은 적의 전열이 부서져 군기들이 흔들리고 온갖 곳이 공황과 혼란에 휩싸인 걸 보고서 휘하 장병에게 이때 바싹 밀어붙여 이득을 봐야 하며, 붕괴된 적군이 다시 규합하지 못하도록 해야 한다고 강력히 재촉했다. 부족 야만인들은 족장인 인디빌리스가 말에서 내린 기병들과 함께 최전선 맨 앞에 서서 목숨을 내놓고 용맹하게 싸우지 않았더라면 뒤따른 로마 군의 강공을 버텨내지 못했을 것이었다. 한동안 유혈 낭자한 싸움이 계속됐고, 전투는 인디빌리스가 치명상을 입으며 결판났다. 창이 몸을 관통한 인디빌리스는 땅에 고정되어 움직이지 못했고, 그를 보호하고자 싸우던 병사들은 투척 무기에 압도당해 전부 전사했다. 그것은 궤멸을 알리는 신호였다. 스페인 인들의 손실은 기병들이 말을 탈 공간이 없다는 사실 때문에 더욱 커졌다. 로마 인들은 이미 박살난 적군의 전열을 거세게 압박했고, 마침내 적의 진지가 정리될 때까지 압박은 약해지지 않았다. 스페인 인들은 1만 3천에 달하는 사망자가 났으며, 약 1천 8백 명이 포로로 붙잡혔다. 로마 군과 동맹군은 200명 넘는 전사자가 발생했는데, 거의 좌익 부대의 인원이었다. 진지에서 내몰리거나 전투에서 목숨을 구하고자 도망친 스페인 인들은 시골 지역으로 흩어져 각각 고향으로 돌아갔다.

 3. 이후 인디빌리스의 동생 만도니우스가 반란자들을 모아 회담을 가졌다. 그들은 회담에서 처참한 패배에 지독히 불평하고 봉기에 책임이 있는 자들에게 분노를 쏟아냈다. 이어 로마 군에 사절들을 보내 항복 협정과 무장 해제를 논하기로 결정했다. 사절들은 봉기의 책임이 인디빌리스와 다른 족장들에게 있다고 했는데, 그런 책임자들 중 대다수는 전투 중에 죽었다. 무장을 해제하고 항복하겠다는 말에 로마 인들은 만도니우스와 다른 반란의 불씨를 지핀 자들을 산 채로 넘겨야만 항복을 받아들이겠다는 뜻을 분명히 밝혔다. 로마 인들은 그렇게 하지 않으면 즉시 일레르게테스와 아우세타니 영토를 침공할 것이고, 다른 부족들의 영토도 이후 마찬가지로 쳐들어가겠다고 했다. 그리하여 만도니우스와 다른 족장들은 즉시 체포되었고, 처벌을 위해 로마 인들에게 넘겨졌다. 이제 스페인 인들에게는 평화가 회복되었다. 그해 조공은 두 배가 되었고, 식량으로 쓸 여섯 달 치 곡물이

징발되었으며, 로마 군이 입을 망토와 토가도 제공되었다. 또한 로마 인들은 서른 곳 정도 되는 부족에서 인질들을 받았다.

이렇게 하여 스페인 부족들의 반란은 며칠 만에 진압되었으며, 더는 심각한 문제를 낳지 않았다. 이제 국가의 걱정거리는 아프리카였다. 라일리우스는 밤중에 히포 레기우스[1]에 도착했고, 다음날 동틀녘에 전함 선원들의 도움을 받아 부대를 이끌고 주변 지역을 습격했다. 주민들은 평시처럼 전혀 문제가 없을 거라고 생각하다가 큰 손해를 입었다. 스키피오가 로마 함대를 이끌고 아프리카로 도착했다는 엉뚱한 보고가 전해지자(이미 스키피오가 시칠리아로 넘어왔다는 소식은 전해진 상태였다) 카르타고는 공포에 휩싸였다. 전령들이 보았다는 함대의 전함 수도 분명하지 않고, 습격대의 규모도 분명하지 않았다. 순전히 두려움만으로 들은 바가 과장되었고, 그 결과 공포가 고조되었고, 운명이 나쁜 쪽으로 바뀌었다는 생각에 암울한 절망감이 뒤따라 왔다. 얼마 전만 해도 한창 승리하여 그들의 군대를 로마 성벽 앞까지 전진시켰고, 무수한 로마 군대를 괴멸시킨 뒤 모든 이탈리아 인의 항복을 받아들이거나 강제했지만, 이젠 전세가 역전되어 그들은 아프리카의 대대적인 파괴와 카르타고 포위를 목격할 운명이 되었다.

그들에게는 참사를 버텨낼 수 있는 로마 인들 같은 힘이나 자원이 없었다. 로마 인들에겐 자체 인구가 있고, 또 라티움의 인구도 있어 아무리 많이 병사들을 잃더라도 곧 성장하여 그 자리를 채울 수많은 젊은 군인을 댈 수 있었다. 그에 반해 카르타고의 도시나 시골 인구

---

1 리비우스가 사용한 로마 측 사료는 해안 근처의 히포 디아리투스(비제르타)를 히포 레기우스(보네 근처)와 혼동한 것으로 보인다. 비제르타는 카르타고에서 열흘 걸리는 거리에 있었다. 히포 레기우스(보네 근처)는 29권 32장에 나온다. 라일리우스는 동맹인 마시니사가 자기 땅이라고 주장하는 히포 레기우스를 라일리우스가 황폐화할 이유가 없다.

는 전혀 호전적이 아니었다. 그들은 아프리카 인들을 용병으로 고용해야 했는데, 이들은 조금이라도 이득을 약속하면 숨 쉬듯 편을 바꾸는 변덕스럽고 믿지 못할 자들이었다. 인근 군주들 중에서 시팍스는 스키피오와 면담을 나눈 뒤 소원해졌고, 마시니사는 공개적으로 동맹 관계를 내던지고 이젠 철천지원수가 되었다. 갈리아의 마고는 로마에 대항하여 봉기를 일으키지도 못하고 있었고, 그렇다고 한니발에게 합류하려고 시도하는 것도 아니었다. 한니발은 더는 명성이나 위력을 떨치던 예전의 모습이 아니었다.

4. 상륙한 로마 군대가 카르타고를 약탈했다는 소식으로 도시는 침울했지만, 당면한 명백한 위험으로 인해 카르타고 인들은 현재 닥친 위험을 당장 어떻게 처리할지 방법을 논의하게 되었다. 그에 따라 도시 내부와 외부 지역에서 서둘러 징병하고, 관리들을 보내 아프리카 인들을 고용하고, 도시의 방비를 강화하고, 곡물을 갖추고, 마련한 무기를 제공하고, 히포에 있는 로마 함대를 상대할 함대를 갖추기로 결정이 내려졌다. 이런 준비가 한창 진행 중이던 때에 또 다른 전령이 도착했고, 그는 침입 부대의 지휘자가 스키피오가 아닌 라일리우스이며, 그가 데려온 병력은 습격이나 할 수 있는 소규모 수준에 불과하고 적의 주력은 여전히 시칠리아에 있음을 알렸다.

이 소식으로 잠시 한숨을 돌린 카르타고 인들은 사절단을 시팍스와 다른 군주들에게 보내 동맹 관계를 강화하려고 했다. 그들은 필리포스 왕에게도 대표단을 보냈는데, 시칠리아나 이탈리아를 침공하면 은 200 탈렌트를 주겠다는 약속을 가지고 갔다. 이탈리아의 카르타고 지휘관들에게도 사절단이 파견되었고, 사절들은 그들에게 무슨 수를 써서라도 스키피오의 아프리카 침공을 저지하라고 촉구했다. 사절들은 마고에게 25척의 전함, 6천 보병, 8백 기병, 코끼리 7마리, 용병을 고용하는데 필요한 거액의 자금까지 전달했다. 추가로 자원을 확보해 더 큰 전력을 편성하여 로마 근처로 이동해 한니발과 병력을 합치라는 것이었다.

카르타고에서 이런 논의와 준비가 진행되는 동안 마시니사는 로마 함대가 도착했다는 소식을 듣고 소규모 기병대와 함께 라일리우스를 호위하러 왔다. 라일리우스는 무장도, 방비도 아예 되어 있지 않은 지역에서 엄청난 양의 귀중품을 약탈하는 중이었다. 마시니사는 카르타고 인들이 동요하고 있고, 시팍스도 지역 전쟁으로 정신이 팔린 이때 스키피오가 아프리카를 침공하지 않는 걸 보니 추진력이 부족한 게 아니냐고 불평했다. 마시니사는, 시팍스에게 당면한 난관을 만족스럽게 처리할 여유를 주면 어떤 일에서든 절대로 로마를 충실하게 돕지 않을 거라고 내다보았다. 그에 따라 그는 라일리우스에게 모든 수단을 강구할 수 있는 스키피오가 더 이상 지체해선 안 된다고 간청했다. 이어 마시니사는 비록 왕국에서 내몰린 몸이지만 절대 무시할 수 없는 보병과 기병으로 스키피오를 지원하겠다고 약속했다. 더욱이 마시니사는 라일리우스가 계속 아프리카에 머물러서도 안 된다고 조언했다. 카르타고 함대가 접근하면 스키피오가 없이 교전하게 되는데, 그렇게 되면 안전하지 못하다는 것이었다.

5. 면담이 끝난 뒤 라일리우스는 마시니사에게 작별을 고하고 다음날 히포에서 떠났고, 약탈품을 잔뜩 실은 채 시칠리아로 돌아와 마시니사의 뜻을 스키피오에게 전달했다.

바로 이즈음에 카르타고에서 마고에게 보낸 전함들이 게누아와 리구리아 부족 알빈가우니 영토 사이의 해안에 접근했다. 마침 마고 역시 그 인근에 함대를 두고 있었다. 그는 카르타고에서 보낸 사절들을 만났고, 사절들은 그에게 최대한 강력한 병력을 갖추라고 촉구했다.

이에 마고는 즉시 인근에 수많은 인구를 지닌 갈리아와 리구리아 인들을 모아 회담을 열었다. 그는 갈리아와 리구리아에 자유를 회복하러 왔으며, 카르타고에서 증원군이 도착하는 중이라는 점을 알렸다.

이에 덧붙여 마고는 자유를 회복하기 위한 전쟁을 수행하려는 군대의 규모와 힘은 그들에게 달렸다고 강조했다. 그 지역에 로마 군은 2개 부대가 있었는데, 하나는 갈리아에, 다른 하나는 에트루리아에 있었다. 마고는 루크레티우스가 리비우스에 합류할 것을 확신했다. 따라서 두 로마 사령관과 그들의 군대에 맞서려면 수천 명은 선발하고 무장해야 했다. 이에 갈리아 인들은 마고가 요구하는 대로 기꺼이 하고 싶지만, 로마 군 1개 부대가 실제로 자신들의 영토에 있고, 다른 부대는 에트루리아 경계 너머 거의 보이는 곳에 있다는 점을 지적했다. 또한 그들은 마고에게 증원군을 보내는 사실이 알려지면 2개 로마 부대가 즉시 공격해올 것이라고도 말했다. 따라서 갈리아 인들은 마고에게 그런 지원은 최대한 은밀하게 제공되어야 한다는 뜻을 전했다.

반면 리구리아 인들은 도시나 영토 근처 어디에도 로마 군이 주둔하지 않았으므로 마음 내키는 대로 할 수 있었다. 그들은 복무 연령대에 있는 남자들을 무장시키고 전투에서 제몫을 하도록 준비하면 되었다.

리구리아 인들은 마고의 요청을 거부하지 않았지만, 병력을 모을 수 있게 두 달의 말미를 달라고 했다. 그러는 사이 마고는 갈리아 군인들을 고용하는 일에 나섰다. 그는 관리들을 은밀히 갈리아 영토로 보내 모병의 목적을 달성했고, 다양한 갈리아 부족에서 보낸 온갖 보급품이 은밀하게 그에게 전달되었다.

리비우스는 자원 노예로 구성된 휘하 병력을 에트루리아에서 갈리아로 데려오면서 루크레티우스와 합류했고, 마고가 리구리아에서 로마 방향으로 움직이면 맞설 준비를 마쳤다. 만약 카르타고 사령관이 알프스 아래 먼 곳에서 활동하지 않는다면 그 역시 현재 위치, 즉 아리미눔 근처에 그대로 머무르며 이탈리아 방어 작전을 펼칠 계획이었다.

6. 아프리카에서 라일리우스가 돌아왔을 때 스키피오는 마시니사의 간청에 깊은 인상을 받았다. 스키피오의 장병들은 라일리우스의 함대가 가져온 약탈품을 보자 가능하면 최대한 빠르게 아프리카를 침공했으면 하는 열의에 불탔다. 하지만 웅장한 계획은 일시적으로 비교적 덜 중요한 작전의 방해를 받아 지연되었다. 이 작전은 로크리(이탈리아 반도 최남단 도시)의 수복이었다. 로크리는 이탈리아 도시들이 반란을 일으킬 때 뜻을 같이했고, 그리하여 카르타고 인들에게 넘어갔었다. 사소한 사건이 이런 모반이 성공할 거라는 큰 기대를 갖게 했다. 브루티움에서의 전쟁은 정기적인 전투라기보다는 그때그때의 습격 양상을 띠었다. 산적질과 다를 바 없는 짓은 누미디아 인들이 시작했는데, 브루티움 인들도 그런 짓을 따라서 하기 시작했다. 그렇게 된 것은 산적질이 그들의 성질에도 맞았을 뿐만 아니라 카르타고 군과 동맹이라 자연스러운 일이기도 했기 때문이다. 마침내 로마 병사들조차 전염이라도 된 것처럼 약탈에 즐거움을 느꼈고, 장교들이 승인하면 거리낌 없이 적의 농장을 습격하기 시작했다.

그러다 로마 습격대는 로크리에서 나온 몇 명을 포위하여 그들을 레기움으로 데려갔다. 포로들 중엔 카르타고 인이 로크리 요새에 고용했던 장인들이 있었다. 로크리를 한니발에게 넘긴 반대 파벌에게 쫓겨나 레기움에 피난해온 몇몇 주요 로크리 시민들이 그 장인(匠人)들을 알아봤다. 그들은 오랫동안 고향에서 떨어진 먼 곳에 있을 때 흔히 사람들이 묻는 그런 부류의 질문을 했고, 이에 장인들은 로크리에서 벌어진 일을 전하고 이어 몸값을 내어 돌려보내 주면 요새를 그들에게 넘기겠다고 제안하여 고향 소식을 묻는 사람들에게 희망을 품게 했다. 그들의 말에 따르면, 그들은 요새에 살았고, 카르타고 인들은 모든 면에서 자신들을 믿는다고 했다.

로크리 시민은 향수병의 고통에 더해 적에게 복수하겠다는 열렬한 욕구에 휩싸여 즉시 몸값을 치르고 장인들과 일을 어떻게 벌일지, 도시 밖으로 어떤 신호를 보낼지를 의논한 뒤 그들을 돌려보냈다. 이어 그들은 시라쿠사로 떠나 몇몇 로크리 추방자들과 함께 스키피오를 찾았고, 그에게 포로들이 약속한 일을 보고했다. 스키피오는 성공할 가능성이 충분하다고 판단하고 천인대장 마르쿠스 세르기우스와 푸블리우스 마티에누스에게 로크리 인들과 동행하여 레기움에서 3천 병사를 이끌고 로크리로 진군할 것을 지시했다. 법무관 대리 퀸투스 플레미니우스 역시 서신을 받고 작전 책임자로 나서게 되었다.

레기움을 떠난 원정대는 사전에 들은 정보로 로크리 요새 높이에 딱 맞게 특별 제작된 사다리를 가지고 있었고, 자정 즈음에 미리 약속된 장소에서 도시 내부의 장인들이 불로 신호를 올리는 걸 봤다. 장인들은 만반의 준비를 하고 기다리고 있었고, 특별히 준비한 자기들의 사다리들을 내렸다. 로마 군인들은 동시에 여러 곳에서 성벽을 올랐고, 그런 위험이 닥치리라고 예상조차 못하고 잠든 카르타고 초병들을 습격하여 경고의 외침을 내지 못하게 했다. 한동안 들리는 소리라고는 죽어가는 자들이 내는 신음 소리뿐이었다. 이후 잠에 빠진 자들이 일어나기 시작했고, 그들은 갑작스럽게 공포에 휩싸여 이리저리 내달렸지만 아무도 무슨 일이 벌어졌는지 알지 못했다. 마침내 진실이 드러나자 모든 이가 근처에 있는 전우를 깨웠고, 혼란 속에서 전투를 준비하라는 소리가 울려 퍼졌다. "적이 요새를 점령했다!" "위병들이 살해당하고 있다!"는 외침 소리가 들려왔다.

로마 군은 수적으로 훨씬 열세라 위험이 닥쳤을 때 요새 밖에서 외치는 소리가 로마 군의 숫자 파악을 어렵게 하지 않았더라면 분명 압도당했을 것이었다. 그러는 사이 상상 속에서 위험은 소음, 혼란, 어둠 등이 뒤섞이는 바람에 부풀려지기 시작했다. 그에 따라 카르타고 인들은 요새가 적군에 의해 완전히 장악되었다고 여기게 되었고, 저항을 그만두고 다른 요새로 피신했다. 로크리에는 요새가 두 개가 있었고, 다른 요새는 공격한 요새에서 그리 멀리 떨어지지 않았다. 두 요새 사이에는 승자의 전리품인 도시가 있었는데, 현재는 로크리 시민들이 살고 있었다. 양군은 그렇게 요새를 나눠 가졌고, 로마 군은 플레미니우스가, 카르타고 군은 하밀카르가 지휘했으며 매일 소규모 접전이 요새 사이에서 벌어졌다. 양군은 인근에서 증원군을 얻으며 병사 수를 늘렸고, 마침내 한니발이 직접 로크리로 오고 있다는 사실이 알려졌다. 이런 상황에서 로마 군은 카르타고 인들의 압제와 탐욕에 적개심을 품고서 로마 인들의 편을 든 도시 주민들이 아니었다면 버텨낼 수 없었을 것이었다.

7. 스키피오는 로크리 상황이 더욱 심각해졌고, 한니발도 그 도시로 움직이고 있다는 소식을 듣고 도시뿐만 아니라 로마 주둔군의 안전도 불안하다고 생각했다. 그곳은 부대를 철수하기에도 곤란한 장소였기 때문이다. 이에 따라 그는 동생인 루키우스에게 메사나(시칠리아)를 맡기고 해협에서 물결이 남쪽으로 흐르자마자 배를 타고 로크리를 향해 출발했다. 같은 때 한니발은 로크리 근처 불로투스 강에서 도시로 전령을 보내 다음날 동이 틀 때 그곳의 카르타고 부대에 로마 인과 로크리 인을 상대로 전력 교전하라고 지시했다. 그렇게 되

면 전투에 관심이 집중되는 동안 자신은 후방에 기습을 가할 기회를 잡겠다는 속셈이었다. 하지만 동틀녘에 한니발은 이미 전투가 시작되었다는 것을 발견했다. 그는 그 자신이 군대를 기동시킬 공간이 없는 요새에 갇히는 걸 별로 달가워하지 않았다. 게다가 그렇다고 성벽에 설치할 사다리가 있는 것도 아니었다. 이에 한니발은 적에게 공포를 유발할 생각으로 병사들에게 군장을 쌓아올리게 하고 성벽 가까이에 그들을 정렬시켰고, 사다리와 다른 공성 장비가 준비될 동안 누미디아 기병들에게 도시 주위를 말을 타고 달리게 하며 공격하기 가장 좋은 장소를 찾아보게 했다. 그러는 동안에 사다리와 공성기가 준비되었다. 한니발이 성벽 가까이로 움직였을 때 그의 옆에 서 있던 자가 투석기에서 날아온 무기에 맞았다. 이 일로 무척 놀란 한니발은 퇴각 나팔을 불게 하고 투척 무기가 닿지 않는 곳에 새로 진지를 치고 방어 시설을 강화했다. 한편 메사나에서 출발한 로마 부대가 로크리에 도착한 것은 여전히 어느 정도 햇빛이 남아 있던 때였다. 로마군 부대는 뭍에 내린 뒤 해가 지기 전에 도시로 들어갔다.

다음날 아침 카르타고 인들은 요새에서 작전을 펼치기 시작했고, 사다리와 다른 공성 장비를 전부 갖춘 한니발은 도시 성벽으로 부지런히 이동했다. 하지만 이때 갑자기 성문이 활짝 열리면서 로마 인들이 한니발을 향해 빠르게 달려들었다. 이는 한니발이 전혀 예상하지 못한 사태였고, 그의 휘하 병력은 이런 불의의 일격을 받고 200여 명의 전사자를 냈다. 한니발은 스키피오가 있다는 걸 알고서는 요새에 있는 전우들에게 전령을 보내 최대한 안전을 확보하라고 지시한 뒤 나머지 병사를 진지로 후퇴시켰다. 이어 그는 어둠을 틈타 진지를 철수하고 다른 곳으로 떠났다. 요새의 카르타고 인들은 혼란을 유발하여 시간을 벌고자 그들이 머무르던 집들에 불을 질렀고, 마치 패주하는 것처럼 빠르게 움직여 해질녘이 되기 전에 후퇴하는 전우들의 대열을 따라잡을 수 있었다.

8. 스키피오는 적이 요새에서 달아나고 진지도 버린 것을 알게 되자 로크리 인들을 사령부로 소환하여 그들의 배신을 엄하게 꾸짖었다. 그는 반란에 책임이 있는 자들을 처형하고, 그들의 재산을 로마에게 한결 같은 충성을 바친 반대 파벌의 지도자들에게 보상으로서 넘겨주었다. 도시 전반에 관해 스키피오는 특권을 인정하거나 처벌을 가하는 건 자신의 일이 아니라고 하며 로크리 인들에게 대표단을 로마로 보내 원로원의 적절한 판단에 따르라고 지시했다. 스키피오는 덧붙여, 비록 로크리 인들이 로마 인들을 그리 잘 돕지 못했지만, 우대하는 척하는 카르타고보다는 분노한 로마 인들의 통치를 받는 편이 훨씬 나을 거라는 점을 확신한다는 말도 했다. 이어 그는 현지에 플레미니우스를 부사령관으로 남겨두고서, 요새를 점령한 로마 군 부대와 함께 도시를 지키게 한 뒤에 자신이 데려온 병력과 함께 메사나로 돌아갔다.

로마에 반란을 일으킨 뒤 로크리 인들은 악랄하고 오만하며 잔혹한 카르타고 인들에게 당해왔으니 로마의 당연한 냉대를 평온한 마음으로 혹은 기쁜 마음으로 환영했을 수도 있었다. 하지만 불행히도 플레미니우스와 그의 로마 주둔군은 불쾌하고 범죄적인 탐욕의 측면에서 하밀카르와 그의 휘하 카르타고 인들을 훨씬 능가했다. 그리하여 현지 로마 군은 카르타고 인들의 전쟁 상대일 뿐만 아니라 악덕의 상대로도 손색이 없었다. 주인이 힘을 행사하여 압박당하는 자들을 증오하게 만드는 일들 중에서 로마 군은 단 한 가지도 빼놓지 않고 다 저질렀다. 지휘를 맡은 장교나 병사들이나 악랄함에 있어서 오십 보 백 보였다. 불행한 주민들은 아내, 자식과 함께 모든 로마 인에게 형언할 수 없는 고통을 받았다. 곧 로마 인들은 탐욕을 주체하지 못하고 신전까지 약탈하게 되었다.

수많은 신전이 약탈되었고, 심지어 프로세르피나의 보물 창고도 강탈되었다. 이 보물 창고는 과거에 단 한 번 피로스의 약탈을 제외하곤 언제나 침범을 면해 온 곳이었다. 전하는 말에 의하면, 피로스가 이 보고를 강탈한 뒤 신성 모독으로 큰 대가를 치르고 약탈한 물건을 도로 원래대로 가져다 놓았다. 실제로 그와 유사한 일이 로크리에서 벌어지고 있었다. 과거에 절도범들이 싣고 도망치려 했던 피로스의 배들은 바다에서 난파되었는데, 그때 여신의 신성한 보물만 온전하게 구조되고 나머지 배들에 탔던 자들은 모두 수장되었다. 이제 그와 유사한 재앙이 그 보물을 훔쳐간 로마 인들에게 떨어졌다. 그 보물을 훔쳐서 신전을 더럽힌 자들은 그 죗값으로 정신이상이 되어 버렸다. 그리고 로마 군은 신이 내린 재앙의 결과로, 서로 증오의 분노를 품고서 장교는 다른 장교를, 사병은 다른 사병을 상대로 싸우게 되었다.

9. 플레미니우스는 로크리에서 가장 계급이 높은 장교였고, 레기움에서 데려온 로마 군을 지휘했다. 하지만 천인대장들이 지휘하는 다른 병력도 있었다. 플레미니우스의 병사 중 하나가 한 시민의 집에서 은잔(銀盞)을 훔쳤고, 주인들은 은잔을 들고 도망치는 병사를 쫓았다. 그러다 병사는 천인대장인 세르기우스와 마티에누스를 만나게 되었고, 두 사람은 명령을 내려 그 은잔을 병사에게서 빼앗게 했다. 이로 인해 양쪽에서는 서로 분노에 가득한 욕설을 큰 목소리로 퍼붓게 되었고, 마침내 플레미니우스의 병사들과 천인대장들의 병사들 간에 총력전이 벌어졌다. 더 많은 병사가 전우를 돕기 위해 각자의 편에 서둘러 가세하면서 거리의 무리는 점점 더 커지고 통제할 수 없

게 되었다. 플레미니우스의 병사들은 결국 패배했고, 그들은 분노와 고통으로 울부짖으며 지휘관에게 달려가 피가 흘러나오는 상처를 보여주고 적들이 지휘관에게 퍼부은 끔찍한 욕설을 그대로 전했다.

그러자 불같이 화가 난 플레미니우스는 집에서 뛰쳐나와 권표를 가져오게 하고 천인대장들을 자신의 앞에 옷을 벗겨 데려오라고 지시했다. 장교들의 옷을 벗기는 데는 시간이 걸렸는데, 두 고위 장교가 저항하며 휘하 병사들에게 보호를 간청했기 때문이었다. 이 과정에서 승리에 도취된 더 많은 병사들이 적을 상대로 전투 준비를 하라는 소리에 응하는 것처럼 온 사방에서 갑자기 달려왔다. 고위 장교들의 등이 이미 권표의 채찍에 의해 피가 나고 있는 걸 목격한 병사들은 두 배로 분노했다. 통제할 수 없는 광기 같은 분노에 휩싸여 그들은 길나장이들을 수치스럽게도 거칠게 다뤘고, 이어 계급의 위엄 따위는 아예 신경도 쓰지 않고(평범한 예절을 잊은 건 말할 필요도 없다) 최고 지휘관인 플레미니우스를 공격했다. 그들은 플레미니우스를 그의 편 병사들로부터 떼어 놓고서 최고 지휘관의 몸에 칼을 댔고, 그의 코와 양쪽 귀를 불구로 만들어 거의 죽을 지경에 이르게 했다.

이런 하극상 행위에 관한 보고가 메사나에 도착하자 스키피오는 며칠 뒤 6단 노선²을 타고 로크리로 나아갔다. 플레미니우스와 천인대장들 간의 일을 청문한 그는 플레미니우스에게 무죄를 선고하고 그대로 로크리의 지휘를 맡게 했다. 스키피오는 고위 장교들에 대해서는 유죄를 선고하고 구금토록 하여 이후 로마 원로원에 보내도록 조치했다. 이후 그는 메사나로 돌아갔고, 그곳에서 시라쿠사로 건

---

2   이런 배를 헥세리스(hexeris)라고 하는데 3단 노선이나 5단 노선에 비하여 아주 드물게 사용되었다.

너갔다.

플레미니우스는 이 결정에 분노하여 펄펄 뛰었다. 그는 스키피오가 자신에게 가해진 상처를 너무 가볍게 여긴다고 생각했다. 실제로 그는 가해진 상처의 공포를 직접 온전히 느낀 자신만이 관련 천인대장들을 적절히 단죄할 수 있다고 생각했다. 따라서 그는 그 장교들을 자신이 있는 곳으로 끌고 오라고 지시하고, 그들에게 사람의 몸에 가할 수 있는 온갖 고문을 가하고 난도질한 다음 죽였다. 그것으로도 분이 풀리지 않은 그는 고위 장교들의 시체마저 땅에 내던지고 매장하지 못하게 했다. 그는 스키피오에게 건너가 학대를 당했다고 항의한 것으로 알려진 로크리 주요 인사들에게도 비슷한 야만적인 짓을 저질렀다. 플레미니우스는 분노에 사로잡혀서, 예전에는 성욕과 탐욕으로 저질러졌던 우방 공동체(로크리)에 대한 역겨운 범죄를 더욱 가혹하게 저질렀다. 플레미니우스는 그 자신이 악명과 증오의 대상이 되었을 뿐만 아니라, 그의 상관인 총사령관도 증오의 대상이 되어 오명을 뒤집어쓰게 했다.

10. 선거를 치를 때가 이미 다가오고 있었고, 이때 집정관 리키니우스가 로마로 서신을 보내왔다. 집정관 자신과 휘하 군대가 심각한 전염병에 시달리고 있어, 적군이 똑같이 심각하거나 아니면 더 심각한 병에 걸리지 않았다면, 그 상황을 버틸 수 없었을지도 모른다는 내용이었다. 이에 그는 자신이 선거 주재를 할 수 없는 상황이므로 원로원이 승인한다면 퀸투스 카이킬리우스 메텔루스를 독재관으로 임명하여 선거 주재를 맡기겠다고 건의했다. 또한 그는 메텔루스의 병력이 현재 아무런 쓸모가 없으므로 해산하는 것이 더 공익에 부합한다고 말했다. 한니발도 이미 월동 진지로 물러났고, 메텔루스의 진지에 퍼진 전염병이 극심하여 빠르게 해산하지 않으면 아무도 살아

남을 수 없다는 것이었다. 리키니우스는 집정관의 의무와 공익에 부합된다고 생각하는 일을 하라는 원로원의 지시를 받았다.

이즈음 갑작스러운 두려움이 로마를 휩쓸었다. 이해(기원전 205년)엔 평년보다 더욱 자주 돌비가 내렸고, 그리하여 시빌의 예언서를 참조하게 되었다. 예언서에서 외적이 이탈리아를 침공했을 때 이다 산(山)의 신들의 어머니인 키벨레[3]를 페시누스에서 로마로 데려오면 그들은 패배하고 물러날 것이라는 구절이 발견되었고, 10인 성직 위원회 위원들이 발견한 이 예언의 발견은 원로원에 큰 영향을 미쳤다. 더욱이 델포이에 제물을 바치러 보냈던 사절들이 아폴로를 위해 희생 의식을 치렀을 때 모든 조짐이 호의적이었으며, 신탁에 의하면 이번에 승리하여 전리품 일부를 공물로서 가져왔으나, 앞으로 훨씬 더 큰 승리가 기다린다고 했기 때문이었다.

이런 희망을 실현하고자 원로원은 자신 있게 전쟁을 종결지을 수 있다면서 아프리카를 임지로 요구한 스키피오의 낙관적인 주장을 받아들이는 방향으로 기울었다. 따라서 그들은 진지하게 여신상을 로마로 옮기는 최선의 방법을 고민하기 시작했다. 그렇게 해야 델포이와 시빌의 예언서에서 나타난 수많은 조짐과 예언으로부터, 또 스키피오의 불가해한 승리의 확신으로부터 최대한 빨리 승리를 거둘 수 있을 것 같았기 때문이다.

11. 로마는 아직 아시아 국가들 사이에 동맹국이 없었다. 하지만 로마 인들은 먼 옛날 그리스와 동맹 협정을 맺지 않았을 때, 전염병

---

3 키벨레는 프리기아 지방에서 처음 숭배한 "신들의 어머니"였다. 페시누스는 프리기아에 가까운 갈라티아의 접경 지역에 있는 마을로서, 안키라(앙카라)에서 남서쪽으로 130km 떨어진 지점에 있었다.

을 해결하고자 치료의 신 아이스쿨라피우스 신상(神像)[4]을 불러들여 도움을 받은 것, 그리고 현재 필리포스와의 대결이라는 공통된 목적으로 아탈로스 왕과 우호적인 관계를 맺고 있다는 것을 기억했다. 따라서 원로원은 아탈로스가 로마 인을 위해 할 수 있는 일은 다 해줄 거라는 믿음으로 그에게 대표단을 보내기로 했다. 사절로 선정된 이들은 두 번 집정관을 지내고 그리스에서 적극적으로 활약했던 마르쿠스 발레리우스 라이비누스와 전직 법무관 마르쿠스 카이킬리우스 메텔루스, 전직 토목건축관리관 세르비우스 술피키우스 갈바, 그리고 전직 재무관인 그나이우스 트레멜리우스 플라쿠스와 마르쿠스 발레리우스 팔토였다. 대표단은 다섯 척의 5단 노선을 이끌고 갔는데, 이는 로마의 위엄에 어울리는 모습을 보이기 위함이었으며, 더불어 중요하다고 판단되는 땅에 도착할 때 로마 인의 명성이 극도로 존중받을 수 있도록 하기 위함이었다. 사절들은 아시아로 가는 도중 델포이로 가서 신탁을 청하면서, 사절단과 로마 인들이 이번 임무를 성공적으로 달성할 수 있을지를 물었다. 신탁은 아탈로스 왕의 도움으

---

4 리비우스 로마사 10권 47장에 언급된 의학의 신. 인멸된 리비우스 11권의 페리오카(줄거리 요약)는 전해지는데, 이에 의하면 로마 사절들이 에피다우로스로 파견되어 아이스쿨라피우스를 상징하는 뱀의 신상을 수입해 왔고 이 신의 성소로는 인술라 티베리나를 선택했다고 한다. 오비디우스는 변신 15권에서 이 신상의 수입을 이렇게 묘사하고 있다. "신을 태운 배가 티베르 강 상류로 신속하게 올라가자, 강의 양쪽 둑에 설치된 제단에서 타오르는 향기로운 향료가 구름처럼 피어올랐다. 희생 제물을 잡았고, 그 제물의 멱을 따는 희생 제의용 칼은 동물의 피로 따뜻해졌다. 이제 신은 세계의 수도인 로마에 입성했다. 뱀은 몸을 곧추 세우고 그 목을 돛대 위에 기대면서 자기 자신에게 알맞은 땅이 어디인가 살펴보았다. 티베르 강은 섬이라고 부르는 지역을 감싸면서 두 갈래로 흘렀다. 강은 섬을 중심에 두고 똑같은 길이의 양팔을 내뻗었다. 바로 이 지점에서 포이보스의 뱀 아들은 로마 인의 배에서 내렸고, 천상의 모습을 다시 회복하면서, 로마의 전염병을 종식시켰고 로마 시의 의신(醫神)으로 자리 잡게 되었다."

로 로마 인들은 바라던 걸 얻게 될 것이며, 여신을 로마로 데려갈 때 반드시 나라의 최고 시민이 정중하게 환영해야 할 것이라는 분부를 내렸다고 한다.

사절들은 이어 페르가몬에서 아탈로스 왕을 방문했다. 왕은 정중하게 로마 사절단을 맞이하고 프리기아에 있는 페시누스로 그들을 호위하며 데려갔다. 아탈로스는 원주민들이 신들의 어머니를 대표한다고 하는 성스러운 돌을 사절단에게 건네주었고, 그것을 로마로 가지고 돌아가라고 했다. 팔토는 다른 사절들보다 앞서 로마에 도착하여 여신이 로마로 향하는 중이니 나라의 최고 시민이 여신을 온당히 환영해야 할 것이라는 점을 알렸다.

퀸투스 카이킬리우스 메텔루스는 브루티움에서 집정관에 의해 독재관으로 임명되어 선거를 주재하게 되었고, 그의 휘하 병력은 해산되었다. 사마관으로는 루키우스 베투리우스 필로가 임명되었다. 선거는 절차에 맞게 치러졌다. 마르쿠스 코르넬리우스 케테구스와 푸블리우스 셈프로니우스 투디타누스가 다시 집정관으로 돌아왔고, 후자는 그리스에서 복무 중이라 자리에 없는 채로 당선되었다. 새로운 법무관들은 티베리우스 클라우디우스 네로, 마르쿠스 마르키우스 랄라, 루키우스 스크리보니우스 리보, 마르쿠스 폼포니우스 마토였다. 선거 이후 독재관은 자리에서 물러났다.

로마 게임이 사흘에 걸쳐 반복되고, 평민 게임은 이레에 걸쳐 반복 실시되었다. 쿠룰레 토목건축관리관들은 그나이우스와 루키우스 코르넬리우스 렌툴루스가 임명되었다. 후자는 당시 스페인에서 복무 중이라 선거 때나 해당 관직의 재임 기간 중에 자리에 있지 못했다. 평민 토목건축관리관들은 티베리우스 클라우디우스 아셀루스와 마르쿠스 유니우스 펜누스가 임명되었다. 마르켈루스는 포르타 카페나에 <용기>의 신전을 바쳤다. 그의 아버지가 갈리아의 클라스티디움에서 첫 집정관을 지낼 때 봉헌하겠다고 맹세한 때로부터 16년이 지난 시점이었다. 이해엔 마르스의 사제인 마르쿠스 아이밀리우스 레길루스가 숨을 거뒀다.

12. 지난 2년 간 로마 인들은 그리스 상황엔 거의 주의를 기울이지 않았다. 그 결과 필리포스는 방어를 위해 로마만 바라보고 있던 아이톨리아 인들에게 평화 협정을 청했고, 자신이 원하는 조건에 맞춰 합의하도록 강제했다. 여전히 전쟁 중인 필리포스는 즉시 협정을 체결하는 데 온갖 노력을 기울이지 않았더라면 집정관 대리 셈프로니우스에게 기습을 당했을 수도 있었다. 술피키우스를 대체한 그는 1만 보병과 1천 기병, 그리고 35척의 전함을 갖추고 로마의 동맹들을 도우려고 했는데 그것은 도저히 무시할 수 없는 전력이었다. 평화 협정이 체결되고 이내 필리포스는 로마 인들이 디라키움에 있으며, 파르티니와 다른 인근 도시들이 혁명을 일으키려고 무장 봉기했고, 디말룸이 포위되었다는 소식을 듣게 되었다. 로마 군은 아이톨리아 인들을 도우러 나서려고 했지만, 로마의 동의도 없이 필리포스와 협정을 맺은 것에 분노하여 디말룸으로 방향을 돌렸다. 소식을 접한 필리포스는 인근 국가들에 더욱 심각한 봉기가 일어나는 걸 막으려 했고, 따라서 셈프로니우스를 추적하여 서둘러 아폴로니아로 향했다.

셈프로니우스는 부사령관인 라이토리우스에게 휘하 병력 일부와 15척의 전함을 주어 아이톨리아로 보내 상황을 알아보고, 할 수 있다면 평화 협정을 무효화하라고 지시한 뒤 아폴로니아로 떠났다. 필리포스는 아폴로니아의 외딴 지역 농장들을 완전히 파괴하고 도시로 진군하여 로마 사령관에게 전투를 걸었다. 하지만 셈프로니우스가 응전하지 않고 성벽을 방어하는 것으로 만족하자 필리포스는 자신이 도시를 공격하여 점령할 수 있을지 확신도 못했고, 또 할 수 있다면 아이톨리아 인과 그랬던 것처럼 평화 협정을 맺고 싶었기에 더 이상 도전하지 않았다. 그는 설사 평화 협정을 맺지 못하더라도 최소한 휴전할 수는 있었다. 따라서 그는 새롭게 갈등을 일으킴으로써 로마와 더욱 적대적인 관계가 되는 걸 피하기 위해 자신의 왕국으로 물러났다.

이즈음 에피로스 인들은 지루하게 오래 지속되는 전쟁에 질려 있었다. 그들은 먼저 로마의 동감을 확인하고 이어 사절들을 필리포스에게 보내 전면 평화 협상을 제안하면서, 필리포스가 직접 로마 사령관 셈프로니우스와 대화를 나누면 합의가 될 것으로 본다고 말했다. 평화를 꺼릴 이유가 전혀 없는 필리포스는 그 말에 쉽게 설득되어 에피로스로 갔다. 포이니케라는 도시에서 그는 에피로스 행정장관들인 아이로푸스, 데르다스, 필리푸스와 이야기를 나눈 뒤 셈프로니우스를 만났다. 두 지도자들이 이야기를 나누는 자리에 함께한 이들은 아타마니아 인의 왕 아미난드로스, 그리고 에피로스와 아카르나니아의 고관들이었다. 처음으로 말을 꺼낸 이는 에피로스의 행정장관인 필리푸스였다. 그는 마케도니아 왕과 로마 사령관에게 전쟁을 끝내 에피로스 인들에게 호의를 베풀어 달라고 요청했다.

그러자 셈프로니우스는 평화 협정을 맺는 조건을 제시했다. 구체적인 내용은 파르티니, 디말룸, 바르굴룸, 에우게니움을 로마에 이양하고, 필리포스(마케도니아)가 로마로 사절들을 보내 원로원의 허락을 받으면 아틴타니아를 마케도니아에 병합하는 것이었다. 이 조건은 합의가 되었고, 비티니아의 왕 프루시아스, 아카이아 인, 보이오티아 인, 테살리아 인, 아카르나니아 인, 에피로스 인이 필리포스의 편으로서 협정 문서에 기록되었고, 일리움 인, 아탈로스 왕, 플레우라투스, 라케다이몬 참주 나비스, 엘리스 인, 메세니아 인, 아테네 인이 로마의 편으로서 협정 문서에 기록되었다. 협정은 문서로 작성되어 서명되었고, 양측은 두 달 간 휴전하기로 합의했다. 휴전은 사절들을 로마로 보내 평화 조건에 관해 시민들의 허가를 얻을 시간을 벌기 위해서였다. 모든 로마 부족들이 동의했고, 이제 전장은 아프리카로 옮겨간 것처럼 보이니 로마 인들은 한동안 다른 곳에서 모든 군사적 책임으로부터 벗어나고자 했다. 셈프로니우스는 협정이 확정되자 로마로 귀국하여 집정관직에 올랐다.

13. 카르타고와 전쟁을 한 지는 이제 15년(기원전 204년)이 되었다. 새로운 집정관들인 코르넬리우스 케테구스와 셈프로니우스 투디타누스는 원로원 결정에 따라 각각 에트루리아에서 기존 군단을, 브루티움에서 새로 징병한 군단을 지휘하게 되었다. 도시 법무관은 추첨을 통하여 마르키우스가 맡게 되었고, 외국인 사법권과 함께 갈리아를 맡는 일은 리보, 시칠리아는 마토, 사르데냐는 네로가 각각 맡게 되었다.

스키피오는 지휘하던 육군과 해군을 그대로 유지한 채 1년 더 지휘권이 연장되었다. 푸블리우스 리키니우스의 지휘권도 연장되었고, 그는 집정관이 적절하다고 판단하는 한, 온전한 군사적인 권한을 지니고 브루티움에 남을 것이었다. 리비우스와 루크레티우스 역시 지휘권이 연장되었다. 두 사람은 마고에 대항하여 갈리아를 지켜낸 휘하 2개 군단을 계속 지휘할 것이었다. 옥타비우스의 지휘권도 연장되었지만, 사르데냐와 휘하 군단들을 새로운 법무관인 네로에게 넘기라는 지시를 받았다. 그는 40척으로 구성된 함대를 이끌고 원로원이 지정한 해안 지역을 보호하게 되었다. 시칠리아의 새 법무관 마토에겐 칸나이 패잔병으로 구성된 2개 군단이 주어졌다. 티투스 퀸크티우스[5]와 가이우스 호스틸리우스 투불루스는 법무관 대리로서 지난해처럼 각각 타렌툼과 카푸아에 주둔하는 로마 군을 지휘할 것이었다. 스페인 지휘권에 관해 시민들은 집정관 대리의 권한으로 그곳에 보낼 두 사람을 공식적으로 논의했고, 트리부스 민회는 만장일치로 지난해 지휘를 맡았던 두 사람인 코르넬리우스 렌툴루스와 만리우스 아키디누스에게 권한을 주었다. 이어 집정관들은 신병을 모집하는 일을 시작했고, 이렇게 모인 신병들은 브루티움에서 복무할 새로운 군단에 들어가거나, 아니면 원로원의 지시에 따라 다른 군단들의 보충병으로 투입될 것이었다.

14. 원로원은 아직 로마 군이 아프리카에서 작전을 벌일 것이라는 계획을 공개적으로 결정하지는 않았다. 내 생각에, 의원들은 카르타고 인들이 의도를 소문으로라도 알게 될까봐 계획을 계속 숨긴 것 같다. 그럼에도 불구하고 온 로마가 올해 아프리카에서 전투가 벌어질 것이며, 종전이 머지않았다고 자신 있게 내다보았다. 당면한 중대 국면에 관한 이런 예상은 수많은 미신을 낳았고, 사람들은 비정상적인 현상을 널리 전하고 기꺼이 믿으려 했다. 그 결과 수많은 기현상에 관한 이야기가 돌았다.

예를 들어, 두 개의 태양이 보였다. 밤에도 낮처럼 햇볕이 들었다. 세티아에선 유성 하나가 동쪽 하늘에서 서쪽 하늘로 가로질러 움직이는 모습이 보였다. 타라키나에선 성문이 벼락에 맞았고, 아나니아에선 성문과 성벽 여러 곳에 벼락이 떨어졌다. 라누비움에선 유노 소

---

5   이 장군은 플라미니우스라는 별명으로 더 잘 알려져 있다. 나이가 어리고 토목건축관리관을 지내지 않았는데도 기원전 198년에 집정관으로 선출되었다. 그가 집정관에 올라 맡은 전쟁 지역은 마케도니아였다. 기원전 197년에 스코투사 근처의 키노스케팔라이에서 필리포스를 격파했다. 리비우스 33권 7장.

스피타 신전에서 기이한 소리가 들리더니 이어 끔찍한 굉음이 들렸다. 이에 속죄하고자 하루 기원을 올리는 날이 지정되었고, 돌비가 내린 일을 처리하고자 아흐레 동안 종교 의식이 치러졌다. 이 모든 것에 더하여 이다 산의 모신(母神)을 로마로 맞이하는 일에 관해 논의가 있었다. 사절 중 한 사람인 마르쿠스 발레리우스는 서둘러 다른 사절들보다 먼저 고향에 도착하여 당장이라도 여신이 이탈리아에 도착한다고 보고했다. 곧 또 다른 전령이 도착해 여신이 이미 타라키나에 도착했다고 알렸다.

원로원이 결정해야 할 문제, 즉 누가 국가의 최고 시민이냐를 결정하는 건 쉬운 일이 아니었다. 누구라도 원로원이나 시민들의 투표로 주어지는 어떤 고위 관직에 오르는 것보다 이런 경쟁에서 확실히 승리하는 걸 더욱 귀중하게 생각할 게 분명했다. 원로원이 전 공동체에서 훌륭한 시민 중 최고라고 판단한 사람은 푸블리우스 스키피오였다. 그는 스페인에서 전사한 그나이우스 스키피오의 아들이자(따라서 곧 휘하 병력을 이끌고 아프리카를 침공할 스키피오와는 사촌지간이다), 아직 재무관직에 오르지도 못할 정도로 젊은 청년이었다. 동시대 역사가들이 이런 결정을 내리게 된 특정 미덕이 무엇인지 알렸다면 나는 즐거운 마음으로 그것을 후대에 알렸을 것이지만, 여기서 내 생각을 밝히지는 않도록 하겠다. 내 생각이라고 해봤자 결국 먼 옛날의 일을 추측하는 것에 그칠 뿐이고, 그러니 필연적으로 모호할 수밖에 없기 때문이다.

어쨌든 이 젊은 스키피오는 원로원의 지시를 받고 로마의 기혼 여자들을 대동하고서 여신을 오스티아에서 맞이했다. 그는 여신을 배에서 받아 뭍으로 가져와 기혼 부인들의 손에 넘겼다. 그는 자신의 배가 티베르 강 하구에 도착했을 때 바다로 나아가 사제들에게서 여신상을 넘겨받고 그 신상을 뭍에 데려왔다. 로마의 주요 부인들 중엔 뛰어난 사람이 하나 있었는데, 그녀의 이름은 클라우디아 퀸타였다. 스키피오는 이어 그녀에게 여신상을 넘겼다. 클라우디아의 이전 평판은 불확실하다. 하지만 종교를 위해 이 엄숙한 일을 해낸 뒤로는 그녀의 미덕이 더 유명해졌다는 이야기가 있다. 부인들은 여신상을 차례대로 다음 사람에게 넘겼고, 그러는 사이 로마 인들은 여신상을 맞이하러 떼를 지어 몰려들었다. 여신상이 지나가는 경로에 있는 출입구 앞엔 분향 중인 향로들이 있었고, 여신이 다정한 의도와 자애로운 생각을 가지고 로마에 들어오길 바라는 마음에서 사람들은 무수히 기도를 올렸다. 팔라티움 언덕에 있는 <승리>의 신전에 여신상을 모시기 전까지 행렬은 계속 움직였다. 때는 4월 15일 전날이었고, 이 날은 성스러운 날이 되었다. 사람들은 팔라티움 언덕에 모여 여신에게 선물을 바쳤고, 신들의 침상을 진열하며 메갈레시아라 불리는 게임이 개최되었다.

15. 다양한 전쟁터에서 군단들을 보충하는 문제를 논의하다가 몇몇 원로원 의원은 심각하게 잘못된 걸 바로잡아야 할 때가 되었다고 말했다. 그들은 이 문제는 나라가 위태로웠던 시절에는 어떻게든 참고 넘겼지만, 신들의 은총으로 로마에 당면한 위협이 마침내 제거된 지금 더 이상 인내할 수 없는 문제라고 말했다. 이에 원로원 의원들 모두가 귀를 기울였고, 그들은 파비우스와 풀비우스가 집정관을 지내던 때 열두 곳의 라틴 식민시가 병사들을 제공하는 일을 거절했고, 마치 특별한 명예가 있거나 호의를 받은 것처럼 병역을 면제받은 지 이젠 5년 정도가 되었다고 말했다. 문제를 제기한 의원들은 그러는 동안 충실하고 적절히 로마 인들을 따르는 훌륭하고 순종적인 동맹들은 매년 어김없이 병사들을 대느라 기진맥진한 상태라는 것이었

다.

원로원은 이런 발언을 통해 거의 잊힌 상황을 떠올리게 되었을 뿐만 아니라 크게 분노했다. 다른 모든 질문들이 미뤄졌고, 원로원 결정에 따라 집정관들은 네페테, 수트리움, 아르데아, 칼레스, 알바, 카르세올리, 소라, 수에사, 세티아, 키르케이, 나르니아, 인테람나에 그들의 행정장관들과 주요 인사 열 명을 로마로 보낼 것을 통보했다. 또한 집정관들은 각 식민시에 이런 요구도 했다: 외적이 이탈리아 땅을 밟은 이후 보내오던 보병 최대치의 두 배와 120명의 기병을 보낼 것. 요청된 수만큼 기병을 제공할 수 없으면 기병 한 명당 보병 세 명을 제공할 것. 보병과 기병은 전부 최고 부유층에서 선발해야 하며, 보충이 필요한 이탈리아 외부 어디든 의무적으로 갈 것.

이런 요구 조건을 거부할 경우 해당 식민시의 행정장관들과 사절들은 구금되고, 요구대로 이행하지 않으면 원로원에서 발언할 기회도 부여하지 않을 것이었다. 게다가 매년 인구 1천 명 당 1아스의 세금도 납부해야 되었다. 또한 로마 감찰관들이 채택한 공식적인 방식에 따라 열두 곳의 식민시에서 인구 조사를 실시하고 방식은 로마 인들에게 적용되는 것과 똑같은 조사방식을 채택해야 되었다. 맹세를 마친 식민시의 검열관들은 사직(辭職)하기 전에 인구 조사 보고서의 성실성을 맹세하고 또 로마로 와서 그것을 제출해야 되었다.

이런 명령에 따라 해당 식민시의 행정장관들과 주요 인사들이 로마로 소환되었고, 집정관들은 그들에게 세금과 병력을 요구했다. 하지만 불려온 이들은 이구동성으로 항의했다. 그렇게 많은 병사들을 대는 게 불가능하다는 것이었다. 기존에 합의한 병사들을 요구받았더라도 따르려면 온갖 노력을 다해야 할 지경이라고 말했다. 그들은 집정관들에게 입장을 밝히고 싶으니 원로원에서 발언할 기회를 달라고 간청했다. 대체 무슨 죽어 마땅한 죄를 저질렀느냐는 것이었다. 반드시 멸망해야 한다고 하더라도, 자신들의 죄나 로마 인들의 분노나 그 어떤 것도 없는 병사를 더 만들어낼 수는 없다는 게 그들의 설명이었다. 하지만 이런 애처로운 항의에도 집정관들은 전혀 귀를 기울이지 않았다.

오히려 사절들을 로마에 구금하고 행정장관들은 다시 돌려보내 필요한 병사들을 마련하게 했다. 요구한 병사들이 하나도 빠짐없이 로마에 도착하지 않는 한, 사절 그 누구도 원로원 발언은 없다는 게 집정관들의 뜻이었다. 그것으로 회담은 끝이 났다. 원로원에 호소할 가망이 완전히 사라지자 열두 식민시는 징병을 실시했다. 오랜 기간 병역 면제를 통해 청년들이 늘어난 상태라 모병은 아주 쉽게 마무리되었다.

16. 마르쿠스 발레리우스 라이비누스는 열두 곳 식민시 문제만큼 오랫동안 보류되어 온 또 다른 문제를 언급했다. 그는 자신과 마르켈루스가 집정관일 때 시민들이 자발적으로 국고에 넣은 돈을 이제는 돌려주어야 옳다고 제안했다. 그는 공적인 신뢰가 얽힌 문제이니만큼 이를 진지하게 생각했으며, 그러니 누구도 이에 대해서 이상하게 생각할 필요가 없다고 했다.

또한 그런 자금을 국고에 맡긴 해의 집정관이 바로 자신이어서 이 일에 책임을 져야 할 뿐만 아니라, 국고가 텅 비고 평민들이 원로원의 요구에 부응할 수 없는 상황에서 그런 일을 하자고 제안한 게 자신이니만큼 이제는 그 문제를 해결해야 한다고 말했다.

원로원은 라이비누스의 발언을 환영했고, 원로원 명령에 따라 집정관들은 세 번에 나눠 국고에 맡긴 자금을 지급하기로 했다. 첫 번째 분할금은 현재 집정관들이 받아서 지급하고, 두 번째와 세 번째

분할금은 각각 2년 간격을 두고 지급하기로 되었다.[6]

여태까지 로크리에서 벌어진 끔찍한 일에 대하여 들은 사람은 아무도 없었다. 하지만 그곳에서 사절단이 도착하자 관련 소식이 널리 퍼져 나갔고, 그러자 다른 문제들은 존재가 희미해졌다. 무엇보다 시민들의 분노를 산 건 플레미니우스의 범죄 행위보다는 스키피오의 애매한 태도였다. 물론 그가 인기에 신경 써서 그런 모습을 보였는지, 아니면 순전히 태만했는지는 모를 일이었다. 열 명의 로크리 사절은 그리스 인들이 탄원하는 방식 그대로 이마에 머리띠를 두른 채 불결한 넝마를 몸에 걸치고 손에는 올리브 나뭇가지를 들고 코미티움에 있는 집정관들 앞에 모습을 드러냈다. 그들은 집정관석 앞에 엎드리며 측은한 울음소리를 내며 끝없이 눈물을 흘렸다. 집정관들의 질문에 그들은 이렇게 대답했다.

"우리는 로크리 인들입니다. 우리는 여러분의 지휘관인 플레미니우스와 로마 군인들의 손에 의하여, 여러분들이 카르타고 인들도 겪지 않았으면 하는 고통을 겪고 있습니다. 우리는 원로원에 가서 우리의 슬픔을 한탄하고자 하니 꼭 허락해주시길 간청합니다."

17. 원로원을 만날 수 있도록 허가가 내려지자 사절들 중 선임자가 원로원에서 다음처럼 말했다.

"의원 여러분, 여러분은 로크리가 어떻게 로마를 배신하여 한니발에게 넘어갔는지, 또 어떻게 한니발의 축출 이후에 다시 로마의 지배를 받게 되었는지 잘 알고 계십니다. 그러니 우리가 불평할 때 이런 점을 다른 어느 것보다도 틀림없이 중히 여기실 거라고 믿습니다. 우

---

6   국고에 넣은 돈은 시민들이 자발적으로 국가에 돈을 빌려준 것을 말한다. 라이비누스는 그 빌린 돈을 갚아야 한다고 주장하는 것이다. 참조. 26권 36장.

리의 배반죄가 우리 정부의 정책으로 인한 것이 아닙니다. 한니발 축출 이후에 우리는 로마의 지배 아래로 들어가는 것에 동의했을 뿐만 아니라 적극적이고 용기 있게 그것을 지원한 걸 알고 계실 겁니다. 그렇다면 이 선하고 충실한 동맹이 여러분의 장교와 그의 휘하 병사들의 손에 부당하고 끔찍한 상처와 모욕을 입고 있다는 사실에 여러분은 더욱 분노하게 되실 겁니다. 하지만 우리가 먼저 로마에 등을 돌리고 이어 카르타고를 배반한 일에 대한 청문은, 제 생각에 다음 기회로 미뤄야 합니다.

여기에는 두 가지 이유가 있습니다. 첫째, 그 일은 푸블리우스 스키피오가 있는 자리에서 해야 합니다. 그는 로크리를 탈환하고 좋은 일이든 나쁜 일이든 우리가 한 모든 일에 관해 증거를 제시할 수 있습니다. 둘째, 우리가 어떤 사람이건 간에 우리는 그동안 겪었던 고통을 겪어야 할 이유가 없었습니다.

의원 여러분, 로크리 요새가 카르타고 군의 손에 있었을 때 주둔군 사령관 하밀카르와 그의 누미디아, 아프리카 군인들에게서 우리가 비열하고 혐오스러운 대우를 받지 않았다고 할 수는 없습니다. 하지만 우리가 오늘날 견디고 있는 고통에 비교하면 그건 아무것도 아닙니다. 의원 여러분, 제가 어쩔 수 없이 해야 하는 말을 선량한 여러분께서 들어주시길 간청합니다. 지금은 인류가 세상의 주인이 로마가 될지, 혹은 카르타고가 될지 그 운명을 기다리는 중차대한 시기입니다. 우리 로크리 인들이 카르타고의 통치를 받을 때와 여러분의 통치를 받고 있는 지금을 서로 비교하여 어떤 쪽이 통치하는 것이 더 나은지를 판단한다면 주인으로 카르타고 인 대신에 여러분을 선택하는 로크리 인은 아무도 없을 겁니다. 그렇지만 로크리 인들이 여러분을 향해 어떤 감정을 느끼고 어떻게 행동했는지 고려해주십시오. 비록 카르타고 인들이 훨씬 덜 지독하게 굴긴 했지만, 우리가 보호를 청했던 건 여러분의 사령관이었습니다. 비록 우리는 여러분의 병사들로부터 카르타고보다도 더 심한 상처를 입고 있습니다만, 그래도 여러분에게만 항의하러 왔지 다른 어느 곳에도 항의하지 않았습니다. 의원 여러분, 우리의 극심한 역경에 동정을 가져주십시오. 그렇지 않으면 신들께 아무리 기원을 올려도 우리에게는 아무것도 남지 않을 겁니다.

플레미니우스는 로크리를 카르타고 인들에게서 되찾고자 파견한 부대의 고위 장교였고, 그 파견 병력을 도시에 주둔시키면서 도시에 그대로 남았습니다. 의원 여러분, 우리가 당한 극심한 고통이 거침없는 발언을 할 수 있는 용기를 내게 주는군요. 여러분의 이 지휘관은 겉으로는 인간의 형태를 하고 있지만, 그 속에는 인간성이라고는 전혀 남아 있지 않습니다. 라틴어를 하고, 로마 인처럼 옷을 입고 있지만, 그에게는 로마 인다운 구석이 전혀 없습니다. 그는 타락의 뿌리이자 비정상적인 괴물입니다. 옛 이야기가 전하는 해협 양쪽에 도사리며 우리를 시칠리아와 나눠 놓고, 선원들에게 파멸을 안기는 그런 괴물 말입니다.

그가 여러분의 동맹을 희생하여 자신의 범죄적인 욕구를 채우는 것으로만 만족했다면, 우리 로크리 인은 강한 욕망으로 뒤범벅된 크게 갈라진 그의 목구멍에 오랜 시간 시달리면서도 결국 어떻게든 그 목구멍을 채울 수 있었을 겁니다. 하지만 그는 휘하 모든 이들을 자신처럼 방종과 불명예라는 타락으로 더럽히고자 했고, 결국 모든 백인대장과 병사가 플레미니우스가 되었습니다. 그들 모두가 강탈하고, 파괴하고, 폭행하고, 살해했습니다. 그들 모두가 우리 도시의 부인, 처녀, 자유민 소년들을 성적으로 더럽혔고, 자식들을 부모들의 품에서 빼앗기까지 했습니다.

매일 우리 도시는 점령되고 약탈당했으며, 밤낮을 가리지 않고 모든 거리에서 집에서 강제로 끌려나와 멀리 어디론가 끌려가는 여자들과 아이들의 고통스러운 울음소리가 들렸습니다. 이를 알게 된 사람은 어떻게 우리가 그걸 견뎌낼 힘이 있었는지, 혹은 어떻게 우리의 잔혹한 압제자들이 여전히 죄를 저지르는 것에 지치고 물리지 않았는지 궁금할지도 모릅니다. 우리가 겪었던 고통을 전부 자세하게 말하는 것도 불가능하고, 그게 여러분에게 들을 가치가 있는 일이라고 생각하지도 않습니다. 그러니 한 문장에 모든 걸 포함시키겠습니다.[7] 상처를 입지 않은 사람은 단 한 사람도 없고, 희생시킬 대상이 있는데 저질러지지 않은 범죄, 혹은 어떤 탐욕의 형태는 단 한 가지도 없습니다. 전쟁에서 적에게 점령당하는 것과 무자비하고 지독한 폭군에게 강제로 억압당하는 것 중 어떤 것이 공동체에 더 끔찍한 운명인지 결정하는 건 참으로 어렵습니다.

원로원 의원 여러분, 우리 로크리는 점령된 도시에게 알려진 모든 공포를 겪었습니다. 그렇습니다. 우리는 아직도 그 공포에 시달리고 있습니다. 가장 잔인하고 가장 야만적인 폭군이 억압당하는 그들의 백성들에게 온갖 만행을 가하듯, 플레미니우스도 우리와 우리의 처자식에게 그런 악행들을 저질렀습니다.

18. 하지만 우리의 자연스러운 종교적인 감정 때문에 분개할 수밖에 없는 특수한 일이 하나 있습니다. 의원 여러분, 여러분의 조국이 신에 대한 불경으로 더럽혀지는 걸 막고자 한다면 우리의 이야기

---

7   이 문장은 키케로의 연설문 속에 있는 문장을 그대로 가져다 써서 리비우스가 키케로의 영향을 받았다는 것을 보여준다.

를 들어주시길 바랍니다. 이런 말씀을 드리는 건 여러분이 자국의 신들을 숭배하는 건 물론 다른 땅의 다른 신들마저도 환영하는 걸 우리가 봤기 때문입니다. 로크리에는 프로세르피나의 신전이 있습니다. 이 신전의 신성함에 관한 이야기는 피로스와 전쟁을 할 때 여러분에게도 알려졌을 것으로 생각합니다. 피로스가 시칠리아에서 돌아오는 길에 배를 타고 로크리를 지날 때 우리가 로마에 충성했다고 보복하고자 저지른 야만적인 행동 중 하나가 프로세르피나의 보고(보물창고)를 약탈한 것이었습니다. 그날 그 순간까지 단 한 번도 사람의 손을 탄 적이 없던 보고는 피로스의 정박된 배에 훔친 돈과 함께 실렸고, 그는 육로로 내륙 쪽으로 진군했습니다.

의원 여러분, 그 결과 무슨 일이 벌어졌습니까? 그의 함대는 다음 날 지독한 폭풍에 강타당해 신성한 보물을 싣고 있던 모든 배가 우리의 해안으로 떠밀려 왔습니다. 이런 가공할 참사로 신들이 정말 존재한다는 걸 배운 가장 오만한 왕은 모든 보물을 조심스럽게 프로세르피나의 보고로 되돌려 놓으라고 명령했습니다. 그럼에도 불구하고 피로스는 이후로도 번영하지 못했습니다. 이탈리아에서 내몰렸고, 경솔하게 밤에 아르고스로 들어가려고 하다 부끄럽고 수치스러운 죽음을 맞았습니다.

의원 여러분, 여러분의 지휘관 플레미니우스와 그의 고위 장교들은 이 모든 걸 들어서 알고 있었습니다. 게다가 그런 일이 단순히 미신과도 같은 두려움을 일으키려는 이야기가 아니라는 걸 알려주는 무수한 상황이 그들에게 반복적으로 나타났고, 우리 선조들과 우리들은 여신의 힘이 실제로 존재한다는 걸 뼈저리게 깨닫고 있었지만, 그럼에도 불구하고 그들은 그 뻔뻔하고도 무엄한 손을 가장 신성한 보물에 가져다 댔고, 불경한 짓으로 얻은 보물로 자신들의 집과 자신, 그리고 여러분의 군인들까지 오염시켰습니다.

원로원 의원 여러분, 저는 여러분의 양심에 호소합니다. 이를 먼저 속죄하기 전에는 이들을 데리고 이탈리아나 아프리카에서 대업은 물론 어떠한 일이라도 수행하려고 하지 마십시오. 그렇게 하면 그들은 자신이 저지른 신성 모독을 자기 피는 물론 조국의 멸망으로 갚아야 할 것입니다.

의원 여러분, 지금 이 상태만으로도 여신의 분노가 여러분의 지휘관과 장병에게 미치고 있습니다. 플레미니우스가 이끄는 파벌과 두 천인대장이 이끄는 파벌은 이미 한 번 이상 서로를 상대로 싸웠습니다. 그들은 마치 카르타고 인과 맞서는 것처럼 맹렬하게 서로에게 칼을 들이대며 싸웠고, 그들의 광적인 분노는 스키피오가 우리의 요청에 응해 개입하지 않는 한, 또다시 한니발이 로크리를 회복하게 할지도 모릅니다. 여러분은 병사들이 신성모독죄를 저질러 제정신을 잃었다는 점을 인정할지도 모릅니다. 하지만 장교들은 어떻습니까? 여러분은 그들을 벌하는 데 있어 여신의 힘이 어디에도 드러나지 않았다고 할 겁니다. 하지만 여신의 힘은 가장 명백히 드러나 있습니다. 플레미니우스는 천인대장들에게 매질을 했고, 이에 천인대장들은 플레미니우스를 불러 세워 좁은 곳에 가두고 절반쯤 그를 갈가리 찢다시피 했고, 플레미니우스는 코와 귀가 잘린 채 그대로 죽게 방치되었습니다. 하지만 그는 회복했고, 천인대장들을 사슬에 묶어 데려와 처음엔 마구 폭력을 가하고, 이어 노예에게나 가할 온갖 고문을 죽을 때까지 가하고는 제대로 묻어주지도 않은 채 땅에다 내동댕이쳤습니다.

이런 일들은 여신의 신전을 약탈한 자들에게 여신이 가한 처벌이며, 여신은 성스러운 보물이 보고로 다시 돌아오기 전까지 격노한 채로 보복을 가하며 그들을 괴롭히는 걸 멈추지 않을 겁니다. 우리 선조들은 옛날 크로톤 인과 지독하게 싸우는 동안 신전에서 보물을 옮기고자 했습니다. 신전이 우리 성벽 밖에 있어 도시 안에 안전하게 보관하려고 한 처사였지요. 하지만 어둠이 짙게 깔린 밤 성소에서 이런 목소리가 들려왔습니다. '손을 떼라! 여신께서 스스로 보호하실 것이다.' 이 일로 선조들은 보물을 옮기는 게 불경한 일이라는 걸 알게 되었고, 그래서 신전 주위에 벽을 설치할 계획을 세웠습니다. 그렇게 벽은 무척 높이 올라갔지만, 갑작스럽게 무너졌습니다. 그때나 지금이나 무수히 여신은 자신이 머무르는 신전을 보호했고, 또 그곳의 신성을 더럽히려는 자들을 엄히 처벌했습니다.

하지만 우리 인간들이 겪은 고통을 보복할 수 있는 건 원로원 의원 여러분뿐입니다. 우리가 보호자로 원하는 건 바로 여러분뿐입니다. 여러분에게 탄원하고자 여기에 온 우리는 여러분의 도움을 간청합니다. 여러분이 현재의 지휘관과 그의 악명 높은 주둔군을 그대로 로크리에 두든, 아니면 분노한 한니발과 카르타고 인에게 우리를 넘겨 벌을 받게 하든, 우리에겐 다를 바가 하나 없습니다. 우리는 여러분이 확인도 해보지 않고 우리를 믿기를 바라지 않습니다. 이 자리에 없는 사람을 비난하는 데 그 사람의 동기를 들어보지 않는 건 안 될 일이지요.

플레미니우스를 이곳으로 오게 하여 그에게 가해진 비난을 듣게 하고, 그가 해낼 수 있다면 그것을 처리하게 해주십시오. 여러분이 그가 같은 인간에게 저지를 수 있는 악행 중 빠뜨린 걸 하나라도 발견하신다면, 우리는 그럴 힘이 남아 있다면 똑같은 고통을 처음부터 다시 겪는 걸 거부하지 않겠습니다. 반면에 그가 신과 사람에게 저지른 모든 죄를 무죄 방면해도 좋습니다."

19. 이상이 로크리 사절단의 연설이었다. 파비우스는 이에 스키피오에게 항의한 적이 있는지 물었다.[8] 사절들은 물론 대표단을 스키피오에게 보냈지만, 사령관이 군사 작전을 준비하느라 정신이 없거나, 이미 아프리카로 항해를 떠났거나 아니면 며칠 안에 떠날 예정이었던지 둘 중에 하나라고 대답했다. 또한 사절단은 플레미니우스가 스키피오에게 틀림없이 영향력을 행사하고 있을 것이라고 주장하기도 했다. 그와 천인대장들 간의 일을 들은 스키피오가 천인대장들은 체포하고 플레미니우스는 그대로 책임자로 놔둔 걸 보면 그럴 수밖에 없다는 것이었다. 그들은 플레미니우스가 천인대장 못지않게 죄를 지었거나, 아니면 그들보다 더 죄질이 나쁘다고 말했다.

대표단이 원로원 회의장에서 물러나게 되자 주요 의원들은 플레미니우스는 물론 스키피오도 맹렬하게 공격했다. 맹공격을 주도하는 이는 퀸투스 파비우스였다. 그는 스키피오가 군기를 망쳐놓는 특성을 모조리 갖췄다고 비난했다. 그는 스페인 전역에서 전투 중에 죽은 이들보다 반란을 통해 잃은 병사가 더 많다고도 했으며,[9] 다른 나라의 몇몇 폭군처럼 병사들을 터무니없는 방종에 빠지게 한 다음 지극히 잔혹하게 처벌한다고도 비난했다. 이어 파비우스는 그의 신랄한 비난에 상응하는 가혹한 결의안을 제시했다. 그 내용은 플레미니우스를 사슬에 묶어 로마로 끌고 와야 하며, 사슬에 묶인 채로 자신을 변호하고, 로크리 인들의 항의가 정당하다고 드러나면 감옥에 죽을 때까지 가두고 재산을 몰수해야 한다는 것이었다. 또한 이 결의안

---

8 파비우스는 프린켑스 세나투스(princeps senatus: 원로원의 최고 선임)로서 제일 먼저 발언했다. 참조. 27권 11장.
9 이것은 과장된 발언이다. 28권 24장 참조.

은 스키피오 역시 원로원 지시 없이 임지를 떠났기에 불러들여야 하며, 호민관들을 통해 그의 지휘권을 박탈하는 안건을 준비시켜야 한다고 했다. 또한 결의안에 따르면, 원로원은 로크리 인들에게 공개적으로, 그들이 입은 손해가 원로원이나 로마 시민의 뜻이 아님을 선언하고, 로크리 인들을 훌륭한 사람이자 친구이자 동맹으로 여긴다고 공개 선언해야 한다고 했다.

이어 결의안은 로크리 인들에게서 빼앗은 부인, 자식, 그 외 모든 것을 그대로 돌려주어야 하며, 프로세르피나 신전의 보고에서 가져온 모든 것은 세심하게 원상 복구되어야 할 뿐만 아니라 신전에 원래 있었던 양의 두 배를 놓아두어야 한다고도 했다. 더 나아가 사제단과 논의한 뒤 속죄 의식을 수행해야 하며, 사제들은 성스러운 보고가 교란되고, 개방되고, 침범당한 사실을 고려하여 어떤 형태의 속죄를 할지, 어떤 제물을 바칠지, 어떤 신에게 의식을 치를지를 결정해야 할 것이었다. 마지막으로 결의안은 현재 로크리에 주둔한 모든 병력은 시칠리아로 이동해야 하며, 4개 라틴 인 대대로 대체되어야 한다고 제안했다.

스키피오에 대한 찬반 여론이 각각 너무 강해서 그날엔 원로원 의원들 전원이 발언할 기회를 얻지 못할 정도였다. 플레미니우스의 범죄 행위에 대한 맹비난과 로크리의 고통과는 별개로 총사령관에 대한 비난도 쏟아졌다. 의원들은 스키피오의 복장과 태도가 로마 인 같지 않은 건 물론 심지어 군인 같지도 않다고 했다. 그가 그리스식 망토와 샌들을 착용하고 체육장을 거닐며 책과 운동에 시간을 낭비하고 있다는 게 그들의 비판이었다. 의원들은 스키피오의 참모들과 친구들이 시라쿠사의 호화로운 편의 시설을 즐기면서 카르타고와 한니발은 완전히 잊고 있다고 했다. 사령관이 그 모양이니 전군의 규율이 스페인의 수크로와, 로크리처럼 엉망진창이 되고, 그래서 적보다 우방에게 더욱 큰 위협이 된다는 것이었다.

20. 이런 비판 중 일부는 맞는 말이었지만, 다른 일부는 절반만 사실이었다. 하지만 사실이 일부 섞였다는 것만으로도 충분히 타당한 비난인 것처럼 보였다. 그럼에도 불구하고 퀸투스 메텔루스는 스키피오에 대한 비난만 제외하고 파비우스가 말한 모든 것에 동의를 표시했는데, 최종적으로는 그의 제안이 채택되었다. 그는 스키피오가 젊긴 해도 최근 스페인을 수복하기 위해 나라가 선택한 장군이 그 사람이고, 스페인 임무를 성공적으로 완수하여 시민들이 포에니 전쟁을 종결하라고 집정관으로 만든 사람인데다 한니발을 이탈리아에서 몰아내고 아프리카를 정복할 수 있다는 확신을 보인 사람이라는 점을 지적했다. 그런 이유로 그런 사람을 마치 플레미니우스와 다를 바 없는 것처럼 임지에서 갑자기 불러들이고 입장도 듣기 전에 미리 비난하는 건 합리적이지 못하다고 했다. 또한 그는 로크리 인들이 항의한 범죄가 저질러지는 중에 스키피오가 현장에 없었다는 건 로크리 인들도 인정하는 바이며, 스키피오가 비난을 받을 만한 유일한 일은 플레미니우스를 지휘관 자리에 그대로 남겨두었다는 것인데, 그것은 너무 서두르거나 불필요하게 엄한 조치를 취하는 걸 꺼렸던 것일 수도 있음을 고려해야 한다는 것이었다.

그에 따라 메텔루스는 이렇게 제안했다: 시칠리아를 맡고 있는 법무관 마르쿠스 폼포니우스는 이후 사흘 내로 스키피오의 임지로 가서 진상 파악을 해야 한다. 집정관들은 법무관과 동행할 열 명의 대표를 원로원에서 재량으로 선정한다. 두 명의 호민관과 한 명의 토목건축관리관도 이들과 함께 동행한다. 법무관은 대표들을 조언자로 삼아서 현지 조사를 시행하고, 로크리 인들이 항의한 일이 스키피오의 명령이나 동의로 이루어진 일이라면 그는 임지에서 해임되어야 한다. 만약 스키피오가 이미 아프리카로 배를 타고 떠났다면 호민관들과 토목건축관리관은 아프리카로 건너가되 법무관이 적임이라고 판단한 대표 두 사람과 함께 간다. 호민관들과 토목건축관리관의 임무는 스키피오를 로마로 데려오는 것이며, 대표들의 일은 새로운 총사령관이 도착할 때까지 임시로 휘하 병력을 지휘하는 것이다. 반대로 폼포니우스와 열 명의 대표가 로크리에서의 악행이 스키피오의 지시나 동의 없이 벌어졌다고 판단하면 스키피오는 부대의 지휘를 그대로 맡아서 자신의 계획에 따른 군사 작전을 계속 수행한다.

원로원에서 그대로 결정이 내려지자 호민관들은 상호 합의나 추첨을 통해 법무관과 대표들과 동행할 사람을 요청받았다. 사제단은 로크리의 프로세르피나 신전 보고를 침범하고 약탈한 신성 모독을 속죄하기 위한 절차를 논의했다.

법무관, 그리고 열 명의 대표와 함께 움직일 두 명의 호민관은 마르쿠스 클라우디우스 마르켈루스와 마르쿠스 킨키우스 알리멘투스였다. 그들과 함께할 평민 토목건축관리관은 스키피오가 시칠리아에 있고 법무관에게 따르길 거부한다거나, 혹은 이미 아프리카로 건너갔다면 호민관들의 지시에 따라 스키피오를 체포할 것이었다. 그러면 호민관들은 그들의 직에 부여되는 신성불가침의 힘으로 스키피오를 로마로 압송할 것이었다. 그들의 계획은 메사나로 가기 전 로크리를 방문하는 것이었다.

21. 플레미니우스에게 벌어진 일에 대해서는 두 가지 다른 이야기들이 있다. 한 이야기에 따르면, 로마에서 이런 처리를 할 것이라는 소식을 들은 그는 네아폴리스로 망명하고자 했지만, 도중에 대표 중 한 사람인 퀸투스 메텔루스를 만나 체포당해 레기움으로 가게 되었

다. 다른 이야기는 스키피오가 직접 장교 한 사람에게 고위 기병 장교 서른 명을 붙여 플레미니우스를 사슬로 묶고 로크리에서 수치스러운 짓을 한 다른 지도자들도 똑같이 처리했다는 것이었다. 그들은 전부 안전한 인도를 위해 레기움으로 넘겨졌고, 이런 명령을 내린 건 스키피오이거나 법무관이었다는 것이었다.

로크리에서 법무관과 대표들은 원로원 지시에 따라 조사를 통해 플레미니우스나 군인들의 손에서 발견한 보물을 전부 회수하고, 그들이 가져온 돈[10]과 함께 신전의 보고에 돌려놓은 뒤 속죄 의식을 거행했다. 이어 법무관은 열병을 지시하고 병력을 도시 밖으로 진군시킨 뒤 진을 칠 장소를 가리켰다. 동시에 그는 엄격한 명령을 내려 도시에 남거나 자신의 것이 아닌 것을 하나라도 들고 오는 병사는 처벌했다. 이 명령에 따라 로크리 인들은 자신의 재산으로 인식된 것은 돌려받게 되었고, 사라진 것은 무엇이든 보상을 요구할 수 있게 되었다. 법무관은 무엇보다 자유민은 즉시 이전 상태를 회복할 수 있도록 조처했고, 자유민으로 돌아갈 수 있게 협조하지 않는 자는 엄벌을 받았다.

이어 법무관은 로크리 시민들을 모아 로마 인들은 자유와 법을 돌려줄 것이며, 플레미니우스나 다른 이를 고발하고자 하는 자는 반드시 자신과 함께 레기움으로 가자고 말했다. 그는 또한 도시 차원에서 신과 인간에 대해 저질러진 범죄가 스키피오의 지시나 동의에 의해 벌어졌다는 근거가 있어서 공식적으로 항의하고자 한다면 메사나로 대표단을 반드시 보내라고 했다. 그러면 그곳에서 대표들과 함께 조

---

10 위에서 신전의 보고에 있던 보물의 두 배로 돌려준다고 했으므로, 그에 해당하는 돈을 대표들이 가져온 것이다.

사를 진행하겠다는 것이었다. 로크리 인들은 법무관과 대표들, 그리고 원로원과 로마 인들에게 감사를 표하고 플레미니우스를 고발하러 레기움으로 가겠다는 뜻을 표시했다. 로크리 인들은 스키피오에 관해선 자신들이 겪은 고통에 그리 충분히 공감하지 못하긴 했다는 말을 남기면서도 그가 적보다는 친구로서 남길 바라며, 로크리에서 저질러진 무수한 악행 중 어떤 것도 그의 명령이나 동의를 받았다는 생각은 들지 않는다고 확신했다. 스키피오는 플레미니우스를 지나치게 믿고, 자신을 지나치게 믿지 않은 것일 수도 있었다. 아니면 선천적으로 부정행위를 싫어하지만, 그것을 처벌할 활력이나 결의가 부족한 사람들이 있는데 스키피오가 그런 사람일지도 몰랐다.

법무관과 그의 조언자들은 그렇게 하여 스키피오의 행동을 조사하는 재판이라는 부담스러운 의무에서 벗어날 수 있었다. 그들은 플레미니우스와 32명 정도 되는 다른 이들에게 유죄 판결을 내리고 사슬에 묶어 로마로 데려갔다. 이후 그들은 스키피오의 복장이 괴이하고 태도도 나태하며, 휘하 군대도 규율이 없다는 소문을 직접 관찰하고 로마에 보고하고자 시칠리아로 건너가는 여정을 계속했다.

22. 이들이 시라쿠사로 가는 동안 스키피오는 총사령관으로서 자신의 성실성과 경쟁력의 증거를 직접 보여줄 준비를 했다. 그는 전군을 시라쿠사에 모이게 했고, 마치 카르타고 인을 상대로 지금 당장 싸우러 나가는 것처럼 수륙 합동 작전을 당장이라도 펼칠 수 있게 준비하라고 지시했다. 이에 함대도 만반의 준비를 갖췄다. 법무관과 조언자들은 환대를 받으며 도착했고, 다음날 스키피오는 그들을 위해 휘하 육군과 해군의 기량을 선보였고, 육군은 열병뿐만 아니라 기동력을 보여줬으며, 해군은 항구에서 모의 해전을 치렀다. 법무관과 대표들은 무기고, 창고, 전쟁 도구를 전반적으로 순시했고, 살펴본 모

든 것의 세부 사항 하나하나에 감탄을 금치 못했다. 그들은 스키피오와 그의 부대가 카르타고를 물리칠 수 없다면 그 누구도 카르타고를 이길 수 없다고 확신했다. 따라서 그들은 스키피오에게 항해에 신의 축복이 있으라고 했고, 또 모든 켄투리아 민회가 스키피오를 집정관으로 임명했던 날에 그들이 품었던 희망이 그대로 실현될 수 있기를 바란다고 말했다. 로마로 귀국하는 법무관과 대표는 마음이 너무나 즐거웠다. 전쟁 준비가 무척 인상적이고, 이미 승리한 것이나 다를 바 없다는 소식을 로마로 전할 수 있었기 때문이다.

플레미니우스와 로크리 악행의 관련자들은 로마에 도착하는 즉시 투옥되었다. 죄인들은 법이 요구하는 바에 따라 네 번 연달아 호민관들에 의해 시민들 앞에 나타났는데, 첫 번째엔 시민들의 마음속에 로크리에서의 공포가 여전히 지나칠 정도로 생생하여 동정의 여지라곤 전혀 없었다. 하지만 차후 여러 번 출석이 이어지자 범인들에 대한 감정도 무뎌지기 시작했고, 분노도 누그러진 게 명백하게 드러났다. 플레미니우스의 불구가 된 외형과, 그 자리에 없는 스키피오에 관한 기억이 시민들의 시선을 호의적으로 돌리는 데 영향을 미쳤다. 하지만 플레미니우스는 시민들의 판단이 최종적으로 내려지기 전에 감옥에서 죽었다.

클로디우스 리키니우스[11]는 그의 『로마사』 3권에서 스키피오 아프리카누스(당시 그는 이렇게 불렸다)가 두 번째 집정관직을 지내는 동안 신에게 봉헌한 게임이 거행되는 중에 플레미니우스가 공범을 매수

---

11 기원후 4년에 집정관 대리를 지낸 인물로 리비우스보다 나이가 어린 동시대인이다. 그가 집필한 로마사는 제2차 포에니 전쟁의 종식 이후를 다루었을 것으로 짐작된다. 리비우스가 자신의 전거를 이처럼 소상하게 밝힌 경우는 아주 드물다.

하여 도시 여러 곳에서 동시에 불을 지르게 했다고 한다. 이는 감옥에서 탈출하여 도망칠 기회를 만들기 위함이었다. 하지만 이런 음모는 결국 발각되었고, 원로원은 명령을 내려 그를 툴리아눔[12]으로 보내게 했다. 스키피오의 일에 관해 원로원도 상응하는 대응을 했다. 대표들과 호민관들은 이구동성으로 그의 병력과 함대를 칭찬했고, 원로원은 그에 따라 최대한 빨리 아프리카 원정을 실시하기로 결정했다. 이에 스키피오는 시칠리아의 군단들에서 병사들을 선발하여 아프리카 원정대를 구성하는 일, 그리고 시칠리아에 주둔할 병력을 남기는 일을 승인받았다.

23. 그러는 사이 카르타고 인들은 불안한 겨울을 보내고 있었다. 그들은 해안의 모든 곳에 초소를 설치하고 꾸준히 정보를 수집했다. 들려오는 소식은 매번 지난 번 들은 것보다 더욱 불안한 것이었다. 이젠 아프리카를 지켜내기 위한 중대한 순간이 다가왔고, 그들은 시팍스 왕과 협정을 맺는 데 성공했다. 카르타고 인들은 로마 인들이 침공을 감행하려면 다른 무엇보다도 시팍스의 지원에 의지할 수밖에 없다고 판단했다. 기스고의 아들 하스드루발은 앞에서 언급한 것처럼 스키피오와 동시에 스페인에서 아프리카에 도착했을 때 시팍스 왕과 우호 관계를 맺었을 뿐만 아니라, 자신의 딸[13]을 왕과 결혼시켜 가족 관계를 맺는 일도 거론했었다. 그의 딸은 이미 결혼 적령기의 나이였고, 따라서 그는 준비를 확실히 끝내고 결혼식을 치를 날짜

---

12 감옥 내부에 마련된 지하 감옥을 말한다. 비록 위에서는 플레미니우스가 감옥에서 죽었다고 서술했지만 실은 처형되었을 것을 짐작된다. 이 지하 감옥을 언급했다는 사실은 플레미니우스가 여기에서 처형되었음을 암시하는 것이다.

13 소포니스바. 시팍스와 마시니사 사이에서 3각 관계를 맺게 되는 여성이다. 참조. 30권 15장.

를 확정하고자 시팍스를 방문했다. 왕은 결혼하고자 하는 욕구에 불타는 걸(누미디아 인은 성적 욕구가 다른 어떤 야만인보다 맹렬하다) 알아챈 하스드루발은 카르타고로 사람을 보내 딸을 데려오게 하고 결혼식을 서둘렀다. 이 결혼은 전반적인 축하를 받았고, 국가 협정을 통해 가족 관계가 더욱 굳건하게 되었다. 카르타고 인과 시팍스 왕 간에 맺어져 맹세하고 선포된 이 동맹 협정으로 양국은 우방과 적을 똑같이 공유할 것을 서로 확약했다.

그렇지만 하스드루발은 시팍스가 스키피오와 과거에 맺은 협정을 떠올리지 않을 수 없었다. 이 반쯤 문명화된 민족은 변덕스럽고 믿을 수가 없었다. 그는 스키피오가 실제로 아프리카를 침공해 오면 결혼으로 이뤄진 이 유대 관계가 허술한 것이 되지 않을까 염려했다. 따라서 시팍스의 열정이 아직 식기 전, 그에게 어느 정도 영향력을 행사할 수 있을 때 딸과 함께 그를 설득하여 시칠리아에 사절들을 보내 스키피오에게 이전 약속을 믿고 아프리카로 건너오지 못하게 경고하게 했다.

사절들은 스키피오가 시팍스의 궁에서 손님으로서 본 적이 있던 하스드루발의 딸, 즉 카르타고 인과 시팍스가 결혼했으며, 또한 카르타고와도 국가 간 협정을 맺게 되어 카르타고 인과 불가분의 관계가 되었다고 말해줄 것이었다. 또한 사절들은, 시팍스가 첫째로 바라는 건 로마가 이전처럼 아프리카 땅에서 멀리 떨어진 곳에서 카르타고와 계속 싸우길 바라는 것이고, 그렇게 되면 시팍스가 어느 쪽도 편들지 않아도 되고 또 양국의 싸움에 개입할 필요도 없게 된다고 전할 것이었다. 하지만 스키피오가 아프리카에서 물러나는 걸 거부하고 카르타고로 진군하면, 시팍스는 불가피하게 자신이 태어난 땅과 아내와 장인, 그리고 그들의 가정을 지키는 수호신들의 조국을 위해 싸울 수밖에 없다는 점도 부연해서 설명할 것이었다.

24. 이런 지시를 받은 시팍스의 사절들은 시라쿠사에서 스키피오를 만났다. 스키피오에게 그런 사태는 큰 기대를 무너트린 것이었고, 앞으로 펼칠 아프리카 작전에서 결정적인 영향력을 상실한 것이었다. 그럼에도 불구하고 스키피오는 그런 나쁜 소식이 퍼져 나갈 여유를 주지 않기 위해 서둘러 특사들에게 서신을 주어 아프리카로 보냈다. 서신은 로마 인과의 동맹으로 형성된 우호적인 유대 관계, 종교의 지시, 명예로운 약속을 하며 나눴던 굳건한 악수, 인간들의 맹약을 중재하고 입증하는 신들에게 등을 돌리지 말라고 강조하는 것이었다. 하지만 누미디아 사절들이 이미 도시 사방에 퍼져 있었고, 그에 더하여 사령부까지 방문한 마당에 그들의 존재를 숨기는 건 도저히 불가능했다. 더욱이 그들의 방문 목적이 침묵 속에 무시된다면 그저 숨기려고 한다는 의심 때문에 그 사실이 저절로 새어 나갈 가능성이 컸다. 그렇게 되면 시팍스와 카르타고 인의 연합군과 싸워야 한다는 두려움이 장병들에게 퍼지기 시작할 것이었다.

이에 따라 스키피오는 장병들에게 거짓말을 들려주는 것으로 불쾌한 진실에서 주의를 돌리게 했다. 그는 장병들에게 열병을 지시하고 더 이상 침공을 지체할 수 없다고 말했다. 동맹인 아프리카 왕들이 즉시 바다를 건너와야 한다고 주장하기 때문이라는 것이었다. 스키피오는 마시니사가 먼저 나서서 라일리우스를 만나러 와 지연과 시간 낭비를 불평했고, 이젠 시팍스가 대표단을 보내 끊임없이 지연되는 이유를 도무지 모르겠다며 이젠 즉시 로마 인들이 아프리카로 건너오거나, 아니면 계획 변경으로 인해 지체하고 있는 것이라면 자신과 자신의 왕국을 안전하게 보호할 수 있게 사실을 알려 달라고 한다고 둘러댔다. 스키피오는 모든 것이 이제 완벽하게 준비되었고, 상황도 더는 주저하는 걸 용인하지 않으니 함대를 릴리바이움으로 움직이고, 보병과 기병을 전부 그 항구로 집중시켜 첫 순풍이 불면 신들의 축복을 받으며 바로 아프리카로 건너가야 한다는 말로 연설을 마쳤다. 동시에 그는 폼포니우스에게 서신을 보내어, 괜찮다면 릴리바이움으로 와서 어떤 군단들을, 또 얼마나 많은 장병을 아프리카로 데려가는 게 현명할 것인지 함께 의논하자고 요청했다. 스키피오는 또한 해안 주위 모든 곳의 상선을 동원하여 릴리바이움에 집결시키라고 명령했다.

시칠리아의 모든 병력과 모든 전함이 릴리바이움에 집결되자 도시는 사람들을 수용하기엔 너무 비좁았고, 항구 역시 전함들을 수용하기에 너무 작았다. 여정의 끝에 힘든 군사 작전보다 확실한 승리라는 포상이 기다리기라도 하는 것처럼 모든 장병의 가슴에는 아프리카로 건너가려는 열정이 가득했다. 무엇보다 특히 그 작전을 기대하는 병사들은 칸나이 생존자였는데, 현재 사령관 밑에서 조국에 훌륭하게 이바지하여 지금 겪고 있는 수치스러운 상황[14]을 어서 벗어나기를 바랐기 때문이었다. 스키피오는 그런 특정한 부대를 전혀 경멸하지 않았다. 칸나이 패전은 로마 군이 비겁해서가 아니라 공성전을 포함한 다양한 종류의 전투를 잘 아는 노련한 군인들이 없었던 탓임을 잘 알기 때문이었다. 칸나이 군단은 5군단과 6군단이었다. 스키피오는 그들을 아프리카로 데려갈 뜻을 밝혔고, 개개인을 점검하고 원정에 부적합하다고 판단한 병사들은 그가 이탈리아에서 데려온 다른 병사들로 대체했다. 이렇게 하여 5군단과 6군단은 각각 6천 2백

---

14 칸나이 패잔병은 시칠리아에 억류되어 있었으나 군사 작전에 참여하지는 못했다. 참조. 25권 6장.

명의 보병과 3백 명의 기병으로 구성되었다. 스키피오는 또한 칸나이 생존자들 중 라틴 보병과 기병도 선발하여 자신의 침공 작전에 동참하게 했다.

25. 아프리카 원정 병력의 실제 규모에 대해서는 역사가마다 상당히 의견이 다르다. 내가 찾아본 한 역사서는 1만 보병에 2천 2백 기병이라고 추정하지만, 다른 역사서는 1만 6천 보병에 1천 6백 기병이라고 한다. 또 다른 역사서는 보병과 기병을 합쳐 3만 5천이라고 하는데, 이미 언급한 병력의 두 배를 넘는 수치이다. 몇몇 역사가는 병력의 수에 관해 아무런 언급을 하지 않았는데, 이 문제는 명쾌하게 결론이 날 수가 없어서 나 역시 그들의 선례를 따르고자 한다. 코일리우스는 수치에 관해 정확한 언급은 피했지만, 터무니없는 과장된 표현으로 병력이 많다고 묘사했다. 예를 들면, 그는 장병들이 외치는 소리에 새들이 땅으로 떨어졌고, 수많은 장병이 원정을 떠나 버리는 바람에 이탈리아나 시칠리아에 한 사람도 남은 것 같지 않다고 했다.

스키피오는 휘하 병력이 질서정연하고 규율 바르게 승선할 수 있도록 일을 처리했다. 함대를 지휘하는 라일리우스는 선원들에게 명령을 내려 미리미리 배에 타게 하고 그곳에 머무르게 조율했다. 법무관 폼포니우스는 지시를 받고 창고를 채웠다. 그렇게 보름을 먹을 수 있는 조리된 식량을 포함하여 45일치 식량이 마련되었다. 모든 장병이 배에 오르자 스키피오는 작은 배들을 보내 전 함대를 돌며 각 배의 선장과 항해사는 두 명의 군인을 대동하고 지시를 받을 수 있도록 사령부에 모이라고 했다.

전원이 모이자마자 그는 먼저 사람과 짐승이 마실 물을 음식만큼 오래 쓸 수 있게 마련했는지를 물었다. 이에 전원이 45일을 버틸 물을 배에 마련했다고 답했다. 그러자 스키피오는 병사들은 선원들이 일을 하는 동안 불편하게 하지 말고 아예 선원들을 피해 있으라고 지시하면서 철저히 따르라고 말했다. 그와 그의 동생 루키우스는 20척의 전함을 오른쪽에서 이끌 것이었고, 제독인 라일리우스와 마르쿠스 포르키우스 카토(이때는 재무관)는 또 다른 20척의 전함을 왼쪽에서 이끌며 수송선들을 호위할 것이었다. 전함들은 등이 하나 달려 있었고, 수송선들은 두 개였다. 기함은 어두울 때 뚜렷하게 구별되도록 등을 세 개 설치했다. 선장들은 지시에 따라 탑수스 남쪽 해안 지대에 있는 엠포리아로 나아갈 예정이었다. 그곳은 무척 비옥한 땅이었고 인근에는 모든 것이 풍족했다. 부유한 지역에선 흔히 그렇듯 그곳 주민들은 그리 호전적인 사람들이 아니었다. 따라서 카르타고가 도와주러 나타나기 전에 압도할 수 있다는 게 로마 인들의 판단이었다. 이런 지시를 받은 뒤 그들은 각자 배로 돌아갔고, 다음날 주어진 신호가 떨어지자 밧줄을 풀고 신들의 도움을 기원하며 출항했다.

26. 많은 로마 함대가 이전에 시칠리아의 릴리바이움 항구에서 출항했다. 현재 진행 중인 전쟁뿐만 아니라(당연히 그럴 만한 것이, 대다수 원정은 단순한 습격에 지나지 않았다) 제1차 포에니 전쟁에서조차 이렇게 장관을 이루며 떠난 적은 없었다. 단순히 함대 규모로만 판단하면 이전에 아프리카로 건너갔던 두 명의 집정관과 그들의 휘하 군단들은 거의 스키피오가 데리고 가는 수송선만큼 많은 전함을 휘하 함대에 두었다. 스키피오는 40척의 전함과는 별도로 거의 400척에 이르는 수송선을 병력과 장비를 운반하는 데 활용했다.

하지만 제2차 포에니 전쟁은 로마 인들에게 첫 번째보다 훨씬 더 치명적인 투쟁처럼 느껴졌다. 이탈리아 땅에서 전쟁이 진행된 것도 있었지만, 전투에서 빈번하게 수많은 장병을 잃고 그만큼 수많은 군사령관을 잃었기 때문이었다. 게다가 스키피오 본인은 그가 실제로 이룬 업적과 그의 명성을 높이는 데 적지 않은 영향력을 미친 요소인 자신만의 개인적 행운으로 로마 시민들의 상상을 자극했다.

이 모든 것에 더하여 그는 전쟁 중에 다른 장군들과는 달리 아프리카를 침공한다는 거대한 목표를 내세우기도 했다. 실제로 그는 이전에, 침공의 목표는 한니발을 이탈리아에서 끌어내고, 전장을 아프리카로 옮겨 전쟁을 종결짓는 것이라고 공개적으로 선언했다. 어마어마한 군중이 원정을 떠나는 광경을 직접 보기 위해 항구로 몰렸는데, 이 무리엔 릴리바이움 주민뿐만 아니라 시칠리아의 모든 도시에서 보낸 대표단들도 있었다. 그들은 각자 존경심을 표시하고 싶어서 스키피오를 수행했다. 그곳을 임지로 맡고 있던 법무관 마르쿠스 폼포니우스도 스키피오를 환송하고자 나타났다. 군중은 점점 더 늘고 있었고, 시칠리아에 남게 된 군단들은 모두 떠나는 전우를 배웅하고자 나왔다. 물가에 빽빽하게 몰린 인파는 승선한 장병들에게 감격적인 장관이었고, 함대도 해변의 구경꾼들에게 마찬가지로 일대 장관이었다.

27. 동이 틀 때 기함에서 스키피오는 포고자를 불러 정숙을 명하고 다음과 같은 기원을 올렸다.

"아아, 바다와 육지의 신들과 여신들이시여, 저는 기원하고 간청합니다. 저의 지휘 아래 했던 일, 하고 있는 일, 앞으로 할 일이 저와 로마 시민, 로마의 동맹, 그리고 육지, 강, 바다에서 저와 로마 인의 지도, 권위, 보호를 따르는 라틴 인들을 위해 번창할 수 있도록 해주십시오. 자비롭게 우리의 모든 대업을 도와주시고, 풍성한 결실을 맺도록 축복하여 주십시오. 또한 저는 기원합니다. 적을 물리쳤을 때 승자들이 저와 함께 승리를 누리며 무탈하고 안전하게 전리품을 가득 싣고 부유하게 된 채로 조국으로 돌아올 수 있도록 해주십시오. 우리가 증오하는 자들과 우리 조국의 적에게 보복을 가할 힘을 허락해주십시오. 카르타고 인들이 우리에게 가한 고통을 되갚을 수 있도록 저와 로마 인들에게 힘을 주십시오."

이런 기원을 마치고 희생 제물을 바친 스키피오는 관습에 따라 제물의 내장을 바다로 던지고 나팔을 불게 하여 항해의 닻을 올리라는 신호를 보냈다. 좋은 순풍이 불어와 그들의 시야에서 육지가 빠르게 멀어졌지만, 곧 한낮이 되자 안개가 깔려 배들의 충돌을 피하기 어렵게 되었다. 용케 바다로 나서자 바람이 다소 줄어들었고, 이어지는 밤 내내 안개가 다시 깔렸다. 일출과 함께 안개는 걷혔고 상쾌한 바람이 불었다. 곧 땅이 보였고, 머지않아 선장이 스키피오에게 아프리카 해안이 8km도 채 남지 않았다고 보고했다. 선장은 메르쿠리우스의 곶[15]이 보이니 그곳을 향해 움직이라고 하면서 조만간 항구에 전함대가 도착할 수 있다고도 했다.

하지만 육지가 보이는 상황에서 스키피오는 이렇게 잠깐 본 아프리카가 자신과 조국에 축복이 되었으면 한다는 기원을 올렸고, 그런 다음 좀 더 항해하여 해안보다 더 아래쪽에서 상륙할 곳을 찾아보라는 지시를 내렸다. 바람이 계속 불어왔고 동시에 전날처럼 안개가 다시 깔렸다. 육지를 보기가 힘들었고, 안개가 주위에 깔린 채로 바람이 줄어들었다. 어둠이 내렸고, 위치를 특정할 수 없어 항해가 어려웠다. 따라서 배들은 충돌하거나 좌초하는 위험을 면하고자 닻을 내렸다. 햇빛이 다시 돌아오자 바람이 다시 불었고, 안개가 흩어져 해안선 전체가 드러났다. 스키피오는 가장 가까운 곳의 이름을 물었고,

---

15 튀니스 만의 동쪽 팔에 해당하는 캡 봉(Cap Bon).

그곳이 <아름다운 자의 곳>[16]이라는 보고를 듣자 조짐이 좋다고 소리치며 그곳으로 나아가라고 명령했다. 함대가 해변에 접안했고, 모든 병력이 배에서 내렸다.

수많은 그리스와 라틴 역사가가 항해는 위험하거나 불안한 사건 없는 순항이었다고 기록했으니 나도 그들의 기록에 따르도록 하겠다. 하지만 코일리우스는 예외였다. 그의 설명에 따르면, 온갖 바람과 파도로 인해 함대가 실제로 난파 직전까지 갔었다. 그러다 결국 강풍에 휩쓸려 아프리카 해안에서 밀려나 아이기무루스 섬에 오게 되었고, 적당한 경로로 다시 나아가는 데 큰 어려움을 겪었다. 배들이 침수되어 침몰하려는 위기가 다가오자 장병들은 극도의 공포와 혼란에 휩싸였고, 이에 명령을 기다리지 않고 무장도 하지 않은 채 조난자처럼 작은 배를 타고 어떻게든 육지로 가고자 했다.

28. 상륙한 뒤 로마 인들은 바다에 가까운 고지에 진을 쳤다. 함대가 바다에 보이고, 이어 군인들이 바삐 배를 내리며 나는 소리가 들리자 해안 지역의 농장들은 물론이고 인근 도시들도 이미 공황 상태에 빠졌다. 여자들과 아이들이 뒤섞인 군중은 서로 떠밀면서 사방의 모든 길을 몇 킬로미터나 길게 뻗치면서 막았고, 여기에 더해 농부들은 가축 떼를 안전하게 지키고자 앞세워 나왔다. 그렇게 모든 시골 지역이 갑자기 피난촌의 느낌이 나게 되었다. 도시로 피난한 사람들은 도시 주민들에게 더 큰 공포를 안겨주었다. 특히 카르타고에서 일어난 공포와 혼란은 거의 점령된 도시와 다를 바 없을 정도였다. 로마 집정관들인 레굴루스와 만리우스가 거의 50년 전 상륙한 이래 도

---

16 아름다운 자는 아폴로 신을 가리킨다.

시 주민들은 해안 농장들을 약탈하려는 목적으로 온 로마 함대밖에 보지 못했고, 습격 왔던 로마 인들도 농부들이 무장 대응을 하기 전에 서둘러 약탈한 것을 챙겨 배로 돌아가는 수준이었다. 하지만 본격적인 침공이라는 사실이 알려지자 카르타고의 공포와 불안은 더욱 심해졌다.

게다가 불안을 더욱 심각한 것으로 만드는 또 한 가지 이유는, 도시에 군부대가 없고 저항을 이끌 장군도 없다는 점이었다. 하스드루발은 태생, 명성, 부, 그리고 당시 시팍스 왕과의 관계로 카르타고에서 가장 저명한 사람이었다. 하지만 카르타고 인들은 지금 나라를 위협하는 바로 그 스키피오에게 하스드루발이 과거 스페인의 전투에서 여러 차례 완패했다는 걸 잊지 않았다. 갑작스레 모집한 카르타고의 비정규군이 숙달된 로마 군과 비교가 안 된다는 사실보다는, 두 사령관의 역량이 비교가 안 된다는 게 카르타고 인들에게 더욱 크게 느껴졌다. 따라서 마치 스키피오가 당장이라도 공격하기라도 하는 양 그들은 모집 가능한 병력을 모두 무장시켰고, 황급히 성문들을 닫으며 성벽에 무장한 자들을 배치하고 보초병과 경계병을 주둔시켰다. 밤 내내 아무도 자지 않았고, 다음날 5백 기병이 정찰 및 상륙 방해 목적으로 해안으로 나아갔고, 그러다 로마 전초 기지와 마주쳤다. 스키피오는 이미 함대를 우티카 쪽으로 보내고 내륙 쪽으로 약간 움직여 인근 고지를 점령했다. 그는 적합한 곳에 기병을 배치하여 경계하게 했으며, 다른 부대들을 보내 인근 농장을 습격하게 했다.

29. 이들은 카르타고 기병대와 교전하여 처음 충돌했을 때 소수를 죽이고, 이후 추격하여 더 많은 적병을 죽였는데 여기엔 지휘관인 젊은 귀족 한노도 들어 있었다. 스키피오는 인근 농장을 철저히 파괴했을 뿐만 아니라 가장 가까운 아프리카 도시를 점령했는데, 그곳은 상

당히 부유한 곳이었다. 스키피오는 약탈한 물건을 즉시 수송선들에 실어 시칠리아로 보냈을 뿐만 아니라, 자유민과 노예가 섞인 8천 명의 무리를 포로로 붙잡았다.

하지만 로마 인들이 군사 작전을 시작할 때 가장 반겼던 건 무엇보다도 마시니사의 도착이었다. 몇몇 역사가는 그가 2백 명이 넘지 않는 기병을 데리고 왔다고 했고, 다른 역사가들은 그가 2천 기병을 대동하고 왔다고 기술했다. 마시니사는 그때까지 모든 왕 중에서 가장 뛰어난 통치자였고, 로마에 무척 가치 있는 도움을 주었다. 나는 그가 아버지의 왕국을 상실하고 회복하는 과정 중에 경험한 운명의 부침(浮沈)에 관한 이야기를 하고자 잠시 주제에서 벗어나는 것도 가치 있는 일이라고 생각한다.[17]

그가 스페인에서 카르타고 인의 편에 서서 싸우는 동안 그의 아버지인 갈라가 죽었고, 누미디아 관습에 따라 왕국은 죽은 왕의 동생인 오에잘케스에게로 넘어갔고, 당시 그는 나이가 무척 많은 노인이었다. 얼마 지나지 않아 오에잘케스도 죽었고, 왕좌는 그의 두 아들 중 나이가 많은 카푸사의 것이 되었다. 둘째 아들은 아직도 소년에 불과했다. 하지만 카푸사가 자신의 힘으로, 혹은 백성에게 미치는 영향

---

17 이하 4.5장 정도를 할애하여 마시니사의 과거 얘기를 하고 있다. 이 이야기는 폴리비오스의 『역사』 중 인멸된 부분에 들어 있던 것을 리비우스가 참조했을 것으로 보인다. 『역사』 9권 25장에서 폴리비오스는 마시니사를 직접 만나 한니발과 마시니사의 생애 얘기를 들었다고 기술하고 있다. 폴리비오스는 기원전 151년 스키피오 아이밀리아누스(스키피오 아프리카누스의 손자로 소 스키피오라고 불림)를 따라 북 아프리카로 갔는데 이때 90세 고령의 마시니사를 직접 만나 대화를 나누었다. 마니시사는 누미디아 부족의 일원인 마실리 족 소속의 전사이다. 부족장(왕)인 아버지 갈라가 죽자 그 뒤를 이어 우여곡절 끝에 왕이 되었고, 기원전 212년에서 206년까지 스페인에서 누미디아 부대를 지휘했다. 나중에 스키피오의 동맹이 되어 아프리카에서 한니발을 상대로 싸웠다. 로마는 그의 전공을 인정하여 왕의 지위를 인정해 주었고 카르타고의 상당 지역을 그에게 나누어 주었다.

력으로 왕좌에 오른 것이 아닌 단순히 적법한 후계자라는 이유로 왕이 된 것이라 곧 마자에툴루스라는 자가 나섰다. 그는 왕가와 혈연이 있었지만, 왕가와 늘 적대했던 가문에 속해 있었다. 그는 지속적으로 왕좌를 차지한 가문과 권력 투쟁을 벌여 이기기도 하고 지기도 했다. 그는 왕들이 인망이 없는 것을 틈타 자신의 영향력을 강하게 받던 동포들을 자극하여 분노하게 했고, 카푸사에게 공공연하게 전투를 걸어오며 왕관을 걸고 싸우자고 했다. 이어지는 전투에서 카푸사는 자신의 편을 든 수많은 주요 인사와 함께 전사했다. 이로서 마실리 부족 전체가 마자에툴루스에게로 넘어갔지만, 그럼에도 불구하고 그는 스스로 왕이 되는 것을 삼가고 겸손하게도 후견인 역할을 맡는 것에 만족했다. 그는 왕가의 생존자인 라쿠마제스라는 소년을 왕좌에 앉혔고, 이어 카르타고 귀족인 한니발 여동생의 딸을 왕비로 주었다. 한니발의 여동생은 전에 오에잘케스 왕과 결혼한 바 있었다. 마자에툴루스는 이렇게 조처하며 카르타고와 동맹을 맺고자 했고, 동시에 사절을 보내 시팍스와 오래 유지된 관계를 새롭게 경신했다. 이 모든 건 다가올 마시니사와의 투쟁을 준비하기 위한 것이었다.

30. 하지만 마시니사는 가만히 있지 않았다. 삼촌이 죽고 사촌이 뒤를 이었다는 소식을 듣자 그는 스페인을 떠나 마우레타니아로 갔다. 당시 무어 인의 왕은 바가였다. 당면한 투쟁에 그의 도움을 받을 수 없게 된 마시니사는 극도로 비굴하게 자신의 여행을 호위를 해줄 병사를 붙여달라고 간청했다. 이 요청은 받아들여져 4천 명의 무어 인 부대가 그와 동행했다. 이렇게 호위를 받은 그는 자신의 왕국 국경에 도착했고, 이때는 이미 아버지의 친구들과 자신의 친구들에게 전령을 보내 자신이 오고 있다는 걸 알린 뒤였다. 이를 통해 그에게 500여 명의 누미디아 인이 합류했다. 그는 바가와 합의한 바에 따라

무어 인 호위병들을 돌려보냈다. 합류한 인원은 기대했던 것보다 훨씬 적었고, 대업의 달성을 정당화하기에는 분명 충분하지 않은 수였지만, 그럼에도 불구하고 마시니사는 정력적으로 밀고 나아가면 궁극적인 승리를 성취하는 데 충분한 병사를 모을 수 있을 것으로 생각했다. 탑수스 근처에서 그는 시팍스를 만나러 가던 라쿠마제스와 조우했다. 어린 왕의 대열은 겁을 먹었고, 도시로 도망치려고 했다. 마시니사는 이들을 공격하여 붙잡았고, 왕의 호위대 중 몇몇의 항복을 받아들이고, 저항하려고 하는 다른 이들은 죽였다. 하지만 대다수가 혼란을 틈타 라쿠마제스와 함께 도망쳐 시팍스에게로 가는 예정된 여정을 완수했다.

그가 군사 작전을 시작하며 이런 소소한 성공을 이뤘다는 소식에 누미디아 인들은 마시니사에게 합류했다. 주변의 모든 농장과 마을에서 갈라의 군기 아래 복무했던 옛 군인들이 몰려들었고, 그를 자극하여 아버지의 왕국을 회복하라고 했다.

마자에툴루스는 수적으로 우위에 있었다. 그는 여전히 카푸사를 물리쳤던 군대를 휘하에 두고 있었고, 카푸사가 전사했을 때 받아들인 카푸사의 병력 일부도 데리고 있었다. 또한 그러는 사이 어린 라쿠마제스는 시팍스에게서 아주 강력한 증원군을 데리고 오는 중이었다. 마자에툴루스의 총 병력은 1만 5천 보병에 1만 기병이었고, 이 군대로 보병이나 기병 모두 허약한 마시니사의 병력을 상대할 것이었다. 그럼에도 불구하고 로마 군과 카르타고 군 사이에 벌어진 충돌 속에서 전술을 익힌 지휘관의 군사적 수완과 노련한 군인들의 용맹이 빛을 발휘하여 마시니사가 승리했다. 소년 군주는 후견인, 그리고 몇 안 되는 마실리 족 일행과 함께 카르타고 땅으로 도망쳤다.

마시니사는 왕국을 회복했다. 그렇다고 해도 여전히 시팍스와 훨씬 더 심각한 투쟁을 벌여야 했고, 이런 관점에서 생각했을 때 최선은 조카인 라쿠마제스와 화해하는 것이었다. 그에 따라 그는 대표단을 보내 쫓겨난 소년 왕에게 자신의 보호를 받는다면 이전에 갈라의 왕궁에서 오에잘케스가 누렸던 명예로운 자리에 앉혀 주겠다고 제안했다. 대표들은 더 나아가 마자에툴루스 역시 죄를 묻지 않을 것이며, 재산도 전부 명예롭게 회복시켜 주겠다고 약속했다. 이렇게 하여 카르타고가 격렬한 반대를 했음에도 라쿠마제스는 마시니사의 편에 서게 되었다. 두 사람 모두 국외로 추방당하는 것보다 조국에서 소박한 행운을 누리며 사는 걸 선호했기 때문이었다.

31. 이 모든 일이 벌어지는 동안 때마침 하스드루발은 시팍스와 함께 있었다. 시팍스는 자신이 보기에 마실리 부족의 왕좌가 라쿠마제스에게 있든 마시니사에게 있든 다를 바가 없다고 말했다. 하지만 하스드루발은, 마시니사가 그의 아버지 갈라나 삼촌 오에잘케스가 만족했던 것에 만족할 거로 생각한다면 큰 오산이라고 답했다. 하스드루발은, 마시니사가 마실리 부족 그 누구보다 훨씬 높은 기개와 대단한 능력을 갖추고 있다고 말했다. 그는 자신이 스페인에 있을 때 마시니사가 아군에게나 적에게나 보기 드문 용맹을 떨치는 걸 자주 봤으며, 시팍스와 카르타고 인은 마시니사의 불길이 타올라 퍼지기 전에 덮어서 꺼야 한다고 했다. 그렇지 않으면 더는 불을 끌 수 없어 이내 그 불에 두 나라가 삼켜질 것이라고 말했다.

하지만 당시 시팍스는 상처가 거의 낫지 않은 왕국을 돌보는 중이라 자원이 희박하고 빈약했다. 그러나 하스드루발은 빨리 서두르지 않으면 큰일이 난다고 자극하며 시팍스가 군대를 마실리 부족 국경으로 움직여야 한다고 다그쳤고, 그곳에 진을 치고서 과거에 갈라와 논쟁을 벌이고 싸우기도 했던 영토의 권리가 시팍스의 것으로 끝난 문제임을 보여주어야 한다고 말했다. 하스드루발은 또한, 누군가 그를 그 영토에서 쫓아내려고 나서면 시팍스는 반드시 싸워야 하고, 그런 싸움이 지금 이 순간 가장 필요한 것이라고 지적했다. 마시니사가 무력을 사용하는 걸 꺼리면서 뒤로 물러나면 반드시 마실리 부족 영토 깊숙한 곳까지 나아가야 한다고도 했다. 그러면 마실리 부족은 저항 없이 항복하거나, 아니면 싸울 것인데 싸울 경우 절대 시팍스의 상대가 되지 못하는 게 증명되리라고 예측했다.

시팍스는 이런 재촉에 크게 고무되어 마시니사를 공격하기로 했다. 그는 곧장 성과를 거두었다. 비록 마시니사가 소수의 기병을 이끌고 원주민들에게 벨루스 산으로 알려진 산으로 도망치긴 했어도, 첫 번째 교전에서 마실리 부족은 처절한 패배를 당했다. 몇몇 가문은 유일한 재산인 천막과 가축을 가지고 마시니사를 따랐지만, 마실리 부족 대다수는 시팍스에게 항복했다.

도망자들이 점거한 언덕은 물과 초원이 풍부하여 부족함이 없는 곳이었다. 가축을 키우기 좋은 환경이라 사람에게도 식량이 풍족하게 제공되었는데, 그들이 고기와 우유를 먹고 사는 데 익숙하다는 걸 생각하면 당연한 일이었다. 그들은 곧 요새에서 약탈을 하러 나섰는데, 처음엔 밤중에 몰래 하다 시간이 흐르자 공공연하게 약탈에 나서 결국 인근 모든 곳이 그들에게 약탈 피해를 당했다. 가장 많은 손해를 입은 곳은 카르타고 영토였는데, 누미디아 인들보다 더욱 가치 있는 걸 가지고 있었고, 빼앗는 일도 그다지 위험하지 않기 때문이었다. 이윽고 강도들은 완전히 제멋대로 마치 당연하다는 듯 해안으로 빼앗은 물건을 가져가 상인들에게 팔아 넘기기도 했다. 이 상인들 역시 그런 약탈품을 매입하고자 그곳으로 오곤 했다. 이렇게 하여 전쟁이 일어나는 때보다 더 많은 카르타고 인이 죽거나 붙잡혔다.

카르타고 인들은 이 모든 일에 대해 시팍스에게 불평했다. 시팍스 역시 그런 일이 벌어지는 것에 크게 불만이었으므로 그들은 시팍스에게 최후의 일격을 가해 달라고 강력히 촉구했다. 하지만 시팍스는 산에서 강도짓이나 하는 자들을 쫓는 건 왕에게 부적합한 일이라고 생각하였기에 휘하 장교 중 한 사람인 정력적이고 활동적인 군인 부카르에게 그 임무를 맡겼다.

32. 4천 보병과 2천 기병이 부카르에게 주어졌고, 그는 마시니사의 수급을 가져가거나 포로로 사로잡아 왕에게 가져가 형언할 수 없는 기쁨을 안겨주면 얼마나 보상이 클지를 생각하며 들뜨는 기분을 감추지 못했다. 적이 무질서하고 방심한 채로 있는 걸 확인한 부카르는 기습을 가했고, 수많은 가축과 사람을 무장한 호위 병사들로부터 떼어놓았다. 그리고 이어 마시니사를 공격하여 소수의 수행원과 함께 산 정상으로 도망치게 했다. 부카르에게 전투는 거의 끝난 것처럼 보였다. 포로들과 포획한 가축들을 시팍스에게 보내는 걸로 만족하지 못한 그는 남은 일을 처리하기엔 병력이 너무 많다고 생각되어 대부분을 돌려보내고 5백 보병과 2백 기병 정도만을 데리고 고지에서 떠난 마시니사를 쫓았고, 양쪽 끝이 막힌 협곡에 그를 몰아넣었다. 마실리 족은 끔찍한 패배를 당했지만, 마시니사는 기껏해야 50명 정도인 기병과 함께 언덕의 구석진 곳 가운데로 구불구불하게 난 알려지지 않은 길을 따라 도망쳤다. 그럼에도 불구하고 부카르는 계속 마시니사를 추적했고, 클루페아 근처 탁 트인 땅에서 그를 따라잡았다. 작은 무리를 포위한 그는 마시니사를 포함한 넷을 제외한 모든 기병을 죽였다.

마시니사는 상처를 입었지만, 전투가 한창일 때 부카르에게서 도망치는 데 성공했다. 도망자 다섯은 여전히 적의 시야를 벗어나지 못했다. 곧바로 부카르 기병대는 넓게 퍼지며 그들을 쫓았고, 몇몇은 퇴로를 차단하고자 방향을 틀어 옆길로 나아갔다. 도망치는 자들 앞엔 어마어마한 강이 있었다. 그들은 뒤에는 더욱 큰 공포가 닥쳐오고 있음을 잘 알았고, 그래서 주저하지 않고 고삐를 당기지 않은 채 강으로 뛰어들었다. 그렇게 그들은 물결에 휩쓸려 추격자들의 시선을 비스듬하게 지나갔다. 두 기병은 소용돌이치는 물속으로 빨려 들어가서 적이 보는 앞에서 익사했다. 마시니사는 죽은 것으로 생각되었지만, 다른 두 생존자와 함께 강 건너편 둑의 덤불 사이로 간신히 빠져나왔다. 부카르는 그렇게 추격을 중지했다. 강에 들어간다는 생각은 물론이고 추격해야 할 누군가가 더 남았다는 생각도 하기 싫었기 때문이었다. 그는 왕에게 돌아가 거짓으로 마시니사가 물에 빠져 죽었다고 보고했고, 전령들은 희소식을 카르타고에 전했다. 마시니사가 죽었다는 이야기는 아프리카 전역으로 퍼졌고, 강력한 영향을 미쳤다. 듣는 사람의 입장에 따라 이 소식은 즐거움을 주기도, 괴로움을 주기도 했다.

며칠 동안 마시니사는 동굴에 숨어 누운 채로 약초로 상처를 치료했고, 두 동행이 가져온 것으로 연명했다. 그는 벌어진 상처가 닫히고 말의 움직임을 감당할 수 있다는 생각이 들자 놀라울 정도로 대담한 행동을 보여줬는데, 그건 곧바로 왕국을 회복하러 가겠다는 것이었다. 나아가는 중에 그는 40여 명 정도 되는 기병을 모았고, 그들을 데리고 마실리 영토로 말을 타고 들어와 공개적으로 자신이 돌아왔음을 알렸다. 이전에 마시니사는 백성들 사이에서 인기가 높았고, 죽었다고 생각했던 왕이 안전하고 건재한 채로 있는 모습을 본 백성들은 예상치 못한 즐거움에 어쩔 줄 몰라 했다. 이런 이유로 어떤 강력한 정서와 여론이 환기되고, 며칠 만에 6천 보병에 4천 기병의 군세가 마시니사의 편에 서기 위해 모여들었다. 그는 이제 아버지의 왕국을 다시 한 번 손에 넣었을 뿐만 아니라 카르타고와 동맹인 부족과 시팍스의 영토, 즉 마실리 부족의 영토를 철저히 파괴할 수 있는 공격력을 갖추었다. 이렇게 시팍스를 전쟁으로 끌어들이면서 그는 시트라와 히포[18] 사이에 언덕이 이어진 곳에 유리한 위치를 선정하여 진을 쳤다.

33. 이제 시팍스는 위협이 무척 심각하여 휘하 장교들에게 일을 맡길 수 없음을 깨달았다. 그에 따라 그는 자신의 병력 일부를 젊은 아들 베르미나에게 떼어주고 자신이 휘하 병력으로 마시니사와 맞서는 동안에 아들은 우회하여 적을 후방에서 공격하라는 명령을 내렸다. 기습을 가할 예정인 베르미나는 어둠을 틈타 진군했다. 시팍스는 낮에 진지를 철수하고 적이 훤히 보이는 경로로 진군하여 교전의 의도를 전혀 숨기지 않았다. 베르미나의 병력이 목적을 달성할 충분한 시간을 주었다고 생각하자 그는 전투에 나서기 시작했다. 수적인 우위와 마시니사의 후방에 가해질 기습에 의지하며 그는 자신을 마주하는 언덕의 완만한 경사에 있는 전투 대형을 갖춘 적에게로 나아갔다. 마시니사 역시 전투를 준비했다. 그는 병력보다는 전투가 벌어지는 유리한 위치에 더욱 큰 기대를 걸었다. 전투는 격렬했고, 오랜 시간 동안 승부는 결정나지 않았다. 마시니사는 유리한 위치에 있었고, 휘하 병사들도 용맹했다.

하지만 중과부적, 시팍스는 수적으로 크게 우위에 있었다. 두 개로 나뉜 시팍스의 어마어마한 군대는 한쪽은 적의 정면에서 압박하고,

---

18 시팍스의 수도 즉 히포 레기우스. 참조. 29권 3장.

다른 한쪽은 우회하여 적의 후위를 공격하며 시팍스에게 확실한 승리를 안겼다. 마시니사의 병력은 앞뒤로 포위되어 도망갈 기회조차 주어지지 않았다. 기병과 보병을 가리지 않고 그의 병력 대다수가 죽거나 붙잡혔다. 하지만 마시니사는 2백 정도 되는 기병을 자신의 주위에 결집하는 데 성공했고, 이들을 셋으로 나눠 돌파를 지시했다. 그리고 어떤 방향으로든 돌파에 성공하면 이후에 만날 장소도 알려주었다.

마시니사는 자신이 도망치기로 한 방향으로, 날아오는 창을 뚫고 적을 헤치며 나아갔다. 나머지 두 병력은 돌파에 실패했는데, 하나는 항복하고, 다른 하나는 완강하게 저항하다 투척 무기들에 압도되어 전멸했다. 베르미나는 도망자들의 뒤를 쫓으며 강력하게 압박했지만, 마시니사는 끊임없이 적이 예상하지 못한 다른 길로 방향을 돌리면서 베르미나를 따돌렸고, 마침내 베르미나는 엄청나게 지친데다 성공할 가망이 보이지 않자 추격을 포기했다.

마시니사는 60명의 기병과 함께 시르티스 미노르로 갔고, 아버지의 왕국을 회복하려는 수많은 시도를 자랑스럽게 생각하면서 카르타고의 엠포리아와 가라만테스 부족 사이에 있는 지역 어딘가에서 라일리우스 부사령관과 로마 함대가 아프리카로 올 때까지 기다렸다. 이런 사실들로 마시니사는 대규모라기보다는 소규모 호위 기병대를 이끌고 스키피오에게 왔다고 생각할 수밖에 없다. 분명 몇몇 역사가는 현역 왕에게 어울리는 건 대규모의 병사라고 생각하겠지만, 나는 그리 대단하지 않은 수라고 생각하고자 한다. 그게 추방자의 운명과도 어울리기 때문이다. 이상이 마시니사가 로마 함대를 기다리기까지의 과거 이력이다.

34. 기병대와 지휘관을 잃은 카르타고 인들은 징병을 실시하여 병

력을 늘리고 하밀카르의 아들 한노에게 지휘를 맡겼다. 이어 그들은 하스드루발과 시팍스에게 처음에는 서신을, 나중에는 전령을 보낸 다음 결국에는 사절단까지 보냈다. 카르타고는 하스드루발에게 이제 거의 포위된 거나 마찬가지인 조국을 구하라는 지시를 내렸다. 그들은 시팍스에게는 실제로는 아프리카 전역이나 마찬가지인 카르타고를 도와달라고 간청했다. 이제 스키피오는 우티카에서 약2km 정도 떨어진 곳에 진을 치고 있었다. 그곳으로 오기 전엔 해안에 있었고, 우티카 근처 진지에서도 며칠 동안 함대와 긴밀하게 연락을 취했다.

한편 한노의 주된 목적은 복무할 수 있는 사람은 누구든 압박하여 기병대의 수를 늘리는 것이었는데, 이는 주어진 병력이 주도권을 잡을 가능성은 말할 것도 없고 농지를 습격하는 적을 막는 것조차 할 수 없을 정도로 아주 부족했기 때문이었다. 비록 다른 부족들에서도 기꺼이 병사들을 받아들였지만, 그는 병력 대부분을 아프리카 전역에서 그때까지 최고의 기병으로 뽑히는 누미디아 인들로 받아들였다. 그는 로마 진지에서 24km 정도 떨어진 살라에카라는 도시를 점령했을 때 이미 4천 명 정도까지 병력을 증강한 상태였다.

스키피오는 이 소식을 듣고 이렇게 소리쳤다. "뭐라고? 여름에 기병들을 지붕 아래에 둔단 말인가? 그런 지휘관이 있다면 기병이 얼마나 많든 누가 신경이나 쓰겠는가!" 따라서 적이 늑장을 부릴수록 더욱 적극적으로 대응해야 한다고 결정한 스키피오는 마시니사에게 기병 파견대를 이끌고 성문까지 나아가 교전을 할 수 있게 적을 끌어내라고 지시했다. 또한 적군이 전부 도시에서 쏟아져 나와 압박을 견디기 힘든 상황이 되면 천천히 물러나라고 했다. 그렇게 되면 적당한 순간에 스키피오 자신이 개입하겠다는 것이었다. 스키피오는 마시니사에게 적을 끌어낼 시간을 충분히 주었다고 생각될 때까지 기다렸고, 이어 로마 주력 기병대를 이끌고 앞에 나섰다. 진군하는 동안 구불구불한 길 양옆으로 편리하게 솟은 언덕이 로마 군의 모습을 가려 주었다.

마시니사는 하달받은 지시를 그대로 수행했다. 그는 연달아 공격적으로 도시 성문들로 나아갔고, 또 자신의 무모함에 놀란 것처럼 물러나기도 했다. 마침내 그가 겁먹은 척하자 적은 용기백배했고, 그는 적이 경솔하고 신중하지 못한 추격을 하도록 꾀어내는 데 거의 성공했다. 하지만 그들은 무척 허술하게 조직된 채로 출격했고, 그들의 지휘관은 그 때문에 골머리를 앓았다. 모두 도시 밖으로 나오기 전에 지휘관은 술에 취해 잠든 일부를 깨우고, 무장을 시키고, 말에게 굴레를 씌우게 하고, 질서도 규율도, 심지어는 군기도 아예 없이 성문으로 달려나가는 부하들을 제지해야 했다. 하지만 어떻게든 수습하고 일종의 돌격에 나섰지만, 마시니사는 버텨냈다. 곧 그들은 성문 중 하나를 통해 엄청난 숫자로 쏟아져 나왔고, 마시니사는 전력을 다해 그들을 상대했다. 마침내 그들의 기병대 전원이 그 전투에 가세했다. 적이 가하는 공격의 압박이 버티기 힘들 정도로 강력하자 마시니사는 퇴각을 시작했다. 하지만 전혀 무질서하지 않았고, 계획에 따라 점진적인 퇴각이 이루어졌다.

그러는 도중에도 마시니사는 필요할 때 적의 공격을 막아냈고, 그러면서 적을 로마 기병대가 매복하고 있는 언덕들로 끌어들였다. 적이 도착하자 사람이나 말이나 생생했던 로마 기병대는 즉시 나타났고, 한노와 그의 아프리카 인들을 둘러쌌다. 포위된 적은 이미 추격전을 하느라 체력적으로 피곤을 느끼고 있었는데, 동시에 마시니사의 병력도 방향을 돌려 전속력으로 싸움에 뛰어들며 가위의 양날 형으로 압박해 왔다. 대열 선봉에 있던 거의 1천 명에 가까운 카르타고 병사들은 쉽게 도망칠 수 없었고, 또한 퇴로마저 차단당하여 그 자리에서 죽었다. 전사자 중엔 지휘관 한노도 있었다. 나머지는 지휘관이 죽자 엉망진창으로 도망쳤다. 승자들은 50km를 쫓았고, 결국 2천 명 정도를 붙잡거나 죽였다. 이들 중엔 200명 이상의 카르타고 기병이 있었고, 일부는 부유한 귀족 가문 출신이었다는 게 널리 받아들여지는 이야기이다.

35. 이 사건이 벌어진 바로 그날에, 전에 포획한 물자를 부려놓기 위해 시칠리아로 보냈던 배들이 식량을 싣고 돌아왔다. 마치 새로 얻은 전리품을 싣고 가겠다는 듯, 앞일을 미리 헤아리는 듯한 느낌이었다. 같은 이름(한노)의 두 카르타고 지휘관이 두 번의 기병 교전에서 죽었다는 건 모든 역사가가 기록하고 있는 게 아니다. 내 생각으로는 그들은 고의는 아니지만 같은 이야기를 두 번 말하는 게 아닐까 싶다. 역사가 코일리우스와 발레리우스는 모두 이번 전투에서 한노가 포로로 붙잡혔다고 기록했다.

스키피오는 기병들과 장교들이 용맹을 발휘한 공로에 따라 특별한 선물을 주었는데, 무엇보다 마시니사에게 가장 큰 상을 내려주었다. 스키피오는 살라에카에 강력한 주둔군을 남겨두고서 나머지 병력을 이끌고 진군하며 공격적인 전술을 계속 구사했다. 그는 마주치는 모든 경작지를 황폐화했을 뿐만 아니라 수많은 도시와 마을을 습격하여 점령했고, 그렇게 전쟁의 공포를 카르타고의 거대한 지역에 퍼뜨렸다. 이런 작전을 시작하고 일주일 뒤에 그는 수많은 사람과 가축을 포함한 온갖 부류의 전리품을 가지고 진지로 돌아왔고, 다시 한 번 적에게서 빼앗은 전리품을 배들에 무겁게 실어서 시칠리아로 보냈다.

이 일을 마친 뒤 스키피오는 습격과 사소한 작전을 포기하고 모든 자원을 우티카 포위에 집중시켰다. 이는 그 도시를 점령하는 데 성공하면 남은 전쟁을 위한 기지로 쓰겠다는 뜻이었다. 함대가 있는 쪽, 즉 도시가 바다에 씻기는 쪽에서는 해병들이 나타났고, 동시에 육군은 거의 도시 성벽 위로 돌출된 고지로 움직였다. 투석기와 공성 장비는 스키피오가 기존에 가져온 것에다가 시칠리아에서 보급품과 함께 보낸 것이 더해졌고, 이 순간에도 강제로 동원된 많은 숙련된 장인들이 무기 공장에서 새로운 투석기와 공성 장비를 제작하는 중이었다.

이런 강력한 로마 군 때문에 고통을 받는 우티카 주민들은 모든 희망을 카르타고에 걸었고, 카르타고는 차례로 하스드루발만 쳐다보며 그가 시팍스를 움직여 공격에 나서기를 기대했다. 하지만 도움이 절실히 필요한 자들의 갈망을 만족시키기엔 모든 일이 너무 느리게 진행되었다. 하스드루발은 할 수 있는 모든 수단을 동원했고, 3만 보병과 3천 기병을 모집했지만 여전히 과감하게 적 근처로 나설 생각을 하지 않았다.

하지만 시팍스가 5만 보병과 1만 기병을 이끌고 도착하자 하스드루발은 마침내 더는 지체하지 않고 카르타고에서 움직여 우티카의 로마 전열에서 그리 멀지 않은 곳에다 진을 쳤다. 약 40일 동안 모든 노력을 기울였음에도 우티카 점령에 실패한 스키피오는 적군이 다가오고 있다는 소식을 듣고 무익한 공격을 그만두자는 생각에 물러났다.

이제 겨울이 다가오고 있었기에 그의 다음 행보는 월동 진지의 방어를 강화하는 것이었다. 그는 월동 진지를 설치할 곳을 어떤 곳으로 정했는데, 그곳은 어느 정도 바다로 나와 있고, 본토와 합류하는 길쭉하게 솟은 부분이 비좁게 줄어드는 특징이 있었다. 하나의 보루로 해군 진지까지 충분히 보호가 되었는데, 이 진지엔 전함들이 뭍으로 끌어올려져 있었다. 길쭉하게 솟은 부분 중간엔 군단들의 진지가 있었고, 그 북쪽엔 해안에 올라온 전함들과 그에 속한 선원들이 있었다. 또 다른 해안으로 향하는 남쪽 경사에는 기병대가 있었다. 이상은 아프리카에서 그 해(기원전 204년) 가을이 끝날 때까지 벌어진 일이었다.

36. 인근 농장들을 수도 없이 약탈하여 얻은 곡식, 그리고 시칠리아와 이탈리아에서 가져온 보급품에 더하여, 법무관 대리 그나이우스 옥타비우스 또한 사르데냐를 담당하는 법무관 티베리우스 클라우디우스가 마련한 막대한 양의 곡물을 가져왔다. 스키피오가 기존에 세운 곡창이 가득 찬 건 물론 새로운 곡창이 세워지기도 했다. 마침 로마 군은 옷이 부족했고, 이에 옥타비우스는 클라우디우스와 사르데냐에서 뭔가 마련하여 보낼 수 있는지를 논의해보라는 지시를 받았다. 이 일 역시 마찬가지로 신속하고 효율적으로 수행되었고, 단기간에 1천 2백 개의 토가와 1만 2천 개의 튜닉이 도착했다.

이런 사건들이 아프리카에서 벌어지던 여름 동안 브루티움에서 활동하던 집정관 셈프로니우스는 크로톤 인근에서 진군하던 한니발과 조우하여 일종의 추격전을 벌이게 되었다. 그 전투는 어느 쪽도 전투 대형을 구축하지 않고 즉흥적으로 벌어진 것이었다. 이 전투에서 로마 군은 패배했고, 어떤 면으로도 정규전이라 할 수 없는 혼란스러운 싸움에서 셈프로니우스의 군대는 1천 2백 명 정도를 잃었다. 그는 서둘러 진지로 돌아왔지만, 적은 더 이상의 위험을 감수하고 공격하려 하지 않았다. 이어 조용한 밤중에, 셈프로니우스는 다시 진지를 떠났고, 집정관 대리 리키니우스의 병력과 합류했다. 리키니우스는 그에게 군단들을 데리고 오라는 지시를 이미 내려놓은 상태였다. 이렇게 두 사령관과 휘하 두 군대는 함께 한니발을 대적하게 되었다. 셈프로니우스의 전력은 이제 두 배가 되었고, 한니발은 최근 거둔 성과로 대담하게 되어 어느 쪽도 임박한 교전을 미룰 생각이 전혀 없었다.

셈프로니우스는 자신의 군단병들을 최전선으로 움직였고, 리키니우스의 병력은 예비 부대로 남겨졌다. 막 전투가 시작되기 전에 그는 적을 물리치면 포르투나 프리미게니아에 신전을 봉헌하겠다고 맹세했고, 그의 기원에 신들은 응답했다. 카르타고 인들은 완패했다. 4천 명이 넘게 죽었고, 살아서 붙잡힌 건 3백 명 이하였다. 40마리의 말과 11개의 군기도 함께 로마 인들의 손에 넘어왔다. 한니발은 이 패배로 크로톤으로 물러날 수밖에 없었다.

그러는 사이 훨씬 북쪽에서 집정관 코르넬리우스는 에트루리아를 유지하는 일에 전념했다. 그 지역은 거의 전부가 마고를 쳐다보았고, 그를 통해 로마에의 의존을 벗어버리고 싶어 했다. 그는 에트루리아 지역을 지키는 것을 무력이 아니라, 일련의 사법적 심문 절차로 해냈다. 그는 원로원의 지시에 따라 아주 공평무사하게 심리를 진행했다. 마고에게 넘어가 소속 공동체가 로마에 반란을 일으킬 준비가 되어 있다고 말하거나, 아니면 사람을 보내 그런 뜻을 전달한 수많은 에트루리아 귀족이 재판장에 나타나 유죄 판결을 받았다. 나중에 양심의 가책을 느껴 자발적으로 추방자가 된 자들은 자리에 없는 채로 판결이 내려졌는데, 사형은 모면하고 사유 재산을 몰수당하는 것으로 판결났다.

37. 집정관들이 이렇게 각자의 임지에서 맡은 일을 처리하는 동안 로마에선 감찰관인 리비우스와 클라우디우스가 공식적으로 원로원 의원 명단을 작성했다. 퀸투스 파비우스 막시무스는 다시 의장으로

선택되었다. 일곱 명의 의원 명단에 '검은 표시'[19]가 찍혔지만, 그들 중 쿠룰레 의자에 앉았던 자는 아무도 없었다. 감찰관들은 이어 신속하고 충실하게 공공건물 수리를 처리했고, 가축 시장에서 시작되어 베누스 신전으로 나아가는 길을 조성하는 계약을 발주했는데, 이 길 양옆으로는 관중석이 만들어질 것이었다. 또한 그들은 팔라티움 언덕에 <위대한 어머니>의 성소를 세우고자 계약을 맺기도 했다.

감찰관들은 매년 소금 생산과 판매에 대해 새로운 세금을 부과하기도 했다. 당시 로마와 이탈리아 전역에서 소금의 가격은 6분의 1 아스였다. 소금 매매 계약을 할 때 로마에서는 이전과 가격이 같았지만, 장이 서는 도시와 지역 상업 중심지에선 이전보다 가격이 올랐다. 또한 가격은 지역마다 달랐다. 이렇게 하여 재원을 만든 건 감찰관 중 한 사람만의 개인적인 생각이라는 게 일반적인 생각이었다. 이런 생각은 그가 이전에 재판장에서 부당하게 유죄 판결을 받아 시민들에게 분노를 품었기에 생겨났고, 유죄 판결을 받는 데 주도적이었던 부족들이 이번 가격 상승으로 가장 큰 타격을 입게 되기에 의도적으로 노린 일이라는 것이었다. 따라서 이 사건으로 리비우스에게 살리나토르(소금장수)라는 별명이 주어졌다.

5년마다 치러지는 정화 의식은 평소보다 늦어졌다. 감찰관들이 여러 지방으로 사절들을 보내 여러 군대에 있는 로마 시민들의 수를 확인하고 보고하게 했기 때문이었다. 이들을 포함하여 인구 조사에서 총 인구수는 214,000명으로 나타났다. 가이우스 클라우디우스 네로는 정화 의식을 마쳤다. 이어 감찰관들은 식민시 열두 곳의 각 지역

---

19 감찰관은 도시 시민의 명부를 작성하고, 감찰관들이 보기에 타락한 행동을 했다고 생각하는 시민들의 이름 앞에 검은 표시를 하고서 그 이유를 제시했다.

감찰관들이 가져온 인구 조사 목록을 받았다. 이는 전에는 없던 일이었다. 이런 일의 목적은 식민시의 인구와 자금에 관해 자원이 얼마나 되는지 공공 기록 보관소에 영구히 기록을 남기자는 것이었다. 기사계급의 인구 조사가 다음으로 시작되었다. 이때 두 감찰관은 나라에서 제공하는 말을 소유하고 있었다. 리비우스의 이름이 나오는 폴리아 부족에 갔을 때,[20] 포고자는 감찰관 이름을 부르는 게 부적절하다는 생각에 망설였다. 하지만 클라우디우스가 이를 용인하지 않았다. "마르쿠스 리비우스를 부르라." 그가 말했다. 여전히 해묵은 다툼을 기억해서 그랬는지, 아니면 부당한 엄격함을 보여주면서 자부심을 느꼈는지는 몰라도 그는 리비우스에게 시민들이 유죄 판결을 한 바가 있으므로 나라에서 준 말을 팔라고 지시했다.

이에 리비우스도 바로 보복에 나섰다. 동료의 이름이 나오는 아르니엔시스 부족으로 오자 그는 클라우디우스에게 말을 팔라고 지시하면서 두 가지 이유를 댔다. 하나는 클라우디우스가 민회의 재판에서 자신(리비우스)과 관련하여 위증을 했다는 것이고,[21] 다른 하나는 자신과 화해할 때 진정성이 없었다는 것이었다.

두 감찰관은 임기가 끝나갈 때까지 품위 없게도 상대방의 명성에 먹칠을 하려다가 자신의 명성마저 깎아 먹는 일을 계속했다. 클라우디우스는 선서를 마치고 국고로 가서는 자신의 동료의 이름을 아이

---

20   감찰관은 로마시 34개 부족의 시민 명부를 부족 별로 작성하는 과정에서, 폴리아 트리부스(부족) 명부에 리비우스의 이름이 들어 있었는데, 감찰관 리비우스가 국가 재산인 말을 개인적으로 소유하고 있으므로, 동료 감찰관인 파비우스가 리비우스 이름 앞에 검은 표시를 하라고 지시한 것.

21   이 리비우스는 22권 36장에서 전리품 문제로 민회에 섰던 그 리비우스이고, 네로와 함께 메타우루스 강변에서 하스드루발을 공격했던 그 리비우스이다. 이 사람은 기원전 217년, 그리고 기원전 209년에 집정관을 지냈다.

라리우스 사이에 포함시켰다. 아이라리우스는 세금만 내고 투표권이 없는 사람들이었다. 리비우스는 이어 국고로 가서 34개의 부족을 아이라리우스로 선언했다. 부당하게도 무고한 자신에게 유죄 판결을 내렸으며, 그런 일을 저질렀음에도 불구하고 국가가 어려움에 빠지자 자신을 첫 번째로는 집정관으로, 그 다음으로는 감찰관으로 앉혔음을 그 이유로 들었다. 그는 그들이 첫 번째는 판결로, 두 번째는 투표로 실수를 저질렀음을 인정해야 할 것이라고 했다.

그가 강등에서 제외한 유일한 부족은 마이키아였는데, 그들은 그에게 유죄라고 하지도 않았고, 그가 집정관이나 감찰관 선거에 나서게 되었을 때 그에게 투표하지도 않았다. 리비우스는 여기에 더해 34개 부족이 아이라리우스로 강등되었으므로 당연히 클라우디우스도 포함된다고 했다. 그는 이런 선례가 있었더라면 클라우디우스를 특별히 이름으로 거론하여 개인적으로, 그리고 집합적으로 두 번 강등시켰을 것이라고도 했다. 감찰관들이 '검은 표시'를 찍는 일로 하찮은 말다툼을 벌이는 건 아주 부적절한 행동이었지만, 평민의 경박함을 날카롭게 비판하는 감찰관직의 진정한 전통과 진지한 분위기를 보여주는 것이었다. 감찰관들의 평판이 나빠지자 호민관인 그나이우스 바이비우스는 감찰관들을 희생하여 자신을 돋보일 기회를 얻었다고 생각하고 두 사람을 평민 앞에 세우고자 소환장을 냈다. 이 문제는 원로원이 만장일치로 각하했는데, 감찰관직이 후에 평민의 변덕에 좌우될지도 모른다는 생각이 들었기 때문이다.

38. 이 여름 동안 브루티움의 클람페티아가 집정관 셈프로니우스의 공격으로 점령되었고, 콘센티아, 판도시아, 그리고 다른 소소한 공동체들이 로마의 통제를 받게 되었다. 다음 선거일이 얼마 남지 않아 집정관 코르넬리우스가 로마로 돌아오게 되었는데, 에트루리아

에서 당시 아무런 군사 작전도 진행되지 않았기 때문에 가능한 일이었다. 코르넬리우스는 그에 따라 선거를 주재했고, 새로운 집정관으로는 그나이우스 세르빌리우스 카이피오, 가이우스 세르빌리우스 게미누스가 당선되었다. 법무관 선거도 이어 열렸고, 당선자는 푸블리우스 코르넬리우스 렌툴루스, 푸블리우스 퀸크틸리우스 바루스, 푸블리우스 아일리우스 파이투스, 푸블리우스 빌리우스 타풀루스였다. 마지막 두 사람은 선거 당시 평민 토목건축관리관이었다. 선거가 끝나자 코르넬리우스는 에트루리아로 돌아가 휘하 병력과 합류했다.

이해(기원전 204년)엔 사망으로 인해 사제직에도 변화가 생겼다. 티베리우스 베투리우스 필로는 지난해 사망한 마르쿠스 아이밀리우스 레길루스를 이어 마르스의 사제가 되었다. 복점관이자 10인 성직 위원회의 위원인 마르쿠스 폼포니우스 마토 대신에 마르쿠스 아우렐리우스 코타가 대체 위원으로, 티베리우스 셈프로니우스 그라쿠스가 복점관으로 선출되었다. 그라쿠스처럼 아주 젊은 청년이 사제직에 오른 건 지극히 드문 일이었다. 도금한 네 마리 말이 이끄는 마차 조각상이 그해 쿠룰레 토목건축관리관인 가이우스 리비우스와 마르쿠스 세르빌리우스 게미누스에 의해 카피톨리움에 설치되었고, 로마 게임이 이틀 동안 반복 실시되었다. 평민 게임 역시 평민 토목건축관리관 아일리우스와 빌리우스에 의해 이틀 동안 반복 실시되었다. 게임들을 기리고자 유피테르를 위한 만찬 의식이 거행되었다.

제 30 권

아프리카에서
카르타고와의 전쟁과 승리

1. 이제 전쟁은 16년차(기원전 203년)에 접어들었다. 새로운 집정관 카이피오와 게미누스가 국가의 정황, 전쟁 수행, 임지 배정을 원로원에서 논제로 삼자 의원들은 집정관들이 추첨이나 상호 합의를 통해 브루티움에서 한니발을 상대할 것인지, 에트루리아와 리구리아에서 군사 작전을 펼칠 것인지 결정하게 했다. 브루티움을 맡을 집정관은 셈프로니우스의 병력을 인수하고, 셈프로니우스는 집정관 대리로서 한 해 더 지휘권을 연장 받아 리키니우스의 병력을 인수하게 되었다. 리키니우스는 로마로 돌아올 예정이었다. 푸블리우스 리키니우스 크라수스[1]는 이제 군인으로서 높은 명성과 다른 많은 업적을 자랑했고, 어떤 동시대 로마 인도 그만큼 화려한 경력을 쌓지 못했다. 자연

---

1 크라수스는 전투에서 중요한 승리를 거두었다는 언급이 없다. 그는 기원전 205년에 집정관이었다. 기원전 212년에 대사제로 선임되었고(25권 5장), 기원전 183년에 사망할 때까지 이 직책을 유지했다. 그의 장례식에는 검투사 경기, 게임, 공공 축제 등이 거행되었다고 한다(리비우스 39권 46장). 리비우스가 여기서 언급한 크라수스의 업적은 장례식의 추도사(laudatio funebris)처럼 읽힌다. 이 문장은 여기보다는 39권에 들어가야 하는 것이 아닌가 생각된다.

과 행운이 인간으로서 가능한 모든 훌륭한 재능을 그에게 쌓아주었
다. 귀족이면서 부유한 그는 무척 수려한 용모를 지녔고, 체력도 뛰
어났다. 법정에서 변호를 할 때나 기회가 생겨 원로원이나 민회에서
어떤 문제에 찬성하거나 반대하는 연설을 할 때나 그의 언변은 유창
했다. 종교법에 관한 지식에도 그는 정통했으며, 이 모든 것에 덧붙
여 집정관을 지내며 그는 훌륭한 군인으로서 명성을 쌓기까지 했다.

에트루리아와 리구리아에 관해서도 브루티움과 비슷한 결정이 내
려졌다. 마르쿠스 코르넬리우스는 새로운 집정관에게 휘하 병력을
인계하고, 자신은 한 해 더 연장된 지휘권으로 작년 스크리보니우스
가 지휘하던 병력을 맡아 갈리아를 유지하는 임무를 맡았다. 임지 배
정을 위해 추첨이 있었고, 브루티움은 카이피오에게, 에트루리아는
게미누스에게 돌아갔다. 법무관의 임지도 결정되었다. 도시 사법권
은 아일리우스 파이투스에게, 사르데냐는 렌툴루스에게, 시칠리아는
빌리우스에게, 아리미눔은 퀸크틸리우스 바루스에게 주어졌다. 바루
스는 스푸리우스 루크레티우스가 지휘하던 두 군단을 인수할 것이
었다. 루크레티우스도 지휘권이 연장되어 마고가 파괴했던 도시 게
누아를 재건할 것이었다.

스키피오의 지휘권은 그가 아프리카 전쟁을 성공적으로 마칠 때
까지 무한정 계속되었다. 스키피오가 아프리카로 건너간 것과 연관
되어 기원을 올리는 날이 원로원 결정에 따라 지정되었다. 이날을 통
해 시민들은 로마 인, 스키피오, 그리고 그의 휘하 병력에 축복이 있
기를 기원할 것이었다.

2. 3천 명의 신병이 시칠리아를 위해 모집되었다. 이는 섬에 있던
최고의 부대가 아프리카로 움직였기 때문이었다. 아프리카에서 가할
수 있는 공격에 대비하여 40척의 전함으로 시칠리아 해안을 보호한

다는 결정에 따라 법무관 빌리우스는 13척의 새로운 전함과 이미 철저한 점검을 마친 오래된 전함들을 이끌고 시칠리아로 들어갔다. 지난해 법무관이었던 폼포니우스는 연장된 지휘권으로 이 함대를 지휘할 것이었다. 그는 전함을 이탈리아에서 데려온 신병들로 채웠다. 원로원 결정에 의해 똑같이 지휘권이 연장된 전년 법무관 그나이우스 옥타비우스도 같은 수의 전함을 지휘하게 되었다. 그는 사르데냐의 해안 방어를 맡았다. 새로운 법무관 렌툴루스는 함대에 2천 병사를 제공하라는 지시를 받았다.

이탈리아 해안에 관해선 카르타고 인들이 어디로 함대를 보낼지 아무도 몰랐지만, 보호가 되지 않는 곳을 어디라도 공격할 수 있으므로 작년 법무관인 마르키우스가 40척의 전함으로 방어를 맡기로 되었다. 원로원 결정에 따라 집정관들은 이 함대에서 복무할 3천 병사를 모집했고, 비상사태에 대비하여 두 개의 도시 군단도 모집했다. 스페인 임지는 원로원 결정에 따라 기존 지휘관인 루키우스 렌툴루스와 루크우스 만리우스 아키디누스에게 맡겨졌다. 그들은 휘하 병력을 유지하고 군권을 온전히 행사할 것이었다. 이해(기원전 203년) 로마의 야전군은 총 20개의 군단과 160척의 전함으로 구성되었다.

법무관들은 임지로 떠나라는 지시를 받았다. 집정관들은 로마를 떠나기 전 대게임을 거행하라는 지시를 받았다. 이 게임은 티투스 만리우스 토르콰투스가 독재관일 때 나라가 여전히 변함없이 존속한다면 4년 안에 개최하겠다고 맹세했던 행사였다.

이 중요한 시기에 여러 곳에서 비정상적인 사건들이 보고되면서 미신에 근거한 낯선 두려움이 일어났다. 사람들은 까마귀들이 카피톨리움의 황금 장식품을 쪼아 산산조각 내었을 뿐만 아니라 더 나아가 조각난 장식품을 먹기까지 했다는 이야기를 믿었다. 안티움에서는 쥐들이 황금관을 갉아먹었다. 카푸아 주변 모든 지역은 메뚜기 떼로 가득 찼다. 이 메뚜기들은 워낙 많아서 대체 어디서 왔는지 말하는 것조차 불가능했다. 레아테에선 다리가 다섯 개인 망아지가 태어났다. 아나니아에선 드문드문 불꽃들이 하늘에서 보였고, 뒤이어 거대한 유성이 일으키는 커다란 불길이 보였다. 프루시노에선 태양 주위에 가늘게 무리가 생겼고, 잠시 뒤에 겉보기에는 태양빛으로 된 또 다른 무리가 기존의 무리 바깥에 생겨났다. 아르피눔에선 평지 지역이 침하되었으며, 깊이 꺼진 채로 남았다. 마지막으로 집정관 중 한 사람이 첫 제물을 바치는 희생 의식을 거행하는데, 간에서 특유의 머리 형태 돌기가 보이지 않았다.[2]

이런 초자연적 현상들은 다 자란 제물을 바침으로써 속죄되었고, 사제단은 희생 의식을 바칠 신들을 선언했다.

3. 집정관들과 법무관들은 이제 자유롭게 각자의 임지로 떠나게 되었다. 하지만 그들의 임무가 무엇이든 그들의 생각은 온전히 아프리카에 집중되었는데, 마치 그곳이 자신의 임지인 양 여겼다. 그들은 아프리카에서 최후의 결전이 치러질 거라는 걸 알았고, 나라가 현재 전적으로 의지하고 있는 스키피오에게 도움을 주고자 했다. 그 결과 앞서 언급한 사르데냐뿐만 아니라 시칠리아와 스페인에서도 옷과 곡물을 보냈다. 시칠리아는 또한 무기와 온갖 보급품도 보냈다. 스키피오 역시 겨울 중 어느 때도 전쟁 노력을 줄일 수 없었다. 그가 노심초사하며 진행하는 일들이 많았다. 그는 우티카를 포위 중이었고, 진

---

2   동물의 간 상태를 보면서 복점을 칠 때 그 형태는 다양하게 나올 수 있는데 "머리"라고 알려진 툭 튀어나온 부분이 있는 게 가장 중요했다. 만약 머리가 크면 그건 조짐이 좋다는 뜻이다(참조. 27권 26장). 머리의 형태가 작거나 기형이면 불길한 징조였다. 머리가 아예 없으면 그건 아주 나쁜 흉조였다.

지는 하스드루발이 볼 수 있는 곳에 있었다. 카르타고 인들은 완전무장한 함대를 띄워 언제든 보급을 차단하고자 했다. 이 모든 것에 더해 스키피오는 시팍스와 화해할 가능성도 배제하지 않았다. 시팍스가 아내와의 애정 행각에 과도하게 탐닉하여 이제는 마침내 포만감을 느꼈으리라 생각했기 때문이었다. 스키피오는 시팍스에게서 전쟁이 계속되면 카르타고를 지지하는 걸 포기하겠다는 희망적인 말을 듣고자 했지만, 오히려 시팍스는 로마 군이 아프리카에서, 카르타고 군은 이탈리아에서 물러나 양국이 평화 협정을 맺어야 한다고 주장했다.

역사가 발레리우스 안티아스는 시팍스가 개인적인 회담을 하러 로마 진지로 찾아왔다고 했는데, 대다수 역사가는 스키피오와 시팍스의 접촉은 전령을 통해 이루어졌다고 기록했다. 나 역시 후자가 더 믿을 만한 이야기라고 생각한다. 처음에 스키피오는 시팍스의 제안을 들은 척도 하지 않았지만, 나중엔 시팍스의 장교들이 적진을 방문한 데는 타당한 이유가 있을 것으로 생각하고 완고했던 태도를 크게 바꿨다. 또한 스키피오는 그들에게 문제의 모든 측면을 자주 논의함으로써 합의가 가능할 수도 있다는 기대를 심어주기도 했다.

카르타고 인들의 월동 진지는 인근 농지에서 입수되는 재료들을 가리지 않고 사용하여 지었고, 거의 전부 나무로 되어 있었다. 특히 누미디아 인들은 갈대 막사 안에 살았는데, 대다수가 짚으로 된 지붕을 둘렀고, 막사들 자체도 무척 불규칙적으로 흩어져 있었다. 일부는 질서도 없이 도랑과 요새 밖에 자발적으로 설치되기도 했다. 이런 소식을 들은 스키피오는 적의 진지에 불을 놓을 기회를 노렸다.

4. 그에 따라 스키피오는 시팍스에게 사절들을 보낼 때 지식과 능력이 검증된 몇몇 백인대장을 사절단에 포함시켰다. 선발된 백인대

장들은 누추한 옷을 입어 노예처럼 보였다. 사절들이 시팍스와 일을 논의할 동안 그들은 개별적으로 진지를 돌아다녔다. 한 사람은 여기, 다른 한 사람은 저기에서 입구와 출구, 진지 전체와 누미디아 인과 카르타고 인이 각자 차지하고 있는 부분의 배치, 누미디아 인과 카르타고 인, 즉 시팍스와 하스드루발 간의 거리, 전초 기지와 보초 근무가 조직되는 방식, 낮과 밤 중 기습을 가하기 더 좋은 때 등을 알아보고 다녔다. 더욱이 사절들은 무수히 시팍스와 논의를 하러 왔으므로 더 많은 정보원을 보낼 수 있었다. 이 덕분에 적진지의 세부 사항에 최대한 익숙해진다는 의도적인 목적을 달성할 수 있었다.

논의가 빈번해지자 시팍스는 날이 갈수록 평화가 다가오고 있다고 확신했고, 그런 판단은 그를 통해 카르타고 인에게 전해졌다. 로마 사절들은 확답 없이 스키피오에게 돌아갈 수 없다고 말했다. 따라서 시팍스가 마음을 먹었으면 반드시 결정을 내려야 한다고 채근했다. 사절들은 시팍스가 하스드루발과 카르타고 인들하고 논의해야 한다면 그렇게 하여 평화 협정을 맺을지 전면전을 벌일지 어서 결정하라고 말했다.

논의가 계속 이어졌고, 시팍스가 하스드루발과 논의하고 다시 하스드루발이 카르타고 인들과 논의하는 동안 로마 정보원들은 적 진지에서 보려고 했던 모든 걸 볼 수 있는 여유가 생겼고, 스키피오도 모든 필요한 준비를 할 수 있게 되었다. 더욱이 평화를 맺기 위한 논의와 그 결론으로 인해 생겨나는 희망은 다른 경우에서도 흔히 볼 수 있듯이 상대방을 방심하게 만들었다. 따라서 시팍스와 카르타고 인들은 앞으로 벌어질 수도 있는 적대적인 행위에 적절한 대비를 하지 못했다.

마침내 답변이 스키피오에게 전해졌다.

로마 사령관이 지극히 평화를 갈망하는 것처럼 보이니까 그 답변 안에는 지나친 요구사항들이 포함되어 있었고, 이는 휴전을 어떻게든 깨고자 했던 스키피오에게 아주 필요한 구실을 마련해 주었다.[3] 그는 시팍스의 사절에게 참모 회의를 열어 논의하겠으니 다음날 답변을 전하겠다고 했다. 날이 바뀌자 그는 자신은 무척 노력했지만, 참모들 중 누구도 평화를 선호하지 않았다고 통지했다. 따라서 그는 사절을 통해 왕에게 로마 인들과 평화를 맺을 유일한 가능성은 카르타고 지원을 그만두는 것뿐이라고 말했다. 그렇게 휴전은 끝났다. 이는 의도적인 것으로, 스키피오는 덕분에 거리낌 없이 목적을 수행할 수 있게 되었다.

그는 전함들을 바다에 띄우고(당시는 봄이 시작될 때였다), 바다에서 우티카를 공격하려는 것처럼 투석기와 노포를 배에 실었다. 그리고 이전처럼 도시 위로 솟은 언덕에 2천 병사를 보내 점거하게 했다. 그가 이런 양동(陽動) 작전을 편 목적은 진짜 계획에서 적의 시선을 돌리려는 것이었고, 동시에 도시에서 자신의 진지로 출격하는 걸 막고자 함이었다. 시팍스와 하스드루발을 향해 움직이면 소수의 주둔군만이 진지에 남게 되기 때문이었다.

5. 이렇게 준비를 마치자 스키피오는 참모 회의를 열었고, 정보원들은 조사 결과를 보고했다. 적의 모든 방식에 친숙하고 또 잘 알고 있는 마시니사도 비슷한 요청을 받았다. 스키피오는 이어 다가올 밤에 실행할 계획을 설명했고, 고위 장교들에게 회의가 해산하자마자 보병대를 진지 밖으로 진군시키고 나팔을 울려 신호를 보내라고 지

---

3   리비우스는 여기에서 스키피오의 기만술을 정당화하려고 애쓰고 있다. 폴리비오스의 『역사』에는 이런 과도한 요구사항에 대한 언급이 없다.

시했다. 일몰 직전에 지시에 따른 진군이 시작되었다. 제1경(저녁 6시) 정도에 전투 대열이 배치되었고, 자정에 적당한 속도로 움직여 11km를 움직인 로마 인들은 적의 진지에 도착했다. 이 시점에 스키피오는 라일리우스에게 휘하 일부 병력의 지휘를 맡겼다. 여기에는 마시니사와 그의 누미디아 인들도 포함되었다. 스키피오는 라일리우스에게 시팍스의 진지에 침입하여 불을 지르라고 지시했다. 이어 그는 라일리우스와 마시니사를 한쪽으로 데리고 가서 아무리 사전에 계획을 잘 세워도 야간 전투에서는 예상치 못한 일이 벌어진다고 하면서 그것을 대비하려면 세부 사항에 주의를 기울이고 지속적인 경계를 하는 일이 필수적이라고 하며 이를 꼭 명심하도록 했다. 스키피오는 두 사람에게 자신은 하스드루발과 카르타고 인이 있는 진지를 공격할 것인데, 시팍스의 진지가 불에 타지 않는 한 움직이지 말라고 지시했다.

하지만 스키피오는 그리 오래 기다릴 필요가 없었다. 적 막사에 불을 붙이고 첫 오두막이 타오르기 시작하자 불은 즉시 퍼져 나갔다. 처음엔 주변에 있는 것들이 타오르다 점점 빠르게 진지 전체가 불에 휩싸였다. 밤중에 불이 그토록 빠르고 넓게 퍼지는 상황에서 적은 공포와 혼란을 느낄 수밖에 없었다. 하지만 그들은 그럼에도 화재가 적의 기습이 아닌 사고에 의한 것이라고 생각했다. 이에 그들은 비무장 상태로 불을 끄러 막사에서 나왔고, 그렇게 하여 무장한 로마 군을 조우하게 되었다.

마시니사는 진지 배치를 알고 있었기에 그가 지휘하는 누미디아 부대는 여러 출구에 세심하게 배치되어 있었다. 많은 적이 침상에서 절반쯤 잠든 채로 타 죽었고, 더 많은 적이 맹목적으로 탈출하려고 달려 나오다가 비좁은 출입구에서 짓밟혀 죽었다.

6. 카르타고 보초병들은 큰불이 환하게 타오르는 걸 처음으로 목격했다. 진지의 나머지 병력도 곧 소음과 혼란에 의해 깨어났다. 그리고 불을 본 모두가 시팍스의 병사들과 같은 실수를 저질렀다. 화재가 자연적인 원인으로 시작되었다고 생각한 것이다. 혼란과 실수를 가중시킨 건 다치거나 죽어가는 자들의 외침이었다. 단순히 밤에 갑작스럽게 비상사태가 일어나 소리치는 걸로만 알았던 것이다. 따라서 그들은 적의 기습을 의심도 하지 않고 자발적으로 수많은 인원이 가장 가까운 문으로 서둘러 나왔고, 무장도 하지 않은 채 불을 끌 수 있는 것만 들고 있다가 로마 군 대열과 바로 맞닥뜨리게 되었다. 이들은 전부 살해되었는데, 한창 진행 중인 전투와는 전혀 달랐으므로 진짜 사정을 진지에 있는 전우들에게 알리는 것을 허용해서는 절대 안 되었기 때문이다.

이어 스키피오는 지체하지 않고 바로 진지 문을 돌파했고, 당연히 진지는 방심한 상태였다. 가장 가까운 건물에 불이 붙었고, 처음엔 여러 곳에서 불이 띄엄띄엄 타올랐지만, 이내 불은 서서히 움직이며 합쳐져 갑작스럽게 큰불이 되어 진지 전체를 게걸스럽게 삼켰다. 문으로 이어지는 길이 막혀 사람이나 짐승이나 심한 화상을 입었고, 처음에 길은 필사적으로 빠져나가려는 행렬로 막혔고, 이어서는 그들의 시체로 막혔다. 하지만 사령관 두 사람은 도망쳤고, 두 진지에 있던 무수한 병력 중에 2천 보병과 5백 기병만이 장비는 절반만 챙긴 채로 도망쳤고, 남은 수많은 자들은 다치거나 큰 화상을 입었다. 불이나 칼로 죽은 이들은 4만에 이르렀다. 5천 명 이상이 포로가 되었고, 여기엔 수많은 카르타고 귀족에 더해 11명의 원로원 의원도 있었다. 그들은 174개의 군기와 2천 7백 마리의 누미디아 말을 빼앗겼다. 여섯 마리의 코끼리는 산 채로 잡혔고, 여덟 마리는 죽거나 불에 타서 죽었다. 어마어마한 양의 무기가 스키피오의 손에 들어왔고, 그는 그것을 모두 불카누스에게 바치고 태웠다.

7. 도망친 하스드루발은 소수의 병사들을 데리고 가장 가까운 아프리카 도시로 갔고, 다른 모든 생존자들이 그곳까지 그를 따라갔다. 하지만 그는 그곳이 스키피오에게 항복할 것이 두려워 바로 다른 곳으로 떠났다. 얼마 뒤 그 도시는 실제로 성문을 열고 로마 인들을 받아들였고, 자발적으로 항복한 점을 참작하여 로마 군의 적대적인 행동은 없었다. 이후 두 개의 다른 도시가 점령되어 약탈되었고, 두 진지의 불길 속에서 건진 물건들과 함께 이 두 곳에서 얻은 약탈품은 장병들에게 주어졌다.

시팍스는 13km 떨어진 방비가 잘 되는 곳에 진을 쳤다. 그러는 사이 하스드루발은 서둘러 카르타고로 향했는데, 이는 최근 벌어진 참사로 카르타고 당국의 항전 의지가 약해지는 걸 막기 위해서였다. 처음에 패배 소식을 접하자 카르타고는 공포에 휩싸였고, 모두가 스키피오가 우티카는 제쳐두고 곧바로 카르타고를 포위할 거라고 확신했다. 그에 따라 수페테스(그들의 권력은 로마 집정관과 거의 동등했다)는 원로원을 소집했고, 세 가지 제안이 논의되었다.

하나는, 스키피오에게 사절들을 보내 평화 협정을 맺는 것이었다. 다른 하나는, 한니발을 불러들여 멸망이 거의 확실해진 조국을 구원하게 하는 것이었다. 마지막은, 역경에 처했을 때 로마가 보인 강고함을 연상시키는 주장이었다. 패배는 바로잡을 수 있고, 그러니 시팍스에게 전쟁을 포기해서는 안 된다고 촉구하자는 것이었다. 채택된 건 마지막 제안이었다. 이런 결과가 나온 건 회의에 하스드루발이 참석했고, 바르카 파벌 사람들은 모두 전쟁을 선호했기 때문이었다.

그 결과 도시와 인근 지역에서 징병이 실시되었고, 시팍스에게 사절들이 방문했다. 때마침 시팍스도 전쟁을 계속하며 패배를 벌충하려고 최선을 다하고자 했다. 그의 이런 노력은 아내 때문이었다. 사랑하는 사람의 추켜세우는 말처럼 효과적인 것이 없는데, 여기에 더해 그녀는 남편의 동정을 사고자 열렬하게 호소까지 했다. 그녀는 눈물이 그렁그렁한 눈으로 자신의 아버지, 그리고 자신이 태어난 도시를 저버리지 말아 달라고 간청했고, 카르타고가 그의 폐허가 된 진지처럼 불길에 휩싸이면 안 된다고 애원했다.

더욱이 시의적절한 소식이 시팍스에게 성공할 가능성이 있다는 생각을 안겼다. 사절들은 켈티베리아 인들의 4천 강병을 오바라는 도시 근처에서 맞이하기로 했다는 정보를 전했고, 이들은 스페인에 있는 용병 모집을 담당하는 관리에 의해 고용된 것이라고 했다. 사절들에 따르면 켈티베리아 인들은 전원 강건했다. 하스드루발 역시 곧 절대 무시할 수 없는 병력을 이끌고 전쟁터에 나타날 것이라고 했다.

시팍스는 사절들에게 우호적인 답을 들려주었을 뿐만 아니라 최근에 무기와 기마를 주어 무장시킨 수많은 누미디아 농부들을 보여주었다. 그는 사절들에게 왕국에서 군에 복무할 수 있는 모든 자를 모으겠다는 의도도 밝혔다. 그는 사절들에게 최근 패배는 불에 의한 것이지 전투에 의한 것은 아니라고 하면서, 전쟁이나 무력으로 정복된 자만이 패자라는 말도 덧붙였다. 이상이 시팍스가 사절들에게 들려준 답변이었고, 며칠 뒤 하스드루발과 시팍스는 다시 한 번 병력을 합쳤다. 이렇게 하여 약 3만에 달하는 병력이 규합되었다.

8. 스키피오는 시팍스와 카르타고 군을 상대로 하는 전쟁은 이미 끝났다고 생각하고 우티카 포위에 열중하고자 했다. 그는 이미 투석기를 성벽으로 움직이기까지 했다. 그러다 새로운 위협이 생겨났다는 보고를 받은 그는 계획을 변경할 수밖에 없었다. 육지와 바다 양

쪽에서 여전히 포위가 진행 중이라는 착각을 일으킬 정도의 적은 병력만 남긴 채 그는 즉시 주력군을 이끌고 적을 찾아 나섰다. 그는 우선 시팍스의 진지에서 6km 정도 떨어진 고지에 진을 쳤다.[4] 이어 다음날이 되자 그는 기병대와 함께 대평원이라 알려진 곳으로 내려왔다. 적의 전초 기지 쪽으로 움직이며 탐색 활동을 한 결과 낮 동안 가벼운 소규모 접전이 벌어졌다. 이후 이틀 동안 똑같은 일이 계속되었다. 양군은 상대에게 중요하지 않고 불규칙적인 공격을 가했고, 여기에 언급할 만한 사건은 전혀 일어나지 않았다. 넷째 날이 되자 양군은 모두 내려와 전투 대형을 전개했다.

스키피오는 선봉인 제1선 뒤에 제2선을 배치했고, 제3선을 예비군으로 두었다. 이탈리아 기병들은 우익에, 마시니사가 이끄는 누미디아 기병대는 좌익에 배치되었다. 시팍스와 하스드루발은 누미디아 인들을 스키피오의 이탈리아 기병대와 맞상대하게 했고, 카르타고 인들로 마시니사를 상대하게 했다. 켈티베리아 파견대는 중앙에서 로마 군단병들과 맞설 것이었다. 이런 형태로 전투가 시작되었다. 첫 돌격에 적의 양쪽 날개에 있던 누미디아 인과 카르타고 인들은 밀려났다. 대다수가 농부인 누미디아 인은 로마 기병대의 상대가 되지 못했고, 신병이었던 카르타고 인들은 최근 승리로 더욱 두려운 적이 된 마시니사를 버텨내지 못했다. 켈티베리아 인들은 양쪽 날개의 보호를 받지 못하는 상황이 되었지만, 계속해서 굳세게 버텼다. 이는

---

4   이 문장과 앞의 문장만 보면 스키피오 부대의 진군 거리가 아주 짧았을 것이라는 느낌을 준다. 그러나 폴리비오스의 자료(『역사』 14권 8장)에 의하면 스키피오는 닷새를 행군하여 적을 따라잡았다. 따라서 양군의 전장은 우티카에서 남서쪽으로 약 130km 떨어진 지점이다. 시팍스와 하스드루발은 시간을 벌고 또 누미디아에서 증원 부대를 받기 위해 그 정도 거리까지 이동했던 것이다.

낯선 지역에서 도망쳐봤자 살 수 없으며, 스키피오의 자비를 전혀 바랄 수 없다는 걸 알고 있었기 때문이었다. 스키피오가 켈티베리아 인들을 위해 여러 지원을 했음에도 불구하고 돈을 위해 아프리카로 싸우러 온 상황이었으니 그런 무자비는 당연한 것이었다. 그들은 완전 포위되었고, 패배하여 죽음을 맞이한 자들의 시체가 점점 쌓여갔다. 켈티베리아 인들에게 집중된 로마 인들의 공격으로 틈이 생긴 시팍스와 하스드루발은 기회를 놓치지 않고 도망쳤다.[5] 전투보다 학살을 더 오래하여 피곤해진 승자들에게 밤이 찾아왔다.

9. 다음날 스키피오는 라일리우스와 마시니사에게 로마 기병대와 누미디아 기병대, 그리고 가볍게 무장한 보병대를 모두 위임하여 시팍스와 하스드루발을 쫓게 했다. 그리고 자신은 주력군과 함께 때로는 더 나은 조건을 제시하고, 때로는 위협하고, 때로는 무력을 사용하여 인근 공동체를 점령하는 일을 시작했다. 이런 공동체들은 모두 카르타고의 지배를 받고 있었다.

카르타고는 두려워서 어쩔 줄을 몰랐다. 카르타고의 주민들은 스키피오가 지금 진행하는 번갯불 같이 빠른 작전으로 인근 지역을 모두 정복하고 나면 어느 때든 카르타고를 공격해올 거라고 확신했다. 이에 즉시 성벽 수리와 방어 시설 구축이 시작되었고, 개별 가정은 오랜 포위전을 버티게 해줄 보급품을 농장에서 가져왔다. 평화 이야기는 거론되는 일이 거의 없었다. 그보다는 한니발을 불러들여야 한다는 이야기가 빈번히 들리게 되었다.

대다수 카르타고 시민은 적의 보급을 차단하는 임무를 맡은 함대

---

5   하스드루발은 카르타고로 도망쳤고, 시팍스는 키르타로 도망쳤다. 로마 군은 시팍스를 따라잡기 위해 서쪽으로 추격했으나 실패했다. 폴리비오스,『역사』14권 8장.

를 움직여 우티카 근처의 로마 전함을 기습 공격할 것을 촉구했다. 그들은 이렇게 하면 방비가 약한 로마의 해군 진지도 압도할 수 있다고 생각했다. 이는 가장 많은 지지를 받은 계획이었지만, 그럼에도 불구하고 한니발에게 사절단을 보내자는 결의안도 채택되었다. 해전에서 승리하면 우티카 포위가 일부 완화되겠지만, 카르타고 방위에 적합한 사령관은 한니발뿐이며, 그런 임무를 수행하는 데 적합한 병력도 한니발의 휘하 병력뿐이라는 게 그 이유였다. 따라서 다음날 배가 띄워졌고, 동시에 사절단도 이탈리아로 떠났다. 상황의 압박에 못 이겨 모든 일이 서둘러 완료되었고, 전쟁 대비를 게을리하는 자는 역적 취급을 받는 게 당연한 분위기였다.

이제 스키피오의 움직임은 점령한 도시들에서 누적된 어마어마한 약탈품으로 다소 지연되었다. 따라서 그는 포로와 함께 약탈품을 우티카의 옛 진지로 보냈다. 이제 주된 목표는 카르타고인지라 그는 먼저 튀니스를 점거했다. 기존 주둔군이 떠난 이곳은 카르타고에서 24km 정도 떨어져 있었는데, 각종 시설과 지형으로 방어가 훌륭했다. 이곳은 카르타고에서 보였을 뿐만 아니라 이곳에서도 카르타고와 그 주변을 둘러싼 바다의 모습을 명쾌하게 볼 수 있었다.

10. 로마 인들은 이곳에서 보루 건설 작업을 하는 동안에, 카르타고에서 나온 적의 함대가 우티카로 향하는 걸 알게 되었다. 작업은 곧바로 중단되었고, 적을 맞아 진군하라는 지시가 떨어졌다. 로마 군은 아군 전함에 기습이 가해지는 걸 막고자 최대한 서둘렀다. 로마의 전함들은 포위 작전을 쉽게 하고자 뱃머리를 해안에 대고 있었고, 따라서 전혀 해전을 벌일 상태가 아니었다. 전함들엔 투석기와 공성 장비가 잔뜩 실려 있었고, 이들은 수송 업무를 맡거나 성벽을 오르는 육상 작전을 벌일 때 사용되는 보루와 다리의 역할을 성벽 가까이에

서 수행하고 있었다. 그런 상태의 배는 항해 장비를 적절히 갖춘 함대에 저항할 수 없었고, 빠른 기동도 할 수 없었다.

이런 상황에서 스키피오는 진군 중에 해전의 통상 절차를 뒤집었다. 다른 배를 보호하는 용도인 전함을 후방에 있는 해안 가까이에 두고, 수송선들을 도시 성벽 앞에 네 줄로 배치하여 적의 공격을 막아내게 했다. 전투가 한창 진행될 때 정상적인 대형에서 벗어나 흩어지는 걸 막고자 스키피오는 돛대와 활대를 한 배와 다른 배에 가로로 걸친 다음 튼튼한 밧줄로 묶어 마치 하나의 배처럼 움직이게 했다. 또한 판자를 그 위에 놓아 병사들이 오갈 수 있게 했고, 그 아래로 배와 배 사이에 틈을 두어 작은 공격용 배가 빠른 공격을 위해 지나가고 다시 안전하게 돌아올 수 있게 했다. 이 모든 것이 급박한 상황 속에서 서둘러 최선을 다해 완성되었고, 1천 명의 선별된 병사들이 수송선에 탔다. 무기는 엄청난 양이 쌓여 있었고, 대다수가 투척 무기였는데 전투가 아무리 길어지더라도 충분히 버틸 수 있었다. 이렇게 준비를 한 채 그들은 적의 접근 여부를 계속 날카롭게 지켜봤다.

카르타고 인들은 적당한 속도를 내서 오기만 했더라도 스키피오의 장병들이 이런 준비를 마치려고 서두르느라 혼란스러운 상황에 도착했을 것이고, 곧바로 공격하여 그들을 당황하게 할 수 있었을 것이다. 하지만 육지에서의 참사로 인한 충격을 아직 떨쳐내지 못한 그들은 전력이 실제로 우세했음에도 바다에서 자신감을 보이지 못했다. 따라서 그들은 행동을 망설였고, 의도적으로 낮 시간 내내 천천히 움직였다. 그러고 해가 지자 그 지역에서 루수크몬이라 알려진 항구에 정박했다. 다음날 아침 해가 떠오르자 그들은 다시 해안으로 떠났고, 로마 함대가 그들을 상대하러 나올 것이라는 생각에 정규 해전을 하고자 전투 배치를 마쳤다. 하지만 이렇게 전투 배치된 상태로 오래 기다려도 로마 군은 전혀 움직이지 않았고, 마침내 그들은 스키피오의 수송선들을 공격하러 나섰다.

이어 벌어진 일은 해전과는 전혀 닮은 점이 없었다. 굳이 언급하자면 배가 벽을 공격하는 것처럼 보였다. 로마 수송선들은 적의 배보다 물 위로 더 높이 솟았고, 전함의 카르타고 인들은 머리 위에 있는 목표를 향해 무기를 던지려면 윗몸을 뒤로 젖혀야 했다. 이렇게 공격을 해도 맞지 않는 일이 훨씬 더 많았다. 반면 로마 군이 던지는 무기는 높은 위치 때문에 훨씬 더 위력적이고 효율적이었다. 로마의 작은 공격용 배와 다른 작은 배들은 수송선들 사이 판자 아래로 빠져나왔는데, 처음엔 카르타고 전함의 무게와 크기에 의해 빈번히 가라앉았지만, 시간이 흐를수록 그들은 적의 병사들을 괴롭히기 시작했다. 카르타고의 작은 배들이 아군 전함과 뒤섞여 있으면 적 대신에 아군을 다치게 할 수 있다는 생각에 무기를 던지지 못하게 된 것이다.

마침내 카르타고 인들은 새로운 무기를 시도했는데, 한쪽 끝에 쇠로 된 갈고리가 달린 막대를 로마 수송선에 던지는 것이었다. 병사들은 이를 쇠갈고리라 불렀다. 로마 인들은 이것이 던져졌을 때 막대나 그것에 붙은 사슬을 잘라낼 수가 없었고, 따라서 카르타고 전함이 노를 저어 뒤로 물러나면 갈고리에 의해 로마 수송선도 같이 끌려가기 시작했다. 그러는 동시에 끌려가는 수송선의 선원들은 필사적으로 옆의 배와 연결된 밧줄을 끊으려고 했고, 때로는 수송선 한 줄 전체가 함께 끌려갔다. 이런 식으로 수송선 위로 연결된 판자 다리는 부서졌고, 그 위에 있던 병사들은 다음 열에 있던 배들로 뛰어 넘어갈 여유도 없었다. 그렇게 60여 척의 로마 수송선이 뱃고물을 앞으로 한 채 카르타고로 끌려갔다. 이 성과에 카르타고 인들은 그 중요성에 비추어 과도할 정도로 기뻐했다. 뜻밖에 다가온 이 자그마한 햇살과도 같은 성공은 연패를 거듭하던 카르타고 인들에게 환영받을 수밖에 없었다. 게다가 그들의 선장들이 늦장을 부리지 않았더라면, 또 스키피오가 제때 도착하여 방해하지 않았더라면 로마 함대가 거의 궤멸했을 거라는 건 의심할 여지가 없었다.

11. 그러는 사이에 라일리우스와 마시니사는 약 15일 정도의 행군 끝에 누미디아에 도착했고, 마시니사의 아버지의 백성들인 마실리 부족은 마시니사를 오랫동안 갈망하던 왕으로서 받아들였고, 쾌히 그의 통치를 따르기로 했다.

시팍스는 자신의 병력과 지휘관들이 축출된 이후 자신의 옛 왕국에 틀어박혔지만, 어떻게든 다시 움직일 생각이었다. 여전히 아내를 깊이 사랑하는 그는 아내와 장인에게 자극을 받았고, 오랜 세월 번영한 그의 왕국 내에는 사람이나 말이나 이용할 수 있는 자원이 엄청나게 많았다. 이런 광경을 보면 그보다 덜 야만적이고 덜 열정적인 성격을 지닌 자라도 야심에 흔들릴 수밖에 없었다. 따라서 그는 병역에 적합한 자들을 모두 모아 무장을 시키고 말과 투척 무기도 주었다. 그는 오래전 로마 백인대장들에게서 배운 바에 따라 기병과 보병을 대대로 조직했다. 비록 거의 전부가 제대로 훈련도 받지 않은 신병이었지만, 이전보다 부족하지 않은 병력을 갖춘 그는 적과 교전하러 나섰다.

시팍스는 로마 군 근처에 진지를 세우고서, 전초 기지에서 소규모로 기병을 보내 세심하게 정찰을 시작했다. 정찰대는 투척 무기에 밀려나 서둘러 안전하게 돌아왔다. 곧 양군 사이에서 사소한 공격적인 움직임이 시작되었고, 패배한 쪽은 분개하여 더 많은 병사들이 합류했고, 이렇게 승자들은 확신으로 병력을 점차 늘리고, 패자들은 분노로 병력을 더 늘리는 일반적인 기병전의 과정이 전개되었다. 전투는 고작 몇 사람이 개입된 것으로 시작되었지만, 결국엔 양군의 기병대 전원이 전투욕에 불타 뛰어들었다. 기병대에 국한하여 전투를 보면 시팍스는 계속 기병을 보냈고, 그 어마어마한 수는 로마 군이 거의 버틸 수 없을 정도였다. 하지만 갑자기 로마 경보병대가 개입했고, 그들은 기병대가 만든 틈으로 들어와 전열을 안정시키고 적의 격렬한 돌격을 제지했다. 이 효과로 처음에는 야만인들의 공격 속도가 느려졌고, 이어 이해하지 못하는 전투 진행에 당황하여 결국 공격을 멈추게 되었다. 마침내 그들은 로마 보병대에게 밀려났을 뿐만 아니라 보병대의 지원으로 새로 용기를 얻은 로마 기병대와 맞설 수도 없게 되었다.

이 시점에서 로마 군단병들이 다가오는 게 보였다. 시팍스의 마실리 부족민들은 심지어 그들의 공격을 기다리지도 않았다. 로마 군의 무기와 군기가 보이는 것만으로 마실리족은 버틸 수가 없었다. 그것은 현재 느끼는 두려움이 너무 크거나 이전 패배의 기억이 무척 선명해서였을 것이다.

12. 시팍스는 로마 군 쪽으로 말을 몰고 가서 스스로를 위험에 노출시키고 장병들을 꾸짖으면서 휘하 병력의 탈주를 제지하려고 했지만, 헛된 일이었다. 그의 말은 심하게 다쳤고, 이어 그는 땅바닥에 내동댕이쳐졌다. 그는 즉시 압도당해 포로가 되었고, 산 채로 라일리우스에게 끌려갔다. 마시니사에겐 그보다 더 만족스러운 광경은 없었다.

로마 군은 중요한 전투에서 승리했음에도 불구하고 이 전투에서 발생한 사상자는 얼마 되지 않았는데, 이는 전투가 실제로 기병대에 국한되었기 때문이었다. 전사자는 5천 명을 넘지 않았고, 진지 공격으로 붙잡은 포로의 수는 그것의 절반도 되지 않았다. 진지에선 왕이 포로가 된 뒤 엄청나게 많은 장병들이 도망쳤다.

그 엄청난 수의 도망자들은 시팍스 왕국의 수도 키르타로 대피했다. 마시니사는 오랜 세월을 보낸 끝에 승자로서 선왕의 왕국을 회복하게 되다니 그보다 더 기쁜 일은 없다고 하면서 실패했을 때와 마찬가지로 성공했을 때도 노력을 게을리하지 않겠다고 말했다. 그는 자신이 시팍스를 사슬에 묶은 채 기병대와 함께 키르타로 나서는 걸 허락해 준다면 그 모습을 본 도시가 공포와 혼돈에 휩싸일 것이라고 라일리우스에게 말했다. 또 라일리우스가 자신의 속도에 맞춰 보병대를 지휘하여 뒤따라오면 좋겠다고 제안했고, 라일리우스는 그에 동의했다.

마시니사는 키르타에 도착하여 도시의 주요 인사들을 회담장으로 불러냈다. 그들은 왕에게 무슨 일이 벌어졌는지 전혀 몰랐고, 마시니사는 무슨 일이 벌어졌는지 언급하지도 않고, 위협을 하거나 설득하지도 않으며 그들에게 아무런 영향력을 행사하지 않았다. 그러다 마침내 사슬에 묶인 시팍스가 그들의 눈앞에 나타났다. 그 끔찍한 광경에 그들은 절로 한탄했고, 많은 이가 겁에 질려 성벽의 수비를 포기했다. 늘 그렇듯이 권력자에게 아부하려는 다른 자들은 갑작스럽게 항복하며 성문을 활짝 열었다. 이에 마시니사는 모든 성문과 성벽을 따라 선별한 여러 곳에 위병을 배치하여 주민들이 도망치지 못하도록 막았고, 왕궁을 차지하고자 전속력으로 말을 몰았다.

왕궁의 바깥마당에 들어섰을 때 그는 입구에서 소포니스바[6]를 만나게 되었다. 그녀는 시팍스의 아내이자 하스드루발의 딸이며, 카

---

6   소포니스바가 시팍스와 결혼한 것은 기원전 205년으로 부부로 지낸 지가 채 2년이 되지 않았다. 그녀는 문학과 음악에 깊은 조예를 갖추고 있었다고 한다.

르타고 인이었다. 주위에 기병들을 거느리고 옷과 무기로 화려한 모습을 드러낸 마시니사를 본 그녀는 바로 그가 왕이라는 걸 알아보고 그의 무릎을 꽉 붙잡으며 이렇게 말했다.

"신과 당신의 용맹, 그리고 행운이 우리를 내키는 대로 할 수 있는 권력을 당신에게 주었습니다. 포로가 생사를 결정할 주인에게 간청할 수 있다면, 또 승리한 그의 손과 무릎을 만질 수 있다면, 저는 겸허히 간청하고자 합니다. 어제까지 우리의 것이었던 왕권으로, 당신과 시팍스가 공유한 누미디아 인의 이름으로, 시팍스보다 당신에게 길조를 허락한 이 왕궁 수호신의 뜻으로 당신은 탄원인이자 포로인 저에게 은혜를 베풀어 마음이 내키는 대로 저의 운명을 결정하십시오. 제가 거만하고 잔혹한 로마 인의 변덕에 휘둘리지 않을 수 있게 해주십시오. 제가 단순히 시팍스의 아내이기만 했어도 저는 이곳 아프리카에서 태어났으므로 외지인보다는 누미디아 인의 명예를 더 신임했을 것입니다. 그러나 카르타고 여자이자 하스드루발의 딸인 저는 로마 인을 왜 두려워해야 하는지 분명하게 알고 있습니다. 다른 방법이 없다면 저는 당신께 진정으로 간청하겠습니다. 죽음으로 로마 인들의 뜻에서 벗어날 수 있도록 해주십시오."

소포니스바는 한창 젊고 아름다웠다. 그녀는 마시니사의 무릎에 매달리거나 그의 손을 붙잡으며 절대 자신을 로마 인에게 넘기지 않겠다고 약속해 달라고 간청했다. 그녀의 말은 점점 포로의 애원보다는 연인의 아첨으로 바뀌었고, 이에 정복자의 마음은 동정으로 녹아들었을 뿐만 아니라 여자에게 패배하여 사랑의 포로가 되었다. 원래 누미디아 인들은 금방 불타오르는 성격을 갖고 있었으므로 그가 이렇게 된 것도 어떻게 보면 자연스러운 현상일 수도 있었다. 마시니사는 그녀의 요청을 받아들이겠다고 맹세하고 그녀에게 손을 내밀고는 함께 왕궁으로 들어갔다. 이어 그는 어떻게 약속을 지킬 수 있는지 숙고하기 시작했지만, 문제를 해결할 수 있는 방법이 없었다. 따라서 그는 격정에 이끌려 무모하고 자신의 명예에도 해가 되는 계획을 세웠다. 그는 즉시 명령하여 당일 결혼식을 준비하라고 했는데, 이는 라일리우스나 스키피오가 그녀의 처분을 결정할 기회조차 주지 않기 위해서였다. 그녀는 더는 전쟁 포로가 아닌 마시니사의 아내가 되는 것이었다.

결혼식이 끝난 다음 라일리우스가 도착했고, 그는 벌어진 일을 보고받고서 노골적인 불쾌감을 감추지 않았다. 실제로 그는 부부가 쓰는 침대에서 소포니스바를 끌어내 시팍스 및 다른 포로들과 함께 스키피오에게 보내려고 했다. 하지만 마시니사는 두 사람의 왕 중에 소포니스바를 포상으로 받아야 할 사람이 누군지 스키피오에게 결정을 맡기겠으니 그렇게 해달라고 간청했고, 라일리우스는 그의 제안을 따랐다. 시팍스와 나머지 전쟁 포로들이 사령관에게 보내졌고, 라일리우스는 마시니사의 도움을 받아 여전히 시팍스의 부대가 장악하고 있는 나머지 누미디아 공동체를 점령했다.

13. 시팍스가 진지로 오고 있다는 소식이 도착하자 장병들은 막사에서 몰려나왔는데, 마치 개선식의 웅장한 광경을 보려는 듯한 모습이었다. 사슬에 묶인 시팍스는 행렬 앞에서 걸었고, 그의 뒤에선 누미디아 귀족 무리가 따라왔다. 로마 인 구경꾼들은 시팍스의 능력과 그의 백성들의 명성을 높이 평가하며 자신들의 승리를 과장했다. 그들은 서로에게 시팍스가 세상에서 가장 강대한 두 나라인 로마와 카르타고가 존중하는 왕권의 소유자였고, 로마 총사령관인 스키피오가 스페인에서 하던 일을 중지하고 휘하 군대를 떠나 그와 우호 관계를 맺고자 단독으로 두 척의 5단 노선에 올라 아프리카로 갔고, 하스드

루발 역시 카르타고의 사령관이었지만 시팍스를 만나러 그의 왕국에 자발적으로 갔을 뿐만 아니라 딸까지 내어주어 결혼시켰다는 이야기를 했다.

또한 구경꾼들은 시팍스가 동시에 로마의 총사령관과 카르타고의 총사령관을 자신의 손아귀에 올려놓았고, 두 사람이 모두 신들에게 제물을 바쳐 희생 의식을 거행하며 그와의 우호 관계를 바란 적이 있다고 말했다. 또한 그들은 시팍스의 권력이 너무 막강하여 마시니사가 왕좌에서 밀려났을 때, 마니시사가 죽었다는 잘못된 보고로 겨우 목숨을 구했으며, 이후 숲속에서 푸성귀만 먹고 소위 짐승처럼 살았다는 이야기도 나누었다.

구경하는 장병들 사이에서 이런 식으로 이야기가 나돌면서 과거의 시팍스는 한껏 찬양되었다. 그가 사령부로 들어오자 스키피오 역시 냉정할 수 없었다. 시팍스의 대조되는 과거와 현재의 비참한 모습, 이전에 손을 굳게 잡으며 양국과 자신들의 이름으로 맺었던 협정을 생각하니 동요되지 않을 수 없었던 것이다. 그런 기억이 나서인지 시팍스는 정복자에게 말을 꺼낼 용기를 낼 수 있었다. 스키피오가 로마와의 우호 관계를 거부했을 뿐만 아니라 로마를 상대로 전쟁을 일으킬 정도로 정신이 팔렸던 목적이 무엇이냐고 묻자 그는 자신이 범죄자이자 미치광이 같은 행동을 했다고 자백하면서도 로마 인을 상대로 무기를 들었을 땐 광기가 시작된 게 아니라 광기의 정점에 도달한 것이라고 말했다.

그는 왕궁 안으로 카르타고 여자를 받아들이는 순간부터 이성이 날아갔고, 마음속에서 스키피오와 맺은 관계, 그리고 양국 간에 맺은 협정이 사라졌다고 대답했다. 그는 자신의 왕궁에 불을 놓은 게 바로 그 결혼의 횃불이었으며, 그녀는 자신의 피에 스며든 독이었고, 복수하는 <분노>의 신은 그녀의 부드러운 말과 애무로 둔갑하여 나타나, 그의 정신을 빼앗아 정도에서 벗어나게 했으며, 그녀는 극악하게도 자신이 손님이자 친구에게 무장을 하고 맞설 때까지 계속 그를 부추겼다고 말했다. 하지만 이런 절망적이고 스스로 포기한 상황에서도 절망을 위로해주는 게 한 가지 있다고 그는 말했는데, 그것은 바로 그 부정한 괴물이 사람을 타락시키는 영향력을 자신의 숙적이 머무르는 왕궁으로 옮겼다는 것이었다. 그는 마지막으로 마시니사는 자신처럼 현명하지도 않고, 믿을 수도 없으니 그 젊음으로 그보다 더 무모한 짓을 저지를 것이라고 말했다. 둘의 결혼 중에 더욱 어리석고 경멸할 만한 건 틀림없이 마시니사의 결혼인데, 순간의 욕정에 굴복했기 때문이라는 것이다.

14. 적에 대한 증오뿐만 아니라 사랑하던 여자가 숙적의 집에 들어갔다는 질투로 고통 받던 시팍스가 쥐어짜듯 전한 이 말에 스키피오는 극심한 불안감을 느꼈다. 소포니스바와 마시니사에 대한 시팍스의 비난은 스키피오의 마음속에서 근거 있는 것으로 받아들여졌다. 라일리우스와 논의도 하지 않고 마치 전쟁터에 있는 것처럼 지나치게 성급하게 치른 결혼과, 포로 소포니스바를 본 첫날에 적의 수호신들 앞에서 결혼식을 치른 무모한 경솔함이 스키피오의 불안감을 더욱 굳혀 놓았다.

더욱이 스키피오는 젊고 혈기가 넘쳤음에도 아름다운 여자 포로에게 단 한 번도 빠지지 않았던 사람이었으므로 이 모든 일이 무척 불쾌했다. 그는 이런 불안한 생각을 라일리우스와 마시니사가 자신에게 합류할 때 마음속에 품고 있었다. 그는 참모 회의를 열기 전 두 사람을 극히 다정하게 맞이하며 축하의 말을 건넸다. 그러면서 그는 마시니사를 한쪽으로 데리고 가선 이렇게 말했다.

"그대가 나의 우정을 얻고자 스페인에서 처음 내게로 온 것은 나에게서 뭔가 훌륭한 점을 보았기 때문이라고 생각하오. 여기 아프리카로 온 뒤로 그대 자신의 목숨은 물론이고 가슴속에 품은 희망까지 내 손에 맡겼소. 하지만 그대가 나와의 우정을 추구하면서 내게서 본 미덕들 중에서도 내가 가장 자랑스럽게 여기는 건 육체적 욕망에 대한 자제와 우월성이오.

마시니사, 그대가 다른 훌륭한 자질에 이를 더하면 얼마나 좋겠소! 내 말을 믿어보시오. 우리처럼 젊은 사람은 무장한 적만큼이나 주변의 수많은 감각적인 즐거움을 누릴 기회에 위험을 느끼는 법이오. 육욕이라는 야생마를 길들이고 굴레를 씌우는 자가 지금 우리가 시팍스를 물리치고 누리는 승리보다 더한 명예와 훌륭한 승리를 누리는 것이오. 내가 없을 때 그대가 용맹하고 활동적인 군인으로서 해낸 모든 일을 나는 기쁘게 기억할 것이오. 물론 회의에서도 그대의 공로를 거론하도록 하겠소. 나머지 일에 관해서는 일부러 거론하여 서로 얼굴을 붉히기보다 그대가 조용히 심사숙고했으면 좋겠소.

시팍스는 로마 인들의 후원을 받아 패배했고, 이젠 포로 신세가 되었소. 따라서 그와 그의 아내, 그의 왕국, 그의 영토와 도시, 그리고 그곳에 사는 백성들, 더 나아가 그에게 속했던 모든 것은 정복의 권리로 인해 로마 인의 것이 되었소. 그러니 왕과 그의 아내를 로마로 보내는 건 우리의 의무가 될 것이오. 설혹 그녀가 카르타고 시민이 아니더라도, 또 그녀의 아비가 우리가 마주한 적의 사령관이 아니더라도 원로원과 로마 시민은 한때 우리의 우방이었던 왕을 무모하게도 우리와 적대하게 한 여자의 처분을 결정할 권리가 있소. 그대 자신의 주인이 되도록 하시오. 그대의 많은 좋은 자질을 그 결점 하나로 망치지 마시오. 여태까지 많은 일을 하여 우리의 감사를 받게 되었는데 그 원인보다 훨씬 더 중대한 잘못으로 인해,[7] 그 감사를 헛된 것으로 만들지 마시오."

15. 마시니사는 수치스러워 얼굴이 붉어졌을 뿐만 아니라 스키피오의 말에 눈물을 흘렸다. 이어 그는 스키피오의 명령을 받들겠다고 하면서 현재 상황에서 가급적이면 다른 사람의 손에 소포니스바를 넘기지 않겠다는 자신의 경솔한 약속을 그녀에게 지킬 수 있게 해 달라고 간청했다. 그는 큰 곤경에 빠진 채로 자신의 막사로 물러났다. 그는 수행원을 모두 물러가게 하고 그곳에서 오랫동안 한숨을 쉬며 신음했는데, 밖에 있는 누구라도 쉽게 들을 수 있을 정도였다. 마침내 그는 어느 때보다도 크게 신음하며 믿을 만한 노예를 하나 불렀다. 마시니사는 그에게 모든 왕이 사태의 급변에 대비하여 지니는 독을 맡기고 잔에 그 독을 섞어 소포니스바에게 가져가라고 했다. 또한 아내에게 한 첫 번째 약속을 기꺼이 지키고자 했지만, 권력자들이 그런 자유를 허락하지 않았으므로 두 번째 약속인 산 채로 그녀를 로마인들에게 넘기지 않겠다는 것을 지키고자 한다는 말을 전하게 했다. 마시니사의 노예는 장군인 그녀의 아버지, 그녀의 조국, 그녀가 결혼했던 두 사람의 왕을 기억하고, 최선이라 생각하는 일을 하라는 말도 함께 전하기로 되었다.[8]

노예가 독이 든 잔을 들고 와서 마시니사의 말을 전하자 소포니스바는 이렇게 말했다.

---

7 스키피오는 자그마한 원인(여자)으로 커다란 결과(왕국의 손실)를 초래하는 중대한 잘못을 저지르지 말라고 경고하고 있다.

8 리비우스는 소포니스바를 이미 스키피오의 사령부로 데려온 것처럼 서술하고 있다. 반면에 다른 역사가들은 이 독살 장면이 키르타이고, 마시니사가 황급히 스키피오 사령부에서 시팍스 왕궁으로 돌아간 것처럼 서술하고 있다.

"나는 이 결혼선물을 받아들입니다. 나의 남편이 아내에게 이것보다 더 큰 선물을 줄 수 없다고 하니 기쁘게 받아들여야겠지요. 하지만 그이에게 말해주세요. 나의 장례식 날에 결혼식을 올리지 않았더라면 훨씬 더 좋은 죽음을 맞이했으리라는 것을."

실로 자존심이 엄청난 말이었다. 그녀는 자신이 한 말에 걸맞은 자존심 넘치는 태도로 잔을 받아들고 조금도 동요하지 않고 독을 차분하게 마셨다.

스키피오는 이 소식을 전해 듣고 젊고 혈기 왕성한 마시니사가 슬픔으로 인해 어떤 무모한 행동을 저지르지 않을까 걱정되었다. 따라서 스키피오는 즉시 그를 불러 위로하면서도 경솔한 행동을 또 다른 경솔한 행동으로 속죄했다며 온건하게 꾸짖었다. 또한 그는 일을 이렇게 불필요하게 비극으로 만들 필요는 없었다고 말했다.

다음날 그는 마시니사의 생각을 당면한 고통에서 돌리고자 사령부의 사령관석에 올라 장병들이 모인 앞에서 그를 왕이라고 칭하며 가장 고귀한 표현으로 찬사를 보냈고, 황금관, 황금 접시, 대관 의자, 상아 지팡이, 수를 놓은 토가, 종려나무의 가지를 수놓은 튜닉을 선물로 주며 크나큰 명예를 하사했다. 또한 스키피오는 로마에선 개선식보다 더 훌륭한 영예는 없다고 하면서, 그런 개선식의 장군들조차도 외국인으로서는 유일하게 마시니사만이 받은 장식보다 더 화려한 장식을 갖추지는 못했다는 찬사를 하며 그의 명예를 더욱 드높였다.

그는 이어 라일리우스를 축하하며 황금관을 수여했다. 마지막으로 다른 장병들도 공에 따라 훈장을 받았다. 마시니사는 이런 포상을 받자 마음이 어느 정도 진정이 되었고, 이제 시팍스가 끝장났으니 머지않아 자신이 누미디아 전역을 차지할 거라는 희망으로 고무되었다.

16. 스키피오는 라일리우스에게 시팍스와 다른 포로들을 데리고 로마로 떠나라고 지시했다. 여기엔 마시니사의 사절들도 동행했다. 이어 자신은 튀니스의 휘하 병력에 합류했고, 이전에 시작하던 축성 작업을 완료했다. 카르타고 인들은 로마 함대에 공격을 가하고 다소 성공하여 크게 기뻐했지만, 그것은 덧없고 공허한 기쁨이었다. 이제 그들은 시팍스가 붙잡혔다는 소식을 듣고 심하게 동요했는데, 하스드루발과 그의 군대보다 시팍스에게 더 큰 기대를 걸었기 때문이었다. 그들은 전쟁을 지속하자는 자들의 주장에 더는 귀를 기울이지 않고, 서른 명의 정부 고위 인사를 보내 강화를 제안하게 했다. 이 인사들은 카르타고 추밀원을 구성했고, 원로원 정책을 결정하는 데도 지대한 영향력을 행사했다.

그들은 스키피오 사령부로 들어올 때 마치 동방 군주의 조정 신하처럼 엎드렸는데, 내 생각에 그들의 원래 고향(페니키아)에서 기원한 관습인 것 같다. 그들은 상대방의 비위를 맞추는 태도와 아첨하는 말을 했다. 그들의 잘못에 대하여 양해를 구하는 것이 아니라, 한니발과 그의 권력을 지지하는 파벌에게 모든 잘못을 돌렸다. 그들은 시민들의 무모한 정책으로 두 번이나 몰락하게 된 조국을 용서해 달라고 빌었고, 로마의 호의로 두 번째로 구원을 받고 싶은 뜻을 표명했다. 로마 인들도 패배한 적을 지배하고 싶지 완전 폐허가 된 곳을 지배하고 싶지는 않을 거라는 말도 했다. 전적으로 스키피오에 복종할 준비가 되어 있으니 그의 원하는 바를 말해달라고 했다.

이에 스키피오는 평화 협정이 아닌 승리를 조국에 가져가고자 아프리카로 온 것이라고 하면서, 군사 작전이 성공함에 따라 그런 소원도 그만큼 더 커졌다고 답변했다. 그는 이제 승리가 거의 눈앞에 있지만, 평화 조건을 고려해볼 생각이 있다고 말했다. 이는 로마 인이 정의를 실현하기 위해 전쟁을 시작하고 끝낸다는 것을 온 세상에 알리고 싶기 때문이라고 말했다. 그가 제안한 조건은 다음과 같았다: 카르타고는 모든 전쟁 포로, 탈영병, 도망자들을 이양하고, 스페인에 간섭하지 않으며, 이탈리아와 아프리카 사이의 모든 섬에서 떠나고, 20척을 제외한 모든 군함을 넘기고 50만 펙의 밀과 30만 펙의 보리를 제공한다.

역사가들마다 스키피오가 요구한 자금의 규모는 달랐다. 한 역사서에서는 5천 탈렌트를 요구했고, 다른 책에서는 5천 파운드의 은을 요구했고, 또 다른 책에서는 군인들의 봉급 두 배를 요구했다. 스키피오는 이렇게 말했다.

"사흘의 시간을 주겠소. 그동안 이 조건으로 평화 협정을 수용할지 여부를 결정하시오. 협정을 맺겠다면 사절들을 로마 원로원에 보낼 때까지 반드시 휴전을 해야 하오."

이 말을 듣고 떠난 카르타고 인들은 그 어떤 조건도 거절할 필요가 없다고 판단했다. 그들은 한니발이 아프리카로 건너올 시간만 벌면 되기 때문이었다. 따라서 그들은 스키피오에게 휴전 협정을 맺을 사절단을 보내고, 로마로는 평화 협정을 요청하는 사절단을 보냈다. 후자는 체면을 세우고자 소수의 포로, 탈영병, 도망자를 데리고 떠났고, 이를 통해 임무가 더욱 쉽게 풀리길 기대했다.

17. 로마로 오는 평화사절단의 도착보다 여러 날 전에, 시팍스를 포함한 주요 누미디아 포로들을 인솔한 라일리우스가 로마에 도착했다. 원로원은 크게 기뻐하며 미래의 전망에 크나큰 희망을 품었다. 라일리우스는 회의장에서 아프리카에서의 군사 작전을 온전하고 상세하게 설명했다. 원로원은 이 문제를 논의한 뒤 시팍스는 알바에서 경비대의 관리 아래 두고 라일리우스는 카르타고 사절단이 도착할

때까지 로마에 남을 것을 결정했다.[9] 또한 나흘 동안의 감사 축제가 결정되었다. 법무관 푸블리우스 아일리우스는 원로원의 회의를 산회하고 시민들을 모아 놓고 라일리우스를 연단에 오르게 했다. 시민들은 카르타고 군이 패주했으며, 용맹하고 유명한 누미디아 왕이 패배하여 포로가 되었다는 소식을 듣자 기쁨을 주체할 수 없었고, 군중이 흔히 보이곤 하는 환호성과 억누를 수 없는 기쁨을 표현하는 다른 여러 신호들을 해보였다. 법무관은 신전 파수꾼들에게 지시를 내려 도시의 모든 신전을 개방하여 시민들이 종일 성스러운 곳들을 돌아다니며 신들에게 존경을 표시하고 감사 기도를 드릴 수 있도록 했다.

다음날 마시니사의 사절들이 원로원으로 왔다. 그들은 원로원 의원들에게 아프리카에서 스키피오가 성과를 거둔 것에 축하 인사를 하는 것으로 말을 시작했다. 이어 의원들은 마시니사를 왕으로 칭했을 뿐만 아니라 아버지의 왕좌를 회복하게 하고, 시팍스를 밀어내 앞으로 로마 원로원의 호의를 통해 반대 없이 실제로 왕으로서 통치를 할 수 있게 해준 스키피오의 후한 대우에 감사 인사를 했다. 다음으로 사절들은 스키피오가 로마 군 앞에서 마시니사에게 찬사를 보내고, 호화로운 선물을 수여한 것에도 감사를 표시했다. 그들은 이 선물이 여태까지 마시니사가 이룬 업적에 대한 보답이었으며, 마시니사는 앞으로도 계속 변함없이 최선을 다할 것을 약속했다. 마지막으로, 사절들은 한 가지 요청을 했는데, 원로원이 반대하지 않는다면 마시니사는 로마에 억류된 누미디아 전쟁 포로를 돌려받을 수 있기를 희망한다고 말했다. 사절들은 마시니사가 이런 포로 생환 조치로

---

9   이 서술은 뒤에 나오는 21장의 서술과 일치하지 않는다.

백성들 앞에서 더욱 큰 체면을 세우게 될 거라고 말했다.

사절들의 이런 진언에 원로원은 마시니사가 아프리카에서 거둔 성과를 축하하는 인사를 했다. 또한 그들은 스키피오가 왕이라는 칭호로 마시니사에게 경의를 표한 것이 지극히 적합한 일이며, 동시에 마시니사를 기쁘게 하려고 스키피오가 한 일은 원로원이 진심으로 인정하는 바라고 말했다. 더 나아가 그들은 사절들에게 마시니사에게 전하는 선물을 가져가도록 했다. 원로원이 준비한 선물은 황금 브로치로 채우는 두 벌의 보라색 옷, 폭이 넓은 줄 무늬가 있는 튜닉 여러 벌, 흉부 장식을 한 두 필의 말, 흉갑을 포함한 두 세트의 기병 장비, 보통 현직 집정관에게 제공하는 가구가 딸린 막사 여러 채였다. 법무관은 이 모든 걸 마시니사에게 보내라는 지시를 받았다. 사절들에게도 역시 선물이 주어졌다. 그들은 일인당 최소 5천 아스와 두 벌의 옷을 받았다. 사절들의 수행원들과 억류에서 풀려나 왕에게 돌아가는 누미디아 인들도 각각 1천 아스와 옷 한 벌을 받았다. 마지막으로 사절들은 무료 숙소, 원형 대경기장의 관람석, 그리고 일반적인 편의 시설을 제공받았다.

18. 같은 해(기원전 203년) 여름 동안 법무관 퀸크틸리우스 바루스와 집정관 대리 마르쿠스 코르넬리우스는 인수브레스 갈리아에서 마고와 큰 전투를 벌였다. 법무관의 군단들이 최전선에 서고, 코르넬리우스는 휘하 병력을 예비 부대로 두면서 자신은 최전선으로 말을 타고 나섰다. 각 날개의 앞에서 법무관과 집정관 대리는 격렬히 공격하라고 최선을 다해 부대들을 격려했지만, 보람이 없었다. 적진을 전혀 돌파하지 못했다. 그러자 퀸크틸리우스는 코르넬리우스에게 이렇게 말했다.

"보시다시피 전진이 느립니다. 뜻밖에 적들은 단호하게 저항하고 있고, 우리가 신경 쓰지 않으면 곧 무슨 일이든 벌이려고 할 겁니다. 우리가 진정 저들을 흔들어서 저항을 깨뜨리고자 한다면 유일하게 남은 방법은 갑작스러운 기병 돌격을 가하는 것입니다. 최전선에서 전투를 이끌고 계시면 제가 기병들을 이끌고 나서겠습니다. 기병 공격을 지휘하고 싶으시면 4개 군단의 기병들로 공격하시는 동안 제가 여기에 남아 지휘하겠습니다."

집정관 대리는 법무관이 원하는 역할을 맡겠다고 했고, 따라서 퀸크틸리우스는 젊고 훌륭한 군인인 아들 마르쿠스와 함께 기병들이 기다리는 곳으로 가서 말에 타라고 명령을 내리고 곧장 행동에 들어갔다. 기병 돌격이 일으킨 동요와 소음은 보병대의 함성으로 증대되었고, 마고가 전장에 코끼리를 투입하지 않았더라면 적 전열은 절대로 버티지 못했을 것이었다. 코끼리들은 로마 기병대가 움직이는 조짐을 보이자마자 맞대응하기 위해 준비되어 있었고, 이제 로마 기병대의 도움은 아무런 소용이 없게 되었다. 모든 말이 거대한 짐승이 내는 나팔 같은 울음소리와 익숙하지 않은 코끼리 냄새에 잔뜩 겁먹었기 때문이었다. 백병전에서 로마 기병대는 창이나 칼을 쓸 수 있을 때 유리한 이점이 있지만, 말이 놀라 기병을 싣고 달아나는 지금과 같은 상황에서는 원거리에서 창을 던지는 누미디아 인들이 더 유리했다.

동시에 12군단의 보병들이 심하게 타격을 받는데, 그들은 전력보다는 사명감 때문에 버티는 중이었다. 예비부대로 있던 13군단이 아슬아슬한 상황에서 지원에 나서지 않았더라면 그들은 분명 물러나야 했을 것이다. 마고 역시 예비 부대로 남겨둔 갈리아 부대를 내세워 로마 13군단과 맞서게 했다. 그러나 이들은 빠르게 패주했고, 이어 11군단의 제1선이 뭉쳐서 로마 보병대 사이에서 큰 피해를 입히고 있는 코끼리들을 공격했다. 짐승들은 전부 뭉쳐 있어 창은 거의 빗나가는 일이 없었고, 전부 카르타고 군 쪽으로 밀려났으며, 네 마리는 후퇴하는 도중에 몸에 입은 상처로 쓰러졌다.

이것이 싸움의 전환점이 되었다. 적의 전열은 마침내 무너졌고, 코끼리가 격퇴된 걸 확인한 로마 기병들은 전부 전속력으로 전장에 뛰어들어 적진의 공포와 혼란을 가중시켰다. 그럼에도 불구하고 카르타고 인들은 마고가 군기들 앞에서 자리를 잡고 있는 동안엔 질서정연하게 물러났다. 그러던 중 그의 넓적다리가 장창에 찔렸고, 말에서 떨어져 절반쯤 죽은 채로 전장에서 끌려가게 되자 싸우며 후퇴하던 그들의 모습은 갑자기 패주하는 것처럼 바뀌었다. 5천 명 정도 되는 적이 전투에서 죽었고, 로마 군은 22개의 군기를 얻었다. 하지만 승리한 로마 군도 피를 흘리지 않은 건 아니었다. 2천 3백 명이 전사했는데, 이들은 거의 12군단 소속이었다. 법무관의 군대에선 2명의 천인대장 마르쿠스 코스코니우스와 마르쿠스 마이비우스를 잃었다. 전투 후반에 합류한 13군단에서도 천인대장 가이우스 헬비우스를 잃었다. 이들은 피로에 지친 12군단의 저항을 지원하는 과정에서 목숨을 잃었다. 또한 약 22명의 상류 계급 출신의 기사들이 코끼리에게 짓밟혀 죽었고, 많은 백인대장도 전사했다. 마고의 부상이 카르타고 병사들에게 패배를 인정하도록 만들지 않았더라면 전투는 더 길게 끌었을 것이다.

19. 한밤중에 마고는 진지를 해산하고 부상을 견딜 수 있는 한 계속 진군하여 리구리아 인가우니의 영토에 있는 해안에 도착했다. 여기서 그는 카르타고 사절들을 만났는데, 이들은 며칠 전 게누아 만에 도착해 그를 기다리는 중이었다. 사절들은 마고에게 최대한 빨리 아프리카로 돌아오라는 지시를 전했다. 그들은 그의 형인 한니발도 다

른 사절단을 만나 같은 지시를 들었다는 점을 알리기도 했다. 카르타고의 현재 상황 때문에 갈리아와 이탈리아에서 계속 머무를 수가 없게 되었다는 것이었다. 정부의 지시와 조국을 위협하는 위험과는 별개로, 마고는 자신이 더디게 출발하면 승리한 로마 군이 더욱 압박해 올 것을 두려워했다. 더욱이 리구리아 인들은 이탈리아가 버려진 걸 알면 곧 그들의 주인이 될 자에게 충성을 바칠 것이었다. 이런 점에 더하여 도로에서 힘들게 움직이는 것보다 배를 타고 움직이면 상처를 다스리기도 더 나을 것 같다는 판단을 내리고서 마고는 당장 떠나기로 결정했다. 그는 휘하 병력을 배에 태우고 떠났지만, 함대가 사르데냐를 지나던 때에 상처가 덧나서 숨을 거두었다.[10] 무질서하게 항해하던 많은 카르타고 배들은 사르데냐에 주둔한 로마 함대에 붙잡혔다. 이것이 북부 이탈리아 알프스 지역의 육지와 바다에서 벌어진 일이었다.

집정관 가이우스 세르빌리우스는 에트루리아나 그가 갔던 갈리아 등에서 이렇다 할 성과를 거두지 못했다. 하지만 그는 15년 전[11] 탄네툼 마을 근처의 보이이 족에게 포로로 붙잡힌 아버지와 삼촌 가이우스 루타티우스 카툴루스를 노예 상태에서 구해냈다. 이에 그는 로마로 귀국하여 아버지와 삼촌 사이에 서서 도시로 걸어 들어왔다. 국가적으로는 큰 중요성이 없는 이벤트였으나 그 자신으로서는 체면을 세우는 일이었다. 이 때, 세르빌리우스의 불법 혐의를 벗겨주기 위한

---

10 마고의 죽음에 대해서는 역사가들마다 의견이 다르다. 아피아누스는 마고가 자마 전투 이후에도 리구리아에 계속 머무르고 있었다고 기술했다. 조나라스는 항해를 마치고 아프리카에 귀환했으나 다시 이탈리아로 보내졌다고 적었다. 네포스는 마고가 그보다 10년 후 해상에서 난파하여 혹은 노예들의 손에 죽었다고 기록했다.

11 기원전 218년의 일. 21권 25장 참조.

법안이 민회에 제출되었다. 그 내용은 쿠룰레 의자를 쓰는 관직을 지낸 아버지가 살아 있음에도, 세르빌리우스가 불법적으로 호민관과 평민 토목건축관리관을 지냈다는 혐의가 있었으나 그는 아버지의 생존 사실을 모르고 있었으므로 결백하다는 것이었다. 법안은 통과되었고, 그는 다시 임지로 돌아갔다.

브루티움에선 콘센티아, 아우푸굼, 베르가이, 바이시디아이, 오크리쿨룸, 림파이움, 아르겐타눔, 클람페티아를 포함한 사소한 수많은 공동체들이 전쟁이 끝난 것이나 다름없다고 생각하여, 집정관 세르빌리우스 게미누스의 편으로 돌아섰다. 게미누스는 크로톤 근처에서 한니발과 전투를 벌였지만, 교전 결과는 분명하지 않다. 발레리우스 안티아스는 5천 명의 적이 죽었다고 기록했다. 그렇다면 그 자체로 무척 중대한 승리인데, 내가 보기에 발레리우스는 틀림없이 뻔뻔하게 그 내용을 꾸며냈거나, 아니면 다른 역사가들이 그런 내용을 누락할 정도로 무척 부주의했거나 둘 중의 하나이다. 어쨌든 이탈리아에서 한니발이 더 이상 할 일이 없어졌다는 점은 분명하다. 사절단이 마고에게 도착한 것과 거의 동시에 한니발에게도 다른 사절단이 도착하여 아프리카로 돌아오라는 지시를 전했기 때문이다.

20. 사절들이 하는 말을 듣는 한니발은 신음하며 이를 갈았고, 눈물을 참을 수 없었다는 얘기가 전해진다. 사절들의 말이 끝나자 그는 이렇게 말했다. "그들은 오랜 세월 내게 지원군과 자금을 보내는 걸 거부하며 나를 조국으로 돌아오게 하려고 했소. 하지만 이제 더는 에두르지 않고 명백한 말을 전하는구려. 이 한니발은 지나간 전투에서 무수한 패배를 안긴 로마 인들에게 정복당한 것이 아니라, 카르타고 원로원의 질투와 계속된 폄하에 정복당한 것이오. 이런 불쾌하고 수치스러운 귀환으로 승리감과 기쁨에 취한 자는 스키피오가 아니라,

우리 조국을 무너뜨림으로써 어떻게든 나와 우리 가문을 망치려고 작정한 한노일 것이오."[12]

한니발은 일찍부터 소환을 예견하고 있었고, 그에 따라 타고 갈 배도 미리 준비해두었다. 복무에 적합하지 않은 병력은, 충성보다는 두려움으로 한니발 곁에 남은 몇 안 되는 브루티움 도시들에 주둔군으로서 형식상 배치되었다. 여전히 복무에 적합한 자들은 전부 아프리카로 데려가게 되었다. 그는 떠나기 전에 자신과 함께 떠나는 걸 거부하여 신성불가침의 유노 라키니아의 신전으로 도망친 수많은 이탈리아 인을 신전 구내에서 잔혹하게 학살했다.[13]

적의 땅을 떠나는 한니발의 마음은 조국에서 추방된 자와 다를 바 없이 비통했다. 그는 몇 번이고 이탈리아 해안을 되돌아봤고, 신과 인간을 모두 비난하며 승리를 거둔 칸나이의 전장에서, 카르타고 병사들의 몸이 여전히 유혈 낭자한 상태에서 곧장 로마로 진군하지 않은 자신을 저주했다. 스키피오는 집정관일 때 이탈리아에서 단 한 사람의 카르타고 병사도 보지 못했으나 대담하게 카르타고로 진군했건만, 자신은 트라시메네와 칸나이에서 10만 로마 장병을 죽였음에도 카실리눔, 쿠마이, 놀라에서 나이만 늘어났을 뿐이었다. 그는 이런 식으로 오랫동안 점령해온 이탈리아를 억지로 포기하면서 느낀 고통과 자책감을 표현했다.

---

12 21권 3장. 한노는 한니발이 속한 바르카 파당을 반대하는 그룹의 지도자였다. 하지만 그가 이 시점까지 살아 있었으리라고 보기는 어렵다. 여기서는 한노 일당을 의미하는 뜻으로 쓰였을 것이다.

13 이 신전의 구내는 공간이 협소하여 소수의 피신자들만 수용할 수 있었다. 역사가 디오도루스는 피신자들의 숫자를 2만 명으로 잡았고 아피아누스는 이에 대한 언급이 없다. 이 기사는 한니발의 잔인한 성격을 강조하기 위하여 지어낸 이야기가 아닌가 하는 의심을 받고 있다.

21. 마고와 한니발이 본국으로 떠났다는 소식은 거의 같은 때에 로마에 전해졌다. 하지만 두 가지 이유로 이런 두 가지 경사의 기쁨이 줄어들었다. 첫째, 원로원이 그렇게 지시했음에도 불구하고, 그들을 이탈리아에 묶어둘 기개나 능력을 갖춘 군사령관들이 없는 것처럼 느껴졌다. 둘째, 전쟁의 모든 무게가 사령관 한 사람과 그의 휘하 군대에 달려 있어서 시민들은 최종 결과에 대하여 우려하는 상황이었다.

이즈음 사군툼의 사절단이 포로로 붙잡은 카르타고 징병관들을 데리고 로마를 찾아왔다. 징병관들은 돈을 가지고 스페인에서 외인 부대를 고용하려 했는데 그 몰수된 돈도 함께 가지고 왔다. 그들은 징병 자금인 250파운드의 황금, 800파운드의 은을 원로원 회의장 마당에 내려놓았다. 포로로 잡힌 징병관은 곧바로 구금되었지만, 적의 징병 자금인 황금과 은은 사군툼 사절단에게 도로 돌려주었고, 이에 사절단은 감사를 표시했다. 여기에 더해 원로원은 그들에게 내린 선물을 싣고 스페인으로 돌아갈 수 있는 배도 함께 마련해 주었다.

이때 연로한 원로원 의원들은 시민들이 일반적으로 불행보다 축복을 더 느리게 느낀다고 말했다. 그들은 시민들이 한니발이 알프스를 건너와 이탈리아로 들어왔을 때 느낀 공황과 공포와 그 이후에 벌어진 참사들과 비통함을 선명하게 기억하고 있으며, 적의 진지가 로마 성벽 근처에 쳐졌던 일, 국가적으로 바친 탄원과 개인적으로 올린 기원의 괴로움, 하늘에 양손을 들고 이탈리아에서 적이 물러나 다시 행복하고 평화로운 시절이 언젠가는 올 수 있을지 물을 때 원로원 회의장에서 거듭하여 논의된 고통스러운 문제들을 잊지 못한다고 했다. 그들은 마침내 신들께서 15년이 지난 뒤에 로마의 기원을 들어주셨지만, 신들께 감사를 올리자는 사람이 하나도 없다는 게 안타까운 일이라고도 지적했다. 그러면서 그들은 사람들이 현재 누리는 축복에도 감사할 줄 모르니 과거에 누린 축복은 더욱 기억하지 못하는 게 당연하다고 말했다.

그들의 발언은 즉시 효과가 나타났다. 원로원 의원들은 법무관 아일리우스에게 관련 법안을 제출하라고 아우성쳤고, 이에 원로원 결정에 따라 닷새 동안 모든 신들의 침상에 공적으로 감사를 드리게 되었으며, 120마리의 다 자란 제물을 바치기로 되었다.

라일리우스와 마시니사의 사절단이 떠나도 좋다는 허락을 받았을 때 원로원으로 오는 중인 카르타고 평화 사절단이 푸테올리에서 목격되었고, 육로를 통하여 로마로 오려고 한다는 소식이 들렸다. 따라서 원로원은 떠나려던 라일리우스를 소환하여 그가 있는 자리에서 협상을 하기로 했다.[14] 스키피오의 휘하 장교 중 하나인 퀸투스 풀비우스 길로가 카르타고 사절들을 로마로 데리고 왔고, 그들은 도시로 들어오는 게 금지되었기에 빌라 푸블리카에서 머물렀고, 이어 벨로나 신전[15]에서 의원들에게 호소하는 것이 허락되었다.

22. 카르타고 사절들은 스키피오에게 말한 것처럼 사정을 설명했다. 그들은, 정부는 죄가 없고, 전쟁에 관한 모든 책임은 한니발에게 있다고 말했다. 한니발이 원로원의 지시도 받지 않고 알프스 산과 에브로 강을 건넜으며, 자발적으로 사군툼에 전쟁을 걸었을 뿐만 아니라 이후에 로마 인에게도 전쟁을 선포했다는 것이었다. 따라서 해당 문제를 온당한 관점에서 보면 카르타고 정부와 시민들은 여태껏 로

---

14 이것은 30권 17장의 서술과 일치하지 않는다. 리비우스가 다른 사료에서 이 부분을 인용한 듯하다.

15 이 경우 신전이 원로원의 회의장으로 사용된 것이다.

마와의 협정을 어기지 않고 지켜왔으니 가이우스 루타티우스와 맺은 지난 협정[16]을 그대로 준수할 수 있도록 허락해달라고 요청했다. 법무관은 전통적인 절차에 따라 의원들에게 자유로이 사절들에게 질문하도록 했다. 과거에 강화 조약을 협상할 현장에 있었던 몇몇 연로한 의원들은 그 질문 기회를 놓치지 않았다. 사절들은 여러 질문을 받았지만, 모두 젊은이들로 구성되어 있어서 예전 일을 알지 못해 그 질문에 답변하지 못한다고 대답했다. 그러자 의원들은 예전의 평화 협정에 관해 아무것도 알지 못하는 자들을 협정 갱신을 위해 사절로 보낸 건 카르타고 특유의 협잡이라고 크게 목소리를 높여 항의했다.

23. 사절들은 물러가라는 지시를 받았고, 의원들은 자기 입장을 표명할 것을 요청받았다. 마르쿠스 리비우스는 두 집정관 중 로마에 더 가까이 있는 세르빌리우스 게미누스를 불러들여 논의에 참석시키자고 제안했다. 이보다 더 중요한 문제도 없고, 이런 논의를 하는 데 집정관이 한 사람이든 두 사람이든 자리에 없다는 게 로마 인의 위엄에 부합하지 않는다는 것이었다. 3년 전 집정관을 지내고 독재관도 맡았던 퀸투스 메텔루스는 누구보다도 스키피오의 조언에 따라 평화를 받아들일지 말지를 결정해야 한다는 의견을 내놓았다. 카르타고 군에게 패배를 안기고 카르타고의 시골 지역을 초토화하여 이처럼 그들로 하여금 평화를 청하러 오게 만든 건 스키피오이고, 현재 카르타고 성문 앞에서 싸우는 스키피오보다 이런 요청을 잘 판단할 수 있는 사람은 없다는 것이었다.

집정관을 두 번 지낸 마르쿠스 발레리우스 라이비누스는 사절단

---

16 제1차 포에니 전쟁이 끝난 시점인 기원전 241년에 체결된 강화 조약.

이 간첩과 다를 바 없다고 비판했고, 당장 사절단을 이탈리아 밖으로 내보내고 그들의 배를 감시해야 하며 스키피오에게는 서신을 보내 공세를 늦추지 말라고 지시해야 한다고 말했다. 라일리우스와 풀비우스는 스키피오가 한니발과 마고가 이탈리아에서 그들의 고국으로 소환되지 않는다는 가정 하에 평화를 희망했다고 덧붙였다. 두 사람은 카르타고 인들이 두 지휘관과 그들의 병력을 기다리는 동안 얼마든지 거짓된 모습을 보일 것이며, 두 사람이 아프리카에 도착하면 최근에 논의한 협정이나 그들의 신들은 모조리 잊어버리고 전쟁을 계속할 것으로 내다보았다. 이런 주장에 이끌린 다수의 의원들이 라이비누스를 지지했고, 사절들은 로마에서 떠나게 되었다. 그들은 평화를 얻지 못했으며, 실제로 그들의 요청에 원로원은 거의 답하지 않았다.

24. 이즈음 집정관 세르빌리우스 카이피오는 이탈리아에 평화를 가져왔다는 영광이 다른 누구도 아닌 자신에게 주어져야 한다는 생각에 사로잡혔다. 그는 자신이 한니발을 달아나게 했다고 생각하고 한니발을 쫓아 시칠리아로 건너갔고, 아프리카로 나아가고자 했다. 이런 그의 행동이 로마에 알려지자 원로원은 처음엔 이탈리아로 돌아오는 게 마땅하다는 원로원의 뜻을 담은 서신을 법무관을 통해 보내고자 했지만, 법무관이 집정관은 서신을 무시할 거라는 의견을 표명하자 이 난제는 푸블리우스 술피키우스를 독재관으로 지명하는 것으로 해결되었다. 술피키우스는 상관의 지위를 활용하여 집정관에게 이탈리아로 돌아오라고 지시했다. 그해 남은 시간 동안 독재관은 사마관인 마르쿠스 세르빌리우스와 함께 전쟁을 이유로 로마와의 동맹을 포기한 이탈리아 도시들을 순회하며 각 도시의 사정을 알아봤다.

휴전 기간 동안 법무관 렌툴루스가 사르데냐에서 보낸 1백 척의 수송선이 20척 전함의 호위를 받으며 아프리카에 보급품을 전달했다. 아프리카로 건너갈 때 그들은 좋은 날씨를 누리며 저항도 받지 않았다. 반면 시칠리아에서 2백 척의 수송선과 30척의 전함을 이끌고 가던 가이우스 옥타비우스는 그리 운이 좋지 못했다. 그가 가벼운 사고도 없이 항해하며 거의 아프리카 해안이 눈에 보일 즈음에, 바람이 잦아들더니 갑자기 방향을 남서쪽으로 바꾸어 강력하게 불었고, 수송 함대를 넓은 지역으로 산개시켰다. 옥타비우스 자신은 전함들과 함께 마주치는 물결에 대항하여 노를 힘들게 저은 뒤 아폴로 곶에 도착했다. 대다수 수송선은 아이기무루스 섬으로 떠밀려 갔는데, 이 섬은 카르타고에서 50km 정도 떨어져 있었고, 카르타고가 있는 만과 가까웠다. 나머지 수송선들은 아쿠아이 칼리다이로 밀려났고, 이곳은 카르타고의 정반대편에 있었다.

카르타고에서는 이 모든 일이 눈에 훤히 보였으며, 주민들은 흥분하여 서로 밀치면서 포룸에 모였다. 행정장관들은 원로원을 소집하여 회의를 열었다. 원로원 회의장 바깥에 모인 군중은 눈앞에 보이고 손만 뻗으면 가질 수 있는 훌륭한 전리품을 내버려 둬선 안 된다고 분노하며 항의했다. 소수는 이들과 생각이 달라 아직 종료되지 않은 휴전 기간이나 평화 협정 과정의 존엄성을 옹호했지만, 평민의 시위와 원로원 공식 회의는 서로 구분이 거의 되지 않는 상황이었다. 그리하여 결국 하스드루발이 50척의 배를 이끌고 바다로 나아갔다. 그는 먼저 아이기무루스로 가서 해안을 따라 흩어지거나 항구에 있는 로마의 배들을 수습했는데, 수송선은 전부 선원들이 버리고 떠난 상태였다. 이어 그는 아쿠아이 칼리다이에 있는 나머지 배들을 모아 카르타고로 끌고 갔다.

25. 사절들이 로마에서 돌아오지 않았기에 아직 카르타고에는 평화인지 전쟁인지를 결정하는 문제에 관한 로마 원로원의 태도가 알려지지 않았고, 휴전 기간도 종료되지 않았다. 이런 이유로 스키피오는 평화와 휴전을 요청했던 자들이 평화의 희망을 모조리 망가뜨리고, 휴전의 약속을 어기는 걸 더욱 용납할 수 없었다. 따라서 그는 즉시 카르타고에 루키우스 바이비우스, 루키우스 세르기우스, 루키우스 파비우스 등 세 명의 대표를 보냈다. 그들은 카르타고에 도착하자 군중들에게 거친 린치를 당할 뻔했다고 해도 무방할 정도였다. 로마 대표들은 돌아가는 길이 안전하지 못하겠다고 생각하여 카르타고 당국에 보호를 요청했고, 그들은 로마 대표들이 괴롭힘을 당하는 일이 없게 배를 보내 호위해 주었다. 두 척의 3단 노선이 제공되어 그들을 로마 군 진지가 보이는 바그라다스 강까지 데려다주었고, 이후 호위함들은 카르타고로 돌아갔다.

카르타고 함대는 우티카에서 어느 정도 떨어진 곳에 있었는데, 이 함대 소속인 세 척의 4단 노선이 로마 4단 노선이 곶을 돌던 때에 바다 쪽에서 갑자기 공격을 가했다. 이는 카르타고에서 내려진 비밀 명령에 따른 것일 수도 있었고, 아니면 함대 지휘관이던 하스드루발이 정부와 논의 없이 독단적으로 행동한 것일 수도 있었다.

하지만 카르타고의 배들은 로마의 배가 무척 빨리 움직이는 바람에 들이받는 데 실패했고, 건현(乾舷)도 로마 배가 더 높아 수병들이 뛰어들지도 못했다. 투척 무기가 공급되는 한 로마의 배는 가장 용맹하게 보호되고 있었다. 하지만 무기가 부족하기 시작하자 배를 보호할 수 있는 방법은 가까운 해안으로 가는 것뿐이었고, 진지의 군인들은 물가로 몰려 나와 배에 탄 이들을 보호했다. 선원들은 노를 젓는 데 엄청난 노력을 기울여 타고 있는 배를 뭍에다 댔다. 그렇게 하여 비록 배는 잃었지만, 배에 탄 사람들은 안전하게 해안에 내릴 수 있었다. 카르타고의 이런 연속된 배반 행위로 인해 이제 휴전이 깨졌다는 건 분명했다. 라일리우스와 풀비우스가 로마에서 카르타고 사절들을 데리고 도착했을 때, 스키피오는 사절들에게 카르타고 인들이 휴전뿐만 아니라 로마 사절들을 대우함에 있어서 국제법까지 위반했지만, 자신은 그 사절들과 관련하여 로마 인의 전통이나 정의에 위배되는 행동은 하지 않겠다고 말했다. 그는 사절들을 돌려보내고 곧장 전쟁 준비를 시작했다.

한니발은 아프리카에서 멀지 않은 곳까지 왔을 때, 한 선원에게 돛대 꼭대기로 올라가 아프리카 해안의 어떤 부분에 도착한 것인지 살펴보게 했다. 선원은 폐허가 된 무덤이 있는 해안을 향해 곧장 나아가고 있다고 보고했다. 한니발은 불운을 피하고자 기원을 올린 뒤 키잡이에게 불길한 해안을 지나쳐 가라고 지시했다. 그리하여 렙티스에 배를 댔고, 그곳에서 휘하 병력을 하선시켰다.

26. 이것이 그해 아프리카에서 벌어진 일이었다. 이어지는 일은 그 다음 해(기원전 202년)로 넘어갔는데, 그 해의 집정관은 티베리우스 클라우디우스 네로와 마르쿠스 세르빌리우스 게미누스였다. 후자는 아직까지는 사마관이었다.

우리가 여태껏 논한 해(기원전 203년)가 끝나가려던 때에 그리스 동맹 공동체에서 사절단을 로마로 보내 자국 영토가 필리포스 왕의 병력에 의해 황폐화되고 있다고 불평했다. 게다가 필리포스는 배상을 요구하러 간 그들의 사절들을 만나주지 않았다고 보고했다. 동시에 사절들은 소파테르의 지휘를 받는 4천 병력이 카르타고를 돕고자 아프리카로 향했으며, 상당한 자금도 함께 가져갔다는 소식도 들려주었다. 이로 인해 원로원은 필리포스에게 여태까지 한 일련의 행위가 협정 위반임을 고지하기 위해 사절단을 보내기로 했다. 로마의 사절은 가이우스 테렌티우스 바로, 가이우스 마밀리우스, 마르쿠스 아우렐리우스의 3인이었다. 이들에겐 세 척의 5단 노선이 주어졌다.

이해는 대화재가 일어나 클리부스 푸블리키우스를 완전히 파괴했고, 어마어마한 홍수가 일어난 특기할 만한 해였다. 하지만 곡물 가격은 저렴했는데, 전투가 사라진 이탈리아 전역의 교통 사정이 원활해진 데다 스페인에서도 대량의 곡물이 수입되었기 때문이었다. 스페인에서 들어온 곡물은 쿠룰레 토목건축관리관인 팔토와 부테오가 시골 마을과 다양한 도시 구역에 1펙당 4아스에 유통시켰다.

이해엔 퀸투스 파비우스 막시무스가 사망하기도 했다. 그는 무척 고령이었는데, 몇몇 역사가들의 말이 사실이라면 그는 62년 동안 복점관을 지냈다. 부인할 수 없는 점은 그가 막시무스라는 이름을 써도 될 정도로 훌륭한 사람이었다는 것이고, 그의 가문에서 첫 번째로 막시무스라는 이름을 쓰기에도 마땅한 사람이었다는 것이다. 그는 그의 부친보다 훨씬 더 많은 횟수의 행정장관직을 지냈고, 조부와 같은 횟수의 행정장관직을 역임했다. 그의 조부인 룰루스는 많은 승리와 더 많은 전투 참여로 명성을 떨쳤지만, 한니발이 적이었다는 사실 하나만으로도 파비우스 막시무스는 조부의 공로와 동등하거나 혹은 그것을 능가하는 업적을 쌓았다. 파비우스는 신중한 군인이었으며 절대 빠르게 행동하지 않았다. 하지만 그가 천성적으로 '지연하는 사람'이었든, 아니면 그가 능숙하게 펼친 군사 작전이 지연 전술이었든 최소한 시인 엔니우스(Ennius)가 했던 이 말은 분명한 사실이다.

"지연 전술을 구사한 이 남자는 나라를 구했네."

그의 아들 퀸투스 파비우스 막시무스는 복점관 자리를 이어받았고, 대사제직(막시무스는 두 가지 사제직을 맡고 있었다) 자리는 세르비우스 술피키우스 갈바가 이었다.

로마 게임은 하루 동안 거행되었고, 평민 게임은 평민 토목건축관리관 사비누스와 플라쿠스의 관리 하에 세 번 거행되었다. 이 두 사람은 법무관이 되었고, 그들의 동료로는 가이우스 리비우스 살리나토르와 가이우스 아우렐리우스 코타가 선출되었다. 여러 역사가들의 상충되는 이야기 때문에 선거 관리를 집정관 세르빌리우스 게미누스가 주재했는지, 아니면 독재관으로 임명된 푸블리우스 술피키우스가 주재했는지는 불분명하다. 왜냐하면 집정관은 에트루리아에서 원로원의 지시에 따라 그 도시의 주요 시민들이 음모를 꾸민 사건과 관련하여 심문을 진행하고 있었기 때문이다.

27. 다음 해가 시작될 때 집정관 마르쿠스 세르빌리우스와 티베리우스 클라우디우스는 카피톨리움에서 원로원을 소집하여 회의를 열었고, 지휘관의 임지 문제를 논의했다. 두 집정관은 아프리카를 임지로 삼길 바랐고, 추첨을 통해 결정할 것을 제안했다. 하지만 퀸투스 메텔루스의 노력으로 인해 이탈리아와 아프리카의 임지 결정은 잠시 보류되었고, 집정관들은 호민관들에게(그들이 이 방법을 승인한다면) 아프리카 지휘권 문제를 민회에 회부하라는 원로원의 지시를 받았다. 이에 따라 호민관들은 시민들에게 논의 중인 문제를 알렸고, 모든 부족이 만장일치로 스키피오에게 지휘권을 맡기자고 결정했다. 하지만 원로원 명령에 따라 집정관들은 아프리카 지휘권 추첨을 진행했고, 클라우디우스가 아프리카를 임지로 받게 되었다. 그는 50척의 5단 노선으로 구성된 함대를 이끌고 아프리카로 건너가 스키피오와 동등한 최고 사령관으로서 지휘권을 행사하게 되었다. 다른 집정

관인 마르쿠스 세르빌리우스는 에트루리아로 가게 되었고, 가이우스 세르빌리우스의 지휘권도 같은 곳에서 한 해 더 연장되었다. 이는 원로원이 집정관을 로마로 불러올릴 때를 대비하여 예비 지휘관이 있어야 하기 때문이었다.

법무관들에 관해서 말하자면, 마르쿠스 섹스티우스는 갈리아를 임지로 받았고, 퀸크틸리우스 바루스가 이끌던 두 군단을 인수하게 되었다. 가이우스 리비우스는 브루티움을 임지로 받아 집정관 대리 셈프로니우스가 지난해 지휘하던 두 군단을 인수할 예정이었다. 시칠리아는 그나이우스 트레멜리우스가 맡게 되었고, 지난해 법무관 타풀루스가 맡던 두 군단을 인수하기로 되었다. 빌리우스는 법무관 대리로서 20척의 전함과 1천 병사를 지휘하여 시칠리아 해안을 지키는 임무를 부여받았다. 마르쿠스 폼포니우스는 원로원의 지시에 따라 20척의 전함과 1천 5백 병사를 데리고 로마로 돌아올 것이었다. 도시 법무관은 가이우스 아우렐리우스 코타가 맡게 되었다. 나머지 법무관들도 지휘권이 한 해 더 연장되어 기존 임지에서 휘하 병력을 그대로 지휘할 것이었다. 그해 영토를 방위하는 군단은 총 16개였다. 마지막으로 이번 해에 진행될 모든 대업에 신들의 축복을 얻고자 집정관들은 로마를 떠나 임지로 향하기 전에 마르켈루스와 퀸크티우스가 집정관을 지내던 해 독재관 티투스 만리우스가 맹세한 게임을 거행했고, 다 자란 제물들로 희생 의식을 치렀다. 이는 '국운이 전쟁 전과 같은 상태'로 향후 5년 지속되기를 기원하는 마음에서 개최하는 것이었다. 그에 따라 게임은 키르쿠스에서 나흘 동안 개최되었고, 맹세한 신들에게 희생 제물이 바쳐졌다.

28. 그러는 사이 시민들의 마음은 불안과 희망 사이에서 점점 더 갈등을 느꼈다. 전쟁이 터지고 16년이 흐른 뒤 마침내 한니발이 이탈

리아를 떠나가 이제 국토가 논란의 여지 없이 로마 인의 소유가 되었기에 당연히 기뻤지만, 한니발이 온전한 휘하 병력을 데리고 아프리카에 도착했기에 두려움 또한 컸던 것이었다. 그들은 불안과 희망 중 어떤 감정을 앞세워야 할지 난감했다. 전쟁의 위험은 그대로 남아 있었다. 단지 장소만 바뀐 것이었다. 다가올 엄청난 투쟁에 관해 작고한 퀸투스 파비우스는 자주 그 나름의 이유로 예언자처럼 말했다. "한니발은 이탈리아에 있을 때보다 조국에서 더욱 끔찍한 적임을 증명할 것이다."

스키피오가 싸워야 할 상대는 규율도 없는 야만인 무리의 왕인 시팍스도 아니었고, 취사반장 같은 시팍스의 부하 스타토리우스가 이끌던 군대도 아니었으며, 주로 도망칠 때 속력을 보여주거나 절반만 무장한 시골뜨기를 황급히 모아 만든 비정규군을 이끈 시팍스의 장인 하스드루발도 아니었다.

그의 상대는 한니발이었다.

한니발은 그의 용맹한 아버지 하밀카르의 사령부에서 태어나 어린 시절을 무기 사이에서 보냈고, 소년에 불과할 때 군인이 되었으며, 성인이 되고 얼마 지나지 않아 지휘관이 되었다. 이제 그는 전투의 승수(勝數)를 쌓으며 노인이 되었고,[17] 알프스부터 메사나 해협에 이르는 이탈리아 전역과, 스페인, 그리고 갈리아 등 자신의 엄청난 군사 작전을 기리는 기념물로 가득 채웠다. 게다가 한니발은 첫 전투부터 함께한 군대를 지휘하고 있었다. 이 군대는 인간의 참을성을 넘

---

17 한니발은 기원전 249년 출생으로 추정되므로 기원전 202년에는 47세 정도로 노인이라고 할 수는 없다. 하지만 기원전 200년대에는 질병 등으로 일찍 죽는 사람들이 많았으므로 그리 젊은 나이도 아니었다.

어서는 고난을 견디면서 강인해졌고, 수천 번 로마 인의 피를 뒤집어 썼으며, 병사뿐만 아니라 장군들에게서 빼앗은 전리품도 가지고 다녔다. 전투에서 스키피오와 만나게 될 많은 자들이 그들의 손으로 법무관, 장군, 로마 집정관을 죽였다. 마주할 많은 자가 성벽을 처음으로 오르고, 요새에 처음으로 돌입하여 공로 훈장을 받은 영웅이었다. 그들은 점령한 로마 군 진지와 도시를 편안하게 거닐던 자들이었다. 당시 모든 로마 행정장관들이 지닌 권표를 다 합쳐도 한니발이 죽은 로마 장군들에게서 빼앗아 자랑스럽게 자신의 앞으로 가져오게 한 권표보다 그 수가 적었다.

로마 시민들은 이런 암울한 생각을 곱씹었고, 그렇게 가슴속에서 두려움과 불안함을 키웠다. 그렇게 된 또 다른 이유도 있었다. 지난 세월 그들은 이탈리아 여기저기에서 벌어져 눈으로 지켜볼 수 있는 전쟁에 익숙한 상태였고, 그런 전쟁은 빠른 결론이 나리라는 희망을 품을 수 없는 것이었다. 하지만 이제 모든 시민은 잔뜩 흥분한 채로 스키피오와 한니발이 최종 결전에서 만나 서로 격돌할 거라는 생각으로 큰 기대를 하고 있었다. 스키피오가 승리를 가져다줄 거라고 절대적인 확신을 품은 사람들조차 승리가 더 이상 미뤄져서는 안 된다는 열망을 갖고 있었고 그에 준하는 불안감으로 고통에 시달렸다.

카르타고 역시 희망과 두려움이 상충하는 복잡한 감정에 빠져들었다. 한니발과 그가 이룬 커다란 업적을 생각하자니 평화를 요청한 게 후회됐지만, 최근에 두 번 당한 패배를 되돌아보니 시팍스는 포로가 되었고, 그들의 군대는 스페인과 이탈리아에서 내몰렸으며, 그 모든 일이 스키피오의 용맹하고 훌륭한 지휘로 비롯된 일이었다. 그들에겐 마치 스키피오가 카르타고를 파괴할 운명을 지니고 태어난 사람처럼 느껴졌고, 이에 절로 그에게 두려움을 느꼈다.

29. 한니발은 이제 하드루메툼에 도착했다. 휘하 병력에게 여독을 풀게 하고자 그는 그곳에서 며칠을 보냈고, 이후 카르타고 주변 모든 지역이 점령당했다는 두려운 보고에 군대를 움직일 수밖에 없었다. 그는 서둘러 전속력으로 자마로 갔는데, 그곳은 카르타고에서 남서쪽으로 5일 정도 걸리는 거리였다.[18] 자마에서 본진보다 앞서 출발한 정찰병들은 로마 위병들에게 붙잡혀 스키피오 앞으로 가게 되었다. 사령관은 휘하 장교 한 사람을 불러서 그들을 넘겨주었고, 카르타고 정찰병들에게는 목숨을 잃을 것을 두려워하지 말고 모든 걸 잘 살펴보라고 했다. 스키피오는 불려온 장교에게 카르타고 정찰병들을 데리고 진지를 전체적으로 한 바퀴 돌면서, 그들이 원하는 걸 모두 보여주라고 지시했다. 그는 일이 끝난 뒤 정찰병들에게 정찰이 편안하고 충분했는지 묻고 호위를 붙여 한니발에게로 돌려보냈다.

정찰병들의 보고를 받은 한니발은 전혀 유쾌하지 못했다. 보고 내용 중에는 마시니사가 그날 6천 보병과 4천 기병을 데리고 스키피오와 합류했다는 내용이 있었지만, 한니발이 가장 걱정스럽게 여긴 건 적의 자신감이었다. 그런 자신감은 분명히 근거가 있는 것이었다. 그에 따라 그는 스키피오에게 전령을 보내 직접 만나서 회담을 갖자고 제안했다. 이 전쟁에 책임이 있고, 또한 아프리카에 건너옴으로써 휴전을 위반하고 평화 협정의 희망을 무너뜨렸는데도 그는 그런 요청을 한 것이었다. 하지만 그는 전투에서 패배를 한 뒤보다는 휘하 병력이 아직 온전할 때 스키피오를 만나야 더 좋은 조건을 받아낼 것

---

18 한니발이 아프리카 해안에 상륙하고 나서 자마로 행군하기까지는 몇 달이 걸렸을 것으로 추정된다. 한니발은 자신의 혼성부대를 가지고 제대로 된 전투 대형을 갖추려면 상당한 준비 기간이 필요했을 것이다.

으로 생각했다. 한니발이 이런 회담을 제안한 것이 그의 독단이었는지, 아니면 정부의 지시였는지 나는 확신을 갖고 말할 수 없다. 역사가 발레리우스 안티아스는 한니발이 스키피오와의 첫 전투에서 1만 2천 장병을 잃고 1천 7백 명이 포로로 붙잡혔다고 했고, 이후 다른 열 명의 동행을 데리고 정부 사절로서 스키피오의 진지를 방문했다고 했다.

스키피오는 한니발의 회담 요청에 응했다. 두 장군은 회담을 쉽게 하고자 각자의 진지를 앞으로 전진시키기로 합의했다. 스키피오는 나라가라라는 도시 근처에 진을 쳤는데, 그 자리는 창을 던지면 닿는 거리에 물이 있었다. 한니발은 스키피오 진지에서 6km 떨어진 언덕에 진을 쳤다. 그곳은 물에서 멀다는 점을 제외하면 안전하고 편리한 곳이었다. 회담 장소로 선택된 곳은 모든 방면에서 훤히 보이는 두 진지 사이의 어떤 지점이었다. 이는 기만적인 공격을 사전에 막기 위한 것이었다.

30. 양쪽의 무장한 병사들이 서로를 마주보며 선 가운데, 두 장군은 양 진지의 정확히 한가운데에서 통역을 대동하고 만났다.[19] 두 사람은 당대 최고의 군인이었을 뿐만 아니라, 세상의 모든 역사를 통틀어도 어떠한 왕과 지휘관에도 전혀 손색이 없는 이들이었다. 잠시 서로를 칭찬한 그들은 잠시 말문이 막혔고, 그저 서로를 조용히 바라볼 뿐이었다. 먼저 말을 꺼낸 건 한니발이었다.

"로마와의 전쟁에서 먼저 공격을 걸고, 수없이 승리를 거의 거머쥘 뻔했던 내가 자발적으로 평화를 요청하러 오게 된 것이 운명이라면,

---

19 두 장군은 그리스어를 말할 줄 알았고, 한니발은 16년이나 이탈리아에 있었으므로 아마도 라틴어를 할 줄 알았을 것이다.

적어도 평화를 요청하는 상대가 다름 아닌 그대라는 게 나는 기쁠 따름이오. 그대는 명예로운 칭호를 수없이 지녔지만, 신들의 가호로 수많은 로마 장군들에게 승리를 거둔 이 한니발에게서 항복을 받아내고, 그대들의 패배로 시작되어 우리의 패배로 끝나는 것으로 기억될 이 전쟁을 종결지은 자라는 칭호가 그리 하찮은 명예는 아닐 것이오. 그대의 선친이 집정관일 때 나는 무기를 들었고, 그대의 선친과 싸운 것이 로마 장군과의 첫 전투였소. 이제 무장을 벗은 채로 그의 아들에게 평화를 요청하고 있다니 참으로 운명이란 얄궂소. 신들께서 주신 것에 우리 선조들이 만족했더라면 분명 가장 좋았을 것이오. 그대들은 이탈리아를 다스리고, 우리는 아프리카를 다스린다면 말이오. 그대들조차 수많은 함대와 병력을 잃고 수많은 훌륭한 장교를 잃은 걸 시칠리아와 사르데냐로 보상할 수 없다는 생각을 할 것이오. 하지만 끝난 일은 이미 끝난 것이오. 질책할 수는 있겠지만, 변경할 수는 없소.

우리는 우리의 것이 아닌 것을 얻고자 했지만, 이젠 우리의 것을 지키고자 싸우는 중이오. 그대들이 아프리카에서만 전쟁을 수행한 것이 아닌 것처럼, 우리도 이탈리아에서만 싸운 것이 아니오. 그대들은 거의 (로마) 성문 앞에 있는 우리의 무기와 군기를 봤소. 마치 지금 우리가 카르타고에서 로마 군 진지의 중얼거리는 소리와 움직이는 소리를 들을 수 있는 것처럼 말이오. 평화 협정을 논의함에 있어 강한 입장에서 협상할 수 있는 건 그대요. 그대는 가장 바라는 걸 정확하게 요구할 수 있고, 우리는 가장 불운한 것을 받아들여야 하오. 그대와 나는 평화에 의해 가장 많은 걸 얻을 수 있소. 우리의 정부는 각각 우리가 결정하는 어떠한 조건이든 그대로 승인할 것이오. 본질적인 건 우리가 협상을 차분하고 이성적인 심정으로 유지해야 한다는 것이오.

　노인이 되어 소년 시절 떠난 고향으로 돌아온 내가 성쇠의 짐을 안긴 세월로부터 배운 점이 있다면 운명에 기대기보다 이성이 지시하는 바를 따라야 한다는 것이오. 그대는 젊고, 운은 늘 그대에게 호의를 보여 왔소. 내가 걱정하는 점은 계속 성공을 누린 젊은 그대가 냉정하고 합리적인 협상의 필요성을 용납하지 않을지도 모른다는 것이오. 운명에 속아본 적이 없는 사람은 다가올 세월의 변화와 기회를 쉽게 따질 수 없소. 내가 트라시메네와 칸나이에서 그랬던 것처럼, 오늘날의 그대도 그렇소. 그대는 다른 사람 같으면 간신히 군에 복무할 나이에 지휘권을 맡고, 그대 앞에 닥쳐오는 그 어떤 것도 피하지 않았소. 운명에 좌절한 적은 단 한 번도 없었지. 선친과 숙부의 복수를 함으로써 그대는 개인적인 슬픈 일을 하나의 기회로 바꿨고, 용맹과 가문에 헌신하는 모습으로 지극히 훌륭한 명성을 떨치게 되었소. 그대는 잃어버린 스페인 영토를 회복하고 네 개의 카르타고 군대를 몰아냈으며, 집정관에 선출되었소. 다른 이들이 이탈리아를 지켜낼 용기도 내지 못할 때 그대는 아프리카로 건너왔고, 그 결과는 어땠소?

　이 아프리카 땅에서 두 군대가 산산조각 났고, 두 진지가 점령되고 타오르는 데는 한 시간도 걸리지 않았소. 용맹한 시팍스는 포로가 되었고, 그의 왕국에 속한 무수한 도시와 우리 카르타고의 수많은 도시도 점령되었소. 마지막으로 그대의 승리로 내가 이탈리아에서 16년 동안 유지하던 통제가 풀렸고, 나는 할 수 없이 그대를 쫓아 이곳으로 올 수밖에 없었소. 그대의 마음은 평화보다는 승리를 갈망할 것이오. 나 역시 현명한 생각보다는 대망에 불타는 기백을 더 잘 이해하는 사람이오. 내게도 역시 그대처럼 운명이 미소를 보낼 때가 있었소. 그럼에도 불구하고 번영 중에 신들께서 우리에게 지혜를 주었다면, 우리는 과거에 벌어진 일뿐만 아니라 미래에 벌어질 일도 고려해야 하오. 다른 모든 걸 무시해도 좋소. 운명이 어떤 결과를 가져올지에 대한 충분한 경고는 나만으로도 족하오. 예전에 그대들은 아니오 강과 로마 사이에 진을 친 나의 병력이 군기를 들고 나아가 그대의 도시 성벽을 오르려는 걸 보았소. 이제 여기 있는 나를 보시오. 유명한 장군이자 용맹했던 내 두 동생을 잃고 이미 거의 포위된 조국의 성벽 앞에서 내가 그대의 도시에 가할 뻔했던 공포가 조국에 닥치는 걸 피할 수 있게 해달라고 간청하고 있소.

사람의 성공이 더 커질수록 그것이 더 지속된다고 믿기가 힘든 법이오. 지금은 그대가 승리할 시간이고, 우리는 모든 게 암울한 상황이오. 그대가 허락한다면 평화는 그대에게 명예와 영광을 가져다줄 것이오. 비록 평화를 요청하는 우리에겐 아무런 명예도 없고 불가피한 짐만 남을 뿐이지만 말이오. 확실한 평화는 불확실한 승리를 향한 희망보다 더욱 낫고 안전하오. 하나는 그대의 손에 달렸고, 다른 하나는 신의 손에 달렸소. 오랜 세월 공을 들여온 걸 한 시간만의 결정으로 위태롭게 하지 마시오. 그대의 전력 외에도 우리 둘이 공유할 수밖에 없는 운명의 힘과 전운을 염두에 두시오. 그대와 나는 모두 칼을 가지고 있고, 장병들과 함께하고 있소. 전쟁만큼 사람의 희망에 응답하는 결과를 내어놓는 게 어디 있겠소? 그대가 승리한다면 지금 평화를 허락하여 얻을 수 있는 만큼의 영광을 더하지 못할 것이고, 좌절하게 된다면 영광을 잃어버릴 것이오. 한 시간의 운으로 그대가 얻은 명예와 얻고자 하는 명예가 모두 물거품이 될 수도 있소. 푸블리우스 코르넬리우스, 평화 협정을 하면 모든 것이 그대의 것이오. 거절하면 신들께서 그대에게 주시는 걸 받아들일 수밖에 없소. 예전

이곳 아프리카로 온 레굴루스는 승리한 뒤 우리 선조들이 평화를 요청했을 때 그것을 허락했더라면 성공으로 보답 받을 수 있었을 것이오. 하지만 그는 성공에 한도를 두지 않았고, 운이 그에게서 달아나자 그는 고삐를 당길 수 없었소. 높이 날아오른 만큼 추락하는 것도 그만큼 수치스러웠지.

조건을 정하는 건 평화를 요청하는 자가 아닌 그것을 승인하는 자의 특권이오. 하지만 우리 카르타고 인이 스스로 벌을 내리지 못할 정도로 자격이 없다는 생각은 들지 않소. 우리는 전쟁을 치른 모든 곳을 그대들이 가져가는 것에 반대하지 않소. 시칠리아, 사르데냐, 스페인, 아프리카와 이탈리아 사이의 모든 섬은 마땅히 그대들의 것이오. 다만 우리가 아프리카 해안 안에 국한해서 살아갈 수 있도록 해주시오.[20] 그대들이 수륙 양면으로 외국에 지배력을 넓히는 건 신의 뜻이오. 우리가 최근 평화를 요청하는 데 진정성이 부족했고, 제대로 기다리지 못했으며, 우리의 명예가 그대들에게 의심을 받게 되었다는 건 나로서도 부정할 수 없소. 스키피오, 평화가 지켜질 거라는 확신은 요청하러 오는 자가 누구인지에 크게 달린 문제요. 내가 듣기로 로마 원로원은 사절들이 그리 중요한 자들이 아니기 때문에 평화를 거절했다고 하오. 물론 그 이유가 다는 아니지만 말이오. 하지만 지금 평화를 요청하러 온 사람은 바로 나, 한니발이오. 우리에게 좋다는 생각이 들지 않았다면 평화를 구하러 오지도 않았을 것이오. 같은 이유로 나는 평화를 지킬 것이오. 나는 이 전쟁에서 먼저 공

---

20 한니발의 강화 조건은 전에 카르타고가 임시 휴전을 할 때 제시한 것보다 훨씬 나쁜 조건이었고 스키피오는 이런 조건을 로마 원로원이 받아들일 리가 만무하다는 것을 잘 알았다.

격을 가했었소. 신들께서 나의 성공을 시기하실 때까지 나는 카르타고 인들 중 누구도 후회하지 않게 하려고 내가 할 수 있는 일을 다했소. 마찬가지로 나는 내 노력으로 평화를 얻은 걸 누구도 후회하지 않도록 전력을 기울일 것이오.”

31. 한니발의 발언에 대해 스키피오는 이렇게 대답했다.

“한니발, 그대가 곧 함께할 것이라는 소식으로 카르타고 인들은 용기를 얻어 휴전을 어기고 평화를 향한 기대를 무너뜨렸소. 그리고 나는 아직 그것을 잊지 않고 있소. 전에 카르타고가 제시한 조건[21]들 중에서, 그대는 오래전부터 우리의 소유였던 것만 내놓겠다고 하고, 그 나머지는 모두 내놓지 않고 있소. 또 그것을 숨기려고 하지도 않는구려. 하지만 그대가 동포들에게 그들을 구해내는 것이 얼마나 큰 짐인지 알려주고자 하는 것처럼, 나 역시 전에 합의했던 조건에서 어느 것도 빠뜨리지 않음으로써 카르타고의 배신을 응징하도록 반드시 최선을 다할 것이오. 그대들은 지금까지의 소행으로 보아 이전과 같은 조건의 평화 협정을 받지 못하는 것이 너무나 당연한데, 그대는 사실상 부정직한 태도로 더 나은 조건을 받아내려 하고 있소. 시칠리아 전쟁에서나 스페인 전쟁에서나 우리 선조들은 먼저 침략한 쪽이 아니었소. 시칠리아에선 우리 동맹인 마메르티니 인들이 위험했고, 스페인에선 사군툼이 파괴되었소.[22] 그래서 우리 로마 인들은 무장을 갖추고 충실하고 정의롭게 싸운 것이오. 그대가 인정하는 것처럼 먼저 공격을 가한 건 그대였소. 신들께서는 증인이 되어주셨소. 그분들께선 신과 인간의 법률에 부합하여 전쟁을 끝맺는 걸 승인하셨고, 승

---

21 30권 16장에는 카르타고가 내놓겠다고 하는 강화 조건들이 제시되어 있다.
22 해제 중 “제1차 포에니 전쟁”과 “제2차 포에니 전쟁” 참조.

인하고 계시고, 앞으로도 승인하실 것이오.

　나 자신도 인간의 약점을 잘 알고 있소. 나는 운명의 힘을 무시하지 않소. 우리가 하는 모든 일이 무수한 기회의 영향을 받는다는 것도 잘 아오. 그대가 자발적으로 이탈리아에서 떠나 내가 휘하 병력을 배에 태우고 아프리카로 출발하기 전에 나를 찾아왔는데도[23] 내가 그대의 평화 요청에 귀를 기울이지 않았다면 내가 지독하게 오만했다는 걸 인정하겠소. 하지만 지금 형편으로는 전투 직전에 그대가 아주 내키지 않았음에도 필요에 의해 강제로 나를 찾아온 것 아니겠소. 그러니 나는 그대의 감정을 고려할 의무는 없소. 따라서 그대의 평화 협정 조건에다, 휴전 기간 중 무력을 써서 끌고 간 우리 로마의 배와 그 안에 있던 화물을 보상하고, 더불어 우리 사절들에게 가한 폭력도 보상하는 조건을 추가하여 내 앞으로, 그리고 로마 원로원 앞으로 가져오시오. 그대가 그것마저 지나친 부담이라고 느낀다면 전투를 준비하시오. 그대가 평화를 도저히 용납할 수 없는 게 분명하게 보이니 말이오."

　이렇게 하여 협상은 실패했다. 두 장군은 회담 이후 진지로 돌아가 말로는 허사였으니 무력으로 결론을 내야 한다는 소식을 전했다. 그들은 각각 신들께서 내려주시는 운명을 받아들여야 했다.

　32. 진지에 도착한 스키피오와 한니발은 장병들에게 당장 최종 결전을 준비할 것을 재촉했다. 운명이 미소를 짓는다면 그들은 하루에 그치지 않고 영원한 시간 동안 승자가 될 것이었다. 다음날 밤이 되

23　카르타고 정부가 전쟁이 완전 패배의 국면으로 내달리기 전에 왜 이탈리아에서 한니발 병력을 철수시키지 않았는지 의아한 생각이 든다. 여기서 스키피오가 말하는 것처럼, 로마 군이 아프리카를 침공하기 전에 이탈리아 철군 카드를 사용했더라면 충분한 협상의 포인트가 되었을 것이다.

기 전에, 사람들은 세상의 다른 나라들을 복종하게 할 운명을 타고난 나라가 로마인지 카르타고인지를 알게 될 것이었다. 이 전쟁으로 주어지는 상은 이탈리아나 아프리카뿐만이 아닌 온 세계가 될 것이었다. 동시에 상만큼이나 거대한 위험이 전운의 미소를 받지 못하는 자들에게 들이닥칠 것이었다. 로마 인들은 만약 패전한다면 미지의 외지에서 탈출할 길은 없었다. 마지막 예비 부대로 남겨둔 군대를 써버린 카르타고 인들에겐 즉각적인 파멸이라는 위협이 다가올 것이었다.

다음날 이 거대한 문제의 결론을 내리고자 가장 유명한 두 장군과 세상에서 가장 부유한 두 나라의 가장 용맹한 두 군대가 전투에 나섰다. 과거에 각자가 쌓아온 수많은 승리를 완성할지, 아니면 무너뜨릴지가 결판날 것이다. 모든 자의 마음엔 확신과 두려움이 오가는 복잡한 감정이 어른거렸다. 장병들은 오직 눈으로 아군과 적군의 전열을 살피고 전력을 가늠했는데, 그러는 사이 그들은 기쁨을 느낌과 동시에 먼저 우위를 차지하려고 거칠게 싸움이 벌어지리라는 것을 예감했다. 병사들은 각자의 사령관이 격려와 충고를 섞으며 하는 연설을 듣기 전까지 쉽게 이러한 확신의 근거를 확인하지 못했다. 한니발은 장병들에게 지난 16년 동안 전쟁을 이탈리아에서 벌이며 쌓았던 업적, 전사했던 모든 로마 장군, 괴멸했던 모든 로마 군대, 그리고 자신이 특정 전투로 이름을 떨쳤을 때 각각의 장병이 해낸 영웅적인 행위를 열거했다.

스키피오는 스페인 전쟁, 최근에 벌어진 아프리카에서의 여러 전투, 그리고 두려움에 몰려 평화를 요청했다가 근절이 되지 않는 배신행위로 협정을 뒤엎은 적의 나약함과 비행에 관해 연설했다. 더욱이 한니발과의 회담이 증인 없이 열린 것을 잘 활용하면서, 스키피오는 자기 좋을 대로 그 회담 중 유리한 것만 골라서 상대방의 비행을 마음껏 비난하며 적개심을 부추겼다. 또한 스키피오는 신들께서 전투에 나서는 카르타고 인들에게 과거 그들의 선조들이 아이가테스 제도[24]로 향할 때와 똑같은 조짐을 내려주셨으니 이는 좋은 징조라고도 했다. 그는 이내 전쟁과 그로 인한 모든 고난이 끝날 것이고, 카르타고의 전리품이 이제 손이 미치는 곳에 있으며, 얼마 뒤면 부모, 자식, 아내, 수호신들을 다시 고향에서 만나게 될 것이라고 했다. 스키피오는 이런 연설을 할 때 똑바로 서서 얼굴에 평온한 행복감을 드러내고 있었는데, 마치 승리를 이미 거머쥔 사람 같았다.

로마 군은 이어 전투를 위해 결집했고, 선봉에 제1선, 중앙에 제2선, 후방에 제3선을 세웠다.

33. 스키피오는 평소처럼 대대로 병력을 구성하여 앞에 군기를 세우는 대신 중대로 전열을 형성했다. 이들 사이로는 틈을 두어 적의 코끼리들이 지나가게 방치하여 대형이 무너지는 일이 없도록 했다. 이전에 스키피오의 부사령관을 맡던 라일리우스는 이해엔 추첨이 아닌 원로원 명령에 따라 재무관이 되었는데, 좌익에서 이탈리아 기병대 지휘를 맡았다. 마시니사와 누미디아 기병대는 우익에 섰다. 스키피오는 최전선 중대 사이의 틈을 벨리테스(당시 가볍게 무장한 부대를 이렇게 불렀다)로 채웠다. 이들은 코끼리들이 공격해 오는 즉시 후위로 물러나거나, 혹은 재빨리 부대를 나눠 방향을 돌려 즉시 최전선 부대 뒤의 왼쪽과 오른쪽에 자리를 잡기로 되었다. 이렇게 기동하면 적군

---

24 기원전 241년 3월, 제1차 포에니 전쟁의 끝물에 한노가 이끄는 카르타고의 보급 함대가 카툴루스가 이끄는 로마 해군의 요격을 받아 전멸한 곳. 이 패전으로 보급이 완전히 끊긴 한니발의 아버지 하밀카르는 더 이상 버티지 못하고 로마 군에게 항복했다. 좋은 조짐은 해전이 벌어지던 날 아이가테스 제도 근처에 바람이 심하게 분 것을 말한다.

의 코끼리들이 그 틈새로 들어올 것이고 그러면 로마 군은 동시에 양쪽에서 공격할 수 있었다.

한니발은 선봉에 배치한 코끼리로 적의 사기를 흔들고자 했다. 적군에겐 여든 마리의 코끼리가 있었는데, 이는 이전 어떤 전투보다도 더 많은 숫자였다. 코끼리들의 뒤엔 리구리아와 갈리아 외인부대와 함께 마우레타니아와 발레아레스 부대도 있었다. 두 번째 열엔 카르타고와 아프리카 부대가 마케도니아에서 온 1개 군단과 함께 있었다. 이들 후방에는 적정 수준으로 거리를 벌린 이탈리아 예비군의 전열이 있었는데, 대다수가 브루티움 인이었다. 이들은 한니발이 이탈리아를 떠날 때 그들의 의지와 무관하게 한니발이 강압적으로 데려온 자들이었다. 스키피오처럼 한니발도 기병대를 양쪽 날개에 두었는데, 오른쪽엔 카르타고 기병대, 왼쪽엔 누미디아 기병대가 있었다. 언어, 관습, 법률, 무기, 복식, 외양 어느 하나 공유하는 것이 없고, 또한 복무해야 할 공통된 이유조차 없는 이들 기병대의 투지를 높이는 건 절대 간단한 일이 아니었다.

따라서 한니발은 각자의 사정에 맞게 희망과 두려움을 동시에 내밀어야 했다. 예를 들면 외인부대에겐 급료뿐만 아니라 전리품도 나눠주겠다는 제안을 했다. 갈리아 인들은 로마 인에 대한 특유의 뿌리 깊은 증오심을 자극당해 투지를 불태웠고, 리구리아 인들에겐 승리하면 바위투성이 산맥에서 내려와 이탈리아의 풍요로운 평원을 거주지로 떼주겠다고 했다. 무어 인들과 누미디아 인들은 마시니사의 폭정에 시달리게 될 거라는 전망에 겁먹으며 절망의 용기를 낼 수밖에 없었다. 카르타고 인들에게는 조국의 성벽, 수호신, 선조들의 무덤, 자식, 덜덜 떨고 있는 부인 등 그들이 귀중하게 여기는 모든 걸 두 눈으로 똑똑히 바라보고, 동시에 한쪽에는 죽음과 굴종, 다른 한쪽에는 온 세상을 다스리는 절대 강국이 있음을 기억하면서 희망과 두려움의 양 극단 사이에 중간은 없다는 걸 명심하라고 지시가 내려갔다.

한니발이 여전히 카르타고 부대와 동포들 사이에 있는 여러 동맹군의 지휘자들(여러 외인부대가 뒤섞여 있어 주로 통역을 통해 뜻을 전했다)에게 연설하는 중에, 로마 군에서 나팔 소리가 요란하게 울렸고, 어마어마한 함성이 들렸다. 이에 코끼리들이 공황 상태에 빠져 아군을 향해 돌아섰고, 특히 좌익에 있는 무어 인과 누미디아 인이 크게 공격을 당했다. 이어진 혼란은 마시니사 기병대 때문에 더욱 심해졌다. 마시니사는 카르타고 군 보병 전열의 끝부분을 선제 공격하여 카르타고 기병대의 지원을 받지 못하게 했다. 공황 상태에 빠지지 않은 몇 안 되는 코끼리들은 앞으로 돌격하여 로마 벨리테스 사이에 끔찍한 피해를 입혔지만, 코끼리들 자신도 심하게 다쳤다. 왜냐하면 가볍게 무장한 부대가 소대들 뒤로 물러나 짓밟혀 죽는 일 없이 짐승들을 안으로 끌어들였고, 왼쪽과 오른쪽에서 동시에 창을 던지면서 집중 공격을 했기 때문이었다. 최전선 부대들의 창은 그러는 사이에도 계속하여 날아왔고, 사방에서 투척 무기가 빗발치듯 날아오자 결국 코끼리들은 로마 전열에서 뒤로 밀려났다. 이 짐승들이 카르타고 군 쪽으로 돌아서는 바람에 우익의 카르타고 기병대는 도망칠 수밖에 없었다.

34. 카르타고 군은 양쪽 날개에 있는 기병대의 지원을 받지 못한 채로 보병대가 포위당했고, 이런 상태에서 가망이나 전력 측면에서 로마 군과 더 이상 동등할 수 없었다. 게다가 다소 사소해 보일지 모르지만, 전투 당시 굉장히 중요한 걸로 드러난 요소도 영향을 미쳤다. 로마 인들의 함성은 한목소리로 났기에 더욱 크고 무섭게 들렸는데, 카르타고 인들의 함성은 모국어가 다른 여러 민족이 뭉쳐 있었으

므로 귀에 거슬리는 불협화음이었다. 로마 인들의 공격은 수와 무기의 힘으로 적을 압박하면서 더욱 견고하게 밀고 나갔다. 반면 카르타고 인들은 힘보다는 속도에 더욱 치우친 돌격을 반복했다. 그 결과 로마 인들은 첫 공격에 즉시 적의 전열을 무너뜨렸고, 이어 어깨와 방패의 돌기로 압박하며 꾸준히 밀고 나가 적을 뒤로 밀어냈고, 적군은 아무도 저항하지 않았기에 돌파에 상당한 진전을 이뤘다. 상대하는 전열이 밀려나는 걸 보자마자 로마 군 후위 역시 뒤에서 강력한 압박을 가하기 시작했다. 이제 적을 완패시킬 기세가 더욱 충천했다.

아프리카 인과 카르타고 인으로 구성된 카르타고의 두 번째 전열은 물러나는 외인부대들을 전혀 지원하지 않았다. 오히려 그들은 로마 인들이 견고하게 저항하는 카르타고의 최전선을 통과하여 자신들에게 도착하지 않을까 하는 두려움 때문에 자발적으로 물러났다. 그 결과 외인부대들은 갑자기 등을 돌려 도망쳐 후위의 카르타고 군과 뒤섞였고, 일부는 두 번째 열에서 피난처를 찾았고, 다른 일부는 받아들이지 않는 다른 전우들을 죽이면서 전에는 도와주지도 않더니 이제는 대열에 들어가는 것마저도 거부한다고 목청껏 소리쳤다. 이때가 되자 한 전장에서 두 개의 전투가 벌어졌다. 카르타고 인들은 로마 군은 물론 아군과도 싸워야 했다. 그럼에도 불구하고 그들은 공포로 미쳐버린 외인부대들이 강제로 전열로 밀고 들어오는 걸 허용하지 않았고, 대열을 닫은 채로 그들을 전투가 벌어지는 바깥의 양쪽 날개와 탁 트인 들판 쪽으로 밀어 내보냈다. 이렇게 함으로써 카르타고 군은 부상당한 패잔병들이 그들의 공황 상태를 아직 온전하고 대형을 갖춘 나머지 병력에 퍼뜨리는 일이 없도록 방지했다.

하지만 전사자의 시체와 무기가 조금 전만 해도 외인부대가 서 있던 곳을 가득 채워 로마 인들은 빽빽한 적의 대열보다 이런 시체의 산더미를 뚫고 가는 게 더욱 어렵다고 생각했다. 따라서 최전선의 제1선은 시신과 무장이 쌓여 생긴 산더미를 넘고 피 웅덩이를 건너서 적을 추격할 수 있게 중대와 소대의 대열을 잘게 나누었다. 이어 제2선의 소대들도 최전선이 대형을 나누는 걸 보고 마찬가지로 소대를 나누기 시작했다. 스키피오는 이를 보자마자 소환 나팔을 울려 제1선을 돌아오게 했다. 이어 부상자를 후방으로 빼고 제2선과 제3선이 양쪽 날개로 나와 제1선만으로 구성된 중앙을 보호하고 안정되게 하려는 조치였다. 이에 따라 완전히 새로운 전투가 시작되었다. 이제 로마 인들은 진짜 적인 카르타고 베테랑들과 정면으로 맞붙게 되었다. 무기, 전쟁 경험, 공훈으로 쌓은 명성, 희망과 위험의 규모에서 동등한 상대방과의 싸움이 시작되는 것이었다. 하지만 로마 인들은 숫자와 투지라는 측면에서 이점이 있었다. 그들은 이미 카르타고 기병대와 코끼리들을 완패시켰고, 최전선을 붕괴시켰으며, 그리하여 두 번째 열과 교전하고 있었다.

35. 라일리우스와 마시니사는 패주하는 기병대를 상당히 멀리까지 쫓았다. 그러다가 적절한 때가 되자 방향을 바꿔 적 전열의 후방을 공격했다. 최종적으로 카르타고 인들에게 패배의 결정타를 날린 것은 바로 이 기병대의 공격이었다. 많은 자가 포위되어 서 있는 자리에서 죽임을 당했다. 많은 자가 탁 트인 평원 너머로 흩어지며 도망쳤지만, 모든 곳에서 전장의 주인인 기병대의 칼날 아래 쓰러질 뿐이었다. 이날 2만 명 이상의 카르타고 인과 그들의 동맹군이 전사했고, 거의 같은 수가 포로로 붙잡혔다. 로마 군은 132개의 군기와 11마리의 코끼리도 함께 빼앗았다. 로마 인들은 1천 5백 정도가 전사했다.

혼란 속에서 한니발은 소수의 기병과 함께 탈출하여 하드루메툼으로 도망쳤다. 그는 전투에서 물러나기 직전까지 교전 이전이나 교전 중이나 할 수 있는 모든 일을 다했고, 스키피오는 물론 모든 군사 전문가들이 인정하는 것처럼 그날 놀랄 만한 전술로 전열을 구축하는 탁월한 전략가의 모습을 보였다. 그는 최전선에 코끼리를 배치하여 짐승들의 무계획적인 돌격과 억누를 수 없는 힘으로 로마 인들이 카르타고 군기를 따라오는 걸 막고 대열의 질서를 유지했는데 그는 이런 전술들을 아주 중요하게 여겼다.

다음으로 카르타고 인들 앞에 외인부대를 두어 이 온갖 나라에서 데려와 충성심은 없고 급료로만 뭉친 쓸모없는 자들이 후퇴할 가능성을 카르타고 인들이 아예 차단함으로써 외인부대로 하여금 적의 공격을 가장 먼저 받아내게 하여 적을 지치게 하거나, 그도 아니라면 그들의 상처로 적의 칼날을 둔화시키고자 했다. 이어 한니발이 가장 큰 기대를 건 군인들이자 로마 인과 모든 측면에서 견줄 수 있는 카르타고 인과 아프리카 인들이 생생한 상태로 지치고 다친 적과 유리하게 싸울 수 있도록 했다.

마지막으로, 충성심이 의심되는 이탈리아 인들을 어느 정도 거리를 벌린 채 후방에 두어 우방인지 적인지 확인하고자 하였다. 이는 한니발의 군사적 천재가 보여준 마지막 창작품이었다. 하드루메툼으로 피신한 그는 카르타고로 소환되었다. 소년일 때 그곳을 떠나서 35년 만에 돌아온 것이었다. 카르타고에서 원로원 앞에 선 그는 이 전투의 패배가 전쟁에서의 완패라는 걸 인정했다. 그는 카르타고가 평화 협정을 요청하고 그것이 허락되지 않는다면 국가의 미래는 희망이 없다고 말했다.

36. 전투 직후 스키피오는 적의 진지를 습격하여 약탈했고, 어마어마한 전리품을 챙겼다. 그는 렌툴루스가 우티카에 50척의 전함과

1백 척의 수송선을 데리고 온갖 보급품을 가져왔다는 소식을 듣고 전리품을 해안으로 가져가 그의 배에 실었다. 스키피오는 카르타고가 방금 받은 일격으로 아직도 휘청거리는 동안에 온 사방을 급습하여 카르타고를 완전히 공포에 떨게 내몰았다. 이어 그는 라일리우스에게 로마로 가서 승전을 보고하게 하고 그나이우스 옥타비우스에게 지시를 내려 육로로 카르타고에 휘하 군단들을 데려오게 했다. 그리고 자신은 우티카에서 렌툴루스가 가져온 새로운 배들로 기존의 함대를 증강하고서 우티카에서 출항하여 카르타고 항구 방향으로 나아갔다.

거의 항구에 도착했을 때 그는 카르타고 선박을 하나 만났는데, 털로 된 머리띠와 올리브 나뭇가지를 달아 탄원의 뜻을 나타낸 배였다. 배에는 열 명의 사절이 있었는데, 그들은 카르타고의 주요 시민으로서 한니발의 지시에 따라 평화를 요청하러 온 사람들이었다. 그들은 로마 기함의 뱃고물 옆에 배를 대고 탄원의 상징을 내보이며 자비와 보호를 간청하고 기원했다. 이들에게 주어진 대답은 튀니스로 오라는 지시였다. 스키피오는 그곳으로 진지를 옮길 생각이었다. 그는 이어 좀 더 항해하여 항구에 접안하여 카르타고 시를 살폈는데, 즉각적인 정찰이라기보다 적에게 굴욕감을 주기 위한 것이었다. 그는 우티카로 돌아갔고, 옥타비우스도 그곳으로 불렀다.

로마 인들이 튀니스로 돌아가는 동안에 시팍스의 아들 베르미나가 보병대와 그보다 더 많은 기병대를 이끌고 카르타고 인들을 도우러 오는 중이라는 소식이 들려왔다. 사투르날리아 축제 첫날[25] 로마

---

25 12월 17일. 리비우스의 기록에서는 드물게 보는 정확한 날짜이다.

보병대 일부와 전 기병대는 베르미나를 공격하러 나섰고, 짧은 교전 이후 누미디아 인들은 완패했다. 온 사방에서 포위한 로마 기병대에 의해 퇴로가 전부 막힌 그들은 1만 5천 명이 전사했고, 1천 2백 명이 생포되었으며, 1천 5백 필의 누미디아 말과 72개의 군기를 빼앗겼다. 베르미나는 대혼란 속에서 소수의 부하와 함께 탈출했다. 이어 튀니스에 진지가 세워졌는데, 위치는 이전과 같았다. 카르타고에선 서른 명의 사절이 스키피오를 만나러 왔다. 그들의 애원은 전보다 훨씬 가련했는데, 너무나 심각한 불행을 겪어 그럴 수밖에 없었다.

하지만 듣는 사람의 입장에서 배신의 기억이 아직도 생생하게 남아 있어서 그들이 동정을 얻기는 힘든 일이었다. 전략 회의가 열렸고, 모두가 정당한 분노를 느끼며 카르타고 파괴를 촉구했다. 하지만 다시 생각하니 저런 방어 시설과 자원을 갖춘 도시를 포위하며 들어가는 시간과 노력은 어마어마할 것이었다. 게다가 스키피오는 자신이 노력하고 위험을 감수하면서 사실상 끝낸 전쟁의 영광을 자신의 후임자가 가져가고, 승리의 보상도 그가 챙길 것이라는 예감이 들었고, 이에 회의 참석자들은 모두 평화를 받아들이는 쪽으로 나아갔다.[26]

37. 다음날 사절들이 소환되었고, 카르타고가 저지른 배신에 대해 엄중한 비난을 받았다. 그들은 반복된 참사로 교훈을 얻었을 것이며, 신들의 존재와 맹세의 신성함을 마침내 믿게 되었을 것이라는 훈계를 들었다. 평화의 조건은 다음과 같았다. 카르타고는 자국의 고유한 법에 따라 자유민으로서 살고, 전쟁 이전에 지닌 도시들과 영토를

---

26 리비우스는 36권 10장에서도 스키피오가 강화를 도모한 동기에 대하여 동일한 진술을 하고 있다.

계속 유지한다. 협정이 체결된 날부터 로마 인들은 습격을 중지한다. 모든 탈영병, 탈주 노예, 전쟁 포로는 로마 인들에게로 보내고, 열 척의 3단 노선만 제외하고 모든 전함을 로마로 넘긴다. 소유 중인 훈련된 코끼리는 전부 로마로 넘기고 더는 훈련시키지 않는다. 로마의 허락 없이 아프리카 내부와 외부의 누구를 상대로도 전쟁을 일으키지 않는다. 마시니사에게 배상하고 그와 협정을 맺는다. 사절들이 로마에서 돌아올 때까지 로마의 동맹군에게 급료를 지급하고 곡물을 제공한다. 은 1만 탈렌트를 50년 동안 동일한 액수로 분할 납부하고, 스키피오가 선택한 14세에서 30세 사이의 인질 100명을 넘긴다. 이전 휴전 기간에 포획된 배들을 선원, 화물과 함께 반환하는 조건으로 휴전이 승인된다. 그렇게 하지 않을 경우 휴전은 물론 평화 협정 논의도 없다. 이것이 바로 카르타고 사절들이 고향으로 돌아가 전할 조건이었다.

사절들이 카르타고 민회에서 이런 내용을 전하자, 기스고라는 원로원 의원이 앞에 나서서 평화 협정을 반대했다. 모인 군중은 평화 조건이 불쾌했지만, 그 조건을 따지다가 협정 논의가 중단되는 것에 불안감을 느끼면서 기스고의 말을 들었다. 그러다 이런 절박한 순간에 저런 말을 듣고 있다는 사실에 더는 견디지 못한 한니발이 기스고를 직접 연단에서 끌어냈다. 분노로 중얼거리는 소리가 들리자 규율에 따라 살던 군인인 한니발은 도시 군중이 누리는 자유에 몹시 놀랐다. 한니발은 이렇게 말했다.

"조국을 떠날 때 저는 아홉 살이었습니다. 그리고 36년이 지난 다음에야 돌아왔지요. 공적으로든 사적으로든 운명은 제게 소년일 때부터 군인으로서 알아야 될 모든 걸 가르쳐주었습니다. 그리고 저는 그 교훈을 잘 배웠다고 생각합니다. 하지만 도시와 포룸의 권리, 법률, 관습은 여러분에게 가르침을 받도록 하겠습니다."

자신의 무지에 대해 이렇게 사과를 한 뒤 그는 평화에 관해 길게 이야기했는데, 그 내용은 평화가 전혀 불공평하지 않으며, 반드시 받아들여야 한다는 것이었다. 부과된 모든 조건 중에 가장 곤란한 건 휴전 기간 동안 포획한 배들에 관한 것이었는데, 배 자체를 제외하면 아무것도 건질 게 없었기 때문이다. 당시 그 배에서 재물을 챙겼다고 고발된 자들은 평화를 반대하는 자들이어서 재물 조사는 더욱 어려웠다. 그에 따라 배들은 필히 반환하고, 선원들은 무슨 수를 써서라도 찾아내고, 사라진 재물의 가치 평가는 스키피오에게 맡겨 돈으로 배상한다는 결정이 내려졌다.

몇몇 역사가[27]는 한니발이 전장에서 해안으로 곧장 이동하여 배를 타고 즉시 안티오코스 왕에게로 갔다고 했다. 그들의 기록에 따르면, 스키피오가 한니발의 항복을 최우선으로 요구하자 카르타고 인들은 한니발이 아프리카에 없다고 대답했다는 것이다.

38. 사절들이 스키피오를 찾아온 후, 재무관들은 배들에 어떤 공적 재산이 있었는지 보여주는 공공 장부에서 물품 목록을 만들었고, 선주들도 사적 재산을 신고하라는 말을 들었다. 지급할 총액은 은 2만 5천 파운드였으며, 현장에서 곧바로 지급되었다. 이어 카르타고 인들에게 석 달 동안 휴전이 허락되었으며, 다음과 같은 조항이 추가되었다. 휴전 동안 로마를 제외한 다른 곳에 사절을 보낼 수 없으며, 카르타고로 사절이 오면 로마 사령관이 해당 사절이 누구이며 어디

---

27 구체적으로 누구인지는 알려져 있지 않다. 리비우스 33권 49장에 의하면, 기원전 195년 로마 원로원은 한니발이 안티오코스와 공모하여 로마를 공격하려 한다고 비난하면서 로마 대표단 3인을 카르타고로 보냈는데 한니발은 그들이 자신을 잡으러 온 것으로 판단하고 밤중에 배를 타고 티레로 도망쳤다가 다시 에페소스의 안티오코스에게로 갔다.

서 왔는지를 알기 전까지 사절을 돌려보낼 수 없다는 것이었다. 카르타고 사절들은 루키우스 베투리우스 필로, 마르쿠스 마르키우스 랄라, 그리고 로마 군 사령관의 동생인 루키우스 스키피오와 함께 로마로 향했다. 이런 일이 벌어지는 동안 시칠리아와 사르데냐에서 곡물이 공급되면서 가격이 떨어졌고, 상인들은 운송료 대신 선원들에게 옥수수 일부를 주기도 했다.

로마에선 카르타고 인들이 적대 행위를 재개했다는 첫 번째 소식을 듣고서 큰 불안감을 느꼈었다. 티베리우스 클라우디우스는 즉시 함대를 움직여 시칠리아로 가고, 그곳에서 다시 아프리카로 나아가라는 지시를 받았다. 또 다른 집정관인 마르쿠스 세르빌리우스는 아프리카 상황이 더 알려질 때까지 도시 외부에서 대기하라는 지시를 받았다. 클라우디우스는 함대를 모으고 바다에 띄우는 준비를 서두르지 않았는데, 원로원이 평화 조건을 결정하는 권한을 집정관보다는 스키피오에게 맡겨야 한다고 결정했기 때문이었다. 카르타고의 적대 행위 재개 소문에 이어 여러 불가사의한 현상들이 보고되면서 로마가 느끼는 두려움은 더욱 커졌다.

쿠마이에서는 태양이 부분적으로 어두워졌고, 돌비가 내렸다. 벨리트라이 지역에선 땅이 가라앉으면서 거대한 동굴이 생겼고, 나무들이 그 아래로 깊이 빨려 들어갔다. 아리키아에선 시장과 그 주변의 가게가, 프루시노에선 도시 성벽 여러 곳과 성문이 벼락에 맞았다. 팔라티움 언덕에는 돌비가 내렸다. 이 마지막 기현상은 조상 전래의 관습에 따라 아흐레 동안 의식을 치르는 것으로 속죄되었고, 나머지 기현상들은 다 자란 제물로 희생 의식을 치르는 것으로 속죄되었다. 그러는 동안 강들이 예사롭지 않은 높이로 치솟았고, 이 현상

역시 불길한 징조로 해석되었다. 티베르 강이 어마어마하게 넘쳐 아폴로 게임의 개최지는 물에 잠긴 키르쿠스 막시무스 대신에, 에릭스의 베누스 신전 근처인 콜리네 성문 외부에 있는 한 지역으로 변경되었다. 하지만 게임 당일이 되자 맑은 날씨가 돌아왔고, 키르쿠스에서 물이 빠졌다는 소식이 들려왔다. 행렬은 이미 콜리네 성문으로 출발했지만, 소환되어 돌아왔다. 원래의 적절한 장소에서 게임을 개최할 수 있게 되었다는 사실에 시민과 게임 참가자 모두가 기뻐했다.

39. 집정관 클라우디우스는 마침내 로마를 떠났지만, 코사와 로레타 사이에서 맹렬한 폭풍에 휘말렸다. 불안에 가득 찬 그는 포풀로니움으로 가서 폭풍이 약해질 때까지 닻을 내리고 정박했고, 이어 엘바 섬으로 움직여 그곳에서 다시 코르시카와 사르데냐로 향했다. 그곳에서 클라우디우스는 몬테스 인사니의 곶을 도는 동안 앞서 만난 것보다 훨씬 맹렬한 폭풍을 만나 전보다 더 위험한 상황에 휘말렸으며, 함대는 바다 위에서 뿔뿔이 흩어졌다. 많은 배가 삭구(索具)를 잃어버렸고, 파도를 뒤집어썼으며 몇몇은 난파되었다. 이렇게 파도에 의해 큰 손상을 입은 상태에서도 함대는 칼라레스에 도달했다. 그곳에서 수리를 하고자 배가 뭍으로 끌어올려졌고, 곧 겨울이 닥쳐왔다. 그해 말에 클라우디우스의 지휘권은 갱신되지 않았고, 따라서 그는 지휘관에서 물러나 함대를 데리고 로마로 돌아왔다.

세르빌리우스는 자신이 로마로 소환되어 선거 주재를 하는 걸 피하고자 가이우스 세르빌리우스 게미누스를 독재관으로 임명하고 임지로 향했다. 독재관은 푸블리우스 아일리우스 파이투스를 사마관으로 임명했다. 선거일이 계속 발표되었지만, 매번 폭풍우가 몰아치는 바람에 미루어졌다. 그에 따라 기존 행정장관들은 3월 14일에 물러났으나, 새로운 행정장관들이 선출되지 않아 나라엔 쿠룰레 행정장관들이 없었다. 대사제인 티투스 만리우스 토르콰투스가 이해에 사망했고, 가이우스 술피키우스 갈바가 선출되어 그의 자리를 이었다. 로마 게임이 쿠룰레 토목건축관리관인 루키우스 리키니우스 루쿨루스와 퀸투스 풀비우스에 의해 온전히 세 번 거행되었다. 토목건축관리관에게 배속된 특정 서기들과 심부름꾼들은 어떤 밀고자의 제보로 인해 국고에서 은밀히 돈을 빼돌린 일이 밝혀져 유죄 판결을 받았고, 토목건축관리관 루쿨루스는 수치를 면치 못하게 되었다. 푸블리우스 아일리우스 투베로와 루키우스 라이토리우스는 평민 토목건축관리관으로 선출되었지만, 선거 과정에서 나타난 구체적인 흠결 때문에 물러나야 했다. 하지만 그들은 물러나기 전까지 평민 게임을 거행했고, 이 게임과 연관된 유피테르 신을 위한 만찬도 치렀으며, 벌금으로 거둔 돈으로 카피톨리움에 세 개의 조각상도 헌정했다. 케레스를 기리는 게임은 원로원의 명령에 따라 독재관과 사마관에 의해 거행되었다.

40. 아프리카에서 온 로마와 카르타고 사절들이 로마에 도착했고, 원로원은 벨로나 신전에서 모였다. 루키우스 베투리우스 필로는 카르타고 인들과 치른 마지막 전투와 오랜 세월 고통을 안긴 전쟁의 종료에 관해 상세하게 보고했고, 의원들은 기쁨을 참지 못했다. 그는 시팍스의 아들 베르미나가 패배한 이야기도 전하며 성공적인 군사 작전에 추가하여 그런 조그만 성과도 있었음을 알렸다. 원로원은 그에게 바깥의 시민들에게도 같은 이야기를 전하라고 지시했고, 이에 모두가 함께 기쁨을 누리게 되었다. 이어 도시의 모든 신전이 감사 기도를 올릴 수 있도록 개방되었고, 사흘 간의 감사절이 선포되었다. 카르타고 사절들과 필리포스의 사절들(당시 이미 로마에 도착한 상태)은 원로원에 면담을 요청했지만, 독재관은 원로원 지시에 따라 새로

운 집정관들이 승인해야 할 일이라고 대답했다.

이에 선거가 즉시 열렸다. 그나이우스 코르넬리우스 렌툴루스와 푸블리우스 아일리우스 파이투스가 집정관으로 선출되었고, 법무관으로는 마르쿠스 유니우스 펜누스(도시 법무관), 마르쿠스 발레리우스 팔토(브루티움), 마르쿠스 파비우스 부테오(사르데냐), 푸블리우스 아일리우스 투베로(시칠리아)가 선출되었다. 필리포스 왕과 카르타고의 사절들의 이야기를 듣기 전까지 집정관들의 임지는 결정하지 않기로 되었다. 원로원은 하나의 전쟁이 끝나니 이제 다른 전쟁[28]이 막 시작될 거라고 내다보았다.

집정관 렌툴루스는 한 가지 욕망에 사로잡혔는데, 그건 바로 아프리카를 임지로 받는 것이었다. 그는 전쟁이 계속되면 쉬운 승리를 차지하고자 했고, 그것이 안 된다면 전쟁이 이미 마지막 단계에 오기라도 한 것처럼 자신이 집정관일 때 이 대전쟁이 끝났다는 영예를 얻고 싶어 했다. 따라서 이 목적을 위해 그는 원로원 명령으로 아프리카가 자신의 임지로 배정되기 전까지 그 어떤 일도 진행하려고 하지 않았다. 그의 동료 파이투스는 이에 반대하지 않았다. 그는 온건하고 합리적인 사람이어서 그런 영예가 당연히 스키피오의 것이며, 누구도 공정하거나 동등한 조건에서 스키피오와 그런 영예를 두고 겨룰 수 없다는 걸 잘 알았다.

호민관 테르무스와 글라브리오는 렌툴루스가 작년 집정관인 티베리우스 클라우디우스가 실패했던 일[29]을 시도하려 한다고 말했고, 원로원은 호민관들에게 아프리카에서 최고 지휘권을 누구에게 맡겨야

---

28 제2차 마케도니아 전쟁. 참조: 작품 해설 중 "포에니 전쟁 이후의 로마."
29 30권 27장 참조.

하는지를 시민들에게 물어보는 일을 인가했다. 이에 35개 부족 전부가 스키피오에게 맡겨야 한다고 결정했다. 이 문제는 원로원과 민회 모두에서 열기를 띤 채로 논의되었고, 최종 결정은 원로원이 내리게 되었다. 따라서 원로원 의원들은 합의한 것처럼 맹세에 따라 집정관들은 상호 합의나 추첨으로 임지를 정해야 한다고 결정했다.

한 사람은 이탈리아를 임지로 하고, 다른 사람은 평화 협정을 카르타고 인과 합의하지 못하면 50척의 함대를 이끌고 시칠리아로 간 뒤 아프리카로 가야 했다. 집정관은 바다에서 작전을 수행하고, 스키피오는 육지에서 작전을 수행하면서 지난해의 최고 지휘권을 그대로 유지하게 되었다. 평화 협정이 합의가 되면 호민관들은 시민들에게 평화 협정을 비준하는 일을 집정관과 스키피오 중 누구에게 맡길지와 승리한 군대를 아프리카에서 데려오는 게 둘 중 누구일지를 반드시 묻게 되어 있었다. 두 가지 일을 모두 스키피오가 하는 게 시민들의 바람이라면 집정관은 시칠리아에서 아프리카로 건너갈 필요가 없었다. 이탈리아를 맡게 된 집정관은 법무관 마르쿠스 섹스티우스에게서 2개 군단을 인수하기로 되었다.

41. 스키피오의 아프리카 지휘권은 연장되어, 휘하 병력을 예전 그대로 지휘하게 되었다. 법무관들에 관해 언급하자면, 브루티움을 맡게 된 마르쿠스 발레리우스 팔토는 가이우스 리비우스가 이전 해에 지휘하던 두 군단을 인수하기로 되었다. 푸블리우스 아일리우스는 시칠리아에서 그나이우스 트레멜리우스의 두 군단을 인수하고, 마르쿠스 파비우스는 사르데냐에서 법무관 대리 푸블리우스 렌툴루스가 맡았던 1개 군단을 인수할 것이었다. 작년 집정관 마르쿠스 세르빌리우스는 지휘권이 연장되어 에트루리아에서 휘하 병력을 그대로 지휘할 것이었다. 스페인 임지에 관해 말하자면, 루키우스 코르넬

리우스 렌툴루스와 루키우스 만리우스 아키디누스는 이미 여러 해 동안 그곳에서 근무했다. 따라서 집정관들은 누가 스페인에서 지휘를 맡을지를 호민관들을 통해 시민들에게 물을 것이었고, 호민관들은 이런 일이 적합하다고 생각하면 그대로 실행할 것이었다.

이런 절차를 통해 임명된 장군은 기존 두 군대에서 단일 군단을 형성할 로마 군인들을 선발할 것이고, 라틴 동맹군으로는 15개의 대대를 구성할 것이었다. 그는 이렇게 편성된 병력을 가지고 스페인 임지에서 작전을 수행하게 되었다. 렌툴루스와 아키디누스는 베테랑 군인들을 이탈리아로 데려올 것이었다. 집정관은 아프리카 앞바다에 있는 그나이우스 옥타비우스의 함대와 시칠리아 해안을 지키는 푸블리우스 빌리우스의 함대에서 배를 선택하여 50척의 함대를 구성하기로 되었다.

스키피오는 이전에 맡은 40척의 전함을 그대로 맡을 것이었고, 그나이우스 옥타비우스가 그 함대를 지휘하기 원한다면 한 해 동안 법무관 대리로서 지휘권을 행사할 것이었다. 하지만 스키피오가 함대 지휘를 라일리우스에게 맡기길 바란다면 옥타비우스는 집정관에게 필요하지 않은 배들을 전부 이끌고 로마로 돌아오기로 되었다. 열 척의 전함은 사르데냐의 마르쿠스 파비우스에게 맡겨졌다. 집정관들은 마지막으로 두 개의 도시 군단을 모집하라는 지시를 받았고, 따라서 이해에 로마 야전군은 14개 군단과 1백 척의 함대로 구성되었다.

42. 원로원은 필리포스 왕과 카르타고 인들이 보낸 사절들을 주목하면서, 마케도니아의 일부터 먼저 듣기로 했다. 그들은 여러 문제에 관해 자국의 입장을 전했다. 어떤 사절은, 왕을 찾아온 로마 사절들이 제기한 그리스 동맹 영토가 완전히 파괴되었다는 항의에 답변하려고 했고, 다른 사절은 로마의 동맹들을 공개적으로 비난하면서

동시에 마르쿠스 아우렐리우스를 꼭 집어서 맹비난했다. 마케도니아 사절들은, 로마에서 보낸 세 명의 사절 중 하나인 그가 병사들을 모아 전쟁을 일으켜 협정을 위반한 배후였으며, 빈번히 마케도니아 지휘관들과 회전을 벌였다고 비난했다. 그들은 또한 한니발의 용병으로 싸웠다가 지금 포로가 되어 사슬에 묶여 있는 마케도니아 인들과 그들의 지휘관 소파테르를 돌려달라고 요구했다.

이에 마케도니아의 아우렐리우스가 사절들에게 대응하기 위해 보낸 마르쿠스 푸리우스가 답변에 나섰는데, 그는 아우렐리우스가 마케도니아의 습격과 폭력 행위로 동맹국이 약화되어 마케도니아 왕의 편으로 돌아서는 걸 방지하고자 홀로 남아 있었으며, 그가 동맹 영토를 떠난 적은 단 한 번도 없고, 기습 부대가 제멋대로 동맹 국경을 넘어오지 못하도록 방어에 집중했을 뿐이라고 해명했다. 푸리우스는 또한 소파테르가 마케도니아 궁정에서 고관이자 왕의 친척이며, 한니발을 돕고자 4천 명의 마케도니아 인과 함께 자금을 지참하고 아프리카로 갔다는 설명도 함께 곁들였다.

이런 점에 관해 원로원이 질문하자 사절들은 답변을 얼버무렸고, 그에 따라 단호한 경고를 받았다. 원로원은 필리포스 왕이 전쟁을 원하면서 계속 그렇게 행동한다면, 곧 바라는 바(전쟁)를 얻게 될 것이라고 지적했다. 또한 원로원은 왕이 협정을 두 번이나 위반한 사실을 분명하게 꼬집었다. 필리포스는 로마의 동맹들을 부당하게 취급하고 공공연한 전쟁을 벌여 그들을 반복 공격함으로써 첫 번째로 협정을 위반했고, 로마의 적들에게 자금과 원군을 제공하여 도움으로써 두 번째로 협정을 위반했다는 것이었다.

스페인의 푸블리우스 스키피오는 원로원의 지시와 의견에 부합하게 정당한 행동을 했고, 또한 행동하는 중이며, 그러니 로마 인에 대항하여 무기를 든 자들을 적으로 여겨 포로로 붙잡혔을 때 사슬을 채운 건 아무런 문제가 없다는 게 원로원의 설명이었다. 또한 의원들은 그리스의 마르쿠스 아우렐리우스도 원로원의 이해관계에 가장 잘 맞게 행동하고 있다고 말했다. 원로원은 협정의 의무가 동맹을 보호해주지도 못하는 상황에서 아우렐리우스가 무력으로 로마 인의 동맹을 지키고 있다는 걸 알게 되니까 기쁘다는 태도를 내보였다.

이런 혹독한 비난과 함께 마케도니아 인들은 물러가라는 말을 들었고, 이어 카르타고 사절들이 소환되었다. 이들은 명백히 그 나라의 주요 시민들이었고, 원로원 의원들이 사절들의 나이와 지위를 살핀 결과 이번에는 진정으로 평화를 구하러 온 게 분명한 인원 구성이었다. 가장 두드러지는 자는 하이두스라는 성을 쓰는 하스드루발이었는데, 일관되게 바르카 파벌에 반대해왔고 평화를 지지하던 자였다. 따라서 이번에 그가 전쟁의 책임이 카르타고 시민보다는 소수의 탐욕에 있었다고 주장하자 큰 권위가 있었다. 그는 일부 비난을 변명하고, 알려진 사실을 뻔뻔하게 부정하면 용서를 구하기 어려워질 것이라고 생각하여 일부 비난들을 인정하면서 더 나아가 로마 원로원에 현재의 행운을 제한적으로 온건하게 사용하라고 조언까지 했고, 그러는 동안 상대방의 변화하는 감정의 강도에 따라 어조를 바꿔가며 말했다.

그는 카르타고 인들이 자신과 한노의 말을 듣고 적기에 기꺼이 움직이고자 했다면 지금 이 순간 사절들이 구하고 있는 평화 조건을 얻었을 것이라고 말했다. 그는 행운을 거머쥐는 동시에 훌륭한 판단을 내릴 수 있는 자들은 드물지만, 로마 인들은 성공했을 때 조언을 받아들이고 현명하게 처신하는 걸 기억하고 있기에 아무도 꺾을 수 없는 것이라고 말했다. 만약 로마 인들이 그런 식으로 현명하게 행동하지 않는다면 그게 정말로 놀라운 일이 될 것이라는 말도 했다. 그는 행운을 낯설고 새로운 것으로 여기는 자들은 성공의 기쁨에 열중하여 자신을 억제할 수 없게 되지만, 로마 인들은 오랜 세월 승리의 기쁨을 경험하여 익숙할 대로 익숙한 지라 새로울 것도 없다고 하면서 로마가 영토를 확장할 수 있던 건 정복보다는 패자를 용서하는 모습을 보였기 때문이라는 말도 덧붙였다.

나머지 사절들의 연설은 더욱 강도 높은 감정적인 호소였다. 왜냐하면 사절들은 카르타고의 예전 거대한 부와, 현재의 끝 모를 추락을 서로 대비시키며 자세히 말했기 때문이었다. 얼마 전만 해도 카르타고 인들은 실제로 온 세상을 무력으로 장악하고 있었지만, 이제 그들에겐 카르타고 성벽밖에 남지 않았다. 성벽 뒤에서 그들은 자신들의 통치를 받는 육지와 바다를 볼 수 없었고, 심지어 그들의 도시와 조상 전래의 집도 로마 인들이 분노를 억누르고 최악의 운명을 면하게 해주어야 온전히 자기 것으로 남을 상황이라는 것이었다. 이런 호소가 원로원 의원들에게 효과가 있음이 분명해지자 한 의원은 카르타고 인들의 악명 높은 배신에 분노하며 이렇게 큰 소리를 쳤다. "대체 어떤 신들께서 저들과의 협정을 승인하신다는 겁니까? 저들은 저번 협정 때 맹세했던 신들도 이미 저버리지 않았습니까." 그러자 하스드루발은 이렇게 대답했다고 한다. "같은 신들이시죠. 협정을 어긴 자들에게 강한 반감을 품으셨다는 건 이제 증명되지 않았습니까."

43. 원로원은 이제 평화를 준비하고자 했지만, 함대를 맡은 집정관 그나이우스 렌툴루스가 거부권을 행사하며 끼어들었다. 이에 호민관 마니우스 아킬리우스와 퀸투스 미누키우스는 시민들 앞에 두 가지 문제를 제출했다. 하나는 원로원이 카르타고와의 평화를 결정하는 게 그들의 뜻이자 명령인지 묻는 것이었고, 다른 하나는 평화를

승인하고 아프리카에서 병력을 철수시킬 사람이 누구여야 하는지를
묻는 것이었다. 첫 번째 문제에 모든 부족은 평화에 동의했다. 두 번
째 문제에 모든 부족은 평화를 승인하고 병력을 조국으로 철수시킬
사람으로 스키피오를 선정했다. 그에 따라 원로원은 스키피오가 카
르타고 인과 평화를 체결하고, 조건은 그가 적합하다고 생각하는 바
를 원로원 의원 10명의 의견을 들어보고 합의하여 결정하라고 했다.
카르타고 사절들은 원로원에 감사를 표시하고, 이어 도시로 들어가
붙잡히고 감금된 동포 시민들을 만나 이야기를 나눌 수 있게 해달라
고 간청했다.

사절들은 포로 중 일부는 신분이 높은 사람이거나, 혹은 자신의 친
척이나 친구이거나, 혹은 친척을 통해 전할 말이 있는 사람이라고 했
다. 요청이 허락되자 그들은 특정 포로의 몸값을 지급할 테니 풀어주
면 안 되겠냐고 한 발짝 더 나아간 요청을 했다. 이런 요청을 하면서
그들은 200여 명 정도 되는 명단을 제출했다. 원로원은 열 명의 로마
사절에게 카르타고 인이 선정한 200명의 포로를 데리고 스키피오에
게 가게 했고, 평화 조건이 합의가 되면 몸값 없이 그들을 조국으로
돌려보내라고 지시했다.

이어 전령 사제들[30]은 원로원의 지시에 따라 평화 협정을 작성하러
아프리카로 향했고, 그들의 요청에 따라 다음과 같은 결정이 내려졌
다. 각 사제는 부싯돌 칼 한 개와 신성한 약초 한 다발을 가져간다. 로
마 사령관이 그들에게 협정을 체결하라고 지시할 때 그들은 공식적
으로 사령관에게 신성한 약초를 요구한다. 그 약초는 전통에 따라 카

---

30 평화를 기원하거나 전쟁을 선언하는 의식을 주관하는 사제들.

피톨리움 언덕 정상에서 채집하여 전령 사제들에게 건네질 것이다.

카르타고 인들은 그에 따라 물러갔고, 로마를 떠나 아프리카로 돌아가 스키피오 앞에 나타나 위에서 언급된 조건으로 평화 협정을 체결했다. 그들은 전함, 코끼리, 탈영병, 탈주 노예, 4천 명의 전쟁 포로를 로마에 넘겼는데, 이 포로들 중엔 원로원 의원 퀸투스 테렌티우스 쿨레오도 있었다. 스키피오는 전함들을 모두 바다로 끌어내 불태우라고 지시했다. 몇몇 역사가에 따르면, 온갖 부류의 노선들이 500척에 이르렀는데, 이런 대선단이 느닷없이 불타오르는 모습에 카르타고 인들은 마치 자기 도시가 불길에 휩싸인 것처럼 우울감에 빠졌다. 로마 군의 탈영병들은 탈주 노예보다 훨씬 가혹한 처분을 받았는데, 라틴 동맹 시민들은 참수되었고 로마 인들은 십자가형에 처해졌다.

44. 퀸투스 루타티우스와 아울루스 만리우스가 집정관인 해(기원전 241년)에 카르타고와 평화가 맺어지고 40년이 흘렀다. 전쟁은 평화 협정이 체결된 23년 뒤(기원전 218년)에 발발했는데, 당시 집정관은 푸블리우스 코르넬리우스와 티베리우스 셈프로니우스였다. 이 전쟁은 17년 차에 종결되었는데, 그나이우스 코르넬리우스와 푸블리우스 아일리우스가 집정관이던 해(기원전 201년)였다. 전설에 의하면, 훗날 스키피오는 먼저 티베리우스 클라우디우스의 명예욕과, 그 다음에 그나이우스 코르넬리우스의 명예욕으로 인해 카르타고를 완전히 파괴하면서 전쟁을 종결짓지 못했다고 자주 말했다 한다.

배상금의 첫 분납금을 모으는 일은 카르타고 인들에게 어려운 일이었다. 오랜 전쟁으로 자원이 고갈되었기 때문이었다. 원로원에서는 눈물을 흘리고 한탄하는 게 보편적 현상이었다. 어떤 이야기에 따르면 이런 분위기 속에서 한니발은 웃고 있었다고 했다. 그러자 하이

두스 성의 하스드루발은 시민들이 눈물을 흘리게 만든 원인이 되는 자가 시민들이 울고 있을 때 웃을 수 있냐고 비난했다. 그러자 한니발은 이렇게 대답했다.

"사람의 눈이 얼굴에 드러나는 표정을 볼 수 있는 것처럼 속마음을 볼 수 있다면 그대들은 그토록 비난하는 이 웃음이 행복한 마음에서 나오는 게 아니라 불행으로 이성을 잃은 마음에서 나온다는 걸 명백히 알 수 있을 것이오. 게다가 내 웃음은 그대들이 보이는 비이성적이고 부적절한 눈물보다 훨씬 더 온당하오. 울려면 무기를 빼앗기고, 배가 불타고, 해외 전쟁을 금지 당했을 때 울었어야 했소. 치명상을 입었던 때가 바로 그때였기 때문이오. 로마 인들이 그대들의 국내 평화에 관심을 둘 것 같소? 그렇게 믿어야 할 이유가 전혀 없소. 대국(大國)에서는 평화가 절대 오래 머무를 수 없소. 해외에 적이 없다면 국내에서 적을 찾을 것이오. 외부 감염에 면역된 강건한 몸이 자신의 힘으로 다치는 것과 같은 이치요. 사적 이득에 영향이 미쳤을 때만 공적 불행을 느낄 수 있다는 게 얼마나 맞는 말인지! 우리가 절박함을 느끼려면 돈을 잃어야 하는구려. 패배한 카르타고에서 전쟁 전리품을 빼앗기고, 조국이 아프리카의 수많은 무장 부족들 가운데에서 헐벗고 비무장 상태로 있는데 아무도 신음 소리 한 번 내지 않더니 오늘에 와서야 개인 재산에서 배상금을 내야 하니 조국의 장례식에 온 문상객처럼 행동하는구려. 오늘날 그대들의 눈에서 눈물이 나게 한 이 문제는 정말 아무것도 아니라는 걸 깨달을 날이 무척 빨리 찾아올 것이오. 난 그게 두렵소."

이것이 한니발이 동포들에게 남긴 말이었다.

스키피오는 휘하 병력을 집합시키고 마시니사에게 그의 아버지의 왕국에 더해 도시 키르타, 그리고 시팍스의 왕국에서 로마 인의 판도

안으로 들어온 나머지 도시들과 영토를 넘겨주었다. 그나이우스 옥타비우스는 함대를 시칠리아로 움직여 집정관인 그나이우스 코르넬리우스에게 넘기라는 지시를 받았다. 카르타고 사절들은 로마로 가라는 지시를 받았다. 참모 열 사람의 조언을 받아 행한 스키피오의 모든 조치들은 로마 원로원과 민회의 권한으로 확인받아야 했기 때문이었다.

45. 그렇게 하여 육지와 바다에서 평화가 확보되었다. 스키피오는 이어 휘하 병력을 수송선에 태우고 시칠리아의 릴리바이움으로 건너갔다. 그곳에서 그는 병력 대다수를 해로를 이용하여 고국으로 보냈고, 자신은 이탈리아의 내륙을 관통하여 로마로 올라갔다. 모든 곳에서 그는 사람들이 승리만큼 평화에 기뻐하는 걸 볼 수 있었다. 도시에선 그에게 경의를 표하고자 사람들이 쏟아져 나왔고, 길을 따라 움직일 때는 농부 무리들 때문에 그의 진군이 지체되었다. 마침내 그는 로마에 도착했고, 말을 타고 개선식을 하며 도시로 들어갔다. 이런 개선식은 전에 보지 못했던 것이었다. 그는 국고에 12만 3천 파운드의 은을 넣었고, 휘하 군인들에게는 각각 400아스를 나눠주었다. 알바에서 티부르로 옮겨진 시팍스는 최근에 사망했는데, 그렇다고 해서 스키피오의 개선식이 누리는 영광을 빼앗아가지는 못했다. 물론 그로 인해 개선식 일부에서 보여줄 수 있는 멋진 광경이 사라지긴 했다. 그렇다 하더라도 왕이었던 사람에게 부여된 국장 절차는 어느 정도 사람들의 관심을 끌었다. (반면에 결코 무시할 수 없는 역사가인 폴리비오스[31]는 시팍스가 개선식 때 앞장섰다는 기록을 남겼다.) 개선식 행렬에서

---

31 리비우스가 이 위대한 그리스 역사가를 실명으로 언급한 유일한 경우이다. 폴리비오스의 『역사』는 리비우스가 카르타고 전쟁에 대해서 기술할 때 중요한 전거였다.

스키피오의 뒤엔 노예에서 해방되어 자유인의 모자를 쓴 퀸투스 테렌티우스 쿨레오가 있었다. 스키피오가 그에게 자유를 돌려주었으니 그런 모자로 감사 표시를 한 것은 적절한 일이었다.

아프리카누스라는 성에 관해 나는 어떻게 그것이 통용되었는지 알 수가 없었다. 장군에게 헌신했던 휘하 장병들이 붙여줬을 수도 있고, 아니면 시민들이 붙여줬을 수도 있다. 아니면 우리 아버지 대에 술라가 '펠릭스'로, 폼페이우스가 '마그누스'로 불린 것과 마찬가지로 친한 친구들이 추켜세우는 과정에서 시작되었을 수도 있다. 분명한 건 정복한 민족의 이름으로 기려진 첫 번째 장군이 스키피오라는 것이다. 후대에 들어와 스키피오보다 훨씬 명성이 덜한 승리를 거둔 자들이 그를 선례로 삼아 가문을 묘사할 때 쓰일 명예로운 칭호를 얻고, 그 멋진 성을 후손에게 물려주기도 했다.

연대기

(다음의 연대기에서 제시된 연대는 리비우스 제3권에 제시된 것으로 모두 기원전의 연대이다.)

219   한니발이 스페인의 사군툼 도시를 포위 공격하여 제2차 포에니 전쟁의 포문을 열다.

218   한니발이 사군툼을 함락하고 로마에 대하여 선전 포고를 하다. 한니발이 이탈리아를 정벌하기 위해 뉴카르타고를 출발하다. P. 코르넬리우스 스키피오 (스키피오 아프리카누스의 아버지)가 스페인으로 가기 위해 마르세유에 도착했다가 동생 그나이우스 스키피오에게 예하 부대를 주어 스페인으로 가라고 지시하고 자신은 급거 이탈리아로 귀국하다. 한니발이 론 강을 건너고 알프스 산을 넘어오다. 티키누스 강에서 카르타고 군과 로마 군 사이에 전투가 벌어지고 이 때 코르넬리우스 스키피오가 크게 부상을 당했는데 아들 스키피오 아프리카누스가 구조했다. 카르타고가 이 전투에서 승리했다. 로마 군이 시칠리아와 몰타에서 승전했다. 트레비아 강에서 카르타고 군과 로마 군 사이에 전투가 벌어져서 로마 군이 패배했다. 한니발이 이탈리아 북부의 아펜니노 산맥을 넘어서 중부를 향해 진군했다. 로마 군은 스페인에서 승리를 거두었다.

217   로마에서 집정관 선거가 열렸다. 전쟁 기간 동안(219년에서 201년까지) 단 한 번도 거르지 않고 국가 고위 행정관들의 선거가 열렸다. 한니발이 아르노 강을 건넜고 트라시메네 호수에서 로마 군과 교전하여 승리하다. 파비우스 막시무스가 독재관으로 임명되고 사마관에는 미누키우스가 선임되었다. 이때 독

재관은 연전연승하는 한니발을 상대로 야전에서의 회전은 승산이 없고 게릴라전을 벌여야 한다고 판단하여 일부러 전쟁을 지연시키는 전략을 구사하여 쿤크타토르("지연하는 사람")라는 별명을 얻었다. 하지만 개전 초기에 쿤크타토르의 지연술 덕분에 로마는 군대를 재정비하고 동맹을 단속하여 한니발에게 반격할 수 있는 기반을 마련했다. 사마관 미누키우스가 소규모 접전에서 한니발 부대에 승리를 거두자 우쭐해져서 원로원에게 집정관과 똑같은 병력 지휘권을 요구하여 승인을 받았다. 그러나 그 후 미누키우스는 패전하고서 자신의 잘못을 깨닫고 파비우스의 충실한 부하 장교가 되었다.

216 로마의 한결 같은 동맹인 시라쿠사의 히에로가 전쟁에 보태 쓰라고 선물을 보내오다. 한니발이 칸나이 전투에서 로마 군을 상대로 대승을 거두었다. 칸나이에서 로마 군은 두 집정관 바로와 파울루스의 불화로 제대로 대응을 하지 못했다. 파울루스는 전사하고 바로는 도망쳐서 목숨을 건졌다. 한니발이 로마 군 포로 대표 10명을 원로원에 보내 포로를 풀어주는 몸값을 요구했으나 원로원은 거절하다. 한니발이 카푸아를 함락시켰다. 한니발이 놀라에서 격퇴당하고 카실리눔을 포위 공격하다. 한니발의 동생 하스드루발이 증원 부대를 이끌고 이탈리아로 건너가려 했으나 스키피오 형제에 의해 저지되다.

215 어느 쪽이 이기는지 전쟁의 진행을 관찰하던 마케도니아가 카르타고와 동맹을 맺다. 마르켈루스가 놀라에서 한니발을 상대로 승리를 거두다. 스페인에서 로마 군이 계속 승리를 거두다. 크로톤이 한니발에게 함락되다. 시라쿠사에서 히에로 사망 이후에 손자 히에로니무스가 로마와의 동맹에서 이탈하여 카르타고 편에 붙으려 하다.

214 그라쿠스가 베네벤툼을 수복하고, 파비우스와 마르켈루스가 카실리눔을 수복하다. 시라쿠사에서 히에로니무스 왕을 제거하려는 음모가 벌어지다. 마르켈루스가 시칠리아로 건너가서 로마 군이 시라쿠사를 공격하다. 로마 군이 아폴로니아에 진주하여 제1차 마케도니아 전쟁이 벌어지다. 로마 군이 스페인에서 사군툼을 다시 회복하다.

213 아르피를 다시 수복하다. 스페인의 로마 군이 누미디아의 시팍스 왕에 접근하다.

212 한니발이 타렌툼으로 들어가다. 그라쿠스가 적의 기만술에 속아서 전사하다. 풀비우스가 아풀리아에서 한니발에게 패배하다. 로마 군이 카푸아를 수복하기 위해 포위 공격을 시작하다. 마르켈루스가 카르타고 주둔군과 합세하여 로마에 저항하던 시라쿠사를 함락하다. 시라쿠사에 전염병이 나돌았고 로마 군의 포위공격을 수학에 바탕을 둔 뛰어난 방어술로 저지하던 아르키메데스가 로마 군에게 살해되다. 스페인에서 스키피오 형제가 휘하 부대를 둘로 나누어 별도의 작전을 펴다가 고립되어 하스드루발 부대에게 패배하고 형제가 한 달 간격으로 둘 다 전사하다. 그러나 기사 계급의 루키우스 마르키우스가 남은 로마 군 병력을 지휘하여 스페인 주둔 로마 군의 괴멸을 막았다. 마르켈루스가 아그리겐툼에서 승리를 거두다.

211 한니발이 로마 군의 카푸아 포위 작전을 풀기 위하여 카푸아로 진군하다. 한니발이 포위 작전을 풀지 못하자 로마로 진군하다. 마침내 카푸아가 로마 군에게 함락되다. 하스드루발이 스페인에서 네로의 로마 군을 피하여 도망치다. 스페인 전역은 두 스키피오 장군(스키피오 아프리카누스의 아버지와 숙부)이 전사한 후 아무도 스페인에 사령관으로 가려고 하지 않았는데 이때 아들 스키피오가 자원하여 스페인 로마 군의 사령관이 되다.

210 로마, 아이톨리아 동맹, 페르가몬, 3자 사이에 동맹이 맺어지다. 로마에서 큰 불이 나다. 시칠리아와 카푸아에서 로마 원로원에 사절을 보내 로마 동맹에서 이탈한 데 대하여 관대한 처분을 호소하다. 타렌툼에서 해전이 벌어지다. 라이비누스가 아그리겐툼을 점령하다. 스키피오가 뉴카르타고를 점령하고, 포로로 사로잡힌 아름다운 처녀를 약혼자에게 돌려주다. 시팍스가 보낸 사절이 로마에 도착하다. 로마 군이 아프리카 해안을 습격하다.

209 12개 라틴 식민 도시가 로마를 배신하고 카르타고 편에 붙다. 파비우스가 타렌툼을 수복했고 스키피오가 바이쿨라에서 승리하다.

208   마르켈루스가 적의 매복 작전에 걸려서 전사하다. 마케도니아의 필리포스 5세가 그리스 문제에 개입하다.

207   하스드루발이 증원 부대를 이끌고 알프스 산을 넘어와 이탈리아 북부의 플라켄티아를 상대로 포위 작전을 펼치다가 포기하다. 한니발이 그루멘툼에서 패배하고 하스드루발이 한니발에게 보낸 편지가 중간에 로마 군에 의해 탈취되다. 이 편지로 하스드루발의 작전을 파악한 네로가 이탈리아 북부로 급히 진격했고 인근의 리비우스 부대도 함께 공격에 가담하여 하스드루발 부대를 메타우루스 강변에서 괴멸시키다. 하스드루발이 이 전투에서 전사하다.

206   스페인의 스키피오가 일리파에서 승리를 거두다. 누미디아의 부족 왕 마시니사가 로마의 동맹이 되다. 로마 군이 스페인에서 카르타고 군대를 완전히 몰아내다. 스키피오가 시팍스 왕의 권유로 아프리카로 건너가 하스드루발을 만나다. 스키피오가 병석에 누워 있는 중에 스페인 주둔 로마 군 일부 부대에서 반란이 일어나다. 스페인 현지 부족장인 만도니우스와 인디빌리스가 로마를 상대로 반란을 일으켰으나 곧 로마 군에 의해 진압되다. 스키피오가 마시니사를 직접 만나 동맹의 의지를 확인하다. 스키피오가 스페인에서의 성공을 보고하기 위해 로마로 귀국하여 원로원에 출석하여, 아프리카 침공 계획을 승인해줄 것을 요청하다.

205   파비우스가 스키피오의 침공 계획에 반대하고 오히려 이탈리아 내에서 한니발을 상대로 싸우는 것이 더 중요하다고 반론을 펴다. 스키피오는 아프리카를 침공하면 자연히 한니발이 카르타고로 귀국할 수밖에 없을 것이라는 답변을 하다. 스키피오는 집정관이 되어 시칠리아를 임지로 배정받는데 시칠리아의 릴리바이움 항구에서 카르타고까지는 기상 상황에 따라 2-3일이면 건너갈 수 있는 거리이므로 휘하 병력으로 침공할 수 있는 권한을 부여받다. 한니발의 막내 동생 마고가 증원 부대를 이끌고 와서 제노바를 공격하다. 스키피오가 시칠리아에서 신병을 모병하다. 스키피오 부대의 부사령관 라일리우스가 아프리카 해안을 습격하다. 스키피오가 로크리 도시를 수복했고, 로

크리 주둔군 부대장으로 임명한 휘하 장교 플레미니우스가 잔인한 짓을 저질러 스키피오가 난처한 입장에 처하다. 로마가 페르가몬에 사절단을 파견하다.

204 그리스 내에 전반적인 평화가 찾아오다. 키벨레 여신상을 로마로 가져오다. 플레미니우스의 학정을 이기지 못한 로크리 주민이 원로원에 사절을 파견하여 참상을 해결해 달라고 호소하다. 플레미니우스가 로마로 압송되어 투옥되는 것으로 로크리 문제가 해결되다. 누미디아의 왕 시팍스가 기스고의 하스드루발(전사한 하스드루발과 동명이인)의 딸 소포니스바와 결혼하는 바람에 카르타고 편에 붙다. 스키피오가 부대를 이끌고 아프리카를 침공하다. 마시니사가 휘하 기병대를 이끌고 스키피오 부대에 합류하다. 한니발이 이탈리아 남부의 크로톤 근처에서 패배하다. 로마에서 인구 조사가 실시되어 총 인구 수가 21만 4천명으로 집계되다.

203 시팍스가 대평원에서 로마 군과 접전하여 패배하고 후퇴하다. 그 후 이어진 전투에서 시팍스가 또다시 패배하여 로마 군에게 포로로 잡히다. 마시니사가 시팍스 왕국의 수도인 키르타에 입성하여 시팍스의 아내 소포니스바를 보고서 매혹당하여 만난 당일로 결혼하다. 스키피오가 마시니사에게 작은 문제(여자)로 큰 문제(마시니사 왕국의 회복)를 그르쳐서는 안 된다고 조언하여 마시니사는 결혼 당일로 소포니스바에게 독약을 내려 죽게 하다. 카르타고 사절이 스키피오를 찾아와 강화 조약을 애원하여 일단 양측이 휴전을 맺다. 마고가 북부 이탈리아에서 패전하여 심한 부상을 입고 해로로 귀국하던 중에 사망하다. 스키피오에게 카르타고가 점령될 것을 두려워한 카르타고 정부가 한니발을 고국으로 소환하다. 카르타고는 귀국한 한니발을 믿고 휴전 협정을 무시하다. 스키피오의 라이벌인 쿤크타토르 파비우스가 사망하다.

202 한니발이 자마로 진군하다. 한니발이 스키피오를 만나 강화 협상을 요청했으나 서로 조건이 맞지 않아 협상이 깨어지다. 자마 전투가 벌어져서 한니발이 스키피오에게 패배하다. 로마에서는 카르타고의 완전 파괴를 촉구했으나 스키피오는 훌륭한 방어 시설과 자원을 갖춘 도시를 포위하여 공격하는 것

은 오랜 시간이 걸리는데다 자신이 노력하고 위험을 감수하면서 사실상 끝낸 전쟁의 영광을 자신의 후임자가 가져가고, 승리의 보상도 그가 챙길 것이라는 예감이 들어서 카르타고와의 강화를 받아들이는 쪽으로 결정하다. 스키피오는 카르타고가 보낸 강화 사절단을 맞아들이다. 카르타고 원로원에서 강화 조건이 논의되다.

201   마케도니아와 카르타고의 사절단이 로마 원로원을 찾아오다. 스키피오의 로마 개선식이 거행되다.

작품 해설

이종인

저작의 배경

기존에 출간된 리비우스 『로마사』 1권과 2권에 뒤이어 한니발과 로마의 전쟁을 다룬 제3권(리비우스 로마사의 21-30권)을 펴내게 되었다. 리비우스 로마사의 11-20권은 인멸되어 전하지 않으므로 제1차 포에니 전쟁의 얘기가 생략되고 곧바로 제2차 포에니 전쟁, 즉 한니발과 스키피오의 대결을 다룬 21-30권으로 건너뛰게 되는데 이 한니발 전쟁이 곧 제3권에 해당한다. 이 전쟁의 연대는 기원전 218년에서 기원전 201년까지 17년간이다.

이 해제는 제2차 포에니 전쟁의 관련 정보들을 제시하고 이어서 작품 해설을 마련한다. 먼저 이 전쟁을 다룬 리비우스 로마사와 양대 산맥을 이루는 폴리비오스의 『역사』와 그의 역사관을 설명한다. 이렇게 하는 것은 폴리비오스와 리비우스의 상호 비교가 이 전쟁과 관련 시대를 이해하는데 있어서 필수이기 때문이다.

이어 사전 배경이 되는 제1차 포에니 전쟁의 발발 원인과 경과 그리고 그 후유증 등을 서술한다. 그 다음에는 3권에서 본격적으로 다루어지는 제2차 포에니 전쟁의 개요를 간략히 설명한다. 이어 로마 군대의 편제와 지휘체계, 그리고 고대 전투의 양상을 살펴본다. 이처럼 저작의 배경을 파악한 후에, 작품 해설에 들어가는데 해설은 두 주인공인 한니발과 스키피오를 상호 비교하고, 여자의 작용, 한니발의 선택, 초자연적 현상과 운명을 다루고, 뒤이어서 가족 로망스와 공화국의 굳건한 정치 체제 순으로 기술된다. 그리고 마지막으로 3권과 함께 나오게 될 제4권(원서 31-45권:완결편)의 개요를 설명한다.

1. 폴리비오스와 그의 『역사』

리비우스는 『로마사』 제3권의 맨 마지막 부분(30.45)에서 폴리비오스를 가리켜 "결코 무시할 수 없는 역사가"라는 말을 하고 있다. 리비우스가 이 그리스 역사가를 책 속에서 언급한 것은 딱 한 번뿐이지만, 그가 포에니 전쟁의 역사를 기술하는 과정에서 폴리비오스는 아주 중요한 출전이었다는 것을 제3권의 곳곳에서 느낄 수 있다. 실제로 옮긴이는 폴리비오스의 『역사』를 번역 과정에서 많이 참조했으며, 두 역사가의 서술이 차이 나는 부분에 대해서는 각주를 마련하여 관련 정보를 제공했다. 그런 만큼 폴리비오스에 대해서 사전 정보를 알고 있는 것이 중요하다.

폴리비오스는 기원전 200년 경에 태어나 기원전 118년에 사망한 그리스 인 역사가로서, 리비우스보다 약 140년 먼저 태어났다. 그는 아르카디아(그리스)의 메겔로폴리스에서 리코르타스의 아들로 태어났다. 아버지는 아카이아 동맹의 저명한 구성원이었고 그 동맹의 장군인 필로포이멘의 친지였다. 폴리비오스는 기원전 182년 이 장군의 유해를 안고 장례식에 참석하는 영예를 얻었다. 181년에는 아버지와 함께 이집트로 파견될 사절로 뽑혔으나 이집트의 왕이 갑자기 사망하는 바람에 여행이 취소되었다. 169년에 아카이아 동맹의 기병 사령관으로 임명되었다. 168년 로마가 마케도니아를 정복하면서 정치

적 숙청이 벌어졌고 폴리비오스는 사상 검증을 위해 로마로 보내어진 1천명의 아카이아 인들 속에 포함되었다. 로마에서는 고소나 재판을 받는 일 없이 15년을 보냈다.

　그는 다행스럽게도 아이밀리우스 파울루스의 두 아들을 가르치는 가정교사가 되었는데 이 아들 중 하나가 후일 스키피오 가에 입양되어 스키피오 아프리카누스의 손자(小 스키피오)가 되었다. 그 후 폴리비오스는 147-146년에 소 스키피오의 3차 포에니 전쟁에 따라 나서서 카르타고가 완전히 파괴되는 것을 직접 목격했다. 146년에 로마와 아카이아 동맹 사이에 전쟁이 터졌고 로마 사령관 무미우스는 일벌백계로 코린토스를 완전히 파괴했다. 이 때 폴리비오스는 로마와 그리스 양쪽에서 중간 연락책을 잘 담당하여 양쪽으로부터 칭찬을 들었다.

　폴리비오스는 기원전 151년 소 스키피오를 따라 스페인을 거쳐서 북 아프리카로 갔는데 이때 90세 고령의 마시니사를 직접 만나 대화를 나누면서 한니발과 직접 교전한 경험이 있는 마시니사로부터 카르타고에 대하여 많은 정보를 얻었다. 그의 생애 후반 20년은 알려진 것이 없는데 아마도 『역사』를 집필하면서 보냈을 것으로 보인다. 그는 82세의 고령에 말에서 떨어져 사망했다는 얘기가 전해진다.

　폴리비오스의 『역사』(Historiae)는 제1차 포에니 전쟁(기원전 264년)에서 로마가 카르타고와 코린토스를 완전히 파괴한 시기(기원전 146년)에 이르는 로마의 위대한 역사를 기록한 역사서이다. 그의 책이 다루고 있는 시기는 리비우스의 로마사 제3권과 4권이 다루고 있는 시기와 정확히 일치한다. 총 40권으로 구성되었으나 그 중에서 첫 1-5권만 완전하게 전해지고 나머지 권들은 상당히 남아 있는 채로 혹은 파편적인 상태로 전해진다. 폴리비오스는 정치가들에게 좋은 교훈을 주고, 운명의 무상함을 구체적 사례를 통해 보여줌으로써 독자들에게 운명을 견뎌내는 힘을 주는 등, 실용적인 목적을 위해 이 책을 썼다고 밝혔다. 그래서 자신의 역사서를 가리켜 실용적 역사(pragmatike historia)라고 말하기까지 했다. 그의 역사서는 보편적 역사를 지향함으로써 역사 기술(記述)의 새로운 지평을 열었다. 그는 자신이 전달하고자 하는 다양하고 폭넓은 진실들을 제시하고자 했으며, 특히 좋은 운명이 로마의 부상(浮上)에 큰 역할을 했다고 주장했다. 운명을 그리스어로는 티케(Tyche)라고 하는데, 폴리비오스는 티케를 두 가지로 나누어 우연한 운명과 필연적 운명을 거론한다. 가령 지휘관의 친구들의 조언과 그가 처한 환경이 우연한 운명이라면, 장군의 성품이나 가족 로망스(작품 해설 중 "가족 로망스" 참조) 등은 필연적인 운명이라는 것이다.

폴리비오스의 운명 사상은 리비우스에게 영향을 미쳤고, 리비우스의 사상은 다시 마키아벨리에게 영향을 미쳤다. 마키아벨리는 운명을 가리켜 포르투나라고 하는데 이렇게 말했다. "포르투나는 여자이기 때문에 그녀를 제압하려고 한다면 반드시 그녀를 때리고 괴롭혀야 한다. 포르투나는 자신에게 부드럽게 접근하는 남자보다 이런 난폭한 기질의 남자에게 더 자주 굴복한다."

그런데 폴리비오스는 로마가 세계의 주인으로 부상한 것은 우연한 운명보다는 필연적 운명이 작용하여 그렇게 되었다고 보았다. 로마가 상대 국가들의 부실한 국가 운영이라는 우연한 운명에 의존한 것도 있지만, 로마 스스로가 탁월한 능력을 발휘함으로써 자신의 좋은 운명을 만들어냈다는 것이다.

폴리비오스는 정치 체제에 대해서는 순환이론을 주장했다. 그는 당시 그리스 사회에 널리 퍼져 있던 이론, 즉 군주제, 귀족제, 민주제가 적절히 혼합되어 있을 때 가장 훌륭한 국가 체제가 형성된다는 관점에 입각하여 로마의 국제(國制)를 분석했다. 폴리비오스는 『역사』 제6권에서 한니발 전쟁 당시에 존재했던 로마의 국제가 바로 이 3체제가 잘 혼합되어 있는 강건한 구조라고 진단했다. 그는 또 군주제, 귀족제, 민주제가 각각의 부패한 형태인 참주제, 과두제, 중우제로 바뀌면서 체제가 순환한다고 보았고 그 순환을 가리켜 아나키클로시스(anacyclosis)라고 명명했다. 폴리비오스는 정치 발전의 자연스러운 패턴이 이런 사이클을 따라간다고 보았다.

군주제는 원시사회에서 가장 먼저 생겨난 형태인데, 군주가 도덕과 정의를 강력히 추진하면 그 체제는 진정한 왕권 제도를 확립하지만 그렇지만 못할 경우 군주제는 참주제로 변질하게 된다. 이 경우 사회 내의 진정한 지도자들이 참주를 쫓아내고 그들 스스로 집단 지도 체제를 형성함으로써 귀족제가 정립된다. 하지만 이 귀족제도 곧 부패하여 과두제로 전락한다. 이런 일이 벌어지면 평민이 합심하여 과두들을 몰아내고 민주제를 수립하지만 이 제도 또한 중우제(mob rule)로 변질하여 완전히 혼란으로 빠져든다. 바로 이 순간에 새로운 군주가 나타나 사회의 혼란을 불식하고 군주제를 정립함으로써 정치 발전은 위와 같은 사이클의 과정을 되풀이하게 된다.

폴리비오스는 로마 공화국이 정치 체제의 3대 요소를 잘 조화시킴으로써 이런 부패와 혼란의 사이클을 피하고 굳건한 정치 체제를 확립할 수 있다고 보았다. 가령 로마 공화국의 두 집정관은 왕의 요소를, 원로원은 귀족제, 민회는 민주제의 요소를 갖추었는데, 이 세 요소가 적절히 혼합되어 단일 국제의 정치적 불안정을 견제하고 3자간에 절묘한 균형을 이룸으로써 로마 특유의 정치적 체제가 생겨났다는 것이다. 폴리비오스의 이러한 정치사상은 후대의 키케로, 마키아벨리, 몽테스키외 그리고 미국 헌법의 아버지들에게 커다란 영향을 미쳤다. 그러나 지금껏 리비우스 로마사 1-3권을 읽어온 독자라면 이와는 약간 다른 의견을 갖게 될지도 모른다. 왜냐하면 이 시대의 로마 사회가 발전해 온 것은 3체제 사이의 견제와 균형에 의존한 측면도 있지만, 귀족 계급에 소속된 탁월한 지도자들을 중심으로 평민이 그에 호응하는 형태로 로마 사회가 발전해 왔기 때문이다. 그리고 실제로 아우구스투스라는 걸출한 정치 지도자가 탄생하면서 로마는 3체제가 아니라 군주제로 정치 체제가 단일화되었다. 그렇기 때문에 아우구스투스 시대에서 불과 50년 정도 떨어진 시대에 활약했던 타키투스 같은 로마 역사가는 폴리비오스의 정치 이론을 현실과 맞지 않는 탁상공론이라고 비웃었다. 그러나 폴리비오스의 시대로부터 오랜 세월이 지난 지금 소수의 국가들을 제외하고 군주제는 채택되지 않고 있다.

폴리비오스는 실용적 역사서를 쓰려고 하는 사람의 자질을 다음 다섯 가지로 제시했다.

1) 역사가는 남들의 저서를 연구해야 하고, 그가 집필하려는 나라에 대해서 잘 알아야 하며, 그 나라의 정치적·군사적 생활에 대해서 개인적인 경험이 있어야 한다.

2) 역사가는 무엇보다도 행동하는 사람이어야 한다.

3) 역사가가 다루는 역사는 현재 살아 있는 사람들에 의해 회상될 수 있어야 한다. 따라서 사건 목격자에 대한 인터뷰가 무엇보다도 중요하다.

4) 역사가는 진실에 대한 열정을 가지고 있어야 한다. 폴리비오스는 이런 말을 했다. "그럴 듯한 사건이든 그럴듯하지 않은 사건이든 이유 없이 벌어지는 사건은 없다." 따라서 진실을 알아내려 하는 역

사가는 철저하게 그 원인을 파고들어야 한다.

5) 역사가의 문장은 수식이 없는 간명한 것이어야 한다.

그러나 이 마지막 5)의 주장에 대하여 할리카르나소스의 디오니시오스는 폴리비오스의 문장은 너무 무미건조하여 그의 책은 끝까지 읽어낼 수가 없다고 비판했다. 사실 유려하고 아름다운 리비우스의 문장과 비교해 보면 이런 비판이 수긍되는 점이 있으나 폴리비오스의 책은 정확한 정보를 많이 담고 있으므로, 두 역사가를 교차 참조하면 포에니 전쟁의 양상을 좀 더 종합적으로 파악할 수 있다.

2. 제1차 포에니 전쟁

포에니(punici)는 카르타고를 가리키는 로마식 명칭이다. 로마가 이탈리아 반도의 통일에 매진하는 동안에, 북아프리카의 도시 국가 카르타고와 전쟁을 벌일 아무런 이유가 없었다. 카르타고는 본질적으로 상업도시였다. 부의 획득만이 시민들의 지배적 관심사였으므로 전쟁에는 별로 관심이 없었다. 그리하여 두 나라는 상호간의 세력권을 존중하는 동맹 관계를 유지했다. 그러나 로마가 이탈리아를 통일하고 직접 지중해로 진출하게 되자, 두 강대국 사이의 충돌은 시간의 문제일 뿐이었다. 그리스의 피로스 왕이 이탈리아 남부의 그리스 도시들에서 손 떼고 퇴각하면서, "나는 이제 로마 인과 카르타고 인에게 엄청난 전쟁터를 남겨놓고 가는구나!" 하고 말했는데, 정말 그대로 되고 말았다.

카르타고는 기원전 9세기 말(기원전 814년)에 지금의 튀니스 부근에 건설된 페니키아의 식민시로서, 농업과 특히 해상 무역으로 급속하게 발전했다. 그들의 판도는 북부 아프리카의 해안지대, 시칠리아 서부, 코르시카, 사르데냐, 그리고 이베리아 반도(스페인)의 동남 해안지대 등 광범위했고, 서부 지중해의 패권을 장악했다. 이 도시는 해상 무역의 최적지였고 배후의 내륙에는 비옥한 농지가 많았다. 카르타고 인들은 이어 이탈리아 반도 남단의 시칠리아 섬까지 활동 무대를 넓혔다. 카르타고는 수 세기에 걸쳐 해상 무역을 해 왔으므로 당연히 해군력이 그 당시 최고 수준이었다.

카르타고 군대는 정규군 없이 외국인 용병과 노예로 구성되어 있었고 고위 지휘관들만 카르타고 인이 직접 맡았다. 이들 외국 용병은 용감한 병사였으나 애국심이 결여되어 있었으므로 급여나 근무 환경이 열악하면 집단 반란을 일으키거나 탈영을 했다. 용병은 전쟁 시에만 모병이 되었으며 소임을 다하는 날에는 제대되었다. 반면에 이 무렵 로마 인들은 전함이나 해군의 조직이나 전술에 대해서는 무지했다.

카르타고의 정치체제는 로마와 유사하여 2명의 최고 집정관, 귀족적인 평의회, 그리고 민회로 구성되어 있었다. 그러나 정복지역이나 동맹을 다스리는 방식에서 로마와는 크게 달랐다. 로마는 자유로운 동맹들의 지도자로서 동맹들에게 유사시 군대를 지원해줄 것을 요구하기는 했으나, 굴욕스러운 조공(세금)을 바치라고 하지는 않았다. 반면에 카르타고는 페니키아 식민지들과 아프리카의 유목민 부족들로부터 병사들을 강제 징발했을 뿐만 아니라 식민지에서는 연간 고정된 세금을 거두어들였고, 부족들로부터는 연간 수확량 중 25~50퍼센트에 달하는 수확을 세금 명목으로 거두어갔다. 이런 세수 덕분에 카르타고는 로마에 비하여 대규모 해군 선단을 건조할 수 있었고 실제로 당시 지중해 세계에서 최고의 해군력을 유지했다. 이에 비해 로마는 그 시민들을 대상으로 인두세만 거두어들였다.

자금력의 측면에서 보면 카르타고가 분명 로마보다 우위에 있었으나 병력의 측면에서는 반드시 그런 것도 아니었다. 정복지역의 사람들이 제공한 군대는 카르타고에 대한 악감정을 품고 있었기 때문에 막상 전투가 개시되면 그리 적극적으로 싸우지 않았다. 게다가 카르타고가 동원한 용병들은 이겨봐야 아무런 소득도 안 나오는 로마 군단과의 전투는 기피하면서, 약탈하여 전리품이 많이 나오는 스페인의 도시나 여타 도시를 공격할 때 오히려 효율적인 전투력을 발휘했다. 요약해서 말하자면, 제1차 포에니 전쟁(기원전 264-241)은 자율적 동맹들의 연합체인 로마와 외국인 용병대를 동원하여 싸우는 부강한 카르타고 사이의 군사력 경쟁이었다.

전쟁의 발단은 메사나라는 시칠리아의 북동부 항구 도시를 누가 장악할 것인가 하는 문제였다. 메사나는 두 강대국이 지배하는 권력 판도의 가장자리에 있었기 때문에 로마의 야망과 카르타고의 공포가 서로 충돌하는 곳이었다. 기원전 264년 카르타고 인들이 메사나를 일시 점령하면서 양국 사이에 긴장관계가 조성되었다. 로마는 그 당시 이탈리아 남부의 그리스 도시들과 동맹 관계에 있었는데, 만약 카르타고가 시칠리아를 장악하고 더 나아가 이탈리아 남부와 시칠리아 섬을 서로 연결하는 메사나 해협을 통제한다면, 로마의 무역과 안보는 심각한 위협을 받게 되었다. 그래서 메사나를 통치해온 마메르틴 부족이 로마에 도움을 요청해 오자, 로마 원로원은 카르타고와 전쟁 가능성 때문에 망설였으나, 로마 민회는 동맹이라면 무조건 지원해야 한다면서 메사나에 파병하기로 결정을 내렸다. 그리하여 아피우스 클라우디우스가 로마 군을 이끌고 시칠리아로 건너가면서 카르타고에 전쟁이 선포되었다.

로마와 카르타고의 양군은 시칠리아 섬의 중요 도시들을 먼저 장악하기 위해 서둘러 원정 부대를 파견했다. 제1차 포에니 전쟁 중, 로마 장군 발레리우스는 카르타고 인과 히에로를 상대로 메사나에서 승리를 거둔 공로를 인정받아 "메살라"라는 별명을 얻었다. 이처럼 어쩔 수 없이 전쟁에 돌입했지만, 로마와 카르타고의 전쟁 동기는 좀 달랐다. 로마는 동맹을 방어한다는 수동적 제국주의의 입장이었으나, 카르타고는 무역의 이익을 더 중시하는 능동적 제국주의의 정책을 취했다.

　로마는 이 전쟁에서 비로소 해군의 필요성을 절감했다. 노련한 해상 국가를 상대로 해전을 치러야 했기 때문에 로마 인은 허겁지겁 아무것도 없는 상태에서 대 함대를 건조하여 막강한 육군과 더불어 해군력도 갖추게 되었다. 특히 지중해는 바람이 거의 불지 않아서, 돛에 의존하여 속도를 얻기는 어려운 바다였다. 해전에서 속도전을 수행하려면 범선으로는 안 되고 노선을 준비해야 되었고, 그리하여 노를 여러 단으로 설치하여 지속적으로 저을 수 있는 3단 노선이나 5단 노선이 필요했다. 로마 인들은 새로 건조한 전함의 선수 끝에다 기다란 대못이 박힌 충각을 설치하는 기술적 이노베이션을 통하여 해전의 획기적 무기를 확보했다. 로마 인은 날카로운 부리 때문에 갈가마귀라는 이름이 붙은 충각(衝角)을 감추고서 적선을 유인한 다음 그 충각으로 적선의 갑판을 들이받아 관통시켰다. 그러면 로마의 병사들은 충각을 하나의 통로로 삼아 적선으로 건너가 그들의 주특기인 백병전을 치렀다.

　제1차 포에니 전쟁은 시칠리아 섬의 쟁탈전이었으며, 25년이 걸리기는 했으나 결국 로마가 승리를 거두었다. 시칠리아 섬의 획득은 로마가 지중해 세계를 통합하여 대제국으로 팽창해 나가는 첫 걸음이 되었다. 로마는 새로 획득한 시칠리아를 동맹으로 취급하지 않고 속주로 만들고서(기원전 227년), 이 섬에서 나오는 생산물의 10분의 1을 세금으로 징수했다. 해외의 세금에 재미를 붙인 로마 인들은 기원전 238년 인근의 두 섬인 사르데냐와 코르시카도 카르타고 인으로부터 빼앗았다. 기원전 227년 로마 인들은 시칠리아를 공식적으로 첫 번째 해외 속주로, 그리고 사르데냐와 코르시카를 두 번째 속주로 지정하고 세금을 거두었다. 이처럼 속주에서 세금을 거두어들이는 방식은 로마가 카르타고로부터 배운 악습으로, 그 후 제국의 조직을 확대해 나가는 기본적인 틀이 되었다.

반면에 카르타고는 종전 후에 로마에게 엄청난 보상 조치를 약속해야 되었는데, 대강 이런 조건이었다: 카르타고 인은 시칠리아 섬에서 완전히 철수한다. 카르타고는 시라쿠사의 왕 히에로에게 전쟁을 걸지 않는다. 카르타고는 모든 포로들을 아무런 몸값도 받지 않고 내준다. 카르타고는 20년에 걸쳐서 2천2백 유에보이아 은(銀) 탈렌트를 전쟁 배상금으로 지불한다.

이 항복 조건이 비준을 받기 위해 로마 민회에 제출되었을 때, 민회는 여기에 동의하지 않고 조사위원회를 현지에 파견하여 상황을 파악한 후에 항복 조건을 더욱 까다롭게 만들었다. 그 구체적 내용은, 전쟁 배상금의 지불 시기를 20년에서 10년으로 줄이고, 2천 2백 탈렌트에 1천 탈렌트를 추가하여 총 3천 2백 탈렌트로 인상하고, 카르타고 인이 시칠리아와 이탈리아 사이에 있는 모든 섬들에서 철수해야 한다는 것이었다.

카르타고 인은 그 수정안을 받아들였다. 그들은 그 후 스페인 지역으로 시선을 돌려서 그곳에서 부를 형성하면서 기원전 237-219년 사이에 그 지역을 장악했다. 이 기간 동안 항복 문서에 서명을 했던 카르타고 장군 하밀카르는 패전의 수모와 로마의 수탈을 결코 잊지 않고 반드시 로마에 복수할 것을 다짐했으며, 그의 아들 한니발 대에 이르러 제2차 포에니 전쟁으로 나타났다.

3. 제2차 포에니 전쟁

전쟁의 발단은 카르타고의 한니발이 스페인의 로마 동맹시인 사군툼을 포위 공격한 것이었다. 그 전에 그러니까 제1차 포에니 전쟁 이후, 로마 인들은 동부 스페인의 공동체들과 동맹을 맺었는데 그곳에 진출한 카르타고의 세력을 봉쇄하기 위해서였다. 로마는 기원전 226년 에브로 강 이남의 지역(카르타고가 지배하는 지역)은 간섭하지 않겠다고 맹세했으나 곧 그것을 위반했다. 당연히 카르타고는 로마의 이런 움직임에 반발했다. 카르타고 인들은 스페인의 광업과 농업 자원에 투자한 자국의 중요한 상업적 이해사항들을 잃어버리는 것이 아닌가 크게 우려했다.

　로마 원로원은 그 전의 맹세는 무시해 버리고 카르타고를 물리쳐 달라는 사군툼의 호소에 호의적으로 반응했다. 맹세 위반이라는 국제적 신의에 대한 우려도 있었지만 카르타고는 어차피 인간적 도덕성이 결여된 야만인이므로 그런 맹세는 지킬 필요가 없다는 게 로마의 일방적 판단이었다. 로마 인들은 이렇게 하여 사군툼을 그들의 동맹 시로 만들어 버렸다. 당연히 카르타고의 반발이 거셌고 그리하여 한니발은 군대를 이끌고 사군툼 포위 공격에 나섰다. 이때 로마는 카르타고에게 사군툼 포위작전을 풀고 철수하라고 요구했지만 한니발을 거절했고 8개월의 공성전 끝에 기원전 219년에 사군툼을 함락시켰다. 로마는 공성전 중에 사군툼을 돕기 위한 노력을 하지는 않았지만 도시가 함락되자 218년 봄 카르타고에 사절을 보내 한니발과 그 부하들을 범죄자로 인도하라고 요구했다. 카르타고는 거절했고 그리하여 공식적으로 두 국가 사이에 전쟁이 선포되었다.

이 두 번째 장기전(기원전 218-기원전 201)은 첫 번째보다 더 큰 부담을 로마 인들에게 안겼다. 그러나 로마의 원로원은 지난번에 이미 카르타고를 한 번 이긴 바 있었으므로, 이번에도 승리를 거둘 수 있다고 판단했다. 하지만 로마는 이 때 한 가지 중요한 변수를 미리 감안하지 못했다. 그것은 한니발이라는 뛰어난 군사적 천재가 카르타고에 있다는 사실이었다. 한니발은 제2차 포에니 전쟁에서 모든 사건들을 회전시키는 중심축 같은 인물이었다. 전쟁은 로마가 어떻게 이 군사적 천재를 이길 것인가, 하는 단 하나의 주제로 수렴되었다. 우선 스페인에서 수년 간 전쟁을 하면서 노련해진 이 창의적인 군사적 천재는 카르타고 군과 코끼리들을 눈 덮인 알프스 산을 넘어 이동시켜 이탈리아를 침공해 왔다.

그가 병력 수송이 한결 수월한 해로를 이용하지 않고 육로를 선택한 것은 무엇 때문이었을까? 로마 함대가 지중해를 이미 장악한 탓도 있고, 또 행군 중에 이탈리아 북부의 갈리아 인들을 자유를 미끼로 로마에 반기를 들게 함으로써 알프스 너머 이탈리아 지역에 보급과 인력 충원의 기지로 삼을 속셈도 있었다. 아무래도 로마에 도착하면 후방기지인 스페인과의 보급 라인은 끊어질 가능성이 높았기 때문이다.

한니발은 개전 초기에 티키누스, 트레비아, 트라시메네 호수 등에서 연전연승을 거두고, 기원전 216년 8월 2일 아풀리아의 칸나이에서 단 하루 만에 5만 명 이상의 로마 인을 몰살하는 대승을 거두자 로마 인들의 충격은 공포로 바뀌었다. 트라시메네 호수에서 승리를 거둔 후 한니발은 이렇게 말했다. "나는 이탈리아 인들과 싸우러 온 것이 아니다. 나는 이탈리아 인을 대리하여 로마와 싸우러 왔다"(폴리비오스, 『역사』 3권 85장). 한니발의 전략은 로마와 동맹을 맺은 이탈리아 도시들 내에서 광범위한 반란을 촉발하여 로마를 포위 공격하려는 것이었다. 이런 전략의 일환으로 한니발은 포에니 전쟁 중이던 기원전 215년 마케도니아의 필리포스 5세와 동맹을 맺었다. 그렇게 되자 로마 인은 동부 측면을 보호함과 동시에 그리스에서도 전쟁을 치러야 했다.

한니발은 15년 동안 이탈리아의 남북을 오르내리면서 로마의 영토를 파괴하고, 수도 자체를 위협하면서 로마 인들의 삶을 한없이 비참하게 만들었다. 당시 로마 인들이 군사적으로 할 수 있는 최선의 대응은 지연 전략이었는데, "지연하는 사람(Cunctor)"이라는 별명이 붙은 파비우스 막시무스 장군에 의해 유명해진 전략이었다. 한니발에게는 아주 참담하게도 대부분의 이탈리아 사람들은 카르타고 편에 붙지 않고 로마에 충성을 바쳤다. 결국 한니발은 기원전 203년에 게릴라 전술을 포기하고 북 아프리카로 돌아가야 했다. 그 당시 로마의 장군 스키피오가 스페인 지역을 평정하고 카르타고를 정복하겠다고 나서면서 고국 카르타고를 위협했기 때문이다.

스페인과 이탈리아의 야전에서 34년을 보내고 마침내 고국으로 돌아온 한니발은 기원전 202년 스키피오와 맞선 자마 전투에서 패배했다. 로마 인들은 힘겹게 이기기는 했으나 전쟁 피로 증후군도 있고 하여 카르타고에 온건한 강화 조건을 부과했다. 카르타고의 해군을 폐기하고, 50년에 걸쳐 은 1만 탈렌트의 전쟁 배상금을 지불하고, 스페인 내의 모든 영토를 포기하는 조건이었다. 로마 인들은 전쟁 후에도 그 지역을 장악하기 위해 스페인 내의 원주민들과 일련의 장기전을 벌여야 했다. 그러나 그 지역에서 거두어들이는 엄청난 수입, 특히 스페인의 광물 자원에서 나오는 이익은 그런 전쟁 노력을 가치 있는 것으로 만들었다. 스페인의 은광에서 나오는 수입은 너무나 막대하여 로마의 초호화 공공건물들의 건축 비용을 모두 충당할 정도였다.

폴리비오스는 포에니 전쟁을 가리켜 "그 오랜 기간, 격렬함, 작전의 규모 등에 있어서 역사상 가장 대규모의 전쟁"이라고 말했다. 이 전쟁은 고대에 벌어진 세계대전이라고 할 수 있다. 전쟁은 단순히 이탈리아 본토에서만 벌어진 것이 아니라, 스페인, 시칠리아, 사르데냐, 카르타고, 아프리카 북부에서 벌어졌고, 또 그리스의 필리포스는 카르타고와 동맹을 맺었고, 다른 소아시아 국가들은 그 전쟁의 판세를 지켜보면서 어느 쪽에 붙을까 그들 유리한 쪽으로 저울질했다. 개전 초기의 어려움에도 불구하고 로마가 멸망하지 않고 반격에 나설 수 있었던 것은, 자체적으로 항전 의지를 굳건히 다진 것도 있지만 라틴 동맹을 강화하는데 힘써서 카르타고 군의 보급선을 적절히 차단할 수 있었기 때문이다.

가령 임진왜란 때 조선이 일본에 크게 패했으나, 국가가 망하지 않은 것은 이순신 장군이 서해를 거쳐 평양으로 가려던 일본의 인원과 물자를 차단함으로써, 일본 원정군이 중국으로 쳐들어가는 것을 사전에 막았고 이로 인해 중국 명나라 군대가 조선의 군대를 지원할 수 있게 된 사정과 비슷했다. 또 다른 사례를 든다면 제2차 세계대전 때 히틀러의 독일이 유럽 전역을 석권했으나, 영국과 러시아가 버티고 또 대서양 건너에 미국이 관찰하고 있어서, 개전 초기에 압도적으로 독일에게 유리했던 전황이 결국 독일의 패배로 이어진 것과 비슷한 양상이다.

특히 로마에서 멀리 떨어진 스페인 전역(戰域)에서 두 스키피오 형제의 승리는 로마 본국이 버티는 데 큰 도움이 되었고 시칠리아에서 마르켈루스가 거둔 승리도 로마가 계속 전쟁을 이어나갈 수 있는 측면 지원이 되었다. 다양한 유형의 장군을 계속하여 내세울 수 있었던 공화국의 인재 풀도 유리한 점이었다. 가령 전세가 불리할 때에는 파비우스 같은 지연술을 쓰는 장군이 병권을 잡고, 또 군대의 상황이 어느 정도 좋아질 때에는 스키피오 같은 과감한 전략을 구사하는 덕장이 나타난 것도 로마 공화국으로서는 국가를 지켜내는 큰 힘이 되었다.

전쟁의 결정적 전환점은 24세의 젊은 사령관 스키피오가 이끄는 원정 부대를 스페인에 파견한 것이다. 스키피오는 기원전 206년에 스페인에서 카르타고 군대를 완전히 몰아내서 전쟁의 주 무대를 아프리카로 바꾸어놓았다. 상황이 이처럼 불리하게 돌아가자 한니발은 로마에서 아프리카로 급거 귀국할 수밖에 없었다. 스피키오는 아프리카 현지에서 시팍스와 마시니사라는 두 부족장의 사이를 잘 견제하면서 로마 군에게 유리한 전쟁 환경을 조성했다. 특히 말을 잘 타서 기병대가 강한 누미디아의 부족 왕 마시니사를 로마 편에 붙게 만든 것은 자마 전투에서 승리하는데 결정적 요인이 되었다. 카르타고에 도착한 한니발은 자신이 전력 면에서 열세라는 것을 인정하고 강화조약을 시도했으나 군세가 우세한 스키피오가 거부하자, 주저하고 망설일수록 전쟁의 국면이 더 어려워진다는 판단 아래 건곤일척의 결전(자마 전투)을 벌였고, 여기서 패배함으로써 카르타고는 더 이상 전쟁을 수행할 수 없게 되어 강화 조약을 받아들였다.

제2차 포에니 전쟁은 2천년 뒤에 벌어진 미국의 남북전쟁(1861-1865)과 비슷한 점이 많다. 전쟁이 어느 한쪽에 유리하게 전개되다가 중반 넘어서 역전된 양상과, 양측의 최고 사령관이 한쪽은 계속 그대로 있는데 다른 한쪽은 자꾸 바뀌었다는 점이 그러하다. 로마에 비하여 카르타고는 여러 면에서 상대가 되지 않는 적수였다. 미국의 남부도 산업 능력이나 인구수에서 북군의 상대가 되지 않았다. 그러나 개전 초기에 카르타고 군과 남군은 연전연승을 거두었다. 이렇게 된 것은 양군에 고대 세계의 최고 전략가라는 한니발과, 군신(軍神)이라는 별명을 얻은 로버트 리가 있었기 때문이다. 가령 매클레란, 번사이드, 후커, 미드 같은 북군의 장군들은 남군의 로버트 리 사령관을 지나치게 두려워하여 교전을 하지 않으려 했다. 특히 작은 나폴레옹이라는 별명을 얻었던 북군의 매클레란 장군은 우세한 병력을 가지고서도 남군의 병력수를 과대 포장하면서 링컨 대통령에게 계속 증원군을 보내달라고 요청했고 막상 전투에 돌입하면 미리 겁먹은 상태로 싸웠기 때문에 리 장군을 이길 수가 없었다. 로마도 개전 초기에는 셈프로니우스, 플라미니우스, 스키피오, 파울루스, 바로 등의 장군이 한니발에게 연패했고 그리하여 파비우스 장군은 걸출한 전략가 한니발과 야전에서 전면전을 벌여서는 승산이 없다는 것을 알고서 게릴라전으로 대응방식을 바꾸었다.

1862년 9월 리 장군은 안티에탐에서 북군의 매클레란 장군을 상대로 총공세를 계획하고 특별 명령 제191호를 작성하여 그 작전계획 서신을 예하 부대에 내려 보내던 중 남군의 연락병이 중간에서 그 편지를 분실했다. 그런데 프레데릭 마을에 도착한 북군이 그 문서를 우연히 주워서 방어 전략을 펴게 되었다. 비유적으로 말하자면 정답을 다 알고 문제를 푸는 식이 되었다. 이 바람에 리 장군의 계획이 수포로 돌아갔다. 이와 비슷하게, 형 한니발을 돕기 위해 기원전 207년 알프스 산을 넘어, 이탈리아 땅으로 들어와 플라켄티아 공성 작전을 벌이다 철수한 하스드루발은, 형인 한니발에게 이탈리아의 북부와 남부의 중간쯤인 로마 위쪽의 움브리아에서 만나자는 작전 계획을 담은 편지를 누미디아 인 전령을 통해 한니발에게 보냈는데 이 편지가 중간에서 로마 군에게 가로채여 작전에 큰 차질을 빚었다. 남북전쟁 중반에 이르러 남군의 리 사령관은 기동 작전의 명수 스톤월 잭슨 장군을 동원하여 게티스버그 전투에 총력전을 펼치려 했으나 잭슨 장군이 밤중에 순찰을 하고 돌아오다가 유탄에 맞아 죽음으로써 큰 타격을 입었다.

이와 마찬가지로 한니발은 포에니 전쟁이 중반전에 접어든 시점에 동생 하스드루발이 이끄는 카르타고 증원군의 합류로 전세를 일거에 뒤집으려 했으나, 메타우루스 강변에서 동생의 부대가 괴멸함으로써 큰 타격을 받았다. 북군의 링컨 대통령은 여러 번 북군의 총사령관을 바꾸었는데, 이렇게 하는 가운데 북군의 미드 장군이 남군의 리 사령관의 공세를 잘 막아낸 게티스버그 전투를 계기로 전세를 돌리는 데 성공했고 마침내 서부 전선에서 대활약을 보이며 빅스버그 함락에 성공한 율리시즈 그랜트 장군을 북군의 총사령관으로 임명하여 리 장군의 대항마로 세웠다. 이 그랜트 사령관의 뚝심으로 북군은 리 장군을 추격하는 작전을 활발하게 펼쳐서 전쟁은 북군의 승리로 끝났고, 남군의 리 장군은 1865년 4월 9일 버지니아 주의 아포마톡스에서 항복 문서에 서명했다.

미국의 북부와 비슷하게, 로마 원로원은 여러 명의 장군을 한니발의 대응마로 내세우다가 실패했으나, 최종적으로 스키피오를 전면에 내세움으로써 전쟁의 무대를 이탈리아에서 아프리카로 이동시켜 마침내 승리를 거두었다. 고대의 로마나 미국의 북군이 전쟁에서 승리할 수 있었던 것은 풍부한 후방 지원과 우방들의 지속적인 후원이 있었기 때문이었다. 남군은 영국과 프랑스의 국가 승인을 끝내는 얻어내지 못했고, 카르타고는 이탈리아 내의 라틴 부족들, 스페인의 여러 부족들, 시칠리아의 시라쿠사 등 주변 세력의 도움을 얻는데 실패했던 것이다. 카르타고 군대는 한니발 원 톱이었지만 로마 군대는 여러 명의 장수를 계속 사령관으로 내세울 수 있었는데, 이것은 미국 남군이 로버트 리 원 톱이었지만 북군은 매클레란, 번사이드, 후커, 미드, 셔먼, 그랜트 같은 장군을 계속 교체 투입할 수 있었던 것과 유사하다.

아무튼 어떤 사건이나 사물을 더 잘 알아보게 되는 첩경은 서로 비슷한 것들을 비교 검토하는 것이다. 미국의 남북전쟁 역사를 어느 정도 아는 독자는 제2차 포에니 전쟁을 다룬 이 책을 읽으면서 고금을 통하여 전쟁이 전개되는 양상이 장소나 시간은 달라도 그 패턴은 비슷하다는 것을 금방 파악할 수 있을 것이다.

4. 로마 군대의 편제

SPQR(Senatus Populusque Romanus: 로마의 원로원과 시민들)은 선거를 통하여 2명의 집정관(consul)을 선출하고 그 다음은 14명의 천인대장(tribunus militum)을 임명한다. 천인대장은 5~10년 이상의 군복무 경력이 있는 자 중에서 선택한다. 14명의 천인대장은 각각 4개 군단에 3~4명씩 나뉘어서 배치된다. 로마 군의 경우에는 천인대장을 가리켜 트리부누스 밀리툼이라 하지만 이탈리아의 다른 민족들로 구성된 동맹군의 경우는 이에 해당하는 직책을 가리켜 프라이펙투스(praefectus)라고 한다. 천인대장은 병사들이 비행을 저질렀을 경우 벌금, 재산 압류, 매질을 부과할 수 있다. 진지에서 물건을 훔친 자, 거짓 증언을 한 자, 성인이 되었는데도 동성애의 범죄를 저지른 자 등은 사형에 처했다. 집정관은 민회에서 징집 연령의 모든 로마 시민들에게 카피톨리움 언덕에 집결해야 하는 날짜를 공지한다. 이렇게 하여 장정들이 소집에 응하여 나타나면 그들로 병사로 삼아 군단을 편성한다. 장정은

17세에서 46세 사이의 남자로서 보병으로 근무하며 이 연령대 동안에 총 20회의 출정 요구에 응해야 한다. 46세 이후에도 본인이 원한다면 정규군으로 지원할 수 있었다.

로마의 야전군은 보통 4개 군단으로 구성되고 2명의 집정관이 각각 2개 군단을 통솔한다. 그러나 포에니 전쟁처럼 대규모 전쟁이 벌어질 경우에는 군단 수가 25개 군단까지 늘어났다(27.1). 기원전 207년 인구 조사로 로마 시민의 수는 137,108명이라는 게 드러났는데, 전쟁 전보다 많이 줄어든 수치였고(25.36), 이보다 10년 전인 기원전 217년 플라미니우스와 아이밀리우스 파푸스의 집정관 시절에는 시민들의 숫자가 이보다 두 배가 많은 27만 명이었다. 그런데 25개 군단이라고 하면 로마 시민의 절반 가량이 군대에 동원되었음을 알 수 있다. 물론 25개 군단에는 라틴 동맹에서 온 외인부대도 있었지만 이것은 엄청난 징집율이라 아니 할 수 없다.

집정관 아래 직급인 법무관이나 집정관 대리(지방 총독) 등이 1개 군단 혹은 2개 군단을 담당하기도 한다. 각 군단의 병력은 4200~5000명인데 순전히 병력 숫자만으로 비교한다면, 현대식 군대의 연대 규모보다 약간 많은 병력이다. 군단은 다시 10개 코호트(Cohort: 오늘날의 대대 급)로 구성되며 1개 코호트는 다시 3~4개의 매니플(Maniple: 오늘날의 중대 급)로 구성된다. 1개 코호트의 병력은 500명 정도이고, 1개 매니플의 병력은 180명 정도이다. 매니플은 다시 3개 소대로 나누어지며 제1소대는 필루스(pilus)라 하고 나머지 소대는 벡실룸이라고 하며 각 소대는 60명으로 구성된다. 각 중대에는 두 명의 백인대장(百人隊長:켄투리온)과 한 명의 기수(vexillarius)가 있다. 제1기수가 트리아리(triarii: 최전선)를 이끄는데 용기가 증명된 고참 병사로 보임된다. 제2기수는 로라리(rorarii)를 이끄는데 좀 젊고 경험도 덜한 병사로 보임된다. 제3기수는 가장 믿을 수 없고 그래서 최후방에 배치되는 아켄시(accensi)를 이끈다.

집정관은 보통 2개 군단을 통솔하므로 이 때의 병력은 1만 명 정도로 현대식 군대의 여단(6천명)보다는 크고 사단(1만 2천명)보다는 약간 적은 규모이다. 현대군의 사단장은 보통 소장(별 두 개)이 담당하고, 사단 내에는 부사단장(선임 대령 혹은 준장)을 제외하고는 장군이 없으므로, 로마 군단에서 장군은 집정관뿐이라고 보아야 한다. 이렇게 볼 때, 로마 군대의 천인대장은 현대식 군대의 영관급 장교로 볼 수 있으나 그 위상과 지휘권은 현대의 장군에 못지않았다. 군단은 보병대와 기병대로 나누는데 그 비율을 대체로 10 대 1이다. 보병이 4500명이 있으면 기병은 450명 정도가 있다. 따라서 로마의 정규 야전군 4개 군단의 총 병력은 약 2만 명 정도가 된다.

로마 군의 전투 대형 중 제1선은 하스타티(hastati)라고 하는데 주로 25세에서 30세 사이의 병사들로 구성된다. 하스타티는 촘촘한 간격을 유지하며 대형 속의 정해진 자리에 버티고 선 15개 중대로 구성된다. 각 중대는 20명의 경무장한 보병(Velites)들이 있는데 이들이 최전선에서 정찰 업무를 담당한다. 나머지 병사들은 장방형 방패를 든다. 경무장 보병은 오로지 창과 장창을 든 병사들을 가리키는 말이다. 그들 뒤에 있는 제2선은 좀 더 힘이 세고 원숙한 30세에서 40세 사이의 병사들로 충원된 보병 중대들이다. 제2선을 가리켜 프린키페스(pricipes)라고 하는데 모두 장방형 방패와 훌륭한 무기를 들고 있다. 제1선과 제2선에 배당된 총 30개 중대를 가리켜 안테필라니(antepilani)라고 한다. 제2선 뒤에는 제3선이 있는데 40세~46세의 참전 경험이 많은 병사들로 구성된다.

로마 군의 대형이 이런 식으로 정렬되었을 때, 전투를 처음으로 개시하는 것은 제1선(hastati)이다. 만약 제1선이 적을 해치우지 못하면 그들은 뒤로 서서히 퇴각하고 제2선(pricipes) 사이의 빈 공간을 통하여 뒤로 물러난다. 그러면 제2선이 제3선(triarii)을 뒤에 둔 채로 전투를 담당한다. 제3선의 병사들은 왼쪽 다리를 앞으로 쭉 내밀고 방패를 어깨에 올린 채로 군기 밑에 무릎을 꿇는다. 동시에 창을 땅에 꽂고서 앞으로 내달리는 듯한 자세를 취하여 제3선 전체가 보호 방책(防柵)처럼 보이게 한다. 만약 제2선이 전투에 임하여 아무런 성공을 거두지 못하면, 그들은 서서히 뒤로 물러나 제3선과 합류한다. 제3선이 제1선과 제2선을 그들 사이의 빈 공간으로 물러나게 한다면, 그 다음에는 제3선이 일어나 신속한 전투 대열을 갖추고 방어에 나선다. 이제 그들 뒤에는 더 이상의 전선이 없기 때문에 모두 함께 달려들어 최후의 일전을 벌인다.

프린키페스, 하스타티, 트리아리는 각각 10명의 백인대장(centurion)을 둔다. 10명의 백인대장 중 가장 선임은 군사 작전 회의에도 참석한다. 백인대장을 뒷받침하는 하급 장교를 가리켜 옵티오네스(optiones)라고 하는데 주된 임무는 백인대장을 보좌하여 행정 업무를 담당하는 것이다. 각 중대에는 2명의 백인대장(선임과 후임)과 두 명의 옵티오네스가 있다.

5. 로마 군의 지휘 체계

로마 군의 지휘 체계는 일반 병사들이 백인대장을 통하여 천인대장에게 보고하고, 다시 천인대장은 집정관에게 보고하는 체계이다. 집정관은 야전군의 사령관을 맡고, 군단의 숫자가 많으면 그 아래 직급인 법무관이 사령관을 맡았다. 로마 사회는 모든 민간인이 곧 군인으로 전환되는 국민 개병제(皆兵制)였으므로 민간 사회의 직급이 그대로 군대의 직급에 반영되었다. 가령 평화 시에 토목건축관리관을 맡은 사람은 전쟁 시에 천인대장으로 임명되는 식이다. 로마 인은 스무살 쯤 되었을 때 입대하여 약 10년 간의 군사적 경력을 쌓는다. 그렇게 하여 관직의 사닥다리 중 가장 낮은 직급인 재무관(qaestor)에 취임하는데 이미 10여년의 경력을 쌓았으므로 대체로 20대 후반이거나 30대 초반의 나이이다.

재무관 다음의 사닥다리는 토목건축관리관(aedile)이다. 이 직급은 로마의 각종 시설을 유지 보수하는 임무를 수행한다. 이 토목건축관리관과 관련하여 리비우스는 스키피오 아프리카누스가 토목건축관리관에 뽑힌 사정을 이렇게 설명하고 있다. "호민관들은 스키피오가 출마하자 그가 쿠룰레 토목건축관리관 자격이 되는 법적 연령에 도달하지 못했다며 반대했다. 그러자 스키피오는 이렇게 말했다. '로마 시민이 모두 내가 토목건축관리관이 되길 바란다면, 그걸로 내 나이는 충분한 것입니다'"(25.2). 이 무렵 스키피오의 나이는 22세였는데, 위의 기준(30대 초반)에 따르면 많이 미달되는 나이였다. 그러나 당시는 외세의 침략이라는 국가 비상 사태였으므로 능력이 더 우선시되어 스키피오는 그 자리에 선출되었다. 쿠룰레(curule)는 특별 의자에 앉을 자격이 있고 가장자리에 장식이 든 토가를 입는 관직을 가리킨다.

그 다음 사닥다리는 선거에서 승리하여 1년 임기의 법무관(praetor)에 취임하는 것이다. 이것은 집정관 다음 가는 지체 높은 행정관 직이었다. 법무관은 민사적·군사적 임무를 수행했는데, 평시에는 법적 판결에서 결정을 내리고, 전시에는 전장에 나가 군대를 지휘했다. 한니발 전쟁 중에는 로마의 야전군 병력이 25개 군단으로 늘어났기 때문에 자연 법무관이 군단의 사령관으로 보임되는 일이 많아졌다. 법무관의 가장 큰 권위는 군 병력의 지휘자라는 역할에서 나왔다. 군사적 지도자로서의 성공은 곧 로마 사회 내에서 가장 높은 지위를 보장해 주는 것이었다. 법무관으로서 성공을 거두고 유권자의 폭넓은 지지를 받는 사람만이 집정관이 될 수 있었다. 집정관은 정치에 오랜 경험이 있는 나이든 사람일 것으로 기대되었다. 기원전 1세기 초에 제정된 연령 제한에 의하면, 집정관 선거에 후보로 나서는 사람은 최소한 42세는 되어야 했다. 그러나 스키피오 아프리카누스는 24세에 스페인 야전군 사령관으로 나갔고 30세 무렵(기원전 205년)에 집정관 자리에 올랐으므로 이 연령 규정은 한니발 전쟁 당시 유동적이었다고 보아야 한다.

두 명의 집정관은 국가의 모든 중요한 일에 영향을 미쳤고 전장에서는 로마 군 중 가장 중요한 부대를 지휘했다. 법무관과 마찬가지로, 집정관들은 군 지휘권을 1년 임기 이상으로 연장할 수 있었다. 해외에서 군 지휘관으로 혹은 지방 속주의 총독으로 필요가 있을 경우에 연장이 되었다. 집정관들이 1년 임기가 끝났는데도 이런 특별 임무를 수행하게 될 경우 이들을 지방장관(propraetor: 법무관 대리) 혹은 지방 총독(proconsul: 집정관 대리)이라고 했다. 이들은 통칭하여 지방행정관(pro-magistrates)이라고 했는데 원로원에 의해 임명된 그들 관할의 지방에서는 엄청난 권력을 행사했다. 한니발 전쟁 중에는 법무관 대리 혹은 집정관 대리라는 직책의 야전 사령관이 많이 배출되었다.

집정관과 법무관은 군사적 지휘권을 행사했는데 법에 의하여 임페리움(imperium: 명령권, empire[제국]라는 단어의 어원)이라는 특별 권한을 부여받았다. 리비우스 27권 19장에는 스키피오 사령관을 가리켜 임페라토르(imperator)라고 불렀다는 기사가 나오는데, 임페라토르는 임페리움을 가진 사람이라는 뜻이다. 임페리움은 로마의 시민들로부터 그의 명령에 대하여 복종할 것을 요구하는 권리를 해당 관리에게 보장했다. 임페리움에는 조점권(鳥占權: 새의 내장을 갈라 점을 치는 권리)이라는 중요한 종교적 의례를 수행하는 권리도 포함되었다. 로마의 전통상 이 권리를 가진 관리는 선거, 관직 취임, 관리의 속주 입성, 특히 군사 작전 등 중요한 공식 행사를 수행하기 전에 신의 뜻을 묻기 위해 새점(鳥占)을 쳐야 할 의무가 있었다. 이러한 관직들의 권력과 권위로 인해 해당 관직들은 귀족과 평민 사이에 싸움이 벌어질 때 그 논쟁의 중심 문제가 되었다. 이 중요한 관직들에 대한 갈등은 기원전 337년에 끝나게 되었다. 평민들의 압력으로 인해 모든 관직을 두 계급에게 공평하게 공개한다는 법률이 통과되었기 때문이다.

로마의 국제는 독재관(dictator)과 감찰관(censor)이라는 특별한 비일년직(非一年職) 관직을 두고 있었는데 이는 관직의 사닥다리에 포함되지 않았다. 5년마다 두 명의 감찰관을 선출하여 18개월의 임기 동안 봉직하도록 했다. 이 관직에 취임하려면 집정관 경력이 있거나 국가의 가장 중요한 임무를 수행하는 데 필요한 엄청난 권위와 지혜를 가진 사람이어야 했다. 감찰관의 임무는 글자 그대로 감찰을 하는 것이었는데, 주로 로마의 모든 남자 시민들에 대하여 호구조사를 하고 또 재산 조사를 하여 공평한 과세의 자료로 삼고 또 전쟁 시에는 즉시 동원할 수 있도록 명부를 작성하는 것이었다. 감찰관은 원로원의 정원수를 통제했고, 공석이 날 경우에 자질 있는 후보로 충원하거나 아니면 부적절하게 행동한다고 생각되는 사람을 그 명부에서 제외할 수도 있었다. 감찰관은 국가의 계약들을 감독했고 로마 시민에 대한 신들의 호의를 비는 공식 기도문을 새롭게 하는 작업도 담당했다.

독재관은 로마의 국제에게 유일하게 허용된 1인 통치이다. 국가를 위난에서 구제하기 위하여 신속한 결정이 필요한 절체절명의 상황에서 독재관을 옹립했다. 주로 로마가 심각한 군사적 재앙을 당하여 더 이상의 참사를 막기 위해 신속한 조치를 취할 필요가 있을 때 독재관을 초빙했다. 원로원의 지시 아래 집정관이 독재관을 선택했고 독재관이 내린 결정은 그 누구도 시비를 걸 수 없는 절대적 권한을 휘둘렀다. 독재관은 임명과 동시에 사마관을 지명했다.

집정관은 어디를 가나 12명의 수행원을 앞세우고 다녔다. 이런 수행원들을 가리켜 길나장이(lictor)라고 했는데 권표(權標 fasces: 도끼날을 삐죽 나오도록 동여맨 막대기 묶음으로 길나장이들이 왼쪽 어깨에 받쳐 들고 다녔음)를 들고 다녔다. 권표는 집정관이 휘두르는 임페리움의 상징이었다. 도시의 경내에서, 권표는 그의 명령에 불복하는 시민들을 마구 때릴 수 있는 권리의 상징인 막대기 묶음이었고, 도시의 바깥에서는 전장에서 명령에 불복하는 병사들을 재판 없이 처형할 수 있는 상징인 도끼였다.

법무관들도 임페리움을 가진 행정관이었으므로 길나장이들을 거느렸다. 하지만 그 지위가 집정관보다 못하다는 것을 보이기 위해 6명만 수행했다.

6. 고대 전투의 양상

고대 세계의 전투 대형은 보병을 기준으로 중군과 좌우에 떠받치는 양 날개로 구성되며, 기병대는 왼쪽 날개(좌익) 혹은 오른쪽 날개(우익)에 배치되어 기동 타격의 임무를 수행한다. 야전에서의 대치전일 경우에, 회전(會戰)의 양상은 현대의 권투 경기와 비슷하다. 중군은 중심을 잡으며 그대로 있고 좌우 양 날개를 움직여 상대방을 가격하는데 이는 권투에서 두 주먹을 휘두르는 것과 비슷하며 공격이 적의 정면을 향하면 스트레이트, 좌우를 향하면 양 훅이 된다. 이렇게 하여 적의 좌, 중, 우 대형 중 어느 한쪽을 허물어트리면 그 대형을 돌파하여 적 후방으로 들어가서 적을 앞뒤에서 공격하는 가위의 양날 모양이 되어 적을 완전 두 동강 내어 전투를 승리로 이끌 수 있다. 부대의 병력 수가 비슷하다면, 밀고 밀리는 접전이 계속되어 승부가 좀처럼 나지 않는데, 이때 기동 타격의 역할을 하는 기병대가 아주 중요하다.

또한 총사령관, 즉 지휘관의 지략도 아주 중요한 변수이다. 가령 적을 함정으로 유인하거나 시간이나 지리의 이점을 얻어서 기습전을 벌이거나, 충분한 정찰 업무를 수행하여 적의 상황을 잘 파악하고 있어 약점을 이용한다거나, 평소 병사들에게 엄격한 규율을 부과하여 군의 충만한 사기를 계속 유지할 수 있다면 승리의 가능성이 높아진다. 제2차 포에니 전쟁 중 로마에 침입한 카르타고의 한니발 장군은 이런 엄정한 사기 유지, 기만술과 유인술, 그리고 지세와 시세를 잘 활용하는 지략이 풍부하여 연전연승했고 이윽고 칸나이에서 대승을 거두었다.

칸나이 전투는 한니발이 기원전 216년 8월 2일 아풀리아의 아우피두스 강 남쪽 둔덕에 있는 마을(칸나이)에서 로마 군을 상대로 거둔 대첩이다. 집정관 파울루스와 바로는 4만8천 명의 보병과 6천 명의 기병을 가지고 한니발의 3만5천 명의 보병과 1만 명의 기병과 맞섰다. 병력 숫자만 따진다면 한니발 군대가 도저히 상대가 되지 않는 싸움이었다. 한니발의 볼록한 초승달 모양의 전투 대형은 로마 중군의 압박을 받아 그 대형이 뒤로 밀리면서 점점 오목한 초승달 모양으로 바뀌었다. 로마 군대는 서서히 뒷걸음질치는 한니발의 군대를 따라 깊숙이 안쪽으로 들어갔는데 이 때 초승달의 양쪽 날개가 앞으로 밀고 내려와 로마 군을 포위하기 시작했다. 이때 보병전과 기병전이 동시에 벌어졌는데 카르타고 기병이 로마 군대의 양 옆에 배치된 로마 기병을 무너트렸다. 로마 기병은 보병과 강 사이의 협소한 공간 때문에 전력을 충분히 발휘하지 못했다. 이렇게 로마 군의 기병이 무력화되자 카르타고의 기병은 로마 보병의 후미를 마음대로 공격할 수 있었다. 로마의 보병은 이미 적진 중앙으로 너무 깊숙이 들어가 완전히 독 안에 갇힌 쥐 모양이 되었다. 그 결과 약 5만 명의 로마 인들이 칸나이 들판에서 시체가 되었다. 간신히 도망친 사람들 중에는 집정관 바로와 파울루스 그리고 젊은 푸블리우스 코르넬리우스 스키피오가 있었는데 이 스키피오는 나중에 자마 전투에서 한니발을 패배시켜 아프리카누스라는 별명을 얻은 바로 그 스키피오이다.

기원전 207년에 한니발의 동생 하스드루발이 메타우루스 강변에서 패배하여 전사한 전투는 칸나이와 자마 사이의 간주곡이며, 칸나이의 대패를 로마가 되갚아준 전투였다. 이 전투 또한 고대 전투의 양상을 잘 보여준다. 이 전투에서는 우연한 운명이 작용했다. 하스드루발은 플라켄티아의 공성전을 거두어들이자 4명의 갈리아 인과 두 명의 누미디아 인 기병에게 편지를 주어서 한니발에게 가라고 했다. 이들은 이탈리아 북부에서 남부로 황급히 달려갔으나 한니발이 이미 카누시움으로 이동한 것을 모르고 타렌툼 근처에서 그를 찾아 헤맸다. 그러던 중 그들은 길을 잃어버리고 로마 군 군량 소대에 포로로 잡혔다. 집정관 클라우디우스 네로는 그 편지를 통하여 하스드루발이 아펜니노 산맥을 넘어 움브리아에서 두 부대가 합류할 것을 제안한 것을 알게 되었다. 네로는 원로원에게 보고하여 6천명의 보병과 1천명의 기병으로 북상하여 카르타고 군을 잡고자 하니, 하스드루발 부대 근처에 있던 리비우스 휘하의 병력도 급히 대기시켜 두 부대가 같이 하스드루발을 공격하게 해달라고 요청했다.

네로의 작전은 아주 과감한 것이었다. 상대방 장수인 한니발이 네로의 이런 은밀한 움직임을 알지 못하는 상황에서 이루어진 청출어람의 기만술이었다. 이제 로마 장군들은 한니발의 수법을 역이용하여 한니발에게 낭패를 안기려 하는 것이었다. 네로 부대는 과감하게 북상하여 하스드루발 부대 근처에 있던 리비우스 부대와 합류했다. 뛰어난 장군인 하스드루발은 정탐을 통해 이런 사실을 알게 되어 곧바로 교전에 나서지 않았고 야음을 틈타서 기존의 진지에서 벗어나 메타우루스 강 근처의 계곡으로 퇴각했다. 그곳을 통하여 비아 플라미나로 올라서서 도주로를 확보할 계획이었다. 그러나 어둠 속에서 안내인들이 달아나 버리는 바람에, 그는 길을 제대로 찾는데 시간을 많이 허비했고 결국 로마 인들이 하스드루발의 진지 철수를 알게 되어 뒤쫓아 왔고 하스드루발은 메타우루스 계곡 일대를 벗어나지 못하고 할 수 없이 교전을 하게 되었다.

2대 1 정도의 병력 열세와 지리적 이점을 전혀 얻지 못한 하스드루발은 교전에 들어가기 전부터 패배한 것이나 마찬가지였다. 전투 중에 이미 전세가 기울었다는 것을 안 하스드루발은 말을 몰아 로마 군대대 한가운데로 달려갔다. 그는 로마 군 병사들을 상대로 혈혈단신 싸우다가 하밀카르의 아들이며 한니발의 동생답게 죽었다.

폴리비오스는 그의 죽음을 이렇게 묘사했다. "그는 과거 자신의 패전과 운명의 변화를 씩씩한 용기와 고상한 정신으로 견디어 왔다. 그는 자신이 위대한 바르카 가문의 아들이라는 점을 한시도 잊어버린 적이 없었다. 자신의 과거 업적에 필적하는 결과를 거둘 수 있는 희망이 있는 한, 그는 자신의 안전이 가장 중요하다고 생각했다. 그러나 운명이 미래에 대한 희망을 모두 앗아가 버리고 극단적인 상황 속으로 밀어 넣자 그는 전쟁의 승리를 위해 최선의 노력을 다했음에도 불구하고 자신의 운명을 받아들이면서 과거의 명성에 손상이 가는 일은 하지 않으려 했다"(폴리비오스, 『역사』, 11권 2장).

한니발은 이 전투 이후, 이탈리아 남단의 발가락 부분에 갇혀 수세에 몰리게 되었다. 반면에 스페인 전역에서는 스키피오 형제가 전력을 나누어서 독립 작전을 펼치다가 두 장군이 한 달 사이에 잇달아 전사하는 일이 벌어졌다(기원전 212년). 이런 최근의 참사 때문에 로마에는 스페인 전역에 나가서 싸우겠다고 지원하는 장군이 없었다. 이때 24세의 스키피오가 그 임지를 자원했다. 이렇게 된 데에는 스키피오의 아버지와 작은 아버지가 8년 간 스페인 평정 작전을 벌이다가 아깝게 사망한 최근의 사실도 감안되었다. 말하자면 스키피오는 죽은 아버지를 대신하여 복수전에 나선 것이었다.

스페인 사령관으로서, 현지에서 계속 승리를 거둔 스키피오는 일시 로마로 귀국하여(기원전 205년) 아프리카를 직접 침공하겠다는 계획을 말하면서 원로원의 지원을 요청했다. 로마 당국은 한니발을 이탈리아 내부에 가두어 두고서 서서히 목졸라 죽이자는 작전 계획이었으나 스키피오는 한니발을 아예 이탈리아에서 쫓아내어 고향 땅으로 돌려보내고 그 땅에서 한니발 부대를 괴멸시키자고 제안한 것이다. 그러나 원로원의 선임 의원들 특히 파비우스의 반대가 심해 먼저 시칠리아 전역을 담당하는 집정관으로 임지가 결정되었고, 필요시 카르타고를 침공할 수 있는 권한이 부여되었다.

스키피오는 시칠리아로 부임하여 충분한 부대 병력과 전함 및 수송선을 확보하고 아프리카 침공에 나섰다. 그렇게 하여 스키피오와 한니발 사이에 최후의 결전인 자마 전투(기원전 202년)가 벌어졌다. 이 전투도 칸나이 전투의 양상과 비슷하게, 카르타고의 기병대가 무력하여 패배한 사례인데, 스키피오는 한니발을 상대로 대승을 거두었다. 칸나이 전투에서 로마 군이 기병대가 무너지면서 패배했듯이, 자마 전투에서는 카르타고 군의 기병이 무너지면서 거의 모든 보병이 전멸했다. 한니발의 기병대가 허약해진 것은 카르타고에 기병부대를 제공하던 인근 누미디아의 두 왕인 시팍스와 마시니사를 상대로 스키피오가 교묘한 이간책을 써서 마시니사를 로마의 동맹으로 확고하게 붙잡아 두었기 때문이다.

스키피오는 시팍스를 아예 포로로 사로잡아 로마로 압송하고 마시니사는 시팍스의 아내 소포니스바(카르타고 장군 하스드루발의 딸)에게 매혹되어 카르타고 편으로 넘어갈지도 모르는 가능성이 있었는데 스키피오가 개입하여 작은 일(여자)로 큰 일(왕국의 회복)을 놓쳐서는 안 된다고 지적하면서 마시니사를 로마 편에 그대로 붙들어 두었던 것이다. 이렇게 하여 누미디아 부족의 기병대를 로마 군 편에 붙게 함으로써 카르타고 군에 우수한 기병대가 지원되는 가능성을 사전에 봉쇄했다.

스키피오의 승전을 보면 사령관이 작전만 잘해서는 안 되고, 그 전투에 투입되는 병력의 관리도 잘해야 되는데, 마시니사를 로마 편에 붙게 한 데에는 스키피오의 뛰어난 도덕성과 정치력이 발휘되었다. 특히 여자 문제를 잘 대처한 스키피오의 인품과 모범이 큰 위력을 발휘했다.

해설

리비우스 로마사 제3권은 역사서라기보다는 한 편의 역사소설에 더 가깝다. 모든 이야기가 전쟁이라는 주제에 수렴되어 있고, 전쟁 중의 적나라한 인간상을 파헤치고 있어서 인간의 본성이라는 보편적 주제에 깊이 천착한다. 또한 전쟁의 비참함, 권력의 무상함, 여자라는 매개 변수 등의 여러 가지 흥미로운 서브플롯(subplot)이 설치되어 있어서 소설의 전개 구조와 흡사하게 이야기가 풀려 나간다. 거기에 더하여 한니발과 스키피오라는 두 명의 뚜렷한 주인공을 전면에 내세우고 있어서 스토리의 전개를 따라가기도 좋다.

1. 한니발의 생애와 성품

한니발(기원전 249-183)은 아홉 살 때 아버지 하밀카르를 따라 카르타고를 떠나 스페인으로 갔고 거기서 성장하면서 아버지로부터 전쟁의 기술을 전수 받았지만 그렇다고 해서 다른 분야의 교육을 소홀히 하지도 않았다. 그는 모국어인 카르타고어 이외에 그리스어를 유창하게 말하고 읽고 쓸 줄 알았다. 특히 알렉산드로스 대왕의 전술 등 고대 그리스의 전쟁 역사에 대해서는 아주 정통했다. 그는 날씬한 몸매지만 아주 강인했고 뛰어난 달리기 주자, 검술사, 말을 타는 데 전혀 겁을 모르는 기사였다. 강철 같은 체질을 타고 나서 그 어떤 외부적 어려움도 견디어 냈으며 재빠르게 돌아가는 머리 덕분에 전투와 협상의 상황을 순식간에 파악했다. 일상생활은 검소하게 영위했으며 술과 여자에 탐닉하지 않았다. 한니발의 여자에 대해서 언급되어 있는 부분은, 스페인 도시인 카스툴로가 카르타고와 무척 밀접한 관계였는데 한니발의 아내가 이곳 출신이었다(24.41)라는 한 구절뿐이다.

한니발은 아버지 하밀카르를 많이 닮았다. 하밀카르와 같은 박력이 있었고, 온몸에서 열정이 뿜어져 나왔다. 아버지를 대신하여 한니발에게 전술을 가르친 매형 하스드루발은 활력과 용기가 필요한 때면 언제나 한니발을 선택했다. 그는 위험한 상황을 만나면 무모한 용기를 보였고, 어떤 어려운 상황에서도 그 용기에 걸맞은 기발한 통찰력과 판단력을 발휘했다. 전투에 임하면 늘 가장 먼저 공격하고, 가장 나중에 전장을 떠났다. 한니발은 또한 뛰어난 전략가였다. 한니발이 로마 공화국에 가르친 전쟁 교훈은 로마의 장군들에 의하여 소화 보존되어 오늘날 군사 교리의 기초를 이루었다. 한니발은 전쟁이 일종의 예술이라고 생각했다. 전술의 여러 원칙에 통달한 장군은 수적으로 열세인 군대를 가지고서도 수적 우위의 상대방을 지속적으로 압도할 수 있다는 것을 보여주었다. 한니발은 자신의 명석한 지휘로써 병사들의 잠재력을 최대한 발휘하게 했으며 그리하여 잘 다듬어진 병사들의 사기는 그 어떤 적을 상대해서도 밀리지 않았다. 역사상 그 어떤 장군도 그처럼 강대한 적을 상대로 그처럼 오래 전쟁을 벌인 예가 없다.

개전 초기의 여러 전투에서 한니발이 적장들을 자신에게 유리한 장소로 유인하여 전투를 벌이는 탁월한 능력을 발휘했다. 적병의 군사적 규모나 지휘관에 관련된 정보에 대해서 정확하게 파악했고, 적이 전혀 생각하지 못하는 곳을 기습하거나 급습했다. 그리고 무엇보다도 한니발은 승부사였다. 장군은 언제나 이길 수는 없고 때로는 싸움에서 질 수도 있다고 생각했다. 한니발은 자마 전투에서 스키피오와 맞서서 패배했지만, 장기전으로 끌고 가는 것이 유리했다면 아마도 그렇게 했을 것이다. 한니발 본인이 훌륭한 지휘관인데다 훌륭한 보병이 있었더라면, 이탈리아에서 파비우스가 그렇게 했던 것처럼 충분히 장기전을 펼칠 수도 있었다. 하지만 한니발은 전쟁의 자금이나 우방이 부족하여 오래 군대를 유지할 수 없었으므로 휘하 군대가 무너지기 전에 빠르게 전투를 벌여 승패를 결정지어야 했다. 이처럼 속전속결에 나선 것은 시간을 끌며 기다리면 확실히 패배할 수밖에 없지만, 전투를 하면 혹시라도 우연한 운명이 작용하여 이길 수도 있다는 승부사 기질이 발휘되었기 때문이다.

한니발은 자마 패전 후에 스피키오와 강화 조약을 맺고서, 시리아의 안티오코스에게로 가서 신변의 안전을 의탁했다. 당시 안티오코스는 로마와 전쟁을 벌이기 직전이었다. 한니발은 시데 해전에서 패배했고 이어 크레타로 달아났다가 비티니아의 프루시아스 왕에게 의탁했다. 로마 인들은 한니발이 살아 있는 한 불안해했다. 그는 로마 인의 의식 속에서 철천지원수의 전형이었고, 로마의 어머니들은 "한니발이 문 앞에 왔다"라는 말로 칭얼거리는 아이들을 겁줄 정도였다. 그리하여 로마는 사절단을 왕에게 보내어 한니발의 신병을 건네 달라고 요구했다. 한니발은 모든 도피의 길이 봉쇄당한 것을 알고서 음독자살했다.

프루시아스 왕에게 파견된 사절단에는 스키피오 아프리카누스도 포함되어 있었는데, 아프리카누스는 그때 에페소스에서 한니발을 만나 위대한 장군에 대해서 논의하면서 이런 질문을 주고받았다. 가장 위대한 장군은 누구라고 생각하느냐는 스키피오의 질문에 한니발은 먼저 마케도니아의 알렉산드로스라고 대답한다. 두 번째로 위대한 장군은 그리스의 피로스 왕이라고 대답한다. 이어 세 번째로 위대한 장군은 누구라고 생각하느냐는 질문에 한니발 본인이라고 대답한다. 스키피오가 웃음을 터트리며 만약 당신이 자마 전투에서 승리했더라면 그땐 뭐라고 말했겠는가 하고 묻자, 그 경우엔 내가 알렉산드로스, 피로스, 기타 세상의 모든 장군들보다 더 위대한 장군이 되었을 것이라고 대답했다. 한니발의 교묘하고 은근한 대답과 예기치 못한 아첨 즉 실은 스키피오가 최고라는 속뜻은 스키피오에게 큰 인상을 남겼다. 그러나 한니발의 이런 대답은 그가 로마 당국의 추격을 피하여 소아시아에 있었던 도망자의 신세였다는 점도 감안해야 할 것이다.

한니발은 상당히 무서운 인상을 가진 장군이었다. 그는 로마 침공 후 홍수로 불어난 아르노 강 근처에서 작전을 펴다가 인근 습지의 축축한 공기 때문에 안질을 앓아서 애꾸눈이 되었는데(22,2) 이것은 그의 얼굴을 더욱 무섭게 만들었다. 폴리비오스는 『역사』 9권 22-24장에 걸쳐서 한니발의 나쁜 성품 두 가지를 논한다. 하나는 과도한 잔인함이고, 다른 하나는 엄청난 탐욕이라는 것이다. 그런 평판이 난 것은 측근을 잘못 둔 것과 이탈리아 현지 상황 탓 때문이라고, 폴리비오스는 한니발을 다소 옹호하는 듯한 어조로 말한다. 한니발이 알프스 산을 넘어서 이탈리아를 침공할 계획을 세울 때, 여러 가지 어려움이 예상되었고 그리하여 작전회의 때 난관을 돌파하는 문제가 여러 번 거론되었다. 그런데 한니발의 측근인 모나마쿠스가 알프스 산을 넘어 이탈리아로 들어가는 유일한 방법을 알고 있다고 말했다. 한니발이 그게 무엇이냐고 묻자 모노마쿠스는 병사들에게 인간의 살을 먹는 방법을 가르치고 그것에 익숙해지도록 훈련시키는 것이라고 대답했다.

비록 한니발이 그 조언을 받아들이지 않았지만 그런 측근이 옆에 있다는 것은 분명 문제였다. 그리하여 이탈리아로 들어간 한니발이 잔인한 짓을 많이 한 것은 결국 이 모노마쿠스의 조언 때문이라고 폴리비오스는 진단한다. 그리고 한니발이 처한 보급선의 확보 어려움과 원정군으로서 동맹 관계를 강요해야 하는 상황도 잔인함의 부분적 원인이 되었다는 것이다. 리비우스는 한니발의 잔인한 점을 이렇게 지적한다.

"한니발은 탐욕스럽고 잔혹한 기질이 있어 자신이 보호하지 못하는 곳은 파괴하는 성향이 있었다. 그렇게 하면 적에게 남는 건 폐허뿐이기 때문이었다. 하지만 이런 방침은 시작하기도 부끄러운 것이었지만 그 결과도 마찬가지로 수치스러운 것이었다. 한니발의 손에 부당하게 괴롭힘을 당한 부족은 소원해질 뿐만 아니라 그 밖의 다른 이들도 그런 사례를 보고서 전부 한니발과 거리를 두었기 때문이었다. 이런 선례는 실제로 고통을 받은 지역을 넘어서서 영향을 미쳤다"(26.38).

나머지 한 가지 특징인 탐욕스러움은 카르타고 인의 기질에서 비롯된 것이다. 그들은 무역상인의 후예이므로 원래 돈을 좋아했다. 게다가 상비군이 없고 용병 부대를 운영했기에 늘 돈을 가지고 있어야 했다. 폴리비오스는 기원전 151년 당시까지 살아있던 누미디아의 왕 마시니사로부터 한니발 전쟁 이야기를 직접 들었는데, 마시니사의 입으로부터 한니발이 돈을 좋아했다는 사실을 직접 들었다. 게다가 원정 나가서 전쟁을 수행하려면 믿을 것은 돈뿐이므로 더욱더 탐욕스럽게 되었을 것이다.

리비우스는 기회 있을 때마다 한니발의 잔인함은 물론이고 그의 탐욕스러움에 대하여 자세히 기술한다. 가령 칸나이 대승 후의 한니발은 승전 사령관답지 못하게 전쟁에 이기려 하지 않고 돈을 챙기려 한다고 기술하고 있고(22.58), 배신자 알티니우스 처리에서도 한니발이 알티니우스의 가족을 산 채로 불태우는 등 불필요하게 과도하게 행동한 것도 그의 돈을 빼앗으려는 동기에서 나온 결과였다고 적었다(24. 45). 또 한니발이 칸나이 대전 후 더 큰 승리에 목말라 있었던 것도 그런 탐욕스러움의 소치라고 지적한다(33.43).

이렇게 한니발을 깎아내리기만 했다면 리비우스는 불공정한 역사가라는 소리를 들었을 것이다. 그래서 "한니발은 성공을 누릴 때보다

운이 기울었을 때 더욱 훌륭한 장군이었다"라고 하면서 한니발의 장점을 특별히 거론했다. 전쟁 말기에 이탈리아의 작은 구석인 브루티움으로 밀려 내려가 이탈리아 전역을 포기한 상황이 되었음에도 불구하고 카르타고 진지에서 반란이 일어나지 않은 건 정말 놀라운 일이라고 서술했다(28.12). 리비우스는 이렇게 기술할 즈음에 아마도 뒤이어 28권 13장에 나오는 스키피오 부대의 반란(28.25)을 의식했을 것이다. 마키아벨리는 『리비우스의 로마사 논고』에서 악랄하게 지휘하는 장군의 대표로 한니발을, 훌륭한 인품으로 통솔하는 장군의 대표로 스키피오를 들고 있다. 하지만 리비우스는 한니발 부대 내의 반란 없음과 스키피오 부대 내의 반란 사건을 서로 대비시키면서, 훌륭한 인품에 의한 통솔이 모두 다 좋기만 한 것은 아님을 에둘러 말하고 있다.

여기에 더하여 리비우스는 한니발의 기만술을 높이 평가한다. 특히 개전 초기에 트레비아, 트라시메네, 칸나이 등의 전투에서 연전연승할 때 이 기만술이 커다란 효과를 보았음을 객관적으로 서술한다. 실제로 로마 군의 바로 장군, 그라쿠스 장군, 마르켈루스 장군 등이 한니발의 기만술 내지는 유인 작전에 걸려들어서 패전하거나 전사했다. 그런 만큼 리비우스는 한니발의 기만술에 걸려들지 않은 파비우스 장군을 높이 칭송한다. 이것은 뒤집어서 말하면 한니발의 군사 전략을 그만큼 뛰어난 것으로 생각했다는 뜻이 된다.

리비우스는 한니발의 기만술을 로마의 네로 장군이 메타우루스 전투에서 카르타고 군대를 상대로 능숙하게 활용한 것을 높이 칭찬한다. 이런 기만술에 대한 평가는 스키피오의 군사 작전을 서술한 부분에서도 느낄 수 있다. 가령 아프리카 침공 작전 직전에 로마 군 병사들을 향하여 시팍스가 로마 편이라고 거짓말한 것(29.24), 아프리카를 침공한 이후에 카르타고와 휴전할 것처럼 하면서 적진지의 사정을 모두 파악하고 나서 그럴듯한 구실을 내세워 휴전 회담을 파기한 것(30.4) 등이 그러하다. 이런 작전은 모두 전쟁에서 승리하기 위하여 구사된 기만술인데, 실은 한니발이란 군사적 천재로부터 로마 장군들이 배운 것이다.

2. 스키피오의 생애와 성품

스키피오(기원전 236-183)는 아프리카에서 한니발을 이긴 장군으로 명성이 높다. 스키피오는 포에니 전쟁 이후에 마케도니아 전쟁 때에도 소아시아로 출정하여 시리아의 안티오코스 군대와 싸웠다. 스키피오는 전공으로 얻은 영예도 상당하지만, 청년 시절에 보여준 행동들로 더 큰 영예를 얻었다.

먼저 그는 티키누스 강에서 한니발 군대와 싸우다가 부상당한 아버지를 죽음으로부터 구해냈다. 이 부분을 리비우스는 이렇게 간략히 설명하고 있다. "지휘관 스키피오마저 부상을 당하여 젊은 아들이 개입하여 간신히 목숨을 구하는 일이 벌어지자, 로마 군의 상황은 걷잡을 수 없이 악화되었다. 이 스키피오의 아들은 훗날 한니발이 지휘하는 카르타고 군대와의 결전에서 훌륭하게 승리하여 전쟁을 성공적으로 종결짓는 영광을 얻고 아프리카누스라는 칭호를 얻게 되었다"(21.46).

그 후 칸나이 전투에서 로마 군이 패배하자, 젊은 스키피오는 칼을 뽑아들며 로마 청년들에게 이탈리아 반도를 포기하지 않을 것이라고 맹세하도록 강요했다. 실제로 청년들 중엔 반도 포기를 결심한 이들도 있었다(22. 53).

이 두 가지 행동은 스키피오가 떨친 명성의 기반이 되었고, 앞으로 스페인과 아프리카에서 앞으로 거두게 될 승리의 추진력이 되었다. 그러나 로마의 운명이 자신의 두 어깨에 걸려 있는 상황이 되자 그는 자신을 이런 무모한 행동에 내맡기지 않으려고 무척 신경을 썼다. 이러한 행동은 우연한 행운을 믿는 것이 아니라, 현명한 판단에 따라 움직이는 신중한 장군의 면모를 보여준다.

리비우스는 스키피오에게서 신화적 분위기가 풍겨져 나온다고 적었다(26.19). 실제로 스키피오는 전투에서도 자신의 그런 신성한 측면을 활용했다. 스페인의 뉴카르타고 시를 공격하기 전날 스키피오는 자신이 꿈속에서 해신(海神)을 만났는데 내일 전투가 한창 진행 중에 해신이 로마 군 편을 들어준다는 사실을 확실히 보여주는 이적을 보여줄 것이라고 약속했다는 말을 하면서 병사들의 사기를 북돋는다. 실제로 전투 상황 중에 그런 이적이 나타난 것을 리비우스는 이렇게 기록하고 있다.

"이때는 정오 무렵이었고, 상쾌한 북풍이 불어와 자연스럽게 물이 빠지는 방향으로 석호의 물을 흐르게 하고 있었다. 그리하여 석호에선 군데군데 모래톱이 드러났고, 어떤 곳에선 물이 배꼽까지, 다른 곳에선 물이 겨우 무릎 위까지 올라올 뿐이었다. 스키피오는 자신이 세심하게 탐구하여 발견한 이런 지리적 이점을 신들의 기적적인 개입으로 생각했다. 그는 신들께서 로마 인들을 위해 바다의 방향을 돌리고, 석호의 바닥이 드러나게 하고, 인간이 전엔 밟아보지 못한 길을 열어주셨다고 판단했다. 그는 휘하 병사들에게 넵투누스의 인도를 따라 석호를 가로질러 성벽으로 나아가라고 지시했다"(26.45).

리비우스는 또한 아프리카 동맹을 노련하게 다루는 솜씨를 소개하면서, 그의 인품에 신성한 점이 있다고 말한다(28.18). 이런 것들 이외에 스키피오가 전쟁이 끝날 때까지 계속 성공을 거둔 것은 그가 열린 마음의 소유자였기 때문이었다. 다른 장군들은 로마 군의 패배로부터 배운 것이 별로 없지만 그는 자신의 성공보다 다른 장군들의 실패에서 더 많은 것을 배웠다. 한니발은 그의 적이었지만 그가 적을 유인하고 유리한 고지에서 전투를 벌이는 기술과, 부하들을 잘 통솔하는 방법을 배우려고 애썼다. 무엇보다도 스키피오의 특기할 만한 재능은 군중의 심리를 정확하게 꿰뚫어 보는 능력이었다. 스키피오는 스페인의 여러 부족들을 그의 동맹으로 만들었고 그들의 존경과 칭송을 받았다. 이것은 신성(神性)을 연상시키는 그의 자상한 인품과 자비가 이끌어낸 결과였다.

하지만 스키피오는 스페인에 있던 로마 군 일부가 동맹의 일부와 손을 잡고 반란을 일으켜 피해를 보았다. 이 일이 발생한 원인은 그가 두려움을 심어주지 못했기 때문이다. 그렇지만 그는 군중 심리를 꿰뚫어 보고 이렇게 말했다. "군중은 쉽게 오도되고 오류를 저지른다. 그러므로 군중은 바다와 같다. 바다는 본래 안전하고 조용하다. 그러나 거센 바람이 그 위로 불어오면 바다는 갑자기 일진광풍으로 변하여 고요한 수면을 갈가리 찢어놓는다. 그러므로 군중은 그 지도자나 조언자가 어떻게 행동하느냐에 달려 있다"(폴리비오스, 『역사』, 11권 29장). 스키피오는 자신의 병사들과 동맹이 반란을 일으켰으므로 그 문제를 바로잡기 위해 그동안 피해 왔던 잔혹한 조치를 일부 채택할 수밖에 없었으나 그래도 왜 그런 사태가 벌어졌는지 그 진상을 잘 파악하고 있었다.

스키피오는 이런 통찰력을 발휘하여 스페인 점령 지역의 일처리를 공정하게 했고 그에 따라 명성은 높아져 갔다. 다음과 같은 에피소드는 아주 유명하다. 뉴카르타고를 점령한 후에 스키피오는 인질들을 불러 모아 놓고 로마는 공포보다는 사랑으로 통치하는 것을 더 좋아한다면서 그들을 훈방했다. 이때 한 노파가 인질 무리에서 나와서 스키피오의 발 아래에 엎드려 눈물을 흘리면서 여자 포로들을 잘 대해 달라고 호소했다. 스키피오는 그런 것은 걱정할 것 없다고 대답했는데 이 때 노파가 다시 말했다. "우리가 걱정을 많이 하는 건 그런 것이 아닙니다. 우리 같은 처지에 충분하지 않은 것이 어디 있겠습니까? 저야 여자들이 겪을 고통을 겪기엔 너무 늙어 버렸지만, 이 젊은 아이들을 볼 때마다 다른 걱정을 하게 됩니다." 즉, 여자 포로들의 정절을 존중해 달라는 뜻이었다.

스키피오는 그 뜻을 흔쾌히 받아들였고, 실제로 그렇게 했다. 어떤 처녀 포로는 너무 아름다워 지나갈 때마다 모두가 고개를 돌려 쳐다봤다. 하지만 스키피오는 처녀가 알루키우스라는 스페인의 귀족과 약혼했다는 사실을 알아냈다. 아프리카누스는 그녀의 부모와 약혼자를 불러다 놓고 알루키우스의 약혼녀가 로마 군영에 들어와 마치 자기 부모를 대하듯이 로마 군에게 잘해주었으므로 그 약혼녀를 약혼자에게 되돌려주겠다고 말한다.

그녀의 약혼자와 부모는 처녀를 무사히 되돌려 받는 데 대한 보상금으로 많은 황금을 가져왔다. 그들은 아프리카누스에게 제발 이 황금을 받아 달라고 말했다. 아프리카누스는 그 황금을 받아서 처녀에게 지참금으로 건네주었다. 이 돈으로 알루키우스는 아프리카누스를 찬양하는 사당을 지었다. 그는 아프리카누스의 무용과 미덕이 신을 닮은 사람이라고 생각했다. 그는 스키피오를 무력뿐만 아니라 관용과 온정으로도 대성공을 거둔 신과 같은 젊은 전사라고 칭송했다. 그는 자신에게 의지하는 자들을 모아 며칠 뒤에 정예 기병 1,400명을 데리고 스키피오에게 돌아왔다(26.50).

스키피오가 마시니사를 대한 태도에서도 그의 인품을 알 수 있다.

그는 먼저 포로로 잡힌 마시니사의 조카를 살려주어 그에게 돌려주었을 뿐만 아니라, 마시니사가 여자 문제로 마음이 흔들릴 때(아래의 "여자의 작용" 참조)에도 그의 심지를 굳건히 해줌으로써 위기를 벗어나게 해주었다. 이런 은덕을 입었기 때문에 마시니사는 스키피오의 든든한 동맹이 되었고, 그가 제공한 기병대는 스키피오가 자마 전투에서 한니발을 물리치는데 결정적인 기여를 했다. 이런 행동 방식은 공화국에서 명예와 명성을 얻길 원하는 시민이라면 반드시 갖추어야 할 덕목이었다. 사실 공익에 부합하는 탁월한 언행을 통해 두드러진 모범을 보이는 것이야말로 남들의 존경을 얻을 수 있는 가장 확실한 방법이다.

이런 에피소드들을 살펴보면 스키피오는 운명의 선택을 받은 사람이 아닐까 하는 생각이 든다. 『맹자』고자(告子) 장에, "하늘이 대임을 내리려고 하는 자에게는 먼저 온갖 시련을 내려 그를 단련시킴으로써 더욱 마음에 품은 뜻을 굳건하게 한다"라는 말이 나온다. 사실 스키피오의 생애가 그러했다. 아버지의 부상과 죽음, 라이벌 파비우스의 견제, 로크리의 플레미니우스 사건, 스페인에서 예하 부대의 반란, 스페인 부족들의 충성과 배신이 반복되는 패턴, 아프리카 부족장 시팍스와 마시니사의 변덕스러운 태도, 아프리카 침공 계획을 원로원이 부결시킨 것 등 여러 가지 단련을 받고서 스키피오는 위대한 장군으로 거듭났다.

스키피오는 생애 말년에, 비록 무혐의로 결론나기는 했지만, 감찰관 카토의 고발을 받아서 횡령 혐의로 재판을 받았는데, 마침 재판일이 자마 전투의 승전일이었다(리비우스 38. 51). 큰 꿈을 안고서 정치의 무대에 나서는 사람은 온갖 시련과 수모를 각오해야 한다. 그리고 정치의 무대에서 내려와서는 과거의 영광에 집착하지도 말아야 한다.

그렇지 않으면 대임을 수행할 능력을 기를 수가 없다. 로마사 25권 38장에, "로마라는 나라의 힘과 용맹은 그 어떤 잔혹한 운명의 공격을 받더라도 반드시 다시 일어설 것이다"(Romani populi vis atque virtus ex omni profecto saevitia fortunae emersurum esse)라는 말이 나오는데 힘(vis)과 용맹(virtus)은 스키피오의 생애를 잘 요약하는 말이다.

3. 여자의 작용

리비우스 27권 15장에는 로마 군이 미인계 덕분에 타렌툼 도시를 쉽게 점령할 수 있었다는 얘기가 나온다. 이 책에서는 투사 삼손을 망하게 만든 데릴라 같은 여자, 독재적인 여자, 권력의 통화가 되는 여자가 등장한다. 먼저 카푸아의 여자들을 살펴보자. "군사 비평가들은 한니발이 칸나이 전투 이후 곧바로 로마로 진군하지 못한 것보다, 카푸아에서 겨울을 보낸 게 더 큰 전술적 실수라고 말한다. 칸나이에서 주저한 건 그저 승리를 지연시켰을 뿐이지만, 카푸아에서 저지른 실수는 카르타고 군의 활력을 모조리 빼앗아 갔다는 것이다. 실제로 겨울이 지나가서 춘계 작전에 나선 한니발의 군대는 크게 위축되어 있었다. 많은 병사가 매춘부와 동거하면서 오랜 기간 알고 지낸 것도 문제였다. 카르타고 군은 다시 천막 밑에서 생활을 시작하며 진군을 재개하고 다른 군사적인 일을 해야 할 때가 되자 육체적으로나 정신적으로나 완전히 활기를 잃었다. 여름에 전쟁을 수행하는 내내 많은 병사가 계속 휴가증 없이 진영을 떠났는데, 그들의 은신처는 늘 카푸아의 매춘부 집이었다"(23:18).

사람의 이빨은 사탕 때문에 썩고 남자의 용기는 여자 때문에 녹아버린다, 라는 말 그대로였다. 그리하여 로마의 사령관 마르켈루스는 로마 병사들을 격려할 때 이런 말을 한다. "저들은 온전한 전력이 아니다. 일부는 약탈하려고 산책을 나갔다! 제군이 지금 마주하고 있는 저들은 사치와 캄파니아의 악덕에 물들어 활력을 잃은 자들이다. 겨울에 술을 마시고, 창녀와 어울리고, 온갖 방종한 짓을 하여 활력이 다 사라진 자들이 바로 저들이다! 한때 저들을 유명하게 만든 당당한 기세와 활력은 사라졌다"(23.45).

그러나 우리의 이목을 사로잡는 것은 이런 집단의 여자들보다는 이름이 나오는 구체적인 여자이다. 다마라타는 시칠리아의 왕 히에로의 딸이다. 공주로 태어난 만큼 거만한 여자였고, 아드라노도루스와 결혼한 후에도 여전히 공주 같은 태도를 지니고 있었다. 그녀는 히에로니무스 왕의 섭정으로 권력을 휘두르는 남편이 때때로 허약한 태도를 보이자, 폭군 디오니시우스의 말을 기억하라고 했다. "군주가 왕좌를 떠나는 때는 오로지 하나뿐이다. 그 때는 말을 타고서 떠나는 것이 아니라, 발을 붙잡혀 질질 끌려 나가는 때이다." 그녀는 권력자의 자리를 포기하는 건 쉽지만, 그것을 얻는 건 어렵고 고된 일이니 꼭 붙들고 있으라고 했다. 남편은 시라쿠사 사회의 혼란상을 이용하여 성공적인 쿠데타를 일으킬 수 있겠다는 희망을 품게 되었다(24.24). 그 기미를 알아차린 다마라타는 상황이 여전히 혼란스럽고, 갓 해방된 나라는 여전히 뒤죽박죽이고, 왕의 돈으로 잘 먹어 피둥피둥한 군대가 여전히 존재하고, 계획을 도와줄 한니발이 보낸 두 장군도 근처에 있는데 무엇이 걱정이냐는 것이었다. 그에 따라 아드라노도루스는 겔로의 사위 테미스투스와 함께 쿠데타 음모를 꾸몄으나 곧 발각이 되어 그 자신은 물론이고 아내 다마라타도 처형되었다. 권력을 꽉 붙들고 놓지 말아야 한다고 조언하는 다마라타에게서 우리는 셰익스피어의 희곡 『맥베스』에 나오는 맥베스 부인을 연상하게 된다. 남편을 사주하여 덩컨 왕을 죽이고 맥베스는 왕위에 올랐으나 그것을 지키지 못하고 맥베스도 그 부인도 모두 죽고 말았다.

또 다른 여자 소포니스바도 문제적 여인이며 다마라타와는 다르게 우리에게 연민과 애수를 불러일으킨다. 시팍스와 마시니사는 모두 카르타고 외곽 지역의 왕이었는데 카르타고와 로마를 상대로 동맹 놀음을 하면서 자신의 세력을 키워가는 왕(부족장)이었다. 현재 로마의 동맹인 마시니사는 카르타고의 동맹인 시팍스를 상대로 승리를 거둔다. 이때 카르타고 통치자 하스드루발의 딸이며 시팍스의 아내인 소포니스바는 마시니사에게 애원하여 제발 자신을 로마 군의 손에 넘어가게 하지 말아달라고 애원했다. 마시니사가 그녀의 미모에 매혹당하여 당일 결혼을 올리기로 함으로써 일단 포로가 되는 것을 막아주었다. 이때 스키피오는 혹시 소포니스바가 새 남편을 유혹하여 누미디아가 로마를 버리고 카르타고와 동맹을 맺을지 모른다고 우려했다. 스키피오는 결혼 당일로 마시니사를 사령부로 불러올려, 자그마한 원인(여자)으로 커다란 결과(국가의 손실)를 초래해서는 안 된다고 설득하여 성공한다. 마시니사는 결혼식을 올린 그날 저녁에 사람을 시켜 소포니스바에게 독이 든 포도주를 보낸다. 아름다운 여인 소포니스바는 그것을 마시고 죽기 전에 이런 말을 남긴다. "나는 이 결혼선물을 받아들입니다. 나의 남편이 아내에게 이것보다 더 큰 선물을 줄 수 없다고 하니 기쁘게 받아들여야겠지요. 하지만 그이에게 말해주세요. 나의 장례식 날에 결혼식을 올리지 않았더라면 훨씬 더 좋은 죽음을 맞이했으리라는 것을."(30.15).

리비우스의 『로마사』를 너무나 좋아하여 『로마사 논고』라는 책을 쓰기까지 한 마키아벨리는 이 소포니스바의 이야기에 무척 매혹되었다고 한다. 마키아벨리는 그의 저서 『피렌체의 역사』 1권 제8장에서, 다음과 같은 서기 6세기 이탈리아의 여자인 로스문다의 이야기를 소개하고 있는데, 우리는 거기서 소포니스바의 메아리를 들을 수가 있다.

"과감하고 야만적인 롱고바르드의 통치자 알보인은 판노니아(도나우 강 지역)로 건너와 그곳의 왕 코문두스를 죽이고 그 딸 로스문다를 아내로 취하여 왕비로 삼았다. 알보인은 죽은 코문두스의 두개골을 그의 술잔으로 만들어 술을 마실 때 사용했다. 알보인은 이후 이탈리아로 건너와 오늘날의 로마냐 지역을 점령했다. 자신의 승리에 취한 알보인은 베로나에서 거창한 연회를 열었고 코문두스의 두개골 술잔을 아내 로스문다에게 건네면서 이 즐거운 축연에 아버지의 존재를 느껴야 하지 않겠냐며 그 술잔으로 술을 마시라고 강권했다. 로스문다는 이에 복수를 각오했다. 알보인의 부하 중에는 젊은 귀족 알마칠드가 있었는데 이 청년은 로스문다의 시녀를 사랑했다. 이를 알아챈 로스문다는 일을 꾸며서 그 청년으로 하여금 시녀의 침대에 들게 했다. 그러나 정작 그 침대에 로스문다 자신이 들어가서 통정한다. 그리고 로스문다는 자신의 정체를 밝히면서, 알마칠드에게 알보인을 죽이고 그녀와 함께 살 것인지, 아니면 왕비의 강간범으로 처형당할 것인지 양자택일하라고 요구한다. 알마칠드는 알보인을 죽이기로 결심한다.

음모자 남녀는 알보인을 죽이는데 성공했으나 알보인의 왕국을 차지하지는 못했고 그래서 롱기누스가 다스리는 라벤나로 도망쳤다. 라벤나의 왕 롱기누스는 로스문다를 활용하여 이탈리아 중부 지방을 차지할 욕심을 갖고 있었다. 롱기누스는 로스문다에게 알마칠드를 죽이고 자신을 남편으로 삼으라고 제안했다. 그녀는 이 제안을 받아들여 술잔에 독을 타고서 목욕 후 목이 마른 알마칠드에게 건넸다. 그는 술잔을 절반쯤 마셨을 때 그게 독이라는 것을 알았고, 그리하여 나머지 절반을 로스문다에게 마시게 했다. 남녀는 둘 다 사망했고 롱기누스는 이탈리아의 왕이 되려는 계획을 포기했다."

로스문다의 이야기는 세부사항이 약간 다르기는 하지만 소포니스바 이야기의 변주에 지나지 않는다. 헤로도토스의 『역사』 제1권에 나오는, 신하 기게스를 시켜서 남편인 칸다울레스 왕을 살해하고 기게스를 새 남편으로 삼아 왕국을 접수한 리디아 왕비 이야기도 결국 소포니스바와 로스문다 이야기의 변주이다. 여자가 권력의 통화라는 사실은 전 세계 어디에서나 공통적인 주제이다. 그것은 21세기에 들어선 오늘날에도 여전히 현재진행형이다. 고금을 통하여 여자 때문에 인생을 망친 사람이 그 얼마이던가!

4. 칸나이 대첩과 한니발의 선택

리비우스 30권 20장에서, 한니발은 이탈리아에서 철수하면서 몇 번이고 이탈리아 해안을 되돌아보며, 대승을 거둔 칸나이에서 카르타고 병사들의 몸이 여전히 적군의 피로 낭자한 상태로 곧장 로마로 진군하지 않은 자신을 저주했다는 얘기가 나온다. 한니발은 나중에 이렇게 후회할 일을 왜 했을까? 칸나이 직후에 한니발이 보인 행동은 다양한 해석이 나오는 대목이기도 하다. 카르타고 군의 기병대장 마하르발은 시간을 낭비하지 말고 곧바로 로마로 진공하자고 한니발에게 건의했다. 마하르발은 자신의 기병대를 이끌고 로마의 성문 앞까지 곧장 달려갈 수 있다고 호언장담했다. 사령관 한니발은 보병 부대를 이끌고 뒤에서 따라오면 로마는 곧 독 안에 든 쥐나 다름없게 된다는 것이었다. 그렇게 하면 닷새 안에 로마의 중심부 카피톨리움 언덕에서 저녁 식사를 할 수 있고, 더 나아가 전쟁을 끝낼 수도 있다는 얘기였다. 그러나 한니발은 기병대장이 승리에 도취되어 너무 낙관적으로 사태를 전망한다고 생각했고, 그 감투정신은 높이 평가하지만 로마 침공 계획은 여러 조건과 상황을 살펴가며 세워야 한다고 대답했다. 그러자 마하르발은 탄식하며 말했다.

"신께서 사람에게 모든 재능을 내리지 않는다는 말은 틀리지 않나 봅니다. 사령관님은 싸워 이기는 법은 알지만, 승리를 활용하는 법은 알지 못하는군요"(22.51).

칸나이 대승 직후는 권투로 치자면 상대방이 그로기 상태로 비틀거리고 있으니 코너에 몰아넣고 결정타를 날려 녹아웃을 시켜야 할 상황이었다. 그런데 왜 한니발은 망설였을까? 당대와 후대의 많은 역사가들이 그 지연 때문에 로마와 제국이 숨 돌릴 틈을 얻었고 그리하여 반격의 발판을 마련할 수 있었다고 평가했다. 한니발이 로마로 곧장 진격하지 않은 이유로 다음 네 가지 추측을 해볼 수 있다.

첫째, 개전 초기의 연전연승에서 오는 자만심이 작용했을 수 있다. 쉽게 말해서 나중에 로마로 쳐들어가도 얼마든지 이길 수 있다고 생각했다. 로마 성벽 앞에서 지금 당장 공허한 공성전을 펼쳐보았자 아무런 소득도 올리지 못할 것이라고 내다보았다. 로마에서의 공성전 기간이 길어진다면 칸나이 대승에서 오른 카르타고 군의 사기가 저하될 수 있고 다른 지역에서 거두어들일 수 있는 더 중요한 이득을 놓쳐 버릴 수도 있었다.

둘째, 고대인들이 갖고 있던 일종의 미신이 작용하여 호사다마를 우려했을 수 있다. 너무 연전연승하다 보니 속된 말로 부자 몸조심의 심리가 작용했다.

셋째, 로마에 대한 정보가 부족했다. 로마를 지키려고 나선 장군이 누구인지 칸나이 대승 이후에 로마의 동맹국들이 어떤 반응을 보일지 모르는 상태였다. 그는 해외 원정군으로서 백 퍼센트 확신이 없는 상태에서 로마 시로 쳐들어가기보다는 주변 세력들을 좀 더 카르타고 편으로 끌어들여 세력을 강화한 후에 로마로 쳐들어가도 늦지 않다고 생각했다.

넷째, 병사들의 피로 회복과 휴식의 필요가 절실했다. 알프스를 넘느라 병력의 절반 가까이 잃었고 쉴 새 없이 전투를 치러와 병사들이 아주 지친 상태였다.

아무튼 한니발은 기병대장의 건의를 물리치고 로마로 진군하지 않았다. 여기에는 그의 전략적 사고도 작용했을 것으로 보인다. 전쟁에서 어떤 도시를 빼앗는 방법은 두 가지이다. 하나는 전면적인 공격을 감행하여 함락시키는 것이고, 다른 하나는 그 도시를 포위하여 서서히 목을 졸라 항복을 받아내는 방법이다. 한니발은 이탈리아 전역의 도시들을 수중에 넣은 다음 서서히 로마를 옥죄는 방식을 선택했다. 그의 목표는 이제 로마라는 도시 하나를 함락시키는 것이 아니라 이탈리아 전역에서 로마라는 나라의 흔적을 아예 지워 없애려는 것이었다. 그러자면 이탈리아 내의 많은 로마 우방국들 즉 라틴 동맹을 로마로부터 이탈시키고 해방시켜야 했다. 또한 한니발은 자신이 이탈리아 내에서 도시들을 차례로 함락시키는 작전을 펴는 동안에 카르타고 본국에서는 스페인에서 로마 인을 몰아내고 사르데냐 섬을 다시 차지하고, 이어 시칠리아까지 전쟁 무대를 확대하여 로마를 완전히 포위해 버리는 작전을 펴주기를 바랐다. 그래서 그는 병사들에게 충분한 휴식을 취하게 한 후에 삼니움 지역을 여유 있게 통과하여 캄파니아 지방으로 들어갔다. 그 일대의 라틴 동맹들을 로마에서 이탈시켜 카르타고 편이 되도록 교섭하기 위해서였다. 한편 그의 막내 동생 마고는 소규모 부대를 이끌고 이탈리아 남부 지역인 루카니아와 브루티움으로 갔다.

하지만 한니발의 예상과는 다르게 로마의 동맹 체제는 좀처럼 흔들리지 않았다. 주요 도시 중 어느 곳도 선뜻 카르타고의 동맹으로 돌아서지 않았다. 로마의 동맹들은 카르타고가 결국 페니키아 사람들이고 그들은 아시아의 야만족에 불과하다는 은근한 자부심 혹은 우월감을 갖고 있어서 한니발에게 잘 협조하려 하지 않았다. 한니발은 자신의 승전으로 더 이상 로마와 동맹을 유지하면 불이익만 돌아올 뿐이라는 것을 입증해야 되었다.

이런 상황에서도 한니발의 로마 우회 작전은 나름대로 성공했다. 루카니아와 브루티움에서 그리스 도시들을 제외하고 여러 도시들이 카르타고 편으로 넘어왔다. 페텔리아만이 11개월 간 마고의 포위 공격을 견뎌냈으나 결국 함락되었고, 콘센티아도 페텔리아의 함락 뒤에 항복했다. 그러나 칸나이 대승 이후에 한니발이 거둔 가장 큰 성공은 그 해 가을에 이탈리아의 두 번째 도시인 카푸아가 카르타고 편으로 넘어왔다는 것이었다. 이것은 라틴 동맹에 실질적인 위협이 되는 사태 발전이었다.

카푸아 정복이 행운인 것처럼 보였으나, 실은 카르타고에게 독이 되었다. 카푸아에서 겨울을 나는 동안에 카르타고 군대는 환락의 도시가 제공하는 사치스러움, 방탕, 황음(荒淫)에 빠져서 활기를 잃게 되었다. 그리하여 카푸아가 한니발의 칸나이라는 말까지 나오게 되었다. 환락이 한니발 부대의 투지를 녹여 버렸다는 뜻이었다. 이제 예전과 같은 대승은 거두기가 어려웠고, 개전 초기에 본국에서 보내주려 했던 동생 하스드루발의 군대도 스페인에서 스키피오 장군(스키피오 아프리카누스의 아버지)에게 패배하는 바람에 9년 뒤에나 오게 되었다. 이후 여러 해 동안 로마 군과 카르타고 군은 이탈리아 남부의 도시들을 뺏고 빼앗기는 접전을 벌였으나, 점차 한니발은 수세에 몰렸고 이탈리아 남부에 발이 묶였으며 전쟁은 좀처럼 종결될 기미가 보이지 않았다.

기원전 207년 드디어 기다리던 카르타고의 원군이 알프스를 넘어 이탈리아로 왔다. 동생 하스드루발이 사령관이었다. 한니발은 동생을 움브리아에서 만나기 위해 북상해야 하는데 알프스를 그리 빨리 넘을 것으로 예상하지 못하고 카누시움 현지에서 지체하고 있었다. 그런데 이때 하나의 우연한 사건이 벌어진다. 로마 군이 한니발에게 가던 동생의 밀서를 가로챈 것이었다. 작전의 의도를 간파당한 하스드루발은 메타우루스 강변에서 네로와 리비우스의 두 집정관이 이끄는 로마 군의 협공을 받았다. 카르타고 증원군은 괴멸되었고 하스드루발은 전사답게 싸우다가 죽었다. 로마 군은 하스드루발의 잘린 머리를 한니발의 진지에 내던졌다. 그것은 10년 만에 유명을 달리한 모습으로 나타난 동생과의 재회였다.

나중에 벌어진 사건, 즉 카푸아의 환락과 하스드루발 부대의 괴멸을 생각해 보면, 이렇게 하나 저렇게 하나 패배하기는 마찬가지인데, 차라리 칸나이 대승 직후에 곧장 로마로 쳐들어가서 조기에 전쟁을 결판내는 것이 더 낫지 않았을까 하는 생각이 든다. 실제로 기원전 211년에 한니발은 충동적으로 로마 공격을 감행하기는 했지만 로마를 점령하려고 하는 것보다 카푸아를 포위하고 있는 두 집정관의 군대를 다른 곳으로 돌리려는 의도가 더 강했다. 목적이 이렇게 다른 데 있었으니 로마 진군은 성공을 거두지 못했다(26.7). 정말로 로마를 점령하려고 마음먹었다면 칸나이 직후에 실행했어야 옳았던 것이다. 역사에는 가정이 없는 것이므로 기원전 216년 당시 한니발은 자신의 전략적 사고방식에 입각하여 로마 진격 여부를 판단했다고 보아야 한다. 한니발은 그 당시 최고의 전략가답게 자신의 지략과 계획을 믿었고 그것을 하나하나 풀어나가기 위해 군대를 움직이고 교전했다. 장군은 전투에서 이겨야 존재의 이유가 있는 것인데, 로마 진공은 반드시 이긴다는 보장이 없었던 것이다.

5. 초자연적 현상과 운명

리비우스 3권에는 초자연적 현상에 대한 기사들이 반복적으로 나온다. 21권에서 30권에 이르는 동안에 총16회 나오는데, 각 기사들 중에서 한 가지 씩만 살펴보면 이러하다.

로마의 아벤티노 언덕과 아리키아에선 동시에 돌비가 쏟아졌다(22.36). 베스타 여신을 섬기는 두 여사제가 성적으로 부정한 행위를 저질렀다(22.57). 두 개의 태양이 보였고 밤에도 낮처럼 햇볕이 들었다(23.14). 시누에사에서는 암소가 망아지를 낳았고, 유노 소스피타 신전에선 라누비움의 조각상들에서 피가 흘러내렸다(23.31). 스폴레티움에선 어떤 여자가 갑자기 남자로 성 전환을 했다(24.10). 포룸과 카피톨리움에서 여자들이 익숙하지 않은 의식에 맞춰 희생 제물을 바치고 기원하는 일이 있었다(25.1). 레아테에선 커다란 바위가 하늘에서 날아다니는 것이 보였다(25.7). 포룸 수베르타눔의 바닥에선 피가 종일 개울처럼 흘렀고, 레아테에선 노새가 새끼를 낳았다(26.23). 프리베르눔에선 황소가 말을 했고, 시누에사에서는 반은 여자이고 반은 남자인 성별이 모호한 아이가 태어났다(27.11). 카시눔에선 수많은 벌 떼가 포룸에 자리 잡았고, 오스티아에선 성벽과 성문에 벼락이 떨어졌다(27.23). 카푸아에선 어느 날 밤 늑대 한 마리가 성문을 통해 들어와 보초병에게 상처를 입혔다(27.37). 유피테르 신전 문을 통해 두 마리의 뱀이 미끄러지듯 나아가는 장면이 목격되었고, 카이레에서는 머리가 둘 달린 돼지가 태어나고 수컷과 암컷의 성기를 모두 지닌 양이 태어났다(28.11). 이해엔 평년보다 더욱 자주 돌비가 내렸고, 그리하여 시빌의 예언서를 참조하게 되었다(29.10). 첫 번째 희생 제물의 배를 갈라보니 간에 머리가 없었다(30.2). 쿠마이에서는 태양이 부분적으로 어두워졌고, 돌비가 내렸다(30.38)

이러한 초자연적 현상의 본질에 대하여 리비우스는 이렇게 설명한다.

"전쟁이 오래 끌자 승리와 패배의 반복적 양상은 사회 전반에 영향을 미치는 것 못지않게 사람들의 마음에도 영향을 주었다. 이를 잘 나타내는 사례는 온 나라에 미신이 범람하는 것이었다"(25.1)

"임박한 위기를 의식하자 사회 내에 미신의 물결이 밀려왔다. 그리하여 사람들은 초자연적인 현상을 널리 전하고 믿으려 했다"(29.14).

미신의 라틴어 원어는 superstitio인데 super 와 sisto가 결합되어 만들어진 합성어이다. 수페르는 "위"라는 뜻이고 시스토는 "~에 있다" 혹은 "~한 상태에 있다"라는 뜻이다. 리비우스는 25권 16장에서 이 운명을 이렇게 설명한다. "그 어떤 선견지명도 임박한 운명을 뒤집을 수는 없다"(Nulla tamen proventia fatum imminens moveri potuit). 또한 45권 38장에서는 이런 말도 한다. "사람은 그들의 운명이 은폐하는 위험에 대해서 가장 취약한 법이다"(Ad id quod ne timeatur fortuna facit, minime tuti sunt homines). 이 원문의 뜻은 "운명이 두렵게 보이지 않도록 만든 것(id quod ne timeatur fortuna facit)"이지만 "운명이 은폐하는 위험"이 더 합당하다고 생각하여 이렇게 번역했다. 다시 말해, 운명은 어떤 사람을 죽이려고 하면 그의 두 눈을 멀게 하여 사태의 진상을 제대로 보지 못하게 한다는 것이다. 그리하여 로마 인은 자신이 진실(사태의 진상)을 제대로 알지 못하거나, 자신이 잘못 안 것을 진실로 오해하지 않도록, 간절히 신들에게 자신의 잘못이나 죄악(다시 말해 신의 뜻, 혹은 운명의 길을 제대로 보지 못한 것)을 용서해 달라고 비는 정화 의식과 희생 제의를 올렸다. 이렇게 볼 때 속죄는 운명의 뜻을 알아내어 그 운명에 순응하려는 의사의 표시이다. 좀 더 구체적으로 말하면, 신들이 인간의 어떤 행위에 분노하여 초자연적 현상으로 벌을 내리고 있는 것이므로 그 분노를 달래는 속죄 행위를 한 것이다. 지금으로부터 2200년 전의 이야기지만 이미 인간이 자기도 모르게 죄를 지었거나 지을 수 있다는 인식이 존재했음을 보여주는 대목이다.

초자연적 현상들은 주로 국가에 위기가 있을 때 벌어진다. 중요한 집정관 선거가 있다든지, 집정관이 야전으로 나갈 때, 적이 쳐들어올 때, 로마 사회 내에 심각할 계급 간의 갈등이 벌어질 때 등이다. 로마인들은 특히 집정관이 휘하 군단을 이끌고 야전으로 나아갈 때 종교적 정화 의식과 희생 제의를 반드시 거행했다. 왜냐하면 전투의 승리는 국가의 대사인데 그것을 얻자면 무엇보다도 운명과 그에 순응하는 절차를 잘 치러야 한다고 보았기 때문이다. 그리하여 복점, 봉헌, 조짐, 세정, 예언 받기 등의 각종 종교적 절차를 성실하게 수행했다. 뿐만 아니라 주술사의 말과 시빌의 예언서에 적힌 말들도 존중했다. 로마 인이 이적들이 벌어진 현상을 이처럼 중시한 것은 그것이 국가적 시련의 예고이며, 그 시련을 잘 다스려야 패전과 파멸을 면할 수 있다고 보았기 때문이다. 이렇게 볼 때 이적(異蹟)은 성공과 실패의 갈림길 혹은 순환을 예고하는 현상이 된다.

로마는 운명을 예시하는 초자연적 현상을 하나의 전기로 삼아 더욱 위대한 나라로 건설하는 길로 나아갔다. 여기서 우리는 다시 한번 운명의 시련에 종교의 힘으로 맞서는 로마 인의 현명함을 보게 된다. 운명은 위대한 업적의 달성을 원할 때 먼저 출중한 능력의 소유자를 선택한다. 반대로 대재앙을 내리고자 할 때에는 유사한 방식으로 무능한 자를 책임자 자리에 앉힌다. 누군가 운명에 도전한다면, 운명은 그를 죽이거나 성공의 수단을 빼앗아 버린다. 초자연적 현상은 운명에 순응하는 자는 살고 그렇지 못한 자는 죽는다, 라는 경고인 것이다. 이것은 파비우스와 마르켈루스, 두 장군의 사례에서 잘 드러난다.

기원전 209년 파비우스는 도시의 항복을 받아내려고 메타폰툼으로 가기 전에 조점을 봤는데, 새들은 좋은 신호를 보내지 않았다. 이에 그는 제물을 바쳐 희생 의식을 치르고 하늘의 뜻을 구했지만, 사제가 그에게 주의를 주며 함정과 적의 간계를 조심하라고 했다. 파비우스는 결국 메타폰툼에 가지 않았고 그의 방문을 재촉했던 메타폰툼 인을 체포하여 심문한 결과 그것이 실은 한니발의 함정이었음을 알아냈다(27.16).

기원전 208년 집정관 마르켈루스는 한니발을 쫓고 있었는데 진지 근처의 작은 언덕을 정찰하기로 했다. 그러나 그곳에는 한니발의 매복 병사들이 집정관을 잡기 위해 대기하고 있었다. 그는 정찰을 떠나기 전에 점을 치며 희생 제물을 바치고 동물의 배를 갈라 상태를 살펴보았는데 간이 위쪽 부분이 없었고, 다음 제물은 모든 게 정상인 것처럼 보였지만, 간의 상부가 다소 컸다. 예언자들은 내장의 생김새가 이처럼 극명하게 갈리는 것을 보니 전혀 조짐이 좋지 않다고 예언했다. 하지만 마르켈루스는 한니발과 교전하려는 의지가 강력하여 작전에 그대로 나섰다가 매복 부대에 걸려 전사했다(27.26).

이러한 사례들을 감안할 때 다음과 같은 한니발의 꿈은 의미심장하다. 한니발은 에브로 강 지역으로 나아가던 중 이런 꿈을 꾸었다. 신과 같은 모습의 젊은 남자가 나타나 자신은 신이 보낸 사자이며 한니발을 이탈리아로 인도하겠다고 하면서 절대 뒤를 돌아다보지 말라고 했다. 그러나 궁금증을 이기지 못하고 뒤를 돌아보니 거기에 거대한 뱀이 미끄러지듯 움직이고 있었다. 뱀이 지나온 자리엔 끔찍한 폐허가 있었고, 그 뒤로는 먹구름이 엄청난 천둥소리를 내며 뒤따라왔다. 한니발은 꿈속에서 저 두려운 소동이 무엇이며 저런 징후는 무슨 의미냐고 물었다. 공중에서 이런 목소리가 들려왔다. 저것은 황폐해진 이탈리아를 뜻하며, 더는 묻지 말고 전진하라고 하면서 앞으로 반드시 벌어질 일(운명)은 어둠 속에 남겨두라고 했다(21.22).

여기서 우리는 "앞으로 반드시 벌어질 일은 어둠 속에 남겨둔다"(sineretque fata in occulto esse) 에 주목하게 된다. 그렇다면 어둠 속에 남겨진 운명(fata in occulto esse)은 무엇이었을까? 이와 관련하여 우리는 책의 후반부에 가면 나오는 스키피오의 전설을 떠올리게 된다. 스키피오가 스페인 주둔군 사령관으로 임명된 것은 거의 신화적인 분위기를 풍긴다. 성인이 된 날부터 스키피오는 공적인 일이건 사적인 일이건 카피톨리움에 먼저 가서 기도를 올린 다음에 일 처리를 했다. 그가 너무나 신성한 분위기를 풍기기에 사람들은 알렉산드로스 대왕의 전설과 스키피오의 그런 신성한 태도를 연결시켰다. 알렉산드로스의 어머니는 커다란 뱀이 그녀를 휘감아 대왕을 잉태시켰다는 전설이 떠돌았는데 스키피오에게도 그런 전설의 분위기가 느껴진다는 것이었다. 스키피오는 이런 전설에 대한 믿음을 굳이 부정하지 않았다(26.19).

한니발이 꿈에서 보았다는 뱀은 길조인가 하면 흉조인데, 그 뱀 이야기가 스키피오의 전설에서 다시 나오는 것이다. 그래서 한니발의 꿈에 나타난 뱀은 어둠 속에 남겨진 운명이고, 좀 더 구체적으로 스키피오와의 대결 혹은 스키피오의 상징을 예시하는 것이 아닐까 생각된다. 예전부터 운명-여자-진리(사건의 진상)은 알기 어렵다는 점에서 3위1체라고 말들 해왔다. 로마 인은 위험한 운명에서 무사히 벗어나기 위해 신들에 대한 위무와 속죄 의식을 거행했다. 스키피오는 여자가 위험한 운명이라는 것을 알기에 스페인 주둔군 사령관으로 나가서는 여자를 멀리했다. 진실은 비밀을 감추는 베일을 들어올리는 사람에게만 그 모습을 보여주는데, 그렇게 하려면 힘(vis)과 용맹(virtus)을 갖추어야 한다.

이상에서 살펴본 바와 같이 초자연적 현상과 운명은 밀접한 관계가 있는 것이고, 그리하여 그 현상에 대한 기록은 리비우스의 스토리텔링에서 중요한 리듬을 형성한다. 그런 현상들을 기술함으로써 이제 곧 운명의 소용돌이가 있을 것임을 예고한다. 그러면 우리는 앞으로 벌어질 일에 대하여 전율하면서 그 이야기의 신비스러움과 오묘함에 현기증 같은 것을 느끼게 된다. 이런 점은 리비우스 역사서를 재독하면 더욱 확실하게 느낄 수 있다. 진실(전쟁의 승패)이 무엇인지 알 수 없을 때, 로마 인은 먼저 정화의식과 희생제의를 거행하여 신들을 위무했고, 그 다음에는 신성의 뜻을 거스르지 않았으니 평소의 원칙(힘과 용맹)대로 하면 이기고, 변칙(비겁과 공포)대로 하면 진다고 생각하면서 전투에 나섰다. 이러한 행동 방침을 가리켜 로마 인들은 "인간은 제안하고 신들은 처분한다"(petere humanus et ordinare divinus est)라고 말했다.

6. 가족 로망스

가족 로망스(family romance)는 아이가 인생을 시작하며 만나게 되는 최초의 드라마, 즉 아버지, 어머니, 자식의 3자 관계를 지적하는 말이다. 이 말은 가정 내에서 벌어지는 식구들 사이의 갈등 관계를 가리키기도 하고, 가족에게서 받은 결정적 영향이 아이의 성격에 평생 동안 영향을 미치는 현상을 가리키기도 한다. 사실 모든 중요한 문학이 가족 로망스에 바탕에 두고 있다. 몇 가지 구체적 사례를 들어 보면 소포클레스의 오이디푸스, 셰익스피어의 햄릿, 도스토옙스키의 카라마조프 등이 그러하다. 문학 중에서도 성장소설(bildungsroman)은 특히 가족 로망스의 성격이 강하다. 이 때문에 모든 소설은 가족의 역사를 다루는 자전 소설이라는 말까지 생겨났을 정도이다. 리비우스의 『로마사』는 소설이라고 할 수는 없지만, 주인공인 한니발과 스키피오는 이 가족 로망스의 영향이 아주 강한 인물이다.

한니발의 아버지 하밀카르가 스페인 정벌을 위해 아프리카에서 그곳으로 건너가려 했을 때 한니발은 9살이었다. 어린 한니발이 종군을 애원하자 아버지는 허락했다. 그리하여 전쟁의 성공을 위해 제물을 준비하던 중인 하밀카르는 아들을 제단 앞으로 데려가 제물 위에다 아들의 손을 올려놓게 하고서 장성하면 로마 인을 반드시 무찌르겠다고 엄숙하게 맹세시켰다. 하밀카르는 자부심이 강한 남자였고, 제1차 포에니 전쟁 때 시칠리아와 사르데냐의 두 섬을 로마에게 빼앗긴 치욕을 잊지 않았고 반드시 복수하려고 했다. 하밀카르는 전쟁이 끝난 후 5년 간 아프리카 전쟁에 종사했고, 그 후 9년 간 스페인 정복 사업에 온 힘을 쏟았다. 그의 꿈은 권토중래, 반드시 로마를 꺾고 설욕하겠다면서 와신상담했다. 만약 그가 이탈리아 침공 당시까지 살아 있었다면 전쟁의 지휘관은 한니발이 아닌 하밀카르가 되었을 것이다. 하지만 그 아버지는 복수의 꿈을 이루기 전에 먼저 죽었고, 아들 한니발이 이제 그 꿈을 이어받아 알프스 산을 넘어 이탈리아 정벌에 나섰다. 자마 패전 이후에도 한니발은 안티오코스 궁정으로 건너가 안티오코스와 카르타고가 로마를 양면 공격하여 로마에게 복수하는 권토중래를 꿈꾸었다. 이렇게 볼 때 생전의 아버지는 아들의 일생을 이미 다 틀 잡아 놓은 것이었다.

스키피오는 자신의 아버지가 전장에서 부상당하는 것을 직접 두 눈으로 보고서 구출했다. 폴리비오스는 그의 『역사』 10권에서 기원전 190년의 집정관이었던 가이우스 라일리우스에게 들은 것이라면서, 이와 관련된 스키피오 아프리카누스의 일화를 전하고 있다. 라일리우스는 아프리카누스보다 20년을 더 살았고, 아프리카누스의 어린 시절부터 생애 말년까지 잘 알고 있었으므로 믿을 만한 증인이었다. 이 라일리우스가 폴리비오스에게 들려준 바는 이러하다.

아들 스키피오가 전투에 처음 참가한 것은 포 강 근처의 티키누스 전투였는데 이 때 아버지의 부대와 한니발의 기병대 사이에 전투가 벌어졌다. 당시 아들 스키피오는 17세였는데(리비우스는 18세라고 했는데 이것이 더 개연성이 높다), 최초의 전투에 참가했다. 아버지 스키피오는 아들의 안전을 걱정하여 가장 우수하고 민첩한 기병대의 지휘를 아들에게 맡겼다. 전투가 한창 진행 중일 때 아들은 아버지가 부상을 당한 채 피를 흘리고 있는데 주위에는 로마 군 기병이 2~3명밖에 없었다. 그는 휘하의 기병대에게 당장 그곳으로 달려가 아버지를 구하자고 소리쳤다. 그러나 기병대 동료들이 아버지 주위에 적이 너무 많이 있는 것을 보고서 달려가기를 망설이며 뒤로 물러서려 하자, 아들은 혼자서 아버지를 포위한 적의 기병대를 향해 달려갔다. 아들이 미친 듯이 칼을 휘두르며 달려들자, 로마 군 동료들도 지원을 해야겠다는 의무감을 느껴 일제히 달려들자 적의 기병대는 혼란에 빠지면서 대열이 흩어졌다. 아버지 스키피오는 자신이 뜻하지 아니하게 아들의 손으로 구출된 것을 발견하고서 로마 군의 전 병사들 앞에서 아들이 자신의 목숨을 구했다고 첫 번째로 인정했다. 나중에 아버지와 작은 아버지가 스페인 전장에서 전사하기까지 했다. 그리고 자신은 스페인 사령관 자리에 올라 다시 아버지의 대를 이어 카르타고와 싸웠다. 아버지의 공로와 그림자가 스키피오에게 길게 드리워져 있었다. 다음과 같은 문장은 그것을 보여준다.

"모든 시민이 스페인 지휘권을 그에게 주는 걸 지지했다. 하지만 일이 끝나서 갑작스러운 충동이 사라지고 머리를 식힐 여유가 생기자 어색한 침묵이 흘렀고, 사람들은 건전한 상식보다 개인적인 감정에 휩쓸려 일을 저지른 게 아닌지 자문하기 시작했다. 무엇보다 스키피오의 나이가 시민들을 주저하게 만들었다. 몇몇 사람은 그의 가문의 불길한 운명에 오싹함을 느꼈다. 그리고 두 명의 가장이 사망한 가문의 일원인 이 젊은 남자가 이제 전장으로 가서 아버지와 삼촌의 무덤 곁에서 싸워야 한다는 전망에 깊은 두려움을 느꼈다"(26.18).

부자관계의 가족 로망스는 한니발과 스키피오뿐만 아니라 다른 장면에서도 은은한 비네트(윤곽을 희미하게 처리한 초상화)를 보여준다. 가령 이런 사건이 그러하다. 한니발이 카푸아에 들렸을 때, 한니발의 연회에 초대된 친(親) 로마파인 아들이 한니발을 암살하려는데, 정원에서 아들과 밀담을 나누는 아버지는 이렇게 말한다. "아들아! 여러 군대들이 두려워하고, 로마 인들도 바라보면 몸서리치는 게 바로 한니발의 얼굴이다. 네가 그 얼굴을 빤히 쳐다보면서도 그 일에 실패하지 않을 배포가 있겠느냐? 아무도 널 도와주지 않을 것이다. 너는 아비가 한니발의 몸을 막아서면 찌를 수 있겠느냐? 진실로, 진실로 말하는데 네 칼로 먼저 내 심장을 찔러야 그의 심장에 도달할 수 있다는 걸 의심하지 말거라." 아들은 늙은 아버지의 호소에 감동하여 눈물을 흘렸고 연회장 정원의 벽 너머에 있는 길로 칼을 내던졌고 의심을 받지 않기 위하여 다시 한니발의 연회장으로 돌아갔다(23.8). 우리는 여기서 애틋한 부정을 읽을 수 있다.

쿤크타토르("지연하는 사람") 파비우스가 아들이 집정관에 오르자 아들에게 한 말도 우리에게 감동을 안겨준다. 성공한 아들을 대견하게 여기는 아버지의 마음이 그대로 전달되기 때문이다. 아버지 파비우스는 수에술라에 있는 진지에서 아들의 부사령관으로서 군단에 합류했는데 아들이 아버지를 만나기 위해 앞으로 나아갈 때의 일이었다. 현역 집정관의 앞에서 걷던 길나장이들은 아버지 파비우스의 위엄을 존경하여 말을 탄 채 다가오는 노장에게 아무런 제지의 말도 하지 않았다. 아버지 파비우스가 12개의 권표 중 11개를 말을 타고 지나치자 아들 집정관은 12번째의 길나장이에게 하마를 경고하라고 지시했다. 그제서야 길나장이는 마지못해 그 지시를 따랐다. 아버지 파비우스는 말에서 내리며 이렇게 말했다. "아들아, 나는 네가 정말 집정관 노릇을 제대로 하는지 확인하고 싶었다"(24.44).

이 부분을 읽고 있으면 태조 이성계가 고려 말엽에 아들 방원이 과거에 급제했다는 통지문을 받고서 아들을 집안 마당에 세우고서 그 통지문을 직접 읽어서 아버지에게 들려달라고 말했다는 고사가 생각난다.

7. 공화국의 굳건한 체제

리비우스는 26권 22장에서 "철학자들이 실제가 아니라 이상향으로 생각했던, 현자들만 거주하는 도시가 있다고 하더라도, 로마처럼 고결한 정신과 권력욕 없는 지도자들과 모범적 품행의 시민들이 사는 곳은 아닐 것이다"라고 말한다. 로마 공화국이 그처럼 고결하다는 것인데, 그런 고결함은 로마 사회의 힘과 용맹에서 나오고 그것은 다시 굳건한 정치 체제에서 나온다. 폴리비오스는 그 체제의 우수성을 보여주는 구체적 사례로 로마 군 포로들의 몸값 지불을 거절한 사건

(22.58-60)을 들었다. 이 에피소드는 개인보다는 공화국을 더 우선시하는 선공후사의 정신을 잘 보여준다.

칸나이에서 대승을 거둔 후에 한니발은 진지를 지키고 있던 로마 병사 8천명을 포로로 잡았다. 그리고 그들의 대표 10명을 뽑아 로마로 보내 포로 석방을 위한 몸값을 요구하게 했다. 대표는 원로원에서 몸값을 내어달라고 간절히 호소했다. 원로원 의원들은 그 호소의 말을 다 들어주었지만 국가의 위엄과 의무를 잊어버리지는 않았다. 의원들은 한니발의 의도를 꿰뚫어 보고 있었다. 카르타고 군대의 운영에 돈이 필요한 것도 있지만, 패전을 해도 돈만 내면 살아 돌아갈 수 있다는 사실을 암시함으로써 로마 군의 사기를 꺾어놓으려는 심산이었다. 사기 저하는 곧 패전으로 이어지고 패전은 공화국의 멸망을 의미하는 것이었다. 그래서 원로원 의원들은 포로로 잡힌 병사들의 처지를 불쌍히 여겼지만 몸값 지불 호소를 거절했다. 개인보다는 공화국의 안녕을 더 우선시해야 하기 때문이었다.

이러한 로마 인의 결단은 제1차 포에니 전쟁 때 아프리카 공략에 나섰다가 포로로 잡힌 레굴루스 사령관의 사례에서 이미 예고된 것이다. 레굴루스는 기원전 265년과 266년의 로마 집정관이었다. 제1차 포에니 전쟁 때 군 사령관으로서 에크노무스 곶에서 카르타고 해군을 패배시켰다. 그러나 다음 해 로마 군을 이끌고 카르타고 원정에 나섰다가 작전 실패로 카르타고 군에게 생포되었다. 당시 카르타고 군은 해상과 육상에서 두 번이나 패배를 당하여 아주 위태로운 처지에 있었다. 이때 사령관이던 레굴루스는 곧 카르타고 시를 점령할 수 있겠다고 판단했다. 그러나 그는 다음 해의 집정관이 카르타고에 부임해 오기 전에 카르타고를 함락시키지 못하여, 함락의 공로가 후임자에게 돌아갈 것을 우려하여 카르타고 군과 강화 협상에 나섰다.

하지만 레굴루스는 너무나 가혹한 강화 조건을 내걸었고 이에 카르타고는 심한 굴욕감을 느끼고서 급히 용병대 병력과 아프리카 기병대를 모아 레굴루스의 군대와 맞섰다. 적을 너무 만만하게 본 레굴루스는 이 전투에서 패배했을 뿐만 아니라 적에게 포로로 잡혔다.

카르타고는 협상에 실패하면 다시 돌아온다는 맹세를 신들에게 시키고는 레굴루스를 강화 협상의 사절로 로마에 보냈다. 레굴루스는 로마 원로원에 출두하여 강화는커녕 전쟁을 계속하라고 조언하면서 자신의 몸값을 절대로 지불하지 말 것을 요청했다. 만약 전쟁에서 포로로 잡힌 군인을 돈으로 되사들인다면 그는 전장에서 용맹해지는 것이 아니라 고국에 돌아와 동포들에게 더 사나워져서 로마 사회의 큰 부채가 된다고 말했다. 레굴루스는 상대를 얕보는 교만한 마음가짐 때문에 전쟁에서 패배한 자신을 죄인으로 여겼고, 그런 자기 자신을 용서하지 않았다. 그는 신들에게 맹세한 대로 카르타고로 돌아가 고문을 받고서 죽었다. 로마 인들은 이처럼 개인의 희생은 안타까운 일이지만 그 어떤 개인도 공화국보다 위대할 수는 없으므로, 개인의 희생이 필요할 경우에 그것을 회피해서는 안 된다고 생각했다.

공화국의 굳건한 체제를 보여주는 또 다른 사례는 파비우스와 스키피오가 있다. 파비우스 막시무스(기원전 275-203)는 기원전 217년 두 번째로 집정관 자리에 올랐을 때 한니발을 상대로 전면전을 수행하지 않고 한니발의 뒤를 따르며 끊임없이 게릴라 전을 펼쳐서 쿤크타토르(cunctator: 지연하는 사람)라는 경멸적인 별명이 붙은 장군이었다. 그러나 216년 로마 군이 칸나이에서 한니발에게 대패하자, 파비우스의 도망치며 수행하는 게릴라 전술이 다시 채택되었다. 경멸적인 의미의 "지연하는 사람"은 이제 상황이 바뀌어 존경의 뜻을 갖게 되었다. 그래서 고대 로마의 시인 엔니우스는 "한 사람이 그의 지연 전술로 우리를 구제해 주었네"라고 노래했다. 파비우스는 209년에 다시 집정관 자리에 올라 카르타고 사람들로부터 타렌툼을 수복했다. 205년 스키피오 아프리카누스가 카르타고 인들을 스페인에서 몰아내고 북아프리카의 카르타고 본거지를 공격하려 하자, 파비우스는 극력 반대했다. 파비우스는 한니발이 이탈리아를 떠난 203년에 사망했다. 파비우스는 로마의 방패라고 불렸고 상황에 맞는 전술을 폈다며 후대의 칭송을 들었다. 영국 정치에서 페이비언주의(Fabianism)는 즉각적인 혁명보다 점진적인 진보의 정책을 취하는데, 이 용어는 파비우스에게서 나온 것이다.

파비우스 막시무스가 채택한, 싸우지 않고 성채에 머무르는 방법은 훌륭한 군대를 가지고 있어 적이 감히 마음대로 공격할 수 없는 경우에만 유효한 것이다. 파비우스는 겁먹어서 한니발과의 전투를 피해서 달아난 것은 아니었다. 오히려 그는 자신의 생각대로 적을 상대할 수 있을 때에만 싸우려고 했다. 충분히 교전 준비가 된 상태에서 한니발이 진군해 오면 기다렸다가 맞서 싸우면 됐다. 하지만 한니발은 결코 파비우스의 의도대로 싸우려고 하지 않았다. 그 결과 파비우스 못지않게 한니발도 전투를 피했다.

아무튼 34세의 한니발이 이탈리아로 침공해 행운을 누리며 로마인들을 두 번이나 격파해 거의 완전하게 로마 군의 뿌리를 흔들고 로마 전체를 공포로 몰아넣을 때 주도면밀하고 신중하게 적을 저지할 수 있는 파비우스 같은 장군이 나타났다는 것은 로마로서는 더할 나위 없는 행운이었다. 파비우스도 자신의 방식을 그 때보다 더 잘 적용할 수 있는 시대를 만나지 못했을 것이다. 그 결과 그는 영예를 안게 되었다. 파비우스는 이성적 선택보다는 타고난 본성으로 일을 처리했다. 왜냐하면 스키피오가 아프리카로 군을 움직여 카르타고와 결전을 벌이려고 하자 그는 강력하게 반대했기 때문이다. 그것은 파비우스 자신의 방식과 습관을 벗어나지 못하기 때문에 보이는 모습이었다. 실제로 파비우스는 "제 의무는 이미 이룬 영광과 함께 살다 죽는 겁니다"(28.40)라고 말했다.

따라서 파비우스가 주장한 대로 스피키오 부대를 아프리카에 파견하지 않았더라면 한니발은 여전히 이탈리아에 남아 노략질을 했을 것이다. 전쟁이 오래 계속되어 상황이 변했고 그로 인해 전쟁 방식을 변경할 필요가 분명 있었다. 하지만 파비우스는 자신의 전투적 본성대로만 움직이려 했기 때문에 그런 변화된 상황을 제대로 파악하지 못했다. 이것은 하나의 가정이지만 만약 파비우스가 로마의 왕이었더라면 그는 결국 카르타고와의 전쟁에서 패배했을 가능성이 높다. 시대의 변화에 따라 행동을 달리하는 법을 전혀 알지 못했기 때문이다. 하지만 파비우스는 운 좋게도 다양한 기질을 가진 시민들이 적극적으로 조국 방어에 나선 로마 공화국에서 태어났다. 따라서 로마는 장기전이 필요할 때는 최고 지도자로 파비우스를 내세웠고, 이후 결정적 승리를 필요로 할 때는 스키피오를 내세웠던 것이다. 이것은 로마 공화국이 다른 곳의 군주국보다 더 긴 수명과 더 큰 행운을 누릴 수 있는 결정적 사유가 되었다. 왜냐하면 공화국 시민들의 다양성을 통해 다양한 상황들에 적절히 대처할 수 있었기 때문이다. 이런 다양성은 파비우스의 연설(28.40)과 스키피오의 연설(28.43)을 비교해 보면 더욱 분명하게 파악할 수 있다.

이렇게 볼 때 카르타고는 로마와 같은 역동적이고도 다면적인 정치 체제를 누리지 못했다고 보아야 한다. 그런 나라에서 태어난 한니발은 자신의 자질대로 성실하게 전투를 수행했으나, 결국 이기지는 못한 것이다. 비유적으로 말한다면, 한니발은 저 혼자 우뚝 솟은 산이지만 스키피오는 웅대한 산맥 속의 여러 높은 봉우리 중 하나였던 것이다.

공화국의 굳건한 체제를 떠받치는 선공후사(先公後私) 정신은 25권 16장에 나오는 그라쿠스 장군의 경우에서 분명하게 드러난다. 그라쿠스는 플라부스라는 적의 유인술에 말려들어 소수의 기병들과 함께 진지를 떠났다가 곧바로 함정에 떨어졌다. 사지에 선 그는 병사들에게, 운명이 단 한 가지 선택지만 남겼으니 용기를 내고 기백을 잃지 말라고 소리쳤다. "이왕 죽게 되었으니, 이제 중요한 것은 죽음이 아니라 어떻게 죽느냐 이다"라고 말한다. 그러면서 휘하의 소규모 병사들이 다 쓰러질 때까지 버티면서 싸우다가 전사했다. 로마 인들은 늘 '어떻게 죽어야 하는가'라고 생각하며 살았는데, 그 배경은 선공후사의 공화국 정신이었다. 비록 나는 죽더라도 신성한 축복으로 세워진 공화국은 결코 죽지 않는다, 라고 믿었고, 자신이 국가를 위해 용감하게 싸우다가 죽으면 그 후에는 밤하늘로 올라가 별이 된다고 믿었다(참조. 리비우스 제2권 작품 해설 중 "죽음을 두려워하지 않는 용기").

8. 포에니 전쟁 이후의 로마

리비우스 로마사의 완결편이 되는 제4권(원서 30-45권)은 기원전 200년에서 167년까지 약 33년간을 다루고 있다. 이 시기는 로마의 제국주의가 온전하게 터를 잡게 되는 시기이다. 여기서 그 시기를 간략히 개관함으로써 제4권의 사전 정보로 삼으려 한다.

로마는 카르타고를 제압하고 나서 그 여세를 몰아 북부 이탈리아, 포 강 북쪽의 비옥한 평야 지대에 살고 있던 갈리아 족을 정복했다. 기원전 387년에 갈리아 족이 로마를 쳐들어와 약탈했던 사건(리비우스 로마사 5.42) 기억하면서 그런 공격이 또다시 벌어지는 것을 두려워했기 때문이다. 기원전 3세기에 이르러 마침내 로마 인은 포 강 유역마저 손에 넣었고, 그리하여 알프스까지 이르는 이탈리아 반도 전역을 석권했다.

카르타고 제압으로 서부 지중해 지역을 평정하자 로마는 이어서 동부 지중해로 진출했다. 기원전 200년에 로마 원로원은 아드리아 해 건너편으로 로마 군을 파견하여, 발칸 반도의 마케도니아 왕 필리포스 5세를 공격했다. 포에니 전쟁 당시 필리포스가 한니발과 동맹을 맺는 등 로마 인을 괴롭힌 적이 있어서 필리포스에 대한 감정이 좋지 않았다. 표면적으로는, 마케도니아와 셀레우코스 왕가의 동맹을 막아달라는 페르가몬과 로도스의 요청을 받아들여 원정군을 파견한 것이지만, 잠재적 침략자가 될지도 모르는 필리포스를 아예 제거해 버리기 위한 것이었다. 더 나아가 이 새로운 지역으로까지 로마의 판도를 넓히려는 뜻도 있었다.

로마의 사령관 플라미니누스는 곧 제2차 마케도니아 전쟁(제1차는 포에니 전쟁 중이던 기원전 214년 로마 군이 아폴로니아에 상륙하여 벌인 것)을 벌여서 필리포스를 패배시켰다. 그리스의 아이톨리아 인들은 마케도니아를 완전히 파괴해 주기를 원했으나 플라미니누스는 그리스 내에 세력 균형의 유지를 원했다. 사령관은 이어 기원전 196년에 남부 그리스의 코린토스 근처에서 벌어진 인기 높고 참가자 많은 국제 게임 축제에 참가하여, 그리스 인들에게 자유를 주겠다고 선언했다. 하지만 불운하게도 그리스 인들은 그 자유의 메시지를 잘못 이해했다. 로마 인이 말하는 자유는 이런 것이었다. 로마 인은 그리스 인을 위해 전쟁을 대신 싸워주는 보호자 역할을 했으나 그 과정에서 그리스 인들의 복종을 강요하거나 전쟁 비용을 물어내라고 하지도 않았다. 그러니 그리스 인들은 동등한 자격이 아니라 피보호자답게 행동해야 하는 것이었다. 그리스 인들을 가리켜 자유라고 한 것은 보호자와 피보호자 간의 관계 내에서 자유라는 뜻이었다. 그리스 인들이 정치적·법적으로 자유인 것은 맞지만, 그런 자유를 부여한다고 해서 피보호자의 도덕적 의무, 즉 보호자의 뜻을 존중해야 하는 의무로부터도 자유로운 것은 아니라는 얘기였다.

하지만 그리스 인들의 관습에는 그런 보호자-피보호자의 관계가 없었으므로, 그리스 인들은 로마 인의 자유 선언을 문자 그대로 해석하여 그들의 정치적 문제를 그들 마음대로 처리할 수 있다고 생각했다. 그래서 로마 장군 플라미니누스의 자유 선언 이후에, 로마가 그리스와 마케도니아의 평화를 뒤흔들어놓는 지역 분쟁에 간섭하려들자 그리스는 거세게 저항했다. 반면에 로마 인들은 그들의 그런 불복종적인 태도가 보호자-피보호자의 관계에 위배되는 것이라고 여기면서 아주 못마땅하게 생각했다.

그리하여 아이톨리아 인들이 로마에 등을 돌리고 셀레우코스 왕가의 통치자인 안티오코스 3세에게 군사적 지원을 요청하자 로마는 아주 당황했다. 게다가 당시 안티오코스 궁정에는 숙적 한니발이 망명해 있었다. 한니발은 로마와 셀레우코스 왕가의 갈등을 예상하고 왕에게 거대한 전쟁의 구상을 진언했다. 그는 또 다른 전쟁을 일으켜 로마에 복수할 기회를 잡을 수 있겠다고 생각했다. 왕이 한니발에게 100척의 배와 1만명의 보병과 1천명의 기병을 내려준다면 그 병력을 이끌고 카르타고로 가서 고향 사람들에게 다시 로마로 쳐들어가도록 하고, 그동안 왕은 그리스를 침공하여 그곳을 평정하고 기회를 보아서 아드리아 해를 건너 로마를 공격하면 카르타고와 셀레우코스의 양면 공격에 로마가 무너질 것이라는 얘기였다. 이러한 한니발의 권토중래 계획을 알게 된 로마 당국은 한니발을 반드시 죽여서 제국의 우환을 없애야 한다고 판단했고 결국 한니발의 자살로 그렇게 마무리 되었다.

그러나 안티오코스 왕은 한니발의 거대한 구상을 받아들이지 않았고, 기원전 194년에 로마 군이 그리스에서 철수하여 이탈리아로 돌아가자 혼자서 그리스를 침공했다. 그리하여 로마는 또 다시 파병하여 안티오코스와 그 동맹군들을 상대로 싸우게 되었는데 곧 시리아 전쟁이다. 로마 군은 여기에서도 승리를 거두었고 소아시아(오늘날의 터키)에 있던 안티오코스의 영토를 그 지역의 여러 우호적인 소국들에게 나누어주고 이탈리아로 철수했다.

그 후 마케도니아의 왕 페르세우스가 영토 확장 정책을 펼치자 심한 압박을 느낀 소아시아 페르가몬의 에우메네스 왕은 로마에게 그리스로 와서 마케도니아의 침공을 막아달라고 요청했다. 로마는 그에 응답하여 파병했고 기원전 171년에서 168년에 걸쳐 제3차 마케도니아 전쟁을 벌여 페르세우스를 패배시켰다. 여기까지가 리비우스 로마사 제4권의 개요이다.

로마는 브루투스의 공화국 창건(리비우스 로마사 2.1) 이후 4백 년 동안, 무수한 전쟁을 치르면서 때로는 패배한 적도 있지만 대부분 승리를 거두었다. 로마는 이탈리아 반도 내에서 여러 부족을 통합하는 과정에서 그들의 자율권을 보장하면서 동맹을 추진해 왔다. 그러나 제2차 포에니 전쟁 이후에 그런 정책에 커다란 변화가 왔다. 자율적 동맹 관계를 중시하는 정책에서 정복 지역을 모두 속주로 삼아 세금을 거두는 제국주의로 정책이 바뀐 것이었다. 이런 방식으로 로마 인들은 기원전 100년대에 이르러 지중해 세계의 거대한 영토를 통제하는 도미니언(dominion: 세력권)을 확립했다. 이것은 기원전 6세기의 페르시아 제국 이래 그 어떤 나라도 정복해 보지 못한 거대한 영토였다. 제

2차 포에니 전쟁 이후를 다루는 리비우스 로마사 제4권은 이런 제국주의의 전개 과정을 다루게 된다.

북부 이탈리아

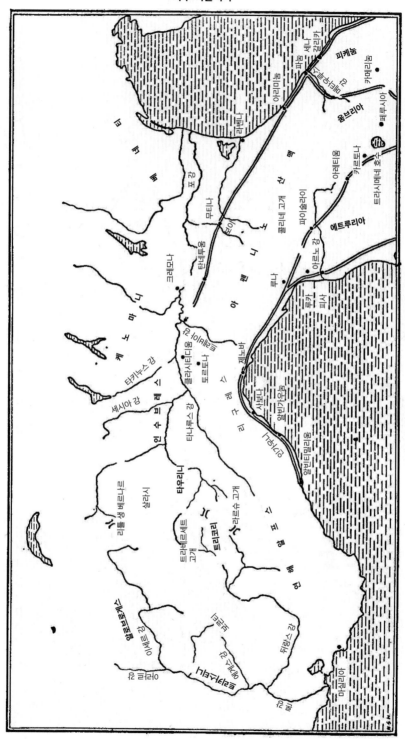

중부 이탈리아

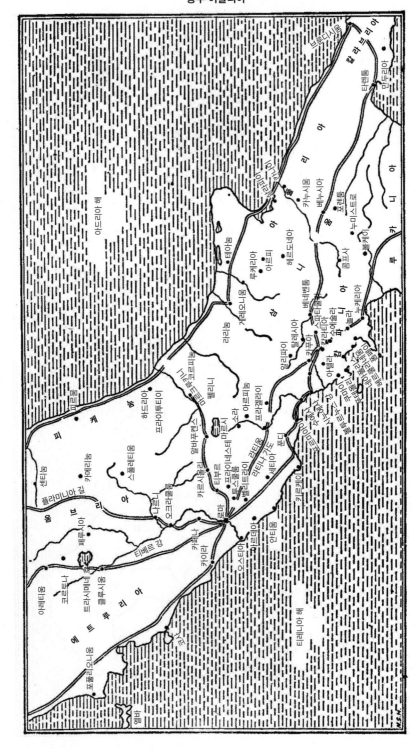

남부 이탈리아와 시칠리아

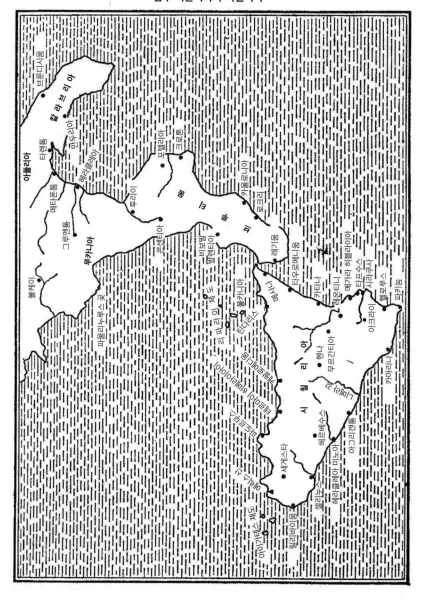

한니발의 알프스 횡단

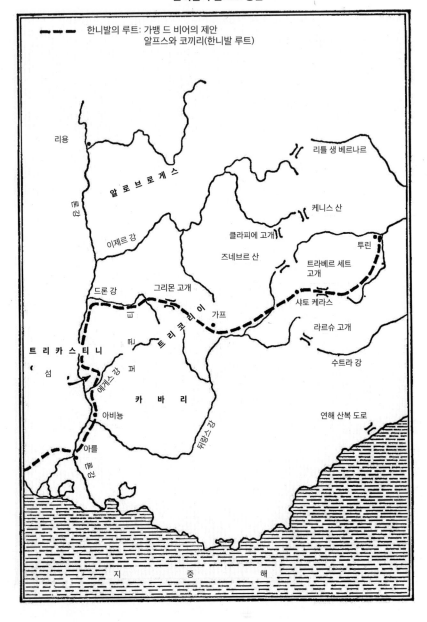

한니발의 루트: 가뱅 드 비어의 제안
알프스와 코끼리(한니발 루트)

리옹

알로브로게스

론강

리틀 생 베르나르

케니스 산

이제르 강

클라피에 고개

투린

즈네브르 산

트라베르 세트
고개

드론 강

그리몽 고개

샤토 케라스

가프

라르슈 고개

트리카스티니

섬

에게스 강

수트라 강

카바리

아비뇽

연해 산복 도로

아를

론강

지 중 해

한니발 전쟁 중의 스페인

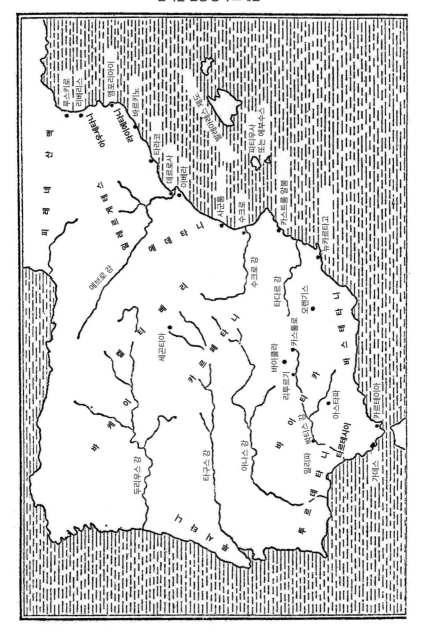

옮긴이 **이종인**

1954년 서울에서 태어나 고려대학교 영어영문학과를 졸업하고 한국 브리태니커 편집국장과 성균관대학교 전문 번역가 양성 과정 겸임 교수를 역임했다. 지금까지 250여 권의 책을 번역했다. 인문사회과학 분야의 교양서, 특히 서양의 고대와 중세에 대한 역사서를 많이 번역했다. 번역 입문 강의서 『번역은 글쓰기다』, 『살면서 마주한 고전』 등을 집필했으며, 옮긴 책으로는 『리비우스 로마사 I, II, III, IV』, 『로마제국 쇠망사』, 『고대 로마사』, 『숨결이 바람 될 때』, 『변신 이야기』, 『작가는 왜 쓰는가』, 『호모 루덴스』, 『중세의 가을』, 『유한계급론』 등이 있다.

리비우스 로마사 III

1판 1쇄 발행 2020년 12월 10일
1판 3쇄 발행 2023년 2월 3일

발행인 박명곤 **CEO** 박지성 **CFO** 김영은
기획편집 채대광, 김준원, 박일귀, 이승미, 이은빈, 이지은, 성도원
디자인 구경표, 임지선
마케팅 임우열, 김은지, 이호, 최고은
펴낸곳 (주)현대지성
출판등록 제406-2014-000124호
전화 070-7791-2136 **팩스** 0303-3444-2136
주소 서울시 강서구 마곡중앙6로 40, 장흥빌딩 10층
홈페이지 www.hdjisung.com **이메일** main@hdjisung.com
제작처 영신사

"Inspiring Contents"
현대지성은 여러분의 의견 하나하나를 소중히 받고 있습니다.
원고 투고, 오탈자 제보, 제휴 제안은 main@hdjisung.com으로 보내 주세요.

리비우스 로마사 시리즈
(전4권 완간)

"인류의 지혜에서 내일의 길을 찾다"
현대지성 클래식

현대지성 클래식 살펴보기